Dictionnaire Français-Chinois
des Travaux Routiers

法汉公路工程词典

（上册）

中交第一公路勘察设计研究院有限公司

丁小军　王　佐　主编

人民交通出版社股份有限公司
China Communications Press Co., Ltd.

内 容 提 要

《法汉公路工程词典》主要收录了道路工程、桥隧工程、交通工程、筑路材料、施工机械与设备等方面的单词和词组，可供在法语国家承接工程的公路工程技术人员参考使用。

图书在版编目(CIP)数据

法汉公路工程词典 / 丁小军，王佐主编. — 北京：
人民交通出版社股份有限公司，2015.1
 ISBN 978-7-114-11856-2

Ⅰ. ①法… Ⅱ. ①丁… ②王… Ⅲ. ①公路工程—词典—法、汉 Ⅳ. ①U41-61

中国版本图书馆 CIP 数据核字(2014)第 270884 号

书　　名	:法汉公路工程词典(上册)
著　作　者	:丁小军　王　佐
责任编辑	:吴有铭　刘　涛　丁　遥　李　农　潘艳霞　张　鑫
出版发行	:人民交通出版社股份有限公司
地　　址	:(100011)北京市朝阳区安定门外外馆斜街3号
网　　址	:http://www.ccpress.com.cn
销售电话	:(010)59757973
总　经　销	:人民交通出版社股份有限公司发行部
经　　销	:各地新华书店
印　　刷	:北京市密东印刷有限公司
开　　本	:880×1230　1/16
印　　张	:102.5
字　　数	:2886 千
版　　次	:2015 年 1 月　第 1 版
印　　次	:2015 年 1 月　第 1 次印刷
书　　号	:ISBN 978-7-114-11856-2
定　　价	:800.00 元(上、下两册)

(有印刷、装订质量问题的图书，由本公司负责调换)

《法汉公路工程词典》编委会

主　　编：丁小军　王　佐

副 主 编：张　婷　王学军　王书伏　孙忠宁
　　　　　韩常领　李宏斌　王少君

编　　委：张　博　李　艺　陈　波　祖元弟
　　　　　杨铁山　蔡立周　王　威　张　瑞
　　　　　李　刚　欧阳邦　齐　菲　韩　信
　　　　　郗　磊　张海龙　岳永利　张敏静
　　　　　史　丹　曹校勇　史彦文　师　伟
　　　　　党育辉　郑　萍　亚米娜　刘　玲
　　　　　景　华　菅永斌　李　妮　李　露
　　　　　李泳波

校　　审：张　婷　黄建昆　彭　琪　刘　玲

前　言

《法汉公路工程词典》以阿尔及利亚东西高速公路勘察设计为契机，选收了公路勘察、设计、施工过程中常用的基础词汇，主要包括道路工程、桥隧工程、交通工程、筑路材料、施工机械与设备等方面的单词和词组，同时还收录了国外工程项目招投标领域及部分银行、海关和少量其他工程领域的单词和词组。本词典的编纂和出版，不仅能为公路工程技术人员提供方便参考，而且能为我国在法语国家承接工程提供帮助与有力支撑。

由于编者水平有限，加之缺乏经验，词典中的缺点和错误之处在所难免，热忱欢迎读者给予批评指正。

《法汉公路工程词典》编委会
2014 年 10 月

使 用 说 明

1. 本词典法文词目均按字母顺序排列。同一词目组成的词组排列顺序为：按照词目为单数的进行排列，词目前有搭配词的按照搭配词与其他词一起进行排列。

2. 词目均用黑体字母排印，词组用普通字体，排在相应词目下，其中词目用"～"代替。词目的复数形式用"～"加复数词尾表示，如"～s"、"～x"、"～aux"。

3. 词目均加注词性，采用斜体小写字母表示。所用符号含义如下：

  n——nom 阴阳双性名词

  m——masculin 阳性名词

  f——féminin 阴性名词

  m. pl——masculin pluriel 阳性复数名词

  f. pl——féminin pluriel 阴性复数名词

  a——adjectif 形容词

  v——verbe 动词

  adv——adverbe 副词

  conj——conjonction 连词

  prép——préposition 介词

  art. déf——article défini 定冠词

  pron——pronom 代词

4. 形容词等与名词同形时，合并为同一词目，先注释名词，后注释形容词等。有阴性词尾的形容词，另列词目并注出阴性词尾。

5. 一个法文词条有若干汉语释义时，词义相近的用逗号分隔，词义不同的用分号分隔。

6. 圆括号表示（ ）内的字可以省略，或表示解释，或表示缩略语。

7. 方括号表示[ ]中词可替换前面的词。

8. 地质时代符号如下：

  前寒武纪 An∈   侏罗纪 J(J_{1-3})   太古代 Ar

  白垩纪 K(K_{1-2})   元古代 Pt   新生代 Cz

  震旦纪 Z   第三纪 R   古生代 Pz

  早第三纪 E   寒武纪 ∈($∈_{1-3}$)   古新世 E_1

  奥陶纪 O(O_{1-3})   始新世 E_2 志留纪 S(S_{1-3})

  渐新世 E_3 泥盆纪 D(D_{1-3})   晚第三纪 N

  石炭纪 C(C_{1-2})   中新世 N_1 二叠纪 P(P_{1-2})

  上新世 N_2 中生代 Mz   第四纪 Q

  三叠纪 T(T_{1-3})   更新世 Qp   全新世 Qh

9. 本词典词条不注音标。

总 目 录

上 册

词典正文（A～K） ··· 1～870

下 册

词典正文（L～Z） ··· 871～1619

A

à *prép* 向,到,在,用,给予,对于,属于
~ âme haute 深腹板的
~ âme pleine 实腹板的
~ angle oblique 斜角的
~ angles vifs 锐角的,有角的
~ arêtes vives 锐角的,尖棱的,有角的
~ base de bitume 地沥青基的
~ bossage rustique （石料）粗面的
~ cause de 由于,因为
~ ce moment 在这个时候
~ ce point de vue 根据这一观点
~ côté de 在……之旁,与……相比
~ deux chaussées 双车道的
~ deux essieux 双轴的
~ double voie 复线,双车道
~ drainage libre 天然排水
~ drainage rapide 快速排水
~ fleur de 在……水平面上,跟……齐平,与……同高度
~ forte pente 陡坡的
~ grains fins 细粒的
~ grains grossiers 粗粒的
~ grains uniformes 均匀颗粒的
~ graissage automatique 自动润滑的
~ granulométrie monodispersée 不良级配的
~ granulométrie ouverte 开式级配的
~ gros grains 粗粒的
~ gros morceaux 多块的,大块的
~ hauteur réglable 可调整高度的,可校准高度的
~ humidité naturelle 天然湿度的,天然含水量的
~ intervalles réguliers 定期
~ jamais 永远
~ l'abri des poussières 防尘的,在无尘的环境中
~ l'aide de 在……帮助下,使用,借助于,依靠
~ l'échelle de 在……范围内
~ l'encontre de 与……相反
~ l'épreuve des intempéries 防风雨的,不受气候影响的
~ l'instant 即刻
~ l'intérieur 内部的,在里面
~ l'origine de 是……的原因
~ la fin de 在……末端,在……结束时
~ la portée de 在……范围内,是……力所能及的
~ la suite de 伴随的,在……之后,……的结果
~ longue échéance 长期的
~ mesure que 不断,逐渐
~ mouvement lent 慢行,慢运动的
~ ornière 形成车辙的,磨损的,磨成槽的
~ paroi mince 薄壁的
~ partir de 从……开始,从……着手
~ présent 现在
~ prise lente 慢凝的（水泥）
~ prise prompte 快凝的（水泥）
~ ras 贴近……的表面
~ réaction acide 酸性作用,酸性反应
~ rupture lente 慢裂的（地沥青）,稳定的
~ rupture moyenne 中裂的（乳化沥青）,正常凝结的,半稳定的
~ rupture rapide 快裂的,不稳定的
~ travée unique 单跨度的,单跨的
~ travées multiples 多跨度的,多跨的
~ trois essieux 三轴的
~ un certain moment 在一定的时候,在某一时刻
~ un essieu 单轴的
~ un moment donné 在某一既定时间,在某一已知时间
~ un moment précis 在某一确定时间
~ une chaussée 单辐式路面
~ une voie 单车道的

a posteriori *a* 经验的,后天的
a priori *a* 预先的,事前的,先验的,刚开始的
aa *f* 块熔岩,渣状熔岩,渣块熔岩,粗渣状熔岩
aa-lave *f* 渣状熔岩,渣块熔岩

abacule *m* 嵌饰

abaissable *a* 可降低的，可减少的，可下沉的

abaissé *a* 降低的，下沉的，减少的，陷落的，倾伏的

abaissement *m* 降低，减退，(地面)倾斜，下沉，沉降，陷落，削减，衰落，侵蚀作用，降低端头(锚地式端头)

~ artificiel de la nappe d'eau souterraine 人工降低地下水

~ d'axe, ~ axial, ~ charnière 褶皱转折端，褶皱轴倾伏

~ d'eau souterraine 降低地下水位

~ d'un mur 墙体沉降

~ de charnière 轴降低

~ de crues 洪水消退

~ de dépense spécifique des matériaux 材料消耗率下降

~ de l'horizon 可见地面倾角

~ de l'indice 指标下降，指数下降

~ de la nappe aquifère 地下水位下降

~ de la nappe phréatique 地下水位下降

~ de la résistance 强度降低

~ de lit fluvial 河床降低

~ de plan d'eau 水位下降

~ de pression 降压，压力降低，减压

~ de tarif 降低运价

~ de température 温度降低，降温

~ de tension 电压降低，降压，张力下降

~ des caractéristiques 性能降低

~ des caractéristiques mécaniques 机械性能降低

~ des frais de transport 降低运费

~ des prix 降低价格

~ du fond du lit 河床降低(由于冲刷)

~ du niveau 液面降低，电压降低，水位下降

~ du niveau d'eau 水位下降

~ du niveau de porteuse 载波电平降低

~ du poids mort 减少自重[净重]

~ du point de congélation 冰点降低，凝固点下降

~ du point de fusion 熔点降低

~ du prix de revient 降低成本

~ du rendement 效率降低，生产率降低，产量减少

~ du sol 土壤沉降，土壤下沉，地面沉降

~ du terrain 地面陷落，地层塌陷

~ graduel du niveau (图像)淡出，逐渐消隐

~ journalier 日沉降值

~ permanant 永久沉降，稳(定下)降

~ symétrique 对称性降低

abaisser *v* 降低，降下，减轻，减少，削弱，按压(按钮)

~ la consommation 降低消耗(量)，降低燃料消耗

~ la consommation d'énergie 降低能耗

~ la température 降低温度

~ la tension 降低电压，降压，减小应力

~ les écrans 信号臂板下降

~ les impôts 减税

~ une perpendiculaire 降低垂线(高度)

~ une touche 按下按钮

abaisseur *m* 降低装置，下降装置，降压变压器

~ de fréquence 分频器，降频器

~ de pression 降压器

~ de température 降温器

~ de tension 降压变压器

abandon *m* 损失，放弃，抛弃，脱离，终止

~ d'un projet 放弃设计，放弃项目

~ d'un puits 报废钻井，废孔

~ de la réclamation 放弃索赔权利

~ de parcours 行程终止

~ du contrat 放弃合同

~ du droit 放弃权利

abandonné *a* 释放的(继电器衔铁)，放弃的，抛弃的，废弃的

abandonnement *m* 放弃，抛弃，脱离

abandonner *v* 放弃，抛弃，脱离

~ les études de l'actuel projet 放弃本项目设计

~ un parcours 终止行程

~ un trou de forage 报废钻孔

abannets *m.pl* 沙体，沙管

abaque *m* 表，图标，图解，曲线图，标准曲线板，洗(金)槽，试验槽，柱顶板，诺模图，柱顶方帽板，坐标格

~ à radiantes 网状列线图

~ barométrique 气压曲线图

~ CBR CBR 图标

~ circulaire 圆列线图

~ d'épaisseur 厚度曲线图

~ de calcul des composantes du vent 风分力计算表
~ de centrage 重心图,重量平衡图
~ de correction 校正曲线,校正曲线图
~ de fonctionnement 性能图表,运行图
~ de la gamme de puissance 功率范围图标
~ de la gamme de vitesse 速度范围
~ de marrée 潮位曲线
~ des altitudes 高度曲线图
~ graphique de tir 爆破图标

abat *m* d'eau 暴雨
abâtardir *v* 退化,变质,衰退
abâtardissement *m* 变质,退化
abâtardi, e *a* 变质的,退化的
abatée *f* 偏差,转差率
abatis *m* 石场石料总成,堆集物,障碍物,阻塞物
abat-jour *m* 天窗;灯罩
abat-son *m* 消音器,反音板
abattabilité *f* 可采性,岩石强度
abattable *a* 可砍伐的
abat(t)age *m* 挖方,开采,采掘,回采,砍伐(树木)

~ à baquettes multiples 多梯段爆破开采
~ à ciel ouvert 明堑,露天开挖,露天开采,露天作业
~ à files multiples 多排爆破开采
~ à gradin 台阶式挖土,台阶式挖方
~ à gradin droit 阶梯式开挖
~ à l'eau 水力冲方,水力挖土
~ à l'explosif 爆落,爆破开采,爆破挖土
~ à la mine 爆落,爆破开采
~ à la poudre 爆破开挖
~ au marteau piqueur 风镐开采,风钻采掘
~ au tir 爆落,爆破开采
~ continu 连续开采
~ d'arbres 采伐树木
~ de front 正面开采,全面采掘
~ de l'angle 削角,斜切,斜削接头
~ de la roche 采石
~ des arbres 砍树
~ des arbres à la scie 用锯伐木
~ descendant 下向开采,顺台阶采掘
~ en carrière par mines profondes 深层爆破采石
~ en carrières 采石,采石工程,露天开采,露天采掘
~ en chambre 药室爆破开采
~ en gradins 梯段开挖
~ en gradins droits 下向梯段开挖
~ en gradins latéraux 侧梯段采掘,侧台阶开挖
~ en jet d'eau 水力开采
~ hydraulique 水力挖土,水力冲方
~ latéral 侧面开挖
~ mécanique 机械采掘,机械挖方
~ montant 上向开采,倒台阶采掘
~ par banc 台阶式挖土(法)
~ par puits et galerie 井坑法开挖
~ par tranchée 导坑开挖

abat(t)ant *m* 活动板,活门,活底,通气门,翻板,(上、下开的)门扇
abattement *m* 减价,折扣,降低,下降,抽水,扬程,(抽水时)扬水高度

~ de la pollution d'eau 水污染的清除
~ des eaux 排水
~ des poussières 降尘,捕尘
~ s de zone 工资随地区生活费不同而递减的制度,地区工资制

abatteur *m* 伐木工,采矿工
abatteur-remblayeur *m* 伐木填土工
abatteuse *f* 开采机械
abattis *m* 枸槠,废物堆,堆集物,障碍物,(开采的石块或砍伐的树木)料堆,拆房废物料,碎石堆,碎石,坍塌,冒顶,塌落,陷落
abattre *v* 砍伐,推倒,开采,采落,崩落(矿石、岩石),打落,削弱

~ des arbres 砍伐树木
~ un chanfrein 倒角,去毛边
~ un mur 推倒一堵墙

abattu, e *a* 被砍倒的,被推倒的,放下的
abat-vent *m* 通气帽,障风装置,固定百叶窗,风挡,挡风斜板
abat-voix *m* 吸音板,消音板,回音天花板,反射板,折音板,回音壁
abducteur *m* 引出,排出,引水管,排水管,排水装置
abduction *f* 引出,排出
abée *f* 峡谷,细谷,引水渠,槽,溜槽,引出,排出,进水槽,进水口

A

aber *m* 溺谷,沉没谷,河口,汇合点,汇流点,小海湾,入海口

aberration *f* 偏差,失常,畸变,变形

abîme *m* (岩溶)落水洞,无底洞,天然井,沉陷坑

abîmer *v* 损坏,弄坏,毁坏,陷入

ablastine *f* 抑菌素,抑殖素

ablation *f* 销蚀,脱落,切除,消融(作用),冰面融化,磨蚀(作用),水力冲刷
 ～ annuelle (冰川的)年消融(量)
 ～ radiante 辐射销蚀,辐射消融
 ～ superficielle 表面消融

ablatogramme *m* 消融曲线图,消融图

ablatographe *m* 消融计

abloc *m* (支承建筑物的)基础墩[柱],桥台的混凝土基础

ablocage *m* 固定,工件的紧固

abluant *m* 清洗剂,洗涤剂

abluer *v* 清洗

ablution *f* 清洗,洗涤

aboiteau *m* 拦截部分流水的河堰[坝]

abolir *v* 废除,撤销,取消,拆除
 ～ un contrat 废除一项合同

abolition *f* 拆除,废除,革除,取消
 ～ de l'ouvrage existant 拆除原有建筑(物)
 ～ de route 废除路线

abondamment *adv* 大量地

abondance *f* 充足,丰富,富集,富裕,大量,(矿物的)分布量,量,数量,含量
 ～ annuelle 年流量
 ～ des couches 矿层丰富多层
 ～ des eaux 丰水
 ～ des pluies 降雨量
 ～ des précipitations 降雨量丰富
 en ～ 丰富地,大量地

abondant, e *a* 大量的,丰富的,富裕的,丰盛的

abonder *v* 丰富,充裕

abonné *m* (水、电、电话等)用户,订户,客户,持有定期客票的旅客
 ～ à l'eau 水用户
 ～ à l'électricité 电用户
 ～ à plusieurs lignes 多线路用户
 ～ d'affaires 商务用户
 ～ distant 远距离用户
 ～ du téléphone 电话用户

abonnir *v* 改善,使更好

abord *m* 接近,靠近,靠岸,入口
 d'～ 首先,开始,起初
 tout d'～ 首先,一开始
 ～ s du signal 预告信号,信号机附近地区

abordable *a* 适中的,相宜的,可接近的

abordage *m* 碰撞,进入

aborder *v* 通过,驶过,进入,接近,靠近,靠岸,上岸,着手进行
 ～ les longues descentes 下长大坡道

abords *m. pl* 入口,周围,四周
 ～ d'une rivière 河口
 ～ du trou 靠近钻孔地带,钻孔周围地带

aborigène *a* 土著的,原来的,本地的,土生的,本地居民的

aborigènes *m. pl* 土著居民,本地人

abornement *m* 划界,定界,界标设置

aborner *v* 划界,定界

abouchement *m* 接通,对接

about *m* 接头,端(头、部),轴端,对接,钻头口,对接头,接触端,对接端板,槽榫接合
 ～ avec baquet et goujon 双销对接
 ～ avec liens de fer 铁连杆连接,系杆连接
 ～ de poteau 柱端
 ～ de wagon 货车端板
 ～ du châssis 车架端梁
 ～ fileté 螺纹接头
 ～ recouvert 搭接,掩盖的槽榫

aboutement *m* 对接,接长,接合
 ～ de l'âme de poutre 钢梁腹板对接
 ～ des cornières 角铁对接(钢梁)
 ～ des semelles 盖板对接(钢梁)

abouter *v* 装榫头,对接,接长

aboutir *v* 到达,导致,成功,通向,达到,取得成果,获得成功
 ～ à 导致,引导到
 ～ à un ensemble de conclusion concrète 大体上取得具体结论

aboutissant, e *a* 毗连的,端连的

aboutissants *m. pl* 桥台,承座,结局

aboutissement *m* 结果,成果,完成,实现
 ～ de recherche 研究成果
 ～ d'essais 试验结果
 ～ d'un plan 完成计划

abradable *a* 可磨蚀的，可磨损的
abraser *v* 磨削，研磨，抛光，磨蚀，磨损，擦伤
abrasif *m* 磨料，研磨剂，磨蚀剂
　~ aggloméré 黏结磨料
　~ appliqué 涂层磨料
　~ artificiel 人工磨料，合成磨料
　~ en pâte 研磨剂
　~ lié 固结磨料
　~ naturel 天然磨料
　perforation par jet ~ 喷砂射孔
abrasif, ive *a* 磨料的，研磨的，腐蚀的，有研磨作用的
abrasimètre *m* 研磨机，磨损测定仪
abrasiomètre *m* 面层磨蚀程度测量仪
abrasion *f* 磨损，磨蚀，磨耗，剥蚀，冲蚀，海蚀，浪蚀，水蚀，研磨
　~ éolienne 风蚀，风力侵蚀，风成磨蚀
　~ fluviale 河流冲蚀，河流冲刷
　~ glaciaire 冰川溶蚀，冰川磨蚀
　~ latérale 侧蚀，旁蚀
　~ marine 海蚀，海水侵蚀，海蚀作用，海洋冲刷（作用）
abrasivité *f* 冲蚀性，研磨性，磨蚀性，磨蚀度；水钙沸石，钙十字沸石
abrégé *m* 缩影，缩小，缩本，摘要
　en ~ 简略地，省略地
abrégement *m* 删节，节略，缩短
abréger *v* 缩短，缩小，删节，节略
abreuvage *m* 浸湿，浸透，浸渍
abreuver *v* 灌，浸透，充满，大量地给予
abreuvoir *m* 水池，加油站
abréviation *f* 缩写，缩短，略语，省略，缩写词
　~ de mot-clé 关键词缩写
　~ de service 服务略语
　~ réglementaire 规程略语
abri *m* 棚，室，库，掩体，遮蔽，隔屏，岩洞，岩穴，护板，掩蔽所，隐蔽处，防空洞，防护层，安全庇护站
　à l' ~ 隐蔽，躲避，处于安全的境地
　à l' ~ de 避开，避免
　à l' ~ de la lumière 避光
　~ à l'épreuve des bombes 防空洞
　~ à voyageurs 旅客站台雨棚
　~ antiaérien 防空洞
　~ antiatomique 防原子掩蔽所
　~ chauffant 暖棚（冬季施工保暖用）
　~ chauffant mobile 移动式暖棚
　~ contre le vent 挡风，挡风板，（汽车的）风窗玻璃
　~ contre les chues de pierres 防（落）石棚
　~ de chantier 工地棚房工人风雨棚
　~ de la pluie 防雨棚，避雨所
　~ de mécanicien （起重机）驾驶室
　~ de passerelle 天桥雨棚
　~ de stockage (pour granulats) （颗粒材料）存放库
　~ des pompes 水泵房
　~ du conducteur 司机室，操作人员控制室
　~ du mécanicien 司机室，操作人员控制室
　~ du mécanicien à vision totale 有良好视线的驾驶室
　~ météorologique 百叶箱
　~ pour voitures 车库，车棚
　~ sous roche 崖洞，半面崖凹
　~ souterrain 地下掩蔽所
　~ souterrain pour voitures 地下停车场，地下汽车库
abri-neige *m* 冰盾，防雪护板
abrité, e *a* 防护的，保护的，屏蔽的，掩蔽的，隔离的，防湿的，被保护的
abrogation *f* 废止，废除
　~ d'un tarif 运价规程作废
abrupt *m* 崖，悬崖，断崖，陡崖，陡坡，崖壁
　~ d'éboulement 断崖，悬崖，陡坡
abrupt, e *a* 陡峭的，险峻的，急剧的，断开的，断裂的
abscisse *f* 横坐标，横距，X 轴线横轴
　~ comptée sur la photographie 照片横坐标
　~ convergente 收敛横坐标
　~ curviligne 曲线横坐标
　~ curviligne courante 普通曲线横坐标
　~ point de brisure 拐点横坐标
　~ rectiligne 直线横坐标
absence *f* 缺乏，缺少，缺失，缺席，缺勤，离开，间断，没有，不存在，分心
　~ d'éblouissement 不闪光，光不强烈
　~ d'emballage 无包装
　~ d'exercice du pouvoir 离职期间

～ de chose 无碰撞（痕迹）
～ de compression 无压缩（力）
～ de corrélation 不相关,无关联
～ de couleur 无色
～ de courant 无电流,电流中断
～ de défauts 无缺陷,没有缺点
～ de dépôt 沉积间断
～ de fuite 无渗漏,无滴漏
～ de l'intervention de soutènement 没有支撑
～ de portance 承载力不足
～ de pression 无压力
～ de sédimentation 沉积间断
～ de signal 无信号
～ de toute sollicitation extérieure 无应力
～ de vibration 无振动（噪声）
～ de visibilité 视距不足
～ des couches 地层间断,地层缺失
en l'～ de 在……缺席的情况下,在缺乏……的情况下,缺少

absent *m* 缺席者
absent, e *a* 缺席的,缺乏的
absolu, e *a* 绝对的,完全的,无条件的
absolument *adv* 绝对地,无疑地,一定地
absorbabilité *f* 吸收性,吸收量,吸收能力
absorbable *a* 可吸收的
absorbance *f* 吸收能力
absorbant *m* 吸收剂,吸收体,吸收器,吸收质,吸收机能
～ acoustique 吸声材料,消声装置
～ coulant 沉淀式吸收剂
～ d'ultra-violet 紫外线吸收剂
～ de couleur 吸色剂
～ de rayonnement 辐射吸收器
～ des émanations 尾气吸收器
～ du son 消音器,消音材料,吸声材料,吸[消]声装置
～ flottant 水面吸油剂
～ neutre 中性吸收剂
～ s poreux 多孔吸收器
～ s résonnants 共鸣吸收器
～ saturable 可饱和吸收体
～ solide 固体吸收剂
absorbant, e *a* 可吸收的,吸收性的,有吸收能力的,有吸收作用的

absorbat *m* 被吸收物
absorber *v* 吸收,减振,缓冲,消耗
～ l'humidité 吸湿
～ la puissance 吸收[消耗]功率
absorbeur *m* 吸收器[体、剂、管、装置、电路],减振体,减振器,缓冲器,阻尼器
～ acoustique actif 快速消音器
～ acoustique passif 钝态消音器
～ d'énergie 消能器,能量吸收器
～ de bruit 消音器
～ de choc 缓冲器,减振器
～ de couleur 消色剂,滤光片
～ de guide d'ondes 波导吸收电阻
～ de la machine à froid 制冷机吸收器
～ de son 吸音器[体],消音体
～ de vibration 吸振器,减振器
～ étalon 标准吸收体,标准吸收剂
～ neutralisateur 气体洗涤剂,涤气器
～ résonnant 共振[鸣]吸收器
absorptance *f* 吸收比,吸收系数,吸收能力
～ radiante 辐射吸收比,辐射吸收系数
absorptiomètre *m* 吸收计,调稠器,调液厚计,吸收光度计,吸收比色计,液体溶气计
absorptiométrie *f* 吸收测定（法）
absorption *f* 吸收[取、入],消耗,合[并]吞,吸水（作用）,吸水性
～ acoustique 消音,吸音
～ actinique 光化吸收
～ atmosphérique 大气吸收
～ calorifique 吸热,吸热量
～ capillaire 毛细管吸收作用,毛细管吸水作用,毛细作用,毛细吸湿作用
～ chimique 化学吸收作用
～ d'eau 吸水,吸水性,水分吸收
～ d'énergie 能量吸收
～ d'huile 吸油,油吸收
～ d'humidité 吸湿性,受潮性
～ d'impulsion 消位,脉冲吸收
～ de chaleur 吸热（量）
～ s de chocs 减振,缓冲
～ de coulis 吃浆量
～ de courant 取用电流,消耗电流
～ de l'humidité 吸湿（作用）
～ de plastifiant 增塑剂吸收

~ de puissance　能量消费
~ de radiation　辐射吸收（作用）
~ de son　吸音，声音吸收
~ des aigus　高频吸收，尖音吸收
~ des bruits　吸音，噪声的吸收
~ des chocs　减振，缓冲
~ exponentielle　指数吸收，按指数定律吸收，按指数吸收反应
~ initiale　初步吸收量
~ par l'air ambiant　空气吸收
~ par le sol　土壤吸收
~ sélective　选择性吸收
~ spécifique　单位吸收（水）量，比吸收（水）量，吸收率（材料的吸水能力）
~ spécifique d'eau　吸水率
~ superficielle　表面吸收，地表吸收
~ thermale　热吸收，吸热
~ thermique　吸热，热吸收
~ ultraviolette　紫外线吸收
~ volumétrique　体吸收

absorptivité *f* 吸收能力，吸收率，吸湿性，吸热率，吸引率
~ acoustique　吸音能力，声吸收系数，吸音率

abstergent *m* 去垢剂，洗涤剂，去污粉

abstraction *f* 抽象（化），提取，分离，引出，袭夺（作用）
　faite ~ de　除……不计外，不计……
~ d'eau　排水，抽取（地下）水
~ effective　有效降雨损失量（总雨量与净雨量之差）

abstraire *v* 抽象，提取，摘要，概括
abstrait *m* 抽象，提要，文摘
abstrait, e *a* 抽象的，深奥的，难理解的，理论上的
abuer *v* 冲刷（表土），冲洗，剥蚀
abus *m* 滥用
~ d'autorité　滥用职权
~ de confiance　滥用信用
~ de pouvoir　滥用权力

abyssal, e, aux *a* 深渊的，深不可测的，深层的，深海的（3000m～7000m深）

abyssale *f* 深海，深渊，深海区陷坑

abysse *m* 深海，深渊，陷坑，深海区，深水区，深海区

abyssique *a* 深海的
abyssolite *f* 岩基，深成岩石，深成岩体，深成贯入岩体
abyssopelite *f* 深海软泥
acacine *f* 阿拉伯树胶
académie *f* 学会，协会，科学院，研究院，专科院校，学术协会
~ des sciences　科学院
accalmie *f* 风力减小，无风，静息
accéder *v* 通向，进到，同意，进入，连接，接合，允诺
accélérant, e *a* 加速的
accélérateur *m* 加速器［泵、装置、电板、踏板］，加速剂，催速剂，油风门，催化剂，促进剂，速滤剂，促凝剂
~ chimique　化学速凝剂
~ chimique de durcissement　水泥化学速凝剂
~ chimique de prise　化学速凝剂
~ de durcissement　促凝剂，速硬剂，快干剂，速凝剂，固化促进剂，硬化加速剂
~ de prise（béton）　（混凝土）速凝剂，促凝剂，凝固剂
~ lent　弱快硬剂
~ réversible　可逆射流风机，可逆电机

accélération *f* 加速（度），增速，促进（作用）
~ absolue　绝对加速度
~ angulaire　角加速度
~ au démarrage　起动加速度，起动加速
~ au départ　起动加速
~ au sol　地面加速度
~ automatique　自动速度控制，自动加速度
~ centrifuge　离心加速度
~ centripète　向心加速度
~ circulaire　旋转加速度，圆周加速度
~ complémentaire　附加加速度
~ constante　等加速度，匀加速度
~ de la gravité　重力加速度
~ de la pesanteur　重力加速度
~ de pointe　峰值加速度，加速度峰值
~ de pointe du sol　地震峰值加速度
~ des wagons　车辆加速
~ due à l'attraction terrestre　重力加速度，地心吸引力加速度
~ effective　有效加速度

~ excentrique 离心加速度
~ gravifique, ~ gravitationnelle, ~ de gravité 重力加速度
~ instantanée 瞬时加速度
~ linéaire 线性加速度,侧向加速度
~ moyenne 平均加速度
~ négative 减速,负加速度延缓
~ normale 法向加速度
~ radiale 径向加速度
~ relative 相对加速度
~ résiduelle 残余加速度,剩余加速度
~ résultante 合成加速度
~ séismique 地震加速度
~ sismique 地震加速度
~ sismique horizontale 地震水平向加速度
~ sismique verticale 地震垂直向加速度
~ synthétique 综合加速度
~ tangentielle 切向加速度
~ uniforme 等加速度,匀加速度

accéléré, e *a* 加速的,高速的,快速的
accélérer *v* 加速,加快,促进
accélérocompteur *m* 加速剂,加速计,加速表,加速仪,过载指示器
accélérogramme *m* 加速度图,加速度记录
~ artificiel 人工加速度图
~ digital 数字化加速度图
~ synthétique 合成加速度图,人造加速度图
accélérographe *m* 加速度仪,加速度记录器,(自动)加速度记录仪,自记加速度计
~ accéléromètre 加速度测量仪,加速度计
~ angulaire 角加速度测量仪
~ d'un violent séisme 强震加速度仪
~ de précision portable 手提式精密加速仪
~ enregistreur piézo-électrique 压电记录加速度计
~ latéral 侧向加速剂
~ photographique 照相记录加速度仪
accéléromètre *m* 加速度计,加速度测量仪,加速度测量表
~ angulaire 角加速度计
~ de crête 峰值加速度计
~ enregistreur 加速度记录计
~ hydrostatique 流体静力加速度仪
~ piézoélectrique (压力)晶体加速度计
~ piézorésistif 压阻加速度计

accélérométrie *f* 加速度测量法
accentuateur *m* 加重器,加重电路,振幅加强线路,频率校正电路
accentuation *f* 加重,加强,强调明显性
~ de contrates (航测)反差明显,反差加重,对比放大
accentuer *v* 突出,强调
acceptabilité *f* 可接受性
acceptable *a* 可接受的,可行的
acceptation *f* 接受,领受,承诺,认可,承认,同意,肯定,兑兑(票据),受理,承运
~ au transport 承运
~ bancaire 银行承兑
~ conditionnelle 条件承兑,限制承付
~ d'un compte 账目的签认
~ d'un envoi 货物承运
~ d'une offre 接受报价
~ d'une prorogation 同意延期(付款)
~ de la facture 签认账单
~ de wagons 接收货车
~ lot par lot 分批验收
~ sans réserve de la marchandise par destinataire 收货人无保留条件地接受货物
accepté *a* 被接受的,被承认的,被承兑的
accepter *v* 接受,认可,同意,答应,承兑,领受,承诺
~ un contrat 同意合同
~ une traite 承兑汇票
~ une offre 接受报价
accepteur *m* 接收器,受主,票据承兑人,接收器
acception *f* 接受
~ de la soumission 接受投标书
accès *m* 进入,接近,进路,通往,通路,坑口,专用路,(高速道路的)出口(或入口),匝道
~ amont 上行出入口
~ au carrefour 交叉出入口
~ au radier (道路)过水路面引线
~ aval 下行出入口
~ d'ouvrage 建筑物出入口,桥涵引线
~ de chantier 工地(施工)专用路
~ des passages souterrains sur les trottoirs 站台地道入口
~ direct 直接进路

~ du parking 停车场入口

~ faiblement allié à haute résistance 做到高强度低杂质

~ interdit à toutes personnes étrangères aux travaux 非施工人员禁止入内

~ interdits 入口完全控制，禁止进入

~ latéral 侧道入口

~ limités 入口部分控制，限制进入

~ marginal 侧道入口

accessibilité *f* 可到达性，可接近性，可到达，可进入，易接近

~ à tous 对所有人均适用

~ aux personnes handicapées 残疾人的进入

accessible *a* 可选的，可通过的，可达到的，可理解的，可接近的，可触及的，可及的，易受影响的

accessoire *m* 附件，配件，备件，备用件，零件，辅助设备，次要组分；*a* 附属的，附加的，次要的，伴生的，外来的

~ s à bride 法兰配件

~ s amovibles 可卸零件

~ s amovibles des wagons 可拆卸的车辆配件

~ s de base 底座［管脚］配件

~ s de câblage 布线配件

~ s de caisse 车体配件

~ s de caisse et outillage 车体配件和机具

~ de canalisation 管配件，管件

~ s de la pompe 水泵附件

~ de la route 道路附属物，道路附属设施

~ s de la voie 扣件

~ s de servitude 辅助装置维护设备

~ s de survie 救生设备

~ de tige d'ancrage vide 中空注浆锚杆附件

~ s de traction 牵引配件

~ s de tuyau 管子（接头）配件

~ s de tuyauterie 管道配件

~ du barrage 坝体附属结构物

~ en acier 钢制接头，钢制配件

~ s entraînés 传动附件

~ s joints 接头附件

~ s pour cribles 筛分机附件

~ s pour détecteur et indicateur 检测器和指示器用附件

accessoiriste *m* 汽车配件商

accident *m* 断裂，断层，破坏（作用），（地形）起伏，损伤，损坏，事故，故障，包裹体，（地形）构造突变，高低不平，扰动，偶然性，意外

~ aigu 尖峰信号

~ automobile 车祸

~ bathymétrique 海底起伏

~ bénin 轻微损伤，微小事故

~ caché 隐伏断层

~ cassant 错动断层，错动断裂

~ causé par réfrigération 冷却损伤

~ chevauchant 逆掩断层

~ corporel 人身事故，伤亡事故

~ s corporels de la circulation routière 交通伤亡事故

~ cratogénique （形成火山口或喷泉口的）地层断裂

~ d'abordage 碰撞事故

~ d'augmentation excessive de charge 升负荷越限事故

~ d'exploitation 运输事故，行车事故，生产事故，开采事故，运行事故，操作事故

~ de choc 碰撞事故，撞车事故

~ de circulation 交通事故，车祸

~ de dépressurisation du primaire 一回路失压事故

~ de dimensionnement 设计基准事故

~ de gîte 矿床断裂

~ de l'écore 深部断裂，深大断裂

~ de la circulation 交通事故，行车事故

~ de la route 道路交通事故

~ de la superstructure 浅部构造断裂

~ de matériel 器材损坏

~ de mine 矿井事故，矿山事故

~ de navigation 航行事故

~ de parcours 发展中的意外事件

~ de perte de débit primaire 流量流失事故

~ de perte de fluide primaire 一回路失水事故

~ de perte de réfrigérante primaire 一回路失水事故

~ de réactivité 反应性事故

~ de remorquage(ADR) 设计基准事故

~ de rupture de la cuve du réacteur 压力壳破裂事故

~ de rupture de tuyauterie 管道破裂事故

~ de rupture de tuyauterie vapeur 蒸汽管道破

裂事故
~ de terrain 地面波状起伏,波状地形,地形起伏,底板起伏
~ de voiture 交通事故,车祸
~ des piétons 行人车祸
~ directionnel 垂向断裂,垂直断裂
~ dû à l'éblouissement 因目眩而发生的事故
~ du tir 爆破事故
~ du travail 工伤事故
~ en milieu argileux 黏土中矿物包体
~ en milieu carbonaté 碳酸盐中的矿物包体
~ envisagé 假想事故
~ géologique 构造破坏,构造断裂
~ géologique principal 主要地质灾害
grand ~ de l'écorce 深部断裂,深大断裂
~ grave 重大事故
~ hypothétique (condition de fonctionnement) 假想极限事故,假想事故
~ léger 轻微事故,一般事故
~ lithologique 岩石包体,岩石中矿物包体
~ majeur 主断裂,主断层
~ maximal prévisible 最大可能预测的事故
~ minéralogique 矿物中的包体
~ mortel 伤亡事故,人身事故
par ~ 偶然地,意外地
~ par collision arrière 车后相撞事故
~ par rupture du circuit primaire 失水事故
~ paratectonique 副构造型断裂,同构造型断裂
~ peu probable 少见事故
~ prévisible 可预见事故
~ routier 公路车祸
~ satellite 次生断裂,附属断裂
~ structural 构造变形,构造破坏
~ sur route 行车事故,公路车祸
~ survenu à un voyageur 旅客伤亡事故
~ technique 技术事故,技术故障
~ tectonique 构造断裂,构造破坏,地貌突变

accidentation *f* du terrain 地面不平整度

accidenté, e *a* 起伏的,崎岖的,高低不平的,崎岖不平的,粗(糙)的,受到破坏的,参差不齐的

accidentéisme *m* 故意工伤事故

accidentel, elle *a* 偶然的,意外的,外源的,外来物的,附属的,由事故所引起的

accidenter *v* 引起事故,导致损失,使起伏不平,使遭到事故,使受损害

accidenteur *m* 肇事者

accidentologie *f* 交通事故学

acclimatation *f* 环境适应,气候适应

acclimatement *m* 风土化,(人)服水土,适应新环境[气候]

acclimater *v* 使适应新环境,使适应气候,引进

accolé *a* 黏住的,链接的,紧挨在……之上,毗连的,紧邻的

accolement *m* 附着,黏着,连接,黏结,联合,咬合,归并,并置,毗连

accoler *v* 连接,黏结,并列

accommodation *f* 调节,适应,适合,安排,整理,适应性,弹性稳定(应力分析)

accommodement *m* 安排,整理,协议

accommoder *v* 适应,适合
  s'~ à 适合于……
  s'~ de 将就,满意

accompagnateur *m* 押运人,押车员;伴生(矿)物

accompagnement *m* 押运,护送
  ~ des trains 列车押运

accompagner *v* 随附,附加,伴随,陪同,护送
  s ~ de 伴有……,有……随着出现

accompli, e *a* 完成的,实现的,完善的

accomplir *v* 完成,履行,达到,实现,执行
  ~ les conditions d'un contrat 履行合同条件

accomplissement *m* 实现,完成,达到,履行,执行
  ~ du plan annuel 完成年度计划

accord *m* 协定,协议,协议书,批准,同意,调谐,调整,谐振,配合,(产状)整合,重合,校准
  ~ à boutons poussoirs 按钮调谐
  ~ à commande unique 同轴调谐
  ~ à court terme 短期协定
  ~ à long terme 长期协定
  ~ aigu 锐调谐
  ~ aplati 钝调谐
  ~ approximatif 粗调(谐)
  ~ automatique 自动调谐
  ~ bilatéral 双边协定
  ~ cadre 框架协议
  ~ commercial 商务协定,贸易协定
  ~ complémentaire 补充协定
  d'~ 同意,赞成
  d'~ avec 同意……

~ d'antenne 天线调谐
~ d'assistance économique 经济援助协定
~ d'association 联营协定
~ d'exclusivité 独家经营协定
~ d'intention 意向性协议
~ de clearing 清算协定,结算协定
~ de compensation 补偿协议
~ de coopération 合作协议
~ de crédit 信贷协定
~ de garantie de placement 包销协议
~ de paiement 支付协定,支付合同
~ de principe 原则同意,基本意见
~ de remboursement 偿付协议
~ de troc 易货协定
~ décalé 参差调谐串联调谐
~ douanier 海关协定,关税协定
~ du maître d'œuvre 监理工程师批准
~ entre entreprises 企业间协议
~ entre hommes d'honneur 君子协定
~ étalé 宽调谐,钝调谐,粗调谐
être en ~ avec 跟……一致
~ financier 资金协定,财政协定
~ flou 钝调谐,宽调谐,粗调谐
~ formel 正式同意,正式批准
~ général 总协定
~ imparfait 粗调,不精确调谐
~ intergouvernemental 政府间协议[定]
~ par noyau plongeur 插入调谐(调电场)
~ pointu 锐调谐
~ précis 精调谐
~ préliminaire 初步协定
~ provisoire 临时协定,临时协议
~ silencieux 无噪音调谐
~ sous forme d'échange de lettres 换文形式协议
~ supplémentaire 附加协定
~ sur deux réglages 双按钮调谐
~ sur la coopération économique et technique 经济技术合作协定
~ sur les salaires 工资协定,工资合同
~ tacite 默认
~ tarifaire 运价协定
~ tripartite entre le fourniture, le bailleur et le preneur 供货商、出租方和承租方之间的三方协定
~ unique 单钮调谐
~ verbal 口头协定
~ visuel 目视调谐,目视调谐指示器
accordance f 整合(性),一致(性),协调
accordant a 整合的,一致的,和谐的,调和的
accordé a 给予的,相配合的,调谐的,谐振的
accordéon m 折叠,叠加
accorder v 答应,同意,授予,承认,接受,给予,允许,协调,调谐,校准,调整,使协调
~ de wagons 车辆相撞
~ des dommages-intérêts 同意损失赔偿
s'~ 一致,配合
s'~ avec 同……配合,融洽
s'~ sur 商妥,约定
~ un délai d'exécution 同意工期
~ une détaxe 同意减税,同意免税
~ une licence d'exportation 发出出口许可证
~ une licence d'importation 发出进口许可证
~ une mission 下达任务
accordeur m 调谐器,调谐设备
accore m 陡岸,陡坡,支撑,支柱; a 陡峭的,险峻的,悬崖的,急倾斜的
accostage (soudage) m 搭焊
accot m 支架,支柱,支撑块,支撑物
accotar m 楔,楔形物
accotement m 路肩,路边,护道,肩状物
~ accessible 可通行车辆的路肩,备用路肩
~ carrossable 可通行车辆的路肩,备用路肩
~ cyclable 自行车道
~ de droite(gauche) 右(左)侧路肩
~ des routes en terre 土路肩
~ en ballast 道砟路肩,道砟护道
~ en grave-cendres volantes-chaux 砂砾—粉煤灰—石灰混合料(铺筑的)路肩
~ engazonné 铺草皮的路肩
~ gazonné 铺草皮路肩
~ imperméable 不透水路肩
~ non-stabilisé 不稳定路肩,松软路肩
~ non revêtu 不铺装路肩
~ porteur 承载路肩
~ revêtu 铺装路肩,铺砌路肩
~ stabilisé 稳定路肩,硬质路肩
~ surélevé 升高的路肩

accoulins

~ traité 铺砌路肩,加固路肩
accoulins *m.pl* 冲积土,冲积层,表土
accouplement *m* 连接,结合,啮合,匹配,配合,接头,耦合,耦合器,连接器,离合器,信号选别器
　~ à boyaux 软管连接器
　~ à brides 凸缘连接,法兰盘联轴器,凹缘联轴器
　~ à broches 销钉联轴器
　~ à cardan 万向轴连接器,万向接头
　~ à clabots 凸轮联轴器,凸爪离合器
　~ à cliquets 爪形联轴器,棘轮联轴器
　~ à crabots 爪式离合器,凸轮离合器
　~ à disque de friction 摩擦式盘形连接器,圆盘式摩擦离合器
　~ à friction 摩擦离合器,摩擦连接器
　~ à lames 钢圆盘联轴器
　~ à segments extensibles 簧圈联轴器
　~ à surcharge 扭矩极限联轴器
　~ à vis 螺旋车钩
　~ articulé 活节连接器,活节联轴器
　~ d'arbre de transmission 传动轴连接器,联轴器
　~ d'arbres 联轴器
　~ d'axes 联轴器,联轴
　~ d'eau d'alimentation 供水管道连接装置
　~ de chauffage 客车间采暖管路连接装置
　~ de chauffage à dégagement automatique 自动解开采暖管路连接装置
　~ de chauffage électrique 电力采暖连接装置
　~ de frein 制动风管连接器
　~ de manœuvre 调车连接器
　~ de réserve 备用车钩
　~ de tige 钻杆接头
　~ de tubage 套管接箍
　~ de tuyaux flexibles 软管连接器
　~ de véhicules 车钩
　~ démultiplicateur 减速(齿轮)耦合
　~ des piles 电池组
　~ direct 直接传动,直接耦合
　~ du frein automatique 自动制动风管连接器
　~ du frein direct 直通制动用制动软管连接器
　~ élastique 弹性联轴器,挠性联轴器,弹性离合器,弹性连接(装置)
　~ élastique par ressorts en hélice 螺旋弹簧连接装置
　~ élastique par ressorts en hélicoïdaux 螺旋弹簧弹性连接(装置),螺旋弹簧弹性传动,弹簧套筒弹性传动
　~ électrique 电线的相互连接(车辆间)
　~ électrique de bras de signal (电力)信号选别器
　~ électrique pour mât étroit 电力柱上选别器
　~ électromagnétique 电磁离合器
　faux ~ 防尘堵,制动软管连接器的堵
　~ flexible 挠性联轴器,软管
　~ hydraulique 液压离合器
　~ lâche 弱耦合
　~ magnétique 磁耦合
　~ mécanique 联动,机械连接,机械耦合
　~ monocinétique 防止重复显示信号锁闭
　~ par courroie 皮带连接(器)
　~ pour pompe-injection diode 二极管
　~ pour véhicules de voies à écartements différents 不同轨距车辆的连接器
　~ rigide 刚性联轴器,刚性连接
　~ semi-élastique 半弹性联轴器
　~ serré 紧耦合,刚性连接,固接
　~ transversal 横向连接器
　~ universel 万向联轴器,万向连接器
accoupler *v* 接合,配对,连接,成对连接
　~ par attelage lâche 松车钩
　~ rigidement 紧车钩
accourcie *f* 近路,捷径
accourcissement *m* 收缩,缩短
accourse *f* 外走廊,外通道
accoutumé,e *a* 通常的,习惯的
　à l'~e 按习惯,照常
accoutumer *v* 使习惯于
　s'~ à 习惯于
accrédité *m* 受益人,受款人
accréditeur *n* 保证人,担保人
accrétion *f* 增生,增长,增大,外加,加积,堆积,增殖,增加物
　~ des continents 大陆增生,大陆加积
accreusement *m* 冲蚀,侵蚀,腐蚀,破坏
accroc *m* 撕破,割裂,困难,故障
accrochage *m* 悬挂,钩住,相碰,连接,同步,由屏—栅电容回授产生寄生振荡的激励(在三极管

中),交流发电机并联运转
~ acoustique 声回授
~ au réseau 与电源同步
~ d'oscillations 振荡激励
~ d'une machine asynchrone 异步电机并联
~ d'une machine synchrone 同步电机并联
~ de phase 锁相
~ de pneu 轮胎和地面的附着(力)
~ des attelages 挂车钩

accrocher v 相碰,连接,钩上,钩住,悬挂,使电机进入同步
~ la matière isolante 抹上绝缘材料
~ un wagon 与车辆相碰,与车辆相撞

accrocheur m 连接器,挂钩

accroissement m 增加,增生,增长,增多,生长,加大,加长,扩大,提高,放大,增量,增加额
~ à l'allargement 加宽
~ à l'allongement 伸长度增加,加长
~ d'activté 活动增大,活动性提高
~ d'oscillation du signal 增加信号激励
~ de charge 荷载重量,增加负荷,加载,电荷增高
~ de dureté 硬度提高
~ de granulométrie 粒度增大
~ de l'intensité de la circulation 提高自行车密度
~ de la pente 坡度增大
~ de la pression 增加压力
~ de la production 产量增加,增产
~ de pression 压力升高,压力增大
~ de résistance 强度提高,阻力增大
~ de teneur 含量增加
~ de vitesse 速度增加,速度增量
~ de volume 体积增加
~ des coordonnées 坐标增量
~ des déflections 弯沉增加
~ des réserves 储量增长
~ du potentiel 电压增加
~ du trafic 交通量增加,运量增加
~ linéaire 线性增加
~ secondaire 碎屑颗粒再生作用

accroître v 增加,扩大,壮大

accrue f (水退后)滩地的扩大,森林的延伸扩大,淤塞,填积

accu m 蓄电池,电瓶,蓄能瓶

accul m 路线尽头

accumulateur m 储槽,仓池,蓄能[力、压、势、气、热、液、水、油]器,累加器,储存器,蓄电池,电瓶,罐(液体)
~ à liquide immobilisé 密封蓄电池,不会流出电液的蓄电池
~ acide 酸性蓄电池
~ alcalin 碱性蓄电池
~ au fer-nickel 铁镍(碱性)蓄电池,爱迪生蓄电池
~ au nickel-cadmium 镍镉(碱性)蓄电池
~ au plomb 铅蓄电池
~ d'eau 集水管,集水器
~ d'eau bouillante 开水箱
~ d'itinéraires (enregistrement) 进路储存器(预排)
~ de chaleur 蓄热器
~ de démarrage 起动蓄电池
~ de minerai 矿仓,碎石聚集体
~ déchargé 放电蓄电池
~ électrique 蓄电池
~ électrostatique 静电存储器
~ hydraulique 蓄液器,蓄水池,液压蓄能器
~ hydraulique à contrepoids 重力式缓行器液压急需器
~ hydroélectrique 水电蓄能器
~ léger 轻便电池组,便携电池组
~ portable 携带式蓄电池
~ sec 干电池

accumulation f 堆积(物),聚集,累积,累加,蓄积,存储,积累,蓄能,蓄压,(水)库容(量),蓄水,堆积作用
~ alcaline 碱性累积
~ annuelle du sédiment 泥沙年淤积量
~ annuelle du séisme 年地震积累数
~ d'eau 储水,蓄水,积水
~ d'éboulis 岩堆,岩屑堆,山麓堆积
~ d'éboulis de gravité 崩塌堆积
~ d'huile et de gaz 油气聚积
~ d'humidité 水分积蓄,水分聚积
~ de blocs 岩堆,洪积扇
~ de boues 矿泥聚积,积泥
~ de cailloux éboulés 岩石崩落

~ de chaleur 蓄热(作用)
~ de chaux 石灰堆积
~ de débris gélives 融冻(崩解)碎屑堆积
~ de débris par solifluxion 泥流碎屑堆积
~ de fonds collectifs 公共积累
~ de glace 积冰
~ de gouttes d'huile 油滴聚集
~ de grisou 沼气聚积
~ de l'eau 积水
~ de la circulation 交通堵塞
~ de la moraine 冰碛沉积
~ de marchandises 货物积蓄
~ de matériel 车辆集结
~ de neige 积雪,雪盖(的)形成,雪堆积
~ de pierres par déflation 岩石风成堆积,岩石风蚀沉积
~ de poussière 矿尘聚积,煤尘聚积,积尘土
~ de talus 坡下碎屑堆积
~ de température 积温
~ des contraintes 应力增大
~ des fonds 资金积累
~ détritique en bas de pente 崩积物,坡积物
~ du capital 资本积累
~ du réservoir 水库容量
~ en bas d'une falaise 洪积扇(堆积),岩堆
~ éolienne 风成沉积,风(成堆)积
~ fluvio-glaciaire 冰水沉积(物)
~ littorale 海岸沉积,岸边堆积
~ nette 净积累,积累净值
~ par pompage 水泵抽水储存
~ pour la production d'énergie 发电库容
~ prélittorale 滨岸沉积,岸边沉积
~ saisonnière 季调节库容,年调节库容
~ spécifique 累计率
accumuler v 累积,聚积,堆积,积累,存蓄
accumulis m 收集,蓄积
accu-pile f 蓄电池组,存储器组
accusé n 回执,收讫; a 显著的,可察觉的,具有特性的,有特色的,鲜明突出的
~ de réception 收据,回执(单),应答信号,证实信号,承认信号
accuser réception 通知收到,通知收讫
acéré, e a 锋利的,尖锐的,锐利的
acérer v 磨快,攒钢(铁上加钢)

acétamide f 醋胺石
acétimètre m 醋酸比重计
acétimétrie f 醋酸定量法
acétylène m 乙炔,电石气
~ dissous 溶解性乙炔
acharné, e a 激烈的,猛烈的
achat m 买,采购,收购,购买,购置,买进物
~ à crédit 赊购
~ à longue distance 远程购物
~ au comptant 买现,现款购买
~ au détail 零购
~ C.I.F 按到岸价格购买
~ comptant 现款购买
~ de chèque 买支票
~ de marchandises 商品的购买
~ s de matière et de fournitures 材料的购买与采购
~ de terrains 购买土地,征用土地,购买地皮
~ exclusif 买断
acheminement m 运送,运行,传送,走行,传递,前进,发送,发运
~ à contresens 反方向运行,反向行驶
~ des conducteurs 导线敷设路线[线路]
~ des envois postaux 邮件的发送
~ des marchandises 货物运送
~ s spéciaux 专运,快运
~ ultérieur 后发送
acheminer (trains marchandises) v 发送,发运(货物列车),引向
acheter v 买,购买,采购,购货
~ à bon compte 廉价买进
~ à crédit 赊购
~ au détail 零购
~ au poids de l'or 出高价买进
~ l'exclusivité 买断
~ les terrains 购买土地,征用土地
acheteur m 采购员,买方
achevé, e a 完成的,完全的,完善的
achèvement m 完成,结束,竣工
~ aux finitions près 基本完成,接近竣工
~ des travaux 竣工
~ du contrat 完成合同
en voie d'~ 基本完成,接近竣工
achever v 完成,结束,实现,竣工

achromatique *a* 无色的，消色差的，单色的
achromatisme *m* 消色差(性)
　～ de sphéricité 球面消色差(性)
acide *m* 酸，酸性；*a* 酸(性)的
　～ abiétique 松香酸
　～ acétique 乙酸，醋酸
　～ acétique glacial 冰醋酸
　～ -alcalimétrie 酸碱滴定法
　～ -alcool 醇酸，脂族醇
　～ aminé 氨基酸，氨酸
　～ aminoacétique 氨基醋酸，甘氨酸
　～ amminé 氨基酸
　～ anhydre 无水酸
　～ arsénieux 亚砷酸
　～ azoteux 亚硝酸
　～ azotique 硝酸
　～ benzoïque 安息香酸，苯甲酸
　～ bibasique 二(碱)价酸
　～ bichromique 重铬酸
　～ borique 硼酸
　～ carbamique 氨基甲酸
　～ carbolique 石碳酸，苯酚
　～ carbonique 碳酸
　～ carbonique libre 游离碳酸
　～ -cétone 酮酸
　～ chloracétique 氯(代)醋酸
　～ chlorhydrique 盐酸
　～ chlorique 氯酸
　～ chlorosulfurique 氯磺酸
　～ chromique 铬酸
　～ citrique 柠檬酸，枸橼酸
　～ concentré 浓酸
　～ corrosif 腐蚀酸，腐蚀剂
　～ crésilique 甲酚(工业)
　～ cyanhydrique 氢氯酸，氰化氢
　～ cyanique 氰酸
　～ d'ambre 琥珀酸
　～ de benjoin 苯甲酸
　～ de complément 补(足)酸
　～ de polyvin 醋酸乙烯
　～ de remplissage pour accumulateurs 蓄电池用酸
　～ dichromique 重铬酸
　～ digallique 鞣酸，双棓酸
　～ dilué 稀酸，淡酸
　～ étendu 稀酸
　～ faible 弱酸
　～ fluorhydrique 氢氟酸，次氟酸
　～ fluosilicique 氟硅酸
　～ formique 甲酸，蚁酸
　～ fort 强酸
　～ gallique 棓酸，镓酸，五倍子酸，没食子酸
　～ gallotannique 鞣酸
　～ gras 脂肪酸
　～ humide 腐殖酸
　～ humique 腐殖酸
　～ hydrobromique 氢溴酸，溴化氢
　～ hydrochlorique 氢氯酸，盐酸
　～ hydrocyanique 氢氯酸，氰化氢
　～ hydrofluosilicique 氟硅酸，六氟络钛氢酸
　～ hydrogène 氢酸
　～ hydro-iodique 氢碘酸
　～ hydrosulfurique 氢硫酸，硫化氢
　～ hypochloreux 次氯酸
　～ lactique 乳酸
　～ linoléique 亚油酸
　～ maléique 顺丁烯二酸，马来酸
　～ manganique 锰酸
　～ méthacrylique 甲基丙烯酸，异丁烯酸
　～ minéral 无机酸
　～ muriatique (粗)盐酸，氢氯酸
　～ naphténique 环烷酸，环酸
　～ nitreux 亚硝酸
　～ nitrique 硝酸
　～ nitrique concentré 浓硫酸
　～ nitrique fumant blanc 白烟硝酸
　～ nitrique fumant rouge 红烟硝酸
　～ oléique 油酸
　～ organique 有机酸
　～ orthosilicique 原硅酸
　～ oxalique 草酸，乙二酸
　～ oxygéné 含氧酸
　～ perchlorique 过氯酸，高氯酸
　～ permanganique 高锰酸
　～ permolybdique 过钼酸
　～ phénique 苯酚，石碳酸
　～ phosphoreux 亚磷酸
　～ phosphorique 磷酸

acidifère

~ phtalique 酞酸
~ picrique 苦味酸
~ polyborique 多硼酸
~ polytellurique 多碲酸
~ pour accumulateurs 蓄电池用酸(硫酸)
~ prussique 氢氯酸,氰化氢
~ régalin 王水
~ silicique 硅酸
~ stéarique 硬脂酸
~ sulfhydrique 硫化氢
~ sulfureux 亚硫酸
~ sulfurique 硫酸
~ sulfurique anhydre 硫酸酐,三氧化硫
~ sulfurique concentré 浓硝酸
~ sulfurique fumant 发烟硫酸
~ tartrique 酒石酸
~ uranique 铀酸
~ volatil 挥发酸

acidifère *a* 含酸的,可生酸的
acidifiable *a* 可酸化的
acidifiant *m* 氧化剂,酸化剂,酸处理剂
acidifiant,e *a* (使)酸化的
acidificateur *m* 酸化剂,致酸剂,酸化器
acidification *f* 加酸,酸化(处理),酸化作用,氧化作用

~ du sol 土壤酸化(作用)

acidifier *v* 酸化,酸处理,使氧化
acidimètre *m* 酸浮秤,酸度计,pH 计,酸量测定计,酸比重计,酸液比重计
acidimétrie *f* 酸量滴定法[化],酸定量
acidité *f* 酸性[度],酸味,酸值

~ active 活性酸度,有效酸度
~ de l'eau 水的酸度
~ de la roche 岩石中二氧化硅含量
~ des granulats 颗粒材料酸度
~ du sol 土壤酸度
~ équivalente 当量酸度
~ hydrolytique 水解酸度
~ minérale 矿物酸度,无机酸度
~ organique 有机酸性,有机酸度
~ réelle 有效酸度

acidite *f* 酸性盐
acido-alcalimétrie *f* pH 测定法,酸碱滴定法
acido-alcalinité *f* 酸碱度

acido-basique *a* 酸碱的
acidomètre *m* pH 计,酸度计,酸液比重计
acido-résistance *f* 抗[耐]酸性
acido-résistant,e *a* 抗[耐]酸性的
acidulé *a* 酸化了的,微酸的
acier *m* 钢,钢材,钢筋

~ (au) chrome-nickel 铬镍钢
~ à aimant 磁钢,磁性钢
~ à bas carbone 低碳钢
~ à béton 混凝土配筋,钢筋
~ à béton précontraint 预应力混凝土钢筋
~ à carbone élevé 高碳钢
~ à carbone moyen 中碳钢
~ à cémenter 表面(渗碳)硬化钢
~ à chaudières 锅炉钢
~ à coupe rapide 高速切削钢,高速钢
~ à décolletage rapide 快削钢,易削钢
~ à essieux 车轴钢
~ à faible teneur en carbone 低碳钢
~ à faible teneur en alliage 低合金钢
~ à forte alliage 高合金钢
~ à forte limite élastique 高屈服强度钢
~ à forte teneur en carbone 高碳钢
~ à haute adhérence (béton) 高握裹力钢筋,(用于混凝土的)螺纹钢筋
~ à haute limite élastique 高屈服强度钢,高弹性极限钢,高强度钢
~ à haute résistance 高强度钢,高强度钢筋
~ à haute ténacité 高韧性钢,高强度钢,高合金钢
~ à haute teneur en chrome 高铬钢
~ à haute teneur en manganèse 高锰钢
~ à limite d'élasticité élevée 高弹性限度钢
~ à moyenne teneur en carbone 中碳钢
~ à outillage 工具钢
~ à outils 工具钢,刃具钢
~ à outils en carbone 碳素工具钢
~ à rail(s) 钢轨钢
~ à ressort 弹簧钢
~ à rivets 铆钉钢
~ à rouleaux 轴承钢
~ à teneur moyenne en carbone 中碳钢
~ à tremper à l'air 空气硬化钢,自硬钢
~ à valis 轨道钢

~ à x% de nickel 含镍 x%的钢材
~ acide 酸性钢
~ acier spécial 特种钢
~ adouci 回[退]火钢
~ affiné 精炼钢
~ allié 合金钢
~ allié à outillage 合金工具钢
~ allié de construction 合金结构钢
~ allié de qualité déterminée 优质合金钢
~ amagnétique 非磁性钢
~ antiacide 耐[抗]酸钢
~ antirouille 不锈钢
~ Armco 阿姆科钢,不硬化钢
~ au bore 硼钢
~ au carbone 碳素钢,碳钢
~ au carbone à basse teneur 低碳钢
~ au carbone à moyenne teneur 中碳钢
~ au chrome 铬钢
~ au chrome-manganèse 铬锰钢
~ au chrome-molybdène 铬钼钢
~ au chrome-vanadium 铬钒钢
~ au cobalt 钴钢
~ au convertisseur 转炉钢
~ au creuset 坩埚钢
~ au four électrique 电炉钢
~ au manganèse 锰钢
~ au manganèse élevé 高锰钢
~ au molybdène 钼钢
~ au nickel 镍钢
~ au nickel-chrome 镍铬钢
~ au nickel-molybdène 镍钼钢
~ au silicium 硅钢,矽钢
~ au silicium-manganèse 硅锰钢
~ au soufre 高硫钢
~ au tantale 钽钢
~ au titane 钛钢
~ au tungstène 钨钢
~ au vanadium 钒钢
~ austénitique 奥氏钢体,高锰钢
~ autoprotégé 防腐合金钢
~ autotrempant 风钢,自硬钢,气硬钢,空气硬化钢
~ avec addition de cuivre 含铜钢
~ basique 碱性钢

~ Bessemer 酸性转炉钢,贝斯麦钢
~ -béton 钢筋混凝土
~ bleu 弹簧钢,蓝钢
~ boursouflé 松质钢
~ brûlé 过烧钢
~ brut 原钢,粗钢
~ brut de forge 锻钢毛坯
~ calmé 镇静(全脱氧)钢,脱氧钢
~ calorisé à aluminium 铝化钢,渗铝钢
~ cannelé pour ressort 弹簧槽钢,带槽弹簧钢
~ carboné 碳素钢
~ carré 方钢,方形钢
~ cémenté 表面(渗碳)硬化钢,渗碳钢
~ cémenté à la surface 表面硬化钢
~ centrifugé 离心浇铸钢
~ chromé 铬钢
~ chrome-nickel 镍铬钢
~ chromifère 铬钢
~ circulaire 圆钢
~ corroyé 剪钢,剪刀钢
~ Corten 柯腾钢,耐腐蚀钢
~ coulé 铸钢,浇钢
~ courant 普通钢(即碳素钢)
~ cuivré 含铜钢,铜合金钢
~ d'alliage 合金钢
~ d'armature 钢筋
~ damassé 大马士革钢
~ de blindage 装甲钢
~ de cémentation 表面硬化钢,渗碳钢
~ de charpente 结构钢
~ de compression 受压钢筋
~ de construction 结构钢,建筑钢
~ de convertissage 转炉钢,吹炼钢
~ de couture 系杆,连接铁,缀铁
~ de couture (béton) 系杆,(混凝土)连接铁条,缀铁
~ de couture d'attache (dans la masse) 标称钢筋
~ de couture de reprise 插筋
~ de creuset 坩埚钢
~ de décolletage 加工钢
~ de décolletage rapide 高速加工钢
~ de distribution 受力钢筋,分布钢筋,配力钢筋

~ de fonte 铸钢,锻钢
~ de fusion 熔炼钢
~ de lingot 钢锭
~ de pont 桥梁用钢,桥梁钢
~ de positionnement 定位钢筋
~ de précontrainte 预应力钢(筋)
~ de qualité 优质钢,高级钢
~ de qualité courante 商品钢
~ de remplacement 代用钢
~ de renforcement 钢筋
~ de réparation 补偿钢筋
~ de répartition 分布钢筋
~ de structure 结构钢
~ demi-doux 半软钢,中碳钢
~ demi-dur 中碳钢
~ désoxydé 脱氧钢
~ détrempé 退火钢
~ doux 软钢,低碳钢(碳含量小于 0.15%),热轧钢
~ dur 硬钢,高碳钢
~ durci 硬钢,高碳钢
~ ébonité 涂胶钢
~ écroui 冷作硬化钢
~ effervescent 沸腾钢
~ électrique 电炉钢
~ en attente (béton) (跨缝)伸出钢筋,露头钢筋,(混凝土的)预留钢筋,短钢筋头(伸出混凝土外,留待衔接用)
~ en barres 条(形)钢,钢条,钢筋,棒钢
~ en double T 工字钢
~ en feuilles 薄钢板
~ en fils 钢丝
~ en haute teneur en carbone 高碳钢
~ en I 工字钢
~ en L 角钢
~ en lingots 钢锭,钢坯
~ en maille 网状钢筋,钢筋网
~ en T T型钢
~ en tôles 钢板
~ en tôles fortes 厚钢板
~ en U U型钢,槽钢
~ en Z Z型钢
~ enfoncé 埋置钢筋,预埋钢筋
~ étiré 冷拉钢

~ étiré à froid 冷拔钢,冷拉钢
~ extra-doux 特软钢,低碳钢(碳含量小于 0.1%)
~ extra-dur 特硬钢,高碳钢
~ façonné 型钢
~ faiblement allié 低合金钢
~ faiblement allié à haute résistance 高强度低合金钢
~ ferritique 铁素体钢
~ feuillard 带钢
~ feuille 薄板钢
~ fin 精炼钢,优质钢
~ fondu 锭钢,铸钢
~ forgé 锻钢
~ fortement allié 高合金钢
~ galvanisé 电镀钢,镀锌钢
~ Hadfield 高锰钢(锰含量 11%~14%),哈特非钢
~ hexagonal 六角铁
~ homogène 均质钢
~ HR 高强度钢
~ hydraulique 水工钢
~ inattaquable 不锈钢
~ inoxydable 不锈钢
~ inoxydable austénitique 奥氏体不锈钢
~ insensible au vieillissement 抗时效钢,无时效钢
~ invar 殷钢
~ laminé 轧制钢,辊轧钢
~ laminé à chaud 热轧钢
~ laminé à froid 冷轧钢
~ large-plat 通用钢板
~ LD 氧气顶吹转炉钢
~ lisse (béton) 光面钢筋,(用于混凝土的)无节钢筋
~ longitudinal 纵向钢筋
~ magnétique 磁钢
~ malléable 展性钢,软钢,锻钢
~ manganèse 锰钢
~ manganèse élevé 高锰钢
~ manganosilicieux 硅锰钢
~ Maraging 马氏体时效钢
~ marchand 结构钢材,商品钢
~ Martin 马丁炉钢,平炉钢

~ Martin basique 碱性平炉钢
~ Martin sur sole acide 酸性平炉钢
~ matricé 锻钢,模锻钢
~ mi-doux 中碳钢(碳含量0.25%～0.4%)
~ mi-dur 中碳钢(碳含量0.4%～0.6%)
~ moulé 铸钢,铸钢件
~ moulé centrifuge 离心浇铸钢
~ mousseux 沸腾钢
~ naturel 原钢
~ nitruré 渗氮钢,氮化钢
~ noir 碳钢
~ non allié 普通碳素钢,碳钢
~ non calmé 沸腾钢
~ non-allié 碳素钢,非合金钢
~ non-allié de qualité supérieure 优质碳钢
~ non-calmé 沸腾钢
~ non-magnétique 无磁性钢
~ non-vieillissant 无时效钢
~ normalisé 正(常煨)火钢
~ octogone 八角钢
~ ondulé 波纹钢
~ ordinaire 普通钢(碳素钢)
~ oval 椭圆钢
~ pastique 塑性钢
~ peu allié 低合金钢
~ plaqué 包镀钢,包层钢
~ plastique 塑性钢
~ plat 扁钢
~ pour béton armé 钢筋加劲杆
~ pour chaînes 锚链钢
~ pour coupe rapide 高速切削钢
~ pour forets 钎钢
~ pour rivets 铆钉钢
~ pour roulements 轴承钢
~ précontraint 预应力钢(筋)
~ profilé 型钢
~ profilé en T T型钢
~ puddle 搅炼钢,熟铁
~ quaternaire 四元(合金)钢
~ raffiné 优质钢
~ rainuré pour ressort 弹簧槽钢,带槽弹簧钢
~ rapide 高速切削钢,锋钢,高速钢
~ recourbé 弯曲钢筋
~ recuit 退火钢
~ réfractaire 耐热钢
~ résistant à chaleur 耐热钢
~ résistant à l'oxydation 耐[抗]氧化钢
~ résistant à la corrosion 耐[抗]腐蚀钢,不锈钢
~ revenu 回火钢
~ rond (béton) (用于混凝土的)圆钢,圆钢筋
~ semi-calmé 半镇静钢筋
~ Siemens-Martin 平炉钢
~ soudable 可焊钢,焊接钢
~ soudé 焊接钢
~ spécial 特种钢,特殊钢
~ spécial allié 特种合金钢
~ stabilisé 稳定性钢
~ sucré 含贵金属的弹性钢
~ supérieur de construction 建筑用优质钢,高级结构钢
~ sur sole 平炉钢
~ sur sole acide 酸性平炉钢
~ sur sole basique 碱性平炉钢
~ suspendu 悬索钢丝
~ ternaire 三元(合金)钢
~ Thomas 碱性转炉钢,托马斯钢
~ tiré 轧制钢,辊轧钢
~ Toristeg 环箍[环形]钢筋
~ torsadé 扭合钢筋
~ traité thermiquement 热处理钢
~ tréfilé 冷拉钢
~ tréfilé à froid 冷拉钢
~ trempant 回火钢
~ trempant à l'air 气冷淬硬钢,正火钢
~ trempé 淬火钢,硬化钢
~ trempé et recuit 调质钢
~ vieilli 时效钢
~ vif 高碳钢,硬钢
~ zorès 槽形板,槽钢

aciérage *m* 镀钢,包钢,钢化,硬化,对焊钢
aciération *f* 钢化,硬化,镀钢,炼钢
aciéré, e *a* 含钢的,镀钢的
aciérer *v* 镀钢,炼钢,钢化,硬化,包钢,炼钢
aciérie *f* 炼钢厂
~ Bessement 酸性转炉炼钢厂
~ Martin 平炉炼钢厂
~ Thomas 碱性转炉炼钢厂

A

aciériste *m* 炼钢者
aciforme *a* 针状的
acineux *a* 细粒状的,细粒状
aclaste *a* 不折光的,透明的(矿物)
aclinal *a* 无倾角的,平坦的
aclinique *a* 无倾斜的,非倾斜的,无倾角的,无坡度的,水平的
acmite *f* 锥辉石(霓石变种)
acompte *m* 部分付款,中期付款,分期付款,预付款,定金
   ~ à la commande 订货预付款
   ~ des travaux 工程账单
   ~ et avance 预付及垫付
   ~ mensuel 按月预付
   ~ payé 已付一部分款项,已付定金
   ~ premier 定金
   ~ reçu 已收定金
   ~ sur achat 购货定金
acorite *f* 锆石
acoumètre *f* 测听计,测声器,听力计,测听(技)术,声测术
à-coup *m* 突然跳动,不均匀运动
acoustimètre *m* 测音计,测听器
acoustique *f* 声学,音质,音响学,声响效果,传音性;*a* (有)声的,声学的,音响的
acquérir *v* 获得,得到,买到
   ~ les terrains 获得土地,征用土地
acquiescer *v* 同意,承诺,接受
   ~ à 同意某事
acquis *m* 知识,经验,成果
acquis,e *a* 取得的,获得的
acquisitif,ive *a* 获得的
acquisition *f* 获得,取得,采集,收购,购得
   ~ d'objectif 目标搜索,目标探测
   ~ de données 数据收集,资料收集
   ~ de gré à gré 双方同意征用土地
   ~ de terrains 征地,获得土地,征用土地,购买地皮
   ~ des informations 信息采集
   ~ foncière 获得用地
acquit *m* 收据,凭证,收讫章
   ~ -à caution 免税转运单,免税转船单
   ~ de douane 缴纳海关关税收据,结关,海关收据
   ~ de libre transit (货物)免税过境单
   ~ de paiement 付款收据,付款凭证
   ~ de transit 通过许可证,过境许可证,(货物)过境单,直达运送许可证
acquittement *m* 支付,缴纳,确认,清偿债务
   ~ d'alarme 警报确认
   ~ de dette 还债,清偿欠款
   ~ de signal 信号确认
   ~ des droits de douane 缴纳关税
   ~ des obligations 清偿债务
   ~ préalable 预先清偿,先期偿付
acquitter *v* 清偿,偿付,办清
   ~ une lettre de voiture 办清货物运单手续
   ~ une taxe 纳税,交费
âcre *a* 腐蚀性的,辣的
acre *f* 英亩(英美制面积单位,1英亩=4046.9平方米=0.40468公顷=6.07市亩)
acrobatolitique *a* 露顶岩基的,近(岩基)顶部的(矿床)
acromètre *m* 液体比重计,油类比重计,(汽缸)最大压力指示器
acromorphe *f* 火山瘤,盐丘
acrotère *m* 栏杆,护墙,墙压檐饰
acrylamide *m* 丙烯酰胺,丙凝(化学灌浆剂)
acrylate *m* 丙烯酸盐,丙烯酸酯
actance *f* 发光效率,流明效率
acte *m* 法规,法令,条例,证书,汇编,记录,动作,作用
   ~ administratif 行政法规
   ~ authentique 经公证的证书
   ~ consolidé 合并文件
   ~ constitutif 组织法,组织条例
   ~ constitutif de propriété 产权证
   ~ d'administration 管理条例
   ~ d'agréage 验收证书
   ~ d'engagement (投标承)诺函,保证书
   ~ d'état civil 身份证,履历表
   ~ d'immatriculation 注册证书
   ~ d'interruption 中止时限行为
   ~ de bonne volonté 善意行为
   ~ de cautionnement 担保(文)书
   ~ de délégation 授权书
   ~ de donation 馈赠证书
   ~ de nantissement 抵押契约

~ d'engagement 保证书
~ du pouvoir 授权书
~ en brevet 公证书
~ final 最后决议，总结文件
~ forcible 强制行为
~ général 总议定书，总条例
~ général d'arbitrage 一般仲裁法规
~ hypothécaire 抵押证明
~ notarié 公证（文）书
~ ratificatif 批准书，承认书
~ récognitif 事后追认书

actif *m* 资产，财产，效益
~ circulant 流动资产
~ comptable 账面资金
~ corporel 有形资产
~ disponible 流动资产
~ douteux 不良资产
~ et passif 资产和负债
~ fictif 虚拟资产
~ fixe 固定资产
~ global 总资产
~ immatériel 无形资产
~ immobilisé 固定资产
~ incorporel 无形资产
~ liquide 流动资产
~ net 净资产
~ réalisable 可变卖的资产
~ réel 实有资产
~ sous-jacent 潜在资产
~ tangible 有形资产

actif, ive *a* 活动的，烈性的，活性的，主动的，积极的，放射性的，有效的

actiniforme *a* 放射状的，辐射状的

actinique *a* （有）光化的，光化性的

actinisme *m* 光化性，类化性，光化作用，射线作用，射线化学作用

actinité *f* 光化性，光化度

actinographe *m* 辐射仪，曝光表，日光能量测定仪，自记曝光计，光化力测定器

actinolite-asbeste *f* 阳起石棉

actinomètre *m* 感光计，露光计，日照计，曝光表，光化线强度计，日光辐射计

actinométrie *f* 光能测定学，光能测定法，曝光测定

actinophotomètre *m* 日光辐射计，日光能量测定器，曝光计

actinoschiste *m* 阳起石片岩

action *f* 作用，作用力，作用量，行动，动作，效应，反应，操作，演算，诉讼
~ à distance 远距作用，遥控作用
~ abrasive 磨耗作用
~ abrasive de la circulation 行车磨耗作用
~ accidentelle 偶然作用
~ accumulative 累积作用
~ adsorptive 吸附作用
~ aérodynamique 气动作用，气动力作用
~ approche-précision 粗细调整（先粗调后细调）
~ attractive 引力，吸引作用
~ automatique de freinage 自动制动作用
~ avec recouvrement 重叠控制，重叠作用
~ biochimique 生（物）化（学）作用
~ brusque 突加作用力
~ capillaire 毛细管作用
~ catalytique 催化作用
~ centrifuge 离心作用
~ centripète 向心作用
~ chimique 化学作用
~ chimique sur les matériaux 材料的化学作用
~ climatique 冰冻风化（作用）
~ combinée 联合作用
~ compensatrice 缓冲作用校正作用；补偿作用，平衡（导线调整器）作用
~ composée 复合作用
~ corrective 校正作用
~ corrosive 腐蚀作用
~ corrosive de l'eau sur le béton 水对混凝土的腐蚀作用
~ cryoclastique 冰冻风化作用
~ d'acide 酸作用
~ d'amortissement 减振作用，缓冲作用
~ d'ancrage 锚固力
~ d'appui élastique 弹性支承作用
~ d'écran 屏蔽作用，隔离作用
~ d'efforts dynamiques 动力作用
~ d'ensemble 综合作用，整体作用
~ d'un arc 拱作用
~ de choc 冲击（作用），撞击

A action

~ de cisaillement 剪切作用
~ de démonstration 示范区,实验区
~ de dissolution 溶[分]解作用
~ de dissolvante 溶[分]解作用
~ de frein 制动作用
~ de gel 霜冻作用,冰冻作用
~ de gelée 冰冻作用
~ de gonflement 膨胀力
~ de gravité 重力作用
~ de l'eau 水的作用,水的影响
~ de la chaleur 热的作用
~ de la circulation 行车作用
~ de la gelée 冰冻作用
~ de la précontrainte 预应力作用力
~ de lit de renforcement 筋带作用力
~ de masse 质量作用,浓度作用
~ de multiplier 重复作用,积聚作用
~ de pétrissage 揉搓作用
~ de réduction du sol 土壤还原作用
~ de réglage 调节作用,调蓄作用
~ de sécurité 保护作用,安全作用
~ de sécurité intempestive 偶然保护作用
~ de surface 表面作用
~ de tampon 缓冲作用
~ de vent 风力,风的作用
~ dérivée 导数作用,微商作用
~ des charges roulantes 行车荷载作用,动荷载作用
~ des gènes 基因作用
~ des intempéries 风化作用,风化
~ détectrice 检波作用
~ différée 缓放作用(继电器),延迟作用,缓动作用,滞后作用
~ différentielle 差动作用
~ directe 直接作用
~ directionnelle 定向作用,有方向的动作
~ dissolvante 溶解作用
~ du climat sur la roche mère 气候对母岩的作用
~ du frein 制动作用
~ du gel 霜冻作用,冰冻作用
~ du jet 喷射流作用
~ du réservoir 调蓄作用
~ du trafic 车辆行驶作用,交通作用
~ du vent 风力,风(荷)载,风力作用
~ dynamique 动力作用
~ échelonnée 分级作用,步进动作
en ~ 活动,发生作用
~ en cascade en série 串级作用,逐级串联作用,级联作用
~ en grande profondeur 深压入作用,深度作用
~ en retour 反馈,回授,回输,反馈作用
~ endogène 内生作用,内力作用
~ érosive 侵蚀作用,腐蚀作用
~ flottante 浮选能力,浮游作用,无静差作用
~ hydraulique 水力作用
~ hydrodynamique 动水压力
~ immédiate 快动,立即动作
~ intermittente 断续作用,断续控制,间歇动作,间歇作用
~ la plus défavorable 最不利作用力
~ littorale 海岸沉积作用
~ locale 局部作用,局部效应
~ mécanique 机械作用
~ météorique 大气风化作用
~ moléculaire 分子力,内力(分子作用)
~ mutuelle 相互作用,相互反应
~ nocive 有害影响,有害作用
~ ou force horizontale appliquée à une fondation 作用在基础上的水平力
~ ou force verticale 垂向荷载
~ oxydante 氧化作用,氧化影响,氧化法
~ par《tout ou rien》 开关作用,二步作用,"通—断"作用
~ par échelons 分级控制,分级动作
~ par échelons multiples 多级控制作用,多步控制作用
~ par intégration 积分作用,重调作用,复原作用,复原控制
~ permanente 永久作用力[荷载]
~ permanente défavorable 不利的长期作用力
~ permanente favorable 有利的长期作用力
~ perturbatrice 扰动作用,扰动效应
~ préventive 预防性措施
~ protectrice 保护作用
~ rapide 快速动作
~ rapide sur les freins 紧急制动,快速制动
~ réciproque 往复动作,互易作用,相互作用

~ réciproque neutron-électron 中子—电子相互作用
~ réciproque pneu-chaussée 轮胎和路面的相互作用
~ rectificatrice 整流作用
~ réductrice 还原作用,还原效应
~ refroidissante 冷却作用,冷却效应
~ retardatrice 延迟作用,滞后作用
~ retardée 缓动,延迟作用
~ réversible 可逆作用
~ rigide 定位作用
~ statique 静力作用
~ tampon 缓冲作用
~ torsadée 扭转作用
~ turbine 透平作用
~ variable 可变作用力[荷载]

actionné, e *a* 开动的,推动的,起作用,被开动的,起动的,激发的

actionner *v* 开动,驱动,使起作用,起动,激发,激励,按下(按钮)
~ le frein 刹闸
~ le signal d'un alarme 发出警告信号

actionneur *m* 动力传动装置,作动器,激励器
~ électrique 电力传动装置

activable *a* 可活化的,可激活的

activant *m* 活化剂,激活剂,激化剂,助媒剂,激励器
~ de frittage 烧结活化剂

activateur *m* 激化,活化剂,活化器,活化性,激活器,激活剂,激励器
~ d'eau 水活化器
~ des accélérateurs 加速剂,加速器

activation *f* 活化,激发,激化,触发,激励,活化性,活化作用,激化作用
~ acide 酸活化
~ d'une cathode thermoélectronique 激活(阴极的),热电阴极激化
~ de l'enrobement 敷层激活
~ des boues 污泥活化
~ du béton 混凝土激活
~ du revêtement 敷层激活
~ par le gypsonat 石膏活化

activé, e *a* 活性的,活化的,激活的

activer *v* 活化,加速,加强

~ la rotation des wagons 加速货车周转

activeur *m* 活化剂,激活剂
activisation *f* 活化
activisme *m* 活性,活泼性
activité *f* 活性,活动,活度,作用,效能,活动性,有效性,功率活动性
~ accessoire de l'entreprise 公司[企业]次营业活动
~ calorifique 散热,放热,放热率
~ chimique 化学活动性,化学活度
~ colloïdale des argiles 黏土的胶态活动性,黏土胶质有效性
~ d'exploitation 经营活动[项目]
~ d'un granulat 粒料的活性
~ d'un laitier granulé 粒状矿渣活性指数
~ de ciment 水泥的活性
~ de membrane 扩散活动,弥漫作用
~ de surface 表面活性
~ des fines 填料的活性
~ hydraulique 水凝[活]性,水硬性(水泥的)
~ inductrice 感应效能,诱发效能
~ induite 感应效能,诱发效能,诱导活动
~ interfaciale 表面活性,表面活化
~ optique 旋光性,旋光度
~ pouzzolanique 火山灰活性
~ séismique 地震活动性
~ spécifique 质量活性,放射性比,放射性比度,表面放射性

actualisation *f* 更新,增补,修补,实现,贴现,折扣,现实化,现值计算
~ des prix 价格贴现,价格现值化,价格修订
~ du plan 计划修订

actualiser *v* 更新,革新,使现实化,使现值化,使符合当前实际
~ le programme des travaux 修订(工程)施工计划

actuateur *m* 激振器,调速器,执行机构,执行装置,传动机构,传动装置

actuel *m* 现代,现代统(第四纪内的)
actuel, elle *a* 当前的,现在的,现实的,实际的
actuellement *adv* 当前,现时
acuimètre *m* Q值计,Q表,质量因数计
acuité *f* 锐利,锐度,尖锐,敏锐度,鉴别力,鉴别力,清晰度,分辨能力

~ auditive 听觉敏锐度
~ d'accord 调谐锐敏度,调谐锐度
~ de clou 钉尖
~ de détection 探测锐度
~ de résonance 谐振锐度
~ de syntonisation 调谐(或调制)锐敏度
~ visuelle 视觉清晰度,视觉敏度,可见度,清晰度

acutangle *a* 锐角的,锐角形的
acutangulé, e *a* 锐角的
acutesse *f* 锐,尖锐,锐利
acyclique *a* 非循环的,非周期性的,单极的
acylation *f* 酰化(作用)
adamant *m* 硬石(指金刚石、刚玉等)
adamantifère *a* 含金刚石的
adamantin, e *a* 金刚石制的,金刚石般的,极硬的,坚硬无比的
adamantine *f* 刚玉
adamas *m* 金刚石
adamellite *f* 石英二长石,二长花岗岩
adamemellitogreisen *m* 石英二长云英石
adamine *f* 羟砷锌矿
adamique *a* 冲积层的,表土的
adamite *f* 羟砷锌石,合成刚玉
adamsite *f* 暗绿云母
adaptabilité *f* 适应性,适用性,灵活性
adaptable *a* 可适应的,适合的
adaptateur *m* 适配器,配用器,接合器,接续器,异径接头,承接管,变换器,匹配器,附加器,拾音器
adaptatif, ive *a* 可适应的
adaptation *f* 适应,适合,修正,调节,调整,调配,适应性实验(应力分析),适应性,采用(新技术等),改进,配合,应用,匹配,调谐
~ à large bande 宽频带匹配
~ au terrain 土地适用
~ aux impédances images 视在阻抗匹配
~ d'impédance 阻抗匹配
~ de l'environnement (对)环境适应
~ de l'œil 眼睛适应
~ structurale 构造适应,构造调整

adapté, e *a* 适应的,适用的
adapter *v* 匹配,衔接,适应,改编,使适应,使适合,装配

s'~ à 适应于,迁就
adapteur *m* 接头,变流器,变频管,转接设备,接合器,管接头,承接管,拾音[波]器,适配器,匹配器,衔接器
additif *m* 加料,添加剂,附加物,附加剂
~ antiacide 抗酸添加剂
~ anticorrosion 防腐添加剂
~ antidétonnant 防[抗]爆剂
~ antigivre 防冻添加剂,防冻剂
~ antigrippant 抗黏结添加剂
~ antimousse 去泡沫剂,消泡沫剂
~ antioxydant 防氧化添加剂
~ antistatique 防静电添加剂
~ cationique 阳离子掺合剂,阳离子附加剂
~ d'adhésivité 黏着性添加剂,黏合剂
~ de boue de forage 钻孔泥浆添加剂,泥浆添加剂(钻探用)
~ détergent 去污添加剂
~ pour le béton 混凝土掺合料

additif, ive *a* 加的,附加的,补充的,相加的,加成的,加和的
addition *f* 增加,附加,连接,加法,增添,增量,补充,混合料,外加剂,掺合料,添加物,添加剂,添加料,附加物,掺和剂
~ antidétonante 防爆添加剂
~ calmante 脱氧附加剂
~ d'eau 加水
~ d'un colorant au ciment 水泥增色剂
~ de fillers 添加填料
~ de grains 添加粒料
~ de matière colorante au ciment 水泥加颜料
~ de sable 加砂
~ de sable concassé 掺加粉砂
~ tête à queue 头尾连接
~ tête à tête 对头连接

additionnable *a* 可加的
additionnel, elle *a* 附加的,补充的,追加的,额外的
additionner *v* 加,添,增加,附加,补充,叠加,结算
adducteur *m* 引水渠,供水管道
adduction *f* 供水,供给,引入,送入,引水工程,集水工程,氧化作用
~ d'air 供风,送风

~ d'eau 供水,给水系统,引水工程,给水工程
~ de chaleur 供热,供热系统
~ distribution et évacuation des eaux 给排水
~ gravitaire 重力输送,自动供给

adélite *f* 砷钙镁石
adéquat, e *a* 相符的,相当的,适当的
adéquation *f* 相符,恰当
~ offre-demande 供求一致,供求相当

adergneiss *m* 脉状片麻岩,纤维片麻岩
adhérence *f* 附着,黏着,内聚,贴合,连接,黏附,黏着力,黏附力,握裹力,耦合黏着,黏附力,黏附现象
~ à la rupture 抗张强度
~ au freinage 制动时轮胎和地面的黏着力
~ au sol 土壤黏着力
~ contact 接触黏着力
~ d'une courroie 皮带黏着力
~ d'une locomotive 机车黏着力
~ de ciment 水泥结合力
~ de contact 接触黏着力
~ de la brique au mortier 砖和砂浆的黏结力
~ de la chenille au sol 履带与地面的黏着力(拖拉机)
~ de pneu 轮胎(和地面)的黏着力
~ de roue sur sol 车轮和地面的附着力
~ des armatures au béton 钢筋与混凝土的握裹力
~ des chaussées 路面黏着力
~ des peintures 油漆黏着力,结合料的黏附力
~ électrostatique 静电附着力
~ réelle 实际附着力,实际黏着力
~ totale 总附着力

adhérent *m* 黏着剂,黏附剂
adhérent, e *a* 稠的,黏着的,附着的,黏性的,胶黏的,黏附的,焊接住的
adhérer *v* 附着,黏附,黏着,加入,连接,黏合
adhérisation *f* (车轮和地面的)黏着性,附着度
adhériser *v* (车轮)黏着
adhésif *m* 胶,黏合剂,黏合剂,胶合剂
~ au latex 乳胶,乳化胶浆,乳化黏结剂
~ de la résine synthétique 合成树脂胶
~ époxy 环氧黏结剂
~ liquide 液体黏合剂
~ pour planches murales 墙壁板胶合剂
~ structurel 结构黏合剂
~ thermodurci 热固胶

adhésif, ive *a* 胶黏的,黏性的,黏附的,有黏性的
adhésion *f* 附着,粘贴,连接,参加,加入,黏着力,黏着力,黏着作用,黏附现象
~ capillaire 毛细黏附
~ des granulats routiers 路面集料的黏着性
~ liant-agrégat 黏结料与骨料的结合力

adhésivemètre *m* 黏着力计
adhésivité *f* 黏性,黏附,连接,握裹力,胶黏性,黏着性,黏着(力),附着力
~ capillaire 毛细黏结,毛细附着性
~ liant-agrégat 黏合剂和骨料的黏结度(黏合性)
~ vis-à-vis du granulat 与颗粒材料的黏结度

adiabate *f* 绝热曲线,绝热
adiabatique *a* 绝热的
adiabatisme *m* 绝热状态
adiagnostique *a* 不能鉴别的,不可判明的
adiantite *f* 纤维(状)透石膏,细脉状透石膏
adiathermane *a* 防热的,绝热的,隔热的
adigèite *f* 镁蛇纹石
adimensionné, e *a* 无因次的,无量纲的
adinole *f* 钠长英板岩,长英板岩
adinolite *f* 钠长英板岩
adipeux, euse *a* 脂肪质的
adipite *f* 胶菱沸石
adipocire *f* 伟晶蜡石
adjacence *f* 邻近,邻接
adjacent, e *a* 相邻的,毗连的,邻近的,接壤的,相连的,接触的,邻位的,交界的
adjoindre *v* 加,添,加入,伴随,配属
adjoint *m* 副职,助理
adjoint, e *a* 相伴的
adjonction *f* 添加,附加,增加,掺入,补充,衔接,添加物,附属建筑物
~ d'eau 加水,添水,水增加
~ de bitume 掺沥青
~ de véhicule de renfort 增挂车辆
~ de wagon 加挂货车
~ des réactifs 添加混凝剂

adjudicataire *m* 得标人,中标者,中[得]标人
adjudicateur, trice *n* 招标人,拍卖者
adjudication *f* 投标,招标,判标,裁定,拍卖,判归

~ à forfait 承包招标
~ administrative 行政招标
~ concours 协作项目或工程的招标，单项工程或单向供货合同的招标
~ de travaux 工程招标
~ du contrat 合同招标
~ du marché 中标，授标，授予合同
~ forcée 强制拍卖
~ libre 自由招标
~ limitée 限制性招标
~ négociable 议标
~ ouverte 公开招标，无限竞争性招标
~ ouverte de travaux 工程项目公开招标
~ partielle 部分招标
~ publique 公开招标
~ publique de travaux 工程公开招标
~ restreinte 限制性招标，有限招标
~ sélective 选择性招标，邀请投标

adjuger v 招标，判给

adjustement m 调整，调节，校正，适应，平差
~ des rubans gradués 卷尺平差，皮尺平差

adjuvant m 掺合料，催化剂，掺加剂，掺合剂，外加剂，混凝土掺合料
~ s accélérateurs de prise 速凝剂
~ anti-coagulant 防凝结添加剂
~ de filtration 辅助过滤装置
~ de floculation 助凝剂
~ du béton 混凝土掺合剂
~ entraîneur d'air 加气剂
~ fluidifiant et anti-rétractif 增塑和抗收缩添加剂
~ s réglant la prise （混凝土）凝固时间调节剂

adlittoral, e a 近岸的

admettre v 同意，许可，接纳，承认，录取
~ au transport 承运
~ un compte de plein droit 作为正式签认的账目

administrateur m 董事，理事，主管，管理人，行政负责人
~（directeur）général 董事长
~ de route 道路管理者
~ délégué 常务董事
~ directeur 常务董事
~ générant 主管董事

administratif, ive a 管理的，行政的

administration f 管理，经营，业主，管理局，管理部门，管理机关，行政机关
~ adhérente 参加局，参加单位
~ des Ponts et Chaussées 道路桥梁管理局
~ cédante 移交管理局
~ cessionnaire 接收管理局
~ chargée de l'inspection et de l'examen des marchandises 商检局
~ chargée de la préparation de l'étude 负责准备研究方案的管理局
~ chargée de la réparation 负责修理的管理局
~ chargée du règlement 负责结算单位，负责结算管理局
~ d'arrivée 到达管理局
~ d'émission 发行单位，发送单位，发货单位
~ de contrôle des changes 外汇管理局
~ de départ 发送管理局，起运单位
~ de la preuve 作证管理局
~ de la qualité d'eau 水质管理
~ de transit 过境管理局
~ défaillante 未履行责任的管理局
~ des eaux 水务（管理）局
~ des impôts 税务局
~ des Routes 公路管理局
~ destinataire 到达管理局
~ douanière 海关，海关总署
~ du droit d'eau 水权管理
~ du projet （工程）项目业主
~ emprunteuse 借债机关，租用机关
~ étrangère au chemin de fer 非铁路单位
~ expéditrice 发送管理员，发送单位
~ exploitante 营业管理员，运营单位
~ fautive 过失管理局
~ fiscale 税务管理
~ gérante 经营管理局
~ immatriculatrice 办理登记的管理局
~ intermédiaire de transit 过境管理局，中转局
~ intermédiaire pour un règlement 代办清算的管理局
~ limitrophe 邻局，邻路
~ membre 参加管理局，会员管理局
~ non adhérente 非参加管理局，非会员管理局
~ participante 参加管理局

~ planifiée　计划管理
~ présidente　主持(会议)的管理局
~ propriétaire　财产所属的管理局
~ publique　国家行政机关
~ réglante　清算管理局
~ requérante　提出申请的管理局
~ responsable　有责任的管理局
~ tenue à la restitution　负责赔偿的管理局
~ unifiée de l'État　国家统一管理
~ utilisante　使用管理,使用单位

admirable *a*　令人赞美的,奇妙的,惊人的
admis au transport sous certaines conditions　在一定条件下容许运送
admissible *a*　容许的,可采纳的,有资格(加入)的,许可的,可接受的
admission *f*　允许,引进,输入,进口,接收,接纳,容许,许可,供给
~ au transport　承运
~ au transport sous certaines conditions　有条件的承运
~ d'eau　进水口
~ d'air　进气(口),补气(管)
~ d'air additionnel　辅助进气口
~ d'air de refroidissement　冷却空气进口
~ d'air diesel　柴油机进气管
~ d'eau　进水(口),给水,充水
~ de chaleur　供热
~ de gaz　供气
~ de vapeur　供蒸汽
~ de vent　送风,通风,鼓风
~ des gaz　进入气体,进气
~ du premier coup　开始制动
~ du vent　送风,通风,鼓风
~ en exonération des droits　获准免税
~ en franchise　免税进口
~ grille　栅极最大电压,栅压最大摆动
~ radiale　径向进气,径向进给
~ temporaire　暂时接收(海关为以后免税出境而允许入境暂存),(TA)临时进口,包税进口

admittance *f*　导纳
admittancemètre *m*　导纳测量器
admixtion *f*　掺合,混合
admontite *f*　水硼镁石,黏土
adobe *m*　砖坯,土坯,土墙,土坯墙,土坯屋,黏土粉,土坯黏土,灰质黏土,龟裂土

adoptable *a*　可采用的,可采纳的,可通过的
adopter *v*　采纳选用,采取,通过(决议)
adoption *f*　采用,采取,沿用,接受,通过(决议),采纳,选用
ados *m*　沟边堤(用挖沟的弃土堆成)
adossé *a*　靠背的
adossement *m*　嵌合,接合,榫合,套入
adoucir *v*　软化,稀释,退火,回火,缓和,减轻,减少,抛光,磨削,磨光,使……平缓,变平,脱硫,脱臭软化
~ l'angle　略倒圆角棱
~ l'eau　使水软化,减小水的硬度,软化(处理)水
~ la pente　整平,减缓路堤坡度
~ la pente du remblai　减缓路堤坡度

adoucissage *m*　软化,缓和,研磨,软化处理(如退火、回火),磨削,抛光
adoucissant *m*　(水的)软化剂,研磨剂,抛光粉
~ d'eau　软水剂
adoucissement *m*　削坡,软化,回火,退火,研磨,磨削,抛光,磨光,稀释,缓和,脱硫,脱硫醇
~ à l'air　空气氧化脱硫醇
~ d'eau　水软化
~ d'une courbe　曲线陡度缓和
~ de l'eau　水软化处理,水淡化处理
~ de la pente　减缓坡度,削坡
~ par permutites　沸石软水法

adoucisseur *m*　滑粉,软化器,软化剂,增塑剂,软化装置,抛光机,抛光工人
~ automatique　自动软水装置
~ d'eau　硬水软化器,软水剂

adoué,e *a*　成对的,成双的
adresse *f*　地址,网址,住址,通信处
à l' ~ de　针对着,以……为目标
~ abrégée　简写地址
~ -base　基本地址
~ commerciale　商业地址,业务地址
~ complète　全称地址
~ courante　现地址
~ de l'acheteur　购货人地址
~ de l'expéditeur　发货人地址
~ de livraison　交货人地址
~ du vendeur　售货人地址

~ fictive　假地址，人为地址
~ inexacte　地址不准确
~ initiale　原始地址，起始地址
~ machine　机器地址
~ permanente　固定地址
~ postale　通信地址，通信处
~ réelle　实地址
~ spécifique　具体地址，专用地址
~ variable　可变地址
~ virtuelle　虚拟地址，零级地址

adresser　*v*　寻址，认址，给予，向……提出
~ à　推荐，介绍
s'~ à　向……询问，向……讲话，向……请求
~ une demande　提出要求
~ une réclamation à une maison de commerce　向商行提出索赔

adret　*m*　阳坡，山阳，南坡，向阳的山坡
adsorbabilité　*f*　吸附能力，吸附性
adsorbable　*a*　可吸附的，可被吸附的
adsorbant　*m*　吸附剂；*a* 有吸附性的
adsorbat　*m*　（被）吸附物，（被）吸附体，吸附质
adsorbendum　*m*　吸附物
adsorber　*v*　吸附
adsorboluminescence　*f*　吸附发光
adsorption　*f*　吸附（作用），表面吸附（作用）
~ activée　活性吸附
~ apolaire　非极性吸附
~ carbonique　碳吸附
~ chimique　化学吸附
~ d'eau　水的吸附，吸附水
~ d'ions　离子吸附
~ physique　物理吸附
~ polaire　极性吸附
~ réversible　可逆性吸附
~ statique　静电吸附

adulaire　*f*　冰长石
adulte　*a*　成年人的，成熟的，经过试验的，已得到发展的，过硬的
adulte　*m*　成年，成熟，成（年）体
adultérant　*m*　掺杂物，混杂物，混合物
adultérant, e　*a*　掺杂用的
adultérateur　*m*　伪造者，掺假者
adultération　*f*　掺杂，改装，伪造，掺假
~ de billets de banque　伪造假钞
~ de marchandises　假冒商品
~ de monnaie　伪造假币

adventif　*a*　寄生的，外来的
adverse　*a*　相反的
adygéite　*f*　蛇纹石
ædelforsite　*f*　浊沸石，不纯硅灰石
ædélite　*f*　钠沸石，葡萄石
ægérite　*f*　弹性沥青（地蜡）
ægiapite　*f*　钙磷霓灰石，霓磷灰石
ægirine-augite　*f*　霓辉石
ægirine-diopside　*f*　霓透辉石
ægirine-hedenbergite　*f*　霓钙铁灰石
ægirine-jadéite　*f*　霓硬玉
ægirinite　*f*　霓石岩
ægirinolite　*f*　霓灰石岩
ægyptum　*m*　红色大理石
ægyrine　*f*　霓石
aénigmatite　*f*　三斜闪石
ænigmatite　*f*　钠铁非石（三斜闪石）
AEP（Alimentation en Eau Potable）　饮用水供应
æquinolite　*f*　球粒（黑曜石变种）
aérable　*a*　可通风的，通风的，可更换空气的
aérage　*m*　充气，透气，（矿井、坑道等的）通风，换气，输送空气，通风设备
~ aspirant　吸入式通风
~ descendant　向下通风
~ diagonal　对角式通风
~ en boucle　环形通风

aérateur　*m*　风扇，掺气器，充气机，曝气机，曝气器，通风器，通风机，鼓风机
~ -aspirateur　吸风机，抽风机
~ d'auvent　挡雨披檐下通风窗
~ de plafond　天花板通风器，车顶通风器
~ de surface　表面充气液体净化器
~ de toiture　屋顶通风器，车顶通风器
~ de turbine　水轮机补气装置，涡轮充气器
~ en cascade　多级通风机，阶式曝气器，梯级通气器
~ exutoire　通风排气除烟装置
~ mécanique　机械曝气管，机械通气器
~ par diffusion　扩散通气器
~ sous pression　压力通风机，压力曝气池

aération　*f*　掺气，通气，曝气，通风，充气，换气，进气口，切割性，（地形）切割（作用）

~ à air comprimé 扩散曝气,扩散掺气
~ artificielle 人工通风,强制通风
~ collective 集流式通气(装置)
~ de chambre 房间换气
~ de surface 表面曝气(法)
~ des dessableurs 沉沙池曝气
~ des eaux usées 水曝气
~ des lits bactériens 生物滤池曝气
~ des rivières 河流曝气
~ différentielle 差压通风
~ du sol 土壤透气,土壤充气作用
~ en cascade 梯级曝气法,多极跌水曝气法
~ mécanique 机械通风,机械式曝气
~ naturelle（tunnels） 自然通风(隧道)
~ normale 正常掺气(量)
~ par aspiration（tunnels） 强迫通风(隧道)
~ par barbotage 气泡曝气
~ par brosse rotative 转刷曝气
~ par diffusion 扩散曝气,扩散掺气
~ par pale 叶片通风
~ prolongée 延时曝气,全面氧化净化法
~ répartie 分段曝气,逐步曝气,阶段曝气
~ superficielle 表面曝气

aéré, e *a* 通风的,换气的,空气流畅的,空气流通的

aérer *v* 吹风,通风,换气,曝气

aérien, enne *a* 空气的,空中的,大气的,气流的,架空的,悬空的

aérifère *a* 通风的

aérification *f* 掺气,气化,气化作用,风化(混凝土)

aérifier *v* 使气化,气化,变成气体

aériforme *a* 气态的,气体的,空气状的

aérigène *a* 空气的

aérinite *f* 钙磷绿泥石(青泥石)

aériser *v* 使呈气态,使……变成气体,气化,充气

aéro- （前缀）空气,空中的

  ~ -accélérateur *m* 加速曝气机

aérocâble *m* 高架索道,架空索道

aérocartographie *f* 航空测图术

aérochauffeur *m* 空气加热器

aérocheminement *m* 空中三角测量

aérochimique *a* 空气化学的

aéroclasseur *m* 空气分级机

aéroclassification *f* 空气分级

aérocondenseur *m* 空气冷凝器

aéroconditionnement *m* 空气调节

aérocotaminant *m* 空气污染物

aérocrète *m* 加气混凝土

aérodensimètre *m* 空气密度计,空气比重计

aérodépoussièrage *m* 空气除尘

aéroduc *m* 气动传送管

aérodynamique *f* 空气动力学,气体动力学; *a* 流线型的,空气动力(学)的

aérodynamisme *m* d'une voiture 车辆流线型

aéro-éjecteur *m* 喷气提升机

aéroélasticité *f* 气动力弹性力(学)

aéroflotattion *f* 气流废水净化法

aérogaine *f* 管式通风机

aérogel *m* 气凝胶

aérogène *a* 气成的,产气的,产气微生物的,由空气产生或传播的

aéroglissière *f* 气流槽,气流式输送机,气垫滑动

aérographe *m* 高空气象计,喷漆器

aérographie *f* 大气状况图表

aérolite *f* 硫黄炸药

aérolithe *m* 硝铵,硫黄炸药,硝酸钾

aérologie *f* 高空气象学,大气学

aéromécanique *f* 空气力学,气体力学

aéromètre *m* 气体比重计,量气计,气体计

aérométrie *f* 量气学

aérophoto *f* 航空照片,航摄照片,航空摄影; *m* 航空摄影机

aérophotogramme *m* 航空照片,航摄照片

aérophotogrammétrie *f* 航测,航空测量,空中摄影测量(学),航空摄影测量(学)

aérophotographie *f* 航拍,空中摄影法,航空摄影学[术]

aérophotométrie *f* 航空摄影测量

aérophototopographie *f* 航空地形测量,航空摄影地形测量学

aérophysique *f* 航空物理学,空气物理学,气体物理学

aéropompe *f* 空气泵

aéroportage *m* 空运

aéroporté *a* 空降的,空运的

aéroradiométrique *a* 航空放射性测量的

aéroréfrigérant *m* 强制通风冷却装置,强制通风

aéroréfrigération

冷却器,空气冷却机
~ humide 湿式通风冷却装置
~ sec 干式通风冷却装置[塔]

aéroréfrigération *f* 冷却,强制通风冷却

aérorefroidisseur *m* 空气冷却器

aéroscope *m* 尘埃仪,空气检查器,空气纯度镜,空气微生物采集器,空中微粒显微镜,空气尘粒测定器

aérosilicagel *m* 带孔硅胶

aérosol *m* 悬浮微粒,悬空微尘,有悬浮粒的气体,大气悬浮物,大气微粒,气悬体,(空)气溶胶,烟雾剂,气雾剂,浮质
~ d'huile de graissage 润滑油喷嘴

aérosphère *f* 大气圈

aérotank *m* 曝气池

aérotherme *m* 暖风机,空气加热器;*a* 热风式的
~ de cabine 司机室空气加热器,司机室采暖装置

aérothermochimie *f* 空气热化学

aérothermodynamique *f* 空气热动力学

aérotriangulation *f* 航空三角测量,空中三角测量

aéro-vue *f* 鸟瞰图

aérugite *f* 块砷镍矿

aeschynite *f* 易解石

aeschynite-(Y) *f* 钇易解石

aétite *f* 鹰石(褐铁矿),矿石结核,瘤状矿石

afeldspathique *a* 不含长石的

affache-étais *m* 链式回柱器,回柱机

affaiblir *v* 减弱,减轻,削弱,衰减,减小,减薄,使衰弱

affaiblissement *m* 减弱,减轻,衰减,消耗,降低,下降,冲淡,稀释
~ caractéristique 固有衰耗,本身衰减
~ d'adaptation 匹配不准的衰耗,匹配衰减
~ d'insertion 插入衰耗,介入损失
~ de la portance du sol 土壤承载能力减弱
~ de propagation 传播衰耗,传播减弱
~ diaphonique 串音衰减
~ effectif 工作衰耗,净衰耗,效率衰减
~ équivalent 等效衰减
~ progressif 逐步衰减
~ transductique 转换衰减

affaiblisseur *m* 衰耗器,衰减器,减速器,缓冲器
~ à onde évanescente 临界衰耗器

affaire *f* 业务,事务,工作,开采,研究,案件,商业,交易
~ au comptant 现金交易
avoir ~ à 和……打交道
~ s commerciales 商务
~ conclue 成交
~ coupée 一揽子交易
~ de gros 批发生意,批发业务
~ de troc 易货贸易
~ en commission 代理业务
~ s financières 财务

affaissement *m* 崩落,塌陷,下陷,下沉,衰减,沉陷,降落,消落,挠曲,挠度,冒顶,坍落度,塌落(地层侵蚀),去加重,沉淀(物)
~ à la consolidation 固结沉降
~ anticyclonal 反气旋下沉
~ au cintre 拱度下沉
~ au cône (混凝土)坍落度
~ au cône d'Abras 锥体沉降度(混凝土坍落度试验)
~ complet 完全下沉
~ de berge 陡河岸或陡坡下沉
~ de gradins 梯级沉降,梯形沉淀
~ de la côte 海岸沉降,海岸陷落
~ de la fondation 基础下沉
~ de la surface 土地下沉,地面沉陷
~ de la voie 道路沉陷
~ de la voûte 拱顶下沉
~ de rive 河岸冲塌,河岸下沉,河岸沉陷
~ de terre 土地沉陷,地面陷落,地层塌陷
~ des appuis (桥梁)墩台下沉,支座下沉
~ des joints 接头下沉
~ différentiel 不均匀沉陷
~ dû à la consolidation 固结下陷
~ dû au dégel 解冻下沉
~ en gradins 阶梯式下沉,阶状断层
~ final 最终沉陷
~ latéral de remblai 路堤滑坡
~ minier 矿坑下陷
~ résiduel 残余沉降
~ sur le bords 堤岸沉陷
~ tardif 延缓沉降
~ total 完全下陷,总沉降

affaisser *v* 使下沉,使下陷,使弯曲,下沉,沉降
affaler *v* 放松,放下,使搁浅,使靠岸
affangissement *m* 河床淤积
affectation *f* 指定,用途,配属,任命,规定用途,分派职务
　~ d'un actif en garantie　资产交付抵押
　~ de fonds　资金调拨
　~ de recettes　分派收入
　~ de ressources　资源配置
　~ de trafic　交通(量)分配
　~ des coûts　费用调拨
　~ dynamique　动态作用
affecter *v* 指定,规定,分派,影响,作用于
affection *f* 疾病,弊病,影响
　~ dynamique　动态影响
　~ professionnelle　职业病
affermer *v* 出租,租借(土地)
affermir *v* 使巩固,加强
affermissement *m* 巩固,稳定,加强
affichage *m* 读出,显示,定位,粘贴,(数据在荧光屏上)显示,显示装置,示值读数,指示
　~ analogique　模拟显示
　~ de fréquence　频率调整,调频
　~ immédiat　示踪,跟踪,立即显示
　~ numérique　数字显示,数字指令
　~ numérique par cristal liquide　数字液晶显示
　~ par points　点法显示
affiche *f* 布告,招贴
afficher *v* 显示,指示,定位,贴布告
affilé,e *a* 尖的,锐利的
affiler *v* 削尖,磨快,磨尖
affilerie *f* 刃磨间,打磨间
affiloir *m* 油石,砥石,磨刀石,磨刀器,油砥石,砂轮机
affiloire *f* 砥石,磨石,油石,致密石英岩
affinage *m* 精炼(金属),精制,精加工
　~ électrolytique　电解精制
affine *a* 均匀的,拟似的,亲和的
affinement *m* 精选,提纯,提炼,细颗粒度,精炼(金属),精制,研磨粉碎
affiner *v* 精制,精炼(金属),使成流线型
affinité *f* 同源,亲缘,亲和力,亲和性,相似(性),类似
　~ chimique　化学亲和力
　~ d'eau　亲水性,水亲和能力
　~ différentielle　优先吸附,差别亲和力
　~ liant　黏结料的亲和性
　~ s thermodynamiques　热力性能
affirmation *f* 肯定,断言,确认,主张,证实,批准
affirmer *v* 确定,确认,证明,保证
affleurant *a* 出露地表的(岩石),出露的
affleurement *m* (岩层)露头,出露,平坦,曝露,曝光
　~ altéré　风化露头
　~ caché　埋藏露头,隐伏露头
　~ d'eau souterraine　地下水流出
　~ de faible　断层露头
　~ de roche　岩层露头
　~ rocheux　岩石出露
　~ masqué　埋藏露头,隐伏露头
　~ oxyde　风化露头,风化煤层露头
　~ sous les morts-terrains　隐藏露头,隐伏露头
affleurer *v* 出露地表,出露(煤田、矿床),暴露,修平,使平坦
affluence *f* 汇流,汇合,流入,涌水量,群集,聚合,涨潮,汇聚,聚流,丰富
　~ des eaux　水流汇流
　~ du vent　气流汇合
affluent *m* 支流,属流,汇流,支河,岔河涌入量
　~ du glacier　冰川汇流
　~ rive droite　右岸支流
affluer *v* 汇合,合流,流入,大批到达
afflux *m* 汇流,汇集,涌入,抽吸,吸入,进入,(洪水时)堰上下游水位差
　~ d'air　气流,进气量
　~ d'eau　吸水,进水,水流,进水量,进气量,入流量
　~ d'eau souterraine　地下水流
affolement *m* 失调,失控
afforestation *f* 造林,植林,种树,绿化
affouillabilité *f* (岩石的)冲蚀性,风化性
affouillable *a* 易受冲刷的,易受腐蚀的,冲刷侵蚀的,底部易受冲刷的
affouillé *a* (被)冲刷成的,(被)侵蚀成的,磨蚀的
affouillement *m* 冲刷,刻蚀,侵蚀,淘刷,潜挖,冲毁,冲洗,基蚀,淘底冲刷
　~ au dessous du pont　桥下一般冲刷
　~ d'un talus　坡麓冲蚀,山坡冲刷

~ de rive 河岸冲刷
~ de terre 土壤冲刷
~ des fondations 基础受侵蚀,路基冲刷,基础冲刷
~ du remblai 路堤沟状冲刷,路堤侵蚀
~ du talus 边坡沟状冲刷,边坡侵蚀
~ en aval de barrage 坝下冲刷
~ latéral 侧向冲刷,侧向侵蚀
~ latéral de la berge 滨岸侧向冲蚀
~ naturel du lit de rivière 河槽天然冲刷
~ normal （桥下）一般冲刷
~ partiel （桥墩）局部冲刷
~ partiel de pile 桥墩局部冲刷
~ souterrain 地下侵蚀

affouiller *v* 冲蚀,冲刷(岩石),侵蚀,淘底,底切,暗掘

affranchissement *m* 免费,免税,预付,运货时预付运费
~ obligatoire 强制预付费用

affrètement *m* 租船合同

affréteur *m* routier 公路汽车租用人

affrontement *m* 碰撞,相碰

affût *m* 台,架,座
~ orientable 旋转架,转台

affûtage *m* 磨刃,磨快,磨尖,刃磨,削尖,修整

affûté *a* 削尖的,磨快的

affûter *v* 磨尖,刃磨,削尖,修整

affûteuse *f* 磨床,砂轮机,锐化装置,刀具磨床
~ outillage universelle 万能刀具磨床
~ semi-automatique pour affûter les fraises-mères 半自动滚刀磨床

afghanite *f* 阿钙霞石(阿富汗钙霞石)

afin de 目的在于,为了,以便

afin que 目的在于,为了,以便

AFNOR（Association Française de Normalisation）法国标准化协会

african *m* 鲜红色大理石

african,e *a* 非洲的

africandite *f* 钛黄云橄岩,铈钙钛磁铁岩

afrodite *f* （富）镁皂石(镁泡石)

aftalosa *f* 钾芒硝

afterdiamant *m* 水晶

aftertopaze *f* 黄玻璃式石英

aftitalite *f* 钾芒硝

afwillite *f* 柱硅钙石

agalite *f* 纤滑石

agallochite *f* 木化石

agalmatolit(h)e *f* 寿山石(冻石)

agaphite *f* 绿松石(甸子)

agar-agar *m* 琼脂

agardite *f* 钇砷铜石

agaric *m* 岩乳
~ fossile 岩乳
~ mineral 岩乳

agarice *f* 岩乳

agaté *a* 玛瑙的

agate *f* 玛瑙
~ anhydre 水玛瑙
~ arborisée 树枝状玛瑙
~ chrysoprase 绿玉髓
~ cornaline 光玉髓,肉红玉髓
~ d'Islande 黑曜岩,黑曜石,玻璃玉
~ enfumée 烟玛瑙
~ herborisée 树枝状玛瑙
~ jaspée 碧玉玛瑙
~ molaire 细砂质磨石,磨石
~ mousseuse 苔纹玛瑙,藓纹玛瑙
~ noire 黑曜岩,黑曜石
~ œillée 眼球状玛瑙
~ onyx 带状玛瑙,缟玛瑙
~ ponctuée 斑点玛瑙
~ rubanée 条带状玛瑙
~ sanguine 红玛瑙,血玛瑙
~ tachetée 斑点玛瑙
~ verte pommée 绿玉髓
~ zonée 条带状玛瑙

agatifère *a* 含玛瑙的

agatin *a* 含玛瑙的

agaz *m* 泥灰质黏土,凝灰黏土

âge *m* 纪,代,年龄,龄期,时代,时期,寿命,使用期限；*m. pl* 期,时代
~ à l'époque de l'essai 试验期
~ absolu 绝对年龄,绝对年代
~ conventionnel 相对的地质年代
~ d'onde 波龄(波速与波峰之比)
~ d'un pli, ~ d'un plissement 皱纹形成时代
~ d'un sol 土壤年代
~ d'un véhicule 车辆寿命

~ d'une faille 断层形成时间
~ de bronze 青铜器时期
~ de déchargement 卸荷龄期
~ de Fermi 费米年龄
~ de formation 生成年代,形成时期
~ de la boue 污泥龄
~ de la forêt 林龄
~ de la minéralisation 矿石形成时代
~ de la neige 雪龄
~ de la pierre éclatée 石器时代
~ de la pierre polie 新石器时代
~ de la pierre taillée 石器时代
~ de la retraite 退休年龄
~ de pierre 石器时代
~ de ralentissement 慢化年龄
~ de service 使用期限
~ de véhicule 车辆年限
~ des Ammonites 中生代
~ des roches 岩石时代
~ du béton 混凝土龄期
~ du bronze 青铜期
~ du flux 通量寿期
~ du gisement 矿床形成时代
~ du minerai 矿石(形成)年龄
~ du terrain 地层年龄,地层年代
~ effectif 有效使用期
~ géologique 地质年代,地质时代
~ géologique absolu 绝对地质年代
~ glaciaire 冰期
~ interglaciaire 间冰期
~ limité pour la retraite 退休年龄
~ mésonummulitique 始新世
~ mésozoïque 中生代
~ minimum de commissionement 正式职工的最低年龄
~ paléozoïque 古生代
~ postatomique 原子能[弹]时代
~ précambrien 前寒武纪(期),寒武纪前期
~ primaire 古生代(第一纪)
~ quaternaire 第四纪
~ relatif 相对年龄,相对时代
~ relatif des roches 岩石相对地质时代
~ secondaire 中生代(第二纪)
~ tertiaire 第三纪

agellochite f 硅化木
agence f 机关,分行,事务所,办事处,代理行,代办处,通讯社
~ à l'étranger 国外代理公司,国外代理处
~ à la vente 代销商,代销经纪处
~ d'achat 采购代理行
~ d'affaire 商务代理行
~ d'architecture 建筑设计事务所
~ de Gestion Autoroutière(AGA) 公路运营管理局
~ de transport 运输行,运输代理处,运输代办处
~ en douane 报关行,报关服务社,报关代理人
~ gouvernementale 政府机关,管理机构
~ Nationale des Autoroutes(ANA) 高速公路管理局
~ Nationale des Barrages et des Transferts (阿尔及利亚)国家大坝引水司
~ pour la Coopération Technique Industrielle et Économique 工业技术和经济合作署(法国)
~ Touristique Internationale de Chine 中国国际旅行社
agencement m 配置,布置,排列,位置,装置,设备,分布,结构
~ du wagon 货车设备
~ d'une chambre 布置房间
~ et installation 布置和安置
~ relatif des bancs 岩层相对位置,岩层的相互影响
~ s spéciaux 专用设备
agencer v 安排,布置,整理,配合
agenda m 手册,笔记簿,工作日记,工作手册
~ minier 采矿手册,矿山手册
~ technique 技术手册
agent m (地质)营力,作用力,介质,媒介物,活性物质,要素,因素,剂,作用剂,附加剂,代理人[商],代表,经纪人,职员,人员,原动力
~ à dérouillement 除锈剂
~ à former 受训人员
~ à nettoyer 净化剂
~ à polir 抛光剂
~ à sécher 干燥剂
~ abrasif 磨料
~ accélérateur 促进剂,催化剂

A agent

~ actif 活化剂
~ activant de la corrosion 腐蚀促进剂,速腐剂
~ ad hoc 特别代理人
~ additionnel 添加剂,掺加剂,加成剂
~ adhésif 黏着剂
~ aérateur 加气剂,引气剂
~ agglomérant 胶凝剂
~ agglomératif 烧结剂
~ agglutinateur 黏合剂,胶结料
~ agressif 侵蚀剂,侵蚀性物质
~ allumeur 点灯员
~ antibactérien 灭菌剂,杀菌剂
~ anti-boue 抗污泥剂,抗凝沉剂
~ anticélifiant 防冻剂
~ anti-corrosif 防腐剂,防锈剂
~ anti-coup 抗震剂
~ anti-floculant 分散剂
~ antigélifiant 阻冻剂,防冰剂
~ anti-inflammation 防火剂
~ antimousse 消泡剂,消沫剂,防泡沫剂
~ antiozone 防臭氧剂
~ anti-rouille 防锈剂
~ antistatique 抗静电剂
~ atomasphérique 大气营力,大气作用,自然风化作用,大气因素(如风、雨等),大气因子(指温度、雨水等)
~ autorisé 授权代理人,(被)授权人员
~ broyant 磨剂
~ catalytique 催化剂
~ cémenteux 黏结剂,结合剂
~ chimique 化学试剂,化验剂
~ cimenteux 黏结剂,胶结剂
~ coagulant 混凝剂,凝结剂
~ colorant 染料,颜料,着色剂
~ comburant 助燃剂
~ commissionnaire 委托代销人
~ commissionné 正式职工
~ complexant 螯合介质
~ comptable 会计员
~ condensateur 冷凝剂
~ conservateur 防腐剂
~ contractuel 契约代理人
~ corrosif 腐蚀剂
~ coup 抗震剂
~ d'érosion 侵蚀(营)力
~ d'absorption 吸收剂
~ d'addition 添加剂
~ d'adhésion 黏着剂,黏着料,胶黏剂
~ d'adhésivité 黏着剂
~ d'affaires 代理人
~ d'ancrage 固定剂,封固剂
~ d'assurances 保险代理人
~ d'attaque 腐蚀剂,蚀刻剂
~ d'écume 泡沫剂
~ d'entraînement 加气剂
~ d'entraînement d'air 加气剂,泡沫剂
~ d'entretien des signaux 信号维修工,信号保养工
~ d'érosion 侵蚀力,侵蚀作用
~ d'expansion 膨胀剂,发泡剂
~ d'inspection 检查员,检查工作人员
~ d'occlusion d'air 加气剂
~ de blanchiment 漂白剂
~ de bureau 管理人员
~ de cémentation 胶结剂
~ de cimentage 黏结剂,结合剂
~ de circulation 交通因素,交通警(察)
~ de coagulation 凝结剂,凝聚剂
~ de commande 订货代理人
~ s de condensation 凝聚力
~ de conservation 稳定剂,防腐剂
~ de contrôle du pH pH控制装置
~ de corrosion 腐蚀剂
~ de couplage (ultrasons) 耦合剂(超声波检验用)
~ de coupure 灭火剂
~ de décomposition 分解剂
~ de défloculation 反絮凝剂,分散剂,悬浮剂,胶体稳定剂
~ de démoulage 脱模剂,分离剂
~ de dénudation 剥蚀(营)力,侵蚀(营)力
~ de dépolymérisation 解聚(合)剂
~ de dépoussiérage 除尘剂
~ de destruction des roches 岩石破坏因素,岩石风化媒介
~ de dispersion 分散剂
~ de douane 关务员,报关员
~ de durcissement 固化剂,硬化剂

~ de fixation　固定剂，定相剂
~ de floculation　絮凝剂，凝聚剂
~ de flottation　浮选剂
~ de fusion　熔剂
~ de gonflement　泡胀剂，膨胀剂
~ de haute résistance initiale　早强剂
~ de liaison　联络员
~ de maîtrise　工长，领工员，值长
~ de manœuvre　调车员
~ de matité　无光剂
~ de mouillage　脱模剂，润湿剂，湿润剂
~ de mouture　水泥粉化剂
~ de neutralisation　中和剂
~ de polymérisation　聚合剂
~ de pontage　桥接剂
~ de précipitation　沉淀剂
~ de purification　净化剂，净水剂
~ de quart　值班员
~ de réduction d'eau　减水剂
~ de réfrigération　制冷剂，冷冻剂
~ de refroidissement　冷却介质，冷却剂，制冷剂
~ de régidification　硬化剂
~ de règlement　理赔代理人
~ de relève　接班人，接替人员
~ de remplissage　填充剂，填料
~ de remplissement　填充剂
~ de scellement　封固剂
~ de séparation　分离剂
~ de sorption　吸收剂
~ de stabilisation　稳定剂
~ de station d'épuration　污水处理厂操作人员
~ de surface　表面活化剂
~ de transport　运输代理人，代运人
~ de travaux　劳动力
~ de trempe　硬化剂
~ de vulcanisation　硫化剂
~ décontaminant　净化剂，去污剂
~ dédié　指定代理人
~ des douanes　关务员
~ des mesures　量测人员，测量员
~ déshydratant　脱水剂，干燥剂
~ détersif　洗涤剂
~ dispersant　分散剂，扩散剂
~ dispersif　分散剂，扩散剂

~ dissolvant　溶解剂，助溶剂
~ du fisc　税务代理人
~ du mouvement　行车人员
~ du poste de manœuvre　信号员
~ durcissant　硬化剂
~ durcisseur　硬化剂
~ écumeux　泡沫剂，发泡剂
~ émulseur　乳化剂
~ émulsif　乳化剂
~ émulsifiant　乳化剂
~ émulsionnant　乳化剂
~ en douane　关务代理人
~ en tournée　巡查人员
~ entraîneur d'air　（混凝土）加气剂，引气剂
~ épaississant　增稠剂，硬化剂
~ exclusif　独家代理人
~ expansif（ciment）　（水泥）膨胀剂
~ extérieur　外力作用，外部因素
~ extincteur　灭火剂
~ financier　财务代理人
~ fixateur　定影剂
~ floculant　絮凝剂，凝聚剂，胶结剂
~ géologique　地质因素
~ gonflant　膨胀剂，泡胀剂
~ hydrofuge　抗水剂，防水剂（混凝土的）
~ imperméabilisateur　防水剂
~ inflammation　防水剂
~ insoluble　无害物质，不溶解物质
~ liant　黏结剂，结合剂，黏合剂，胶合剂
~ liquide　液态介质
~ logé　寄宿职工，在工作单位住宿的职工
~ minéralisateur　成矿因素，矿化剂
~ modificateur　改性剂
~ moteur　原动机，动力要素
~ mouillant　润湿剂
~ moussant　发泡剂，泡沫剂，起泡剂
~ non titularisé　临时职工，编制外职工
~ nuisible　有害物质
~ organique　生物作用，生物营力
~ oxydant　氧化剂
~ passif　惰性剂
~ passivant　钝化剂
~ plastifiant　塑化剂，增塑剂（混凝土）
~ poisseux　增黏剂

～ précipitant 沉淀剂
～ préservatif 防腐剂
～ public 公职人员
～ ramollissant 软化剂
～ réceptionnaire 接收员,验收员,检验员
～ reconstitué 还原剂,脱氧剂
～ réducteur 还原剂
～ réfrigérant 制冷剂
～ refroidissant 冷却剂,制冷剂
～ relargant (béton) (混凝土)盐析作用剂
～ répulsif 防护剂
～ retardateur 缓凝剂
～ sédentaire 常驻人员
～ siccatif 干燥剂
～ stabilisant 稳定剂
～ stabilisateur 稳定剂
～ taxateur 运费计算员
～ technique 技术员,技师,技术人员
～ tensioactif 表面活性剂
～ thixotropique 触变剂,摇溶剂
～ titularisé 正式职工
～ transitaire 货物过境代理人
～ -voyer 道路观察员
～ vulcanisant 硫化剂

agetoïde *a* 玛瑙的,玛瑙类的
agglo *m* 刨花板
agglomérant *m* 黏结剂,黏合剂,凝结剂,附聚剂,接合剂;*a* 附聚的,烧结的
～ synthétique 合成黏合剂
～ végétal 植物性黏合剂
agglomérat *m* 团矿,胶(结)块,成团,附聚,附聚物,集块岩,块集岩,烧结物,烧结矿
～ d'écoulement 熔岩角砾岩,集块熔岩
～ volcanique 火山集块岩
agglomératif, ive *a* 集块岩的,具有黏合力的
agglomération *f* 黏结性,密集,凝聚,成团,附聚,熔结,烧结,堆积,黏附;村落,村镇,居民区,城市圈
～ de minerai 矿石烧结,结块矿石
～ dense 密集居民区
～ fermée 住房密集的村落
～ périurbaine 城市周围居民区
～ sous forme de boulettes 团矿,造球
～ sous pression 压力黏结
～ sous vide 真空烧结
～ urbaine 城市居民区
agglomératique *a* 集块的(结构)
aggloméré *m* 砌块(混凝土等制成的),煤砖,团矿,集块岩,烧结矿(块),凝集物,堆积体;*a* 集块的,块集的(结构)
～ creux 多孔砌块,空心砌块,多孔结块
～ de béton 混凝土砌块
～ de ciment 水泥砌块
～ de laitier 矿渣砖(块)
～ de pierre ponce 浮石块
agglomérer *v* 密集,凝结,凝聚,附聚,堆集,烧结,团矿,成砾岩状
agglutinant *m* 黏合剂,胶合剂,黏结剂
agglutinant, e *a* 黏合的,黏着的,胶合的,凝聚的,黏结的,烧结的,熔结的
agglutination *f* 黏结,胶结,结块,黏合(作用),胶着(作用),凝聚(作用),烧结作用,凝集(作用)
～ du charbon 团煤,黏结煤
agglutiner *v* 凝集,黏附,黏结,烧结,胶结,附集,成胶状
ag(g)radation *f* 淤积,堆积,加积作用,填积(作用),叠积(作用)
～ du lit fluvial 河床淤高
aggravation *f* 恶化,加重
～ de la pression fiscale 税负加重
～ de la situation économique (financière) 经济(金融)形势严峻
aggraver *v* 加重,恶化
aghanite *f* 阿钙霞石
agile *a* 灵活的,灵敏的
agio *m* 贴水,回扣
agir *v* 操作,反应,活动,操作作用,反应起作用的
～ comme 作为……起作用
～ en cas de rupture de fil 在断线时的处理
～ sur 发生作用,影响,作用于……
agissant, e *a* 起作用的,有影响的
agitateur *m* 搅拌棒,混合器,搅拌器[机、装置],拌和机
～ à ailettes 叶片式搅拌机
～ à air 空气扩散器
～ à émulsionner 乳化搅拌机
～ à hélice 螺旋式搅拌机

~ à jet de vapeur 蒸气喷射搅动器
~ à moteur 电动机式搅拌机
~ à râteau 齿片搅拌机,耙式搅拌机
~ à tige 杆轴搅拌器
~ à turbine 涡轮式搅拌机
~ électrique 电动搅拌机
~ manuel 手摇搅拌装置,手工搅拌机
~ mécanique 机械搅拌器
~ monté sur camion 汽车搅拌机
~ pendulaire 摆动式搅拌机
~ porté (toupie) (陀螺式)混凝土搅拌车
~ pour béton 混凝土搅拌机
~ pour les brassages des boues 污泥搅拌机
~ vertical 立式搅拌机

agitation *f* 搅拌,扰动,搅动,摇动,振动,晃动,拌和
~ à air 空气搅拌
~ brownienne 布朗运动
~ d'eau 水的波动
~ des boues activées 活性污泥搅拌
~ du plan d'eau 水面波动
~ du sol 地震,地面震动,不稳定地面
~ mécanique 机械搅拌
~ microséismique 微震震动
~ ouvrière 劳工闹事
~ pour les floculations 絮凝搅拌
~ sismique 地震扰动
~ sociale 社会动乱
~ sur le marché des changes 外汇市场动荡
~ thermique 热扰动

agiter *v* 搅拌,搅动,摇动,摆动,挥动
~ à fond 用力晃动

aglaite *f* 杂钠长白云母(腐锂辉石)
aglaurite *f* 闪光正长石
agmatite *f* 角力混合岩
agnésite *f* 块滑石
agnotozoïque *m* 元古代
agoge *f* 槽,排水,泄水,排水沟
agolina *f* 溶洞,岩溶漏斗,喀斯特洞,喀斯特漏斗
agolite *f* 纤滑石,叶蜡石
agon *m* 一字形钻头
agonique *f* 零磁偏(线)的,无偏差线,无偏(线)的
agpaite *f* 钠质霞石正长岩类,阿(格帕)霞石正长岩类

agrafage *m* 夹住,夹持(住),扣上,扣环,卡环,夹板,卡板
~ à coin 用键固定,楔固
~ à dents de scie 锯齿形接缝,嵌接
~ de sûreté 安全扣环
~ de sûreté (de la tige de traction) 安全扣环(牵引拉杆)
~ du bandage 轮箍的扣环装置

agrafe *f* 钩,钩夹,夹子,卡子,扣环,扣钉,夹钳,紧固件,夹紧板
~ à clavette 键接合,销接合,铰链接合
~ à crochet 夹紧板
~ à dents de scie 楔面(斜接)接头
~ à toron d'acier 扭合钢筋卡环,钢丝绳夹具
~ de bandage 轮箍扣环
~ de courroie 带式扣件,皮带扣
~ de puits 圆筒式扣环
~ de relevé 升降钩
~ de sûreté 安全扣
~ de sûreté (de la tige de traction) 牵引杆安全扣
~ de suspension 吊钩
~ de verrou 联锁夹板
~ pour perceuse 钻头卡
~ simple 单扣钩,单扣

agrafer *v* 扣住,夹住,钩住
~ le bandage 用扣环扣紧轮箍

agrafeuse *f* 装订机,打包钳
agraire *a* 土地的,耕地的
agrandir *v* 增大,扩大
agrandissement *m* 扩建,放大,增大,增加,扩展,扩孔,大样,放大图
~ de la flèche (热线仪表中)弛度放大
~ du trou 扩孔,钻孔扩大
~ dynamique 加大动力,动力放大
~ longitudinal 纵向放大,纵向加大
~ partiel 局部放大
~ photo 照片放大
~ statique 静止加大
~ transversal 横向加大,横向放大

agrandisseur *m* (照相)放大器,放大机,放大镜
agréage *m* de la marchandise 货物验收,验收货物
agréé, e *a* 同意的,允许的,承认的

agréer *v* 同意,接受,赞成,允许

agrégat *m* 骨料,(混凝土)集料,粒料,团粒,团块,聚集体,集合体,集块岩,固聚体(土壤的),回收骨料,成套设备,机组,联动机

~ à dimension moyenne 中粒径骨料,中颗粒集料,中颗粒集合体

~ à granulométrie appropriée 级配良好的骨料

~ à granulométrie étalée 密级配集料,开始级配骨料(无填料)

~ à granulométrie fermée 密级配集料,密级配骨料

~ à granulométrie grosse 粗级配骨料,粗级配集料

~ à granulométrie ouverte 开级配集料

~ à surface sèche 面干集料

~ absorbant 吸水集料

~ alcalin 碱性集料

~ angulaire 有棱角的集料

~ argileux（GA） 黏质砾石

~ arrondi 圆角集料,卵石骨料

~ artificiel 人工骨料

~ attaquable par les alcalis 碱反应集料,受碱侵蚀的骨料

~ calcaire 石灰质集料,石灰石骨料,碎石灰石

~ calibré 标准集料

~ composé 粒度不同的矿物集合体,(不同粒径的)混合料

~ concassé 轧碎集料,轧制骨料,碎石

~ concentrique rayonné 同心放射状集合体

~ de ballast 道砟,石渣

~ s de calibre strict 尺寸要求严格的集料

~ de colmatage 填隙集料

~ s de granulométrie appropriée 适合级配的集料

~ de granulométrie artificielle 人工级配骨料

~ de gravier concassé 碎砾石集料,碎砾石骨料

~ de la cendre 炉渣骨料

~ de pierre concassée 碎石集料

~ de sable gravier 砂砾充填物,砂砾集合体,砂砾石骨料

~ de sable-gravier 砂砾集料

~ de terre 土的团粒,土壤团粒

~ des particules de sol 土粒集料,集料土

~ du béton 混凝土骨料,混凝土集料

~ s du béton de ciment 水泥混凝土集料

~ écailleux radié 放射状鳞片集合体

~ élémentaire 等粒径骨料,单粒径骨料

~ enrobé （道路）沥青混合料,沥青混合料集料

~ enrobé avec du goudron （道路）柏油混合料,沥青混合料集料

~ ferreux 含铁质集料

~ feuilleté radié 放射状叶片集块岩

~ fibreux radié 放射状纤维集合体

~ fin 细集料,砂子,细骨料,细粒状集合体

~ fritté 矿渣集料,熔渣集料

~ granulaire 粒料

~ granulométrie grosse 粗级配集料

~ granulométrique 级配集料,级配混合料

~ gros 粗集料

~ grossier 粗骨料,粗集料,粗聚集体,毛石骨料,粗粒充填物,块状充填物

~ hydrophilique 亲水集料,亲水骨料

~ hydrophobique 憎水集料

~ inerte 惰性集料,惰性骨料

~ léger 轻集料,轻质骨料

~ manufacturé 人造集料（如陶粒）

~ menu 细骨料

~ minéral 矿物充填物,矿物集合体,矿质集料,矿物骨料

~ mouillé 湿集料

~ naturel 天然骨料,天然集料

~ s naturels disponibles localement 地方集料,当地集料

~ non tamisé 未筛集料,统货集料,毛骨料(未经筛选的天然骨料)

~ s préenrobés 预先拌和沥青的集料

~ s principaux de macadam 碎石(路)集料

~ radié 放射状集合体

~ résistant 高强度集料,硬质骨料

~ rond 圆集料,砾石

~ roulé 圆集料,卵石,圆角骨料,无棱角的集料

~ routier 路用集料

~ rugueux 粗面集料

~ sableux 砂质集料

~ sec 干骨料

~ sédimentaire 碎屑集合体,沉积集合体

~ sensible aux actions alcalines 对碱性作用敏感的骨料

～ siliceux   硅质骨料
～ stable à l'eau   水稳性骨料
～ tamisé   筛分骨料
～ tout venant   毛骨料（未经筛选的天然骨料）
～ tout venant de concassage   （未经筛分的）机碎集料，破碎骨料（由碎石机轧出而未经筛选的）

agrégatif, ive　*a*　团粒化的，总的

agrégation　*f*　凝结，堆积，胶合，凝结物，群聚，族聚，聚集（作用），聚合（作用），集合体，团粒化
～ accidentelle   偶然聚集

agrégatrond　*m*　砾石
～ argileux（GA）   黏质砾石

agrégat　*m*　骨料，集料
～ s concassés argileux（CA）   黏质碎石

agrégé　*m*　碎屑岩；*a*　加积的，集合的，碎屑的，碎片的

agréger　*v*　集合，聚合，接纳，使加入

agrellite　*f*　氟硅钙钠石，阿格雷尔石

agrément　*m*　同意，赞成，允许
～ du maître d'ouvrage   业主同意，业主批准

agrès　*m.pl*　索具，吊索，绳索，滑车
～ amovibles   可移动的索具
～ d'outillages amovibles   移动式索具
～ d'outillages fixés à demeure   固定式索具装备
～ de chargement   装车用索具
～ de wagons   货车上用商务用具

agressant　*m*　污染物

agressif, ive　*a*　侵蚀（性）的，腐蚀性的，生锈的，主动侵入的，强力侵入的

agression　*f*　侵蚀，破坏，危害，刺激
～ chimique   化学侵蚀
～ de la circulation   行车破坏，交通破坏
～ de trafic   交通破坏，行车破坏
～ des agents atmosphériques   大气侵蚀
～ due à l'activité de l'homme   人为危害，人为破坏
～ externe   外来的危害
～ externe naturelle   自然灾害
～ ionisante   电离作用
～ mécanique   力学侵蚀

agressivité　*f*　侵蚀性，侵蚀作用，危害性
～ de l'eau   水的侵蚀性，水侵蚀
～ des sols   土壤的侵蚀性

agreste　*a*　田野的，乡村的

agrippement　*m*　附着力，附着性
～ du pneu au sol   轮胎和地面的附着力

agroupement　*m*　组合，分类，聚集

aguilarite　*f*　辉硒银矿

agustite　*f*　磷灰石

ahlfeldite　*f*　水硒镍石

Ahrien　*m*　阿利组（D_1 一部分）

aide　*f*　援助，帮助，协助，支援，救济，补助，补贴，设备，助理，助手，副手
～ à   有助于做某事
à l'～ de   借助于……，用……方法，使用，在……帮助下
～ à l'étranger   外援
～ à l'exportation   出口补贴
～ à l'importation   进口补贴
～ à l'opérateur   助理操纵员，副操纵员
～ à la navigation   导航设备，助航设备，航行标志
～ à la reconversion des entreprises   企业转产补助
～ au dépannage   维修指南
avec l'～ de   在……帮助下
～ bénévole   无偿援助
～ budgétaire de l'État   国家预算补助
～ budgétaire   财政补贴
～ -comptable   助理会计
～ -conducteur   副司机
～ désintéressée   无私援助
～ économique   经济援助
～ économique à titre gratuit   无偿经济援助
～ financière   资金援助，资助
～ -géologue   助理地质师，地质师助手，标本采集员
～ -maçon   瓦工助手，辅助泥工，小工
～ -mémoire   节录，摘要，手册，备忘录，记事本
～ -menuisier   木工助手
～ -ouvrier   辅助工
～ -ouvrier（personnel d'exploitation de la centrale）   辅助技工，杂工
～ pécuniaire   资金援助，资助
～ -perforateur   凿岩工助手
～ personnalisée au logement   个人住房补贴
s'～ de   使用
～ -sondeur   钻探工助手

~ technique 技术援助
aidstein *m* 煤玉
aidyrlyite *f* 杂硅铝镍矿
aiglette *n* 砖用黏土，烧砖用黏土
aigre *a* 脆性的，易碎的，腐蚀性的，酸性的，酸的，激烈的
aigrette *f* （électrique） 刷行放电
aigreur *f* 脆性，冷脆性，酸性，酸味
aigrir *v* 变酸，酸化
aigu, ë *a* 尖的，尖锐的，锐利的
aiguigeois *m* 岩溶漏斗，喀斯特岩溶，落水洞，灰岩坑
aiguillage *m* 切换，转换开关，转辙器，调度中心
aiguille *f* 顶，指针，箭头，喷针，尖峰，针峰，针状峰，针状物，柱，尖柱；峰值，峰尖，岩石的尖顶，熔岩塔，（各种用途的）针，中柱
  ~ à barre 手摇钻孔器
  ~ à mine 钎子，钻孔器
  ~ aimantée 磁针，指南针，罗盘针
  ~ coudée 弯指针
  ~ d'enregistrement 记录笔，自动记录仪指针
  ~ d'inclinaison 磁偏针，俯角罗盘，偏斜指针
  ~ d'inscription 记录笔
  ~ de boussole 磁针，罗盘指针
  ~ de compas 磁针，罗盘指针
  ~ de déclinaison 磁偏指针，偏斜指针
  ~ de Gillmore 歧尔摩针（水泥稠度试验用）
  ~ de glace 冰针，冰锥，冰柱
  ~ de manomètre 压力计指针
  ~ de paratonnerre 避雷针
  ~ de pénétration 贯入针
  ~ de plasticité 塑性试针
  ~ de platine 铂针，白金针
  ~ de pont （拱桥）桥台，桥座
  ~ de roche 岩［针］峰
  ~ de Vicat 维卡稠度仪针（水泥试验）
  ~ en fibre 刺针，棘针
  ~ glaciaire 冰峰，冰川尖峰，冰尖顶
  ~ pertuis 板桩
  ~-sonde 螺旋钻，麻花钻，探测针
  ~ vibrante 棒式内部振捣器，插入式振捣器，振动针杆，振动针
  ~ vibrante (béton) （混凝土）振捣棒，振动棒
  ~ volcanique 火山熔岩塔

aiguiller *v* 导引，引导，定向，接通，转换
  ~ vers 通往，指向
aiguillette *f* 小山峰，尖峰，针峰状
  ~ de douane 海关铅封
aiguilleur *m* 预选机，步进式选择器
aiguisage *m* 磨尖，磨快
aiguisé *a* 磨快的，磨尖的
aiguiser *v* 磨尖，磨快
aile *f* 翼，边坡，叶片，坡度，翼状物，工字钢，工字梁，附属建筑物
  ~ (d'un barrage) （坝的）翼墙
  ~ annulaire 环形翼缘
  ~ d'un pont 桥台护坡［墙］
  ~ de l'anticlinal 背斜坡
  ~ de profilé 型钢翼缘
  ~ de raccordement 边翼
  ~ du mur 墙的凸缘
  ~ s égales 等边（型钢）
  ~ en retour d'un mur de soutènement 挡土墙的底板
  ~ s inégales 不等边（型钢）
  ~ latérale 侧翼缘
  ~ médiane 中翼缘
  ~ oblique d'adossement 支承墙的斜翼
  ~ saillante 伸出板，伸出翼
  ~ supérieure （梁的）上翼缘
aileron *m* 刀片，刮刀，叶片，小［辅助］信号臂板
ailette *f* 叶片，叶轮，翼，弹翼，肋（条），导叶，臂板，斜脊，隅脊，边缘，散热片［肋、翼］挡板，信号臂板，散热片，（风扇）翼片，刀片，桨叶
  ~ (tube de batterie) （绕卷式）散热片
  ~ d'anode 阳极散热片
  ~ de canal de retour 回送导叶
  ~ de mélange 燃料组件的混流翼片
  ~ de refroidissement 散热片，冷却风扇
  ~ de soupape 阀门的导肋
  ~ de turbine 汽轮机的翼片，涡轮机叶片
  ~ de ventilateur 风扇翼片，风扇叶片
  ~ déflectrice 燃料组件的混流翼片
  ~ fixe (turbine) 定叶片（汽轮机）
  ~ mobile (turbine) 动叶片（汽轮机）
  ~ par-pluie 防雨罩
  ~ spiralée 螺旋叶片
ailleurs *adv* 在别处，在其他地方

d' ~　此外,其余,加之,况且
par ~　另一方面,此外,而且

ailsyte　*f*　钠闪微岗岩,钠闪微岩石,钠闪微正长岩

aimafibrite　*f*　羟砷锰矿(红纤维石)

aimant　*m*　磁石,磁针,磁棒,磁铁,磁体,磁铁矿,天然磁石
　~ à cloche　铃式磁铁
　~ à étoile　星形(多极)磁铁,星形磁电机转子
　~ à quatre pôles　四极磁铁,四极磁电机转子
　~ amortissant　阻尼磁铁
　~ amortisseur　阻尼磁铁,阻尼铁矿
　~ annulaire　环形磁铁
　~ campanulé　铃式磁铁
　~ compensateur　补偿磁铁
　~ correcteur　校正磁铁,调整磁铁,补偿磁铁
　~ cuirassé　屏蔽电磁铁,外包铁皮的磁铁
　~ d'acier　钢磁体
　~ d'amortissement　阻尼磁铁
　~ d'arrêt　吸持磁铁,闭锁电磁铁
　~ d'ascension　起重用磁铁(强磁性)
　~ d'embrayage　耦合电磁铁,信号选别器
　~ de blocage　联锁电磁铁,锁闭磁铁
　~ de Ceylan　电气石,贵电气石
　~ de champ　(电机)磁场电磁铁
　~ de compensateur　补偿磁铁
　~ de compensation　补偿磁铁
　~ de comptage d'essieux　轴计数器磁铁,计轴器磁铁
　~ de concentration　聚焦磁铁
　~ de détente　解锁电磁铁
　~ de grue　起重(机)磁铁
　~ de levage　起重机磁铁
　~ de levage avec grappins　挂钩式起重机磁铁
　~ de libération　释放电磁铁,解锁电磁铁
　~ de perforation　穿孔磁铁
　~ de pot　罐形磁铁
　~ de réenclenchement　复位磁铁
　~ de retenue　吸持磁铁
　~ de saut　跳动磁铁
　~ de signalisation　信号磁铁,应用磁铁
　~ de soufflage　磁性熄弧用磁铁,磁吹熄弧磁铁
　~ de verrouillage programme　程序控制闭锁磁铁
　~ déclencheur　解锁电磁铁
　~ directeur　调向磁铁
　~ droit　条状磁铁,磁条,磁棒
　~ écrivant　记录电磁铁,记录磁针
　~ électrique　电磁铁
　~ en fer à cheval　马蹄形磁铁
　~ en forme de pot　罐形磁铁,屏蔽电磁石,外包铁皮的电磁石
　~ excitateur　励磁磁铁
　~ ferrite　氧化体磁铁
　~ feuilleté　叠片磁铁
　~ feuilleté en forme　叠片磁铁
　~ frein　制动磁铁
　~ lamellaire　叠片磁铁
　~ naturel　天然磁铁,自然磁铁,磁铁矿
　~ permanent　永久磁体
　~ récepteur　受话器磁铁
　~ rotatif　旋转磁铁
　~ solénoïdal　螺线管磁铁
　~ standard　标准磁铁
　~ temporaire　暂时磁铁
　~ torique　环形磁铁
　~ tournant　磁铁转子

aimantabilité　*f*　磁性,磁化率,可磁化性,磁化强度

aimantation　*f*　磁化强度,磁化,起磁
　~ rémanente　剩余磁化(强度)
　~ résiduelle　残磁,剩磁

aimanté, e　*a*　磁化的,被磁化的

aimanter　*v*　磁化,起磁,吸引

aimantifère　*a*　含磁铁矿的,带磁性的

aimantin　*a*　磁的,磁性的

ainalite　*f*　铁钽锡石

ainigmatite　*f*　三斜闪石

Al-nontronite　*f*　铝绿脱石

ainsi　*conj*　同样,由此,因此
　pour ~ dire　可以说
　~ que　如同,正如,以及

aiounite　*f*　辉云斜石

air　*m*　风,空气,气体,空中,天空,大气,气流,气氛,大气圈
　~ à température et pression normales　标准温和气压的空气,标准大气
　~ accidentel　偶成气泡,意外气泡

~ additionnel 附加气体，二次气体
~ alimentaire 空气源
alimenter l'~ frais 供给新鲜空气
alimenter l'~ froid 供给冷空气
~ ambiant 周围空气，户外空气
~ aspiré 吸入空气
~ atmosphérique 大气
avoir l'~ 如同，和……相似
~ brut 未处理的空气，未经过滤的空气，未经过滤的气体
~ calme 不太流动的空气
~ chaud 加热空气，热空气
~ comprimé 压缩空气，压风
~ comprimé d'instrumentation 仪用压缩空气
~ comprimé de régulation 调节用压缩空气
~ comprimé de travail 工作用压缩空气
~ comprimé déshydraté 干燥压缩空气
~ conditionné 调节空气，空调气体
~ continental 大陆空气，大陆气团
~ d'alimentation 供气，增压空气
~ d'entrée 输入空气，进口空气，进风[气]
~ de balayage 扫气
~ de combustion 燃烧空气
~ de contrôle 仪用空气
~ de refroidissement 冷却空气
~ de reprise 回风，回流空气
~ de retour 回风，回气
~ de service 工作用空气
~ de sol 土壤空气
~ de sortie 出口空气
~ de ventilation 通风空气
~ déprimé 低压空气，稀薄空气
~ déshumidifié 干燥空气
~ du réservoir auxiliaire 辅助储风缸内空气
~ empoussiéré 含尘空气
~ en excès 过量空气，多余空气
~ entraîné 引气，掺入空气
~ équatorial 赤道空气
~ expulsé 排气
~ extérieur 外部空气，室外空气
~ extrait 抽出的空气
~ filtré 过滤后的空气
~ fixe 静止空气，不流动空气
~ frais 新鲜空气
~ froid 冷气
~ humide 湿空气，潮湿空气
~ humide saturé 饱和湿空气
~ inclus （混凝土的）加气，内部封存气体，截留气体
~ libre 户外，露天，自由空气，外部空气
~ -lift 风动升降器（水井的）
~ liquéfié 液化空气
~ liquide 液态空气
~ lourd 缺氧的空气，窒息性气体
~ marin 海滨空气
~ maritime 海洋空气，海洋气团
~ mélangé 混合气体
~ méphitique 窒息性的空气
~ moteur 气流
~ neuf 新鲜空气
~ nocif 有害空气
~ non filtré 未处理的空气
~ occlus 闭合气体，掺入（混凝土）的空气
~ pollué 污染的空气
~ poussiéreux 含尘空气
~ pulsé 加压空气
~ réchauffé 预热空气
~ recirculé 循环风流
~ recyclé 循环空气
~ rejeté 排气，被排泄出来的气体
~ repris 回风，回流空气
~ salin 含盐分空气
~ saturé 饱和湿空气
~ sec 干燥空气
~ seconde 二次进空气
~ soufflé 送气
~ souillé 污染的空气
~ surchauffé 过热空气，过热气体
~ sursaturé 过饱和湿空气
~ tellurique 土壤中的气体，地下气体
~ TPN(à température et pression normales) 常温(0℃)常压(760mmHg)的空气，标准大气
~ usé 废气
~ vicié 污染空气，污浊空气
~ vif 新鲜空气

airain *m* 青铜

aire *f* 台，场地，地段，面积，地区，地带，空间，区域，范围

~ achromatique 消色差区域,无色区
~ active 净面积,有效面积
~ active de drainage 有效排水面积
~ anthropologique protégée 自然保护区
~ asismique 无震区
~ battue 已勘探的地区
~ chromatique 色区域
~ consolidée 稳定地区,固结区,固定区
~ continentale 大陆区,大陆带,大陆地台
~ critique 临界侵蚀区
~ d'une section de béton 混凝土截面面积
~ d'émergences hydrominérales 矿水出露区
~ d'ablation 消融区
~ d'affaissement 坳陷区,坳陷地带
~ d'affaissement total 完全沉陷的区域
~ d'alerte 警报区域
~ d'alimentation 补给区,补给范围,汇水面积,受水面积,流域
~ d'alimentation des nappes aquifères 含水层的受水面积
~ d'amerrissage 水上降落区
~ d'aplanissement 夷平地带,夷平区
~ d'application de la charge 施荷载面积
~ d'approche 引道区域
~ d'arrêt pour les autobus 公共汽车停车场
~ d'attente 错车道
~ d'atterrissage (机场)跑道,(飞机)降落场
~ d'audition 听觉区域,听觉范围
~ d'ébranlement 地震区
~ d'effondrements 断裂带,塌陷带
~ d'emprunt 取土区,采料场
~ d'ennoyage 褶皱倾伏区,(隆起)下沉区,淹没区,下沉面积,洼地面积,泛滥平原
~ d'érosion 侵蚀地区,剥蚀区
~ d'essai 试验场地
~ d'évitement 错车道,错车地方
~ d'extraction 部分回采面积,部分拉底面积,采掘面积,采掘区
~ d'habitation 居住区,住宅区
~ d'infiltration 入渗面积
~ d'influence 影响区,覆盖区,影响面积,影响范围,覆盖范围,受害面积(岩石塌落)
~ d'influence négative 负影响面积
~ d'influence positive 正影响面积

~ d'inondation 洪泛平原,洪泛区,淹没区
~ d'irrigation 灌溉面积,灌区
~ d'irrigation par pompage 抽水灌区,抽水灌溉面积
~ d'un bassin 水池基层,水池面积
~ d'un bassin versant 集水区,集水盆地
~ d'un projet 项目区,工程区,工程计划面积
~ de basse pression 低压区
~ de bassin versant 汇水面积,排水面积,流域
~ de bâtiment 建筑面积
~ de boutisses 丁砖层,丁砖表面
~ de briques à plat 水平砖层,卧砖层
~ de calcul d'une section 截面的计算面积
~ de captage 流域,受水面积,径流面积,汇水面积,截水面积
~ de chargement 装货场,负荷区
~ de chaux 石灰面层
~ de collection d'eau 集水区,集流区,集水面积,集流面积
~ de concentration 富集地段[带]
~ de conservation 水土保持区
~ de construction 建筑工地,施工地段,船台
~ de contact 接触面积
~ de contact de la chenille 履带接触面积
~ de contact de roue 轮子接触面积
~ de contact du pneu 车胎接触面积
~ de contrôle 控制地区,操纵台
~ de coupe 横断面积,截面积
~ de criblage et de malaxage 筛分拌和站
~ de décharge 卸料区,卸货区
~ de décrottage 除泥场
~ de dédouanement 清关场所
~ de déflation 风蚀地区,吹蚀区
~ de dégagement 清除面积,清理面积
~ de dénudation tectonique 构造剥蚀区
~ de dépose et de lavage 清洗用场地
~ de dépression (抽水)下降范围
~ de dépression par pompage 抽水(地下水位)降落面积
~ de diffusion 扩散面积,扩散区,扩散范围
~ de drainage 流域,排水区,泄水区,受水面积,汇水面积,排水面积,泄水面积,疏干面积
~ de frottement 摩擦面积
~ de gâchage 搅拌台,拌和场

~ de garage （汽车）停车场
~ de glissement 错动区,滑动区,滑动带,滑动面积,滑落面积
~ de haute pression 高压区
~ de la section nette 净截面积
~ de la section transversale 横剖面面积
~ de lavage 侵蚀面积,冲刷面积
~ de lecture 读区,扫描区
~ de loisir (sans construction) （没有建筑物的）休闲区,游览区,旅游中心
~ de malaxage 搅拌场地
~ de manœuvre 回车场,调车场
~ de migration 位移面积,移动面积,迁移面积,徙动面积
~ de mouvement 工作场地
~ de nature sauvage 野生生物保护区
~ de parcage 停车处,(飞机场)停机坪
~ de pléistoséistes 强震带,强震区
~ de précipitations 降雨面积,雨区
~ de ralentissement 减速区,减速面积
~ de rattrapage 补偿面积
~ de recharge （地下水的）补给区
~ de repos 休息区
~ de réservoir 水库面积
~ de résidence 居民点,居民区
~ de sable 沙场
~ de séchage 干化场,干燥区
~ de séchage des boues 污泥干燥床
~ de section 截面积,断面面积
~ de section de l'armature précontrainte 预应力钢筋的截面面积
~ de sédimentation 沉积区,沉积堆积带
~ de service 服务区域,有效工作区
~ de service agréable 不失真接收区
~ de service sur autoroute 高速公路上的服务区
~ de stationnement 停车场
~ de stockage 货场,储料场,堆存货物场地
~ de stockage de la jupe du cœur 堆芯筒体储存面积
~ de stockage des batardeaux 叠梁存放处
~ de stockage des équipements internes (cœur) 反应堆内部构件体储存面积
~ de stockage du couvercle de la cuve 压力壳顶盖储存场地
~ de surélévation 隆起地区,上升区,上升带
~ de traçage 划线台
~ de traînée （流体的)正面阻力面,迎面阻力面积
~ de transition 过渡带,移动区,迁移区
~ de travail 工作面,工作区,工作场地,作业面积
~ de verdure 绿化地区
~ décharge 泄水区,卸料平台
~ des crues 洪泛区
~ des crues périodiques 周期性洪泛区
~ des efforts taillants （受）剪力面积
~ des efforts tranchants 剪力面积,受剪面积
~ des lignes d'eau 吃水线面积
~ des moments 力矩面积
~ des ressources 土地资源区域
~ du rectangle 长方形面积
~ du trapèze 梯形面积
~ du vent 风向方位
~ effective 有效面积,净面积
~ effective de l'armature 钢筋的有效面积
~ effective de la coupe transversale 有效横截面积
~ effective de section 有效断面面积
~ effective du béton 混凝土有效面积
~ en argile 黏土面积,黏土地坪,黏土层
~ en asphalte 沥青面积
~ en béton 混凝土地面,混凝土面层,混凝土场地
~ en ciment 水泥面层[地面]
~ en plâtre 抹灰地面
~ enjeu 工作面,净面积,有效面积
~ épicentrale 震中范围,震中区
~ épipacifique 环太平洋带
~ équivalente 等效面积
~ équivalente de drainage 等效排水面积
~ explorée 勘察地区,勘探范围,已勘探面积,已勘探地区
~ fermée 封闭地区,圈闭区
~ forestière 森林区,森林地带
~ franche 免税区,自由贸易区
~ géosynclinale 大向斜层地带,地槽带,地槽区
~ hachurée 阴影面积
~ inondée 洪泛区,淹没地区,淹没范围(面积)

～ instable 活动带,活动地区
～ interdite 禁区
～ intramontagneuse 山间盆地,山间坳陷带
～ irrigable 可灌地区,可灌面积
～ marginale 边缘地区
～ naturelle （未受人类活动影响的）自然地区
～ nette de la section 净截面积
～ neutre 中性面,中性层
～ orogénique 造山运动地区,山脉形成地区
～ pénésismique, ～ peu sismique 准震区,几震区
～ pilonnée 夯实面积
～ pléistoséiste 强震带,强震区
～ saline 盐渍地区
～ séismique 地震区
～ stable 固定区,稳定地区
～ subsidence 沉降区,沉陷区
～ tamisage et de malaxage 筛分拌和站
～ totale des sections des armatures transversales 横向钢筋截面面积总和
～ triage et de malaxage 筛分拌和站

airure *f* 变薄,变细,变狭,尖灭(矿体、矿层)
ais *m* 木板
　～ de carton 纸板
　～ de cloison 隔墙板
　～ de contre-marche 梯形竖板
　～ de marche 梯级踏板
Al-scorodite *f* 铝臭葱石
aisé *a* 宽裕的,容易的,轻便的
Al-serpentine *f* 铝蛇纹石,含铝蛇纹岩
aissante *f* 木盖板,薄木板
aisseau *m* 木盖板,薄木板
aisselier *m* （拱架的）木支撑,支柱,斜撑,角撑
aisselle *f* 拱腹,拱腰,拱腋,拱托臂
aithalite *f* 锰钴土(钴土矿)
ajkaïte *f* 块树脂石,硫树脂石
ajointer *v* 对接
ajoupa *m* 棚屋,茅屋
ajour *m* （采光的）孔,洞
ajouré, e *a* 透空的,透光的
ajourer *v* 穿孔,钻孔
ajournement *m* 推迟,延期,展期
　～ de la livraison 延期交付
ajourner *v* 延期,展期,宽限

ajout *m* 添加物,添加
ajouter *v* 加,增添,增加,附加
　s'～ à 增添,补充
　～ un wagon 加挂货车
ajuin *m* 蓝方石
ajustable *a* 可调整的,可装配的,可调节的
ajustage *m* 装配,调整,钳工间,调准,调节,校正[准],配合,平差,管接头,短管,套管,喷嘴
　～ de la fréquence 调频,频率的调节,频率调整
　～ de la tension 电压的调节,调压
　～ de précision 精调
　～ ordinaire 一般装配
　～ serré 紧密装配
ajustement *m* 调整,调准,校正,调节,安装,装配,配合,平差
　～ à la baisse 下调
　～ à la hausse 上调
　～ à la main 手工调整
　～ approximatif 近似平差
　～ avec jeu 间隙配合
　～ de courbe 曲线拟合
　～ de phase 相位调整
　～ de torsion 扭转调整
　～ de triangulation 三角网平差
　～ des coordonnées 坐标平差
　～ des salaires 工资调整
　～ des tarifs 价格调整
　～ du pH pH值调整
　～ en clé 拱冠悬臂梁调整
　～ fin 精调整,微调,精密平差
　～ fixe 静配合
　～ glissant 滑动配合
　～ graphique 图解平差法
　～ horizontal 水平校正
　～ industriel 产业调整
　～ isostatique 均衡调整,均衡调节
　meilleur ～ des intervalles d'entretiens 最理想的维修周期
　～ mobile 动配合
　～ par angle 角度平差
　～ par direction 方向平差
　～ partiel 局部平差
　～ précis 精密调整,精密校准
　～ rigoureux 严密平差

~ tangentiel 切向调整
~ vertical 垂直调整

ajuster v 调整,调节,调准,校正,校准,配合,整理,装配,平差,装修
~ la précontrainte 调整预应力

ajusteur m 钳工,调整器,矫正器,装配工,调整工,调节器
~ automatique 自动调节器
~ de moteurs 发动机调整工
~ de phase 相位补偿器
~ de précision 精密钳工
~ de rapports （变压器）抽头转换开关
~ irrégulier 不均匀度调整器

ajutage m 管接头,管嘴,喷管,短管,套管,喷嘴
~ à jet 喷口,喷嘴,喷管
~ à jet de sable 喷砂嘴,喷砂管
~ à l'air 空气喷嘴
~ à pointeau 喷嘴
~ d'air 空气孔量
~ d'échappement 排气管街头,排气管嘴
~ d'écoulement 排气管接头,排流管嘴
~ d'entrée 入口喷嘴[管]
~ de caoutchouc 橡胶管接头
~ de diffusion 喷口
~ de gaz 煤气喷嘴
~ de sortie 出口喷嘴[管]
~ de Venturi 文氏管,细腰管
~ réglable 可调喷嘴

akadalaïte f 六方铝氧石(六方水铝石)
akalidavyne f 钠钙霞石
akanticone f 绿帘石(变种)
akatoréite f 羟硅铝锰石
akaustobiolite f 非燃性有机岩,非燃性生物岩
akénobéite f 明延岩
akérite f 英辉正长岩,尖晶石
akéritique a 英辉正长岩的
akermanite f 镁黄长石
akmite f 锥辉石(霓石变种)
akmolite f 岩刃,岩舌
akrochordite f 球砷锰石
aksaïte f 阿硼镁石
alabanda m 硫锰大理岩,黑色大理岩
alabandin m 硫锰矿
alabandine f 硫锰矿

alabandite f 硫锰矿
alabastrin a 雪花石膏的
alabastrique a 雪花石膏的
alabastrite f 雪花石膏
alacamite f 秘鲁海绿砂
alalite f 绿透辉石
alambic m 蒸馏器,蒸馏锅
alamosite f 硅铅石,铅辉石
alarme f 警报(装置),警报(器),警报信号(装置)
~ à feu clignotant 闪光报警,闪烁报警
~ à réitération 再闪报警
~ basse 低值信号
~ d'incendie 火警
~ de débit 流量信号
~ de niveau 水位警报器
~ de pollution 排气污染超限警报器
~ haute 高值信号
~ lumineuse 灯光信号,用灯光指示的路障,报警信号灯,故障指示灯
~ par verrine 报警光字碑
~ permanentée 持续报警
~ pneu 轮胎压力降低警报器
~ prioritaire 优先报警
~ regroupée 成群报警
~ sonore 音响警报(器)
~ très basse 低低值信号
~ très haute 高高值信号
~ visuelle 可见报警

alarmer v 发出警报
alaskite f 白岗岩,淡色花岗岩
alaunstein f 钠明矾
albachite f 斑状花岗细晶岩
albanite f 地沥青,暗白榴岩
albâtre m 白玉,白石,蜡石,白石膏,雪花石膏
~ blanc vulgaire 雪花石膏
~ calcaire 钙华,石灰华
~ d'Égypte 埃及雪花石膏,埃及致密石膏
~ gypseux 雪花石膏
~ onychite, ~ onyx 缟玛瑙,阿尔及利亚缟玛瑙
~ vitreux 萤石变种

albédo m 反照率,反射率,漫反射系数,中子扩散反射系数
~ global de la terre 地球表面的全反射率

albédomètre *m* 反照仪,反射仪,反照光率测定仪
albérèse *f* 白色灰岩(E_2,意大利)
Albertien *m* 阿尔布阶(K_1,欧洲),阿(尔)伯特(统);*a* 阿尔布阶的
albertite *f* 脉沥青,黑沥青[煤]
albertol *m* 酚甲醛合成树脂,酚甲醛型人造塑料
albidase *f* 奥钠长石
albide *a* 淡白色的,浅白色的,瓷白质的
albine *f* 鱼眼石
albino-bitume *m* 白沥青
albite *f* 钠长石
　～ à haute température 高温钠长石
　～ de basse température 低温钠长石
albite-oigoclase *f* 奥钠长石
albitisation *f* 钠长石化
albitisé *a* 钠长石化的
albitite *f* 钠长岩
albitolite *f* 火山沉积钠长岩
albitophyre *m* 钠长斑岩
albitophyrique *a* 钠长斑岩的
alboranite *f* 拉苏安玄岩,无橄紫苏玄武岩
albrittonite *f* 水氯钴石
alcali *m* 碱,碱质,强碱,碱性,碱金属
　～ actif 活性碱
　～ caustique 苛性碱
　～ dilué 稀碱
　～ fixe 不挥发性碱
　～ fort 强碱
　～ libre 游离碱
　～ volatil 氨水,挥发碱
alcalibéryl *m* 碱绿柱石
alcalicité *f* 碱度,碱性
alcalidavyne *f* 钠质钾钙霞石
alcaliferrohastingsite *f* 碱铁绿钠闪石,碱铁钙闪石,钠钾铝钙石
alcaligène *a* 碱性的,含碱的
alcalihastingsite *f* 碱绿钠闪石,碱镁铁钙闪石类
alcalimètre *m* 碱度(量)计,碳酸定量计
alcalimétrie *f* 定碱法,碱性测定,碱量滴定法
alcalimontmorillonite *f* 碱蒙脱石
alcalin *m* 碱金属
alcalin,e *a* (强)碱的,碱性的,碱液的
alcalinisation *f* 碱化(作用),碱性化
alcaliniser *v* 碱化,加碱,使碱化

alcalinité *f* 碱度,碱性,含碱量
　～ à la phénolphtaléine 酚酞碱度
　～ active 有效碱度
　～ bicarbonatée 重碳酸盐碱度
　～ carbonatée 碳酸盐碱度
　～ caustique 苛性碱度
　～ d'échange 碱性交换
　～ du sol 碱性土,碱土,土壤碱度
　～ faible 弱碱度
　～ primaire 原生碱性,原碱性
　～ secondaire 次生碱性
alcalinogranitique *a* 碱性花岗岩的
alcalino-terreux,euse *a* 碱土(金属)的
alcali-oxyapatite *f* 碱氧磷灰石
alcalisation *f* 碱化(作用)
alcaliser *v* 使碱化
alcalispinelle *f* 碱尖晶石,尖晶石
alcaloïde *m* 生物碱;*a* 生物碱的
alcalose *f* 碱中毒
alchlorite *f* 铝绿泥石
alcool *m* 酒精,乙醇,醇,(复)醇类
　～ à brûler 动力酒精,燃料酒精
　～ absolu 纯酒精,无水酒精
　～ amylique 戊醇
　～ butylique 丁醇
　～ dénaturé 变性酒精
　～ éthylique 乙醇,酒精
　～ méthylique 甲醇,木精
　～ polyvinylique 聚乙烯醇
alcoolique *a* 酒精的,含酒精的
alcoolisable *a* 可醇化的
alcoolisation *f* 醇化(作用),掺酒精
alcoolisme *m* 酒精中毒,乙醇中毒
alcoolomètre *m* 酒精[醇]比重计
alcoolométrie *f* 酒精(含量)测定法
alcoomètre *m* 酒精比重计,酒精计,醇比重计
alcoométrie *f* 酒精(含量)测定法
alcôve *f* 凹室,凹处,山凹
aldanite *f* 方钍石
aldée *f* 村镇
aldzhanite *f* 阿尔占石
aléatoire *a* 随机的,机会的,偶然的,侥幸的,未定的,不整齐的,乱砌的,不肯定的
alentegite *f* 石英闪绿岩

alentour *adv* 在周围,在附近
alentours *m.pl* 近邻,附近,周围
alerte *f* 警戒,警报,报警信号,警戒状态
　～ à la pollution d'air　空气污染警报
　～ fictive　假设警告
　～ réelle　真实警告
alésage *m* 扩孔,镗孔,铰孔,钻孔,内径,汽缸直径
　～ calibré　校准孔
　～ d'ébauche　半成品镗孔
　～ de finition　精镗孔
　～ de la vanne　阀门内径,阀门口径
　～ de précision　精镗
　～ du cylindre　汽缸内径
　～ du moyenne de roue　轮毂内径
　～ en place　就位时的内径
　～ fin　精密镗孔
alésé *a* 扩孔的,镗孔的
aléser *v* 镗孔,铰孔,钻孔
　～ à la main　手工镗孔
aléseur *m* 镗孔,铰刀,铰床,镗工,扩孔器,扩孔机,扩孔钎头,铰孔器
aléseuse *f* 钻孔机
alésoir *m* 铰刀,钻头,扩孔器,扩孔钻头
　～ à fourche　叉形扩孔钻头(打钻用)
　～ creux　套行铰刀
　～ en disque　盘式铰刀
　～ extensible　可伸缩扩孔器(下套管用)
　～ -fraise　扩孔钻,锪钻
aleurite *f* 油桐树,粉砂,细粒土
aleuritique *a* 粉砂的
aleurolit(h)e *f* 粉砂岩
aleuropélitique *a* 粉砂泥质的
aléutite *f* 闪长辉长斑岩,阿留申岩
aleuvite *f* 糖砂岩
alexandrite *f* 翠绿宝石,金绿宝石,变石
alexandrolit(h)e *f* 铬黏土
alexoite *f* 磁黄铁橄榄岩
algarites *f.pl* 藻类沥青,藻沥青
algarvite *f* 云霓霞辉长石,云霞霓岩,(富)黑云霞辉岩
algérite *f* 方柱石块云母(柱块云母)
algodonite *f* 微晶砷铜矿
algorithme *m* 算法,规则系统,工作步骤
　～ d'ordonnation　调度算法
　～ de contrôle　控制算法
　～ de Maekov　马尔科夫算法(用于事件概率的)
　～ itératif　迭代布局算法
　～ pour projet　设计算法
algovite *f* 辉绿玢岩,阿尔戈岩
alidade *f* 照准仪,照准器,视距仪,游标盘
　～ à lunette　远镜照准仪,望远镜照准仪,平板仪
　～ à pinnules　舰板照准仪
　～ électronique　电子照准仪
　～ nivelatrice　水准仪,水平照准仪
aliettite *f* 滑间皂石
aliforme *a* 翼状的
aligné,e *a* 校准的,调准的,对准中心的,直线对准的,排列成行的
alignée *f* 排,行,列
alignement *m* 定线,路线,基准线,校准,调准,对准,找正,排直,排齐,调直,校直,矫直,线状排列,排列成行,线性体,走向线,建筑红线
　～ à l'oscilloscope　目视调准,目视调直
　～ automatique　自动调准
　～ court　短直线
　～ d'approche　桥头引线,桥头引道
　～ d'un mur　墙基准线,墙的走线,墙壁矫直
　～ de la direction　走向,走向线,延伸线,扩展线
　～ de la réflexion　(地震)反射波延展,反射波调准
　～ de la rue　道路定线
　～ de la voie　拨正线路
　～ de récifs　礁(体)链,链状礁体
　～ des bâtiments　建筑界线,建筑限界
　～ des caractères　字符排齐,调字符
　～ des constructions　施工定线,建筑物界线
　～ droit　直线轨道,直线区,(道路)直线段
　～ droit isolé　单一直线路段
　～ du bâtiment　建筑红线
　～ fixe　固定方向,规定方向
　～ horizontal　水平线路
　～ intercalaire　直线区段,直线插入段
　～ intermédiaire　直线插入段,插入直线
　～ long　长直线
　～ monétaire　货币挂靠
　～ serré　精确调整,微调
　～ transversal　横向视线

~ vertical 铅直准线,竖向定线

aligner v 排成直线,排齐,调直,使……排齐,画直线,沿直线布置,定线(直线),定中心

alignoir f 凿子,楔子

alimachite f 黑绿琥珀

alimentaire a 补给的,供给的

alimentateur m 供料机,送料器
~ à bande 链板式进料机
~ à barre 栅式进料机
~ à courroie 带式进料机
~ à mouvement alternatif 往复式进料机
~ à palette rotative 转动平板式进料机
~ à tablier 裙式进料器,皮带进料机
~ d'eau 供水器
~ de secours 事故(备用)电源
~ -électrovibrant 电振动进料机

alimentation f 供应,供料,上料,电源,食品,补给,供给,输入,供电,馈送,带入(碎屑物),馈电
~ à la main 手摇推进,人工给料,手操纵进刀
~ à multiple station 多工位电源
à propre ~ 独立驱动的,自备能源的,自供电的
~ à station unique 单工位电源
~ alternative 交流电源
~ arrière (含水层)上游补给
~ artificielle 人工补给
~ automatique 自动进给,自动进刀
~ automatique en données 数据自动输入
~ avec réservoir en charge 重力流供水
~ continue 直流电源
~ contrôlée 控制进给
~ d'eaux de surface 地表水水源,地表水补给
~ d'air 供气
~ d'eau aux villes 城市供水,城市水源
~ d'une chaudière 锅炉上水
~ de chaleur 供热
~ de chauffage 供暖,灯丝电源
~ de courant 供电电源,馈电,电源
~ de descente 上分式,上分式配管
~ de fonction 工作电源
~ de l'électricité 电力供应,供电
~ de la nappe phréatique 潜水位补给
~ de ruissellement superficiel 地面供水,径流供水
~ de secours 临时[事故]供水,备用电源

~ des cours d'eau 水流(量)补给
~ différentielle (relais) 差动接法(继电器的)
~ directe 直接电源
~ du distributeur 配料,给料器
~ du réseau 电网供电,网状供电
~ électrique 供电,电源
~ électrique de secours 备用电源,事故电源
~ électrique ininterruptible 不停电电源
~ électrique interruptible 可停电电源
~ électrique normale 正常电源
~ électrique sans coupure 不停电电源
~ électrique secourue 保安电源
~ en courant alternatif 交流电源,供给交变电流
~ en courant continu 直流电源,供给直流电流
~ en eau 供[进、给、上]水
~ en eau aux villes 城市供水,城市水源
~ en eau de secours 紧急供水(意外事故发生时的供水)
~ en eau de surface 地表水水源,地表水供应,地表水补给
~ en eau des agglomérations 居民区供水
~ en eau et assainissement 给排水工程,上下水道工程
~ en eau individuelle 单独供水
~ en eau potable (AEP) 饮用水供应,饮用水供给
~ en électricité 供电
~ en énergie 供电
~ en évacuation des eaux 给排水工程
~ en flèche 单边供电(接触网)
~ en matériel terrigène 带入碎屑物质,补给碎屑物质
~ en parallèle 并联馈电,双路供料
~ en tension 电压馈给
~ en vapeur 汽源
~ encourant continu 直流电源
~ énergétique 动力[能源]供应
~ essentielle (électricité) 主电源(电力)
~ et distribution électrique 供配电
~ et évacuation des eaux 给排水工程
~ extérieure 外电源
~ externe 外电源
~ fluviatile 河流补给

~ forcée 强制供给[供应、进料]
~ fugitive 临时连接的电源
~ haute tension 高压电源
~ humaine et besoins domestiques d'eau 生活及家庭用水
~ hydraulique 给水,供水,(液压装置)供油
~ individuelle en eau 用户饮用水供水
~ industrielle en eau 工业给水
~ intermittente 间歇式供给
~ logique 逻辑回路电源
~ mixte 万能(交流、直流)供电
~ naturelle 自然供水渠道自流供给,自然供给
~ normale (générateur de vapeur) 正常供给,正常供电,主给水(蒸发器)
~ par aspiration 吸入法供给
~ par câble 电缆线路供电
~ par gravité 重力法供水,自流供水
~ par le haut 上分式,上分式配管
~ par ligne aérienne 架空线路供电
~ par piles 蓄电池供电
~ par pompage 抽吸供水
~ par pompe 水泵供水,泵送
~ par vibreur 振动子电源
~ permanente des signaux 信号的持续供电
~ puissance (380V) 380V 动力电源
~ sans interruption (ASI) 不间断电源
~ sans transformateur 无变压器式电源
~ secourue sans coupure 不间断电源
~ secteur 供电干线,供电电源,市电干线供电,市电电源
~ séparée 分别供给(风、电、水、气等),独立供电电源
~ sous pression 压力进给
~ stabilisée 恒功率源,稳压电源
~ stabilisée en courant 恒流源
~ stabilisée en tension 恒压源
~ thermique 供热
~ UPS 不间断电源

alimenté pour maintien 保持通电

alimenter v 供应,供给,供电,带入(碎屑物质),输入
 ~ la chaudière 锅炉注水
 ~ le circuit 供电电路

alimenteur m 给料器,送料器,供给装置,电源,馈(电)线
 ~ à barre 棚式进料机
 ~ à chaîne 链式给料机
 ~ à chariot 小车式给料机
 ~ à courroie 皮带式送料机
 ~ à godets 斗式进料器
 ~ à la bande 链板式进料机
 ~ à mouvement alternatif 往复式给料器
 ~ à palette rotative 转动平板式进料机
 ~ à roue dentée 齿轮式给料器
 ~ à tablier 裙式进料机,皮带进料机
 ~ à tiroir 活门式给料器
 ~ à va-et-vien 往复式给料器
 ~ de concasseur 破碎机喂料器
 ~ -électrovibrant 电振动进料机

alinéa m 段,节,款(文件的),项,每段的第一行

alios m 铁质砾岩,集块砂,铁质壳,铁盘,岩盘,硬盘,硬壳,铁盐沉积层,砂岩层(法国西南部)
 ~ ferrugineux 铁盘,硬盘,铁质壳

aliotique a 铁质壳的,铁盘的,硬盘的,硬壳的

aliphatique a 脂肪族的

alipite f 镍叶蛇纹石,镍皂石

alite f 硅酸三钙石,水泥石,铝铁岩

alizés m.pl 信风,贸易风,热带风

alizite f 镍叶蛇纹石,镍皂石

alkali [alcali] m 碱,碱金属,碱性

alkali-apatite f 碱磷灰石

alkali-augite f 霓辉石(碱辉石)

alkali-béryl m 碱绿柱石

alkali-chlorapatite f 碱氯磷灰石

alkali-davyne f 钠钙霞石

alkali-feldspath m 碱性长石

alkanasul m 钠明矾石

alkyd m 醇酸树脂

alkyle m 烷基

allactite f 斜羟砷锰石

allagite f 不纯蔷薇辉石,绿蔷薇辉石

allaise f 沙滩(河床),(河流中的)沙洲,残沙滩,沙质盖层

allalinite f 蚀变辉长岩

allanite f 褐帘石

allanite-(Y) f 钇褐帘石

allée f 过道,通道,林荫道,小道,巷道,进路,林中小道,走廊,桥台

~ de parc 风景区道路,公园小道,公园小路
~ de piétons 人行小道
~ des cavaliers 骑马道
~ d'un jardin 花园小径
~ forestière 林区道路,林道

allège *f* 驳船,窗底墙
~ de fenêtre 窗台

allégée *a* 减少荷载的,减轻的,轻化的

allègement *m* 减轻,卸载,减轻负荷,减轻重量,减少重量
~ d'un plancher 减轻地板的负重
~ de matériel roulant 减轻机车车辆自重
~ des structures administratives 精简机构
~ du moteur 减小发动机重量

alléger *v* 减轻,卸载

aller *m* 行程
~ simple 单程
~ et retour 往返,来回,双程

aller *v* 去,走,通向,行驶,运行,运转,进行,进展
~ à faible tenseur 骑自行车去
~ à pied 步行
~ en auto 乘汽车去
~ en retour 往返,双程
~ en voiture 乘车去

allevardite *f* 钠板石,累托石,阿水硅铝石

allgovite *f* 辉绿玢岩,阿尔戈岩

alliage *m* 合金,熔合物
~ à faible dilatation 低伸胀合金
~ à faible teneur 低合金,合金
~ à haute résistance 高强度合金
~ à haute teneur 高合金
~ aluminium-cuivre 铝铜合金
~ aluminium-nickel 铝镍合金
~ binaire 二元合金
~ blanc 巴氏合金,轴承合金
~ coulé au sable 砂型铸造合金
~ coulé en coquille 硬模铸造合金
~ d'acier 合金钢
~ d'addition 合金添加剂
~ d'aluminium 铝合金
~ de cuivre 铜合金
~ de fonderie 铸造合金
~ de frottement 减磨合金
~ de magnésium 镁合金
~ de molybdène 钼合金
~ de nickel 镍合金
~ de nickel-chrome 镍铬合金
~ de nickel-cuivre 镍铜合金
~ de platine 铂合金
~ de première fusion 原生合金
~ de Wood 伍德易熔合金
~ de zinc moulé sous pression 铸型锌合金
~ de zirconium 锆合金
~ dur 硬合金
~ ferritique 铁合金
~ forgeable 可锻合金,锻造合金
~ fusible 易熔合金,低熔点合金
~ inoxydable 不锈合金
~ léger 轻合金
~ liquide 液态合金
~ magnétique 磁性合金
~ mère 主合金
~ non ferreux 有色合金,非铁合金
~ pour coussinets 轴承合金
~ résistant à l'acide 耐酸合金
~ résistant à l'usure 耐磨合金
~ ultra-léger 超轻合金

alliance *f* 联盟,同盟,协会,结合,联合
~ économique 经济同盟
~ internationale de tourisme 国际旅行协会
~ monétaire 货币同盟

allier *v* 联合,结合,化合

allingite *f* 硫树脂石,化石树脂

allitation *f* 红土风化,红土化

allite *f* 铝铁土,铝土岩

al(l)itique *a* 富铝铁质的,富铝性土的

al(l)itisation *f* 铝土岩化,铝铁土化

allivalite *f* 橄(榄钙)长石

allenite *f* 五水泻盐,五水镁矾,镁胆矾,碳钨钢砂

allocation *f* 津贴,补贴,定位,配置,补助,补助金,(津贴、款项等的)给予,供给,分配频段
~ budgétaire 预算分配,预算拨付
~ de base 基本津贴
~ de chômage 失业津贴
~ de logement 住房津贴,房租津贴
~ de matinée 早班补助
~ de nuit 夜班补助

~ de ressources 资源分配,资源配置
~ de restauration 伙食补贴
~ de risque 风险准备金
~ de soirée 晚班补助
~ des risques 安全津贴,风险分担
~ dissimulée 暗补
~ d'ouverture 开幕词
~ optimale 最佳分配,最佳配置
~ supplémentaire 额外补助

allochémal *a* 他化的,异化的
allochème *a* 他化的,异化的
allochèmes *m.pl* 异化粒,异化颗粒,异化分组
allochetite *f* 霞辉二长斑岩
allochimique *a* 异化的,他化的
allochite *f* 绿帘石
allochroïte *f* 粒榴石,钙铁榴石
allochromatique *a* 异色的,他色的,变色的,非本色的,假色的,带假色的
allochromatisme *m* 他色性,假色性
allochtone *m* 外来(岩)体,移置(岩)体,异地(岩)体,异地性; *a* 外来(岩体)的,移置的,异地的,非当地(生成)的
allochtonie *f* 异地成因,外来岩体,移积土,异地堆积物
　~ primaire 原生异地成因
　~ secondaire 次生异地成因
allocution *f* 讲话,演说
　~ d'ouverture 开幕词
　~ de clôture 闭幕词
allodapique *a* 外源的,外来的,异地的
allogène *m* 他生的,外来物质,他源物质; *a* 他生的,他生物的,外源物的,外源的,由外部移来的
allogénique *a* 他生的,外来的,外源的
allogonite *f* 羟磷铍钙石(磷铍钙石)
alloïte *f* 脆凝灰岩
allokite *f* 铝英高岭石(埃洛石)
allomérie *f* 异质同象体
allomérique *a* 异质同象的,类质同象的
allomerisme *m* 异质同象,类质同象
allométamorphique *a* 他变质的
allométamorphisme *m* 他变质作用,外力变质作用
allométamorphose *f* 他变态,他变体(现象)
allomigmatite *f* 他变混合岩

allomorphe *m* 同质异象变体,同质假象[副象]; *a* 同质异品的,同质异象变体的,同质假象[副象]的
allomorphisme *m* 同质假象[副象]
allomorphite *f* 贝状重晶石
allongation *f* due à la tension 拉伸
allongé, e *a* 延长的,拉长的,伸长的,延伸的,拉伸的,长条状的,条形的
allongeable *a* 可延伸的,可延长的,可伸长的
allongement *m* 延长,伸长,延伸,拉长,扩展,长度,走向,加长,长宽比,延伸率,延长率,延长度
　~ à la limite d'élasticité 弹性极限伸长
　~ à la rupture 断裂延伸率,断裂极限伸长,断裂应变
　~ après rupture 残余延伸率,断裂伸长
　~ au fluage 蠕变延伸率
　~ axial 轴向伸长
　~ d'un minéral 矿体延伸率,矿体延长
　~ de couche 岩层走向,岩层伸延
　~ de fluage 蠕变伸长
　~ de la voie 股道延长,线路延长
　~ de parcours 加长路线,延长走行公里
　~ de piste 机场跑道伸长
　~ de rupture 断裂伸长,断裂延伸
　~ de rupture du béton à la compression 受压时混凝土构件断裂伸长
　~ du couche 底层走向
　~ du parcours 行程延长,路程延长
　~ du réseau 道路网延长
　~ élastique 弹性伸长
　~ excessif 过度延长,过度延伸
　~ longitudinal 纵向伸长,纵向延伸,纵向延长
　~ minimum 最小延伸率,最小伸长
　~ par tension 张力(作用)伸长
　~ permanent 永久性伸长
　~ plastique 塑性变形,塑性流动,塑性屈服,塑性延伸
　~ pour cent après rupture 残余延伸百分率
　~ proportionnel 比例延伸,均匀伸长
　~ relatif 相对延伸,延伸率,相对伸长
　~ rémanent 残余伸长,永久延伸,持久延伸
　~ résiduel 剩余伸长,残余延伸
　~ spécifique 单位延长,延伸率
　~ sur 5d 相对延伸率(直径的五倍)

~ total 总伸长
~ transversal 横向伸长,横向延伸
~ uniforme 均匀伸长
~ unitaire 延伸率
~ visco-élastique 弹塑性伸长
allonger v 延长,放长,伸长,拉长,延伸,展长
allopalladium m **stibiopalladinite** f 锑钯矿
allophane f 水铝英石
~ chrysocolle 铝硅孔雀石
~ évansite 磷铝英石
~ opale 杂铝英磷铝石,蛋白铝英石
allophanite f 水铝英石,铝英岩
allophanoïde f 水铝英石类;a 水铝英石类的
allophite f 镁铝鳞绿泥石(异蛇纹石)
allophytine f 锂硬锰矿
alloprène m 阿罗普林(一种氯化橡胶的商业名称)
alloskarn m 他矽卡岩,外成矽卡岩
allotement m des fréquences 频率(波段)分配
allothigène m 他生物,外源物;a 他生的,外源的,异地的,外来的
allotimorphe a 原形[晶]的
allotriomorphe a 他形的,无定形的,非自形的
allotrope a 同素异形的,同质异形的
allotropie f 同素异形现象
allotropique a 同素异形的
allotropisme m 同素异形(现象)
allouer v 同意,给予,拨款,分配,配给
~ une redevance 承认债务,拨付租金
~ une ristourne 给予减价,给予退回部分款项
alluaudite f 磷锰钠石
allum m morainique 冰碛围场
allumage m 点火,引燃,点燃,爆破,触发,着火,燃烧,点火装置[系统]
~ à auto-trembleur 自动振动式点火
~ à basse tension 低电压点火,低压引弧,低压点火系统
~ à bobines multiples 多线圈点火
~ à haute tension 高电压点火,高压引弧,高压点火系统
~ à rupture 断续点火
~ à simple étincelle 单火花点火
~ à une seule bobine 单线圈点火
~ au lancement 起动点火

~ au point 点状点火
~ automatique 自动点火
~ d'approche (par approche) 接近点灯
~ d'approche des signaux 信号接近点灯
~ d'un arc 起弧
~ d'un voyant 点亮信号(表示)灯
~ d'une lampe 点亮灯,点灯
~ de grisou 矿井瓦斯爆炸,沼气燃烧
~ des coups 起爆
~ des feux (du panneau) 点亮灯光信号(仪表板上的或控制盘上的)
~ des signaux 点信号灯
~ du spot 斑点辉光,辉点发光,点光
~ électrique 电起爆,电点火
~ électrostatique 静电点火
~ en retour 逆弧,回火
~ irrégulier 不正常点火
~ par accumulateur 蓄电池点火
~ par bobine 线圈点火
~ par compression 压燃
~ par étincelle 火花点火
~ par magnéto 磁电机点火
~ prématuré 燃烧提前
régler l'~ 调整点火时间
~ retardé 延迟点火,滞后点火
~ spontané 自燃,自发火
allumé a 点火的,被点燃的,被引燃的,被触发的,发亮的(灯)
~-feu 引火柴
allumelle f 木炭炉
allumer v 发弧,燃弧,点火,点燃,发亮(灯),照明,起动(发动机)
~ une locomotive 机车升火
allumeur m 雷管,爆破工,点火器,引燃器,导火线,点火剂,点火装置,点火分电器
~ à haute énergie 高能点火器
~ à retard 缓发电力雷管,迟发电雷管,迟发雷管,定时雷管
~ de démarrage 起动电嘴,起动点火器
~ électrique 电力雷管,电雷管
~ instantané 瞬时电雷管,瞬发电力雷管,即发电雷管
allumoir m 引燃器,点火机
allure f 产状,产状要素,形状,状态,方法,特征,

类型,进程,速度,步伐,(物体的)外形,步调,层态,速率[度],方式
- ~ d'un gisement 矿床产状[形态],矿床赋存特点
- ~ de creusement 掘进速度
- ~ de faille 断裂产状要素
- ~ de la combustion 燃烧状态,燃烧速度
- ~ de la courbe 曲线形状
- ~ de la sédimentation 沉淀速度
- ~ de la surface du globe 地球表面形状
- ~ de ralenti d'un moteur 发动机处于低速状态
- ~ de terrain 岩层产状,岩层赋存状态
- ~ des contours géologiques 地质界线形状
- ~ des couches 岩层产状,岩层形状
- ~ du filon, ~ filonienne 矿脉产状,矿脉形状
- ~ du tracé 线路走向[方向]
- ~ en chapelet 裂隙形状,裂隙脉
- ~ forestière 森林状况
- ~ lenticulaire 透镜(体)形状
- ~ normale 正常速度,一般速度,正常行驶,正常运行
- ~ onduleuse 波状形态,波状产状
- ~ rubanée 带状构造,线性构造
- ~ structurale 构造形状,构造特征
- ~ tectonique (矿床)构造特征,(岩层)构造分布,地质构造类型,地层构造状态
- ~ zonaire 带状特征

alluvial, e *a* 冲积的,填积的,砂矿的
alluvien *a* 冲积的
alluvion *f* 砂矿,沙滩,泥沙,淤积层,沉积物,冲积矿床,冲积料[物],谷地填积,冲积层[地、土]
- ~ ancienne 老冲积地,老冲积土
- ~ aquifère 含水冲积土
- ~ argileuse 泥质冲积物,黏土质冲积层
- ~ continentale 坠积层,大陆沉积
- ~ côtière 滨海沉积,海岸沉积
- ~ de delta 三角洲淤积
- ~ éolienne 风积层
- ~ fine 细冲积土
- ~ fluviale 河流沉积,(河流)冲积,冲积层
- ~ fluviatile 河流沉积,(河流)冲积,冲积层
- ~ fluviatile très fine 河流粉质冲积土
- ~ fluviative très fine 盆地粉质黏土
- ~ fluvio-glaciaire 冰水沉积
- ~ grossière 粗碎屑冲积物
- ~ humifère 含腐殖质的冲积层
- ~ injectée 灌浆冲积土(帷幕)
- ~ lacustre 湖相沉积
- ~ latérifère 碎屑红土,红土岩
- ~ latéritique 碎屑红土,红土岩
- ~ marine 海积层,海洋沉积,海相沉积
- ~ moderne 近代冲积土
- ~ quaternaire 第四纪冲积层
- ~ superficielle 冲积(层)表土层
- ~ terrigène 陆源沉积层,陆源淤积层
- ~ végétale 植物淤积层,植物残骸堆积物
- ~ verticale 裂缝填充物

alluvionnaire *a* 冲积的
alluvionnant, e *a* 填积的,冲积的
alluvionné *a* 冲积的
alluvionnement *m* 冲积作用,沉积(作用),泥沙沉积,表土,淤积,沉淀,沉降,泥沙
- ~ continental 陆相沉积

alluvionner *v* 冲积,淤泥
alluvions *f. pl* 冲积层
- ~ emboîtées 叠加冲积层
- ~ éoliennes 风成沉积
- ~ glaciaires 冰碛物,冰川沉积
- ~ injectées 灌浆冲积层
- ~ mobiles 移动沉积物,活动沉积物
- ~ quaternaires 第四纪冲积层
- ~ torrentielles 洪积物,湍流沉积物,急流堆积(物)

alluvium *m* 冲积层,冲积物,冲积土,淤积物,表土层
allyle *m* 烯丙基
allylène *m* 丙炔,甲基乙炔
allylique *a* 烯丙基的
almagra [almagre] *m* 深红赭石
almagrérite *f* 锌矾
almanach *m* 年鉴
almandine *f* 铁铝榴石,贵榴石
almandine-spinelle *f* 贵榴尖晶石
almandite *f* 铁铝榴石(贵榴石)
almas *m* 金刚石
almashite *f* 绿琥珀,黑琥珀
almasillium *m* 铝镁硅合金
almélec *m* (制电缆用的)铝镁合金

alméraïte　*f*　钠光卤石
almerüte　*f*　钠明矾石，水钠铝矾
alnoïte　*f*　黄长煌斑岩
aloi　*m*　成色(金、银的)，纯度，试样，质量
aloisiite　*f*　结灰石
aloite　*f*　红苔钒矿
alomite　*f*　蓝方钠石，蓝方钠岩
alors　*adv*　当时，那么
　　jusqu'～　直到那时
　　～ que　当……时候，而，却
alourdir　*v*　加重，加载，过载
alourdissant　*m*　加重剂
alourdissement　*m*　加重，加载
　　～ du pétrole brut　原油加重(轻组分已挥发)
aloxite　*f*　刚铝石，人造刚玉，铝砂
alpax　*m*　阿派硅铝合金
Alpes　*f. pl*　阿尔卑斯山脉
　　～ méridionales　南阿尔卑斯山脉
　　～ occidentales　西阿尔卑斯山脉
　　～ orientales　东阿尔卑斯山脉
alphabet　*m*　字母表
alphabétique　*a*　字母的，按字母顺序的
alpha-celsian　*m*　钡长石
alpha-domeykite　*f*　砷铜矿
alpha-duftite　*f*　砷铜铅矿
alpha-fergusonite　*f*　褐钇铌矿
alpha-kurnakite　*f*　双锰矿
alphanumérique　*a*　字母数字的，按字母和数字组合分类的
alpha-sépiolite　*f*　海泡石
alphitite　*f*　岩粉土
alphyle　*m*　芳基
Alpides　*f. pl*　阿尔卑斯褶皱带，阿尔卑斯造山带
alpin　*m*　阿尔卑斯褶皱带；*a*　阿尔卑斯的，阿尔卑斯式的，高山的
alpinotype　*m*　阿尔卑斯型构造，阿尔卑斯型褶皱，阿尔卑斯型
alpique　*a*　阿尔卑斯山的，阿尔卑斯型的
alquifoux　*m*　粗粒方铅矿
alsbachite　*f*　玢岩质细晶岩，榴云花岗闪长斑岩(榴云细斑岩)，斑状细晶岩
alshedite　*f*　钇楣石
alstonite　*f*　三斜钡解石
Altaïdes　*f. pl*　阿尔泰造山带，阿尔泰褶皱带(晚古生代)
altaïque　*a*　阿尔泰山的
altaïte　*f*　碲铅矿
altazimut　*m*　地平经纬仪
altérabilité　*f*　(岩石的)风化性，蚀变性，变态性能，可变性，易变质性
altérable　*a*　可蚀变的，易风化的，不稳定的(矿物)
altération　*f*　蚀变，风化(作用)，改变，变动，变化，变质，变坏，变形，扭变，风化[蚀]
　　～ à l'atmosphère　风化，风化作用
　　～ atmosphérique　大气风化，风化，风蚀
　　～ chimique　化学风化(质)，化学侵蚀
　　～ complète　全风化
　　～ complexe　多(种)营力蚀变，复杂蚀变
　　～ d'atmosphère　(井中)空气恶化
　　～ de la couleur　褪色
　　～ de roche　岩石蚀变，岩石风化
　　～ des pierres　石料衰化，石料风化
　　～ descendante　下行蚀变
　　～ diaclasique　裂隙风化，节理风化
　　～ due aux agents atmosphériques　风化
　　～ en boule　球状风化，球状节理
　　～ faible　弱风化
　　～ hydrothermale　热液蚀变(作用)
　　～ intense　强风化
　　～ latéritique　红土风化，红土化
　　～ légère　微风化
　　～ métasomatique　交代蚀变(作用)
　　～ météorique　大气风化，风化作用，地投风化，风雨侵蚀，天然时效，大气蚀变
　　～ oxydante en surface　(氧作用下)地表风化
　　～ pédogénétique，～ pédologique　成壤(风化)作用，成土(作用)
　　～ physico-chimique　物理—化学风化(作用)
　　～ physique　机械风化，物理风化
　　～ pneumatolytique　气化蚀变，气成蚀变
　　～ potassique　高岭土化，钾化，钾蚀变
　　～ primaire　物理风化，机械风化
　　～ progressive　逐渐变化，渐进变化
　　～ pyriteuse　黄铁矿化(作用)
　　～ remontante　上行蚀变
　　～ secondaire　化学风化
　　～ serpentineuse　蛇纹石化

~ sous-cutanée 洞穴风化
~ subaérienne 地表风化(作用)，风蚀
~ superficielle 风化层，地表风化[作用]，表面变化，表面风化
~ superficielle des roches 岩石表面风化
~ thermique 热力风化作用，热力蚀变

altéré, e *a* 蚀变的，风化的，变质的，变坏的

altérer *v* 伪造，风化，蚀变，离解，腐坏，改变，使变更，使改变，使变质
s'~ au contact des produits lubrifiants 与油类接触时变形

altérite *f* 风化岩，蚀变重矿物

alternance *f* 交变，交替，更迭，变换，半周，半波(交流)，交互层，交替更迭
~ d'argilite et de grès 黏土砂岩交互层
~ d'efforts 应力反响
~ de température 温度变化，温差
~ de charge 荷载变动，更迭荷载，荷载的交替变化
~ de couches 地层交替作用，地层交互层，错层
~ de faciès 岩相交替
~ de gel et de dégel 冻融循环
~ de température 温度变化，温差
~ des couches 岩层，交互层，岩层交替
~ gel-dégel 冻融交替

alternant *m* 收发电台，收发无线电台； *a* 互层的，交替的，交互的

alternat *m* 交替，更迭，转换

alternateur *m* 交流发电机，振荡器，交流(同步)发电机
~ à axe vertical 垂直轴交流发电机
~ à fer tournant 旋铁交流发电机，交流感应体发电机
~ à fréquence variable(traction électrique) 变频交流发电机(电力牵引)
~ à haute fréquence 高频发电机
~ à réaction 磁阻发电机
~ asynchrone 感应发电机，异步发电机，异步交流发电机
~ auto-excitateur 自励发电机
~ auto-excitateur à induit tournant 旋转电枢式自励交流发电机
~ auxiliaire 辅助[备用]交流发电机
~ biphasé 双向发电机
~ d'appel 摇铃机
~ de séquence 指令序列变更器，指令时序变更器
~ de soudage 电弧焊交流发电机
~ diphasé 二相交流发电机
~ homopolaire 单极发电机
~ homopolaire à fer tournant 带衔铁的单极交流发电机
~ hydraulique 水力交流发电机
~ monophase 单项交流发电机
~ musical 音频发电机
~ polyphasé 多相交流发电机
~ principal 主(交流)发电机
~ sans balai 无电刷交流发电机
~ synchrone 同步(交流)发电机
~ tachymétrique 测速交流发电机
~ tri-phasé 三相交流发电机

alternateur-volant *m* 飞轮发电机

alternatif, ive *a* 交替的，更迭的，(二者中)任取其一的，另一个(可选择)的，备择的，轮换的，交流的，轮流的
~ brut 未整流的交流电

alternation *f* 交替，更替，循环，互层，更迭，交错，交互变化，变更
~ de chaud et de froid 冷热交替[循环]
~ de gel et dégel 冻融交替，冻融循环
~ de trempage et séchage 干湿交替，干湿循环

alternative *f* 交替，变更，抉择，比较方案

alternativement *adv* 交替地，轮流地

alterné *a* 变更的，交替的，交错的，错开的，轮流的，交互的，交流的，交变的，间隔的

alterner *v* 交替，轮流，轮换
~ avec 同……轮流，同……交替

alterno-moteur *m* 交流电动机

alternostat *m* 可变(自耦)变压器

altertite *f* 蚀变岩

althausite *f* 羟磷镁石

altigraphe *m* 测高计，高度自记仪，高度记录器，气压测高计

altimètre *m* 测高计，测高仪[计]，高度表，高程计，高度计
~ à écho 回波测高计，回声测高计
~ absolu 绝对测高仪，绝对高度表，绝对高度计
~ acoustique(sonique) 声测高度计，声测高度

表,声学测高计
~ anéroïde 气压测高计,无液测高计
~ barographe 气压高程计
~ barométrique 气压测高计,气压高度表,气压高度计
~ capacitif 电容测高计
~ de service courant 标准高度计
~ électrique 电测高度计
~ électronique 电子测高仪,静电高度计
~ électrostatique 静电高度计
~ enregistreur 自记式高度计,自记式高度表,高度自记器
~ holostérique 无液测高计,膜盒测高计,膜盒式高度表
~ optique 光学测高仪,光测高度计
~ ordinaire 标准高度计
~ radar 雷达高度表
~ radio 无线电测高计
~ sensitif 高灵敏度测高仪
~ sonique 声波测高仪

altimétrie f 测高法,测高术,测高学,高度测量(计),高程测量法
 ~ à grande base 长基线测高法
 ~ à petite base 短基线测高法
 ~ barométrique 气压高度测量
 ~ du terrain 地面高度测量
 ~ radar 雷达测高法

altimétrique a 测高的,高度测量的

altiphoto m 高空照相机,高空摄影机

altiplanation f 高地夷平作用,高山剥夷作用,冰冻夷平作用

altitude f 海拔,海拔(高度),标高,高程,高度,顶垂线,高(线),地平纬度
 ~ absolue 绝对高度,真实高度,绝对高程,绝对标高,海拔
 ~ barométrique 气压计高度,气压高度
 ~ de la retenue maximum 最大蓄水高度
 ~ de rétablissement 计算高度,规定高度,预定高度
 ~ -distance 绝对高度,海拔
 ~ du projet 设计高度
 ~ en atmosphère standard 标准大气压高度
 ~ s inférieures 大气低层(对流层)
 ~ minima utile 最低有效(蓄水)高度
 ~ opérationnelle (航测)操作高度,有效高度
 ~ -pression 气压高度,压力高程
 ~ prévue 规定高度,预定高度
 ~ rectifiée (航测)校正高度
 ~ réelle 真实高度,实际高度,修正高度
 ~ relative 相对高度
 ~ s supérieures 大气上层(对流层以上)
 ~ terrestre 地面标高
 ~ verticale efficace 有效垂直高度
 ~ vraie 真实高度

altuglas m 人造荧光树脂,有机玻璃,甲基丙烯酸甲酯

alumage m 铝镁合金

aluman m 铝锰合金

alumatol m 阿吕马托炸药

alumel m 镍铝合金

alumelle f 刃,刮刀

alumen m 纤钾明矾,明矾

alumiane f 钠明矾石(水钠矾石)

aluminates m. pl 铝酸盐,铝酸岩,铝酸盐类
 ~ de calcin 铝酸钙
 ~ de calcium 铝酸钙
 ~ monocalciques hydratés 水化铝酸钙
 ~ tricalciques 铝酸三钙

aluminé a 含铝化合物的,含铝的

alumine f 氧化铝,三氧化二铝,铝(氧)土,铝矾土,矾土(氧化铝),氢氧化铝,氧化铝矿石
 ~ anhydre 矾土,(无水)氧化铝
 ~ blanche 白刚玉
 ~ calcinée 矾土,煅明矾,氧化铝,煅烧氧化铝
 ~ cristallisée 刚玉
 ~ de schiste plastique 黏土页岩,塑性矾土片岩
 ~ ftuatée alcaline 冰晶石
 ~ hydratée 氢氧化铝
 ~ phosphatée 银星石
 ~ sous-sulfatée 明矾石,明矾岩
 ~ trihydratée 三水氧化铝

alumineux a 氧化铝的,铝土的,含矾土的

aluminides m. pl 铝质矿物(类)

aluminière f 铝矿山,明矾矿

aluminifère a 含铝的,含氧化铝的,含矾土的

aluminisation f 镀铝,铝化,明矾石化,表面渗铝

aluminite f 矾石,明矾石,钠明矾石,正方矾石,水钠矾石

aluminium *m* 铝(Al)，自然铝
　　~ d'électrolyse 电解铝
　　~ -ferroanthophyllite 铝铁直闪石
　　~ -montmorillonite 铝蒙脱石
　　~ moulé 铸铝
　　~ nontronite 铝绿脱石
　　~ -sépiolite 铝海泡石
　　~ -spinelle 铝尖晶石
　　~ structurel 结构用铝
aluminobétafite *f* 铝钡塔石，铝铌钛铀矿
aluminocalcite *f* 钙铝蛋白石
aluminochrysotile *f* 铝温石棉
aluminocopiapite *f* 铝叶绿矾
alumino-ferrite *m* 铝铁酸盐，铁矾土，铝铁剂
alumino-kataphorite *f* 铝红闪石
aluminoscorodite *f* 铝臭葱石
aluminothermie *f* 铝热化，铝热剂，铝焊化
alumlnium-saponite *f* 铝皂石
alumo-anthophyllite *f* 铝直闪石
alumo-antigorite *f* 铝叶蛇纹石
alumo-aschynite *f* 易解石，含铝易解石
alumobérézowite *f* 铝镁铬铁矿
alumobéryl *m* 铝绿柱石(金绿宝石)
alumobritolite *f* 铝铈磷灰石
alumocalcite *f* 钙铝蛋白石
alumochromite *f* 铝铬铁矿
alumochrompicotite *f* 铝硬铬尖晶石
alumochrysotile *f* 铝纤蛇纹石
alumocombatomélane *m* 铝锰土，杂锂硬锰矿
alumodéweylite *f* 铝水蛇纹石，杂蛇纹镁皂石
alumoferro-ascharite *f* 杂铁滑硼镁石
alumogel *m* 胶铝矿
alumogoethite *f* 铝针铁矿
alumohématite *f* 铝赤铁矿
alumohydrocalcite *f* 水碳铝钙石
　　~ -béta B 水碳铝钙石(B 铝水钙石)
alumolimonite *f* 铝褐铁矿
alumolite *f* 矾土岩
alumopharmacosidérite *f* 铝毒石，铝毒铁矿
alumosilicates *m. pl* 铝硅酸盐类
alumotrichite *f* 纤钾明矾
alun *m* 矾，明矾，铝钾矾，明矾石
　　~ ammoniacal (氨)明矾
　　~ chromique de potassium 钾铬矾

　　~ de chrome 铬矾
　　~ de fer 铁矾
　　~ de fer et de potassium 铁钾矾
　　~ de fer et de sodium 铁钠矾
　　~ de glace 无色明矾石
　　~ de plume 铁明矾
　　~ de potasse 钾矾，(铝)钾矾
　　~ de potassium 钾明矾
　　~ de roche 明矾石，矾石
　　~ de roche non coloré 无色明矾石
　　~ de Rome 硫酸铁铝，明矾石
　　~ de soude 钠明矾
　　~ desséché 脱水明矾
　　~ ferrugineux 铁矾
　　~ naturel 明矾石，明矾岩
alunation *f* 明矾制备，明矾化
alundum *m* 刚铝石，铝氧粉，合成刚玉
aluné *a* (含)铝土的，(含)矾土的，铝质的，含铝化合物的
aluneux *a* (含)铝土的，(含)矾土的，铝质的，含铝化合物的
alunifère *f* 明矾矿山，明矾厂；*a* 含矾土的，矾土的
alunite *f* 明矾石(钾明矾石)，明矾岩
alunitisation *f* 明矾石化
alunogène *m* 毛矾石(毛盐矿)
alunogénite *f* 毛矾石(毛盐矿)
alurgite *f* 淡云母，锰多硅白云母
alushtite *f* 杂云母地开石，蓝高岭石
alvanite *f* 水钒铝石
alvéolaire *a* 细胞状的，蜂窝状的，有小窝的，气泡状的，肺泡状的，凹槽的
alvéolé *a* 蜂窝状的，多胞状的，肺泡状的
alvéole *m* 蜂房，箭石的槽，箭石腔区，洞穴，溶蚀坑(或盆地)，蜂窝，凹槽，格；*f* 受油器，间隔
　　~ de dissolution 溶蚀坑，溶洞
alvéolisation *f* 多孔穴性，(岩石表面)凹穴
alvikite *f* 细粒方解碳酸岩
alvite *f* 铪铁锆石(硅铁锆石)
amagnétique *a* 非磁性的
amaigrir *v* 使变薄，减小体积，使变瘦
amakinite *f* 羟铁矿
amalgamable *a* 可汞齐化的，可混汞的
amalgamation *f* 汞齐化，混汞法

amalgame *m* 汞齐,汞膏,银汞齐,汞合金,混合汞
~ d'argent 银汞齐
~ d'or 金汞齐
~ natif 天然汞齐
amalgamer *v* 合并,混合,混汞,使泵齐化,汞齐化,使金属与汞齐化,使与汞混合
amarantite *f* 红铁矾
amargosite *f* 膨润土,膨土岩,斑脱岩
amarillite *f* 黄铁钠矾
amarrage *m* 拴紧,固定,连接,锚固,碇泊,靠码头,系泊装置
~ de câble （起重机）钢索锚固
amarrage *v* 使停泊,系缆,拴紧
amarre *f* 带缆,系缆
amarrer *v* 系缆,拴紧
amas *m* （不规则）矿体,块［垛］状矿体,矿株,矿囊,岩体,堆积体,堆,堆积物
~ affleurant 出露地表的矿株
~ allochtone 移置岩体,外来岩体,异地岩体
~ couché 层状矿体,层状厚矿体
~ d'eau souterraine 地下水体,地下蓄水处
~ d'ébout 陡倾厚矿体,直立矿株
~ d'hematite 赤铁矿矿体
~ de blocs 乱石堆
~ de déblais 废石堆
~ de gaz 天然气聚集
~ de gélifraction 冰冻堆积物
~ de pierres 废石堆
~ de recul 集合反冲,群体反冲
~ de roches 岩石堆,矸石堆
~ de sable 砂堆,砂丘
~ de sel 盐株
~ déblais 废石堆,废石场
en ~ （呈）块状的,大块的,厚的
~ ferrugineux 铁矿体
~ filonien 脉状矿株,脉矿瘤
~ gazeux-poussiéreux 气体尘埃聚集
~ irrégulier 不规则矿体,矿瘤（状）矿床
~ lenticulaire 透镜体
~ minéralisé 矿体,不规则矿体
~ pyriteux （不规则）黄铁矿矿体
~ quartzeux 石英质矿株
~ sulfurés （块状）硫化物矿体
~ superficiel 近地表矿体
~ transversal 陡倾矿体（脉）,横向矿脉
~ volcanique 火山堆积物
amasite *f* 阿马吉特炸药
amas-rocheux *m* 岩体
amassage *m* 堆积,聚积,收集
amassement *m* 聚集（作用）,黏着力,堆积
amasser *v* 收集,堆积,聚积
amassette *f* 刮铲,调色刀,抹子
amatex *m* 阿马太克斯炸药
amatol *m* 阿马图炸药,三硝基甲苯炸药
amatrice *f* 绿磷铝石,似绿松石
amausite［**amautite**, **amauzite**］ *f* 不纯硅灰石,脱玻细晶岩,脱玻微晶岩
amazonite *f* 天河石,微斜长石
Amazonle *f* 亚马孙古陆
ambérine *f* 琥珀玉髓
ambérite *f* 灰黄琥珀,灰黄色石脂; *m* 安培利特炸药
ambiance *f* 周围（介质）,环境,周围环境,大气环境,大气条件
~ classique 一般环境条件
~ de travail 工作环境
ambiance-sonore *m* 声环境
ambiant,e *a* 周围的,环境的,四周的,外界的
ambien *m* 阿姆布阶
ambiguïté *f* 模糊,含糊,二重性,非单值性,不定性,多义性,二义性,双值性
ambiophonie *f* 环境声响,环境音量
ambitus *m* 轮廓,界限,范围,周围
amblygonite *f* 磷铝锂石（锂磷铝石）
amblystégite *f* 铁苏辉石
ambonite *f* 堇青安山岩,安汶岩
ambré *a* 琥珀色的,琥珀的
ambre *m* 琥珀
~ blanc 鲸蜡,鲸蜡结核
~ canadien 加拿大琥珀（一种像琥珀的化石树脂）
~ gris 灰琥珀,龙涎香
~ jaune 琥珀,黄琥珀,琥珀色
~ noir(jais) 煤玉,煤精,黑琥珀
~ pressé 大块琥珀（压制成的）
~ succin 淡黄色琥珀
ambrin *a* 琥珀色的,琥珀的
ambrite *f* 灰黄琥珀,灰黄化石脂

ambrosine[ambrosite] *f* 丁二琥珀
ambulatoire *a* 无固定地点的,流动的,步行的
amcaloïde *m* 生物碱
âme *f* 芯,中心,夹心,焊芯,芯子,芯线,电缆芯线,电缆芯,梁的腹板,连接板,夹层,腹板,梁腹
~ centrale métallique 缆绳金属芯线
~ d'une poutre 梁腹
~ d'électrode 焊芯
~ d'un câble 电缆芯线,缆索芯线
~ d'un puits enfoncé 渗水井筒
~ d'une poutre assemblée 组合梁梁腹
~ d'une poutrelle 梁腹
~ de cordage 缆绳芯线
~ de mousse isolante 泡沫塑料绝热层
~ de poudre noire 火药芯
~ de poutre 梁腹,腹板
~ de rail 轨腰
~ de voûte 腹拱
~ du câble 电缆芯线
~ du contrefort 墩肋
~ du rail 轨腰,轨腹板
~ en béton 混凝土腹板
~ en laine de roche 矿棉芯材
~ en treillis 桁梁腹杆,格构腹(桁梁的),空腹
~ explosive 导火索芯
~ isolante 绝缘芯层,防水芯层
~ isolante inflammable 耐火层
~ métallique d'un jonc 芯铁
~ ondulée 波状腹板
~ pleine 实心腹板,实腹梁
~ verticale 垂直腹板
ameghinite *f* 阿硼钠石
améletite *f* 杂霞方钠石
améliorable *a* 可改良的,可改进的,可改善的
amélioration *f* 改良,改善,改进,调整,修正,调质
~ d'eau 水处理
~ d'une courbe 弯道改善
~ de fleuves 河道改善
~ de l'environnement 改善环境
~ de la capacité portante 改善承载能力
~ de la carte 地图校正,地图修正
~ de la densité 改善密度
~ de la forme en plan 平面改善,路基平面修正
~ de la qualité 改进质量
~ de la rampe 改善坡道
~ de la voie 路线改善
~ de prairie 草地改良
~ de rivières 河道整合
~ de route 道路改善,道路改良
~ de sous-sol 改善路基土
~ de surface 改善面层
~ de terres 土壤改良
~ de tracé 路线改善
~ de zone résidentielle 住宅区的改建
~ des conditions de travail 改善劳动条件
~ des rivières 河道改善
~ des rivières navigables 通航河道的改善
~ des routes 道路改建
~ des sols à la chaux 石灰改善土壤
~ des sols au ciment 水泥改善土壤,用水泥处理地面
~ des terres 土壤改良
~ des villes 城市的改造(规则)
~ du drainage 排水(条件)改善
~ du rendement de reconnaissance à vue 目测勘察数据修正
~ du réseau des chemins 道路网改善
~ du sol 土壤改善
~ du temps 天气好转
améliorer *v* 改善,改良,改进
~ la portance des sols 改善土壤承载力
~ la résistance du sol 改善土壤强度
~ la stabilité 改善稳定性
aménagé *a* 布置的,治理的,装备的
aménageable *a* 可布置的,可整理的,可治理的
aménagement *m* 布局,布置,设备,装置,整理,治理,修订,装修,开发,开拓,整治,改造,工程,项目,(已建成或正在施工的)全部建筑物,构筑物,安排,规划
~ à buts multiples 综合水利枢纽
~ à retenue 蓄水式水电站,蓄水工程
~ alpin 高山水电站,高山水力开发
~ au fil de l'eau (径流)河床式水电站
~ complet de la route 道路整体布置
~ contre le froid 防寒设备
~ d'accès de chantier 工地施工专用道路的设[布]置(计划)
~ d'air 通风设备[设施]

~ d'un cours d'eau 河川整理,水道整理,河道治理,河流梯级开发
~ d'une chute 某一段落差的开发利用,一次落差水能利用,一次落差水电站
~ d'une VSVL 设慢车道
~ d'urbanisme 城市规划
~ de barrière 护栏总体布置
~ de basse chute 低水头水电站(工程)
~ de chantier 工地布置,工地管理
~ de chute d'eau 水力(开发)计划,水电站
~ de chute moyenne 中落差水电站
~ de crues 洪水治理,洪水工程
~ de groupe électrogène 发电机组安装
~ de haute chute 高落差水电站
~ de l'estuaire 河口治理(工程)
~ de la verdure 绿化布置,绿化工程
~ de pente 坡度改善
~ de pompage 抽水蓄能计划,抽水蓄能电站
~ de rivière 河流水电站,河流治理
~ de tarif 调整运价,修改运价规则
~ de transfert d'énergie par pompage 抽水蓄能计划,抽水蓄能电站
~ de voirie 规划路网
~ des abords 环境美化,绿化
~ des autoroutes 高速道路布置
~ des bas-côtés des routes 路旁设施,路旁布置
~ des carrefours (道路)交叉口布置
~ des villes 城市规划
~ des cours d'eau 河道整治
~ des données 整理资料
~ des eaux 水利工程,水的管理,治水
~ des espaces piétons 人行道宽度布置
~ des forces hydrauliques 水电开发计划,水电工程
~ des gares 车站配置
~ des points particuliers 特殊点布置
~ des rues piétonnes 步行街布置
~ des villes 城市整治,城市规划
~ des voies piétonnes 人行道布置
~ dispersé 分散布置
~ du gisement 矿床开发,矿床开拓
~ du paysage 环境美化设计
~ du puits 安装水井设备,井筒安装,维修水井
~ du routier 道路网布置

~ du site 厂区布置,厂区建设
~ du terrain 整理工地,土壤改良,布置场地,土地规划
~ du territoire 领土整治,土地整治,区域(性)开发
~ esthétique des routes 道路美学设计,道路美学布置
~ étapes 分期布置
~ fluvial 河流整治
~ hydraulique 水电工程,水利设施,水电(开发)计划
~ hydroagricole 农业灌溉系统,农业水利规划
~ hydro-électrique 水电工程,水电开发计划水电站系统
~ intégré des bassins versants 水库全面整治(工程)
~ intérieur 室内设备,室内设施,内部布置
~ national 国家计划
~ par dérivation des eaux 引水式水电站,引水工程
~ par exhaussement 河流水电站,拦河水利工程
~ paysager 风景设计,风景布置
~ progressif 分期布置
~ progressif de la route 道路分期布置
~ s spéciaux 特殊装置
~ urbain 城市管理,城市规划

aménager v 整理,布置,治理,规划,整治

amende f 罚款,罚金
~ de pour cause d'infraction au contrat 违约罚款

amendement m 修正,校准,改良,改善,改正,改进,修改,修正案

amender v 改善,修正

amenée f 供给,运到,引导,运到,传动,进口,前渠,引水渠,引水槽
~ d'air frais 供新鲜空气
~ d'eau 供水,供水口
~ de l'eau d'alimentation 供水,给水
~ de l'huile 给油,供油
~ des eaux 供水
~ des matériaux 材料输送,材料供给,材料供应
~ du courant 电流供应,引入电流,电源
~ et repliement 进场与撤场

amener

~ souterraine du courant　地下电源供电, 地下馈电

amener *v* 引导, 带来, 领来, 导致, 加到(把电压加到……上)

~ au cut-off　封闭

bien ~ les écrous　拧紧螺母

~ les wagons à destination　向目的地送车

amenuisement *m* 变薄, 减薄, 变细, 物理(机械)风化作用

amenuiser *v* 减薄, 减小

américain, e *a* 美国的, 美洲的

américanite *f* 南美洲天然陨石, 美洲天然玻璃

amésite *f* 锈铝蛇纹石

améthyste *f* 紫晶(水碧、紫水晶), 紫石英

~ brûlée　烟(水)晶

~ fausse　紫色萤石

~ orientale　蓝宝石, 东方紫水晶, 紫刚玉

améthystoline *f* 紫水晶中液包体

ameublir *v* 耙松, 弄松, 翻松(土), 扒松(土)

~ le ballast　耙松道砟

ameublissement *m* 疏松, 松散, 松土, 风化松散, 崩解, 瓦解

amherstite *f* 反纹正长闪长岩(反纹中长岩)

amiantacé *a* 石棉状的

amiante *m* 石棉, 石绒, 石麻

~ à armature d'acier　带筋石棉板

~ à fibres courtes　短纤维状石棉

~ à fibres longues　长纤维状石棉

~ armé de fil de cuivre　铜丝网石棉板

~ asbeste　石棉, 石绒

~ béton　石棉混凝土

~ bleu (= crocidolite)　蓝石棉

~ chrysotile　纤蛇纹石(温石棉)

~ -ciment　石棉水泥

~ ciment ondulé　波形石棉水泥板

~ d'amphibole　角闪石棉

~ de serpentine　温石棉, 纤维蛇纹石

~ en feuilles　石棉板

~ en fibres　纤维状石棉

~ en fil　线状石棉, 丝状石棉

~ tissable　长纤维石棉

amiante-ciment *m* 石棉水泥

~ en feuilles　石棉水泥板

amiantifère *a* 含石棉的

amiantin, e *a* 石棉的, 石棉状的, 石棉制的

amiantine[**amiantinite**] *f* 石棉(石绒、石麻、不灰木)

amiantoïde *a* 石棉状的

amiatite *f* 玻璃蛋白石

amicite *f* 斜碱沸石

amidon *m* 淀粉, 淀粉浆

~ nitré　硝化淀粉(炸药)

aminci, e *a* 变薄的, 变细的

amincir *v* 使变薄, 使变细, 使尖灭

amincis *a* 变薄的

amincissement *m* 变薄, 变细, 尖灭, 磨损, 磨耗

~ de la section　断面收缩, 断面变小

~ des couches　岩层尖灭

~ des flancs　两翼变薄

~ du boudin　轮缘磨薄

~ en biseau　尖灭

~ en coin　尖灭

aminoffite *f* 铍黄长石

aminoplaste *f* 氨基塑料

ammersooite *f* 铁贝得石(阿米水云母)

ammètre *m* 电流表, 安培计

ammite *f* 鲕状岩

ammonal *m* 硝氨炸药

ammonéen *a* 含菊石类化石的(岩层)

ammoniac *m* 氨, 氨气

~ libre　游离氨

~ liquide　液态氨, 氨水

~ synthétique　合成氨

ammoniaco-arcanite *f* 铵钾矾

ammoniadynamite *f* 硝铵炸药, 铵爆炸药

ammoniagélatine *f* 硝铵明胶炸药

ammoniaque *f* 氨, 氨气, 氨水, 氢氧化铵

~ chlorurée　硇砂

~ sulfatée　硫氨矾

~ synthétique　合成氨水

ammonioborite *f* 水硼铵石

ammoniojarosite *f* 黄铵铁矾

ammoniolyse *f* 氨解(作用)

ammonisation *f* 氨化(作用), 加氨

ammonite *f* 氨, 阿芒炸药, 硝铵二硝基萘炸药, 菊石, 鹦鹉螺的化石, 鲕状岩, 阿莫尼特硝铵炸药

~ pyritisée　黄铁矿化的菊石

ammonium *m* 铵, 铵基

~ quaternaire   季铵类
ammonium-analcime   f   铵方沸石
ammonium-aphthitalite   f   铵钾芒硝
ammonium-boltwoodite   f   铵硅钾铀矿
ammonium-bromcarnallite   f   铵溴光卤石
ammonium-carnallite   f   铵光卤石
ammonium-chabazite   f   铵菱沸石
ammonium-cryolite   f   铵冰晶石
ammonium-glasérite   f   铵钾芒硝
ammonium-heulandite   f   铵片沸石
ammonium-iodocarnallite   f   铵碘光卤石
ammonium-kaïnite   f   铵氯镁矾
ammonium-laumonite   f   铵浊沸石
ammonium-leucite   f   铵白榴石
ammonium-mésolite   f   铵中沸石
ammonium-natrolite   f   铵钠沸石
ammonium-nitrate   m   铵硝酸盐
ammonium-stilbite   f   铵辉沸石
ammonium-sulfate   m   硫铵石
ammonium-syngénite   f   水铵钙矾
ammonium-thomsonite   f   铵杆沸石
ammonium-uranospinite   f   铵钙砷铀云母
ammonoxyd ation   f   氮氧化(作用)
amneïte   f   角闪霞石岩
amodiation   f   (土地或矿山的)出租
amoibite   f   辉砷镍矿
amoindrir   v   减小,缩小,变小
amoindrissement   m   减小,缩小,变小
amoise   f   横撑,横梁(支架的),横木
amollir   v   使变软,使柔软,软化,变软
amollissant   m   软化剂,软化器；a   使变软的
amollissement   m   变软,软化
amonceler   v   堆,垛,堆放,堆积,聚积,收集,团块,使聚集,集合体(矿粒的)
~ de glaces   冰壅塞
amoncellement   m   堆放,堆积,堆,垛
amont   m   上方(岩层、矿层),上升方向,逆倾斜方向,(河流)上游,上游水,外方(指信号机),(车辆)上行,进口,涵洞进水口
~ à l'amont   向上游,上溯
~ d'amont   升起的,抬升的,上游的
~ d'un signal   信号机外方,信号机前方
en ~   在上游
~ en amont   逆倾斜向上,上溯

~ vers l'amont   向上游,上溯
amont-pendage   m   上盘,顶板,逆倾斜,上行方向,上倾方向,反岩层倾向
amorçage   m   点火,引燃,触发,起振,起弧,激发,激磁,起动,激励,接通,振鸣(电话),(水库等的)初次蓄水,发动,起爆(药)装雷管,(虹吸管的)启动,开掘巷道,发生虹吸
~ acoustique   话筒效应,颤噪效应,扩音效应
~ automatique   自动启动,自动吸入,自动点火
~ basse fréquence   低频激励,低频激发,发动机哼声(低频寄生振荡产生的)
~ d'amplificateur   放大器激励
~ d'oscillations   振荡激励,激振
~ d'un arc   起弧,引弧
~ d'un injecteur   喷射器起动
~ d'un thyristor   可控硅的触发
~ d'un trou   炮眼导爆装置
~ d'une génératrice autoexcitatrice   自励发电机的起动
~ d'une pompe   泵的起动
~ de jet   射流启动
~ de siphon   虹吸启动
~ du forage   钻机启动设备
~ électrique   电起动,电气点火
~ par l'eau   水力启动
~ pyrotechnique   雷管点火
amorcé   a   已启动的,装有雷管的,已装药的
amorce   f   段,部分,引线,起点,雷管,帽盖,开始,开端,起动,起爆管,发爆剂,开掘巷道,导火线,电气雷管,引导程序,引导指令,起始指令
~ (fulminante) électrique   电雷管
~ (fulminante) instantanée   瞬发雷管
~ (fulminante) milliseconde   瞬发雷管
~ (fulminante) retardée   迟发雷管
~ à étincelle   电火花雷管
~ à percussion   触发雷管
~ à retard   迟发雷管
~ à retardement   迟发雷管,延时雷管
~ à temps   远距离引信
~ d'allumage électrique   电雷管,电爆管
~ d'un anticlinal   背斜切割部分
~ d'une nappe   覆盖层切割部分
~ de cassure   初裂,起纹
~ de dépôt   初始沉积

~ de freinage   制动起始点
~ de fulminante   撞击式雷管,雷汞雷管
~ de fulminante milliseconde   毫秒起爆器
~ de fulminante retardée   迟发起爆器
~ de fulminate   雷汞雷管
~ de la brèche   缺口标志,沉陷(出现)标志
~ de rupture   断裂倾向,断裂标志
~ de tension   电雷管
~ des virages   弯道起点
~ du tuyau de descente   水落管
~ électrique   电雷管,电起爆器
~ instantanée   瞬发雷管
~ mise à feu   燃烧导火线
~ percutante   触发雷管,触发引火器
~ retardée   迟发雷管,慢作用引火器

amorcé, e *a*   装药的,充电的

amorcer *v*   起动,开始,着手,引爆,装雷管,起弧,引燃,点火,起振,触发,激励,激发,给……装雷管

~ une pompe   起动(水)泵
~ une tôle   挤压薄板

amorceur *m*   点火极,发火器,点火器,触发器,雷管,辅助电极,起动电极

amorçoir *m*   钻头,螺旋钻,钻孔钻头,开眼钎子,木工钻,螺丝刀

amorphe *a*   非晶状的,非晶质的,无定形的,玻璃状的

amorphie *f*   非晶性,无晶性,无晶形,无定形,无定形性

amorphisme *m*   非晶性,无定形性

amorti *a*   减振的,衰减的,阻尼的,缓和的,消音的

amortir *v*   减弱(断层、褶皱),减轻,缓和,缓冲,阻尼,减振,抑制,衰减,逐步回收投资,折旧,分期偿还(债务等),熄灭,消音

~ l'achat du nouveau appareil   逐步回收购置新仪器的投资
~ les bruits   降低噪声,消音

amortissable *a*   可分期偿还的,可分年偿还的

amortissement *m*   (构造位移的)减弱,减振,消声,缓冲,阻尼,衰减,消减,稀释,折旧,抑制,(分批、分期、分年)摊销,偿还,减小,制动,分期偿还

~ à l'huile   油阻尼,油缓冲,液压缓冲
~ à ressort   弹簧缓冲[减振]

~ accéléré   加速折旧
~ apériodique   不摆动的阻尼,非周期阻尼
~ comptable   财务摊销
~ critique   临界阻尼,临界衰减
~ d'obligation   债务分期摊还
~ d'un choc   冲击的缓和
~ d'un emprunt   借款分期偿还
~ de capital   本金偿还
~ de l'oscillation   振荡阻尼
~ de la crue (calcul)   (设计)洪水消退
~ de structure   结构减振
~ des équipements   设备折旧
~ des équipements de productions   生产设备的折旧
~ des équipements sociaux   公司设备的折旧
~ des investissements   投资的折旧
~ des vibrations   减振
~ du bruit   消音
~ du matériel   机车车辆折旧,器材折旧,设备折旧
~ du son   吸[消]音
~ élastique   弹性减振器(使导辊同轨道保持接触的装置)
~ électrique   阻尼
~ faible   阻尼不足,弱阻尼
~ financier (action)   财务摊销,分期偿还,折旧
~ financier (charges annuelles)   清偿费,分期还本付息费用
~ hypercritique   过度阻尼,过度衰减
~ linéaire   线性阻尼
~ magnétique   磁性阻尼
~ magnéto-mécanique   磁石式机械阻尼
~ mécanique   机械减振
~ mensuel   月度摊销
~ modal   模式阻尼
~ optimal   最佳阻尼
~ par air   液体阻尼,空气阻尼
~ par courants de Foucault   涡流阻尼
~ par liquide   辐射阻尼,液体阻尼
~ par rayonnement   设计折旧
~ relatif   相对阻尼
~ surcritique   过度阻尼,过度衰减
~ théorique calculé   计划折旧
~ visqueux   液压减振

amortisseur *m* 减振器,缓冲器,消音器,减音器,阻尼绕组,阻尼线圈,(空)气垫,阻尼器,衰耗器
~ à friction 摩擦缓冲器,摩擦减振器
~ à huile 油压减振器,油液缓冲器,油阻尼器
~ à ressort 弹簧减振器,弹簧缓冲器
~ d'ondes 消波器
~ d'accostage 挡板,缓冲器,减振器
~ d'ondes 消波器
~ de bruits 噪声遏抑器,消音器
~ de bruits d'admission 进气消音器
~ de chocs 减振器,缓冲器
~ de vibration à ressort 弹簧减振器
~ de vibrations 减振器,消振器
~ élastique 弹性缓冲器
~ en caoutchouc 橡胶缓冲块,橡皮减振器
~ fluide 液压减振器
~ hydraulique 液力减振器,液力缓冲器,液压减振器,水力缓冲器,液压缓冲器
~ oléopneumatique 油压空气缓冲器
~ par frottement 弹簧缓冲器
~ pneumatique 气压缓冲器
~ visqueux 液压减振器

amosite *f* 石棉状铁闪石(纤铝直闪石),铁石棉(铁直闪石),长纤维石棉

amouler *v* 磨快,磨

amovibilité *f* 可易性,可移动性,物流动性

amovible *n* 可卸(滑动)管缘,可卸垫圈,可卸法兰盘; *a* 可移动的,可变更的,可更换的,可拆卸的
~ collecteur (fluides) (液体)汇流环
~ d'alimentation (générateur de vapeur) (蒸发器)给水环
~ d'arc 拱圈,拱环,拱肋
~ d'entretoise ou distributeur 座环
~ d'espacement 衬垫环
~ d'étanchéité (fond de la piscine du réacteur) 密封环(压力壳与水池间)
~ de béton 混凝土隧洞衬砌,混凝土管圈[环]
~ de câble 电缆圈
~ de calage (cuve du réacteur) 压紧弹簧(压力壳)
~ de charge 受力环,承载环
~ de concassage 轧碎环
~ de diffuseur 扩散环
~ de dilatation 膨胀环
~ de fixation 调整环,定位环
~ de joint 密封环[垫圈]
~ de levage 提升套
~ de maintien (mécanisme de grappe) 夹持套(控制棒使动机构)
~ de renforcement 加筋环,加强环
~ de retenue (cuve du réacteur) 加固环(压力壳),支架锚定环
~ de roue 扩散环
~ de soupape 阀门环
~ de verrouillage (mécanisme de grappe) 固定环(棒机构),制动环
~ fixe d'étanchéité 固定止水圈
~ fixe d'étanchéité pour la fermeture de réserve 闸门固定备修止水圈
~ fixe d'étanchéité pour la fermeture de service 闸门固定工作止水圈
~ fusible de soudage 焊接的可熔圈
~ horizontal 水平拱单元,拱环
~ mobile d'étanchéité 活动止水圈
~ mobile d'étanchéité pour la fermeture de réserve 闸门活动备修止水圈
~ mobile d'étanchéité pour la fermeture de service 闸门活动工作止水圈
~ mortier 灰浆环,砂浆环饰
~ support (soudage) (焊接)支撑环

ampasiménite *f* 辉霞斑岩,钛闪霞辉岩

ampélite *f* 黄铁碳质页岩,沥青质页岩

ampéliteux *a* 黄铁碳质页岩的

ampérage *m* 电流强度,安培数
~ de déclenchement 释放电流强度
~ de régime 工作电流强度

ampère *m* 安培(电流强度单位)

ampère-heure *m* 安培小时

ampèreheure-mètre *m* 安(培小)时计,安(培小)时表

ampèremètre *m* 电流表,安培表,安(培小)时计
~ à cadre mobile 动圈式电流表
~ à courant alternatif 交流电流表
~ à courant continu 直流电流表
~ à déviation bilatérale 检流表(定位在中央,可向两侧转动指针的电流表)
~ à fer mobile 动铁式电流表

~ de charge batterie 蓄电池充电电流表
~ de freinage 制动电流表
~ thermique 热线式安培计
~ thermique à fil 热线式安培计
~ thermique à fil chaud 热线式安培计
~ thermo-électrique 热电式电流表
~ traction 牵引电流表

ampères-conducteurs *m. pl* (d'un enroulement d'une machine) 安培—导体(电机绕组的)

ampère-seconde *m* 安培秒

ampère-tour *m* 安匝(数)
~ s par centimètre 每厘米安匝数

amphibie *m* 水陆两用汽车

amphibole *f* 闪岩,角闪石,闪石类
~ aciculaire 阳起石
~ actinote(hexaèdre) 阳起石
~ asbeste 角闪石石棉
~ basaltique 玄武角闪石
~ blanche 透闪石
~ bleue sodique 蓝闪石,蓝色钠闪石
~ fibreuse 纤维状闪岩,纤维闪石,角闪石石棉
~ hornblende 角闪石
~ monoclinique 单斜角闪石
~ noire 角闪石
~ ophiolite 蛇纹闪石
~ triclinique 三斜角闪石
~ verte 阳起石

amphibolifère *a* 含角闪石的
amphibolique *a* 角闪石的
amphibolisation *f* 角闪石化(作用)
amphibolit(h)e *f* 角闪岩,闪岩
~ ortho 正角闪岩
~ para 副角闪岩
~ en aiguilles 针状角闪岩

amphibolitique *a* 角闪岩的
amphibolitisation *f* 角闪岩化(作用)
amphiboloïde *m* 三斜角闪石; *a* 似角闪石的, 角闪石类的
amphibololit(h)e *f* 火成角闪岩(类)
amphiboloschiste *m* 闪片岩
amphicar *m* (多座位的)客运水陆两用车
amphigène *m* 白榴石
amphigénique *a* 白榴石的
amphigénitite[**amphigénite**] *f* 白榴岩,白榴熔岩, 白榴碱玄岩,粗白榴岩

amphilogite *f* 杂云英石(白云母变种)
amphiphile *m* 亲水亲油化合物; *a* 亲水亲油的
amphithalite *f* 杂磷镁铝石,光彩天蓝石(艳冠石)
amphithéâtre *m* 大冰斗,冰成围场
~ morainique 冰碛围场,(新月形)冰墙

amphodélite *f* 钙长石
amphogneiss *m* 混合片麻岩
ampholite *f* 橄闪岩
amphotère *a* (酸性和碱性)两性的
amphotérique *a* 两性的
amphotérite *f* 球粒古橄隕石
amphtboloschiste *m* 闪片岩,角闪片岩
ample *a* 估价过高的,广阔的,足够的,丰富的,广泛的
ampleur *f* 广度,宽度,规模,大小,幅度,富足,规模,充分,丰富,广泛
~ d'un méandre 河曲宽度
~ de l'anomalie 异常规模
~ de la maille 网度大小,粒度大小

ampli *m* 放大器
amplidyne *f* 电机放大机,直流功率放大器,交磁放大机
~ de régulation 放大调节器

amplificateur *m* 放大器,增强器,增压阀(风制动),增压器,增音器,增幅器
~ à amplification distribuée 宽频带放大器
~ à anode mise à la masse 阳极接地放大器,阳极耦合放大器
~ à bascule (功率)放大杆
~ à cathode mise à la terre 阴极接地放大器
~ à charge de cathode 阴极输出器,阴极输出放大器,阴极接地放大器
~ à contre-réaction 负回授放大器
~ à couplage cathodique 阴极耦合放大器,阴极输出放大器
~ à couplage direct 直接耦合放大器
~ à couplage par résistance-capacité 阻容耦合放大器
~ à courant continu 直流放大器
~ à cristal 半导体放大器,晶体管放大器
~ à déclenchement périodique 选通放大器,周期启闭放大器

~ à deux faisceaux   双电子束放大器
~ à faible bruit   低噪声(电平)放大器
~ à grand gain   大功率(高增益)放大器
~ à grille à la masse   栅极接地放大器
~ à grille mise à la terre   栅极接地放大器
~ à impédance   扼流圈放大器,阻抗放大器
~ à klystron   调速管放大器
~ à lampes   电子管放大器
~ à large bande   宽频带放大器
~ à levier   杠杆式放大器
~ à liaison directe   直接耦合放大器
~ à onde progressive   行波管放大器
~ à plusieurs étages   多级放大器
~ à plusieurs voies   多通道放大器
~ à réaction   反馈放大器
~ à relais   继电放大器
~ à résistances   电阻耦合放大器
~ à résonance   调谐放大器
~ à seuil   整定值放大器,选通放大器
~ à transformateurs   变压器(耦合)放大器
~ à transistors   晶体管放大器,半导体三极管放大器
~ à très large bande   超宽频带放大器
~ à vidéofréquences   视频放大器
~ acoustique   扩音器
~ B.F.(à basse fréquence)   低频放大器,音频放大器
~ cascade   多极放大器
~ cathodique   阴极输出器
~ classe A, B ou C   甲类、乙类或丙类放大器
~ compensé   平衡放大器
~ continu   直流放大器
~ d'impulsions   脉冲放大器
~ d'antenne   天线增压器
~ d'échos   回波放大器
~ d'énergie   能量放大器
~ d'enregistrement   录音放大器
~ d'entretien des oscillations   维持振荡放大器
~ d'erreur   误差信号放大器
~ d'harmonique   谐波放大器,振幅滤波器
~ d'image   视频放大器
~ d'impulsion   脉冲放大器
~ d'isolement   隔离放大器
~ de balayage   偏压(电流)放大器,扫描放大器
~ de balayage vertical   垂直扫描放大器
~ de brillance   亮度放大器
~ de contraste   对比放大器
~ de couple   力矩放大器
~ de course   动程放大器
~ de déviation horizontale   水平扫描信号放大器,横扫描信号放大器
~ de déviation verticale   垂直扫描信号放大器
~ de gramophone   电唱机放大器
~ de lecture   读出放大器
~ de ligne   线路放大器
~ de mesure   测量(电子)放大器
~ de modulation   话筒放大器,调制放大器
~ de moyenne   平均放大器
~ de pression   压力放大器,增压器
~ de puissance   功率放大器
~ de radio microphone   广播放大器
~ de servo-mécanisme   跟踪系统放大器,随动系统放大器,伺服机构放大器
~ de sonorisation   声频放大器
~ de sortie   末级放大器,终端放大器
~ de télévision   电视放大器
~ de tension   电压放大器
~ de tension différentielle   压差放大器,差动放大器
~ déphaseur   移相放大器,分相放大器,倒相放大器
~ diélectrique   介质放大器
~ différentiel   微分放大器,推挽式放大器
~ différentiel à deux étages   二级微分放大器
~ distribué   宽频带放大器,分布放大器
~ dit de caméra   摄像机放大器,视频前置放大器
~ du type à tension fixe   定压式扩大器
~ du type continu   直流放大器
~ écrêteur   限幅放大器
~ électromagnétique   电磁放大器
~ électronique   电子(管式)放大器
~ électrono-optique   光电放大器
~ équilibré   平衡放大器
~ final   终端放大器,末级放大器
~ -générateur   电机放大机
~ H.F.(à haute fréquence)   高频放大器
~ haute fréquence accordé   高频调谐放大器

amplification

~ haute fréquence linéaire 高频线性放大器
~ hydraulique 液压放大器
~ intermédiaire 缓冲放大器
~ inverse 倒相放大器
~ limiteur 限幅放大器
~ linéaire 线性放大器
~ logarithmique 对数放大器
~ M. F. (à moyenne fréquence) 中频放大器
~ magnétique 磁放大器
~ magnétique auto-excité 自励磁放大器
~ microphonique 话筒放大器
~ modulé （被）调制放大器
~ pour courants porteurs 载波中继器,载波增音机
~ pour sourds 助听器
~ proportionnel 比例放大器
~ push-pull 推挽式放大器
~ réflex 来复放大器
~ sélectif 选择放大器
~ stéréophonique 立体声放大器
~ symétrique 对称放大器
~ tampon 缓冲放大器
~ unidirectionnel 单向放大器
~ vidéo 图像放大器,视频放大器

amplification *f* 放大率,放大（率、系数、倍数、作用）,增益,增强,扩大,扩张,扩充,膨胀,推广

~ à réactance variable 参数放大
~ à réaction 再生放大
~ d'impulsion 脉冲放大
~ de conversion 变频放大
~ de courant 电流放大（率）
~ de la timonerie du frein 制动传动比
~ de signal 信号放大
~ de tension 电压放大
~ des basses fréquences 低音频增音,低频扩音
~ distribuée 分布增益,分布放大
~ en courant 电流放大
~ fidèle 真实放大
~ linéaire 线性放大
~ par engrenage 齿轮放大（法）
~ par lame torsadée 弹簧放大（法）
~ par levier 杠杆放大（法）
~ paramétrique 参数放大
~ réflexe 来复放大

~ répartie 分布增益,分布放大
~ sélective 选择放大［强化、增强］

amplificatrice *f* 放大管,三极管

amplifier *v* 增强,放大

~ l'erreur correspondante dans un rapport 100 将差值放大 100 倍

amplitude *f* 振幅,摆幅,波幅,幅度（波、摆）,（垂直）断距,射程,距离,高低差,作用半径,幅值,褶皱轴面间距

~ absolue 绝对幅值
~ angulaire 角振幅
~ annuelle 年变幅,年较差
~ crête à crête 双幅,正负峰间振幅值,双峰间幅值,峰至峰振幅
~ d'accélération 加速度幅值
~ d'anomalie 异常幅度
~ d'impulsion 脉冲振幅,脉动振幅
~ d'onde 波幅
~ d'oscillation 摆幅,振幅
~ d'un pli 褶皱断距
~ d'une grandeur alternative symétrique 对称交变量的振幅
~ d'une sollicitation alternée 交替应力幅度
~ d'une vibration 振幅
~ de contrainte 应力幅度
~ de contrainte oscillante 应力幅
~ de culmination 褶皱（曲）高差
~ de déviation 偏移振幅
~ de diffusion 扩散范围
~ de fluctuation 波动幅度,变幅
~ de houle 波幅
~ de la faille 断层断距
~ de la fluctuation 变幅
~ de la fonction d'onde 波函数振幅
~ de la marée 海潮幅度,潮差
~ de la tension de grille 栅压摆动
~ de marée 潮幅,潮差
~ de modulation de vitesse à signal faible 小信号速度调制振幅
~ de sinuosité 曲率半径
~ de structure 结构幅度（晶体的）
~ de température 温差
~ de variation de contrainte 应力变化范围［幅度］

~ des mouvements tectoniques 构造运动幅度
~ des oscillations 振幅,波幅
~ du battage 冲击钻头落差
~ du déplacement horizontal 水平位移幅度
~ du marnage 水面降落范围
~ du refroidissement 冷却范围
~ du rejet 断层垂直断距
~ initiale 初(振)幅
~ journalière 日变幅
~ maximale 最大振幅
~ maximum 最大振幅
~ mensuelle 月变幅,月较差
~ totale 双幅,总幅值,全幅(正负峰间的)
~ totale d'oscillation 周期量的振荡总振幅
~ zéro 载波的零振幅

amplystégite *f* 铁苏辉石
ampoule *f* 气泡,水泡,瓶,烧瓶,管壳,灯泡,砂眼,局部隆起(钢材的缺陷),细颈瓶,小玻管,针管,滴管
~ d'indication 指示灯泡
~ de cadran 度盘灯
~ de veilleuse (仪表)照明灯
~ de verre 玻璃泡,玻璃罩
~ dépolie 毛玻璃(半透明)灯泡
~ électrique 白炽灯泡
~ immersible 水下灯泡
~ métallisée 镀金属外壳,反光灯
~ opalisée 乳白[乳光]灯泡
~ sans pointe 无尖灯泡
~ scellée 密封管
~ témoin 指示[警示]灯

amygdalaire *a* 杏仁状的,扁桃状的
amygdale *f* 杏仁石,杏仁体[子],杏仁孔;*a* 杏仁状的,扁桃状的,纺锤状的
amygdaloïde *f* 杏仁岩,杏仁体;*a* 杏仁状结构的,杏仁状的,扁桃状的,纺锤状的
amygdalphyre *m* 杏仁玢岩
an *m* 年,岁
anabohitsite *f* 铁橄苏辉岩,钛磁铁,橄辉岩
anacardier *m* 桃花心木
anaclinal *a* 逆倾斜的
anacline *f* 正倾型,正倾斜
anagenèse *f* 逐渐演化,前进演化,再生,新生
anagénite *f* 铬华,泥云胶结砾岩,电英斑状凝灰岩

anaglaciaire *a* 始冰期,初冰期,冰川发展期的
analbite *f* 钠歪长石(歪长石),高温钠长石
analcidite *f* 方沸石
analcime *f* 方沸石
~ secondaire 次生方沸石
analcimisation *f* 方沸石化(作用)
analcimite *f* 方沸岩
analcimolite *f* 方沸石岩
analcite *f* 方沸石
analcite-basalte *m* 方沸石玄武岩
analcite-dolérite *f* 方沸石粗玄岩
analcite-leucitite *f* 方沸石白榴岩
analcite-phonolite *f* 方沸石响岩
analcitite *f* 方沸岩
analogie *f* 模拟,比拟,类似,类推,仿真,类比,相似,相似性
~ cinétique 动力模拟
~ de la colonne 柱比法(设计方法)
~ de la dalle 板拟法,板比法(设计方法)
~ de la houle 波浪模拟
~ de la membrane 薄膜(模拟)比拟法
~ directe 正相似,正相似法
~ du film de savon 皂膜模拟,皂膜比拟法
~ du tas de sable 堆砂模拟,砂堆比拟法
~ électrique 电模拟,电比拟
~ géologique 地质类比,地质模拟
~ hydraulique 水力比拟法,水力模拟
~ hydrodynamique 水动力比拟法,水动力模拟
~ hydrologique 水文相似,水文模拟
~ mécanique 机械模拟,力学模拟
par ~ 类似地,相似地
~ thermodynamique 热力模拟
analogique *a* 模拟的,类似的,相似的
analogue *a* 类似的,相似的,模拟的
analysable *a* 可分析的,可解析的,可剖析的
analysateur *m* 分析器,测定器,测定仪,模拟装置,试验资料处理仪,分析员
analysé *a* 被分析的,被扫描的
analyse *f* (物理化学)分析,估计,解析(法),研究,扫描
~ à la touche 点滴分析
~ à tamis 筛分,析分

A

~ aérométrique 气体比重分析
~ analyseur 分析仪,测定仪,化验员,分析程序,模拟装置
~ approximative 粗略分析,概略分析
~ aréométrique 液体密度分析,液体比重分析,(土壤)气体含量分析,气体比重分析
~ assistée par ordinateur 计算机辅助分析
~ au chalumeau 吹管分析
~ au spectrographie, ~ spectrographique 光谱照相分析,摄谱分析
~ au tamis, ~ de tamisage 筛法分析,筛析
~ aux [par] rayons X X射线分析
~ bactériologique 细菌学检验
~ bactériologique de l'eau 水的细菌分析
~ barométrique 气压分析
~ bidimensionnelle 二度空间分析,二维分析
~ calorimétrique 热量分析
~ canonique 典型分析,标准分析,标准相关分析
~ chimique 化学分析
~ chimique de l'eau 水化学分析
~ chimique en bloc 化学全分析
~ chromatographique 色谱分析,色层分离
~ chromométrique 比色分析
~ cinématique (构造)动力方法分析,运动(学)方法(构造)分析
~ classique sur petits échantillons 常规小岩芯(样品)分析
~ climatologique 气象分析
~ colorimétrique 比色分析法
~ combinatoire 组合分析,组合解析
~ comparative de risques (ACR) 危险比较分析
~ comparative interlaboratoire 实验室间的比较分析
~ complète 全(面)分析
~ composante principale 主要组分分析
~ comptable 会计分析,财务分析
~ conformationnelle 构象分析,(分子)构型分析
~ continue 按序扫描,渐进扫描,连续分析
~ contradictoire 对照分析,检验分析
~ corrélative 相关分析,对比分析
~ correspondance 相关分析

~ courante 常规分析
~ coût-efficacité 成本效益分析
~ coûts-avantages 成本收益分析
~ coûts-bénéfices 成本效益分析,成本利润分析,费用收益分析,益本分析
~ cristalline 晶体结构分析,结晶分析
~ cristallochimique 结晶化学分析
~ cristallographique 晶体分析
~ critique de dessin 图纸检验,图纸检验
~ d'activation 活化分析,激活分析,辐[放]射(性)分析
~ d'activation neutron 中子活化分析
~ d'air 空气分析
~ d'arbitrage 仲裁分析
~ d'eau 水质分析
~ d'eau complète 水质全分析
~ d'eau simple 水质简分析
~ d'élasticité 弹塑性分析
~ d'orientation 方位分析,定向分析
~ d'un projet routier 道路设计分析,道路方案分析
~ de la disposition des grains 颗粒结构分析,粒度分析
~ de carotte 岩芯(试样)分析
~ de chargement 荷载分析
~ de circulation 交通分析
~ de comparaison 比较分析
~ de complexe 复分析,复变函数论
~ de comportement (contraintes) 应力分析
~ de conséquence 后果分析
~ de contrôle 检查分析,校核分析,检验分析
~ de corrélation 相关分析
~ de coulée 热分析
~ de décision 决策分析
~ de déformation 变形分析
~ de flexion 屈曲分析
~ de Fourier 傅里叶分析
~ de fréquences 频率分析,周波分析
~ de gestion 经营管理分析
~ de grande déformation 大位移分析
~ de l'atmosphère du sol 土壤空气分析
~ de l'eau 水质分析,水分析
~ de l'effet thermique hydratant 水化热分析
~ de l'état initial 原状分析

~ de l'image 影像扫描(在电视发送时),图像分析
~ de la fiabilité 可靠性分析
~ de la granulométrie (粒径)级配分析,颗粒分析
~ de la variance 方差分析,变量分析
~ de limite 极限分析
~ de maille 筛分析,网孔分析,粒度分析
~ de marché 市场分析
~ de perturbation 摄动分析
~ de plate-forme 快速分析
~ de probabilité 概率分析
~ de régime (河流的)情况分析,状况分析
~ de régression 回归分析
~ de rendement 经济效益分析
~ de risque 风险分析
~ de routine 常规分析
~ de sédimentation 沉降分析
~ de séquence sismique 地震层序分析
~ de situation financière 财务状况分析
~ de sol 土壤(土质)分析
~ de stabilité 稳定性分析
~ de sureté 安全分析
~ de tamisage 筛分分析
~ de temps 时间分析
~ de valeur 值的分析
~ de variance 差异分析,变异分析
~ de vibration 振动分析
~ densimétrique 比重分析,密度分析
~ des agrégats 集料分析,骨料分析
~ des articles de dépenses 支出项目分析
~ des causes 成因分析
~ des causes d'accident 事故分析,事故原因分析
~ des cendres 灰分分析
~ des charbons 煤分析
~ des ciments 水泥分析
~ des combustibles 燃料分析
~ des contraintes 应力分析
~ des dimensions 因次分析,量纲分析
~ des eaux usées 污水分析
~ des efforts 应力分析
~ des faciès sismiques 地震岩相分析
~ des forces horizontales 水平力分析

~ des fréquences 频率分析
~ des gaz 气体分析
~ des incidents 故障分析
~ des masses d'air 气团分析
~ des objectifs 目标分析
~ des précipitations 降雨量分析
~ des réseaux 网络分析
~ des résultats (évaluation des erreurs) 成果分析(误差评价)
~ des résultats des enquêtes et du statistique 调查统计结果分析
~ des risques 风险分析,危险率分析
~ des valeurs 成本效益分析
~ déterminative 确定性分析,定值分析
~ différentielle 示差分析
~ diffraction électron 电子衍射分析
~ diffraction neutron 中子衍射分析
~ diffractionelle 衍射分析
~ dimensionnelle 因次分析,量纲分析
~ discriminante 判别分析
~ documentaire 文件分析
~ du flux d'information 信息流分析
~ du flux de trésorerie 资金流分析
~ du sol 土壤分析,土壤化验
~ du sol par digestion acide 土的酸煮分析
~ du système 系统分析
~ du temps 天气学分析
~ du trafic 交通量分析
~ du travail 工作分析
~ dynamique (构造)动力分析(法)
~ économique 经济分析
~ écosystémique 生态系统分析
~ élastoplastique 弹塑性分析
~ électrolytique 电解分析
~ électronique 电子扫描,电子影像扫描[分析]
~ électrothermique 电热分析
~ élémentaire 元素分析
~ élement-trace 痕量元素分析
~ en dernière 归根到底,从根本上看
~ en phase de l'exécution 施工阶段分析
~ en spirale 螺旋扫描
~ entrelacée 隔行扫描,间行扫描,交叉扫描
~ ex ante 事前分析
~ ex post 反分析,事后分析

~ expérimentale des contraintes 应力实验分析
~ expérimentale des efforts 应力实验分析
~ factorielle 因子分析,因素分析
~ financière 财务分析
~ fonctionnelle 设计工程分析,功能分析,泛函分析
~ fractionnée 分馏分析,分级分析
~ fréquentielle 频率分析,周波分析
~ générale 综合分析,宏观分析
~ géologique comparée 类比(法)地质分析,比较地质分析
~ géologique régionale 区域地质分析
~ géométrique 几何分析
~ géomorphologique 地貌分析
~ géophysique(des anomales) 地球物(异常)分析
~ globale 全分析
~ granulométrique 筛分,比重法,级配分析,粒度分析,颗粒(大小)分析,筛分分析,机械分析
~ granulométrique au tamis 颗粒筛分分析
~ granulométrique de tamisage 筛分析,颗粒分析
~ granulométrique par sédimentation 颗粒沉降法分析
~ graphique 图解分析(法)
~ gravimétrique 重力分析,重量分析
~ groupée 聚类分析,组合分析
~ harmonique 谐波分析,调和分析
~ hydrochimique 水化学分析
~ hydrographique 过程线分析
~ hydrologique 水文分析
~ immédiate 近似分析
~ indirecte 间接分析,飞点扫描,间接扫描
~ industrielle 技术分析,工业分析
~ inorganique 无机分析,矿物分析
~ isobarique 等压分析
~ isotaque 等风速线分析
~ linéaire 线性分析
~ litho-stratigraphique 岩石地层分析
~ logique 逻辑分析
~ macrocosmique 宏观分析
~ macrocosmique de l'eau 水的宏观分析
~ macroéconomique 宏观经济分析
~ macroscopique 宏观分析,目视分析

~ majeure 主要元素分析
~ marginale 边界分析,限界分析,界限分析,边际分析
~ mathématique 数学分析
~ mécanique 机械分析,机械扫描
~ microbiologique 微生物分析
~ microchimique 微量化学分析
~ microchimique des sols 土壤微量化学分析
~ microphotométrique 显微光度分析,测微光度分析
~ microscopique 显微(镜)分析,显微镜研究,微观分析
~ microscopique de l'eau 水的显微分析
~ microspectrographique 光谱微量分析
~ microstructurale 显微构造分析,显微结构分析
~ minérale 矿物分析,无机(物)分析
~ minérale qualitative 无机定性分析
~ minérale quantitative 无机定量分析
~ minéralogique 矿物(学)分析
~ modale 模态分析,振兴分析,标准分析,模式分析,定量矿物分析
~ morphologique 地貌分析,形态分析
~ morphométrique 形态测量分析
~ multiple de la régression 多重回归分析,复回归分析
~ multivariable 分变分析
~ néphélométrique 浊度测定(法)
~ non destructive 非破损分析,无破坏分析
~ numérique 数值分析,数字分析
~ opérationnelle 运筹分析
~ optimale 最佳性分析,优化分析
~ optique 光学分析
~ organique 有机分析,结构分析
~ par absorption 吸附分析,吸收分析,吸收率分析
~ par activation 活化分析,激活分析,活性分析,活性试验
~ par combustion 燃烧分析
~ par fluorescence 荧光分析
~ par hydromètre 比重计分析法
~ par instrument 物理化学分析
~ par la méthode du cercle de frottement 摩阻圆颗粒分析法

~ par lignes 横向扫描，行扫描，线扫描
~ par lignes contiguës 渐进扫描，逐行扫描，顺序扫描
~ par liqueurs denses 重液分析，浮沉分析
~ par luminescence 发光分析
~ par mesure 测量分析
~ par méthode du cercle de frottement 摩阻圆颗粒分析法
~ par périodogramme 周期图分析
~ par points successifs 跳点扫描
~ par réflexion 间接扫描，反射分析法
~ par sédimentation 沉降分析，沉淀法颗粒大小分析试验
~ par solvants sélectifs 溶剂选择分析
~ par spectre de réponse 反应谱分析
~ par spectrométrie de masse 质谱(测量)分析
~ par station unique 单站分析
~ par voie humide 湿法分析
~ par voie sèche 干法分析
~ par[de]sédimentation 沉积分析，沉淀分析
~ pétrographique 岩石(分类)分析，岩石构造分析，岩相分析
~ pétrographique structurale 岩石结构分析
~ photoélectrique 光电分析
~ photométrique 光度分析
~ physico-chimique 物理化学分析
~ physico-chimique de l'eau 水质
~ physique 物理分析
~ plastique 塑性分析
~ polarographique 极谱分析，极化分析
~ pollinique 花粉(化石)分析
~ polydimensionnelle 多维分析
~ ponctuelle 点分析
~ pondérale 重量分析
~ potentiométrique (位)势分析
~ progressive 按序扫描，渐进扫描
~ proximité 近似分析
~ pyrochimique 热化学分析
~ pyrognostique 吹管分析
~ qualitative 定性分析
~ quantitative 定量分析
~ quantitative du système (计算机)数量化系统分析
~ radar 雷达扫描

~ radiochimique 放射性化学分析
~ radiométrique 放射性测量分析
~ rapide 快速分析
~ rationnelle 合理性分析，有力分析
~ régionale 区域分析
~ RX X射线分析
~ sédimentaire 沉积分析，沉淀法颗粒大小分析实验
~ sédimentométrique 沉淀分析
~ séismique 地震分析
~ séquentielle 层序分析，时序分析，序列分析，数列分析，序贯分析，按序扫描，渐进扫描
~ simulaire (de simulation) 模拟分析
~ socio-économique 社会经济分析
~ sommaire 全分析，总分析
~ spectrale 光谱分析，频谱分析
~ spectrale localisée 点光谱分析，局部光谱分析
~ spectrochimique 光谱化学分析
~ spectrographique 光谱照相分析，摄谱分析
~ spectrométrique 光谱测定分析
~ spectrométrique de masse 质谱测定分析
~ spectrophotométrique 光谱分光光度分析，光谱光度分析
~ spectroscopique 光谱分析，分光镜分析(法)
~ spectroscopique par rayon X X射线光谱分析
~ sphérique harmonique 球面调和分析
~ statistique 统计分析
~ statistique des données 资料统计分析，数据统计分析
~ structurale 构造分析，结构分析
~ sur coulée 热分析，(炉前)桶样分析，铸件分析
~ sur pièce 成分分析
~ sur produit 成分分析
~ systématique 系统分析
~ systémique 系统分析
~ tectonique 地质构造分析
~ tendance 趋势分析
~ texturale 结构分析
~ thermique 热分析
~ thermique différentielle 热差分析法
~ thermodynamique 热力(学)分析

analyser

~ thermogravimétrique 热解重量分析
~ thermomagnétique 热磁分析
~ thermopondérale 热解重量分析
~ topographique du terrain 地形分析
~ totale 全场分析，全面分析，全分析，帧扫描
~ tridimensionnelle 三度（空间）分析，三维（空间）分析
~ unidimensionnelle 一度空间分析，一维空间分析
~ viscoélastique 黏弹性分析
~ viscoplastique 黏塑性分析
~ visuelle 目测分析
~ volumétrique 容量分析，体积分析，滴定分析

analyser v 分析，解析，扫描，剖析

analyseur m 分析仪，测定器，测定仪，分析镜（上偏光镜），模拟装置，分析员，化验员，分析器，扫描器，分析程序

~ à balayage 扫描器
~ à couronne de lentilles 透镜筒扫描器，透镜鼓形机械扫描设备
~ à spot mobile 飞点扫描器
~ d'amplitude d'impulsion 脉冲振幅分析仪
~ d'harmonique 谐波分析器
~ d'image 图像分析仪
~ d'image de Farnsworth 电视析像管
~ d'ondes 波形分析器
~ de circuit 电路分析器，线路分析器
~ de couleur 色调分析仪
~ de défauts des lignes 线路故障探测仪
~ de forme d'onde 波形分析仪
~ de fumées 烟雾分析仪
~ de gaz 气体分析器
~ de lampes 电子管试验器
~ de masse 质谱分析仪
~ de niveaux 电平分析器
~ de panne 探伤器，探伤仪
~ de polarisation 光偏振分析器
~ de profil en long（A. P. L.） 纵断面分析仪（量测路面纵向平整度用）
~ de profil en long double trace 双车迹断面分析仪
~ de réseaux 网络分析器
~ de son 声波分析器
~ de spectre 频谱分析仪，光谱分析仪
~ de temps de vol 飞行时间分析器
~ de texture routière（ATR） 路面结构分析仪
~ différentiel digital 数字微分分析仪
~ différentiel électronique 电子微分分析仪
~ digital 数字分析仪
~ en continu，~ continu 连续（式）分析仪
~ Fourier 傅里叶分析仪，谐波分析仪
~ indirect à spot mobile 飞点扫描设备
~ infra-rouge 红外线分析仪
~ logique 逻辑分析仪
~ monocanal，~ à un seul canal 单波（通）道分析，单道分析仪
~ multicanal 多波（通）道分析，多道分析仪
~ optique 光分析仪，光学扫描器
~ panoramique 扫频仪，扫描分析器，频谱扫描分析器，全景分析器，全景扫描仪
~ photoélectrique 光电分析仪
~ temps réel 实时分析仪
~ tournant 旋转（式）分析仪

analyste n 分析员

~ de programmation 程序分析员
~ du système 系统分析员
~ organique 组织分析员

analytique a 分析的，解析的
anamésite f 细玄岩
anamorphique a 合成的，深带合成变质的
anamorphisme m 合成变质作用，深带合成变质（作用），深带复合变质（作用）
anamorphose f 畸形发育，畸像变形，失真，变形（变换）

~ graphique 图解变换

anandite f 钡铁脆云母
anapaïte f 三斜磷钙铁矿
anaphorèse f 阴离子电泳
anarakite f 锌三方氯铜矿
anastigmat m 消像差透镜
anastigmatique a 消像差的
anastigmatisme m 消像散性
anastomosé a （河道）交织的，辫状的，网状的，吻合的，接合的
anastomose f 交织的分枝作用，网结
anatectique a 深源的，深熔的，重熔的，超变质的
anatéxie f 深熔（作用），渣熔（作用），超变质（现象）

~ basique 基性深熔
~ de contact 接触深熔
~ différentielle 分异深熔
~ granitique 花岗岩的深熔
~ régionale 区域深熔

anatéxique *a* 深熔的,深源的

anatexite *f* 深熔(混合)岩,重熔混合岩

anatomose *f* 深溶作用

anauxite *f* 富硅高岭石

anchieutectique *a* 近[低]共融的,近[低]共结的

anchimétamorphisme *m* 近地表变质(作用),浅层变质(作用),准变质(作用)

anchimonominéral *a* 近单矿物的

anchizéolit(h)e *f* 沸石共生矿物

anchizonal *a* 近带的,近变质带的

anchizone *f* 近变质带,(成岩作用与变质作用之间的)过渡带

anchorite *f* 团块状闪长岩

anchosine *f* 硅铝石

ancien, enne *a* 古老的,古代的,从前的

ancienneté *f* 工作年限,工龄
~ dans le grade 本职工龄,本级工龄

ancrage *m* 锚固,锚定,锚座,锚泊,锚具,阻滞,固定,定位,抛锚地,用地脚螺栓固定,锚头(预应力钢丝束),锚桩,抛锚,锚杆(锚杆挡墙)
~ à écrou 螺纹锚固,螺帽锚固
~ à vis 螺栓锚固
~ bouclé 环形锚固
~ dans le sol 土中锚固
~ de chaîne 链锚固
~ de l'arc 拱的锚固,拱形锚固
~ de l'extrémité 末端锚固,端部锚固,末端镇墩
~ de l'extrémité de barre 钢筋端部锚固
~ de la voie 锁定线路
~ de mur 墙体锚桩[锚铁]
~ de pannes 檩条锚固
~ de pieu 桩锚定
~ de rail conducteur 接触轨的锚固,第三轨的锚固
~ de sceau 印泥
~ de tête 梁[柱]头锚接
~ définitif 永久锚固
~ des lignes 出线架子
~ des rails 防爬器
~ du câble 缆索锚固
~ du câble porteur (接触网)承力索的锚固
~ du seuil 边缘锚固
~ dynamique 动力定位
effort d'~ 锚固力
~ en éventail 扇形锚具,扇形锚固
~ en tarière 锚定螺栓
~ horizontal 水平锚固
~ mobile (混凝土)可动式锚固
~ mobile d'appui 支座活动锚固
~ par boulonnage 螺栓锚固
~ par clavettes 楔形锚具
~ par coins 楔键锚固
~ par courbure (avec ligature) 弯筋锚固
~ par frottement 摩擦锚固
~ par serrage 夹紧锚固
~ permanant 永久锚固
point d'~ 锚固点

ancre *f* 锚,锚杆,锚筋,拉桩,拉线,电枢,衔铁,锚定物,锚固钢筋,锚栓,地脚螺栓
~ à demeure 固定锚,系船锚
~ à fourchette 叉形锚
~ à glace 冰锚,锚冰,底冰
~ à tête de marteau 丁字头地脚螺栓
~ à vis 锚定螺钉
~ d'étrave 船首锚
~ de bossoir 船头锚,前锚,大锚,主锚
~ de cape 浮锚
~ de croupiat 船尾锚
~ de détroit 中锚
~ de grand panneau 备用锚,副锚
~ de rail conducteur 接触轨锚
~ de tête 梁端锚栓,梁端锚固
~ en tarière 锚定螺栓
~ flottante 浮锚,海锚
~ principale 主锚,大锚
~ triangulaire 三角形锚
~ verticale 竖锚,锚柱

ancré, e *a* 锚定的,锚固的

ancrer *v* 抛锚,锚定,锚固

ancudite *f* 高岭石

andalousite *f* 红柱石

andéasbergolite *f* 交沸石

andéclase　*f*　奥中长岩
andélatite　*f*　二长安山岩
andendiorite　*f*　英辉闪长岩
andengranite　*f*　云闪花岗岩
anderbergite　*f*　铈钙锆石
andésilabradorite　*f*　安山拉长岩
andésine　*f*　中长石
andésinfeld　*f*　中长角斑岩
andésinite　*f*　中长岩
andésinophyre　*f*　中长斑岩
andésite　*f*　安山岩
andésitique　*a*　安山岩的
andésitoïde　*f*　似安山岩（粗安岩）
Andine　*f*　安第斯期褶皱,安第斯型褶皱
andosol　*m*　黑包火山土,火山灰土壤
andradite　*f*　钙铁榴石
andrémeyrite　*f*　硅钡铁石
andréolite　*f*　交沸石
androdamant　*m*　萤石
androïde　*m*　机器人
âne　*m*　拖拉机,电引机,驴子
anédrique　*a*　他形的
anélasticité　*f*　滞弹性,非弹性,内摩擦力
anélastique　*a*　滞弹性的
anémoarényte　*f*　风成砂[岩]
anémocinémographe　*m*　风速光学记录仪
anémoclastique　*a*　风成碎屑的
anémogramme　*m*　压力自记曲线,风力自动记录曲线,风速自动记录,风力记录表
anémographe　*m*　风速自动记录器,（自记）风速计,风力计,风速图
anémographie　*f*　风速记录,测风学
anémolite　*f*　（含水火山）小球粒,弯钟乳石,风成洞穴堆积
anémomètre　*m*　风速表,风压计,测风仪,气流计
　～ à ailettes planes　翼片式风速计
　～ à coupe　风杯风速表
　～ à coupelles　杯型测速仪
　～ à coupelles portables　轻便转杯风速表
　～ à fil　线式流速表
　～ à fil chaud　热线风速表,热线测速仪,热线流速仪,热膜风速表,热膜流速仪
　～ à ionisation　电离测速仪
　～ à laser　激光测速仪
　～ à main　手持风速计
　～ à moulinet　翼式风速计,风车式风速表
　～ à palette　转叶风速仪
　～ à plaque　压板式风速仪
　～ à tube barométrique　压管式风速计
　～ à tube de Pitot　压力管式风速计
　～ à tube de pression　压管式风速计
　～ acoustique　声学风速表
　～ avec magnétisme　磁感风速表
　～ enregistreur　自记风速计,自记风速表
　～ mécanique　机械风速仪
　～ tubulaire　管式风速仪
　～ ultrasonique　超声波风速仪
anémométrie　*f*　风速风向测定法
anémométrographe　*f*　自计风速仪
anémoscope　*m*　测风器,风速仪,风向仪,测风仪
anémotrope　*m*　风力发动机
anémousite　*f*　拉长石,低硅钠长石
anéroïde　*m*　空盒气压计,无液气压计,无液气压表,真空膜盒；*a*　无液的,膜盒的,不装水银的
　～ de compensation　补偿气压表
anéroïdogramme　*m*　空盒气压曲线
anéroidographe　*m*　无液自记气压计,空盒气压计
anfractueux, euse　*a*　弯曲的,不齐的,凹凸的,崎岖的,破碎的
anfractuosité　*f*　弯曲,不齐,凹陷,凹凸,起伏,坑洼,凹凸不平,不平度
　～ d'un karste　岩溶凹凸不平度,喀斯特凹凸不平度
　～ du glacier　冰川表面不平
　～ du sol　底板不平
anglais, e　*a*　英文的,英国的
angle　*m*　角,角度,角铁,角钢,弯管,角形物
　～ abattu　倒棱角
　～ s adjacents　邻角,接角
　～ aigu　锐角
　～ s alternes　（交）错角
　～ s alternes externes　外错角
　～ s alternes internes　内错角
　～ anormal d'obliquité　斜视角（横列天线平面阵的法线与最大辐射方向所夹之角）,失配角（圆锥扫描）
　～ apparent de la résistance au cisaillement　似抗剪强度角

~ arrondi 圆角
~ au centre 圆心角,中心角
~ au centre de la courbe 曲线中心角
~ azimutal 方位角
~ basal 坡折
~ complémentaire 余角,补角
~ compris 夹角,接触角,包容角
~ s conjugués 共轭角
~ convexe 凸角
~ s correspondants 同位角,对应角
~ critique 临界角,全内反射角
~ curviligne 曲线角
~ d'admission 入角,入射角
~ d'affût 楔角
~ d'affûtage 楔角,锐角
~ d'altitude 高度角,仰角
~ d'amortissement 衰减角
~ d'anode 阳极角,目标角
~ d'appui 支撑角
~ d'arrivée 入射角,落角
~ d'attaque 切削角,攻角,迎角,冲角
~ d'aube 叶片安装角
~ d'avance 超前角,领前角,进相角
~ d'azimut 方位角
~ d'élévation 仰角
~ d'éboulement 堤坡坡角
~ d'écart 倾斜角,偏转角,偏差角
~ d'écartement 倾斜角,偏转角,偏差角
~ d'éclairage 入射角
~ d'élévation 仰角,升角,高度角
~ d'embrassement 包角,接触角
~ d'émergence 出口角,出理角,出射角
~ d'empiètement 重叠角
~ d'entaillage de la surface de coupe 切削角,铲土角
~ d'entaille 开槽角
~ d'entrée 入角,入射角,流入角,进水角,进口角度
~ d'erreur 误差角,失调角
~ d'Euler 欧拉角
~ d'extinction 消光角
~ d'hélice 螺旋角
~ d'image 影像角
~ d'impact 碰撞角,命中角,冲击角度

~ d'impulsion 脉冲角
~ d'incidence (de l'onde) (电波)入射角
~ d'inclinaison (岩层、岩脉)倾角,井斜角,倾斜角,偏转角,磁偏角,磁倾角
~ d'inclinaison de talus 坡角,坡度角,坡面倾斜角
~ d'intersection 交叉角,交角
~ d'intersection oblique 斜交叉角
~ d'observation 观测角
~ d'ombre 阴影角(调谐指示器中的)
~ d'orientation 方位角,定向角
~ d'oscillation horizontale 水平摆动角
~ d'ouverture (soudage) (焊接)开角,夹角,进料角,开角(射线束的)
~ d'ouverture d'un pli 褶皱张角
~ d'ouverture du pont 桥的导通角,桥的开放角
~ de barre 转弯角
~ de basculement 颠覆角,倾斜角
~ de basculement de la benne 翻斗倾斜角
~ de biais 倾斜角,偏斜角,斜交角
~ de branchement 分叉角,辙叉角
~ de braquage du bogie 转向架转向角
~ de calage 楔角,超前角,电角度,相位超前角,超前相角
~ de calage des balais (dans une machine à collecteur) 刷移角(换向器电机的)
~ de calage des manivelles 曲拐连接角
~ de cambrure 外倾角
~ de cassure 断裂角
~ de champ 视野角,视角
~ de chanfrein 坡口斜角
~ de chute 落角,入射角,倾斜角
~ de cintrage 弯折角
~ de circonférence 圆周角
~ de cisaillement 内摩擦角,切变角,剪切角
~ de clivage 劈理角
~ de conduction 传导角
~ de conicité 锥度角
~ de contact 接触角,包围角
~ de contingence 邻接角,接触角,切线角
~ de convergence 会聚角,收敛角,交向角,交会角
~ de coude 弯曲角度,弯折角,切削角

~ de coupe antérieur 划纹角（录音时），前切削角
~ de coupe postérieur 后切削角
~ de couplage 交流器相位角
~ de courbure 曲率角，曲度角
~ de croisement 辙叉角，路线交叉角，交(会)角
~ de décalage (de phase) 相差相角，相位落后角，电刷移后角
~ de déclinaison 偏(斜)角，倾斜角
~ de déclivité 倾(斜)角
~ de déflexion 倾位角
~ de départ 电波辐射角
~ de déphasage 相角，相位角，相移角
~ de déplacement 偏移角，偏向角，位移角，失配角
~ de dépression 倾角，俯角
~ de dérive 偏移角，偏流角，偏差角
~ de déversement 倾斜角，偏转角，偏差角
~ de déviation 偏角，倾斜角，偏转角，偏差角，转折角，横向偏差角
~ de diaclase 节理裂隙角度
~ de diffraction 绕射角
~ de diffusion 扩散角
~ de direction 方向角，方位角
~ de dispersion 扩散角，散射角，漫射角，倾角
~ de distorsion 拐曲角，变形角，扭转角
~ de distribution （荷载）分布角
~ de divergence 发散角，离向角，扩散角，（电子射线的）散射角
~ de faille 断层角
~ de flux 通量角
~ de fonctionnement 工作角
~ de foyer 阳极角，目标角
~ de friction 摩擦角
~ de friction du mur 墙面摩阻角
~ de friction interne 内摩擦角
~ de frottement 摩擦角
~ de frottement au dos de mur 墙背摩擦角
~ de frottement de mur （挡土）墙摩擦角
~ de frottement effectif 有效内摩擦角
~ de frottement effectif résiduel 残余有效内摩擦角
~ de frottement interne 内摩擦角
~ de frottement interne apparent 视内摩擦角
~ de frottement interne vrai 真内摩擦角
~ de frottement pour des sols non satures 非饱和土的内摩擦角
~ de frottement sur le rideau 壁摩擦角
~ de frottement visuel 视摩擦角，表现摩擦角
~ de glissement 下滑角，滑动角，滑移角
~ de groupement équivalent 有效聚束角
~ de hauteur 仰角，高度角，纬度角
~ de jauge 包容角
~ de la base 底角
~ de Lode 罗台角
~ de mâchoires 颚板夹角，轧入角，咬入角
~ de manivelle 曲柄角
~ de mire （信号灯）瞄准角
~ de mur 墙角
~ de mur aigu 墙的斜隅
~ de mur arrière 墙背倾角
~ de mur obtus 墙的钝隅
~ de mur rectangulaire 墙的方隅
~ de parallaxe 视差角
~ de pavillon (voitures) 车顶角（客车）
~ de pendage （岩层、岩脉）倾斜角
~ de pente 倾(斜)角，坡度角，息角，下滑角，坡度
~ de pente naturelle 自然倾斜角，休止角
~ de pertes 损耗角，介质损耗角
~ de phase 相角，相位角
~ de phase de parcours 行程相位角，渡越相位角
~ de pli 褶皱角
~ de pliage 转折角（冷弯试验的）
~ de pointe （钻头的）锥尖角，顶角
~ de polarisation 极化角
~ de polygone 多边形角
~ de position 位置角
~ de pression 压力角
~ de prise 推土角，咬入角
~ de prise de vue 摄影机视角，航空摄影测量角，拍摄角
~ de projection 投射角，喷射角，投影角
~ de raccordement 接合角，边界角
~ de rampe 仰角，倾角，倾度角，坡度角
~ de rayonnement 辐射角，波程角，射束孔径角，波传播角

~ de réflexion 反射角
~ de relèvement 测定角
~ de relèvement apparent 测定方位,实测方位,已测定方位角
~ de rencontre 会车角
~ de répartition des charges 荷载分布角
~ de répartition des contraintes 应力分布角
~ de répartition des pressions 压力分布角
~ de repos 休止角,静止角,安息角,自然倾角
~ de résistance au cisaillement 剪阻角,剪切强度角,抗剪阻力角
~ de retard 滞后角
~ de retard d'allumage 点火延时角
~ de rotation 旋转角,回转角
~ de rotation de la soudure 焊缝转角
~ de rotation droite 右偏角
~ de rotation gauche 左偏角
~ de rupture 破裂角
~ de site 仰角,倾斜角,高低角,目标角
~ de site négatif 俯角
~ de site positif 仰角
~ de sortie 出角,出口角
~ de stratification 地层倾斜角
~ de taillage de l'outil 刀具切削角
~ de taille 切削角
~ de talus 边坡角,坡度角,倾斜角,斜度角
~ de talus naturel 自然边坡角,自然坡度角,休止角,(松散体的)天然坡角,自然边坡倾斜角
~ de talus naturel des terres 土壤天然坡角
~ de torsion 扭转角
~ de torsion en radians 弧度扭转角
~ de traction 牵引角度
~ de traînée 滞后角,迟滞角
~ de transit (particules chargées) 过渡相(带点粒子),飞越角,行程相角
~ de transit de glissement 聚束角(波导管的),漂移空间渡越角
~ de traversée 线路交叉角
~ de varangues 夹角
~ de vertex 顶角
~ de virage 转弯角,转向角
~ de visibilité 视角,视界角,观察角
~ de vision 视角,观察角,双测角
~ décrit par le levier 握柄动程

~ des axes optiques 光轴角,(结晶)轴角
~ des coordonnées 坐标角
~ dièdre 节理角,上反角
~ directeur 方位角
~ dozer 斜角推土机,万能推土机,侧铲推土机
~ droit 直角
~ du chanfrein (soudage) (焊接)倒角,坡口斜角
~ du cône 锥度角
~ du frottement 摩擦角
~ du segment 弦切角
~ du talus 坡度角,边坡角坡面倾角
~ électrique (dans une machine multipolaire) 电角度(多极电机中的)
~ en avant 前方位角
~ excentrique 离心角,偏心角
~ extérieur 外角
~ externe 外角
~ focal 阳极角(X射线管中心射线与边缘射线之夹角)
~ s homologues 对应角
~ horaire 时角
~ horizontal 方位角,水平角
~ idéal 失配角(同步电机的)
~ incliné 倾角
~ inscrit 圆周角
~ interfacial 面交角
~ intérieur 内角
~ limite 极限角
~ limite de frottement 摩擦极限角
~ mort 荧光屏阴影区域(由不反射电波的目标引起的),错误方位角,死角,不灵敏区,盲区
~ négatif 负角
~ oblique 斜角
~ obtus 钝角
~ s opposés 对角,对顶角
~ optique 光(轴)角,视角
~ ouvert 张开角,开口角
~ plan 平面角
~ plat 直角,平角
~ polaire 极角
~ polyèdre 多面角
~ positif 正角
~ réentrant 阴[暗、凹、内]角,凹墙角

~ réflexe 反射角
~ réfraction 折射角
~ rentrant 凹角
~ saillant 凸[外、突、阳]角,凸墙角
~ solide 立体角,隅角
~ s supplémentaires 补角
~ trièdre 三面角
~ vertical 垂直角,仰角,顶角
~ vif 锐角
~ visuel 视角
~ zénithal 顶角,天顶角,天顶距
angledozer *m* 侧铲推土机,斜角推土机
angler *v* 使成角形,使有棱角
anglésine *f* 铅钒(硫酸铅矿)
anglésite *f* 硫酸铅矿
anglésobaryte *f* 铅重晶石(北投石)
anglet *m* 直角槽,半槽
anglomètre *m* 角规,测角器,量角器,量角仪
angolite *f* 红硅钙锰矿
angrite *f* 钛辉无球粒陨石
angström[**angstrœm**] *m* 埃(符号 Å,光线或一般辐射线波长的单位,$1\text{Å}=10^{-10}$ m)
anguclaste *f* 角状碎屑,角砾
angulaire *a* 角的,有角的,角形的,角度的,有棱角的,带角的,棱角状的,角砾状的
angularité *f* 角度,有角度,棱角度,有角性,棱角(集料的)
~ des granulats 粒料的棱角
anguleux, euse *a* 有棱角的,有角的,角形的,多角的,棱角的,角砾状的
anharmonique *a* 非调和的,非协调的,非和谐的
anhedral *a* 他形的
anhydre *a* 无水的,不含水分的
anhydrique *a* 无水的,干的
anhydrisation *f* 脱水(作用)
anhydrite *f* 硬石膏,无水石膏,脱水石膏
anhydrite-gypse *m* 硬石膏
anhydritolite *f* 硬石膏岩
anhydrobiotite *f* 无水黑云母
anhydroferrite *f* 赤铁矿
anhydrokaïnite *f* 无水钾盐镁矾
anhydrokaolin *m* 无水高岭土
anhydromuscovite *f* 无水白云母,无水白云石
anhydrosaponite *f* 无水皂石

aniline *f* 苯胺,阿尼林
anilite *f* 斜方蓝辉铜矿
anilonoplaste *m* 苯胺炸药
animation *f* 机械操作装置
animé *m* 硬树脂
anion *m* 阴离子,负离子
anionique *a* 阴离子的
anionite *f* 阴离子交换树脂,阴离子交换剂
anisobarique *a* 不等压的,异压的
anisoforme *a* 不规则形状的(构造)
anisométrique *a* 不等轴的,非等轴的,不等径的
anisopache[**anisopaque**] *a* 不等厚的
anisoparaclase *m* 走向断层
anisotrope *a* 非均质的,各向异性的
anisotropie *f* 非均质性,各向异性
~ des cristaux 晶体各向异性
~ du réseau (cœur) 堆芯栅格不均匀性
~ inhérente 内在各向异性,结构各向异性
~ initiale 初始各向异性
~ optique 光学各向异性
~ orthogonale 正交各向异性
~ pétrographique 岩石的各向异性,岩类的各向异性
~ zonale 带状各向异性
anisotropique *a* 各向异性的
anisotropisme *m* 各向异性,非均质性
ankanamite *f* 橄榄辉玄岩(富辉橄玄岩)
ankaratrite *f* 黄橄霞玄岩,霞橄玄武岩
ankérite *f* 铁白云石,褐色晶石
ankéritisation *f* 铁白云石化(作用)
ankoleite *f* 钡钾铀云母
anmor *m* 近沼泽泥,假沼泽土,矿质湿土,矿质还原层
annale *a* 全年的,一年的,年度的
annales *f. pl* 编年史,史记,记录,年鉴,年表
~ des crues 洪水记录,洪水年鉴,洪水实测资料,洪水编年史
~ hydrologiques 水文年鉴,水文编年史
anneau *m* 环,圈,环状物,涨圈,皮碗,吊环,环节,(油封)皮圈,耳座
~ à griffe(s) 爪形扣环
~ à rouleaux 环形滚道
~ acoustique isolant 隔声板
~ amovible 可卸管缘,滑动管缘,可换垫圈,可

卸法兰盘
~ broyeur　磨圈
~ cylindrique　筒形环
~ d'accord　调谐环
~ d'accouplement　马蹄钩，U形钩
~ d'arc　拱圈，拱环，拱肋
~ d'arrêt　卡圈，卡环，挡圈
~ d'arrimage　加固圈
~ d'écartement　定距环，隔环
~ d'écriture　写环
~ d'émeri　砂轮
~ d'épaulement de boîte à rouleaux　滚动轴承肩环
~ d'essai　测环，试验环
~ d'essai dynamométrique　测力环，应力环
~ d'étanchéité　密封环
~ dansant　浮动环
~ de bâchage　篷布孔环
~ de câble　电缆圈
~ de collecteur　集电环，集流环
~ de cuvelage　井壁衬砌圈
~ de fixation　定位环，固定环，安装边
~ de frettage　扣环
~ de garde　保护环，保险环
~ de globe　插座环
~ de guidage　导圈，导环
~ de hissage　吊环
~ de joint　密封环[垫圈]
~ de la voûte　拱圈
~ de lave　熔岩环
~ de levage　吊环
~ de levage incorporé　预埋吊环
~ de protection　保护环
~ de raidissement　紧固环，加固环
~ de retenue　（开口）簧环
~ de revêtement　衬砌圈
~ de roulement　滚动轴承座圈
~ de silence　静区
~ de stockage　存储环
~ de sûreté　安全环
~ de suspension　吊环
~ de tourbillon　涡环，环形涡流
~ denté　齿环
~ dioptrique　棱镜，曲光镜，折光镜

~ du câble　电缆夹
~ dynamométrique　测力环，应力环
~ espaceur　挡圈，定距环
~ fixe d'étanchéité　固定止水圈，固定密封圈
~ horizontal　水平环，水平拱环
~ hybride　四波导管分路环，（波导管）去耦岔路环
~ isolant　绝缘垫片，绝缘垫圈
~ mobile d'étanchéité　活动止水圈
~ précontraint　预应力混凝土圈
~ ressort　弹簧垫片
~ soudé aux treillis pour la fixation des chaînes　焊接在钢架上的固定连接套管

année *f*　年，年度，岁月，年份
~ anomalistique　近点年
~ budgétaire　预算年度
~ civile　（日）历年
~ climatique　气候年，水文年
~ d'achèvement　竣工年，完工年
~ d'acquisition　购置年，取得年
~ de construction　建造年，制造年
~ de livraison (d'un véhicule)　（车辆）交货车
~ de lumière　光年
~ de mise en service　投入[交付]使用年
~ de précipitation moyenne　平均雨量年
~ des affaires　营业年度
~ financière　财政年度，会计年度
~ fiscale　财政年度
~ humide　丰水年，多水年，湿年
~ hydrologique　水文年
~ lumière　光年
~ médiane　中间年，平均年
~ moyenne　平均年
~ pluvieuse　雨年，丰水年
~ sèche　干旱年，枯水年

annelé, e *a*　环状的，环节形的，有环的，装有环的
annexe *f*　附件，附录，补充，附属品，附属建筑物，辅助设备[设施]；*f. pl* 辅助设备
~ à un tarif　运价规程附件
~ d'un bâtiment　附属建筑物
~ d'un contrat　合同附件
~ d'un marché　合同附件
~ technique　技术附件
annexer *v*　附，附加，附入，附件，追加，合并，归并

~ les documents au contrat　把单据附入合同
　　~ la commande　取消订货
　　~ un contrat　取消合同
annexion *f*　合并,归并
annihilation *f*　撤销,消灭
annite *f*　铁云母
annonce *f*　通知,预报,公告,警报,宣布
　　~ des crues　洪水警报
　　~ des crues à longue échéance　长期洪水预报
　　~ par cloches électriques　给出电铃信号
　　~ publique　公告,通告
　　~ téléphonique　电话预报
annoncer *v*　通知,宣告,预报
annonceur *m*　报告员,预报器
annonciateur *m*　呼叫信号,预告信号,吊牌(交换机的),蜂音器,警报器
　　~ d'appel　呼叫信号
　　~ d'appel à volets　(电话交换机)吊牌表示器
　　~ de cabine　司机室信号
　　~ de couplage　联锁信号
　　~ de fin de conversation　(电话)讲完信号,终话信号
　　~ de sémaphore　预告臂板信号机
annotation *f*　注解,评注,旁注
annoter *v*　作评注,作注解,加旁注
annuaire *m*　年报,年鉴,年刊
　　~ de l'industrie minière　采矿工业年报,矿业年报
　　~ électronique　电子电话号码表
annuel, elle *a*　每年的,年度的,一年为期的
annuité *f*　年金,年度付款额
annulable *a*　可废除的,可解除的
annulaire *a*　环形的,环状的,有环纹的
annulation *f*　取消,废除,作废,删去
　　~ d'enclenchement électrique　取消电气锁闭
　　~ de l'itinéraire　取消进路,进路解锁
　　~ du contrat de transport　取消运输契约
　　~ du parcours (itinéraire)　取消进路
annulé *a*　取消的,无效的,废弃的,解除的
annuler *v*　取消,废除,解除,正极,阳极,屏极
　　~ la commande　取消命令,取消订货
　　~ le verrouillage　解锁
anode *f*　阳极,屏极,正极,板极,氧化极
　　~ auxiliaire　辅助阳极
　　~ d'accélération　加速阳极
　　~ d'allumage　引燃阳极,点火阳极,起弧阳极,激励阳极
　　~ d'amorçage　起燃阳极,点火阳极,起弧阳极,激励阳极
　　~ d'entraînement　起动阳极
　　~ d'entretien　维弧阳极
　　~ d'excitation　激发阳极
　　~ d'un tube électronique　电子管的阳极
　　~ de concentration　聚焦阳极
　　~ de focalisation　聚焦阳极
　　~ de post accélération　后加速阳极
　　~ de shuntage　分流阳极
　　~ de sortie　最后阳极(阳极射线管的)
　　~ de soulagement　辅助阳极
　　~ de transfert　过渡阳极
　　~ intensificatrice　后加速阳极
　　~ principale　主阳极
anodique *a*　阳极的
anolyte *m*　阳极电解液(电解时阳极附近的液体)
anomal, e *a*　反常的,不规则的,变态的
anomalie *f*　反常,异常,偏差,差错,变异,异常值,不规则
　　~ à l'air libre　自由空气(重力)异常,法耶(重力)异常,大气反常现象
　　~ altimétrique　高度异常
　　~ annuelle　年距平
　　~ apparente　视异常
　　~ barométrique　气压异常
　　~ climatique　气候异常,气候距平
　　~ d'amplitude faible　暗点(地震记录上振幅相对减弱的点)
　　~ d'amplitude forte　亮点(由于气层存在产生的高振幅反射点)
　　~ de Bouguer　布格异常
　　~ de caractère profond　深层岩性异常
　　~ de Faye　法耶(重力)异常
　　~ de fuite　渗漏异常
　　~ de gradient　梯度异常
　　~ de gravité　重力异常
　　~ de la gravité　重力异常
　　~ de la pesanteur　重力异常
　　~ de latitude　纬度异常
　　~ de marée terrestre　潮汐异常

~ de potentiel spontané,~ de PS　自然电位异常
~ de réseau cristallin　晶格异常
~ de résistivité　电阻(率)异常
~ de stratification　层理变形
~ de température　温度异常
~ de vitesse　速度异常
~ de WZ　低速带异常,风化带异常
~ de zone altérée　风化带异常,低速带异常
~ déplacée　错动异常,位移异常
~ des arcs insulaires　岛弧重力异常
~ du champ de la pesanteur　重力场异常,重力异常
~ du point brillant　亮点异常
~ du temps　天气异常,天气反常
~ électrique　电异常
~ électromagnétique　电磁异常
~ excentrique　偏率异常
~ géologique　地质异常,地质变态
~ géomorphologique　地貌异常,不规则地貌
~ géophysique　地球物理异常
~ globale　总异常,全异常,全球异常
~ gravimétrique　重力异常
~ gravimétrique légère　弱重力异常
~ gravimétrique lourde　高重力异常
~ hydrochimique　水化学异常
~ hydrodynamique　水动力异常
~ hydrothermique　热液异常,水热异常
~ importante　重要差错
~ isostatique　(地壳)均衡异常
~ large　大型异常,大异常
~ linéaire　线性异常
~ locale　局部异常
~ mesurable　测量异常
~ moyenne　平均异常
~ négative　负异常
~ optique　光性异常
~ pédogéochimique　土壤地球化学异常
~ positive　正异常
~ primaire　原生异常
~ radiométrique　放射性(测量)异常
~ radiométrique statique　静态放射性异常
~ régionale　区域异常
~ résiduelle　剩余异常
~ résiduelle sismique　地震残余异常

~ sismique　地震异常
~ stérique　比容偏差,比容异常
~ superficielle　地表异常,表层异常
~ thermique　热力反常,热异常
~ topographique　地形异常
~ totale　全异常,总异常
~ volumique　内部缺陷,体积状缺陷(夹杂、缩孔、气泡等)
~ vraie　真异常

anomalistique　*a*　反常的,异常的
anomite　*f*　褐云母,褐云石
anophorite　*f*　钛钠铁闪石
anorganique　*a*　无机的
anormal,e　*a*　异常的,反常的,不规则的,变态的
anorogénique　*a*　非造山(运动)的
anorthique　*a*　三斜(晶)的
anorthite　*f*　钙长石
anorthitite　*f*　钙长岩
anorthoclase　*f*　歪长岩
anorthose　*f*　斜长石,三斜长石
anorthosite　*f*　斜长岩,斜长石
anosowite　*f*　合成板钛石(黑钛石)
anplagioclase　*f*　高温斜长石
anse　*f*　柄,把手,凹圆线,凹地,浅沟
　　~ arrondie　环形海湾,圆形海湾
　　~ de panier　三心曲线,复曲线
　　~ en arc de panier　三心曲线
anselmoir　*m*　谷地,河谷
anspect　*m*　撬棍
antagonisme　*m*　对抗(作用),对抗体
antagoniste　*a*　敌对的(进路),相反的,对抗的
antamokite　*f*　杂碲金银矿
antarcticite　*f*　南极石(南极钙氯石)
antarctique　*a*　南极的,南极洲的
Antécambrien　*m*　前寒武纪,前寒武系
　　~ inférieur　早前寒武纪,下前寒武系
　　~ moyen　中前寒武纪,中前寒武系
　　~ supérieur　晚寒武纪,上前寒武系
antécédence　*f*　先成,优先,领先
antécédent　*m*　先成河,先成水系
antécédent,e　*a*　以前的,先前的,先成的,优先的,领先的
antéclise　*f*　台背斜,陆背斜,台隆,台拱
antédiluvien　*a*　前积世,前洪积世的

antéglaciaire a 冰期前的，冰川前期的
anté-minéral a 成矿前的
antenne f 触角，触须，天线，分站，分部，分局，辐射体，辐射器架（放映机电视机）
　～ à attaque directe 直接馈电天线
　～ antiparasite 屏蔽天线，抗干扰天线
　～ de secours 备用天线
　～ directionnelle 定向天线
　～ enterrée 接地天线
　～ fendue 铁塔天线
　～ rayonnante 发射天线
　～ réceptrice 接收天线
　～ unifilaire 单线天线
　～ verticale 垂直天线
antéorogénique a 造山（运动）前的
antérieur,e a 以前的，前面的，先前的，早先的，在前的
antériorité f （时间的）先，前
antétéctonique a 构造期前期的
anthiperthite f 反条纹长石
anthoehroïte f 青辉石（锰透辉石）
anthogrammite f 直闪石
anthoinite f 水钨铝矿
antholithe f 直闪石
anthonyite f 水氯铜石
anthophyllite f 直闪石
anthosidérite f 杂石英针铁矿（铁华石）
anthozonite f 粒状萤石（臭萤石）
anthracénique a 无烟煤的
anthracifère m 含无烟煤的
anthracite m 无烟煤
　～ de valeur 高级无烟煤
　～ fibreux 纤维无烟煤，丝无烟煤
anthracite m 白煤，无烟煤
anthraciteux a 无烟煤的
anthracitisation f 无烟煤化（作用）
anthracolithe m 黑沥青灰岩，黑方解石，大石炭纪（石炭二叠纪）
anthracolithique a 黑沥青灰岩的
anthracolitisation f 煤化作用，炭化
anthraconite f 黑沥青灰岩，炭污方解石，黑方解石
anthracoxène m 树脂沥青，棕沥青
anthracoxénite f 醚余树脂（醚不溶树脂）

anthraquinone f 蒽醌（黄针晶，烟华石）
anthrax m 红宝石（古宝石、贵榴石），红尖晶石，炭疽
Anthraxolite f 碳沥青，硬黑沥青脉
anthraxylon m 纯木煤，镜煤，凝胶化物质
anthropogènique a 灵生代的，人类起源的
anthropolithique a 石器时代的
anthropomorphe a 人形的，似人的
anti- （前缀）反，抗，逆，阻，防
antiacide m 抗酸剂，解酸剂；a 耐酸的，抗酸的，解酸的
antiaérien a 防空的
antiasthénolithe f 逆软流体
antibalançant m 定位装置
　～ poussant 压力平衡杆
　～ tirant 拉力平衡杆
antibélier m 水锤消除器，水管调压装置
antibiose f 抗菌（作用）
antibiotique m 抗生素；a 抗菌的
antibourrage m 防阻塞，防间歇
antibrouillage m 反干扰，抗干扰
antibrouillard m 防雾灯
antibrouillard,e a 防雾的
antibrouilleur m 反干扰设备
anti-bruit m 防噪声，隔音
antibuée f 防水气，防雾气，防水气装置
anticabrage m 防止前转向架打滑，防轴重转移
anticalcaire m 软水器，软水剂
anti-capacitif a 无电容的，反电容的
anticatalyseur m 反催化剂
anticathode f 对阴极，靶子（X射线管中的靶子）
antichambre f 前厅，候见厅，接待室
anticheminant m 防爬器[装置]，防爬设备
antichlore m 脱氧剂，去氧剂
antichoc a 防震的，抗震的
anti-choc f 防撞
　～ de pile et de culée 桥梁墩台防撞
anticipation f 提前，预支，预料，超前预报
anticiper v 提前，预告，预防
anticlinal m 背斜，背斜层；a 背斜的
　～ à sommet étroit 窄顶背斜
　～ à sommet large 宽顶背斜
　～ accessoire 副背斜
　～ affleurant 出露背斜

~ allongé 长背斜,狭长背斜,线状背斜
~ asymétrique 不对称背斜
~ cariné 脊状背斜,纺锤形背斜
~ charrié 逆掩背斜
~ chauve 秃顶背斜
~ chevauchant 倒转背斜,逆掩背斜
~ coffré 箱状背斜
~ complexe 复背斜
~ couché 卧伏背斜
~ court 短轴背斜
~ de fond 基底背斜
~ de nappe 推覆(型)背斜
~ déjeté 倾斜背斜
~ déversé 倒换背斜
~ dissymétrique 不对称背斜
~ droit 直立背斜
~ en éventail 扇形背斜
~ en forme de selle 鞍状背斜
~ faillé 断裂背斜,破裂背斜
~ faux 假背斜,准背斜褶曲
~ fermé 闭合背斜,封闭背斜
~ magnétique 背斜磁性体
~ ouvert 开(口)背斜,张开背斜
~ pectiné 梳状背斜
~ plongeant 倾伏背斜
~ principal 主背斜
~ renversé 反背斜,伏[卧]背斜
~ rompu 破裂背斜,断裂背斜
~ secondaire 副背斜,次要背斜
~ symétrique 对称背斜
~ tronqué 平缓背斜

anticline f 背斜,背斜层
anticlinorium m 复背斜,复背斜层
anticoincidence f 反重合,反符合
anticollision f 防冲撞,防冲撞措施
anticongélant m 防冻液
anticongélateur m 防凝剂,防冻剂
anti-corrélation f 负相关性
anticorrodant, e a 防锈剂,防腐剂
anticorrosif m 防腐剂,防锈剂
anticorrosif, ive a 防腐的,防锈的
anticorrosion f 耐腐蚀,抗腐蚀,防海水腐蚀
anticyclone m 反气旋,反旋风,高(气)压
~ chaud 暖性反气旋

~ de la haute atmosphère 高空反气旋
~ dynamique 动力性高压
~ en altitude 高空反气旋
~ froid 冷性反气旋
~ glaciaire 冰川反气旋
~ tropical 热带高压,热带反气旋

antidéflagrant, e a 耐火的,防爆的,防火的
antidérapance f 抗滑,抗滑性
antidérapant m 防滑装置,(道路)防滑面
antidérapant, e a 防滑的,抗滑的
antidétonant m 抗爆剂,防爆剂
antidétonateur m 抗爆剂
antidétonation f 抗爆
antidune f 逆(行)沙丘,反向沙丘,背转沙丘,逆(沙)波痕,逆行沙波
anti-éblouissant [**antiéblouissant**] a 防眩的,防眩目的,防耀眼的
antiéblouissement m 遮阳板
antiéconomique a 不经济的
antiédrite f 钡沸石
antiémidioctaèdre m 偏三角体
antienrayeur m 防空转装置,防滑装置
anti-épicentre m 震中对点,反震中
antiévaporant m 防蒸发混合剂(混凝土养护用)
antifading m 抗衰减,自动增益控制,自动增益调整
~ à réglage silencieux 静噪自动增益控制
~ différé 延迟式自动增益控制
~ retardé 延迟式自动增益调整
antiferment m 防霉素,抗霉素
antifeu a 防火的
antifloculant a 反絮凝的
antiforme f 背斜构造,背斜式构造,背形构造
antifriction f 减磨,减磨剂,减磨作用
antifrictionnel a 防摩擦的,减摩擦的
antifrictionner les coussinets 挂瓦
antifuite f 防漏装置,防漏物
antigaz m 防毒气,防瓦斯气
antigel m 防冻剂; a 防冻剂,防冻的
antigélif m (混凝土)防冻剂
antigiration f 反回旋,反回转
antigiratoire a 反回旋的,反旋转的
antigivrage m 防冰,防霜
antigivre m 防冻剂

antigivreur *m* 防结冰器，防冰装置，防冰器，防霜器

antiglaucophane *m* 准蓝闪石

anti-glissant, e *a* 防滑的

antigorite *f* 叶蛇纹岩，蛇纹岩

antigoritique *a* 含叶蛇纹石的

antigradient *m* 逆梯度，负梯度

antigrippant *a* 防卡的，防夹的

anti-halo *m* 消晕作用，防反光作用

antihémiédrie *f* 六四面晶类，斜方单锥晶类，单斜反映双面晶类

anti-incrustant *m* 防垢剂，软水剂

anti-inductif *a* 无感的

antikérosène *a* 防油的

antilacet *m* 防蛇形运动，防摆动旁承

antille *f* 矿柱，支柱

antillite *f* 准水蛇纹石

antilogue *f* 异质包体，异源包体，异化（学）性包体

antimicrobien *a* 抗微生物的，抗菌的

antimicropegmatite *f* 异显微伟晶岩

anti-microphonique *a* 抗噪声的，反颤噪声的

antimite *m* 防蛀剂；*a* 防蛀的

antimoine *m* 锑（Sb）

antimonial *a* 锑的

antimoniate *m* 锑酸盐

antimonié *a* 含锑的，与锑化合的

antimonieux *a* 亚锑的，三价锑的，锑化的

antimonifère *a* 含锑的

antimonocre *m* 锑赭石

antimousse *f* 防泡沫剂，抗霉剂，防霉剂

antimousson *f* 反季风

antinœud *m* 波腹，腹点，波峰

antioxydant *m* 抗氧化剂，防老化剂

antioxygène *m* 抗氧化剂

～ persistant 持久抗氧化剂

antiparallèle *a* 逆平行的，不平行的，反并联的

antiparasitage *m* 反干扰，抗干扰，噪声抑制

～ radio 反无线电干扰

antiparasite *a* 抗噪声的，抗干扰的，防干扰的

antiparasite-automatique *m* 瞬时自动增益控制（脉冲发射后短时减少雷达接收机增益）

antipatinage *m* 防空转装置，防打滑装置，防滑

antipatinant, e *a* 不滑的，不滑动的

antiperthite *f* 反（条）纹长石

antiperturbateur *m* 抗干扰设备

antiphare *m* 防车灯眩目装置

antipilonnement *m* 防碎

antipodal *a* 对跖点的，对极的

antipode *m* 对跖点，对极点，对映点，对映体

antipoison *m* 抗毒剂

antipolaire *a* 倒极的

antipollution *f* 防污染，反污染，抗污染

antipompage *m* 抗抽吸，抗泵唧，抗泵作用

antipoussière *f* 减尘剂，防尘（剂）；*a* 防尘的

antique *a* 古代的，古老的，不流行的

antiquité *f* 古代建筑，古迹［物］，文物

antiréaction *f* 负回授，负反馈

antiréactivité *f* 负反应性，负反应度

anti-recyclage *f* 阻止汇流

～ de fumée 避免烟雾回流

anti-réfléchissant *a* 减反射的，消反射的

antireflet *m* 防止反光，防止反射

antireflet, ète *a* 不反光的，不反射的

anti-remontée capillaire *a* 防毛细水上升的

anti-répétiteur *m* de signal 防止信号重复锁闭器

antirésonance *f* 电流谐振，并联谐振，反谐振，反共振

～ d'amplitude 位移反谐振，位移反共振

～ de vitesse 速度反共振

anti-résonnant *a* 反谐振的，反共振的

anti-ronfle *m* 哼声抑制器，静噪器

antirouille *m* 防锈剂，防蚀剂；*a* 防锈的，防蚀的

antisalissure *f* 防垢，阻垢

anti-scientifique *a* 不科学的，反科学的

antiseptique *m* 防腐剂

antisismique *a* 抗地震的，耐震的，不受震动的

antislip *m* 防滑装置

antisonore *a* 隔音的，防杂音的

antistatique *a* 抗静电的（指塑料）

antistress *m* 反应力

antisymétrique *a* 非对称的，反对称的，交错的

anti-tartre *m* 软水剂，防垢剂

antithétique *a* 异向的，反向的，对偶的

antithixotropole *f* 反摇溶

antivaporant *m* 防蒸发剂，抑蒸发剂

antivibrateur *m*	防振器
antivibratile *a*	防振的,减振的,消振的
antivibratoire *a*	防振的,耐电击的
anti-vibratoire *a*	抗振动的
antivol *m*	防盗保险装置,防盗报警器
antlérite *f*	块铜矾
antophyllite *f*	鱼眼石,直闪石
antozonite *f*	呕吐石,紫萤石
antraxolite *f*	碳沥青
antre *m*	山洞,岩穴,洞穴
antrimolit(h)e *f*	杂杆钠沸石
août *m*	八月
apachite *f*	蓝水硅铜石,闪辉响岩
apalhraun *m*	灰苔熔岩(冰岛 aa 熔岩),渣块熔岩
apanéite *f*	磷灰霞石岩,磷霞岩
apatélit(h)e *f*	核铁矾
apatite *f*	磷灰石
~ de pyrénées	文石,霞石
apatitique *a*	钠质火成岩类的,钠质霞石正长岩类的
apatitolithe *f*	磷灰岩
apercevoir *v*	望见,觉察,领会
s'~ de	发觉,注意到
aperçu *m*	一览,一瞥,概述
~ des frais	费用估计
apériodicité *f*	非周期性,无周期性,非调谐性
apériodique *a*	无周期的,不定期的,非周期性的,非调谐性的
apertomètre *m*	孔径仪,口径计
aperture *f*	孔径光圈,小孔,口径,孔径角,孔眼,泉眼,孔口,开口,孔径,开度
apesanteur *f*	失重,失重状态
apetisser *v*	缩小
~ à-peu-près-(à peu près)	大概,近似
apex *m*	顶,顶点,顶尖,脊,顶面,顶峰,最高点,峰,波峰,脉顶,顶线,枢纽,脊线
~ d'un arc	拱顶,拱尖,拱冠
~ d'un triangle théorique	理论三角形顶点
~ de dépôt	沉积层顶点
~ du pont	电桥峰
~ granitique	花岗岩体顶面
aphanérique *a*	隐晶结构的,非显晶结构的
aphanérite *f*	非显晶岩类,隐晶岩类
aphanite *f*	隐晶岩,非显晶岩
aphanitique *a*	稳晶的,隐晶质的,非显晶质的,细粒的
aphanophyrique *a*	隐晶斑状的,非显晶斑状的,霏细斑状的
aphlébie *f*	无脉叶片
aphonique *a*	隔声的
aphotique *a*	无光的,无光合作用的,无阳光影响的
aphrite *f*	红电气石(红碧硒),鳞方解石,石膏状霰石
aphrizite *f*	黑电气石,泡沸电气石
aphrochalcite *f*	铜泡石
aphrodite *f*	(富)镁皂石(镁泡石、富镁蒙脱石)
aphrolite *f*	泡沫岩,渣块熔岩
aphrosidérite *f*	铁华绿泥石,蟠绿泥石,阿铁绿泥石
apht(h)alose *f*	钾芒硝
aphthitalite *f*	钾芒硝
aphyrique *a*	无斑非显晶(质)的,无斑隐晶(质)的
aphyrite *f*	无斑隐晶岩
aphytal *a*	深水带的,无光的,无植物的(指深海区)
apidocérite *f*	伟晶蜡石
apjohnite *f*	锰铝矾
aplanir *v*	整平,铺平,夷平,展平,使平整,扫除,消除
aplanissement *m*	平整,铺平,压平,夷平,均夷,整平工程,水准测量,测平,削平作用
~ d'un terrain	地面平整
~ d'une route	道路平整,铺平道路
~ du sol	地面平整,平地
aplanisseur *m*	水准测量员,平整(道路)的人
aplanisseuse *f*	(路面)整平器
aplanissoire *f*	抹子,镘板
aplati, e *a*	平坦的,扁平的,压扁的,板状的,修平的
aplatir *v*	使平整,碾平,捶平,压扁,夷平
aplatissement *m*	修平,压平,展平,整平,修正,矫正,扁度,扁平率,压扁,整流
~ de la terre	地面平整
~ du flux	通量展平
~ homogène	均匀压扁
~ inhomogène	非均匀压扁

~ rotationnel　旋转压扁
aplatisseur　*m*　平整(道路)的人
aplatissoir　*m*　矫正机,矫直机,薄板轧机
aplite　*m*　细晶岩,半花岗岩
　~ granitique　花岗细晶岩
aplitique　*a*　细晶质的,细晶岩质的
aplodiorite　*f*　淡色花岗闪长岩(黑云花岗闪长岩)
aplogranite　*f*　淡云花岗岩
aploide　*m*　副长细晶岩
aplomb　*m*　垂直,铅直,铅垂,铅直线,平衡,平正
　d'~　垂直地,牢固地
aplome　*m*　粒榴石,铝钙铁榴石
aplowite　*f*　四水钻矾
apoanalcite　*f*　钠沸石
apoandésite　*f*　脱玻安山岩
apobasalte　*m*　脱玻玄武岩
apochromatique　*a*　复消色差的,消多色差的
apodolérite　*f*　脱玻粒玄岩,变玄岩
apogée　*m*　极点,远地点,最高点,顶点
apogranite　*f*　脱玻花岗岩,变花岗岩
apographique　*a*　次生文象的
apogrite　*f*　硬砂岩,杂砂岩
apomagmatique　*a*　外岩浆的(热液矿床),中距岩浆源的
apoobsidian　*m*　脱玻黑曜岩
apophyllite　*f*　鱼眼石(族名),直角闪石
apophyse　*f*　岩枝,岩脉
　~ d'un filon　(矿)脉支
apoporphyre　*f*　变斑岩
aporhyolite　*f*　脱玻流纹岩
aposandstone　*f*　石英岩,变砂岩
aposédimentaire　*a*　沉积后(生)的
apostille　*f*　附注,旁注
apotectonique　*a*　构造后的,造山后的
apothème　*m*　边心距,(正棱锥的)斜高
apotome　*m*　天青石
apovariolitique　*a*　变玄武球粒状(结构)
appairage　*m*　修整,去毛刺,调整,啮合,配合,配套
apparaître　*v*　出现,显示,显露
apparat　*m*　设备,机件
apparature　*f*　设备,装备,装置,仪器,器械
apparaux　*m. pl*　设备,升降装置
　~ d'amarrage　系泊装置
　~ de mouillage　锚泊装置
appareil　*m*　仪器,器械,装备,设备,砌墙法,装置,砌合,(火山)机体,火山岩体
　~ à acétylène　乙炔设备,乙炔发生器,气焊设备
　~ à action mécanique　机械装置,机械式(接触式)自动停车装置
　~ à agiter　搅拌器,振荡筛,振荡器,振荡设备
　~ à aiguille　指针式仪表
　~ à aimant mobile　动磁式仪表
　~ à arroser　喷水器
　~ à asphalte (coulé)　沥青拌和机,沥青浇灌机
　~ à assises alternées de boutisses et panneresses　顺丁分皮砌法,顺丁分层砌体
　~ à blocage d'équipage　带止动器的仪表
　~ à bout de fil　吊架式按钮台,悬架式操纵台
　~ à cadran　指针式仪表
　~ à cadran sans réglage (à inversion de courant)　交流指针式仪表,交流针式电报机
　~ à cadre mobile　动圈式仪表
　~ à cadre mobile et à aimant fixe　永磁动圈式仪表
　~ à calculer　计算机
　~ à centrifuger les tuyaux en ciment　水泥管离心浇注机
　~ à champ tournant　旋转磁场式仪表
　~ à charger　装药器
　~ à cinq panneresses et une boutisse　五顺一丁式砌合,五顺一丁式砌法[砌体]
　~ à cintrer les tôles　弯板机
　~ à cloches　警铃
　~ à colonne d'ombre　柱影式仪表,阴影指针式仪表
　~ à compactage　击实仪
　~ à concentrer　浓缩器
　~ à contacts　触点式仪表
　~ à contrepoids　配重装置,平衡装置
　~ à couder　弯曲器
　~ à courber les tubes　弯管机
　~ à couteau vibrant　(混凝土路面)振动切缝机
　~ à criblage　筛分机
　~ à crible　筛子,筛分机
　~ à croisette　交叉砌法,(砖墙的)十字式砌叠
　~ à demi-brique en long　顺砖砌合,顺砖砌体[砌法]

~ à demi-brique en travers 丁砖砌合,丁砖砌体[砌法]
~ à densité 密度测定仪,密度计
~ à déplacer longitudinalement les rails 轨缝调整器
~ à déroulement 展开式布告板
~ à déterminer le point d'éclair 燃点测定仪
~ à dilatation 热线系仪表
~ à double point 双指针仪表
~ à échantillonner 采样器
~ à échelle projetée 可动标度尺仪表；投影标度尺仪表
~ à écran électromagnétique 带电磁屏蔽的仪表
~ à écran électrostatique 带静电屏蔽的仪表
~ à équipage mobile buté 无零位仪表
~ à étrave V形除雪犁
~ à faisceau électronique 电子射线仪器,电子束仪器
~ à fer mobile 动铁式仪表
~ à fer mobile et aimant 极化电磁系仪表,永磁动铁式仪表
~ à fil chaud 热线式测量仪表
~ à frotteur 摩擦接触器
~ à gamme unique 单量程仪表
~ à gouverner électrique 电控装置
~ à grand rayon 大集中联锁区域内的控制台
~ à impulsions ultrasoniques 超声脉冲发生器
~ à incendie 防火装置
~ à index lumineux 光标式仪表
~ à induction 感应器,感应系仪表,感应测量器
~ à induction à pôles à recouvrement de cuivre 罩极式感应仪表
~ à injection 喷射式钻机
~ à injection de ciment 水泥灌浆机,水泥喷枪
~ à jet de sable 喷砂机,喷砂(清理)装置
~ à l'eau chaude 水加热器
~ à la vapeur 蒸汽钻机
~ à lames vibrantes 振簧式仪表
~ à lecture directe 直读仪表
~ à limite de liquidité 液限仪,流限仪
~ à main pour boucharder 手动拉[琢]毛设备
~ à mandriner les tubes 扩管器
~ à mesurer l'entraînement d'air 气体仪,量气计,加气量测仪
~ à mesurer la charge des essieux (par essieu) 轴荷载测定装置
~ à mesurer le degré d'humidité 湿度表
~ à miroir 转镜式仪表
~ à niveau d'eau 水准仪
~ à préchauffer 预热器
~ à précipitation 沉淀器,澄清装置
~ à pression 压力容器
~ à programme 程序控制装置
~ à protection magnétique 带有磁屏蔽的仪表,防磁仪表
~ à rayon lumineux 光束仪器
~ à rayon X X射线仪,X光机
~ à rayon X pour la vérification du métal X光金属探伤仪,X光金属检查仪
~ à redans 梯形(墙)砌体,带有叶瓣饰的砌体
~ à redresser les alignements des rails 拨道器
~ à redresseur 整流系仪表
~ à secousses 振动器
~ à shunt 带分流仪表
~ à signaux 信号装置
~ à souder électrique universel 万能电焊机
~ à thermocouple 温差电偶仪表,热电偶仪表,热电系仪表
~ à tirer les bleus 晒图机
~ à toute station 全站仪
~ à trois panneresses et une boutisse 三顺一丁砌体[砌法]
~ à ultra-son 超声波仪
~ à vide 真空仪,减压设备
~ à virer 盘车工具
~ absolu 绝对测量仪表
~ accessoire 附件,辅助设备
~ adiabatique 绝热装置
~ adventif 寄生火山口,侧溢火山口,裂缝喷溢[发]火山口
~ alterné en croix 荷兰式砌合(法),十字形隔花砌合(法)
~ alterné simple 英国式砌合(法),一顺一丁砌合(法)
~ américain 普通砌合法
~ anglais 一顺一丁砌法,英国式砌合
~ anglais simple 英国式砌合(法),一顺一丁砌

合(法)
~ annonciateur 报告设备,公告设备
~ annulaire 环状岩墙
~ antiexplosif 防爆装置
~ anti-tartre 防水垢装置
~ apériodique 非周期性稳定式仪表
~ aquifère 水系,水管系
~ arythmique 起止式打字电报机
~ astatique 无定向仪表
~ autodirecteur 自动引导[导向]装置,制导装置
~ autoforeur 自动钻机
~ automatique 自动仪器,自动装置
~ automatique de synchronisation de régime 自动同步器,同步指示器
~ automatique de ventilation 自动通风装置
~ autonome 机内仪表
~ autonome de conditionnement d'air 独立式空气调节器
~ auxiliaire 辅助设备,外围设备
~ avec décoration 装饰砌体
~ avec mortier 砂浆砌合[体]
~ avertisseur 预告信号设备
~ bétamètre β射线测定仪
~ bimétallique 双金属系仪表
~ blindé 封闭式器械,铠装设备
~ bloquer 闭塞机
~ calculateur électronique 电子计算机
~ central 主火山口,信号楼,集中联锁机,机械主体设备
~ chasse-neige 除雪机,扫雪车
~ classeur 分类机,分选机,分粒机,分级器
~ Cleveland à creuset ouvert 克立夫兰敞杯法试验仪(测定沥青等闪火点用)
~ combiné de traction et choc 牵引缓冲装置
~ commutateur 转换开关
~ compensateur 平衡设备,补偿装置,调整器
~ compensateur de dilatation 膨胀补偿器
~ continu 连续砌体
~ contrôle d'isolement 绝缘检查器
~ contrôleur de rupture de fil 导线折断检查器
~ cribleur 筛子
~ croisé 交叉砌体
~ cuirassé 带磁屏蔽的仪表

~ cyclopéen 巨石砌体,毛石砌合
~ d'adduction d'eau 汲水工具
~ d'aération 换气机
~ d'agrandissement 放大机
~ d'air 空(气)调(节)器
~ d'ajustage 调节器
~ d'alerte 警报装置
~ d'alimentation (水、电、气、燃料)供给装置,传送器,送料器,供给器,(电或信息)馈送器,馈给器,电源设备
~ d'alimentation à vibreur 振动子换流器
~ d'allumage 爆破装置,放炮器
~ d'analyse harmonique 谐波分析仪
~ d'appui 支座
~ d'appui à balancier 摇摆轴支座
~ d'appui à rotule 辊轴支座
~ d'appui en caoutchouc 橡胶支座
~ d'appui en néoprène 橡胶支座
~ d'appui fixe 固定支座
~ d'appui glissade 滑动支座
~ d'appui mobile 可动支座
~ d'arc 拱砌合(术)
~ d'arrêt 停车装置,锁闭装置
~ d'aspiration 吸收装置;吸尘装置
~ d'attache 固定设备,固定装置
~ d'auscultation 监视仪器,检测设备
~ d'auscultation des chaussées 路面检验仪器,路面诊断仪器
~ d'auscultation dynamique 动力检查仪,动力探生检查器,振动测量仪
~ d'avertissement 报警器,警报器
~ d'avertissement (engin de traction) 报警器(牵引动车),警告器
~ d'avertissement au passage à niveau 公路平面交叉信号
~ d'échange de chaleur eau à gaz (煤)气—水热交换器
~ d'éclairage 照明设备,灯
~ d'éclairage des routes et des rues 道路和街道照明设备
~ d'éclairage pour la place 广场照明设备
~ d'éclairage pour parking 停车场照明设备
~ d'écoute 噪声测向仪
~ d'enclenchement 锁闭装置

~ d'enrobage à machine continue 连续式涂覆设备,(道路)连续式沥青混合料拌和设备

~ d'enrobage à machine discontinue 间歇式涂覆设备,(道路)间歇式沥青混合料拌和设备

~ d'enrobage à marche discontinue 分批式拌和机

~ d'enrochement 防冲乱石砌体,填石卸料设备

~ d'entraînement de sondage 钻机的传动装置

~ d'entretien courant (道路)日常养护装置

~ d'équipement 装置,设备

~ d'essai 测试仪器,试验仪器测试设备,试验设备

~ d'essai d'étanchéité 防水试验设备

~ d'essai de ligne 携带式验电器

~ d'essai de puits 油[气]井测试装置

~ d'essai Deval 狄法尔(磨耗)试验机,双筒(磨耗)试验机

~ d'essai giratoire 旋转试验机

~ d'essai Los Angeles 洛杉矶(石料)磨耗试验机

~ d'essai Marshall 马歇尔稳定度试验机

~ d'essai pour béton 混凝土试验设备

~ d'évacuation 出料机,卸载机

~ d'extérieur 室外设备

~ d'extraction 抽提器,抽取器,拔桩器

~ d'extraction de l'argile 黏土采掘机

~ d'injection 喷射装置,注入器械,注浆设备

~ d'injection (ciment) 水泥枪,压浆机

~ d'injection d'eau 喷水装置

~ d'injection d'eau dans le cendrier 灰箱喷水器

~ d'intercommunication 通话设备,通信设备

~ d'interruption 断续器,断路器

~ d'observation 观测仪

~ d'usure 硬度试验机,硬度测试仪,磨耗试验机

~ d'appui définitif 永久支座

~ de battage 冲击钻机

~ de broyage 捣[磨]碎机,研磨设备

~ de calfeutrage 封接缝机

~ de Casagrande 标准剪力匣,卡萨格兰德仪器

~ de cerclage manuel 手动捆扎器

~ de charge 填料机,装料机,加载机

~ de chargement 装载设备

~ de chargement pour charbon 加煤机

~ de chauffage 加热器[装置],加热器

~ de chauffage artificiel au propane à forte puissance 大功率丙烷人工加热器

~ de chauffage d'air 空气加热器

~ de chauffage par la vapeur 蒸汽取暖装置

~ de choc 振动试验器,缓冲装置,缓冲器

~ de choc compensateur (à ressort transversal) 弹簧式均衡缓冲器

~ de chronométrie 计时器,定时器

~ de cisaillement 剪力仪,剪力试验仪

~ de cisaillement à couronne cylindrique 环形剪力仪

~ de cisaillement contrôlé par contrainte 应力控制剪力仪

~ de cisaillement contrôlé par déformation 应变控制剪力仪

~ de cisaillement direct 直接剪力仪

~ de cisaillement direct contrôlé par contrainte 应力控制式直接剪力仪

~ de cisaillement direct contrôlé par déformation 变形控制式直接剪力仪

~ de cisaillement rotatif 环形剪力仪

~ de cisaillement triaxial 三轴剪力试验仪,三轴剪力仪

~ de classement 粒度分选装置,分粒装置

~ de classement des matériaux 材料分级机

~ s de classement magnétique 磁力分级设备

~ s de classement mécanique 机械分类设备,材料分类设备,材料分级设备

~ s de classement pneumatique 气力分类设备

~ de classification 分类[级]设备,分级筛,水力分级仪

~ de commande 控制器,操纵装置

~ de commande à détection totale 全感应式(交通)控制设备

~ de commande à semidétection 半感应式(交通)控制设备

~ de commande électrique 电器集中联锁机

~ de commande électrique pour grue 起重机的电动控制装置

~ de commande hydraulique 液压集中联锁机,水力操纵设备

~ de commande manuelle 手操纵器

~ de commande par détection 感应式交通控制设备（一种管理交通信号的控制器，通过检车感应器装置，能够按照交通的变化和需要自动调节信号灯的周期）

~ de compression biaxiale 双轴向压缩仪

~ de compression simple 无侧限压缩仪

~ de comptage 计数器，读数器

~ de concassage 破碎机，轧碎机，碎石机

~ de concassage mobile 移动式破碎机

~ de conditionnement d'air 空气调节器

~ de consignation d'information 数据记录器，信息记录器

~ de consolidation 固结仪，渗压仪

~ de construction 砌（筑）体

~ de contrôle 控制仪表，检查仪表，校正仪表，控制器，调节器

~ de contrôle de la maniabilité （混凝土）和易性试验仪

~ de contrôle de la prise 通风控制设备，凝固测定器

~ de contrôle de libération 解锁检查设备

~ de contrôle de niveau 水准检定器，校水准器

~ de contrôle de pression （注浆）压力表

~ de contrôle pour goujons de paliers (serrage à la main) 轴承双头螺栓扭矩扳手

~ de contrôle préréglé 程控设备（根据预定程序控制温度、湿度或压力等不同数值的设备），程序控制器，程序发送机

~ de couplage 开关板，连接装置

~ s de criblage 筛分设备

~ de débrayage 离合机构，离合器

~ de déclenchement 解锁机构

~ de démarrage 起动机构，起动装置

~ s de déneigement 除雪设备，除雪机械

~ s de déneigement rotatif 旋转式除雪机

~ de dépannage 故障探测器

~ s de dépoussiérage 除尘设备

~ de déversement 货车倾卸设备

~ de dilatation 膨胀器，温度调整器

~ de dosage 投配器，配料器，投料斗，计量给料器

~ de dosage continu 连续投料器

~ de dureté 硬度计

~ de contrôle magnéto-inductif 磁感应控制器

~ de fermeture 锁闭机构

~ de fermeture automatique 自动显示停车信号设备

~ de filtration 渗透仪，渗滤仪

~ de Flanklin 避雷器

~ de flottation 浮选机

~ de forage 钻机，钻井设备

~ de forage à architecture modulaire 组装式钻机

~ de forage à la corde 钢绳冲击式钻机

~ de forage en diamètre réduit 小口［井］径钻机

~ de forage par percussion 冲击式钻孔机

~ de forage par vibration 声波钻机

~ de freinage 制动装置

~ de gravillonnage 碎石摊铺机

~ de laboratoire 实验室仪表，次标准仪表

~ de lancement 起动装置，顶推法架桥设备

~ de lavage 洗涤机，清洗装置，冲洗机械，冲洗设备

~ de lecture des numéros de wagons (gestion centralisée du trafic marchandises) 车号识别装置，车号读数装置

~ de lessin par projection de clichés aériens 航空摄影绘图仪

~ de levage 提升装置，吊装机械，提升设备，起重机械，起重设备，起重装置，千斤顶，卷扬机，起重机，升降机

~ de levage de lanterne 升灯器

~ s de levage de série 标准提升设备

~ de levage électrique 电动葫芦，电动吊车

~ de losange 菱形砌合，菱形砌体［砌法］

~ de maçonnerie 砖石砌合，圬工砌合（术）

~ de maçonnerie anglais 英国式圬工砌体，英国式圬工砌法［砌体］

~ de manipulation à distance 遥控装置

~ de manœuvre 转辙器

~ de manœuvre à fil de transmission 导线传动的（集中）操纵装置，导线传动机械联锁装置

~ de manœuvre à tige (tringles) 导线（或槽铁）传动集中操纵装置

~ de manutention 货物装卸机械，搬运机械，起吊装置

~ de manutention continue 连续装卸设备

~ de mesure 量具，量度仪表，量测装置，测量仪表

~ de mesure à bobine ronde 动圈式测量仪表
~ de mesure à deux lectures 双读表
~ de mesure à distance 测距仪
~ de mesure amorti 非周期测量仪表
~ de mesure d'inclination des trous de forage 钻孔偏移测定仪
~ de mesure de charge 荷载测量计,测力计
~ de mesure de charge d'essieu 轴荷载测量仪
~ de mesure de débit （注浆）流量表
~ de mesure de distance 测距仪
~ de mesure de distance au laser 激光测距仪
~ de mesure de dureté 硬度测定仪
~ de mesure de la glissance （路面）滑溜量测仪
~ de mesure de la rugosité 粗糙度测定仪
~ de mesure de la teneur en eau 含水量测定仪
~ de mesure de microdureté 显微硬度计
~ de mesure de niveau 水准测量仪
~ de mesure de perditance 渗漏量测仪
~ de mesure de profils 断面测量仪
~ de mesure de service 辅助测量仪器
~ de mesure de tassement （测）沉淀仪,沉降测定装置
~ de mesure des profils 断面测量仪
~ de mesure différéntiel 差动测量仪
~ de mesure du fluage 蠕变测量仪
~ de mesure du gonflement 膨胀量测仪
~ de mesure électrique 电测仪表
~ de mesure électrique universel 万能电表
~ s de mesure et contrôle 测量和控制装置
~ de mesure étalon 标准测量仪表
~ de mesure pour courant alternatif 交流电流表
~ de mesure pour courant continu 直流电流表
~ de mesure universel 万能表
~ de mesurement des charges 荷载量测仪
~ de niveau 水准仪
~ de noyage 水压仪
~ de pénétration en profondeur 深水探测器,深层触探设备
~ de perméabilité 渗透仪
~ de pesée 按重量配料斗,分批量料器,重量配料器
~ de photographie 航空摄影仪
~ de photographie aérienne 航空摄影机

~ de pierres 石块砌合（术）
~ de pierres mécaniques 机械砌筑石砌体
~ de pile （桥）墩砌体
~ de pilier 柱砌体
~ de plomberie 卫生管道设备,铅锤测量设备
~ de poche 袖珍仪表,携带式仪表
~ de précision 精密仪表,精密仪器,实验室仪表,次标准仪表
~ de prélèvement 取样器,采样器
~ de prélèvement des matériaux charriés 底砂取样器
~ de prise d'échantillion 取样器
~ de prise d'échantillon de fond 井中取样器,深部取样器
~ de prise d'échantillon de sable 取砂样器
~ de prise de courant 受电器,集电器
~ de prise de vues à objectifs multiples 多镜头摄影机
~ de prise de vues aériennes 航空摄影机
~ de prise de vues cartographiques 测图摄影机
~ de prise de vues en bandes continues （航线）连续摄影机
~ de prise de vues stéréoscopiques 立体测量摄影机
~ de projection 投影器,投影仪
~ de projection optique 光学投影仪
~ de prospection 勘探仪器,勘探设备
~ de prospection électrique 电探仪
~ de prospection Schlumberger 施伦贝格井中电极探测仪
~ de protection 防护装置
~ s de pulvérisation 粉碎设备,细磨设备
~ de réception des signaux de block sur les machines 制动传动装置调节器
~ de recherche de criques 裂纹检验仪
~ de redressement 整流器,校正仪
~ de réduction 缩小仪
~ de réglage 调节器,控制器
~ de réglage du zéro 零位装置,零指示器
~ de réglage pour l'éclairage électrique 电灯照明调节器
~ de régulation automatique 自动控制装置
~ de remaniement 重塑装置
~ de remplissage 充填装置

~ de répandage adaptable sur bennes basculantes 自卸式石屑撒布机
~ de réparage 测位仪,定位仪
~ de répartition 分配器,布料器
~ de répétition des signaux de block sur les machines 机车复示信号装置
~ de reprise 复拌机械
~ de reprise à rouepelle 复拌鼓轮机械
~ de restitution 绘图机
~ de restitution stéréoscopique 立体测图仪器
~ de restitution universel 万能(摄影测量)绘制设备
~ de roulement 走行部分(机车车辆)
~ de sauvetage 救护器械
~ de secours 备用机械,备用装置,备用设备
~ de sécurité 安全装置,救护仪器
~ de Shore 肖氏硬度计
~ de signalisation 信号装置
~ de signalisation lumineuse 灯光信号装置
~ de sondage 钻探装置,钻探机,探测器,回声探测器
~ de sondage à plomb 测深锤
~ de sondage profond 深层探测设备
~ de soudage électronique sous vide 真空电子束焊机
~ de soudage multiple 多站焊机
~ de soudage statique 固定式焊机
~ de soudure à l'arc 电焊机
~ de soulèvement 起重机,升降机,千斤顶,卷扬机
~ de stabilité Marshall 马歇尔稳定仪
~ de surveillance 监测设备,监视器
~ de surveillance des glissements de terrain 滑坡监视仪
~ de synthèse 合成器
~ de synthèse des fréquences 频率合成器
~ de syntonisation à distance 遥控调谐仪,遥控同步机
~ de tamisage 筛分机
~ de tamisage automatique 自动筛分机,自动筛选机
~ de télécommande 遥控仪器
~ de télémesure 遥测仪,遥测计
~ de télémesure à lecture proportionnelle 比率式遥测计
~ de télémesure électrique 电遥测计
~ de télémesure par fréquence 频率式遥测仪[计]
~ de télémesure par impulsions 脉冲式遥测仪[计]
~ de télémesure par intensité 电流式遥测计
~ de télémesure par tension 电压式遥测计
~ de tension anodique 屏压供电设备,阳极电源整流器,代乙电器
~ de toit 屋面砌体
~ de torsion cisaillement 扭剪仪
~ de tournage du matériel roulant 转(车)盘
~ de traction 牵引装置
~ de traction à friction 摩擦式牵引装置
~ de traîtement des données 数据处理机
~ de transmission 传输设备,发射机,传送器
~ de transport de matériaux 输送机,输送设备,材料输送机
~ de trempe 淬火设备
~ de Vebe 维勃试验仪(一种测定干硬性混凝土稠度的仪器)
~ de vérification 检验用仪表,核对器
~ de vérification du profil des rails 钢轨断面检查器
~ de verrouillage 锁闭器械
~ de Vicat (水泥稠度试验用)维卡仪
~ de vision 观察仪
~ de voûte 拱砌体
~ décoratif 装饰性砌体
~ défaillant 失灵的仪器
~ dégrilleur 过筛清洁机
~ des voussoirs 拱石砌体
~ désagrégateur 分解机,松土机
~ détecteur (放射性矿产勘探)辐射仪,探测仪,检波器,检示仪表,探伤器,传感装置
~ détecteur de grisou 沼气检测仪
~ distributeur 步进式开关,分配器
~ diviseur 分隔器
~ d'orientation de voiture 方向机总成
~ électrique (distribution) 电器开关
~ électrique de mesure 非电量电测仪表
~ électrique portatif 携带式电气仪表[设备]
~ électro-acoustique 电声仪器

~ électrodynamique 电动系仪表
~ électromagnétique 电磁(系)仪(表)
~ électronique 电子系仪表
~ électro-optique de mesure de distance 测距光电仪
~ électrostatique 静电系仪表
~ élévateur d'eau 提水设备
~ élévatoire 起重机,升降机,起重装置
~ élévatoire à l'air comprimé 气动起重装置,气动压力起重机
~ émetteur 发射机,发报机,送话器
~ émetteur-enregistreur 调度集中内线线路点控制设备,遥控系统中控制点控制设备
~ émulseur 乳化设备,乳化机械
~ en applique 壁式设备;壁灯
~ en arête de hareng 波浪式砌体
~ en arête de poisson 人字形砌体[砌法],斜纹式砌体[砌法]
~ en boutisse 丁砖砌合,丁砖砌体[砌法]
~ en boutisse et panneresse 一顺一丁砌法[砌体]
~ en briques 砖的砌法[砌体]
~ en briques boutisses 全丁砖砌合,满丁砖砌法[砌体]
~ en carreaux et boutisses 方砖丁砖交叉砌法[砌体]
~ en épi 人字形砖砌墙饰(体),人字(式)砌合(术)
~ en losange 菱形砌合(术)
~ en mise à la terre pour mesurer la résistance 接地电阻测定仪
~ en panneresse 顺砖砌合(术),顺砖砌体[砌法]
~ en parpaings 全丁[满丁]砌法,全丁砌体[砌法]
~ en similipierre 人造石墙面
~ en zigzag 之字形砌体,波浪式砌体
~ enregistreur 记录器,录音机,自动记录仪(器)
~ enregistreur à action directe 直接动作的记录仪表
~ enregistreur à bande 纸带式记录仪表
~ enregistreur à disque 盘式记录仪表
~ enregistreur de v/g 速度及地心加速度比例计
~ enregistreur de vitesse (机车)速度记录器
~ enregistreur des degrés de bruit 噪音级记录仪
~ enregistreur des flèches 弯度记录仪
~ épandeur 撒布机
~ éruptif 火山喷发机构
~ et instrument de levé 测量仪器、工具
~ étalon 标准仪表,校准仪表
~ évaporitique 蒸发岩体;蒸发器
~ extincteur 灭火器
~ ferrodynamique 铁磁电动系仪表
~ ferromagnétique 电磁系仪表
~ fixe 固定式仪表
~ Flaman 法拉曼速度指示器
~ flamand 荷兰式砌体[砌法],同皮丁顺交错砌法
~ français 法国式砌体[砌法],顺丁分皮砌法
~ fumivore 排烟器
~ gothique 哥特式砌合,一顺一丁砌体[砌法]
~ Gyros 回转仪
~ hollandais 荷兰式砌体[砌法],同皮丁顺交错砌法
~ Hubbard-Field (测定沥青混凝土强度的)哈费式试验仪
~ Hughes 赫氏记录系统
~ hydrologique 水文仪器
~ s incandescents 白炽灯
~ indépendant 独立仪表,机车内仪表
~ indicateur 指示器,检示仪表
~ indicateur de pertes à la terre 接地表示器,漏电表示器
~ indicateur de vitesse 速度表
~ s industriels 技术仪表,工业仪表
~ insérateur 连接设备,开关设备,控制设备
~ installé à demeure 固定仪表
~ intérieur 室内设备
~ intermédiaire 中间设备
~ irrégulier 不规则砌法
~ localisateur de câble (地下)电缆寻找器
~ maçonné 砖石砌法,圬工砌成的墙面花饰
~ mafique 镁铁质岩体
~ magmatique 岩浆岩体
~ magnéto-électrique 磁电系动圈式仪表,永磁

appareil

~ 动圈式仪表
~ magnétométrique 磁力仪,磁测量仪
~ manuel 手操作装置,手动装置
~ mécanique 机器,机械,机械装置
~ mobile 轻便装置,手提式装置
~ normal 主火山机构,主火山口
~ normal de prise d'échantillon en trois sections 三层开式取样机
~ numérique 数码照相机
~ optique 光学仪器
~ pendulaire 振摆仪,锤式破碎机,摆撞硬度计,摆式打桩机
~ pénétromètre 贯入度仪,针入度仪,穿透仪
~ Pensky-Martens 潘马氏(闪火点)试验仪
~ périphérique 外围设备
~ photo digital 数字照相机
~ photo-électrique de mesure de fumée 光电测烟计
~ photographique 照相机
~ photographique à sondage 钻探摄影机
~ plutonique 深成岩体
~ pneumatique 风动工具
~ polonais 波兰式砌体[砌法],双层丁顺交错砌体
~ polygonal 多角砌体,多边形砌合(术)
~ portatif 便携式仪表
~ porteur 承重砌体
~ porteur du pont 桥梁承重(墩台)砌体
~ poseur de pétards 响炮安放器
~ pour agrandissement 放大仪
~ pour essai de dureté 硬度试验机
~ pour essai de traction 拉力(强度)试验机
~ pour l'enfoncement des palplanches 板桩打桩机
~ pour l'entretien des accotements 路肩养护机
~ pour la détection des boîtes chaudes 轴箱发热探测器
~ pour la détermination du cœfficient de frottement 摩擦系数测定仪
~ s pour la fabrication des agglomérés 预制混凝土块设备
~ s pour la fabrication des briques et tuiles 制砖瓦设备,制砖瓦工具
~ pour la vibration du béton 混凝土振捣器

~ pour le travail de la pierre 石块加工机
~ pour les émulsions de bitume 沥青乳化设备
~ pour mesurer la perméabilité passagère 瞬时渗透测试仪
~ pour mesures stéréoscopiques 立体坐标测量仪
~ pour remplacer des batteries 电池组更换设备
~ pour souder les tubes à fumée 烟管焊接装置
~ pour mesurer la teneur en air occlus 空气含量测定仪
~ pour freinage automatique des wagons 制动车辆用自动上鞋装置
~ radar 雷达装置
~ radio de bord 无线电通信仪表(车、船、飞机上)
~ ralentisseur 减速器
~ récepteur (地震)探测器,接收机
~ récifal 礁(体)筑积物
~ réfléchissant 反射器
~ réfrigérant 冷却器
~ répandeur de produits contre le verglas 防冻材料撒布机
~ respiratoire 通风设备
~ retardateur 缓行器,减速器,制动设备
~ réticule 网状砌体,虎皮石(墙)砌体
~ rustique 粗面砌体,表面凹凸不平砌体
~ semi-conducteur multiple 复式半导体器件
~ sismique 地震仪
~ sous pression 压力容器
~ sous vide 真空表
~ stroboscopique 闪频观测仪
~ synchrone 自动同步机
~ tamiseur 过筛装置,筛分机
~ tendeur 反正扣,调整器,补偿器,张力调节器,调紧装置
~ tendeur à levier 握柄式温度调节器
~ théorique 理想砌体
~ thermique 热工系仪表,电热系仪表
~ thermique à fil chaud 热线系仪表
~ thermique à résistance 热变电压系仪表
~ topographique (地形)测量仪器
~ totalisateur 总和仪表
~ transistorisé 固态器件,固态组件
~ transporteur 输送机,输送设备,输送器

~ tressé 人字形砌体
~ triaxial 三轴压力试验仪，三轴试验装置，三轴仪
~ ultramafique 超镁铁质寄体
~ ultrasonique de contrôle du béton 超声波混凝土(质量)控制仪
~ unipolaire 单极式机件
~ ventilé 空气分离研磨机
~ vérificateur de la résistance des rails 钢轨电阻测量器
~ vérificateur des joints de rails 轨缝检查器，接头鉴定器
~ vertical 垂直砌体
~ vibrant 振动设备
~ vibratoire au béton 混凝土振捣
~ zipper 拉链式输送机
appareil-étalon *m* 标准仪表
appareil-frein *m* 制动装置
appareil-horodateur *m* 自动计时器
appareillage *m* 机械，仪器，仪表，器具，装置，设备，砌墙法
~ adiabatique 绝热装置
~ d'asservissement et de contrôle 控制机构
~ d'éclairage 照明器材
~ d'entretien 维修设备
~ d'essai 试验设备
~ d'essai d'équivalent de sable 含砂当量试验仪
~ de cisaillement triaxial 三轴剪力仪
~ de collage 黏合夹具，胶接夹具
~ de commande 操纵装置，操纵机构
~ de commutation 开关，转换装置，配电装置
~ de compression triaxiale 三轴压力试验仪
~ de découpage 切截机
~ de frein sur caisse 车内控制装置
~ de laboratoire 试验室设备
~ de mesure 测试设备，测量仪表
~ de radioguidage 无线电导航设备
~ de recherche 研究设备
~ de reprise 调整装置
~ de télécommande 遥控仪，遥控器械，遥控装置
~ électrique 照明设备，电气设备
~ électrotechnique 电工仪表

~ en opus incertum 虎皮墙砌墙法
~ pour l'analyse mécanique des sols 土壤力学分析仪
~ pour la limite de liquidité 液限测量仪
~ scientifique 科学仪器
~ thermique 热力装置
appareiller *v* 装备，配备
appareils-séismiques *m.pl* 地震仪，地震装置，地震勘探设备
apparence *f* 形状，外形，外观，外貌，外表，痕迹，迹象，可能
~ architecturale 建筑外观
en ~ 表面上，表面上看来
apparence-architecturale *f* 建筑外形
apparent, e *a* 表现的，视(在)的，明显的，近似的，形似的，可见的，视的，表面上的，现在的
peu ~ 不明显的，不清楚的
apparier *v* 使成双，使成对
apparition *f* 出现，显现
~ de fissure 出现裂纹
~ graduelle (电视)渐现，淡入
appartement *m* 公寓，套房，平地，单元房，成套房间
~ de grand luxe 高级豪华公寓
~ meublé 备有家具的成套房间
appartenance *f* 附属，从属
appartenir *v* 属于，归……所有
~ à 属于
appauvrissement *m* 贫化，贫瘠，贫乏，贫穷，损耗，含量减少，使……枯竭，使贫化
~ d'une nappe 含水层枯竭，含水层水量减少
~ de ressource 资源枯竭
~ du filon 矿脉贫化
~ du pétrole brut 原油质量下降
appel *m* 抽吸，吸引，呼唤，信号，呼唤，呼吁，呼叫，叫，上诉，申诉，单线拨号，振铃(电话)，步调信号(博多机中的)
~ à fréquence vocale 音频呼叫
~ d'air 空气抽吸，吸入空气，通风，抽风
~ d'air important 需大量的风
~ d'offre limité 有限招标
~ d'offres(A.O) 招标，报价，标书，申请承包
~ d'offres avec concours 单项工程协作招标，单项设计招标

~ d'offres avec publicité préalable　公开招标
~ d'offres international　国际性招标
~ d'offres lancé sous forme d'A.O　报价招标
~ d'offres lancé sous forme de concours　自提方案招标
~ d'offres limité　受限制的公开投标活动
~ d'offres ouvert　公开招标
~ d'offres restreint　内部招标,有限招标
~ d'offres restreint avec appel de candidature　预选式有限招标
~ d'offres restreint avec présélection　预选式有限招标
~ d'offres restreint sans publicité préalable ni apple de candidature　内部招标
~ d'alarme　警告信号
~ de brevet　专利申请
~ de courant　通电
~ de détresse　呼救信号
~ de fonds　筹款
~ de procédure　命令语句,调用过程
~ de service　呼叫信号,振铃信号
~ de sonnerie　振铃
~ de soumission　招标,吸引……投标
démettre qqn de son ~　驳回某人的上诉
~ différé　延迟呼叫,延迟处理(电话)
~ éloigné　向辅机不靠主机的另一侧司机室呼叫
faire ~ à　求助于,号召
injecter un ~　提出上诉
~ magnétique[magnéto]　(电话)手摇振铃器
~ mal fondé　无理由的上诉
~ manuel　手摇振铃(电话)
~ multiple　会议电话呼叫
~ recevable　可以受理的上诉
se pourvoir en ~　提出上诉
~ sélectif　选择振铃(电话)
~ téléphonique　同线用户间通话,同线用户间呼叫(电话)

appeler　*v*　呼叫,要求
appellation　*f*　des voies　线路编号
appendice　*m*　附属物,附属建筑物,附加部分,附件,配件,附录
appentis　*m*　雨塔,单坡屋顶
appesantir　*v*　加重

appesantissement　*m*　加重
appinite[appianite]　*f*　暗拼岩,富闪深成岩类
applicabilité　*f*　适用性,可贴(合)性
applicable　*a*　可适用的,可应用的
~ à partir de　自……起生效
~ à partir du vigueur (disposition *f*, tarif *m*, règlement *m*)　从……起生效(规定、运价、规章等)
application　*f*　涂,敷,贴,施加(力、荷载),适用,应用,实施,使用,实行,履行,采用
~ à chaud　热敷,热铺
~ à froid　冷用,冷铺,冷敷,冷灌注
~ à la brosse　喷漆(作业)
~ au pinceau　刷浆
~ au pistolet　喷浆
~ au rouleau (peinture)　滚刷涂漆
~ au tonneau (peinture)　滚筒法涂漆
~ automatique des freins　自动制动(作业)
~ commerciale　商用
~ d'un contrat　履[执]行合同
~ d'une disposition　实施规则
~ d'air comprimé　混凝土加气,施加压缩空气
~ d'effort　加力,施力
~ d'un tarif　实行运价规则
~ d'une clause　履行条文,实行条文
~ d'une couche protectrice　加保护层
~ d'une disposition　实施规则
~ d'une force　施力
~ d'une peinture par pulvérisation　喷射涂漆,喷漆(作业),喷雾涂漆
~ d'une surface　敷面,表面处理,曲面拟合
~ de charge　加载,充电
~ de l'effort　加负荷,加力
~ de l'holographie　全息摄影术的使用
~ de la peinture　上油漆
~ de la température variable　温度修正,变化温度
~ du boudin contre le champignon du rail　轮缘紧贴钻头
~ du frein　制动
~ du freinage　制动
~ du freinage d'urgence　(采用)紧急制动
~ du freinage extraordinaire　(采用)非常制动
~ du freinage ordinaire　(采用)常用制动

~ du serrage d'urgence 采用紧急制动，紧急拧闸
~ du serrage ordinaire （采用）常用制动
~ du tarif le plus réduit 使用最低运价
en ~ de [par ~ de] 按照……规定
~ expérimentale 实验使用，实验用途
~ irrégulière d'un tarif 未按运价规程办理
~ par arrosage(peinture) 喷漆作业
~ passagère 临时使用
~ pratique 实际使用
prix d'~ 计算价，使用价，实价

appliqué *a* 外加的，施加的，紧贴的，应用的
applique-chemise *f* 缸套压装器
appliquer *v* 运用，应用，使用，施加，附加，实行，作用，实施
~ au couple de 用……力矩
~ du mortier 敷砂浆，敷灰浆
~ les sabots de frein 使用闸瓦制动，下闸
s'~ à 致力于某事，适合，应用
~ un serrage 紧固，拧紧
~ une tension 引入电压，接入电压，加上电压

appoint *m* 补充，补足，添加剂
~ d'eau 加水，添水

appointé, **e** *a* 尖的，尖锐的，有所指的
appointer *v* 削尖
appointement *m* 平台式码头，栈桥码头
~ de chargement 装卸栈桥，装载站台，装载码头
~ de déchargement 卸载码头
~ pour le transbordement 换装栈台，换装站台
~ sur pieux 桩式栈桥，桩式码头
~ sur piles 墩式栈桥，墩式码头
~ temporaire 临时码头

apport *m* 冲积层，淤积层，沉积物质，添加（物），带入（物），补给，供给，提供，带入，带来（碎屑物），径流，进水量，供料，出［投］资额，给料，给油，进刀，引线，馈电线，补充沉积物质
~ alluvionnaire 冲积层，冲积带入物
~ annuel de matériaux solides 泥沙年沉积量
~ annuel des sédiments 沉积物的年聚积
~ annuel moyen 年平均流量（河流）
~ calorifique 供热
~ chimique 溶解在水中的带入物，带入的化学物质，碎屑物质
~ d'air frais 供给新鲜空气
~ d'argile 冲刷带来的黏土（物质）
~ d'eau 灌溉，供水，加水，添水，涌水量，水流量
~ de chaleur 热流
~ de la rivière 河流沉积物，河流输沙量
~ de marée 潮水增涨量
~ de matériaux solides 泥沙沉积（量）
~ de matière magmatique 岩浆添加物质
~ de matière organique 带来的有机物（质）
~ de métal par soudage 金属焊补，堆焊
~ de réactivité 反应性的输入
~ de réactivité par palier 各级反应性输入
~ de trafic 车辆入口
~ débris transportés 冲积碎屑物，冲积层
~ deltaïque 三角洲沉积物
~ des fleuves, ~ fluvial 河流沉积物，河流输沙量
~ s détritiques （冲来的）碎屑物
~ éolien 风成沉积（层），风力堆积（物）
~ glaciaire 冰川沉积物
~ linéaire de réactivité 反应性的线输入
~ liquide 来水量
~ minéralisateur 外来矿化剂
~ morainique 冰碛物，冰碛沉积物
~ naturel 天然水流
~ organique （有机）生物带入物
~ par graissage 给油，注油
~ s à rembourser 应还款
~ s appelés 筹集的投资
~ s appelés libérés de l'État 指定的但已解冻的国有资金
~ s appelés libérés des collectivités locales 指定的但已解冻的地方集体所有资金
~ s appelés libérés des sociétés privées 指定的但已解冻的私营公司资金
~ s appelés non libérés de l'État 指定的但未解冻的国有资金
~ s appelés non libérés des collectivités locales 指定的但未解冻的地方集体所有资金
~ s appelés non libérés des entreprises publiques 指定的但未解冻的公共企业资金
~ s appelés non libérés des sociétés privées 指定的但未解冻的私营公司资金
~ s d'amortissement 分期偿还金（分摊金）

~ s de l'État 国有资金
~ s des collectivités locales 地方集体所有资金
~ s des entreprises publiques 国有企业资金
~ s des sociétés privées 私营公司资金
~ s littoraux 海岸冲积层
~ s non appelés 未筹集到的投资
~ s non appelés de l'État 未指定的国有资金
~ s non appelés des collectivités locales 未指定的地方集体所有资金
~ s non appelés des entreprises publiques 未指定的公共企业资金
~ s non appelés des sociétés privées 未指定的私营公司资金
~ s particuliers 个别资金
~ s particuliers appelés libérés 指定的但已解冻的个资金
~ s particuliers appelés non libérés 指定的但未解冻的个别资金
~ s particuliers non appelés 未指定的个别资金
~ s solides 来沙量,产沙量,固体径流量,河流来沙,悬浮荷载(水流搬运时呈悬浮状态的沉积物质),悬浮物

apporter v 带来,提供,给予,引起
~ les remèdes à 维修

apports m. pl 冲积物,沉积(物)
~ organogènes 生物成因的冲积物
~ terrigènes 陆源沉积物,近海沉积

apposer v 粘贴,张贴,放上,盖印(签字),插入
~ les scellés 贴封条
~ sa signature 签署
~ un plomb 加铅封
~ une clause à un contrat 在合同中插一条款
~ une étiquette 贴标签

apposition f 签字,盖章,张贴,插入
~ d'un sceau 用印,盖章

appréciabilité f 可估价性,可感觉性

appréciable a 可估价的,可评价的,相当可观的,相当重要的,相当大的,值得重视的

appréciateur m 鉴定人,评价人

appréciation f 评估,估价,估计,评价,鉴定,确定
~ d'après l'aspect extérieur 外观检查,外观鉴定
~ d'impact sur l'environnement 环境影响评价
~ de gîte 矿床评价
~ de l'actif immobilisé 固定资产增值,固定资产估价
~ de l'ampleur d'un projet 计划规模评估
~ de l'environnement 环境(质量)评价
~ des possibilités 远景评价
~ des ressources 资源评价
~ des ressources d'eau 水资源评价[估]
~ du fini de la surface 表面光洁度的鉴定
~ du projet 计划审查,项目评估
~ du risque 风险评估
~ du site 工程地质鉴定
~ informatique 信息评价,基本资料的评估
~ monétaire 货币升值
~ par experts 专家评价,专家鉴定
~ préliminaire 初步评价
~ rapide du site 快速现场检定
~ statistique 统计学评价方法
~ technique 技术鉴定,技术评估

apprécier v 估价,评价,鉴定,判断,重视

apprendre v 教,学习,通知,得知,听到,传授
~ à 学习做某事

apprenti m 学徒工,见习生,生手

apprentissage m 学手艺,当学徒,学徒期,最初的尝试,初期试验,初步尝试

apprêt m (peinturage) 底漆,底层涂料,加工,修饰,精制,上底漆,准备,制造

apprêter v 准备,加工
s'~ à 准备做某事

apprêture f 胶料,胶水

approbation f 批准,同意,审定,认可,许可
~ d'un projet 计划批准,项目批准
~ de principe 原则同意
~ des plans 同意计划,批准计划
~ du marché 批准合同,同意成交,成交
~ écrite 书面批复
~ expresse 特许
~ tacite 默许

approchant, e a 类似的,近似的,大约的

approche f 引槽,引导,引桥,入门,途径,方法,手段,趋近,接近,邻近,附近,逼近,逼近度,探讨,进站; f. pl 四周,周围
à l'~ de 在走近……时,在……临近时
~ administrative 行政方法
~ cas par cas 个案考察

~ comparative 比较研究
~ coûts-avantages 成本收益比较法
d'~ 接近的
~ de l'élasticité 弹性分析法
~ de pont 桥头引道,引桥
~ du signal 信号机附近,预告信号
~ écologique 生态环境观点,生态环境处理
~s géotechniques 土(质)工学
~ globale 整体化方案,总体方案
~ graphique 图解法
~ horizontale 纵断分析法
~ intégrée 综合措施
~ marginaliste 边际效用考察
~ monétaire de la balance des paiements 国际收支货币分析法
~ objective de la demande 需求的客观分析
~ par l'offre 供给学派的考察
~ par la demande 需求学派的考察
~ prévisionnelle du marché 市场预测
~ procédurale rationnelle 合理程序分析法
~ sous-critique 接近临界
~ subjective de la valeur 价值的主管分析
~ systématique 系统方法,高效方法
~ théorique de la consommation 消费的理论考察
~ transversale 横断分析法

approché, e *a* 大约的,近似的
approcher *v* 移近,接近
~ de 接近,达到
s'~ de 向……走来,走近
approfondir *v* 加深,变深,使深刻,挖深,使……深化,深入研究
approfondissement *m* 加深,挖深,掘进,钻研,深入研究,深化
~ annuel （井巷）工程年进尺
~ de trou 加深钻孔
~ des travaux 井巷工程掘进深度
~ du chenal 沟挖深,水道加深
~ du fond 加深河底,深挖,路床降低
~ du lit 加深河床
appropriable *a* 能适合的,能适应的
appropriation *f* 使用,专用,占用,拨款,挪用,适用,指定,适应
~ d'eau 水的专用权
approprié, e *a* 适合的,适应的

approprier *v* 使适合,使适应
approuvable *a* 可允许的,可同意的
approuvé, e *a* 同意的,赞成的,允许的,统一的
approuver *v* 许可,批准,审定,同意,赞成,赞扬
~ un accord 批准协定
~ un contrat 批准合同
approvisionnement *m* 供给,供应,补充,补给（品）,储备,备品（一般指水、油、燃油和砂）; *m. pl* 食品,必需品,原材料
~ à pied d'œuvre 将材料运至建筑工地
~ d'eau 给水
~ d'huile 供油
~ de pétards 响炮储备,响炮保管
~ des machines 轮机备品
~ des matériaux 供料
~ en air frais 供给新鲜空气
~ en charbon 给煤
~ en eau 给水,供水,有效供水（量）
~ en eau à ville 城市供水
~ en magasin 库存物品
~ en matériel 材料供应
~ planifié 计划供应
approvisionner *v* 供给,供应
approximatif, ive *a* 大概的,大约的,近似的,估计的,约略的,不够确切的
approximation *f* 近似,近似法,近似值,逼近,大概
appui *m* 垫,坝座,拱座,桥台,岸墩,边墩,支承,支杆,支座,扶手,支柱,支架,支点,底座,支援,依据,支持,支撑
~ à arc 拱座,拱台,拱桥支承
~ à articulation 铰接支撑
~ à balancier 铰支承,铰支座,摆动支座
~ à bascule 铰支承,铰支座
~ à biellette 桥梁摇座
~ à deux rouleaux 双滚轴活动桥梁支承
~ à double pendule 双摆式桥梁支承
~ à encastrement 刚性固定支点
~ à galet 辊式支架,辊轴支座
~ à glissement 滑动支座,滑动轴支承,滑动桥梁支座
à l'~ de 证实……,支持……
~ à patins 滑板托
~ à pendule 桥梁摆动支座

appui

~ à quatre rouleaux 四滚轴活动桥梁支座
~ à rotule 铰支座
~ à rotule des ponts 桥梁球面支座
~ à rouleaux 滚轴支座
~ à rouleaux aplatis 圆柱滚轴桥梁支承
~ à un rouleau 单滚轴桥梁支座
~ ancre 锚定轴承,锚固支座,锚定支承
~ articulé 铰支承,铰支座
~ artificiel 人造支承
~ asismique 抗震基础
~ bombé 切向桥梁支座
~ central 中心支架
~ consolidé 锚座,锚支柱,加强支座
~ continu élastique 弹性连续支承
~ cylindrique 圆柱滚轴接触桥梁支座
~ d'extrémité 端支座,端支承
~ d'un levier 平衡杆支撑,杠杆支点
~ d'une voie 线路底座,路基
~ de barrage 坝座,坝头岸坡
~ de chaîne 链式鞍座(吊桥)
~ de cric 千斤顶垫
~ de dilatation 伸缩支座,活动支座
~ de gravité 重力式岸墩,重力式拱座
~ de la poutre 梁支座
~ de ligne aérienne 架空导线支柱
~ de pont 桥梁支座;桥台,边墩,桥座
~ de pont en arc 拱桥支座
~ de pont roulant 桥式活动吊车支承,天车支承,吊车架支承
~ de pont sur cheville ouvrière 桥梁枢轴轴承
~ de poutre 梁的支座
~ des arcs 拱支座
~ double A行支杆
~ du côté ancrage 固定侧支座,固定侧支承
~ du côté de dilatation 活动侧支座
~ du support de dispositif de changement de régime 制动换位装置支撑
~ élastique 弹性支承,旁承,橡胶堆旁承,弹性桥台,弹性拱座
~ en caoutchouc 橡胶支座
~ en élastomère encadré 盆式橡胶支座
~ en néoprène de pot 盆式橡胶支座
~ en pointe 端支承,尖端支承
~ encastré (桥梁)固定支承

~ extrême 端承座
~ fixe 固定支点,(桥梁)固定支座
~ fixe en néoprène type de plaque 板式橡胶支座
~ fixe ronde en néoprène type de plaque 圆形板式橡胶支座
~ flexible 弹性支座
~ flottant 漂浮式支承
~ intermédiaire 中间支座
~ invariable 固定支座,刚性支座
~ latéral 横向支承,侧向支承,侧向支座,边座,旁支承
~ libre (桥梁)活动支座
~ linéaire 线式支座
~ médian 中心支架
~ mobile (桥梁)活动支承
~ mobile libre (桥梁)活动支座
~ mol 柔性支架
~ oscillant 施转支承,铰支承
~ oscillant à rotule (桥梁)活动摇座
~ oscillant cylindrique (桥梁)销接摇座
~ par frottement sur mur 桩壁摩阻支承
~ parasismique 抗震基础
~ pendulaire 摇座,摆动支座
~ rectangulaire en néoprène de plaque 矩形滑板橡胶支座
~ rectangulaire en néoprène type de plaque 矩形板式橡胶支座
~ réglable (桥梁)可调支座
~ rigide 刚性支座,固定支座
~ sans glissement 固定支承
~ simple 简支点,简支座,简支承
~ sphérique (桥梁)球形支座
~ sphérique oscillant (桥梁)活动球形支座
~ sur mur 墙上支承
~ tangentiel (桥梁)切向支座,切向承座
~ tangentiel du support 切向支承
~ tangentiel fixe à oscillation (桥梁)固定切向摇座
~ tangentiel mobile à oscillation (桥梁)活动切向摇座
~ télégraphique 横担绝缘子支架
~ uni (桥梁)平板支座
~ vertical (桥梁)垂直支柱

appuyer *v* 支撑,支持,紧压
　s'~ sur 依据,依靠
âpre *a* 崎岖的,不平坦的,粗糙的,不光滑的
après *adv* 在附近
　~ de 靠近……,在……近旁
après *prép* 在……以后,在……后面
　~ coup 事后
　d'~ 根据,按照
　~ tout 总之,毕竟
âpreté *f* 崎岖,不平坦,不光滑,粗糙(度)
apte *a* 适宜的,合格的,有能力的
　~ à circuler 能通行的,可通行的,能运行的
　~ à transiter 能过境的,能中转的
　~ au service 能使用的
aptitolithe *f* 磷灰岩
aptitude *f* 性能,技艺,趋向,资格,能力,特长,才能,本领,适合性
　~ à l'adhérence 附着力
　~ à l'adhésivité 黏性,黏着力
　~ à la flottation 浮游能力,浮选能力
　~ à adhérer 黏附性,胶黏性能
　~ à criquer 裂纹形成能力,断裂趋势,裂纹倾向性
　~ à distinguer les couleurs 辨色能力
　~ à l'accélération 加速性能
　~ à l'affouillement 侵蚀能力,冲刷能力
　~ à l'emploi 工作能力
　~ à l'extension due à la chaleur 热膨胀能力
　~ à l'inscription en courbe (véhicule) 车辆通过曲线的性能
　~ à la coloration 着色性能,着色力,染色性
　~ à la déformation 变形性能,变形能力
　~ à la diffusion 扩散能力
　~ à la dilatation de gonflement 膨胀能力
　~ à la formation de mouse 起泡性能
　~ à la mise en forme 成形性
　~ à la préparation 可选性,可选能力
　~ à la transformation 可加工性(材料)
　~ à la trempe 可淬性,淬火性
　~ à sédimentation 沉淀性,沉淀能力
　~ à sorption 吸附能力,吸附性
　~ au broyage (岩石的)粉碎性,研磨性,可磨性
　~ au choc 抗冲击能力
　~ au clivage 可裂性能,(岩石的)劈理性(能),(矿物的)解理性(能)
　~ au compactage 压实性能
　~ au concassage 可碎性
　~ au façonnage (混凝土)工作度,和易性,加工性能
　~ au foisonnement 膨胀能力
　~ au fractionnement 可破碎性(矿石)
　~ au gel 冻结能力
　~ au remoulage (混凝土的)和易性,重塑性
　~ au répandage 铺开性
　~ au soudage 可焊性
　~ aux usages multiples 可能性,多用性
　~ des couches au dégagement 岩层析出气体的能力
　~ des matériaux au compactage 材料压实性能
　~ du façonnage (混凝土的)重塑性
　~ routière 道路的适用性
apurement *m* 审核账目,查账
apurer *v* 核算,审核,查账
　~ des comptes 核算账目,查账
apyre *m* 耐火黏土,红柱石
aquacréptite *f* 水爆石,阿夸石
aqualite *f* 冰岩
aquamarine *f* 海蓝宝石(绿柱石),海蓝绿柱石,蓝晶,蓝绿石,海蓝色
aquaplaning *m* 潮湿地面使轮胎失去附着力的作用,滑动现象,(汽车车轮)因路湿而侧滑
aqua-regia *f* 王水
aquastat *m* (锅炉的)水温控制器,恒温水箱
aquatique *a* 含水的,多水的,水生的,水栖的,水上的,水产的,水边的,水化的,水中的,水的
aquatolyse *m* (淡水)水解作用
aqueduc *m* 渡槽,涵洞,高架渠,引水道,输水管,水道桥,高架桥,渠,沟渠,引水渠,导水管,水管桥,桥管
　~ à ciel ouvert 明渠
　~ à planche métallique 钢板涵洞
　~ à vannes 闸门涵洞,有闸门放入引水渠
　~ apparent 饮水明渠
　~ d'une digue 水闸,水门,泄水道
　~ dallé 石盖板箱涵,盖板式水道桥,板涵
　~ de collection 集水道,集水渠
　~ de refoulement 加压输送管道
　~ de remplissage 填料沟,盲沟

~ de sassement　水闸涵洞
~ de vidange　排泄道，排水渠
~ en basses eaux　低水位涵洞
~ en béton préfabriqué　预制混凝土涵洞
~ en entré　涵洞，暗渠，密封式管道
~ en tôle ondulée　波纹管涵
~ larron　（堤坝等的）漏水洞
~ latéral　边涵
~ longitudinal　纵向涵渠
~ ouvert　明渠
~ rectangulaire　矩形涵洞，箱形涵洞
~ siphon　虹吸涵洞（引水管）
~ souterrain　地下排水管，排水沟管
~ submergé　壅水涵洞，漫水涵洞，浸水涵洞
~ tubulaire　管涵，涵管
~ voûté　拱涵

aqueduc-siphon　*m*　虹吸涵洞

aqueux, euse　*a*　水的，水质的，水性的，似水的，含水的，含水分的，水溶（液）的，水成的

aquiclude　*m*　不透水[储水]层，隔水[储水]层，封闭层，滞水层；*a*　不透水层的，隔水层的

aquiculture　*f*　水培，溶液培养

aquifère　*m*　含水层，蓄水层
~ à nappe libre　自由含水层，自由蓄水层，无压含水层
~ artésien　自流含水层，承压含水层
~ bi-couche　叠置含水层，双层含水层
~ borné　边界明显的含水层
~ captive　承压含水层
~ de recharge　回灌含水层，地下水回灌
~ filtrant　渗漏蓄水层，漏水含水层，有越流含水层
~ incliné　倾斜含水层
~ limité　边界明显的含水层
~ multicouche　复层含水层，多层含水层
~ perché　滞水层，栖留蓄水层，悬浮含水层
~ productif　出水层，蓄水层
~ semi-captif　半承压含水层，有越流含水层
~ temporaire　临时含水层

aquifuge　*m*　不透水岩层，滞水（岩层）

aquisition　*f*　取得，获得，学识，取得物
~ de terrains　获得土地，征用土地

aquo-igné　*a*　热液的，水火成的

aquosiliceux　*a*　水硅质的

arabesque[**arabesquitique**]　*a*　花纹（结构）的

arabine　*f*　阿拉伯树胶，金合欢胶

arable　*a*　适于耕种的，可开垦的

aræoxène　*f*　砷锌钒铅矿，红钒铅矿，钒铅锌矿

aragonite　*f*　霰石，文石
~ nacrée　霰石石灰石

aragotite　*f*　黄沥青

araignées　*f. pl*　（打捞钻具用的）弯钩，多爪挂钩，吊钩，网，网络（爆破巷道时的）

arakawaïte　*f*　荒川石（磷锌铜矿）

araldite　*f*　环氧树脂

aranée　*f*　红银矿

arapahite　*f*　磁铁玄武岩，磁玄岩

arasé　*a*　销蚀截顶的（高地削平），被削平的，刮平的，夷平的，削平的

arase　*f*　整平层

arasement　*m*　（砌层）整平，砌平，找平层，整平线，削蚀，削平，刮平，铲平，使平，使齐，测平
~ de la crête　峰顶线，（屋）脊线
~ des poteaux　柱群找平线[层]

araser　*v*　削蚀（地形），削平，整平，铲平，使（成水）平，刮平，使齐，锯薄，砍薄
~ la surface　整平路面

araseuse　*f*　d'accotement　路肩刮平机

arbitrage　*m*　仲裁，公断，调节，调停，套购，套汇，套利
~ ad hoc　临时仲裁，专家仲裁，特设仲裁
~ d'intérêt　套利
~ de change　套汇
~ de l'inspecteur du travail　劳动监察员的调解
~ international　国际仲裁

arbitraire　*a*　任意的，随意的，软选的，随机的

arbitre　*m*　仲裁者，公断人
~ un différend　仲裁争端

arboré, e　*a*　栽有树木的，绿化的

arborer　*v*　树立，举起

arborescence　*f*　树枝状结构，枝形结构，枝晶结构；*f. pl*　乔木状，乔木性，（植物的）乔木部分
grande ~　高大乔木

arborescent, e　*a*　树木状的，树枝状的，乔木状的，枝晶的

arboriculture　*f*　树木栽培，果树栽培

arborisation　*f*　树枝晶，树枝石（化）

arborisé　*a*　树枝状的，多枝的

arborise *f* 板岩

arbre *m* 轴,主轴,心轴,阀轴,旋转轴,心骨,树,杆,树木,树形图

~ à articulation　铰接轴,活动轴
~ à cames　凸轮轴,分配轴
~ à cames baladeurs　可调凸轮轴,变速凸轮轴
~ à cames d'échappement　排气凸轮轴
~ à feuilles　落叶树
~ à feuilles caduques　落叶树
~ à manivelle　曲轴,曲柄轴
~ à méplat　平头轴
~ à pignon　小齿轮轴
~ à rotule　铰接轴
~ abri　防护林
~ articulé　活节轴,万向轴
~ avec cannelures　花键轴,多键轴
~ binaire　树形二进制
~ bordant une rue　行道树
~ cannelé　花键轴
~ cardan　变相轴,活节轴,自由轴
~ central　心轴,主轴
~ coincé　卡轴
~ commandé　从动轴
~ coudé　曲轴,曲柄轴
~ creux　空心轴
~ cylindrique　圆柱轴
~ d'accouplement　连接轴,传动轴
~ d'attaque　驱动轴,主动轴
~ d'avance　进给轴
~ d'embrayage　离合器的主动轴,离合轴
~ d'entraînement　传动轴
~ d'entrée　进入轴,输入轴
~ d'événement　事故树(形图)
~ d'hélice　螺旋桨轴
~ d'induit　电枢轴
~ de battage　(冲击式钻机的)刻槽轴
~ de butée　止推轴
~ de cadran　万向轴,活节轴,自由轴
~ de changement de marche　转向轴,反向轴,回动轴,回转轴
~ de commande　驱动轴,(主)动轴
~ de commande du régulateur　调整器控制轴
~ de commande principal　主轴
~ de connection　连动轴
~ de décodage　译码树
~ de défaillance　缺陷树形图,事故树形图
~ de Diane　树枝状自然银,银树(银的树枝状沉淀)
~ de distribution　分配轴
~ de frein fixe　固定制动轴
~ de levage　(钻机的)升降机轴
~ de malaxage　搅拌轴,拌和机轴
~ de malaxage avec palettes　叶片(式)拌和机轴
~ de manœuvre du robinet　制动阀传动轴
~ de marche rapide　快速运动轴
~ de moteur　主动轴,传动轴,电动机轴
~ de Noël　圣诞树,采油树,井口
~ de palettes　叶桨轴,叶轮轴
~ de rappel　复位轴
~ de relais　连接轴
~ de relevage　回动轴,反向轴
~ de renvoi　传动轴,副轴
~ de renvoi du frein à vis　手制动机回动轴
~ de rotation　转动轴
~ de roue　车轴,轮轴
~ de sondage　钻杆,钻杆柱,钻机主轴
~ de sortie　被动轴,从动轴,输出轴
~ de transmission　(主)传动轴
~ de transmission à cadrans　万向传动轴
~ de turbine　涡轮轴,透平,汽轮机轴
~ différentiel　差动轴
~ dirigeant　主动轴,原动轴,传动轴
~ du communicateur　(电动转辙机)中间传动轴
~ du différentiel　差动轴
~ du dispositif de déclenchement　分离器轴
~ du frein　制动轴
~ du moteur　发动机主轴
~ élastique　软轴,弹性轴
~ en coupe-vent　防风林
~ entraîné　从动轴
~ excentré　偏心轴
~ excentrique　偏心轴
~ fileté　螺杆
~ flexible　软轴,万向轴,挠性轴,弹性轴
~ hexagonal　六角钻轴
~ horizontal　水平轴,横轴
~ incliné　斜轴

arbre-manivelle

~ intermédiaire (pompe primaire) 联轴器(主轴)，副轴，对轴，中间轴
~ menant 原动轴，主动轴，输入轴
~ mené 从动轴
~ moteur 电动机轴，发动机轴，主动轴，驱动轴
~ percé sur toute sa longueur 空心车轴
~ plein 实心轴
~ primaire 原动轴，主轴
~ principal 主轴，基准轴
~ récepteur 从动轴，副轴
~ résineux 针叶树
~ sauvage 野生树木
~ secondaire 从动轴，副轴
~ secondaire de renvoi 回动轴，中间轴
~ souple 软轴
~ télescopique 套筒轴，套管轴，伸缩轴
~ tournant 旋转轴
~ tubulaire 管形轴，空心轴
~ vertical 垂直轴，立轴
~ vilebrequin 曲柄轴

arbre-manivelle *m* 曲柄轴，曲轴

arbrisseau *m* 小树，灌木(茎从基部起即分岔，高 1m～4m)

arbuste *m* 小灌木，小矮树(主干在基部无分枝，高度可达 10m)，矮树(丛)，灌木(丛)

arbustif, ive *a* 小灌木(状)的

arc *m* 弧，岛弧，圆弧，电弧，拱，拱形结构，拱门，弓形，拱形，弧形

~ à âme pleine 实腹拱
~ à charnière 铰接拱
~ à chauffage externe 外部加热电弧
~ à courbure variable 变曲率拱
~ à deux articulations 双铰拱
~ à deux charnières 双铰拱
~ à deux rotules 双铰拱
~ à effet de champ 场致拱
~ à flamme 焰弧
~ à la terre 接地电弧
~ à mercure 水银蒸气电弧，汞弧
~ à naissance ouverte 敞肩拱
~ à paroi pleine 实腹拱
~ à plate bande 平板拱
~ à plusieurs centres 多心拱
~ à tirant 弦杆拱
~ à treillis 桁构拱
~ à treillis à double articulation 双铰桁构拱
~ à trois articuations à âme pleine 三铰实腹拱
~ à trois articulations 三铰拱
~ à trois rotules 三铰拱
~ à tympan ajouré 敞肩拱
~ à tympan plein 实肩拱
~ à tympan rigide 刚肩拱(钢拱桥的)
~ à une articulation 单铰拱
~ à voussoir 楔块拱
~ actif 有效拱
~ aigu 锐拱，尖拱
~ angulaire 角形拱
~ articulé 铰接拱，有铰拱
~ assemblé 组合拱
~ avec appuis encastrés 固定锐拱，固端拱，嵌固拱
~ avec appuis fixes 固端拱
~ avec porte-à-faux 悬臂拱
~ avec tablier de voie rapporté 上承式拱，上承拱桥
~ avec tablier suspendu 下承拱桥
~ berceau 半圆拱
~ biais 斜拱
~ bombé 弓形拱
~ brisé 尖拱，桃尖拱，坦圆拱，平缓拱
~ chantant 歌弧，发音电弧
~ circulaire 圆拱，圆弧
~ composé 复合拱，尖(顶)拱
~ concentrique 同心拱
~ continu 连续拱
~ cylindrique 圆筒式拱，圆筒形拱
~ d'un mur 墙拱
~ d'entraînement 起动弧
~ d'épaisseur constante 等厚度拱
~ d'épaisseur variable 变厚度拱
~ d'onde 波形拱
~ d'oscillation 摆动弧
~ de cercle 弧，圆弧，圆弧拱
~ de charpente en bois 木拱，木拱架
~ de clothoïde 回旋曲线
~ de contact 接触弧
~ de courbe 弧
~ de décharge 分载拱，减载拱

~ de fenêtre 窗拱
~ de fondation 仰拱,倒拱
~ de guidage 月牙板
~ de la chaîne 悬链线拱
~ de lecture 指针最大摆动量,表盘最大读数范围
~ de Moorish 马蹄形拱,莫尔式拱
~ de parabole 抛物线拱
~ de pli 折叠拱
~ de plissement 褶皱弧,褶皱弯曲度
~ de porte 辅助拱,门道拱
~ de raccordement 缓和曲线
~ de raccordement d'un changement de pente 竖曲线
~ de radier 桥墩拱形分水墙
~ de renforcement 支顶拱,加强拱圈,实心拱,隧道护拱,隧道顶拱
~ de rupture 破坏弧(土坡的),坍毁弧,断流电弧
~ de soudage 焊弧
~ de soutènement 扶垛拱,拱式扶垛
~ de triomphe 凯旋门
~ doubleau 肋拱,扶拱
~ droit 平拱
~ du pont 桥拱
~ élastique 弹性拱
~ électrique 电弧
~ elliptique 椭圆拱
~ en accolade 尖形拱
~ en anse de panier 三心拱
~ en berceau 筒形拱
~ en béton 混凝土拱
~ en béton non-armé 无钢筋混凝土拱
~ en brique 砖拱
~ en carène 四心拱
~ en construction ouverte 空腹拱
~ en couronne 环形拱
~ en demi-cercle 半圆拱
~ en ellipse 椭圆拱
~ en encorbellement 悬臂拱
~ en fer à cheval 马蹄形拱
~ en forme de croissant 新月形拱
~ en maçonnerie 圬工拱
~ en ogive 尖拱,尖顶拱
~ en ogive arqué 尖形拱
~ en ogive lancéolé 尖顶拱
~ en ogive surbaissé 垂拱
~ en ogive surélevé 尖顶拱
~ en orbevoie 假拱,装饰拱,实心拱
~ en pierre de taille 琢石拱
~ en plate bande 平拱
~ en plein cintre 半圆拱
~ en plusieurs anneaux 助拱
~ en retour 逆火,逆燃
~ en segment de cercle 弓形拱
~ en terre 仰拱,倒拱
~ en tôle 板拱
~ en tôle à âme double 双腹板拱
~ en treillis 桁构拱,格构拱,拱形桁架
~ en treillis à membrures parallèles 平行弦杆桁架拱
~ en treillis à trois articulations 三铰桁架拱
~ en treillis avec tirant 桁杆拱
~ en treillis en forme de croissant 镰刀形桁架拱
~ en tuyau 管拱
~ en voûte pleine 实体弧
~ encastré 固端拱,无铰拱
~ épaulé 肩拱
~ équilatéral 等边二心拱
~ équilibré 平衡拱
~ évidé 空腹拱,桁构拱,桁架拱
~ exhaussé 超半圆拱
~ externe 外岛弧,外弧
~ externe non-volcanique 非火山外(岛)弧
~ gothique 尖拱,歌德式拱
~ hydrostatique (静)水压(力)拱形曲线
~ incliné 斜拱
~ indépendant 单拱
~ insulaire 岛弧,弧形列岛
~ intensif H. I. 强电弧
~ interne 内岛弧,内弧
~ interne volcanique 火山内岛弧
~ lenticulaire 双叶拱
~ linteau 平拱,坦拱
~ lumineux 光弧
~ morainique 冰碛弧,冰碛脊
~ oblique 斜拱

~ outrepassé 马蹄形拱
~ ouvert 明拱
~ parabolique 抛物线拱
~ plein 平拱板,实腹拱
~ plongeant 斜拱
~ pointu 尖拱,倒拱,歌德式拱
~ polaire 极弧
~ polylobé 多叶形拱
~ primaire 原生岛弧
~ rampant 高低脚拱,跛拱
~ renversé 逆转岛弧,倒置岛弧(原生岛弧与次生岛弧混位),倒拱,反拱
~ rigide 刚性拱
~ roman 半圆拱,罗曼式拱
~ sans articulation 刚拱,无铰拱
~ secondaire 次生岛弧
~ sifflant 响弧,箫声电弧
~ surbaissé 坦(圆)拱
~ surhaussé 高拱
~ symétrique 对称拱
~ thermoélectronique 热电子电弧
~ tracé à trois centres 三心拱
~ transversal 横向拱
~ triangulaire 三角拱
~ triplé 三叶拱
~ Tudor 四心拱(都德式拱)
~ unipolaire 单极弧
~ volcanique 火山弧
~ voltaïque 电弧
~ zigzagué 曲折拱

arcade *f* 拱孔,拱廊

arcan(n)e *m* 红赭石,土状红铁矿,红色泥铁矿

arcanite *f* 钾矾(斜方钾芒硝),单钾芒硝

arc-boutant *m* 支柱,斜柱,撑杆

arc-boutement *m* 穹隆,背斜,拱形支架,半弓形支撑

arc-butant *m* 拱扶踩,以扶垛或扶臂支撑

arc-doubleau *m* 交叉拱,横向拱

arceau *m* 小弧,弯曲,弧形,拱弧,子拱,小拱,门(窗)拱
　　~ démontable 可拆卸车顶
　　~ porte-frotteur (appareil de prise de courant) 滑板支撑(受流器)

arceau *m* 小弧,拱弧

arche *f* 拱,拱架,拱梁,拱圈,拱形桥孔,背斜(地拱),穹隆,拱顶,海蚀穹
~ à deux articulations 两铰拱
~ circulaire 圆弧拱
~ de décharge pour les crues 泄洪拱
~ de plein cintre 半圆拱
~ de pompe 水泵箱,泵壳
~ de pont 桥拱,桥洞
~ de rive 端拱
~ encastrée 无铰拱,固端拱
~ lurelle 石拱门,(天然)石坎,石门,海蚀穹
~ marinière 可通航的桥洞
~ naturelle 岩石拱,天然拱门

archée *f* 拱跨度

archéolithique *m* 旧石器时代; *a* 旧石器时代的

archérite *f* 磷钾石

archet *m* 弓,弓架,弧,弓钻,受电弓,弓形物,滑板弓架,弓形集电器
　　~ à suspension pendulaire (pantographe) 受电弓摆式滑板
　　~ de pantographe 受电弓滑板拱架,受电弓托

archine *f* 拱形支架

archinovite *f* 胶锆石

archipel *m* 群岛,列岛
~ continental 大陆群岛
~ marin 海洋群岛

archise *f* 针(硫)镍矿

architstratigraphie *f* 古地层学

architecte *m* 建筑(设计)师,建筑学家
~ conseil 顾问建筑师
~ d'un pont 方案设计师
~ de paysage 园林建筑师
~ en chef 总建筑师
~ industriel 建筑工程师
~ paysagiste 园林建筑师

architectonique *f* 结构,建筑学(术),建筑原理,建筑构图,构造设计,大地构造,地质构造; *a* 建筑学(术)的,大地构造的,地质构造的

architectural, e, aux *a* 建筑学(术)的,建筑上的,有关建筑的

architecture *f* 建筑(设计),建筑学(术),结构,构造,地质构造,大地构造,建筑结构,结构格式,(井架,支柱)布置,布局
~ civile 民用建筑

~ civique 城市建筑
~ climatique 根据气候因素设计的建筑
~ commémorative 纪念性建筑
~ contemporaine 现代建筑
~ de étançons 工作面支柱布置
~ de jardin 园林[庭院]建筑
~ de la croûte terrestre, ~ de l'écorceterrestre 地壳结构
~ de paysage 园林建筑
~ domestique 住宅建筑
~ du sous-sol 地球内部结构
~ en ligne 支柱的直线布置
~ évolutive 便于日后改建的建筑(设计)
~ hydraulique 水工建筑
~ industrielle 工业建筑
~ métallique 金属结构
~ moderne 现代建筑
~ modulaire 模式组件建筑(设计)
~ obligatoire 标准[统一]规格建筑(设计)
~ paysagère 园林建筑
~ plissée 褶皱构造
~ profonde (地壳)深部结构
~ religieuse 教堂建筑
~ répartie 调度结构
~ rurale 农村建筑
~ solaire 充分利用阳光的建筑(设计)
~ tectonique (大地)构造结构
~ textile 采用结构简单支承面的建筑
~ vernaculaire 有乡土特色的建筑(设计)
architecturologie *f* 建筑学,建筑术
architrave *f* 柱顶过梁,门或窗周围线条板,檐的下部
~ en béton armé 钢筋混凝土过梁
archives *f. pl* 档案,案卷,档案室,档案资料,档案库存储器,数据库存储器
archivolte *f* 拱门缘饰,拱内表面部分
archolithique *a* 志留纪的
arciforme *a* 弧形的,弓形的
arcogenèse *f* 地拱作用,拱曲作用
arcologie *f* 生态建筑学
arcologique *a* 生态建筑学的
arcose *f* 长石砂岩
arcossière *f* 赤杨灌木林
arcot *m* 铁渣

arc-rampant *m* 拱扶垛
arcticite *f* 中柱石,方柱石
arctique *a* 北极的,北方的
Arctique *f* 北极,北极区,北冰洋
arctolite *f* 硅铝钙镁石
arcure *f* 弓形,弯曲,变形
ardéalite *f* 磷石膏
ardennite *f* 砷硅铝锰石
ardoise *f* 板岩,石板,页岩,瓦板岩,石板片岩,石板瓦,泥质板岩,屋顶石棉水泥平板
~ adhésive 黏板岩
~ argileuse 泥质板岩,黏土板
~ argileuse calcaire 灰质黏土板岩
~ carrée 方形石板
~ cuivreuse 含铜页岩
~ d'alun 明矾板岩
~ d'amiante 石棉板
~ d'asbeste 石棉板岩
~ de construction 建筑用板岩,建筑用石板
~ de couverture (瓦)板岩,屋面板岩,(屋面)石板瓦
~ de toit 屋面石板瓦
~ de toiture 屋面石板瓦,(瓦)板岩
~ marneuse 泥灰质板岩
~ molle 软页岩
~ tachetée 斑点状板岩
ardoise *f* 板岩,石板瓦
ardoisé,e *a* 片状的,板状的,深灰色的,板岩色的
ardoiserie *f* 石板工场
ardoiseux *a* 石板的,石板状的,片状的,深灰色的,板岩色的
ardoisier *m* 片理,劈理; *a* 板岩质的,含板岩的,石板的
ardoisière *f* 板岩采石场,板岩矿
ardomètre *m* 光测高温计
ardu,e *a* 陡峭的,险峻的,艰难的
arduinite *f* 安沸石,丝光沸石(发光沸石)
are *m* 公亩(1 公亩=100m²)
aréa *f* 主面,三角面,面积,区(域),范围
aréage *m* (以公亩为单位)测量土地
arein *m* 冬季雪崩,干雪崩
areine *f* 排水坑道,排水涵洞,排水沟,排水渠道
aréique *a* 无径流的,无(径)流区的,无河区的,无河流的,无径流(与河流)的

aréisme *m* 无径流性
arénacé, e *a* 砂屑的,砂质的,砂状的,多砂的,散碎的
arénage *m* 砂质矿石
arénaire *a* 沙中生的,沙中住的
arénarie *f* 岩,砂岩,砂石
arendalit(h)e *f* 暗绿帘石,含石榴石岩
arendite *f* 暗绿帘石
arène *f* (风化)粗砂,砾砂,砂,沙,沙漠
　～ granitique　天然砾石
　～ sableuse　砂
　～ schisteuse　砂质页岩
aréner *v* 使下陷,使塌陷
aréneux, euse *a* 多砂的,多沙的,砂质的
arénière *f* 采砂场
arénifère *a* 含砂的,含沙的
aréniforme *a* 沙状的,砂状的,砂砾状的,沙粒状的
arénisation *f* 砂屑化(作用),风化成砂粒
arénite [arényte] *f* 砂岩,砂屑岩,砂页岩,砂粒岩,粗砂碎屑岩
　～ arkosique　长石砂岩
　～ consolideé　砂岩
　～ feldspathique　长石质砂屑岩
　～ pyroclastique　凝灰质砂屑岩
arénite *f* 粗屑岩
arénitique *a* 砂屑岩的,砂质的,砂屑的
arénivore *a* 沙栖的
aréno-aleuropélitique *a* 砂屑—砂泥质的,砂—粉砂质的
arénopélitice *a* 砂粒泥屑岩的,砂质细屑岩
arénopélitique *a* 砂屑泥质岩的,砂质碎砾岩
arénophile *a* 有长根适于沙中生长的,沙漠地带生长的
arénorudite *f* 砂质砾屑岩
arénulacé *a* 似砂的,砂质的
arénuleux, euse *a* 含砂的,砂质的,多细沙的,像细沙的
arénutudite *f* 砂质粒硝岩,砂质碎砾岩
aréolaire *a* 地表风化的
aréomètre *m* 浮秤,密度计,比浮计,液体比重计
　～ Baumé　波美比重计,波美计表
aréométrie *f* 液体比重测定(法)
aréquipite *f* 杂锑铅石英

arête *f* 刃岭,脊,山脊,尖脊,脊线,穹棱,分水岭,棱,(结晶)棱边,棱肋,边缘,棱角,变棱,筋,肋条,边缘,刃,道路接缝的圆角
　à ～ vive　锋利的,尖棱的,锐边的
　～ anticlinale　背斜脊线,背斜顶
　～ arrondie　(水泥混凝土路面)接缝的圆角
　～ coupante　刀刃
　～ creuse　空心槽
　～ d'un déversoir　溢流堰边
　～ d'un mur　墙脊
　～ d'un pli　褶皱脊线,褶皱转折端
　～ d'un polyèdre　多面体棱边
　～ de faîte　分水岭
　～ de glissement à chanfrein　斜棱滑动边
　～ de l'âme　梁腹的边缘
　～ de la règle dameuse　填塞边缘,夯实边缘
　～ de partage des eaux　分水岭
　～ de pli　褶皱脊线,褶皱转折端
　～ de poisson　(铺地或铺路石块的)人字形排列,鱼脊骨
　～ de rabot　刨刃
　～ de taille　刃口
　～ de talus　坡顶
　～ dentelée　锯齿状山脊
　～ émoussée　磨圆边缘(颗粒),无棱边(颗粒)
　～ médiane　分水岭
　～ rocheuse　岩石山脊
　～ saillante　尖山脊
　～ solide　立体棱
　～ supérieure　上缘,梯段上部边缘
　～ synclinale　向斜地线,向斜底线,向斜转折端
　～ talus　坡边(线)
　～ tranchante　刀刃
　vive ～　尖山脊,风蚀山脊,尖棱,(碎石、碎屑)锐边
　～ vive　尖棱,锐边,风蚀山脊
arêtier *m* 斜屋脊
arfvedsonite *f* 亚铁钠闪石,钠铁闪石
argeinite *f* 橄闪石
argent *m* (白)银(Ag),银币,钱,金钱,自然银,银矿
　～ affiné　发光银,闪光银币
　～ aigre　玻璃银矿,脆银矿
　～ amalgamé　银汞膏,银汞齐

~ antimonial 锑银矿
~ antimonié-sulfuré 浓红银矿石,硫锑银矿
~ antimonifère 硫锑银矿
~ arsenical,~ arsnical sulfuré 硫砷银矿,淡红银矿
~ au titre 标准银(按纯度)
~ battu 银箔
~ blanc 方铅矿
~ bromure 溴银矿
~ brûlant 热钱,短期游资
~ comptant 现金,现款
~ contenant de l'or 含金的银矿
~ corné 角银矿
~ courant 通货,通用货币
~ de coupelle 坩埚银
~ de mine 银矿
~ de(s) chat(s) 猫儿银,白云母
~ électrolytique 电解银
~ en dépôt à terme 定期存款
~ en dépôt à vue 活期存款
~ en épis 针状银矿,辉铜矿
~ en feuille 银箔
~ en plumes 羽状银矿
~ et cuivre sulfurés 硫铜银矿
~ faux 猫儿银
~ fin 纯银
~ fragile 脆银矿
~ frais 新鲜资金
~ gris (antimonial) 柱硫锑铅银矿,灰银矿
~ ioduré 碘银矿
~ liquide 流动资金,现金
~ métallique 金属银
~ molybdique 叶碲铋矿
~ mort 死钱
~ muriaté 角银矿
~ natif 自然银
~ noir 脆银矿,硫锑铜银矿
~ rare 金融紧缩,银根吃紧
~ réservé 准备金,储备金
~ rouge 硫锑银矿,浓红银矿
~ rouge arsénical 淡红银矿,硫砷银矿
~ rouge claire 淡红银矿
~ sec 活钱
~ sulfuré 辉银矿

~ sulfuré antimonifère et cuprifère 柱硫锑铅银矿
~ sulfuré flexible 硫银铁矿,中银黄铁矿
~ sulfuré fragile 脆银矿
~ telluré,~ tellurique 碲银矿
~ tenant or 含金的银矿
~ tricoté 网脉状自然银
~ vierge 自然银
~ vif 汞

argentage *m* 镀银
argental, e *a* 含银的
argentan *m* 阿跟坦锌白铜,赛银锌白铜,锌镍铜合金
argenté, e *a* 银的,镀银的,涂银的,银白色的
argenteux *a* 含银的
argentière *f* 银矿山
argentifère *a* 含银的
argentin, e *a* 银的
argentine *f* 珠光石,银鱼,层解石(一种珍珠状方解石)
argilacé, e *a* 泥质的,黏土质的,黏土状的,黏土色的
argileux, euse *a* 黏土的,黏土质的,泥质的,含黏土的
argilière *f* 黏土矿山,黏土料场,黏土矿场,黏土坑
argilifère *a* 含黏土的,黏土质的,黏土似的
argiliforme *a* 似黏土状的,黏土状的
argilisation *f* 泥化,泥岩化,黏土形成作用,黏土化
argilite *f* 层状黏土,泥页岩,黏土页岩,泥板岩,泥质板岩,厚层泥岩
~ bitumineuse 油页岩
argilite *f* 泥质岩,泥质板岩,厚层泥岩,黏土岩
argilitique *a* 泥质的
argilo-arénacé *a* 泥砂质的,亚砂土质的
argilo-calcaire *a* 泥灰质的,泥钙质
argilo-calcite *f* 泥质灰岩,泥灰岩
argilo-ferrugineux *a* 泥铁质的
argiloïdes *m.pl* 泥(板)岩类,页岩类;*a* 似泥质的,页岩类的,泥岩类的
argilolit(h)e *f* 泥质层凝灰岩
argilolithe *m* 泥石
argilomagnésien *a* 泥镁质的

argilophyre[argiloporphyre] *m* 泥基斑岩
argilo-sablonneux *a* 泥砂质的
argiloschiste *m* 黏板页岩,泥质页岩,泥板岩
argilosité *f* 含黏土性
argument *m* 论证,论据,变元,自变数,自变量,辐角
　～ effectif　实变元
　～ fictif　哑变元
argyrides *m.pl* 含银矿物
argyrique *a* 含银的
arhéisme *m* 无径流性
aricite *f* 水钙沸石
aride *a* 干旱的,干燥的,荒漠的,不毛的(指沙漠)
aridification *f* (人类活动导致的)地区干燥化
aridisol *m* 旱成土
aridité *f* 干旱,干燥,荒芜,干旱度,干燥度,干旱性
aridoculture *f* 干旱地区种植学
ariégite *f* 尖榴辉岩
arine *f* 排水沟,防水槽
aristarainite *f* 硼钠镁石
arithmétique *f* 算术,计算
arithmographe *m* 计算器
arithmomètre *m* 手摇计算机,四则运算器,计算尺
arizonite *f* 长英脉岩
arkélite *f* 斜锆石
arkite *f* 黑白榴霞斑岩,霞白斑岩
arkose *f* 长石砂岩,长石(砂岩)的
arkose-grès *f* 长石砂岩
arkose-greywacke *f* 长石砂岩质杂砂岩
arkose-quartzite *f* 长石石英岩
arkosique *a* 长石的,长石砂岩的
arkosite *f* 长石石英岩,含长石石英岩
arksudite *f* 锥冰晶石
arlet *m* (砂层)变薄,(矿脉)变狭、变细
arlevage *m* 平移错动
armada *m* 大批,大量
armaturage *m* 配(置钢)筋,(混凝土)加筋
armature *f* 钢筋,骨架,框架,衔铁,电枢,支柱,铠装,支架,针刺,加强筋,加固件,加固物,电容器片
　～ à adhérence renforcée　变形钢筋,竹节钢筋,变截面钢筋(加强钢筋和混凝土的黏结),螺纹钢筋
　～ à angle　角隅钢筋
　～ à cisailles　抗剪钢筋,剪力筋
　～ à crochets　(两端)带弯钩的钢筋
　～ s à deux directions croisées　双向钢筋网,双向交叉钢筋网
　～ à étrier　(钢筋混凝土的)箍筋
　～ à haute adhérence　高握裹力钢筋,变形钢筋,竹节钢筋
　～ à pôle　显极电枢
　～ s à quatre directions　四向钢筋网
　～ à ruban d'acier　盘式钢卷尺
　～ active　预应力钢筋
　～ additionnelle　附加钢筋
　～ auxiliaire　次要钢筋,副钢筋,附加钢筋
　～ bobinée　绕阻式钢筋,绕组式电枢
　～ comprimée　受压钢筋
　～ constructive　箍筋
　～ coude　弯起钢筋,元宝钢筋
　～ courante　普通钢筋
　～ croisée　横向钢筋,交叉钢筋
　～ d'acier　钢筋
　～ d'architecture　建筑钢筋
　～ d'articulation　连接钢筋,铰接钢筋
　～ d'effort tranchant　剪刀钢筋
　～ d'un condensateur　电容器板片
　～ dans les deux sens　双向钢筋
　～ de béton armé　钢筋混凝土钢筋
　～ de bord (de dalle)　(板)边缘钢筋
　～ de brancard　辅助杆
　～ de charpente　构架的固定软件
　～ de cisaillement　剪刀钢筋
　～ de compression　受压钢筋,抗压钢筋
　～ de disque　盘形电枢
　～ de fissuration　防裂开钢筋
　～ de frettage　连接钢筋,固结钢筋,环箍钢筋
　～ de l'entretoise d'about　端横梁钢筋构造
　～ de la table　上翼缘钢筋
　～ de liaison　连接钢筋
　～ de moment négatif　负力矩钢筋,负绕钢筋
　～ de moment positif　正(力)矩钢筋
　～ de montage　架立钢筋
　～ de noyaux　芯骨

~ de peau 表面钢筋
~ de pneu 轮胎罩
~ de précontrainte 预应力钢丝束,预应力钢筋
~ de précontrainte adhérente 黏结的预应力钢筋
~ de précontrainte non adhérente 不黏结的预应力钢筋
~ de raccordement 连接钢筋
~ de renforcement en tête du clou 钉头的加固筋
~ de renfort 附加钢筋,加强筋
~ de répartition 分配钢筋,分布钢筋
~ de retrait 收缩钢筋
~ de section ronde 圆钢筋
~ de support 支承钢筋
~ de textile 编织品加筋
~ de traction 受拉钢筋
~ déformée 变形钢筋
~ diagonale 斜角钢筋,斜筋
~ double 双重钢筋,复筋
~ du câble 电缆外皮,电缆包皮
~ du ciel du foyer 火箱顶撑
~ du revêtement du tunnel 隧道二次衬砌钢筋
~ en anneau 环形电枢
~ en barre d'acier 钢筋
~ en cercle 环形筋
~ en feuillard 用铁皮箍加固
~ en fils soudés 焊接钢筋网
~ en grillage 网状钢筋,钢筋网
~ en grillage métallique 网状钢筋,钢筋网
~ en hélice 螺旋钢筋
~ en hélicoïde 螺旋钢筋
~ en maille 网状钢筋,钢筋网
~ en nappe 钢筋层
~ en quadrillage 方格(网状)钢筋,钢筋网
~ en treillis 网状钢筋,钢筋网
~ en treillis soudé 焊接钢筋骨架,焊接钢筋网
~ étiré à froid 冷拉钢筋
~ s fabriquées 钢筋网,焊接钢筋架
~ feuillarde 箍筋,横向辅助钢筋
~ feuilletée 叠片电枢
~ fixe 固定电枢,电容器定片
~ hélicoïdale 螺旋钢筋
~ intérieure 内钢筋
~ lâche 非预应力钢筋
~ laissée en attente 预留钢筋
~ latérale 侧向钢筋
~ lisse 无节钢筋,圆(钢)筋,光面钢筋
~ longitudinale 竖肋,纵向钢筋
~ marginale 边部钢筋,边缘钢筋
~ mobile 可动铁芯,动衔铁,旋转电枢,直流电机电枢,电容器动片
~ négative 负弯矩钢筋,受压钢筋
~ nervurée 带肋金属带
~ neutre 中性衔铁,非极性衔铁
~ non tendue 非预应力钢筋
~ ondulée 竹节钢筋,变截面钢筋,螺纹钢筋
~ passive (précontrainte) (预应力混凝土的)辅助钢筋
~ pliée 弯筋
~ portante 受力钢筋
~ positive 正弯矩钢筋,受拉钢筋
~ postcontrainte 后张法预应力钢筋
~ pour béton armé 钢筋
~ précontrainte 先张法预应力钢筋,预应力钢筋
~ préfabriquée 预制网状钢筋,(路面)钢筋网
~ prétendue 预应力钢筋
~ principale 主(钢)筋,受力(钢)筋,有效钢筋
~ relevée 向上弯曲钢筋
~ rendue 非预应力钢筋
~ retombée 释放的衔铁,衔铁重新释放
~ rigide 刚性钢筋,劲性钢筋
~ secondaire 辅筋,分布钢筋,次要钢筋
~ simple 单筋,单钢筋
~ soudée 焊接钢筋
~ soudée du béton 混凝土焊接钢筋网
~ spirale 螺旋钢筋
~ structurale 结构钢筋,构造筋
~ tendue 受拉钢筋,抗拉钢筋
~ tendue en diagonale 对角张力钢筋,斜向拉力钢筋
~ tournante 旋转电枢
~ transversale 横向钢筋
~ travaillant à la torsion 受扭钢筋
~ tubulaire 管状骨架,管状钢筋

armé, e *a* 铠装的(电缆),加筋的,带包皮的
~ de feuillard 钢带铠装的

armement

~ de fil d'acier 钢丝铠装的
~ en cuivre 镀铜保护

armement *m* （导管）设备，（导线）组，配备，铠装，（线路）金具

~ de la voie 线路设备
~ de mécanicien 司机备品，机械员，机械师的备品
~ des réservoirs de frein 制动缸充气
~ du frein 制动机充风，制动阀放在运转位

arménite *f* 钡钙大隅石

armer *v* 装甲，铠装，加强，加劲，加固，（混凝土）加筋，增强（混凝土）配筋，装备

~ le béton 用钢筋加固混凝土
~ un frein 制动机充气

armeuse *f* 电缆铠装机

armoire *f* 箱，柜，框架，配电盘

~ à accessoires 备品箱
~ à batterie 电池箱，电池盒
~ à outils 工具箱
~ à outils de secours 救援工具箱
~ à relais 继电器箱
~ à vide 真空干燥箱
~ d'appareillage électrique 电气仪表箱
~ d'arrivée 进线柜
~ d'entrée de ligne 进线柜
~ de block 闭塞机接头箱
~ de carrefour 交叉路（交通信号）控制器
~ de commande 控制柜，操纵台，操纵箱
~ de contrôle 控制柜
~ de distribution 配电柜，配电箱
~ de distribution de câbles 电缆转接柜
~ de maintien（mécanismes de grappe） （控制棒）保持位置直流电箱
~ de manœuvre 配电柜，配电间
~ de protection des arrivées (des sorties) 引入出线保护柜
~ de protection des condensateurs 电容器保护柜
~ de protection du moteur 电动机保护柜
~ de protection du transformateur 变压器保护柜
~ de régulation 控制箱
~ de relayage 继电回路箱
~ de répartition 配电间，配电箱

~ de séchage 干燥箱，烘干箱
~ de séchage sous vide 真空干燥箱
~ de ventilation 排气柜
~ de zone 地区（交通信号）控制器
~ électrique 电气设备箱，配电箱
~ étanche 密封柜，防水罩，防水箱
~ étanche à l'eau 水密封柜，不透水的柜
~ frigorifique 大型冷却柜，大冰箱
~ logique commande (mécanismes de grappe) 逻辑柜（控制棒驱动机构）
~ mutateur （反应堆保护系统）变换器柜

armstrongite *f* 水硅钙锆石

armure *f* （电线）外皮，铠装，护面

~ de câble 电缆铠装
~ en feuillards 带式铠装，铁皮铠装
~ en fils 线铠装
~ rigide 刚性钢筋，刚性衬护

arnimite *f* 水块铜矾

arno-granite *m* 富石英粗粒花岗岩

aromaticité *f* 芳香性，芳香度

aromite *f* 水镁明矾（阿罗铝镁矾）

arpent *m* 英亩（1英亩＝1016.87平方米＝6.07亩）

arpentage *m* （土地）测量，矿山测量，丈量（土地），调查，踏勘

~ cadastral 地籍测量
~ d'exploration 探测，踏勘
~ d'un terrain 土地丈量
~ par théodolite 经纬仪测量

arpenter *v* 测量，丈量，踏勘，丈量土地，测量土地，丈量地界

arpenteur *m* 测量员，土地测量员，土地丈量员

arqué, e *a* 弓形的，拱形的，穹形的，电弧的，弧形的

arquer *v* 弯成弧形，弯曲

arquérite *f* 轻汞膏，轻银汞膏

arrachage *m* 拔出，拔除，起、拔（管子），取出，去，扯下，排出

~ de feu 扑灭（矿山）火灾
~ de pieu 拔桩
~ de souches 拔除树根
~ des arbres 拔树
~ des pieux 拔桩
~ des souches 拔桩，除根，拔根

~ du tubage　提取钻杆，拔管子
arrache *f*　拔出器
　~ à déclic　套管捞管器
arrache-carottes *m*　岩芯爪，岩芯提取器，岩芯切断器
arrache-chapeau *m* de palier　轴承帽拔出器
arrache-chemise *m*　衬套拔出器，缸套卸除器，卸汽缸套工具
arrache-clou *m*　起钉器，拔钉器
arrache-coulisse *f*　套接振动钻杆打捞器
arrache-crampons *m*　拔道钉机
arrache-cuvelage *m*　冲洗打捞器，套管打捞矛
arrache-douille *f*　套筒拔出器
arrachement *m*　（砖石墙的）待接石，断裂，切断，冲蚀，错动，滑动，采掘，回收，起拔，拔除，取出，（路面石屑层在车辆作用下）脱落，拔起，（沥青混合料表面局部）起层，路面剥落，地面剥层，剥除地面土
　~ de la flamme (par suite du tirage)　拔火（由于通风作用）
　~ de roche　岩石错动
　~ par les eaux courantes　河水冲刷
　~ par les eaux superficielles　表水冲刷
arrache-pieux *m*　拔桩机
arrache-piston *m*　活塞拔出器
arrache-poteau *m*　拔桩机，起电线杆工具
arracher *v*　抽提，提取，拔起，拔除，拔掉，拔出
arrache-souches *m*　拔桩，拔根
arrache-tube *m*　挖管机
arrache-tuyaux *m*　挖管机
arracheur *m*　起拔器，拆卸工具
　~ de pieu　拔桩机
　~ de pieu diesel　柴油拔桩机
arracheuse *f*　拔除机，挖掘机
arrangement *m*　排列，安排，布置，配置，调整，协议（书），整理，分布，和解，（岩石）产状，分布
　~ compact　紧密排列
　~ continu　连续式布置，连续式排列
　~ de barre　配筋，钢筋排列
　~ de dérivation　导流布置
　~ de drainage　排水布置
　~ de recouvrement du point de dilatation　伸缩缝顶（遮）盖处理
　~ des armatures　钢筋布置，钢筋排列，配筋

　~ des couches　地层产状，地层分布
　~ des étançons　（矿井）支柱的布置
　~ des grains　颗粒排列，级配整理，级配布置
　~ en couches　成层，层理
　~ en ligne　线状排列，排列成行
　~ en parallèle　并列，并联
　~ en quinconce　交错排列（梅花桩式）
　~ général　总体布置
　~ imbriqué　交错排列
　~ particulier　专门协定
　~ symétrique　对称排列
　~ tectonique des couches　地层构造分布
arranger *v*　整理，布置，修改，编排（以便计算机输出）
　~ au hasard　排列成随机形势
arrches *f. pl*　定金，保证金
arrêt *m*　中断，关闭，阻止，制动，断路，停止，停工，停产，停滞，停车，停车站，停车地点，制动器，切断
　~ (accidentel) du trafic　（因事故）禁止车辆通行
　~ à chaud (générateur de vapeur)　（蒸发器）热停
　~ à sec (générateur de vapeur)　（蒸发器）排干停用
　~ absolu　绝对停车
　~ accidentel　因事故停车，因偶然事件停车，意外停车
　~ anti-répétiteur de signal　防止信号重复锁闭器
　~ arbitraire　（计算机）请求停机
　~ automatique　自动停车，自动停止
　~ automatique de signal　信号自动锁闭
　~ automatique des trains　列车自动停车器
　~ aux signaux　信号前停车
　~ auxilliaire　临时停车站，附设停车场，辅助停车站
　~ brusque　紧急停车，突然停车
　~ brutal　突然停止
　~ complet　完全停车
　~ d'alimentation　供给停止
　~ d'autobus　公共汽车站，公共汽车停车站
　~ d'exploitation　停采，采矿工作中断
　~ d'urgence　紧急制动，紧急停车，临时停车

A

~ de travail 停工,停机
~ de block 闭塞区锁闭,允许续行的停车(停一段时间后再开)
~ de block origine 闭塞区段始端锁闭器
~ de block terminus 闭塞终端(机械)锁闭器
~ de bus 公共汽车停车点
~ de câble 电缆接头
~ de cheminement 防爬器
~ de compte annuel 年度结账,年度决算
~ de contrôle 断裂点
~ de coulage 施工缝
~ de courant 停电
~ de dépôt,~ de sédimentation 沉积间断
~ de distancement 在一段距离内停车
~ de forage 压井
~ de l'exploitation 运营结束
~ de la centrale 电厂停运
~ de la marchandise en cours de route 货物中途停运
~ de la poignée 握柄闭止把
~ de la production 生产停止
~ de la voiture 汽车停放点
~ de paiement 付款停止,止付
~ de secours 事故停车,紧急停车
~ de service 停止运营(因技术原因)
~ de travail 工作停止
~ des travaux 停工
~ du travail 停工
~ facultatif 招手停车,临时停车,临时停车地点
~ forcé 强制停车,被迫停车
~ gradué 阶段制动
~ immédiat 立即(绝对)停车
~ intempestif 非常停车,临时停车
~ interdit 禁止停车
~ intermédiaire 中途停车
~ obligatoire 按规定停车,规定停车地点
~ pour révision annuelle 年检(修)停工,年检停机
~ prescrit 规定停车地点,按规定停车
~ prévu à l'indicateur 时刻表规定的停车
~ rapide 快速停车,快速制动
~ un compte 结账

arrêtage *m* 停止,锁住,中断,停止装置

arrêt-barrage *m* 堤,隔墙,遮盖层,屏蔽层
arrêté *m* 决定,命令,决算
~ de compte 决算(书)
~ ministériel 部令,部会决定
arrête-flamme *m* 灭火器,耐火材料
arrêter *v* 阻止,停止,断开,固定,决定,制动
~ le budget 编制预算
~ le feu 压火
~ le tintement de la sonnerie 切断铃声,停止响铃
~ les comptes 结算
s'~ à 停留在……
s'~ de 停止做某事
arrêtez *n* 调车信号,停车
arrêtoir *m* 卡子
arrhéisme *m* 无径流性
arrhes *f. pl* 保证金,定金
arrière *adv* 从后面,向后,在后;*a* 后部的,尾部的,后方的
arrière *m* 后方,后部,尾部
à l' ~ de 在……后面
~ de la pile 桥墩尾端
~ du train 列车尾部,向后
en ~ 向后,在后面
en ~ de 在……后面,落后于
arriéré *m* 欠款(过期未付款),尾欠,结欠
~ d'impôt 欠税
arrière-bec *m* 尾端,(桥墩)尾部,下游端(桥墩的)
~ de pile 闸墩尾部,闸墩下游端
arrière-corps *m* (建筑物的)后部
arrière-dunes *f. pl* 后方沙丘(海滨大体固定的沙丘)
arrière-fosse *f* 变锆石,后渊,岛弧后的海渊
~ intermédiaire 过渡后渊
arrière-guide *f* 后视镜
arrière-linteau *m* 安全过梁
arrière-pays *m* 腹地,后置地,内地
arrière-plage *f* 后岸,后滨,背顶撑,运输车辆后部
arrière-plan *m* 背景,后景,远景
arrière-port *m* 内港,设防的港境水区
arrière-radier *m* 海漫,下游防冲护坦
arrière-récif *m* 礁后(区)

arrière-taille *f* （填筑用的）杂石,废土,废料,采空区,已采区
arrière-train *m* 后桥,后轴
arrimage *m* 装货,固定,平衡
　～ en cale　货物装舱
　～ sur wagon　装车
arrimer *v* 理货,装货上船［车、飞机］
　～ sur wagon　装车
arrimeur *m* 码头装卸工,搬运工
arrivée *f* 到,到达,到达地,进入进口
　～ à destination　到达目的站
　à l'～ de　在……到达时,来到时
　～ d'eau　进水（口）
　～ d'air　进风口,进气口
　～ d'air comprimé　压缩空气进气口
　～ d'air de refroidissement　冷却空气进入口
　～ d'eau　进水（量）,进水口进水,涌水量进水口
　～ d'huile　进油管
　～ d'un fluide　进水量
　～ d'un train　列车进站（或到达）
　～ de câble　电缆引入
　～ de compression directe　直达纵波波至
　～ de conversion　转换波至
　～ de courant　气流入口电源线进口,通电
　～ de vapeur　主蒸汽管（蒸汽机车的）
　～ des ondes　（地震）波至
　～ diffractée　绕射波至
　～ du carburant　燃料供给
　～ du combustible　燃料供给
　～ du gaz　燃气供给
　～ longitudinale réfractée　折射纵波波至
　～ multiple　多次波至
　～ parasite　干扰波至
　～ postérieure　续至（地震）波
　～ première　一次（震）波至,初至波
　～ réfléchie　反射波至
　～ réfractée　折射波至
　～ secondaire　二次（震）波
　～ ultérieure　续至波
arriver *v* 到,到达,成功,抵达,来临,发生
　～ à　达到,导致终于做到,完成某事
　～ à bon port　安全到达
　～ à destination　到达目的站,到达目的地
　～ à échéance　到期,完成
　～ à l'heure　正点,正点到达,准时来到
　～ à la destination　到达目的（地）
　～ à temps　准点到达,准时到达
　～ à un arrangement　达成协议
　～ en retard　晚点到达,误点,迟到
　～ juste à point　准点到达,准时到达
　il arrive que　有时发生
arrojadite *f* 磷碱铁石
arrondi *m* 圆,圆弧,倒圆角,磨圆度,浑圆度,圆形,倒棱
arrondi, e *a* 浑圆的,滚圆的,圆形的,球状的,使成圆形
arrondir *v* 使呈圆形增加,使呈圆形扩大,增加倒圆角使完整
arrondissage *m* 加工成圆形
arrondissement *m* 区,分局,进整,增加,圆度,磨成圆形,成整数,倒角,倒棱区,行政区,（法国行政）区扩大
　～ d'angle　使角成圆形
　～ d'exploitation　运输分局
　～ de changement de pente　竖曲线
　～ de la taxe　运费进整
　～ des sommes　数目进整
　～ du poids　重量进整
arrondisseuse *f* 倒角机,圆角机
arrosable *a* 可洒水的
arrosage *m* 灌水,给水,喷水,浇水,洒水,喷射,加水稀释（如泥浆）
　～ à la lance　喷水冲洗
　～ au milieu de rangées alternées　垄沟轮流灌溉
　～ capillaire　毛细灌水法
　～ des roues　（压路机）滚轮洒水
　～ des routes　道路洒水,浇洒马路
　～ du béton　混凝土洒水（养护）
　～ du revêtement　路面洒水
　～ en pluie　喷水灌溉
　～ par aspersion　喷水灌溉,喷洒灌溉,喷灌
　～ par fossés en travers　横沟浇水法,横向沟灌
　～ par ruissellement　浇水灌溉
　～ par submersion　淹灌
　～ sous pression　加压喷水,加压洒水
arrosé, e *a* 被浇湿的,被洒湿的,被灌溉的
arrosement *m* 浇水,洒水
arroser *v* 浇,洒,灌溉,流经,浇水,洒水,喷水

arroseur *m* 喷水器，洒水车，浇水工
　～ à gazon　草坪喷灌机
　～ à main　手压喷洒器，手压喷水器
　～ à secteur　扇形喷灌机
　～ à va et vient　往复式喷水器
　～ automobile　洒水车
　～ circulaire　环形喷水器
　～ d'aval　远距离喷灌机
　～ de boîte à fumée　烟箱喷水器
　～ rotatif　旋转式喷灌机
arroseuse *f* 喷洒器，洒水车，洒水机，洒水设备车
　～ automatique　自动洒水机
　～ automobile　洒水车
　～ de chantier　工地喷水器，工地洒水车
　～ de rues　街道洒水车
arroseuse-balayeuse *f* 洒水扫路机，洒水扫路车
arrosion *f* 溶蚀，腐蚀，侵蚀
arrosoir *m* 雨淋喷，洒水壶，洒水车，洒水机
　～ à clé　闭式雨淋喷
　～ à goudron　喷洒沥青壶
　～ rotatif　转动式洒水机
arroyo *m* 干旱区小河(拉丁美洲)，小河，间歇河，河道，旱谷(西班牙)
arrugie *f* (矿山的)排水渠
arsenbleiniérite *f* 砷铁锌铅石
arsenblende *m* 雌黄
arsenbrackebuschite *f* 砷铁铅石
arséniatbélovite *m* 砷镁钙石
arséniate-zéolite *m* 毒铁矿
arsenic *m* 砷(As)，自然砷砒霜，砒霜
　～ blanc　砷华，亚砷酸盐砒霜
　～ jaune　雌黄，三硫化二砷
　～ natif　天然砷，自然砷
　～ noir　自然砷
　～ pyriteux　毒砂，砷黄铁矿
　～ sulfuré rouge，～ rouge　雄黄
　～ testacé　自然砷
arsenicite *f* 毒石镁毒石
arséniopléite *f* 红砷钙锰石
arséniosidérite *f* 砷铁钙石
arséniosulfure *m* 硫化砷
arséniure *m* 砷化物
　～ de cobalt　砷钴矿
arsénolamprite *f* 斜方砷

arshinovite *f* 阿申诺夫石(胶锆石)
arsoïte *f* 辉橄粗面岩，阿索熔岩
arsonvalisation *f* 高频处理
arsotrachyte *m* 橄榄粗面岩
art *m* 工艺，技艺，人工，手段
　～ de l'aménagement des villes　城市设计，城市美学，城市整治规划
　～ de l'ingénieur　工程技术
　～ de production　生产工艺
　～ de traitement de surface　表面处理工艺
　～ de traitement thermique　热处理工艺
　～ du foreur　钻井工艺
　～ s industriels　工艺
　～ informatique　计算技术，信息处理技术
　～ s mécaniques　工艺，技艺
　～ s plastiques　造型艺术
artéfact *m* (自然构造或现象的)人力加工
artère *f* 主线，干线，干道，动脉，供给线，馈电线，水陆要道，大路动脉，动脉主线
　～ à double voie　复线干线
　～ à gros trafic　大交通干线
　～ d'eau du sol　地下水干道，地下水脉
　～ d'interconnexion　连接线
　～ de circulation interdite aux véhicules utilitaires　风景区干线，公园大路，公共车辆禁止通行的道路
　～ de circulation　公路干线干道，交通干线，公路干道
　～ de distribution　配电电缆
　～ de grande communication　交通干线
　～ de retour　回流电线，回路电流，吸流线反馈线
　～ de transport　干线，主电缆，输电线，运输干线
　～ déclassée　次干道
　～ économique　经济命脉
　～ existante　现有干线
　～ fluviale　主河道，河道干线，主河道水路
　～ maîtresse　主河道主干渠干线
　～ principale　干线，主电缆，主分流道路(分布交通流量的道路)
　～ radiale　辐射式交通干线
　～ secondaire　副馈电线，分支配电线
　～ urbaine principale　城市干道
artérite *f* 脉状混合岩(侵入的岩脉呈层状分布)，层状混合岩

~ de substitution　交代混合岩
~ injectée　贯入脉状混合岩
~ métasomatique　交代脉状混合岩
~ ptygmatique　肠状混合岩

artésianisme *m*　承压状态,自流作用
~ discontinu　断续自流作用
~ intermittent　间歇自流作用

artésien, enne *a*　自流的,承压的(指地下水),自流水的

arthrolite *f*　圆柱状结核(泥灰岩中)

artichaut *m*　墙头遮拦,围墙防爬越的铁钉,铁钩

article *m*　物品,产品,论文,文章,项目,条,条款,章程,法规,规章,条例,节条文,商品
~ à usages multiples　多用途产品
~ d'un contrat　合同条款
~ d'un règlement　规章条文
~ d'un tarif　运价规格条款,费率条款
~ d'un traité　协定条款,条约条款
~ de classe　优质产品
~ de compte　记账科目
~ de fabrication　制成品
~ de gestion　管理条例,管理指令
~ s de quincaillerie　小五金
~ de référence　参考记录
~ fini　成品
~ mentionné　记载事项
~ prohibé　违禁品
~ s sanitaires　卫生设备
~ s supplémentaires　附加条款

articulaire *a*　铰[链]接的,有活节的

articulation *f*　关节,铰接,铰链
~ à croisillon　狮子接头
~ à la naissance　拱脚铰
~ à rotule　万向节,球窝节,球形接合
~ annulaire　叉形铰接
~ au sommet　顶铰
~ autoblocable　自锁接头
~ d'acier　钢接头
~ d'appui　支铰,座铰
~ d'attache　固定接头
~ d'incidence　变距铰
~ de culée　桥台座铰
~ de pas　变距铰,轴向铰,轴向关节
~ de pied　拱脚铰,底铰
~ du masque　斜墙的柔性连接
~ en béton　混凝土铰接承座
~ interne　内接头,对接
~ sphérique　球窝铰,球节

articulation *f*　连接,铰接,接头铰,合线铰,连接杆,接头关节,关节铰接,节理(地形)切割(作用)
~ à boule de caoutchouc　橡胶球形活节
~ à cardon　万向节,万向接头
~ à chape　叉形接头
~ à glissement　活动铰
~ à la clef　顶铰
~ à pendule　摆摇活节
~ à rotule　球窝关节,球形接头,球形连接
~ à tourillon　枢接合
~ au cardon　万向关节,万向接头
~ au sommet　拱顶铰
~ cantilever　悬臂铰接
~ coulissante　滑动接头,伸缩接头
~ cylindrique　柱形铰
~ d'acier　钢铰
~ d'appui　支铰,座铰
~ d'attache　固定铰
~ d'attaque　开始连接
~ de clef　顶铰
~ de joints　关节接合,活节接合,铰接
~ de silentbloc　橡皮关节,消音关节
~ élastique　弹性活节,弹性关节
~ en béton　混凝土铰
~ fictive　虚铰
~ fixe　固定铰
~ imaginaire　虚铰
~ intermédiaire　中间接头,中间关节
~ intermédiaire de dilatation　中间收缩铰
~ pivotante　旋转铰
~ plane　平铰
~ plastique　塑料铰
~ provisoire　临时铰
~ réelle　实铰
~ sans glissement　固定铰
~ sphérique　球窝铰
~ tournante　旋转铰
~ universelle　万向联轴器

articulé, e *a*　铰接的,装铰链的,切割的(地形),关节的,铰接的,连接的,活动的

articuler

~ de cisaillement 剪力铰
articuler *v* 铰接
articulite *f* 可弯砂岩
artifice *m* 烟火技巧
~ d'amorçage 点火器,引火剂
artificiel,elle *a* 人造的,人工的,模拟的,仿真的,假的
artificier *m* 起爆器,导火线,烟火制造者,放烟火的人,爆破技术员
artinite *f* 纤水碳镁石
artison *m* 钻头,钻孔器
arzrunite *f* 氯铜铅矾
as de trèfle 苜蓿叶式立体交叉
as de trèfle incomplet 不完全的苜蓿叶式立体交叉
asar *m* 蛇形丘
asarcoloy *m* 阿萨轴承合金
asars(as 的复数) *m.pl* 蛇(形)丘
asbecasite *f* 砷铍硅钙石(埃斯贝卡矿)
asbeferrite *f* 铁锰闪石,石棉
asbeste *m* 石棉,石绒,石棉织物
~ amphibolique 角闪石石棉
~ blanc 白石棉
~ bleu 蓝石棉
~ dur 普通石棉,粗石棉
~ en épis 阳起石
~ en palladium 钯石棉
~ ligniforme 树枝状石棉,木质石棉
~ vitreux 放射状绿帘石
asbeste-anthophyllite *m* 直闪石石棉
asbeste-bitume *m* 石棉沥青
asbeste-chrysolite *m* 温石棉,纤蛇纹石
asbeste-ciment *m* 石棉水泥
asbeste-crocidolite *m* 青石棉(钠闪石),纤铁钠闪石
asbeste-diatomite *m* 石棉硅藻土
asbeste-hornblede *m* 角闪石石棉
asbeste-réjikite *m* 天蓝钠闪石
asbeste-trémolite *m* 透闪石,纤透闪石
asbestic *m* 纤维状石棉
asbestiforme *a* 石棉状的,不燃性的
asbestin,e *a* 石棉状的,石棉质的
asbestine *f* 油漆填充料,微石棉,纤滑石
asbestinite *f* 阳起石
asbestoïde *m* 石棉,石绒(石麻),似石棉,纤蛇纹石(温石棉)

asbolane *m* 钴土,锰钴土,钴土矿
asbolane *m* 锰钴土,钴土矿
asbolit(h)e *f* 锰钴土,钴土矿,钴土
asbophite *f* 异纤蛇纹石,次纤蛇纹石
ascanite *f* 蒙脱石
ascarite *f* 烧碱石棉剂
ascendance *f* 提升,上升(指气流),升高,升起
~ dynamique 动力上升气流
~ orographique 地形抬升,地形举升
ascendant,e *a* 上升的,升高的,上行的
ascenseur *m* 电梯,升降机,卷扬机,起重机
~ à air 气压提升机,空气升压机
~ à bateau à contrepoids 平衡锤浮吊
~ à cage 罐笼提升机
~ à main 手摇起重机,手动启门机
~ aérohydraulique 液压气动起重机,液压气动升降机,液压气动千斤顶
~ de construction 施工用升降机,建筑用升降[起重]机
~ de construction à cage 笼式升降机
~ électrique 电力升降机,电梯
~ hydraulique 液压升降机,液压起重机,水力提升机
~ pour chargés 运货电梯,载货电梯
~ pour passagers 载客电梯
~ roulant 自动扶梯
~ vertical pour bateaux 垂直升降机
ascenseur-descenseur *m* 升降机
ascenseur-patenôtre *m* 斗式提升机,斗式升降机,链斗式升料机,链斗式提升机
ascension *f* 提升,上升,升高,升腾,卷扬,提高,攀登,提升设备
~ capillaire 毛细上升,毛管上升
~ capillaire d'eau 水的毛细(作用)上升,毛细管水高度
~ de magma 岩浆上升
ascensionnel,elle *a* 上升的
ascensionner *v* 上升,升起
aschaffite *f* 云英斜煌岩
ascharite *f* 硼镁石
ascharite-alpha *f* 硼镁石
aschcroftine *f* 硅碱钙钇石
aschirite *f* 透视石

aschiste *a*	未分异的,(岩石)非片状的
aschistique *a*	未分异的
aschistite *f*	未分异岩
asclérine *f*	铁质黏土
asdic *m*	探潜仪水声定位器,声呐
aséismicité *f*	耐震性
aséismique *a*	抗地震的,无地震的,非地震的,无震的,抗震的,耐地震的,不受震动的
aseptique *m*	防腐剂；*a* 无菌的,防腐的
aseptisation *f*	灭菌,消毒
aseptiser *v*	灭菌
aseptiseur *m*	灭菌器,消毒器
asfor *m*	明矾
ashanite *f*	阿山矿
ashcroftine *f*	硅碱钙钇石
ashtonite *f*	锶丝光沸石,锶发光沸石
asiatique *a*	亚洲的
asidère *m*	无铁陨石；*a* 不含铁的
asidérite *f*	无铁陨石
asif *m*	大的干河谷(北非地区)
askanite *f*	蒙脱石
asmanite *f*	陨磷石英
asparagolit(h)e *f*	黄绿磷灰石
aspasiolite *f*	变堇青石,准块云母
aspécifique *a*	非特异性的

aspect *m*　外形,外貌,形态,形式,特征,种类,类型,坡向,方面,方向,方位,外观,式样,显示,视图
　～ clair　清晰的外形
　～ cunéiforme　楔形
　～ d'un signal　信号(机)显示
　～ de jour(nuit)　昼夜(夜间)信号(机)显示
　～ de l'image　图像形式,图像样式
　～ de la cassure　断面形貌
　～ de relief　地形形态,地貌
　～ de surface　外观,表面状况
　～ de terrains　岩层种类,地层外貌
　～ du réservoir　储油层类型,产油层类型,储水层类型,水库外貌,热储类型
　～ géométrique　外形,外状
　～ ondulant　波形
　～ physico-chimique　理化现象
　sous différents ～ s　以各种不同形式
　～ visuel　目视外观
aspergeur *m*　洒水器,喷头

aspérité *f*　(粗)糙度,不平整性,不平度,凸起体,凹凸不平,表面起泡,表面起伏度,粗泡状熔岩,多孔斜长石熔岩
　～ anormale　不规则的凹凸,高低不平
　～ de la route　道路的不平整度
　～ s de la surface　地表高低不平,地面凹凸不平
　～ de sol　地面不平度
　～ limite　最大容许粗糙度
　～ s du sol　地面的不平度
aspérolite *f*　杂绿帘硅孔雀石,水硅孔雀石
aspersion *f*　喷洒,喷雾
asphalitoïde *m*　石油焦沥青,沥青类,似沥青类
asphaltage *m*　铺沥青,浇沥青,浸沥青
asphalte *m*　沥青,柏油,石油沥青,天然沥青及石油沥青(不包括焦油),沥青与矿质材料的混合料
　～ à chaud　热沥青
　～ à froid　冷沥青
　～ à prise rapide　速干沥青,快干沥青岩
　～ artificiel　人造沥青,地沥青路面混合料
　～ brut　生沥青,天然沥青,未加工沥青
　～ caoutchouté　橡胶地沥青
　～ ciment　膏体沥青,沥青胶泥
　～ comprimé　压制地沥青(块)
　～ concentré　真空精制沥青
　～ coulé　地沥青砂胶,流体沥青,熔化沥青,液态地沥青,胶脂沥青
　～ coulé à gros pourcentage de gravillon　填石地沥青砂胶
　～ coulé sablé　砂质沥青,沥青砂胶
　～ cut-back　稀释沥青
　～ de houille　焦油沥青
　～ de Judée　半固态沥青
　～ de lac　湖沥青(天然沥青)
　～ de pétrole　石油沥青
　～ de pétrole fluxé　石油沥青,稀释沥青
　～ de qualité　优质沥青
　～ de qualité inférieure　劣质沥青
　～ de Trinidad　特里尼达(湖)地沥青,特立尼达沥青
　～ dur　硬质沥青
　～ émulsifiant　乳化沥青
　～ émulsifié　沥青乳液
　～ en pain　地沥青块,块(状)沥青
　～ en poudre　粉末(状)沥青,地沥青粉

asphalté, e

~ en roche　沥青岩
~ épuré　精制地沥青，纯沥青
~ fluidifié　稀释沥青
~ fluxé　稀释沥青
~ gravillonné　石屑地沥青
~ lacustre　湖成沥青，湖（地）沥青（一般专指产于特立尼达岛地沥青湖的沥青）
~ liquide　液态沥青
~ macadam　柏油碎石路
~ mastic　沥青胶泥，地沥青砂胶
~ mélangé à froid　冷拌沥青
~ minéral　矿料沥青
~ mis en œuvre en masse　大块地沥青
~ mou　软质沥青
~ natif　天然沥青
~ naturel　天然地沥青
~ original　原生地沥青，天然地沥青，天然沥青，原沥青
~ oxydé　氧化沥青，吹制沥青
~ porphyré　斑岩地沥青
~ pour câbles　电缆油，电缆绝缘用沥青
~ pour toitures　屋面沥青材料
~ pur　纯沥青
~ raffiné　精制地沥青，精制沥青
~ raffiné à la vapeur　蒸汽法精制地沥青
~ roulé　碾压式地沥青（即沥青混凝土）
~ routier　筑路沥青
~ shell　页岩沥青
~ solide　固体沥青
~ soufflé　吹制沥青
~ sulfuré　硫化沥青
~ synthétique　合成沥青，人造沥青

asphalté, e *a* 铺沥青的
asphalte-mastic *m* 地沥青膏，地沥青砂胶
asphaltène *m* 沥青烯，沥青质（不溶于石油醚的），地沥青精
asphalter *v* 铺沥青，涂铺沥青，浇灌沥青
　～ à froid　冷用沥青，冷铺沥青
asphalteur *m* 沥青喷洒车，沥青摊铺工人，沥青混凝土摊铺机，沥青混凝土摊铺工
asphalteux *a* 沥青质的，含沥青的
asphaltière *f* 运沥青的船
asphaltique *a* 含沥青的，沥青的，柏油的
asphaltisation *f* 沥青化浓缩

asphaltite *f* 沥青岩，地沥青石
asphaltum *m* 地沥青
asphatoïde *a* 类沥青的
asphérique *a* 非球面的
asphyxiant *m* 窒息性瓦斯
aspidélit(h)e *f* 榍石
aspidistra *m* 万年青
aspidolit(h)e *f* 钠金云母
aspidolite *f* 绿金云母
aspirail *m* 通气孔，通风孔，排气口
aspirant, e *a* 抽进的，吸入的，吸进的，吸着的，自吸的
aspirateur *m* 尾水管，吸风机，吸气机，吸尘器，抽风机，吸收器，吸取泵，空气泵，吸气装置，排气通风机

~ à grains　粒料抽吸机
~ à main　手动（抽）气泵
~ à mitre　活帽吸风器
~ à vide　真空吸尘器
~ balai　吸尘清扫机
~ centrifuge　离心式抽风机，离心吸风器
~ coudé　肘形尾水管
~ d'humidité　除湿机
~ d'une pompe　吸水管
~ d'une turbine　尾水管
~ de boue　污水泵，污泥泵，泥浆泵，吸泥机
~ de poussière　集尘器，吸尘器
~ de turbine　尾水管
~ de ventilation　抽气通风机，抽风机，吸风器
~ de ventilation cylindrique　筒形风帽
~ droit　直尾水管

aspirateur-diffuseur *m* 通风管
aspiration *f* 吸，吸气，进气，吸水，吸升，吸附，吸入，吸进，吸收，吸取，抽风，抽气，吸出泵的吸水端

~ bassin d'aspiration　吸浆池，泥浆池
~ d'air　吸气，抽风，抽吸空气，抽真空
~ d'impuretés　吸尘，吸除外来物质
~ de poussière　吸尘
~ des fumées　排烟
~ du sable (joint)　吸砂（接缝）

aspiratoire *a* 吸气的，吸尘的
aspirer *v* 吸入，吸气，抽吸
　～ la poussière　除尘，吸尘
aspis *m* 碧玉，玉石

assainir *v* 使清洁，消毒净化

assainissement *m* 去污，净化，清理，排水，消毒排水工程［系统］，污水排放与处理技术整顿，除秽清毒（作用），净化作用，清除污秽，改善卫生条件
- ~ à la plate-forme 路基排水
- ~ d'une entreprise 企业整顿
- ~ de chaussée 路面排水
- ~ de la gestion 管理整顿
- ~ de la plateforme de la voie 路基净化，清整道床
- ~ de la production 生产整顿
- ~ des agglomérations 污水净化
- ~ des eaux usées 废水净化工程
- ~ du stock 清理库存
- ~ gravitaire 自流排水系统，重力排水系统
- ~ urbain 城市排［下］水工程

assainisseur *m* 净化剂，除臭剂净化装置
- ~ d'air 空气净化剂，空气净化装置

asseau *m* 锛子，扁斧，横口斧

assèchement *m* 干燥，排［脱］水，疏干，排干，干涸，脱水
- ~ à l'air 自然干燥
- ~ de marécages 沼泽疏干，沼泽排水
- ~ de terrain 地面排水，地面干化，土地干燥
- ~ de vase 污泥脱水
- ~ des terres 土地开垦，土地改良
- ~ des travaux 采矿工程的排水，采矿工程的疏干
- ~ du sol 土地［土壤］干燥指数
- ~ du terrain 干燥地面
- ~ mécanique 机械烘干
- ~ par drainage 排水疏干，排水干涸
- ~ par électro-osmose 电渗排水
- ~ par évaporation 蒸发变干，旱化

assécher *v* 排干，放干，使……干涸，干燥

assécheur *m* 干燥剂，干燥器

assemblage *m* 组，套，集合，组合，集群，组装，装配，接合，连接，安装，砌合，拼装，砌合，体堆积（累叠），排列组装
- ~ à boulon 螺栓连接
- ~ à chanfrein 斜（边）对接，破口对接，斜面边缘对接
- ~ à charnière 铰接
- ~ à chaud 加热装配
- ~ à clameaux 扒钉连接
- ~ à clef 键接，销接
- ~ à clin 搭接，互搭连接
- ~ à corniche 角接（接头）
- ~ à couvre-joint 夹板接合，盖板接合，搭板接合
- ~ à dents de scie 齿接合
- ~ à douille filetée 帽纹套筒接头
- ~ à encastrement 嵌接
- ~ à entaille 锁接口，开槽接口
- ~ à enture 锁接口，斜面接口
- ~ à fourche 叉形接法，叉形连接
- ~ à franc-bord 对接
- ~ à frottement 摩擦配合
- ~ à goujons 暗销接合，榫接，键接，嵌接
- ~ à gousset 节点板接头，角撑连接接头
- ~ à la presse 压力组装，压紧配合
- ~ à languette 榫槽接，舌槽接口
- ~ à manchon 套筒中连接，套管接头，套管连接
- ~ à manchon fileté 螺纹套筒接头
- ~ à mi-bois 相嵌接合，对搭接，重接
- ~ à mi-bois à queue d'aronde 半切鸠尾接头
- ~ à nœud rigide 刚性节点接合
- ~ à onglet 斜接合，斜角组装，斜角接合
- ~ à queue d'aronde 燕［鸠］尾接合
- ~ à rainure et languette 舌槽接合，企口接合
- ~ à recouvrement 搭接，互搭接合
- ~ à rivets 铆接
- ~ à rivures 铆钉接合，铆接
- ~ à sifflet 斜面接合
- ~ à T 丁字形接合
- ~ à trait de Jupiter 扣搭连接
- ~ à trois tôles 三联接头
- ~ à vis 螺旋接合，螺纹套管接合，螺钉连接
- ~ automatique 自动装配，自动组装
- ~ aux nœuds 节点连接
- ~ avec goujon 销钉接合
- ~ bord à bord 对接
- ~ boulonné 螺旋连接
- ~ bout à bout 对接，对头拼接
- ~ céramique 陶瓷封料
- ~ cloué 钉接
- ~ collé 胶合木接合
- ~ combustible 燃料组件
- ~ combustible démontable 可拆装的燃料组件

~ complet 总装,总成
~ critique 临界燃料元件组装
~ d'allumage 点火系统
~ d'angle 角接(头)
~ d'atelier 工场装配,车间装配
~ d'emboîtement 扩口套管街头
~ d'embrèvement 斜榫接合
~ d'engrenage 槽齿[啮齿]接合
~ d'équerre 角接(接头)
~ d'images 拼图
~ d'usine 工厂装配
~ de briques 砖工砌合
~ de chantier 工地拼接[组装]
~ de contreventement 抗风支撑连接
~ de poutre 梁的接合,梁的装配
~ de revêtement 面砖砌合
~ de tuyaux 管接头
~ démontable 可卸接台,可卸接头
~ des bois 木结构结合
~ des chevrons 椽接
~ des pierres 石工砌合
~ diagonal 对角连接,对角砌合
~ du moteur complet 发动机总成
~ élastique 弹性联结
~ en about 对(头连)接
~ en adent 锁接
~ en angle 角接,角接头
~ en baïonnette 错齿式[插口]接合
~ en biseau 斜面连接,斜对接
~ en blocs 英国式砌合,块体砌合
~ en bout 对接
~ en boutisses 丁砖砌合
~ en croix 十字砌合,英国式十字接合
~ en fausse coupe 斜接,斜对接接头
~ en fourchette 叉形接合
~ en panneresses 顺砖砌合
~ en position 定位装配,定位安装,定位焊
~ en série (tension) (电压)串联连接
~ excentrique 偏心连接
~ exponentiel 指数实验装置
~ final 总装,最后装配
~ forcé 过盈接合
~ glissant 滑动配合
~ libre 活动接合,活动接头,自由配合
~ mécano-soudé 焊接装置
~ par aboutement 对接
~ par articulation 铰接,活节接合[联合]
~ par boulons 螺栓连接[结合]
~ par boulons à haute résistance 高强螺栓连接
~ par brides 法兰连接
~ par chevilles 榫槽接合,键接(合)
~ par filet 螺纹连接
~ par plan 按图装配
~ par points soudés 点焊结合
~ par rivet 铆接
~ par rivets et boulons à haute résistance 高强铆钉和螺栓连接
~ par soudage 焊接
~ par soudure 焊接装配,焊接件
~ par superposition 搭接
~ par vis 螺旋接合,螺钉连接
~ pat chevilles 榫槽接合,键接(合)
~ plastique 塑料封条
~ postiche 假组件(培训换料操作人员用)
~ préalable 预装配,初步装配
~ quadrangulaire 四角连接
~ rhéostat 变阻器组装
~ rigide 刚性接合
~ rivé 铆钉连接,铆接
~ soudé 焊接
~ sous-critique 次临界装置
~ sur champ 边缘连接,成角连接
~ sur chantier 工地组装,现场装配
~ sur le chantier 现场安装
~ sur place 现场组装
~ tournant 转动组装
~ transversal des files des rails 轨距连接杆
~ vissé 螺丝连接,螺栓接合,螺栓连接

assemblée *f* 大会,集会,会议
~ d'experts 专家会议

assembler *v* 集中装配,汇编,集合,连接,装配,安装,集结,接合
~ ensemble 总装配

assembleur *m* 装配工

assentiment *m* 同意,赞同
~ récepteur 同意接车

asseoir *v* 建立,树立,规定,制定
~ qch sur qch 把……放在……上

asservi *a* 随动的,伺服传动的
asservir *v* 使从动,使随动,伺服
asservissement *m* 伺服控制器,动作机构,随动系统,反馈装置,回授装置
~ s électriques 电气联锁
asservisseur *m* 随动[伺服]装置
~ automatique de fréquence 自动频率调节器
assette *f* 瓦刀,瓦工斧
assez *adv* 足够地,相当地
avoir ~ de 有足够的……
~ de 足够,相当多
~ pour 足能到可以……的程度
~ pour que 相当……足以……
assiette *f* 槽,台,支承,位置,基底,底座,稳态,基础,(房屋、城市等的)位置基础,底座槽基础,位置框架,支撑物稳度(钻井平台)
~ d'une chaussée 路基
~ de la toute 路床
~ de la voie 路床,路基
~ des remblais 填方路基
~ des terrassements 堆土地点,土方路基,土方作业底盘,(道路)路床
~ du ballast 道砟陷槽,道床底
assignation *f* 传唤,分配,转让,拨款,给予
~ de banque 银行汇票,银行支票
~ de contrat 分配合同,转让合同
~ de fréquence 频率分配
~ de part 分配份额
~ de valeur 赋值
~ des fréquences 频率分配
~ dynamique 动态分配
assigner *v* 指定,拨送,分配,指定
assimilabilité *f* 同化性,同化能力
assimilable *a* 有同化能力的,可同化的,同化的,相似的
assimilat *m* 同化(产)物
assimilation *f* 同化(作用),吸收
~ à grande profondeur 深成(岩浆)同化作用
~ abyssale 深成同化,深同化(作用)
~ magmatique 岩浆同化作用
~ photosynthétique 光合作用
assimiler *v* 同化,使同化,(岩浆)吸收,比拟,进行比较
~ une marchandise 对等货物(在运价方面把一种货物和另一种货物对等)
assis-debout *m* 制图用高脚凳
assise *f* 基层,矿层,下层,支承,系层,岩层,地层,垫砌层,砌砖底座岩层,改善粒料基层(或底基层),圬工砌砖岩层,土层块状层,(沉积)地层地基,底座圬工砌体,矿层基岩层
~ de béton 混凝土砌层,混凝土底板
~ de boutisses 丁砌墙
~ de briques 砖砌层;砖皮
~ de chaussées 路面基[下]层
~ de chaussées en graves-bitumes 沥青、砂砾路面基层
~ de chaussées en graves-cendres volants-chaux 砂砾、粉煤灰、石灰混合料路面基层
~ de chaussées en graves-ciments 水泥砂砾路面基层
~ de chaussées en graves-laitiers 砂砾、炉渣混合料路面基层
~ de chaussées en graves-pouzzolanes-chaux 砂砾、火山灰、石灰混合料路面基层
~ de chaussées en sables-bitumes 沥青、砂质路面基层
~ de chaussées en sables-laitiers 砂、炉渣混合料路面基层
~ de couronnement 封闭层,冠状基础,圈座
~ de fondation 底基层
~ de jarre 风缸座
~ de la grille 炉条托
~ de libage (墙基)毛石砌层
~ de palier 轴承座
~ de panneresse 顺砌层
~ de sable 砂层,砂坝,沙层,沙洲
~ de soupape 阀(气门)座
~ de terrassement 土基(层)
~ de voie 路基
~ des plaques d'appui 垫板座
~ en béton 混凝土基础
~ en boutisses 丁砌层
~ en épi 对角砌砖层
~ géologique 地层,层系
~ graveleuse 砾石基层
~ gravier composé 级配砂石底座
~ houillère 煤层
~ isolante 绝缘层

~ productive 产层,含矿(岩)层
~ rigide 刚性(基)层,刚性底座
~ rocheuse 基岩,岩基,基岩层
~ sédimentaire 沉积岩层,沉积岩系
~ souple 软基础,软土地基
~ traitée 稳定基层,处治基层
~ traitée aux liants hydrauliques 水稳性结合料处治基层,水硬性结合料稳定基层

assistance *f* 支援,援助,出席,救济服务,参加援助
~ économique 经济援助
~ économique à titre gratuit 无偿经济援助
~ financière 财政援助
~ gratuite 无偿援助
~ marché de travaux 工程合同服务
~ technique 技术支援,技术服务

assistant *m* 助手,助理

assistant-géologue *m* 助理地质师

assister *v* 参加,出席,协助,援助
~ à 出席,参加,参与

associable *a* 能结合的,能联合的

associatif, ive *a* 联合的,结合的

association *f* 协会,团体,缔合,联合(会),共生体,团体联合,结合
~ Amicale des Ingénieurs Anciens Élèves 校友工程师联谊会(法国)
~ de Recherche pour la Technique Routière 道路技术研究协会
~ d'entreprises 企业协会
~ de défense des consommateurs 消费者保护协会
~ de minéraux 矿物共生组合
~ de sol 土壤组合
~ des ingénieurs routiers 道路工程师协会
~ des minerais 矿物共生组合(体)
~ des Ponts, Tunnels et Autoroutes à Péage 收税桥梁、隧道和高速公路协会
~ des Sociétés Espagnoles Concessionnaires d'Autoroutes, de Tunnels, de Ponts et de Routes à Péage 西班牙收税高速公路、隧道、桥梁和道路特许公司联合会
~ des sociétés françaises d'autoroutes (ASFA) 法国高速公路公司联合会
~ du béton 混凝土协会
~ du Ciment Portland 波特兰水泥协会
~ du Transport Aérien International 国际航空运输协会
~ Française de l'Éclairage 法国照明协会
~ Française de Normalisation (AFNOR) 法国标准化协会
~ Française de Ponts et Charpentes (AFPC) 法国桥梁与结构协会
~ Française de Recherches et d'Essais sur les Matériaux (A.F.R.E.M.) 法国材料研究试验协会
~ Française de Recherches et d'Essais sur les Matériaux et les Constructions (AFREMC) 法国材料结构研究试验协会
~ Française du Béton (A.F.B.) 法国混凝土协会
~ Internationale de Développement 国际开发协会(联合国)
~ Internationale de la Sécurité (A.I.S.S.) 国际安全协会
~ Internationale des Ponts et Charpents (A.I.P.C.) 国际桥梁与结构协会
~ Internationale des Travaux en Souterrain (A.I.T.S.) 国际地下工程协会
~ Internationale Permanente des Congrès de la Route (A.I.P.C.R.) 国际道路会议常设委员会
~ Italienne des Sociétés Concessionnaires d'Autoroutes et de Tunnels (AISCAT) 意大利高速公路和隧道技术经济协会
~ Italienne Technique et Économique du Ciment (AITEC) 意大利水泥技术经济协会
~ lourde 重矿物共生组合
~ magmatique 岩浆杂岩体,火成岩体,火成岩系
~ minérale 矿物组合,矿物共生组合
~ minéralogique lourde 重矿物共生组合
~ Nationale de la Recherche Technique (A.N.R.T.) 国家技术研究协会
~ Nationale pour l'Étude de la Neige et des Avalanches (ANENA) 国家雪崩研究协会(法国)
~ pour la Route Centre Europe-Atlantique (ARCEA) 中欧—大西洋公路协会
~ pour la Sécurité sur les Autoroutes (ASSECAR)

高速公路安全协会
~ pour le développement des techniques de transport, d'environnement et de circulation(ATEC) 运输,环境和交通技术研究协会
~ pour Route Centre Europe Atlantique(ARCEA) 大西洋中欧公路协会
~ Scientifique de la Précontrainte(A.S.P.) 预应力科学协会
~ Suisse des Professionnels de la Route(A.S.P.R.) 瑞士公路工作者协会
~ Technique de la Route(ATR) 道路技术协会
~ volano-sédimentaire 火山—沉积岩组合

associé *m* 合伙,合伙人
~ apports 联合体投资
~ apports en natures 合营体实物投资
~ apports en numéraire 联合体现金入股

associé,e *a* 联合的,协同的,共生的,伴生的,联合的

associer *v* 结合,联合,连接
s'~ avec 和……结合

assombrir *v* (使)变暗,变黑,变为阴沉,使暗淡,使阴暗

assombrissement *m* 使暗淡,使阴暗

assortiment *m* 组,分类,种类,(钻具)套,(工具)套

assortir *v* 调配,配合,配备,分类,使配合,使协调

assortissage *m* (矿石)分级,分类

assortisseur *m* photoélectrique 光电分级器,光电分类器

assoupi *a* 静止的,减缓的,减轻的

assouplissement *m* 柔软

assourdissement *m* 减小音量,消音

assujettir *v* 固定,定位
être assujetti à 依赖于,服从于

assurance *f* 保证,保险,保险费,安全保证,保险金额
~ accident de travail dans la domaine bâtiment 预防建筑工伤
~ accident du travail 工伤保险
~ aérienne 航空险
~ au tiers 第三者责任险
~ automobile 汽车险
~ contre des accidents 事故保险
~ contre des dégâts personnels 人身意外险
~ contre le chômage 失业险
~ contre le feu 火险
~ contre le vol 盗窃险
~ contre les accidents 伤害[事故]保险
~ contre les accidents corporels 人身意外事故[伤害]险
~ contre les crues 洪水保险,防洪保险
~ contre les inondations 水灾险
~ contre les risques aux tiers 第三者险
~ contre tous risques 综合险,一切险保险
~ de la qualité 质量保证[保险]
~ de la responsabilité civile 民事责任险
~ de la responsabilité décennale 十年责任险
~ de la responsabilité envers le tiers 第三者责任险
~ de marchandise 商品[货物]保险
~ de responsabilité industrielle et commerciale 工商责任险
~ de responsabilité 责任险
~ de responsabilités industrielles et commerciales 工商业责任险
~ des bagages 行李保险
~ du transport aérien 空运险
~ du transport maritime 海运险
~ intempéries (employé) 非正常气候待业保险(个人)
~ intempéries (employeur) 非正常气候待业保险(企业)
~ maladie 疾病险
~ obligatoire 强制保险
~ provisoire 临时保险
~ retraite 退休保险
~s sociales 社会保险
~ tous risques 一切险
~ tous risques chantier 建筑工程一切险
~ tous risques montage 安装工程一切险
~ vie 生命[人寿]险

assurance-accidents *f* 事故保险
assurance-invalidité *f* 伤残保险
assuré *m* 投保人,被保险人,保险收益人
assurément *adv* 的确,当然,肯定地,确实地
assurer *v* 保证,保险证实,保险担任,肯定
s'~ 确认

assureur

 s'～ contre 避免,防备
 s'～ de 弄清楚某事
 ～ une meilleure adéquation aux fluctuations du trafic 保证客流变化的要求

assureur *m* 承保人,保险人
assynite *f* 霓辉方钠正长岩,辉榍流霞正长岩
assypite *f* 钠橄辉长岩
ast(h)énosphère *f* 软流圈,软流层
astable *a* 不稳定的,不稳固的,非稳固的,非稳态的
astasie *f* 不稳定条件,不稳定状态
astatique *a* 无定向的,无静差的,助动的,不稳定的,非静止的
astatisation *f* 无定向(作用)
astatisme *m* 不定向性,助动性
asténosphère *f* 上地幔,软流圈,软流层
astéroïte *f* 钙铁辉石
astérolite *f* (钙铁超微化石)星状颗石
asthénolit(h)e *m* 软流(圈岩浆)体,软流圈中的熔岩浆体
asthénosphère *m* 软流圈
astite *f* 红柱云母角岩
astochite *f* 富钠透闪石(钠锰闪石)
astrachanite *f* 白钠镁矾
astrakanite *f* 白钠镁矾
astraphyalite *f* 电焦石英
astreindre *v* 强迫,强制
 s'～ à 专心,努力做某事
astreinte *f* 强制,束缚
astriction *f* 收缩,压缩,束缚,限制
astringence *f* 收敛性,黏(着)性
astringent *m* 黏合剂,收敛剂; *a* 涩味的,收敛性的,黏结的
astrophyllite *f* 星叶石
astyle *a* 无柱式的
asymétrie *f* 不对称(性),不匀称,非对称,不等形,不对称现象
asymétrique *a* 不对称的,不对等的,不均等的,不匀称的
asymptote *f* 渐近线; *a* 渐近的
 ～ curviligne 渐近曲线,曲线渐近
 ～ d'inflexion 拐渐近线
 ～ externe 外渐近线
 ～ interne 内渐近线
 ～ parabolique 渐进抛物线
 ～ rectiligne 渐进直线

asymptotique *a* 渐近的,渐近线的
asynchrone *a* 异步的,非同步的,不同期的,时间不同的,不协调的
asynchronisation *f* 异步
asynchronisme *m* 异步性
ataxique *a* 混乱的,不成层的,不整齐的
ataxite *f* 角砾斑杂岩
ataxitique *a* 角砾斑杂状的
atectonique *a* 非构造(运动)的
atélestite *f* 板羟砷铋石
atelier *m* 车间厂,工厂,工作间
 ～ bois 木材厂
 ～ d'échantillon 制作试样车间
 ～ d'entretien des routes 道路养护工厂
 ～ de compactage 土地压实机具车间
 ～ de concassage et criblage 碎石筛石厂,碎石筛分装置
 ～ de creusement 挖掘工作面
 ～ de criblage 筛选工厂,筛选车间,筛选装置
 ～ de dessablage 净化室
 ～ de fabrication du béton 混凝土拌和工厂,混凝土拌和装置
 ～ de façonnage du bois 木料加工厂,木料加工车间
 ～ de ferraillage 钢筋加工车间
 ～ de galvanoplastique 电镀车间
 ～ de malaxage 拌和工厂,拌和设备
 ～ de stockage 仓库
 ～ de terrassement 土方(工程)作业组,土方机械车间
 ～ des essais 试验车间,试验室,实验车间,实验室
 ～ mobile 工程车
 ～ mobile pour la préfabrication d'éléments en béton 预制混凝土构件流动工厂
 ～ pour éléments de construction préfabriqués 预制构件工厂

athériastite *f* 变柱石
athermal *a* 无热液的
athermane *a* 不传热的,不导热的,不透热的,绝热的
athermique *a* 无热的,绝热的

athrogène *a* 火成碎屑(岩)的
atlantite *f* 暗霞碧玄岩,霞石碱玄岩
atlas *m* 图集,图册,图解,地图(集),图表册
~ de couleurs 色样本
~ de courant 水流图集
~ des couleurs 彩色地图
~ des courbes 曲线图
~ des ressources du sous-sol 地下矿产资源图
~ des routes automobiles 公路图册
~ des structures 地质构造图册
~ géologique 地质图集
~ hydrographique 水文图集
atlasite *f* 氯石青,杂石青,氯铜矿
atlas-spath *m* 纤维石(纤霰石、纤维石膏)
atm *m* 气压单位,压力单位
atmoclaste *f* (大)气碎岩屑,原地风化岩屑
atmoclastique *a* 大气碎屑(生成)的,气屑岩的
atmogénique *m* 大气成(因)的
atmolithe *m* (大)气成岩
atmomètre *m* 汽化计,蒸发计,蒸发测定器,蒸发速度测定器
~ à sphère poreuse 孔隙球蒸发测定器
atmométrie *f* 蒸发测定(法)
atmosphère *f* 大气,大气压,大气层,大气圈,空气大气压
à ~ gazeuse 充气的,灌气的
~ absolue 绝对(大)气压
~ agitée 扰动大气,紊乱大气,紊气流
~ agressive 污染大气
~ ambiante 周围空气
~ artificielle 人造大气,人工气候
~ conditionnée 调节空气,新鲜空气
~ de référence 标准大气,参照大气
~ du fond 矿井空气,井下空气
~ du puits 矿井空气
~ du sol 土壤中空气,土壤空气,壤中气
~ empoussiérée 含尘空气
~ gazeuse 气体介质
haute ~ 大气上层,高空大气层
~ humide 潮湿大气,湿空气
~ normale 标准大气压,物理大气压
~ normale de référence 标准大气压
~ polluée 含尘大气,被污染的空气
~ primitive, ~ primordiale 最初大气层,原始大气压
~ radioélectrique normale 标准大气(指天线电传输)
~ saturée 饱和大气
~ standard 标准大气压
~ technique 工程大气压
~ terrestre 地面大气,接地大气层,接地大气压
~ type 标准大气压
~ type internationale 国际标准大气压
~ vicié 污浊的大气,被污染的空气
atmosphère-type *f* 标准大气压,标准大气,大气压,大气圈,大气层
atmosphérique *m* 大气干扰,大气噪扰,天电干扰;*a* 大气的,空气的,大气圈的,大气压的,环境的
~ du sol 壤中气,土壤中空气
atmosphérisation *f* 大气风化作用,空气侵蚀作用
atmosphérologie *f* 大气层学
atol(l) *m* 环礁,珊瑚岛,环状珊瑚岛
~ grand 堡礁,堤礁
atollons *m. pl* 大环礁圈,复环礁圈
atomisation *f* 喷雾,雾化(作用),粉化(作用)
~ d'eau 喷水
atomiser *v* 雾化,粉化
atomiseur *m* 喷嘴,喷雾器,雾化器,雾化器喷嘴
~ d'air 空气雾化器
~ d'essence 汽油雾化器
atopite *f* 钠锑钙石,氟锑钙石
atoxique *a* 无毒的
Atractites *m. pl* 大箭石属
atramenttum *m* 水绿矾
âtre *m* 起源地,发源地,基地,中心
atrio *m* 火口原,火山洼地(两火山锥之间)
attache *f* 栓,销,钩,捆绑,连接,接合,接头,扣件,固定件,固定栓,接连线,栓扣件,紧固件,固定体,接头栓
~ d'entrée 车辆驶入(高速道路的)连接处
~ de jointure 对接扣件
~ de rail peu serrée 松的钢轨绝缘扣件
~ de refoulement 回转扣件
~ de sécurité 保险带,安全带
~ de sortie 车辆驶入(高速道路的)连接处
~ de suspension 吊挂接头,模板拉杆
~ de U U形卡

~ des barres　绑扎钢筋
~ des pannes　檩条卡子
~ du longeron　大梁固定接头
~ du ressort　弹簧锁键
~ élastique　弹簧(连接)扣件
~ en croix　十字扣件
~ normale de la tôle ondulée　瓦楞铁(瓦)标准卡子
~ pour boulons　多螺栓接合
~ pour câbles　电缆夹,电缆卡

attaché n　随员,专员
~ économique　经济专员
~ commercial　商务专员

attachement m　连接,连生,附着,固定,(日工程量)测量,验收(日)工程量验方签收单,附着(物),附件,附属装置连接,电线短路
~ de quantité　(日)工程量验方签收单
~ s d'un dépôt　机务段记工单,工时小票

attacher v　固定,连接,绑扎,配属,附上,归入
~ en rivant　钉铆钉钉接,铆合

attache-sonde m　钻杆打捞器

attache-tubes f　打捞矛,捞管器,打捞母锥

attacolite[attakolite] f　红橙石

attapulgite f　凹凸棒石,坡缕石

attaquabilité f　可腐蚀性

attaque f　侵蚀,刻蚀,腐蚀,掘进,驱动,触发,传动,着手,传送
~ à l'acide　酸洗,侵蚀,酸腐蚀
~ à pleine section　(隧道)全断面开挖
~ acide　酸蚀,酸反应,酸腐蚀,酸洗
~ aérienne　空袭
~ chimique　化学侵蚀,化学腐蚀,化学反应
~ colorante　着色腐蚀
~ corrosive　腐蚀
~ de coulée　浇口
~ de l'antenne　天线馈电
~ de l'eau　水侵蚀
~ de la circulation　行车磨蚀(路面)
~ de soudure　焊接引弧
~ de sulfate　(混凝土)硫酸盐侵蚀
~ des vagues　波浪冲击,波浪式冲击法,(波)浪(侵)蚀
~ directe　直接浇口
~ électro-chimique　电化侵蚀
~ électrolytique　电解腐蚀,电解浇口
~ en bouclier　盾构开挖
~ en gradins droits　阶梯式采掘
~ en pleine section　全断面掘进,全断面开挖法,无梯段回采
~ frontale　沿走向全面回采(连续回采)
~ gazeuse　气体腐蚀
~ horizontale　水平浇口
~ mécanique　机械破碎(岩石)法
~ médiane　中间馈电,中心馈电
~ par galerie basse　底导坑开挖法
~ par gradins　全面采矿法
~ par gradins droits　台阶式挖土法
~ par l'acide　酸腐蚀
~ par point　点腐蚀
~ rétrograde　后退式回采法
~ symétrique　平衡触发
~ uniforme　均匀侵蚀

attaquer v　侵蚀,着手,腐蚀(金属),掘进,出发,驱动,开巷道
~ le bouton　按下按钮

atteindre v　达到,获得,触到,到达

attelage m　车钩,拉紧,挂接,挂钩,连接器,连接套管

atteler v　连接,挂车,链接

attenant,e a　接近的,毗邻的,毗连的,相连的

attendre v　等待,期望
s'~ à　料到,指望,期待
~ une correspondance　等待换乘

attente f　(电话)等候信号,短时停车等候,期待,希望
dans l'~ de　等候……中

attention f　注意,小心,引起注意的信号
~ à la peinture　油漆未干(勿碰)
~ aux trains　小心火车
~ aux travaux　前方施工(请绕行)
faire ~ à　注意,注意到
faire ~ que　注意,注意到

atténuateur m　雷达,衰减器,阻尼器,消音[声]器,衰减器,阻尼器,增益控制器,时间控制器
~ 《cut-off》　截至(波导)衰耗器
~ à absorption　吸收衰耗器
~ à bande　薄片式衰耗器
~ à coupure (de coupure)　截至(波导)衰耗器

~ à lame　片式衰减器
~ à piston　活塞式衰耗器
~ à plongeur　活塞式衰耗器
~ à plots　分级衰减器
~ à résistances　电阻式衰减器
~ à vanne　薄片式衰耗器
~ asservi　可调整衰耗器
~ calibré　已校准衰耗器
~ capacitif　电容衰减器
~ de choc　防碰撞设施
~ de son　消音器
~ de sortie　输出衰耗器
~ dissipatif　吸收衰减器,有耗散衰减器
~ en H　H型衰减器
~ en L　L型衰减器
~ non-réciproque　不可逆的衰减器,单向衰减器
~ réactif　阻抗衰减器,无损耗衰减器
~ réglable　可调衰减器
~ sélectif　选择式衰耗器,增益时间控制装置
atténuation f 稀释,冲淡,衰减,衰退,空间,衰耗,减弱,减轻,缓和,阻尼减弱
~ acoustique　声衰减
~ atmosphérique　大气衰减
~ au bord de sortie　输出端衰耗
~ d'échos　回波衰减
~ d'insertion　介入衰耗
~ d'intensité　烈度衰减
~ d'onde　波浪衰减
~ de diaphonie　串音衰减
~ de faisceau　射线束衰减
~ des impacts　减轻影响
~ des ondes　波(形)衰减
~ des précipitations　降水衰减
~ directionnelle　角偏向损失
~ en ligne　线路衰耗
~ générale　总衰耗(传输线路的)
~ géométrique　几何衰减
~ physique　物理衰减
~ radiale　径向衰减
atténué, e a 衰减的,变稀薄的
atténuer v 衰减,减弱,减轻,缓和,衰耗,衰退
Atterberg　阿氏限度(即土的特性湿度指标)
atterrissement m (海)水冲积土堆,砂堆冲击地,沉积作用,沉积作用表土,冲积土,冲积层
~ le long d'une rive　沿岸冲击地,河畔的沉积作用
~ non endigué　漫滩冲击地
attestation f 证书,证明,证实,证明书,证实表明
~ bancaire　银行证明
~ d'épreuve　试验证书
~ d'hébergement　居住证明
~ d'immatriculation de passeport　护照公证
~ d'immatriculation fiscale　税务登记证明
~ de bonne exécution　完工证书
~ de capacité financière　财力证明
~ s de la chambre de commerce sur les références de l'entreprise　商会开的承包人业绩证明
~ de la douane　海关凭证,海关证明书
~ de mise à jour des cotisations　上交社保清讫证明
~ de paiement　付款证明
~ de qualification　职称证明
~ de travail　工作证明
~ de transport　运输证明
~ délivrée par la CNSS　社保证明
~ fiscale　税务证明
~ sur le pouvoir du signataire　签字授权证明
attgalarite f 安绿泥石(似蠕绿泥石)
Attique f 阿蒂克造山运动(期)(中新世后)
attirail m 专用物品,配备,用品
attirer v 吸引,引起,招致
attitude f 姿态,状态,产状,产状要素,产状单元,(地质)层态
attoll m 环礁
attractant m 引诱剂,引诱物
attractif, ive a 吸收的,有吸引力的
attractiomètre m (吸)引力测定仪,引力测定计
attraction f 吸引,吸力,引力,牵引
~ accélérée　快吸,加速引力
~ adhésive　附着力,黏吸力,水分子吸附(黏吸)
~ adhésive d'eau　水分子的黏吸,水的黏吸
~ absorptive　吸附力
~ capillaire　毛细吸力,毛细吸引力,毛(细)管吸力
~ coulombienne　库仑引力
~ de gravitation　地心吸力,地心引力
~ de la gravité　重力

~ de la Terre 地球引力
~ de trafic 交通吸引
~ différée 限时缓吸
~ du relais 继电器衔铁吸起
~ du trafic par les nouvelles routes 新公路对车辆的吸引
~ électrostatique 静电吸引,静电引力

attractivité *f* 吸引性,吸引力
attrait *m* 吸引力
attrape *f* 捕集器
attrape-poussière *m* 集尘器,吸尘器
attribuable *a* 可归诸……的,可归因于……的
attribuer *v* 归于,归因于,指定,授予,给予,赋予
~ à... 归因于……

attribut *m* 品质,属性,特征,标志
attributaire *m* 中标者
~ du marché 中标人

attribution *f* 授予,给予,权限,职权,分配,赋予职权
~ d'une réduction 减价
~ de fréquence 频率分配
~ de l'eau par rotation 轮流用水,轮流灌溉
~ de remplacement 择一分配
~ des fréquences 频率分配
~ du bruit 噪声定位
~ du marché 合同签订,授标

attrition *f* 摩擦,损耗,磨损,磨蚀,磨耗,碾磨,互磨
attritus[attritut] *m* 细屑煤,暗煤
attrouper *v* 聚集,集合
Aturien *m* 阿图尔阶(赛诺统,K_2)
au à 和 le 的结合形式,见 à
~ contraire 相反的
~ cours de 在……的过程中
~ début de 在……初期,在……开始
~ fur et à mesure de 陆续,逐步,随着
~ fur et à mesure que 随着
~ lieu de 取代……,代替……,不是……而是
~ milieu de 在……中间
~ moment de 正要……的时候,在……时
~ moyen de 借助于,依靠,使用
~ niveau de 在……水平上,在……水平面上,与……相适应,与……程度相同
~ point de vue pratique 从实用的观点看来
~ point de vue théorique 从理论的观点看来
~ prix de 以……为代价
~ profit de 为了……的利益
~ ras de 与……齐平
~ service de 为……服务
~ travers de 穿过
~ vent 迎风,向风

aubage *m* 叶片,叶栅,叶片装置
aube *f* 叶片,桨叶,轮叶,叶片,页板
~ creuse refroidie 空心冷却叶片
~ s de rotor 转子叶片
~ de roue 转轮叶片
~ de turbine 涡轮机轮叶,涡轮叶片
~ directrice 导向叶片,汽轮机导向叶片
~ s du rotor de compresseur 压气机转子叶片
~ s du stator de turbine 涡轮机静子叶片
~ fixe (turbine) 汽轮机静叶
~ mobile (turbine) 汽轮机动叶

auberou *m* 锁闭片
aubertite *f* 水氯铝铜矾
aubier *m* 树木边材,白木质
~ sablonneux 液材,边材,白木质

aubrègne *f* 钙质黏土,泥灰质黏土
aubrite *f* 顽辉无球粒陨石
au-dedans 在内部,在里面
au-dehors 在外面,在外边
au-delà de 在……那边,超出
au-dessous 在下面
~ de 在……之下,在……下面,不到……

au-dessus 在上面
~ de 在……之上,在……上面,超过……
~ du niveau de la mer 海平面上
~ du niveau de terrain 在地面上的
~ de la face supérieure des rails 距钢轨顶面高度

au-devant 在前面
audibilité *f* 可听度,可闻度
~ minimum 最小可听度

audible *a* 可听见的,听的见的,可闻的
audimètre *m* 测听器,测听计
audio-amplificateur *m* 声频放大器
audiofréquence *f* 音频,声频
audiogramme *m* 声波图,听力图,闻阈图,说明最小可闻度与频率的关系

~ d'un bruit 噪声波形图
audiomètre *m* 噪音计,测听计,听力计,音波计,听度计
audiométrie *f* 听度测定法,测听法,听力测试,声波测距法
audiomoniteur *m* 监听器,监听设备
audion *m* 栅极检波器,三级检波器,三极管,三级检波管
~ réaccouplé 再生栅极检波器
audiotorium *m* 播音室
audio-visuel *a* 视听的,直观的
audit *m* 审计稽查
~ comptable 财务审查
~ des entreprises 企业审计
~ externe 外部审计
~ fiscal 税务审计
~ interne 内部审计
auditeur *m* 审计员
~ en chef 审计长
auditif *a* 听觉的,耳的
audition *f* 收听,听证,听诉,听力,听觉,接受,接收质量,可听度
auerbachite *f* 锆石,放射锆石
auerlite *f* 磷钍石
auganite *f* 辉安岩,无橄玄武岩
auge *f* 槽,洼地,溜槽,(水轮机的)水斗,水槽,冰川谷,凹槽盆,槽形谷,砂浆槽,向斜谷海槽,溶蚀洼地槽
~ à ballast 道砟槽
~ à eau 水槽
~ à mortier 研钵,灰浆槽
~ de déflection (溢洪道)挑流鼻坎,挑流坎,挑流唇,鼻坎反弧段
~ de pied 出口,(虹吸管的)出口唇
~ de transfluence 侧(向)冰川谷
~ emboîtée 嵌入槽谷,切割槽谷
~ glaciaire 冰川槽谷,冰川谷
~ structurale 向斜,向斜褶皱
~ transporteuse 传送槽
augélit(h)e *f* 光彩石
augengneiss *m* 眼状片麻岩
auger-drill *m* 螺旋钻,麻花钻
auget *m* 斗,戽斗,吊斗,吊桶,小槽,勺板,匙板,挖斗,小吊桶,取样勺

~ basculeur 翻斗,倾斜斗
~ de chargement 装卸斗
~ de déchargement 卸料斗
~ s (de marinage) (隧道工程中使用的)废土清除斗
augite *f* 辉石,普通辉石,斜辉石
~ aégyrinique 霓辉石
~ alcalin 碱辉石
~ basaltique 玄武辉石
~ titanifère 钛辉石
~ verte 深青辉石,海绿石,辉石
augite-akérite *f* 辉石英辉正长岩
augite-aleutite *f* 辉石闪长辉长斑岩
augite-allivalite *f* 辉橄钙长岩
augite-belugite *f* 辉石闪长辉长岩
augite-bronzite *f* 紫苏辉石
augite-granite *f* 辉石花岗岩
augite-serpentine *f* 辉石蛇纹岩
augite-syénite *f* 辉石正长岩
augite-teschénite *f* 辉石沸绿岩
augite-tonalite *f* 辉石英云闪长岩
augite-vogésite *f* 辉石正煌岩
augitique *a* 辉石的
augitite *f* 玻(基)辉岩
augitophyre *f* 辉斑玄武岩
augmentateur *m* 增大器,增强器
~ du vide 真空增强器
augmentation *f* 增加,加强,上升,增大,放大,提高
~ annuelle du trafic 交通量的年增长(量)
~ brutale de la charge en échelon 负荷阶跃递增
~ de la circulation 交通量增长
~ de la cohésion 黏结性增加
~ de la fiabilité 提高可靠性
~ de la portance 承载力增加
~ de la puissance nominale 增加功率,提高出力
~ de la rapidité 提高效率
~ de netteté 提高图像清晰度
~ de pression 压力上升
~ de prix 涨价
~ de rendement 提高效率
~ de salaire 增加工资
~ de valeur 增值

augmenter

~ des remblais　填方增加
~ des tarifs　提高运价
~ des vitesses sur rail　提高行车速度
~ du courant　电流增加
~ du jeu des marrées　潮汐作用增加
~ du parc automobile　汽车保有量增长
~ du point de ramollissement　软化点的提高
~ du trafic　交通量增长
~ locale des tensions　局部拉力增长

augmenter *v* 增加,增大
~ la durée　延长使用寿命

augmenteur *m* 增大装置

aujourd'hui *adv* 今天,现在

aulacogène *m* 拗拉谷,断陷槽,拗拉槽,堑壕(构造),台沟(构造)

aumalit(h)e *f* 奥马尔式陨石

auparavant *adv* 从前,以前

aura *f* 气氛,预兆辉光,尖端放电激起的气流
~ bleue　蓝辉,电子管中的辉光

auralite *f* 褐堇块云母

auramalgame *m* 金汞膏,金汞齐

auréole *f* 晕,带,晕圈,光轮接触变质晕,接触变质带
~ d'altération　接触变质晕,接触变质带次生[内生]分散晕
~ d'étirement　扩散晕
~ de contact (métamorphique)　接触变质带
~ de cristallisation　结晶(生长)晕,结晶(生长)边缘
~ de croissance　生长圈,(矿物)生长层
~ de dispersion　分散晕
~ de métamorphisme, ~ métamorphique　变质晕变质带,接触变质带
~ de nourrissage　生长晕,生长圈
~ de réaction　反应边
~ métallifère　成矿元素分散晕,金属元素分散晕
~ migmatique　混合岩接触带[晕]
~ polychroïque　多色晕
~ primitive　原生晕
~ radio-active　放射晕,放射性晕
~ réactionnelle　反应边
~ secondaire　次生晕

auréole *f* de contact　接触变质带

auréoler *v* 被晕环绕

auride *m* 含金矿物,金化物

aurifère *a* 含金的

auripigment *m* 雌黄

auro-amalgame *m* 金汞膏,金汞齐

auro-argentifère *a* 含金银的

auroferrifère *m* 含金铁的矿石; *a* 含金铁的

auroïde *m* 含金铱的矿石

auscultateur *m* 超声波探伤仪,检测器

auscultation *f* 监测,监控,检验,听音,检查,听诊,声学探测,回音探测,听音检查[检验]
~ absolue (topographie)　(地形测量)绝对声测
~ continue à grand rendement (A.C.G.)　高效率连续检查
~ d'un moteur en essais　试车中听音检查
~ de contrainte et de déformation　应力变形量测
~ de déformation dans le terrain　围岩变形测量
~ des bétons　混凝土非破损检验
~ des chaussées　路面检查,路面诊断,路面检测
~ des rails　钢轨检查
~ détaillée　详细检查
~ du béton en place par le sonicope　超声波混凝土就地探伤仪
~ du bourrage des traverses　轨枕捣鼓检查
~ du terrain de tunnel　隧道围岩量
~ dynamique　动态检查
~ dynamique du béton　混凝土非破坏性动力技术检验,超声波检验,动态试验,动力混凝土探伤仪
~ en cours de réalisation　施工监测
~ globale　总检查
~ pathologique (A.P.)　(路面)病害检查
~ relative (topographie)　(地形测量)相对声测
~ sismique　地震探查,地震探测
~ systématique du réseau　道路网系统检查
~ topographique　地形声学探测
~ ultrasonore　超声波检验,超声波检查
~ vibratoire des bétons　混凝土振动探伤仪,混凝土非破坏性超声波振动检验

ausculter *v* 检查,检测,检验

aussi *adv* 亦,也,同样地
~ ... que　像……那样,既……又
~ ... que possible　尽可能……,尽量

~ bien que 如同,和……一样
aussière *f* 缆绳,钢索
aussitôt *adv* 立刻,即刻
austénifisation *f* 奥氏体
austénite *f* 奥氏体,奥斯登体,碳丙铁
austénitique *a* 奥氏体的
austinite *f* 砷钙锌石
austral, e *a* 南方的,南半球的,南方生物带［区］的
australite *f* 澳洲石
austrides *m. pl* 奥地利褶皱带(阿尔卑斯山东部)
austroalplne *a* 南阿尔卑斯的,奥地利—阿尔卑斯的
autallotrimorphe *a* 原生他形的
autant *adv* 等同地,同样多
~ … autant 有多少……就有多少
d'~ 同量地,到同样程度
d'~ mieux 更好
d'~ moins 更少
d'~ plus 更,更加
d'~ que (之所以如此)……特别是因为,更何况
~ de 同样多,那么多
pour ~ 就此,因此
~ que 和……一样多,在……范围之内
tout ~ 同样
auteur *m* 发起人,创始人
~ d'une plainte 申诉人,原告
authenticité *f* 真实性,可靠性
~ de la signature 签字的真实性
authentification *f* 认证,证明,证实
authentifier *v* 认证,公证
authentique *a* 可靠的,真实的,真正的,经公证的,认证了的
authigène *m* 自生(矿物),自生体;*a* 自生的
authigenèse *f* 自生作用,自生成因
authigénétique *a* 自生的,本源的
auto-（前缀)自,自己自动,自动化
auto *f* 汽车
~ particulière 小轿车
~ sanitaire 救护车
auto-absorption *f* 自吸收,自行吸收,自动吸收
auto-adaptation *f* 自行匹配,自适应,自调整
auto-alimentation *f* 自动给料

auto-allumage *m* 自燃
auto-alternant *a* 交互层的,交互成层的
auto-ambulance *f* 救护车,医务车
auto-amorçage *m* 自激,自励,自燃,自点火,自触发
auto-amphibie *f* 水陆两用汽车
auto-ancrage *m* 自锚固,自锚定
auto-arroseuse *f* 洒水车
autoatlas *m* 公路交通图册
auto-balayeuse *f* 街道清扫车
auto-basculeur *m* 自耦振荡器,脉冲自耦振荡器
autobazar *m* 流动售货车
autobenne *f* 自卸车,倾卸车厢
autoberge *f* 滨河路
auto-blocage *m* 自锁,自固定
autobrèche *f* 自生角砾岩,原生角砾岩,自碎角砾岩
autobus *m* 汽车,机动车,公共汽车
~ à impériale 双层公共汽车
~ à sortie arrière 后面下车的公共汽车
~ articulé 铰接式公共汽车
~ interurbain 城际公共汽车,长途公共汽车
~ sur rails 轨行汽车
autocalibré, e *a* 自校准的
autocamion *m* 载重汽车
autocannibalisme *m* 自行吞食作用,自噬(自食其身)
autocannibalistique *a* 自噬的(自食其身),原地碎屑再沉积的
autocapture *f* 自行捕获,自动捕集
autocar *m* 大客车,公共汽车长途汽车,游览汽车
autocariste *m* 大客车行经营者,游览汽车行经营者
autocatalyse *f* 自动催化(作用)
~ magmatique 岩浆自气成作用,岩浆原生气化作用,岩浆自催作用
autocatalytique *a* 自动催化的
autochargement *m* 自动(装)载
autochargeur *m* 自动装载机,自动运土机
autochenille *f* 履带车
autochtone *m* 原地岩(体),库内自生物质,原地残余沉积,土生土长的动植物;*a* 原地的,就地的,本地的,原地生成的
autochtonie *f* 原地堆积,原地成因,原地成煤说

~ aquatique   水生植物残骸原地堆积
~ terrestre   陆生植物残骸原地堆积
autocicatrisation　*f*　自动恢复,自动还原
autociterne　*m*　油罐车,液罐车,汽车罐车
autoclases　*m.pl*　自碎(作用),自生裂隙
autoclastes　*f.pl*　自碎岩
autoclastique　*a*　自碎的,原地破碎的
autoclavage　*m*　加温加压处理,蒸汽处理
autoclave　*m*　高压蒸汽养护室,高压釜,加温加压锅,高压锅,增压器,热压锅
autocollage　*m*　du contacteur　(继电器)接触器自闭或自保
autocollimateur　*m*　自动准直仪,自动照准仪,自动视准仪,光学测角仪,自动照准镜,准直望远镜
autocombustibilité　*f*　自燃性
autocombustible　*a*　自燃的
autocombustion　*f*　自燃
autocommande　*f*　自动控制
autocommutateur　*m*　自动转换开关,自动交换器
~ téléphonique　自动电话拨号装置
autoconstruction　*f*　(使用回收材料的)自建房屋
autocontrainte　*f*　du béton　混凝土自应力
autocontrôle　*m*　自动控制,自动检验
auto-convolution　*f*　自褶积
autocorrection　*f*　自动校正
autocorrélation　*f*　自动交互作用,自相关关系
autocorrélogramme　*m*　自相关图,自相关记录
autocurage　　自动疏沟,自动冲洗,自动清除
autocycle　*m*　摩托三轮车
autodécharge　*m*　自动放电
autodéchargeant,e　*a*　自卸的
autodéchargeur　*m*　自卸车,自动卸货车
autodéclenchement　*m*　自动脱离[断开、摘钩]
auto-déclencheur　*m*　自点火装置,自触发装置,自断路器,自锁闭器
autodécomposition　*f*　自动分解
autodémarrage　*m*　自动触发,自动起动
autodémarreur　*m*　自动起动机,自动起动装置
auto-dessication　*f*　自干燥,自烘干,自脱水
autodestruction　*f*　自动破坏,自动破裂
auto-diffusion　*f*　自扩散
autodoseur　*m*　自动配料器
autodrome　*m*　汽车试验场,汽车竞赛场
autodyne　*f*　自拍,自查

auto-école　*f*　驾驶(汽车)学校
autoélévateur　*m*　cathodique　阴极输出放大器
auto-éleveur　*m*　自动(装置)提升机;叉齿提升机
auto-émission　*f*　场致(电子)放射
auto-enregistreur　*m*　自动记录仪器
autoentretenu　*a*　自维持的,自保吃的
auto-épuration　*f*　自净化(作用),自动提纯
~ de corps d'eau　水体自净作用
auto-équilibrage　*m*　自动平衡,导线
auto-étanche　*a*　自动闭密的,自动封严的
autoexcitation　*f*　自励[激、振荡],自励磁,自励
auto-excitatrice　*f*　自励[激]式电机
auto-excité　*a*　自激的
autoextinguible　*a*　不可燃的,燃烟的,阻燃的
autofinancement　*m*　自筹资金
autofonceuse　*f*　自动钻探机
autoforage　*m*　自动钻孔(法),自动钻探
autofreinage　*m*　自动制动
autogarage　*m*　汽车库
autogène　*a*　气焊的,熔焊的,自生的
autogenèse　*f*　自然发生,自然生成
autogéosynclinal　*m*　自拗地槽,独立地槽,残余地槽
autograisseur　*m*　自动润滑
autogramme　*m*　发给汽车司机的电报
autographe　*m*　亲笔,手稿;*a*　亲笔的,自署的
autographieur　*m*　自动复印机
autogrimpant,e　*a*　自动上升的
autogrue　*f*　自动起重机,自动吊车,汽车起重机
~ sur chenilles　履带式自动起重机
autoguidage　*m*　无人操纵,自导,自动引导
autoguide　*m*　无人操作,自导,自动引导
autohydratation　*f*　自水化
autohydrolyse　*f*　自水解
autoindex　*m*　自动编索引,自动索引,自动变址
auto-inductance　*f*　自感
auto-induction　*f*　自感应,自动感应
auto-injection　*f*　自动贯入
auto-jigger　*m*　自耦变压器
autolit(h)e　*m*　同源包体,自生包体
autolubrifiant　*a*　自润滑的
autolubrification　*f*　自润滑
autolyse　*f*　自溶作用,自身溶解,(岩石)自变质,(细胞)自溶

automaintien *m* 自保压
　~ fil 自保压线
auto-marché *m* 汽车市场，旧汽车市场
automate *m* 自动机，自动开关，自动装置，自动控制装置，自动调节器
　~ chimique (de contrôle) 自动化学监控装置
　~ programmable industriel 工业自动软件
automaticité *f* 自动，自动性，自动化，自动作业，自动作用
automation *f* 自动操作，自动化，自动装置
　~ d'étude 设计自动化
　~ de processus 工艺程序自动化
　~ des données de base 源数据自动化
　~ digitale 数字自动装置，数字自动化
　~ totale 全自动化
automatique *f* 自动化，自动装置；*m* 自动收费公用电话；*a* 自动的
automatisation *f* 自动化，自动装置
　~ d'alimentation 供料自动化
　~ de fabrication 生产自动化
　~ de la production 生产自动化
　~ des commandes 控制自动化，操纵自动化
　~ industrielle 工业自动化
　~ intégrale 全自动化
　~ performante 高性能自动化设备
automatiser *v* 使自动化
automatisme *m* 自动化，自动性，自动作用，自动化学
　~ de climatisation 空气自动调节装置
　~ de l'administration 管理自动化
　~ de séquence 时序操作，自动顺序
　~ en manutention 装卸作业自动化
　~ intégral 全面自动化
automécanique *a* 机械自动化的
autométamorphique *a* 自变质(作用)的
autométamorphisme *m* 自变质作用
autométasomatique *a* 自交代作用的
autométasomatose *f* 自交代(变质)
automigmatite *f* 自变混合岩
automobile *f* 汽车，轿车，机动车
　~ commandement 指挥车
　~ d'arrosage 洒水车
　~ de livraison 送货汽车
　~ électrique 电动汽车，电瓶车
　~ industrielle 载重汽车
　~ légère 轻型汽车
　~ livraison 送货汽车
　~ mixte 客货两用汽车
　~ sanitaire 救护车
automobile-citerne *f* 液罐车，液灌车，油罐车
automobiles-kilomètres *m. pl* 汽车公里
automobilisable *a* 可通汽车的，可以通行汽车的
automobilisme *m* 汽车业
automobiliste *m* 汽车司机，汽车驾驶员，司机
automolite *f* 铁锌尖晶石，锌尖晶石
automoniteur *m* 自动监视器，自动监控程序
automorphe *a* 自形的
automorphique *a* 自形的，自同构的
automorphisme *m* 自形作用，自形
automoteur *m* 机车，动车组，发动机，内燃动车，内燃机车；*a* 自动推进的，自行的，自动的
　~ automotrice 电动车组
　~ de grands parcours 长途动车组
　~ thermique 内燃动车
automotrice *f* 机动车辆，动车
　~ à accumulateur 蓄电池电力动车
　~ à vapeur 蒸汽动车，蒸汽车
　~ diesel 柴油车
　~ électrique 电力动车
　~ pour service de banlieue 市郊动车
　~ sur pneus 橡胶轮动车组
automotrice-grue *f* 汽车起重机
automulticaisson *m* 多用翻斗车，多用自动卸货车
autonavigation *f* 自动导航
autonéomorphique *a* 自生新生变形的
auto-nettoyage *m* 自清洗，自清洁
auto-nettoyeur *m* 自动清扫机
autoniveau *m* 自动水准仪
autonome *a* 自治的，自主的，独立的，自给的
autonomie *f* 自主，自治，续航时间，(车船、飞机)最大行程
auto-orientable *a* 自动定向的
auto-oscillateur *m* 自振荡器
　~ à la lampe 自激电子管振荡器
auto-oscillation *f* 自振荡
auto-oxydation *f* 自氧化，自动氧化
autopatrol *m* 自动巡路平地机，养护平地机

autopelle *f* 软土淤泥挖运机,斗式装载机,装岩机
　～ sur pneus 轮胎斗式装载机,轮胎电铲
autoplotter *m* 自动绘图仪
autoplotteur *m* 自动绘图仪
autopneumatolyse *f* 自气化(作用)
autopolarisation *f* 自动偏压
autopolymère *m* 自聚合物
autopolymérisation *f* 自聚合
autopompe *f* 消防汽车,救火车
　～ à incendie 救火汽车,消防汽车
auto-pont *m* 公路立交桥
autoportant, e *a* 自承重的,自备的
autoporteur, euse *a* 自承重的
autoprojecteur *m* 自动发[喷、投]射器;自动投影机
autopropulsé *a* 自推进的,自走行的
auto-protecteur *a* 自保护的,自护的
autoprotection *f* 自保护,自屏蔽
autopurification *f* (水流)自净化(作用),自动净化,自净作用
autoradio *m* 汽车收音机,汽车无线电收音机
autoradiogramme *m* 自动射线照相
autoradiographie *f* 自动射线摄影
autorail *m* 动车,轨道车,有轨车,内燃动车
　～ à moteur à combustion interne 内燃动车
　～ à moteur à essence 汽油发动机轨道动车
　～ à turbine 燃气动车
　～ de grand parcours 长途内燃动车组
　～ diesel 内燃动车
　～ diesel à transmission électrique 电传动内燃动车
　～ diesel à transmission mécanique 机械传动内燃动车
　～ électrique minier 矿山电力牵引车
　～ en matière plastique 塑料内燃动车
　～ pour service à courte distance 短途动车
　～ rapide 高速内燃动车
　～ rapide diesel électrique 高速电传动内燃动车
auto-réaction *f* 固有回授,固有反馈
autoréduction *f* 自还原,自动归算
autorefroidissement *m* 自冷冻
autorégénérable *a* 自动复原的
autoréglable *a* 自动调整的

autoréglage *m* 自动校准,自动调整,自动调节
autorégulateur *a* 自调节的
autorégulation *f* 自调节,自调整[准],固有稳定性,自动调整
autoremorque *f* 汽车挂车
autorisation *f* 批准,同意,授权,许可(证)
　～ d'embauche 招工许可
　～ d'exécution 施工许可(证)
　～ d'exploitation 经营许可(证)
　～ d'exportation 出口许可证
　～ d'importation 入口许可证,进口许可证
　～ de change 结汇凭证
　～ de chargement 允许装料,装料许可证
　～ de circulation de locomotive 机车运行许可证
　～ de commencer les travaux 批准开工,开工许可证
　～ de conduire 驾驶许可证
　～ de création (centrale) 批准建设(电厂),建厂许可证
　～ de modification des signaux 允许改变信号
　～ de pénétrer sur une section 允许占用区域
　～ de programme 允许利用程序
　～ de projet d'urbanisation 城市规划许可
　～ de rejet 排放批准证书
　～ de reprise 授权收回,授权回收
　～ définitive 最终批准,最终许可,全面批准
　～ expresse 特许
　～ limitée 有限批准,部分许可,部分批准
　～ provisoire 临时授权,临时许可(证)
　～ spéciale 特许
autorisé, e *a* 允许的,授权的,被批准的
autoriser *v* 准许,同意
　～ à circuler 准许通行
autorité *f* 权力,官方,权限当局,权利当局,政府机关,管理处[局],主管部门
　～ administrative 管理处[局],管理机关
　～ compétente 公路管理处,主管机关
　～ d'eau 水务(管理)局
　～ de bassin 河流管理处
　～ de la route 公共管理机构
　～ de route 公路管理处
　～ de sûreté 安全管理机构
　～ s de surveillance 监察机关
　～ de tutelle 监察机关

~ s douanières 海关
~ du chef de train 车长的职权
~ s du port 港务局
~ gouvernementale de contrôle 政府监管部门
~ portuaire 港务管理局
~ supérieure 上级机关
~ surveillant les constructions 工程管理机构，工程管理处，主管施工部门，建筑监督主管机关

autoroute *f* 高级公路，高速公路
~ à circulation saturée 行车密度达到饱和点的高速公路
~ à deux chaussées 双车道高速公路
~ à fort trafic 大交通量高速公路
~ à péage 收税高速公路
~ à une seule chaussée 单车道高速公路
~ avec péage 收税高速公路
~ concédée 特许高速公路，收税高速公路
~ d'intérêt touristique 高速旅游公路
~ d'une surlargeur en béton 超宽度混凝土高速公路
~ dans un cadre de verdure 风景区高速公路
~ de contournement 绕行的高速公路
~ de dédoublement 上下行分道的高速公路
~ de dégagement 辐射状高速公路
~ de l'information 信息高速公路
~ de la vallée 谷地高速公路
~ de liaison 野外高速公路，连接高速公路，农村高速公路
~ de rase campagne 野外高速公路
~ de rocade 环形高速公路
~ de sortie 出口高速公路
~ de Sud de la France (ASF) 法国南部高速公路
~ du littoral 海滨高速公路
~ en projet 设计中的高速公路
~ en rase campagne 野外高速公路
~ interurbaine 市际高速公路
~ libre 自由行驶的高速公路，不收税高速公路
~ non concédée 未经特许的高速公路，非特许高速公路
~ non concédée (ARNC) 全封闭高速公路
~ privée 专用高速公道，私营高速公路
~ privée ouverte au public 私营公用高速公路
~ suburbaine 郊区高速公路
~ surélevée 高架高速公路
~ urbaine 市区高速公路

autoroutier, ère *a* 高速公路的
autosableuse *f* 自动铺砂机，石屑撒布机
autoscooter *m* 轻型载货车（如三轮卡车）
autoscripteur *m* 自动记录仪
autosélectif *a* 自动选择的
auto-serrage *m* 自动锁闭，自动夹紧
autoskarn *m* 自矽卡岩
autostabilisation *f* 自稳作用
autostabilité *f* 自稳定性
autostable *m* 纵向自动稳定器，自动驾驶仪；*a* 自动稳定的
autostrade *f* 高速公路
~ à péage 收税高速公路
autosuffisant, e *a* 自给自足的
autosurveillance *f* 自监视法，自测试法
autosynchronisation *f* 自动同步
autosynclinal *m* 平原地槽，自地槽
autotaxi *m* 出租汽车
autotechnique *f* 汽车技术
autotest *m* 自动测试，自检系统
autotraceur *m* 自动绘图仪
autotracteur *m* 牵引汽车
autotransformateur *m* 自耦变压器，单全变压器
~ de démarrage 启动（平衡）变压器，启动（用）自耦变压器
~ de mesure 测试用自耦变压器，仪表用自耦变压器
~ dévolteur 减压变压器
~ monophasé variable 可调单相自耦变压器
~ moulé 浇灌式自耦变压器
~ survolteur 增压变压器
~ variable 可调自耦变压器
autotransport *m* 汽车运输
autotrempant *a* 自然硬化的
autotrophe *m* 自养（生物）
autotrophique *a* 自给的，自养的
autour *adv* 在周围，在四周，在附近大约
~ de 在……周围，围绕大约
autoventilation *f* 自（动）通风
autoventilé, e *a* 自动通风的
autoxydable *a* 可自身氧化的

autoxydation *f* 自动氧化
autre *adj* 别的，其他的，不一样的
　～s avances pour comptes　其他预支款
　～ cotisation sociale　其他社会费用
　～s cotisations retenues　其他分摊的费用预留金
　～s créances d'investissements　其他投资债权
　～s détentions pour comptes　其他账户上的占有
　～s dettes d'investissement　其他投资债务
　～s dettes dues au personnel　其他应付给人员的债务欠款
　～s diagrammes　其他曲线图表
　～ droit　其他税收
　～s emprunts　其他借款
　entre ～s　其中，包括
　～s essais　其他试验
　～s frais divers　其他费用
　～s frais et transports　其他方面的支出和运输费用
　～ litre de participations　其他投资证券
　～s matériels de sondage　其他钻探设备
　～s placements　其他投资
　～s produits divers　其他收入
　～s titres de placements　其他投资证券
autrefois *adv* 从前，昔日
autunézite *f* 黄钾铁矾
autunite *f* 钙铀云母
auvent *m* 风雨棚屋檐，房檐风道，挡雨板
　～ d'éclairage　遮光罩
auxiliaire *m* 助手；*a* 辅助的，补充的，备用的，附加的，次要的，附属的
auxiliaires *m.pl* 辅助设备，附属设备，附件，备件，助剂
auxilière *m* 辅助设备；*a* 辅助的，备用的，补充的
auxine *f* 澎皂石，富镁皂石
avachir *v* 使变软，使变形
avairé, e *a* 破损了的，发生故障的
aval *m* 下游，内方下游，下游河段，峰下，(岩层)倾斜方向，尾流，尾端，(车辆)下行顺流
　～ d'un signal　信号机内方
　en ～　顺岩层倾向
　en ～ de　在……下游，在……的后面
　vers l'～　下游
avalaison *f* （激流形成的）冲积石堆
avalanche *f* 崩落，崩塌，雪崩，冰崩，山崩，岩崩，崩流，泥石流，坍塌，崩下的雪堆
　～ boueuse　（火山喷溢）泥流物，泥流，泥河
　～ chaude　热雪崩
　～ compacte　块雪崩
　～ contrôlée　可控雪崩
　～ d'hiver　冬雪崩，尘状雪崩
　～ de cendres　火山灰散落，灰崩塌
　～ de dislocation　位错雪崩
　～ de fond　塌方，大块冰崩[水底崩]，（冰雪、土石等）大规模崩塌
　～ de glace　冰崩，冰川崩塌
　～ de neige　雪崩
　～ de neige humide　湿雪崩，春雪崩
　～ de neige poudreuse　粉粒雪崩，冬雪崩
　～ de neige sèche　粉粒雪崩，干雪崩
　～ de pierres　泥石流，岩石塌方，岩崩泥石流，岩石崩塌石流
　～ de poudre　粉粒雪崩
　～ de poussière　尘崩
　～ de roches　石崩，岩崩，岩（石）崩（塌），岩石塌方
　～ de sable　砂崩
　～ de sèche　热（火山）灰砂崩塌，干雪崩
　～ de surface　表层雪崩
　～ de terre, ～ terrière　土崩，塌坡，塌方
　～ désastreuse　毁灭性崩塌，灾难性雪崩
　～ en mouvement　流动的泥石流
　～ glaciaire　雪崩冰川
　～ glissante　滑动雪崩
　～ humide　（雪、土等）湿崩塌
　～ intercratérique　火山口内崩塌
　～ mixte　混成崩落（火山灰与岩屑混合崩落）
　～ nivale de gravité　雪崩
　～ poudreuse　松散雪崩
　～ sèche　干雪崩
avalancheux, euse *a* 经常发生雪崩的
avalasse *f* 山洪，洪水，溢流，泛滥
avaleresse *f* 凿井，开竖井，掘进
avaliser *v* 保证，担保
avaliseur *m* 担保人，保证人
avalite *f* 钾铬云母，铬伊利石

avaloir *m* 雨水口,排水口,落水洞,排水沟,集水沟,雨水进水口
- ~ en fonte 铸铁泄水管

avaloire *f* 落水洞,灰岩坑

aval-pendage *m* 沿倾斜下行,沿倾斜向下,下倾方向下盘,顺岩层倾向,(激流冲积形成的)石堆

avance *f* 贷款,垫支,提前,超前,前进,推进,供给,走刀,预付款,预支投资,伸出部分,进给,垫款,预付贷款,进刀(车床的)
- à l' ~ 提前,事先
- ~ à l'admission 预先送气,提前进气
- ~ à l'allumage 提前点火
- ~ à l'échappement 提前排气
- ~ à l'injection 喷油提前(角)
- ~ angulaire 曲柄超前角
- ~ s au personnel 人员预支款
- ~ automatique 自动进料,自动给刀
- ~ aux fournisseurs 支付供货商的预付款
- ~ bancaire 银行贷款
- ~ commerciale 商业预付款
- ~ consentie 同意的预付金额
- d' ~ 提前,事先
- ~ d'argent 预付款,先付,垫款
- ~ s d'exploitation 营业预支款
- ~ d'un train 列车前进
- ~ d'une grandeur sinusoïdale sur une autre de même fréquence 一正弦量与另一同频正弦量的超前
- ~ de l'équipement (d'un arbre à cames) 装置的前进(凸轮轴的)
- ~ de l'État 政府贷款
- ~ de phase 超前相角,相位超前
- ~ du foret 钻头进给
- ~ du piston 活塞行程
- en ~ 提前,提早,事先
- ~ et acompte sur investissement 投资预付款
- ~ et acompte reçu des clients 收到的客户预付款
- ~ forfaitaire 总预付款,包干预付款
- ~ garantie 担保货款
- ~ hydraulique 液压推进
- ~ linéaire 直线行程
- ~ maximum à l'allumage 点火最大允许提前量
- par ~ 提前,事先
- ~ par caisse 现金预付
- ~ pour comptes 预支款
- ~ sur approvisionnement 材料预付款
- ~ sur commandes 订货预付款
- ~ s sur frais divers 其他费用支出预付款
- ~ s sur frais financiers 财政费用预支款
- ~ s sur impôts et taxes 税收预支款
- ~ s sur service 服务预支款
- ~ technologique 技术领先

avancée *f* 推进岬掌子面,突出部分,伸出部分
- ~ automatique 自动给进,自动供料
- ~ de la nappe 推覆体宽度(推进距离)
- ~ en profondeur 向深部掘进俯冲断层
- ~ par volée 每循环进尺,每循环掘进速度

avancement *m* 进度,进展,增进,前进,超过,推进,进给,超前,升级,掘进,钻进,进尺,给进,突出部分,提前支付,掘进导坑(隧道)
- ~ à l'air comprimé 压缩空气进给,(钻石机)风力推进
- ~ à la main 人工进料,人工推进
- ~ à section entière (隧洞的)全断面掘进
- ~ d'exploitation 开采进度
- ~ de construction 施工进度,建设进度
- ~ de galerie 平巷掘进,平巷进尺
- ~ de la construction 工程进展
- ~ de travail 工作进展
- ~ de travaux 工程进度
- ~ des études 设计进度,考察进度
- ~ des travaux 工程(施工)进度[进展]
- ~ du chantier 工程(施工)进度[进展]
- ~ du couvert de glace 冰盖层增大
- ~ du forage 钻探进尺
- ~ du projet 设计进度
- ~ du trépan 钻头进尺
- ~ du tunnel 隧洞掘进
- ~ en grade 上坡
- ~ hebdomadaire 每周进度,每周进尺
- ~ hydraulique 液压进给,液压推进,水[液]压进给
- ~ journalier (工作)日进度,日进尺
- ~ mensuel 月进度,月进尺
- ~ optimum 最佳进度
- ~ par cycle 循环进尺;循环前进
- ~ par un système automatique (钻石机)自动进给

~ par volée 每循环进尺，每循环掘进速度
~ pilote 超前工作面
~ rapide 快速掘进
~ télescopique 伸缩套管给进，伸缩套管进刀
avance-pétards *m* 响炮盒
avancer *v* 前进，提前，预付
~ par bonds 阶跃
avanceur *m* 自动推进器，推车器
avant *m* 前部，前方，端部，正面
~ chambre 前室；预燃烧室
par l'~ 从正面，正面的
~ plan 初步方案，草案
~ projet 初步设计
~ projet détaillé (APD) 详细初步设计
~ projet élargi 扩大初步设计
~ projet sommaire (A.P.S) 初步设计
avant *prép* 前，在……以前，在……前面
~ de 在……前，在……以前
en ~ 在前，向前
en ~ de 在……前面
~ que 在……以前
~ tout 首先
~ toutes choses 首先
avantage *m* 优势，利益，优惠，优点，好处
~ compétitif 竞争优势
~ dynamique 动态优势
~ économique 经济效益
~ en espèces 现金利益
~ en nature 实物利益
~ réel 实际好处
~ technique 技术效益
avantageux, euse *a* 方便的，有利的
avant-bec *m* 分水尖，(闸墩的)分水器，前端，(堰、堤、桥墩)分水尖，悬臂
~ de pile 闸墩首部，分水尖
avant-broyage *m* 预破碎
avant-butte *f* 大崩离体(地块、岩块、构造残体)，蚀余柱，外露层
avant-chauffage *m* 预热
avant-contrat *m* 前期合同，初步协议，缔结契约的预约
avant-corps *m* (建筑物的)正面突出部分
~ d'un véhicule 车辆前部
avant-côte *f* 前滨，低潮线下的海滩(拍岸浪区)，滨面水下阶地
avant-coureur *m* 地震前兆
avant-directrice *f* 座环固定导叶
avant-dune *f* 沿岸沙丘，海滨连绵沙脊，前沙丘
avant-fosse *f* 前渊(前海沟)，陆外渊，外地槽，狭窄深海沟
~ intermédiaire 过渡型前渊
avant-fossé *m* 前海槽，前渊，前缘坳陷，外壕沟
avant-garde *f* 桥墩前端，杀水桩，环绕桥墩的防护桩
avant-hier *adv* 前天
avant-métré *m* (拟建工程的)测量，初测
~ récapitulatif des quantités 工程数量(汇总)表
avant-mont *m* 前山，山前区，山麓丘陵
avant-montagne *f* 前山，山麓丘陵
avant-mur *m* 围篱，围栏
avant-nuit *f* 黄昏
avant-pays *m* 原地，前地(褶皱山区外围部分)，前陆，前沿地，前麓地，山前地带，前缘坳陷，原生区(域)，山麓下较为平坦的地带
~ de nappe 推覆体基底
~ intermédiaire 过渡(型)前陆
avant-pieu *m* 桩帽
avant-plage *f* 前滨，前缘海滩，前滩地带
avant-plan *m* 计划草案，初步设计，初步方案
avant-port *m* 外港，(旧港下游的)新港
avant-programme *m* 初步计划
avant-projet *m* 草案，初稿，初步计划，初步研究，初步设计，计划方案，初步方案
~ sommaire 初步设计，初步研究
~ élargi 扩大初步设计
~ détaillé (A.P.D.) 详细初步设计，详细设计方案，投标设计
~ géométrique (APG) 道路几何特性初步设计
~ sommaire (A.P.S.) 简单初步设计，初步设计方案
~ sommaire d'ouvrage (A.P.S.O.) 结构物简单初步设计
~ sommaire simplifié (A.P.S.S.) 简化初步设计
avant-propos *m* 前言，绪言，卷头语
avant-puits *m* (打竖井时的)先行钻井，超前炮孔，井口，井颈
avant-radier *m* 上游防护铺砌，上游护床，上游铺砌

avant-rapport *m* 报告初稿
avant-recif *m* 礁体外坡
avant-saison *f* 旅游淡季
avant-série *f* （产品批量生产前的）试制品
avant-solier *m* 骑楼
avant-terre *f* 江边,河边
avant-texte *m* 草稿,草案
avant-toit *m* 屋檐
avant-trou *m* 试探井[槽],导向浅井导孔,基孔,超前孔,预钻孔
avant-usine *f* 厂前区
avarié *a* 破损了的,发生故障的
avarie *f* 损坏故障,事故损失,损坏事故
　～ à la transmission　导线故障
　～ accidentelle　意外事故,偶然损坏
　～ commune　共同海损
　～ de mer　海损
　～ grave　严重损坏
　～ occulte　隐藏损坏,暗伤
　～ partielle　单独海损,部分损坏
avaruite *f* 铁镍矿,铁镍齐
avasite *f* 褐硅铁矿
avec *prép* 同,和,用,按,根据
　～ l'aide de　在……帮助下
　～ le concours de　在……协助之下
avelinoïte *f* 水磷铁钠石
aven *m* （灰岩区）落水洞,灰岩渗水坑,深渊,渗坑,岩溶坑,斗淋穿顶深坑
avenant *m* （合同契约等的）附加条款,修改条款,修改条约
avenir *m* 将来,未来
　à l'～　以后,今后
aventuriné *a* 人造砂金石的
aventurine *f* 砂金石,耀水晶,东陵石
　～ artificielle　人造砂金石
　～ orientale　太阳石,日长石
aventurine-feldspath *f* 太阳石（琥珀）,日长石,猫睛石（金绿石）
aventurine-quartz *m* 星彩石英
avenue *f* 林荫（大）道,大街
　～ de filon　脉壁带
　～ ombragée au bord　岸边林荫大道
avéré, e *a* 被证实的,确实的
avérer *v* 证明,证实

　il s'avère que　证实,确信
　s'～　证明,显示
averse *f* 阵雨,骤雨,大雨,暴雨
　～ torrentielle　倾盆大雨
　～ unitaire　单位降雨量
　～ utilisée dans les calculs　计算[设计]用量,大暴雨量
avertir *v* 通知,告知,警告,提醒
avertissement *m* 警告,预告,提醒,通知,告知,预告信号
　～ à commande automatique　自动控制警告信号
　～ à distance　预告信号
　～ de brouillard　雾警报
　～ de danger　危险警报
　～ de freinage　制动信号
　～ de tempête　风暴警报
　～ météorologique　天气预报
avertisseur *m* 警告信号,报警器,预告信号,信号设备,警报器,信号装置,信号器
　～ à distance　远距警报信号,预告信号器
　～ acoustique　听觉警告信号,防盗音响,警告信号
　～ automatique d'incendie　自动火警警报器
　～ capacitif　电容式防盗警报器
　～ d'alimentation（locomotive à vapeur）　锅炉最低水位表（蒸汽机车）
　～ d'excès de température d'eau diesel　柴油机水温过热警告器
　～ d'incendie　火警,火警警告器,警报器
　～ d'incendie électronique　电子火灾告警设备
　～ de freinage d'urgence　紧急制动警告器
　～ de gel　霜冻警告器
　～ de niveau d'eau　水位报警器
　～ de panne　事故显示器,故障表示器
　～ de verglas　凝冰警告器
　～ de vitesse　超速信号器
　～ électrique　电子信号设备
　～ électrique à distance　遥控电器表示器
　～ électrique pour communication de poste à poste　信号楼间联络设备
　～ lumineux　灯光信号设备,指示灯
　～ optique　视觉信号（器）
　～ pour les limitations de vitesse　限速警告器
　～ sonore　音响信号,振铃信号,音响警报器
aveu *m* 承认,供认同意

aveugle

    de l'~ de　经……同意,根据……承认

aveugle *m* 盲矿,盲谷;*a* 盲目,盲目的,仅凭仪表操纵的,隐伏的,盲矿的

aveuglement *m* 眩目

    ~ au trafic　行车目眩

aveugler *v* 堵塞,塞住,目眩,耀眼,闭塞,封锁

    ~ une voie d'eau　堵塞水道

avézacite *f* 钛铁辉闪岩,铁钛辉闪脉岩

aviation *f* 航空

aviatique *a* 航空的

avilissement *m* 落下,降下,减低

aviolite *f* 堇云角岩

avion *m* 飞机

aviot *m* téléphonique d'un bureau central　电话交换机

avis *m* 通告,通知,布告意见,评价,预报,意见,警告

    à l'~ de　照……的意见,根据……的意见

    ~ au public　布告

    ~ bien trouvé　核对无误通知

    ~ consultatif　参考意见

    ~ d'appel d'offres　招标通告(书)

    ~ d'Appel d'Offres International Restreint　国际有限招标通知

    ~ d'arrivée　到达通知(书),到货通知

    ~ d'attribution provisoire　临时授标通告

    ~ d'attribution provisoire de marché　临时授标通知

    ~ d'avarie　毁损通知单

    ~ d'empêchement à la livraison　交付阻碍通知单

    ~ d'empêchement au transport　运送阻碍通知单

    ~ d'encaissement　代收货价通知单,首款通知单(代收货价时)

    ~ d'irrégularité　不合手续通知单,违章通知书

    ~ de bien-trouvé　核对无误通知

    ~ de colis en trop　包裹超重通知单

    ~ de concours　投标通知,要求参加投标的通知书

    ~ de crédit　信贷通知单,贷款通知单

    ~ de débit　借款通知单

    ~ de douane　海关通知单

    ~ de l'accident　事故通知(单)

    ~ de la voie libre　区间闲暇的通知

    ~ de licenciement　开除警告

    ~ de livraison　交付通知,交货通知

    ~ de manquant　货物短少通知单

    ~ de mise à la disposition des wagons　拨车通知单

    ~ de paiement　付款通知(单)

    ~ de passage　列车通过通知

    ~ de perte　灭失通知单

    ~ de réception　收货通知,收件回单,收件回条

    ~ de rectification　订正单

    ~ de règlement　结算通知单

    ~ de régularisation　调整通知单

    ~ de remboursement　代收货价通知单

    ~ de service　技术维修说明书

    ~ de souffrance　无主货物通告

    ~ de transport exceptionnel　特种运送通知

    ~ de travaux　施工注意事项通知

    ~ de variation brusque　天气剧变预报,天气突变预报

    ~ rectificatif　订正单

    sur l'~ de　照……的意见,根据……的意见

    ~ sur l'étude d'impact (environnement)　关于环境影响的报告书

    ~ sur la qualité d'un site　工程地址鉴定

    ~ sur les ressources　资源评价

    ~ sur un projet　计划审查,项目评估

    ~ technique　技术意见;专家的意见

    ~ télégraphique　电报通知

aviser *v* 通知,告知

    ~ le destinataire　通知收货人

avis-mouvement *m* 行车通知

avogadrite〔**avogadroïte**〕 *f* 氟硼钾石(阿佛加德罗石)

avoir *v* 有,具有;取得,获得

    ~ à　应该,必须,需要

    ~ besoin de　需要

    ~ de l'influence sur　对……有影响

    ~ en compte　结存

    ~ lieu　发生,产生

    ~ pour agréable　对……表示满意,赞同……

avoisinant, e *a* 邻近的

avoisiner *v* 与……邻近,与……毗连

avouer *v* 认可,承认

avril *m* 四月

avulsion *f* 河岸冲刷
axe *m* 轴,轴线,中心线,轴心,中线,车轴
~ à la surface 地面轴(背斜或向斜轴与地面的交线)
~ anticlinal 背斜轴
~ binaire 双轴线,(矿物的)二次对称轴
~ bipolaire 双极对称轴
~ central 中轴,中心轴线
~ cinématique 构造轴
~ conjugué 共轭轴,配轴
~ d'abscisse 横坐标轴
~ d'anticlinal 背斜轴
~ d'anticyclone 反气旋轴
~ d'articulation de crosse 十字头销子
~ d'attelage 钩锁销
~ d'écoulement 径流轴,径流主要方向
~ d'entraînement 传动轴
~ d'équilibre 平衡轴线
~ d'essieu couplé 联动轮轴销
~ d'essieu moteur 主动轮轴销
~ d'essieu orientable 导轮轴销
~ d'essieu porteur 从动轮轴销
~ d'inertie 惯性轴
~ d'ordonnée 纵坐标轴
~ d'ordre 2 de rotation 二次旋转轴
~ d'ordre n n次对称轴
~ d'ordre paire 偶数对称轴
~ d'ordre supérieur 主对称轴
~ d'ouvrage 结构物中心线
~ d'un arbre 轴中心线
~ d'un cône 锥轴
~ d'un creux 齿槽中线
~ d'un pli 褶皱轴
~ d'un poteau 柱中心线
~ d'une poulie 滑轮轴
~ d'une route 道路中心线
~ de (la) route 道路中心线,道路轴线
~ de balancement (建筑设计方案的)对称轴线
~ de cliquet (mécanisme de grappe) 棘爪连杆(棒束机构)
~ de collimation 视准轴
~ de commande 主动轴,驱动轴
~ de condensateur 电容器轴
~ de contrainte 应力轴
~ de coordonnées 坐标轴
~ de couple 力偶轴
~ de courbure 曲线形轴线,曲率轴
~ de cours d'eau 河流轴线,水流轴线,河流中心线,中泓
~ de croisillon 十字轴心轴(行星齿轮)
~ de crosse 十字头销
~ de crue 洪水轴线,洪水流向
~ de déclinaison 倾斜轴
~ de déformation maximum 最大变形轴
~ de déformation minimum 最小变形轴,最小应变轴(线)
~ de départ 基轴
~ de dépression 坳陷轴,下沉轴线
~ de divergence 分水线,分水轴
~ de frein 制动轴
~ de galet 滚轮轴(线)
~ de gravité 重心轴
~ de l'âme 梁肋中心线
~ de l'âme de poutre de rive 边梁梁肋中心线
~ de l'appareil d'appui 支座中心线
~ de l'appui 支承轴,支承中心
~ de l'arc 拱轴(线)
~ de l'entretoise 横梁中心线
~ de la chaudière 锅炉中心线
~ de la galerie 巷道掘进方向
~ de la ligne de chemin de fer 铁路线中心线
~ de la pile 桥墩中心线
~ de la poutre en caisson 箱梁中心线
~ de la selle 背斜轴,拱轴线,鞍座轴线
~ de la soudure 焊缝中线
~ de la terre 地轴
~ de la voie 道路轴线,轨道中心线
~ de la voûte 背斜轴,拱轴线
~ de levier stéréophotogrammétrique 立体摄影测量轴
~ de liaison 连接轴
~ de maillon 联节销
~ de moment 力矩轴,弯矩轴
~ de nivelle 水准管轴,水准轴线,管状水准器轴
~ de perspectives 透视轴
~ de petite tête 十字头销子
~ de piston 活塞销

axe

~ de pli 褶皱轴
~ de pont 桥轴线
~ de projection 投影轴
~ de propagation 传播方向,传播轴线
~ de référence 参考轴(线),基准轴,读数轴
~ de répétition 对称轴(线)
~ de réservoir 水库轴线
~ de révolution 回转轴,旋转轴
~ de rivière 河流轴线
~ de rotation 转(动)轴,旋转轴
~ de surpression 压力墙(注淡水以防海水入侵)
~ de suspension 悬挂轴,支轴销,支销,弹簧悬挂销
~ de symétrie 对称轴(线)
~ de symétrie binaire 二次对称轴(线)
~ de symétrie quaternaire 四次对称轴
~ de symétrie sénaire 六次对称轴
~ de symétrie ternaire 三次对称轴
~ de synclinal 向斜轴
~ de temps 时间轴
~ de tête de piston 十字头销
~ de traction 拉力方向,拉力轴线
~ de travée 跨径中心线
~ de vol 鸟瞰中心线
~ demi-grand 半长轴
~ demi-petit 半短轴
~ des abscisses 横坐标轴
~ des centres de poussée 压力中心线
~ des coordonnées 坐标轴
~ des ordonnées 纵坐标轴
~ des temps 时间轴,荧光屏上水平轴
~ des tourillons 水平轴
~ des X X轴
~ des Y Y轴
~ drainage 含水层排泄轴线
~ du clapet 闸门旋转轴,闸门支承铰链
~ du cours d'eau 水流轴线,河流中心线,中泓线
~ du crochet de traction 链钩销
~ du glacier 冰川轴
~ du guide 波导管轴
~ du lit 河槽轴线
~ du marteau 锤轴(电铃内)
~ du pli anticlinal 背斜褶皱轴
~ du projet 设计中线
~ du projet (routier) (道路)设计轴线
~ du relevé 测量轴线
~ du tracé 路线中心线,线路中线
~ du tunnel 隧道中线,隧道中心线
~ électrique 电轴,X 轴线(石英晶体的),压电轴
~ fluvial 主河道中心线,主泓线
~ focal 焦轴
~ géométrique 几何轴线
~ géosynclinal 地槽轴,大向斜轴
~ glissière 导轴,十字头销子
~ hélicoïdal 螺旋对称轴线,螺旋轴,螺纹中心线
~ horizontal 水平轴
~ hydraulique 水力梯度线,水力轴(线),液压轴
~ hydrographique 主河道
~ I 宽带轴线,宽带中线
~ imaginaire 虚轴
~ important 主轴
~ incurvé (椭球粒的)挠曲轴
~ intermédiaire 传动轴(齿轮箱中),中间轴
~ inverse 逆转对称轴,反向对称轴
~ libre 自由度轴
~ longitudinal 纵轴,纵向轴
~ majeur 长轴,主轴
~ mineur 短轴
~ neutre 中性轴,中和轴
~ non transverse 共轭轴线
~ normal 垂直轴,法向轴
~ oblique 斜轴
~ optique 光轴,(望远镜的)光轴,(透镜的)光轴
~ optique (de la lentille) 光轴(透镜的),Z 轴
~ optique de l'instrument 仪器光轴
~ petit 短轴
~ pivotant 转动轴
~ plongeant 倾伏(褶皱)轴,褶皱倾伏线
~ polaire (对称)极轴
~ principal 主轴,主干线
~ principal d'ellipse 椭圆主轴
~ principal d'inertie 惯性主轴
~ principal de contrainte 应力主轴
~ principal de déformation 变形主轴
~ projection 投影轴
~ provisoire 临时中心线

~ Q　窄带轴线,窄带中线
~ quaternaire　四次(对称)轴
~ rectiligne　主轴,直立轴
~ réel　实轴
~ routier　道路中线
~ s de trafic　货物周转航程
~ secondaire　副轴
~ sénaire　六次(对称)轴
~ spiral　螺旋轴线
~ structural,~ structurologique　(岩石)结构轴线
~ symétrique　对称轴
~ synclinal　向斜轴
~ tectonique　构造轴
~ terrestre,~ de la Terre　地轴
~ transversal　横轴,水平轴
~ vertical　竖轴,纵轴,垂直轴,法向轴
~ visé　光轴,瞄准轴
~ visuel　视轴,视准轴

axénique　*a*　未被污染的,无菌的
axénisation　*f*　灭菌
axial,e, aux　*a*　轴的,轴向的,轴心的,轴线的
axinite　*f*　斧石
axinitisation　*f*　斧石化
axiolite　*f*　椭球粒,轴粒
axiolitique　*a*　椭球粒状(结构)的,轴粒(结构)的
axiome　*m*　公理,原理,原则
axisymétrie　*f*　轴对称
axisymétrique　*a*　轴对称的
axonomètre　*m*　测轴计
axonométrie　*f*　轴测法,测晶轴学,轴线测定法,均角投影图[法],轴侧投影法,正等轴测投影法
axonométrique　*a*　轴测的
axoplasme　*m*　轴浆
ayant-compte　*m*　银行客户
ayant-droit　*m*　受权一方
azamar　*m*　辰砂,朱砂
azéotrope　*m*　共沸混合物;*a*　共沸的
azéotropie　*f*　共沸,共沸性
azéotropique　*m*　共沸混合物;*a*　共沸的
azéotropisme　*m*　共沸作用,恒沸作用
azéotropologie　*f*　共沸性,共沸学
azimut　*m*　方位,方位角,地平经度
~ apparent　视方位(角)

~ de polarisation　极化方位角
~ exact　准确方位角
~ géodésique　大地方位角
~ géographique　地理方位(角),真方位(角)
~ initial　起始方位角
~ inverse　反方位角
~ mesuré　测定的方位角
~ normal　法向方位角
~ observé　量的方位角
~ sphérique　球面方位角
~ vrai　真方位角,地理方位角

azimutal,e　*a*　方位的,方位角的,地平经度的
azoïque　*m*　前寒武纪岩浆岩或变质岩;*a*　无生的,无生命的
Azoïque　*m*　无生代(指前寒武纪早期或整个前寒武纪),无生界
azonal　*a*　泛域的,无地带性的
azorite　*f*　锆石,钽石
azor-pyrrhite　*f*　烧绿石
azotate　*m*　硝酸盐,硝酸酯
~ ferreux　硝酸亚铁
~ ferrique　硝酸铁
azotation　*f*　固氮作用
azote　*m*　氮(N)
~ actif　活性氮
~ ammoniacal　含氨氮
~ exempt d'oxygène　无氧氮
~ fixé　固氮
~ libre　游离氮
~ liquide　液态氮
~ nitreux　亚硝态氮,亚硝酸盐内的氮
~ nitrique　硝态氮
~ organique　有机氮
~ sec　干氮
azotimètre　*m*　氮量计,测氮管
azotomètre　*m*　测氮管,测氮计
azur　*m*　天蓝色,浅蓝色
~ de cuivre　蓝铜矿(石青)
azuré,e　*a*　天蓝色的,蔚蓝色的
azurescent,e　*a*　淡天蓝色的
azurlite　*f*　蓝玉髓
azurmalachite　*f*　杂蓝铜孔雀石
azyme　*a*　未经发酵的,无酵的

B

Ba mordénite *f* 钡丝光沸石，钡发光沸石
Ba pridérite *f* 钡柱红石
bababudanite *f* 紫钠闪石，镁铁钠闪石
babar *m* 连续大气检测器，连续大气污染检测
babbit(t) *m* 巴氏合金，轴承合金，(轴承用)锡锑铜合金，轴承减磨合金
babefphite *f* 氟磷铍钡石
babel-quartz *m* 塔状石英
babillard *m* 捣锤，捣矿机
babingtonite *f* 硅铁灰石（硅铁辉石）
baby-bétonnière *f* 小型混凝土拌和机
～ à bras 手动小型混凝土拌和机
bac *m* 桶，槽，池，箱，罐，皿，盆，容器，吊桶，溜槽，车厢，储存器
～ à air comprimé 压缩空气瓶
～ à boue 泥浆槽，泥浆池
～ à carbonation 碳酸化槽
～ à compartiments 多层容器
～ à eau 水桶
～ à eau de condensation 冷凝水箱器
～ à essence 汽油桶，汽油箱
～ à essence de réserve 备用汽油箱
～ à fleurs 花池
～ à fleurs bétonné 混凝土花台
～ à glace 冰仓
～ à huile 油槽，油管
～ à laver 洗涤池
～ à laver le riz 洗[淘]米池
～ à laver les légumes 洗菜池
～ à précipitation 沉淀池
～ à sable extrême 端部砂箱
～ à saumure 盐水池，盐水箱
～ collecteur 储槽，收集槽，集矿槽，集液池，集水槽
～ d'accumulateur 蓄电池槽，蓄电池壳
～ d'alimentation 给水箱，供油箱
～ d'arrosage 淋洗槽
～ d'eau 水箱
～ d'égouttage 接水盘，排水槽
～ d'électrolyse 电解槽[池]
～ d'élément 电池箱
～ d'élévation 压力水箱
～ d'évaporation 蒸发皿，蒸发池
～ d'expansion 膨胀水箱
～ d'expansion de saumure 盐水膨胀箱
～ de condensation 凝结水箱
～ de décantation 沉淀槽[池]，倾析槽，澄清箱
～ de décantation d'acide 酸沉淀池
～ de décapage 酸洗池
～ de dilution 溶解槽
～ de jaugeage 量料箱，规准箱
～ de lavage 洗矿池，洗涤槽，冲洗池，洗炉池，悬浮液选矿槽
～ de mélange 混合池
～ de mortier 砂浆池，砂浆槽
～ de préparation 配料箱
～ de remplissage 充水罐
～ de répartition 配水箱
～ de rinçage 冲洗池，墩布池
～ de sable 砂池，砂箱
～ de sable d'un filtre 过滤器砂箱
～ de setzage 沉淀池，澄清箱
～ de stabilisation de pendule 摆动阻尼箱，摆动阻尼器
～ de trempe 淬火槽
～ de trempe à l'huile 淬火油槽
～ de vidange 排水箱，污水池
～ décanteur 滗析槽
～ des cendres 灰渣桶，灰箱；灰坑
～ étanche 密封容器，密封储存器
～ chauffeur-malaxeur pour goudron et bitume 煤沥青和石油沥青的热拌槽
～ jaugeur 量箱，量桶
～ laveur 洗涤机
～ laveur à gros grains 粗颗粒洗涤机
～ laveur à menus 细颗粒洗涤机
～ laveur à pulsion 气动洗涤机
～ métallique 金属货盆

~ pour ampoules　灯泡托盘
~ sous pression　压力罐
bacalite　*f*　淡黄琥珀
baccara　*m*　破产,失败
bâchage　*m*　铺盖篷布,用篷布遮盖(车辆等)
bâche　*f*　壳,罩,套,篷布,储槽,水仓,水箱,容器,防水布,矿山排水槽
~ à colle　浆槽,浆箱
~ d'alimentation　水仓,料斗,供水箱,供水槽,给料槽,井底水窝
~ d'approvisionnement　料斗
~ d'aspiration　吸水井
~ d'eau　水箱,水槽,水池,储水池
~ d'eau alimentaire de secours　备用给水箱
~ de détente (vapeur)　泄压箱,(蒸汽)泄放箱
~ de protection　防护罩
~ de reprise des purges　疏水转移箱
~ de stockage　储箱
~ de turbine　水轮机机壳
~ dégazante　除氧器,脱气器
~ en nylon　尼龙篷布
~ goudronnée　柏油帆布,柏油篷布
~ semi-spirale　半蜗壳
~ spirale　蜗壳
~ tampon　缓冲箱
~ volante　浮盖篷布
être bâché　已用篷布盖好,已装箱
bâcher　*v*　用篷布盖住,用篷布盖好,用防雨布遮盖
bacillaire　*a*　柱状的
~ aplati　刀片状的
bacillarite　*f*　晶蛭石(伊利石),杆状藻
bacille　*m*　杆菌,芽孢杆菌
~ aérogène　产气杆菌
~ de ciment　水泥杆菌(硫酸盐对水泥侵蚀的喻语)
bacillite　*m*　长联雏晶束(杆雏晶束)
bacillus　*m*　杆菌,芽孢杆菌
backhoe loader　轻型装载机,反铲装载机
bâcle　*f*　门闩,窗闩
bactard　*m*　白琥珀
bactéricide　*m*　杀菌剂;*a*　杀菌的
bactérie　*f*　菌,细菌
bactériologie　*f*　细菌学

bactériologique　*a*　细菌学的
bactériologiste　*m*　细菌学家,细菌学工作者
bacula　*m*　天花板小板条
baculite　*m*　杆菌石
baddeckite　*f*　杂赤铁黏土
baddeleyite　*f*　斜锆石
badge　*m*　标记,符号
badigeon　*m*　(墙的)粉刷,刷白,刷色,抹灰,涂层,石灰浆,水浆涂料,刷墙壁粉,水溶性涂料,粉刷墙壁用的色料
~ à la chaux　石灰水,白灰浆,白灰浆粉刷
~ blanc　刷白浆,抹白灰,石灰浆
badigeonnage　*m*　刷白,刷色,抹灰,涂层,墙壁的粉刷面
~ en ciment　水泥涂层,刷水泥浆
badigeonner　*v*　粉刷,抹灰,着色,涂抹,刷白,刷色,抹灰
~ à la chaux　刷石灰,刷白
badigeonneuse pour la chaux　石灰喷枪
badine de forgeron　锻工钳
bad-lands　*f. pl*　崎岖地
baeumlérite　*f*　氯钾钙石,盐氯钙石
bafertisite　*f*　钡铁钛石
baffle　*m*　消力,消能,挡板,隔墙,隔板,障板,分水墩,遮盖物,反射板,隔音板
~ à plateau　板形障板
~ cryogénique　低温障板
~ de dissipation　消力墩
~ infini　无限远反射板(扬声器)
~ perforatif　多空导流板,多孔消力板
~ réflexe　反音盒,倒相式扬声器匣
~ rotatif　旋转挡板,旋转折流板
~ stable　稳水栅,消浪栅
bafouiller　*v*　工作不连续,工作中断
bagage　*m*　行李
~ s à l'arrivée　到达的行李
~ s à main　手提行李,随身携带行李
~ s abandonnés　无主行李,无人领取的行李
~ s accompagnés　随身行李
~ s au départ　发送的行李
~ s égarés　灭失的行李,弄错的行李
~ s en franchise　免费行李
~ s enregistrés　登记行李,小件行李,托运的行李,起票的行李

bagasse

~ s non accompagnés 非随带行李，非随车行李
~ s non enregistrés 非托运行李，非登记行李

bagasse f 蔗渣
bagotite f 绿杆沸石
bagrationite f 褐帘石，铈黑帘石
bague f 环，圈，圆，盘，滑环，环饰，衬套，套管
~ à calibrer 外圆规，外圆卡
~ à labyrinthe 曲折密封圈，迷宫式密封圈
~ anti-fuite 放漏环，防漏圈
~ biconique 双锥形环
~ collectrice 集电环，集流环
~ collectrice d'huile 集油环
~ d'appui 支承环，支座环，支推轴衬，垫环，支圆
~ d'appui (mécanisme de grappe) 支撑环（控制棒执行机构）
~ d'arrêt 定位环，止动环
~ d'arrêt de course 止环，挡环
~ d'étanchéité 密封环，密封圈，止水圈
~ d'usure 耐磨环
~ de butée 截止环
~ de caoutchouc 橡胶垫环，橡胶垫圈
~ de collecteur 滑环，集电环，集流环，汇点环
~ de contact 接触环，集电环，滑环
~ de fixation 定位环，锁紧环
~ de fond 底衬环
~ de frottement 滑环，集电环
~ de graissage 润滑环，润滑圈
~ de piston 活塞环，活塞涨圈
~ de renforcement 加强环
~ de retard 延时继电器的铜芯
~ de retenue 固定环
~ de retenue (grappe de commande longue) 弹簧，护圈（长控制棒驱动机构）
~ de roulement 滚动轴承座圈
~ de verrouillage 锁紧圈
~ dosimètre 胶片剂量计
~ en deux pièces 开口环
~ étage 卡环
~ extérieure (d'un roulement à rouleaux) 滚柱轴承外圈
~ fendue 开口环，开口衬套
~ intérieure (d'un roulement à rouleaux) 滚柱轴承内圈

~ isolante 绝缘环，绝缘垫圈
~ magnétique 磁环
~ obturatrice 密封环，填料圈，密封垫圈
~ porte-film 膜环
~ protectrice 保护环，安全环
~ ressort 弹簧垫圈，弹性涨圈，弹性衬套
~ support (soudage) 支撑环

baguette f 杆，棒，条，棍，珠，齿条，条料，焊珠，护条，电焊条，圆线脚
~ antidérapante 防滑条（挂瓦条）
~ d'angle 嵌条，缘条，楞条，圆转角，角焊缝
~ d'apport 焊条
~ d'arc 弧光灯炭精棒
~ d'étanchéité 止水杆，止水塞，止水键
~ de brasure 钎焊条
~ de fixation 压条
~ de métal d'apport 焊条
~ de pompage 泵杆
~ de soudure （电）焊条，焊接电极
~ électrique 木制电缆管道
~ en acier 细钢条
~ protectrice 保护带
~ protectrice contre la pluie 防雨嵌条，放水流出边条

bahade m 山麓冲积扇
bahamite m 巴哈马沉积
bahiaïte f 橄闪紫苏岩
baïcalite f 次透辉石（裂钙铁辉石）
baie f 孔，门洞，窗口，机柜，机架，进口，入口，路面的未铺部分
~ à glace fixe 固定玻璃的窗，装固定玻璃的窗口
~ à glace mobile 下开窗，可移动玻璃窗口
~ à guillotine 起落窗，上下移动窗
~ coulissante verticale 上下滑窗
~ d'aération 通风孔
~ d'arrêt 避车道，备用车道，路侧停车处，超车或避车道
~ de chercheurs 寻线机架，探测器架
~ de compteurs 计算机架，计数器架
~ de contrôle 试验台架
~ de fenêtre 窗洞，窗口
~ de porte 门洞
~ de régulation 调节支架

~ de relais 继电器架
~ de répéteurs 中继站,转播站
~ de sélecteurs 选择器架,步进器架
~ électronique 齿条,导轨,支架
~ frontale 前窗
~ frontale à vitres chauffantes 带加热玻璃前窗
~s jumelées 双联门窗洞
~ latérale coulissante 侧面滑窗
~ pour le ralentissement et l'attente des véhicules (virant à gauche) （左转弯）车辆减速停车的位置
~ ramifiée 分汊河湾,支流河湾
~ semi-ouvrante 客车半开窗
~ vitrée fixe 固定窗,装固定玻璃的窗口
~ vitrée mobile 可开启的窗口

baigner *v* 浸湿,使沉浸,浸洗,浸没
baïkalique *m* 贝加尔褶皱作用,贝加尔构造作用（An∈ 末期）
baïkalite *f* 次透辉石,裂钙铁辉石
baïkérinite *f* 褐地蜡
baïkérite *f* 贝地蜡
baikovite *f* 钛镁尖晶石
bail *m* 租金,租约,租费,矿山用地,采矿用地
~ à ferme 土地租约
~ emphytéotique 长期租赁契约
~ financier 融资租赁
~ minier 矿山用地

bâillant *a* 开裂的(裂隙),张开的,开口的
baille *f* 大(木)桶
bâillement *m* 开裂,张开(岩石裂隙);缺断,间断
bailleur *m* 出租者
~ de fonds 出资者
~ de licence 发许可证者,发执照者

bain *m* 槽,池,浴,溶池,岩浆房,岩浆源
~ acide 酸浴,酸洗槽,酸性槽
~ corrodant 酸洗槽
~ d'eau 水池,水槽
~ d'électrolyse 电解槽;电解液
~ d'huile (à) 用油浸,用油浴,油槽,油池
~ de blanc 光腐蚀,二次腐蚀
~ de chaux 石灰[砂浆]池,石灰浸液
~ de décapage 酸洗槽
~ de dépôt 沉淀池
~ de dérochage électrolytique 电解酸洗槽

~ de fusion, ~ magmatique 岩浆源,熔池,熔融,熔泡池
~ de lavage 洗矿槽,分选槽,分选池(在重介质中)
~ de liqueur dense 重悬浮液槽[池]
~ de mercure 汞弧放电液处理
~ de mortier 砂浆层,灰浆池[槽]
~ de nickelage 镍熔池
~ de sable 砂槽,块石路面下的砂层
~ de trempe （钎子）淬火池
~ de zinc 锌熔池
~ électrolytique 电镀浴
~ en cuve verticale 立槽浸渍
~ fondu 熔池,熔融槽
~ galvanique 电镀槽;电解液
~ granitique 花岗岩岩浆源,酸性岩浆源
~ magmatique 岩浆房
~ silicaté 酸性岩浆房
~ thermostatique 恒温水锅,恒温器

baïonnette *f* 插头,插销,销钉,接线柱
baisse *f* 下降,落差,降落,沉陷,下陷,降低,跌价,减价
~ brutale 骤然下降,阶跃下降
~ brutale de charge 负荷急剧下降
~ continue 连续下降,坡式下降
~ de débit 流量下降
~ de fréquence 频率下降
~ de niveau 水位差,水位下降,水面下降,地下水下降
~ de plan d'eau 水位下降
~ de potentiel 压力差,压力损失,压力下降
~ de pression 减压,压力下降
~ de puissance 功率下降
~ de puissance contrôlée 控制功率下降
~ de qualité 质量下降,品质下降
~ de recette 收入减少
~ de sensibilité 灵敏度降低
~ de température 温度下降
~ de teneur 品位下降,含量下降
~ de tension 电压下降
~ de vitesse 速度降低
~ des eaux 枯水,水位降低
~ des prix 价格下降
~ des tarifs 运价降低

baisser

～ du niveau d'essence 汽油液面的降低
～ du niveau dynamique 水位下降
～ du plan d'eau 水位[面]下降
～ du rendement 减产
～ du taux de l'intérêt 利率下降
～ lente du moteur 发动机转数缓慢下降
～ soudaine 暴跌

baisser v 降低,减低,放下,降下,垂下,落下
～ les phares 减小(汽车前大灯)灯光强度
～ les prix 降低价格,减价

bajades[bajada] f. pl 山麓冲积扇,山麓冲积平原
bajoue f 砌体护坡,(汽车)挡泥板
bajoyer m 闸墙,边墙,落下,桥台翼墙
～ autostable 重力式闸墙
～ d'écluse 闸墙
～ en talus 斜式闸墙

bakélite f 电木,绝缘电木
bakérite f 胶木,电木,酚醛塑料,纤硼钙石,瓷硼钙石
～ photo élastique 光弹性酚醛塑料

baladeur m 滑动齿轮,变速小齿轮
baladeuse f 拖车,手灯,行灯,拖车(有轨电车),检查灯,滑动齿轮,故障指示灯
balafré a 带划痕的,具有裂隙的
balafre f 裂痕,痕迹,伤痕,弧岩,露岩,断岩,(金属)锈蚀碟形坑

balai m 刷,电刷,碳刷,刷帚,路刷,刷子,接触刷,接触臂
～ à lames 叠层刷
～ au charbon 碳刷
～ avec fibres métalliques 金属丝刷
～ avec fibres synthétiques 合成纤维刷
～ brosse métallique 金属扫帚(扫路车的)
～ de bague 刷环
～ de bague collectrice 汇电刷环,接触环刷
～ de bouleau 条路帚,桦条路刷
～ de caoutchouc (铺撒沥青用)橡皮刮板
～ de charbon 炭精刷
～ de collecteur 集流电刷
～ de commutation 换向刷
～ de contact 接点刷
～ de cuivre 铜电刷
～ de dynamo 发电机电刷
～ de mesure 测试刷
～ de mise à la terre 接地电刷
～ de moto-ventilateur de cabine 司机室电动通风机碳刷
～ de piassava 棕榈扫帚
～ de prise de courant 滑动接点,滑动触头
～ de retour de courant 接地回流电刷
～ de route 路刷
～ en charbon 炭精刷
～ métallique (扫路车的)金属刷帚
～ pour alternateur 交流发电机电刷
～ pour essuie-glace 刮雨器刷
～ pour moteur de traction 牵引电动机电刷
～ pour moteur réchauffeur 加热电机碳刷
～ pour moto-compresseur de lancement 起动电动压缩机电刷
～ pour motopompe à eau 电动水泵碳刷
～ pour motopompe à gas-oil 电动重油泵碳刷
～ pour moto-ventilateur aérotherme 空气加热电动通风机碳刷
～ pour moto-ventilateur de freinage 电阻制动通风机电机用碳刷
～ rotatif 旋转路帚,转动路帚,旋转式扫路机
～ rouleau 旋转路帚,转动路帚,旋转式扫路机
～ s d'addition 读出(穿孔)卡电刷

balais m 玫红尖晶石,巴喇思红宝石
balance f 秤,天平,平衡,差超,比较,电桥,差额,结余,平衡重,桥式电路
～ à agrégats 骨料秤
～ à bascule 磅秤,台秤,桥式秤,平台式秤
～ à bascule à ciment 水泥磅秤
～ à cadran 表盘式秤,刻度盘天平
～ à camion 卡车秤
～ à cendre 灰粉秤
～ à ciment 水泥秤
～ à convoyeur 皮带机秤,传送带载重秤
～ à courroie 输送带式秤
～ à deux leviers 两臂天平
～ à fléau 台秤,天平秤
～ à gravité 重力秤,比重秤
～ à gravité spécifique 比重秤
～ à liant 结合料秤,黏结料秤
～ à plateau 盘秤,托盘式天平
～ à plate-forme 地秤,地磅,平板式称量机
～ à poids 重力天平

~ à récipient　漏斗秤，戽斗（自动）定量秤
~ à ressort　弹簧秤
~ à table　托盘天平
~ aérodynamique　空气动力衡器
~ automatique　自动天平(指针直接指示的盘式秤)
~ automatique à aiguille　带指针的启动磅秤
~ calorifique　热量平衡
~ commerciale　贸易平衡，贸易差额
~ d'analyse　分析天平
~ d'analyse précise à x mg　精度为 x 毫克的分析天平
~ d'eau　水量平衡
~ d'énergie　能量平衡
~ d'essai　分析天平，试验用天平
~ d'essieux　车轴轨道衡，测定车轴重量轨道衡
~ d'oxygène　氧平衡
~ de caisse　现金余额，现金结存
~ de chaleur　热量平衡
~ de coulomb　库仑扭秤
~ de courant　电流秤
~ de dosage en série　累计重量配料秤，分批称重配料装置
~ de fléau　台秤
~ de gravité　重力秤，比重秤，重力分析天平
~ de gravité spécifique　比重秤
~ de Jolly　测密实度天平
~ de Kelvin　绝对温标，开耳芬天平
~ de l'eau et du sel　水盐平衡
~ de l'eau phréatique　地下水量平衡
~ de laboratoire　分析天平，实验室用天平
~ de masse　配重，质量平衡，平衡重量
~ de neige　雪秤，测雪含水量的天平
~ de porosité　孔率计
~ de précision　精密天平
~ de profit　利润结余，利润余额
~ de sédimentation　沉积平衡
~ de Thomson　汤姆逊电桥
~ de torsion　扭秤，扭矩天平
~ de vérification　试算表
~ de Wagner　瓦格纳接地电桥
~ de Wheatstone　韦斯登电桥
~ déficitaire　贸易收支逆差
~ des capitaux　资金(收支)平衡
~ des comptes　结算差额，清算平衡
~ des liquidités　现金结余，流动资金平衡，流动资产结余
~ des matériaux　物料进出量核算
~ des paiements　支付平衡，收支平衡
~ des paiements déficitaires　收支逆差
~ des revenues et des dépenses　财政收支平衡
~ déversante automatique　自动卸料配料装置
~ doseuse　配料秤，定量喂料装置
~ du commerce　贸易平衡
~ dynamique　动（力）天平，动力平衡
~ dynamométrique　测力天平
~ écologique　生态平衡
~ économique　借贷对照表，资产负债表
~ électrique　电秤
~ électrodynamique　电流秤，电动平衡
~ en excédent　顺差
~ énergétique　能量平衡
~ enregistreuse　记录秤
~ enregistreuse et doseuse　记录配料秤，记录定量配料装置
~ favorable des paiements　收支顺差
~ favorable du commerce　贸易顺差
~ gravimétrique　扭秤
~ hydraulique　水力平衡
~ hydrologique　水文均衡
~ hydrostatique　比重秤，液体比重秤，液体比重计
~ hydrothermale　水热平衡
~ naturelle　自然平衡
~ photométrique　光度平衡，测光平衡
~ physiographique　地温平衡
~ pour analyse　分析天平
~ pour mélanges　累计重量配料秤，分批称重配料装置
~ Roberval　重锤，平衡锤，平衡重，均重块
~ romaine　台秤，杆式磅秤
~ statique　静平衡，静力平衡
~ totalisatrice　带计数器的天平
~ Westphal　韦氏比重天平

balancement *m* 均衡，平衡，摆动，摇摆
~ d'eau　水位波动
~ de fréquence　频率摆动
~ de l'avant à l'arrière　(车辆)纵向摇摆

~ de remblai et déblai 填挖方平衡
~ transversal 横向摆动
balancer *v* 摆动,平衡,补偿
balance-trébuchet *f* 精密天平
balancier *m* 摆锤,摇臂,秤杆,摇座,摇轴,摇杆,均衡座,天平梁,平衡杆,平衡器,均衡器,均衡梁,振动机,弹簧开关,平衡环,均衡环,摇臂平衡杆
~ à bras égaux 等臂平衡杆
~ à bras inégaux 不等臂平衡杆
~ à col de cygne (bogie) 转向架,均衡梁
~ à point fixe 固定支点拉杆(制动机)
~ compensateur 均衡杆,平衡杆,均衡梁,均衡器
~ compensateur de l'appareil de choc 缓冲器,均衡杆
~ d'équilibre 配重,平衡器
~ d'une pompe 泵摇臂
~ de commande de soupape 阀门传动杠杆
~ de compensation 均衡杆,均衡梁
~ de cylindre de frein 制动缸杠杆,制动风缸的均衡梁
~ de répartition 平衡杠杆
~ de suspension 转向架空挂式均衡梁
~ du dispositif de purge 缓解杠杆
~ du frein 制动杆,闸杆
~ dynamique 动平衡器
~ longitudinal 纵向均衡杆
~ statique 静平衡器
~ transversal 摇杆,摇枕,均重横杆,横向均衡杆
~ transversal de la timonerie de frein 制动横梁
balata *m* 巴拉塔树胶
balavinskite *f* 巴水硼锶石
balayage *m* 扫,扫描,清扫,搜索,扫气,(炮眼的)排气
~ à contre-courant 逆流冲洗
~ à courants contraires 对流冲洗
~ à vitesse variable 变速扫描
~ aléatoire 随机扫描
~ approximatif 粗扫描,疏扫描,近似扫描
~ circulaire 圆形扫描,圆周扫描,圆形空气扫描
~ compensé 扩展扫描,补偿扫描,展开式扫描
~ continu 单循环换气

~ d'accès 存取扫描,取数扫描
~ de fréquence 频率扫描
~ de moteur 发动机回流扫气
~ de trames 帧扫描
~ défectueux 不良扫描
~ différé 迟延扫描
~ du chantier 场地清理
~ du fond de puits 井底清洗
~ électronique 电子扫描
~ en boucle 回流扫描,回流扫气(发动机)
~ intercalaire 隔行扫描
~ linéaire 线性扫描
~ par air 空气吹除
~ par éclairage de la rampe 强力照明扫描
~ rapide 快速扫描
~ synchrone 同步扫描
~ trochoïdal 摆线扫描
balayage *m* 扫路,扫除,扫清,吹风,吹洗,清除,扫描
balayement *m* 扫描
balayer *v* 打扫,扫除,消除,扫描,搜索
balayette *f* 小扫帚
balayeur *m* 扫描器,清洁工,打扫者,扫描仪(器),扫描装置,扫描部分
balayeuse *f* 扫除机,扫路机,机动帚
~ à aspirateur 吸尘清扫器,带有吸尘式清洁器的扫路机
~ à collecteur 带有垃圾箱的清扫汽车
~ à deux balais 双刷旋转式扫路机
~ arroseuse 带洒水车的扫路机
~ aspiratrice 带有吸尘清扫器的扫路机
~ automobile 清扫汽车
~ automotrice 自动清扫机,自动扫路机
~ mécanique 机动帚,扫路机
~ mécanique tractée 牵引旋转式扫路机
~ portée 手扶扫路机
~ ramasseuse 集尘式扫路机,带垃圾箱的扫街车
~ tractée 牵引式扫路机
baldite *f* 辉沸煌岩
baleine *f* 狂浪(七级),柔韧的金属(塑料)薄片(细条)
balèvre *f* 混凝土毛刺,混凝土毛面
balipholite *f* 纤钡锂石

balisage *m* 灯标,路标,诱导灯,线路标记,信标设置,信标系统,埋设标柱,装设杆标
　～ d'un virage　转弯标志
　～ hertzien　无线电信标系统
　～ lumineux　诱导灯
balise *f* 舰标,岸标,浮标,标杆,花杆,灯标,信号塔,方位标,水准尺,视距尺,照准标,警告路牌,防护标志,灯塔标志,测量标志,无线电指向标
　～ à occultations　隐现灯,明灭相间灯,断继蔽光灯
　～ à occultations codées　编码信号,闪光信号,编码信号灯表
　～ à réflecteurs pour virage　弯道反光标志
　～ d'approche　接近标志,进场灯光,接近地面指示灯
　～ d'approche à 1 km　距(站)1公里标志
　～ d'extrémité　末端标志,尾部标志,边界灯标
　～ de piste　轨迹标志,跑道标志
　～ de sol　地面探照灯,地面交通指示灯
　～ de voie　轨道线圈
　～ en béton　水泥基座
　～ en maçonnerie　圬工信标[标志]
　～ pour délimitation de la plate-forme　路基边界标志
　～ repère　指示标,无线电指示标
balisé *a* 已设信标的,已设测量标志的
balisement *m* 路标,线路标记
baliser *v* 立路标,(用标牌、符号)表示线路,设置测量标志
balistegre *m* 微震记录仪
balistite *f* 火棉油炸药(无烟炸药的一种)
baliveau *m* 移植,脚手木,脚手架立柱,脚手架冲天,轮伐时保留的幼树
balkeneisen *m* 铁纹石
balkhashite *f* 藻(类)沥青,巴尔哈什腐泥
ballage *m* 成球,结成球状
ballant, e *a* 摇摆的,摇摇晃晃的,松弛的,松垂的
ballas *m* 放射纤金刚石,放射纤红宝石,圆粒金刚石,玫红尖晶石
ballast *m* 道砟,压块,碎石,石渣,配重,道床,镇流器,平衡器,坑砾石,压载物,平衡装置,道床电阻,负载电阻,镇流电阻,未筛砾石,碎石道床
　～ à argile cuite　烧结土道砟
　～ anguleux　碎石道砟
　～ armé　加筋道砟
　base du ～　道床地面
　～ bien choisi　精选石渣,精选道砟
　～ bien tamisé　过筛石渣,过筛道砟
　～ colmaté　泥污(硬结)道床
　～ concassé　碎石道砟
　couronne du ～　道床顶面
　～ criblé　筛过的道砟
　～ d'asbeste　石棉道砟
　damer le ～　夯实道床,夯实道砟
　～ de béton　混凝土压载(块)
　～ de carrière　砾石道砟
　～ de mâchefer　熔炉矿渣道砟
　～ de pierre cassée　碎石道砟,碎石路渣
　～ en cailloux　卵石道砟
　～ en gravier　砾石道砟
　～ en laitier　炉渣
　～ en pierre　石渣,碎石
　～ en pierres concassées　卵石道砟
　～ en sable　砂质道砟,砂渣
　～ rond　砾石道砟
　～ susjacent　上覆道砟,上层道砟
ballastage *m* 压载,铺(道)砟,毛石工(程),乱石工(程)
　～ en cailloux　鹅卵石铺渣
　～ en laitier　炉渣铺渣
　～ en pierres cassées　碎石铺渣
　～ en scorie　炉渣铺渣
ballastière *f* 铺渣机,砾石车,采砾坑,砾石料坑,采砾场,采石场,砾石坑,砂石车,道砟采石场
　～ à benne basculante　倾泻式道砟车
　～ à trémies　漏斗式道砟车
balle *f* 球,捆,包,块,重车,球状物,重矿车,大包(货物),大捆货
　～ de Kelly　凯氏球(测定新拌混凝土稠度用的)
　～ en acier　钢珠,钢球
　～ en boue　泥球
　～ en fer　熟铁块,搅炼法铁块
ballon *m* 瓶,气球,气瓶,浮升器,穹形圆山,锯状山脊
　～ à air chaud　热气球
　～ à extraction　提取瓶,萃取瓶,浸提瓶
　～ à haut pression　高压气瓶
　～ d'air comprimé　压缩空气瓶

ballot

～ d'essai 探测气球,测风气球
～ d'observation 观测气球
～ de décharge 减压箱,释放箱,卸载箱
～ de décompression 降压箱
～ de détente (vapeur) (蒸汽)膨胀箱
～ de détente des purges 疏水箱,疏水膨胀箱
～ de radiosondage 无线电探测气球
～ de vapeur 汽鼓,汽包
～ de verre 大玻璃瓶(用木箱保护的)
～ Engler 恩格勒黏度计
～ lobé 叶形气球
～ météorologique 气象探测气球
～ pilote 测风气球,试升力气球
～ Saybolt 塞氏黏度计
～ sonde 探测气球

ballot *m* 小包,包裹,小捆货,(矿工)防水衣

ballottement *m* 摇动,摇摆,振荡,波动,变化,增减,升降

balourd *m* (roue) 不平衡(车轮),不平衡度,不平衡重量
～ électrodynamique 电动不平衡

balpum *m* 滑石陶土岩

baltimorite *f* 叶硬蛇纹石

balustrade *f* 扶手,栏杆
～ en pierres 石栏杆
～ pleine 实心栏板,实体栏杆

balustre *m* 花栏杆柱,栏杆(小)柱

balux *m* 含金砂

balyakinite *f* 巴碲铜石

bambollaite *f* 碲硒铜矿

bambou *m* 竹,竹材
～ géant 毛竹
～ pourpre 紫竹

bamlite *f* 绿砂线石,硅线石

banados *m* 浅水沼泽地

banakite *f* 粗面粒玄岩,橄云安粗岩,斑诺克岩
～ à leucite 白榴粗面粒玄岩

banalisation *f* 普遍化,通用化

banalisée(voie) *a* 双向行车的(路线)

banaliser *v* 刮伤,降低质量,使变为中等水平,机车多班连续行驶,装备双向行车路线设施

banalsite *f* 钠钡长石

banane *f* 香蕉,销式插头,香蕉式插头

banatite *f* 辉英闪长岩

banc *m* 台,排,凳,列,堆,带,层,长凳,长椅,地层,机座,台架,托架,工作台,试验台,(采石场)石料层

～ à bornes à air avec support perforé 带穿孔支柱的空心端子板
～ à étirer les tubes 拉管台
～ à limite 木工台
～ à tirer 拉床,拉线机,拔丝机
～ balance 平衡试验台
～ calcaire 石灰石堤岸
～ calcaire massif 块状灰岩层
～ d'argile 黏土层,黏土堤岸
～ d'épreuve 试验台
～ d'essai 试验台
～ d'essai à poste fixe 定置试验台
～ d'essai à résistance liquide 水阻试验台,流体阻力试验台
～ d'essai mobile 活动试验台
～ d'essai pour équipement pneumatique 风动设备试验台
～ d'essai pour locomotives 机车试验台,机车定置试验台
～ d'essai pour pompe à injection 喷泵试验台
～ d'essai régulateur de vitesse diesel 柴油机调速试验台
～ d'étirage 拉拔台,绘图台架,拉拔工作台,拉(金属)丝的工作台
～ d'étirage de câbles 拉伸钢筋工作台
～ d'holographie 全息照相试验台
～ de broches (contacts) 接点排,接点列,插针板
～ de condensateurs 电容器组
～ de cendre 火山渣层,火山灰渣层
～ de charpentier 杠台,木工台
～ de ciel 顶板,顶板岩层
～ de compactage 压实试验台
～ de concassage 轧石试验台
～ de contacts 接点组
～ de contrôle universel 万能检验台
～ de coquillage 贝壳层,介壳灰质
～ de coquillages 砂质泥灰岩
～ de criblage 筛分试验台,过筛试验台
～ de dosage 配料试验台
～ de glace 冰山,大块浮冰

~ de glissement 滑移层,滑动层
~ de gravier 砾石试验台
~ de houille 煤层
~ de lampes 灯槽(电影、电视)
~ de menuisier 木工工作台
~ de mesure d'isolement 绝缘试验台
~ de mesures des ruptures 击穿试验台,破坏试验台
~ de mise en précontrainte 预应力试验台
~ de montage 装配台
~ de neige (风吹成的)雪堆
~ de pliage 钢筋弯曲台座,钢筋弯曲工作台
~ de poussée 推力试验台
~ de préchauffage 预热台
~ de précontrainte 预应力张拉台,(钢筋)预加应力台
~ de roche 石脊
~ de roches 岩层
~ de scories 火山灰渣层
~ de soudeuse automatique à l'arc 自动弧焊接
~ de tension 张拉试验台
~ de tourbe 泥炭地,泥炭田,泥煤层
~ de tréfilerie 拉线机,拔丝机,拉床
~ de tufs 凝灰岩层
~ de volée 地下采石场
~ dur 坚硬岩层
~ électrique 电力设备试验台
~ épais 厚块状层
~ franc 石灰石层
~ horizontal 水平试验台
~ intercalé 夹层
~ mince 薄块状层
~ mobile de charge 可动试验地板
~ oscillant 振动试验台,摆动试验台
~ rocheux 岩层,石脊,石礁
~ s scories 火山渣层,火山灰渣层
~ stérile 覆盖层,剥离岩层
~ vertical 立式试验台
~ vibrant 振动台
banchage *m* 浇捣,(用模板)浇灌
banche *f* (浇混凝土的)模板,泥灰岩层
banc-repère *m* 标志层
bancure *m* 石门,直交走向巷道
bandage *m* 轮胎,轮箍,绷带,绑线(电枢的),(机电转子的)护环

~ à surface de roulement élargie 加宽踏面的轮箍
~ cassé 破损的轮箍
~ conique 圆锥轮箍
~ creux 半实心轮胎,弹性轮胎,磨耗了的轮箍
~ cylindrique 圆柱轮箍
~ d'acier 钢轮箍
~ d'automobile 汽车外轮胎
~ de chariot élévateur 叉式装卸车的实心轮
~ de la roue du cylindre 轮缘
~ de roue 轮箍,实心轮胎
~ déplacé par rotation 松弛轮箍,位移轮箍,错位轮箍
~ disloqué 位移轮箍
~ douteux 位移轮箍
~ ébranlé 松弛轮箍
~ élastique 橡胶轮胎,弹性轮胎
~ en caoutchouc 橡胶轮胎
~ en caoutchouc plein 实心橡胶轮胎
~ fissuré 有裂缝的轮箍
~ s jumelés 双轮胎
~ lâche 松弛轮箍
~ métallique 铁轮,铁箍
~ mince 薄轮箍
~ pailleux 有砂眼的轮箍
~ plat 擦伤的轮箍
~ plein 实心轮胎
~ pneumatique 胶轮,轮胎(包括内外胎)
~ pneumatique à basse pression 低压轮胎,低压充气轮胎
~ rapporté 嵌装轮箍
~ sans boudin 无凸缘轮箍,无缘轮箍
~ sans soudure 无焊轮箍
~ semi-pneumatique 半充气轮胎
~ solide 实心轮胎
~ tout en caoutchouc 实心橡胶轮胎
bandaïte *f* 拉长英安岩,磐梯岩
bande *f* 区,条,条带,条纹,夹层,频带,波段,光带,光束,轮箍,通道,范围,路带,车道,轮胎,胎面,带状物,波段范围
~ à circulation lente 慢速行车带
~ à demi-puissance 半功率点频带宽度,取半功率点形成的区域

~ à démodulée 检波器分出的(音频)频带
~ à dépassement interdit 禁止超车线
~ absorption 吸收带,吸收光谱带
~ acier 钢尺,钢带,钢板(传输)带,钢板(传送)带
~ adhésive 胶布,胶带
~ affaiblie 禁带,衰减频带(滤波器)
~ affaissée 下陷带,坳陷带
~ alpine 高山带
~ antidérapante 轮胎防滑套,轮胎防滑胎面
~ au dessus de la fréquence de coupure 拒波频带(低于截止频率的波带)
~ avoisinante 相邻车道
~ axiale 轴线
~ boueuse 泥土层
~ centrale 中心,中心线
~ continue (路面上指示交通的)连续标线
~ coupée 衰减带,衰减区
~ cyclable 自行车道
~ d'arrêt d'urgence(BAU) 紧急停车带(路线)
~ d'absorption 吸收带(光谱)
~ d'accélération 快车道,加速车道
~ d'accidents 断裂带
~ d'accord 调谐范围
~ d'accotement 路缘带
~ d'adaptation 匹配频带
~ d'affaiblissement 阻带,禁带,衰减频带
~ d'alimentation 带式给料机
~ d'appui 支承带
~ d'argile 黏土带,黏土夹层,黏土层
~ d'arrêt 停车线
~ d'arrêt d'eau 截水墙,阻水堤,阻水片,止水带
~ d'arrêt d'urgence(bau) 紧急停车带
~ d'atténuation 阻带,禁带,衰减频带
~ d'eau 水带
~ d'émission 发射带(光谱),传送带(无线电),发射频带
~ d'énergie 能带
~ d'enregistrement 记录带,录音带
~ d'érosion 侵蚀(地)带
~ d'essai 实验带
~ d'étanchéité 密封条,铺筑封层路带
~ d'étude 设计带,带状图(测量)
~ d'excitation 激发带
~ d'exploration 空白带,空白段,空白区
~ d'onde 波带,波段
~ s d'usure 滑板
~ de béton déjà coulée 已通车的混凝土车道
~ de béton en construction 修建中的混凝土车道
~ de boue, ~ boueuse 冰川碎石带,淤泥层
~ de charge 行车路带
~ de chargement 承载皮带,受荷皮带
~ de chatterton 绝缘带
~ de chenille 履带
~ de circulation 行车带,(车辆特殊分类的)通车车道
~ de conduction 电导带,电导区
~ de contre-boutage 路缘带
~ de court-circuit d'anode 阳极条(电子管)
~ de cuivre-agrafée 铜卷板,铜卷片
~ de décélération 慢车道,减速车道
~ de délimitation 路面边线,车道外侧线
~ de démarcation 分车道标线
~ de forêt antibruit 隔音林带
~ de frein 制动带,制动摩擦片
~ de freinage 制动带
~ de fréquence 频带,波段
~ s de frottement (pantographe) 接触滑板,摩擦板
~ de frottement de pantographe 受电弓滑板
~ de gazon 绿化地带,绿化的道路中间地带
~ de glace 冰层,冰带,冰夹层
~ de glissement 滑移带,滑动带
~ de guidage (车行道)路缘带
~ de guidage pour piétons 路侧人行道
~ de houille 煤夹层
~ de joint d'étanchéité water-stop en PVC 聚氯乙烯止水盘根带
~ de manœuvre 操作频带
~ de marquage 路面上指示交通的标线
~ de minerai 矿层,矿脉
~ de mortier 灰浆层,化灰池
~ de papier 纸带,记录带
~ de papier enregistreur 记录纸带
~ de pavés 石块铺砌路带
~ de photographie aérienne 航空摄影路线

~ de pierres, ~ pierreuse   石流,石河,石砌车道
~ de placage   胶合板,薄板带(较贵重的贴面物质)
~ de pluie   雨带
~ de programme   程序带
~ de radiodiffusion   无线电广播波段
~ de ralentissement   减速车道
~ de recouvrement   盖层,重叠地带
~ de rejection   拒频波段
~ de renforcement de soudure   (焊接)垫板
~ de reprise   (装走存料用)储存场皮带输送机
~ de ressort   弹簧张力
~ de retenue   护带,护圈
~ de rive   封檐板
~ de roulement   踏面,行车道,行车带,轮胎胎面
~ de roulement du véhicule   行车带
~ de roulement pour dépasser   超车道
~ de sécurité   安全带
~ de sédiments   沉积带
~ de séparation   分车带,分隔带,中央分隔带
~ de séparation des voies   分道线
~ de signalisation   车道标志线
~ de solin   泛水
~ de soutènement   加固带,加固范围
~ de stationnement   停车带,停车区
~ de stériles   夹层,废石层
~ de sûreté   安全带
~ de synchronisation   同步范围
~ de terrain   狭长地带
~ de transmission   通频带,传输频带
~ de transport   运输带,传送带,运送带
~ de travée (dalle-champignon)   中带(无梁板)
~ de valence   价带
~ de verdure   铺草路缘带
~ de vidéofréquence   视频带
~ dérasée   路缘带
~ dérasée (BD) de droite ou gauche   右侧或左侧路缘带
~ dérasée de droite(b.d.d.)   右侧路缘带
~ dérasée de gauche(b.d.g.)   左侧路缘带
~ d'étanchéité en caoutchouc   橡胶止水带
~ discontinue   (路面上指示交通的)断续标线
~ divisée pour mire   测平用皮尺
~ double   (路面指示交通的)双线

~ s drainantes   指状排水沟,带状排水沟
~ du papier   纸带,记录带
~ du pilier   柱列带,排柱带
~ du terrain naturel   天然地带
~ effondrée   沉陷带
~ élastique   弹性带,橡胶皮带
~ éliminée   禁带(滤波器的)
~ en auge   槽式[斗式]传送带
~ en béton   混凝土车道
~ en bordure de la chaussée   路肩
~ en caoutchouc mousse   多孔橡胶带,海绵状橡胶带
~ en peinture réfléchissante   涂反光油漆标线
~ engazonnée   绿化地带,绿化的道路中间地带
~ enregistrée   已有记录的带
~ enregistreuse   记录纸带,录音带
~ étalée   扩展范围
~ étroite   窄(频)带
~ forestière de protection   防护林带
~ g   g波段
~ gazonnée   绿化路带
~ géosynclinale   地槽褶皱带
~ granitique   花岗岩带
~ h   h波段
~ hydrophile   止水带
~ imparfaite   缺陷带
~ infrarouge   红外波段
~ initiale (ressort)   初张力(弹簧)
~ interdite   禁带
~ isolante   绝缘带
~ isotherme   等热带
~ j   j波段
~ large   宽带
~ latérale   (车行道)路缘带;边带,边频带
~ latérale inférieure   下边频带
~ latérale restante   剩余边频带
~ latérale supérieure   上边频带,单边频带
~ lumineuse   光带
~ marginale   柱列带,排柱带
~ médiane   中间地带,中央分隔带,路中预留地带
~ minéralisée   矿化带,含矿带
~ morte   死频带,死区,死带(仪器的)
~ mylonitique   糜棱岩发育带

~ noire 煤铁带
~ non-occupée 禁(能)带
~ normale 正常能带，基带
~ occupée 价电子带，价能带，满带
~ p p波段
~ partiellement occupée 部分满带
~ passante 通带，同频带，传送带，通频带
~ passante à deux bosses 双峰通带
~ passante du filtre 滤波器通(频)带
~ passante rectangulaire 矩形通带，扁平通带
~ perforée 穿孔带，穿孔纸带，凿孔纸条
~ permissible 容许能带(半导体)
~ peu stable de l'écorce terrestre 地壳活动带
~ pierreuse 成条碎石土
~ pilote 引带，主带，领示带，标准带
~ pleine 满带
~ porteuse 传送带，运输带
~ pour cavaliers 大车道
~ préfabriquée à base de bitume 预制地沥青路面
~ proportionnelle 成比例的范围
~ protectrice 防护区
~ q q波段
~ r r波段
~ rapide 磁鼓上存取时间较小的带
~ relative d'action 相对控制范围
~ remplie 满带
~ réservée 预约带，保留带，留言带
~ riche d'un placer 砂矿富集带
~ rugueuse 粗糙路缘带，凹凸不平的路缘带
~ s s波段
~ sans fin 环形输送带
~ secondaire 次能带
~ semi-perforée 无渣纸带
~ séparative continue 连续分道线
~ séparative interrompue 间断分道线
~ sonore 振动标线
~ spectrale, ~ de spectre 谱带，光谱带
~ stabilisée 稳定路肩
~ surélevée 地垒，上升带，隆起带
~ tachygraphique 速度记录带
~ terminale (车行道)路缘带
~ terreuse 土车道
~ tiretée (路面上指示交通的)断续标线
~ transmise 无失真传输频带

~ transporteuse 运送带，传送带
~ tropicale 热带
~ vide 空带
~ vidéo 视频带
~ vierge 空白带
~ vocale 音频带，音波带
~ x x波段

bandeau *m* 箍，圈，带
bandelette *f* 细带，小带
bandylite *f* 氯硼铜石
banc *m* 层，岸，垄，地层，矿层
~ abrupt 陡岸
~ blanc 粗石灰岩层
~ calcaire 灰岩层
~ chargé de fossiles 富含化石层
~ d'alluvion 沉积垄
~ d'argile 黏土层
~ d'avant-récif 暗礁坡
~ d'entre-deux 夹层
~ de cassage 破碎层，破碎设备
~ de cendre 火山灰层
~ de charbon 煤层
~ de ciel 顶板，顶板岩层
~ de coquillage, ~ de coquilles, ~ coquillier 介壳灰岩
~ de coraux, ~ corallien 珊瑚(礁)层
~ de glissement 滑移层，滑动层
~ de gravier, ~ de galets 砾石层，砾滩
~ de grès 砂岩层
~ de minerai 矿层
~ de roche 岩层，岩石阶地，礁石，暗礁
~ de solvant 富天然气层
~ de tufs 凝灰岩层
~ dur 坚硬岩层
~ en droiteur 直立岩层[矿层]
~ épais 厚(矿)层
~ fossilifère 化石层
~ houiller 煤层
~ induré 硬化层，硬岩层，硬底
~ intercalé 夹层
~ mince 薄(矿)层
~ miscible 可混溶层
~ productif 含矿层
~ récifal 生物礁层，礁堤，礁垣

~ résistant, ~ rigide 硬岩层, 硬底
~ structural 构造阶地, 构造梯地
~ tendre 松散层, 软岩层
~ tourbe 泥煤层, 泥炭层
~ vert 绿岩层, (巴黎盆地卢台特阶) 淡水沉积岩

banket *m* (aurifère) 致密石英砾岩 (含金砾岩)
banlieue *f* 周围, 郊区, 市郊
bannistérite *f* 班硅锰石
banque *f* 库, 银行, 柜台
~ à bagages 行李柜台
~ à crédit 信贷银行
~ à domicile 上门服务的银行
~ à statut légal spécial 法定专业银行
~ accréditée 开户银行
~ Africaine de Développement (B. A. D.) 非洲发展银行
~ agréée 核准银行
~ Arabe pour le Développement Économique de l'Afrique (B. A. D. E. A.) 阿拉伯非洲经济发展银行
~ Asiatique de Développement (B. A. D.) 亚洲发展银行
~ autorisée 指定银行, 授权银行
~ centrale 中央银行
~ Centrale des États de l'Afrique de l'Ouest (BCEAO) 西非国家中央银行
~ commerciale 商业银行
~ coopérative 合作银行
~ d'entreprise 实业银行
~ d'épargne 储蓄银行
~ d'escompte 贴现银行
~ d'intelligence 知识库, 智能库
~ d'investissement 投资银行
~ de clearing 清算银行
~ de développement 开发银行, 发展银行
~ de données 资料库, 数据库, 信息库
~ de données géologiques 地质数据库
~ de données routières 道路资料库
~ de France 法兰西银行
~ de l'Agriculture et du Développement Rural (B. A. D. R) 阿尔及利亚农业及农村发展银行
~ de livraison 交付行李场所, 交付行李柜台
~ de paiement 汇入行
~ de remise 汇出行
~ des États d'Afrique Centrale 中非国家银行
~ domiciliataire 开户银行, 托收银行
~ Européenne d'Investissement (B. E. I.) 欧洲投资银行
~ Extérieure d'Algérie (B. E. A) 阿尔及利亚对外银行
~ industrielle et commerciale 工商银行
~ Internationale pour la Reconstruction et le Développement (B. I. R. D.) 国际复兴开发银行
~ Islamique de Développement (B. I. D.) 伊斯兰开发银行
~ marchande 招商银行
~ Mondiale (B. M.) 世界银行
~ Nationale d'Algérie (B. N. A.) 阿尔及利亚国民银行
~ négociante 议付银行, 押汇银行
~ notificative (信用证) 通知银行
~ par actions 股份制银行
~ populaire de Chine 中国人民银行
~ pour la reconstruction et le développement 复兴开发银行
~ présentatrice 托收银行, 提款银行
~ privilégiée 特许银行
~ technologique 技术库

banqueroute *f* 破产
banqueroutier, ère *n* 破产者
banquet *m* 宴会
~ de remerciement 答谢宴会
banquette *f* (渠边、路边的) 护道, 护坡, 阶地, 台阶, 板座, 座位, 护坡道, 挡水 (土) 埝, 小土阶, 海蚀平台, 墙壁凸出部
~ à sièges adossés 台背座
~ d'érosion marine 浪蚀阶地
~ de fossé 沟渠护道
~ de la voie 路肩
~ de stabilité 稳定护道
~ de tempête 海蚀台地, 风浪成平台
~ de terre 土护道
~ de voiture 客车座位
~ en matériaux cohérents 黏结材料护道
~ gazonnée (铺) 草皮路肩
~ herbée (铺) 草皮路肩

banquise

~ latérale 侧向护道，反压护道
~ littorale 滩肩，后滨阶地
~ longitudinale 纵座
~ marginale 边缘平台，边缘台地
~ projetée 突出护道，挑出护道
~ rocheuse 浪成阶地，浪蚀阶地
~ structurale 构造阶地
~ transversale 横座

banquise *f* 冰山，凌汛，大漂冰（两极地区），大片浮冰

~ côtière 沿岸冰，沿岸厚冰层
~ en dérive 漂冰
~ flottante 浮冰

bantam *m* 吉普车，高越野性小汽车

baou *m* 孤山

baptême du lot 规定车组名称

baquet *m* 桶，箱，罐，杯，盘，地址（与……相同），勺状座位，桶形灰岩坑

bar *m* 巴（压力单位，每平方厘米面积受 10^6 达因压力，即 1.013 公斤每平方厘米，亦即 0.9869 标准大气压）

~ air sous eau 水下气压

barachoi *m* 潟湖

Baragwanathiales *m. pl* 巴氏石松属

baralite *f* 硬铁缘泥石

baramite *f* 菱镁蛇纹岩

baraque *f* 工棚，货棚，木棚，棚屋，活动房，小木板屋，临时木板屋

~ à ciment 水泥临时储仓
~ à tente 帐篷
~ bureau 办公棚，办公室
~ de chantier 工棚
~ de stockage 货棚
~ dortoir 棚屋宿舍，卧室
~ en bois 木板棚屋
~ en fer 铁皮棚屋
~ sur un puits 井口建筑物，井棚

baraquement *m* 工棚，工地房屋，简易房屋

~ à ciment 水泥临时储仓
~ de chantier 工棚

baratovite *f* 硅钛锂钙石

barbacane *f* 出水孔，排水洞，泄水孔，泄水洞，排水孔，泄水口，墙的排水孔，横向排水沟，横向排水管，堆石排水管

barbater *v* 使气体通过液体

barbe *f* 毛边，倒刺，侧钩，篱笆，柴排，倒钩，磨石，砺石，毛口，毛刺，坚硬石灰岩

barbelé, e *a* 有刺的，有侧刺的，有倒钩的

barbelés *m* 带刺铁丝网

barbertonite *f* 水碳铬镁石

barbiérite *f* 微斜条纹长石（钠正长石）

barbosalite *f* 复铁天蓝石

barbotage *m* 核扩散

barbotine *f* 稀泥浆，泥釉，釉浆

barbule *m* 小沙岬（复合沙嘴的）

barbure *f* 氧化皮，鳞皮，铁渣

bardage *m* 隔板，挡板，用杠杆和滚木等移动重物

~ des pieux 桩的吊起

bardeau *m* 屋面板，木瓦，灰板条，(铺地的)毛板

~ d'amiante-ciment 石棉水泥瓦
~ d'asphalte 沥青瓦

bardiglio *m* 黑蛇纹方解石

bardolite *f* 纤黑蛭石，黑硬绿泥石

barégienne *f* 带状接触角岩

barème *m* 标尺，度标，计算表，一览表，刻度盘，费率表，运价率表，设计图表

~ a.a.s.h.o. aasho 计算表（即美国各州公路工作者协会计算表）
~ applicable par expédition de détail 零担货物运价率表
~ applicable par wagon 整车货物运价率表
~ de conversion 换算表
~ de location de matériel 机械租用表
~ de prix de transport 运费计算表
~ des intérêts 利息计算表
~ des prix 价目表
~ des prix de transport 运价表，运费计算表
~ des salaires 工资一览表
~ des traitements 工资表
~ kilométrique 计程运价表，里程一览表

barette *f* 矿工帽

barettite *f* 杂水镁蛇纹石

barge *f* （长方形的）干草堆

baricalcite *f* 重解石，钡方解石

baril *m* （石油）桶（1 桶 = 42 美国加仑 = 158.988 升），回转式破碎机

barilla *f* 钠灰

barille *f* 苏打灰
～ de cuivre 含铜砂岩
barillet *m* 柱体,圆筒,鼓轮,(涵洞的)洞身,筒形物,桶形失真(光栅的)
bario-anorthite *f* 钡钙长石
bariohitchcockite *f* 磷钡铝石
bariolage *m* 上杂色,涂杂色
bariolé *a* 杂色的,斑点状的
bariomicrolite *f* 钡细晶石
bariomuscovite *f* 钡白云母
bariophlogopite *f* 钡金云母
bariopyrochlore *m* 钡烧绿石
barite *f* 重晶石
baritglimmer *m* 钡云母
barium-alumopharmacosidérite *f* 毒铝钡石
barium-pharmacosidérite *f* 毒铁钡石
barkévicite[**barkévikite**] 棕闪石,铁角闪石
barkhane *f* 新月形沙丘,月牙形沙堆
～ à quatre cornes 四角形新月形沙丘
～ s coalescentes 联络新月形沙丘
～ s emboîtées 相互结合新月形沙丘
～ en files 新月沙丘带
～ s étoilées 星形新月形沙丘
～ s jumelées 双生新月形沙丘
～ s chevauchantes 重叠新月形沙丘
barle *f* 矸石,脉石,断层,位移,平移断层
barn *m* 靶
barnésite *f* 水钒钠石
barogramme *m* 气压图,气压曲线,气压记录图,气压曲线图,自记气压曲线
barographe *m* 气压计,气压表,自动气压计,气压记录器
～ anéroïde 空盒气压计,无液气压计,膜盒气压计
barolite *f* 天青重晶岩,毒重石,硬铁绿泥石,天青重晶石
barologie *f* 重力学,重力论
baromètre *m* 气压表,压力表,气压计
～ à cadran 度盘式气压计,指针式气压计
～ à coquille 膜盒气压计
～ à cuvette ajustable 调槽式气压表
～ à eau 水气压表
～ à gravité 重力气压表
～ à mercure 水银气压计
～ à siphon 虹吸式气压计
～ altimétrique 气压测高计,气压高程计
～ anéroïde 空盒气压表,无液气压表,膜盒气压计
～ au mercure 水银气压表
～ automatique à mercure 水银自动气压计
～ d'altitude 高度表,测高表,测高计
～ de montage 高山气压计
～ différentiel 差动气压计
～ enregistreur 自记气压计,记录式气压计
～ métallique 金属气压计
～ portable 轻便气压计
～ standard 标准气压计
～ standard absolu 绝对标准气压表
baromètre-altimètre *m* 高度表,气压测高仪,气压计高度表
baromètre-étalon *m* 标准气压计
barométrie *f* 气压测量学,气压测定法,大气压力测量,气压测量学
barométrique *a* 气压(计)的
barométrogramme *m* 气压图,气压自记曲线
barométrographe *m* 自动气压计
baroséisme *m* (由气压变化引起的)微震,轻微地震
barosélénite *f* 重晶石
barothermographe *m* 自记气压温度计,气压温度记录器
barotrope *a* 正压的
barotropie *f* 正压(性)
barotropisme *m* 向压性
barrage *m* 堤,栅,坝,堰,水口围墙,堤坝,堰坝,量水堰,障碍(物),拦路杆,拦河坝溢流堰,拦河闸
～ à arc 拱坝
～ à arc en béton 混凝土拱坝
～ à arches multiples 连拱坝
～ à buts multiples 多目标水库,综合利用水库,多用途水坝
～ à cellules 格型(填土)坝
～ à contreforts 垛坝,支墩坝,扶壁式坝
～ à contreforts à dalle plane 平板坝,平面垛坝,阿布森式坝,平板支墩坝,带肋的板式坝
～ à contreforts à tête élargie 大头坝,大头支墩坝
～ à contreforts à tête en forme de diamant 大

头坝,钻石式支墩坝
~ à contreforts à tête en forme T T形支墩坝
~ à contreforts à tête ronde 圆头支墩坝,大头垛坝,大头支墩坝
~ à contreforts et dalles planes 平板垛坝,阿布森坝,夹板支墩坝
~ à contreforts incurvé en plan 拱式支墩坝(平面上呈弧形的支墩坝),弧形(面板)支墩坝
~ à crête déversante 溢流坝,滚水坝
~ à cylindre 圆辊闸门坝,圆辊式活动坝,滚筒式闸坝
~ à dalles planes 平板坝,阿布森式坝,平板支墩坝
~ à dalles planes en console 悬臂式支墩坝
~ à dôme 穹隆坝,圆穹坝,穹形拱坝,双曲拱坝
~ à dômes multiples 双曲连拱坝,连穹坝,多穹顶式坝
~ à double courbure 双曲线坝
~ à fermettes 支墩坝,扶垛坝
~ à gravité 重力坝
~ à pont supérieur 桥式坝,有高架桥梁的水闸
~ à profil triangulaire 三角形断面重力坝
~ à remplissage rocheux 填石坝
~ à tambour 鼓形闸门坝
~ à tête déversante 溢流坝,滚水坝
~ à tirants 预应力坝
~ à vanne toit 设熊阱式闸门的坝,设屋顶式闸门的坝
~ à voûte épaisse 厚拱坝
~ à voûte mince 薄拱坝
~ à voûtes multiples 连拱坝
~ accumulateur 蓄水坝,拦河坝,挡水坝
~ Ambursen 平板坝,阿布森式坝,平板支墩坝
~ anti-tempête 风暴巨浪防波堤,防潮堤
~ arqué 拱形坝,拱坝
~ Austin 奥斯汀式坝
~ auxiliaire 副坝
axe du ~ 坝轴线
~ Boule 布雷氏活动坝
~ composite (土石)混合坝,复合坝
crête du ~ 坝顶
~ d'accumulation 蓄水坝,储水坝
~ d'alimentation en eau 给水坝,供水坝
~ d'estuaire 河口坝

~ de cellule 格箱式坝,格式坝,空心坝,框格式坝
~ de col 副坝
~ de compensation 二道坝,平衡坝,匀水坝,尾水池坝,再调节坝
~ de contrôle des eaux 水量控制坝
~ de correction de torrent (拦沙)谷坊,拦沙坝,溪谷小坝,防冲刷小坝
~ de crue 防洪坝,抗洪堤
~ de prise 取水坝,拦河坝,导流坝
~ de dénivellation 挡水坝,拦水坝,拦洪坝
~ de dérivation 引水坝,分水坝,拦河坝,渠首堰,引水堰,分水堰,导流坝
~ de glace 冰坝
~ de gravité 重力坝
~ de maîtrise des crues 防洪坝
~ de maîtrise des glaces 防冰建筑物
~ de production d'énergie 发电坝,电站水坝
~ de régularisation 调节坝,防洪坝,抗洪堤
~ de relèvement du plan d'eau 蓄水坝,提(抬)水坝
~ de résidus industriels 工业废料坝
~ de retenue 蓄水坝,拦河坝
~ de route 路障,安全栏,安全栅
~ de sécurité 安全坝,安全围堰
~ de stériles 尾矿坝
~ de stériles miniers 尾矿坝
~ de terre 拦河土坝
~ déversant 溢流坝,滚水坝,漫水坝
~ déversoir 溢流坝,滚水坝,漫水坝,洪峰控制坝
~ du type poids-voûte 拱式重力坝
~ en acier 钢坝
~ en arc (混凝土)拱坝
~ en béton 混凝土坝,混凝土围堰
~ en béton compacté au rouleau (b.c.r.) 碾压混凝土坝
~ en bois 木坝
~ en brique 砖坝
~ en caoutchouc 橡胶坝
~ en coupole 穹顶形坝
~ en éléments préfabriqués 预制混凝土坝
~ en enrochement 堆石坝,填石坝
~ en enrochement à écran interne d'étanchéité

~ en béton bitumineux 沥青混凝土心墙堆石坝
~ en enrochement à masque amont en béton 混凝土面板堆石坝
~ en enrochement à noyau d'argile vertical (ou incliné) 立式(或斜式)黏土面板堆石坝
~ en enrochement avec noyau étanche 心墙堆石坝
~ en enrochement en selle bétonnée 混凝土面板堆石坝
~ en exploitation 正在运营(使用)的水坝
~ en fascine 柴坝,柴堤,梢捆坝,柴捆坝,柴笼堤坝
~ en gabions 石笼坝
~ en gravier 砾石坝
~ en maçonnerie 圬工坝,砌石坝
~ en maçonnerie grossière 堆石坝,毛石圬工坝
~ en pierre 石坝
~ en remblai 填筑坝(土坝、土石坝和堆石坝的合成),土石坝,填土坝
~ en rondins 圆木坝
~ en sol 土坝
~ en terre 土坝,土石坝
~ en terre armée 加筋土坝
~ en terre cylindrée 碾土围堰
~ en terre homogène 均质土坝
~ en terre remblayé hydrauliquement 土坝,水力冲填坝
~ en terre zonée 分区土坝,非均质土坝
épaisseur du ~ 坝宽(一般用于重力坝和拱坝)
~ évidé 空心坝,空心重力坝
~ fixe 固定坝,非溢流坝,固定堰坝
~ flottant 浮式拦油栅
gardienné 有人值守坝
~ gonflable 空气坝(橡胶坝)
grand ~ 大型坝
~ gravité à arc 拱形重力坝
~ gravité en béton 混凝土重力坝
largeur du ~ 坝宽(一般用于重力坝、拱坝外的其他坝)
~ longitudinal 顺河坝
~ métallique 钢坝,加筋坝
~ mixte (土石)混合坝,复合坝
~ mobile 闸(门式)坝,活动坝

~ mobile en toile 闸(门式)帆布坝
~ naturel 堤,堰洲,天然坝
nom du ~ 坝的名称
~ non déversant 非溢流坝
~ non déversoir 无溢洪道水坝
~ non gardienné 无人值守坝
~ Ogee 渥奇溢流坝,反弧形断面溢流坝
~ par remblayage hydraulique 水力冲填坝
~ perdu 废坝,无效坝
~ permanent 固定坝,永久坝
~ perméable 渗水坝
~ plan 平坝
~ poids massif 重力实心坝
~ précontraint 预应力坝
~ principal 主坝
~ régulateur 调节坝,防洪坝
~ réservoir 蓄水坝,拦河坝
~ secondaire 副坝,辅助坝
site du ~ 坝址
situation du ~ 坝的位置
~ souterrain 地下水坝,潜水截水墙,地下截水堤
~ submersible 低水头溢流坝(堰)
surélévation d'un ~ 加高一座大坝
~ surélevé 加高的坝
~ volcanique 熔岩流堤坝
volume du ~ 坝蓄水量[能力]
zone du ~ 坝区
barrage-coupole *m* 双曲弧拱坝
barrage-déversoir *m* 溢洪道,溢水道
barrage-frein *m* 闸坝
barrage-poids *m* 重力坝
~ à profil triangulaire 三角形断面重力坝
~ déversoir 溢流式重力坝
~ en béton à parement amont en maçonnerie 设圬工砌面的混凝土重力坝
~ évidé 空心重力坝,空腹重力坝,格箱式重力坝
~ incurvé 拱形重力坝
~ voûté 拱形重力坝
barrage-régulateur *m* 防洪坝,抗洪坝
barrage-réservoir *m* 蓄水坝,拦河坝,挡水坝
barrage-usine *m* 水电站
barrage-voûte *m* (混凝土)拱坝

~ à angle constant　等角拱坝
~ à double courbure　双曲拱坝
~ à épaisseur variable　不等厚拱坝
~ à plusieurs centres　多心拱坝
~ à rayon constant　等半径拱坝,定半径拱坝
~ à rayon variable　变半径拱坝
~ à simple courbure　单曲率拱坝
~ à spirale logarithmique　对数螺线式拱坝
~ à trois centres　三心拱坝
~ cylindrique　圆筒拱坝
~ d'épaisseur constante　等厚拱坝
~ d'épaisseur variable　变厚度拱坝
~ elliptique　椭圆拱坝
~ parabolique　抛物线形拱坝
~ s multiples　连拱坝

barranco *m*　峡谷,深沟,深峪,火山濑,羊尾沟
barras *m*　位移,平移断层
barre *f*　杆,棒,条,沙洲,岸堤,钢筋,母线,钻杆,棒钢,扁材,钢条,拉杆,焊条芯,汇流条,牵引杆
~ (de mise) à la terre　接地杆,接地轨
~ à bornes　端子横担
~ à bornes auxiliaires　辅助端子横担
~ à bornes fixation par vis　由螺丝固定的端子横杆
~ à bourrer　捣固棍,砸道棍
~ à coches　凹口试杆
~ à crochet　带弯钩的钢筋
~ à forer　钻杆
~ à haute adhérence　变形钢筋,高握裹力钢筋
~ à haute adhérence crénelée ou nervurée　热压延变形钢筋,热压延竹节钢筋
~ à haute adhérence en acier écroui　热压延变形钢筋,热压延扭转竹节钢筋
~ à mine　炮杆,手摇式钻,冲击钻杆,凿岩钎子,冲击凿岩机
~ à œil　眼杆,孔杆,带环拉杆
~ à pied de biche　爪杆,撬棍
~ s à saillies　齿印钢筋,刻痕钢筋
~ s à saillies longitudinales　纵肋钢筋
~ s à saillies transversales　横肋钢筋
~ à section carrée　方铁,方钢
~ à souder　烙铁
~ à talons　齿条,齿杆,齿板
~ à tension renversée　反向应力拉杆
~ à tête percée　有眼杆
~ à virer avec cliquet　套筒扳手,扭力扳手
~ attelage　(挂车)拖杆,牵引杆
~ cannelée　变形钢筋
~ carrée　方杆,方钢筋
~ collectrice　母线,汇流条
~ comprimée　受压杆,受压杆件,受压钢筋
~ comprimée en plusieurs pièces　组合受压杆件
~ continue　连续杆
~ coudée　(承受剪力的)斜钢筋
~ courbe　曲杆
~ courbe de commande　短控制棒
~ courbée　曲杆,弯曲钢筋,变形钢筋
~ crénelée　螺纹钢筋,变形钢筋
~ croisée　横撑,横杆
~ d'accouplement　连杆,连接杆
~ d'accrochage　连杆,连接杆
~ d'acier　钢条,钢杆,条钢,圆钢,钢筋
~ d'acier rond　圆钢筋
~ d'adaptation　匹配杆
~ d'alésage　钻杆,镗杆
~ d'alimentation　汇流条,汇流母线
~ d'allégement　减重杆
~ d'amenée　供电母线
~ d'ancrage　锚杆,锚固钢筋
~ d'anspect　撬棍,撬棒
~ d'appui　支承杆,窗栅栏
~ d'appui (fenêtre)　窗上安全栏杆
~ d'armature　钢筋
~ d'armature laminée à chaud　热轧钢筋
~ d'arrêt d'urgence　安全帮
~ d'arrosage　(沥青撒布机的)喷油管
~ d'assemblage　连接杆
~ d'attache　连接杆
~ d'attelage　拖杆,牵引杆
~ d'attente　预埋钢筋
~ d'eau　止水条
~ d'écartement de sabots　制动梁
~ d'écartement　轴箱导框定距杆,连接杆
~ d'enclenchement　联锁杆
~ d'enclenchement longitudinale　纵向联锁杆
~ d'enclenchement mécanique　机械联锁杆
~ d'enclenchement transversale　横向联锁杆
~ d'enrayage avec ou sans sabots　带闸瓦或不

带闸瓦的闸瓦托
~ d'entretoise mécanique (ligne de contact) 支撑杆(接触导线)
~ d'épreuve 试验杆
~ d'essai 试验杆
~ d'essai proportionnelle 按比例的试验杆
~ d'excentrique 偏心杆
~ d'induit 电枢杆
~ d'une charpente 桁架杆件
~ d'une porte 门闩
~ s dans les deux sens 双向配筋
~ de bâchage 篷布支撑
~ de béton précontraint 预应力混凝土钢筋
~ de changement de marche 反向(牵引)杆,回动杆,换向杆
~ de cintre 拱板
~ de combustible 燃料棒,燃油杆
~ de commande 把手,控制杆,操纵杆,动作杆,控制棒
~ de compensation 补偿棒
~ de compression 压力杆件
~ de compression composée 组合压力杆件,组合受压杆件
~ de connexion 连接杆,连接钢筋
~ de contact 接点片,接触条,鳄鱼接点
~ de contraction 收缩钢筋
~ de contreventement 风撑
~ de contrôle 道岔尖轨(密贴)检查杆,检验杆,控制棒
~ de court-circuitage 短路棒,桥形接片
~ de distribution 配电汇流排,配力钢筋
~ de dopage 补偿帮
~ de faible diamètre 细钢筋
~ de faîte 屋脊(顶端)杆件
~ de fer laminée 轧制铁条
~ de forage 钻杆
~ de glissière 导板,滑板,滑轨
~ de grille 栅条,炉条
~ de gros diamètre 粗钢筋
~ de haute adhérence 变形钢筋
~ de Kelly 凯氏钻杆
~ s de l'âme 腹杆
~ de la garniture 撑杆,缀条,拉线杆,拉线桩,桁架腹杆

~ de la timonerie de frein 制动杆
~ de laiton 铜杆,铜排
~ de liaison 系杆,系带,(轨距)连杆,(混凝土路面接缝的)拉杆
~ de masse 接地电极,接地杆
~ de membrure (桁)弦构件,弦杆
~ de membrure inférieure 下弦杆
~ de membrure supérieure 上弦杆
~ de montage (钢筋)支座,托架
~ de pilotage 调节棒
~ de précontrainte 预应力杆
~ de protection 护杆,扶手
~ de puissance 汇流母线(电)
~ de raccordement 连接杆
~ de réglage 功率控制棒
~ de relevage 换向杆
~ de remorquage 拉杆,牵引杆
~ de remorque 拖杆
~ de renforcement 加强钢筋
~ de répartition 分布钢筋
~ de retenue (ligne de contact) 支撑杆(接触导线)
~ de retenue 支撑杆
~ de roche 石梁,岩坝,硬石层
~ de scellement 锚固钢筋,嵌入钢筋
~ de section carrée 方钢筋
~ de sécurité 安全棒,安全杆
~ de sonde 钻探杆
~ de sortie 伸出钢筋,露头钢筋
~ de suspension 吊杆,挂杆,悬杆
~ de tension 拉杆
~ de tirage 拉杆,拉紧杆
~ de torsion 扭力杆,转矩杆,拧立杆
~ de touche 触杆(电报)
~ de traction 拉杆,牵引杆
~ de treillis 架腹杆,桁架腹杆,桁架杆件
~ de verrouillage d'aiguille 道岔锁闭杆
~ déformée 螺纹钢筋,变形钢筋
~ diagonale 斜杆,斜钢筋,对角斜杆,斜撑杆(置)钢筋
~ difforme 变形钢筋,竹节钢筋
~ en compression 压力杆件
~ en fer 铁条,条形杆
~ en fibre de verre 玻璃纤维锚杆

~ en paquet 钢筋束
~ en plusieurs pièces 组合杆件
~ en spirale 螺纹钢筋
~ en surnombres 多余杆件
~ en U 槽杆,槽钢,槽铁
~ entretoise anti-vibration 防振支撑钢筋
~ étirée 拉制的棒材
~ étirée à froid 冷拉钢筋
~ faîtière 篷布支杆
~ flottante 镫筋,箍筋
~ garde-corps 栏杆,扶手
~ glissante 导板,滑板,滑轨
~ hexagonale 六角钢
~ isolée 单(根钢)筋
~ laissée en attente 预留钢筋
~ laminée 冷轧钢筋
~ laminée à froid 冷轧钢筋
~ lisse 光面钢筋,无节钢筋
~ longitudinale 纵向钢筋
~ longue de commande 长控制棒
~ s longues 长钢轨,焊接长钢轨
~ ne supportant aucun effort 不受力的构件
~ nue 裸母线
~ oblique 斜杆,交叉杆,斜钢筋(承受剪力的)
~ omnibus 母线,汇流排,汇流条
~ omnibus de réserve 备用母线
~ omnibus du courant alternatif 交流母线
~ omnibus du courant continu 直流母线
~ omnibus en acier 钢母线
~ omnibus en aluminium 铝母线
~ omnibus en cuivre 铜母线
~ omnibus neutre 中性母线
~ omnibus principale 控制杆,主汇流条,主点汇流条
~ omnibus sous gaine de protection 封闭式母线
~ ondulée 竹节钢筋
~ plate 扁钢,扁钢条
~ pleine 实体杆件
~ pliée (承受剪力的)斜钢筋,弯曲钢筋
~ pliée vers le bas 向下弯曲(粗)钢筋
~ pré-comprimée 预压钢筋
~ précontrainte 预应力钢筋
~ principale 主钢筋
~ radiale 辐射形钢筋

~ recourbée (承受剪力的)斜钢筋,弯起钢筋,向上弯钢筋
~ relevée (承受剪力的)斜钢筋,弯起钢筋,向上弯曲钢筋,承受挠曲力的杆件
~ résistante à la flexion 承受绕曲力的杆件
~ rocheuse 石梁,硬石层
~ ronde 圆铁,圆钢(筋)
~ saillante 钢筋的伸出部分(连接用的短材)
~ saillie 变形钢筋,竹节钢筋
~ secondaire 进路集中联锁机内的信号动作杆
~ s structurales 构造钢筋
~ sur plusieurs travées 多跨构件
~ surabondante 多余杆件(桁架的)
~ tendue 拉杆,受拉钢筋,抗拉钢筋
~ torsadée 螺旋钢筋
~ transversale de la timonerie 制动横梁,操纵横梁
~ travaillant à l'extension et la compression 受拉受压杆件
~ verticale 立杆,(桁架的)垂直杆件
barré *m* 贫矿石,夹矸煤
barreau *m* 棒,杆,条,心子,心轴,试样
~ à l'œil 眼杆,孔杆,节环拉杆
~ à treillis 缀合杆件
~ aimanté 磁棒,条形磁铁
~ creux 空心棒
~ d'épreuve 试样,试棒
~ d'essai 试样,试件,样件,试验棒,测试棒
~ d'outil 刀杆,镗杆
~ de choc 冲刺试验棒,冲击试验杆
~ de fatigue 疲劳试件
~ de flexion 弯曲试件,弯曲杆件
~ de grille de la chaudière 护箅,护条,护栅,护排
~ de grille 炉箅
~ de quartz 石英棒
~ de référence 标准试样,标准试棒
~ de tension 张力杆,钢筋
~ de traction 拉力试验杆,抗拉试验棒
~ entaillé 开凿试杆,凹口试杆,刻度试件
~ homothétique 位似棒
~ plat 扁平试棒
~ x de protection des orifices de ventilation 通风孔安全网罩

barreaudage *m* 栅栏
　～ de cour anglaise　窗井栅
　～ de fenêtre　窗前铁栅
barrel *m* 桶(液体容量单位,1 英桶＝163.65 升，1 美桶＝119 升；化工、石油，1 美桶＝158 升)
barrer *v* 拦住,挡住,拦阻,划去,划掉,用闩关闭,断绝交通
barrérite *f* 钠红沸石
barre-route *m* 公路广告栏
barres *f. pl* 杆,棍,条,把手
　～ dans les deux sens　双向配筋
　～ de treillis　腹杆,桁架
　～ longues　长钢筋,长钢轨
　～ structurales　构造钢筋
barrette *f* 杆,肋,拉杆,挡杆,撑条,试件
　～ de connexions　跳线,连接杆,桥形接片,跨接线
　～ de raccord (à deux bornes)　接线柱(二端子)
　～ de raccordement　连杆,连接杆
　～ isolement chauffage　加热断路器
　～ isolement masse batterie　电池组接地隔离甲刀
barretter *m* 镇流器,平稳电阻,镇流电阻
barricade *f* 路栏,路障,护栏,栅栏,障碍物,阻碍物,防御工事
barricader *v* 阻塞,拦阻,设路拦,设路障
barrière *f* 隔墙,栅栏,帷幕,隔层,遮挡,隔栏,栏木,挡板,阻碍,障碍,障壁岛,障碍物,限位器,隔水层,拦路木,道口栅木,道木栏杆,不透水幕
　～ à chaîne　拦路铁链,链栅栏
　～ à eau　拦水建筑物,拦水栅
　～ à glissière de sécurité　安全滑动栅栏
　～ à lisse　道口栏杆
　～ à lisse automatique　自动栏木,自动栅门
　～ à lisse glissante　滑动栅门
　～ à lisse suspendue　悬式栅门
　～ à lisse tournante　旋转栅门
　～ à moto　摩托车挡板
　～ à neige　防雪栅
　～ à pivot　旋转栅门
　～ à poste d'appel　呼叫自动栏木
　～ à rabattement　吊栅门
　～ s accouplées　联动栅门
　～ acoustique　公路隔音栅
　～ anti-diffusion (barre de combustible)　燃料棒的表面药皮
　～ antiéblouissante　防眩(目)栅栏
　～ anti-feu　防火墙
　～ antipollution　防污(染)堤,防污屏(障)
　～ anti-vapeur　防潮层
　～ automatique　自动栏木
　～ basculante　竖旋路栏,升降式栏木
　～ basse　隔离墩
　～ basse en béton profilé　混凝土块低隔栏
　～ commandée à distance　遥控栏木
　～ contre le bruit　防音壁,隔音壁
　～ d'accès aux quais　近月台栅栏,站台进口栅栏
　～ d'eau douce　(注水后)淡水堤,淡水墙
　～ de confinement　密封屏
　～ de dégel　解冻天气禁止通行的栏木
　～ de diffusion　扩散屏
　～ de fermeture de tunnel　隧道封闭栏杆
　～ de fission　裂变屏
　～ de passage à niveau　平交道口栏木
　～ de péage　收税栅,(城市入口处所设)收税处
　～ de potentiel　势垒,势能壁垒,位能壁垒
　～ de potentiel au contact　接触势垒,接触壁垒
　～ de protection　护栏,护栅
　～ de protection de séparateur　路中分隔护栏
　～ de route　公路道口栏木
　～ de sécurité　安全栏,安全栅,安全护栏
　～ de vapeur　隔气层
　～ démontable　可拆卸护栏
　～ douanière　关卡,关税壁垒
　～ dynamique (air)　空气屏蔽
　～ de sécurité　安全栅栏
　～ élastique métallique　钢弹性栅栏
　～ en grille　格子栅门
　～ en terre　土围墙,土障
　～ étanche　挡水墙,隔水墙
　～ glissante　滑动栅门
　～ imperméable　不透水隔层,不透水幕,隔水层
　～ légère　轻型护栏
　～ lourde　重型护栏
　～ manœuvrée à distance avec transmission à double fil　双线拉栅门
　～ manœuvrée à la main　手动栏木,手动栅门
　～ normale　标准护栏

~ normale de sécurité　标准安全栅栏
~ oscillante　旋转栏木,摆动栏木
~ pare-neige　挡雪栅栏
~ pivotante　旋转栅门,转动栅门
~ potentiel　势[位]垒
~ pour piétons　行人栏木,行人栅门
~ protectrice　保护屏蔽
~ rigide　刚性护栏
~ roulante　滑动栅门
~ thermique　热屏,热障
~ tournante　旋转栅门

barringtonite　*f*　水碳镁石
barroisite　*f*　冻蓝闪石
barsanovite　*f*　异性石
barsowite　*f*　钙长石
bartholomite　*f*　变纤钠铁矾
barycentre　*m*　重心,质量中心
　　~ de courbure　曲率重心,曲率重合
barycentrique　*a*　重心的
barye　*f*　微巴(压强单位,相当于1达因/厘米² 或0.001巴)
barylite　*f*　硅铍铍矿
barysilite　*f*　硅铅矿
barystrontianite　*f*　碳酸锶矿,杂菱锯重晶石
baryte　*f*　氢氧化钡
　　~ anhydre　氧化钡,重晶石
barytheulandite　*f*　钡片沸石
barytifère　*a*　含重晶石的
barytique　*a*　重晶石的,钡氧的
barytite　*f*　重晶石
　　~ aérée　碳钡矿(毒重石)
　　~ carbonatée　碳钡矿(毒重石)
　　~ sulfatée　重晶石
barytoanglésite　*f*　钡铅矾
barytocalcite　*f*　钡解石
barytocélestine　*f*　钡天青石
barytofeld-spath　*m*　钡长石
barytolamprophyllite　*f*　钡闪叶石
baryto-phyllite　*f*　硬绿泥石
barytouranite　*f*　钡铀云母
baryum-heulandite　*f*　钡片沸石
baryum-orthoclase　*f*　钡正长石
baryum-vanadium-muscovite　*f*　钡钒白云母
bas　*m*　下面,底部,下层,下限

à ~ de　从……下来
d'en ~　从下面,来自下面
~ de pente　山坡底,坡麓,边坡坡角
en ~　在下面,往下,朝下,朝地下
en ~ de　在……之下,位于……下方
~ supersonique　超音速下线

bas pays　*m*　低平地,低原,低平原
bas, basse　*a*　低的,浅的,下面的,下部的
basal　*m*　基板
basal, e, aux　*a*　基层的,基础的,基部的,基底的,底部的
basalte　*m*　玄武岩
　　~ à grains fins　细粒玄武岩
　　~ à olivine　橄榄玄武岩
　　~ alcalin　碱性玄武岩
　　~ alcalino calcique　钙碱质玄武岩
　　~ amygdalaire　杏仁状玄武岩
　　~ columnaire　柱状玄武岩
　　~ demi-deuil　辉绿玄武岩
　　~ des cônes　(火山)锥状玄武岩
　　~ des plateaux　高原玄武岩
　　~ en oreillers　枕状玄武岩
　　~ feldspathique　长石玄武岩
　　~ fissural　高原玄武岩
　　~ fondu　熔化玄武岩
　　~ néphélinique　霞石玄武岩
　　~ océanique　大洋玄武岩
　　~ primaire　原始玄武岩
　　~ prismatique　具柱状节理构造的玄武岩
　　~ s stratoïdes　高原玄武岩
　　~ tholéitique　拉斑玄武岩
basaltiforme　*a*　玄武岩状的,柱状的
basaltique　*a*　玄武岩的
basaltite　*f*　无橄玄武岩
basaltjaspe　*m*　玄武碧石
basaltoïde　*m*　似玄武岩的
basalttuff　*m*　玄武凝灰岩
basaluminite　*f*　羟铝矾
basanite　*f*　烧石膏,碧玄岩,试金石,燧石板岩,试金岩
　~ leucitique　白榴碧玄岩
basanitoïde　*m*　玻基碧玄岩,似碧玄岩
basanomélane　*f*　钛赤铁矿
bas-champ　*m*　泥岩沼

bas-côté *m* 人行道,道边,路边
basculage *m* 翻转,摆动,倾卸,倾倒
basculant *a* 摆动的,倾斜的
bascule *f* 闸,秤,天平,摇杆,磅秤,活销,摇臂,摇座,摇轴,摆杆,提升机,振动机,平衡秤,平衡器,提升杆,翻转装置,旋竖桥的双翼,吊桥活动桁架
～ à ciment 称量水泥的杆式秤
～ à eau （混凝土拌和厂）称量水重的装置
～ à fléau 杆秤
～ à grue 吊车秤
～ à pied 立体体重秤
～ à rails 轨道衡
～ à wagons 地磅,轨道衡
～ arrière 向后倾斜,向后倾翻
～ automatique 自动秤,自动天平,自动磅秤,自动衡重器
～ centésimale 百分秤,百分磅秤
～ composante électronique 触发电路,双稳态多谐振荡器
～ d'une croisée 滑动闸锁,条件锁闭,集中控制
～ de pesage (essieux) 车轴轨道衡
～ de pesage dynamique 动力秤（测量重车通过时对路面的作用力和重车的静态重量）
～ de table 台秤
～ de voie 轨道衡
～ des agrégats 骨料分批计量机
～ doseuse 配料秤
～ monostable 单稳平衡器
～ pour peser 磅秤
～ romaine 杆秤
basculement *m* 倾卸,倾翻,翻倒,突变,蜕变,翻转,摇动,摇摆,倾覆
～ de benne hydraulique 液压倾卸
～ de benne par gravité 重力倾卸
～ de couches 岩层倒转,地层倒转
～ de la lame 叶片刮板倾卸
～ du manocontact 压力开关的移动,压力接点的移动
～ entre deux équipements （两个设备之间）切换,转换,交替,变换
～ latéral 侧翻,侧向倾斜
～ mécanique （机械）倾卸,倾翻,翻转
basculer *v* 倾卸,倾翻,摆动,摇动,摇晃,使偏倾
basculeur *m* 卸车,配重,平衡器,触发器,倾卸设备,自卸车,倾卸车,翻车机,倾卸装置,自动倾卸车
～ à auge 翻斗车,自卸车
～ à benne profonde 深翻斗自卸车
～ à transistors 晶体三极管触发电路
～ à trois côtés 三向倾卸车
～ bilatéral 两面倾卸车
～ circulaire 旋转倾卸车
～ d'arrière 后倾自卸车
～ de côté 侧向倾卸车
～ de dépôt 翻斗倾卸车
～ de déversement (wagons) 货车倾御设备
～ de wagon 翻车机
～ en long 尾卸车
～ latéral 侧卸车
～ oscillant 机械式握柄锁闭中的摇轴
～ pour berlines 矿用倾卸车
～ rotatif 圆翻车机,旋转倾卸车
base *f* 基（础、地、准、面、线、层），基部,基底,基点,底座,底层,基数,（墙、柱、塔）基,支承(点),碱,碱基,山麓,山脚,底,技术,机座,区域,基极（晶体管的）
～ à terre 土基
～ aérienne （航空）摄影基线
～ alcalino-terreuse 碱(性)土,碱土金属
～ automobile 汽车（总）站,汽车库,汽车场
～ auxiliaire 辅助基线
～ circulaire 圆形扫描线
～ combinée 联合底座,联合底脚
～ compressible 弹性地基,可压缩地基
～ continue 带状基线
～ d'alliage 合金基体
～ d'altimétrie 测高基线,测高基准
～ d'appui 基础,基地
～ d'échelle 标度底线
～ d'élastomère 弹性底座,弹料底座
～ d'établissement d'un tarif 指定运价的基数
～ d'excavation 开挖基线
～ d'opération 基线（测量）
～ d'un levé 测量基线
～ d'un triangle 三角形底边
～ d'appui 基础,基地;根据地
～ de balayage 扫描基线
～ de barème 计费表基数

~ de calcul 计算原理,设计基础,计算基础,计算根据
~ de chantier 施工区
~ de colonne 柱座,柱基
~ de dénudation 剥蚀基准面
~ de données 数据库,信息库
~ de fondation 基底,基础底层
~ de galerie 水平巷道底板
~ de l'érosion 侵蚀基准面
~ de la semelle 底座基础,底脚基础
~ de macadam-mortier 水泥碎石混合料路基层
~ de meure 标度,刻度盘,刻度尺
~ de mur 墙座,墙基
~ de nivellement 水准基点,水准基面
~ de perception 收费公路基数
~ de pied (crayon combustible) 下端头
~ de prise de vues 摄影基线
~ de projet 设计依据,设计基础资料
~ de référence 基线,参照线
~ de route 道路基层
~ de stockage d'essence 汽油库
~ de talus 坡脚,坡底
~ de tarification 运价的计算基数
~ de triangulation 三角测量基线
~ de vérification 控制基线,校准基线,校核基线,检查基线
~ de vie 营地
~ du forage 钻孔底部
~ du mât 铁塔基座
~ du revêtement protecteur 护坡底(脚)
~ économique 经济基础
~ élargie 加宽(路面)基层
~ en béton 混凝土底层,混凝土基层,混凝土基础,混凝土底座,混凝土基座
~ en brique 砖基
~ en brique cassée 碎砖基层,碎砖基础
~ en galet 砾石基层,卵石基础
~ en grain 粒料基层,粒料底层
~ en gravier 砾石基层,砾石底层
~ en paillasson 草垫层
~ en pierre sèche 干石基层
~ époxy 以环氧树脂为主剂
~ évasée 喇叭形底脚,喇叭形基础
~ faible 弱碱

~ fixe 固定基层
~ flexible 柔性基层,柔性基础
~ granulaire 粒状基层,粒状底层
~ graveleuse 冰缘前砾层
~ graves naturelles 天然砂砾基层
~ gravier 砾石基层
~ houillère et métallurgique 煤炭钢铁基地
~ industrielle 工业基地
~ kilométrique 公里计费基数
~ mixte 混合基础,混合基层
~ mobile 活动基地
~ noire 沥青基层,沥青底层
~ polyuréthane 以聚氨基甲酸酯为主剂
~ principale 基础,底层
~ reliée 结合基层
~ rigide 刚性基础,刚性基层
~ souple 柔性基础,柔性基层
~ stéréoscopique 立体摄影测量基线
~ tarifaire 课税标准
~ théorique 理论基础
~ vie 生活区,生活营房
basement *m* 基底,基础,岩基,地下室
~ géoélectrique 地电基层
baser *v* 以……为根据
se ~ sur 根据,以……为基础,建立在……基础之上
bas-étage *m* 地下层(楼房的),底层楼房(的)
bas-fond *m* 低地,洼地,凹,地沟,浅滩,低洼地,盆地,底部
basicérine *f* 氟铈矿,氟碳铈矿,变氟铈矿
basicité *f* 碱度,碱性,基性度
~ énergique 强碱性
~ équivalente 当量碱性
~ faible 弱碱性
basification *f* 基性化,基性岩化;碱化
basifier *v* 碱化,基性化,碱性化
basique *a* 基本的,基础的,碱性的,基性的
basite *f* 基性岩
basopinacoïde *m* 底面,(矿物)底轴面
basse *f* 浅滩,凹地,巴斯页岩(常含黄铁矿),夹煤炭质页岩
~ s eaux 低水,枯水期,低水位
~ énergie 低能(沉积环境)
~ fréquence 低频

~ montagne 低山
~ pression 低压
~ tension(BT) 低压

basse-mer *f* 退潮,低潮,退水
basse-montagne *f* 低山,矮山
basses-eaux *f. pl* 低水位
 ~ de morte-eau 最小潮低水位
 ~ de quadrature 最小潮低水位
 ~ de syzygie 大潮低水位
 ~ de vive eau 大潮低水位
 ~ normales 一般低水位,正常低水位
basses-terres *f. pl* 低原,低岸
 ~ d'esertiques 低原荒漠
bassetite *f* 铁铀云母
bassin *m* 池,槽,水池,水槽,盆地,大盆,洼地,池塘,煤田,容器,水区,矿床,煤盆地,码头区,排水区域
 ~ à auge 戽斗式消力池
 ~ à auge à rouleau 滚筒戽斗式消力池
 ~ à auge avec dents 开槽戽斗式消力池
 ~ à auge avec seuil 有尾槛的戽斗式静水池,有尾槛的戽斗式消力池
 ~ à boue 泥地,泥浆池
 ~ à boue activée 活性污泥池
 ~ à circulation 循环池
 ~ à circulation verticale 竖流沉淀
 ~ à dent 有齿槛的静水池,有齿槛的消力池
 ~ à deux actions 双作用水池
 ~ à écoulement radial 辐射池
 ~ à mouvement rotatif 漩流池
 ~ à ressaut hydraulique 水跃池
 ~ à ressaut hydraulique avec bloc brise-charge 带放水装置的水跃池
 ~ à schlamms 泥浆坑
 ~ abyssal 深海盆地
 ~ aéré 曝气池
 ~ alluvial 冲积盆地,冲积流域
 ~ aréique 无河盆地,无流区
 ~ artésien 承压水盆地,自流泉盆地
 ~ aux pétroles 油池
 ~ avec jet d'eau 喷水池
 ~ barré lagunaire 封闭式潟湖盆地
 ~ bordier 边缘盆地
 ~ boueux 泥地

~ carbonifère, ~ charbonnier 含煤盆地
~ clarificateur 澄清池
~ clos 封闭盆地
~ clue 涝原泛滥盆地
~ d'ablation 冰川消融区
~ d'accumulation 蓄水区,蓄水池
~ d'activation 活化池
~ d'aération 曝气池
~ d'affaissement 沉陷区,沉陷盆地
~ d'alimentation 集水盆地,补给盆地,集水区,水源补给区[池],汇水面积
~ d'amortissement 消力池,跌水池,水垫塘,静水池
~ d'aspiration 泥浆池,泥浆槽
~ d'attente 蓄水池,待泊港地
~ d'avant-récif 礁前带
~ d'eau claire 雨水池
~ d'eau de pluie 雨水池,雨水坑
~ d'eau souterraine 地下水流域,地下水盆地
~ d'écrêtement 削洪池
~ d'effondrement 地堑,断层谷,断层盆地
~ d'égouttage 排水池,滴水池,沥水池,集油器
~ d'emmagasinement 蓄水池
~ d'entremont 山间盆地
~ d'épuration 净化池[槽]
~ d'érosion 侵蚀盆地
~ d'essai 试验槽,试验池
~ d'évaporation 蒸发池,大型蒸发器
~ d'évolution 回水池
~ d'extension 膨胀水箱[池]
~ d'homogénéisation 均化池,中和池
~ d'index 参证流域,指标流域
~ d'infiltration 滤池,渗入盆地,渗透区
~ d'influence 影响范围,降落漏斗(抽取地下水时的)
~ d'inondation du fleuve 江河泛滥盆地
~ d'un cours d'eau 河流流域,河川集水区
~ de bois 储木场
~ de captage 集水盆地,集水池
~ de chasse 冲刷盆地
~ de clarification 澄清池
~ de clarification finale 清水池
~ de coagulation 凝聚池(净化水用的),凝结沉淀池

~ de collection d'eau   集水水库,汇流水池,集水面积
~ de compensation   调节水库,平衡水库,补偿调节水库
~ de compression   压力箱
~ de contrôle des crues   调洪洼地,调洪水库
~ de crue   涝原,泛滥盆地
~ de cueillage   进水池,采集池
~ de décantation   沉淀池,清水池,(反复使用的)沉沙池,泥浆池,浓缩池
~ de décharge   卸载水池
~ de dépôt   沉淀池,静水池,澄清池,沉积盆地
~ de désactivation   净化(消除放射性)水池
~ de déshuilement   油水分离池
~ de dessablement   沉沙池
~ de diffusion   散水池
~ de dissipation   消能池,消力池,静水池
~ de dissipation avec blocs brise charge   带放水装置的消力池
~ de dissolution   溶蚀盆地
~ de distribution   配水池
~ de drainage   流域,流域盆地,排水盆地
~ de faille, ~ faille   断层盆地,断层谷
~ de filtration   过滤池
~ de floculation   混凝池,絮凝池
~ de floculation à lit de boues   泥底悬浮滤池
~ de karst   岩溶盆地,喀斯特盆地
~ de l'évacuateur des crues   溢洪道消力池,溢洪道静力池
~ de lac   湖盆
~ de mélange   混合池
~ de mise en charge   前池
~ de natation   游泳池
~ de nautisme   泊船池
~ de névé   雪地,积雪盆地
~ de percolation   渗滤池
~ de précipitation   沉淀池,澄清池
~ de prétraitement   预处理池
~ de réception   集水区,集水池,受水池,受水区,受水盆地,河流补给区
~ de recharge   回灌水池
~ de récupération   回收池
~ de refroidissement   冷却池
~ de régulation   调节水池

~ de repos   沉淀池,澄清池
~ de réserve   储水池
~ de restitution   后库,后池,消力池,静水池,尾水水库
~ de rétention (captage) des sédiments   拦(泥)沙坑
~ de rétention (eaux usées)   废水池
~ de rétention des crues   滞洪区,拦洪水库,滞洪洼地
~ de retenue   蓄水池,滞洪区,调节池
~ de retenue des crues   蓄洪区,蓄洪盆地
~ de rivière   河流流域
~ de sédimentation   沉淀池,沉沙池,沉积盆地
~ de service   工作水池
~ de stabilisation   稳定池,均化池
~ de stockage   沉淀池
~ de surcreusement   石盆地,冰川槽,冰川谷,岩盘盆地
~ de tête (chambre d'eau)   前池
~ de traitement   污水处理池
~ de tranquillisation   稳定池,沉淀槽,静水池,消力池
~ de vallée glaciaire   冰川谷,冰川槽
~ de subsidence, ~ subsident   沉陷盆地
~ du cratère   火山口盆地
~ du piedmont   山前盆地
~ en parallèle   并联池
~ en série   串联池
~ endoréique   内流盆地
~ éolien   风化带,风成盆地,风蚀盆地
~ épicontinental   陆表盆地,陆缘盆地
~ exoréique   外流盆地
~ extérieur   外流盆地,外流流域
~ fermé   封闭盆地,封闭港池,低洼盆地
~ ferrifère   铁矿区
~ final des eaux usées   污水最终沉降池
~ fluvial   河流流域,河成流域,江河流域
~ fluviatile   集水区,集水池,受水池,受水区,受水盆地,河流补给区
~ géologique   盆地,台向斜,大型凹地
~ géosynclinal   地槽,地榴区
~ glaciaire   冰川盆地
~ graben   断陷盆地,地堑
~ haut   上游流域

~ houiller 煤田
~ hydraulique 蓄水库,汇水区
~ hydrogéologique 水文地质盆地
~ hydrographique 流域,汇水区,流域盆地,汇水盆地,汇水面积,受水面积
~ hydrologique 流域,分水岭,集水盆地,排水盆地,水文流域,水文盆地
~ inférieur 下池,下库,(抽水蓄能电站的)尾水池,下游水池,下流水库
~ inondé 涝池,洪泛区,泛滥盆地,洪泛面积
~ insulaire 岛弧盆地
~ intérieur 内流域,内陆盆地
~ intracratonique 陆间盆地,地台内盆地,克拉通内盆地
~ intramontagneux 山间盆地
~ lacustre 湖盆,湖成盆地
~ lagunaire 潟湖盆地
~ limnique 淡水盆地,陆相煤田,陆相煤盆地
~ littoral paralique 近海盆地,浅海盆地
~ alluvial 冲积盆地,冲积流域
~ marginal 边缘盆地
~ marin, ~ maritime 海盆地,海相盆地
~ métallogénique 成矿区
~ minier 矿区
~ multifonction 多功能处理池
~ nucléaire 造山带中心盆地
~ océanique 深海盆地,海底盆地,大洋盆地,大洋型盆地
~ orographique 山间盆地
~ ouvert 开敞港池,有潮港池,无闸港池,排水盆地,外流盆地
~ paléozoïque 古生代盆地
~ paralique 海岸盆地,近海盆地
~ péricratonique 克拉通边缘盆地
~ périphérique 边缘盆地,外围盆地
~ pétrolier, ~ pétrolifère 油田,含油盆地,石油盆地
~ préliminaire des eaux usées 污水初次沉降池
~ réserve 储水池
~ sédimentaire 沉积盆地
~ sédimentaire intracontinental 陆间沉积盆地
~ semi-fermé 半封闭式盆地
~ structural 构造盆地
~ supérieur 前池,上库,(抽水蓄能电站的)上池,上游进水池
~ tectonique 断层盆地,构造盆地
~ terminal 终碛盆地,冰舌凹地
~ torrentiel 洪流区,洪流盆地
~ tranquillisation 消力池,静水池
~ versant 流域,集水(面积),盆地,集水区,集水区,汇水区,汇水盆地,排水盆地,排水区域

bassinet *m* 小盆地,小洼地
bastaing *m* 冷杉厚木板
bastion *m* 岬,山嘴,城墙,突出悬谷
bastite *f* 绢石,闪光晶石
bastonite *f* 棕黑蛭石
bataillère *f* 漩涡
bâtarde *f* 中性岩,混染岩,混浆岩
batardeau *m* 围堰,挡风墙,防水堰,堵水门,预备门,(渠或隧道的)检修门
~ à pilotis 桩围堰,桩式驳岸
~ amont 上游围堰
~ aval 下游围堰
~ avec palplanches 板桩围堰
~ caisson 箱形围堰
~ cellulaire (钢板桩)格型围堰
~ de glace 冰围堰
~ de palplanches 板状围堰
~ de secours 检验闸门,备修闸门
~ en acier 钢围堰
~ en amont 上游围堰
~ en aval 下游围堰
~ en béton 混凝土围堰
~ en enrochement(s) 填石围堰
~ en gabions 木笼围堰
~ en galerie 隧洞溢流坝
~ en palplanches 板桩围堰,板桩护岸
~ en palplanches métalliques pour piles 桥墩钢板围堰
~ en terre 填土围堰
~ latéral 侧向围堰
~ palplanches 板桩围堰
~ temporaire 临时围堰

batardeaux *m.pl* 叠梁
batavite *f* 透鳞绿泥石
batchelorite *f* 绿叶石,绿白云母
baten *m* 后成谷
bat-flanc *m* 运马货车用隔板,运载马匹货车用

隔木
batha *f* 间歇河谷
batholite *f* 岩基,岩盘
batholithite *f* 深成岩,岩基岩
bathomètre *m* 测深计,测深仪,测深器
bathométrie *f* 水深测量,水深调查
Bathonien *m* 巴通阶(J_2)
bathoroclase *f* 水平节理
bathvillitte[bathwillitte] *f* 木质树脂,暗褐色琥珀
bathymètre *m* 测深器,深度计,水深测量仪
bathymétrie *f* 测深术
bathymétrique *a* 测深的,等深的,水深测量的
bâti *m* 框,架,基础,机座,框架,骨架,机架,机壳,钢架,构架,车架,承力结构,骨架结构,基盘地区
　~ à bain　箱形架
　~ à vapeur (turbine)　汽缸
　~ continental　陆骨架(格架),大陆构造
　~ d'amplificateurs　放大器架
　~ d'assemblage　型架,装配架
　~ d'essai　试验台,试验架
　~ d'un compteur　电度表的基架
　~ de concasseur　碎石机机架,破碎机机架
　~ de fourche　叉形架
　~ de l'appareil　仪表框,仪表架
　~ de l'appareil tendeur　补偿器架,张力调节器架
　~ de machine　机器底座,机床底座
　~ de manœuvre à double fil　双导线式集中联锁机
　~ de montage　装配型架
　~ de moteur　发动机底座
　~ de mouvement d'aiguille　转辙器座
　~ de relais　继电器架
　~ de répéteurs　中继器架
　~ de sélecteurs　选择器架
　~ de treuil　绞车架
　~ de turbopompes　涡轮泵承力架
　~ dormant　(固定的)门窗框
　~ double　双面架
　~ du banc d'essai　试验台平台
　~ du pantographe　受电弓支承框架
　~ en fonte　铸铁架
　~ inférieur　底框,下部框架

　~ nu　空机壳,空架子
　~ plein　实体架,实腹刚架
　~ répartiteur　配电器架
　~ Saxby　沙氏联锁机
　~ tout acier　全钢构架(施工机械)
　~ unitaire　单元架
bâti-cylindre *m* 汽缸体
batière *f* 两坡屋顶
batillage *m* 涌浪
bâtiment *m* 楼房,房屋,大厦,建筑物
　~ à charpente métallique　金属结构建筑物
　~ à étages (multiples)　多层建筑,高层建筑,楼房
　~ à l'épreuve de feu　防火建筑物
　~ à ossature métallique　钢架房屋,钢骨架结构,金属结构房屋
　~ à plusieurs étages préfabriqués　多层装配式建筑物
　~ à réaliser　拟建房屋,待建造的房屋
　~ administratif　行政办公楼,办公大楼
　~ administratif ou commercial　办公、商务用房
　~ agricole　农村建筑
　~ annexe　附属楼
　~ annulaire (600MW)　环形楼(60万千瓦)
　~ auxiliaire　附属厂房
　~ combustible　燃料厂房
　~ commercial　商业建筑
　~ couronne (600MW)　环形楼(60万千瓦)
　~ d'administration　办公楼,行政建筑
　~ d'habitation　公寓建筑,公寓大楼
　~ d'habitation pour le service　职工住宅
　~ d'internat　宿舍楼
　~ d'usine　电厂,厂房,发电厂房
　~ de bureau　办公楼
　~ de chemin de fer　铁路房屋
　~ de fabrication　生产厂房
　~ de grande hauteur　高层建筑物
　~ s de la gare　站舍,车站建筑物
　~ de liaison　联络楼
　~ de parcage　车库,停车库
　~ de parcage étagé　多层汽车库
　~ de service　服务楼,办公楼
　~ de stockage　库房,储存用房
　~ de ventilation　通风塔

~ des appartements　公寓建筑
~ des auxiliaires de sauvegarde　安全保护辅助厂房(楼)
~ des auxiliaires généraux　辅助锅炉房
~ des chaudières auxiliaires　辅助锅炉房
~ des compresseurs　空气压缩机房
~ des dortoirs　宿舍楼,单身宿舍
~ des groupes électrogènes　柴油发电机房
~ des laboratoires　实验楼
~ des locaux électriques　电器大楼
~ des machines　机器房,动力车间
~ des recettes　客运站,旅客站舍
~ des voyageurs　客运站,旅客站舍
~ écologique　生态建筑
~ électrique　电气厂房
~ électrique et d'exploitation　主控制室
~ existant　现有房屋
~ extérieur (au bloc usine)　外部建筑,厂外建筑
~ ferroviaire　铁路建筑物,铁路局办公大楼
~ s généraux　总服务楼
~ industriel　工厂建筑物,厂房
~ industriel à multiples étages　多层[高层]厂房
~ léger　轻型建筑
~ lourd　重型建筑
~ préfabriqué　预制装配式房屋
~ principal　主楼
~ projeté　拟建房屋,待建设的房屋
~ public　公共房屋
~ publique　公共建筑
~ résistant aux tremblements de terre　抗震建筑物
~ standardisé　标准化建筑
~ type　标准建筑,定型建筑
~ typifié　典型建筑,标准化建筑

bâti-moteur　*m*　发动机机座

batiolé, e　*a*　杂色的,五颜六色的,花花绿绿的

bâtir　*v*　建筑,建造,建立,建设

batisite　*f*　硅钡钛石

bâtisse　*f*　房屋,建筑物,(建筑物的)泥水工程,圬工工程,砖石结构

bâtisseur　*m*　建筑者,建造者,创建人

bâton　*m*　路签,棒
~ blanc　白色交通指挥棒,停车信号棒
~ miniature　小型路签
~ pilote　路签
~ pilote à tickets　带有各色许可证的路签
~ pilote électrique　电气联锁路签
~ pour block absolu　绝对闭塞制用路签
~ pour block permissif　容许续行(连发)闭塞制用路签
~ pour locomotive de secours　钥匙路签,救援机车用路签

bâtonnet　*m*　小棒

batrachite　*f*　绿钙镁橄榄石

bats　*m*　碳质页岩

battage　*m*　打,凿岩,穿孔,破碎,锻造,打桩,锤打,锤实,打夯,定线,压碎,捣实,搅拌
~ à froid　冷锻
~ à la masse　二次破碎,块矿破碎
~ à main　手捣固,人工夯实
~ au câble　钢绳冲击钻
~ au trépan　冲击凿岩
~ d'essai　打试验桩
~ de la sonde　冲击凿岩
~ de palplanches　打板桩
~ de pieux　打桩
~ de puits　冲击钻孔,冲击凿岩
~ des pilotis　打桩
~ électrique　电法勘探
~ rapide　高频凿岩,高频破碎,快速打桩

battant　*m*　门扇,窗扇,调节片,鱼鳞板,鱼鳞片,铰链片,散热风门
~ de fenêtre　窗扇
~ de pavillon　上侧梁,车顶纵梁
~ de porte　门扇

batte　*f*　压实,捣固,捣锤,锤打,平头镐
~ à bourre　碎矿机,捣矿机,捣固镐
~ coudée　弯头镐
~ de maçon　圬工锤
~ droite　直头镐

bat(t)ée　*f*　盘,淘金盘,淘洗盆,洗矿槽

battement　*m*　拍,拍打,振动,击动,脉动,主动,振幅,间隔

batterie　*f*　(电池、用具等)组,排,座,套,蓄电池,散热器
~ A　丝级电池组,灯丝电池组,甲电池组
~ anodique　阳极电池组,乙电池组

~ atomique 原子电池组
~ au nickel-cadmium 镍镉蓄电池
~ auxiliaire 附加电池组,调压电池组
~ B 屏极电池组,乙电池组
~ bloc 蓄电池组
~ C 栅极电池组,丙电池组
~ centrale 中央电池组
~ centrale limitée à la signalisation 振铃电池组
~ collecteur 集流管组,集气管组
~ commune 共用电池组,总电池组
~ d'accélérateurs 一组风机
~ d'accumulateurs 蓄电池组
~ d'accumulateurs alimentée par un redresseur 由整流器浮充的蓄电池组
~ d'anodes 屏极电池组,阳极电池组,乙电池组
~ d'éclairage par dynamo 浮充蓄电池组
~ d'excitation 激磁电池组
~ de trois accélérateurs 一组三台风机
~ de chauffage 灯丝电池组,丝级电池组,甲电池组
~ de chauffe 散热器
~ de cisailles (voie) 道岔组
~ de condensateurs 电容器组
~ de contacteurs 接触器组,触电组件
~ de décantation 澄清槽
~ de deux buses 双孔圆涵
~ de filament 甲电池(组),灯丝电池(组)
~ de filtres 滤池组
~ de grille 丙电池组,栅极电池组
~ de la voie 轨道(电路)电池组
~ de lampes immergées 水下灯组
~ de lampe de poche 手电筒电池组
~ de ligne 线路电池组
~ de piles sèches 干电池组
~ de plaque 乙电池组,屏极电池组,阳极电池组
~ de plaques tournantes 转车台组
~ de polarisation 偏压电池组
~ de polarisation de grille 丙电池组,栅极电池组
~ de pré réchauffage 预热器
~ de puits 井点串联(井点法降低地下水位)

~ de secours 备用电池组,应急电池组
~ de siphons 虹吸组
~ des puits 井群,井点串联(井点法降低地下水位)
~ en floating 浮充电池组
~ équilibrée 浮充电池组
~ fixe 固定电池组
~ frigorifique 冷却管,制冷管组
~ froide 冷却盘管组
~ intégrale 共电电池组,中央电池组(共电制)
~ locale 局部电池组,本机电池组
~ portative 携带式电池组
~ rechargeable 可充电电池
~ sèche 干电池组
~ solaire 太阳能电池
~ stationnaire 固定电池组
~ tampon 浮充电池(组),平衡电池组
batterie-bloc *f* 蓄电池(组)
batteur *m* (限制行程用的)缓冲块,橡胶垫
batteuse *f* 打桩机,桩锤
~ à grue 起重机式打桩机
~ de pieux 打桩机,打桩设备
~ de pieux à action directe 直接作用的打桩机
~ de pieux à air comprimé 压缩空气打桩机
~ de pieux à main 手动打桩机
~ de pieux à vapeur 蒸汽打桩机
~ de pieux diesel 柴油(机)打桩机
~ de pieux électrique 电动打桩机
~ de pieux flottante 浮式打桩机,水上打桩机
~ de pieux légère 轻型打桩机
~ de pieux par des jets d'eau 水冲沉桩机
~ de pieux pivotante 旋转式打桩机
~ de pieux universelle 通用打桩机
battitures *f. pl* 铁屑,锻屑,铁渣,氧化皮
battre *v* 拍,步,打(桩),敲,捶,搅,拌,冲击,撞击
~ à la cadence du courant codé 电码的工作电流同步
batture *f* 碳质页岩
batukite *f* 暗白榴玄武岩
baud *m* 波特(电报速率单位)
bauérite *f* 片石英
bauéritisation *f* 片石英化
baues *f. pl* 岩层
bauge *f* 柴泥,洼地,渗有禾秆的黏土砂浆

baulite *f* 透长凝灰岩,包斜流纹岩,辉石流纹岩
baume *m* 树胶,香脂,加拿大树胶
　～ de Canada　加拿大树胶
　～ de funérailles　地沥青
　～ de Judée　东方树胶
　～ de momie　东方树胶
　～ du Canada　加拿大树胶
　～ neutre　中性树脂
Baumé *m* 波美(符号 Be,一种液体比重计的标度)
baumite *f* 锰镁铝蛇纹石
bauxite *f* 矾土(氧化铝),铝土矿,铁铝氧化,铁铝氧石
　～ de terra rossa　钙红土
bauxitite *f* 铝土岩,胶质矾土岩
bavalite *f* 硬铁绿泥石,鲕绿泥石
bavarois *m* 插入式转换器(交换机)
bavénite *f* 硬沸石,硅铍钙石
bavette *f* de répartition pour gravillonnage 尾部挡板式石
bavolet *m* 鱼鳞板,屑撒布机
bavure *f* 毛刺,焊渣,毛口,飞边,(汽车)翼子板,挡泥板,不平断口,参差断口
bayérite *f* 拜三水铝石(a 三羟铝石)
bayldonite *f* 乳砷铅铜石
baylissite *f* 水碳鲜钾石
bazar *m* 集市,市场,百货商店
bazirite *f* 硅锆钡石
bazzite *f* 钪绿柱石
béaconite *f* 纤滑石
béant *a* 张开的,张口的,大开的
béarsite *f* 水砷铍石
beaucoup *adv* 多,很多,很,非常
　à ～ près　差很多,差得远
　～ de　许多,很多
　de ～　大大地,远远地,很多地
beau-frais *m* 和风
beaumontite *f* 黄片沸石,贾克硅孔雀石
beauvérite *f* 铜铅铁矾
beaverite *f* 铜铅铁矾
bébédourite *f* 云霞钛辉岩,钙钛云辉岩
bec *m* 头,顶,端,嘴,喷嘴,喷灯,喷口,尖端,前缘,接头
　～ à acétylène　乙炔灯,乙炔焊炬,电石喷灯,乙炔燃烧器
　～ à l'acétylène　气焊喷枪
　～ bunsen　本生灯
　～ d'âne　"驴嘴"钎
　～ de bunsen　本生灯
　～ de cascade　瀑布的坎阶
　～ de chalumeau　喷灯嘴
　～ de corbeau　克丝钳
　～ de descente　水落管,落水管
　～ de fractionnement cloison de séparation　分割器,分水水嘴
　～ de gaz　瓦斯灯,煤气喷灯,煤气灯,煤气燃烧器
　～ de l'enclume　砧角,铁砧嘴
　～ de lampe　喷灯嘴
　～ de pont　(桥)分水尖
　～ de soudure　焊嘴
　～ déverseur　放水水嘴
　～ du rouleau　挡板,圆辊闸门的盖板
　～ pulvérisateur d'eau　水幕喷嘴
beccarite *f* 绿锆石
bec-d'âne *m* 扁尖錾
bec-de-corbin *m* 尖弯头器
bêche *f* 铲,锹,铁锹,铁铲,支架,防滑铲,尖铁锹
　～ à argile　掘土铲
　～ à terre　掘土铲,挖土铲
　～ d'ancrage　锚固支架
　～ pneumatique　风动铲
bêcher *v* 挖,掘,翻土
bêchette *f* 小铲,小铲
bêcheuse *f* 挖掘机
　～ rotative　旋转式挖掘机
bechilite *f* 硼钙石
bêchoir *m* 大方铲
bechtaunite *f* 石英斑岩
beckacite *f* 酚醛树脂
beckerite *f* 伯克树脂石
beckite *f* 玉髓燧石
beckopol *m* 酚醛塑料
becquet *m* 发动机罩前缘
bédane *m* "驴嘴"钎(法国古代一种一字形钎头),扁尖錾,狭凿,掏槽凿子
bedénite *f* 铁阳起角闪石(铝直闪石棉)
bédiasite *f* 贝迪亚玻陨石

bedrock *m* 基岩, 底岩
beef *m* 肉状夹石, 火腿石
béekite *f* 玉髓燧石, 红色豆粒燧石
béerbachite *f* 辉长角岩(辉长细晶岩)
befanamite *f* 硅钪石
beffonite *f* 铝钙长石
beffroi *m* 钻塔, 井架
béforsite *f* 镁云碳酸岩
behiérite *f* 硼钽石
béhoïte *f* 羟铍石
beidellite *f* 贝得石
beige *m* 米色, 浅灰褐色; *a* 米色的, 浅灰褐色的
beigne *f* 湖成阶地
beine *f* 阶地, 浅滩, 滨海地带
　～ construite 堆积阶地, 浪积阶地
　～ d'érosion 侵蚀阶地
　～ lacustre 湖成阶地, 滨湖阶地
　～ terrasse 堆积阶地, 浪积阶地
bekinkinite *f* 方沸霞闪岩
bel *m* 贝(尔)(音量、声强、电平单位)
belbaïte *f* 贝尔电气石
bélbeilite *f* 钾长方钠岩, 长霓方钠岩
beldellite *f* 贝得石
bêle *f* 杆, 棒, 条, 铁条, 钢筋
　～ articulée 铰接杆
　～ en acier 钢筋
　～ en bois 木杆件
　～ glissante 滑杆
　～ ondulée en acier 竹节钢
bélier *m* 撞杆, 砂捣, 柱塞, (拆房用的)撞锤, 打桩机, 打桩锤, 羊角撞锤
　～ à pilotage 打桩机, 打桩锤
　～ à pilotis 桩锤, 打桩锤
　～ hydraulique 水刀撞锤, 水锤扬水器, 压力扬吸机
bélier-aspiration *m* 水力夯锤, 水力撞锤
bélière *f* 吊环, 吊圈
bélier-siphon *m* 液力锤, 液力压头, 水力夯锤, 水力撞锤
belièvre *f* 陶土
bélinogramme *m* 传真电报, 传真图片, 传真通讯
bélinographe *m* 传真电报机, 传真图片, 培林式传真电报

bélinographie *f* 传真学, 传真电报, 传真图片, 传真学
beljankite *f* 铝氟石膏
belle-fleur *f* 井架
bellite *f* 砷铬铅矿, 二硝基苯炸药
belmorite *f* 月长石
belnik *f* 白桦林
bélonésite *f* 氟镁石
bélonite *f* 针状长石, 柱状火山, 针硫铋铅矿
bélonosphérites *f. pl* 针雏晶球粒
belovite *f* 锶铈磷灰石(别洛夫石)
belugite *f* 闪长辉长岩
beluze *f* 砾质石岩
belvédère *m* 平台, 台阶
belyankinite *f* 锆钛钙石(别良金石)
belyankite *f* 铝氟石膏
bemagalite *f* 铍镁晶石
bendigite *f* 本迪陨铁
bénéfice *m* 利润, 盈利
　～ actualisé 实际利润, 现值利润
　～ après impôt 税后利润
　～ attribuable 可分配利润
　～ avant impôt 税前利润
　～ axe à taux réduits 减税
　～ brut 总利润, 毛利
　～ consolidée 合并利润
　～ d'exploitation 营业利润, 经营利润
　～ du portefeuille 投资利润
　～ du temps 赢得时间
　～ espéré 预期利润
　～ intangible 无形效益, 非金钱表达的受益(包括直接的和间接的受益)
　～ net 净利, 纯利, 净利润
　～ net primaire 一级效益, 直接效益
　～ secondaire 二级效益, 次级效益, 附属效益
　～ tangible 有形效益
bénéficiaire *n* 受益人
　～ de recette 收入受益人
　～ d'une police 保单受益人
benne *f* 桶, 斗, 矿斗, 抓斗, 翻斗(车), 料车, 铲斗, 戽斗, 吊斗, 小车, 车体, 车身, 料罐, 料斗, 吊桶斗, 自卸车厢, 抓斗式起重机
　～ à bascule 倾翻吊桶, 翻斗矿车, 倾卸车厢
　～ à basculement 翻转式装料箱

~ à béton 混凝土吊罐,混凝土斗
~ à charbon 煤斗
~ à charge de four 配料斗
~ à chargement 装料斗
~ à charnière 开合式抓斗
~ à détritus 岩屑抓斗
~ à eau 水斗
~ à fond ouvrant 吊斗,低开式混凝土灌注吊桶
~ à griffe 抓斗,抓起机的勺斗
~ à renversement latéral 侧卸式车厢
~ à traction 吊铲抓斗
~ à trépan 钻头式抓斗(既能钻进,同时又将土抓出)
~ amovible 可拆换的戽斗(多斗式运料机),可拆换的抓斗
~ automatique 自动抓斗,自动翻斗,自动搬运车
~ basculante 倾卸车厢,倾斜料斗,翻转式装料斗
~ basculante de côté 侧向倾卸车厢,侧翻式装料斗
~ basculante par l'arrière 后卸式运料车厢
~ basculante vers l'arrière 后倾车厢
~ chargeuse 装料斗
~ culbutante 翻斗
~ d'alimentation en matériaux (混凝土拌和机)装料斗
~ d'extraction 吊斗提升机,大吊桶,提升吊桶(斗)
~ de chargement 装料斗
~ de creusement 掘进用吊桶
~ de déchargement 卸料斗
~ de dragline 索铲铲斗
~ de mine 箕斗,矿斗
~ décapeuse 铲斗,刮斗
~ élévatrice 提升斗,高架平土机,挖掘平土机,电铲式筑路机
~ pour camion gravillonneur 铺细石屑的车厢
~ prenante bicâble 双(缆)索抓斗
~ prenante monocâble 单(缆)索抓斗
~ preneuse 抓料斗,攫取戽斗,抓戽
~ racleuse 铲斗,牵引式铲运机,铲运机土斗
~ racleuse pour le marinage 挖泥斗,出渣斗
~ rétro (挖土机的)反铲
~ rétro terrassement (挖土机的)反铲
~ rétro-tranchée (挖沟机)反铲
~ sur rails (轻便轨道)翻斗车,自卸车
~ surbaissée 轮式刮土机
~ suspendue 吊斗,吊罐
~ terrassement 挖土斗,土方铲斗,铲土机铲斗
~ type excavatrice 挖土(机)斗
~ universelle 手推(小)车,斗式挖掘机,带有翻斗的(混凝土)手推车

benne-drague f 挖掘机
benoto m 贝诺托钻机
bentonite f 皂土,浆土,膨土岩,斑脱岩,膨润土,斑脱土
~ alcaline 碱性膨润土
~ calcaire 钙质膨润土
~ sodique 钠质膨润土
bentorite f 钙铬矾
benzène m 苯,汽油,挥发油
benzine f 汽油,二甲苯,挥发油,轻质汽油
~ de moteur 发动机汽油
~ de pétrole 汽油
benzoate m 苯甲酸酯
benzol m 苯,安息油,偏苏油
benzoline f 粗汽油
béquet m 订正单
béquette f 扁嘴钳,平口钳
béquille f 支架,支柱,斜撑,撑杆,拐杖,支撑架,支承架,中心支承主体(可控硅的)
~ oblique 斜(支)撑,剪力撑
~ de soutien 支承(托)架
ber m 喷口,喷嘴,尖头
berborite f 水硼铍石
berce f 托架,锅腰托板
~ de chargement (pour wagons à deux trains de roues) 凹形平车用的凹形装车台
~ de citerne 罐车底座,罐车托架,罐体鞍座
berceau m 床,拱,吊篮,吊架,地基,(涵洞的)基座,支架,摇台,摇架,炉顶,环境,路床,垫层,底盘,底脚,洗矿槽,筒形拱,路基层,摇篮式托架
~ biais 倾斜拱
~ d'appui 支座,鞍座
~ de construction 摇台,摇架,吊架
~ de dépannage 检修托架
~ de guidage 导向槽

~ de structure 构筑支架[座]
~ en béton 混凝土承座基床(涵管的)
~ en béton maigre 贫混凝土(涵洞)基座,贫混凝土管座,贫混凝土承座基床
~ hélicoïdal 螺旋形筒形拱
~ rampant 跛拱,斜栓拱,斜筒形穹顶

berdouille *f* 岩浆,岩粉
bérengélite *f* 脂光沥青
bérésite *f* 黄铁细晶岩
bergalite *f* 黝黄煌岩,蓝黄煌岩,蓝方黄长煌斑岩
bergamaskite *f* 铁钙闪石,绿钙闪石,杂角闪绿泥解石
bergblant *m* 蓝铜矿
berge *f* 堤(岸),斜坡,陡岸,陡坡
~ adoucie 缓坡
berge *f* 岸,高岸,岸坡,陡坡,断崖绝壁
bergmannite *f* 不纯钠沸石(假钠沸石)
bergschrund *m* 冰后隙,大冰隙
béril *m* 绿玉,绿柱石
bérillite *f* 水硅铍石
béringite *f* 棕闪粗面岩,棕闪安山岩
berkélium *m* 锫(Bk)
berkeyite *f* 天蓝石
berline *f* 矿车,矿斗,斗车(窄轨用),手推小车,小型货车,矿山用车
berme *f* 岸,戗道,平台,马道,小巷,耳巷,段台,梯级,谷原,护(坡)道,梯级,小平台,滩边阶地,后滨阶地
~ à roseaux (种)芦苇(的)护坡道
~ axiale 中央分车带,中央分隔带
~ centrale 中央分车带,路中预留地带
~ de chargement 反压平台
~ de talus 边坡平台
~ de séparation 分车带,分隔带
~ gazonnée 铺草皮路缘带
~ médiane 中央分车带,中央分隔带
bermudite *f* 黑云碱煌岩(百慕大岩)
bernonite *f* 水钙铝石
bérondrite *f* 辉闪斜霞岩
berryite *f* 板硫铋铜铅矿
berthiérine *f* 铁铝蛇纹石
bertossaite *f* 磷铝钙锂石
Bertrand (lentille de ~) *m* 勃氏棱镜
bertrandite *f* 羟硅铍石,堇青花岗岩

béryl *m* 绿玉,绿柱石,祖母绿
~ bleu 蓝绿柱石,蓝宝石
~ incolore 无色绿柱石
~ jaune 黄绿柱石,黄透绿柱石
~ rose 玫瑰绿柱石,红绿宝石
~ vert bleuâtre 蓝宝石,深蓝绿色绿柱石
beryllite *f* 水硅铍石
béryllium-vésuvian *m* 铍符山石
béryllonite *f* 磷钠铍石
béryllosodalite *f* 硅铍铝钠石
berzéliite *f* 透锂长石,黄砷榴石(镁黄砷榴石)
besace *f* 檐槽中的溢水隔板
besoin *m* 需要(量),需求(量)
au ~ 在需要……时,如果需要,需要的话
avoir ~ de 需要,缺乏
~ de froid 制冷负荷
~ de pointe 高峰需水量,高峰需求量
~ en eau 需水量
bestage *m* 黏土带,黏土夹层
bêta(rayonnement) *m* β射线
bêta-alumohydrocalcite *f* β铝土钙石
bêta-ascharite *f* β硼镁石
bêta-chrysotile *f* β纤蛇纹石
bétain *m* 结核,胶结的砂,夹结核的砂,结核状砂
bêta-lomonosovite *f* β磷硅钛钠石,β罗蒙诺索夫石
bêta-roselite *f* β砷钴钙石
bêtatron *m* 电子回旋加速器,电子感应加速器,电子(磁)感应回旋加速器
béthume *f* 岩溶漏斗,喀斯特漏斗
bétoire *f* 斗淋,污水井,阴沟口,灰岩洞,石灰坑,(灰岩区)落水洞,岩溶漏斗,灰岩渗水坑,喀斯特漏斗
béton *m* 混凝土
~ à agrégat 骨料混凝土
~ à agrégats apparents 露出石子的混凝土
~ à agrégats expansés 轻骨料混凝土,轻集料混凝土,膨胀骨料混凝土,膨胀集料混凝土
~ à agrégats fins 细骨料混凝土
~ à agrégats légers 轻集料混凝土
~ à agrégats tout venants 未筛分集料混凝土
~ à air entraîné 加气混凝土
~ à air occlus 加气混凝土
~ à armature rigide 刚性钢筋混凝土

~ à base de bitume   地沥青混凝土
~ à base de chaux   石灰混凝土
~ à base de goudron   煤沥青混凝土
~ à base de liège   软木集料混凝土
~ à base de matériaux volcaniques   火山岩集料混凝土
~ à ciment   水泥混凝土
~ à consistance de semi-plastique   低流动性混凝土,和易性差的混凝土
~ à consistance de terre humide   干硬性混凝土,自然湿度混凝土
~ à densité élevée   高密实度混凝土
~ à densité ordinaire   普通密实混凝土
~ à durcissement accéléré   快硬混凝土
~ à durcissement rapide   快硬混凝土
~ à entraînement d'air   加气混凝土
~ à faible affaissement   干硬性混凝土,无坍落度混凝土,低坍落度混凝土
~ à faible humidification   硬稠混凝土,干硬(性)混凝土
~ à faible perméabilité   抗渗性差的混凝土
~ à fluidité   摊铺混凝土,流态混凝土
~ à forte consistance   稠混凝土,干硬性混凝土
~ à gaz   气泡混凝土(多孔隙混凝土的一种),加气混凝土
~ à grains fins   细集料混凝土
~ à grande consistance   干硬性混凝土,稠混凝土
~ à grande résistance   高强(度)混凝土,高标号混凝土
~ à granulation unique   闭级配混凝土,单一级配混凝土,均粒径骨料混凝土,相近粒径骨料混凝土
~ à granulats légers   轻集料混凝土
~ à granulométrie serrée   密级配混凝土
~ à granulométrie unique   单一级配混凝土
~ à grenaille   喷浆混凝土
~ à gros éléments   粗集料混凝土
~ à gros granulats   粗骨料混凝土
~ à haute consistance   干硬性混凝土
~ à haute résistance   高强混凝土
~ à haute résistance initiale   早强(性)混凝土,早高强混凝土
~ à introduction d'air   加气混凝土,引气混凝土
~ à l'eau oxygénée   用过氧化氢制备的加气混凝土
~ à l'état frais   新浇注混凝土
~ à la bentonite   膨润土混凝土
~ à la calcite   方解石混凝土
~ à la chaux   石灰混凝土
~ à la magnétite   磁铁矿混凝土
~ à liant de bitume   沥青混凝土,地沥青混凝土
~ à liant de goudron   煤沥青混凝土
~ a liant de résine   (聚合)树脂混凝土
~ à liant plastique   地沥青黏结混凝土
~ à pleine fouille   地膜混凝土浇注,不用模板浇注混凝土
~ à pores   多孔混凝土,气泡混凝土
~ à prise lente   慢凝混凝土
~ à prise rapide   快凝混凝土
~ à résistance trop faible   强度不合格混凝土
~ à sec   干硬性混凝土
~ à très forte résistance à la compression   高强度混凝土
~ abrité   制掩蔽体的混凝土
~ aéré   加气混凝土,泡沫混凝土,多孔混凝土
~ aggloméré   混凝土制品(块)
~ allégé   轻质混凝土
~ alourdi   超重混凝土
~ altéré   风化混凝土
~ alumineux   矾土水泥混凝土
~ alvéolaire   泡沫混凝土,气泡混凝土
~ alvéolaire armé   钢筋气泡混凝土
~ antiacide   耐酸混凝土
~ antidérapant   防滑混凝土,抗滑混凝土
~ apparent   外露混凝土,表面混凝土,无装饰混凝土,外露石子混凝土,无装饰(外露石子)混凝土
~ architectonique   装饰混凝土
~ armé(b.a.)   钢筋混凝土
~ armé continu(bac)   连续配筋混凝土
~ armé coulé sur place   现浇钢筋混凝土
~ armé de câbles précontraints   预应力钢丝索混凝土
~ armé de fibres   (有石棉等纤维填充料的)纤维钢筋混凝土,纤维增强混凝土
~ armé de fibres d'acier   钢纤维增强混凝土

~ armé de fibres de verre 玻璃纤维增强混凝土
~ armé de treillis armé 钢丝网(加筋)混凝土
~ armé fretté 加箍筋钢筋混凝土
~ armé léger 轻型钢筋混凝土
~ armé ordinaire 普通钢筋混凝土
~ armé post contraint 后张法预应力钢筋混凝土
~ armé précontraint 先张法预应力钢筋混凝土,预应力钢筋混凝土
~ armé préfabriqué 预制混凝土
~ armé vibré 振捣钢筋混凝土
~ articulé 铰接式混凝土(板),活结混凝土块
~ asphaltique 地沥青混凝土
~ asphaltique à chaud 热铺沥青混凝土
~ asphaltique à froid 冷铺沥青混凝土
~ asphaltique à gros grains 粗骨料沥青混凝土
~ asphaltique de cailloux 粗骨料沥青混凝土,粗级配沥青混凝土
~ asphaltique de gravillon 细骨料沥青混凝土,细级配沥青混凝土
~ asphaltique époxyde 环氧沥青混凝土
~ asphaltique fin mis en œuvre à froid 冷铺细粒料地沥青混凝土
~ assombri par un ingrédient 黑色混凝土(用有机结合料配制的混凝土)
~ au brai vinyle 乙烯基树脂混凝土
~ au goudron-bitume 地沥青混凝土
~ autoclave 蒸压混凝土,热压混凝土,加气混凝土
~ auto-contraint 自应力混凝土
~ aux cendres volantes 粉煤灰混凝土
~ aux cendres volcaniques 火山灰混凝土
~ aux polymères 聚合物混凝土
~ avec agrégats siliceux 硅质骨料混凝土,砂岩骨料混凝土
~ avec occlusion d'air 加气混凝土
~ banché de terre 土模浇注混凝土
~ baryté 重晶石混凝土,氧化钡混凝土
~ bitumineux(BB) 沥青混凝土
~ bitumineux à froid 冷拌沥青混凝土
~ bitumineux à granulométrie ouverte 松级配沥青混凝土,开式级配沥青混凝土
~ bitumineux à module élevé(BBME) 高模量沥青混凝土
~ bitumineux antidérapant 防滑沥青混凝土
~ bitumineux clouté 嵌压式沥青混凝土
~ bitumineux coulé 地沥青砂胶,碾压式地沥青(即沥青混凝土),摊铺式沥青混凝土
~ bitumineux cylindré 碾压沥青混凝土
~ bitumineux de liaison(BBL) 地沥青混凝土结合料,连接层沥青混凝土
~ bitumineux de mâchefer 熔渣地沥青混合料
~ bitumineux de roulement 路面层沥青混凝土
~ bitumineux de scories 熔渣地沥青混合料
~ bitumineux de type A A型薄层沥青混凝土
~ bitumineux drainant 排水式沥青混凝土
~ bitumineux époxydé 环氧沥青混合料
~ bitumineux étanche 不透水沥青混凝土
~ bitumineux fin 细粒沥青混凝土,细级配沥青混凝土,细集料沥青混凝土
~ bitumineux fin à granulométrie discontinue 断续级配细粒料沥青混凝土
~ bitumineux gros 粗粒料沥青混凝土
~ bitumineux grossier 粗糙沥青混凝土
~ bitumineux mince(BBM) 薄层沥青混凝土
~ bitumineux pour chaussée souple à faible trafic(BBS) 轻交通沥青混凝土路面
~ bitumineux riche en gravillons 多石屑沥青混凝土,富细粒石的沥青混凝土
~ bitumineux semi-grave(BBSG) 半开级配沥青混凝土
~ bitumineux très mince(BBTM) 特薄层沥青混凝土
~ bitumineux ultra mince(BBUM) 极薄层沥青混凝土
~ blanc 白色混凝土(即水泥混凝土)
~ bouchardé 拉毛混凝土,琢毛混凝土
~ brut 素混凝土,粗制混凝土
~ brut de décoffrage (未经任何表面处理的)拆模毛面混凝土,刚拆模的混凝土
~ caverneux 多孔混凝土,大孔混凝土
~ caverneux à granulats lourds 重集料多孔混凝土
~ caverneux isolant 隔热大孔混凝土
~ caverneux sans éléments fins 无砂大孔混凝土
~ cellulaire 多孔(加气、泡沫)混凝土
~ centralement mélangé 集中拌制的混凝土

~ centrifugé （离心）旋制混凝土,离心成型混凝土,离心浇制混凝土,离心浇注的混凝土
~ céramique 陶粒混凝土
~ cerclé 环筋混凝土,配有箍筋的混凝土
~ choqué 振动夯实混凝土
~ classique 普通混凝土
~ clouable 受钉混凝土（可钉钉子的）
~ colcrete （预填集料）灌浆混凝土
~ colloïdal 胶状（砂浆灌注的）混凝土
~ colloïdal léger (BCL) 轻质胶体混凝土
~ coloré 彩色混凝土,有色混凝土
~ compact 密实混凝土
~ compacté 捣实混凝土
~ compacté à sec 干捣实混凝土
~ compacté au rouleau (BCR) 碾压混凝土
~ compacté par choc 振动夯实混凝土
~ comprimé 压实混凝,密实混凝土,压制混凝土,湿气养护混凝土
~ concassé 混凝土碎块
~ confectionné par le chantier 现场拌制的混凝土
~ congelé 受冻混凝土
~ conservé à l'air humide 水中养护混凝土,湿气养护的混凝土
~ conservé à l'eau 水中养护的混凝土
~ conservé à la vapeur 蒸汽养护混凝土
~ contenant des grains de pousse polystyrène 泡沫聚苯乙烯集料混凝土
~ continu 密级配混凝土,连续级配混凝土
~ coulant 流态混凝土,稀混凝土
~ coulé 稀混凝土,液态混凝土,灌注混凝土,流态混凝土,浇注的混凝土
~ coulé en masse 整体浇注的混凝土
~ coulé en place 现浇混凝土,现场浇注混凝土
~ coulé par bandes 分段浇注的混凝土
~ coulé par plaque 模板浇注的混凝土
~ coulé par trémie fixe 导管灌注混凝土（用导管灌注的水下混凝土）
~ coulé sous l'eau 水下（灌浇的）混凝土,水下浇注的混凝土
~ coulé sur place 现浇混凝土,就地灌浇混凝土,就地浇注的混凝土
~ courant 普通混凝土
~ creux 多孔混凝土
~ cyclopéen 蛮石混凝土,毛石混凝土,大块石混凝土
~ cyclopéen à faible dosage de ciment 低水泥含量的毛石混凝土
~ cylindré 碾压混凝土（沥青路面基层用）
~ d'aérodrome 机场用混凝土
~ d'agrégats légers 轻集料混凝土,轻骨料混凝土
~ d'agrégats minéraux 矿物骨料混凝土
~ d'agrégats préparatoires 预填骨料混凝土
~ d'argile 捣密黏土,捣实黏土,黏土混凝土
~ d'argile expansée 陶粒混凝土
~ d'asbeste 石棉混凝土
~ d'asphalte 地沥青混凝土
~ d'égalisation 整平层混凝土
~ d'enrobage 混凝土保护层（钢筋的）
~ d'enrobage d'un tuyau 管子外壁涂层混凝土
~ d'enrobement （钢筋的）混凝土保护层,不透水混凝土,防水混凝土
~ d'étanchement des ouvrages d'art 结构物防水混凝土
~ d'étude 试验混凝土
~ d'ouvrage 结构物混凝土
~ d'usine 厂拌混凝土,预拌混凝土
~ d'utilisation courante 普通混凝土
~ damé 捣实混凝土,夯实混凝土
~ damé mécaniquement 机械捣实混凝土
~ de 1ère phase 一期混凝土
~ de 2nd phase 二期混凝土
~ de ballast 石渣混凝土
~ de barite [barytine] 重晶石混凝土
~ de baryum 钡混凝土
~ de bitume 地沥青混凝土
~ de blindage 盖面混凝土
~ de blocage 回填混凝土,作填料用的混凝土
~ de blocage《prépakt》 （预填集料）灌浆混凝土
~ de bois 木集料混凝土,木纤维混凝土
~ de brai-vinyle 乙烯基树脂混凝土
~ de briquaillons 碎砖混凝土,碎石混凝土
~ de cachetage 封锚混凝土
~ de cailloux 道砟混凝土,增重用混凝土（用以增加建筑物重量,一般为贫混凝土）
~ de cendre 炉渣混凝土,熔渣混凝土,矿渣混

凝土,粉煤灰混凝土
~ de cendres frittées 熔渣混凝土,煤渣混凝土
~ de cendres volantes 粉煤灰混凝土
~ de centrale 集中拌制混凝土
~ de chantier 现场拌和的混凝土
~ de chaussées 路用混凝土,筑路用的混凝土
~ de chaux 石灰混凝土
~ de chaux hydraulique 水硬石灰混凝土
~ de ciment(BC) 水泥混凝土
~ de ciment aux résines 树脂水泥混凝土
~ de ciment clouté 嵌入式水泥混凝土,压入碎石后的混凝土(增加其粗糙度)
~ de ciment de classe I（BCI） I 级水泥混凝土
~ de ciment et cendre volante 水泥烟灰混凝土
~ de ciment et de chaux 石灰水泥混凝土
~ de ciment étendu 稀释水泥混凝土
~ de ciment frais 新浇注的混凝土
~ de ciment portland 波特兰水泥混凝土
~ de ciment pur 纯水泥混凝土
~ de ciment réfractaire 耐火水泥混凝土
~ de ciment sur sulfaté 硫化水泥混凝土
~ de clinker 熔渣混凝土
~ de consistance de terre humide 干硬性混凝土(用于湿土层施工),自然湿度混凝土
~ de consistance plastique 干硬性混凝土
~ de diatomée 硅藻土混凝土
~ de faible densité 低密度混凝土
~ de fibre 纤维混凝土
~ de fibre métallique 钢纤维混凝土
~ de fibres métalliques 钢纤维混凝土
~ de fondation 基础混凝土
~ de forme 超挖回填混凝土
~ de glaise 黏土混凝土
~ de goudron 柏油混凝土,煤沥青混凝土,焦油沥青混凝土
~ de goudron à éléments fins 细集料煤沥青混凝土,细骨料焦油沥青混凝土
~ de goudron à éléments fins mis en œuvre à froid 冷铺细集料煤沥青混凝土,冷铺细骨料焦油沥青混凝土
~ de goudron à éléments gros mis en œuvre à chaud 热铺粗骨料焦油沥青混凝土,热铺粗集料煤沥青混凝土
~ de goudron à gros granulats 粗集料煤沥青混凝土

~ de goudron bitumineux 煤沥青混凝土
~ de goudron-bitume 焦油沥青混凝土
~ de grande masse 大块混凝土,大体积混凝土
~ de granulats calcaires 石灰窑集料混凝土
~ de granulats légers 轻骨料混凝土
~ de granulats légers artificiels 人造轻粒料混凝土
~ de granulats usuels 普通集料混凝土
~ de gravats 废渣混凝土
~ de gravier 砾石混凝土
~ de gravillons 细砾石混凝土,细砾碎石混凝土
~ de gravillons lavés 洗净细砾石混凝土
~ de gypse 石膏混凝土
~ de haydite 陶粒混凝土
~ de laboratoire 实验室配制的混凝土
~ de laitier 矿渣混凝土
~ de laitier écumeux 泡沫矿渣混凝土
~ de laitier expansé 膨胀矿渣混凝土
~ de latex 乳化沥青混凝土
~ de liant hydrocarboné 沥青混凝土,碳氢结合料混凝土
~ de mâchefer 煤渣混凝土,炉渣混凝土,熔渣混凝土,矿渣混凝土
~ de masse 大块混凝土,大体积混凝土
~ de maturation 养护后硬化的混凝土
~ de mélange gras 富混合料混凝土
~ de mélange maigre 贫混合料混凝土
~ de mignonnettes 小豆石混凝土,碎石屑混凝土
~ de mignonnettes de porphyre 花斑岩碎石屑混凝土
~ de mousse 泡沫混凝土
~ de mousse de laitier 矿渣泡沫混凝土
~ de parement 护面混凝土,砌[盖]面混凝土,铺[饰]面混凝土,涂层混凝土
~ de pénétration 贯入混凝土
~ de perlite 珍珠岩混凝土
~ de pierrailles 碎石混凝土,小卵石混凝土
~ de pierre 大石子混凝土
~ de pierre concassée 碎石混凝土
~ de pierre ponce 浮石混凝土
~ de piste d'envol （飞机场)跑道混凝土
~ de plastique 塑态混凝土

~ de plâtre 石膏混凝土
~ de ponce 浮石混凝土
~ de pouzzolane 火山石混凝土,火山灰混凝土
~ de propreté 素混凝土,垫层混凝土,铺底的贫混凝土(整平地基用)
~ de protection 混凝土保护层
~ de qualité 高级混凝土,优质混凝土
~ de référence 标准混凝土
~ de réglage 打底混凝土,底部混凝土,整平层混凝土
~ de remblayage 回填混凝土
~ de remplissage 混凝土填料,回填混凝土
~ de remplissage de cavités de fouille 混凝土塞,齿状混凝土,挖补混凝土
~ de résine 树脂混凝土
~ de résine époxyde 掺环氧树脂的混凝土
~ de résine polyester 聚酯树脂混凝土
~ de résine synthétique （掺配）合成树脂的混凝土
~ de revêtement 镶面混凝土,面层混凝土,覆盖层混凝土
~ de route 路用混凝土
~ de sable et gravier 砂砾石混凝土
~ de scellement 密封混凝土,嵌缝混凝土,浇牢混凝土
~ de sciure de bois 木屑混凝土,锯末混凝土
~ de scorie 矿渣混凝土,炉渣混凝土
~ de sol 三合土,黏质砂土,掺土混凝土
~ de structure 结构混凝土
~ de terre 三合土,捣密黏土
~ de trass 火山灰混凝土
~ de tuf 白色混凝土,凝灰岩混凝土
~ de vermiculite 蛭石混凝土
~ de verre 半透明混凝土,玻璃骨料制成的混凝土
~ de verre vésiculaire 泡沫玻璃混凝土
~ dense 密实混凝土
~ des agrégats légers 轻骨料混凝土,轻集料混凝土
~ des constructions hydrauliques 水工混凝土
~ discontinu 开级配混凝土,间断级配混凝土
~ drainant 多孔混凝土
~ du blindage 砌面混凝土
~ dur 干硬性混凝土

~ durci 硬化混凝土,已凝固的混凝土
~ durci à l'air 气硬性混凝土,自然养护混凝土
~ durci à l'autoclave 蒸压凝固的混凝土
~ écumeux 泡沫混凝土
~ en agrégat pré-encaissé 压浆混凝土,骨料灌浆混凝土,预填骨料灌浆混凝土,预填集料灌浆混凝土
~ en caillou 卵石混凝土
~ en ciment et cendre volante 水泥粉煤灰混凝土
~ en ciment pur 纯水泥混凝土
~ en couche mince 薄层混凝土
~ en masse 大块混凝土,大体积混凝土
~ en moellon 毛石混凝土,块石混凝土
~ en polystyrène 聚苯乙烯混凝土
~ en sachet 袋装混凝土
~ enrichi 富混凝土
~ enrobé 沥青混凝土
~ essoré 真空处理的混凝土
~ essoré sous vide 真空处理混凝土
~ étanche 防水混凝土,密实混凝土,不透水混凝土,水密性混凝土
~ étuvé 蒸制混凝土
~ évidé 真空（处理）混凝土
~ exceptionnel 特制混凝土,蒸养混凝土
~ expansé 加气混凝土(多孔隙混凝土的一种),膨胀混凝土
~ expansif 加气混凝土,膨胀混凝土
~ extrudé 挤压混凝土
~ fabriqué sur le chantier 现场搅拌的混凝土
~ faiblement dosé en ciment 贫混凝土,少灰混凝土
~ ferme 稠混凝土,干硬性混凝土
~ fibreux 纤维性混凝土
~ fin 细骨料混凝土
~ fissuré 开裂混凝土,有裂纹的混凝土
~ fluant 塑性混凝土
~ fluide 斜槽溜浇混凝土,溜槽浇注的混凝土,用滑槽运送的混凝土
~ foisonné 膨胀混凝土
~ fondu 耐火矾土水泥混凝土
~ fortement précontraint 高强度预应力混凝土
~ fragile 低强混凝土,低标号混凝土
~ frais 新浇混凝土,新拌混凝土,新铺混凝土,

未结硬的混凝土，新灌注的混凝土
~ frais dur 硬稠混凝土
~ fretté 配箍筋的混凝土
~ froid 冷混凝土
~ gâché plastique 塑性混凝土（坍落度大的混凝土）
~ goudronneux 柏油混凝土，煤沥青混凝，地沥青混凝土，焦油沥青混凝土
~ goudronneux à chaud 热铺柏油混凝土
~ goudronneux à froid 冷铺柏油混凝土
~ goudronneux fin 细（集料）焦油沥青混凝土，细集料煤沥青混凝土
~ gras 富混凝土，多水泥混凝土
~ grenu 多粒料混凝土
~ gros béton 粗骨料混凝土，构筑物基础用混凝土
~ homogène 均质混凝土
~ hydraulique（BH） 水硬性混凝土
~ hydrocarboné 沥青混凝土，有机结合料混凝土
~ hydrocarboné de sous-couche épaisse 厚积层的沥青混凝土
~ hydrofuge 防水混凝土，抗水混凝土
~ immergé 水下（灌浇的）混凝土
~ imperméable à l'air 气密性混凝土，不透气的混凝土
~ imprégné de résines 浸树脂混凝土
~ indestructible 高强（度）混凝土，高标号混凝土
~ ingélif 防冻混凝土，抗冻混凝土
~ isolant（thermiquement） 绝热混凝土，隔热混凝土
~ jeune 生混凝土，新拌混凝土，柏油混凝土，黄色混凝土，新浇注混凝土（已凝结但未坚硬）
~ léger 轻混凝土，轻质混凝土
~ léger de construction 结构轻混凝土
~ léger pompé 泵送轻质混凝土
~ liquide 液状混凝土
~ lourd 重混凝土
~ lourd normal 普通重混凝土
~ maigre 贫混凝土，少灰混凝土
~ mal lié 劣质混凝土，低强度混凝土
~ malaxé à sec 干拌和混凝土，干硬性混凝土
~ malaxé en bétonnière portée 拌和车拌制的混凝土，运送中拌和的混凝土
~ malaxé en centrale 厂拌混凝土
~ maniable 和易性好的混凝土
~ manufacturé 预制混凝土，混凝土制成品
~ mélangé 拌好的混凝土
~ mélangé à chantier 现场拌制混凝土
~ mélangé à sec 干拌和混凝土，干硬性混凝土
~ mélangé en route 路拌混凝土
~ mélangé par machine 机拌混凝土
~ microfissuré 微裂混凝土
~ microporeux 微孔混凝土
~ mis en œuvre 施工混凝土
~ mis en place 就地浇注的混凝土
~ mixte à centrale de mélange 厂拌混凝土，集中拌制混凝土
~ monolithe 整体混凝土，整块混凝土
~ mort 大块混凝土
~ mou 塑性混凝土（混合物）
~ moucheté 表面刻痕的混凝土
~ mouillé 湿润混凝土
~ moulé 浇注混凝土，立模浇制混凝土
~ moulé dans le sol 地坑（作模板）浇注的混凝土
~ moulé en chantier 现场灌注混凝土，现场浇注的混凝土
~ moulé en place 就地浇注混凝土
~ mousse 泡沫混凝土（多孔隙混凝土的一种）
~ moutonné 捣实混凝土
~ naturellement plastique 正常塑性混凝土
~ non armé 素混凝土，纯混凝土，无筋混凝土
~ non compact 不密实混凝土
~ non hydrocarboné 非有机体结合料混凝土，非沥青混凝土
~ normal 普通混凝土
~ ordinaire 普通混凝土
~ paradoxal 对大气作用有较大抗力的混凝土
~ pauvre 劣质混凝土，贫混凝土，少灰混凝土
~ pauvre sec 干贫混凝土
~ pervibré 插入振捣的混凝土，内部振捣混凝土
~ pilonné 捣固混凝土，夯实混凝土
~ piqué 捣实混凝土
~ plastifié 塑态混凝土，塑性混凝土
~ plastique 塑态混凝土，塑性混凝土

~ plein　密实混凝土
~ pompé　泵送混凝土，泵浇混凝土
~ poreux　多孔混凝土，气泡混凝土，充气混凝土
~ post contraint　后张预应力混凝土
~ pour grands barrages　大坝混凝土
~ pour la protection contre les radiations nucléaires　防原子辐射的防护混凝土
~ pour les structures　结构混凝土
~ pour ouvrages d'art　（道路）桥隧用混凝土，结构混凝土
~ pour temps de gel　抗冻混凝土
~ poussier　焦渣混凝土，轻质煤渣混凝土
~ pré mélangé　预拌混凝土
~ précontraint　预应力混凝土，预制混凝土
~ précontraint à fils adhérents　后张法预应力混凝土
~ précontraint à ligne longue　长线法预应力混凝土
~ précontraint avec fils préalablement tendus　先张法预应力混凝土
~ précontraint basé sur l'adhérence　有黏结力的预应力混凝土（加应力后使钢筋黏着的预加应力）
~ précontraint orthodoxe　全预应力混凝土
~ précontraint par post-tension　后张预应力钢筋混凝土
~ précontraint par pré　先张预应力钢筋混凝土
~ précontraint préfabriqué　预制预应力混凝土
~ préfabriqué　预制混凝土，混凝土预制件，混凝土预制品
~ préfabriqué en centrale　预制混凝土，混凝土预制品
~ prépaqué　（预填集料）压力灌浆混凝土
~ préparé　预拌混凝土
~ préparé sur place　就地拌和的混凝土
~ prêt à l'emploi　预拌混凝土，商品混凝土，生混凝土
~ prétendu　先张法预应力混凝土
~ primaire　一期混凝土
~ profile　混凝土块
~ projeté　喷射混凝土，喷浆混凝土
~ projeté au front　掌子面喷混凝土
~ projeté de fibre　喷射纤维混凝土
~ projeté de fibres métalliques　喷射钢纤维混凝土
~ raide　稠硬混凝土，粗硬混凝土
~ rebondi　回弹混凝土
~ réfractaire　耐火混凝土，耐热混凝土
~ remplissage　衬垫混凝土（不承受荷载，常用轻骨料拌制）
~ résistant à l'acide　耐酸混凝土
~ résistant au gel　抗冻混凝土
~ résistant aux acides　耐酸混凝土
~ riche　富混凝土，多水混凝土
~ routier　路用混凝土
~ sans additifs　素混凝土，贫混凝土
~ sans affaissement　干硬性混凝土，无坍落度混凝土
~ sans agrégat fin　无砂混凝土，大孔混凝土，无细骨料混凝土
~ sans damé　干捣实混凝土
~ sans élément fin　无砂混凝土，无细集料混凝土
~ sans introduction d'air　非加气混凝土
~ sans sable　无砂混凝土，无细骨料混凝土
~ sans vides　密实混凝土，无孔混凝土，无空隙混凝土
~ sec　稠硬混凝土，干硬性混凝土，无坍落度混凝土
~ sec de remplissage　干填混凝土
~ secondaire　二期混凝土
~ semi-caverneux　低孔隙率混凝土
~ sensible　配量不准的低强度混凝土
~ sensible au gel　非抗冻的混凝土
~ simple　普通混凝土
~ souple　塑性混凝土
~ sous l'eau　水下灌注混凝土，水下浇注的混凝土
~ sous vide　真空（作业）混凝土
~ sous-jacent　铺筑封层用混凝土
~ spécial　特种混凝土
~ spongieux　多孔混凝土
~ standard　标准混凝土
~ submergé　水下灌注的混凝土
~ superficiel　面层混凝土
~ supérieur　优质混凝土，高级混凝土
~ sur le chantier　工地拌和混凝土

~ sur place 现浇混凝土
~ taloché 镘刀抹平混凝土
~ tassé 夯实混凝土，捣实混凝土
~ témoin 混凝土样品，混凝土标准试块
~ tendu 承受拉力的混凝土
~ tourné 旋制混凝土（转鼓搅拌）
~ tout préparé 预拌混凝土，商品混凝土
~ traité à l'autoclave 蒸压混凝土
~ traité à la vapeur 蒸养混凝土
~ traité par le vide 真空吸水处理的混凝土
~ traité sous vide 真空吸水混凝土，真空处治混凝土
~ translucide 釉面混凝土，透光混凝土（铺面块），半透明混凝土
~ transporté par goulotte 用滑槽运送混凝土，用溜槽浇注的混凝土
~ trop riche en eau 湿拌混凝土，液态混凝土
~ type Freyssinet 弗留西捏型混凝土（预应力混凝土）
~ utilisé à la mer 海上工程混凝土
~ vermex 隔音混凝土
~ vibré 振实混凝土，振捣浇注的混凝土
~ vibré à gros granulat 振捣的粗骨料混凝土
~ vibré comprimé 振捣压实混凝土
~ vibré damé 振捣压实混凝土
~ vibré sur coffrage 外部（模壳）振捣的混凝土
~ vibro-compressé 振动挤压混凝土
~ vieille 碳化混凝土
~ volcanique 火山灰凝混凝土

béton-gaz *m* 气泡混凝土（多孔隙混凝土的一种）

béton-mousse *m* 泡沫混凝土（多孔隙混凝土的一种）

bétonnage *m* 混凝土浇注，浇灌混凝土，灌注混凝土，混凝土工程，混凝土建筑物
~ à coffrage （混凝土路面）两边立模浇灌混凝土施工（法）
~ à la pompe 泵浇混凝土，泵送混凝土
~ à la trémie (sous l'eau) 导管法（水下用导管浇注混凝土用）
~ à pleine fouille 混凝土满浇施工
~ en hiver 冬季混凝土施工
~ hivernal 冬季浇注混凝土
~ par temps froid 混凝土冬季施工，冬季浇注混凝土
~ pendant les gelées 冬季混凝土施工
~ sous l'eau 水下混凝土施工

bétonné *a* 碎斑（结构），混凝土状的

bétonner *v* 浇注混凝土，灌注混凝土
~ sur 把混凝土浇在……上

bétonneur *m* 混凝土工人

bétonneuse *f* 混凝土浇注机
~ à auge tournante 滚筒式混凝土搅拌机
~ de radier （建筑物）防水保护层浇注机，（运河）护底混凝土浇注机，底板混凝土摊铺机
~ de talus 边坡混凝土浇注机，斜坡混凝土摊铺机
~ routière 路面混凝土摊铺机，筑路混凝土浇注机

bétonnière *f* 混凝土拌和机，混凝土搅拌机
~ (grande) 混凝土配料器
~ (petite) 混凝土拌和机
~ à axe horizontal 水平轴式混凝土拌和机，水平轴混凝土搅拌机
~ à axe incliné 斜轴式混凝土搅拌机
~ à basculeur 倾卸式混凝土拌和机
~ à coffrages glissants 滑模混凝土摊铺机
~ à contre-courant 逆流式混凝土拌和机
~ à débit continu 连续式混凝土搅拌机，连续出料式混凝土拌和机
~ à débit discontinu 分批混凝土搅拌机，间歇式混凝土搅拌机
~ à portique 龙门架混凝土拌和机
~ à roues pneumatiques 轮胎式混凝土拌和机
~ à tambour 鼓筒式混凝土拌和机，滚筒式混凝土拌和机
~ à tambour basculant 倾卸式混凝土搅拌机，倾筒式混凝土拌和机，倾卸式鼓筒混凝土搅拌机
~ à tambour horizontal 自由下落搅拌机，转动搅拌机，转筒式混凝土拌和机
~ à tambour non basculant 非倾卸式鼓筒混凝土搅拌机，非倾卸式鼓筒混凝土拌和机
~ automatique 自动混凝土拌和机，自动混凝土搅拌机
~ automotrice 汽车式拌和机，混凝土拌和车
~ avec tambour basculeur 倾卸式鼓筒混凝土拌和机
~ basculante 可倾筒式拌和机，倾卸式混凝土

拌和机
~ conique 圆锥筒形混凝土拌和机
~ continue 连续出料混凝土拌和机
~ discontinue 自落式混凝土拌和机，间歇式混凝土拌和机，分批混凝土拌和机
~ électrique 电动混凝土拌和机
~ fixe 固定式混凝土拌和机
~ horizontale 横轴式拌和机，水平式混凝土拌和机
~ malaxeuse 砂浆拌和机，灰浆搅拌机，灰浆拌和机
~ manuelle 人工配料拌和机
~ mobile 混凝土铺路机，混凝土摊铺机，移动式混凝土拌和机
~ mobile à double 双倾卸鼓筒混凝土摊铺机
~ motorisée 混凝土铺路机，混凝土拌和铺路联合机
~ par gravitation 重力式混凝土搅拌机，重力式混凝土拌和机
~ portée 混凝土拌和车，汽车式拌和机
~ remorquable 单轴拖式混凝土拌和机
~ routière 道路混凝土浇灌机
~ sur camion 汽车式混凝土拌和机
~ sur deux roues pneus 双轮式混凝土拌和机
~ discontinue 分批砂浆拌和机，间歇式灰浆拌和机

bétonnière-malaxeuse *f* 砂浆拌和机，灰浆搅拌机
bétour *m* 落水洞
betpakdalite *f* 砷钼铁钙石（别特帕克达拉矿）
betula-verrucosa 桦木
beudantine *f* 霞石，砷铅铁矾
beurre *m* （某些易熔的）金属氯化物
~ d'antimoine 三氯化锑
beurtial *m* 暗井，盲井
beustite *f* 苍帘石，磷铁锰矿
bézier *m* 碳质页岩
bhreckite *f* 苯绿钙石
bi- （前缀）两，双，二，两个，两倍，两
bi-hydrate *m* 二水（合）物，天然石膏，生石膏
biais *m* 歪，歪斜，偏压，偏置，倾斜，偏斜，偏倚，迂回，斜度，斜，偏向
de ~ 斜向地，歪斜地
~ de filon 矿脉倾斜
~ de l'ouvrage 斜度（结构物的）
~ de la géomorphologie 地貌迂回
~ de ligne 行偏差
~ de pont 桥的斜度
en ~ 斜向地，歪斜地
~ épicentral 震中偏差

biais, e *a* 斜（交）的，歪的，倾斜的
biaisement *m* 偏斜，倾斜，偏移，偏离
biaiser *v* 走迂回路
bialet *m* 灌溉渠
bialière *f* 灌溉渠
bialite *f* 银星石，碳镁磷灰石
bianchite *f* 六水锌矾
biancone *m* 白色纽康姆灰岩（意大利北部）
biangulaire *a* 双角的，双棱的
biankite *f* 六水锌矾（锌铁矾）
biauriculaire *a* 双耳的
biaxial, e *a* 双轴的，二轴的
biaxialité *f* 双轴性
biaxie *f* 双轴
bibasique *a* 二元的，二代的，二盐基性的，二碱性的
Biber *m* 拜伯冰期（第四纪初期的冰期）
bibérite *f* 赤矾（钴钒）
bibéton *m* 再生混凝土
biblio- （前缀）书
bibliographe *f* 参考书目，书刊目录，书刊介绍
bibliographie *f* 目录学，图书目录，书目提要，书报评述，参考书目录
bibliolites *f. pl* 纸状页岩，书页岩
bicâble *m* 双芯电缆，双芯电线
bicchulite *f* 羟铝黄长石
bicentrique *a* 双中心的
bicolore *a* 双色的，二色的
biconcave *a* 双凹的，双面凹的
bicône *m* 双锥体
biconfocal, e *a* 双焦点的
biconique *a* 双锥形的
bicontinental *a* 两大陆间的
biconvexe *a* 双凸的，双面凸的，双弧线的
bicouche *f* 双层，双层体系，双层沥青（表面处治），双层衬砌
~ élastique 弹性双层体系
~ simplifiée 简化双层体系
bicoudé *a* 双曲轴的

bicyclette *f* 自行车
　～ à moteur auxiliaire　轻便(两用)机器自行车
bidalotite *f* 铝直闪石
Bidim 哔叽蒙(是一种渗水、排水和抗滑的路面基层材料)
bidimensionnel, elle *a* 二维的,二元的,二度空间的
bidirectionnel *a* 双向的
bidon *m* 桶,提桶,油桶,容器,带盖铁桶
　～ à appliquer au pistolet　喷漆桶
　～ à essence　汽油桶,汽油罐
　～ avec verseur　带喷嘴的(油)壶
　～ en tôle　金属皮桶
biebérite *f* 赤矾(钴矾)
bief *m* 滩,海滩,河道,冲谷,河区,池塘,河段(两堤坝或水闸之间),水道区段(两坝或水闸间的),(水力机械的)引水渠道,两个截门之间的管段
　～ à silex　含燧石黏土层,含燧石残积土
　～ amont　前池
　～ aval　尾池
　～ d'amont　上游,上游河段,上游水道
　～ d'aval　下游,下游河段,下游水道
　～ de canal　运河区
　～ de canal de partage　越岭运河区,界于两个水闸之间的渠段
　～ de canal supérieur　上游河段,上游渠段
　～ de confinement　封闭式引水沟
　～ de partage　界于两个水闸之间的河段
bieirosite *f* 菱铅矾
bielénite *f* 顽剥橄榄岩
biellage *m* 连杆机构,连杆装置
bielle *f* 摇臂,连杆,杠杆,摇杆,拉杆,托座,支架,牛腿,连接杆,传动杆,驱动杆,信号驱动杆
　～ articulée　活节杆,铰接杆
　～ auxiliaire　副连杆
　～ centrale　中央连杆
　～ d'accouplement　连杆
　～ d'accouplement du dispositif《vide-chargé》空重车位装置转换器
　～ d'ancrage　锚杆
　～ d'asservissement des essieux (guide d'essieux)　轮轴导向装置
　～ d'excentrique　偏心杆
　～ de balancier compensateur　均衡梁拉杆

　～ de changement de marche　换向杆,换向拉杆
　～ de commande　传动杆,操纵杆
　～ de commande de coulisse　偏心摇杆,月牙板摇杆
　～ de commande de la timonerie du frein　制动传动装置操纵杆
　～ de commande de tiroir　滑阀杆
　～ de commande des balanciers　均衡梁操纵杆
　～ de commande du frein à vis　手制动操纵杆
　～ de connexion　(机)连杆
　～ de connexion des balanciers　制动拉杆
　～ de la soupape à tiroir　阀杆
　～ de liaison　连杆
　～ de maintien　拉杆
　～ de parallélisme　平行小连杆
　～ de poussé de la timonerie　传动装置推杆
　～ de raccord　道岔尖轨连接杆,机械联锁中垂直连接杆
　～ de relevage　回动杆,换向杆
　～ de ressort de traction　牵引弹簧杆
　～ de serrage du frein　制动拉杆
　～ de servomoteur　推拉杆
　～ de suspension (bogie)　吊杆(转向架)
　～ de suspension de la timonerie　传动装置吊杆
　～ de suspension de sabot de frein　闸瓦托吊
　～ de traction　主拉杆
　～ du tiroir　阀杆
　～ élastique　弹性小连杆
　～ guide　导向杆,主动杆
　～ maîtresse　主连杆
　～ motrice　(主动)摇杆
　～ pendante du tiroir　滑阀连杆
pied de ～　连杆小端
　～ principale　主连杆
tête de ～　连杆大端
biellette *f* 吊耳,小连杆,副连杆,连接杆
　～ à clavette　带销栓的小连杆
　～ de direction　牵引杆,拉杆(机),转向拉杆
　～ de directrice　导叶连杆
　～ de la pédale de calage (verrouillage)　检查器弯杆
　～ de pale　叶片连杆
　～ de support　支柱小连杆
　～ de suspension　小吊杆

~ en acier traité allié matrice 经热处理的模锻合金钢副连杆

bielzite *f* 脆块沥青

bien *adv* 好,很,非常,十分,完全,出色地,适当地,合适地,正确地
  aussi ~ 况且,反正,再说
  ~ calibré 良好级配的
  ~ gradué 良好级配的
  ou ~ 或者,否则
  ~ plus 并且,除此以外,不仅如此
  ~ que 尽管,虽然
  si ~ que 以致,因而

bien-être *m* 福利
bien-fonds *m* 不动产
biennal *a* 持续两年的,两年内有效的
biens *m.pl* 资产,财产
  ~ actifs 活动财产
  ~ actuels 实际财产
  ~ capitaux 固定资产,资本(性)资产
  ~ circulants 流动财产
  ~ corporels 有形财产,可计资产
  ~ de consommation 消费品,消费资料
  ~ de production 生产资料
  ~ disponibles 可支配资产
  ~ domaniaux 公有财产
  ~ économiques 经济财产,经济能力
  ~ et service immobiliers 物业
  ~ fonciers 房地产
  ~ immeubles 不动产
  ~ immobilisés 不动产
  ~ incorporels 无形资产
  ~ légaux 法定资产,合法资产
  ~ matériels 物质资料
  ~ meubles 动产
  ~ mobiliers 动产
  ~ nationaux 国有资产
  ~ publics 公共财产

bientôt *adv* 不久,马上
biétagé *a* 两级的,二级的,两阶的
bi-étagé *a* 二级的
biez *m* 河段,河区
bifeuille *f* 双瓣,双叶
biffer *v* 划掉,删去
  ~ une indication 取消一项指示

bifilaire *a* 双芯的,双导线式的
bifréquence *f* 双频率
bifurcation *f* 叉,分枝,分岔,分流,岔线,双叉管,Y形交叉,叉状交叉
  ~ à niveaux séparés 立体交叉
  ~ des voies 岔道,支路,岔路口,交叉点,十字路口
  ~ du courant 分流,分路,分流器
  ~ importante 重要交通枢纽
  ~ routière 分岔,路的岔口,道路的岔线
  ~ routière en Y 道路Y形交叉(口)

bifurquer *v* 分岔,分路,分道,(电)分路,分道,分支
  ~ à droite 向右分道
  ~ à gauche 向左分道
  ~ le curant dans deux bobines 二绕组并联(电流分入两个绕组)

bigarré *a* 杂色的,斑驳的
bigarrure *f* 杂色
bigorne *f* 鸟嘴钻,丁字钻,双角铁钻,铁钻的尖角
bigrille *f* 双栅管,四极管,空间电荷四极管
bigue *f* 起重臂,吊货杆,吊机臂
biharite *f* 黄叶蜡石
bihebdomadaire *a* 半周的,每周两次的
bikitaïte *f* 硅锂铝石(比基塔石)
bilame *f* 双金属片
bilan *m* 平衡,总计,清单,平衡表,平衡体,平衡器,总结清算,资产负债表,借贷对照表
  ~ annuel 年度总结,年度资产负债表,年度资产平衡表
  ~ calorifique 热量平衡表,热平衡
  ~s certifiés des trois dernières années 近三年经认证的财务报表
  ~ consolidé (合并、综合)资产负债表
  ~ d'eau 水平衡,水量平衡,水预算
  ~ d'énergie 能量平衡,能量平衡表
  ~ de chaleur 热量平衡,热平衡表
  ~ de clôture 决算表
  ~ de l'eau souterraine 地下水平衡
  ~ de l'écoulement 径流量
  ~ de matériaux 材料平衡表
  ~ des exploits 业绩总表
  ~ des nappes souterraines 地下水资源总表
  ~ énergétique 能量平衡,能量分配清单

établissement du ~ définitif　决算
~ évaporation-précipitation　蒸发降雨平衡
~ financier　财务审计报表
~ hydraulique　水量平衡,水源状况,水源动态,水力均衡,水力预算
~ hydrique　水均衡,水量均衡
~ hydrologique　水均衡,水文预算
~ mensuel　月份总结
~ pluie-évaporation　对照表,降雨—蒸发平衡(表),雨量—蒸发表
~ thermique　热平衡,热量平衡表

bilatéral,e *a*　双向的,双侧的,双通的,双边的,双向作用的

bildstein *m*　寿山石

bilibinite *f*　铀石,硅铀石,黑硅镧铀矿

bilinite *f*　复铁矾(比林石)

billage *m*　布氏硬度试验,(钢球压痕)布氏硬度测定
~ statique　静硬度试验

bille *f*　球,球体,原木,小球,滚珠,原木段,金属光滑面压滚(滚筒压路机的部件)
~ de graissage　加润滑油器锁球
~ et anneau (essai)　沥青软化点测量试验,环球软点测定器
~ s porteuses　承载滚珠(输送机用的)
~ sphérique　球体

billet *f*　票,券,票据,客票,单据

billette *f*　条,块,锭,钢锭,铸锭,毛杯,标牌,标签,(金属的)坯段,钢坯,(坑道的)支架木,金属短条
~ carrée　方钢坯,方钢锭
~ d'acier　钢锭,钢板坯
~ d'aluminium　铝锭,铝坯
~ méplate　扁钢坯
~ plate　扁钢坯

billetterie *f*　银行自动取款机,货运单据发付业务

billion *m*　(美)十亿;(英、德)万亿

billiseconde *f*　毫微秒

billot *m*　木砧,木桩,短粗木段

bimagmatique *a*　两代岩浆的,二元岩浆的,二歧岩浆的

bimensuel,elle *a*　半月的,双月的,每月两次的

bimétal *m*　双金属片,复合钢材

bimétallique *a*　双金属的

bimétasomatique *a*　双交代作用的

binard *m*　(运石块的)平板车

binarite *f*　白铁矿

binart *m*　(运石块的)平板车

binder *m*　结合层,黏结层,半稠度热沥青黏合料
~ gros　厚基层,厚联结层

binette *f*　锄,锹,灰耙

binoculaire *m*　双目镜;*a*　双目的,双筒的,双眼的(指望远镜)

binode *f*　复合管,双屏极管

binôme *m*　二项式,双名

binominal,e *a*　二项的,双名的,二项式的

binucléaire *a*　双核的

bio-　(前缀)生命,生物

bio-filtration *f*　生物过滤(处理污水的方法)

bio-rhexistasie *f*　生物破坏搬运(作用)

bio-sorption *f*　生物吸收吸附法(活性污泥处理)

bioactivité *f*　生物活性,生物活度

bioblique *a*　三斜的

biocalcirudite *f*　生物钙质砾屑岩,生物砾屑石灰岩

biopelmicrite *f*　生物球粒微晶灰岩,生物团粒泥晶灰岩

biopelsparite *f*　生物球粒亮晶灰岩,生物团粒亮晶灰岩

bioplasme *m*　原生质,活质

biopyribole *f*　黑云辉闪岩类

biorthogonal,e *a*　双正交的

biorthogonalité *f*　双正交

bioslime *m*　生物污泥,生物黏泥,生物软泥

biosparite *f*　生物亮晶灰岩

biosparudite *f*　生物亮晶砾屑灰岩

biostratigraphie *f*　生物地层学

biostratigraphique *a*　生物地层学的

biostrome *m*　生物层
~ algaire bréchifié　角砾化的藻类生物层

biotine *f*　钙长石

biotisation *f*　黑云母化(作用)

biotite *f*　黑云母

biotitite *f*　黑云母岩

biotraitement *m*　(废水的)生物法处理

bipartition *f*　对分,分为两部分

biphasé,e *a*　双相的

biphosphammite *f*　磷铵石

bipolaire *a* 双极的,偶极的,两极的
　～ à deux directions 双极双向的
　～ à une direction 双极单向的
bipolarisation *f* 双极化
bipolarisme *m* 双极性
bipolarité *f* 双极性
bipôle *m* 两极,双极(布置),双极法,两极法(电法勘探),二端网络
biprisme *m* 复柱,双棱镜
biprocesseur *m* 双处理机,双信息处理机
bipyramidal *a* 双锥的
bipyramide *f* 双锥
biquadratique *a* 四次的,双二次的
biquartz *m* 双石英片
bircoir *m* 旋转窗钩
biréflectance *f* 双反射
biréfringence *f* 双折射,双折射率
　～ ionosphérique 电离层双折射
　～ temporaire 暂时双折射
biréfringent *a* 双折射的
biringuccite *f* 比硼钠石
birkrémite *f* 紫苏石英正长岩,紫苏钾质白岗岩
birnessite *f* 水钠锰矿
birunite *f* 琉碳硅钙石
bis *a* 灰褐色的
bisannualité *f* 二年生
bisannuel, elle *a* 二年生的
bischof(f)ite *f* 水氯镁石
biscornu, e *a* 不规则的,奇形怪状的
biscuit *m* 素瓷,素坯,藻饼,泉华饼,金属块,本色瓷器,瓷器素坯,瓷条痕板,本色瓷器
biscutos *m* 块状熔岩
bise *f* 北风,北坡,比士风(法国南部山地的一种干冷风),干冷风
biseau *m* 楔,楔入,尖灭,斜切,对切,斜面,倒角,(从高速公路驶入匝道的)锥形,倾斜面,楔形体,剥离面,楔形面,楔状岩层,楔状岩体,三角渐变段,斜刃凿(地)剥削面
　～ d'eau salée 楔状咸水体
　～ d'insertion 进入高速道的锥形面
　～ d'une couche aquifère 楔状含水层
　～ de décrochement 下高速道的锥形面
　～ lithologique,～ original,～ par non dépôt 原生岩石尖灭

　～ stratigraphique,～ sous discordance 地层尖灭
　～ tectonique 构造楔,楔状构造
biseautage *m* 变薄,变狭,尖灭,斜切,楔入,斜磨,斜接,斜断
biseauté *a* 楔入的,尖灭的,切成斜面的,带斜面的
biseautement *m* 尖灭
biseauter *v* 斜切,斜磨,斜削,加工出
bisémarginé *a* 双棱面的
bisérié *a* 双列的
bisilicate *m* 偏硅酸盐类
bismuth *m* 铋(Bi),自然铋
　～ natif 自然铋
bismuthomicrolite *f* 铋细晶石
bispiralé *a* 复绕的
bissecter *v* 平分,二等分
bissecteur, trice *a* 平分的,二等分的
bissection *f* 平分,二等分
bissectrice *f* 等分线,平分线,二等分线
　～ d'un angle extérieur 外角平分线
　～ d'un angle intérieur 内角平分线
　～ perpendiculaire 中垂线,垂直等分线
bissel *m* 单轴转向架(机车导向)
bissolite *f* 石棉,绿石棉(纤闪石)
bistable *m* 多谐振荡器,双稳态电路
bistagite *f* 透辉岩,纯透辉石
bisuffité *a* 亚硫酸氢盐的
bisymétrique *a* 双对称的
bit *m* 钎头,旋转式钻(头)
　～ annulaire 环形钻头
　～ creux 环形钻头
　～ plein 实心钻头
bit-diamant *m* 金刚石钻头
biteplapallidite [merenskyite] *f* 碲钯矿
biteplatinite [mochéite] *f* 碲铂矿
bitraiteur *m* 生物法污水处理器
bitte *f* 系柱,(系锚缆用的)短柱,缆柱,锚链柱
bitterspath *m* 白云石
bitube *m* 双联
　～ à deux fois trois voies(2×3) 双向六车道
bitumacadam *m* 沥青碎石,沥青碎石路面,沥青铺路用碎石
bitumacadamisation *f* 沥青碎石拌和法

bitumage *m* 铺沥青，浇沥青，沥青化，涂沥青，铺浇柏油

bitumation *f* 沥青处治

bitume *m* 沥青，天然地沥青
- ~ à chaud 热沥青
- ~ à froid 冷沥青，冷底子油
- ~ à pétrole 煤油沥青
- ~ activé 活性沥青
- ~ amélioré 富油沥青
- ~ armé （石油）沥青油毡
- ~ armé à armature en toile de fibre de verre 玻纤布沥青油毡
- ~ armé à armature en toile de jute 麻布沥青油毡
- ~ artificiel 人造地沥青，柏油
- ~ asphaltique 地沥青，含沥青质高的地沥青
- ~ asphaltique cut-back 稀释（石油）沥青，轻制沥青
- ~ asphaltique de base （基层用）地沥青
- ~ asphaltique de cracking 裂化地沥青
- ~ asphaltique de départ 地沥青
- ~ asphaltique de Trinidad 特立尼达地［石油］沥青
- ~ asphaltique naturel 天然地沥青
- ~ asphaltique préparé 石油沥青
- ~ asphaltique primaire 天然地沥青，石油地沥青
- ~ asphaltique résiduel 残留地沥青（自石油蒸馏残渣取得）
- ~ asphaltique routier 铺路用地沥青
- ~ s asphaltiques fluides 液体地沥青（包括轻制地沥青）
- ~ asphaltique soufflé 氧化地沥青，吹制地沥青，吹制地沥青（即氧化沥青）
- ~ blanc 白化沥青
- ~ brut 原沥青（未加工的）
- ~ caoutchouc 橡胶沥青，掺橡胶沥青
- ~ composé 混合沥青
- ~ consistant 膏体沥青，沥青胶泥（不含矿粉），沥青胶结料（含矿粉）
- ~ coulé 沥青砂胶
- ~ cut-back 轻制沥青，稀释沥青
- ~ de base 基层用沥青，碱性沥青，原沥青，粗沥青
- ~ de coupage 稀释沥青，掺合沥青
- ~ de cracking 热裂沥青，裂化沥青（由裂化油制成）
- ~ de départ 原沥青，粗沥青
- ~ de pétrole 石油沥青
- ~ de distillation directe 残留沥青
- ~ de haute pénétration 高针入度沥青
- ~ de judée 地沥青，柏油，天然沥青
- ~ de lac, ~ lacustre 湖沥青
- ~ de pétrole 石油沥青
- ~ de raffinerie 地沥青，石油沥青
- ~ dérivé de houille 软煤沥青
- ~ distillé 蒸馏沥青
- ~ dopé 掺添加剂沥青
- ~ dur 硬地沥青，硬性沥青
- ~ émulsionnable 可乳化沥青
- ~ fétide 臭沥青
- ~ fluide 石油，流体沥青，液体沥青
- ~ fluide du type cut-back 轻制沥青，稀释沥青
- ~ fluidifié 轻制沥青，稀释沥青，液体沥青
- ~ fluidifié à séchage rapide 快干轻制液体沥青
- ~ fluidifié amélioré 改善液体沥青
- ~ fluidifié de viscosité élevée 高黏度轻质液体沥青
- ~ fluxé 稀释沥青
- ~ fluxe 软质沥青，稀释沥青，流体沥青
- ~ gazeux 天然石油气
- ~ glutineux 土沥青
- ~ huileux 石油，液态沥青
- ~ lacustre 湖沥青
- ~ léger 轻质沥青
- ~ liquide 石油，液态沥青，液体沥青
- ~ liquide à prise lente 慢凝液体沥青
- ~ liquide à prise rapide 快凝液体沥青
- ~ liquide à prise semi-rapide 中凝液体沥青
- ~ macadam 沥青碎石，沥青碎石路
- ~ maigre 素沥青
- ~ minéral 地沥青，天然沥青
- ~ mixte 混合沥青
- ~ modifié 改性沥青
- ~ modifié par ajout de polymères 掺合物的改良沥青
- ~ mou 软沥青
- ~ natif 天然沥青

~ naturel 天然沥青
~ naturel de Trinidad 特立尼达（湖）天然地沥青
~ normalisé 标准沥青
~ oxydé 吹制沥青，氧化沥青
~ paraffineux 含石蜡沥青
~ pâteux，~ visqueux 软沥青
~ pigmentable 浅色沥青（加以颜料后用作彩色路面涂层），明色沥青
~ plastique 膏体沥青，沥青胶泥（不含矿粉），沥青胶结料（含矿粉）
~ polymère 掺聚合物的沥青
~ pour enrobage à chaud 热涂沥青
~ pour route 路用沥青
~ premier 原沥青，粗沥青
~ préparé 石油沥青
~ pur 纯沥青
~ résiduel 残留沥青
~ résineux 掺树脂沥青
~ routier 筑路沥青，路用沥青
~ routier de pétrole 路用石油沥青
~ Routoflex 掺合橡胶和聚合物改善的沥青
~ semi-soufflé 半吹制沥青，半氧化沥青
~ shell 页岩沥青
~ solide 硬（油）沥青，固体沥青
~ soufflé 吹制沥青，氧化沥青
~ soufre 掺硫黄沥青
~ veine 脉沥青

bitume-goudron *m* 石油沥青煤沥青混合料
bituménite *f* 托班煤，藻烛煤
bitumer *v* 铺沥青，加沥青，铺浇柏油
bitumeux, euse *a* 含沥青的
bitumier *m* 沥青工，沥青运输船，沥青铺设工，生产沥青的工人
bituminé *a* 加沥青，含沥青的
bituminer *v* 铺沥青，加沥青，铺浇柏油
bitumineux, euse *a* 沥青的，含沥青的，沥青质的
bituminisation *f* 沥青化（作用），煤化烃富集
bituminite *f* 烟煤，藻烛煤，沥青质体
bituminologie *f* 沥青学
bituminosité *f* 含沥青性
bityite *f* 锂铍脆云母（锂白榍石）
bivane *m* 双向风向标
biveau *m* 斜角规

bi-vibrateur *m* 双稳态触发器，双稳多谐振荡器
bixbite *f* 红绿柱石
bjarebyite *f* 磷铝锰钡石
bjérézite *f* 浅沸绿岩
bjornsjoite *f* 钠英正斑岩，钠英长斑岩
blairmontite *f* 沸辉粗面凝灰岩
Blake *m* 布雷克亚期（属布容正向期）
blakéite *f* 红碲铁石
blâme *m* 申斥，责备
blanc *m* 白色，空白，无色，间隔，停息，白涂料，钻孔无矿段
~ brillant 炽白光
~ crème 乳黄色
~ d'argent 铅白，银白色，碱式碳酸铅
~ de baryte 永久白（硫酸钡）
~ de Bougival 白粉，碳酸钙
~ de chaux 石灰浆，石灰水
~ de chine 锌白，氧化锌
~ de Meudon 沉淀白垩
~ de plomb 铅白
~ de titane 钛白，氧化钛，钛白粉
~ de zinc 锌白，氧化锌
~ des lacs 湖岸石灰华
~ grisâtre 灰白色
~ idéal 等能白色
~ laiteux 乳白色
~ lunaire 线路开通号灯
~ maximal "白色"信号峰值
~ moyen 中白色，等能白色，灯信号白色
~ soudant 焊接用的高温

blanc, che *a* 白的，白色的
blanchâtre *a* 浅白色的
blanchiment *m* 刷白，漂白，白化，刷石灰浆
blanchir *v* 使白，使变白，漂白，涂白
blanchissement *m* 变白，发白，成白色
blanchisserie *f* 漂白粉
blanfordite *f* 钠锰锥辉石
blastoagglomeré *a* 变余集块状的
blastoaleuritique *a* 变余粉砂质的
blastoaleuropélitique *a* 变余粉砂泥质的
blastoamygdaloïde *a* 变余杏仁状的
blastoaplitique *a* 变余细晶的
blastocataclastique *a* 变余碎裂状的
blastoclastique *a* 变余碎屑状的

blastocristalloclastique *a* 变余晶屑状的
blastogabbroïde *a* 变余辉长的
blastogranitique *a* 变余花岗状的
blastogranulaire *a* 变余粒状的,残碎斑状的
blastolithoclastique *a* 变余岩屑状的
blastomylonite *f* 变余糜棱岩,变晶糜棱岩
blastomylonitique *a* 变余糜棱状的
blastonite *f* 杂石英氟石
blastoophitique *a* 变余辉绿状的
blastopélitique *a* 变余泥质的
blastopœciloophitique *a* 变余嵌晶含长(结构)的
blastoporphyrique *a* 变余斑状的
blastopsammitique *a* 变余砂状的
blastopséphitique *a* 变余砾状的
blastovitroclastique *a* 变余玻屑状的
blatterine *f* 针碲矿
blaviérite *f* 接触片岩,绢云英长混合片岩
blecding *m* (沥青、混凝土表面)泌水,(沥青路面)泛油,放出(液体或气体)渗出,(混凝土表面)泛出水泥浮浆
blende *f* 闪锌矿,闪矿类
~ carboneuse 无烟煤
~ cubique 角闪石
~ flottée 闪锌矿精矿,净锌砂
~ obscure 闪锌矿黑色变态
~ siliceuse 角岩
blessure *f* d'accident 事故受伤
bleu *m* 青,蓝图,蓝色,晒图,工作服,蓝颜料,工装裤,泥灰岩
~ alcalin 碱性蓝
~ ciel 天蓝色
~ clair 淡蓝色,信号蓝色
~ coton 棉蓝
~ d'exécution 蓝图,工作图纸
~ d'outremer 群青
~ de cobalt 钴蓝,瓷蓝,钴蓝色,氧化钴
~ de méthylène 亚甲蓝
~ de montagne 石青,蓝铜矿
~ de Prusse 普鲁士蓝,亚铁氰化铁
~ de Prusse natif 蓝铁矿
~ foncé 碧蓝,(信号颜色)深颜色,深蓝色
~ indigo 靛蓝色
~ lac 湖蓝色
~ minéral 石青,蓝铜矿

bleuâtre *m* 浅蓝色;*a* 浅蓝色的,近蓝色的,带青色的
bleuissage *m* 发蓝(处理)
bleuissement *m* 蓝迹,蓝斑,变青,变蓝,发蓝,涂成蓝色
bleu-vert *a* 蓝绿色
blindage *m* (隧道、壕沟的)支护,板栅,支架,护板,挡板,筒套,面板,屏蔽,遮挡,模板,屏幕,铠装,镶衬板,护墙板
~ antiparasite 反干扰屏蔽
~ d'induit 电枢外套,电枢外罩
~ de fouille 挖方挡板,挖方护坡
~ de galerie《soutènement de galerie》 隧洞支护,隧洞支撑
~ de l'aspirateur 尾水管里衬
~ de la cloison 支墩里衬
~ de lampe électronique 电子管屏蔽
~ de protection 保护层
~ de puits 井筒,套筒
~ du courant d'allumage 点火电流的屏蔽
~ du tunnel 隧道衬砌
~ électromagnétique 电磁屏,电磁屏蔽
~ électrostatique 静电屏,静电屏蔽
~ extérieur 铠装,(底槛、陡槽消力墩的)护面
~ métallique 钢插板
~ thermique 热防护层
~ vertical 垂直井栏,垂直挡板,垂直护板,垂直护墙板,垂直基坑支托板
blindé *a* 铠装的,屏蔽的,带保护罩的
blinder *m* 铠装,屏蔽,支撑层,渗透性承托层
blixite *f* 氯氧铅矿(勃利克斯石)
blizzard *m* 暴风雪,大风雪
bloc *m* 块,片,堆,体,组,巨砾,漂砾,蛮石,孤石,块料,断块,岩块,矿块,地块,滑块,块段,砌块,块石,部件,部分,自组,机组,组件,(信)闭塞,单元,(混凝土)浇筑块,大区段
à ~ 彻底地,到顶点,完完全全地
~ à bandes étalées 频带扩张器
~ à clavier 按钮调谐架,按钮调谐装置
~ à touches 按钮调谐架
~ administratif 行政楼,办公楼
~ affaissé 地堑(地块塌陷),沉降地块
~ amovible 可更换部分
~ anguleux 岩块,巨型角砾

~ arrondi　转石,圆石
~ asphaltique　沥青块
~ autonome d'éclairage　事故照明
~ basculé　翘起断块,掀斜断块
~ bitumineux　地沥青块
~ brise-charge（sur un radier ou une auge）　消力墩,消力块
~ brut　未经加工的(岩块)砌块
~ catadioptrique　反折射镜
~ cellulaire　格孔方块,格型块体,蜂窝状(空心混凝土)砌块
~ cellulaire de béton　格型混凝土块体
~ central　成套电能设备
~ charrié　掩冲块体
~ compresseur　压缩机组
~ continental　大陆块,克拉通
~ coulé d'avance　混凝土预制块
~ creux　空心块体
~ creux de ciment　空心水泥(混凝土)砌块
~ creux en béton　空心混凝土砌块
~ creux hexagonal préfabriqué　预制六角空心块
~ creux pour murs　砌墙用空心块,筑墙用空心砌块
~ cubique en béton　混凝土立方试体,混凝土立方试件
~ cyclopéen　大块石,巨型毛石方块(直立墙防坡堤用)
~ cylindrique　通风空心混凝土块
~ d'accumulateurs　蓄电池组
~ d'aérage en béton　通风混凝土砌块
~ d'alimentation　电源单元,馈送机构,馈送机组,供给装置
~ d'alimentation d'éclairage　发光体,照明装置,照明电源
~ d'ancrage　锚墩,锚块,镇墩,锚定座(管道用),锚定块
~ d'appareillage　器械组
~ d'appareils électriques　电器装置
~ d'appui　垫块,垫板,支承块,承重砌块
~ d'appui de pont　桥墩,桥梁支座石块
~ d'arrêt　止车器
~ d'entrée　输入部件,输入缓冲器
~ d'habitation　住宅区

~ de béton　混凝土砌块
~ de béton cellulaire　多孔混凝土砌块
~ de béton manufacturé　厂制混凝土砌块
~ de béton moulé　混凝土预制块
~ de béton préfabriqué　混凝土预制块
~ de béton vibré　震动混凝土预砌块
~ de bobinages　组圈组件
~ de bois　木块
~ de calage　楔块,止动楔,止动块
~ de caoutchouc　橡皮块
~ de chargement　负荷装置,加载装置,装料装置
~ de ciment　预制水泥块体
~ de clé　拱顶石
~ de commande　操纵装置
~ de conglomérats　砾岩石块
~ de connexion　接线板,接线盒
~ de construction　建筑砌块
~ de contrôle　控制部件,控制部分
~ de coordination　(交通信号的)联动信号灯
~ de data　数据块
~ de diagramme　框图,块状图,立体图
~ de distribution　分配器,配给装置
~ de données　数据块
~ de freinage　刹车块
~ de glace flottant　冰山,浮冰块
~ de grès　砂岩块石
~ de liège　软木块
~ de mâchefer　煤渣砖,煤渣砌块
~ de montage　组合(部)件,安装座
~ de naissance　拱座,拱底石
~ de pierre　石块
~ de pierre retaillée　复砌石块
~ de pierre　石块
~ de poudre　火药柱,火药条
~ de poulies　滑轮车,滑轮组
~ de puissance　电源,电源装置,动力单元
~ de réfrigération　冷却系统,冷却装置
~ de relais　继电器柜
~ de remplissage　填充块
~ de résistances　电阻块,电阻柜,电阻件
~ de réverbération　混响单元
~ de sélecteurs　选别器块,选别组件
~ de sortie　出发架,输出部分,出发闭塞分区

~ de temps 时限,时间范围
~ de tête vidéo 录像头
~ démultiplicateur 换算电路,分频器
~ des piles 干电池组
~ du signal de sortie 出发信号（继电器）架,出发闭塞分区
~ éjecté 火山块
~ électrique 电力系统,电力装置
~ émetteur 辐射体
~ émoussé 圆漂砾
~ en béton fretté 环筋混凝土砌块
~ en béton-gaz 加气混凝土砌块
~ en liège 软木块,多孔砖
~ englouti 围岩块体（岩浆吞蚀的）
~ entretien 检修车间
~ erratique 漂砾,漂块,漂石
~ exotique 外来岩块
~ faille soulevé 地垒,上升盘
~ faillé 断块
~ faillé basculé 单斜地垒
~ frein 单杠制动机
~ homogène 整体
~ hydraulique 液力机械,液压传动装置
~ indicateur-récepteur 接受指示架,接收显示部分
~ inférieur 下伏断块
~ littoral 海岸断块
~ lustré 玻化石块
~ maçonné 圬工砌块
~ mobile 活动断块
~ monophasé 单相电力系统
~ moteur 发动机组
~ moulé en béton 混凝土预制块
~ naturel 漂砾,巨砾,岩块
~ perché 土台,坡栖石块,角锥形土地
~ plein de béton 实心混凝土块
~ plein pour murs 砌墙用实心块
~ pneumatique 风动系统,风动装置,气压传动装置
~ pour murs 墙用砌块
~ préfabriqué 预制块
~ principal 主砌块,主滑轮
~ récepteur 接收机,接受部分,到达闭塞分区
~ recevant 接收架,到达闭塞分区

~ redresseur 整流器组柜
~ refroidisseur 冷却机组
~ ressort 弹簧组
~ soulevé 地垒,上升盘
~ stable 稳定地块
~ strié 带冰川刻痕的巨砾
~ surélevé （地）地垒
~ sûreté 安全设备,保险装置
~ synoptique 方块示意图
~ tectonique, ~ en surrection 构造地块
~ transporté par glaces flottantes 浮冰搬运的石块
~ usine 成套电站设备
~ volcanique 火山块,火山岩块

blocage m 锁住,卡住,抛填,冻结,（信）锁闭,闭塞,垫层,填塞料,碎砖石,硬核心,硬底层（路）,闭塞装置,（填充工程构筑物空隙用的）乱石填料,大石块基层
~ de la marche en arrière 阻止后退
~ de pierre 抛石,抛填石块
~ de rotation 水平制动
~ de section 区间闭塞,分区锁闭
~ des fonds 资金冻结
~ des roues 抱闸,车轮抱死闸
~ du dynamomètre 功率表停止工作
~ du récepteur 接收机封闭,接收机闭塞
~ du signal 信号锁闭
~ inexécuté 未办的闭塞,延误的闭塞
~ intempestif 错误的办理闭塞
~ mécanique 机械联锁
~ par congélation 冻住,冰塞
~ par les agents 人工闭塞制
~ par les stationnaires 人工锁闭,人工闭塞制
~ sans ressort pour le cas de rupture de fil 松簧式导线折断锁闭
~ sonique 消音装置
~ temporaire 限时锁闭
~ thermique 隔热装置

blocageux, euse a 乱石的,碎砖的,巨砾的
blocaille f 石渣,乱石,毛石,粗石,卵石,碎屑,碎石堆,碎石块,碎石砖
blocailleux, euse a 乱石的,碎砖的,石渣的,碎石的,转石的,巨砾状的
blocal m 玻璃电池瓶

bloc-cylindres *m* 汽缸体

bloc-diagramme *m* 方框图,块状图,方块图,立体图,直方图

bloc-eau *m* 成套用水设备

blochet *m* 系梁(顶柱屋架人字梁用),三角木(顶柱屋架人字梁用),短木料,木材块料

block *m* 套,组,闭塞,锁闭,闭塞机,闭塞制,闭塞系统

block-ressort *m* 弹簧快,弹簧组合

bloc-raccord *m* 接头,连接装置

blocus *m* 封锁
　～ économique　经济封锁

blödite[blœdite] *f* 白钠镁矾

blomstrandine 钇易解石

blond *a* 浅色的

blondin *m* 索道,索道吊斗,缆绳起重机,缆索起重机,架空索道起重机,从采石场运出石料的选索道
　～ fixe　固定式空中索道
　～ mobile　移动式空中索道
　～ oscillant　摆动索道
　～ pour l'excavation　配装挖土铲斗的索道
　～ radial　径向移动式索道

bloom *m* 大钢机

blooming *m* 出轧机

blooming-duo *m* 二辊式初轧机

bloqué *a* 锁闭的,阻塞的,闭塞的

bloquer *v* 锁闭,封锁,(用砖、石砾、毛石)铺填,(用硬块)充填,固定,紧固,阻塞,堵住,刹住,冻结

blouse *f* 工作服

blueite *f* 含镍黄铁矿

bluestone *f* 青石,胆矾,硬黏土,蓝灰砂岩

blutage *m* 过筛,筛分,筛析,筛选,被筛清的东西

bluteau *m* 筛,筛子,筛网,筛分机

bluter *v* 筛,过筛

bluterie *f* 筛

bluteur *m* 筛分机

blutoir *m* 筛,筛子,筛分机

blythite *f* 锰榴石

boa *m* 蛇皮管

boart *m* 圆粒金刚石

bobierrite *f* 白磷镁石

bobinage *m* 缠,绕,卷,绕组,线圈,卷绕,绕线,绕法,绕制线圈
　～ à air　空心线圈
　～ à couches multiples　多层线圈
　～ à haute tension　高压绕组
　～ à main　手绕
　～ à saturation　饱和扼流圈,饱和电抗器
　～ d'excitation　励磁线圈,激磁线圈
　～ d'inducteur　励磁线圈,激磁线圈
　～ d'induit　电枢线圈,电枢绕组
　～ de champ　场线圈,激磁线圈
　～ de transformateur　变压器线圈
　～ du cuivre isolé　绝缘铜线,包裹铜线
　～ du relais　继电器绕组
　～ en aluminium　铝绕组
　～ en forme　模绕法,模绕组
　～ en galette　饼式绕组
　～ en losange　蜂房式绕法
　～ en nid d'abeille　蜂房式绕法
　～ en vrac　叠绕,重叠绕法
　～ entrelacé　叠绕线圈,重叠绕法
　～ et frettage de l'induit　电枢绕组和箍紧
　～ fermé　闭合绕组
　～ fractionné　分段绕组,分组线圈
　～ imbriqué　叠绕组,叠绕法
　～ lamellaire　扁平辐射线圈
　～ non selfique　非自感线圈
　～ plat　平线圈,圆盘线圈
　～ primaire　初级绕组
　～ secondaire　次级绕组
　～ toroïdal　环形线圈

bobiné *a* 复绕的,已绕线的,绕成螺旋的

bobine *f* 卷,圈,盘,线圈,线盘,卷筒,绞轮,绕组,卷盘,线轴,卷轴,线板,绕线管,绕线筒,扼流圈,电缆盘
　～ à air　空心线圈
　～ à couches multiples　多层线圈
　～ à coulisse　滑接线圈,滑动接点线圈
　～ à curseur　滑接线圈,滑动接点线圈,滑动臂电位计
　～ à deux fils　双线圈
　～ à fer saturé　变感扼流圈
　～ à fiches　插换线圈,插入式线圈
　～ à manque de tension　失压线圈
　～ à noyau de fer　铁芯线圈
　～ à noyau en poudre de fer　铁粉芯线圈

bobine

~ à noyau plongeur 可调铁芯线圈
~ à plots 分段线圈，多接头线圈
~ à prises 分段线圈，多接头线圈
~ à ruban 卷盘
~ à trembleur 振动线圈，火花断续线圈
~ à une couche 单层线圈
~ à une seule couche 单层线圈
~ anti-ronfle 抑交流声线圈
~ astatique 无定向线圈
~ auxiliaire 辅助绕组
~ croisée 交叉线圈
~ d'absorption 平滑扼流圈，平衡电抗器
~ d'accord 加感线圈，加载线圈，调谐线圈
~ d'accord d'antenne 天线调谐线圈，天线加长线圈
~ d'aimantation 磁化线圈
~ d'allumage 引燃线圈，点火线圈
~ d'amortissement 阻尼线圈，衰减线圈
~ d'antenne 天线线圈，输入线圈
~ d'arrêt 扼流线圈，电抗线圈，回授线圈
~ d'attraction 拉弧线圈
~ d'écoulement 泄流（入地）绕组，放电线圈
~ d'écoute 听盘
~ d'électro-aimant 电磁铁线圈
~ d'enclenchement 合闸线圈
~ d'équilibrage 灭弧线圈，平衡线圈
~ d'essai 探察线圈，测试线圈，指示器线圈
~ d'essai magnétique 测磁线圈，测试磁链线圈
~ d'excitation 励磁线圈，激磁线圈
~ d'excitation d'arc de mise à la terre 接地消弧线圈
~ d'excitation shunt 并励线圈
~ d'impédance 电抗线圈
~ d'impulsions 脉冲线圈，绕线式脉冲传感器
~ d'inductance 电感线圈
~ d'induction 感应线圈，起动线圈
~ d'induit 电枢绕组
~ d'ouverture 切断线圈
~ d'un enroulement relié à un collecteur 与换向器绕组相接的线圈
~ d'un enroulement réparti sans collecteur 无换向器的分布绕组(的)线圈组
~ de balayage 致偏线圈，扫描线圈
~ de câble 电缆卷筒，电缆卷盘

~ de cadrage 图像合轴调整线圈
~ de centrage du faisceau 电子射线定心线圈，电子束定中心线圈
~ de charge 加感线圈，加载线圈，普平线圈（电话线网络），接地电流均衡器
~ de charge pour circuit fantôme 幻通线圈，负载线圈
~ de choc 扼流线圈，电抗线圈，回授线圈
~ de compensation 补偿线圈
~ de concentration 聚焦线圈
~ de contacteur 接触器线圈
~ de correction 电感校正线圈
~ de couplage 耦合线圈
~ de couplage d'anodes 阳极均流器
~ de couplage entre neutres partiels 平衡电抗器
~ de crête 峰值线圈
~ de déclenchement 脱扣线圈
~ de déclenchement à courant 电流脱口线圈
~ de déclenchement à excitation shunt 分励脱扣线圈
~ de déclenchement à tension 电压脱扣线圈
~ de démarrage 起动线圈
~ de déviation 偏转线圈，致偏线圈
~ de fermeture 闭合线圈
~ de fil 缠绕钢丝的滚筒
~ de fil métallique 导线平轮，导线盘，导线导轮
~ de filtrage 平滑扼流圈，滤波扼流圈
~ de focalisation 聚焦线圈
~ de modulation 补偿线圈，调制电抗器
~ de plaque 屏路线圈
~ de prolongement 加长线圈，延长线圈
~ de protection 限流线圈
~ de réactance 扼流线圈，阻抗线圈
~ de réactance à haute fréquence 高频扼流线圈
~ de réactance à noyau de fer 铁芯扼流圈
~ de réaction 回授线圈，反馈线圈
~ de réduction 塞流线圈
~ de relais 脱扣线圈，继电器线圈
~ de résistance 电阻线圈，绕组电阻
~ de retard 滞后线圈
~ de Ruhmkorff 感应线圈，鲁门阔夫线圈

~ de self 电感线圈,扼流圈
~ de siemens 西门子感应线圈,西门子手摇发电机
~ de soufflage 熄弧线圈,灭弧线圈
~ de suppression d'arc 灭弧线圈
~ de syntonisation 调谐线圈
~ de variomètre 变感器线圈
~ de verrouillage 联锁线圈
~ déflectrice 偏转线圈,致偏线圈,改变电子轨道的线圈（回旋加速器的）
~ s déviatrices 致偏线圈,偏转线圈
~ égalisatrice 平衡线圈,静止平衡器
~ élémentaire 线圈
~ en dérivation 并联线圈
~ en fond de panier 篮底形线圈
~ en forme de cage 方格线圈,笼形线圈
~ en galette 平线圈,扁线圈
~ en nid d'abeille 蜂房式线圈
~ en série 串联绕组,串联线圈
~ excitatrice 励磁线圈,激磁线圈
~ exploratrice 探测器,探测线圈,测试线圈
~ fixe 定子线圈
~ s homologues d'un transformateur 变压器的相关线端
~ imprimée 印制线圈,印刷电路电感线圈
~ inductive de frein 制动感应线圈
~ inductrice 感应线圈
~ interchangeable 插入式（换能）线圈
~ limiteur 限流线圈
~ magnétisante 励磁线圈,激磁线圈
~ mobile 音圈,可动线圈,可旋转线圈
~ oscillante 音圈
~ plate 扁平线圈,盘形线圈
~ primaire 原线圈
~ principale 串联线圈,串联绕组
~ Pupin 加载线圈,加感线圈,普平线圈（电话线网络）
~ réceptrice 接收线圈,接受卷盘
~ simple 单线圈
~ souffleuse d'étincelles 消火花线圈
~ syntonisatrice 调谐线圈
~ tambour 电缆木盘
~ thermique 热线圈
~ toroïdale 环形线圈

~ translatrice 转电线圈,中继线圈
bobiner *v* 卷,绕,绕线圈
bobineuse *f* 卷线器
bobkovite *f* 铝钾蛋白石
bocage *m* 废品,废料,小树林
bocal *m* 玻璃电池瓶
bocard *m* 磨矿机,碎矿机,捣矿机,捣碎机,碎石机
~ à eau 湿式磨矿机
~ à minerai 磨矿机,破碎机
~ humide 湿式磨矿机
bocardage *m* 捣碎,压碎,磨矿,捣矿,捣磨,破碎
~ à l'eau 湿式磨矿,湿式破碎
~ à sec 干式破碎
bocarder *v* 捣磨,捣碎,破碎
bocardeur *m* 选矿工
bocca *m* 喷火口,峡谷出口
~ adventif 侧裂喷火口
bodden *m* 古水盆海湾,宽浅不规则的海湾
bodenbendérite *f* 杂锰榴萤石
bodénite *f* 褐帘石
bodyite *f* 斜钠钙硼石（钠钙硼）
bœhmite *f* 勃姆石,软水铝石,勃姆铝矿,一水软铝石
bogaz *m* 岩溶沟,溶蚀坑
boggildite *f* 氟磷钠锶石
boghead *m* 藻煤
bogie *m* 台车,车架,小车,转向架,手推车,挖土机
~ à air-suspension 空气弹簧转向架
~ à châssis en corps creux 空心体构架转向架
~ à châssis tubulaire avec pivot fictif 无中心销管架式转向架
~ à deux essieux 二轴转向架
~ à suspension quadruple 四次悬挂式转向架
~ à trois essieux 三轴转向架
~ arrière 后转向架
~ avant de locomotive 机车前转向架
châssis de ~ 转向架构架
~ de tender 煤水车转向架
~ en profilés 型钢结构的转向架
~ en tôle emboutie 冲压钢板转向架
~ en treillis 框架式转向架
~ monomoteur 单电动机转向架

~ moteur 动轮转向架
~ normal 标准转向架
pivot de ~ 转向架中心盘
bogie-porteur m 拖车转向架
bogoslovskite f 蓝硅铜矿
bogue f 挖泥铲
bogusite f 淡沸绿岩
bois m 木材,木料,木块,坑木,树木,森林,树林,木制品
~ à cadres 框架支撑
~ à cœur sec 干心木材
~ à éclisses 木瓦
~ à fibre droite 直纹木材
~ à fibres fines 细纹木
~ à méthode belge 比利时隧道支撑法
~ abattu 伐倒的树木
~ au corail 紫檀木,珊瑚状木材
~ au poussage 板桩支柱
~ automne 晚材,秋材
~ aux cernes étroits 细纹材,细纹木
~ aux cernes larges 粗纹材,粗纹木
~ avec porteur 框架支撑
~ avivé 锯材
~ bakélisé 浸渍酚醛塑料的木材
~ bitumineux 褐煤,木煤
~ blanc 云杉,白松,松木,杉板,鱼鳞松,软质木材
~ boisage 加固,支撑,木支撑,加固支柱,木护面板
~ branchu 密枝木,多节木材
~ carré 长方木材,方正木材
~ cassant 脆性木材
~ chevron 撑木,坑木,坑内支柱
~ cintré 弯曲木材
~ composite 胶合板
~ contre-plaqué 胶合板,多层胶合板
~ contrecollé 胶合板,黏合板
~ corroyé 刨光木材
~ courbé 弯曲木材
~ créosoté 油浸木材
~ creusé en demi-cercle 挖成半圆形的木材
~ d'acajou 红木,桃花心木
~ d'aloès 芦荟(树脂)木,沉香木
~ d'amarante 紫红色木,紫红木

~ d'anis 茴香木
~ d'argan 铁梨树,铁梨木
~ d'aubier (树木的)边材,白木(多孔轻质木),液材
~ d'ébène 乌木
~ d'ébénisterie 细木工用木材
~ d'échantillon 标准尺寸木材
~ d'épices 枞木,云杉,鱼鳞松
~ d'équarrissage 方木
~ d'étais 撑木 坑木
~ d'étanchéité 方木止水,止水木条,木制止水
~ d'été 夏材
~ d'œuvre 锯材,木料,细木工用木材
~ de badiane 茴香木
~ de bout 横纹木材
~ de bûche 劈薪材
~ de buis 箱板材
~ de calage 木楔,垫木
~ de charpente (建筑用)木材,木料
~ de chêne 橡木
~ de chevron 坑木,撑木,坑内支木(柱),坑内支柱
~ de violette 红木,紫檀
~ de cocotier 椰子树木
~ de cœur 心材
~ de conifères 松柏等针叶树木材
~ de construction 建筑木料,结构木材,建筑用木材
~ de contre-plaqué 胶合板,多层胶合板
~ de droit fil 直纹木
~ de flottage 筏木,浮木
~ de frêne 槐木,梣木
~ de grume 原木,带皮木材
~ de long 原材,原木
~ de marqueterie 层板,胶合板,层板木材
~ de menu service 建筑用细材
~ de mine 矿坑木
~ de placage 镶木,薄木片,胶合板,贴面木材
~ de placage déroulé 层板,胶合板
~ de printemps 早材,春材,春生木
~ de pulpe 制(纸)浆,木材,原木
~ de racine 根株材
~ de sciage 锯木,锯材,板材
~ de service 木材,木料,锯材,建筑用木材

~ de soutènement 坑木,木支架
~ de travail 木材,木料,锯材
~ de tunnel 隧道的支撑
~ de violette 红木,紫檀
~ de voie 软枕,枕木,底梁木
~ débité à contre-maille 顺锯木,平锯木
~ débite 锯木,锯材
~ densifié 压缩木材
~ des branches 枝条材
~ des tranchées 沟槽支撑
~ desséché 干木材,风干木材
~ dimensionné 规格木材
~ droit 直材
~ du centre 心材
~ du tronc 树干材
~ dur 硬木（一般指栎木、榆木、栗木、山毛榉、胡桃木等）
~ écorcé 去皮木材
~ en forme de fourche 叉架用材
~ en grumes 原木,带皮圆木,带皮木材
~ en porte 框式支撑
~ équarri 方木,方材,方形木材,方正木料
~ factice 刨花板,木屑板
~ feuillu 硬木,阔叶树
~ fin 细木,密纹木
~ flottable 筏木,浮木
~ flottant 浮木,筏木
~ fossile 木化石
~ gauchi 翘曲木材
~ gras 枞木,冷杉,松木,软质木材,高树脂木材
~ gris 橡树,栎树,檞树
~ horizontal 水平支撑
~ imparfait 边材
~ imprégné 浸灌防腐剂的木材
~ imprégné et densifié 浸灌压缩木材
~ initial 早材,春材
~ lambrissage 护墙板,壁板,腰板
~ lamellé 夹木,夹板,叠层木,胶合木,胶合板
~ madré 花纹材,有纹理的木材
~ marbré 纹理木
~ menu 薪材,柴排
~ mi-plat 半圆木
~ mordancé 染色的木材
~ noueux 多节木

~ opalisé 蛋白石化木
~ par poussards 支撑加固法
~ parallélépipédique 方框支柱
~ parfait 心材,木心
~ pelard 去皮木
~ perdu 不回收的木支撑
~ pétrifié 木化石,硅化木
~ plaqué 薄木板,镶贴面板的木料
~ pouilleux 朽木
~ pour les mines 坑木
~ précoce 春材（木料）,春生木
~ propre à être abattu 成熟林木
~ rectangulaire 锯材,枋木,枋材
~ résineux 软质木材,树脂质木材,针叶树木材
~ rond 圆木
~ rouge 红木
~ sain 良木,优质木材
~ sec 干木,风干木
~ sec à l'étuve 烘干木材
~ séché à l'air 风干木材
~ séché au séchoir 干燥炉烘干木材
~ silicifié 硅化木
~ sous rail 木枕
~ sur dosse 平锯木,顺锯木
~ sur maille 心材,四开木材
~ suranné 过熟材,过老木材
~ tendre 软木,软质木材
~ tranché 纹理扭曲的木材
~ tropical 热带木材
~ veiné 纹理木
~ vif 立木（未伐倒的树木）
~ virant 扭曲木材
~ voie 枕木

boisage *m* 支撑,支柱,支护,支架,木支架,护面板,木护壁板,木护面板
~ à cadres 井框,棚子,井框支护
~ à méthode belge 比利时式隧道支撑法
~ au poussage 板桩支柱
~ avec porteur 框架支撑(架)
~ complet 完全支护,连续支护
~ de puits 井筒支护,井筒支架
~ de tunnel 隧道支撑
~ des tranchées 沟槽支撑,坑道支架,装坑道支架

~ du faîte 顶板支护
~ du toit 顶板支护
~ en porte 框式支撑
~ jointif 密集支护
~ par poussards 支撑加固法
~ parallélépipédique 方框支柱
~ perdu 不回收的木支撑

boisé, e *a* 支护的, 有树木的, 树木繁茂的

boisement *m* 绿化, 植树, 荒地造林, 人工造林
~ par la végétation rapide 快速植被绿化

boiser *v* 植树, 绿化, 装板壁, 为 (廊道等) 装支护, 用木材支撑
~ une galerie 为廊道装支护

boiseur *m* 支护工, 支柱工, 坑道支架工

boisseau *m* 龙头塞, 缓冲筒, 旋塞开关
~ de tampon 缓冲器筒
~ de tampon fermé 封闭式缓冲, 敞开式缓冲筒
~ de tampon ouvert 爪形缓冲筒, 敞开式缓冲筒
~ du robinet 阀体
~ sphérique 球形旋塞

boîte *f* 箱, 盒, 壳, 套, 室, 外罩, 外壳, 转换锁闭器盖子
~ à accu 蓄电池箱
~ à baromètre 气压表盒
~ à bifurcation 分线盒
~ à bornes 接线盒, 端钮盒
~ à bornes d'essai 校验用端线盒
~ à bornes pupitre aide-conducteur 14 bornes 带14个端子的副司机台端子板
~ à boutons 控制站, 控制箱
~ à carottes 岩芯箱
~ à clé vitrée 玻璃钥匙箱
~ à confettis 碎屑槽, 碎屑盒
~ à coussinet (essieu) 滑动轴承轴箱
~ à coussinet à graissage périodique 定期油润的滑动轴承轴箱
~ à coussinet à graissage permanent 长期油润的滑动轴承轴箱
~ à culture 培养箱
~ à débourbage 泥箱, 泥渣分离箱
~ à dépression (contrôle des soudures) 真空箱 (焊缝检验)
~ à deux boutons 二按钮箱

~ à eau 水箱, 水室
~ à engrenages 变速箱, 齿轮箱
~ à étoupes 填料盒, 封严盒
~ à feu 火箱, 燃烧室
~ à feu posée sur le châssis 宽火箱
~ à feu rétrécie dans le bas 窄火箱
~ à finances 现金柜
~ à fumée 烟箱
~ à garniture 填料箱
~ à graissage suivant nécessité 不定期润滑箱
~ à huile 轴箱
~ à levier 杠杆箱, 操纵箱
~ à outils 工具箱
~ à palier lisse 滑动轴承箱
~ à papier hygiénique 手指盒
~ à piles 蓄电池箱, 蓄电池槽
~ à poids 砝码盒
~ à pont 电桥箱
~ à réfrigération 冰箱, 冷冻箱
~ à relais 继电器盒
~ à ressort pour tampon 缓冲簧箱
~ à rouleaux 滚柱轴承箱
~ à sable 砂箱
~ à sécher 烘箱, 干燥箱, 急救箱
~ à soupapes 阀壳
~ à tourillon 轴承
~ à tuyères (turbine) 喷嘴室 (汽轮机)
~ à vapeur 配气室, 气阀室
~ à vent 风箱
~ à vide 真空箱 (焊缝检验)
~ aux lettres 信箱, 邮筒
~ aux lettres électroniques 电子信箱
~ aux ordures 垃圾箱
~ blindée 屏蔽箱, 屏蔽盒
~ canon 抱轴轴承
~ chaude 轴箱发热
~ d'alimentation 供电箱, 电源盒, 电源装置
~ d'accouplement 接头箱, 端子箱, 分线箱, 分线盒, 接线盒
~ d'angle 弯角导线匣
~ d'appel du signal d'alarme 警报信号箱, 紧急制动箱
~ d'arrivée 电缆头, 引入箱, 引入盒, 电缆接头柱

~ d'aspiration 进气管,吸气连接管
~ d'attelage 车钩箱
~ d'échappement 排气箱
~ d'enclenchement 联锁箱
~ d'engrenage 齿轮箱,变速箱
~ d'essieu 轴箱
~ d'essieu à biellettes 悬杆式轴箱
~ d'essieu à billes 滚珠轴承轴箱
~ d'essieu à coussinets à graissage périodique 定期润滑轴箱
~ d'essieu à coussinets à graissage permanent 永久润滑轴箱
~ d'essieu à graissage mécanique 机械润滑式轴箱
~ d'essieu à glissières 导框式轴箱
~ d'essieu à rouleaux 滚柱轴承轴箱
~ d'essieu en deux pièces 对开轴箱
~ d'essieu en une pièce 整体轴箱
~ d'étanchéité rotative 转动密封轴箱
~ d'extrémité 终端盒(电缆)
~ d'humidité 温度盒,湿度箱
~ d'inductances à commutateur 旋钮式电感箱
~ d'inductances à décades 十进电感箱
~ d'interrupteur 开关盒
~ d'interruption 断路器,开关盒,电缆接头箱
~ d'un signal de branchement 道岔信号表示器箱
~ dans les plaques de garde 导框内的轴箱
~ de block 闭塞机箱
~ de bourrage 填料盒,填料箱
~ de branchement (T形)分线箱(盒),接线盒,联轴器
~ de câbles 馈电箱,电缆分线盒(接续箱)
~ de capacité à décades 十进电容箱
~ de capacité à fiches 插销式电容箱
~ de capacités 电容箱
~ de capacités à commutateur 旋钮式电容箱
~ de changement de régime (vide, chargé) 空重车制动位转换箱
~ de charge 测力盒
~ de cisaillement 剪力盒,剪力仪
~ de cisaillement à la surface simple 单一剪切面的剪力盒
~ de cisaillement triaxiale 三轴剪力盒

~ de collection 钥匙箱(置于信号机柱上为闭塞用)
~ de combinateur 组合开关箱
~ de commande 控制盒,控制箱
~ de commande pour génératrice 发电机控制箱
~ de compensation 辅助储气筒(缓行器)
~ de conductances à décades 十进导电箱
~ de connexion de câble 电缆接线盒
~ de connexion de câble pour installation temporaire 临时电缆接线盒
~ de connexion 接线盒,分线(接线)箱
~ de connexion hermétique immersible 水下密封接线盒
~ de contrat (流速仪的)接触匣
~ de contrôle 控制箱,检测设备
~ de cordeau 墨斗
~ de coupe-circuit 熔断器匣
~ de coupure 断路器,箱形断路开关
~ de décades 十进(电阻)箱,十进电阻箱
~ de démarrage 启动箱,电动机启动装置
~ de dérivation 分线盒,配电盒,电缆接头箱
~ de dérivation des câbles 电缆接头盒
~ de dérivation extérieure 室外分线盒
~ de dérivation intérieure 室内分线盒
~ de dérivation normale 普通照明接线盒
~ de dérivation sécurité 安全照明接线盒
~ de dialogue 对话框
~ de différentiel 差速气箱
~ de distribution 分线盒,配电箱,接线盒,电缆分配箱
~ de distribution de signaux 信号分配盘(电话)
~ de distribution du réseau d'éclairage 照明配电箱
~ de distribution du réseau d'éclairage de secours 事故照明配电箱
~ de distribution du réseau force 动力配电箱
~ de distribution du réseau force à l'extérieur 户外动力配电箱
~ de distribution en saillie du réseau d'éclairage 明装照明配电箱
~ de distribution encastrée du réseau d'éclairage 暗装照明配电箱
~ de division 配水闸,分配盒(电缆),(灌渠上

boîtier

~ 的)分水装置
~ de dosage 配料箱
~ de garantie 保险箱[盒]
~ de garde 保护箱,屏蔽罩,继电器箱
~ de jonction 接线盒,电缆套,集管箱,分线盒,联轴器,电缆接头箱
~ de jonction à trou d'homme 带检查孔的接线盒(分线盒)
~ de la soupape à tiroir 滑阀箱,分汽阀箱
~ de la tête d'accouplement 连接器头盒
~ de manivelle 曲轴[曲柄、机轴]箱
~ de manœuvre 开闭器
~ de mesure 量斗,量料箱,量水箱
~ de pansement 救护药箱
~ de passage 穿线盒
~ de pression 压力盒
~ de pression du sol 土压力箱
~ de protection 保护箱,屏蔽罩,继电器箱
~ de raccordement 端子盒,接线盒,分线盒,电缆分配盒
~ de raccordement à ouverture rétrécie 缩口接线盒
~ de raccordement carrée 方形接线盒
~ de raccordement souterraine 地下接线盒
~ de récupération de l'eau 存水盒
~ de renvoi 复原装置,变速器
~ de répartition 配电箱
~ de repos 存放盒(指存放电缆等)
~ de résistance 电阻箱
~ de résistance à combinaisons multiples 串并联电阻箱,进位式电阻箱
~ de résistance potentiométrique double 复式电位电阻箱
~ de résistances à commutateur 开关式电阻箱,旋钮式电阻箱
~ de résistances à décades 十进电阻箱
~ de résistances à fiches 插销式电阻箱
~ de résistances doubles 双电阻箱
~ de résistances jumelées 替换式双电阻箱
~ de roulement 轴承箱
~ de secours 救护箱,急救箱
~ de serrage 夹板,压板,夹钳,闸(制动)装置
~ de signalisation 风箱,排气柜,信号箱
~ de soufflage 灭弧箱

~ de soupape 阀门箱,活门箱
~ de tarage 校准箱,压力标定盒
~ de tendeur 松紧螺套
~ de tiroir 气阀室
~ de transmission 传动箱,齿轮箱,变速箱
~ de vérification 测试器,成套测量装置
~ de vitesse 变速箱
~ des commutations 转换开关盒
~ des condensateurs 电容器箱
~ des conducteurs franchissant les joints de dilatation 伸缩缝穿线盒
~ détonante 雷管,响炮
~ diffuseuse 喇叭匣,扬声器匣
~ doseuse à granulats(bdg) 粒料配料箱
~ du compas 罗盘盒
~ dynamométrique 测力盒
~ en fonte 铸铁箱
~ extérieure 终端盒(电缆)
~ intérieure 内轴箱
~ médiane avec prise de mouvement 带起动装置的中间轴箱
~ médiane avec retour courant 带电流起动装置的中间(轴)箱
~ noire 快速调换部件
~ ordinaire 信号柱上闭塞箱
~ suspendue en bakélite 胶木吊线盒
~ t. r. 天线转开关(发—收)
~ terminale 终端盒(电缆)

boîtier *m* 盒,箱,壳体,外套,外壳(仪表的),仪表箱,救护药箱
~ d'adaptation 适配器盒,转接器盒
~ d'un compteur 电度表的外壳
~ de commande 操纵台,控制盒,控制箱
~ de détection 探测器
~ de fin de cours 限位开关
~ de matière plastique 塑料箱
~ de raccordement 接线盒
~ de signalisation de l'aide conducteur 副司机信号台
~ du filtre 滤清器壳
~ du récepteur 接收机箱,收音机箱
~ mural 墙上的盒子
~ programme 程序箱
~ thermoplastique 热塑料箱

boîtier-programme *m* 程序箱
Bojien *m* 太古代
bojite *f* 角闪辉长岩
bokite *f* 矾铝铁石
bol *m* 碗,钵,外壳,肥黏土,红玄武土,红色易碎黏土,翠绿砷铜矿
　～ centrifugeur　离心机外壳
bolaire *a* 黏土质的,含黏土的
boldène *f* 泥质砂岩
boldyrévite *f* 钙镁冰晶石(钠钙镁铝石)
boléite *f* 氯铜铅银矿
boleslavite *f* 玻列斯拉夫矿(方铅矿)
bolide *m* 高速车,火流星,火球陨石
　～ de course　赛车
bolivar *m* 博利瓦(委内瑞拉货币单位)
bolivarite *f* 隐磷铝石(玻利瓦尔石)
bollard *m* (公路上安全岛的)表柱,护柱(装于行人安全岛顶端),系缆柱,系船柱,护(舷)柱
　～ fixe　固定系船柱
　～ libre　活动系船柱
bolomètre *m* 测辐射热器,辐射热测定器,辐射热测量计,电阻式测辐射热器,辐射热测量器
bolométrique *a* 辐射热测定的
bolophérite *f* 钙铁辉石
bolorétine *f* 准菲希德尔石
bolsón *m* 封闭洼地,季节性盐湖,宽前内陆盆地
boltonite *f* 镁橄榄石
bolus *m* 胶块土,红玄武土
bombage *m* (使)凸出,(使)鼓起,(使)隆起
bombardement *m* 轰炸,轰击,冲击,碰撞,照射
　～ d'électron　电子冲击,电子轰击
　～ électronique　电子轰击
　～ ionique　离子冲击,离子轰击
　～ neutronique　中子冲击(放射性测井)
bombé, e *a* 鼓起的,凸起的,隆起的,膨胀的
bombement *m* 膨胀,突起,凸形,加厚,鼓起,起拱,反挠,小丘,土墩,路拱,上拱度,反挠度,加厚部分,(汽车)前轮外倾
　～ allongé　长条状隆起
　～ anticlinal　背斜隆起
　～ axial　轴部隆(升)脊
　～ dans une tourbière　泥炭土墩
　～ de l'écorce　地壳增厚
　～ de la surface　面层加厚
　～ de route　路拱
　～ dôme allongé　延伸的穹状隆起
　～ du socle　基底隆起
　～ méga-anticlinal　大背斜隆起
　～ régional　区域(地层)突起,区域(地层)增厚
bomber *v* 使凸起
bombiccite *f* 晶蜡石
bombite *f* 硅铝铁玻璃
bombonne *f* 坛,瓶,罐,电石气瓶,电石气筒,小颈大瓶,用木箱保护装腐蚀性液体的大玻璃瓶
　～ d'acétylène　电石气瓶,电石气筒
bon *m* 凭单,汇票,通知,票证
　～ à échéance　定存款凭单,期存款收据
　～ à tirer　付印稿
　～ d'enlèvement　取货单,取货凭单,交货通知,提货凭证
　～ de caisse　存款收据
　～ de chargement　装货凭证
　～ de commande　订单,购货订单
　～ de livraison　发货凭证,交货单
　～ de poste　汇票
　～ de réception　收货单
　～ de reprise　退货单
　～ de sortie　放行证,出门证,提货单
　～ de transport　运输凭证
　～ de travail　作业单
　～ de vue　即期汇票
　～ du trésor　国库券
　～ et litre participations　有价票证
　～ granulométrie　良好级配
　～ matière　用料单,材料单,用料预计单
　～ planéité en surface　表面良好平整度
　～ postal de voyage　邮政旅行支票
　～ pour　适合于,适宜于
　～ pour exécution　适于施工,准予施工
　～ tenue　良好性能,良好状态
　～ visibilité　良好的视野,良好的能见度
bon, ne *a* 好的,有益,良好的,合适的,有利的,有技能的,有经验的
　～ emballage　包装完整
　～ fonctionnement　运行状态良好,(机车)工作状态良好
　～《rouleur》　易行车(编组场)

bonamite *f* 绿菱锌矿,苹果绿宝石
bonanza *f* 大矿囊,富矿体,富矿脉
bonattite *f* 三水胆矾
bonbanc *m* 软白砂岩
bonbonne *f* 瓶,罐,坛,小颈大瓶,用木箱保护装腐蚀性液体的大玻璃瓶
   ~ à l'acide 酸坛
   ~ à oxygène 氧气瓶
   ~ d'acétylène 电石气瓶,乙炔气罐
bond *m* 跳跃
bonde *f* 栓,口塞,闸门,沉管,塞子,排水口,下水口,排水孔
   ~ à bouchon 带塞的下水口
   ~ à grille 带栅栏的下水口
   ~ d'étang 池塘闸门
bonder *v* 塞满,充满
bondérisation *f* （磷化）防锈处理
bonhomme *m* 锁,销,止动锁,限动器
   ~ de mineur 矿工帽
bonification *f* 改善,减价,优待
   ~ d'ancienneté 降低退休工龄标准
   ~ de taxe 减低运费
bonis *m* 余款,盈余
   ~ sur reprise d'emballage 重新打包利润
bonnet *m* 阀帽,管帽,机罩,机壳,保护罩,烟囱罩
bonneterie *f* 针织厂,针织品商店
bonnette *f* 套镜（摄影）,荧光镜,荧光检查器
bonsdorffite *f* 块云母,水堇云母
bonus *m* 加奖,红利
   un ~ de un point par mois (allant jusqu'à trois points maximum) sera attribué aux soumissionnaires proposant des délais inférieurs à 40 mois 建议工期不到40个月的投标人每月加奖1分（最高加3分）
boomer *m* 布麦尔渡,布麦尔震源
boort *m* 圆粒金刚石
booster *m* 升压器,加速器,助力器,调压器,转播站,起动瓷电极
boothite *f* 七水胆矾
boqueteau *m* 树丛,小树林
bora *m* 布拉风（亚得里亚海东岸的一种干冷风）
boracite *f* 方硼石
boracite-alpha *f* α方硼石

boracite-bêta *f* β方硼石
borate *m* 硼酸盐
   ~ d'ammonium 硼酸铵
   ~ de calcium 硼酸钙
   ~ de manganèse 硼酸锰
   ~ de plomb 硼酸铅
   ~ de sodium 硼酸钠
borax *m* 硼砂,丹石
borcarite *f* 碳硼镁钙石
bord *m* 滨,边,缘,端,舷,框,堤（岸）,限界,极限,航向,单程,边缘,限度,岸边,河岸
   à ~ 在船上,在车上,在飞机上
   ~ à bord 靠边地,并排地
   ~ à souder 焊缘
   ~ amont 上游岸边
   ~ arrondi 圆边,圆角
   ~ aval 下游岸边
   ~ chanfreiné 斜面边缘,破口斜边
   ~ cisaillé 剪切边
   ~ coupant 切缘,刃脚,刃口,切削刃
   ~ croqué 切边,毛边,切面
   ~ d'attaque 前沿,前缘,坑道工作面,脉冲的上升边,叶片的进气边
   ~ d'auge 槽谷边缘
   ~ d'un continent 大陆边缘
   ~ d'un lac 湖岸
   ~ d'une rivière 河岸
   de ~ 车上的,随车的
   ~ de capillarité 毛细水边缘
   ~ de fuite 后缘
   ~ de joint 接缝边缘
   ~ de la chaussée 路边
   ~ de la dalle （混凝土）板边缘
   ~ de la plateforme 路基边缘
   ~ de la retenue 水库岸
   ~ de la route 路边
   ~ de la voie moins chargée 轻车行车道边
   ~ de la voie plus chargée 重车行车道边
   ~ de mer 海岸
   ~ de référence 基准边
   ~ droit 直边,端面,直角边,对接缝
   ~ du chéneau 檐沟边
   ~ du cratère 火山口边壁
   ~ du plateau continental 大陆架边缘

~ du trottoir 路缘石
~ encastré 嵌入边，固定边
~ externe du récif 礁体外缘
~ festonné 花环状边缘，花彩弧状边缘
~ figé 冷凝边
~ fritté 半熔岩坡
~ indenté 齿状山坡，犬牙交错斜坡
~ inférieur du couche 岩层底板
~ intérieur de champignon 钢轨内侧
~ intérieur du rail 钢轨内侧面，钢轨工作面
~ libre 自由边
~ libre de la dalle （混凝土）板的自由边
~ marginal 尖端，末端
monter à ~ 上船
~ net 陡缘
prendre à ~ 上船，上飞机
~ rabattant 活动侧板
~ rabattu 弯边
~ rapid 陡坡，陡崖
~ réactionnel 反应边
rentrer à ~ 回到船上
~ supérieur du rail 钢轨顶面
~ tombé 弯边，卷边，凸缘

bordage *m* 框，壳板，侧壁，侧板，弯边，包边，镶边，骨架

bordé *m* 包皮，蒙皮，外壳，外套，边饰，缘饰，航向，抢风方向
~ amovible 活动外壳
~ en bois 木制（挡水）面板，木制外壳
~ en tôle 钢面板，钢板外壳，钢皮外壳

border *v* 卷边，镶边，圈绕，边缘加工
~ en bas 镶边，修边，沿边

bordereau *m* 表，样式，清单，细账，形状，格式，表格，明细表
~ comptable 结账单
~ d'achat 购物清单
~ d'effets à l'encaissement 收款票据清单
~ d'envoi 送件单，解款单
~ d'expédition 发货清单，邮寄清单
~ de livraison 交货清单
~ de caisse 现金清单
~ de chargement 装货清单
~ de colisage 包装清单
~ de compte 结单，账单
~ de dépenses 支出清单
~ de données 数据记录表
~ de factage 汽车搬运单
~ de livraison 交货清单
~ de messagerie postale 邮包运送清单
~ de prix 价格单，价目表，投标单价，单价明细表
~ de prix unitaires 单价明细表
~ de saisie 进料表，输入格式，输入量一览表
~ de salaires 工资表
~ de transmission 交接单，交接清单
~ de transport 货运提单
~ de versement 缴款清单
~ des prix 报价表，价目表，价格清单，价格明细表，投标单价（明细表）
~ des prix unitaires 单价明细表
~ quantitatif 工程量表（清单）

bordite *f* 水硅钙石

bordoire *m* 折边工具

bordure *f* 边，框，边缘，边框，边条，路缘，缘石，侧石，道牙，边界，过境，井栏，路缘石，边界边缘框
~ à face oblique 斜面路缘石
~ aplatie 水平边缘
~ arasée 平道牙，平路边石
~ arrondie 路缘石，进口路缘，进门侧石，滚式缘石
~ chanfreinée 倒棱路缘石
~ continentale 大陆边缘，大陆边区
~ d'un puits 井栏，井圈
~ de marais 滨海沼泽带
~ de pavé 路缘（石），缘石，镶边，砖石踢脚
~ de radiateur 散热器边框
~ de sécurité 安全路缘石
~ de trottoir 路缘（石），缘石，镶边，砖石踢脚，人行道路缘石
~ des voies 道牙，路缘石
~ droite 直立式路缘石
~ du bassin 盆地边缘
~ du gisement 矿床界线
~ du quai 站台边
~ du revêtement 路面边缘
~ en béton 混凝土侧石，混凝土路缘石
~ en béton pour îlots de circulation （道路）岛状分割带，混凝土路缘石

~ en bitume 沥青（混凝土）缘石
~ enterrée 深埋式路缘石
~ figée 冷凝边
~ guide-roue 斜柱
~ haute 立道牙,高起的路缘石
~ inclinée 斜式路缘石
~ kelyphitique 次变边
~ mobile 活动(大陆)边
~ périphérique 凸缘,法兰盘,安装边
~ réactionnelle 反应边
~ réfléchissante 反光路缘石
~ saillante 路缘,侧石
~ stable 稳定(大陆)边缘
~ taillée en arc 拱形路缘石
~ verticale 立式路缘石

bordurette *f* 窄路缘(石),窄侧石
boré *a* 含硼的
bore *m* 硼(B)
boréal,e *a* 北方的
borgne *a* 盲矿的,独头的
borgniézite *f* 钠闪石(博钠闪石)
borgstrœmite[borgtrömite] *f* 金黄铁矾
boride *m* 硼化物
borinage *m* 采煤,法国北方的采煤工人,比利时波利那什采煤区
boriniou *m* 水仓,井底水窝
borique *a* 含硼的
borislavite *f* 硬脆地蜡
bornage *m* 标桩,放样,定线,划界,立标,边界,定界线,端子板(电)
　　~ de polygonale 导线标桩,多边(角)形标桩
bornais *m* 灰砂
borne *f* 端子,边缘,界限,界标,界碑,界石,标桩,护柱,接线点,里程表,里程碑,系船柱,接线柱,接线桩,接线端子,限度范围,测量标记
　　~ à prisonnier 柱端子铸式端子
　　~ chasse-roue 斜柱,墙角石,门角石
　　~ d'incendie 消防龙头
　　~ d'amarrage 系船柱,系船木桩
　　~ d'antenne 天线接线柱
　　~ d'emprise 界石,占地桩
　　~ d'enroulement 绕组端子
　　~ d'entrée 引入线端,输入端子,输入接线柱
　　~ d'épreuve 试验端子,试线端子

~ d'essai 试验端子
~ d'incendie 消防龙头
~ d'une impédance 阻抗终端
~ de branchement 分路端子,分线端子,分路接线柱
~ de câble 电缆标志桩
~ de connexion 接线端子
~ de contrat 接线柱
~ de délimitation 限界标
~ de dérivation 分路端子,分路线端
~ de fontaine （道路边侧的）界石形饮水柱,地上立式消防栓,马路边上的界石形饮水栓
~ de grille 栅极端子,栅极接线夹,栅极限制
~ de jonction 接线端子
~ de mise à terre 接地端子,搭铁接线柱
~ s de phase (d'une machine ou d'un appareil polyphasé) 电路线端(多相电机或电器的)
~ de prise 接线端子
~ de protection des piétons 护栏柱,行人界标
~ de raccordement 接线夹,接线端子
~ de référence 基准标
~ de refuge 安全岛界标
~ de refuge lumineuse 安全岛发光界标
~ de repérage （电缆）标志桩
~ de repérage du linéaire 线路标志桩
~ de sortie 输出端子,输出接线柱
~ de terre 接地线端
~ du primaire 原绕组端子
~ filetée 螺纹端子,栅极接线夹
~ géodésique 大地测标,大地测量标志
~ hectométrique 站界标,百尺标,百米路标
~ s homologues d'un transformateur 变压器的相关线端
~ infinie 无限,无穷
~ kilométrique 公里桩,里程碑,里程石,公里路标
~ limitante 分界石
~ limitante de propriété 分界标,境界标
~ limite de propriété 分界标,境界标
~ lumineuse 照明护柱(用外部光源照明)
~ milliaire 里程碑,里程石
~ neutre 中性线端,中性点接线端(多相电机或电器的)
~ pour balisage 路边线轮廓标

~ réfléchissante   反光里程标
~ repère   基准点，水准基点
~ routière   公路界碑
~ routière de départ   道路里程标
sans ~ s   无限地，极大地
~ serre-fil   紧线端子
~ supérieure des classes de trafic cumulé   交通量等级上限

borne-fontaine   *f*   配水栓，消火栓
borne-limite   *f*   界标
bornémanite   *f*   磷硅铌钠钡石
borner   *v*   限制，限定，围住，挡住，立界石，局限于，立路程碑，以……为界限
se ~ à   限于，局限于，满足于
borne-repère   水准标(志)，水准基点，水准标石
~ de courbe   弯道指示标
bornier   *m*   接线板，接线柱，端子接线板
~ déporté   偏心接线柱
bornoyer   *v*   (用单眼)瞄测，标桩
borocalcite   *f*   三斜硼钠钙石(硼钠钙石)
borolanite   *f*   霞榴正长岩
boromagnésite   *f*   硼镁石
boronatrocalcite   *f*   三斜钙钠硼石(钠硼钙石)
borosilicate   *m*   硼硅酸盐
borovskite   *f*   亮碲镑钯矿(波罗夫斯基矿)
bort   *m*   圆粒金刚石，钻探用劣等金刚石
borure   *m*   硼化物
boryslavite   *f*   硬脆地蜡
bosjemanite   *f*   锰镁明矾
boson   *m*   玻色子(遵照玻色统计法的粒子)
bosquet   *m*   树丛，小树林
bossage   *m*   凸缘，管嘴，轮毂，突出部，排泄阀(水、油、暖气回路的)，凸起部分，加厚部分，浮雕装饰，作浮雕的建筑部分，机械联锁握柄中的解锁滑子
~ à bordure unie   收进(砌墙等工作)
à ~ rustique   (石料)粗面的，粗面雕饰
~ à tables saillantes   (墙面上)凸台饰
~ d'éjection   喷嘴
~ en pointes de diamant   (墙面上)菱形凸雕饰
~ formé de stalactite   (墙面上)钟乳石状凸雕饰
~ rustique   浮雕装饰，毛面浮雕
~ vermiculé   (墙面上)虫迹形凸雕饰
bosse   *f*   岩瘤，矿瘤，矿株，隆起，凸起，(三叶虫)瘤疱，圆丘，小丘，凸形，浮雕，波状地，驼峰峰顶
~ de débranchement   驼峰
~ de gravité   驼峰，驼峰峰顶
~ de terrain   丘陵，小丘，突起地段
~ de triage   调车驼峰，驼峰编组场
~ de triage double   双驼峰
~ due au gel   (道路)翻浆(即冻胀)
~ glaciaire   冰帽，冰成埂丘，冰成岛山
~ mécanisée   机械化驼峰
~ ruiniforme   堡垒状残丘
bosselage   *m*   金属器皿烤花
bosseler   *v*   使凹凸不平
bossellement   *m*   凸起，隆起
~ s généraux   地形大面积起伏
bosselure   *f*   坑，凹痕，凸纹，压痕，浮雕
bosseyage   *m*   凿穿，贯穿岩层
bosseyer   *v*   割，钻(岩)，凿(岩)，扯开，割开，劈开，剥去，割掉，拆掉
bossoir   *m*   吊杆，吊架，起重臂杆
bostonite   *f*   波士顿岩，淡歪细晶岩，加拿大石棉(纤蛇纹石)
botryite   *f*   赤铁矾
botryoïde[**botryoïdal**]   *a*   葡萄状的
botryolit(h)e   *f*   散射硅硼钙石
botte   *f*   束，扎，捆，组
~ de fil   导线捆，线束
bottlestone   *f*   贵橄榄石
bouchage   *m*   堵塞，封口，堵住，塞住，止流，止漏
~ des nids de poule   填坑洞
~ d'un puits   堵孔，封孔
bouchardage   *m*   凿石，打毛，凿毛，混凝土拉毛，混凝土琢毛，用凿整修圬工
~ des trous   堵孔，堵眼
boucharde   *m*   (石面)凿毛锤，磷齿锤，修整锤，(水泥表面)压花辊
boucharder   *v*   压花，滚花，轧碎，使成粒状，把混凝土拉毛，用凿整修圬工，用凿石锤把石面凿毛
bouche   *f*   穴，口，孔，栓，眼，井口，口径，河口，喷嘴，火山口，喷发口，通气口，坑道口，喇叭口，锥形孔
~ à clé sous trottoir   地下式消火栓
~ à clé sur trottoir   (人行道上)柱式消火栓
~ à persienne   百叶窗式进气口
~ d'incendie   消火栓，消防龙头

～ d'aération 通风口,通气孔
～ d'accès 出入口,检查口,查看孔,检查孔,出入孔
～ d'aération 通气口,通风口.
～ d'arrosage 消防栓,洒水龙头,洒灌龙头
～ d'aspiration 进风口,吸入口,进风巷道口
～ d'aspiration à tiroir 插板式吸风器
～ d'eau 水栓,水龙头
～ d'égout 下水口,吸水口,排水管口,集气管口
～ d'entrée 进风口,进水口
～ d'évacuation 排水口,排气口
～ d'extraction 吸风口
～ d'incendie 消火栓,消防龙头,配水龙头
～ d'introduction d'air 进气口
～ de chaleur à air pulsé 热风散热口
～ de cheminée volcanique 火山口
～ de diffusion de l'air 排气口[孔]
～ de l'antenne 天线口径
～ de lavage 冲洗口,冲洗用水栓
～ de manche 喇叭口
～ de métro 地铁出入口
～ de nettoyage 清扫口
～ de plafond 天花板出风口
～ de puits 井口
～ de réception 排水管口
～ de régulation 调节孔
～ de reprise 回风口
～ de reprise à persiennes mobiles 活动算板式回风口,活动算板式回风口
～ de sortie 排气孔
～ de soufflage 通气孔
～ de ventilation 通风算子[孔、口]
～ du fleuve 河口
～ éruptive 火山喷发口

boucher v 阻塞,堵塞,填塞,闭塞,封闭,关闭,锁定,封锁
～ la brèche d'un barrage 堵塞坝缺口
～ les prises d'eau 封闭取水口,阻塞取水口

bouchmanite f 镁锰明矾石

bouchoir m 挡板,节气门,调风门

bouchon m 罩,塞子,盖子,插头,堵头,掏槽,衬套,拥挤,阻塞,稠密,木栓,木楔,套筒,套管,(道路的)瓶颈(即局部狭窄路段),瓶颈地,安全塞,堵塞物,中空炮眼(开岩石隧道时用)

～ à tête hexagonale 六角塞
～ anti-poussière 防尘罩
～ autoclave 密封盖,压力釜安全塞
～ canadien 直线掏槽,加拿大式掏槽
～ compte-gouttes 滴瓶塞
～ conique 锥形掏槽
～ convergent 锥形掏槽,楔形掏槽
～ d'asservissement 反馈回路,伺服电路,自动跟踪电路
～ d'étanchéité 密封塞
～ d'objectif 镜头塞门
～ de cheminée volcanique 火山颈
～ de cimentation 灌(水泥)浆木塞
～ de dégagement 直线掏槽,垂直眼掏槽
～ de dessablage 防尘塞
～ de glace 冰帽
～ de guide d'ondes 波导管孔
～ de guide d'ondes en forme de trompette 喇叭形波导管口
～ de jauge 塞规,千分表触头,邮箱液位量尺塞规盖
～ de manetons d'huile 连杆轴颈油塞
～ de névé 冰雪盖
～ de purge 排泄塞门
～ de réglage 调节塞门
～ de remplissage 注油塞
～ de soupape d'échappement 排气阀盖
～ de vapeur 汽封
～ de vidange 排泄塞门
～ de vilebrequin 曲轴螺塞
～ du tuyau 管堵(头),管塞
～ électrique 带阻滤波器
～ en éventail 扇形(炮眼)掏槽
～ en liège 软木塞
～ expansible 膨胀栓塞
～ fileté 螺纹塞
～ fusible 易熔塞,熔断塞,熔断器
～ hydraulique 水封
～ intermédiaire 插塞式接合器
～ jauge 塞规,油位塞门
～ magnétique 磁油堵
～ ordinaire 普通掏槽(垂直楔形掏槽)
～ pyramidal 锥形陶槽,角钻式钻眼,角锥形掏槽

~ six pans 带六角头的堵
~ vissé 螺丝塞
~ volcanique 火山颈
bouchure *f* 绿篱
bouclage *m* 环路,回路,回流线(从列车尾部回到头部),电路闭合,电路接通
~ par batterie 电池回路,电池环路(电话)
boucle *f* 环,扣,箍,圈,河湾,匝道,回线,回路,环流,环路,环线,环道,线圈,循环,转头线,回转线,迂回线,环形线,指令周期,环形沙嘴,套状沙洲,闭合电路
~ bouclée 封锁,关闭
~ d'asservissement 反馈回路,伺服电路,自动跟踪电路
~ d'accord en U U形环,U形环路,马蹄形环
~ d'accrochage 吊环
~ d'alimentation 电源电路,电源回线,电源回路
~ d'ancrage 铆环,锚环,马蹄螺栓,U形螺栓
~ d'entrée 驶入(高速公路的)环路
~ d'essai 试验回路
~ d'étrave 环,吊环,眼环
~ d'évitement 环线,圈线
~ d'hystérésis 磁回路,磁滞线,滞回环
~ de bardage 移动环
~ de couplage 耦合器,耦合圈,耦合环,编制的活套
~ de couplage centrale 中心耦合环(多腔磁控管)
~ de dilatation 伸缩环,圆形伸缩器
~ de double pour fil métallique 双扣环导线眼
~ de fil 线环,线圈
~ de l'oscillographe 示波器回路
~ de méandre 环形沙嘴
~ de mesure 测量环线,测试回路
~ de Murray 茂莱环路(一种检查通信电路断路或接地故障的电桥)
~ de prélèvement d'énergie 电能输出回线
~ de réaction 反馈回路
~ de refroidissement 冷却回路
~ de régulation 控制回路,控制环路,调节回路
~ de remorquage 拖曳环
~ de retour 枢纽环线
~ de rivière 河道弯曲段

~ de sortie 驶出(高速公路的)环路
~ de suspension 吊环
~ fermée 闭环,闭合回路
~ HT 高压环形线路
~ intérieure 内环道,内侧路,(立体交叉的)内转(插入)匝道,内转车道(立体交叉)
~ magnétique 磁回路,磁性环路,磁性闭合回路
~ primaire 一次冷却回路
~ simple 基环,主环,单回路
~ souterraine 地下电缆套管
boucler *v* 封锁,关闭,填补
~ les nids-de-poule 填补坑穴
bouclette *f* 小带扣,搭板
boucleur *m* 闭路系统安装人员
bouclier *m* 盾,罩,甲,挡板,护板,护屏,挡板(底部),地盾,护屏,拦板,护床,护墙,盾状物,喷嘴罩,护墙板,护壁板,掩护支架,推土机刀片,隧道开挖盾构
~ à air comprimé 压缩空气型盾构
~ à boue 泥浆型盾构
~ à bride 凸缘,法兰盘
~ à l'air comprimé 气压盾构法(用于开挖地下水位以下隧道)
~ à la main 人工挖掘式盾构
~ à trois étapes 三阶段盾构
~ ancien 古地盾,老地盾
~ anti chaleur 热屏,挡热板
~ biologique 生物屏蔽
~ continental 地盾
~ de laves 熔岩盾
~ de toiture 半圆形盾构,顶盖式盾构
~ du tunnel 隧洞盾机构,隧洞防护支架
~ mécanique 机械盾构,机械掘进盾构
~ ouvert 开式盾构
~ surbaissé 夏威夷型盾形火山
~ thermique 隔热屏,隔热层,热屏蔽
~ vieux 古老地盾
boude *f* 口塞,排水口
~ à bouchon 带塞的下水口
~ à grille 带栅栏的下水口
boudin *m* 帽,盖,轮缘,凸缘,发条,翼缘,突缘,轮圈,内边,法兰(盘),石香肠,地雷引信
~ aminci 磨薄的轮缘
~ d'étanchéité 密封圈

boudinage

~ de roue 轮缘
~ droit 垂直轮缘
~ écaillé 剥离了的轮缘
~ frotte contre le rail 轮缘密贴钢轨
~ normal 标准路缘,标准轮缘
~ réduit 磨薄的轮缘
~ s'applique contre le rail 轮缘密贴钢轨
~ tranchant (du fait de l'usure) 磨薄轮缘

boudinage *m* 挤出,挤压,压铸,挤压成形,香肠构造

boudiné *a* 香肠状的

boudineuse *f* 制砖机,挤压机

boudstone *m* 生物黏结灰岩

boue *f* （钻井用）料浆,泥浆,淤泥,泥土,污泥,淀渣,泥渣,沉淀物,黏质物,钻探泥浆

~ à base d'eau 水基泥浆
~ à diatomées 硅藻土,硅藻淤泥
~ à foraminifères 有孔虫淤泥
~ à globigérines 海底软泥（由海面小虫石灰质甲壳沉积而成）
~ à l'argile 黏土泥浆
~ à l'eau salée 盐泥（浆）
~ à l'huile 油泥（浆）
~ activée 活泥,活性污泥
~ anodique 阳极泥
~ argileuse 黏土质泥
~ autodurcissable 自硬化黏土
~ bentonitique 膨润土泥浆
~ biodégradable 护壁浆液
~ bleue 青泥
~ calcaire 灰泥,石灰质泥土,石灰性泥土
~ calcaro-siliceuse 钙—硅质淤泥
~ carbonatée 碳酸盐游泥
~ consolidée 泥岩
~ corallienne 珊瑚泥
~ d'huile 油泥
~ d'injection 钻井泥浆
~ de forage 泥浆,钻进液,钻孔泥浆,钻探用泥浆
~ de forage à l'argile 钻孔用黏土泥浆
~ de forage à l'eau salée 钻孔用盐水
~ de forage à l'huile 含油泥浆,采油用泥浆
~ de lac 湖泥
~ de lavage 洗矿矿泥
~ de mer 海泥
~ de neige 雪泥
~ de rivière 河泥
~ de sondage 探孔泥浆
~ de grands fonds 深海沉积
~ déshydratée 脱水污泥
~ du sondage （探孔）泥浆
~ en excès 多余污泥
~ épuratrice 再生污泥,起净化作用的污泥
~ estuarienne 河口淤泥
~ fétide 腐殖泥
~ gelée 冻泥
~ glacée 冰泥
~ glaciaire 底碛,冰川泥
~ grossière 砂质软泥
~ liquide 泥浆,稀浆
~ marine 海泥
~ molle 软淤泥
~ organique 腐泥
~ pélagique 远海（深海）沉积物,远海（深海）软泥
~ perméable 可渗透的泥浆
~ planctonique 浮游生物软泥
~ profondeur 泥土,钻探泥浆
~ résiduaire 污泥渣
~ résiduelle 残余[积]泥浆
~ riche en humus 污泥,软泥,肥土,腐殖土
~ rouge 红色软泥
~ sapropélique 腐泥
~ schlammeuse 软泥,矿泥,尾矿,岩粉
~ séchée 干污泥,干淤泥（渣）
~ secondaire 二次污泥
~ siliceuse à radiolaire 硅质放射虫软泥
~ sulfureuse 含硫软泥
~ terrigène 陆源泥,陆源淤泥
~ verte 绿色软泥
~ volcanique 火山泥

bouée *f* 浮标,浮体,浮筒

~ à bouteille 瓶式浮标
~ à cloche 响铃浮标,钟形浮标
~ à fuseau 纺锤形浮标
~ à gaz （气）灯浮标
~ à pilier 柱形浮标,杆状浮标
~ à tonne 筒式浮标

~ acoustique　音响浮标
~ aérienne　降落伞
~ conique　锥形浮标
~ d'ancrage　锚标,系船浮筒,锚泊浮标
~ d'appareillage　系船浮标,系船浮筒
~ d'avis　标识浮标
~ d'entrée　进港浮标
~ de chenal　航道浮标
~ de contrôle　可控浮标
~ de corps mort　系船浮标,系船浮筒
~ de direction　航道浮标,定向浮标
~ de marquage　标识浮标
~ de mesure　测验浮标
~ de sauvetage　救生圈
~ hivernale　冬季浮标
~ indicatrice　指示浮标
~ lumineuse　有灯浮标,灯光浮标,发光浮标
~ océanographique　海洋(观测)浮标
~ pliable　折叠式浮标
~ radio　无线电浮标
~ radio et sonore　锚定无线电声呐浮标
~ signal　路标
~ sphérique　球形浮标
~ tourelle　灯塔,标灯,信号塔

boueur　*m*　道路清洁工
boueux, euse　*a*　泥泞的,多泥的,含泥的,泥质的
bouffant　*a*　鼓胀的
bouffir　*v*　使鼓胀
bougie　*f*　烛,烛光,火花塞,勘探器,点火电嘴
~ d'allumage　火花塞
~ magnétique　磁石式点火塞
~ mètre　米烛光(照度单位)
~ normale　标称烛光,公称烛光
~ poreuse　烛状滤芯

bouglisite　*f*　杂铅石膏
Bouguer　*m*　布格(重力异常)
bouillage　*m*　沸腾,煮沸
bouillant, e　*a*　沸腾的,沸滚的
bouilleur　*m*　焰管,小烟管,加热器,反应堆,开水壶,蒸馏器,沸腾器,水加热器,反应堆(原子)沸腾
~ d'uranium　铀反应堆

bouillie　*f*　泥,岩粉,泥浆,泥羹,矿泥,钻泥,岩粉,布料器,撒铺器,撒布器,分布器
bouillir　*v*　煮,沸腾,沸滚

bouilloire　*f*　汽锅,开水壶,蒸煮器,烧水壶
bouillon　*m*　气孔(金属或玻璃内的),沸泉,水泡,砂眼
bouillonnement　*m*　煮沸,紊滚,沸腾,冒气泡,鼎沸作用(火山口不断有气泡生气,因新喷发而活动)
~ d'un source　沸泉
bouillonner　*v*　起泡,沸腾,翻腾,冒泡
boulance　*f*　鼓胀,隆起
~ du sable　流沙翻腾
boulangerie　*f*　面包,面包制作
boulangérite　*f*　硫锑铅矿
boulant　*a*　膨胀的,鼓起的
boulbène　*f*　垆姆,砂质黏土(法国西南部的),泥沙质土
bouldozeur　*m*　推土机
boule　*f*　球,泡,球团,球状物,凸透镜
~ d'argile　泥丸,黏土结核
~ d'éclateur　电火花,电火花球
~ de lave　熔岩球,假火山弹
~ de marée　水位信号球
~ isolante　终端绝缘子
bouleau　*m*　桦木,桦树,白桦
~ commun　垂桦
~ rouge　赤杨,红桦
bouler　*v*　搅拌(砂子和石灰等)
boulet　*m*　珠,球,小球,铁球,煤球
~ de broyage　球磨机用球
boulette　*f*　球,粒,丸,球团,小球
~ de minerai de fer　铁矿石球团
~ s humides　湿球
boulevard　*m*　大路,街路,林荫大道
~ périphérique　环形大道
boulier　*m*　标盘,计数盘,柱冠(圆柱顶部的)顶板
boulin　*m*　(墙身上的)脚手洞,脚手跳板搁材
bouloir　*m*　灰浆搅拌用耙
boulon　*m*　(插)销,螺栓,螺杆,螺钉,螺柱,螺丝,锚杆
~ à agrafe　钩头螺栓,带钩(丁字头)螺栓
~ à autoserrage　自锁螺栓
~ à bacule　铰栓,活节螺栓,铰接螺栓
~ à chape　叉头螺栓
~ à chapeau　压盖螺栓,固定螺栓
~ à cisaillement simple　单剪螺栓

boulon

~ à clavette 楔形螺栓，插销螺栓，有开口销孔的螺栓
~ à cône d'écarquillage 涨壳式锚杆
~ à coquille 撑壳式锚栓，胀壳式锚栓，膨胀螺栓，伸缩套筒螺栓
~ à coquille d'expansion 撑帽式锚杆，撑帽式锚栓，胀壳式锚杆，伸缩套筒螺栓
~ à crochet 带爪螺栓，钩头螺栓，带钩螺栓
~ à écrou 带螺母的螺栓
~ à encoches 开槽螺栓
~ à ergot 防松螺栓
~ à expansion 伸缩栓，伸张螺栓，扩开螺栓
~ à expansion Rawl 伸张螺栓（一种锚固螺栓，拴紧后下部自行张开）
~ à fente et coin 楔缝式锚栓，楔缝锚杆
~ à filetage émoussé 滑丝的螺栓
~ à filetage faussé 拧损的螺栓
~ à fourche 叉头螺栓
~ à friction 摩擦型锚杆
~ à goupille 带销螺栓
~ à haute résistance 高强度螺栓
~ à œil 有眼螺栓，吊环螺栓，环首螺栓
~ à queue de carpe 棘螺栓，锚定螺栓，叉形地脚螺栓
~ à six pans 六角头螺栓
~ à tête 盖螺栓，固定螺栓
~ à tête bombée 半圆头螺栓
~ à tête carrée 方头螺栓
~ à tête conique 锥头螺栓
~ à tête en T 锚栓，T形螺栓
~ à tête hexagonale 六角螺栓
~ à tête ronde 圆头螺栓
~ à vis 螺栓
~ à vis pour fixer les éclisses 对接螺栓，鱼尾板螺栓
~ ailé 碟形螺栓，双叶螺栓
~ ajusté 调整螺栓
~ articulé 铰栓，铰接螺栓
~ au béton 混凝填土（堵、嵌、卧）实
~ au cisaillement 抗剪螺栓
~ avec écrou 带螺母的螺栓
~ avec tête usinée 光螺栓，头部加工螺栓
~ barbelé 棘螺栓，刺螺栓
~ brut 粗制螺栓

~ carrossier 方头螺栓
~ conique 锥形螺栓
~ d'accouplement 连接螺栓，接合螺栓，联结螺栓
~ d'ancrage 锚栓，地脚螺栓
~ d'ancrage à la patte d'éléphant 锁脚锚杆
~ d'ancrage de l'axe 旋转轴的锚栓
~ d'ancrage permanant (temporaire) 永久（临时）锚杆
~ d'ancrage ponctuel (à la résine) 点状锚固锚杆（树脂）
~ d'ancrage SN/PG injecté de mortier SN/PG砂浆锚杆
~ d'ancrage 锚栓，地脚螺栓，锚定螺栓
~ d'ancrage (scellé de la résine ou du mortier) （树脂或砂浆）黏结式锚杆
~ d'articulation 铰接螺栓
~ d'assemblage 装配螺栓，连接螺栓，拉紧螺栓
~ d'attache 连接螺栓，固定螺栓，紧固螺栓
~ d'attelage 牵引螺栓，接合螺栓，连接螺栓
~ d'écartement 支撑螺栓
~ d'éclisse 对接螺栓，夹板螺栓，鱼尾板螺栓
~ d'entretoise 支撑螺栓
~ d'entretoisement 牵条螺栓
~ de blocage 防松螺栓，锁紧螺栓
~ de bride 凸缘结合螺栓，法兰盘结合螺栓
~ de buté 止动螺栓
~ de calage 楔形螺栓
~ de connexion 接线塞钉，接线螺栓，接触端子
~ de crossette 十字头螺栓
~ de fixation 固（紧）定螺栓，定位螺栓
~ de fondation 基础螺栓，地脚螺栓
~ de fondation avec nez 钩头地脚螺栓
~ de haute résistance 高强锚杆
~ de l'articulation 铰链螺栓，可拆卸螺栓
~ de mise à la terre 接地螺栓
~ de montage 安装螺栓，装配螺栓
~ de pose 调整螺栓
~ de positionnement 定位螺栓
~ de prise de terre 地脚螺栓
~ de raccordement 连接螺栓
~ de réglage 调整螺栓
~ de retenue 安全螺栓，保险螺栓

~ de roche 岩石锚杆
~ de scellement 锚栓,地脚螺栓
~ de serrage 拉紧螺栓,夹紧螺栓,紧固螺栓,锁紧螺栓,定位螺栓
~ de suspension 弹簧螺栓
~ de suspension de solive 吊龙骨螺栓
~ de verrouillage 闩锁,止动螺栓,锁紧螺栓
~ doublement cisaillé 双剪螺栓
~ du rocher 岩石锚(固螺)栓
~ s en fibre de verre 玻璃纤维锚杆
~ en U U形螺栓
~ étrier U形钉,蚂蟥钉,带环螺栓
~ expandeur 伸缩螺栓
~ expansible 伸缩栓,伸张螺栓,扩开螺栓,伸缩螺栓,膨胀螺栓
~ explosif 爆炸螺栓
~ fileté 螺栓,螺杆
~ fondamental 地脚(地基、基础)螺栓
~ fraisé 埋头螺栓
~ galvanisé 镀锌螺栓
~ goupillé 插销螺栓,接合螺栓
~ hexagonal 六角形螺栓
~ inachevé 毛螺栓,粗制螺栓
~ mécanique 机制螺栓,机器螺栓
~ monocisaillé 单剪螺栓
~ noyé 埋头螺栓,沉头螺栓
~ ordinaire 普通螺栓
~ piston 环螺栓(干船坞设备)
~ poli 光制螺栓,精致螺栓
~ polycisaillé 多剪螺栓
~ précontraint à haute résistance 高强预应力螺栓
~ prisonnier 螺栓(杆),柱(头)螺栓,双头螺栓,双端螺栓
~ radial 径向锚杆
~ rivé 铆固的螺栓
~ riveté 铆固螺栓
~ scellé 地脚螺栓
~ six pans 六角头螺栓
~ spécial pour frette de boyau d'accouplement 制动软管卡子螺栓
~ taraudé 无帽螺栓,带纹螺栓
~ tendeur 锚栓,支撑螺栓,拉杆螺栓,拉紧螺栓
~ tête ronde 圆头螺栓
~ tirant 支撑螺栓,地脚螺栓
~ tourné 旋制螺栓,配合螺栓
~ traversant 贯穿螺栓,穿通螺栓
~ s type Swellex 水胀式锚杆
~ usiné 精制螺栓
~ vissé 螺栓,螺杆,螺纹栓

boulonite f 重晶石
boulonnage m 锚杆,装锚杆,螺栓固定,锚杆支护,螺栓装配,栓接上螺栓,螺栓的连接(固定、装配)
~ de la calotte 顶板杆柱支护,顶板锚杆支护,拱顶锚杆支炉(栓接)
~ des parois 巷道壁的锚杆支护
~ des roches 岩石锚杆加固
~ du front de taille 超前锚杆,掌子面锚杆加固
~ du mur 底板锚杆的支护
~ du rocher 岩石锚栓固定,岩石锚杆支炉(栓接)
~ du toit 屋顶锚定,顶板杆柱支护,顶板锚杆支护,屋顶螺栓固定
~ latéral 横向螺栓联结
~ partiel si nécessaire 根据需要设置的局部锚杆

boulonner v 上螺栓
boulonnerie d'échappement 排气螺栓
boulonneur m 螺栓钻孔器
boulonneuse f 冲击式栓接机
Bouma (séquence de ~) m 鲍马旋回(浊积岩层序)
bouniou m 水仓,聚水坑,储水池,积水坑
bouquet m 束,簇,扎,串,树丛
bourbe f 泥,淤泥,矿泥,淤渣,残渣,烂泥(沼泽的),河泥
~ d'un marais 沼泽泥,泥沼地
bourbeux, euse a 泥泞的,污泥的,淤泥的
bourbier m 泥塘,沼泽地,泥泞地,矿泥沉淀池
bourbolite[**bourboulite**] f 重铁钒
bourboule m 上升泉
bourdonnement m 交流声,蜂鸣信号,电线蜂鸣,交流干扰声
bourdonneur m 蜂音器
bourg m 镇,乡镇,市镇
bourgade f 小镇
bourgeoisite f 假硅灰石,轮硅灰石
bourgeonnement m 新生,初生
bournonite f 车轮矿

bourozem *m* 棕壤,褐色土

bourrage *m* 堵塞,填塞,泥封,炮泥,填实,捣实,填料,捣固,挤住,卡住,压紧(胶片),夯实,填炮泥,填塞物
- ～ à main 手工捣实,人工捣实
- ～ au béton 混凝土填实
- ～ au filasse 麻丝封填
- ～ au mortier 水泥砂浆填实
- ～ d'argile 黏土捣固,黏土夯实
- ～ d'un trou de mine 炮眼填塞
- ～ d'une voie 夯实车道,捣固煤渣
- ～ de châssis 型箱填料
- ～ de feutre 毡子填料
- ～ de filasse 麻丝封填
- ～ de sable 砂炮泥,砂子填塞
- ～ des traverses 轨枕捣固
- ～ en argile 炮泥,黏土炮泥
- ～ extérieur 外封炮泥

bourrasque *f* 强风,阵风

bourre *f* (填塞炮眼用的)炮泥,填料,填塞物,填充物,填充材料

bourrée *f* (垫路用的)梢捆,束柴,柴褥

bourrelet *m* 堤,轴,长垣,封泥,炮泥,销子,轮缘,凸边,垫圈,隆起,翼缘,凸缘,突缘,隆起物,法兰盘,钢轨头,环形软垫,路签上的槽
- ～ arqué 蛇曲形沙坝
- ～ d'étanchéité 密封垫圈,密封法兰盘
- ～ de gélifluxion 冰缘土溜阶地
- ～ de glace 冰坝
- ～ de refoulement 挤压形成的脊梁
- ～ de rive 岸堤,河岸洲堤
- ～ de solifluction 泥流坎
- ～ de soudure 焊瘤
- ～ s en caoutchouc 橡胶摺棚
- ～ en enrobé 沥青材料的路缘石
- ～ lithothamnion 聚胞坚珊瑚脊
- ～ marginal 海滨凸缘
- ～ morainique 冰碛坝,冰碛洲

bourrer *v* 填,塞,堵,填塞,填实
- ～ les traverses 捣固轨枕
- ～ une mine 给炮眼装药

bourreur *m* 填塞工

bourreuse *f* 捣固机,铺渣机,撒渣机,堵孔器,炮泥机
- ～ de ballast 砸道机,夯道机,石渣捣固工具
- ～ de traverses 轨枕捣固机
- ～ mécanique-pneumatique 机械风动式捣固机
- ～ pneumatique 风动式捣固机

bourreuse-niveleuse *f* 捣固铺平机

bourriquet *m* 绞盘,卷扬机

bourroir *m* 装药棒,填塞杆,打夯机,捣固锤

boursouflé *a* 有孔的,泡沫状的

boursouflement *m* 鼓胀,隆起

boursoufler *v* 使膨胀

boursouflure *f* 隆起,膨大,(底板、矿层、岩层)鼓起,起泡,升起,起包,膨胀,突起
- ～ de lave 熔岩滴丘
- ～ de sol 隆起

bousillage *m* 土墙,土砖,用草和泥砌墙

bousiller *v* 筑土墙

bousin *m* 低质泥煤,劣等泥炭,石料的松弛表层

boussingaultite *f* 六水铵镁矾

boussole *f* 罗盘,磁针,指南针,罗盘仪
- ～ à induction 感应式罗盘
- ～ à prisme 棱镜罗盘
- ～ azimutale 方位(测量)罗盘
- ～ d'arpenteur 测量罗盘
- ～ d'inclinaison 磁倾针,倾斜计,磁偏计,偏角计,磁倾角罗盘
- ～ de déclinaison 磁偏计
- ～ de géologue 地质罗盘
- ～ de mine, ～ mineur 矿山罗盘
- ～ de poche 袖珍罗盘
- ～ déclinatoire 平板罗盘仪
- ～ des sinus 正弦检流计,扭转检流计
- ～ des tangentes 正切检流计
- ～ géologique, ～ de géologue 地质罗盘
- ～ gyroscopique 陀螺罗盘
- ～ gyrostatique 回转罗盘
- ～ hertzienne 无线电罗盘
- ～ magnétique 罗盘仪,指南针
- ～ mère 母罗盘,罗盘传感器
- ～ savonnette 袖珍罗盘
- ～ topographique 指南针,棱镜罗盘,地形测量用罗盘,地形测绘罗盘

bout *m* 尖,顶,边,缘,尾,底,块,段,片,端(面、部),终点,终端
- ～ à bornes air avec support perforé 带穿孔支

点的空心端子头
~ à bout 一端接一端地，首尾相接地
~ à deux emboîtements 双承插口(接头)
~ amovible 活动端板
~ appuyé librement 简支端
au ~ de 之后
au ~ du compte 终究，究竟，总之，归根结底
~ d'arbre creux 空心轴端
d'un ~ à l'autre 全部，从头到尾，从这头到那头
de ~ en ~ 从头至尾，自始至终，从这头到那头
~ de câble 电缆终端
~ de fleuret 钻头，钎头
~ de traverse 轨枕端
~ de vallée 谷尾，河谷尽头
~ emboîtement 承插口(接头)
en ~ arbre 在轴端
~ en attente （钢筋）预留接头，错缝接头（砌砖墙的）
~ en escalier 台阶式接头（砌砖）
être à ~ 到了极限
être à ~ de 再也没有……，完全丧失……
être au ~ de 在……结束时
~ femelle d'un tuyau 管子承口
jusqu'au ~ 彻底，直到最后
~ mort 尽头，闭端，空端
~ oscillant 货车活动端板
~ oscillant d'un wagon 货车活动端板
venir à ~ de 战胜，终于完成

boutage *m* 放矿，支撑，清理工作面
bout-du-monde *m* 闭端，尽头，封闭谷，独头巷道，独头工作面
boutée *f* 桥基，桥台
boutefeu *m* 雷管，导火线，起爆器，爆破工，放炮工，点火器，放炮器
bouteille *f* 瓶，罐，囊，金属气瓶
~ à acétylène dissous 乙炔瓶
~ à air 空气瓶
~ à gaz 气瓶，气缸，气罐，(煤)气瓶(罐)，空气瓶，压缩煤气瓶，压缩空气瓶
~ à l'eau 取水器，(泥沙)取样器
~ ambrée 遮光瓶子，暗色的瓶子
~ d'acétylène 乙炔瓶
~ d'acétylène dissous 液化乙炔瓶
~ d'air lancement 起动风缸
~ d'azote 氮气瓶
~ d'hydrogène 氢气瓶
~ d'oxygène 氧气瓶
~ de gaz propane 丙烷气罐
~ de lancement 起动风缸
~ de Leyde 莱顿瓶
~ de prélèvement 采水器
~ extincteur 灭火器
~ magnétique 磁瓶

bouteillenstein *m* 卵石，玻陨石
bouteillerie *f* 玻璃容器，器皿玻璃
bouterolle *f* 冲子，铆钉模，铆钉顶把
~ à œil 凿眼锤，铆钉用具
bouteroue *f* 墙角，台座，托架，护轨，（建筑物的）护柱，护石，（桥上的）车轮轨
bouteur *m* 推土机
~ à pneus 轮胎式推土机
~ biais 侧铲推土机，万能推土机，斜角推土机
~ inclinable 可倾斜推土机
~ léger 轻型推土机
boutisse *f* 锚石，丁砖，砌墙石，露头砖（石），连接石，横向平砌的砖
boutoir *m* 推土机
~ à dévers 倾斜式推土机，斜铲推土机
~ léger 小型推土机
~ oblique 斜角推土机，侧铲推土机
bouton *m* 销，键，纽，销钉，按钮，把手，旋钮，轴颈
~ à blocage （点火）断路开关，断路按钮
~ à collage 自动还原按钮
~ à courant faible 弱点按钮
~ à enclenchement 锁定按钮，止动按钮
~ à lampe de signalisation 带信号灯的按钮
~ appuyé 按下按钮
~ avec lampe-témoin 带信号灯的按钮
~ boutonnière 椭圆孔
~ chassé par un ressort 松后自动复原的弹簧按钮
~ commandant une rotation à sens inverse 反转按钮
~ commandant une rotation à sens normal 正转按钮
~ d'accord 调谐旋钮，调整旋钮

~ d'alarme　手动报警按钮
~ d'annulation　取消按钮
~ d'appel　电铃,按钮,呼唤按钮
~ d'appel des sonneries　呼唤按钮
~ d'arrêt　制动按钮(仪表的),停止按钮
~ d'envoi de commande　命令按钮(遥控中的),控制按钮
~ de cadrage　图像合轴调整旋钮,定中心控制按钮
~ de commande　控制按钮,操纵按钮
~ de commande anti-déflagrant　防爆控制按钮
~ de contact　接通按钮
~ de coupure　断路按钮,截断电门
~ de la touche de bloc　闭塞按钮
~ de lancement automatique　自动起动按钮
~ de lancement diesel　柴油机起动按钮
~ de manipulation　控制按钮,操纵手柄
~ de manivelle　曲拐销
~ de manivelle motrice　动轮拐销
~ de manœuvre　操纵按钮
~ de porte　门把手
~ de préparation lancement　准备起动按钮
~ de pression　按钮
~ de reddition　解除闭塞按钮
~ de réglage　调谐旋钮,调节旋钮
~ de sonnerie　电铃按钮,呼唤按钮
~ de veille automatique　自动警惕按钮
~ du bloc　闭塞按钮
~ du vernier d'inclinaison　垂直微动螺旋
~ du vernier de rotation　水平微动螺旋
~ horizontal　横插销孔,水平切口
~ laché　松开按钮
~ moleté　凸边旋钮,滚花旋钮
~ poussoir　按钮,手动报警按钮,按钮选择器(驼峰集中内的)
~ poussoir arrêt diesel　柴油机停车按钮
~ poussoir d'alerte　手动报警按钮
~ rappelé par ressort　弹簧自复式按钮
~ sphérique　球形按钮,球状手柄
boutonnière *f*　椭圆孔,纽孔型立体交叉,短轴背斜核心部分
~ complète　全纽孔型立体交叉
bouveau *m*　石门,横巷,横断,捷径,横导坑
~ d'accès　开拓石门
~ de chassage　脉外平巷,主要平巷
~ de jonction　连接石门
~ en direction　沿走向水平巷道
bouveteuse *f*　刨边机(企口板,木工用)
bowénite *f*　鲍文玉(叶蛇纹石),透蛇纹石
bowette *f*　石门(坑道),水平巷道,横坑道
bowléyite *f*　锂铍脆云母(白钙铍石)
bowlingite *f*　皂石,包林皂石(绿皂石)
bowman(n)ite *f*　羟磷铝锶石
bowralite *f*　透长伟晶岩
bow-string *m*　系杆拱,弓弦式桁梁
box *m*　(单间的)汽车库
box-palette *f*　箱式托盘
~ avec couvercle　有盖箱式托盘
~ fermée　有盖箱式托盘
~ sans couvercle　无盖箱式托盘
boyau *m*　管,软管,小路,套管,水(龙)带,人行道,爆破小坑道
~ à air comprimé　压缩空气软管
~ à eau　水龙带,给水软管
~ aspirateur　软吸管
~ d'accouplement　连结软管,连接软管
~ d'accouplement de frein　制动软管
~ d'accouplement flexible　连接软管
~ d'accouplement pour chauffage à vapeur　暖气软管
~ de chauffage　暖气软管
~ de frein　制动软管
~ de raccordement　连接软管
~ de remplissage　注水(充气)软管
~ en canevas　帆布软管
~ en caoutchouc　橡皮管,橡胶软管
~ flexible du frein　制动软管
~ métallique　金属软管
boydite *f*　钠钙硼石,斜钠钙硼石
boyléite *f*　四水锌矾
brabantite *f*　磷钙钍石
braccianite *f*　富白碱光岩
bracewellite *f*　羟铬矿
brachyanticlinal *m*　短轴背斜; *a*　短轴背斜的
brachycéphale *m*　短颅骨(类)
brachydome *m*　短轴坡面,短轴穹隆
brachypli *m*　短轴褶皱
brachysynclinal *m*　短轴向斜,径轴向斜; *a*　短轴

向斜的

bradléyite *f* 磷碳镁钠石

bradyseisme *m* 缓震,海陆升降,地壳缓慢升降

Bragg(loi de ~) 布拉格定律

brahinite *f* 巴亨陨铁

brai *m* 柏油,焦油,松脂,松香,沥青(残渣),硬沥青,焦油沥青,硬焦油脂,硬煤沥青

~ de câble 钢缆油,电缆油

~ de distillation directe 直馏柏油,直馏煤沥青

~ de goudron 焦油沥青,硬焦油脂

~ de goudron d'os 骨(炭)焦油

~ de goudron de houille 直馏煤焦油脂,直馏硬煤沥青

~ de goudron de lignite 褐煤焦油

~ de goudron de schiste 页岩焦油

~ de houille 煤焦油,煤沥青,煤柏油,煤焦油脂,硬煤沥青,煤焦沥青

~ de pétrole 石油沥青

~ de première distillation 直馏煤沥青

~ de tourbe 泥岩沥青

~ demi-sec 中硬煤沥青,中硬煤焦油脂

~ dur 硬煤沥青

~ époxy 加环氧树脂沥青

~ gras 软沥青

~ mi-dur 中硬煤沥青

~ mou 软沥青

~ naturel 柏油,地沥青,天然沥青

~ pour revêtement de toiture (véhicule) 车顶涂层用沥青

~ schisteux 页岩沥青

~ sec 沥青,硬沥青

~ tiré du pétrole brut 石油地沥青

braise *f* (燃烧中的)火炭,麸炭,煤粉,煤末,细矿,尾矿(金),焦末

~ de scie 焦炭渣

braitschite *f* 硼铈钙石

brame *f* 扁钢坯

brammallite *f* 钠伊利石

bran *m* 屑,排泄物

~ de scie 锯屑,锯末

brancard *m* 担架,纵梁,主梁,手推车

~ de caisse 侧梁,车体纵梁

~ de châssis 车底架纵梁

branche *f* 臂,枝,(尖拱)拱肋,支路,枝流,分叉,小河,小川,支脉,支管,支线,岔线,侧线,支流,分支(路、线、流、岔、出),交叉道的支线(匝道)

~ anticlinale 背斜拱,背斜屋盖

~ conditionnelle 条件分支

~ d'intersection (交叉口的)相交路段

~ de l'aimant 磁铁臂

~ de la bifurcation 交叉口支路

~ de raccordement 连接线

~ de tête 源头河段

~ de tuyau à T 三通支管

~ descendante 下降线,下降部分

~ du pont 电桥臂

~ du réseau 电路分路,电路支线

~ horizontale 水平支路

~ intermédiaire 隔膜(壁、墙、板),中隔,中间股线

~ par la chaîne auto-cicatrisant 自愈式环连接

~ parallèle 并联支路

~ primaire 主支管

~ secondaire (non prioritaire) 次要支路(非干线)

branché *a* 分支的,分流的,连接的,接通的

branchement *m* 分岔,支线,支管,支流,支渠,分支,分流,(电流)分路,道岔,岔线,支脉

~ d'abonné 给水管,入户管(从干管分支出的),用户接线,进户水管,接通用户支线,接用户进水管

~ d'amenée de radiateur 散热器回水支路

~ d'eau général 进户水管,接用户进水管

~ d'immeuble 房屋连接管(水管、污水管等)

~ de rivière 河汉,汊河,支流

~ des câbles 分支电缆

~ des circuits intégrés 集成电路管脚

~ doublé 三通(管)

~ entrecroisé 交叉

~ latéral 支流

~ principal d'éclairage 照明支干线

~ principal force 电力支干线

brancher *v* 接通,分支,接电线

~ sur un circuit à tension réduite 转向低压(昼夜变压开关)

branchite *f* 晶蜡石

brandaosite *f* 锰榴石

brandbergite *f* 钠闪黑云细晶岩

brandisite *f* 绿脆云母
brandite *f* 砷锰钙石
branloire *m* 沼泽,湿地,低水沼泽
brannérite *f* 钛铀矿
brannockite *f* 锡锂大隅石
braquage *m* 转向,转弯,偏转
~ droit 右转弯
~ du bogie 转向架转向角
~ gauche 左转弯
braquer *v* 对准,瞄准,转向,转弯,偏转
bras *m* 臂,柄,杆,幅,翼,支流,河汊,支柱,支座,拉杆,力臂,支臂,支杆,岔河,轮辐,操纵杆
~ actif 通航汊道
~ allongé 延伸臂
~ articule （钻床的）铰链横梁,路面整平回转侧臂板（沥青路面摊铺机）
~ articulé 肘,扭力臂,曲柄杠杆机构
~ console 托架
~ d'accès 存取臂,磁头臂
~ d'agitateur 搅拌器臂,搅拌机叶片,搅拌器桨叶
~ d'alimentation 送臂,供料杆,进给臂,供料臂
~ d'ancrage 锚固杆,锚臂
~ d'anode 阳极袖管
~ d'eau 前池水库
~ d'encorbellement 悬臂矩
~ d'essuie-vitre 刮雨器架,刮雨器活动支架
~ d'un lac 湖汊,湖湾
~ d'une rivière 河汊,汊河,支流
~ de balance 秤杆,天平秤,平衡杆
~ de commande 操纵臂
~ de contact 接点臂,接触杆,接点杆
~ de contacteur 接触杆,活动接点杆件
~ de couple 力偶臂
~ de delta 三角洲支汊
~ de fleuve 河汊,岔河,河的直流
~ de foration 钻杆
~ de force 力臂
~ de gabion 石笼挡栅,石笼拦河埝
~ de godet 铲斗柄
~ de grue 水鹤臂
~ de guidage 导臂,拐臂
~ de jumbo 隧道钻车臂
~ de la manivelle 曲拐臂,曲柄臂
~ de la puissance 力臂,力偶臂
~ de lecture 拾音臂,拾音器,读出器
~ de levage 升降杆,起重臂
~ de levier 吊臂,杠杆臂
~ de levier d'un couple 力偶臂
~ de levier d'une force 力臂
~ de levier de la manivelle 曲柄半径
~ de liaison 连接杆
~ de manivelle 曲拐臂,曲柄臂
~ de manœuvre 操纵杆
~ de manutention 撬杆
~ de mer 海湾,港湾
~ de moment 力矩臂
~ de montagnes 山脉分支
~ de pelle 铲斗臂
~ de pick-up 拾音臂
~ de pont 电桥臂,电桥支路
~ de porte-à-faux 悬臂矩
~ de positionnement 定位臂
~ de proportion 比例臂,比率臂
~ de rappel 定位器
~ de rappel articulé 关节式接触导线定位器
~ de réglage 调节臂,调节杆
~ de relevage 起重臂,起重杆,起重机臂
~ de retenue 平衡杆,调节杆,定位拉杆
~ de retenue comprimé 压力平衡杆
~ de retenue tendu 拉力平衡杆
~ de roue 轮辐
~ de segment 支臂架,支承腿架
~ de sémaphore 信号机臂板
~ de support 支杆,直臂,旋臂,支架臂
~ de suspension 悬臂,吊臂,弹力臂,（钻杆的）排放架
~ du cône d'ancrage 系留桩
~ du pont 电桥臂
~ du segment 支臂架,支承腿架
~ en porte-à-faux 悬臂架
~ engorgé 堵塞的岔河
~ érectant 托臂
~ fixe 固定托架
~ immobile de soudeuse 焊机固定臂
~ indicateur de direction 指路牌,方向指示杆
~ latéral 旁臂,旁支（T形接头的）
~ mobile 转臂,活动臂,旋转臂

~ mort 牛轭湖,弓形河曲,淤塞的河汊,牛轭形弯道
~ orientable 起重机臂,挖土机吊杆,(混凝土)摊铺机吊杆
~ oscillant 摇杆,摇臂
~ pendulaire 摇杆,摇臂
~ porte-contact 接触臂
~ porteur 承重臂,起重臂
~ pour essuie-glace 刮雨器架
~ pour perforation 钻杆
~ rotatif 回转臂,转动臂
~ superposé du sémaphore 信号机柱上的重叠臂板
~ support 支承杆,悬臂
~ terminé à son extrémité en flamme par une double pointe 鱼尾形信号臂板
~ tournant 旋转(回转)臂
~ vif 活岔河,流动岔河,有水流的河

brasage *m* 钎焊,低温焊,锡焊,锡铜焊
~ fort 硬钎焊
~ par radiofréquence 高频焊接法

braser *v* 钎接,铜焊,焊接,钎焊

brassage *m* 搅拌,拌和,调匀,混合,掺合,搅拌车
~ des boues 污泥搅拌
~ des gaz 燃气混合

brassage *v* 混合,搅拌

brasse *f* 英寻(水深单位,约合1.83m),法寻(旧水深单位,约合1.624m)

brasser *v* 混合,搅拌,掺合

brasseur *m* 搅拌机,混合器,搅合器,搅拌机,混砂机,混频器,拌和器

brassite *f* 水砷镁石

brasure *f* 焊料,焊剂,钎料,钎焊,钎焊处,钎焊缝
~ à l'étain 锡焊
~ de cuivre 铜焊料,铜钎焊
~ en fusion 熔融钎料
~ forte 硬焊料,硬钎焊,黄铜焊料
~ tendre 软焊料,软钎焊,锡焊,软钎料

bravaïsite *f* 漂云母,漂伊利云母

brazilite *f* 斜锆石,油页岩

brazillianite *f* 银星石,磷铝钠石

breadalbanite *f* 普通角闪石

breaker *m* 破碎机,轧碎机,碎石机

brecciolaire *a* 角砾状的,似角砾岩的

brecciole *f* 角砾灰岩
~ fossilifère 含化石角砾灰岩

brèche *f* 洞,穴,缺口,裂缝,裂口,角砾岩,角砾大理石
~ à ossements 骨质角砾岩
~ alloclastique 异屑火山角砾岩
~ authoclastique 自碎角砾岩
~ boueuse 扇砾岩,死火山角砾岩
~ calcaire d'origine mécanique 压碎大理岩,破碎大理岩
~ conglomérat 砾岩—角砾岩
~ coquillère 介壳角砾岩
~ d'avalanches sèches 山崩形成的角砾岩
~ d'éboulis 崩塌角砾岩
~ d'écoulement 压碎角砾岩,崩塌角砾岩
~ d'effondrement 崩塌角砾岩
~ d'épanchement 流动角砾岩,块熔岩角砾岩
~ d'épanchement unie 密结流动角砾岩
~ d'explosion 爆发角砾岩
~ d'intrusion,~ intrusive 侵入角砾岩
~ dans la digue 堤坝决口
~ de broyage 压碎角砾岩
~ de cap rock 盐丘角砾岩
~ de caverne 洞穴角砾岩
~ de compression 压碎角砾岩,构造错动角砾石
~ de coulée volcanique 火山熔岩角砾岩
~ de dessiccation,~ de dessèchement 泥裂角砾岩
~ de dislocation 断层角砾岩,断错角砾岩
~ de faille 断层角砾岩
~ de friction 摩擦角砾岩,火山摩擦角砾岩
~ de karst 岩溶角砾岩
~ de nuées ardentes 凝灰熔岩,熔岩角砾岩
~ de pente 岩崩角砾岩
~ de projection 喷发角砾岩,爆破角砾岩
~ de tassement 填充角砾岩
~ détritique 冰碛角砾岩
~ dolomitique 白云角砾岩
~ éluviale 残积角砾岩
~ endolithique 内生角砾岩
~ épiclastique 外力碎屑角砾岩
~ épigénétique 后生角砾岩
~ éruptive 集块岩,火成角砾岩,喷发角砾岩

~ fausse　假角砾岩
~ glaciale　冰川角砾岩
~ hétérogène　非均质角砾岩
~ homogène　均质角砾岩
~ ignée　火成角砾岩
~ inframationnelle　假角砾岩，层底角砾岩
~ lapidifiée　冰碛岩
~ mécanique　构造角砾岩
~ monogène，~ monogénique　单成角砾岩，单成分角砾岩
~ osseuse，~ ossifière　骨质角砾岩
~ par éclatement　干裂角砾岩
~ polygénique　复成角砾岩
~ pyroclastique　火成碎屑角砾岩
~ récifale，~ de récifs　礁角砾岩
~ sédimentaire　沉积角砾岩，角砾大砾岩
~ tectonique　构造角砾岩
~ volcanique　火山角砾岩
~ volcano détritique　火山碎屑角砾岩

bréchification *f*　角砾化，角砾形成作用
bréchifié *a*　角砾化的
bréchiforme *a*　角砾状的，似角砾岩的
bréchique *a*　角砾岩的，角砾状的
bréchoïde *a*　似角砾状的
bredbergite *f*　镁钙锰榴石
brédigite *f*　白硅钙石
brenkite *f*　氟碳钙石
brequin *m*　手摇钻钻头
brésil *m*　被黄铁矿污染的煤
bretelle *f*　渡线，皮带，匝道，引道，连接道，(电)搭接线，(铁路)交叉渡线，岔道(与快车道相连的道路)叉路

~ à une voie　单车道匝道
~ à deux voies　双车道匝道
~ à droite　右转弯匝道
~ à gauche　左转弯匝道
~ d'accès　支线街道，分支街道
~ d'autoroute　匝道
~ d'entrée　加速车道
~ de liaison　连接支线
~ de liaison directe　直接连接直线
~ de liaison semi-directe　半直接连接直线
~ de raccordement　岔道(与快车道相连的道路)，匝道

~ de sortie　减速车道
~ de sûreté　安全带
~ directe　直接连接匝道
~ double　交叉渡线
~ en boucle　环形匝道
~ semi-directe　半直接连接匝道
~ symétrique　交叉渡线

bretteler *v*　划槽纹(泥水匠用齿板)
bretter *v*　划槽纹(泥水匠用齿板)
brevet *m*　专利，文凭，证明书，许可证，合格证，专利证，特许证，专利特许证

~ d'invention　发明专利

brevetable *a*　可获得专利证明的
brevetaire *m*　专利权所有者
breveté *m*　专利所有者，专利权所有者
breveté, e *a*　专利的
brévicite *f*　假钠沸石
breviseptum *m*　(珊瑚类)短隔板
brewstérite *f*　锶沸石
brewsterlinite [**brewsterline**] *f*　液态 CO_2 包体，液态碳酸包体
brézinaite *f*　硫铬矿(陨铁铬矿)
bri *m*　砂质软泥(法国)
bria *m*　含碳页岩，黏土—碳质页岩
brianite *f*　磷镁钙钠石
bridage *m*　紧固，固定

~ des rails sur…　把钢轨固定在……上
~ des tuyauteries　管道的固定
~ des tuyauteries dans bloc　机体内管道的固定

bride *f*　压板，卡箍，夹子，系带，翼缘，突缘，轨底，夹线板，法兰(盘)凸缘

~ à emboîtement simple　凹凸面法兰
~ à soudage plat　钢板平焊法兰盘
~ à souder　焊接法兰
~ à visser　栓接法兰(螺栓连接法兰)
~ avec encastrement　带槽法兰盘
~ d'admission　进气管(或歧管)凸缘
~ d'ajutage　接合凸缘，连接管法兰盘
~ d'arrimage　卡箍，夹子，紧固带
~ d'arrivée d'eau　水管法兰盘
~ d'écartement　定距夹
~ d'entraînement　传动凸缘
~ d'étanchéité　填密凸缘，止水凸缘，止水法兰盘

~ d'obturation 封闭法兰盘,无孔法兰盘
~ de câble armé 铠装电缆夹,铠装电缆卡箍
~ de fixation 接合凸缘,安装卡,固定夹,固定安装边,紧固凸缘,紧固夹箍
~ de fond 底法兰盘
~ de l'arbre 轴环
~ de la valve accélératrice 加速阀法兰盘
~ de liaison 钢架横梁
~ de montage 安装用法兰
~ de pompie 消防队
~ de raccord 结合凸缘,结合安装边
~ de raccordement 连接凸缘
~ de recouvrement 管子盖板
~ de renfort 加固夹,紧箍卡箍
~ de ressort 弹簧箍,板簧夹
~ de serrage 紧固箍,压紧板,收紧箍
~ de serrage en porcelaine 瓷夹板
~ de soupape 阀门凸缘(安装边)
~ de support 支承箍,支承扣带
~ de turbine 涡轮外壳,涡轮结合凸缘
~ de tuyau 管法兰,管子凸缘
~ de valve de purge 排泄阀法兰盘
~ de vilebrequin 曲轴凸缘,曲轴法兰盘
~ du distributeur 分配阀法兰盘
~ fausse 无孔法兰盘
~ feinte 盖(盲)板,盲(堵塞、闷头)法兰,管口盖板,无孔法兰盘
~ folle 活(管)接头,松套法兰,松套凸缘
~ inférieure 下弦拉杆
~ isolante (汽化器)绝缘连接凸缘
~ lisse 光滑波导管凸缘
mettre en ~ 卷边,卷法兰边
~ pleine 封闭法兰盘,无孔法兰盘
~ sans encastrement 无槽法兰盘,无缝法兰盘
~ support des internes 内部构件支撑横挡
~ surélevée 凹凸面法兰
~ triangulaire 三角悬架,三点式挂架
brider v 镶(翻、摺、折),夹紧,固紧,弯边,(用环箍)收紧,折缘
brièvement adv 简短地,简要地,扼要地
brigade f 班,组,队,小分队
~ d'entretien 养护队,养护组(道路养护)
~ de manœuvre 调车组
~ de nivellement 水准测量队
~ de pompiers 消防队
~ de prospection 勘测队,测量队,勘查队,勘探队
~ de topographes 地形测量队
~ géotechnique 工程地质队
~ mobile 流动作业队,流动工作班
~ séismique 地震工作队
~ topographique 地形测量队
brigadier m 工长,组长,班长,队长,主任
~ de manutention 装卸工长
brillance f 亮(辉、耀、明)度,光彩(辉、泽),辉煌,灿烂,(多面形)光泽(宝石),发光度
~ d'un feu signal 信号灯光亮度
~ d'une surface 表面亮度
~ de l'image 图像亮度
~ de surface 表面亮度
~ éblouissante 眩目亮度
~ moyenne 平均亮度
~ radioélectrique 射线亮度
brillancemètre m 光泽计,亮度计
~ photoélectrique 光电光泽计
brillant m 宝石,光泽,光彩,多面光泽(宝石)
brillant,e a 发光的,发亮的,闪耀的,引人注目的
brillantage m 抛光,使有光泽
~ chimique 化学抛光
~ électrolytique 电抛光,电解抛光
brin m (绳、线的)段,钢索,支线,支管,分支,股绳(线、钢),火药条,火药柱,绞合线,软钢绳,绞合(合股)线,多芯股线,电缆芯线,多芯绞线,多芯电缆,绞合金属绳
~ émetteur 发射机线路,发送设备线路
~ de laine 毛线
~ moteur 动力索
brindille f 柴排,小枝,细枝
brindleyite f 镍铝蛇纹石
briquaillons m.pl 碎砖块
brique f 砖,团矿,煤砖,砖坯,油石,磨石,砖形物,小瓷砖
~ à affûter 磨石,油石
~ à couteau 拱砖,弧形砖
~ à haute résistance 高强度砖,酸性砖
~ à la filière 丝切砖,机制砖
~ à trous longitudinaux 空心砖
~ acide 酸性砖

brique

~ alumineuse　耐火砖,矾土火砖
~ antiacide　耐酸砖
~ apparente　清水砖,镶面砖
~ armée　配筋砖
~ asphaltique　地沥青砖
~ au clinker　炼砖,缸砖,铺路砖,熔渣砖
~ basique　碱性转
~ blanche　耐火砖
~ bleue　青砖
~ boutisse　丁头砖,露头砖
~ brûlée　过火砖
~ brute　砖坯
~ cassée　碎砖
~ cerclée　扇形砖,辐向砖
~ chamotte　黏土火砖,耐火砖
~ claveau　楔形砖,拱砖
~ complète　整砖
~ creuse　空心砖
~ creuse en béton　混凝土空心砖
~ creuse en terre-cuite　陶土空心砖
~ creuse pour voûtes　空心混凝土块(楼板肋间填充砖)
~ crue　日晒砖,土坯砖
~ cuite　烧透砖,火烧转,烧成砖
~ d'argile　黏土砖
~ d'argile légère　轻质黏土砖
~ d'argile vitrifiée　缸(陶、瓷)砖,玻璃砖,熔渣砖
~ d'intérieur　衬砖
~ de bauxite　铝矾土转
~ de céramique　瓷砖,陶砖,磁砖
~ de chamotte　耐火砖,黏土火砖
~ de chrome　铬砖
~ de chromite-magnésie　铬镁砖
~ de ciment　水泥砖
~ de façade　面砖,镶面砖,贴面砖
~ de faïence　瓷砖
~ de forme　型砖
~ de grès　硅酸盐砖
~ de hourdis　空心烧土块,空心混凝土块
~ de laitier　熔渣砖,炉渣砖,矿渣砖
~ de laitier expansé　膨胀矿渣砖
~ de magnésite　镁砖
~ de mur　墙砖

~ de parement　面砖,镶面砖,釉面砖
~ de pavage　缸砖,铺路砖,铺路面砖
~ de remplissage　充填砖,强心砖,背衬砖,填充砖
~ de revêtement　饰面砖,镶面砖
~ de sable calcaire　硅酸盐砖
~ de scorie　熔渣砖,炉渣砖
~ de silex　燧石砖,坚硬砖
~ de silicate　硅酸盐砖
~ de silice　硅砖,硅酸质的耐火砖
~ de terre　土砖
~ de terre cuite　黏土砖
~ de tourbe　泥炭砖
~ de ventilation　(空心)风干砖,空心砖,多多孔砖
~ de vermiculite　蛭石砖
~ de verre　玻璃砖
~ de verre non trempé　未钢化玻璃砖
~ de verre trempé　钢化玻璃砖
~ de voûte　拱砖,曲线砖,弧形砖
~ dolomitique　白云石砖
~ émaillée　彩砖,釉砖,釉面砖,琉璃砖
~ en béton　混凝土砖
~ en béton de laitier　矿渣混凝土砖
~ en béton de mâchefer　煤渣砖
~ en biais　斜削砖
~ en bois　木砖
~ en carbure de silicium　金刚砂砖,碳化硅砖
~ en ciment et sable　灰砂砖
~ en corindon　金刚砂砖
~ en liège　软木砖
~ en mâchefer　煤(熔)渣砖,炼砖,缸砖,铺路砖
~ en magnésie　镁砖
~ entière　整砖
~ fabriquée à la main　手工制砖
~ fabriquée à la presse mécanique　机制砖
~ gobetée　瓷砖,釉面砖,玻璃砖,玻璃砖
~ grise　灰砖,青砖
~ hollandaise　炼砖,缸砖,铺路砖,荷兰式炼砖
~ isolante　隔热砖,保温砖
~ légère　轻质砖
~ magnésienne　镁(氧)砖
~ magnésite　镁砖
~ mal cuite　粗制砖,半烧砖

~ moulée 模制砖
~ non cuite 欠火砖,未烧透砖
~ non porteuse 非承重砖,不受荷载砖
~ normale 标准砖,普通砖
~ ordinaire 普通砖
~ ordinaire en terre-cuite 普通黏土砖
~ perforée 孔洞砖,有孔砖,多孔砖
~ perforée en terre-cuite 黏土空心砖
~ plate 扁砖
~ pleine 整砖,实心砖
~ poreuse 多孔砖
~ pour égouts 阴沟砖,砌下水道用砖
~ pressée 压制砖
~ pressée à sec 干压砖
~ profilée 异型砖,特制砖,模制砖
~ radiale 扇形砖
~ recuite 炼砖,缸砖,铺路砖,坚硬砖
~ réfractaire 耐火砖
~ rouge 红砖
~ séchée à l'air 风干砖,砖坯
~ siliceuse 硅砖
~ silico-calcaire 灰砂砖,石灰砂粒砖
~ standardisée 标准砖
~ tendre 软烧砖
~ tubulaire 管砖,空心砖
~ vernie 釉面砖,琉璃砖,瓷砖,玻璃砖
~ vernissée 釉面砖,镶面砖
~ vitrifiée 煤渣,缸砖,陶砖,瓷砖,釉面砖,琉璃砖,玻璃砖
~ wagon 铸铁或陶土通风道空心砌砖

brique-barrage f 挡渣砖
brique-claveau f 拱砖,楔形砖
brique-poussier f 煤渣砖
brique-siphon f 挡渣砖
briquetage m 制砖,砌砖,砖砌建筑物
~ à sec 干砌砖
briqueter v 制砖,砌砖,铺砖
briqueterie f 砖厂,砖窑,团矿厂,制砖工厂,砖瓦制造厂
~ tuilerie 砖瓦厂
briqueterie-tuilerie f 砖瓦厂
briqueteur m 砌工,砖工,泥瓦工,砌砖工,砌砖工厂
briquetier m 制砖瓦工人,砖瓦商

briquette f 团矿,煤砖,砖坯,试块,小砖,砖状物,砖状小块
~ cylindrique 圆柱体试块(件)
~ de charbon 煤砖
~ de minerai 团块,矿石砖
bris m 碎片,屑,粉矿,损坏,断裂,破碎,碎屑,破坏,损害,岩石分裂
~ de charbon 煤末,煤粉
~ de givre 破冰船,破冰设备
~ de neige 除雪机
~ de verglas 破冰设备
brisa m 拔立柴风(南美及菲律宾岛的东北风)
brisable a 脆的,可碎的,易碎的
brisance f (炸药的)猛度,强度,力量,破碎力,爆炸威力,炸药威力
brisant m 岩礁,拍岸浪,防波堤,碎石机,轧碎机; a 脆的,烈性的,脆性的,易碎的,破碎性的,高爆炸性的
brise f 微风,海陆风
~ bonne 清劲风(五级风)
~ continentale 陆风
~ de glacier 冷风,冰川风
~ de lac 湖风
~ de marée 潮汐风
~ de mer 海风
~ de montagne 山风
~ de terre 陆风
~ de vallée 谷风
~ faite 稳定风
~ folle 变向风
~ fraîche 五级风,清劲风
~ jolie 和风,四级风
~ légère 轻风(二级风)
~ modérée 和风,四级风
~ molle 微风,三级风
~ petite 三微,风级风
~ très légère 软风,一级风
brise-roche m 破碎机
brise-béton m 混凝土破碎机,混凝土捣碎机
brise-bise m 挡风窗帘
brise-carotte m 岩芯提取器
brise-charge m 消能,减压,放电器,放水装置
brise-circuit m 断路开关,断流器
brise-flot m 防浪设备,桥墩尖棱,破浪尖棱

brise-glace *m* （桥墩的）冰挡，破冰机，破冰器，破冰船，破冰装置，破冰设备

brise-jet *m* （水龙头上的）防溅套管，防溅喷嘴
　～ flexible *m* 水嘴前接的橡胶软管

brise-lames *m* 防波堤，破浪堤，破浪尖，破波堤，防波设备，破浪尖棱
　～ à air 空气防波堤，气泡防波设备
　～ à gravité 重力式防波堤
　～ en bloc 石块防波堤，混凝土块防波堤
　～ pneumatique 压气式防波堤

brisement *m* 破碎，断裂，打碎，折断，（波涛）碎成浪花

brise-mer *m* 海塘，海堤，防潮堤

brise-mottes *m* 土块破碎机，粗碎机，黏土质岩石破碎机，烧结矿饼破碎机

brise-pierres *m* 碎石机，轧石器，碎纸机，轧石机

briser *v* 折断，打碎，破裂，破碎，击碎，炸碎，震裂，疲劳
　～ les angles vifs 倒角，尖角倒圆

brise-roc *m* 碎石机

brise-roche *m* 碎石机，轧石器
　～ hydraulique 液压凿岩机，液压碎岩机

brise-soleil *m* 遮阳设备，遮阳板

briseur *m* 破碎机，碎石机
　～ de béton 混凝土破碎机，混凝土捣碎机

brise-vent *m* 遮（阳）板，风障，风挡，遮板，挡板，挡玻璃，挡风玻璃

brisor *m* 碎麻机，碎草机

brisure *f* 裂口，裂痕，断口，裂缝，碎片，断片，转折点

britholite *f* 铈硅磷灰石

britholite-(Y) *f* 钇硅磷灰石

brithynspath *m* 钡沸石

brizard *m* 黏性土（壤）

brocaille *f* （铺路用的）废料碎石

brocatelle *f* 角砾大理石，彩色大理石

brochage *m* 穿孔，扩孔，插座，连接，装订，管座
　～ des disques du compresseur 压气机转子圆盘连接
　～ du toit （隧洞）顶栓，（隧洞）顶钎

brochantite *f* 羟胆矾

broche *f* 轴，杆，树，销，角轴，（车床）主轴，冲头，穿孔器，推刀，插头，插销，销子，柱销，插脚，接头，接点，心轴，乔木，销钉，螺栓，锁闭杆，联接轴
　～ articulée 铰接主轴
　～ cannelée 花剑轴
　～ creuse 空心轴，铣刀轴
　～ d'accord 调谐轴，校准轴，调整轴
　～ d'assemblage 尖冲钉
　～ d'attelage 牵引杆主销
　～ d'entretoise 横梁，横撑杆，横向栏杆
　～ d'immobilisation 定位销
　～ d'usunage 拉刀
　～ de centrage 心轴，心棒，定位栓，定中心的销子，定位心轴
　～ de clou 脚管，接触针
　～ de contact 管脚，触针，接触角，接触脚
　～ de culot 管脚，接触针
　～ de fixation 锁栓，保险销固定销，连接销
　～ de fraise 铣刀轴，铣床主轴
　～ de grille 栅极支架
　～ de guidage 导销，导杆，导轴
　～ de lampe 脚管，电子管插头，等插头
　～ de levage 起吊销子，承吊轴
　～ de raccordement 连接轴，接线柱，连接点，接线插头
　～ de rectification 磨床主轴
　～ de remoulage 合型销，合膜导销
　～ de renversement 换向轴
　～ de verrouillage 钩，环，锁扣，锁销
　～ femelle 插座，销座，销窝
　～ mâle 插销
　～ porte-forets 钻床主轴
　～ porte-fraise 铣刀轴
　～ porte-meule 砂轮轴
　～ pour châssis 车架主轴，铸工砂箱
　～ sur manille 吊环轴

brocheuse *f* 拉床，装订机

brochoir *m* 小锤

brochure *f* 小册子

brockite *f* 水磷钙钍石（布罗克石）

brockram *m* 石膏灰岩角砾岩

brodrickite *f* 变金云母

bröggerite *f* 钍铀矿，钍方铀矿

broggite *f* 褐地沥青

broiement *m* 磨，粉碎，轧碎，磨碎，破碎，粉碎（矿石），捣碎，碾轴销
　～ humide 湿磨，湿研

bromatacamite *f* 溴铜矿
bromate *m* 溴酸盐
bromcarnallite *f* 溴光卤石
bromchlorargyrite *f* 氯溴银矿(溴角银矿)
brome *m* 溴(Br)
bromeillite *f* 铍石
bromique *a* 溴的
bromlit(h)e *f* 三斜钡解石
bromoforme *m* 溴仿, 三溴甲烷
bromokaïnite *f* 溴钾镁矾
bromolaurionite *f* 溴羟铅矿
bromophosgénite *f* 溴角银矿, 溴碳铅矿
bromopyromorphite *f* 磷溴铅矿
bromotachyhydrite *f* 溴钙镁石
bromure *m* 溴剂, 溴化物
bromurer *v* 溴化
bronchage *m* 交叉平巷, 对角平巷
broncite *f* 古铜辉石
brongniardite *f* 硫银锗矿, 硫锑铅银矿, 异辉锑铅银矿
brontide *m* 地震噪音, 轻微地震声
brontographe *m* 雷雨计, 雷暴自记器
brontolite *f* 石陨石
brontomètre *m* 雷雨表, 雷暴计
bronzage *m* 镀青铜, 着青铜色
bronze *m* 青铜, 古铜, 青铜器(制品)
　～ aluminium-fer 铝铁青铜
　～ d'aluminium 铝青铜
　～ phosphoré 磷青铜
　～ phosphoreux 磷青铜
　～ rouge 炮铜
　～ spécial 特种青铜
bronzite *f* 古铜辉石
bronzite-amphibolite *f* 古铜闪岩
bronzite-andésite *f* 古铜安山岩
bronzite-aplite *f* 古铜细晶岩
bronzite-augite *f* 古铜辉石
bronzite-chromitite *f* 古铜铬铁岩
bronzite-picrite *f* 古铜苦橄岩
bronzitite *f* 古铜岩
　～ à diallage 二辉岩
　～ à hornblende et diallage 尖榴辉岩
brookite *f* 板钛矿
brossabilité *f* 易刷的性能(油漆和颜料的)

brossage *m* 刷洗, 刷净
brosse *f* 刷子, 电刷, 晶洞, 晶簇, 漆刷, 刷帚, 路刷; *f. pl* 灌木丛, 荆棘丛
　～ à air 气刷
　～ à blanchir 白灰刷
　～ à cheveux 毛刷, 鬓刷
　～ à encoller 胶水刷
　～ à enduit 白灰刷
　～ à goudronner 柏油刷
　～ à peindre 漆刷
　～ à poils durs 硬毛刷
　～ carbonique 炭刷
　～ cylindrique 圆筒形刷
　～ d'acier 钢丝刷
　～ de carbone 碳刷, 炭精刷
　～ de chiendent 洗涤刷, 擦洗刷
　～ de contact 接触刷
　～ douce 软刷子
　～ en fil d'acier 钢丝刷
　～ en soie de cheval 马尾刷
　～ en soie de porc 猪鬃刷
　～ goupillon 试管刷, 洗瓶刷
　～ inférieure 下刷
　～ métallique 钢丝刷, 金属刷, 钢丝路刷
　～ rotative 旋转刷, 旋转路刷
　～ rude 硬刷子
　～ supérieure 上刷
　～ tournante 分级电刷
brosserie *f* 清扫设备, 清扫机械
　～ pour la route 扫路机
brossite *f* 柱白云石(镁铁白云石)
brosténite *f* 杂锰土(水铁锰土)
brotocristal *m* 蚀形晶, 熔蚀斑晶
brouenite *f* 布劳瑙陨石
brouettage *m* 小车搬运
　～ de chargement 运料小车
brouette *f* 独轮小车, 手推车, 手推独轮车, 手推搬运车
　～ de chargement 运料小车
brouetter *v* 用独轮车运输
brouillage *m* 扰乱, (电波)干扰, 崩塌, 冒顶
　～ arbitraire 有意干扰, 人为无线电干扰
　～ s industriels 工业干扰
　～ s mutuels 相互干扰

brouillard

~ par bandes latérales　用相邻无线电波段干扰
~ par les réflexions météoriques　大气反射干扰
~ radiophonique　（电台之间的）人为干扰,无线电波音干扰
~ sélectif　照准干扰,窄频段干扰,选择性干扰
~ simultané sur plusieurs gammes　若干波段干扰,阻塞通信干扰
~ volontaire　人为干扰,有意干扰

brouillard *m* 雾,模糊（图像）,干扰,日记账,流水账

~ au sol　低雾,地面雾
~ brumant　毛雨雾
~ d'advection　平流雾
~ d'huile　滑油雾
~ d'impulsion　冲击性干扰,脉冲干扰（示波器屏上）
~ de fond　影像模糊,斑点甚多,清晰度不足
~ de rayonnement　辐射雾
~ en suspensions dans l'air　空气中的悬浮物体
~ épais　浓雾
~ glacé　冰雾
~ léger　轻雾
~ mouillant　湿雾
~ par mélange　混合雾
~ radioactif　放射性雾
~ salin　喷盐（一种氧化试验）
~ sec　干雾
~ tenu　薄雾

brouillasse *f* 毛毛雨,蒙蒙细雨
brouiller *v* 干扰,混淆,使模糊
brouilleur *m* 干扰电台,干扰器,干扰信号

~ de radar　干扰电台,雷达干扰台

brouillon *m* 草图,草稿
brouillonner *v* 起草
broussailles *f. pl* 矮林,荆棘,灌木林,灌木密林
broussailleux, euse *a* 荆棘丛生的
brousse *f* 荆棘地
broutage *m* 颤动,震颤
broutement *m* 颤动,震动
brownien *a* 勃朗（运动）的
brownlite *f* 钡霞石
brownmillérite *f* 钙铁铝石
browser *m* 浏览器
broyabilité *f* 可碎性,可磨性,研磨能力,磨碎能力

broyage *m* 磨,研磨,磨矿,破碎,磨碎,碾碎,粗磨,轧碎,粉碎,分裂,磨细,碎石,石屑

~ discontinu　分批研磨,间歇式研磨
~ du ciment　水泥研磨
~ fin　细磨,细碎
~ humide　湿磨,湿式破碎
~ mécanique　机械轧碎
~ ménagé　精研磨
~ par cylindre　辊式破碎法
~ préliminaire　初轧,初碎,第一次轧碎
~ sec　干磨,干式破碎
~ secondaire　二段破碎,二次磨矿

broyer *v* 轧碎,捣碎,锤碎,磨碎,研碎,破碎
broyeur *m* 破碎机,磨矿机,磨矿工,粉碎工,研磨机,研砂机,辗碎机,碾碎机,研磨工

~ à barres　棒材轧机,辊轧机,棒式磨碎机
~ à billes　球磨机
~ à boules　球磨机
~ à boulets　球磨机
~ à chocs　冲击破碎机
~ à ciment　水泥研磨剂
~ à cône　锥形碎石机,锥形破碎机,圆锥破碎机
~ à cuve tournante　转盘混砂碾
~ à cylindres　滚磨机,辊式碎石机,辊式破碎机,滚筒式碎石机,对辊破碎机,多辊破碎机
~ à double rotor　双滚筒轧碎机,双叶轮碎石机,双螺桨破碎机
~ à mâchefer　煤渣粉碎机
~ à mâchoires　颚式轧石机
~ à marteaux　锤碎机,锤式破碎机
~ à marteaux à deux essieux　双轴锤式破碎机
~ à marteaux articulés　冲击式磨碎机
~ à marteaux en deux essieux　双轴锤式破碎机
~ à meules　磨石机,研磨盘,碾磨机
~ à minerai　碎矿机
~ à percussion　锤磨机,锤式磨矿机
~ à pierre　碎石机
~ à rouleaux　滚磨机,辊式破碎机,滚筒式碎石机
~ à rouleaux doubles　双滚筒破碎机,双辊破碎机
~ à rouleaux multiples　多滚筒式破碎机
~ à rouleaux triples　三滚筒破碎机

~ à sable 研砂机,细碎机
~ à barres 杆式破碎机,棒式磨碎机
~ à tunnel 管磨机,筒碎机
~ aux barres 棒磨机
~ centrifuge 锤式破碎机,离心破碎机,离心式研磨机
~ des fines 细碎机
~ fin 精轧机
~ giratoire 回旋破碎机,锥形破碎机,圆锥形破碎机
~ gyrasphère 旋回球面破碎机
~ percuteur 锤磨机,锤式碎石机
~ tube à barres 轧条机,型材轧机
~ tubulaire 管磨机,筒磨机

broyeuse *f* 粉碎机,研磨机
~ secondaire 次碎机,二次破碎机

broyon *m* 杵,槌

brucelles *f. pl* 镊子

brucite *f* 水镁石,水滑石,氢氧镁石

brücknerellite *f* 脂铅石

brueggenite[brüggenite] *f* 水碘钙石

bruiachite *f* 萤石

bruit *m* 噪声,噪音,杂音,杂波,声音,干扰声
à faible ~ 低噪音
~ aérodynamique 气动噪声
~ ambiant 侧音(电话),环境噪声,环境噪音,室内噪声
~ blanc 白色噪声
~ d'agitation thermique 热噪声
~ d'aiguille 滚针或指针走动时发出的声音
~ d'alimentation 电源杂声,电源杂音
~ d'antenne 天线噪音,天线杂波
~ d'écoulement 水流噪声
~ d'émission secondaire 二次放射噪声
~ d'étoiles 星球射频噪声,星球无线电噪声
~ d'impact 震动噪声
~ d'origine thermique 热噪声,散粒效应噪声
~ de cloches 送话器效应噪声
~ de fluctuation 起伏噪声,涨落噪声
~ de fond 大地噪声(地震),背景噪声,基底噪声,环境噪声
~ de fond d'origine thermique 热源噪声,热噪声
~ de l'environnement 环境噪音
~ de la circulation routière 道路交通噪音
~ de lampe 电子管噪声
~ de ligne 电路噪声,线路噪声
~ de microphone 送话器噪声
~ de modulation 调制噪声
~ de papillotement 闪变效应噪声,闪变效应杂波(电视的)
~ de partition 电流分配噪声
~ de quantisation 量子化噪声
~ de répartition 电流重新分配噪声
~ de roulement 行车噪音
~ de salle 室内噪声
~ de scintillation 闪烁噪声,闪变效应噪声
~ de secteur 交流哼声,电源的交流哼声,电力线的哼声
~ de surface 滚针或指针走动时发出的声音
~ de trafic routier 道路交通噪声,道路交通噪音
~ delta 输出差噪声(磁环存储器中的)
~ des pneumatiques 轮胎噪音
~ dû au courant grille 栅流噪声
~ du moteur 发动机噪声
~ hydrodynamique 水动力噪声
~ s induits 感应杂音,电力线感应杂音
~ intrinsèque 固有噪声
~ Nyquist de circuit 电路热噪声
~ parasite 寄生噪声,干扰噪声
~ perçu dans les cabines à l'arrêt 停车时司机室中的平均音量
~ perçu dans les cabines en ligne 运行时司机室中的平均音量
~ propre 基音,环境噪音,背景噪音
~ routier 道路噪音
~ sec 干燥声(指两硬物相碰),碰撞声
~ s séismiques 地震噪声
~ s volcaniques 火山爆发声

bruitage *m* 音响效果

bruitomètre *m* 噪声仪,噪声计

brûlage *m* 烧断,烧坏,烧净(路面上渗出过多的结合料),燃烧

brûlé *a* 过烧的,烧过的

brûlement *m* 燃烧

brûler *v* 烧,焚烧,烧毁,烧坏,烧断,忽视
~ un signal[le signal] 冒进信号

~ la station 在车站上超越前行列车

brûleur *m* 喷灯,喷嘴,吹管,本生灯,燃烧器,喷火口,喷射器,燃烧嘴,点火器,燃料喷嘴,燃烧室头部
- ~ à alcool 酒精灯
- ~ à charbon pulvérisé 煤粉燃烧器
- ~ à gaz 燃气(喷)灯,煤气灶,煤气灯
- ~ à injection 喷射式燃烧嘴
- ~ à l'huile 燃油燃烧灯,油燃烧器
- ~ à mazout 汽灯
- ~ à souder 气焊嘴,焊接喷嘴
- ~ acétylénique 乙炔焊炬,电石(乙炔灯)
- ~ bunsen 本生灯(实验室煤气灯)
- ~ d'allumage 点火器
- ~ de bunsen 本生灯(实验室用的煤气灯)
- ~ oxyacétylénique 氧炔焊炬

brûlure *f* 烧毁,燃烧,过烧,过热,烧断,熔断,烧损
- ~ d'écran 屏蔽烧毁,荧光屏烧坏
- ~ ionique 离子烧伤
- ~ d'un redresseur à cristal 晶体整流器的烧毁

brumaille *m* 轻雾,薄雾
brumal, e *a* 冬天的,冬季的,雾季的
brumasse *f* 小雾,轻雾,薄雾
brume *f* 霾,轻雾
- ~ biologique 生物霾
- ~ de bise 比士雾风(瑞士和法国山区或有雾的西北风)
- ~ de fumée 烟霾
- ~ de sable 沙霾

brumeux, euse *a* 有雾的
brun *m* 褐色,棕色,褐色颜料
- ~ claire 淡褐色
- ~ foncé 深褐
- ~ jaunâtre 黄褐色
- ~ jaunâtre claire 浅黄褐色

brunâtre *a* 淡褐色
Brunhes(époque de ~) 布容(正向)期
bruni *m* 光泽
brunir *v* 磨光,擦亮,擦光,抛光
brunissage *m* 抛光,擦亮,着色,磨光
- ~ chimique 化学着色,化学抛光

brunissement *m* 磨光,抛光,擦色,着色,擦亮
brunisseur *m* 磨光器,抛光器,抛光工,磨光机,磨光工,抛光机

brunissoir *m* 磨光器,抛光器,抛光机
brunissure *f* 光泽,整光,整光技术
brunnérite *f* 玉髓样方解石(艳色方解石)
brunnichite *f* 鱼眼石
brunrite *f* 脂绿泥石,胶纤锌矿
brunsvigite *f* 铁镁绿泥石
brushite *f* 透磷钙石
brut *m* 原油,原矿,原煤,原钢,毛坯,毛额数,未精炼的金属,未加工的原料
- ~ à base paraffinique 甲烷石油
- ~ à forte densité 重油
- ~ aromatique 粗芳香油
- ~ asphaltique 环烷石油,石脑精质石油
- ~ de fonte 铸造毛坯
- ~ léger 轻油
- ~ lourd 重油
- ~ mixte 混合油,甲烷环烷油
- ~ naphtèno-paraffinique 环烷石蜡油
- ~ naphténique 环烷油
- ~ paraffinique 甲烷石油,石蜡石油
- ~ sulfuré 高硫原油

brut, e *a* 总的,毛的,生的,天然的,原生的,粗制的,毛坯的,无机的,原始的,未加工的
- montant ~ 总金额,总额
- poids ~ 毛重
- produit ~ 毛利,总收益
- matière ~ e 原料
- recette ~ e 总收入

bruyance *f* 噪声,噪音,嘈杂声
bruyant, e *a* 嘈杂的,有噪声的
bruyère *f* 荒地,欧石楠属植物,灌木也腐蚀土
bruyerite *f* 杂方解云英石
buanderie *f* 水房,洗衣房,洗衣间
bûche *f* 木柴,劈柴
bûcher *m* 木柴库,堆放木柴的场所;*v* 削光(木材),琢平(石料)
bûcheron *m* 伐木者,伐木工人
bûchette *f* 木片,小块木材
buchite *f* 玻化(角)岩
buchnérite *f* 二辉橄榄岩
bucholzite *f* 细硅线石
buchonite *f* 闪云霞玄岩,正长碱玄岩
buchwaldite *f* 磷钠钙石

bucket *m* 水斗,水桶,料罐,吊罐,铲斗,戽斗
buckingite *f* 粒铁矾,亚铁—铁矾
bucklaudite *f* 黑帘石,褐帘石
buckstone *f* 不含金的岩石
buddingtonite *f* 水铵长石
budget *m* 预算
 ～ administratif　行政预算,管理费预算
 ～ annexe　附加预算
 ～ annuel　年度预算
 ～ approuvé　核定预算
 ～ base zéro　零基预算
 ～ d'approvisionnement　材料储备预算
 ～ d'eau　水账,水平衡,水量收支预算
 ～ d'équipement　设备投资预算
 ～ de construction routière　道路施工预算
 ～ de l'année　年度预算
 ～ de l'État　国家预算
 ～ de programme　项目预算
 ～ de revenue annuaire　岁入预算,年度收入预算
 ～ extraordinaire　特别预算,临时预算
 ～ final　核定预算
 ～ financier　财务预算
 ～ fonctionnel　分项预算
 ～ général　总预算
 ～ ordinaire　平时预算
 ～ souple　弹性预算,滑动预算
 ～ spécial　特别预算
 ～ supplémentaire　追加预算
 ～ variable　可变预算,临时预算
budgétaire *a* 预算的
 dépenses ～ s　预算支出
 recettes ～ s　预算收入
budgétisation *f* 编入预算
buergérite *f* 布格电气石
buetschliite *f* 三方碳钾钙石
buffer *m* 隔离,缓冲器,保险杆,消音器,缓冲寄存器,缓冲存储器
 ～ d'air　软靠枕,空气隔层,空气缓冲器
 ～ hydraulique　水力缓冲器,水力消能器
 ～ storage　存储器缓冲区
buffet *m* 小卖部,(车站)小吃部
buffeting *m* 颤振
bug *m* 虫(程序代码或逻辑上的错误),故障,错误
 ～ millénaire　千年虫
bugite *f* 紫苏英闪岩
building *m* 大楼,建筑物
buis *m* 黄杨
buisson *m* 灌木丛,荆棘丛
buissonneux, euse *a* 灌木丛生的,荆棘丛生的
bukovskyite *f* 羟砷铁矾
bulbe *m* 泡,气泡,水泡,小球,球状物,灯泡体,球状体,玻璃泡
 ～ de pression　压力泡
 ～ de thermomètre　温度计泡,温度计小球
 ～ de percussion　撞击锥
bulbeux *a* 球茎形的,鳞茎状的
buldymite *f* 新黑蛭石
bulking *m* 胀大,(砂的)湿胀性
bull *m* 推土机
bullage *m* (混凝土)表面斑眼,表面气泡,产生气泡
bulldozage *m* 推土,推土机,推土机作业,用推土机推土
bulldozer *m* 推土机,平土机
 ～ à commande hydraulique　液压操纵式推土机
 ～ à commande par câble　缆索操纵式推土机
 ～ à lame droite　直铲推土机
 ～ à lame oblique　斜角刀片推土机
 ～ à lame orientable　侧铲推土机,斜板推土机,万能式推土机
 ～ à pneus　轮胎式推土机
 ～ à[en] chenilles　履带式推土机
 ～ angulaire　斜角推土机
 ～ chargeur　推土装载机
 ～ hydraulique　液压式推土机
 ～ pour arrachage des arbres　伐木机,除根机
 ～ pour cintrer　推土机,压弯机,弯钢机
 ～ pour marais　沼泽地用推土机
bulle *f* 气泡,水泡,磁泡,空泡
 ～ d'air　气泡,砂眼,空气泡
 ～ d'air de niveau　水准气泡
 ～ de gaz　气泡,气孔
 ～ de niveau　水准器气泡
 ～ de pression　压力泡
 ～ de séparation　分离气流,分流气流区
 ～ de vapeur　汽泡
 ～ économique　经济泡沫

~ immobilière 房地产泡沫
~ magnétique 磁泡
~ microscopique 微气泡
bulletin *m* 单,票,表,公报,通报,会刊,收据,凭证,通知书,证明单据,书面命令
~ aérologique 高空气象报告
~ d'accompagnement 押运单,随寄凭单
~ d'affranchissement 预付运费凭证
~ d'arrêt 停车命令
~ d'avarie 损坏通知单,损坏记录
~ d'état des routes 路况报告
~ de commande 订货单
~ de consigne 寄存行李单
~ de declaration 申报单
~ de douane 海关证件
~ de franchissement 路票,路券,许可证,允许列车行进的书面命令
~ de garantie 保证书,质量保证书
~ de livraison 交付通知单,交货通知
~ de paie 工资单
~ de pénétration 路票,路券,许可证,容许列车进入区间运行的书面许可
~ de pesage 过磅单
~ de prévision 天气预报
~ de prise à domicile 上门取货凭单
~ de recherches 查询单
~ de remboursement 代收货款通知,货到付款通知
~ de remise 运送单(路用品)
~ de sortie (magasin) 出门证,货物搬出证(仓库)
~ de traction 机车运行报单
~ de versement 转账通知单
~ mensuel 月报,月刊
~ mensuel de statistique 统计月报
~ météorologique 天气预报表
~ officiel des annonces légales 法律刊物
~ postal 邮政托运单
~ r.i.v. 国际铁路交换车辆附带设备的运送单
~ service 服务通报
bulleux, euse *a* 多泡状,多孔状
bultfonteinite *f* 氟硅钙石
buna *m* 丁(二烯)钠(聚)胶布,布纳橡胶
bungalow *m* 单独住宅,有游廊的平房,四周有凉台的(印度)平房
bunker *m* 料仓,储库,土堆,浅沟,煤舱,燃料舱
buran *m* 雪暴,布冷风(波斯及中西伯利亚的一种强烈寒冷东北风)
~ blanc 白布冷风
burbankite *f* 黄碳锶钠石(布尔班克石)
burckhardtite *f* 硅碲铁铅石
bure *m* 暗(竖)井,盲(竖)井,矿井,管道,轴,溜井,天井(金),煤矿(法国北部)
~ à balance 制动轴
~ d'aérage 风道,(隧道)通风井,通风管
~ oblique 倾斜轴,偏垂轴
bureau *m* 局,署,院,处,所,台,室,办公室,书桌,写字台,事务所
~ automatique 自动电话所,自动电话交换台
~ central 电话总局,中央电话局,中央交换台
~ central à batterie commune 共电式中央电话局,共电式中央交换台(电话)
~ central de commutation 中央交换台(电话)
~ central de compensation 中央清算局
~ central de répartition des wagons (中央)调度处,调度总所,配车总所
~ central manuel 人工中央交换台(电话)
~ central météorologique 中央气象局
~ central radiotélégraphique 无线电中心台,无线电中心控制室
~ d'administration 管理处
~ d'échange 国境车辆交换所
~ d'échange de trafic 过境交接站
~ d'émission 客票、行李营业所
~ d'enregistrement 船级社,验船协会
~ d'enregistrement des bagages 行李托运处
~ d'étude en génie civil 土木工程设计室
~ d'études 设计处,设计院,设计事务所,研究部门,试制办公室,(建筑公司)工程处
~ d'expédition de marchandises 货物发送室,发货处
~ d'expertise de marchandises 货物鉴定处
~ d'information 情报室,预报室
~ d'inspection et d'examen de marchandises 商检局,商品检验处
~ de calcul 计算中心,计算室
~ de change 汇兑处,汇兑所,外币兑换处
~ de chantier 工地办公室

~ de chargement et déchargement 装卸事务所, 装卸作业处
~ de classement des feuilles de chargement sur un quai 货物站台装车单据分类办公室
~ de comptabilité 会计室
~ de construction 设计室, 设计局, 工程处
~ de contrôle 探伤室, 检验室
~ de Contrôle et de Suivi 现场监理
~ de Contrôle Externe 外部监督
~ de départ 绘图室
~ de dessin 资料室, 绘图室, 制图室, 绘画室, 描图室
~ de documentation 资料情报处
~ de documentation et d'information 海关, 海关办事处, 资料情报处
~ de douane 海关, 海关办事处
~ de douane à l'entrée 进口海关
~ de douane à la sortie 出口海关
~ de douane intérieure 内地海关
~ de l'administration 路局机关, 管理部门, 管理人员办公室
~ de la feuille (dépôts) 机务段运转室
~ de liaison 联络处
~ de livraison des bagages 提取行李处
~ de location 订票处, 出租汽车办公室
~ de location de places 坐席预定处
~ de messagerie 托运处
~ de mouvement des wagons 过轨车辆统计事务所
~ de pilotage 引航站
~ de planification 计划局
~ de police 派出所, 警察局
~ de poste de la gare 车站邮局
~ de renseignement et location Air France 法国航空公司问询订票处
~ de renseignements 问询处, 服务处
~ de secrétaire 秘书(办公)室
~ de service de la gare 车站办公室, 值班站长室
~ de statistique 统计室, 统计处
~ de tabac dans une gare 站内售烟亭
~ de telegraphe 电报局[所]
~ de téléphone 电话局[所、室]
~ de tourisme 旅游局, 旅行社
~ de transfert 电话转接室
~ de verification 检验室, 核算室
~ de ville 市内售票处, 承运包裹处(不在车站内)
~ de voyage privé 私营旅行社
~ des arrivages 发处, 到达货物收
~ des arrivages et expéditions g.v. 快运货物到发处
~ des bagages 行李房, 行李托运处
~ des billets 票房, 售票处
~ des brevets 专利局
~ des compensations 清算局
~ des comptes 审计局
~ des décomptes 会计室, 会计处, 货物发送处
~ des inscriptions 注册处
~ des marchandises (gare) 货运处(车站)
~ des méthodes 工艺部门, 设计部门, 生产准备处[科]
~ des normes 标准局, 标准室
~ des objets trouvés 失物招领处
~ des réclamations 赔偿要求处
~ des travaux publics 市政[公共]工程局
~ du chargé d'affaires 代办处
~ du chef de district (service de la voie) 工务段长室
~ du chef de gare (火车)站长室
~ du commerce extérieur 对外贸易局
~ du directeur 校长室, 局长[主任、经理]办公室
~ du télégraphe 电报室
~ du téléphone 电话室
~ en espace ouvert 低高度间壁相隔办公室
~ évolutif 组合式办公室
~ hydrographique 水文测量处
~ intérieur marchandises 零担货物站外承运处
~ international de documentation des chemins de fer 国际铁路资料局
~ international de l'heure 国际时间局
~ international de poids et mesure 国际计量局
~ international des containers 国际集装箱事务局
~ international des poids et mesure 国际度量衡局
~ international du film des chemins de fer (b.f.

bureautique

~ c.) 国际铁路电影局
~ international du travail 国际劳工局(联合国)
~ local 分局,电话分局,地区电话分局
~ météorologique 气象局
~ mixte 半自动电话交换台
~ mobile 临时办公室,现场办公室,工程指挥部
~ module 模块式办公室
~ muet 无人管理邮局
~ national des poids et mesures 国家计量局
~ national des statistiques 国家统计局
~ paysage 园林式办公室
~ pour communication téléphonique à grande distance 长途电话室
~ pour service des marchandises 货运室
~ pour service des voyageurs 客运室
~ rural 乡村电话局
~ technique 技术室,技术科
~ télégraphique 电报室
~ téléphonique 电话局,电话交换台
~ téléphonique auxiliaire 电话分局
~ téléphonique intermédiaire 汇接局,中继局
~ téléphonique inter-réseaux 网间电话局,网间电话交换台
~ téléphonique interurbain 长途交换台,长途电话局
~ téléphonique mixte 半自动电话交换台
~ téléphonique régional 长途拨号局,市郊电话局
~ téléphonique secondaire 电话分支,电话分局
~ télétype 电传电报局
~ télex 电传房

bureautique *f* 办公室自动化信息处理(技术)
bureautisation *f* 办公室计算机化
burette *f* 油壶,量管,量杯,滴管,滴定管,细颈小瓶
~ à huile (手提)油壶
~ de mesure 滴定管,量管,玻璃量杯
~ de Mohr 莫尔吸管
~ graduée 量管,滴定管

burga *m* 布加风(常出现于阿拉斯加)
burin *m* 堑,凿,冷錾,凿子,钎子,刻刀,刻针,錾子,切削器,冲击钻头,钻探用钻头
~ à air comprimé 风钻
~ à main 手工钎子

~ courbé 圆形冲击钻头
~ de charpentier 木工凿,木工扁铲
~ de gravure 记录笔,录音针
~ hardi 锐利冲击钻头,尖嘴冲击钻头
~ plat 扁錾
~ pneumatique 风镐,风铲,风钻,空气锤

burinage *m* 削,凿,(用凿)修琢,刻纹,修整,堑切,冲击钻孔,冲击式凿岩,铲除表面缺陷
burkéite *f* 碳钠矾
burlingtonite *f* 布林顿陨铁
burmite *f* 缅甸硬琥珀
burquin *m* 溜井,天井,盲井,暗井,地下矿仓,地下储煤仓

bus *m* 母线,客车,总线,汇流排,公共汽车
~ à impériale 双层大客车
~ à semi-impériale 一层半公共汽车
~ articulé 铰接式公共汽车
~ avec remorque 带拖车的公共汽车
~ bar 裸母线
~ d'adresse 地址总线
~ d'information 数据总线
~ de commande 控制总线
~ de données 数据总线
~ de service 班车
~ de tourisme 旅游客车
~ électrique 电总线
~ en contrôle 控制总线
~ numérique 数字总线
~ optique 光学总线
petit ~ 小型公共汽车[客车]
~ plan 多层电缆
sleeper ~ 有睡铺的大客车
~ taxi 出租大客车,出租公共汽车

bus-bar *m* 母线,汇流条
buse *f* 喷嘴,水管,涵管,焊嘴,短管,圆筒,排气孔,通气管,喷管[口],筒形物,(烟囱)防风罩,圆形涵洞,喷嘴型波导管天线
~ (de projection) 喷嘴
~ à jet de sable 喷砂嘴
~ arche 拱形涵
~ ciment 水泥管
~ circulaire 圆形涵洞
~ d'aérage 风道,通风管
~ d'air 空气管,通气管

~ d'arrosage 喷嘴(浇灌嘴)
~ d'aspersion 喷嘴(喷水口)
~ d'aspiration 喷枪,进气短管
~ d'écoulement 流水口[管],排出口
~ d'injection 喷口,注入口,注射口
~ de béton 混凝土圆形涵洞
~ de contact 喷头,喷嘴,接触喷嘴
~ de coupeur 割嘴,焊嘴
~ s de drainage 排水管,排油管
~ de pulverization 喷射口
~ en béton 混凝土圆管
~ en béton armé 钢筋混凝土圆形涵洞
~ ensemble 喷嘴
~ et dalot 圆涵和箱[方]涵
~ filtrante (水井)滤水管筒
~ fixe 固定外壳
~ métallique 金属涵管,钢板圆形涵洞
~ métallique en tôle ondulée 波纹钢板圆形涵洞
~ mobile 滑动壳

buselure *f* 衬套,喷嘴,管嘴
 ~ d'aspersion 喷嘴
 ~ d'étanchéité 封口,封管
busette *f* 小管,喷嘴,吹管
bushel *m* 蒲式耳(符号 bu,容积单位,英制 1bu = 36.37L,美制 1bu = 35.24L)
bushmanite *f* 锰镁明矾
business *m* 商业,生意,职责,事务
busqué, e *a* 弯的,成钩状的,凸出的
bustamentite *f* 碘铅
bustamite *f* 锰硅灰石(钙蔷薇辉石)
bus-taxi *m* 出租大型客车
bustite *f* 布斯特陨石,顽火无球粒陨石
buszite *f* 氟碳铈矿
but *m* 目的,宗旨,用途,目标,靶子
 avoir pour ~ de 其目的……,目的在于……
 dans le ~ de 企图,意欲,目的为了
 dans un ~ de 企图,意欲,目的是为了
 ~ du barrage 坝的用途
 ~ immobile 固定目标
 ~ mobile 活动目标
 ~ radar 雷达目标
 ~ stratégique 战略目标
butadiène *m* 丁二烯,丁邻二烯

butane *m* 丁烷
butanoduc *m* 石油气输送管道
butanol *m* 丁醇
butanone *f* 丁酮
butée *f* 支座,基脚,岸墩,拱墩,桥台,扶垛,撞块,挡铁(块),限位器,支撑,支柱,支架,制动器,止推,止挡,暗墩,挡板,止推轴承,端轴承
 ~ à air 气动缓冲器
 ~ à biles 止推滚珠轴承,球面支承,滚珠轴承止推
 ~ à contrefort 扶壁式桥台
 ~ à ressort 弹簧支架,弹簧支座
 ~ à rouleaux 滚柱止推轴承
 ~ anti-débattement (管道)防甩动支撑
 ~ antisismique 防地震缓冲器
 ~ d'arrêt 挡块,限位块,车挡
 ~ d'enclenchement 握柄联锁中各级锁闭握柄位置
 ~ de combustible 燃油止挡
 ~ de direction 转向限位器
 ~ de directrice 导叶止推轴承
 ~ de fin de course basse 下沉支撑
 ~ de ligne d'arbre 止推轴承
 ~ de porte 门挡[锁、碰头]
 ~ de repos 止回器,棘爪,止挡
 ~ de sécurité 安全止挡旁承,安全堵,安全制动,安全停止
 ~ de terre antibruit 隔音土坝
 ~ des terres 被动土压力,土拱墩,土抗力
 ~ droite 无翼桥台
 ~ du cadran d'appel 拨号盘止挡
 ~ élastique latérale 横向弹性制动
 ~ électrique 限位开关
 ~ latérale 侧挡,旁承
 ~ liquide 液力限制装置
 ~ onduleur réglable 可调逆变器止挡
 ~ pleine chargée 最大供油止挡
 ~ redresseur réglable 可调整流器止挡
 ~ sèche 硬止挡
butène *m* 丁烯
buter *v* 倚,撞,撑住,撒预铺料
butlérite *f* 基铁矾
butoir *m* 车挡,车挡横方木,缓冲器,限位装置,制动器,地垒

butonner
  ~ à ressort 弹簧缓冲器
  ~ élastique 弹簧缓冲器
butonner *v* 打木桩
butschliite *f* 碳钾钙石,胶方解石
buttage *m* 培土
butte *f* 小山,小丘,孤峰,高地,孤山,小岗,驼峰,支柱,山尖山
  ~ d'été 夏季驼峰
  ~ d'hiver 冬季驼峰
  ~ de terre 土墩,土丘
  ~ escarpée 陡坡小丘
  ~ gazonnée, ~ de gazon 草地丘
  ~ résiduelle 残山
butte-témoin *f* 残山,小土墩,外露层,蚀余小山
butteur *m* 刻木工具
butteuse *f* 培土机
buttgenbachite *f* 毛青铜矿
but(t)on *m* 木桩
butylcaoutchouc *m* 翼丁(烯)橡胶
buvard *m* 吸墨纸

buvette *f* (火车站的)餐厅
  ~ de quai pour la vente de boissons et de nourriture de voyage 站台小卖部
buzzer *m* 汽笛,蜂音器,蜂鸣器,工地电话,轻型掘岩机
by-pass *m* 旁(通)路,支路[管、线、流],间路,间道,侧线,绕到,直流,间管,侧管,旁通管,迂回线,泄水道,溢流渠,支流溢洪渠
  ~ de turbine 水轮机旁通管
  ~ pour l'eau de pluie 雨水旁路,雨水旁通管
  ~ pour la crue 分洪道
  ~ pour le sable 旁通输沙道
bypogène *a* 深成的
bysmalite *f* 岩栓
byssophtisie *f* 棉絮沉着病,棉屑肺
byte *m* 字节,位组
bytownite *f* 培长石(倍长石)
bytownitite *f* 培长岩
bytownorthite *f* 培钙长石

C

cabane *f* 支柱,顶架,小屋,棚子,棚屋
cabaner *v* 翻转,倒置
cabas *m* 斗,(运送矿石用的)箱
cabasite *f* 菱沸石
cabestan *m* 绞盘,滑车,卷扬机,起重机
　~ à bras 手绞车,人力绞盘
　~ à double cloche 双极滚筒绞盘
　~ asservi 伺服主动轮
　~ de manœuvre 手选运输带
　~ de triage 手选运输带
　~ électrique 电动绞车,电力绞盘
　~ horizontal 水平绞车,水平绞盘
　~ hydraulique 液力绞车,水力绞车
　~ vertical 竖式绞车,垂直卷扬机
cabillot *m* 楔,桩,系留桩
cabine *f* 舱,室,台,柜,间,索道,房间,机壳,小屋,驾驶室
　~ aérien de transport 架空运输索道
　~ d'affaires 事务所
　~ d'aiguillage 集中信号楼
　~ d'air 空气舱
　~ d'ascenseur 电梯间
　~ d'enregistrement sismique 地震记录台
　~ d'essai 实验室,试验室
　~ d'une grue 起重机操纵室
　~ de commande 操纵[控制]室
　~ de commande(avec vanne) 阀门控制室
　~ de conduite 驾驶室,司机室,司机台
　~ de conduite utilisée 操纵运行的司机室
　~ de contrôle 操纵室,控制室
　~ de dispatcher 调度室
　~ de distribution 配电中心,配电室
　~ de grue 吊车操纵室
　~ de la locomotive 机车司机室
　~ de manœuvre 驾驶室,控制室,调度室,调度台
　~ de manœuvre surélevée 信号楼
　~ de passagers 客舱
　~ de poste de manœuvre (集中)信号楼,司机室

　~ de sablage 喷砂室
　~ de service 主机司机室
　~ de signaleur 信号室
　~ de signalisation 集中心号楼
　~ de t. s. f. (télégraphie sans fil) 无线电室
　~ de télex 电传机室
　~ de transformateur 变压器室,变电所
　~ de transformation 变压室
　~ du conducteur 司机操纵室,载重汽车司机驾驶室
　~ du freineur 制动室
　~ fermée 闭式驾驶室,密封室
　~ insonore 隔音室
　~ poste de conduite auxiliaire 调车用司机室
cabinet *m* 室,机房,书房,工作室,小房间,办公室
　~ d'affaires 事务所
　~ de construction 咨询事务所
　~ de travail 工作间
cabinier *m* 信号员,吊车司机
câblage *m* 接线,布线,电路,电线,线路,电缆,导线,电缆连接,导线连接,敷[架]设电缆
　~ à deux conducteurs 双芯电缆(平行叠置)
　~ à deux conducteurs torsadés 扭绞双芯电缆
　~ à faible capacité 少芯电缆,小容量电缆
　~ à fibres optiques 光纤电缆
　~ à godets 索斗链
　~ à grande capacité 多芯电缆
　~ à grande distance 长途电缆,干线电缆
　~ à haute fréquence 高频电缆
　~ à haute température 耐高温导线
　~ à haute tension 高压线
　~ à longue distance 长途电缆
　~ à n artères 有n根导线的电缆
　~ à n brins 有n根线的电缆
　~ à n conducteurs 有n根导线的电缆
　~ à n fils 有n根线的电缆
　~ à paires 双绞电缆,双股电缆
　~ à paires combinables 四芯铰接电缆

câblage

~ à plusieurs brins　分芯电缆,分股电缆
~ à plusieurs quartes　多芯电缆(扭绞四芯电缆,扭绞八芯电缆)
~ à torons　股绞电缆芯,多芯电缆
~ à Y　带 Y 悬挂的电缆
~ adhérent tendu avant le bétonnage　预张钢索(预应力混凝土的)
~ aérien　架空电缆,架空电线
~ alimentaire　电源电缆,架空电线
~ armé　铠装电缆
~ armé flexible　软铠装电缆,柔性铠装电缆
~ armé multiple　复式铠装电缆,多头铠装电缆
~ auxiliaire　辅助布线图
~ avec enveloppe d'asphalte　沥青绝缘包皮地下电缆
~ blindé　屏蔽电缆,铠装电缆,绝缘导线
~ bloc pneumatique　风动系统布线
~ chargé　加感电缆,加负载电缆
~ chargé de bobine　加感电缆
~ coaxial　同轴电缆系统,同轴电缆
~ coaxial à retard　迟延同轴电缆
~ compatible　兼容电缆
~ composite à quarts en cuivre et à fibres optiques　石英铜光纤合成电缆
~ concentrique　同轴电缆
~ concordant　吻合钢索(预应力混凝土的)
~ connexion　连接电缆
~ cuirassé　屏蔽电缆,铠装电缆,绝缘电缆
~ d'accouplement　连接电缆,耦合电缆,通信电缆,中继电缆
~ d'alimentation　电源电缆,馈电电缆
~ d'amenée　供电电缆,引入电缆
~ d'ancrage　锚索
~ d'entrée　引入电缆
~ d'immeuble　室内通信电缆
~ d'introduction　引入电缆
~ d'ossature radiateur　散热器构架连接系统
~ de bureau　室内电缆,局内电缆
~ de chanvre　麻绳
~ de contrôle　控制缆
~ de cuivre　铜电缆
~ de déport vidéo　视频信号传输电缆,图像传输电缆
~ de distribution　配电电缆

~ de grue　起重机索
~ de halage　牵引索
~ de joint　连接电缆
~ de jonction　中继电缆
~ de la poutre préfabriquée en T　预制 T 形梁预应力钢束构造
~ de levage　起重索,吊索
~ de ligne aérienne　架空电缆
~ de mesure　测量电路
~ de mise à la terre　接地电缆
~ de moment négatif　负力矩钢索(预应力混凝土的)
~ de moteur diesel　柴油机线路布置
~ de pontage　跨接电缆
~ de précontrainte　预应力钢索
~ de raccordement　中继电缆
~ de remorque　拖索,牵引索
~ de retour　回流导线
~ de secours (téléphérique)　安全索(架空索道)
~ de sondage　探测索
~ de suspension　吊索[绳]
~ de tension (funiculaires et téléphériques)　张力索(缆车索道和架空索道)
~ de terre　接地电缆,回流导线
~ de timonerie　操纵钢索
~ de traction　牵引索
~ diesel　柴油机线路
~ émaillé　漆包线
~ en acier　钢缆,钢丝绳,钢索
~ en barres (côté appareillage)　杆条连接(仪器仪表一侧)
~ en charge　加载电缆
~ en étoile　星绞四线电缆
~ en fil d'acier　钢丝绳,钢索
~ en fil nu　布裸线
~ end　接线端,接线柱
~ enterré　地下电缆
~ extérieur　室外电缆
~ frein (téléphérique)　制动索(架空索道)
~ s groupés　电缆束,成束敷设的电缆
~ guide　引导线
~ haute tension　高压线
~ hertzien　无线电接力通信线路,无线电中继通信线路

~ hors bloc　机体外的线路布置，基体外布线
~ intérieur　室内电缆
~ isolé　绝缘电缆
~ isolé au caoutchouc　橡胶绝缘电缆
~ isolé au papier　纸绝缘电缆
~ lest (funiculaires et téléphériques)　稳定索（缆车索道和架空索道）
~ métallique　钢索，铠装电缆
~ métallique fermée　无极钢索
~ mixte　混合电缆，合成电缆
~ moufleur　起重索，升降索
~ multiple　多芯电缆
~ nu　不铠装电缆，裸线
~ par métallisation　喷涂金属法制造电路
~ parafoudre (ou de garde)　避雷电缆，防护电缆
~ perlé　珠缆，珠式导线，珠光导线
~ porteur　承力索
~ porteur (à tension) non réglé(e)　无自动紧线器的承力索
~ porteur auxiliaire　辅助承力索
~ porteur de téléphérique　架空索道承力索
~ porteur longitudinal　纵向承力索
~ porteur principal　主承力索
~ porteur transversal　横向承力索
~ porteur-tracteur (téléphérique)　承重牵引索（架空索道）
~ pré-assemblé　预装电缆
~ prolongateur　延长电线，延长线路
~ pupinisé　加感电缆
~ radio diffusion　无线电转播电缆
~ radio guidage　引导线，导行缆，引线电缆
~ retardeur　延迟电缆，延迟线
~ sans fin　无极绳
~ souple　可挠电缆，电缆绳，软线
~ sous caoutchouc　橡皮电缆
~ sous papier　纸包电缆
~ sous parquet　地板下布线
~ sous plomb　铅皮（包）电缆
~ sous pression　充气电缆
~ souterrain　地下电缆
~ sur parquet　地板上布线
~ télégraphique　电报电缆
~ téléphonique　电话电缆
~ tendeur　张力索（缆车索道和架空索道）紧线钢缆
~ tracteur (funiculaires et téléphériques)　牵引索（缆车索道和架空索道）
~ transmetteur　传动装置的连接系统

câblé　a　电缆化的，电缆的
~ en quatre　四芯电缆化的，四芯电缆的
~ en trois　三芯电缆化的，三芯电缆的

câble　m　索，缆，电缆，钢索，钢缆，绳索，电线，导线，锚索，馈电线，钢丝绳，多芯导线
~ à basse tension　低压电缆
~ à courant continu　直流电缆
~ à deux conducteurs　双芯电缆
~ à fils parallèles　平行钢丝索
~ à grande capacité　多芯电缆
~ à haute fréquence　高频电缆
~ à haute pression sous tube　管内充油电缆
~ à haute tension　高压电缆
~ à l'air libre　地面电缆
~ à large bande　宽带电缆，高频载波电缆
~ à plusieurs brins　分股电缆，分芯电缆
~ à sept brins　七股绞线
~ à toron triangulaire　扁平多股钢索
~ à trois brins　三芯电缆，三股绞线
~ à un conducteur　单芯电缆
~ à un seul toron　单股钢索，单股电缆
~ actif　有源公用天线
~ adhérent tendu avant le bétonnage　预应力混凝土浇注前预张钢索，先张预应力索
~ aérien　架空电缆[电线]
~ aérien de transport　架空运输索道
~ alimentaire　电源电缆
~ alimentation　电源线
~ ancré non injecté　未经灌浆的锚索
~ anti-giratoire　非回旋电缆
~ armé　铠装电缆，屏蔽电缆
~ armé de feuillard　钢带铠装电缆
~ au caoutchouc　橡皮绝缘电缆
~ auxiliaire　辅助电缆
~ avec enveloppe d'asphalte　沥青绝缘包皮地下电缆
~ biphasé　双芯电缆
~ blindé　铠装[屏蔽]电缆，绝缘导线
~ BT　低压电缆

câble

~ chapeau 索帽
~ chargé de bobine 加感电缆
~ chauffant 热电缆
~ coaxial 同轴电缆,同芯电缆
~ concordant 吻合钢索(预应力混凝土的)
~ connexion 中继电缆,连接电缆
~ contrôlé 控制电缆,操纵索
~ courbé 曲线束,弯曲束
~ creux 空心电缆
~ d'abonné 用户电缆
~ d'accouplement 跨接电缆
~ d'acier 钢丝绳,钢绳索,钢索,钢丝网
~ d'alimentation 动力电缆,动力线,馈电电缆,供电电缆
~ d'alimentation électrique 供电电缆
~ d'allumage 引火线,盗火线
~ d'amenée 供电(引入)电缆
~ d'ancrage 锚固索
~ d'artère 主干电缆
~ d'attache 系留索
~ d'éclairage 照明电缆
~ d'énergie 电力[电源]电缆
~ d'extraction 提升钢绳,提升钢索
~ d'immeuble 室内配电电缆
~ d'information à longue distance de l'autoroute 高速公路长距离信息传送电缆
~ d'ouverture 起重索
~ d'acier 钢丝绳
~ de balisage 信标系统电缆(线路)
~ de battage 钻机缆索
~ de benne 铲斗钢绳
~ de bureau 室内电缆
~ de cavage 挖掘机缆索
~ de champ 军用钢索
~ de commande 操纵索,控制索,控制电缆,软轴
~ de commande isolé au PVC avec gaine en PVC 聚氯乙烯绝缘和护套控制电缆
~ de connexion 中继[连接]电缆
~ de continuité 连续钢索(预应力混凝土)
~ de contrepoids 平衡索
~ de contreventement 抗风索
~ de contrôle 控制电缆,仪用电缆
~ de déviation 分支电缆

~ de distribution 配电电缆
~ de forage 打钻用钢丝绳,钻机缆索
~ de force 电力电缆
~ de frein 制动索
~ de garde 防护索,安全索
~ de haubanage 拉索
~ de jonction 中继[连接]电缆
~ de jonction de levage 提升钢丝绳
~ de levage 起重索,吊索
~ de liaison 通信[联系]电缆
~ de manœuvre 操纵索
~ de masse 接地电缆
~ de mesure 测量电缆
~ de mise à la terre 接地电缆
~ de moment négatif 负弯矩钢索(预应力混凝土)
~ de perforatrice 钻孔机索
~ de pieu 锚柱缆索,桩绳
~ de pieu de pont 承载(钢)索,受力绳
~ de pontage 中继跨接电缆
~ de précontrainte 预应力钢索,预应力锚索,预应力缆索
~ de prolongation (thermocouple) 热耦延伸电缆
~ de propulsion 带动电缆
~ de puissance 动力电缆,动力线
~ de queue 后拉索,尾索
~ de raccordement 连接索
~ de remorquage 牵引索
~ de retenue 系索
~ de secours (架空索道)安全索
~ de signalisation 信号电缆
~ de sondage 钻探钢绳,探测索
~ de suspension 吊索,悬索
~ de télécommunication 通信电缆
~ de tension 张力索
~ de tête 前拉索
~ de timonerie 操纵钢索
~ de tirage 牵索,拉绳
~ de traction 牵引钢索,拉索
~ de transport de force 输电电缆,电源电缆
~ demi-fermé 半封闭索,半密封电缆
~ détendu 松弛的绳索
~ directement posé dans le sol 电缆直敷

~ divisé 多芯电缆
~ double 双芯电缆
~ dragueur 缆索挖土机,挖泥机索
~ du treuil 绞车索,卷扬索,绞车缆索
~ électrique 电力电缆
~ électrique à haute tension 高压电缆
~ électrique de mine 矿用电缆
~ électrique souterrain 地下电缆
~ en acier 钢索[缆],钢丝绳
~ en acier précontrainte 预应力钢绞线
~ en attente 备用电缆
~ en chanvre 麻绳
~ en corde de sonnette 打桩机的提升电缆
~ en cuivre isolé 铜绝缘电缆
~ en cuivre nu 铜裸线电缆
~ en étoile 绞合星形电缆
~ en fil d'acier 钢丝绳,钢索
~ en guirlande 铁丝网
~ en quatre 四芯电缆
~ en Y Y形[星形]电缆
~ entièrement clos 全封闭索
~ entièrement fermé 全密封电缆,全封闭索
~ étalon 标定[标准]电缆,校准索
~ extérieur （预应力混凝土)外部钢索
~ flexible 柔性电缆,柔性钢索
~ flottant 牵引索,浮索
~ galvanisé 镀锌电缆
~ haubané 斜索
~ hydrofuge 防水电缆
~ intégré 直电缆
~ interurbain 长途电缆
~ isolé 皮线,绝缘电缆
~ isolé au papier 纸绝缘电缆
~ LSF 低卤低烟阻电缆
~ massif 实心电缆
~ méplat 扁平电缆
~ métallique 铠装电缆,钢索
~ monoconducteur 单芯电缆
~ mouleur 起重索,升降索
~ multiconducteur 多芯电缆
~ multipaire 多股电缆
~ non adhérent 不与混凝土黏结的钢索
~ non concordant 非吻合的钢索
~ nu 裸电缆
~ optique 光缆
~ optique de détection d'incendie 火灾检测光纤
~ passif 无源共用天线
~ peu relaxé 低松弛钢绞线
~ pilote 导航电缆,控制电缆
~ plat 带状[扁平]电缆,扁平索
~ portatif 承载索
~ porteur 载波电缆,支撑缆索,承力索,承载索
~ pour chariot roulant 缆车索
~ pour excavateur 挖掘机索
~ pour télécommunication 通信电缆
~ préformé 预成型钢索
~ principal 主索,起重索
~ principal de précontrainte 预应力主钢索
~ pupinisé 加感电缆
~ rayonnant 漏泄同轴电缆
~ rectiligne 直线电缆,(预应力混凝土的)支线钢丝束
~ sans fin 无极绳
~ sec 合成绝缘电缆
~ simple 单芯电缆
~ souple 可挠电缆,软电缆
~ sous caoutchouc 橡皮包电缆
~ sous plomb 铅皮电缆
~ sous tube protecteur métallique 电缆穿钢管保护
~ souterrain 地下电缆
~ télégraphique 电报电缆
~ téléphonique à grande distance 长途电话缆
~ téléphonique de réseau urbain 室内电话缆
~ témoin 阻止索,安全索,检测电缆,监测电缆
~ toronné 多芯电缆
~ torsadé 钢绞索
~ torsadé de précontrainte 预应力钢绞索
~ tracteur 牵引(钢)索,拉索
~ transporteur （架空索道的)载运索
~ triphasé à trois conducteurs sous gaine plomb 铅包三芯三相电缆
~ tripolaire 三芯电缆
~ usé en acier 废钢索
~ vidéo 视频线

câbler *v* 接线,用导线连接

câblerie *f* 电缆厂,电缆车间,张线系统,张线

车间
câble-ruban *m* 带状电缆
câbleur *m* 电缆工
câbleuse *f* 电缆制造机
câblier *m* 电缆生产商,底电缆敷设船
câblodistribution *f* 有线电视技术
câblot *m* 系留系,锚索
　～ d'accouplement　连接电路(各车厢之间的电气照明电缆)
　～ d'unité-multiple　单机—多机电缆
　～ s de jonction pour chauffage électrique　电热取暖连接电缆
　～ s de jonction pour éclairage électrique　车辆照明连接电缆
cabocle *m* 水磷钙铝石,碧玉状圆砾
cabrage *m* 机动车翘头倾向,减轻轴压,机车轴重转移
　～ d'essieu　减轻轴压,轴重转移
cabre *f* 吊车,起重架,三脚架带滑轮,三脚起重架(带滑轮)
cab-signal *m* 司机室信号,机车信号
cab-stand *m* 租用汽车停车场
caché *a* 隐蔽的,暗藏的
cache *f* 盖,套,罩,壳,顶,外套,外罩,外壳,隔板,隔膜,快门,遮光板,防护装置
　～ enjoliveur　栅,网格,围栏,护栅
cache-borne *m* 端钮盖
cache-fils *m* 端钮盖
cache-flamme *m* 消焰筒,消火罩,防火帽
cache-poussière *m* 防尘罩,防尘网,防尘盖,防尘装置
cache-radiateur *m* 散热器保温罩
cache-soupape *m* 活门盖,气门室盖
cachet *m* 印,戳记,密封,封闭,封层,图章
　～ d'expédition　发车戳记
　～ de contrôle　检验签章
　～ de la cire　盖火漆
　～ de quittance　发票图章
　～ officiel　公章
cachetage *m* 封,盖印,盖章
　～ de boulon d'ancrage　封锚
cacheutaïte *f* 杂硒铁铅矿(硒铜铅矿)
cacholong *m* 镁蛋白石,球蛋白石
cacoclase[**cacoclasite**] *f* 杂钙铝榴石(钙铝黄长石)
cactonite *f* 光玉髓(肉红石髓)的变种
cactus *m* 仙人掌
CAD　计算机辅助设计
cadastrage *m* 地籍测量
cadastre *m* 地籍,土地登记,土地册子
cadenas *m* 挂锁,扣锁
cadence *f* 进度,强度,节奏,节拍,速率,速度,间隔时间,冲程,循环,旋律,横向摆动,周期性,循环性,(工作)循环过程
　～ d'approvisionnement　供给节奏
　～ d'avancement　工程(施工)进度
　～ d'usinage　机械加工节奏
　～ de bétonnage　混凝土浇注进度
　～ de frappe　冲击频率
　～ de production　生产率[速度],生产的节奏
　～ de terrassement　土方工程(施工)
　～ de travail　工作节奏,生产节奏
　～ du chantier　施工进度[速度]
　～ du chargement　装货速度
　～ mensuelle des travaux　月施工进度
cadmiage *m* 镀镉
cadmie *f* 异极矿,菱锌矿,水锌矿
cadmium-oxyde *m* 方镉石,方镉矿
cadmosélite *f* 硒镉矿
cadole *f* 闭止把,插销
cadrage *m* 对齐,排列,支撑,框架,构架,定向,调相,系杆,联结系
　～ cartographique　测绘,测绘地图
cadran *m* 号盘,表盘,字盘,分度盘,刻度盘,矿用罗盘,调谐标度盘(无线电)
　～ à aiguille　指针式度盘
　～ à chiffres apparents　跳字转数表
　～ à vernier　游标刻度盘,微动度盘
　～ avion　飞机罗盘面板
　～ d'accord　调谐刻度盘
　～ de distance　距离刻度盘
　～ de réglage　调节标度盘,调节控制盘
　～ de repère　调谐刻度盘
　～ de syntonisation　调谐刻度盘
　～ démultiplicateur　游标刻度盘
　～ démultiplié　微调刻度盘
　～ étalonné　分度度盘
　～ gradué　刻度盘,分度盘

～ lumineux 发光刻度盘
～ numérique 数字式标度盘
～ principal 主刻度盘,主标度盘

cadre *m* 环,架,框,范围,构架,框架,机架,车架,箍筋,钢箍,连杆,链节,格局,底架,骨架,镜头,环境,干部,集装箱
～ A A型构架
～ à caisson 箱形框架,箱形钢构
～ à deux articulations 双铰框架
～ à étages multiples 多层框架
～ à relais 继电器柜
～ à trois articulations 三铰框架
～ admission diesel 柴油机充油箱
～ articulé 铰接框架
～ autoportant 悬臂框架
～ collecteur d'ondes 环形接收天线
～ s continentaux 欧洲大陆通用集装箱
～ croisé 环形交叉天线
～ d'ancrage 锚固构架,锚固框架
～ d'appui 支撑架,支撑井架
～ d'astreinte 值班人员(随叫随到的)
～ d'avant 支架的前框,支撑前架子
～ d'entretoisement 横撑,撑系框架,联接箱形构架,横梁,有横撑的箱形框架
～ d'essai 试验支架
～ de base 底架,固定框架
～ de châssis 底座构架
～ de choc 缓冲梁,缓冲器架
～ de filtre 滤水框(水泵取水用的),过滤框,过滤架
～ de fondation 基础构架
～ de levage 石渣摊铺机,石渣犁
～ de lucarne 天窗架
～ de mise en charge 受荷构架,装载架
～ de palette 托盘框架
～ de porte 门框
～ de porte de foyer 炉门圈,炉门框
～ de préhension 吊架,吊钩,吊具
～ de puits 井筒支架
～ de réception 环形接受天线
～ de renforcement 加固圈
～ de résistance 电阻框架
～ de stabilité 撑系框架
～ de tunnel 隧道限界
～ de voiture 汽车车架
～ du tiroir 滑阀托架
～ du toit 顶框,顶架,帐篷架,窗帘架
～ en béton 混凝土框架
～ en bois 木框架,木支架
～ encastré 固端框架
～ géologique 地质[构造]位置
～ hyperstatique 超静定框架结构
～ indéformable 钢架
～ intermédiaire 中间支架,中间井架
～ isostatique 静定框架结构
～ métallique 金属笼架
～ mobile 环形旋转天线,活动框架
～ s ordinaires 普通集装箱
～ passe-partout 国际通用集装箱
petit ～ 小型集装箱
～ plan 平面框架
～ portail 桥门架,构台(移动起重机的),门式框架,龙门架
～ porte-étiquette d'un wagon 车牌框
～ pour inscription 布告墙,公告板,公告牌
～ radiogoniométrique 无线电环形测向天线
～ raidisseur 加劲框架
～ rectangulaire fermé 刚性方框架
～ rigide 刚(性框)架
～ rigide à âme ajourée 格架式钢架
～ rigide à âme chevron 人字形钢架
～ rigide à âme pleine 实腹式框架
～ rigide à chevron 人字形刚架
～ rigide de pont 桥门架
～ spécial 特种集装箱
～ statiquement déterminé 静定框架结构
～ structural 构造格局
～ tectonique 构造格局
～ tournant 旋转天线,旋转环形天线
～ tout acier 全钢框架
～ transversal 横支架,横撑架

cadrer *v* 固定(支架),加固,架设,符合,适合;调整(图像)位置,用缩尺按比例制图,规定范围,标定尺寸

cadwaladérite *f* 氯羟铝石
cafarsite *f* 砷钛铁钙石
cafétite *f* 钙铁钛矿
cage *f* 框,架,笼,罩,盒,箱,块,笼子,承座,支

架,围墙,机架,外罩,驾驶台,电梯间,升降车,轴承座,楼梯井

~ à billes　滚珠座圈,轴承座圈
~ d'armature　钢筋骨架,钢筋笼,加强的笼架
~ d'ascenseur　升降机井,电梯间,电梯井,电梯笼
~ d'écureuil　（电动机的）鼠笼
~ d'escalier　楼梯井,楼梯间
~ d'extraction　提升罐笼
~ de boîte d'essieu　轴箱框架
~ de gabion　（装土石块的）筐笼,防冲的土石铅丝笼
~ de la lanterne　信号灯插销
~ de longeron　纵梁框架
~ de palier　轴承座
~ de pierre　填石笼
~ de roulement　滚动轴承座圈,滚子框架
~ de soupape　阀箱
~ de transport　运输罐
~ des armatures　钢筋组架
~ du levier (de manœuvre)　联锁机底座(调车)
~ écureuil　鼠笼(转子)

cageot　*m*　柳条,竹篾等编制的筐、笼
cahier　*m*　簿,本,册,单,本册,文件,手册,手册,簿册,记录本,说明书,登记簿,工作日志

~ de blinde　铠装[屏蔽]电缆,绝缘导线
~ de calculs　计算书
~ de chantier　施工日志,工地日志
~ de contrôle géologique　野外记录本,地质手册
~ de croqué (qui fait apparaître, trimestre par trimestre pendant la durée du chantier, la situation des travaux déjà exécutés et des travaux prévus pour le trimestre concerné)　季度施工进度示意图
~ de dérangements　故障记录簿
~ de prescription technique　说明书,施工(技术)说明书
~ de réclamations　意见簿
~ de relevés de cotes　水平点测量记录簿
~ de répartition des taxes　划分费用登记簿
~ de spécification technique　技术规范
~ des charges　说明书,施工(技术)说明书,技术规格书,招标细则,合同条件,技术规格,技术规范,技术条件,技术说明书,招标细则
~ des charges et stipulations (d'un contrat)　(合同的)技术规定与条款
~ des charges types　标准技术条款,标准施工说明书,标准招标细则
~ des clauses administratives générales (C.C.A.G.)　一般管理规定说明书
~ des clauses administratives particulières (C.C.A.P.)　特殊管理规定说明书
~ des Clauses Applicables Particulières (CCAP)　专用行政条款
~ des clauses de l'administration générale　总[一般、通用]行政条款,合同条件,标书细则,承保条件,契约条件
~ des clauses et conditions générales (C.C.C.G.)　一般条件及规定说明书
~ des clauses générales administratives　总[一般、通用]行政条款,合同条件,表述细则
~ des clauses techniques particulières (CCTP)　特别技术条款,特殊技术规定说明书
~ des clauses techniques principales (CCTP)　主要技术规定说明书
~ des couronnes　岩芯登记簿
~ des prescriptions　规范,规定,说明书
~ des prescriptions communes (C.P.C.)　一般规定说明书
~ des prescriptions spéciales (CPS)　标书特别规定,特殊规定说明书(简称,标书规定)
~ des prescriptions techniques (CPT)　技术规定说明书,技术操作基本规程
~ judiciaire　司法文件,法律文件
~ type des prescriptions spéciales　特殊规定典型说明书

cahnite　*f*　砷硼钙石
cahot　*m*　颠簸,震动,冲击,颤动
cahotage　*m*　颠簸,震动,跳动
cahotant, e　*a*　(车辆)颠簸的,震动的,(道路)崎岖不平的
cahotement　*m*　颠簸,震动,跳动
cahoter　*v*　碰撞,撞击,冲击,震动,颠簸,跳动
cahotique　*a*　颠簸的
Ca-hureaulite　*f*　钙红磷锰矿
caicédonitique　*a*　玉髓的
caillage　*m*　凝结,凝固

caillasse *f* 灰岩和泥灰岩夹层，铺路碎石，灰岩，碎石，硬硅质层，砾质泥灰岩（夹）层

caillebotis *m* 格子板，格子盖，防湿格子盖板，格孔车底板
～ en réservoir 蓄水池格栅板

caillement *m* 凝结，凝固

caillérite *f* 累托石，钠板石

Ca-illite *f* 钙伊利石，盖尔陨铁

caillou *m* 细砾，豆砾，卵石，砾石，圆石，碎石，小石子，中砾石，大卵石，鹅卵石，小砾石，小石块
～ à facettes 风磨石，（风成）多棱石头，风蚀砾石
～ argileux 黏土质碎石
～ côtier 海滩卵砾石
～ émoussé 磨圆的卵石
～ éolien 风棱石，风磨石，风磨卵石，风蚀砾石
～ fluvial 河卵石
～ fouillé 坑砾石，未筛砾石
～ gros 大卵石，中砾石
～ limoneux 粉土质碎石
～ moyen 中卵石，圆石
～ petit 小卵石，小石子
～ propre bien gradué 分选很好的净碎石
～ propre mal gradué 分选差的净碎石
～ roulé 圆砾，卵石，圆卵石，粗砾石，滚光的小冰积石
～ roulé fluviatile 河卵石，河圆石
～ silex 石英质砾石
～ strié 具擦痕砾石
～ usé par les eaux 水磨蚀的卵石
～ vermiculé 细条纹状卵石，虫蚀状卵石

caillouasse *f* 石子，小卵石，小砾石

cailloutage *m* 铺卵石，铺碎石，铺砾石，卵石工程，卵石铺砌，铺小石块

caillouté *m* 成碎石纹

caillouter *v* 用砾石铺路，用碎石铺路，用小石块铺路，用卵石铺砌

caillouterie *f* 采砾场

caillouteux, euse *a* 多岩的，夹石块的，漂砾的，漂石的，多石块的，多石子的

caillouttis *m* 卵石，岩屑，碎石，砾石，小砾石，小卵石，砾石土，松散砾石层
～ d'empierrement 铺路碎石
～ des plateaux 台地砾石层

～ émoussés 砾石，砂砾
～ fluvio-glaciaire 冰水漂砾
～ glaciaire 冰成砾石
～ sableux 砂质碎石，碎砂岩

cailloux *m* 卵石土

caïnosite *f* 钙钇铒矿

caisse *f* 箱，银行，槽，罐，盒，容器，外壳，小室，储器，钱柜，现金，基金，吊斗，车身，车箱，会计室，收款台，出纳处，出纳员，车体，金融机构，无盖托盘
～ à claire voie 条板箱，空眼箱
～ à débourber 洗矿槽，洗矿箱
～ à dépôt 沉积槽
～ à eau 洗矿槽
～ à outils 工具箱
～ à piles 电池箱，蓄电池箱
～ à poussière 集尘箱
～ algérienne de crédit agricole mutuel (C. A. C. A. M) 阿尔及利亚农业互助信贷银行
～ autoportante 自承载车体
～ aux ordures 垃圾箱
～ brute 未装配好的车体
～ carton 厚纸皮箱
～ coopérative 合作银行
～ coque 筒形车体
～ d'assurance en cas d'accident 事故保险基金，事故保险基金管理处
～ d'auto 汽车车身，汽车车箱
～ d'autobus 公共汽车车身，公共汽车车箱
～ d'échantillonnage 取样箱
～ d'épargne 储蓄所，储蓄银行
～ d'expédition 小集装箱（运送货物用的）
～ d'outillage 工具箱
～ de batterie 电池箱
～ de chargement 装料箱
～ de crédit 信贷机构
～ de criblage 筛箱
～ de dépôt 储蓄银行
～ de distribution 开关箱，配电线
～ de distribution d'énergie 动力配电箱
～ de distribution de fusible à cartouche 熔断器开关箱
～ de dosage 量斗，投配器，分批箱
～ de gare 车站出纳处
～ de l'eau condensée 凝结水箱

~ de l'État 国库
~ de lestage 道砟箱，压载箱
~ de pelle 挖掘机挖斗，电铲铲斗
~ de pierres 装石料箱
~ de résistance 电阻箱
~ de résonance 共鸣箱
~ de soupirail （地下室的）气窗，通风窗
~ de stockage de carottes 岩芯箱，岩芯盒
~ de véhicule 车体，汽车车身
~ de voiture 客车车体，汽车车身
~ de voiture brute 粗加工的客车车体
~ de voiture monocoque 自承载式车体
~ de wagon 货车车体，矿车车箱
~ démontable 可拆卸的箱式托盘
~ des plots de transformateur de tension 电压互感[变压]器端子箱
~ du type autoportant 自承载式车体
~ en métal léger (véhicules) 轻金属车体
~ enregistreuse 加法计算器，记录器
~ ensemble 车体总图
~ épargne 储蓄银行
~ filonienne, ~ minéralisée （脉）矿体
~ flottante 浮（式）沉箱
~ isotherme 保温车体，绝热车体
~ moteur diesel 柴油机箱体
~ palette 箱式托盘
~ poutre 梁式车体，构架式车体，自承载车体
~ repliable 可折叠的箱式托盘
~ stérile 无矿体，贫矿体

caisson *m* 箱，框，匣，凹格，浮箱，沉箱，（天花板的）藻井
~ à air comprimé 气压沉箱
~ à minerai 储矿仓
~ amovible 可移动沉箱
~ cellulaire 框格式沉箱
~ cylindrique 圆柱形沉箱，圆形沉箱，圆筒形沉箱
~ d'about 轮箱，轮架
~ d'aspiration 入口箱
~ de frigorifère 冷却器外壳
~ de protection 安全沉箱
~ du pont 桥用沉箱
~ flottant 浮式沉箱，浮运沉箱
~ flottant avec un fond 有底浮式沉箱
~ flottant ouvert au fond 无底浮式沉箱
~ immergé 沉箱
~ métallique 钢沉箱
~ monolithique 整体式沉箱
~ ouvert 开口沉箱，沉井
~ ouvert cylindrique 圆形沉井
~ pneumatique 气压沉箱，气压室，压气沉箱
~ réfrigérant 水套，冷却套
~ télescopique 套筒式沉箱

caissonnage *m* 箱[盒]形结构
cajuélite *f* 金红石
cake *m* 饼，块，泥壳，泥饼，黏结块，烧结块，黏土皮膜，泥膜（泥浆在钻孔和井壁上形成的）
~ de boue 泥饼，泥壳，泥膜，泥浆饼

calafatite *f* 明矾石
calage *m* 楔住，固定，定位，楔嵌（入），调节，（准确）装配，安装，调整，（交通信号灯的）起步时差，锁闭装置
~ à chaud 热压装
~ à froid 冷压装
~ à la presse des corps de roues (sur les essieux) 压装轮心（在轴上）
~ de forage 冻结法掘井
~ de l'allumage 点火调节
~ de la distribution 配给定位，配气相位定位
~ de la ligne rouge 定红线
~ de pas 螺旋桨桨叶安装角
~ des balais 电刷定位
~ des couples （航摄）定向制图
~ des essieux 在轴上压装轮心
~ du piston 活塞卡住，活塞调节
~ en bois 用木楔楔住[固定]，固定木，叠木
~ optimal du tracé 最佳定线

calaïte *f* 绿松石
calaminage *m* （汽缸）积炭
calaminé *a* 积炭的，起氧化皮的，起磷的
calamine *f* 积炭，渗碳，碳化，异极矿，菱锌矿，水锌矿，羟锌矿，金属碎屑，氧化皮
calamite *f* 绿透闪石，透闪石
calandrage *m* 压延，辊轧
calandrer *v* 轧光，压光，压延；*f* 壳，套，外皮；延压机，轧光机，压光机，轮压机
calanque *f* 潮道，狭海湾（石灰岩地区的），港湾
calavérite *f* 碲金矿

calcaire *m* 石灰岩,灰岩,石灰石；*a* 石灰质的,含钙的,钙质的
～ à algues 藻灰岩
～ à bancs fissurés 开裂石灰岩
～ à bryozoaires 苔藓灰岩
～ à ciment 泥质灰岩,黏土质灰岩（24％黏土）,胶结石灰岩
～ à coquilles,～ coquiller 介壳灰岩
～ à coralliaires 珊瑚灰岩
～ à crinoïdes,～ crinoïdique 海百合灰岩
～ à débris 碎屑灰岩
～ à diplopores 含双孔藻灰岩
～ à encrines,～ à entroques 海百合茎灰岩
～ à foraminifères 有孔虫灰岩
～ à fusulines 纺锤虫灰岩
～ à globigérines 抱球虫灰岩
～ à huîtres 牡蛎灰岩
～ à Orbitolinidés 圆笠虫灰岩
～ à radiolaires 放射虫灰岩
～ à radioles d'Oursins 海百合灰岩
～ à silex 含燧石灰岩
～ à structure microgranulaire 微粒状灰岩
～ algaire 藻灰岩
～ alvéolaire 蜂窝状灰岩
～ aphanitique 隐晶质石灰岩
～ arénacé 砂质灰岩
～ argileux 泥质灰岩,泥质石灰岩
～ asphaltique 地沥青灰岩,沥青灰岩
～ biochimique 生物化学灰岩
～ bioclastique 生物碎屑灰岩
～ biogène 生物灰岩
～ bioherme 生物礁灰岩
～ bitumineux 沥青灰岩
～ bréchique 角砾[状]灰岩,钙质角砾岩
～ bréchoïde 角砾[状]灰岩
～ carbonifère 石炭纪灰岩
～ carbonique 含碳灰岩,石炭纪灰岩,石炭纪石灰岩
～ cargneulisé 多孔灰岩
～ caverneux 孔状灰岩,蜂窝状灰岩
～ chlorite 海绿灰岩
～ cipolin 云母大理岩,结晶灰岩
～ clastique 碎屑灰岩
～ compact 致密石灰岩
～ conchylien 贝壳石灰岩,介壳灰岩
～ concrétionné 结核状灰岩,球状灰岩,石灰华
～ construit 生物灰岩,有机灰岩,礁灰岩
～ construit en récif 礁灰岩,珊瑚堆积灰岩
～ coquillier 贝壳石灰岩,介壳灰岩
～ corallien 珊瑚灰岩,白垩质灰岩
～ coralligène 珊瑚（礁）灰岩
～ crayeux 似白垩灰岩
～ crêté 梳状灰岩
～ cristallin 结晶灰岩,大理石
～ cryptocristallin 隐晶质灰岩
～ d'eau douce 淡水灰岩,湖成白垩,土状石膏
～ de biostrome 生物灰岩
～ de corail 珊瑚礁灰岩,珊瑚石灰岩
～ de Manlius 孟留斯石灰岩
～ décompose 风化灰岩
～ détritique 碎屑灰岩
～ dolomitique 白云质灰岩,白云灰岩,白云质石灰岩
～ dolomitisé 白云岩化灰岩
～ dur 硬质石灰岩
～ écumeux 霰石灰岩,文石灰岩
～ en boulettes 结核（状）灰岩
～ en plaquettes 层纹状灰岩,板状灰岩
～ ferrifère 含铁灰岩
～ ferrugineux 铁质灰岩
～ fétide 沥青灰岩
～ feuilleté 板状灰岩,层状灰岩
～ fibreux 纤维状灰岩
～ fissuré 裂隙状灰岩
～ fontigénique 钙华,石灰华
～ fossilifère 含化石灰岩
～ fracturé 裂隙（状）灰岩
～ friable 脆性灰岩
～ gélif 裂隙（状）灰岩
～ glauconieux 海绿灰岩
～ globuliforme 鲕状灰岩,鱼卵石
～ granulaire 粒状灰岩,云石
～ granuleux 粒状灰岩
～ grauwacke 杂砂灰岩
～ graveleux 粒状灰岩
～ grenu 大理岩,中粒灰岩
～ gréseux 砂质灰岩
～ griotte 红纹石灰岩

~ grossier　粗粒灰岩
~ grumeleux　凝块（状）灰岩,瘤结状灰岩
~ hydraulique　水成灰岩,淡水石灰岩
~ impur　不纯灰岩
~ jurassique　侏罗纪灰岩
~ kérabitumeux　油母沥青灰岩
~ lacustre　介壳灰岩,湖成灰岩,湖相灰岩
~ lent　白云石
~ lithographique　石印石,石印灰岩
~ lumachellique, ~ lumachelle　介壳灰岩
~ macrogranulaire　粗粒灰岩
~ madréporique　管状黑晶灰岩
~ magnésien　镁质石灰岩,白云石
~ marin　海相灰岩
~ marneux　灰质泥灰岩,泥灰岩
~ massif　块状［整体］石灰岩
~ mélangé　杂砂灰岩
~ métamorphique　变质灰岩,大理岩
~ microcristallin　微晶灰岩
~ minéralisé, ~ à minéraux　矿化灰岩,成矿灰岩
~ noduleux　结核状灰岩
~ oolithique　鱼卵石,鲕状石灰岩,鲕状灰岩
~ oolithique rouge　鱼卵石,鲕石
~ organique, ~ organogène, ~ à organismes　生物灰岩,有机灰岩
~ pélagique　远海灰岩
~ pisolithique　豆状灰岩,豆石
~ portlandien　波特兰石灰岩
~ primitif　重结晶灰岩
~ productif　含矿灰岩
~ pseudo-oolithique　假鲕状灰岩
~ pulvérulent　粉状灰岩,钙质岩粉
~ récifal　礁灰岩
~ rubané　板状石灰岩,条带状灰岩
~ sableux　砂质石灰岩
~ saccharoïde　砂糖状灰岩,糖晶状灰岩
~ sapropélique　湖白垩（碳泥灰岩）
~ schisteux　板状灰岩,钙质页岩
~ schistoïde　页片状灰岩
~ semi-compact　孔隙状灰岩,有孔灰岩
~ siliceux　硅质石灰岩,燧石石灰岩
~ spathique　晶石灰岩
~ spongieux　霰石灰岩

~ tacheté　斑点灰岩
~ testacé　层状灰岩,片状灰岩
~ vacuolaire　多孔状灰岩,多气孔灰岩
~ zoogène　生物灰岩

calcanalctme　*f*　方沸石
calc-aphanite　*f*　碳酸辉绿岩
calcarénite[calcarényte]　*f*　砂屑石灰岩
calcaréo-argileux　*a*　钙质—黏土质
calcaréo-baryte　*f*　钙重晶石
calcaro-argileux　*a*　钙质黏土的,石灰质黏土的
calc-bostonite　*f*　钙质淡歪细晶岩
calccélestine　*f*　钙天青石
calcclinobronzite　*f*　钙质斜古铜辉石
calce　*m*　石灰石
calcédoine　*f*　玉髓,燧石
~ brune　缠丝玛瑙,多色玛瑙
~ guttulaire　钟乳状玉髓
~ rouge　光玉髓,肉红玉髓,鸡血石
~ vert foncé　深绿玉髓
~ vert-pomme　绿玉髓
calcédonieux　*a*　玉髓的,似玉髓的
calcédonique　*a*　玉髓的
calcédonite　*f*　玉髓
calcédonix[calcédonyx]　*m*　条纹玉髓
calcélestine　*f*　钙天青石
calchorite　*f*　铜铀云母
calciborite　*f*　硼钙石
calcicité　*f*　水的硬度（折合成CAO）
calciclase　*f*　钙长石
calciclasite[calciclasitite]　*f*　钙长岩
calcicole　*a*　喜钙的,适钙的
calciculite　*f*　微粒灰岩
calcifère　*a*　钙质的,含钙的,含方解石的,含石灰的
calciferrite　*f*　钙磷铁矿
calcification　*f*　钙化（作用）,石灰石（作用）,骨化（作用）
calcifié　*a*　钙化的,骨化的
calcifier　*v*　焙烧（石灰）,烧制（石灰）,使……钙化
calcifuge　*a*　嫌钙的,厌钙的
calcigranite　*f*　钙质花岗岩
calcikersantite　*f*　钙质云斜煌岩
calcilit(h)e　*f*　石灰岩类,钙质生物岩
calcilutite　*f*　灰泥岩

calcilutite[calcilutyte] *f*	泥屑石灰岩, 钙质泥岩
calcimangite *f*	锰方解石
calcimètre *m*	碳酸计
calcimétrie *f*	碳酸测定
calcimonzonite *f*	钙质二长岩
calcimorphe *a*	钙质的
calcin *m*	灰质壳, 钙质硬壳, 坚硬灰岩, 水锈, 水垢
calcinable *a*	可煅烧的
calcinage *m*	煅烧, 焙烧, 烧成石灰
calcination *f*	煅烧, 焙烧, 烧制, (石灰石)烧成石灰, 煅石灰
calciner *v*	煅烧, 烧成石灰
calcinitre *f*	钙硝石
calcio-akermanite *f*	钙镁黄长石
calciobiotite *f*	钙黑云母, 杂萤石黑云母
calciocancrinite *f*	钙柱石(艳钙霞石)
calciocarnotite *f*	钙钒铀矿
calciocélestine *f*	钙天青石
calciocelsian *m*	钙坝长石
calciochondrodite *f*	粒硅钙石
calciodialogite *f*	钙菱锰矿, 杂菱锰方解石
calcioferrite *f*	水磷钙铁石
calciogadolinite *f*	钙硅铍钇矿
calciolazulite *f*	钙天蓝石
calcio-olivine *f*	钙锰橄榄石, 钙镁橄榄石
calciopalygorskite *f*	杂坡缕方解石(钙石棉, 钙坡缕石)
calciosamarskite *f*	钙铌稀土矿, 钙铌钇矿
calcioschéelite[scheelite] *f*	白钨矿
calciospessartine *f*	钙锰铝榴石
calciostrontianite *f*	钙菱锶矿, 钙碳锶矿
calciotale *m*	镁珍珠云母(钙滑石)
calciotantalite *f*	杂细晶钽铁矿(钙钽铁矿)
calciothomsonite *f*	无钠杆沸石, 钙杆沸石
calciothorite *f*	钙钍石, 钙钍矿
calciouranoïte *f*	钙铀矿
calciovolborthite *f*	钒钙铜矿
calciowavellite *f*	纤磷钙铝石(钙银星石)
calciphyllite *f*	钙质千枚岩
calciphyre *m*	斑花大理岩
calcique *a*	钙的, 钙质的, 石灰的, 石灰质的
calcirtite *f*	钙锆钛矿
calcirudite *f*	砾屑石灰岩, 钙质粗屑砂岩
calcite *f*	方解石
~ cristallisée	结晶方解石
~ en scalénoèdre	偏三角面体方解石
~ fétide	沥青灰岩
~ flottante	浮游状方解石
~ friable	岩乳, 山乳
calcite-rhodochrosite *f*	锰方解石, 钙菱锰矿
calcitique *a*	方解石的, 钙质的
calciturbidite *f*	钙质浊积岩
calcium-catapléite *f*	钙锆石
calcium-larsénite *f*	钙硅铅锌矿
calcjarlite *f*	氟铝钠钙石
calclacite *f*	醋氯钙石
calco-alcalin *a*	钙碱性的, 碱土的
calcocélestine *f*	钙天青石
calcoferrite *f*	钙磷铁矿, 水磷钙铁石
calcogranitone *f*	方解石辉长岩
calcolit(h)e *f*	铜铀云母
calcomalachite *f*	钙孔雀石
calcoschiste *m*	云母片岩, 钙质片岩
~ micacé	钙质云母片岩
calcosélestine *f*	钙天青石
calcosodique *a*	钙钠质的
calcotephroïte *f*	钙锰橄榄石
calcouranite *f*	钙铀云母
calcovolborthite *f*	钙钒铜矿
calcowulfénite *f*	钙钼铅矿
calcozincite *f*	杂方解红锌矿, 钙红锌矿
calcrète *f*	钙结砾岩, 钙结层, 钙质壳
calcrudyte *f*	砾屑石灰岩
calcto-ancylite[calcio-ankylite] *f*	碳钙铈矿
calcul *m*	估, 计算, 核算, 统计, 估计, 演算, 算法, 设计, 计划, 预测
~ à l'état limite	极限状态
~ à la rupture	破坏状态设计, 极限荷载, 极限荷载计算, 极限载荷设计(法)
~ acoustique	声学计算
~ aéronautique	气动计算
~ analogique	模拟计算
~ approché	近似计算, 粗略计算, 概算
~ approché de l'énergie	能量计算法
~ approximatif	近似计算, 概算
~ aséismique	抗震计算, 抗震设计
~ automatique	自动计算

~ d'éclairage   照明设计
~ d'erreur   误差计算
~ d'information   信息统计
~ de Boussinesq   （关于土中应力分布的）布辛尼斯克计算
~ de charge   荷载计算
~ de charpente   屋架［桁架］计算
~ de conditionnement d'air   空调风量计算
~ de contrôle   检验计算
~ de crue   洪水演算
~ de débit   流量计算
~ de déformation   变形计算
~ de dosage   配合比设计（灰浆或混凝土）
~ de filtration   渗滤设计
~ de l'effet de sol support   基底应力计算
~ de l'incidence économique (des facteurs d'environnement)   环境经济影响评价［估价］
~ de l'information   信息计算
~ de l'intensité I   降雨强度 I 的计算
~ de la perte de précontrainte   预应力损失计算
~ de la porosité des carottes   岩芯孔隙度的测定
~ de la poussée des terres   土压力计算
~ de la résistance   强度计算
~ de la résistance au flambage   压曲抗力计算
~ de la résistance statique   静力计算
~ de la stabilité   稳定性计算
~ de la taxe   运费计算
~ de la valeur économique d'un projet   （项目工程）经济评价
~ de nombre cumulé de PL   重车累计计算
~ de percolation   渗滤计算
~ de pieu par méthode de valeur m   桩基计算 m 值法
~ de précontrainte   预应力计算
~ de pression au poteau d'incendie   消防栓的压力计算
~ de rentabilité   经济效果计算,利率计算
~ de résistance   强度计算
~ de résistance à la fatigue   疲劳强度计算
~ de revient   成本核算
~ de ruissellement   径流计算
~ de stabilité   稳定计算
~ de tassement   沉降计算

~ de tunnel   隧道计算
~ de vérification   （检）验（计）算
~ de Burmister   （柔性路面的）波米斯特计算
~ des charges   负荷［荷载］计算
~ des constructions   结构分析,结构设计,结构计算
~ des contraintes   应力计算
~ des cubatures   方量计算
~ des cubatures des terrassements   圬工计算
~ des débits   流量计算
~ des déformations   变形计算
~ des délais de livraison   交货期限的计算
~ des délais de transport   （货物）运算期限的计算
~ des efforts   外力计算
~ des efforts traversaux   横向力计算
~ des frais de transport   运费计算
~ des masses   土方计算,圬工计算
~ des ouvrages   工程［构筑物、结构］设计
~ des performances   性能计算
~ des pertes de chute le long de l'axe de la conduite   沿管轴线的水头损失计算
~ des poutres   梁设计
~ des prix de revient   成本核算
~ des probabilités   概率计算
~ des quantités   量值计算
~ des réseaux   网格计算
~ des réseaux maillés   管网计算
~ des réserves   储量计算
~ des ressources   资源计算,资源估计
~ des revêtements flexibles   柔性路面设计
~ des rideaux   幕墙设计
~ des sollicitations   内力计算
~ des structures   结构计算
~ des variations   各种方案计算,变分学［法］,变分,变分法
~ du fil d'eau de buse   涵洞水位计算
~ du prix de revient   成本计算
~ du projet   设计计算
~ du risque   风险分析
~ du tassement   沉降计算
~ du volume des sédiments   泥沙演算,泥沙演进计算
~ du wagonnage   零担车组织方案的计算

~ dynamique 动荷强度计算,动力分析
~ économique 经济分析,价格分析
~ élastique 弹性计算
~ élasto-plastique 弹塑性计算
~ s en bloc 整体计算
~ en chaîne 连锁计算(法),测链法
~ en élasto-plasticité 弹塑性分析
~ en plasticité 极限状态设计,极限状态计算,塑性状态设计
~ en régime transitoire 瞬变分析,瞬态分析,暂态分析,瞬变计算
~ estimatif 估算
~ et traitement de l'information 信息计算和信息处理
~ graphique 图解法,图解计算
~ limite 极限状态设计
~ manuel 毛算,手算
~ mathématique 数学计算
~ mécanique 力学计算
~ numérique 数值计算
~ par tâtonnements 试算法
~ photométrique 光度计算
~ plastique 塑性计算
~ préliminaire 初步计算,概算
~ provisoire 初步计算,概算
~ pseudo-statique 拟静力分析
~ raisonnable 近似计算,合理设计
~ rapide du champ thermique en régime variable 热场在变动负荷下的快速计算
~ rationnel 合理计算
~ rigide-plastique 刚性塑性计算,刚—塑性计算,刚性—柔性分析
~ scientifique 科学计算
~ sismique 地震计算
~ statique 静力分析
~ statique du béton armé 钢筋混凝土静力计算
~ statique du pont 桥梁静力计算
~ structurel 结构计算
~ technique 技术计算
~ théorique 理论计算
~ tridimensionnel 三维分析
~ viscoélastique 黏弹性分析
calculable *a* 能算的,能计算的
calculateur *m* 计算器[尺、装置、机],计算员,估算者
calculation *f* 计算,运算
calculatrice *f* 计算机,计算器,加法器,电子计算机
calculer *v* 计算,估算,核算,估计
calcurmolite *f* 钼钙铀矿
calcybeborosillite *f* 硅硼铍钇钙石
caldasite *f* 杂斜锆石
caldérite *f* 锰铁榴石
cale *f* 拴,楔,键,销,垫块,船坞,垫片,隔片,枕木,垫子,垫板,船舱,底舱,船台,滑道,定位片,隔离物,调整片(磁铁),楔形物,三角垫块,定准砌块(抹灰用),制动铁鞋
~ à griffes 爪形楔
~ articulée de retenue en côte 铰接式三角木,下落式三角木
~ biaise 楔,衬垫,垫片
~ d'arbre 轴键
~ d'arrêt 制动铁鞋,止轮器,刹车块
~ d'encoche 线槽楔
~ d'entrefer 气隙块,间隔块
~ d'épaisseur 量隙规,塞尺,调整垫片
~ d'espacement 间隔块,铁筋垫块
~ de blocage 止轮器,线路遮断器
~ de clinquant 金属箔衬片,金属箔调整机,轴瓦垫
~ de coussinet 调整垫片
~ de coussinet de boîte d'essieu 轴箱的轴承垫块
~ de fixation 夹板,固定板
~ de fixation en tube 垫管
~ de forme 形垫
~ de freinage 制动铁鞋
~ de joint 接缝分隔物(控制接缝间距用)
~ de levage (举升时用的)垫块,垫木
~ de montage 组装滑道
~ de réglage 调整垫片
~ de ressort 钢板弹簧垫板
~ de roue 制动三角木,轮挡,刹车块
~ de sécurité 安全楔
~ de support 托架垫
~ de talon 尖轨跟部横撑
~ du réglage 调节垫
~ entre armature et coffrage 钢筋隔块,钢筋定

　　　　位卡
　　～s étalons　标准块规
　　～nomes　诺美斯绝缘纸
　　～support　托架垫
　　～traînante　拔楔
calédonides *m. pl* 加里东褶皱带,加里东构造带,加里东造山带
cale-éclisse *f* 叉形垫块
calendrier *m* 历,历法,历书,日历,时间表,日程表
　　～d'intervention du personnel　人员计划
　　～des activités　活动进度表
　　～des travaux　工程进程表,工程一览表,施工日程表
　　～géologique　地质时代
caler *v* 锁相,锁闭,定位,固定,楔住,支住,制动,刹车,阻止,垫起,调整,熄火,关停(发动机)
　　～à chaud　热压装
　　～le signal (en position de fermeture)　将信号锁闭于停车位置
caleur *m* 铁鞋制动员
calfat *m* 泥子,填缝物
calfatage *m* 嵌油灰,填隙,嵌缝,填实
calfater *v* 填隙,填缝,嵌缝,填实,刮腻子,嵌油灰
calfeutrage *m* 嵌缝,填缝,堵隙,填塞门窗缝隙
　　～à froid　冷填缝
　　～au mortier-ciment　水泥砂浆嵌缝,用水泥砂泵堵严[填隙]
　　～en caoutchouc　橡胶条嵌缝
　　～étanche　密封缝隙
　　～pneumatique　压气填缝
calfeutrement *m* 嵌缝,填缝,堵隙
calfeutrer *v* 填缝,堵隙
calialunite *f* 明矾石
calibrage *m* 标准,标定,定径,分度,校准,调整,刻度,标刻度,颗粒分级,矫正刻度,测定口径,粒度分类,粒度筛分,尺寸分类
　　～au tamis　筛分析,筛分
　　～large　宽域粒度分级,大范围力度分级
　　～serré　窄域力度分级,小范围力度分级
calibration *f* 校准,率定,标定,分度,校正,标刻度
　　～optique　仪器光学率定,光学校准
　　～périodique　定期校准
　　～primaire　一次刻度
　　～secondaire　二次刻度
calibré *a* 筛分的,校准的,调整的,标准的,分级分选的
bien ～　分选好的
non ～　未分选的
calibre *m* 规,量规,管径,口径,内径,卡规,对板,粒度,粒径,尺寸,大小,卡尺,卡钳,样板,标尺,孔径,粗细度,集料尺寸,规格尺寸
　　～(n'entre pas)　不过端量规
　　～à bague　环规
　　～à bouchon　内径规,内卡钳
　　～à coulisse　卡尺
　　～à fer plat　平板规
　　～à fil métallique　线规
　　～à lames　量隙规,塞尺,千分垫
　　～à limites réglables　卡规(通止一体)
　　～à mâchoire　卡规,测径规
　　～à rayons　半径规
　　～à refouler　镦粗模
　　～à tampon　圆柱塞规
　　～à tampon cylindrique　圆内径卡,塞头卡,塞规
　　～à tuyaux　管规
　　～à vernier　游标测径规,游标卡钳,游标卡尺
　　～à vis　螺纹量规
　　～à vis micrométrique　千分卡尺
　　～ax　ax金刚石钻头标准直径($=1\frac{7}{8}$英寸),ax套管(钻探)标准直径(外径$2\frac{1}{4}$,英寸,内径$1\frac{29}{32}$英寸)
　　～bx　bx金刚石钻头标准直径($=2\frac{11}{32}$英寸),bx套管(钻探用)标准直径(外径$2\frac{7}{8}$英寸)
　　～d'angle　角规
　　～d'arbre　外径规,卡规
　　～d'espacement　内卡钳,间隙规,内径千分尺
　　～de concassé　碎石(料)规格
　　～de cône morse　莫氏锥度规
　　～de contrôle　校准量规,检查量规
　　～de couronne　钻头直径
　　～de culot de tube　电子管座量规

~ de fil 线规
~ de forage 钻孔直径,钻井直径
~ de forme 样板
~ de grains 颗粒粒度
~ de perçage 钻模
~ de réception 接受卡尺
~ de référence 校准量规,标准量规
~ de taraudage 螺距规,螺纹塞规
~ de tolérance 量隙规
~ de tuyau 管径
~ de vérification orientation 方向卡
~ de vérification position 定位卡规,定位卡
~ des granulats 碎石料(骨料、集料),粒料尺寸
~ double extérieur 极限规,限度规
~ limite 限度规,极限规
~ mâchoire d'extérieur 外卡(钳),外径量规
~ maximum des grains 最大颗粒量规
~ micrométrique d'alésage 内径千分尺
~ nominal 标准量规,标称尺寸
~ non entrant 不过端量规
~ normal 标准规
~ pour bandage 轮箍规
~ pour filetage 螺纹量规
~ pour la vérification de vis 螺纹量规,螺距规
~ pour mesurer le pas de vis 螺距规
~ pour pas de vis 螺纹规
~ réglable 调整式卡规
~ rond 圆规,圆孔形
~ standard pois filetage 标准螺纹量规

calibrer *v* 校准,率定,标定,测定,分度,标定度,规定口径,测量尺寸,制定大小,校订口径,划分度数,按大小分类,按要求尺寸选择集料

calibreur *m* 内径规,内卡环,校准器,校径规,厚度仪,管型校正器
~ de cordon 平堆机,料堆摊平机

caliche *f* 生硝,钙质壳,钙质层,钙结层,钙积层,钙结岩,钠硝石,智利硝石

caliche *m* 泥灰石,钙质层

calicot *m* 玉,软玉

californite *f* 玉符山石

calkinsite *f* 水碳镧铈石

callaghanite *f* 水碳铜镁石

callainite *f* 杂银星绿松石,绿磷铝石

callaïte *f* 绿松石

callilit(h)e *f* 硫锑铋镍矿(杂蓝辉镍矿)

callina *m* 干雾

callochrome *m* 铬铅矿

callot *m* 板岩块,板岩板

calmage *m* (métaux) 脱氧,镇静(金属),去氧还原

calme *m* 无风,零级风(风速0～0.2m/s),静,平静,平稳

calogerasite *f* 钽铝石

calomel *m* 甘汞矿(氯化亚汞)

calomélite *f* 甘汞矿

caloricité *f* 热值,发热量,热容量

calorie *f* 卡(路里)(符号cal,热量单位1cal=4.1868J);*f. pl* 热值,发热量
grande ~ 大卡
petite ~ 卡,小卡
~ technique 千卡,大卡

calorie-gramme *f* 克卡,小卡

calorifère *m* 预[加]热器,暖气设备,热风器;*a* 发热的,传热的,产生热量的,输送暖气的
~ à air chaud 热风供暖装置
~ à eau chaude 热风供暖装置
~ à vapeur 蒸汽热风器,气暖设备
~ tubulaire 管式热风器,管式暖气设备

calorifique *a* 热的,热力的,热量的,发热的

calorifugé *a* 保温的,隔热的,绝热的

calorifuge *m* 绝热,隔热,绝热材料,保温材料,隔热装置

calorifugeage *m* 绝热,隔热,绝热装置

calorifuger *v* 绝热,隔热,包以保温材料

calorimètre *m* 热量计,卡(路里)计,量热器,量热计
~ à gaz 气体量热计
~ à glace 冰量热器
~ à vapeur 蒸汽量热器

calorimétrie *f* 量热学,测热法,量热法

calorique *m* 热,热量

caloriser *v* 渗铝,铝化处理

calorite *f* 发热剂,高热剂,铝热剂

calorstat *m* 恒温器

calot *m* 楔,楔形物

calotte *f* 帽,罩,盖,圆顶
~ de battage 桩帽
~ de gaz 气帽

calp

~ du dôme 气包盖
~ du tunnel 隧道顶
~ sphérique 球面冠,球面壳体

calp *m* 灰蓝灰岩
calquage *m* （用透明纸）描图,模拟
calque *m* 底图,原图,描图,摹拟,仿制,透明纸,透明图纸,描图描图纸

~ bleu 蓝图

calquer *v* 描图,模仿,仿制,透写,影描,摹拟
calschiste *m* 钙质页岩

~ tégulaire 钙质瓦板岩

calstronbarite *f* 钙锶重晶石
caltonite *f* 方沸壁玄岩
calumétite *f* 蓝水氯铜石
calvonigrite *f* 硬锰矿
calyptolit(h)e［**caliptolite**］ *f* 蚀锆石
calzirtite *f* 钙锆钛矿
camaforite *f* 铁磷橄榄岩
camasite *f* 铁纹石,锥纹石,陨铁镍

~ grenue 粒状铁纹石
~ hexaédrique 等轴铁纹石
~ octaédrique 八面铁纹石

camasitique *a* 含铁纹石的
cambium *m* 液材,边材,白木质,形成图
cambouis *m* 污油,废油,滑油沉淀物
cambrage *m* 弯曲,卷边,钣金工
cambrer *v* 弯曲,翘曲,卷边,弯成弓形,翘曲变形,使成弓形
cambrure *f* 弧度,曲率,弯度,翘曲,起拱,拱高,路拱,上挠度,上拱度,起拱度,弓形弯曲

~ du pont 桥梁上拱度,桥梁拱势
~ de poutre 梁的拱度,桁架拱度

came *f* 凸轮,凸缘,偏心轮,卡盘,夹子,棘轮齿

~ conique 锥形凸轮
~ d'admission 进气凸轮
~ de conjugaison 接合凸轮
~ de contact 接点凸轮
~ de démarrage 启动凸轮
~ de frein 制动凸轮
~ de renvoi 回动凸轮
~ elliptique 椭圆凸轮
~ excentrique 偏心凸轮
~ réglable 可调凸轮

caméra *f* 摄像机,摄影机,照相机,（地震）记录示波仪

camermanite *f* 氟硅钾石
caméroute *f* 道路摄像机
cames *f. pl* 冰碛丘,冰砾丘
camion *m* 站,卡车,货车,试验站,载货汽车,四轮大车,（工地上使用的）双轮手推车

~ à accessoires 救援（修理）车
~ à benne 翻斗式自卸汽车
~ à benne amovible 翻斗式自卸汽车
~ à benne basculante 翻斗式自卸汽车,自卸车,翻斗车
~ à benne basculante bilatérale 两侧反斗自卸汽车
~ à benne basculante de côté 侧向反斗式自卸汽车,侧卸式卡车
~ à benne basculante en arrière 后卸式卡车,后翻式自卸汽车
~ à béton 混凝土运输车
~ à cabine avancée 驾驶室前置的载货汽车
~ à caisse 厢式载重汽车,厢式卡车
~ à châssis surbaissé 低车身载货汽车
~ à chenilles 履带式载货汽车
~ à deux gâchées 双拌运料车（可装两盘混凝土）
~ à deux roues motrices 双驱动轮式载货车
~ à déversement 自卸卡车
~ à personnel 载客汽车
~ à plate-forme 平板载货汽车,平板大卡车,平板汽车
~ à plate-forme à ridelles 栏板式载货汽车
~ à semi benne 半自卸车
~ à trois essieux 三轴载货汽车
~ agitateur （混凝土的）搅拌车
~ arroseur 洒水车
~ auto 运货卡车
~ autodéchargeur 自动卸货汽车,自卸卡车
~ autodoseur 自动定量载货汽车
~ automobile 汽车,机动车,载货汽车
~ aux agrès 起重汽车
~ avec agitateur （混凝土）搅拌运料车
~ avec malaxeur （混凝土）搅拌车（在运料途中同时进行搅拌）
~ avec remorque 带挂车的载货汽车
~ avitailleur 加油车,加水车

~ basculant 自卸汽车,自卸卡车
~ basculant en arrière 后翻倾自卸汽车
~ benne 自卸卡车
~ boutefeu (地震)爆破点,爆炸点
~ chasse-neige 扫雪车
~ chenillé 履带车
~ citerne 油罐车,运水车,槽车,罐式汽车,油罐汽车
~ citerne à liant 装结合料的罐车
~ citerne en vrac 油罐式撒布车
~ citerne isotherme 绝热槽车,保温罐式汽车
~ d'enlèvement des ménagères 垃圾清理车,清洁车
~ d'enregistrement 活动地球物理记录站,噪声记录车
~ de carrière 矿用载重汽车
~ de ciment en vrac 散装水泥车
~ de dépannage 救援车,(车辆)抢修车,工程抢险车,汽车式起重机
~ de dépannage à grue 带起重机的工程抢险车
~ de dépannage avec chèvre 带升降工作台的工程抢险车
~ de génie-civil 土建用载货汽车
~ de grande capacité 大吨位载货汽车,重型载货汽车
~ de moyenne capacité 中形卡车
~ de petite capacité 轻型卡车
~ de récupération 技术修理车,工程抢险车
~ de télécommande 车载遥控台
~ électrique 电动汽车
~ épandeur de sable 撒砂车
~ extra-lourd 超重型载货汽车
~ frigorifique 机械冷藏车,冷藏车
~ gravillonneur 铺砂机,铺碎石机,石屑摊铺车,石屑撒布车
~ grue 汽车吊,救险起重车
~ laboratoire 装有实验设备的汽车,移动式实验室
~ léger 小吨位载货汽车,轻型载货汽车,轻型卡车,轻便卡车
~ lourd 重型载货汽车,重型卡车
~ malaxeur 混凝土搅拌车
~ miroitier 大块玻璃运输专用车
~ muni d'étrave 装有 V 形除雪犁的汽车

~ partagé en plusieurs compartiments 分拌混合料运送车
~ plateau 平板汽车,平板载货汽车,平板卡车
~ plateau poids-lourd 重型载货汽车
~ poids-lourd 重型卡车
~ poids-tracteur 牵引车,拖车头
~ pompe à béton 混凝土泵车
~ pour l'enlèvement des ordures ménagères 垃圾清除车,清洁车
~ pour les services de voirie routière 道路养护车
~ pour livraison de béton 混凝土运送车,混凝土运输车
~ ramage-neige 扫雪车
~ rapide 高速载重汽车
~ réfrigérant 冷藏汽车
~ répandeur 撒布车,摊铺车
~ répartiteur (碎石)摊铺车
~ sableur 铺砂车
~ semi-remorque 半挂车
~ sismique 活动地震站,地震仪器车
~ tombereau 自卸运料车
~ type travaux publics 土木工程用汽车,重型载货汽车

camion-atelier *m* 流动修理车,修理汽车
camion-benne *m* 翻斗式卡车,自卸汽车
camion-citerne *m* 油罐汽车,液罐汽车
~ du bitume 沥青运料车
camion-grue *m* 汽车起重机,起重汽车
~ de dépannage 能起重的救援汽车
camion-laboratoire *m* 活动实验车,活动实验站
camionnage *m* 汽车货运,载货汽车运输,卡车货运业,用载货汽车到户送取货物
~ à l'arrivée 货到后送货到户,卡车送货上门业务
~ au départ 卡车上门取货业务,发送时上门取货
~ par entreprise 企业承包卡车搬运业务
~ urbain 市内货物送取业务
camionnette *f* 皮卡,小型卡车,轻型卡车,轻便火车,小型载货汽车
~ à trois roues 小型三轮载货汽车
~ atelier 小型工程修理车
~ plateau 小型平板卡车

~ pour livraison de porte à porte 办理接取送达业务的小型载货汽车

camionneur *m* 载货汽车司机，载货汽车运输者，载重汽车驾驶员

camion-ravitailleur *m* 加油车

camion-réservoir *m* 油罐车，水槽车，液罐车，油槽车，重型油罐汽车

camion-treuil *m* 自动绞车，自动卷扬机

Ca-mordénite *f* 钙丝光沸石

camouflage *m* 伪装，遮盖

camouflet *m* 深孔爆破，深层爆破，地下深处爆破

camp *m* （勘探队）营地，矿区，施工生活基地，施工人员驻地

~ minier 矿区

campagne *f* 工作，农村，原野，测量，勘探，田野，野外，乡下，野外工作，使用期限

~ d'échantillonnage dans les eaux 取水样

~ d'étude 勘探工作

~ d'étude géologique 地质测量工作，地质勘探工作

~ d'étude préliminaire 普查工作，普查勘探工作

~ d'injection 压力灌浆工程

~ de financement 融资活动

~ de forage 钻探工作

~ de gravimétrie 重力测量

~ de reconnaissance 勘查工作

~ de sondages 钻探工程，钻探工作，钻探时期，勘探工作，土壤调查钻探

~ de sondages de reconnaissance 普查钻[探]，构造普查钻探

~ de terrain 野外普查，普查测量

~ géologique 地质勘探工作

~ sismique 地震勘探

campan *m* 玫瑰色大理石

campanite *f* 碱玄白榴岩

campbellite *f* 坎贝尔式陨石，陨碳铁

campement *m* 营地，施工生活基地，施工人员驻地

camphré *a* 含樟脑的，樟脑的

camphre *m* 樟脑，莰酮，樟脑油

camphrier *m* 樟木

campimètre *m* 视野计

camping *m* 野营，露营，野营地

campo *m* 热带草原

camptonite *f* 闪煌岩

camptovogésite *f* 斜闪正煌岩

campylite *f* 氯磷砷铅矿（磷砷铅矿）

campylographe *m* 曲线描写器

campylomètre *m* 曲线计

camsellite *f* 硼镁石

camstone *m* 致密灰岩，坚白石灰岩，蓝白管土，青白黏土，漂白泥

canaanite *f* 蓝透辉石，透辉岩

canadite *f* 钠霞正长岩，云霞钠长岩

canal *m* 沟，槽，渠，渠道，管道，波道，线道，渡槽，水槽，管路，电路，通道，水道，运河，水管沟，量水槽，泄水道，冲砂道，测流槽

~ à berges non revêtues 无衬砌渠道

~ à ciel ouvert 明渠

~ à écoulement libre 明渠，明槽，开放水道，自流渠

~ à ressaut hydraulique 驻波槽（测流量用的）

~ adducteur 引水渠

~ adjacent 相邻电路

~ alimentateur 灌溉渠，引水渠

~ aux de ventilation 通风沟或冷却道

~ chaud 热管

~ côtier 沿海运河

~ d'accès 引渠

~ d'accès à la mémoire 存储器存取通道

~ d'accompagnement sonore 伴声通路，伴音信道

~ d'adduction 引水渠

~ d'adduction (dans une retenue) （水库）导流渡槽，引水渡槽

~ d'admission 输入管道，进气管，引进管

~ d'air 空气通道，通风管

~ d'air frais 通风道

~ d'alimentation 供水渠，进水沟，饮水渠，灌溉渠

~ d'amenée 引水渠，引水沟，渡槽，前渠

~ d'assainissement 排水渠，污水渠

~ d'assèchement 排水渠

~ d'eaux usées 排污渠

~ d'échange de données 数据交换通道

~ d'échappement 排水管，排气管，排出管道，排气道

~ d'écoulement 防水渠道，流通管，泄水管，径流排泄沟
~ d'écoulement artificiel 人工排水渠道
~ d'écoulement libre 溢洪道
~ d'écoulement naturel 自然排水沟
~ d'évacuation 疏水沟
~ d'exhaure 排水沟
~ d'injection 浇道，流槽
~ d'inondation 淹灌渠，洪泛渠
~ d'irrigation 灌溉渠
~ d'irrigation latérale 灌溉支渠
~ d'irrigation secondaire 灌溉支渠
~ de captions 引水渠
~ de chasse 冲沙渠（道）
~ de colature 排水渠道
~ de crue 泄洪道
~ de décharge 泄水沟，泄洪道，泄水渠
~ de dérivation 导流渠，引水渠，分水道，导水沟，分水沟，引水沟，导水渠
~ de dérivation provisoire （临时）导流渠，引水渠，分水道
~ de dessèchement 排水渠道
~ de distribution 配水渠，销售渠道
~ de drainage 排水沟，排水渠，排水渠道
~ de flottage （流放）木排运河，放筏运河
~ de fond 放淤渠，排沙渠
~ de fuite 疏水沟，废水管道，溢水道，尾水渠
~ de jaugeage 量水槽
~ de jonction 连接渠，汇合渠道
~ de liaison directe 直接通道，数据直接存取通道
~ de marais 沼泽排水渠
~ de mesurage 量水渠
~ de navigation 通航运河，通航河道
~ de navigation intérieure 内陆运河
~ de panama 巴拿马运河
~ de prise 引水渠到
~ de raccordement 连接渠
~ de rechargement 换料通道
~ de refroidissement 冷却通道［管道］
~ de rejet 排水渠道［管道］
~ de restitution 尾水渠
~ de retour 回送环
~ de suez 苏伊士运河

~ de télécommunication 无线电通信电路，无线电通信波道
~ de transmission（télécommunication） 通道（电信）
~ de trop-plein 溢洪道，溢水道，泄水道，泄洪道，尾水渠
~ de ventilation 通风道
~ de vidange 排水道，排空槽
~ découlement 径流排泄沟，径流河床
~ déférent 输水渠
~ duplex 双工电路
~ éclusé 有闸运河，有闸渠道，船闸运河，设闸渠道
~ en déblai 挖方渠道
~ en remblai 填方渠道
~ en tranchée 挖方渠
~ en tunnel 暗渠，封闭式渠道，隧道渠
~ évacuateur de crue 溢洪道，溢水道，泄流槽
~ fluviatile 河槽
~ impérial （京杭）大运河
~ interocéanique 通洋运河
~ latéral 支渠，旁支运河，旁支渠道，横向渠道
~ maritime 航运运河，港运，通海运河
~ multiple 多路转换通道，多路传输通道，多工通道
~ naturel 天然水渠
~ navigable 通航运河
~ ouvert 明槽，明渠
~ partiteur 斗渠，三级渠道
~ pilote 导频电路，控制电路
~ primaire 干渠，一级渠道
~ principal 干渠
~ proglaciaire 冰堰水道，冰水平原边缘水道
~ quaternaire 支渠
~ rectangulaire 矩形渠
~ revêtu 衬砌渠道
~ rigole 毛渠
~ secondaire 支渠，旁渠
~ sélecteur 选择通道
~ simple 普通通道，单向通道
~ sur appuis 渡槽

canalicule *m* 小槽，小沟
canalisateur *m* 渠道挖掘工，管道挖掘机
canalisation *f* 水道，管道，干线，电路，总管，电缆

沟,开渠道,渠道化,运河化,沟渠系,排水设备,电缆管道,供电系统,开挖运河,疏通航道

~ à boues　污泥管道
~ à haute pression　高压管道
~ aérienne　架空电线路,架空线路,架空管道
~ calorifugée　保温管道
~ cimentée　水泥管道
~ d'air　风管,风道,空气管道,空气导管
~ d'air comprimé　压缩空气管道
~ d'alimentation　供料管道,馈电线
~ d'arrivée　输入管道
~ d'assainissement　排水管道
~ d'eau　(供)水管
~ d'eau de ville　城市水道,城市供水管网
~ d'eaux usées　下水[污水]管
~ d'égout　排水沟
~ de chauffage central　采暖管道
~ de chauffage électrique　电气取暖线路,电气加热线路
~ de retour　回油[水、气]管路
~ de retour d'huile　回油管道
~ de rinçage　冲洗沟(管),排污沟(管)
~ de transport　输送管道系统
~ de vidange　排空沟
~ des eaux de pluies　雨水渠道[管]
~ distribution　分配管道,配电线路
~ du trafic　交通流渠化
~ en acier　钢质管道
~ en béton armé　钢筋混凝土排水管
~ en béton manufacturé　预制混凝土管道
~ s en ciment centrifugé armé　离心旋制钢筋混凝土管道
~ en fonte　铸铁管
~ en sous-œuvre　建筑物地下管道
~ en tuyaux　管道
~ en verre-époxy　环氧玻璃钢管道
~ gaz　煤气[气体]管道
~ gaz naturel　天然气管道
~ multitubulaire　多孔管道
~ principale　主管
~ sans pression　无压管道
~ soudée　焊接管道
~ sous pression　压力管道
~ sous tube vers le haut　引上管线

~ souterraine　地下管道,地下电线路
canaliser　*v*　开运河,开渠道,疏浚(航道),集中,渠化
~ la circulation　渠化交通
canal-tunnel　*m*　地下运河
canar　*m*　通风管道,风管,风井
~ souflant　风管,通风导管
canasite　*f*　硅碱钙石
canavésite　*f*　硼碳镁石
canbyite　*f*　硅铁石
cancarixite　*f*　霓英煌岩
cancellé, e　*a*　格构的,花格形的
cancrinite　*f*　钙霞石
candela　*f*　烛光,坎德拉(符号 cd,光强度单位,1cd=0.981 国际烛光)
~ de foot　英尺烛光(照度单位,1cadela de foot=10.7640 lx)
~ internationale　国际烛光
~ standard　标准烛光
candélabre　*m*　金属灯杆,支形大烛台,支形路灯
~ élancé　标志杆,灯柱,灯杆
candelette　*f*　三轮复滑车,吊锚复滑车
candidat　*m*　候选人,投标人,资审竞争人
~ de soumission　投标候选人
candidature　*f*　候选人资格
candite　*f*　镁铁尖晶石
canevas　*m*　网,网格,草图,帆布,网络,框架,投影网
~ altimétrique　高程控制(测量)网
~ altimétrique de polygonale principale　首级高程控制网
~ de base　控制网,测量网,控制点,大地测量基线网
~ de levé　测网
~ de projection　制图投影网
~ des puits　钻孔(分布)网
~ géodésique　大地测量网
~ planimétrique　平面控制(测量)网
~ planimétrique de polygonale principale　首级平面控制网
~ topographique　地形勘测网
~ trigonométrique　三角(测量)网
canfieldite　*f*　硫银锡矿
canga　*f*　铁角砾岩

canif *m* 小折刀,小刀,削笔刀

caniveau *m* 槽,沟,渠,边沟,水槽,排水沟,边[明]沟,电缆沟,咬边(焊接),排水管道
　~ à ciel ouvert 明沟
　~ à fente 缝隙式排水沟
　~ avec couverture 有盖板的地沟
　~ avec pavage latéral 侧面铺砌的沟渠
　~ bétonné 混凝土排水沟
　~ collecteur 集水渠
　~ couvert 暗沟(带盖板)
　~ d'arrivée des câbles 电缆引入口
　~ d'asphalte 地沥青铺面的水沟
　~ d'assainissement 排水[污]沟
　~ d'écoulement des eaux pluviales 雨水沟
　~ d'évacuation 出水渠,排水渠
　~ d'évacuation à ciel ouvert 排水明沟
　~ d'évacuation d'eau 室外沟管
　~ de bord de piste 路边排水沟
　~ de câble 电缆沟[槽]
　~ de chauffage central 供暖总管槽,暖气管道沟
　~ de drainage 排水沟
　~ de surface 雨水沟,地面排水沟
　~ de transmission par fil 信号导线槽
　~ de transmission rigide 信号导管槽
　~ de trottoir 边沟
　~ des câbles 电缆沟
　~ en U U形沟
　~ extérieur 边沟
　~ latéral 边沟
　~ maçonné 砖石砌体排水沟
　~ ouvert 明沟
　~ pavé 铺砌的沟渠,有铺砌水沟
　~ pour câbles 电缆沟[槽]
　~ rectangulaire 矩形槽
　~ sans appui 无支撑开挖(的)沟
　~ trapézoïdal 梯形槽

canne *f* 标杆,标尺,小棒,小管
　~ de centrage 对心杆
　~ de niveau 液面传感器,油量表传感器
　~ pyrométrique (保护)管式测温探头,高温计

canneau *m* 圆壁装饰,圆模雕刻装饰

cannelé, e *a* 槽形的,有槽的,锯齿形的,有沟的,波纹状的,边缘滚花的

canneler *v* 开槽,切槽,拉槽,开渠,挖沟,凿沟

cannelure *f* 沟,槽,凹槽,键槽,薄层,夹层,花键,波纹,断层裂隙
　~ bonne 富矿段(层)
　~ creusée par les vagues 浪蚀沟槽,浪成洞
　~ de filon 矿脉夹层
　~ mauvaise 贫矿段(层),矿脉夹层

cannette *f* 取样器

cannizzarite *f* 坎辉铋铅矿(卡辉铋铅矿)

canon *m* 炮,炮筒,枪管,衬套,套筒,大炮,套圈,枪管,管子;峡,峡谷,山谷
　~ à béton de ciment 水泥混凝土喷枪
　~ à ciment 水泥浆喷枪,水泥枪
　~ à mousse 喷雾枪
　~ carottier 取岩芯器
　~ de passage 管衬套,套筒
　~ de perçage 钻套
　~ isolant 绝缘套

canon-box *m* 抱轴轴承

canon-vapeur *m* 蒸汽枪

cantalite *f* 松脂流纹岩

cantilever *m* 悬臂,悬臂梁,悬臂桥
　~ en béton armé 椅式挡墙

cantine *f* 食堂,食品店,小卖部,小箱子,旅行箱
　~ de chantier 工地食堂,工地食品小卖部

canton *m* 线路区段,区间线路,养路段
　~ de la voie 线路段,线路工区

cantonite *f* 方铜蓝

cantonnement *m* 空间间隔饱和行车制,分界点,普通住房,工区,宿营,宿营地
　~ d'un terrain 场地划定
　~ de travail 工人村

cantonnier *m* (道路)长度量测员,养路工人,巡道工,道口看守工
　~ d'un travail 养路道班
　~ de la voie 巡道工
　~ principal 养路工长

cantour *m* 滨线,海滨线,海岸线

canutillos *m* 祖母绿

canyon *m* 峡谷,深谷
　~ encaissé 陡壁峡谷
　~ sous-marin 海底峡谷

CAO(conception assistée par ordinateur) 计算机辅助设计

caolin *m* 高岭土，白黏土，高岭石
caoudeyre[**caoudère**] *m* 风蚀盆地(凹地)，蜂窝状风化
caoutchouc *m* 橡胶，树胶，生橡胶，天然橡胶，弹性地蜡，弹性藻沥青
　～ à eau　橡皮管
　～ artificiel　人造[合成]橡胶
　～ au butadiène　聚丁二烯橡胶
　～ au butadiène sodique　丁钠橡胶
　～ brut　生橡胶，天然橡胶
　～ buna　丁钠橡胶
　～ butadiène-styrène　丁苯橡胶
　～ butadiénique　聚丁二烯橡胶
　～ butyle　丁基橡胶
　～ cellulaire　海绵[泡沫、多孔]橡胶
　～ chloré　氯化橡胶
　～ chloroprénique　氯丁橡胶
　～ collant　树胶，树脂
　～ contenant des halogènes　含卤素橡胶
　～ de silicone　硅橡胶
　～ de synthèse　合成橡胶
　～ des pneus de récupération　废轮胎橡胶
　～ divinylique　丁二烯橡胶
　～ duprène　氯丁橡胶
　～ durci　硬橡胶，硬橡皮，胶木
　～ en poudre　橡胶粉
　～ entoilé　加布橡胶
　～ factice　人造橡胶
　～ fossile　弹性藻沥青
　～ granulaire　橡胶粒
　～ isoprénique　聚异戊二烯橡胶
　～ liquide　液态橡胶
　～ minéral　弹性沥青，矿质橡胶
　～ mousse　海绵状橡胶，多孔橡胶
　～ multicellulaire　泡沫橡胶
　～ naturel　天然橡胶
　～ néoprène　氯丁橡胶
　～ nitrile　丁腈橡胶
　～ polydiénique　聚二烯橡胶
　～ polysulfuré　聚硫橡胶
　～ récupéré　废橡胶
　～ régénéré　再生橡胶
　～ spongieux　海绵状橡胶
　～ styrène-butadiène　苯乙烯—丁二烯橡胶
　～ sulfuré　硫化橡胶
　～ synthétique　合成[人造]橡胶
　～ synthétisé　合成[人造]橡胶
　～ thermoplastique　热塑橡胶
　～ vulcanisé　硫化橡胶
caoutchoutage *m* 涂胶，浸胶，涂橡胶，浸橡胶，包橡胶
caoutchouté *a* 涂胶的，贴胶的，浸胶的
caoutchouter *v* 涂橡胶，浸橡胶，包橡胶
caoutchouteux, euse *a* 橡胶的，胶状的
caoutchoutifère *m* 橡胶支座，橡胶垫
caoutchoutique *a* 橡胶的
cap *m* 海角，海岬，航向，帽，罩，顶盖，岬(岬角)
capable *a* 能够的，有能力的，能干的，可能的
　～ de　能够……的，可以……的，很可能……的
capacimètre *m* 法拉计，电容测量器，法拉表，电容(测量)计
capacitance *f* 电容，容抗
capacité *f* 能力，生产率，容积，容量，功率，电容，出水量，(矿体)厚度，电容量，生产额，生产能力，过水能力，载量，能量资格，(道路)通行能力，河流或风力搬运能力
　～ à faible　容量小的，低能量的，能力差的
　～ à innover　创新能力
　～ à ras　(斗或翻斗车等的)平装容量，平载量
　～ à refus　堆载量，最大装载量
　～ abrasive　剥蚀能力
　～ absolue en eau　绝对水容量，绝对湿容量，最大持水量
　～ absorbante　吸收能力
　～ absorbante de sol　土壤吸水能力，吸水量
　～ absorptive　吸附能力
　～ adhésive　胶黏度，黏附能力，黏着性，附着能力
　～ admissible de portance　容许承载量，容许承载力
　～ aquifère　含水量
　～ ascensionnelle　上升能力
　～ au champ　土壤湿润度，田间(土壤)持水量，土壤持水率，毛细吸湿量
　～ au travail　劳动能力，劳动生产率
　～ avec bonhomme　最大装载量
　～ avec chapeau　堆载量(装料带尖帽)，最大装载量

~ calorifique 热值,卡值,热能力,比热,发热量,热容量,吸热量
~ calorifique à pression constante 恒压热容
~ calorifique spécifique 比热,单位热容量
~ calorifique spécifique des alliages réfractaires 热强合金比热
~ capillaire 毛(细)管含水量,毛(细)管容量,毛细吸湿量,毛细管吸附能力
~ capillaire maximum 最大毛细水量
~ comblée 泥沙存储容量
~ concurrentielle 竞争(能)力
~ cubique 立体容积,立方容量,立方容积
~ d'absorption 吸收能力,吸水性能,吸收量
~ d'absorption calorifique 吸热能量
~ d'absorption d'eau 吸水能力,吸水量
~ d'absorption d'énergie 吸能能力
~ d'absorption de crue 洪水收容能力
~ d'accélération 加速能力
~ d'accrochage 黏结能力
~ d'accumulation 库容,储藏量,蓄水量,蓄水容量,存储容量
~ d'accumulation de chaleur 积聚热容量
~ d'allongement 延伸性,延展性,延伸率
~ d'amortissement 缓冲能力,减振能力
~ d'ancrage 锚固能力
~ d'aspiration 吸入能力,吸入量
~ d'eau 含水量,容水度,水容量
~ d'écoulement 排水能力,通过能力,径流量,流量,泄水能力
~ d'écoulement de la circulation 道路通信能力
~ d'emmagasinement de l'eau 储水量
~ d'évacuation 泄水能力
~ d'évaporation 蒸发能力,可能蒸发(量),蒸发量
~ d'extraction 开采能力
~ d'infiltration 渗透量,入渗量,渗水强度(土的),渗透能力,渗入能力
~ d'innovation 创新能力,革新能力
~ d'investissement 投资能力
~ d'ordinateur 计算机能力,计算范围
~ d'un câble 电缆容量
~ d'un pieu battu 打入桩的容许承载力
~ d'un ponceau 涵洞(水流)容量,涵洞水流流量

~ d'un pont 桥梁通行能力,桥梁能量
~ d'une ligne 线路通过能力(铁路)
~ d'usure 耐磨性,磨损量
~ de base 基本容量,(道路)基本通行能力
~ de calcul 计算能力
~ de camion 卡车载质量,货车载质量,卡车载货量
~ de charge 负荷能力,载重能力,电容[量],载质量,起重量
~ de charge d'un véhicule 车辆载质量,车辆装载能力
~ de charge de chargement 装载能力
~ de charge des eaux par des matières polluées 地表水污染负荷容量
~ de charriage de limon 含泥量(河水的),携泥量
~ de circulation 交通容量,通行能力
~ de classement 编组能力
~ de collage 黏合能力
~ de colmatage 仪器容纳尘垢的能力
~ de combinaison 结合能力
~ de compresseur 压气机容量
~ de cuiller 斗容量(挖土机等的)
~ de débit 流量,泄水能力,蓄电池容量,供电容量
~ de débranchement 分解能力,调车能力
~ de décharge 泄水能力,流量,放电量
~ de déformation 变形能力,应变能力,变形性
~ de dessèchement 干燥能力
~ de dispersion des contraintes 应力分布能量
~ de distribution 配水量
~ de filtration 渗透率
~ de filtre 滤池能力,过滤量
~ de garage 线路有效长度
~ de gestion 管理能力
~ de godet 铲斗容量
~ de gravissement 爬坡能力
~ de l'accumulateur 蓄电池容量
~ de la grue 起重能力,起重量
~ de la route 道路通行能力,道路交通容量
~ de levage 起重能力,起重量
~ de libre écoulement 出水度,地表水容量,单位出水量,单位流量
~ de paiement 支付能力,偿付能力

capacité

~ de pieu　桩的承载能力
~ de poids mort　满载容量
~ de pont　桥梁通行能力
~ de portance　承载能力,承载量,承重力
~ de pose　道路铺设效率
~ de production　生产能力,生产量,生产率
~ de projet　设计通行能力
~ de remplissage de joints　填缝性能(胶体的)
~ de rendement　运输能力,通过能力,生产能力,生产率,生产量
~ de rendement prévu　设计能力,设计效率
~ de report　平衡库容,调节库容
~ de réserve　预备容量,备用库容
~ de réservoir　库容
~ de rétention　持水率,单位持水度,水吸附能力,蓄水量
~ de rétention au champ　土地降水保持量,田间持水量
~ de rétention d'eau　持水能力,保水能力,水分保持量
~ de rétention de crue　滞洪能力,滞洪容量
~ de rétention du sol　土壤持水能力
~ de route　通行能力
~ de saturation　饱和容量,饱和含水量,饱和度,饱和能力
~ de sorption　吸附能力
~ de sortie (d'un tube électronique)　输出电容(电子管的)
~ de soubassement　地基承载力
~ de soutien　起重力,升力,浮力
~ de stationnement　停车容量
~ de stockage　库容,蓄水容量,存储容量,储存能力,储存容量
~ de stockage de crue　防洪库容,蓄洪能力
~ de stockage du réservoir　水库蓄水量,水库库容
~ de stockage du sédiment　堆砂容积
~ de support de terre　土壤承载能力
~ de surcharge　过载能力,超载量,超载容量
~ de tamis　筛容量
~ de teneur d'eau　保水量,持水量
~ de tirage　编组能力
~ de traction　牵引能力,牵引功率
~ de traction (moteur)　牵引能力(电动机)
~ de traitement　处理能力,计算能力

~ de transfert　输送能力,转换能力
~ de transfert de charge　荷载传送能力
~ de transformateur　变压器容量
~ de transmission　输送能力,输电量,传递能力,传导能力
~ de transmission de chaleur　导热能力
~ de transport　载重量,输送量,运输能力,携带能力,输送能力
~ de transport d'une ligne　线路的通过能力,线路的运送能力
~ de travail　工作能力
~ de trempe　淬火能力,可淬硬性
~ de tuyau　管子的通过能力
~ de vaporisation　挥发性,汽化度,蒸发度
~ de voie　车道通行能力
~ des carrefours　道口通行能力,道路交叉口通行能力
~ des véhicules　车辆装载能力
~ du cylindre　汽缸容器
~ du godet　铲斗容器
~ en eau　容水度,湿度,容水量
~ en eau maximum　最大含水量
~ équivalente de puissance　当量功率
~ ferme　可靠容量,保证出力
~ finale d'infiltration　最终入渗能力,最终入渗水量
~ horaire　每小时生产能力,每小时生产率
~ initiale　初始容量
~ initiale d'infiltration　初(始入)渗容量
~ installée　设备能力,设备容量,装机容量
~ journalière　日产量,日输送量
~ limite　极限能量,断裂能力,极限电容
~ limite à la flexion　极限弯曲能力
~ manœuvrière　机动性
~ maximum du sol　土壤中最大湿度
~ maximum en eau　最大含水量
~ moyenne de production　平均生产能力,平均生产量
~ moyenne par wagon　货车平均载质量
~ nominale　额定负载[功率、容量、能力],标准[额定]容量,标定能力
~ optima　最大容量,最大能力
~ percolation　渗流量
~ pluviale　降雨量

~ portante 承载能力,承载量
~ portante des pieux 桩的承载力
~ portante du sol 土壤承载能力,土壤承载量
~ portante du terrain 土壤承载能力
~ portante dynamique 动态承载能力
~ portante limite 极限承载能力
~ portante totale 临界荷载,总承载能力
~ possible （道路）可能通行能力
~ pour l'air 岩石多孔性,孔隙多的岩石
~ pour l'eau 持水量,持水力
~ pratique （道路）实际通行能力,实际容量
~ projetée 设计能量,设计通过能力
~ routière de base 道路设计交通容量
~ spécifique 比容量,比容,电容率,单位容量,单位蓄水量,单位出水量
~ spécifique d'un puits 井单位出水量
~ spécifique d'un sol 土（壤）中单位给水量
~ thermique 比热,热容,热容量
~ thermique spécifique 比热,单位热容量
~ thermique volumique 单位体积热容量
~ totale 总能力[容量]
~ totale de puits 井的总出水量,井的总出水率
~ utile 有效容积,工作能力,有效容量
~ utile de sol 土壤有效持水量
~ volumétrique 容量,容积

capacitif, ive *a* 容量的,电容的
capillaire *m* 毛细管,毛细作用,毛细现象; *a* 毛细管的,毛细管作用的
capillarimètre *m* 毛细管测液器,毛细检液器,毛细作用测定仪
capillarité *f* 毛细（管）作用,毛细现象
capillitite *f* 铁锌菱锰矿
capillose *f* 针镍矿,白铁矿
capital *m* 资本,资金,财富[产]

~ à risque 风险资本,风险资金
~ accumulé 累积资本
~ actif 流动资本
~ actions 股份资本
~ circulant 流动资本,流动资金
~ constant 固定资本
~ d'État 国家资本
~ de base 固定资本
~ de premier établissement 设备资本,固定资本,投资
~ dilué 掺水资本,虚假资本
~ effectif 实际资本
~ emprunté 借入资本
~ engagé 投入资本,实缴资本
~ et intérêt 本息
~ étranger 外资
~ fébrile 游资
~ financier 金融资本,财政资本
~ fixe 固定资本
~ flottant 流动资本
~ inactif 呆滞资本,死资本
~ incorporel 无形资本
~ investi 投入资本,实缴资本
~ juridique 注册资本
~ liquide 流动资本
~ matériel 有形资本,物质资本
~ mobile 流动资本
~ nominal 名义资本
~ obligations 债务资本
~ oisif 游资
~ propre 自有资本,投入资本,股权资本,产权资本,权益资本
~ réel 实际资本
~ social 公司资本,名义资本

capital, e *a* 主要的,首要的,基本的
capnias *m* 烟水晶
capnite *f* 铁菱锌矿
caporcianite *f* 红浊沸石
capot *m* 盖,罩,帽,套,外壳,覆盖,车篷,整流罩,电缆端帽

~ anti-givreux 防冰罩
~ antiparasite 屏蔽罩
~ anti-poussière 防尘罩,防尘盖
~ avant 前罩[盖]
~ d'échappement 排气罩
~ d'évaporation 蒸发皿
~ d'extrémité 端头环
~ de câble 电缆密封端
~ de dégagement des gaz 排气罩
~ de moteur 发动机（整流）罩
~ de protection 保护盖,保护罩,天线罩
~ de radiateur 散热器整流罩
~ du moteur 发动机罩
~ étanche 密封罩

cappélénite

~ protecteur 防护罩,保护盖,防护面罩
~ protecteur en tôle 铁皮保护罩

cappélénite *f* 硼硅钡钇矿

capréite *f* 臭方解石

capréstance *f* 无线电组合零件(包括电容器及电阻)

caprock *m* 冠岩,岩帽,顶盖岩石,盖层,穹盖(岩丘的)

capron *m* 卡普纶,锦纶

capsule *f* 罩,套,膜,盒,内体,蒴果,外壳,封壳,包套,小皿,胶囊,外罩,隔膜,隔板,雷管,装药管,雷管壳,炭粒送话器

~ à évaporation 蒸发皿
~ d'amorçage 引爆雷管,起爆雷管,引爆药,起爆药,起爆器
~ d'expansion en feuillard (混凝土路面接缝用)轻金属盖
~ de mesure des pressions de sol 土压测量盒,土压力盒
~ de pression 测压力计,功率计,测力计,压力盒
~ de sauvetage 保护外套
~ dynamométrique 测力盒,压力盒
~ hydraulique 液压薄膜测力计,(囊式的)液压传感器
~ manométrique 气压膜盒,气压传感器

capsulé, e *a* 包的,装的

captage *m* 取水,集水,截夺,截流,捕集,捕捉,俘获,收集,陷获,截取,取水工程,截取水流,截取电流,引水工程

~ courant 集电
~ d'eau 截取水流,截流,取水,集水
~ d'eaux souterraines 截取地下水流
~ d'un sondage éruptif 喷发孔引水工程
~ de cours d'eau 河流袭夺
~ de l'amalgame 捕捉汞齐(汞膏)
~ de l'eau 取水,引水,蓄水
~ de l'eau souterraine 地下水取水工程
~ de surface provisoire 临时表面引水
~ des eaux 截水,引水
~ des sources 截取水流
~ des souterraines 地下水袭夺
~ du courant 集电
~ et drainage de surface définitive 永久表面排水
~ souterrain 引取地下水,引地下水

captation *f* 引水,拦截,窃听,收集,筑坝壅水,截取水流

~ d'eau 截取水流
~ de source 截夺水源

capter *v* 引水,引受(电流),截听,收集,吸引,截取(电话,电报),接收到(电波,电报),截夺水源

capteur *m* 传感器,发送器,收集器,拾音器,检测元件,发报机,接收线圈

~ CO CO检测器
~ d'accélérations (basse fréquence) 低频加速度传感器
~ de contrainte 应力传感器
~ de déplacement 位移传感器
~ de différence de niveau 落差传感器
~ de différence(s) de pression 压差传感器,压差转换器
~ de finesse 水泥细度测量仪
~ de mesure 测量传感器
~ de niveau à plongeur 位移式水位计
~ de niveau tout ou rien 开关传感器
~ de potentiomètre 电位器传感器
~ de poussières 捕尘器
~ de pression 压力传感器,压力开关,压力转换器
~ de température 温度传感器,温感开关
~ de trafic 车辆检测器
~ de vibration 振动传感器
~ de voie (identification automatique des wagons) 线路旁扫描器(车辆自动识别装置)
~ différentiel 差动式传感器
~ du niveau d'eau 水位测量仪
~ du niveau d'eau de type piézo-résistif 压敏电阻水位传感器
~ électrodynamique de vibrations 电动式振动传感器
~ inductif 感应传感器
~ inductif de déplacement 感应式位移传感器
~ infrarouge 红外传感器
~ NO NO检测器
~ photoélectrique 光电传感器
~ piézo-électrique 压电发送器,压电式传感器
~ thermique 温度传感器

~ thermo-vélocimétrique 温度速率测试仪
captif, ive *a* 受压的(如地下水),系住的,承压的
capture *f* (河流)袭夺,截夺,俘获,捕获,捕房,捕集,捕捉,收集,取得,夹住,咬住,咬合,夹子,把手,握紧器,(河流的)夺流,捕获物,俘获物
capuchon *m* 盖,帽,罩,桩帽,小帽,小盖,小罩,皮碗,冠岩,穹隆,烟筒盖
　~ antiparasite 防干扰罩,屏蔽罩
　~ de protection 保护罩,保护帽
　~ de sécurité 安全罩
　~ du pieu 桩帽
　~ du pieu en acier 钢桩帽
car *m* 车辆,汽车,车辆,大客车
　~ à grande capacité 大型客车
　~ à impériale 双层客车
　~ à lingots 钢锭车
　~ à poche de laitier 渣包运输车
　~ à soufflet 铰接式客车,通道式客车
　~ de banlieue 城郊客车,郊区客车
　~ de ligne 班车,定线公共汽车
　~ de police 警车
　~ de reportage 无线电通信车,无线电广播车
　~ de voyages à grande distance 长途旅行客车
　~ hors classe 高级长途客车
　~ léger 小型客车
　~ moyen 中型客车
carabé *m* 琥珀,蜜蜡
caracole *f* 打捞工具,打捞钩,螺旋,盘旋,回旋
caracolit(h)e *f* 氯铅芒硝
caractère *m* 特征,特性,性格,性质,特点,符号,字母,位组,数字,字符,书写符号,印刷符号
　~ absorptif 吸收性
　~ chimique 化学性能
　~ de charge portante 承载特性
　~ de disponibilité 可用性,适用性,实用性
　~ dynamique 动态特性
　~ économiseur d'énergie 节能性
　~ forfaitaire 承包[包公]性质
　~ génétique 地层生成特征
　~ géométrique 几何特征
　~ géosynclinal 地槽特点
　~ lithologique 岩石性质,岩石特点
　~ local 局部特点
　~ mécanique 力学性质

~ morainique 冰碛特征
~ morphologique 地层形态特征
~ obligatoire (de) 带约束性,带强制性
~ orographique 山势特性,地形特性
~ physique 物理性能
~ régional 区域特点
~ saisonnier 季节性特征,季节性
~ spécifique 特性,特点
~ stratigraphique 地层特征
~ structurologique 构造特征
caractérisation *f* 特性,特征,参数,评定,鉴定,说明,特性曲线,特征的描绘,特征的表示方法
　~ qualitative 定质特性
　~ quantitative 定量特性
caractériser *v* 显示特点,构成特点,具有特点
se ~ 具有……特性
caractéristique *f* 特征,特性,特点,性质,性能,性态,参数,特性曲线；*a* 特性的,特征的,特有的,标志层的,标准的(岩层)
　~ (courbe) à vide 空载特性(曲线)
　~ à circuit ouvert 无载特性,开路特性
　~ agressive 侵蚀特性
　~ amplitude 振幅特性
　~ amplitude-fréquence 幅频特性,幅频特性曲线
　~ antidérapante 抗滑特性
　~ s assignées 特性,工作条件,技术参数
　~ s assignées d'un véhicule électrique 电力牵引车辆的特性(曲线),电力牵引车辆的技术参数
　~ asymétrique 非对称特性
　~ asymptotique 渐进特性
　~ basculante 可变特性
　~ s chimiques 化学性质
　~ composée 集总特性曲线,等效特性曲线,综合特性曲线
　~ constitutive 本构性状
　~ d'atténuation 衰减特征
　~ s d'échauffement 加热特性,加温特性
　~ d'élasticité 弹性特性
　~ d'enregistrement 记录特性,记录曲线
　~ d'établissement 制造特性
　~ d'identification du sol 土壤鉴别特征
　~ d'opération 运行特性(曲线)

~ d'une pompe 泵的特性（指转速、水头、流速、功率间的关系）
~ d'utilisation 使用特性
~ de base 基本特性，基本特点
~ de collapse 塌陷性态，崩溃性态，破坏状态
~ de commande 控制特性
~ de compressibilité 压缩特性
~ de construction 构造特性，构造性能，结构特性
~ de crue 洪水特性（值）
~ de déformation 变形特性
~ de fabrication 生产特性
~ de fluage 蠕变特性
~ de fluage des bétons 混凝土徐变特性
~ de fonctionnement 工作特性，工作特性曲线
~ de freinage 制动特性曲线
~ s de freinage d'une locomotive 机车制动性能
~ de fréquence 频率特性
~ de l'emploi 使用性能
~ s de l'équipement de frein 制动装置特性
~ s de la ligne 线路特征
~ de lecture 读数特性，读出曲线
~ de modulation 调制特性
~ de pente 坡面特性
~ de perméabilité 渗透性
~ de précipitation 降水量分布特性
~ de profil 断面特性
~ s de résistance 强度特性
~ de rivière 河道特征
~ de saturation 饱和特性，饱和曲线
~ de sécurité intégrée à la construction 工程安全性
~ de sélection 时限特性，选择特性
~ de service 运用性能，工作状态
~ de sol 土地质量，土地特性
~ de source （震）源特性
~ de stabilité 稳定特性
~ de structure 结构特性，结构性能
~ de surface de la chaussée 路面特性
~ de tenue à chaud 高温特性
~ de tracé 路线特性，线性特性，线性特征
~ de traction 抗拉性能，牵引特性
~ s de traction d'une locomotive 机车牵引性能
~ décroissante 下降特性（曲线）
~ s des freins 制动机特性（参数）
~ des matériaux 材料特性
~ des structures 结构特性，结构参数
~ des véhicules 车辆特性
~ s dimensionnelles 几何参数，尺寸特性
~ du compactage 压实特性
~ du sol 土壤特性
~ du trafic 交通特性
~ dynamique 动态特性曲线，动态特性
~ s dynamiques d'un appareil de mesure 测量仪表的动态特性
~ économique 经济特性，经济效率
~ élastoplastique 弹塑性（工作状态），弹塑性的性状
~ élasto-viscoélastique 弹黏塑性性态
~ en charge 荷载特性，充电特性，负载特性
~ en plan 平面特性
~ essentielle 基本特性
~ s fixes des wagons (gestion centralisée du trafic marchandises) 车辆固定特征（货运集中管理）
~ générale 通性，一般特性，总体特性
~ géologique 地质特征
~ géométrique 几何特性，几何参数，几何特征
~ géométrique de section 截面几何特性
~ géotechnique （土）物理力学特性，工程地质特性
~ granulométrique 级配特性
~ haute mécanique 高力学特性
~ hétérogène 不均匀特性
~ hydraulique 液体特性，液压特性，水力特性
~ hydrodynamique 液体流动特性
~ idéalisée 理想特性，理想特性曲线
~ instable 不稳特性（曲线）
~ s intrinsèques 固有特性
~ linéaire 线性特征
~ mécanique 力学特性，机械特性，机械性能
~ mécanique de terrain 围岩力学特性
~ mécanique du sol 土壤力学特性
~ météorologique 气象特征
~ naturelle 固有特性，自然特性，天然特性，转换特性，转移特性
~ particulière 特殊性能

~ pénétrométrique 贯入特性，透入特性
~ physique 物理性能
~ pratique 实际特性，实用特性
~ pressiométrique 压缩特性
~ principale 主要特性
~ résistance 强度特性
~ rhéologique 流变性状，流变特性
~ stable 稳定特性（曲线）
~ statique 静态特性，静态特性曲线
~ structurale 结构特性
~ technique 技术特性
~ technique des autoroutes 高速公路技术特性
~ technique des routes 道路技术特性
~ technique-économique 技术经济特性
~ thermique 温度特性，热特性
~ tombante 下降特性，下降特性曲线
~ type 标准特性曲线
~ uniforme 平直特性曲线
~ s variables des wagons (gestion centralisée du trafic marchandises) 车辆可变特征（货运集中管理）
~ viscoélastique 黏弹特性，黏弹性性态
~ visco-élastique dynamique 动态黏弹特性
caraïbe *a* 加勒比海的
caramel *a* 焦褐色的
carapace *f* 壳，板，盘，膜，背壳，背甲，钙壳，薄膜，硬盖，外壳，壳膜，硬土，岩溶壳，冷凝壳，配电盘，接线板，硬土层，路面表层
~ bréchoïde 似角砾岩硬壳
~ calcaire 灰质壳，灰岩壳
~ de béton 混凝土防护层
~ de fer 红土风化壳
~ de nappe 推覆体
~ figée 固结岩流壳，凝固熔岩壳
~ fragmentaire 钙板碎片
~ gypseuse 石膏壳，石膏硬壳
~ latéritique 红土壳
carat *m* 克拉（宝石，金刚石重量单位＝0.2053克），金位，开（黄金纯度单位，纯金为24开）
caratage *m* 克拉值（按克拉计的钻头镶金刚石总重量）
caravane *f* 车队，商队，大篷车
carbamide *m* 尿素，脲
carbapatite *f* 碳磷灰石

carbène *m* 碳烯，二阶碳，碳质沥青
carbènes *m.pl* 沥青碳
carbide *m* 电石，碳化物，碳钙石，金刚石，石墨，卡拜特炸药
carboborite *f* 水碳硼石
carbocer *m* 稀土沥青，碳质铈矿
carbocérine *f* 镧石
carbocernaïte *f* 碳铈钠石
carbodavyne *f* 碳钾钙霞石
carbogel *m* 干冰，固体二氧化碳
carboglace *f* 干冰，固化二氧化碳
carbohydrase *m* 碳水化合物
carbolineum *m* 杂酚油、煤焦油混合物（一种木材防腐剂）
carbolite *f* 钙铅碳硅石
carbonado *m* 黑金刚石（巴西产）
carbonatation *f* 碳酸盐化（作用），碳酸饱和，碳酸化作用
carbonaté *a* 碳酸盐的，碳酸盐化的
carbonate *m* 碳酸盐，黑金刚石
~ acide 重碳酸盐，碳酸氧盐
~ acide de sodium 碳酸氢钠，小苏打
~ anhydre 无水碳酸盐
~ de baryum 碳酸钡
~ de calcium 碳酸钙（即石灰石），方解石
~ de chaux 碳酸钙，方解石
~ de chaux ferrifère 菱铁矿，蓝石英
~ de chaux magnésifère 白云石
~ de cuivre vert 孔雀石
~ de fer 碳酸铁，菱铁矿
~ de magnésium 碳酸镁
~ de manganèse 菱锰矿，蔷薇辉石
~ de plomb 白铅矿
~ de potassium 碳酸钾
~ de sodium 碳酸钠
~ de sodium anhydre 无水碳酸钠，纯碱
~ de soude 碳酸氢钠
~ de strontium 碳酸锶
carbonater *v* 碳化
carbonates *m.pl* 碳酸盐类岩石
carbonation *f* 碳化（作用），碳酸化（作用），碳酸饱和
carbonatite *f* 碳酸盐岩
~ magmatique 岩浆碳酸岩

carbonatomètre *m* 碳酸计,(岩石中)碳酸度测定仪

carbonatométrie *f* 碳酸测定(岩石中的),碳酸度测定(法)

carboné *a* 碳的,含碳的,碳化的,碳质的

carbone *m* 碳,煤
~ absorbant 活性炭
~ actif 活性炭
~ activé 活性炭
~ amorphe 无定形碳,非晶形碳
~ atmosphérique 二氧化碳,碳酸气
~ bitumineux 沥青碳
~ colloïdal 胶体煤,胶态碳
~ combiné 结合碳,混合碳素
~ de carbure 碳化物中的碳
~ de recuit 退火碳
~ de trempe 硬化碳
~ dissous 溶解碳
~ divalent 二价碳(原子)
~ équivalent 碳当量
~ fixe 固定碳,化合碳
~ graphitique 石墨碳
~ inorganique 无机碳
~ insaturé 不饱和碳(原子)
~ libre 游离碳,单体碳
~ organique 有机碳
~ organique total 总有机碳(toc)
~ pulvérulent 粉状炭,炭粉,炭末,烟黑
~ résiduel 残余碳,煤渣,残碳量
~ solide 固体碳
~ total 总碳量,全碳量

carboné, e *a* 含碳的,碳化的

carbone-ration *m* 碳比,定碳比(碳中固定碳与全碳量之比),碳同位素比

carboneux *a* 含碳的,碳质的

carbonifère *a* 含碳的,含煤的,有煤的

carbonification *f* 碳化作用,煤化(作用),焦化,干馏

carbonique *a* 碳酸的,碳的,羧的

carbonisage *m* 碳化(作用)

carbonisateur *m* 碳化器,(木材等的)干馏器

carbonisation *f* 碳化(作用),煤化(作用),(木材等的)干馏
~ à basse température 低温焦化,低温干馏
~ à haute température 高温焦化,高温干馏

carboniser *v* 使……碳酸盐化,使……碳化,使……焦化,碳化,干馏,烧焦

carbonite *f* 天然焦[炭],碳质炸药(一种安全炸药),不溶沥青,焦油碳饼

carbonitruration *f* 碳氧共渗(法),气体氰化(法)

carbonolite *f* 碳质岩,碳质沉积岩

carbonyttrine *m* 水菱碳钇矿

carborundum *m* (人造)金刚砂,碳化硅,碳硅石

carbuncle *f* 红榴石,镁铝榴石,红尖晶石,尖晶石,红色宝石类,红宝玉

carburant *m* 烃,可燃物,碳氢燃料,碳氢化合物,碳质铀矿,铀铅沥青; *a* 渗碳的,增碳的,汽化的,含烃的
~ auto 汽车燃料
~ d'auto 汽油,汽车燃料
~ d'aviation 航空燃料
~ de synthèse 合成燃料
~ diesel 柴油
~ gazeux 气体燃料
~ liquide 液体燃料
~ solide 固体燃料
~ synthétique 合成燃料

carburateur *m* 汽化器,渗碳器,化油器
~ à aspiration 真空吸力式汽化器
~ à giclage 喷射式汽化器
~ à gicleur 喷射式汽化器
~ à pulvérisation 喷雾式汽化器
~ d'automobile 汽车汽化器

carburation *f* 渗碳(作用),(内燃机的)气化(作用)
~ superficielle 表面渗碳处理

carburé *a* 碳化了的,渗碳的,含碳的,汽化的

carbure *m* 电石,碳化物,碳氢化合物
~ aromatique 芳香族碳氢化合物芳(族)烃
~ benzénique 苯烃,苯族碳氢化合物
~ d'hydrogène 碳化氧,碳氢化合物
~ de calcium 碳化钙,电石(CaC_2)
~ de fer 碳化铁
~ de silicium 碳化硅,金刚砂
~ de titane 碳化钛
~ de tungstène 碳化钨(一种硬质合金)
~ en morceaux 化合碳(化合物中的碳)
~ éthylénique, ~ oléfinique 烯烃,烯族烃类

~ métallique 金属碳化物
~ naphténique 环烷属烃类,环烷族烃
~ non saturé 非饱和烃
~ paraffinique, ~ forménique 烷属烃类,链烷烃
~ saturé 饱和烃
~ saturé de la série du méthane 烷族饱和烃
~ saturé de la série du naphtène 环烷属饱和烃

carcasse f 机座,底座,骨架,构架,框架,轮胎体,帘布层,承力结构,房屋骨架,车船体骨架,轮胎胎壳
~ de caisse 车体骨架
~ de coussinet 轴承外壳,轴承体
~ de la bobine 线圈架
~ de moteur 电动机外壳
~ de pompe 泵壳
~ du tablier 桥面系
~ du tampon graisseur (boîte d'essieu) 油毛刷托架,油线卷(轴箱)
~ feuilletée 叠片结构,叠片框架
~ massive 整体结构,整体框架

carcinotron m 返波管

cardan m 万向街头,万向接合,万向轴万向节
~ articulé 万向轴,活节轴

carde f métallique 金属刷子

cardénite f 富铁皂石,富钙皂石

cardinal, e a 基本的,主要的

carénage m 成流线型,造船所,水下船体整修,流线型车身,流线型外壳
~ de la locomotive 机车的流线型化
~ des parties basses 下部流线型化
~ des parties basses d'un véhicule 车辆下部的流线型化

carène 肋骨,龙骨,流线型,流线体

caréné a 隆脊的,脊状的,肋状的

car-ferry m 汽车轮渡
~ transbordeur de voitures 车辆渡轮

cargaison f 船货,货载,荷载,水运货物,载质(量)
~ complète 满载

cargneule f 多孔碳酸盐岩,溶蚀碳酸盐岩,多孔白云岩,糙面白云岩,细胞状白云岩

cargneulisé a 多孔状的

cargo m 船,货船,货运飞机,货物,货载

carié a 腐蚀的,溶蚀的,腐烂的,崩落的,风化的,虫蛀状的(结构)

carier v 腐蚀,溶蚀

carillon m 谐音系统
~ électronique 电子式谐音系统

carinthine [**carinthinite**] f 角闪石,韭闪角闪石,亚蓝角闪石

carinthite f 钼铅矿

cariocérite f 褐稀土矿,钍黑稀土矿

cariopilite f 肾硅锰矿

carletonite f 碳硅碱钙石

carlette f 板岩状页岩

carlfriesite f 碲钙石

carlhintzéite f 水氟铝钙石

carlinite f 辉铊矿

carlosite f 柱星叶石

carlsbergite f 氮铬矿

carltonine [**carltonite**] f 卡东陨铁

carméloïte f 伊丁玄武岩

carménite f 杂硫铜矿

carmin m 胭脂红,洋红色

carminite f 砷铅铁石

carnallite f 光卤石

carnallitolite f 光卤石岩,杂盐岩,杂光卤石盐

carnat m 珍珠石(珍珠陶土)

carnatite f 拉长石

carneau m 水道,光道,通风道
~ de cheminé 烟道

carnégieite f 三斜霞石

carnéol(e) f 光玉髓(肉红玉髓)(玛瑙变种)

carnet m 记录,记事本,小本子,小簿子,小册子,野外记录本,观测记录本,现场记事本,野外作业日志
~ à croquis 图件夹,平板测量纸板
~ d'attachement de service 工作日志,值班日志
~ d'émargement 签收簿
~ d'expédition 货物发送登记簿
~ d'observation 观测记录本,观测报告
~ d'opérations 工地记录簿,外业记录本
~ de battage 打桩记录
~ de bord 行车手册,随车记录簿
~ de chèques 支票本
~ de commande 操作手册,订货簿
~ de dérangements 事故登记簿

carneule

~ de guet 观测记录簿
~ de levé 测量记录本
~ de livraison 货物交付登记簿
~ de nivellement 水准测量记录本
~ de sondage 钻探日志,钻探记录,钻探记录本
~ de soudeur 电焊工合格证书
~ de terrain 野外记录本
~ de travaux 施工记录簿,施工日志,工程记录本,工作日记
~ électronique 电子手簿
~ kilométrique 里程表

carneule f 多孔白云岩
carnévallite f 疏铜镓矿
carnilionyx m 红白带纹玛瑙（缠丝玛瑙）
carnotite f 钒钾铀矿
carobbite f 方氟钾石
carolathine f 不纯黏土,水铝英石
caroline f 浅红色大理岩
caroms m 克郎球,康乐球
carottage m 测井,[岩芯]钻探,取岩芯,钻取岩芯,钻取试[土]样

~ à grand diamètre 大口径岩芯钻探
~ à la grenaille 钢粒钻探,钻粒钻进
~ à tarière 螺旋取心钻探,螺钻取样（法）,壳钻取样
~ au câble 绳索取芯钻探
~ aux diamants 金刚石钻取岩芯,金刚石岩芯钻机
~ aux rayons gamma γ射线测井,伽马测井
~ continu 连续岩芯取样
~ de courts intervalles 选择取（岩芯）样
~ de forage 岩芯钻
~ de sondage 钻探岩芯
~ des sols pulvérulents 砂土取样
~ discontinu 选择（岩芯）取样,不连续取[岩]芯
~ électrique 电测法钻探
~ géothermique 地温测量
~ latéral 井壁取芯,测壁取芯
~ mécanique 取岩芯,机械岩芯钻探,机械钻取岩芯,钻机取样,机械测井
~ mécanique continu 连续取芯,岩芯钻探
~ normal de fond 取芯钻进
~ parois 井壁取芯,侧壁取芯
~ vertical 取芯[钻探]

carotte f 岩芯,芯型,钻探试样,未扰动土样,筒柱形试样

~ cylindrique 岩芯取样
~ d'essai 试验岩芯
~ de béton 混凝土芯型取样
~ de charbon 煤芯
~ de forage 钻探岩芯,钻井岩芯
~ de minerai 矿芯
~ de sondage 钻探岩芯
~ de sonde 钻探岩芯
~ échantillon 岩芯样
~ s entières 全岩芯
~ intacte 未扰动岩芯
~ non remaniée 未扰动岩芯
~ orientée 定向岩芯
~ témoin 标准岩芯

carotter v 从钻孔中取样,取芯,测井,钻探取样
carotteuse f 岩芯提取器,岩芯管,取芯钻,测井仪器
carottier m 岩芯钻取器,取样器,岩芯管

~ à câble 绳索取形管
~ à clapet 阀瓣取样器
~ à grenailles 粒状材料取样器
~ à piston 活塞取芯器,活塞取土器
~ à vide 真空岩芯提取器,真空取土器
~ de minces parois 薄壁取样器（取原状土）
~ de piston 活塞取样器
~ double 双岩芯提取器,双取土器
~ fendu 开口取样器
~ Kjellmann （活塞式）环刀取土器,薄片取样器（用于未扰动土样）
~ simple 单层岩芯管

carpathite f 黄地蜡
carpholite f 纤锰柱石
carphostilbite f 杆沸石
carrare m 白色大理岩
carre f 角,切头,钝边,棱角,板厚度,物体的边缘角,垂直截面厚度
carré m 平方,方材,四角形,正方形,方形信号板,禁止越过记号

~ de distribution 配气方头
~ éloigné 预告方形信号
~ violet (signal de manœuvre) 方形紫色调车信号牌

carré, e *a* 正方形的,四方形的,平方的
carreau *m* 方砖,门窗玻璃,板,砖,小瓷砖,方块板,瓦,瓷砖,花砖
- ~ antiacide 耐酸瓷板
- ~ asphaltique 地沥青铺砌块,地沥青板,地沥青铺砌块
- ~ céramique 瓷砖
- ~ creux 空心方砖
- ~ d'asphalte 地沥青板
- ~ d'une mine 矿区,矿田
- ~ de ciment 水泥板,水泥方砖
- ~ de faïence 釉面砖,瓷砖
- ~ de faïence chamotte 耐火黏土釉面砖
- ~ de faïence décorée 饰面瓷砖
- ~ de grès 陶砖,陶板
- ~ de mosaïque 锦砖,马赛克小块
- ~ de mosaïque en verre 玻璃锦砖[马赛克]
- ~ de pavé 长方石块(铺马路用),小条石,铺路用小方石
- ~ de plâtre 石膏方砖,石膏板
- ~ de sol 铺地方砖
- ~ de verre 玻璃锦砖
- ~ de vitre 玻璃板,窗玻璃
- ~ émaillé 釉面砖

carrefour *m* 交叉口,十字路口,交叉点,岔道口
- ~ à circulation giratoire 环形交叉
- ~ à feux 信号灯控制的交叉口
- ~ à gyration 环形交叉,转盘式交叉
- ~ à niveau 平面交叉
- ~ à niveaux séparés 立体交叉
- ~ à plusieurs niveaux 多层立体交叉
- ~ à quatre branches 四路交叉的交叉口,十字交叉口
- ~ à régulation lumineuse 信号灯控制的交叉口
- ~ à régulation manuelle 人工控制的交叉口
- ~ à trios niveaux 三层立体交叉
- ~ canalisé 渠化交通的交叉口,渠化交叉口,导流交叉口
- ~ contrôlé par signaux 信号控制的交叉口
- ~ de deux routes à niveaux séparés 两道路立体交叉
- ~ de routes 道路交叉
- ~ dénivelé 互通式立体交叉,立体交叉
- ~ élargi 加宽式交叉口,漏斗式交叉口
- ~ élargi avec courbe 加铺转角式路口
- ~ en baïonnette 错位交叉
- ~ en étoile 星形交叉口
- ~ en losange 菱形交叉口
- ~ en T T字形交叉口
- ~ en trompette 喇叭形交叉口
- ~ en Y Y形交叉口
- ~ giratoire 环形交叉,环形[转盘式]交叉
- ~ isolé 独立的交叉路口
- ~ multiple 多路口交叉
- ~ plan 平面交叉
- ~ signalé 信号控制的交叉口
- ~ urbain 城市道路交叉口

carrelage *m* 铺砌,铺砖,铺瓷砖,铺石板,方砖地面,方砖[瓷砖、方石板]贴面,方块水泥地板
carreleur *m* 铺砖工,铺砌工
carrément *m* 穿脉,横巷,穿脉巷道
- ~ du châssis 校正车底架

carrier *m* 采石工,凿岩工,采石场主
carrière *f* (明挖)采石场,采矿场,砂石场,坑,料坑
- ~ à chaux 采石灰场
- ~ à ciel ouvert 露天采掘场,露天采矿场,露天采石场
- ~ d'argile, ~argilifère 黏土开采场
- ~ d'emprunt 取土坑,借土坑
- ~ d'enrochement 填石材料开采场
- ~ de ballast 道砟坑,石渣坑
- ~ de gravier 采砾坑,砾石坑,采砾场
- ~ de marbre 大理石采场
- ~ de matériaux à concasser 骨料采集场,碎石料采石场,集料开采场
- ~ de matériaux de viabilité 筑路集料开采场
- ~ de pierre 采石场
- ~ de sable 砂坑,采砂场
- ~ mécanisée 机械化采石场

carrockite *f* 辉长岩玻璃
carrollite *f* 硫铜钴矿
carrossable *a* 可通车的,可行驶车辆的,车辆可以通行的
carrosserie *f* 车身,车厢,汽车车身
- ~ aérodynamique 流线型车身

carrousel *m* 循环输送装置
carroyage *m* 打方格(在图件上),打格子,方格

网,市区街道格子化

carte *f* 票,证,(比例小于1∶5000的)地图,海图,图,图表,证件,图件,卡片
- ～ à grande échelle 大比例尺地图
- ～ à moyenne échelle 中比例尺图
- ～ à niveau constant 等高面图
- ～ à petite échelle 小比例尺地图
- ～ à pétrolière 小比例尺图
- ～ à pression constante 等压面图
- ～ à puces (IC) 智能卡
- ～ à suivre 路线图
- ～ achromatique 单色地图
- ～ adiabatique 绝热图
- ～ adjacente 邻接图
- ～ aérienne 航测图,航摄图
- ～ aérienne de navigation 航空图,领航图
- ～ aérienne topographique 航测地形图
- ～ aérographique 高空气象图
- ～ aéronautique 航空(线路)图,航空导航图
- ～ aérophotogrammétrique 航空摄影测量地图,航测图
- ～ altimétrique 高程图,等高线图
- ～ analysée 分析图
- ～ appropriée 专用图
- ～ automobile 公路网图
- ～ avec courbes de niveau 等高线地形图
- ～ blanche 空白卡片,空白图
- ～ cadastrale 地籍图
- ～ chorographique 一览图,地志图
- ～ climatographique 气候图
- ～ climatologique 气候图
- ～ croquis 野外工作图,示意图,草图
- ～ d'accès 出入证,通行证
- ～ d'alignement 定线图
- ～ d'approche 进场图
- ～ d'avancement 工作进度表
- ～ d'écoulement 流程图
- ～ d'égale érosion du rivage 岸边等侵蚀图
- ～ d'égale hauteur de décharge 等排泄高度图
- ～ d'égale hauteur de fluctuation 等变动高度图
- ～ d'égale hauteur de recharge 等补给高度图
- ～ d'enseignement 比例尺(地质)图,积雪图
- ～ d'ensemble 地理图,通用地理图,总图
- ～ d'équipotentiel 等势图,等势能图
- ～ d'exploration 勘探图
- ～ d'index 索引图,(建筑物)位置图
- ～ d'installations et services 设备图表
- ～ d'isallobare 等变压图
- ～ d'isobares 等压线图
- ～ d'isobares prévues 预报等压面图
- ～ d'isobases 等基线图
- ～ d'isochores 等容线图,等体积线图
- ～ d'isoconcentration 等浓度图
- ～ d'iso-épaisseur 等厚度图
- ～ d'isogéotherme 地下等温线图,等地温线图,地热等值线图
- ～ d'isoperméabilité 等渗透率图,等渗透率线图
- ～ d'isoteneur 等浓度线图,等含量图
- ～ d'isothermes 等温线图
- ～ d'isphypses 等压图,等大气压力线图
- ～ d'orientation 定向图,定位图
- ～ de base 底图,草图,基本资料图,地形底图
- ～ de champ de fractures 断裂带图
- ～ de circulation 通行证
- ～ de clasticité 粒度成分图,粒级图,颗粒分级图
- ～ de communication 交通图
- ～ de construction 施工场地土
- ～ de contrôle 控制盘,控制板
- ～ de convergences 等容线图,层间等垂距线图,收敛图
- ～ de couche 煤层平面图,岩层平面图
- ～ de crues 洪泛区图,淹没地区图
- ～ de détail, ～ détaillée 大比例尺图,详细图件
- ～ de données 数据卡片,数据板
- ～ de faciès 岩相图
- ～ de flux 通量图(曲线),液[气]流图
- ～ de formation 地质建造图,岩性图
- ～ de gestion 控制盘,控制板
- ～ de la conductivité d'eau 导水图,水流疏导图
- ～ de la haute atmosphère 高空图
- ～ de la qualité chimique des eaux souterraines 地下水水质图
- ～ de lithofaciès 岩相图
- ～ de localisation (矿床)分布图
- ～ de location 定位图,位置图,定线图
- ～ de milieu 岩性图

~ de montage 安装图
~ de pointage 工时记录卡片
~ de pointes chauds 过热点分布图
~ de porosité 孔隙度图
~ de position 位置图
~ de précipitation 降雨量图
~ de pression 气压图
~ de pression atmosphérique 大气压力图
~ de programme 进度表,程序表,进度图,程序图
~ de pronostics 预测图,远景图,预报图
~ de puissance 功率曲线
~ de reconnaissance 踏勘图,小比例尺踏勘图
~ de répartition （矿床）分布图,（坑道）位置图
~ de sismicité 地震烈度图
~ de substances utiles 矿产图
~ de synthèse 综合图
~ de températures 等温［线］图,温度图
~ de travail 工作图,工作证,实际资料图
~ dépliante 折叠（式）图,展开图
~ des eaux thermales et thermominérales 等变动幅度图
~ des gisements 矿床（分布）图
~ des gîtes minéraux 矿床图
~ des isohyètes 等雨（量）线图,雨量等值线图
~ des isothermes 等温线图
~ des minéralisations 矿化分布图,成矿图
~ des opérations 运行图表,操作图表
~ des réparations 维修工艺卡片
~ des ressources minérales 矿产资源图
~ des sols 土壤分布图,土壤图,土地图
~ des vents 风图
~ des voies navigables 内河航线图
~ des zones d'inondation 洪泛区图
~ du dossier urbain 城市测量图
~ du réseau 线路图,网络图
~ du sous-sol 下层土图,地下室图
~ du temps 天气图
~ en altitude 高空图
~ en barre 施工进度横道图
~ en courbe(de niveau) 等高线地图
~ en courbes isobathes 等深线图
~ en courbes isopaches 等厚线圈
~ en courbes isopièzes 等压线图

~ en hachure 晕渲法地形图
~ en isobathes 等深线图
~ en isopièze 等水压线图,等测压水头线图
~ en relief 地形图,立体地形图
~ générale 综合图,总图(表),计划图(表)
~ générale de reconnaissance 区域构造图
~ géographique 地(理)图
~ géologique 地质图
~ géologique de surface 地面地质图
~ géologique détaillée 大比例尺地质图
~ géologique du substratum 基底地质图
~ géologique générale 地质一览图
~ géologique schématique 地质示意图,地质草图
~ géomorphologique 地貌图
~ géotectonique 构造图,大地构造图,工程地质图
~ graphique 图表,图解,曲线图
~ gravimétrique 重力测量图
~ gravimétrique régionale 区域重力图
~ guide 索引卡片
~ hydrochimique 水化学图
~ hydrogéologique 水文地质图
~ hydrographique 水文地理分区图,水系图,水道图,河网图,海道图
~ hydrolithologique 水成岩石(分布)图,沉积岩石(分布)图
~ hypsographique 地势图,分层设色图,测高图
~ hypsométrique 分层设色图,等高线(地形)图,测高图
~ imperméable aux sons 隔声纸板
~ isentropique 等熵图
~ isobarique (气压)等压土,等压面图
~ isochronique 等时线图(交通分析用)
~ isométrique 等值线图
~ isomiézométrique 等压线图
~ isopaques 等厚线图,等厚图
~ isopaques lithofaciès 等厚线岩相图
~ levée à la planchette 小平板测绘图
~ lithologique 岩性图
~ métallogénique 成矿(规律)图,矿产(分布)图
~ métallogénique prévisionelle (金属)成矿预测图
~ météorologique 气象图

～ minérale　成矿图
～ minéralogénique　成矿图
～ minière　矿图,矿山平面图,采矿工程图
～ morphologique　地表形态图,山文水文合图,地貌图
～ morphostructurale　地貌构造圈
～ orographique　地形图,山岳图
～ pédologique　土壤分类图
～ photogéologique　航空地质图,摄影地质图,岩石(分布)图
～ photogrammétrique　摄影测量图
～ photographique　摄影图
～ photographique aérienne　航空摄影图
～ photosatellite　卫星测图
～ piézométrique　水压图,水压水位图
～ plane　平板仪测图,平板测量图
～ plastique　塑性图
～ pluviométrique　降水量图,等雨量图,降雨量图
～ potentiométrique　等势图,等测压线图
～ prévisionnelle　预测图
～ prévue　(天气)预报图
～ pseudo-adiabatique　假绝热图
～ psychrométrique　湿度计算图
～ radar　雷达图
～ régionale　区域地质图,区域异常物探图,(反映深部构造的)
～ relief　地形图
～ routière　公路路线图,公路交通图,路线踏勘图,路线图
～ schématique　草图,略图
～ schématique structurale　构造示意图
～ séismicité　地震烈度图
～ séismique　地震图
～ séismo-géologique　地震地质图
～ séismo-tectonique　地震构造图
～ sismotectonique　地震构造图
～ spécifique　专用图件
～ statistique　统计图表
～ structurale　地质构造图
～ synoptique　气象图,天气图
～ tectonique　工程地质图,地质构造图,构造图
～ terrestre　地理图
～ thermodynamique　热力图

～ topographique　地势图,地形图
cartelle　*m*　饰面,镶面
carter　*m*　匣,箱,盒,套,壳,罩,套管
　～ basculant　翻斗
　～ d'engrenage　变速箱,齿轮箱
　～ de distribution　分配齿轮箱
　～ de manivelle　曲轴箱,曲柄箱,机轴箱
　～ de pompe　泵壳
　～ de pont　轴箱,轴套,轴克
　～ de protection　防护罩
　～ de protection des engrenages　齿轮防护罩
　～ du mécanisme des engrenages réducteur　齿轮变速箱
　～ moteur　发动机机壳
cartogramme　*m*　统计图
cartographe　*m*　制图员,绘图员,制图仪,地图绘制者
cartographie　*f*　制图,测图,填图,制图学,绘图法,绘制图表,地图绘制学
　～ aérienne　航空摄影测量,航空摄影测量学,航空摄影测量绘图法
　～ de surface　地面测量,地面测绘
　～ détaillée　详细测图,详细填图,大比例尺填图
　～ géologique　地质填图,地质测量,地质制图学
　～ géomorphologique　地貌测图
　～ photogrammétrique　摄影测量制图法
　～ régionale　区域性填图,区域性测图
　～ topographique　地形测量
　～ trimétrogone　三镜航摄制图法,三角测量,地形图绘制学
cartographique　*a*　制图的
cartomètre　*m*　地图曲线距离测量器
carton　*m*　纸板,纸箱,型板,厚纸,厚纸板,马粪纸
　～ à plusieurs couches　多层纸板
　～ amianté　石棉纸板
　～ asphalté　地沥青毡,油毛毡
　～ asphaltique　地沥青毡,油毛毡
　～ bakélisé　电木板,塑胶板
　～ bitumé　沥青纸,油毛毡,柏油纸,油毡纸
　～ collé　纸板
　～ comprimé　压制纸板,绝缘纸板,钢纸
　～ d'amiante　石棉纸板
　～ d'asbeste　石棉纸板
　～ d'emballage　包装纸箱

～ de montagne 石棉板
～ de moulage 麻丝板
～ de paille 马粪纸板
～ de tourbe 泥炭板
～ en pâte de bois 木纤维板
～ feutre 毛毡垫
～ feutré 油毡纸
～ fossile 石棉,山软木
～ glacé 光面纸板,釉面纸板
～ goudronné 浸油(沥青)纸板,焦油沥青纸板
～ imperméable aux sons 隔音纸板
～ isolant 绝缘纸板
～ kraft 牛皮纸板
～ minéral 石棉板,矿棉板
～ ondulé 皱纹纸板,波纹纸板,瓦楞纸板
～ ondulé armé 强化瓦楞纸板
～ ondulé simple face 单面瓦楞纸板
～ pierre 石板瓦
～ porcelaine 瓷板
～ vulcanisé 硬化纸板

cartothèque *f* 图件库,图库,卡片索引,卡片箱,卡片盒,岩芯存放室

cartouche *f* 夹,套管,滤芯,筒夹,轴套,筒子,枪弹,夹头,卡盘,外壳,药筒,药包,轴套,子弹,小盒,灯座,图号,厂名,压射器,传爆管,药卷(盒),引火剂,说明栏,标题框,炸药卷,过滤元件,品名综合,起爆药筒
～ à extraction 取出套筒
～ amorce 起爆剂,带雷管的炸药包,雷管,引药
～ d'explosif 炸药卷
～ d'un film sismique 地震胶片卷,地震磁带暗盒
～ de combustible 燃烧棒
～ de dynamite 硝化甘油炸药筒
～ de filetage 水落管,排水管,导管
～ de filtre 滤芯
～ de graissage 润滑用压射器
～ de sûreté 安全炸药管
～ filtrante 滤芯
～ interchangeable perdue 一次性通用树脂筒

carval *m* 方头钉
carvoeira *m* 巴西电英岩
caryinite *f* 砷锰钙石(砷锰铅矿)
caryocérite *f* 褐稀土矿,钍黑稀土矿

carystine *f* 石棉
cas *m* 情况,场合,机会,案例,事件,案件,可能
au ～ où 假定,万一
～ d'urgence 紧急情况,意外(事故)
dans bien des ～ 在很多情况下
dans le ～ contraint 在相反情况下
dans le ～ précédent 在上述情况下
dans tous les ～ 在各种情况下
～ de charge 受荷情况
～ de défaillance 违约事例
～ de force majeure 不可抗力的情况,天灾
en ～ d'urgence 在紧急情况下
en ～ de 在……情况下,如果……,一旦
en aucun ～ 不管怎样,无论怎样
en ce ～ 在这种情况下,于是,如果情况属实
en tout ～ 不论如何,不管怎样,在任何情况下
～ exceptionnel 例外形况,特殊情况
～ extraordinaire 非常情况,意外情况,特殊情况
faire ～ de 重视
～ fortuit 意外情况,偶然事件
～ général 一般情况,普遍情况
～ imprévisible 意外事件
le ～ échéant 假使有这种情况,如有必要,需要时
～ le plus défavorable 最不利情况
～ ordinaire 正常情况
～ particulier 特殊情况
pendant la plupart des ～ 在大部分情况下,在大多数情况下

cascade *f* 瀑布,落差,分级,串连,格栅,小瀑布,跌水,急流,急滩,险滩,阶式蒸发器,格,栅,阶梯,压气机级组

cascadite *f* 橄辉云煌岩
case *f* (家具等)格子,隔间,卡片箱,储存仓,硐室,箱,档案箱
～ à minerai 矿仓
～ de carottage 岩芯箱,岩芯盒
～ de chantier des travailleurs 施工工人住房
～ de parcage 停车场
～ lysimétrique 土壤渗透仪

casemate *f* 掩体,掩蔽所
caserne *f* 营房,兵营
～ des pompiers 消防站

casernements *m . pl* 工房,临时板房,兵营,营房
cash *m* 现钞
　～ flow　现金流量表
casier *m* 格柜,格架,存放架,书架,卡片柜,分格抽屉,箱,架,台,混凝土仓面
　～ à palettes　托盘架
　～ de stockage　储存架,储料架,工具架
casing *m* 套管,外壳
casque *m* 盔,帽,耳机,防护帽,工作帽,矿工帽,盔形面罩
　～ antichoc　安全帽,防护盔
　～ de battage　桩帽,桩箍
　～ de mineur　矿工帽
　～ de palplanche　桩帽
　～ de pieu　桩帽,桩承台
　～ de protection　安全帽
　～ relevable　头戴式焊工面罩
　～ respiratoire　防烟罩,防毒面具
　～ téléphonique　耳机,受话器
casquette *f* 套拱
　～ protectrice　通风孔保护盖
cassable *a* 脆的,不坚固的,破碎的,易碎的,可破碎的
cassage *m* 破碎,磨碎,打碎,破坏,折断
　～ à la main　人工破碎
　～ de minerai　破碎矿石,矿石分选
　～ de tige　钻杆扭断
　～ mécanique　破碎,轧碎
cassailler *v* 破坏,拆散,离析,分解
cassant, e *a* 易破裂的,易碎的,断裂的,交切的,脆的,易折断的
　～ à froid　冷脆
casse *f* 岩堆,崩塌堆积,山麓碎石,打碎,破坏,断裂,破裂,折断,破碎物,断裂物
casse-coke *m* 碎焦机,焦炭破碎机
casse-gueuse *m* 生铁破碎机
casse-motte *m* 碎泥块机,松软岩石破碎机,土块破碎机
casse-pierres *f* 碎石机,破碎机
casser *v* 折断,打碎
casserie *f* 碎矿选矿厂,纯富矿石
casse-siphon *m* 虹吸切断器
casse-tête *m* 难题,难做的工作,费神的工作,令人厌烦(难以承受)的声[噪]音

cassette *f* 盒,箱,匣,柜,箱体
casseur *m* 碎石机,碎石工人
casse-vide *m* 真空泄放阀
cassidylite *f* 磷钙镍石
cassinite *f* 钡正长石,条纹钡冰长石
cassis *m* 横向水沟,横穿道路的沟渠,(路面)突然凹陷,过路排水管道
cassitérite *f* 锡石
　～ fibreuse (supergène)　木锡石,纤锡矿
　～ hydratée　水锡石
cassitérolamprite *f* 黄锡矿
cassitérotantalite *f* 锰锡钽矿
cassure *f* 破坏,断口,断裂,折断,破裂,破坏端口,裂纹[口、隙、缝、面]
　～ à chaud　热裂
　～ à front　工作面附近的[顶板]冒落
　～ à grain　粒状破裂,颗粒裂面,粒状断口
　～ à nerf　纤维状断口,树枝状裂隙,纤维状裂面
　～ aciculaire　针状断口
　～ avec rejet　断层(有错动的裂隙)
　～ béante　张性裂隙
　～ brillante　光泽断口
　～ céroïde　多片状断口,裂碎断口,片裂
　～ cireuse　蜡状断口
　～ compacte　致密状断口
　～ conchoïdale, ～ conchoïde　贝壳状破裂,蚌线状裂面,贝壳状断裂,贝壳状裂面,贝壳状断口
　～ conique, ～ conoïde　锥状断口,楔形断裂
　～ courbe　弯曲状断口,弯曲裂隙
　～ crochue　锯齿状断口
　～ curviligne　曲线状裂隙
　～ d'exploitation au mur　底板(回采)裂隙
　～ d'exploitation au toit　顶板(回采)裂隙
　～ de distension　膨胀裂隙
　～ de faïence　陶瓷状断口
　～ de faille　断层裂隙
　～ de fatigue　疲劳断裂[裂纹],疲劳裂缝,疲劳断口
　～ de la soudure　焊缝裂纹
　～ de retrait　收缩裂隙,干缩裂隙
　～ de terrain　岩石破碎,岩石崩裂
　～ de toit　顶板破裂,顶板塌落
　～ dentelée　锯齿状断裂,锯齿状裂面
　～ diagonale　斜交裂隙,交切裂隙,斜纹状断口

~ du rail 钢轨折断
~ écailleuse 鳞片状断口
~ en coupelle 凹凸状断口,凹凸状断裂面,凹凸状断裂,凹凸状破裂
~ en forme de coin 楔形裂隙
~ en sifflet 斜削断裂,斜削裂面,斜破裂,斜断口,斜削破裂
~ esquilleuse 多片状断口,片裂,鳞片状断口
~ fibreuse,~ à fibres 纤维状断口,纤维状断裂
~ fragile 脆性断裂
~ granuleuse 粒状破裂,粒状断口,粒状断裂,颗粒断面
~ grasse 脂肪断口
~ grenue 粒状破裂,颗粒断面
~ grumeleuse 土状断口
~ hachée 参差状断口,锯齿状断口
~ inégale 参差状断口,不规则断口
~ irrégulière 不平整断口,不规则断口
~ lamelleuse 叶片状断口
~ laminaire 片状断口,层状断口
~ lisse 平滑断口,光滑断口
~ longitudinale 走向节理,走向裂隙,纵向裂缝[断裂]
~ lustrée 光泽断口,亮晶断口
~ mate 不透明断口,无光泽断口
~ minéralisée 矿化裂隙
~ nerveuse 纤维裂面,顺纹理裂开
~ nette 平滑断裂,光滑断口
~ oblique 斜节理,倾斜裂缝
~ ouverte(béante) 张性裂隙
~ plane 平滑断口,平坦断裂
~ plate 平整断口,平滑断裂
~ profonde 深部断裂,深部裂隙
~ raboteuse 不规则断口,粗糙断裂,摩擦裂隙
~ rugueuse 粗糙断口
~ saccharoïde 砂糖状断口
~ sans rejet 节理(无错动的裂隙)
~ schistoïde 板状劈理
~ simple 断裂,裂隙,缝隙(无错动)
~ terne 不透明断口,粗糙断口,无光泽断口
~ terreuse 泥土状断口
~ transcristalline 穿晶裂隙
~ transversale 横向裂隙
~ unie 平滑断口,平整断口

~ vitreuse 玻璃状断口
~ vive 光泽断口,亮晶断口
castaingite *f* 硫钼铜矿
castanite *f* 褐铁矾
castellite *f* 楣石
castelnaudite *f* 磷钇矿
castillite *f* 杂锌铅铜矿,杂斑铜矿,硫硒铋矿
castine *f* 灰岩,石灰岩,石灰石,熔剂石灰石
castor *m* castorite *f* 透锂长石
castreur *m* 土地测量者
casuel, elle *a* 偶然的,意外的,不定的,临时的,没有准则的
caswellite *f* 锰钙铁榴石
caszinite *f* 钡正长石
catabolisme *m* 分解代谢
cataclase *f* (岩石晶粒的)破碎,破裂,压碎岩,破裂岩
cataclasite *f* 碎裂岩,压碎岩
cataclastique *f* 碎裂构造;*a* 碎裂的,破裂的压碎的
~ de fraction 摩擦碎裂构造
cataclinal *a* 下倾的,顺向的
cataclysme *m* (地史上的)灾变,洪水,特大洪水,灾难
cataclysmique *a* 灾变的,洪水的
cataclysmologie *f* 灾变地貌(学)
catadioptre *m* 反光钉,猫儿眼
catafforite *f* 红闪石(红钠闪石)
~ potassique 钾红闪石
catagenèse *f* (沉积岩)后成作用,成岩变化,退化[作用],后退演化,深成热解作用,深埋后生作用,(生物)退化
catagénétique *a* 退化的,后成作用的,(地形)退化发育的,深成热解的
catagneiss *m* 深变片麻岩
~ à plagioclase 深变斜长片麻岩
catagraphe *f* 花纹石,变形石
catalogage *m* 编目(录)
catalogue *m* 条目,目录,书目,总目,一览表,产品样本,编入目录,编制目录,产品目录,产品说明书
~ de couleurs 颜色分类表
~ de données 数据分类表
~ de produits 产品目录
~ des crues 洪水记录

~ des pièces détachées 配件目录
~ des structurestypes de chaussées 路面结构类型一览表

cataloguer *v* 把……编目录，分类，分级

catalyse *f* 触煤(作用)，催化(作用)，接触剂

catalyser *v* 催化

catalyseur *m* 触媒剂，催化剂，接触剂；*a* 催化的，起触媒作用的
~ actif 活化催化剂
~ au quartz 石英催化剂
~ d'hydratation du ciment 水泥水化催化剂
~ naturel 天然催化剂
~ solide 固体催化剂

catalytique *a* 催化的

catamarbre *m* 碎裂大理石

catamétamorphique *a* 深成变质的，深变质的

catamétamorphisme *m* 深成变质作用，深变质

catangite *f* 硅孔雀石，胶硅铜矿

catanorme *m* 深变质带标准矿物(成分)

cataphote *m* 反光玻璃，夜光玻璃，信号灯光反射镜

catapleiite[catapléite] *f* 钠锆石

catapleiite-alpha *f* α钠锆石，斜方钠锆石

catapleiite-bêta *f* β钠锆石

cataracte *f* 急流，瀑流，大瀑布，跌水，河坎，瀑布，暴雨，奔流

Catarchéen *m* 远太古代；*a* 远太古代的

catarinine[catarinite] *f* 镍铁矿，镍铁陨石

cataspilite *f* 变堇青石，斑块云母

catastrophe *f* 灾变，灾祸，灾难，事故，(重大)事故，(大)灾难[祸]，毁坏
~ naturelle 自然灾害

catastrophique *a* 灾变的，灾变性的，灾害性的

catatectique *a* 深积(层)的，溶蚀残余(层)的

catathermal *a* 低温的

catavothre *m* 落水洞，水陷

catawbérite *f* 滑石磁铁岩

catazonal *a* 深带的，深变质带，高温变质带

catazone[katazone] *f* 深变质带，高温变质带，碎裂变质带，深[成]带

catégorie *f* 种类，类别，等级，范畴，级别，品级，分类
~ a a级储量
~ b b级储量
~ d'enrobés 沥青混合料分类
~ de bois 木材分类
~ de charbon 煤的品级
~ de chaussées 路面类型
~ de données 数据类别
~ de grosseur 粗细等级，粒级
~ de marchandises 货物种类
~ de pont 桥梁类型
~ de routes 道路等级，道路级别
~ de sol 土壤类别
~ de statistiques 统计类别，统计分类
~ de trafic 运输类别，交通分类
~ de trains 列车种类，列车等级
~ de véhicule 车辆类型
~ du travail 工作等级
~ du wagon (gestion centralisée du trafic marchandises) 车辆种类(货运集中管理)
~ géotechnique 工程地质分类
~ granulométrique 粒级，粒度范围

caténaire *f* 吊线，悬链线，选绳线，悬垂线，链式接触网，悬链式接触电线网

catenane *m* 链条，连锁

catène *f* 悬链线，选绳线
~ hydrostatique 静水力学悬链线，静水压悬链线

caténé, e *a* 连锁的，连续的

caténoïde *f* 悬链(曲)面，悬链垂度；*a* 链状的

caterpillar *m* 履带拖拉机

cathète *f* 直角边，股，焊脚，焊缝高

cathétomètre *m* 高差计，测微高计

cathimie *f* 含金矿脉，含银矿脉

cathkinite *f* 铁皂石

cathophorite *f* 磷钙钍石

cathoscope *m* 电子显像管，电视接收管

catin *m* 坑，水坑，集水池

catlinite *f* 烟斗泥

catoptrique *a* 反射的，反光的

cauliforme *a* 尖的，锐利的

causalité *f* 原因，因果关系，因果率

cause *f* 原因，起因，事业，动机，案件
à ~ de 由于……，因为……
~ d'accident 事故原因
~ d'un dérangement 故障原因
~ des pertes de temps 晚点原因
être ~ de 致使，是……的原因
~ humaine d'accident 人为造成事故
~ météorologique 气象因素
pour ~ de 由于
~ s systématiques de retards 规律性误点原因

causse *f* 喀斯，高斯高原

caustique *m* 腐蚀剂；*a* 苛性的,腐蚀性(强)的
caustobiolithes *f. pl* 可燃性生物岩,可燃性有机岩
cautère *m* 腐蚀剂,烧灼剂
caution *f* 保函,担保,保证金,保证人
　～ bancaire　银行担保,银行保证(金)
　～ de banque　银行保函,银行保证书
　～ de bonne exécution　履约保函,实施项目保函,履约保证书,履约保证金
　～ de bonne fin　履约保函
　～ de participation à une adjudication　押标金,投标担保(金),投标保函,投标保证书
　～ de restitution　还款保函
　～ de soumission　投标保函,投标保证书
　～ judiciaire　司法制定担保
　～ légale　法定担保
　～ personnelle　属人担保
　～ provisoire　投标保函,投标保证书
　～ réelle　属物担保
　～ solidaire　连带担保
　～ solvable　偿债担保
cautionnement *m* 保证,保险金,保证书,保证金,履约保函,履约保证金,实施项目保函
　～ bancaire　银行担保(书)
　～ commercial　商业担保(书)
　～ conjoint　联合担保(书)
　～ de bonne exécution　履约保函,实施项目保证金,保证书
　～ de bonne fin　履约保函,履约保证书
　～ de restitution d'avance　预付款保函
　～ définitif　履约保函,履约保证书
　～ déposé　交付保证金
　～ hypothécaire　抵押担保(书)
　～ mutuel　相互担保(书)
　～ provisoire　投标保函,投标保证书
　～ reçu　收到的保证金
　～ versé　保证金
caution *f* 担保
　～ s et avals　开具信用证、保函、各种担保手续费
cavage *m* 洞,穴,坑,风蚀
　～ en rétro　路刮,刮路器,刮路机
cavalier *m* 土堤,游码,吊夹(接触导线),跳线,跨线,搭接线,扒钉,U形钉,桥式整流装置,弃石场,(上推下出的)材料堆,接线柱,跨接线,废土堆,搬运器
　～ crampon　扒钉,U形钉
　～ d'anode　(电子管内的)阳极桥
　～ d'injection　灌浆帽

　～ de butée　限位卡
cavalorite *f* 奥长正长岩
cavansite *f* 水硅钒钙石
cave *f* 凹槽,岩洞,地窖,洞穴,溶洞,塌落,(钻)井壁孔穴,地下室；*a* 凹的,塌陷的,洞穴的
　～ de stockage　储藏室
caveau *m* 地下室(防放射性物质的)
caver *v* 掘,挖,使凹陷,掘土,挖洞
caverne *f* 洞穴,洞室,空洞,孔洞,山洞,溶洞,石灰岩岩洞,蜂窝(混凝土的缺陷),喀斯特溶洞,地下站[所、室]
　～ carstique　溶岩岩洞
　～ de dissolution　溶洞,溶解孔洞
　～ de lave　熔岩岩洞
　～ de transformateur　地下变压站
　～ karstique　喀斯特溶洞
　～ par le délitage　崩塌洞穴
caverneux, euse *a* 洞穴的,多洞穴的,多孔的,洞穴状的,海绵状的,多穴的
cavernosité *f* 多孔性,孔隙性
cavet *m* 凹弧饰
cavitation *f* 空化,空蚀,成穴,空泡,穴蚀,洞穴化,气窝现象,气蚀(作用),穴塌作用,空穴现象,(流线型物体后面的)涡穴,蠕变裂缝的研究,空化作用(超声波的)
　～ critique　临界空化(现象)
　～ d'une pompe　泵的空蚀
　～ de structure　结构空化
　～ initiale　初生空化
cavité *f* 洞,室,穴,孔,窝,膛,溶穴,空腔,空穴,孔室,气孔,孔隙,空泡,凹槽,孔穴,凹口,砂眼(缺陷),插孔,气泡,插座,空腔谐振器,(岩石中的)孔隙,岩石中的裂缝
　～ accordée　已调空腔谐振器
　～ d'air　空泡,气穴,气孔
　～ de contraction　收缩孔
　～ de dissolution　溶洞
　～ de fond d'un puits　井下溶洞
　～ de moulage　铸件缩孔(砂眼)
　～ de rocher　岩洞
　～ du klystron　速调管谐振腔
　～ électromagnétique　谐振腔,空腔谐振器
　～ gastrique　腹腔
　～ isolante　排气道,通风道,气道
　～ karstique　岩溶洞,卡斯特溶洞
　～ minière　坑探工程,山地工程,矿山工程
　～ obstruée　填充穴,充填洞穴

~ ouverte 开口穴
~ partielle 局部空穴，局部空泡
~ périodique 周期性空穴
~ repliée 折叠空腔(速调管)
~ résonnante 空腔谐振器，谐振腔
~ résonnante d'échos artificiels 回波室，回波谐振器
~ souterraine 地下洞，地下穴孔，地下空穴
~ sphérique 球形空穴
~ stabilisatrice 恒定空穴，定常空泡
~ t. r. 收发开关(一种充气波导管空腔，用以保护接收机)
~ tourbillonnaire 涡穴

cavolinite f 霞石，碱钙霞石
cawk[cauk] m 纤重晶石，菱页重晶石
caye m 小礁岛，小珊瑚礁，砂礁，礁砂丘，砂岛，沙洲
cayeuxite f 球黄铁矿(黄铁矿结核)
caysichite f 碳硅钙钇石
cé de rivetage 铆接机，弓形风动铆钉枪
cebaïte f 氟碳铈钡矿
cébollite f 纤维石
cécérite f 铈硅石
cécilite f 黄长白榴岩
cédarite f 塞达琥珀脂(松脂石)
céder v 转让，出让，放弃，弯折，消失
~ le passage 让路(从支路进入干道，让干道车辆先行)
~ son fonds de commerce 转让营业资产
~ un droit 放弃权利

cédrie f 杉树脂
cédrisite f 透辉白榴岩
cefluosil m 铈氟硅石
cégamite f 水锌矿
ceinturage m 捆，束，缠
ceinture f 带，箍，捆，束，缠，绕，矿带，区域，围墙，环带，饰带，腰带，轮箍，桁条，带状物，保险带，环绕物，装饰条，转轮下环
~ alpine 阿尔卑斯造山带
~ climatique 气候带
~ d'amarrage 系留索，安全带
~ d'arrimage 系货绳，缆绳
~ d'évitement 避车带
~ de boue 滨岸淤泥带
~ de chevauchement 逆掩断层带，推履带
~ de feu 火山(成因)带，火山岩带
~ de feu du pacifique 太平洋火山岩带，太平洋活动带
~ de moraines 冰碛带
~ de pluie 雨带
~ de pluie des vents d'ouest 西风多雨带
~ de récifs 礁带，岩礁带
~ de récifs-barrières 堡礁带，堤礁带
~ de sauvetage 救生带，救生圈
~ de sécurité 安全带
~ de segment 卡环，活塞环
~ de sûreté 安全带
~ de van Allen 辐射带，放射带
~ de verdure 绿化地带，绿带
~ désertique 沙漠地带，荒漠带
~ équatoriale 赤道带
~ froide 冷带
~ géographique 地理区，地理带
~ géologique 地质区域，地质带
~ géosynclinale 地槽带，地槽褶皱带
~ mésogéenne 梅佐热造山带(地中海褶皱带)
~ métallogénique 成矿带
~ minéralisée 矿带，矿化带
~ mobile 活动带
~ morainique 冰碛脊，冰碛垄
~ orogénique tertiaire 第三纪造山带
~ péripacifique 环太平洋成矿带，环太平洋褶皱带
~ plissée 褶皱带
~ subtropicale 亚热带
~ thermique 高温带
~ tropicale 热带
~ verte 绿化地带
~ volcanique 火山带，火山岩带

céladon m 淡绿色，嫩绿色；天河石
céladonite f 绿鳞石
célanite f 方铈铝钛矿
célérité f 速度，速率，迅速，扩散速度
célestialit(h)e f 陨地蜡
célestine f 天青石
célestinique a 天青石的
célestobaryte f 锶重晶石
cellophane f 玻璃纸
cellulaire a 蜂窝状的，分格式的，隔离的，框格状的，细胞状的，多孔状的，格子状的，细胞组成的
cellule f 电池，小室，框格，容器，盒，电池，单元，元件，光电管，格形结构
~ à air 气泡
~ à haute tension 高压间隔(室)

~ à mesurer la pression de gonflement 膨胀压力盒(一种压力传感器)
~ blindée 金属外壳,(电气设备的)配电箱
~ d'injection 灌浆盒
~ de charge 荷载传感器,测力传感器
~ de contrainte 应力盒
~ de couplage à BT 低压柜连接单元
~ de data 数据单元
~ de départ 出线间,(电气设备的)输出馈电箱
~ de détection 探测头,探测器
~ de disjoncteur 自动断路器开关盒
~ de fluage 蠕变传感器
~ de lavage 净化室
~ de mesure 测定仪,测定元件,量测盒
~ de mesure pour charges 荷载测定仪,荷载传感器
~ de précipitation 核心降水区
~ de pression 压力盒,孔隙压力计,压力传感器,测压仪
~ de pression constante 恒压室
~ de pression des terres 土压力盒,土压力计
~ de pression hydrostatique 静水压力盒
~ de pression interstitielle 孔隙压力计,孔隙压力盒,孔隙水压力盒
~ de pression totale 总压力盒
~ de tassement 沉降盒
~ de transfert 固定衰减器
~ dynamométrique 测力盒,测力计
~ grillagée (电气设备的)保护罩
~ ht/bt (traction électrique) 高压/低压单元(电力牵引)
~ hydraulique 液压盒,液压传感器
~ hydrométrique à corde vibrante 振弦式测湿器,钢弦式测湿仪
~ hygrométrique 湿度(测量)盒
~ manométrique 气压计,压力盒,压力传感器
~ piézoélectrique 压电传感器
~ piézométrique 压力盒,测压盒
~ ponctuelle (détecteur) 瞬时值插测器
~ triaxiale 三轴测力盒,三轴试验仪,三轴压力室

celluleux *a* 细胞状的,蜂窝状的,多孔的
cellulos *m* 明胶
cellulose *f* 纤维素,木质部
~ de bois 本质纤维
cellulosique *a* 纤维素的,木质部的,纤维质的,纤维性的

céloron *m* 层压夹布胶木
celotex *m* 隔音板,隔热板,纤维板,木屑板(用木质纤维压制的绝缘板,隔热板,隔音板)
celsian *m* **celsiane** *f* 钡长石
Celsius *m* 摄氏温度
cément *m* 胶结,胶结物,黏结剂,胶合剂,水泥,(固体)渗碳剂
cémentation *f* 硬化,黏结,黏合,渗碳处理,硬化处理,置换沉淀,胶结作用,水泥胶结,水泥灌浆,水泥封闭,渗碳法,硬化,掺碳法,灌水泥浆,黏结作用
~ à haute pression 高压胶结
~ au carbone 渗碳
~ granulaire 颗粒胶结
~ à haute pression 高压胶结
cémenter *v* 掺碳,灌水泥浆,使黏结起来
cémenteux, euse *a* 黏结的,胶结的,水泥质的,水泥似的
cémentite *f* 镰碳铁矿(胶铁),陨碳铁矿,碳化铁体,渗碳体
CEN (comité européen de normalisation) 欧洲标准化委员会
cendré *a* 灰色的,苍白的
cendre *f* 灰分,火山灰,粉尘,(煤)灰分,矿渣,灰,炉灰,炉渣,熔渣
~ bleue 蓝色碱性碳酸铜
~ d'andésite 安山岩灰
~ de bois 木灰
~ de charbon 煤灰
~ de foyer 炉灰,炉渣
~ de lignite 褐煤炉渣
~ de soda 苏打灰,碱面
~ dolomitique 白云石灰
~ folle 烟灰,(粉)煤灰
~ noire 泥褐煤,黑灰
~ permienne 沥膏白云石
~ rouge 褐煤灰
~ verte 孔雀石,多孔孔雀石,石绿
~ volante 烟灰,粉煤灰
~ volante acide 酸性粉煤灰
~ volante active 活性粉煤灰
~ volante basique 碱性粉煤灰
~ volante neutre 中性粉煤灰
~ volante silicoalumineuse 硅铝粉煤灰
~ volante sulfocalcique 硫钙粉煤灰
~ s volantes à faible teneur en chaux 低含量石灰飞灰

~ s volantes à haute teneur en chaux 高含量石灰飞灰
~ s volcaniques 火山灰,火山渣,火山岩屑
cendrées *f. pl* 灰性土壤
cendrer *v* 撒灰,掺灰,使成灰白色
cendreux *a* 含灰的,火山灰的,灰色的
cendrier *m* 灰箱,灰坑,炉灰箱
~ en forme d'entonnoir 斗式灰箱
cendrière *f* 泥碳,泥煤,泥炭田
cendrocim *m* 粉煤灰—石灰混合料
cénosite[kainosite] *f* 碳硅铈钙石
cent *m* 百,分(美国辅币名,1 分＝1/100 美元)
centaine *f* 百个,百来个,百位数
centésimal, e *a* 百分(之一)的,百进(位)的,百分的
centi- (前缀)厘,百分之一
centibar *m* 厘巴(压力单位)
centième *a* 第一百的
centigrade *m* 百分之一度,摄氏温度
centigramme *m* 厘克(符号为 cg)
centilitre *m* 厘升(符号 cL)
centime *m* 生丁(法国辅币)
centimètre *m* 厘米(符号为 cm)
~ carré 平方厘米(符号 cm^2)
~ cube 立方厘米(符号 cm^3)
centimillimètre *m* 忽米(1/100000 米)
centistoke *m* 厘斯(动力黏度单位)
centrage *m* 定心,对中心,调准,中心校正,定[中]心,核准,调整,校正中心,定重心,定形心,垂准,定心法
~ automatique 自动定位,自动定心,自动调整,自定中心
~ axial 按中心线定中心
~ de bulle de niveau 水准气泡对中
~ de l'image 图像中心调整
~ de la bulle 定(水平仪)气泡中心
~ du faisceau 射线中心调整,定射术中心
~ électrique 电图像中心调整
~ glissant 滑装
~ horizontal 图像水平合轴调整
~ inférieur 下导环
~ mécanique 机械合轴调整,机械定心法
~ optique 光学垂准
~ supérieur 上导环
central *m* 电话局,电话交换局,通信中心,通信枢纽,(电报)总局
~ d'eau glacée 制冷机房
~ de communication 转换站,开关所,配电所
~ de conditionnement d'air 空调机房
central, e *a* 总的,中心的,中央的,电话总机,电话总局
centrale *f* 发电厂,发电站,站,台,中心,系统,中心站,中心台,中央机关
~ à aéro-électrique 风力发电站
~ à béton 混凝土搅拌装置,混凝土搅拌站,混凝土拌和设备,混凝土拌和厂,混凝土生产系统,混凝土拌和楼
~ à coulis 灰[水泥]搅拌设备,灰[水泥]拌和厂
~ à gâchées discontinues 分批拌和设备,间歇式拌和设备
~ à tour 拌和塔
~ à tour pour mélanges hydrocarbonés 塔式沥青拌和设备
~ automatique de fabrication de béton de ciment 水泥混凝土自动拌和厂
~ d'enrobage 沥青混合料拌和厂,沥青混凝土配料装置
~ d'enrobage mobile 移动式沥青混合料拌和厂
~ d'injection 灌浆站
~ de bétonnage 混凝土搅拌站
~ de chantier 工地发电站
~ de concassage-broyage 碎石磨石厂
~ de concassage-criblage 轧碎—筛分装置厂
~ de criblage-lavage 筛石洗石厂
~ de dosage 集中配料中心(混凝土),配料中心
~ de force motrice 动力装置,动力站
~ de machines 机器房
~ de mélange 集中拌和厂,拌合中心(混凝土),拌和厂
~ de mesures 数据记录器,数值记录表,巡回检测器
~ frigorifique 中央制冷装置
~ industrielle 企业自备电厂,工厂自用电厂
~ isolée 隔离电站(远离其他建筑物),隔离中心,企业自备电厂,独立发电站
~ marémotrice 潮汐发电站
~ mobile d'enrobage continu 移动式连续沥青混合料拌和厂
~ pour béton préparé 商品混凝土拌和厂
centralisation *f* 集中,集中化
~ comptable des gares 车站集中核算
centraliser *v* 集中
centrallassite *f* 白钙硅石(白钙沸石)
centré *a* 同心的,向心的

centre *m* 台,所,站,局,中心,核心,顶尖,枢纽,中心点,中心机构
~ d'entretien 养护站,养路中心,维修中心
~ d'entretien des routes 道路养护中心
~ d'équilibre 平衡中心
~ d'essai 中心试验站,试验中心
~ d'étude des transports urbains(CETU) 城市运输研究中心
~ d'Étude du Bâtiment et des Travaux Publics (CEBTP) 房屋和公共工程研究中心
~ d'étude et de recherche de l'industrie des liants hydrauliques(CERILH) 水硬性结合料工业设计研究中心
~ d'études et de recherches 设计研究中心
~ d'études et de recherches de phosphates minéraux 磷酸盐矿物研究中心
~ d'Études et de Recherches des Charbonnages de France 法国煤炭研究中心
~ d'études supérieures de prospection 地质地球物理勘探高级研究中心
~ d'Études Techniques de l'Équipement(C.E.T.E.) 设备技术研究中心
~ d'Évaluation et de Recherches sur les Nuisances(CERN) 公害评价和研究中心
~ d'expérimentation 实验中心
~ d'Expérimentation Routière(CER) 道路试验中心
~ d'exploitation 开发中心,经营中心,管理中心
~ d'exploitation technique et d'interprétation photographique 航摄照片判读计技术开发中心
~ d'explosion 爆发中心
~ d'homologie 等角点
~ d'Hydrogéologie et Géochimie 水文地质和地球化学研究中心
~ d'impact 撞击中心
~ d'inertie 惯性中心,惯心
~ d'information 信息中心
~ d'information sur le réseau 网络信息中心
~ d'instrument 仪器中心
~ d'oscillation 摆动中心,振动中心
~ d'un séisme 震源,震中
~ d'usinage 加工中心
~ d'Utilisation des Matériels d'Auscultation à Grand Rendement(CUMAGR) 高效率量测仪器使用中心
~ de calcul 计算中心
~ de cercle 圆心
~ de charge 荷载中心
~ de cisaillement 剪切中心,剪力中心
~ de communication 交换中心,通信中心,通信中心,同心枢纽
~ de contrôle 控制中心,监督中心,指挥中心
~ de contrôle et de coordination du trafic 交通管制及协调中心
~ de courbe 曲线中心
~ de courbure 曲率中心
~ de courbure principale 主曲率中心
~ de coûts 成本核算中心
~ de croisement 交会点,检查点,检查站,交叉点
~ de cube 立方体中心
~ de dégroupement 零担货物分发站
~ de détection d'incendie 火灾监测中心
~ de dispersion 扩散中心
~ de documentation 资料室,情报中心,文献中心,资料中心,情报研究所
~ de figure 图形中心,形心
~ de flexion 弯曲中心,挠曲中心
~ de flottement 浮心
~ de gestion de messages (gestion centralisée du trafic marchandises) 信息处理中心(货运集中管理)
~ de giration 回旋中心
~ de gravité 重心,重力中心,形心外距
~ de gravité d'une aire 矩心,形心
~ de groupement 零担货物集结站
~ de gyration 旋心,回转中心,回旋中心
~ de l'impact 撞击中心
~ de la route 路中心
~ de la ville 市中心
~ de location 定位中心
~ de masse 质量中心,质心
~ de percussion 撞击中心,击心,冲击中心,撞击点
~ de pesanteur 重心
~ de pivotement 旋转中心,转动中心
~ de préparation d'agrégats 集料准备中心,集料加工中心
~ de pression 压力中心,压强中心
~ de recherche d'urbanisme(CRU) 市政研究中心
~ de recherches routières(CRR) 道路研究中心
~ de recherches scientifiques 科学研究中心,学

术研究中心
~ de répartition 调度中心,中心控制室,维修中心
~ de rotation 转动中心,旋转中心
~ de rotation d'aiguille 辙轨旋转中心
~ de rotation du moment 力矩转动中心
~ de roue 轮心
~ de sécurité 安全中心,安全局
~ de service 服务中心,服务站,修理站
~ de sphère 球心
~ de suspension 悬心,吊点,悬点,悬置中心
~ de symétrie 对称中心
~ de torsion 扭转中心,扭心
~ de traitement de données 数据处理中心
~ de traitement de l'information 信息处理中心
~ de traitement des données (traitement de l'information) 数据处理中心(信息处理)
~ de transbordement 换装地点,换装站
~ de triage 编组站,编组场
~ de voirie 道路管理中心,道路管理处
~ des moments 力矩中心,矩心
~ des télécommunications 通信枢纽站,通信站
~ du cercle circonscrit 外接圆心
~ du cercle exinscrit 旁切圆心
~ du cercle inscrit 内切圆心
~ élastique 弹性中心
~ Expérimental du Bâtiment et des Travaux Publics (CEBTP) 房屋和公共工程实验中心
~ fixe 固定中心
~ géométrique 几何中心
~ industriel 工业中心
~ informatique 计算中心,信息中心,数据处理中心
~ instantané 瞬时中心
~ intermédiaire 中间中心
~ mécanographique inter-arrondissemnt 局际统计处(运输分局)
~ météorologique 气象局,气象台
~ minier 矿业中心,采矿中心
~ National d'Information Routière (CNIR) 国家道路情报中心
~ National de la Recherche Scientifique 国家科学研究中心
~ National de Recherches Scientifiques et Techniques pour l'Industrie Cimentière 国家水泥工业科学技术研究中心
~ récepteur radioélectrique 无线电接收中心
~ routier 道路枢纽
~ Scientifique et Technique du Bâtiment (CSTB) 房屋建筑科学技术中心
~ social 居住区中心,乡镇中心
~ soins 服务中心
~ Technique et Industriel de la Construction Métallique (CTICM) 钢结构工业技术中心

centrer v 定中心,对中心,集中
~ dans... 放在……上面,装在……里面
centriclinal m 向心倾斜褶皱的,中心倾斜
centrifugateur m 离心机
centrifugation f 离心,离心分离,离心法,离心作用
~ des boues 污泥离心
~ fractionnée 分级离心
centrifuge m 离心作用,离心机;a 离心的,离心分离的
~ géotechnique 土工离心试验机
centrifugeur m 离心机,离心泵,离心装置
centrifugeuse f 离心机,离心装置
~ horizontale 水平式离心制管机
~ pour tuyaux en ciment 离心制水泥管机
centripète a 向心的
centroïde f 质量中心,形心,矩心,质心
~ de masse 质量中心
~ plastique 塑性重(形)心
centrosphère f 地心圈,地核
centrosymétrique a 中心对称的
centrum m 心,中心,中核
centuple a 百倍的
cependant conj 可是,但是,然而
céphalique a 头的
céracé, e a 蜡状的,蜡质的
cérachate f 蜡状玛瑙
céraltite f 方铈铝钛矿
céramal m 金属陶瓷,陶瓷合金,粉末冶金学,热强合金
céramet m 金属陶瓷,陶瓷合金
céramicite f 瓷土岩,陶瓷状火山岩,堇青流纹岩
céramique f 陶器(陶砖、釉面瓦、瓦管等),陶瓷,陶瓷原料,陶瓷制造术;a 陶瓷的,陶质的,制陶的
~ architecturale 建筑陶瓷
~ métallique 金属陶瓷
~ piézoélectrique 压电陶瓷
céramohalite f 毛矾石
cérapatite f 铈磷灰石
cérasine f 白氯铅矿,角铅矿

cérasite *f* 白氯铅矿,角铅矿,堇青石,樱石
cérates *f. pl* 角矿类
cératolithe *f* (钙质超微化石)弯角形石
cératophyre *m* 角斑岩
　～ quartzifère　石英角斑岩
cératophyrique *a* 角斑岩的
céraunias *m*　**céraunie** *f* 玉,软玉
céraunographe *m* 雷击次数记录器
céraunomètre *m* 雷电计,雷击强度测量器
cerce *f* 环,箍,样板,模型,箍框架(圆的),环形钢筋,环箍钢筋,曲线样板
　～ circulaire　环形钢筋,内径样板,园筛框架,圆箍
　～ de dégrossissage　基准梁,修整样板
　～ de fin de réglage　样板,整平板
　～ de finition　精加工曲线样板
cerceau *m* 箍
cerclage *m* 环绕,弯成圆形,捆扎(包裹),加扎带子,加箍,安装轮箍,安装涡轮外环
cercle *m* 箍,圆,圈,环,度盘,循环,轮箍,轨道,圆周,环圈,范围,领域,圆圈,圆盘,俱乐部,环形件,周期循环
　～ agrafe　扣环,紧箍环
　～ agrafe de bandages de roues　轮箍扣环
　～ antarctique　南极圈
　～ arctique　北极圈
　～ asymptotique　渐近圆
　～ circonscrit　外接圆
　～ s concentriques　同心圆
　～ critique　临界圆
　～ d'activités　活动领域
　～ d'alignement　经纬仪,水平度盘
　～ d'altitude　地球纬圈,等高圈,地平经圈,竖直度盘
　～ d'attache　安装箍,固定圈
　～ d'azimut　方位圈,地平经圈,方位度盘
　～ d'entretoise　座环
　～ d'étalonnage　校准圆环
　～ d'évitage　(车辆)回转圆(以直径计)
　～ d'impact　冲击循环
　～ d'inertie　惯性圆
　～ d'influence　影响圆
　～ de balayage　圆形扫描
　～ de base　基圈
　～ de charge　吊环,吊重环
　～ de compas　罗盘(分度)圈,罗经(度)盘
　～ de foudre　桶箍
　～ de friction　摩擦圆
　～ de frottement　摩擦圆,摩阻圆
　～ de garde　研磨圈
　～ de glissement　滑动圆,滑移圆
　～ de guidage　导环
　～ de hauteur　等高圈,地平维圈
　～ de la manivelle　曲柄圆
　～ de milieu de talus　中点圆
　～ de Mohr　莫尔(应力)圆
　～ de Mohr des contraintes　莫尔应力圆
　～ de Mohr des déformations　莫尔应变圆
　～ de pied de talus　坡脚圆
　～ de pierre　石环
　～ de piston　活塞环
　～ de référence　参照圆,参考圆
　～ de retenue　轮箍扣环
　～ de rotation　旋转环
　～ de roulement　车轮踏面,走行踏面,基圆
　～ de rupture　破裂圆,剪损圆
　～ de sûreté　安全环
　～ de suspension　吊环
　～ de talus　坡圆
　～ de tête de foudre　桶头箍
　～ de vannage　控制环
　～ de vernier　(仪器)游标盘
　～ de visée　测角仪,测角盘
　～ de voûte　拱圈
　～ des contraintes　应力圆
　～ des contraintes correspondant à la rupture　破坏应力圆
　～ des trous　(齿轮的)节距圆
　～ en feutre　毡环
　～ excentrique　偏心圆
　～ exinscrit　旁切圆
　～ fendu　开口环
　～ fermé　闭口环
　～ géodésique　水平度盘,大地圆
　～ gradué　刻度盘,分度盘
　～ gradué d'azimut　方位刻度盘,水平瞄准刻度盘
　～ horaire　时圈
　～ horizontal　水平度盘
　～ imaginaire　虚圆
　～ inscrit　内切圆
　～ limite　极限应力圆
　～ longitude　子午圈,经度圈,黄经圈
　～ marqueur　标记圈

~ méridien 子午仪
~ non fermé 开口环
~ orienté 定向圆,有向圆
~ s orthogonaux 正交圆
~ osculateur 相切圆
~ parallèle 纬(度)圆,平行圈
~ polaire 极圈
~ polaire arctique 北极圈
~ primitif 基圆,节圆(齿轮的)
~ repère de distance 距离圆环标记
~ répétiteur 复测经纬仪度盘
~ séismique 地震圈
~ tangent 切圆
~ s tangents 相切圆
~ vertical 垂直圆,竖直度盘,地平经圈
~ vertueux 良性循环
~ vicieux 恶性循环

cercler *v* 箍,围绕,弯成圆形,捆扎(包裹),加扎带子

cercleuse *f* 捆扎机,(包裹)捆带器
~ électrique 电动捆扎机

cérémonie *f* 仪式,典礼
~ de jonction des lignes 接轨典礼
~ de la mise en chantier (破土)开工典礼,开工[破土]仪式
~ de la mise en service 竣工[落成]典礼

cérépidote *m* 褐帘石
cérérine *f* 褐帘石
cérérite *f* 铈硅石,褐帘石
cérésine *f* 精制地蜡,纯地蜡,白地蜡
cerfluorite *f* 铈萤石
cergadolinite *f* 铈硅铍钇矿
cérhomilite *f* 铈硅硼钙铁矿
cérianite *f* 方铈石
cérifère *a* 含铈的
cérine *f* 脂褐帘石,二氧化铈
cérinite *f* 杂白钙硅石(杂白钙沸石),蜡质体,蜡树质体
cériopyrochlore *m* 铈烧绿石
cérite *f* 硅铈石
cermet *m* 金属陶瓷,陶瓷合金
cernyite *f* 铜镉黄锡矿
céroïde *a* 锯齿状,参差状(断口)
cérolite *f* 杂蛇纹镁皂石,蜡蛇纹石
cérorthite *f* 铈褐帘石
cerozem *f* 灰钙土,灰色草原土
cerphosphorhuttonite *f* 磷硅钍铈石

certain, e *a* 肯定的,确定的,确实的,确信的,有把握的
certainement *adv* 肯定地,当然,确实地
certes *adv* 当然,的确
certificat *m* 凭证,证书,证明书,执照,合格证,许可证
~ d'agréage 验货证明书
~ d'agrément 许可证,执照
~ d'aptitude professionnelle 专业技术鉴定书,专业能力证书
~ d'assurance 保险凭证,保险证明书
~ d'assurance sur marchandises 货物保险证明书
~ d'autorisation d'exploitation à l'étranger 对外经营资格证书
~ d'embarquement 海关货物出口许可证
~ d'entrepôt 仓库存货单,仓单
~ d'épreuve 检验合格证(书),检验执照,试验证书
~ d'essai 试验单,试验证书,检验合格证(书),检验执照
~ d'existence 注册登记证明(书)
~ d'exportation 出口证明书
~ d'immatriculation au registre du commerce 商业登记证,营业证
~ d'importation 进口证书
~ d'origine 原产地证明书,货物产地证明书
~ d'authentification du système de gestion de qualité 质量管理体系认证证书
~ de capacité 资格证书
~ de caution 担保证书
~ de classification de crédibilité [solvabilité] 信用等级证书
~ de code d'organisme 组织机构代码
~ de conformité 合格证(书)
~ de conformité aux normes sur le système de gestion de la qualité 质量管理系统认证证书
~ de dépôt 货物存单
~ de dommage 残损证明书
~ de douane 关税单,关税证明书
~ de garantie (质量)保证书,(担保)证明书
~ de la personne morale 法人代表证书
~ de mesure 测量合格证,测量证明书
~ de moralité fiscale 完税证明
~ de qualification et de classification 资质和等级证书
~ de qualité (质量)合格证,质量证明书

～ de rating　资质等级证书
～ de réception　接收证书,验收证书,(工程)验收单
～ de recette et de prise en charge　接交单
～ de résidence　居住证
～ de sécurité　安全证书
～ de tonnage　吨位证明书
～ de transfert　转让证书
～ de transit　过境证书,过境证
～ de transport　运输证书,运输执照
～ de visite　检查证明书
～ des biens du magasin　仓库货物验证单
～ du bureau d'inspection et d'examen des marchandises　商品检验据证明书
～ en consultation des travaux　工程咨询资格证书
～ en contrôle d'essai des travaux routiers　公路工程试验检测资质证书
～ en contrôle et suivi des risques géologiques　地质灾害工程监理证书
～ en étude des risques géologiques　地质灾害工程设计证书
～ en étude des travaux　工程设计证书
～ en levé　测绘资质证书
～ en protection des eaux et du sol contre érosion　水保资质证书
～ en reconnaissance des risques géologiques　地质灾害治理工程勘察证书
～ en reconnaissance des travaux　工程勘察证书

certification　*f*　证明,检定
　　～ de la sécurité　安全验证
certifier　*v*　证明,证实
　　～ conforme à l'original　证明与原件相符
certitude　*f*　确实性,可靠性
céruléine[céruléite]　*f*　块砷铝铜石
cérulène　*m*　杂碳钙铜矿,蓝绿色万解石
céruléofibrite　*f*　毛青铜矿
céruse　*f*　白铅矿,铅白,铅粉
cérvantite　*f*　黄锑矿
césium-kupletkite　*f*　铯锰星叶石
cessation　*f*　停止,终止
　　～ de paiements　停止付款,止付
　　～ du service　停止工作
cesse　*f*　停止,停歇
cesser　*v*　停止,停歇,中断,中止
　　sans ～　不停地,不断地
　　～ l'exploitation　停止运营,停止营业
cession　*f*　转让,让与,出让

～ des biens　财产转让
～ inter-unités　单位间的转让
ceylanite[ceylonite]　*f*　铁镁尖晶石
ceyssatite　*f*　硅藻土
CGS(centimètre-gramme-seconde)　厘米—克—秒单位(制),cgs 制
chabacite[chabazite]　*f*　菱沸石
chable　*m*　吊索,起重索
chabotte　*f*　砧,铁砧
chacaltaïte　*f*　氟钾云母,绿块云母,白云母
chacodite　*f*　黑硬绿泥石
chaille　*f*　卵石,碎石,燧石,硅质结核,黑硅石
chaînage　*m*　链测距离,链锁作用,用链捆,(用测链)测量长度,链测
　　～ discontinu　断链
chaîne　*f*　链,脊,山脉,山链,测链,电路,链条,回路,测链,链尺,测尺,环节,序列,雷达网,顺序性,传送带,测量线,三角锁,构造带,褶皱带,连贯性,链式电路,链状构造,流水作业线
　　～ à articulation　铰接链,连接链
　　～ à crochets　吊钩链
　　～ à godets　链泵,挖斗链,铲斗链,多斗挖泥机的斗链,链斗式提升机
　　à la ～　流水作业
　　～ à mailles　环链
　　～ à maillons　环链
　　～ à maillons courts　短节链
　　～ à maillons étançonnés　环链
　　～ à maillons longs　长节链
　　～ à neige　雪链(防滑用的)
　　～ à raclettes　刮板式输送机,(刮式)板链传送器
　　～ à racloir　链式刮运带
　　～ à rouleaux　滚轮链,滑轮链,滚子链
　　～ alimentaire　给水线路,给水通道
　　～ antécambrienne　前寒武纪褶皱(带)
　　～ anticlinale　背斜山脉,背斜系列
　　～ antidérapante　防滑链
　　～ anti-neige　防(雪)滑链,雪地防滑链
　　～ anti-patinage　防(冰)滑链
　　～ anti-verglas　防(薄冰)滑链
　　～ câble　缆索链
　　～ calédonienne　加里东褶皱带
　　～ calibrée　校准链,测链
　　～ cinématique　传动链
　　～ cyclique　链环
　　～ d'alimentation　供电网
　　～ d'alimentation en énergie électrique　供电线

路(系统)
~ d'ancre 锚链
~ d'arpentage 测链
~ d'arpenteur 测链,钢尺,测线,卷尺
~ d'arrêt d'urgence 跳闸(解扣)电路,事故停堆线路
~ d'arrimage 加固链
~ d'assemblage 装配传送带
~ d'asservissement 回馈电路,反馈电路
~ d'attelage 车钩链
~ d'auto-maintien 自锁电路
~ d'élévateur 起重链索,吊链
~ d'évacuation 弃土堆送机
~ d'opération 操作次序,作业顺序
~ d'usinage 机加流水生产线
~ de charge 起重链
~ de chenille 履带
~ de collines 丘陵,山脉
~ de collision 碰撞(构造)链
~ de commande 传动链,驱动链
~ de couverture (沉积)盖层褶皱带
~ de creusement (挖沟机的)挖掘链
~ de crochet 吊钩链
~ de fabrication 生产线,流水作业线
~ de frein 制动链
~ de géosynclinal 地槽山链,大向斜山脉
~ de levage 吊链,提升,起重链索
~ de maconnerie (墙身)石块带层,(建筑物)其实加固层
~ de mesure 测量通道,测量线路
~ de montage 装配流水作业线
~ de montage final 总装线
~ de montagnes 山脉,山岭,山系,褶皱山脉
~ de navigation 导航系统
~ de poursuite 跟踪链
~ s de production 流水作业线,生产线
~ de protection 保护线路,保护通道
~ de raclage (刮式)链板传送器
~ de rancher 插柱链
~ de régulation 调节线路,控制通道
~ de relais 无线电中继通信线路
~ de rochers 山垄,岩垄
~ de roulement 履带牵引
~ de sécurité 安全链,保护通道
~ de subduction 消减带山脉,链状消亡带
~ de sûreté 安全链
~ de touage 拖链

~ de traction 起重链
~ de traînage 牵引链,拉链,刹车链
~ de transmission 传动链
~ de transport 运送程序,运送环节
~ de travail 工作链
~ de triangulation 三角锁
~ des stations de radar 雷达站网
~ des stations émettrices de télévision 电视中继线路
~ du froid (transport frigorifique) 冷藏运输径路,鲜货运输线(冷藏运输)
~ dynamique 动力系统
~ en acier inoxydable 不锈钢链
~ extracontinentale 陆外山链
~ extracratonique 克拉通外山链,稳定地块外山链
~ galle 格尔式链,平环链,扁环节链
~ géodésique 大地测量控制锁
~ géosynclinale 地槽山脉(山系)
~ hercynienne 海西期山脉,海西褶皱带
~ intercontinentale 陆内山链,陆内褶皱,地台内褶皱
~ intracratonique 克拉通内山链,稳定地块褶皱
~ liminaire 前陆山脉
~ linéaire 线形链,直链
~ marginale 边缘褶皱带
~ mécanisée 机械传动带
~ monoclinale 单斜山
~ motrice 驱动链
~ pendante 吊链
~ péricontinentale 陆缘褶皱带,地台边缘褶皱带
~ péricratonique 克拉通边缘褶皱带,稳定地块边缘褶皱带
~ périméditerranéenne 环地中海山脉,地中海边缘褶皱带
~ péripacifique 环太平洋山脉,环太平洋褶皱带
~ plissée 褶皱带
~ porteuse 起重链
~ pour arrêter 手制动链
~ pyrotechnique 引爆线,导火线
~ rocheuse 岩垅,褶皱山脊
~ sans fin 链式传送带,循环链,传送链,输送链
~ trancheuse 多斗挖沟机的斗链
~ transmission 传动链
~ transporteuse 链式传送带,链式输送装置,输送带

chaînée *f* 测链长度(等于 10 米)

chaîner　v　链测
chaînette　f　电路,小链条
chaîneur　m　司链员,司尺员,连接员(调车场),测链员
chaînon　m　链环,支脉,小山脉,支山脉链节,支山脉
　～ anticlinal　背斜脊
　～ de montagne　支脉
　～ montagneux　山链
　～ radioélectrique　无线电控制线路
chaise　f　支座,坐垫,(管道支撑)托架,座椅,梁垫,(轴承)支架,龙门板(房屋施工的),梁枕,垫块,角撑,放样板
　～ confortable　安乐椅
　～ console　托臂,托座,托架
　～ d'ancrage　锚杆支座
　～ d'anti-balancement　平衡座
　～ d'armature　钢筋支座
　～ de palier　轴承座
　～ de tuyaux　管托
　～ pendante　悬臂托架
chalcédonix　m　带纹玉髓,缟玉髓,缟玛瑙
chalcoalumite　f　铜矾石
chalcocite　f　辉铜矿
chalcocitisation　f　辉铜矿化
chalcolamprite　f　氟硅铌钠矿,烧绿石
chalcolit(h)e　f　铜铀云母
chalcoménite　f　蓝硒铜矿
chalcomiclite　f　斑铜矿
chalcomorphite　f　硅铝钙石
chalconatronite　f　蓝铜钠石
chalcophacite　f　羟砷铝铜矿,水砷铝铜矿(豆铜石)
chalcophyllite　f　叶硫砷铜石
chalcopyrite　f　黄铜矿
chalcopyriteux　a　含黄铜矿的
chalcopyrrhotine　f　铜磁黄铁矿
chalcosidérite　f　铁绿松石
chalcosphère　m　硫化物圈,铜圈,亲铜圈,地幔最内层
chalcostaktite　f　硅孔雀石
chalcostibite　f　硫锑铊铜矿
chalcothallite　f　硫锑铊铁铜矿
chalcotrichite　f　毛赤铜矿
chaldasite　f　杂斜锆石
chalet　m　木板房,木屋
chaleur　f　热(量),高温
　～ abandonnée　废热,放出热,排出热,放出的热量,排除的热量
　～ absorbée　吸收热
　～ ambiante　周围热,周围介质热
apport de ～　获热量
　～ blanche　白热
　～ cédée　排除热
　～ d'hydratation　水合热,水化热,水化作用
　～ de basse qualité　低品位热
　～ de combinaison　化合热
　～ de joule　焦耳热
　～ de mélange　混合热
　～ de mouillage　湿润热
　～ de neutralisation　中和热
　～ de prise　凝结热,凝固热,水化热,水合热
　～ de radiation　辐射热
　～ de radioactivité　放射产生的辐射热
　～ de réaction　反应热,反应热效能
　～ de surchauffe　过量热
　～ de vaporisation　蒸发热,汽化热
　～ du fusion　熔化热
　～ latente　潜热
　～ latente de liquéfaction　液化潜热
　～ latente de solidification　凝固潜热
　～ latente de vaporisation　汽化潜热,蒸发潜热
　～ massique　比热
　～ perdue　废热,损失热量
　～ produite　排出热
quantité de ～　热量
　～ rayonnante　辐射热
　～ résiduelle　剩[残]余热,衰变热
　～ rouge　红热
　～ sensible　显热
　～ solaire　太阳热
　～ soudante　焊接热
　～ spécifique　比热,热容
　～ tellurique　地球热能
　～ terrestre　地热
　～ utilisable　可利用的热
　～ volumétrique du sol　土的体积热
chalkopissite　f　杂铁硅孔雀石
chalmersite　f　针黄铜矿,方黄铜矿
chalournéite　f　硫砷锑铅铊矿
chalumeau　m　吹管,喷嘴,焊枪,焊炬,喷灯,燃烧嘴
　～ à couper　喷割器,气割矩
　～ à injecteur　喷射式焊炬
　～ à liquide　液体喷嘴,液体喷灯

~ à main 手喷灯
~ à souder 焊枪,焊接喷灯
~ acétylénique 乙炔吹管
~ coupeur 喷割器,气割炬
~ dériveteur 除铆钉割炬
~ multi-flamme 多焰焊炬
~ oxhydrique 氢氧吹管
~ oxyacétylénique 氧炔吹管,氧炔喷灯,气焊喷嘴
~ soudeur 焊炬,焊枪

chalybite *f* 球菱铁矿
chalypite *f* 陨石墨碳铁,陨碳二铁
chamasite *f* 锥纹石,铁纹石,陨铁镍
chambersite *f* 锰方硼石
chambranle *m* 门[窗]框
chambre *f* 会,所,室,箱,套,盒,腔,矿囊,岩浆房,矿房,容器房间,寝室,洞室,房间,内胎

~ à accumulateurs 蓄电池室,蓄电瓶间,蓄水器
~ à air 内胎,气室,内胎,气舱,空气室,浮坞门
~ à air comprimé 压缩空气室,压缩空气罐
~ à bulles 泡沫室,气泡室
~ à câble 电缆室
~ à dépression 减压室
~ à diffusion (涡轮式水泵的)扩散室
~ à étincelles 火花室,火花熄灭室
~ à poussière 吸尘室,沉渣室,吸尘器
~ à sable 砂槽,沉砂池,除砂池
~ à sécher 干燥室
~ à vapeur 汽室,汽柜,蒸汽养护室
~ à vide 真空室,真空箱,真空罩
~ aérophotogrammétrique 空中摄影测量室
~ chaude 加温室,温室
~ circulaire 循环室
~ climatisée 空调室
~ d'accélération 加速箱
~ d'admission 吸收洞室,进气室
~ d'air d'aspiration 吸气室
~ d'altitude 高空试验(模拟)室
~ d'ami (备用的)客房
~ d'appoint 备用室
~ d'arrivée 进水室,进气室
~ d'arrosage 洒水室
~ d'aspiration 进气室,抽风室
~ d'auscultation 安全检测室
~ d'eau 前池,水箱,水池,水套,水仓
~ d'échos 回声室,回波室,回波谐振器
~ d'éclissage 鱼尾板接触面

~ d'écluse 闸室
~ d'emprunt 取土坑,借土坑
~ d'équilibre 平衡室
~ d'expansion (调压井的)膨胀室,膨胀箱
~ d'explosion 燃烧室
~ d'extraction 回采矿房
~ d'homme 人孔,检查孔
~ d'injection 排水室,排气室
~ de ceinture 转轮下环腔
~ de chargement 料斗,料槽
~ de clarification 澄清池
~ de collection 集水室
~ de combustion 燃烧室
~ de compression 压力室,加压间,压缩空气室
~ de conservation (混凝土的)养护间,储藏室
~ de contrat 接触池
~ de contrôle 控制室
~ de décantation 沉淀室,过滤室
~ de décantation poussière 降尘室
~ de dépoussiérage 除尘室
~ de dessablement 除砂室
~ de détente 膨胀[减压、扩散]室
~ de diffusion 喷洒室
~ de distribution (缆索)分布箱,配水室,分配室
~ de filtration 过滤室
~ de flotteur 浮箱,浮室,浮力柜
~ de générateur 发电室
~ de grenaillage 喷砂处理间
~ de mélange 拌和室
~ de mine 矿囊
~ de plafond de roue 转轮上冠腔,叶轮上冠腔
~ de pompage 泵房
~ de précombustion (moteur diesel) 预燃室(内燃机)
~ de pression 压力盒,压力室,加压室
~ de prise de vues photogrammétriques 测量用摄影机
~ de pulvérisation 喷雾室,雾化室
~ de putréfaction des boues 污泥消化间
~ de refoulement 增压室
~ de réfrigération 冷却室
~ de refroidissement 冷却室
~ de régulation 调节室
~ de sablage 喷砂室
~ de séchage 干燥箱,干燥室,干燥炉
~ de sédimentation 沉淀室

~ de soupape 活门室,阀室
~ de tirage 接线井
~ de traitement （混凝土）养护室
~ de travail 工作室
~ de trop-plein 溢流室
~ de turbulence 涡流室(内燃机)
~ de vidange 放空室
~ de visite 检查井,检查孔
~ des chaudières 锅炉室
~ des pompes 泵房
~ des vannes 闸门室,闸门井,阀室
~ différentielle 差动式调压室
~ du collecteur 汽室
~ étalon 标准计量室,标准电离室
~ filonienne 囊状[矿]脉,矿株,矿瘤
~ forte 地下室（防放射性物质的）
~ humide 湿气室,保温室,保湿室
~ inférieure de la valve d'automaticité 自动阀门下室
~ nationale des mines 国营矿业管理局
~ propre 净化室
~ radioactive 辐射室
~ séparée de digestion 分离消化池
~ sourde 消音室,（声学测试用的）无回声室
~ souterraine 地下岩洞,井下洞室
~ supérieure de la valve d'automaticité 环形室
~ toroîdale ménagée dans le piston 活塞顶燃烧室(汽缸内)

chambrée *f* 层,矿层,分层,夹层
chambrière *f* 支撑杆
chameron *m* 氧化铁矿层
chamo(i)site *f* 鲕绿泥石
chamotte *f* 耐火黏土,（黏土）熟料,耐火泥
champ *m* 矿区,区(采区),田(矿,油,气,煤),磁场,电场,场,范围,域,田野,工地,现场,领域,字段
~ courant 流(量)场
~ critique 临界场
~ d'abattage 采区
~ d'accumulation d'eau 集水区
~ d'action 作用范围,有效区域
~ d'application 适应范围,应用范围
~ d'aviation 飞机场
~ d'émission 发射场
~ d'épandage 排泄区,地表漫灌区（补给),地表水消失区,地面水消失区,污水净化场,垃圾倾倒场,污水灌溉地
~ d'épandage en eaux d'égout 污水排放区
~ d'essai 试验场
~ d'exploitation 开采区
~ d'exploration 勘查区,普查区,勘查范围,勘探范围
~ d'investigation 调查区
~ d'utilisation 使用范围
~ de blocs 漂砾区
~ de cassures 断裂区,断裂带
~ de contrainte bidimensionnelle 双向应力场
~ de contrainte tridimensionnelle 三向应力场
~ de contraintes 应力场,应力区
~ de contrôle 控制区
~ de débris 碎屑平原
~ de déformation 变形区
~ de déplacement 位移场
~ de dispersion 发散场,渗漏区,泄漏区
~ de dykes 岩墙发育区
~ de failles 断层区,断层带
~ de filons 复杂矿脉,矿段
~ de fissures 裂隙带,裂隙区
~ de fractures 断层群,裂隙区,裂隙网
~ de freinage 减速场
~ de fumerolles 喷气孔分布区
~ de gravité 重力场
~ de guidage 导向场,引导场
~ de lapiez 溶洞区,岩溶沟
~ de lave 熔岩平原
~ de mine, ~ minier 矿区,矿田,采矿场
~ de pesanteur 重力场
~ de pierres 石块区,采石场
~ de pierres éclatées 岩屑层,冲积砂矿乱石区,石田
~ de pluie 雨区,雨量场
~ de potentiel 势场,位场
~ de puits 井田区
~ de température 温度场
~ de variation 变化范围
~ de visibilité 视野,视界,视场
~ de vision, ~ de vue 视界,视区,视野,可见区
~ des charges 荷载面积,荷载区
~ diamantifère 含金刚石地区,金刚石矿田
~ du vent 风场
~ expérimental 试验田,试验场
~ filonien 矿脉群,脉状矿体,脉状矿床
~ gravitationnel 重力区
~ labouré 耕地

champêtre

~ orogénique 造山带,褶皱区
~ parasite 干扰场
~ partiel 采区,回采区
~ périodique 周期场
~ sans force 无力场
~ stabilisateur 稳定场,引导场,控制场
~ stationnaire 稳定场,恒定场
~ superposé 叠加场
~ thermique 热场,温度场
~ transversal 横向场
~ uniforme 均匀场
~ variable 变动场,变化范围,可变区,变长字段
~ vectoriel 矢量场,向量场
~ vectoriel apériodique 非周期矢量场
~ visuel 视场,视区,视野
~ vrai 正常场

champêtre *a* 田野的,乡间的
champignon *m* 真菌,蘑菇形头,圆锥形头,蘑菇状物,划钻,埋头钻,轨头
champs *m. pl* 田野,乡村
chanaralite *f* 纤砷钴镍矿
chanarcillite *f* 砷锑银矿
chance *f* 可能性,或然性
chancellement *m* 频率摆动
chandelier *m* 支座,支柱
chandelle *f* 支柱,标桩,钻杆,撑板,支撑物,柱销,架,台

~ de suspension 悬吊销
~ en bois 支柱

chanfrein *m* 斜面,倒角,斜割,(地貌)斜坡,边,斜边,斜角,斜棱,斜切

~ à gradin 阶梯倒角
~ d'entrée 入口斜面
~ gable 凹边

chanfreinage *m* 倒棱,削边,开破口,倒角,斜切,使成斜角,削成锥面

~ à profil rectiligne 破口加工,破口
~ de finition 精车倒角

chanfreiné *a* 被斜切的,倒斜角的,倾斜的
chanfreiner *v* 倒角,倒棱,开坡口,斜切,刻槽,消角,使成斜角,削成锥面
chanfreineuse *f* 刨边机
changbaiite *f* 长白矿
change *m* 兑换,汇率,交换,汇兑

~ au pair 平价汇兑
~ de faciès 岩相变化,岩相交替
~ direct 直接汇兑
~ du jour 当天汇率
~ étranger 国外汇率
~ extérieur 国外汇兑
~ fixe 固定汇率
~ flottant 浮动汇率
~ indirect 简接汇兑
~ intérieur 国内汇兑
~ maximum 最高汇率
~ minimum 最低汇率

changeable *a* 可变更的,可调换的
changeant,e *a* 多变的,易变的
changement *m* 变更,改变,更换,交换,交替,转动,变化,变换

~ abrupt 陡变,突变
~ brusque 突变,越变,跳跃
~ brusque de charge 荷载突变,负荷突变
~ cyclique de température 周期性温度变化
~ d'épaisseur 厚度变化
~ d'équipe 换班
~ d'état 形态变换,变态
~ d'itinéraire 改变进路,改变经路
~ dans l'importance des ouvrages 工程规模的变更
~ de construction 工程变更
~ de couplage (moteurs de traction) 连接方式的变更(牵引电动机)
~ de courbure 曲率变更,曲率变化
~ de cours 河流改道
~ de course 逆转,倒转,变换冲程
~ de croisement 改变列车会让地点
~ de déclivité 变坡点,纵断面转折点
~ de dévers 改变超高
~ de direction 机械集中联锁机拐轴点,改变方向
~ de direction par poulies 平轮式导线变向点
~ de direction vertical de la transmission rigide 异管式机械集中直立拐肘
~ de disque 圆盘信号转位
~ de faciès 岩相变化,岩相交替
~ de fréquence 变频
~ de grade 改变级别
~ de l'indication d'un signal dans un sens restrictif 信号显示改换为限速信号
~ de marche 换向,倒转,反向,回动,改变运动方向,改变行驶方向,蒸汽机车操纵装置
~ de mode 方式交换
~ de pas 间距改变,节距变化

~ de pente　变更坡度，变坡
~ de pente à concavité　凹形变坡点，坑型变坡点
~ de pente à convexité　凸形[丘形]变坡点，冈形变坡点
~ de phase　相位偏移，相位变化，相变
~ de plongement　倾角变化
~ de quart　位移，转动
~ de réduction　变速
~ de régime《marchandises-voyageurs》　客—货制动位的变更
~ de régime《non modérable-modérable》　非阶段制动位改阶段制动位的变更
~ de régime《plaine-montagne》　平原—山区制动位的变更
~ de régime《uniquement voyageurs》　全客车制动位的变更
~ de régime《vide-chargé》　空车—重车制动位的变更
~ de régime du frein　制动位的转换
~ de résidence　变更住址
~ de résidence de service　变更工作地点
~ de signal　信号变更
~ de structure　结构转变
~ de température　温度变化
~ de température brusque　温度突变
~ de temps　气候变化，天气变化
~ de traction d'un train　更换列车机车
~ de train　换乘
~ de trépan　更换钻头
~ de vitesse　变速，换挡，转数变化，变速器
~ de volume　容积变化，体积变化
~ du lit　河道变迁，河流改道
~ dynamique de température　温度动态变化
~ en croix　直角交叉，十字交叉
~ graduel　渐变
~ rapide de bogies　快速变更转向架，转向架的快速更换
~ structurel　结构变化，结构转换
~ vitesse semi-automatique　半自动变速（器、装置）

changer *v*　改变，更换，交换
~ ... en ...　把……变成……，把……变为……
~ de　变换，改变
~ de train　换乘
~ de vitesse　改变速度，换速，变速
~ de voie　转线，改变线路，变换车道
~ le projet　改变计划

changeur *m*　转换器，变换[流]器，换流[能]器，转换开关[装置]，变频器，换算器
~ de charge　负荷调节器
~ de fréquence　换频器，变频器
~ de fréquence statique　静电变频器
~ de mode　振荡波形变换器
~ de phases　变相器，移相器，换相器，相位调整器
~ de pôles　换极器

chanlatte *f*　三角木
chantalite *f*　钙羟硅铝钙石
chantier *m*　场，区，平台，工地，场所，工程，现场，施工，工作面，开挖面，露天料场，施工现场，建筑现场
~ à ciel couvert　露天采场，露天挖掘，露天开挖
~ à combustible　煤场，燃料场
~ abandonné　留矿场，被放弃的工作面
~ s aérés en parallèle　并联式通风工作面
~ s aérés en série　串联式通风工作面
~ ancien　旧巷，老巷
~ au charbon　采煤工作面，煤内采掘
~ au minerai　采矿工作面，矿体内的巷道
~ boisé　支架回采工作面
~ d'abattage　坑道开挖面，采矿工作面，回采工作面
~ d'aérage　通风巷道
~ d'avancement　超前工作面，掘进工作面，隧道工作面，前进工作面
~ d'entretien (matériel roulant)　机车车辆维修场
~ d'essai　试验场，试验台，试验架，试验场所，试验工地
~ d'excavation　挖土工地
~ d'hiver　冬季施工工地
~ d'outre-mer　海外工地
~ d'usine　发电站
~ de bâtiment　房屋建筑工地
~ de béton préfabriqué　混凝土预制品场
~ de bétonnage　混凝土建筑工地
~ de bétonnage des éléments préfabriqués　预制混凝土构件场
~ de bois　木材场，木材仓库
~ de centrale　发电厂
~ de chargement　装车场，装货场
~ de charpentier　木工场
~ de confection　制造工场

~ de construction 建筑工地,施工工地
~ de construction à ciel ouvert 露天施工工地
~ de coulage des éléments préfabriqués 预制混凝土构件厂
~ de creusement 掘进工作面
~ de déchargement 卸货场,卸车场
~ de dépôt 废石场,储存场,排土场
~ de désinfection 消毒用线路,车辆消毒场
~ de douane 海关办事处
~ de fond 井(地)下巷道,井下工作面
~ de forage 钻井分布位置,井场,凿岩工作面,钻探工地
~ de formation 列车编组场
~ de génie civil 土建工地,土木工程工地
~ de houille 储煤场
~ de l'autoroute 高速公路工地
~ de lavage 洗车场,洗车线,洗矿厂,洗选厂
~ de mise en œuvre 施工工地
~ de montage 装配型架,装配现场,安装现场,安装台
~ de moulage 造型场地
~ de nettoyage 清洗线,清扫线
~ de petite importance 小型工程
~ de pierre 采石场,石料存放(加工)场
~ de pont 桥梁工地
~ de préfabrication 预制(构件)场
~ de ralentissement de pleine voie 区间减速,区间慢行,干线高速运行时的减速
~ de recherches 勘探工作区,勘探工作地段
~ de remisage 客车车底停留场
~ de renouvellement de la voie 线路整修地点
~ de réparation 修理厂
~ de réparation rapide (triage) 快修线(编组场)
~ de route 道路工地
~ de secours 运输繁忙时用的辅助编组场
~ de terrassement 土方工程工地
~ de transbordement 换装场
~ de travail 工作面,巷道
~ de travaux 施工工地,施工现场,施工地点
~ de triage 编组场,调车场
~ des essais des pieux 试桩工地
~ d'importance exceptionnelle 重点工程
~ en activité 生产工作面
~ en gare 站场
~ en gradins 阶梯式工作面
~ en préparation 采准工作面

~ en réserve 备用工作面
~ en travers de direction 石门坑道,横巷,直交走向工作面
~ épuisé 采空区
~ expérimental 实验场地,实验工地
~ exploité 采空区,已采空的工作面
~ forestier 伐木场
~ inférieur 下部工作面
~ intermodal 各种运输方式间的公用场地
~ magasin 留矿工作面,留矿房
~ malsain 含尘工作面,(空气)污染工作面
~ mécanisé 机械化工作面
~ minier de recherches 矿体勘探工作地段
~ moyen 中型工程
~ pétrolière 采油场
~ souterrain 地下建筑工地

chaos *m* 混杂,混乱,无序,乱堆,乱石堆,具屑混杂岩,具屑混杂堆积
~ de blocs 漂砾堆岩,岩块碎石堆,岩块区

chaotique *a* 混杂堆积的,混杂的,混乱的,谷岭纵横的(地形),高地不平的,块状混成凝灰岩

chape *f* 套,罩,盖,环,层,壳,路面,环钩,外壳,支架,支座,包边,包铁,U形夹,覆盖层,防水面层,叉形接头,轮胎胎面,楼面覆面层
~ à bride 有法兰的叉形件,叉形凸缘
~ antiévaporante 保湿层(混凝土养护用),混凝土养护薄膜
~ asphaltique 沥青面层,沥青铺面
~ au mortier de ciment 水泥砂浆护面
~ calorifugée 隔热[保温]层
~ d'ancrage (ligne de contact) 锚固拉杆,固定夹板(接触导线)
~ d'armature 钢筋夹头
~ d'asbeste 石棉覆盖
~ d'égalisation 找平层
~ d'étanchéité 防湿层,防潮层,防水面层,不透水层
~ d'imperméabilisation 防潮层,不透水层
~ d'usure 耐磨层,找平层,磨耗层
~ de câble 电缆护套,电缆外护(层)胶
~ de ciment 水泥盖面,水泥护面,水泥砂浆护面,水泥罩面
~ de couronnement 抹灰压顶
~ de finition lissée 修整抹光层,休整抹光层
~ de galets 滑轮套
~ de gravier 砾石盖面
~ de guidage 导筒,导管

~ de moraines 冰碛盖层
~ de nivellement 找平层
~ de paille 稻草覆盖层
~ de protection 覆盖层,保护层,防护层,护面
~ de refroidissement 冷却套,散热套
~ de ressort 弹簧箍
~ de roulement 面层,磨耗层
~ de soufre 硫黄整平(用于急需试验)的混凝土抗压试件受压面找平)
~ de transmission rigide 导管支架
~ de trolley 触轮罩
~ en béton sur revêtement 混凝土罩面
~ en bitume armé 钢筋沥青面层
~ étanche 防水(面)层
~ hydrofuge 不透水盖层
~ incorporée 混合防水层面
~ lisse 磨光灰浆面层
~ préfabriquée 装配式路面
~ souple 油毡
~ souple bitumée 油毡
~ souple bitumineuse 沥青毡

chapeau *m* 盖,顶,罩,帽,套,压顶,外壳,头部,外套,帽梁,矿体上部,摊铺式面层
~ à arcade (vanne) 弓形顶盖
~ à poussière 防尘罩[机],防尘帽
~ à tubulure filetée 螺纹套管帽
~ d'écume 浮渣层
~ de borne-fontaine 消火栓帽
~ de couche 矿层的上部
~ de fer 铁帽,铁矿露头
~ de fermeture 锁盖
~ de filon 上部矿脉
~ de gaz 气帽,气顶
~ de gîte 矿体的上部
~ de moraine 冰碛层
~ de palier 轴承盖
~ de pieu 桩帽
~ de protecteur 安全帽
~ de protection 保护帽,安全盖,保护罩,安全帽,保护层
~ de protection du robinet d'arrêt 制动折角塞门安全罩
~ de protection du robinet vidange 排放阀安全罩
~ de roue 车轮盖
~ des dômes de sel 岩丘帽,岩丘圆顶,岩丘顶部
~ des dômes salins diapiriques 岩丘帽,底辟岩丘帽
~ en acier traité allié matricé 压模合金钢(连杆)盖
~ oxydé 铁帽
~ préfabriqué 预制压顶

chapelet *m* 链,链泵,链状,斗链,一系列,一串串,提料斗,呈串状,连续级数,链斗传送器,串珠状矿体,链斗式水泵,链斗式传送器,念珠状岩层,链式提升机,链斗式提水机

chaperon *m* 压顶,盖顶,顶梁,帽木
~ de mur 墙的压顶
~ de pierre 帽石

chapiteau *m* 柱顶,柱头[冠、顶]
~ campanulé 钟形柱头
~ composite 混合式柱头
~ d'antes 壁角柱顶
~ de culée 台帽
~ érasé 垫子式柱头装饰
~ fleuri 叶饰柱头

chapitre *m* 章,节,项目,问题,事项
~ d'un tarif 运价规则章节

chapmanite *f* 羟硅锑铁矿

chaque *a* 每个,各个
~ fois que 每当

char *m* 车辆,手推车,小车
~ à pont 装载面与车辆底扯齐平的四轮搬运车
~ à traction animale 畜力车

charbon *m* 煤,炭,碳,炭黑,煤炭

charbonnage *m* 煤矿(用复数),煤[矿]拌,采煤企业,煤炭公司

charbonnaille *f* 煤粉,煤末,煤屑

charbonner *v* 使……炭化,烧焦,使烧成炭

charbonnerie *f* 储煤场,煤栈

charbonneux *a* 含碳的,碳质的,含煤的,煤的

charbonnier *a* 煤的

charge *f* 装,填,荷载,填料,充电,装药,数量,水头,装载,输入,充气,责任,泥沙,费用,电[载、负]荷,装货,加载,运载,装炸药,装药量,输沙率,水位高差,河流含沙量,河流携带泥沙
à (la) ~ de 以……为条件
~ à courant constant 定流充电
~ à court terme 短暂荷载
~ à courte durée 短时荷载
~ à eau 水负荷,水负载
~ à fond 底部装药
~ à fond de la batterie 电池充满电
~ à la limite d'élasticité 弹性极限荷载

charge

~ à la limite des allongements proportionnels 屈服荷载, 屈服强度
~ à long terme 长期负荷, 长期荷载
~ à ras 平斗容量, 斗括容量(斗或翻斗车的)
~ à refus 最大容量
~ à tension constante 定压充电
~ à terme court 短期荷载
~ à vide 自重
~ accidentelle (引起井孔水位波动的)外加负荷, 临时荷载
~ active 有效荷载, 有功负荷
~ actuelle 实际荷载, 实际负荷
~ adaptée 匹配负荷
~ additionnelle 附加荷载, 增加荷载
~ admise par essieu 每轴容许负荷
~ admissible 容许荷载, 设计(车辆)通行能力, 容许负荷, 允许负荷[荷载], 容许负荷
~ allongée 直列装药
~ alluviale des cours d'eau 水流含沙量, 水流荷载物质
~ alternative 交变荷载
~ alternative périodique 周期性交变荷载
~ alternative répétée 重负交变荷载
~ altimétrique 高程水头
~ amorce initiale 雷管, 起爆剂
~ angulaire 角变荷载
~ annexe 附加费用
~ annuelle 年支出, 年输沙量, 年负荷
~ anormale 不规则荷载
~ anticipée 预期荷载
~ antisymétrique 反对称荷载
~ appliquée 外加荷载
~ appliquée brusquement 骤加荷载
~ arrêtée 固定荷载
~ artésienne 自流蓄水层中水位差, 自流水头, 自流水压力
~ assumée 假定荷载, 计算荷载
~ asymétrique 非对称荷载
~ au mètre carré 单位面积负荷, 平方米载重
~ au milieu 中心荷载
~ au repos 静荷载
~ au sommet 顶点载重, 顶点荷载, 峰荷
~ automatique 自动充电
~ autorisée 额定(最大)载荷, 额定(最大)载质量
~ aux appuis 轴承压力, 支承压力
~ aux nœuds 节点荷载

~ aux rafales 阵风荷载
~ avec chapeau 最大容量
~ axiale 轴向荷载, 轴重
~ s bi-axiales 双轴荷载
~ brusque 突加荷载, 骤加荷载
~ brute 总重, 毛重
~ brute remorquée 机车牵引总量
~ brute totale d'un train 列车总重
~ calculée 计算荷载, 假设荷载
~ calorifique 热荷载
~ calorifique (incendie) 燃烧负荷
~ capacitive 电容(性)负荷, 电容性负载
~ capillaire 毛细管水位差距
~ centrale 中心荷载, 轴心荷载
~ centrifuge 离心荷载
~ centrique 轴心荷载
~ chimique 溶解质
~ cinétique 动力水头, 流速水头, 速头
~ colloïdale de rivière 河流胶质输移量
~ combinée 组合荷载, 混合载重
~ complète 满载, 满负荷
~ complète (wagon) 整车货物, 车辆全部载货
~ complète G. V. (grande vitesse) 快运整车货物
~ complète P. V. (petite vitesse) 慢运整车货物
~ composée 组合荷载
~ concentrée 集中作用力(荷载)
~ concentrée maximale par mètre 每米最大集中荷载
~ constante 永久[固定]荷载, 恒载
~ continue 持续荷载, 连续荷载, 普遍荷载
~ conventionnelle 惯用荷载
~ corporelle (dose) 本体荷载
~ corporelle maximale admissible (dose) 许可的最大本体荷载
~ creuse 空心装药
~ critique 临界水头, 临界荷载, 极限荷载
~ critique de flambage 弯曲临界荷载
~ critique totale 临界总载荷
~ cyclique 周期性荷载, 循环荷载
~ d'accumulateur 蓄电池充电
~ d'affaissement 下沉时的压力, 下沉时的荷载
~ d'allumage 点火药, 引爆剂, 点火器, 引火剂
~ d'amorçage 点火药, 引火剂, 点火器, 启动深度, 启动水深
~ d'appui 支承荷载

~ d'avalanche 雪崩荷载
~ d'eau 水负载,压头,水头,水压力,水负荷,水费
~ d'eau interstitielle 孔隙水头
~ d'éclairage 照明荷载
~ d'éclatement 爆破装药
~ d'écrasement 断裂荷效,破坏荷载,破坏负荷
~ d'égalisation (batterie) (蓄电池)均匀荷载
~ d'endommagement 破坏荷载
~ d'entretien 连续充电,浮充,保养费用,维修费,修缮费
~ d'entretien routier 道路养护费用
~ d'épreuve 试验荷载,检验负载
~ d'espace 空间荷载
~ d'essai 试验荷载,检验荷载,试验负载,试验负荷
~ d'essieu 轴荷载,轴重
~ d'essieu autorisée 额定轴荷载
~ d'essieu simple 单轴荷载
~ d'Euler 欧拉荷载
~ d'exploitation 使用费,运转费,运行费用,业务开支,运营费
~ d'exploitation routière 道路营运费用
~ d'explosif 装(炸)药,装药量,炸药包,炸药,爆炸荷载,起爆器,传爆管
~ d'explosion 爆炸荷载,爆破荷载
~ d'impact 冲击荷载
~ d'inertie 惯性荷载
~ d'investissement routier 道路投资费用
~ d'opération 运行负荷,运行负载
~ d'un corps électrisé 带电体上的电荷
~ d'un cours d'eau 水流含沙量,水流载荷物质
~ d'un train 牵引总重,牵引荷载,列车重量
~ d'une nappe captive 压力水头
~ d'usine 工场负荷
~ d'utilisation 实际荷载,有效荷载,使用荷载,工作荷载
~ de l'eau interstitielle 裂隙水压力,孔隙水头
~ de base 基本荷载,基荷
~ de batteries 蓄电池充电
~ de calcul 设计[计算]荷载,设计负载
~ s de capital 基建费用
~ de chaleur 热负荷
~ de chauffage 供暖负荷
~ de choc 冲击荷载
~ de circulation 交通负荷量,行车荷载
~ de cisaillement 剪切荷载
~ de collision 碰撞荷载,冲撞荷载

~ de colonne 柱荷载,柱载重
~ de combustible 燃料费用,燃料负荷
~ de compensation 补偿性充电,点滴式充电
~ de compression 压缩荷载
~ de connexion 连接负荷,联结荷载
~ de consolidation 固结荷载
~ de construction 施工荷载
~ de coulissement 滑动荷载
~ de fissuration 开裂荷载
~ de flambage 压曲临界荷载,弯曲临界负载,(纵向)压曲荷载
~ de flambement (纵向)压曲荷载,压屈临界荷载
~ de flexion 弯曲荷载
~ de fond 河床运载,河床上滚动物,基本运量,(河床的)底移物质,底负荷
~ de glace 冰荷载
~ de gravité 自重,重力荷载
~ de grue 起重机荷载
~ de l'eau interstitielle 孔隙水头,孔隙水压力
~ de l'essieu arrière 后轴荷载
~ de la circulation 行车荷载
~ de la foule 人群荷载
~ de la grue 起重能力
~ de la ligne 线路通过能力,线路行车量
~ de la poussée du vent 风(力)荷载
~ de la température 温度荷载
~ de la turbine 汽轮机荷载
~ de la vitesse (fluides) 速度头,速度差,速位差,速头
~ de ligne tangentielle 切向线荷载
~ de longue durée 持久荷载,持续荷载,长期荷载
~ de mine 采矿爆破炸药包
~ de montage 安装荷载
~ de neige 雪荷载
~ de pénétration 贯入荷载
~ de plancher 地板[楼板]荷载
~ de pointe 峰值荷载,工作荷载,高峰电荷,点载荷,最大荷载,集中荷载,单荷载,高峰荷载
~ de pointe annuelle 年峰荷,实际峰荷,年最大负荷
~ de pointe centrale 中点荷载
~ de pointe discontinue 不连续点荷载,离散点荷载
~ de pointe journalière 日峰荷
~ de pointe périodique 周期性峰荷

~ de pointe systématique 系统尖峰负荷，电网尖峰负荷
~ de pointe tangentielle 切向点荷载
~ de pollution 污染负荷，污染量
~ de pont 桥梁荷载
~ de poudre 火药装药，装(炸)药
~ de préconsolidation 预先固结荷载
~ de projet 设计荷载，设计载重
~ de radier 基脚荷载，底脚荷载，底板荷载，基础荷载
~ de référence 设计荷载
~ de régime 额定荷载
~ de renouvellement 拨款续期
~ de réparation 检修荷载
~ de répartition moyenne 均布荷载
~ de rivière 河流挟沙，河流泥沙量
~ de roue de dimensionnement 设计轮荷载
~ de ruine 破环荷载，极限荷载
~ de ruissellement 冲刷(泥沙)量，冲蚀负荷，冲刷荷载，安全荷载，容许荷载
~ de rupture 断裂负荷，极限荷载，断裂极限强度，破坏荷载
~ de sécurité 实际安全荷载(桩的)，极限荷载，安全负荷[载]，容许荷载
~ de sécurité réelle 实际安全荷载(桩的)
~ de sédiment 含沙率，含沙量
~ de service 有效荷载，作用荷载，施工荷载，临时荷载
~ de surcharge 超载荷重，挡土墙顶以上填土重
~ de surface 表面荷载
~ de tablier 桥面荷载
~ de terre 土重
~ de torsion 扭力荷载
~ de traction 牵引荷载，张拉荷载
~ de trafic 行车荷载，交通负荷，活载重，动(负)载
~ de transformation 临界荷载，变换荷载
~ de travail 工作荷载，资用荷载
~ de trottoir 人行道荷载
~ de variation uniforme 均匀变化荷载
~ de véhicule 车辆荷载
~ de vent 风荷载
~ de vérification 验算荷载
~ de vitesse 速头，速位差
~ défavorable 不利荷载
demi ~ 半荷载，半负荷
~ des roche et sol 岩土应力

~ des vagues 波浪携带泥沙量
~ déséquilibrée 不平衡负载
~ destruction 爆破装药，炸药包
~ déterminée 额定载荷，额定荷载
~ détonante 传爆药，引爆药
~ directe 直接荷载
~ dissymétrique 偏装
~ distribuée 分布荷载
~ du lit 河床负荷，(河流的)推移物，底沙，推移质
~ du pneu 轮胎荷载
~ du vent 风荷载
~ due à la poussée du vent 风(力)荷载
~ due au poids propre 自重荷载
~ dynamique 动力负载，活荷重，动荷载，动载荷[负荷]，动压头，动负载
~ dynamique d'un pont 桥梁活载，桥梁动荷载
~ écrasante 断裂荷载，破坏荷载
en ~ 负担，负责
~ en circulation 循环荷载
~ en construction 施工荷载
~ en débris du lit 岩屑推移质，河底冲击物
~ en échelon 阶梯形荷载
~ en excès 过载，超载，超荷载
~ en ordre de marche 运行负荷
~ en poussières 尘埃浓度，尘埃含量
~ en sachet 炸药包
~ en saltation 跳跃(搬运)荷载
~ en sédiments 输沙量，固体径流，河流泥沙
~ en sédiments totaux 总输沙量，全沙
~ en série 系列荷载
~ en service 使用荷载，临时荷载
~ en surface 表面荷载
~ en suspension 悬移质，悬浮质，悬浮物，悬移质输沙率，悬移运载(物)，悬浮荷载
~ endurée 持续荷载，持久荷载，对称荷载，等力荷载，平衡荷载
~ équipollente 等力荷载，等代荷载，等效荷载
~ équivalente séismique 等效地震荷载
~ équivalente uniforme 等效均布荷载
~ excentrée 偏心荷载
~ excentrée et inclinée 偏心倾斜荷载
~ excentrique 偏心荷载
~ exceptionnelle (d'un élément automoteur) 例外超载(动车)
~ s exceptionnelles 特殊费用
~ excitée 激爆炸药

~ extérieure 外加负荷
~ extrême 基线荷载,极限荷载
~ fictive 虚(拟)荷载,名义荷载,等效荷载,仿真负载,伪负载
~ financière 财务费用,财政支出
~ s fiscales 捐税
~ fixe 固定荷载,恒载固定开支,固定成本
~ fixe adaptée 固定匹配负载
~ s fixes 固定费用,固定成本
~ fléchissante 弯曲荷载
~ forcée 增加负荷,强迫加载
~ fractionnelle 部分荷载
~ frictionnelle 摩擦损失
~ générale 广义荷载
~ graduellement appliquée 渐加荷载
~ horizontale 水平荷载
~ hors exploitation 营业外费用
~ humaine 人群荷载
~ hydraulique 水头,水压水头
~ hydraulique estimée 预计水头压力
~ hydraulique ou potentiel hydraulique 水位势或水头高度
~ hydrodynamique 动水荷载
~ hydrostatique 静水荷载,静水头
~ imaginaire 虚荷载
~ impulsive 冲击荷载
~ incomplète 零担货物,货车部分载货
~ indirecte 间接荷载
~ industrielle 工业负荷
~ inerte 惯性负载
~ infiniment grande 无限大荷载
~ infiniment petite 无限小荷载
~ initiale 初始荷载
~ instantanée 瞬间荷载,瞬时荷载,瞬时载重
~ insuffisante 装载不足
~ intermittente 间歇荷载,定时荷载,脉动荷载
~ inversée 反向荷载
~ irrégulièrement répartie 不均匀分布荷载,不规则分布荷载
~ isolée 单独负载
~ journalière 日负荷
~ latente 潜负荷
~ latérale 横向荷载,旁荷载
~ limite 极限荷载,最大荷载,极限负载,最大负载
~ limite au démarrage 最大启动荷载
~ limite d'élasticité 弹性极限荷载

~ limite d'un véhicule 车辆最大载重量,车辆限制载重量
~ limite de patinage 最大空转荷载
~ limite de rupture 极限荷载,极限承载量
~ limite des attelages 车钩最大负载
~ linéaire 单位长度负载,线路的电量负载(电化线路),线荷载,单位长度(线)荷载
~ lithostatique 岩石静压力,岩石静荷载
~ locale 局部荷载
~ longitudinale 纵向荷载
~ maximale 最大载荷,最大装药量,极限负载
~ maximale (admissible) par essieu 最大轴重,容许轴重
~ maximale admissible 最大容许装药量,最大容许荷载
~ maximale d'énergie 最大储能量
~ maximale d'un véhicule moteur 动车最大负载
~ maximale de calcul 最大计算荷载
~ maximale de sûreté 最大安全装药量
~ maximale permanente 持续最大功率
~ maximale[maximum] 最大载荷,极限负载
~ maximum à soulever 最大起吊能力
~ maximum admissible 最高容许荷载,最大容许载重
~ maximum admissible par essieu 最大容许轴重
~ maximum d'un véhicule 车辆最大转载量
~ maximum de roue 最大轮荷载
~ maximum par essieu 最大轴重,最大轴负载
~ minimale[minimum] 最小功率,最小负载
~ mobile 活载,活荷载,动负载,动荷载,易变荷载,不固定的载重
~ mobile de service 工作活荷载,有效活荷载,作用活荷载
~ mobile uniforme 均布活荷载
~ momentanée 瞬时荷载,瞬时负载
~ mono-axiale 单轴荷载
~ morte 恒载,静载,自重,静荷载,死荷载
~ morte de service 工作恒载,有效死荷载,作用恒载
~ moyenne 平均荷载,平均负载
~ moyenne des trains 列车平均重量
~ moyenne du wagon 货车平均载重量
~ nette 有效[实用]负载,净载重
~ nette moyenne cinétique 平均净静载重,平均净活荷载
~ nette moyenne statique 平均净静载重,平均净静荷载

charge

~ nette par véhicule　车辆净载重
~ nominale　额定荷载
~ nominale de rupture　额定破坏荷载
~ non suspendue　弹簧以下载重,弹簧以下荷载
~ normale　基负荷,正常负荷,额定荷载,正常［标准］负荷,法向荷载,牵引定数
~ normale statique　标准静荷载
~ nulle　零电荷,零载
~ oblique　倾斜荷载
~ offerte　规定牵引重量(机车),有效负载
~ offerte d'une locomotive　机车牵引重量
~ ondulée　波动荷载,脉冲荷载
~ optimum　最佳荷载,最佳负载
~ oscillante　振动荷载
~ s oscillatoires　摆动荷载
~ par bobine　加感,加负荷,线圈加感
~ par choc　冲击力,冲击荷载
~ par essieu　车轴荷载,轴荷载,轴载,轴重
~ par essieu tandem　双轴荷载
~ par le poids propre　自重荷载
~ par mètre courant entre essieux extrêmes　延米载重
~ par mètre courant hors tampons　全长延米重量
~ par roue　车轮荷载,车轮载重
~ par roue normalisée　额定轮荷载
~ par unité de longueur　单位长度负载
~ parabolique　抛物线(形)分布荷载
~ particulière　特殊活载
~ partielle　部分荷载
~ payante　有效负载,有用负载,(运输工具的)净载重量,有效荷载
~ périodique　周期性荷载
~ permanente　固定负荷,不变负荷,静负荷,永久负荷,恒载,永久荷载,连续荷载,自重
~ permissible　容许荷载
~ piézométrique　压力水头,承压水头,测压管水头,水头
~ plastique de rupture　塑性破坏荷载
~ pleine　满载,全负载
~ ponctuelle　集中荷载,点荷载,单荷载
~ portable　可承受荷载
~ portante limite　极限承重量,极限承载量
~ portante nominale　额定荷载,额定承载量
~ potentielle　势头,位头,水头
~ pratique　工作荷载,安全负荷,有效荷载,工作负载
~ prévisionnelle　(估算的)设计载荷

~ principale　主要荷载,基本荷载
~ progressive　递增荷载
~ s proportionnelles　增加费用,增加成本
~ pulsatoire　脉动荷载,反复荷载
~ radiale　径向荷载
~ réactive　无功负载,电抗负载,电抗性负荷
~ régulière　均匀荷载,均匀负载
~ remorquée　牵引荷载,机车牵引重量,列车重量
~ répartie　分布荷载
~ répartie uniformément　均布荷载
~ répartie uniformément variée　均变荷载
~ répétée　重复荷载,反复荷载
~ résiduelle　剩余荷载
~ roulante　动荷载,活载荷,移动荷载,易变荷载
~ routière　公路活载
~ saisonnière　季节性负荷
~ sans auto-induction　非感性负载
~ sans réflexion　无反射负载
~ secondaire　二次负荷,次要荷载
~ sédimentaire d'un fleuve　河流冲刷沉积物,(河流)冲刷泥沙量
~ sismique　地震荷载
~ solide　含沙量,固体含量
~ solide en suspension　输沙量,固体径流,河流泥沙,悬移质输沙率,悬移质,悬浮质,悬浮泥沙
~ solide(d'un cours d'eau)　河流泥沙物,水流搬运物
~ soudainement appliquée　骤加荷载
~ soulevée　提升荷载,上举荷载
~ spatiale　空间荷载
~ spéciale　特殊荷载
~ spécifiée　规定荷载,计算荷载,设计荷载,条件荷载
~ spécifique　荷载,单位荷载,特定荷载,指定荷载,荷质比
~ spécifique du lit　推移质比(率)
~ spécifique en suspension　悬移质比率
~ stabilisée　天然荷载,天然稳定荷载
~ stable　稳定荷载,稳恒负荷
~ standard　标准荷载
~ statique　静荷载,静载重,静水位高差,静电荷,浮力荷载
~ statique de faible durée　短暂静荷载
~ statique équivalente　等代静载,换算静载
~ superficielle　面荷载,表面荷载

~ superposée 叠加荷载
~ supplémentaire 额外开支,附加荷载
~ supportable 可承受荷载
~ supposée 假定荷载
~ sur console 托臂荷载
~ sur l'outil 钻压
~ sur palier 轴承荷载
~ sur un essieu 轴荷重,轴载
~ suspendue 簧上重量
~ symétrique 对称荷载
~ tangentielle 切向荷载
~ temporaire 临时荷载
~ terminale 终端负载,末端荷载
~ théorique 理论荷载,设计荷载
~ thermique 热荷载,热负荷
~ totale 总负荷[载],能量水头(水力水头与速度水头之和),总水头,总扬程,总载重量,满载
~ totale d'un instrument 仪表负载
~ totale d'un transformateur de mesure 互感器负载
~ transitoire 瞬时荷载,瞬载,临时荷载
~ transportée 河流搬运物
~ transversale 横向荷载
~ trapézoïdale 梯形荷载
~ triangulaire 三角形(分布)荷载
~ ultime 极限荷载,极限应力
~ uniforme 均布荷载,均匀荷载
~ uniforme équivalente 等代均布荷载,等效均布荷载
~ uniformément répartie 均布荷载
~ uniformément variée 均变荷载
~ uni-horaire 小时负载,时负荷
~ unilatérale 单边荷载,单侧荷载
~ unitaire 单位荷载,单位电荷,单位负载
~ unité 单位载荷,单位负载
~ utile(C.U.) 有效载荷,使用荷载,作用荷载,有效载重,实际荷载,净重
~ utile effective d'un véhicule 车辆有效载重量
~ utile maximale 最大装载量
~ utile moyenne de l'ensemble du matériel à marchandises 静载重(指平均每车所装载的货物吨数)
~ utile nominale 额定有效荷载
~ utile normale (d'un élément automoteur) 额定有效载重(动车)
~ utile réglementaire (d'un véhicule automoteur ou d'un élément automoteur) 额定有效载重(动力车或动力车组的)
~ utile remorquée 列车净重
~ utilisable normale d'un véhicule 车辆标记载重量,车辆装载能力
~ variable 变动荷载,作用负荷,可变荷载
~ variante 不定荷载,变量荷载
~ variante sinusoïdalement 正弦变化荷载
~ verticale 垂直荷载,竖向荷载
~ s vibratoires 振动荷载

chargé *m* 代理人员,代办人员,特派人员,负责者,受委托者
~ d'archives 档案保管员
~ de mission 特派员
~ de qualité 质量负责人
~ des ouvrages provisoires 临时工程负责人

chargé, e *a* 已加荷载的,已载电荷的,已充电的,满的,加压的,装料的,带电的,载荷的,载重的,装满的,充满的,充填的,装入的
~ dissymétriquement 不对称荷载
~ symétriquement 对称荷载
très faible ~ 微小负载

chargement *m* 加荷,加载,带上负荷,充电,装载,装炸药,充填,装料,充气,载重,装入,输入,负载,货物,任务,荷载,载重量
~ à gravité 重力装料,自重装料
~ à la main 手工装载,人工装料,人工装岩
~ à quai 在站台装车
~ au chantier 工地装车,工作面装载
~ avec pousseur 推式装载
~ complémentaire 补装货物,加装货物
~ continu 连续装料
~ conventionnel 常规荷载,惯用荷载,常用荷载
~ cyclique 周期性荷载,交变荷载,周期性加荷,循环加荷
~ d'eau 水负荷
~ de contamination 污染物负荷,污染物量
~ de cycle 周期性加荷
~ de détonante 爆破装药
~ de points multiples 多点(集中)加载
~ des bennes 料斗装料
~ des boues activées 污泥负荷率,活性污泥负荷
~ des planchers 地板荷载
~ déséquilibré 偏装,装载不平衡
~ destruction 爆破装药
~ échelonné 分批装载
~ en avant 前面装载

~ en commun par section de ligne　区段内各站合装的整车零担货物
~ en rétro　后面装载
~ en vrac　散装
~ engageant le gabarit　超限装载
~ et déchargement　装卸作业
~ s et déchargements successifs　间歇荷载，双重作业
~ explosant facilement　易爆炸货物，爆炸品
~ fragile　易碎货物
~ hydraulique　水力装料
~ inégal　偏装，不均衡装载
~ interrupteur　断续加荷
~ lent　慢加荷载
~ mécanique　机械化装车，机械装料，机械装载
~ mécanique de la grille　格栅机械装载
~ par bout　后部装载，端部装车
~ par en haut　顶装，炉顶装料
~ par l'expéditeur　发货人自行装车
~ par le côté　侧面装车（法）
~ par pompage　抽吸装载
~ partiel　部分装载
~ passager　瞬时荷载，瞬载
~ périphérique　周边加荷
~ préalable　预施荷载
~ préliminaire　预加荷载
~ progressif　逐级加载，递增荷载
~ proportionnel　比例加载
~ quotidien　每日装车量
~ rapide　快速加载，快加荷载
~ répété　重复荷载，反复加载，反复荷载
~ répétitif　反复荷载
~ spécial　特种装载
~ surchargé　超载
~ thermique　热力负荷，热负荷
~ transitoire　瞬载，瞬时荷载，瞬时加载
~ triaxial　三轴加载，三向加载
~ vertical　竖向荷载，垂直荷载

charger v　装载，加载，使负载，充电，使载荷，装填，装火药，装雷管
　~ en vrac　堆装
　se ~ de　承担，负担，负责
　~ une mine　给炮眼装药

chargeur m　装载机，装载设备，充电机组，货主，软片盒（胶卷），装料机，装卸工人，充电器，装料工，发货人，装运机，装料设备，充电设备
　~ à benne　抓斗式装载机
　à ~ continu　连续式装载机
　~ à déversement latéral　侧卸装载机
　~ à fourche　叉车，叉式装载机
　~ à godets　多斗式装载机，斗式装载机
　~ à granulats　集科装载机
　~ automatique　自动装车机，自动加载器，自动上料机
　~ automoteur　自动装载机
　~ basculeur　翻斗式装载机
　~ chenillé　履带式装载机
　~ continu　连续装载机
　~ continu de terrassement avec disque　圆盘式土方连续装载机
　~ de gravillons　细砾石装载机，石屑装载机
　~ des matériaux en vrac　散装材料装载机
　~ électrique　电动装载机
　~ éolien　风力充电器
　~ hydraulique　液压装载机
　~ mécanique　机械加煤机，装载机
　~ pelleteur　挖土装载混合机，挖土装载两用机
　~ pneumatique　轮胎式装载机
　~ pour chasse-neige　装雪机
　~ pour trémie　串筒上料机
　~ sur pneus　轮胎式装载机
　~ sur rails　轨道装载机
　~ sur roues　车轮式装载机

chargeur-élévateur m　提升式装载机

chargeuse f　装载机，装料机，装卸机，装载工具，给矿机
　~ à bande　皮带装料机
　~ à bascule　翻斗式装料机
　~ à benne rétro　反铲装料机
　~ à bras oscillant　旋臂装料机
　~ à chaîne de roulement　滚链式装载机
　~ à godet　斗式装料机，单斗式装料机
　~ à godets　链斗式装料机，多斗式装料机
　~ à raclettes　刮板式装载机
　~ au roche　装岩机
　~ au sol　装土机
　~ automatique　自动装载机
　~ chenillée　履带式装载机
　~ élévateur　提升式装料机
　~ frontale　正面装载机，前端装载机
　~ mécanique　（机械）装料机
　~ pelleteuse　装载—挖土机（俗称"两头忙"），反铲装载机
　~ sur camion　卡车式装载机

~ sur chenilles 履带式装载机
~ universelle 万能装料机
chargeuse-benne *f* 翻斗式装载机
chariot *m* 矿车，台车，车台，托架，转向架，轨道推车，钻探车，滑板，滑动架，小型搬运车，电传打字机托架，搬运小车，小拖车，(起重)小车，卷抛机
~ à bagages 运行李小车，运货小车
~ à commande automatique 电动滑动架（电传打字机的）
~ à deux roues 双轮小车
~ à fourche 叉车，叉架式铲车
~ à laitier 运渣包车
~ à long bois 运木材拖车
~ à main 手推车
~ à mât rétractable 起重架可伸缩的装卸车
~ à minerais 运矿石车
~ à niveau 地平面移车台
~ à plate-forme 平板车，台式装卸车
~ à tambour 电缆车
~ à treuil 绞车
~ automatique 自动卸料小车
~ cavalier 跨装起重车
~ de dépose 移动滑架
~ de disjoncteur 自动开关的滑架，断路器低架
~ de forage 挖掘车，钻孔车，钻(探)车，凿岩车
~ de gravure 切削道具的走刀架
~ de levage 起吊滑架
~ de manutention automoteur 小型运货汽车
~ de mine 矿车
~ de perforation 钻机
~ de perron 运货小车，行李车
~ de pont-roulant 桥式吊车
~ de roue 转轮运输车
~ de soudage 焊接滑架
~ de transfert 输送车
~ de translation 输送小车
~ de transport 手推车
~ dérouleur 电缆车
~ électrique 电动叉式装卸车，电瓶叉式装卸车，电动小车，电动搬运车，电瓶车，电动运货车
~ électrique à fourche 电动叉式装卸车
~ électrique à grue 电动起重车
~ électrique à mât pivotant et fourche montée sur support rétractable 起重架可旋转叉座可伸缩的电瓶叉式装卸车
~ électrique avec variateur électronique 电子调速电瓶叉式装卸车

~ électrique du quai 站台用电动搬运车
~ élévateur 铲车，起重小车，叉车，升降机滑架
~ élévateur à fourche 叉式起重车，叉式装卸车，叉车升降机
~ élévateur à fourche transversale 侧装叉车
~ élévateur à grande levée 高举式起重车
~ élévateur à petite levée 低举式起重车
~ élévateur à pince 带夹钳的装卸车
~ élévateur à plate-forme 升降台式装卸车
~ élévateur à prise latérale 侧装叉式装卸车
~ élévateur électrique 电动叉车
~ élévateur frontal 正面装货的叉式装卸车
~ élévateur latéral 侧面叉式装卸车
~ empileur 码垛车，堆垛车，堆垛机
~ gerbeur 堆垛用叉车
~ gerbeur à fourche 叉式码垛车
~ grue 起重车，吊车
~ grue électrique 电动起重车
~ hollandais 三轮手推车
~ pelleteur 拖拉机式装载机，斗式装载机
~ peseur 过磅小车，称重小车
~ plate-forme 平板车
~ porte palettes 叉车，叉式装卸车
~ porte-câbles à quatre galets porteurs 带4个受载滚轮的载缆滑车
~ porte-équipement 货车
~ porte-fraise 铣刀工架座
~ porte-marteau 钻机车，锤击车，轨道式钻探机
~ porte-palan 载葫芦滑车
~ porte-perforatrice 钻机车
~ porte-poche de coulée 浇注车
~ porteur 手推车，运货小车，搬运小车，运矿推车，载货小车，手推小车
~ port-grappin 门抓式斗滑架
~ pour chantiers de construction 工地手推车
~ stockeur à fourche 叉式起重机
~ sur câble 缆车，空中吊运车
~ sur le sol 台车，手摇车
~ thermique 内燃叉式装卸车
~ tracteur 牵引车
~ tracteur à accumulateurs 电动搬运车，电瓶车
~ tracteur de manutention 牵引动车
~ transbordeur 移车台
~ transbordeur à fosse 凹形移车台，坑内移车台
chariotage *m* 纵向车削，车外圆
charioter *v* 纵向车削，车外圆
chariot-tracteur *m* 牵引小车，小拖车

~ de manutention 搬运牵引小车，搬运用小拖车
charnière *f* 铰，枢纽，铰合，铰链，折页，合页，河曲，结合点，褶皱轴，转折端，褶皱脊线，(水道中)弯曲，褶皱脊线接合点
~ à gond 抽心领
~ à pattes 背折铰链，止回铰链
~ anticlinale 背斜脊线，背斜轴鞍顶，背斜褶皱
~ du pli 褶皱枢纽，褶皱脊线
~ frontale 伏卧背斜脊[轴]线
~ frontale de nappe de recouvrement 推覆体前沿脊线
~ piano 琴键排列式
~ radicale 伏卧向斜脊线，底部枢纽
~ supérieure 背斜轴，背斜脊线
~ synclinale 向斜轴[线]
~ universelle 万向接头，球窝接头
charnockite *f* 紫苏花岗岩
charnockitique *a* 紫苏花岗岩的
charoïte *f* 紫硅碱钙石
charpentage *m* 杠
~ simple 八字撑支架
charpente *f* 屋架，支架，机架，格架，框架，支撑，结构，脚手架，骨架结构，(建筑物的)构架，桥跨结构
~ à contre-fiches 桁架结构
~ à joints rigides 刚性构架
~ à treillis 桁架结构，空腹结构
~ assemblée 组合构架，组装构架
~ claire contreventée 轻捷骨架
~ composée 组合构架
~ continue 连续构架
~ d'acier 钢构架
~ d'appareils 仪器构架
~ dans l'espace 立体构架
~ de couverture 屋盖结构
~ de galerie 坑道支撑架
~ de longeron 翼梁结构
~ de support 承重结构
~ de voûte 拱架
~ du tablier 桥面结构，楼板结构
~ en acier 钢构架
~ en bois 木结构，木构架
~ en treillis 桁架结构
~ légère 轻型构架
~ métallique 金属构架
~ plane 平面构架
~ réticulée multidirectionnelle 空间网架
~ rigide 刚构架
~ rivée 铆接构架
~ statiquement indéterminée 超静定构架
~ transversale 横向构造
~ triangulée 三角形桁架，三角形构架，桁架结构，构架
~ tubulaire 管架
charpenter *v* 做木工
charpenterie *f* 木工，木作，木工业，木工工程
charpentier *m* 木工，架子工
charrée *f* 表外矿石，无工业价值的矿石，木灰，废碱渣
charretier *a* 可通行车辆的
charrette *f* 手推车，二轮车，大车
~ à bras 手推车
~ basculante 倾卸车
~ charriage 二轮车(俗称大车)运输，逆掩断层
~ des corps flottants 悬沙运动(河流的)
~ du débit solide 底沙运动(河流的)
charriage *m* 逆断层，逆冲断层，逆掩作用，推覆体，推覆断层，漂移，漂流，移动，推动物，上冲断层，推移质输送，底沙输送，夹带，大车运输，逆掩断层
~ chevauchement 掩冲断层，上冲断层
~ cisaillant 剪切逆冲断层，剪冲断层
~ de cisaillement 剪切逆冲断层，剪冲断层
~ de sédiment 沉积物移动，底沙移动，河床泥砂运动
~ des corps flottants 悬移质泥砂运动，(河流的)悬沙移动
~ du débit solide (河流的)底沙移动，推移质输送，底沙输送
~ du deuxième genre 二级推覆体，二级逆冲断层
~ du fond (河床)底沙推移，底沙移动
~ du premier genre 一级推覆体，一级逆冲断层
~ du second genre 二级推覆体，二级逆冲断层
~ tangentiel 水平推覆断层，切向冲断层，切向推力
charrier *v* 推覆，逆掩，上冲，(河流)底沙推移，用二轮车搬运，顺流冲走
charrière *f* 大车道
charron *m* 大车制造者，大车修理工
charronnage *m* 造车业
charrue *f* 犁
~ à disques 圆盘犁，圆盘耙
~ à socs multiples 联犁，多铧犁
~ chame-neige 除雪犁
~ chargeuse 装载铲，装卸铲

~ de fossé 挖沟犁
~ défonceuse 松土犁,松土机
~ en V V形犁
~ étaleuse 倾卸犁
~ taupe 挖沟机
~ tractée 牵引犁

charruer *v* 烧焦,焦化,烧成木炭
chassage *m* 沿走向掘进,走向巷道,煤巷
chassant *a* 沿走向的,沿走向开采的
chasse *f* 冲刷,冲洗,冲沙,打猎,吹除,放气,排出,湍流,刀,砂刀,修平刀,排除,墁刀,吹风
~ à niveau bas 低水位泥沙冲刷
~ à parer 击平锤,敲平锤
~ à percer 凿眼锤
~ au fusil 发射,喷射,打猎
~ au gibier d'eau 水枪冲洗,水禽狩猎
~ avant (车间的)监工
~ bestiaux 排障器
~ bœuf 排障器
~ boue 吸泥机
~ carrée 墁刀,修平刀
~ cône 锥形冲头,锥形锤
~ crampon 钉锤
~ hydraulique 冲洗
~ neige 暴风雪,除雪机,扫雪车,雪犁,犁雪机
~ pointes 冲子,锥子,穿孔器
~ poussière 尘暴,除尘器
~ sable 尘暴,风沙暴
~ terres 推土机,压弯机

chasse-neige *m* 除雪机,扫雪车,风挡刷
~ à double charrues 双犁除雪机
~ à étrave 犁式除雪机
~ à fraise 螺浆式除雪机,旋转式除雪机
~ à soc 除雪犁
~ à triangle 除雪犁
~ à turbine 螺浆式除雪机,旋转式扫雪机,转子除雪机
~ centrifuge 离心式除雪机
~ latéral 侧向除雪机
~ rotatif 旋转式扫雪机
~ triangulaire 三角形犁壁式除雪机

chasser *v* 掘进,采掘,驱动,排出,推出
chassignite *f* 纯橄无球粒陨石
châssis *m* 底盘,框架,砂箱,井架,底架,底座,底梁,构架,车底架,机座
~ à chenilles 履带式底盘
~ à essieu unique 单轴底盘,单轴车架

~ à molette 轻便井架
~ à trois essieux 三轴车架
~ auxiliaire 箱形构架
~ caisson monobloc 载重汽车车架,载重汽车底盘
~ d'aération 通风窗
~ d'automobile 汽车底盘
~ d'enclenchement 联锁式构架,联锁架
~ de bogie 转向架构架
~ de caisse 车体底架
~ de camion 导向架,导架
~ de fonderie 铸铁砂箱
~ de glace 窗框架
~ de locomotive 机车底架
~ de moulage 砂箱,型箱
~ de wagon 货车底架
~ dormant 固定框
~ en acier moulé 钢底架,铸钢构架
~ en aluminium 铝底架
~ en barres 钢条车底架,钢棒式车底架
~ en corps creux (bogies) 筒形构架(转向架)
~ en guidage 型钢构架
~ en profilés 型钢构架
~ en tôle 钢板构架
~ inférieur 下型箱,下砂箱
~ métallique 金属框架,钢窗架,金属构架
~ mobile 活动构架,活动底盘
~ monobloc 整体铸钢车架
~ poutre d'une locomotive 机车梁式底架
~ remorqué 挂车车架,挂车底盘
~ rigide 刚性构架
~ roulant 滚动底盘,滑动底盘
~ secondaire (engins moteurs) 牵引动车的辅助构架
~ soudé 焊接构架
~ supérieur 上型箱,上砂箱
~ tournant 活动构架

chat *m* 猫头起重机,猫头吊车,锚,抓钩
chat(h)amine *f* 复砷镍铁矿
chathamite *f* 复砷镍铁矿
chatière *f* 通风窗,屋面通风口,猫洞
chatoiement *m* (矿物、宝石)变彩,闪色,闪光,闪烁
chatoyant *m* 猫眼石(金绿宝石),闪光石; *a* 猫眼(状闪)光的
chatterton *m* 粘胶带,摩擦带,绝缘带,绝缘胶布
chaud, e *a* 热的,暖的
chaude *f* 热,加热
~ ressuante 焊接加热

~ soudante 焊接加热
chaudière *f* 锅炉,汽锅
 ~ à basse pression 低压锅炉
 ~ à chaleur perdue 废热锅炉
 ~ à charbon 燃煤锅炉
 ~ à gas-oil 燃油锅炉
 ~ à haute pression 高压锅炉
 ~ à tube d'eau 水管锅炉
 ~ à tube-foyer 管式火箱锅炉
 ~ à vapeur 蒸汽锅炉
 ~ à vapeur à moyenne pression 中压蒸汽锅炉
 ~ aquatubulaire 水管锅炉
 ~ auxiliaire 辅助锅炉
 ~ d'unité 供暖机组
 ~ de récupération 余热锅炉,利废锅炉
 ~ de secours 辅助锅炉,备用锅炉
 ~ industrielle 工业用锅炉
 ~ ver 立式锅炉
chaudron *m* 锅状塌陷,圆形小盆地(如冰斗湖),蒸汽锅炉,汽锅
chaudronnerie *f* 制锅业,锅炉车间
chaudronnier *m* 电站一回路运行人员,锅炉工
chauffage *m* 加热(器),供暖(装置),发热,采暖设备,暖气装置,采[取]暖,加热[温]
 ~ à air 空气加热
 ~ à air chaud 热风取暖,热空气供暖,气暖(法)
 ~ à air pulsé 间歇热风采暖
 ~ à circulation de vapeur 蒸汽循环式取暖
 ~ à cœur 热透,烧透
 ~ à distance 分区供暖
 ~ à eau chaude 水暖,热水取暖
 ~ à haute fréquence 高频加热
 ~ à l'eau chaude 热水供暖,水暖
 ~ à surface radiante 辐射供暖
 ~ à thermodynamique 热力供暖
 ~ à vapeur 蒸汽供暖
 ~ à vapeur à basse pression 低压蒸汽采暖
 ~ à vapeur à haute pression 高压蒸汽采暖
 ~ à vapeur en circuit fermé 循环封闭式蒸汽取暖
 ~ additionnel 焊接余热
 ~ au gaz 煤气采暖,气体加热(器)
 ~ automatique 机械添煤燃烧室,自动化采暖
 ~ central 集中供暖[加热],暖气装置
 ~ collectif 集中供热
 ~ d'une bielle 摇杆发热
 ~ de boîte d'essieu 轴箱发热
 ~ de coussinets 轴承发热
 ~ des locaux 房屋采暖,机房供热,室内取暖
 ~ électrique 电热法,电加温,电热采暖,热采暖
 ~ électronique 高频加热
 ~ en circulation 循环取暖[供暖]
 ~ haute fréquence par induction 高频感应加热
 ~ haute fréquence par pertes diélectriques 高频电解加热
 ~ indirect 间接加热
 ~ local 局部加热
 ~ localisé 局部加热
 ~ par canalisation 火道供暖
 ~ par chaleurs perdues 余热供暖
 ~ par cheminée 烟道供暖
 ~ par cycle inversé 逆循环供热
 ~ par induction 感应加热
 ~ par l'électricité 电气采暖
 ~ par poêle 火炉供暖
 ~ par rayonnement 天花板辐射取暖,辐射取暖
 ~ par rayonnement par le plafond 天花板辐射取暖
 ~ préalable 预热
 ~ rayonnant 辐射供暖
 ~ thermodynamique 热力采暖
 ~ vapeur 蒸汽供热装置
chauffage-dégivrage *m* (风窗玻璃)加热除霜(器)
chauffant *a* 发热的,产生热量的
chauffé *a* 被烧热的,被烤热的,被加热的
 ~ au rouge 炽热的,赤热(状态)的
chauffe *f* 炉膛,炉胆,生火,烧火,烧热,加热,加热时间
 ~ eau cumulation 带储水装置的水加热器
 ~ gamelle 热饭炉
chauffe-eau *m* 冷水加热器
chauffe-glace *m* 暖窗器
chauffer *v* 加热,烧热
chaufferette *f* 加热器,加热元件,暖炉,暖脚炉
 ~ fixe 定时加热器
 ~ proportionnelle 比例式加热器
 ~ tout ou rien 定时加热器
 ~ variable 可调式加热器,均衡加热器
chaufferie *f* 锅炉房
chauffeur *m* 司炉,(汽车)司机,司机,驾驶员
 ~ d'automobile 汽车司机
 ~ de locomotive 机车司炉
chaufour *m* 石灰窑
chaufournerie *f* 生石灰制造厂,石灰制造工业
chaulage *m* 灰坑,灰槽,刷灰浆,加石灰,用石灰

处理,浸石灰
chaulé *a* 用石灰处理的
chauler *v* 喷洒石灰,加石灰,刷石灰,石灰处理
chausse *f* 污水管
chaussée *f* 堤,路面,道路,围堤,公路,马路,碎石路,(桥面)铺装,车行道,行车道,路面结构
- ~s à assise traitée aux liants hydrauliques 水硬性结合料处治基础层路面
- ~s à couche de surface bitumineuse 表处沥青路面
- ~ à deux voies 双车道路面
- ~ à double sens de circulation 双向行车道路
- ~ à double voie 双车道道路,双车道路面
- ~ à faible trafic 弱交通量路面
- ~ à forte circulation 大交通量路面
- ~ à grand trafic 大交通量路面
- ~ à revêtement dur 硬路面
- ~ à sens unique 单向行车道路
- ~s à structure inverse 倒装结构路面
- ~s à structure mixte 复合结构路面
- ~ à trois voies 三车道路面
- ~ à une seule voie 单车道路面
- ~ arrosée 水路面
- ~ asphaltée 地沥青路面,沥青路面
- ~ autoroutière 高速公路路面
- ~ bétonnée 混凝土路面
- ~ bicouche 双层路面
- ~ bidirectionnelle 双向行车道路
- ~ bidirectionnelle à deux voies 双向双车道路面,双向双车道道路
- ~ bien dimensionnée 厚度设计正确的路面
- ~ bitumée 沥青路面
- ~s bitumineuses épaisses 全厚式沥青路面
- ~ bombée 拱形路面
- ~ circulée 行车路面
- ~ claire 浅色路面
- ~ collectrice 集散道路,集散车道
- ~ d'évitement 避车道,让车道
- ~ dallée 石板路面
- ~ de briques 砖砌路面,砖石路面
- ~ de desserte 沿街道路(沿临街房屋前面的地方道路或辅助道路)
- ~ de fascine 柴束道路,柴束路面,柴束堤道
- ~ de qualité basse 低级路面
- ~ de qualité ordinaire 中级路面
- ~ de qualité secondaire 次高级路面
- ~ de qualité supérieure 高级路面
- ~ de route 路基,路面
- ~ de zone industrielle 工业区道路
- ~ décalée 改变行车方向的车行道
- ~ déformée 变形的路面
- ~ demi-rigide 半刚性路面
- ~ dénivelée 高低不平的路面
- ~ départementale(C.D.) 省道,省属道路
- ~ des géants 大型公路,柱式长壁回采工作面
- ~ d'évitement 让车道
- ~ divisée 分隔行驶的道路,有分隔带的道路
- ~ élastique 弹性路面
- ~ empierrée 碎石路面
- ~ en amont 上行车道
- ~ en aval 下行车道
- ~ en béton 水泥混凝土路面
- ~ en béton armé 钢筋混凝土路面
- ~ en béton bitumineux 沥青混凝土路面
- ~ en béton de ciment 水泥混凝土路面
- ~ en béton non armé 无筋混凝土路面
- ~ en bois 木块路面
- ~ en brique 缸砖路面
- ~ en grave-ciment 水泥处治砂砾路面
- ~ en grave-laitier 砂砾—炉渣混合料路面
- ~ en gravier 砾石路面
- ~ en gravier non traitée 未处治的砂砾路面
- ~ en huile résiduaire 渣油路面
- ~ en macadam 碎石路面
- ~ en macadam bitumineux 沥青碎石路面
- ~ en macadam stabilisé au sol 泥结碎石路面
- ~ en macadam stabilisé à l'eau 水结碎石路面
- ~ en pleine épaisseur d'enrobés 全厚沥青混合料路面
- ~ en sable-laitier pré-broyé 预研矿渣—砂混合料路面
- ~ en scories 炉渣路面
- ~ en sols stabilisés à la chaux 石灰稳定土路面
- ~ en sols stabilisés au ciment 水泥稳定土路面
- ~ en terre 土路,土路面
- ~ expérimentale 试验路面
- ~ fatiguée 疲劳路面
- ~ ferrée 石子路面
- ~ flexible 柔性路面
- ~ fortement sollicitée 重交通道路
- ~ gélive 易冻路面
- ~ glissante 滑溜路面
- ~ goudronnée 柏油路面,柏油马路,焦油路面
- ~ granulométrique 级配路面

~ grasse 富油路面,光滑路面
~ grasse à texture lisse 光滑结构的富油路面
~ homogène 均质路面
~ hors gel 防冻路面
~ latérale 服务性道路,辅助道路,便道
~ légère 薄层路面
~ macadamisée cylindrée à l'eau 水结碎石路面
~ maigre 贫油路面
~ maigre à texture rugueuse 粗糙结构的贫油路面
~ maigre perméable 透水贫油路面
~ monocouche 单层路面
~ mouillée 湿润路面,潮湿路面
~ noire 黑色路面,沥青路面
~ non divisée 无分隔带路面,单幅式路面（俗称"一块板"）
~ non revêtue 未铺装路面,未铺砌路面
~ pavée 嵌砌道,块砌路,块料路面
~ peu circulée 行车量少的道路,交通量不大的路面
~ plastique 柔性路面
~ propre 清洁路面
~ provisoire 临时性路面
~ renforcée 补强路面,加固路面
~ rétrécie 狭窄路面
~ revêtue 铺砌路面,铺装路面
~ rigide 刚性路面
~ rugueuse 粗糙路面
~ rurale 农村道路路面,乡村道路
~ semi-rigide 半刚性路面
~ séparée 设分隔带的道路
~ sombre 深色路面
~ souple 柔性路面
~ souple légère 薄层柔性路面
~ sous dimensionnée 厚度设计不足的路面
~ submersible 过水路面
~ surélevée 高架道路
~ unidirectionnele 单行车道
~ unique 未设分车带的路面,单幅式路面（俗称一块扳）
~ urbaine 城市道路
~ verglacée 结冰的路面
~ viscoélastique 黏弹性路面

chaussette *f* de traction （施加预应力用的）钢索夹具

chauves *f. pl* 交错裂隙,切割裂隙,细脉

chaux *f* 石灰,石灰石,氧化钙
~ à badigeonner 打白浆
~ à haute teneur de calcium 高钙石灰
~ à haute teneur de magnésium 高镁石灰
~ à maçonner 圬工（用）石灰,建筑用石灰
~ aérienne 气硬性石灰
~ agricole 农用石灰
~ amortie 潮解石灰,石灰膏,石灰胶
~ anhydre 无水石灰,生石灰,氧化钙
~ azote 氰氨（基）化钙
~ azotée 粗氰氨[基]化钙
~ blanche 消石灰,熟石灰
~ borique 硼酸钙
~ calcinée 生石灰,氧化钙
~ carbonatée 碳酸钙,纯白云石
~ carbonatée cristallisée 双折射方解石
~ carbonatée magnésienne 镁质石灰石,白云石
~ caustique 苛性石灰,生石灰,氢氧化钙
~ chlorurée 漂白粉
~ combinée 混合石灰
~ coulée 石灰膏,石灰胶,熟石灰
~ coulée en pâte 熟石灰,消石灰
~ cuite 烧透石灰
~ de calcium en haute teneur 高钙石灰
~ de fond 石灰乳,石灰浆
~ de magnésium en haute teneur 高镁石灰
~ de montagne 石灰岩
~ délitée 熟石灰,氢氧化钙（消石灰）
~ dihydrate dolomitique 双水化石灰
~ dolomitique 含镁石灰,白云质石灰
~ durcissant à l'air 气硬石灰
~ éminemment hydraulique 高水硬性石灰
~ en pâte 石灰膏,石灰胶
~ en pierre 块石灰,生石灰
~ en poudre 石灰粉末,熟石灰
~ en vrac 散装石灰
~ éteinte 熟石灰,消石灰,氢氧化钙
~ éteinte à sec 气化石灰,潮解石灰,空气消化石灰,熟石灰
~ faiblement hydraulique 低水硬石灰
~ fluatée, ~ fluorée, ~ fluviatée 萤石
~ fluatée laminaire 萤石,氟石
~ fondue 石灰膏,石灰胶,熟石灰,消石灰
~ frittée 生石灰,煅烧过的石灰
~ fusée 气化石灰,潮解石灰,空气消化石灰
~ grasse 肥石灰,富石灰,浓石灰
~ hautement hydratée 高度水化石灰
~ hydratée 熟石灰,消石灰,水化石灰,氢氧化钙
~ hydratée normale 正常水化石灰

~ hydraulique 水凝石灰,水硬性石灰
~ incuite 生石灰
~ industrielle 工业用石灰
~ laminée 叠层石灰
~ libre 游离石灰
~ limite 硅酸盐水泥,波特兰水泥
~ magnésienne 镁氧石灰
~ maigre 次石灰,褐石灰,贫石灰,瘦石灰,劣石灰
~ mi-éteinte 中消石灰,中化石灰
~ monohydrate dolomitique 单水化石灰
~ morte 失性石灰,僵烧石灰,死[石]灰
~ moyennement hydraulique 中水硬石灰
~ nette 净石灰
~ non combinée 未混合石灰
~ pauvre 贫石灰,劣石灰
~ phosphatée 磷酸钙,磷灰石
~ pour engrais 农用石灰
~ pulvérisée 石灰粉,粉状石灰
~ réfractaire 耐火石灰
~ sodée 碱石灰,苏打石灰
~ terreuse 生石灰
~ venant du four 原石灰
~ vive 生石灰,氧化钙

chavésite f 磷钙锰石(磷钙锰矿)
chavirement m 翻转,倒置,倾斜,坡度,倾覆
chazellite f 辉锑铁矿
check-up m 对账,查账
cheddite f 氯酸盐炸药
chef m 领导,主任,组长,顶部,上部,头部,主管,负责人

~ (de gare) de triage 调车场场长
au premier ~ 尤其,特别
~ cantonnier 养路工长
~ d'aménagement 项目经理(由管理人员担当),主任工程师(由工程师担当)
~ d'arrivage 到达货物处主任
~ d'arrondissement 分局长
~ d'atelier 车间主任
~ d'eau 水源地,来自河源的泉水
~ d'équipe 组长,工长,领班,工作队长,队长,班长(采矿)
~ d'équipe de la voie 养路工长
~ d'équipe de manœuvre 主任调车员
~ d'expédition 发送货物处主任
~ d'une équipe de travailleurs 作业组长
~ de la gare de marchandises 货运站站长
~ de brigade d'ouvriers des télécommunications 电线检修工长,通信工长
~ de brigade 组长,班长
~ de brigade d'ouvriers 工长,组长
~ de bureau 科长,处长,办公室主任,局长
~ de bureau d'étude 设计室主任,研究室主任,设计事务所负责人,设计科科长
~ de camp 野外作业组组长
~ de chantier 采矿技师,采矿工长,班长,工地主任
~ de chantier de forage 钻井队长,司钻
~ de circonscription 分区主任
~ de clé 钻机长
~ de district 领工员
~ de division 局长,处长
~ de fil (groupement) (联营体的)牵头方
~ de fosse 矿井井长
~ de gare 站长
~ de gare adjoint 副站长
~ de gare relève 替班站长,接班站长
~ de gisement 冠岩,宝盖面,矿床顶部,矿体上部
~ de l'eau 运源干流
~ de l'équipe de relevage 救援工班班长,救援列车车长
~ de magasin 仓库主任
~ de manœuvre 主任调车员
~ de manutention 装卸工长
~ de mission 项目领导,野外队队长,考察团团长,代表团团长
~ de poste 值班班长
~ de prospection 勘探队队长;野外队队长,现场负责人
~ de quart 值长
~ de section 工段主任
~ de section de la voie 工务段长
~ de sécurité 线路值班员
~ de service 部门主任,(车站)值班员,工段主任
~ de siège 矿长
~ de terrain 野外队队长,现场负责人
~ des ateliers 厂长
~ du canton 工长
~ du groupement matériel 维修班长
~ du groupement production 运行班长
~ du mouvement (车站)运转主任
~ du petit entretien 维修所主任
~ du projet 工程负责人,项目负责人
~ du service de l'entretien 维修处处长

~ du service de l'exploitation　运输处处长
~ du service de la traction　机务处处长
~ du service de la voie　工务处处长
~ du service des approvisionnements　材料供应处处长,材料处长
~ du service du mouvement　车务处处长
~ foreur　钻探队长,钻机机长
~ garde　车长
~ géologue　主任地质师
~ mécanicien　司机长
~ mineur　采矿班长
~ régulateur　调度所主任,调度长

cheire *f*　块熔岩(法国)
chelkarite *f*　水氯硼钙镁石
chelmsfordite *f*　方柱石,中柱石
chélogenèse *f*　地盾形成作用
chemin *m*　道路,小道,路径,路线,路,通道,轨道,方法,途径,路程,距离
~ agricole　农村道路
~ commun　公用道路
~ communal　市镇道路
~ d'accès　引道
~ d'accès au chantier　工地便道
~ d'aération　通风[出气]筒,通气孔
~ d'éboulement　山崩溜道
~ d'écoulement　渗(透途)径
~ d'exploitation　运营道路,开发道路
~ d'infiltration　渗流径路,渗漏途径
~ d'intérêt commun　公用道路,共用道路
~ d'intérêt local　地方道路
~ de câble　电缆路径,缆索道,布线,电缆通道
~ de câble en intertube　横通道电缆桥架
~ de câble en niche de sécurité　安全洞室电缆桥架
~ de câble en tunnel　隧道电缆桥架
~ de campagne　乡村道路
~ de canton　地区道路,地方道路
~ de chantier　施工用道路,施工便道,工地道路
~ de desserte　专用道路
~ de drainage　排水路径,排水路线,排水道
~ de fer à câble　架空索道,高架索道,轨道缆车
~ de freinage　制动距离
~ de l'invasion　侵入途径
~ de l'onde sismique　地震波路径
~ de liaison　连接道路
~ de migration　运移途径,迁移通路
~ de percolation　渗(透途)径

~ de piétons　人行道
~ de roulement　起重机道,行车滑道,导轨,辊道,滚动面,滚动轴承滚动道,运送经路
~ de roulement de la grue　天车轨道
~ de roulement du pylône mobile　移动式桅杆运行轨道
~ de service　便道,人行道,服务性道路,辅助道路
~ de traverse　间路,近道
~ de zigzag　曲折流线,之字形流线
~ défoncé　坑坑洼洼的路
~ départemental(C.D.)　省道
~ des contraintes　应力(轨)迹线,应力路线,应力途径
~ desserverant la forêt　伐木道路
~ détourné　迂回道路,弯路
~ du gaz　煤气管道
~ du roulement du dégrilleur　拦污栅清污(齿)耙行走轨道
en ~　在途中
~ en rondins　木排路,圆木路(沼泽地上用)
~ en terre　土路
~ forestier　林区道路,森林道路
~ général　道路干线,交通干线
~ impraticable　不能通行的道路
~ lacune　损坏的路
~ latéral　支路,辅道
~ minimal　最短路径
~ muletier　大车道
~ national　国家公路,国道
~ parcouru　行驶路程
~ parcouru pendant le freinage　制动距离
~ pour cavaliers　大车道
~ prédicable　可通行路
~ préférentiel　最易通过的渗径,最可能渗径
~ privé　专用道路,私有道路
~ publique　公共道路
~ régional(C.R)　乡道
~ rural(C.R)　农村道路,郊区道路
~ secondaire　次要道路
~ vicinal(C.V)　农村道路,地方性道路,乡村道路

cheminée *f*　岩颈,岩筒,烟道,烟筒,溜槽,烟囱,壁炉,排气管,喷发口,通气孔,出风孔,溜矿槽,火山管,火山喷口
~ à air　风管
~ à minerai　输矿槽,溜井,放矿天井
~ à remblais　荒石槽

~ à stériles 岩石溜井,石板溜槽
~ appel 通风井,通风筒
~ ascendante 天井,仰斜巷道(煤矿)
~ basaltique 玄武岩岩墙,玄武岩岩脉
~ d'aération 通风[出气]筒,通气孔
~ d'équilibre 平衡井
~ d'accès 进气管
~ d'aérage 出气孔,风眼(坑道),风道,通风天井
~ d'aération 排气通道
~ d'air 通风管,通风烟囱,风管
~ d'appel 通风井,通风筒
~ d'échappement 排气管,乏汽管,排出口
~ d'équilibre （地面上的)调压井,调压塔,调压室,调压池,稳压箱,平衡井
~ d'explosion 爆管,爆发岩筒,爆炸通气管
~ d'extraction 烟囱
~ de bétonnage 混凝土浇注管道,混凝土浇注溜槽
~ de fée 土柱,石柱,侵蚀柱,石林(侵蚀的,风蚀的岩柱)
~ de locomotive 机车烟囱
~ de minerai, ~ minéralisée 柱状矿体,矿柱
~ de recherche 探井,探坑
~ de remblai 充填天井,填充井
~ de roulage 溜井,矿石溜子,岩石溜井,放矿天井
~ de sable 砂质垂直排水,砂质烟囱式
~ de soutirage 放矿漏斗
~ de tirage 排气管,通风管,烟筒
~ de ventilation 通风井(塔)
~ de visite 检查井
~ diamantifère 金刚石岩筒
~ différentielle 差动式调压塔
~ en brique 砖砌烟囱

cheminement *m* 渗流,渗透,路线,通道,导线,位移,移动,扩展,掘进,进行,运行,进入目标,裂纹扩展,缓慢流动,地下水流动,导线测量
~ à boussole 罗盘导线(测量)
~ à la planchette 平板仪导线
~ capillaire 毛细水作用,毛细水流动
~ d'eau par gravitation 水的渗透作用,淋湿作用
~ de fissures 裂纹轨迹
~ de l'eau 渗流,潜水活动,漏水
~ de l'eau dans les sols 水在土壤中的渗流
~ de l'humidité 温度渗透
~ de solution hydrothermale 热液运动
~ des câbles 电缆线路
~ des sables 沙移动

~ en boucle 闭合导线
~ fermé 闭合导线
~ fixe 附台导线,固定导线
~ goniométrique 经纬仪导线
~ libre 开导线,不闭合导线,支导线
~ ouvert 不闭合导线
~ photogrammétrique 航空导线测量,空中三角测量
~ photographique 摄影导线测量
~ polygonal 导线测量,多边形测量
~ souterrain 地下水流

cheminer *v* 徐变,蠕变,逐渐发展,行走,行进,导线测量

chemisage *m* 外壳,装外壳,装套管,套管,外罩

chemise *f* 护墙,衬墙,护面,外壳,外套,文件夹,衬套,汽缸套,套管(钻探用),护筒
~ à circulation d'eau 水套
~ d'eau 水冷却套
~ de chaudière 锅炉外套,锅衣
~ de galerie 隧洞护墙,隧洞砌面
~ de plomb 铅包,铅皮(电缆),铅衬
~ de refroidissement 冷却套
~ de revêtement 衬罩,外罩
~ de tiroir 滑阀套
~ du cylindre 汽缸套
~ en laiton 黄铜衬(套)
~ en place 已就位的汽缸套
~ manche 套管
~ réfrigérante 冷水套,冷却套

chenal *m* 河槽,水道,渠道,航道,河床,河道,浅沟,通道,通航水路,内浇口,窄海峡,沟槽,浇道
~ à méandres （河)曲折狭道,曲流河道,蛇曲河床
~ abandonné 废弃的河道
~ affouillable 受冲刷的河床,易受侵蚀的河床
~ alluvial 冲积河槽
~ anastomosé 分叉河道
~ ancien 古河道,古河床
~ artificiel 人工渠槽,人工河道
~ bloqué 淤塞河道
~ capillaire 毛细管道
~ collectif 总渠,集水沟
~ condamné 消失河床
~ convergent 辐射状水道网,辐射状渠系
~ d'accès 引航道
~ d'air 通风道
~ d'alimentation 供水渠
~ d'approche 引水渠,进水渠,引航道,进出港

航道
~ d'eau de fonte　冰流溢口
~ d'écluse　（人工开挖的）船闸引渠
~ d'écoulement　排水渠道,排水沟,山洪冲沟
~ d'embarcations　浅水通道,通小船水道
~ d'entrée　进水渠道
~ d'étiage　枯水期河床
~ d'évacuateur　溢水渠
~ d'évacuation des glaces　泄冰渠
~ d'infiltration　渗流集水渠
~ d'informatique　信息通道,信息通路
~ d'irrigation　灌溉渠
~ d'onde　波浪（试验）槽
~ de balisage　信标航向
~ de basses eaux　低水位航道
~ de câble　电缆管,电缆道
~ de circulation　航道
~ de décharge　排水渠,泄水渠
~ de delta　三角洲河汊
~ de dérivation　导流渠,引水渠,分水渠
~ de distributaire　分叉河道
~ de distribution　配水渠,支渠,（电缆）配线管道
~ de drainage　排水通道,排水渠
~ de fuite　尾水渠
~ de houle　波涛汹涌的航道
~ de l'évacuateur de crue　溢流渠槽
~ de la rivière　河槽
~ de marée　有潮水道,感潮水道
~ de mesure　量水槽
~ de mort　废河槽,残留河段
~ de navigation　航道,通航河道
~ de pluie　雨冲沟,雨蚀沟
~ de rivière　河道,河槽
~ de sortie　出水渠
~ étroit　窄航道
~ fluviatile　河道
~ intra océanique　深海盆地
~ mobile　不稳定河床,动床
~ naturel　天然河道
~ navigable　（通）航（河）道,航槽
~ ouvert　明渠,明槽,开放水道
~ préglaciaire　冰堰水道,冰水平原边缘水道
~ principal　主河道,主河槽
~ résistant à l'érosion　抗侵蚀河槽
~ sinueux　蜿蜒河道,弯曲航道
~ sous-lacustre　湖底冲沟,湖下槽沟
~ sous-marin　海沟,深海沟
~ stable　稳定河槽
~ torrentiel　山洪冲沟
~ tortueux　弯曲河道,迂曲河道
~ transversal　横向渠道
~ trapézoïdal　梯形河槽
~ uniforme　等断面渠道
~ variable　变动河槽,不稳定河槽,不稳定水道

chenalisation　*f*　成沟作用
chenalisé　*a*　有沟槽的
chêne　*m*　橡树,柞木,槲木,栎树
　~ blanc　白栎木,白橡木
　~ des indes　柚木,麻栗木
　~ liège　软橡木,软木树
　~ rouvre　山栎
chéneau　*m*　边沟,明沟,雨水槽,槽沟,小橡树,天沟,檐沟
chenevixite　*f*　砷铁铜石
chengbolite　*f*　承铂矿,碲铂矿
chenier　*m*　沼泽沙堆,沼泽沙丘,沼泽沙岭
chenillard　*m*　履带拖拉机
chenille　*f*　履带,履带曳引车,预告信号上由反射产生的光带,爬行曳引车,链轨
　~ en caoutchouc　橡胶履带
　~ niveleuse　履带平地机
chenillé, e　*a*　履带运行的,装有履带的
chénocoprolite　*f*　不纯臭葱石,银钴臭葱石
chèque　*m*　支票
　~ à barrement général　普通划线支票
　~ antidaté　倒填日期支票
　~ au porteur　无记名支票
　~ bancaire　现金支票,银行支票
　~ barré　划线支票
　~ bloqué　拒付支票,冻结支票
　~ croisé　划线支票,横线支票
　~ de banque　银行本票
　~ de caution　担保支票
　~ de complaisance　融通支票
　~ de virement　转账支票
　~ de voyage　旅行支票
　~ en blanc　空白支票
　~ en bois　空头支票
　~ endossé　背书支票
　~ périmé　过期支票
　~ postal　邮政支票
　~ postdaté　后填日期的支票
　~ prescrit　过期支票
　~ sans prévision　空头支票

~ touriste 旅行支票
chéralite *f* 硅钍独居石
cherche-fiche *f* 绞刀,扩孔钻头
cherche-fuites *m* (煤气)漏气检查器
chercheur *m* 寻检器,选择器,探测器,搜索器,检测器,研究人员,调查人员,勘探者,探矿者,勘测人员
~ d'altitude 测高器
~ d'appel 寻线机,呼叫寻线机(电话)
~ d'enregistreur 记录器选线机
~ de lignes 选线机
~ de parasites 干扰探测器,噪声探测器
~ de pôles 极探测器,极指示器
~ du radiogoniomètre 无线电定向仪,刻度盘(分度盘)
~ présélecteur 预选机
~ rotatif 旋转选线机
chéremchite *f* 乔伦油页岩
chernikite *f* 钽钨钛钙矿
chernovite *f* 砷钇石
chernozem *m* 黑钙土,黑土
chernykhite *f* 钡钒云母
chernyshévite *f* 似钠透闪石,钠闪石,似碱锰闪石
chérokine *f* 致密褐砂,乳白磷氯铅矿
cherry-picker *m* 格构斜臂式起重机,万能装卸机,车载升降台
chert *m* 燧石(氧化硅),黑硅石
~ alumineux 含矾土的燧石
chervetite *f* 斜钒铅矿
chessure *f* 通风井
chessylit(h)e *f* 蓝铜矿(石青)
chesterite *f* 闪川石
chesterlit(h)e *f* 微斜纹长石
cheval *m* 马力,功率
~ de force 公制马力
~ du frein 制动马力,制动功率
~ effectif 有效功率
~ indiqué 指示功率
~ nominal 额定功率
~ vapeur(CV) 马力
chevalement *m* 钻塔,井(口)架,支撑,撑架,钻井架,脚手架
~ de sondage 钻塔
~ définitif 固定井架
~ portique 四脚井架
chevalet *m* 架,垫,井架,支架,托座,垫板,栈架,台架,底架,底座,三脚架,钻井架,起重龙门架,装交通信号的跨线龙门架,支点,支柱
~ à crochets 吊架,带钩支架
~ d'ancre 锚架
~ d'extraction 固定井架,永久性(提升)井架
~ de forage 钻井架,凿岩机架
~ de l'articulation 铰支座,铰接柱脚
~ de sciage 锯木架
~ de treuil 绞车支架
cheval-heure *m* 马力小时
~ indiqué 指示马力小时
cheval-vapeur *m* 马力
~ indiqué 指示马力
chevauchant *a* 超覆的,推覆的,重叠的,逆掩[断层]的,逆冲的
chevauchement *m* 交叠,搭接,超覆,冲断层,逆断层,推覆体,交错排列,上冲断层,逆掩断层
~ absolu 绝对重叠制
~ anticlinal 伏卧背斜
~ brisant 冲断层
~ de block 重叠分区
~ de cisaillement 剪冲断层
~ de socle 基底逆掩断层,基底掩冲断层
~ des couches 层面冲断层,顺层冲断层,岩层逆掩,岩层超覆
~ des échos 反射信号的重叠
~ des sections 闭塞分区重叠
~ en retour 逆掩断层
~ horizontal 逆掩断层
~ ordinaire 简单重叠制
chevaucher *v* 逆掩在……之上,推覆在……之上,上冲到……之上
chevet *m* 底板(矿层或矿脉),下盘,脉,细脉,岩枝
chevêtre *m* 椽,横杆,托梁,盖梁,支柱,墩帽梁
~ d'arête 小椽,短椽
~ d'arrêt retroussé 斜构椽
~ de noue 斜构椽
cheville *f* 键,楔,销,栓,木桩,螺栓,泥心,销子,销钉,仪器的中心顶针
~ à tête 螺栓[钉]
~ à tête encastrée 埋头螺栓
~ conique de connection 椎形连接螺丝
~ d'accouplement 连接螺栓
~ d'attelage 钩销
~ d'entraînement 驱动仪(仪表中的)
~ de blocage 止针
~ de charnière 铰销
~ de crochet de traction 挽钩销,链钩螺旋杆

cheviller

~ de l'attelage principal 主钩销
~ de repérage 水准测量点，标高点，水准点销钉
~ en bois 木栓，木销子
~ en métal 金属螺栓，金属销
~ filetée 螺纹栓
~ métallique 钢销
~ ouvrière 中心销子，主销子

cheviller v 栓住，楔住，钉住
chevillon m 轴
chevkinite f 硅钛铈铁矿
chèvre f 架，台架，支架，高架，三脚架，起重臂，千斤顶，三脚井架，小型钻塔，转臂吊车，动臂起重机，剪形起重机

~ à trois pieds 三脚台架

chevron m 椽，椽架，屋架，人字架，人字脉，人字梁，屋脊梁，人字棱脊，人字矿脉，人字齿轮，尖顶褶皱，人字形褶皱，人字形条纹

~ à noulet 天沟椽
~ d'arête 脊椽
~ de ferme 主要椽木，联结椽
~ de noue 天沟椽
~ de plancher 檩（条）
~ de toiture 椽，椽子
~ métallique 钢椽子
~ supportant solives 吊龙骨的椽

cheyre f 块熔岩（法国）
chez prép 在……家里，在……的时代，在……中
chiastoline[chiastolit(h)e] f 空晶石
chibinite m 粒霞正长岩（希宾岩），腔硅饰铁矿
chicane f 隔板，遮护板，导向板，导流片，壁板
chien m 锁块，制动块，制动爪，夹钳，棘爪，卡爪

~ d'enrayure 制动闸瓦

chiffonnage m 皱纹，小褶皱，扭曲，小褶皱的挤压带
chiffrable a 可数的，可计算的，可测的，可编码的
chiffraison f 标度尺的数字
chiffre m 数，数字，数值，总数，密码，符号，编码，位，数额，总额

~ annuel de vente 年销售额
~ brinell 布氏硬度值
~ clé du wagon (gestion centralisée du trafic marchandises) 车辆校验数字（货运集中管理），车辆代码的校验数字（货运集中管理）
~ comparatif 比较值
~ d'affaires 营业额，周转率，交易额
~ d'affaires annuel 营业额
~ d'affaires du commerce extérieur 对外贸易额
~ d'essai 校验位
~ de bruit 噪声系数，噪音指数
~ de comparaison 比较数字
~ de contrôle 检验位
~ de dureté 硬度值
~ de dureté brinell 布氏硬度值
~ de dureté de shore 肖氏硬度值
~ de dureté Rockwell 洛氏硬度值
~ de dureté Vickers 维氏硬度值
~ de maille 筛号，网号
~ de production 生产总值额
en ~ rond 以进整数计算
~ normalisé 标准值
~ record 最高值，记录数
~ rond 整数，概数
~ significatif 有效数字，有效数，有效值

chiffre-indice m 指数
chiffrer v 计算，数字编码，估计，数字化
chignole f 手钻，手电钻，手摇钻，钻孔器

~ à main 手钻
~ électrique à poignée revoler 手电钻

chignon m 线圈上的小圈，象鼻（线圈的）
chiklite f 锰铁钠透闪石（铈钠闪石）
childrénite f 磷铝铁石
chilénite f 杂银铜矿（软铋银矿）
chile-salpêtre m 钠硝石（智利硝石）
chilkinite f 水硅铝钾石，伊利石
chillagite f 钼钨铅矿
chiltonite f 葡萄石
chimborazite f 霰石，文石
china-clay m 高岭土，瓷土
chinglusuite f 黑钛硅钠锰矿
chinkolobwite f 硅镁铀矿
chinoïte f 羟磷铜矿
chiolite f 锥冰晶石
chip m 芯片，石屑

~ d'évaluation 试验芯片，试验电路

chirvinskite f 含硫沥青
chiviatite f 杂硫铅铋矿
chizeuilite f 透红柱石，无色红柱石
chkalovite f 硅铍钠石
chladnite f 方辉无球粒陨石，陨顽火辉石，顽火辉石
chloantite f 复砷镍矿
chlopinite f 钛铌铁钇矿
chlorage m 氯化（作用），加氯
chloraluminite f 氯铝石

chlorapatite *f* 氯磷灰石
chlorargyrite *f* 角银矿(氯银矿)
chlorastrolite *f* 绿纤石
chlor-fluorapatite *f* 氯氟磷灰石
chlorite *f* 绿泥石,绿泛石
　　～ de sodium　亚氯酸钠,漂白剂
　　～ amphibolite　绿泥石角闪石
　　～ ferrugineux,～ ferrière　铁叶绿泥石
chloriteux *a* 含绿泥石的,绿泥石的
chloritgneiss *m* 绿泥片麻岩
chloritique *a* 含绿泥石的,绿泥石的
chloritisation *f* 绿泥石化
chloritite *f* 绿泥石岩,臆想的硅铝酸
chloritoïde *m* 硬绿泥石
chloritoschiste *m* 绿泥片岩,绿泥石片岩
chloritspath *m* 硬绿泥石
chlormanasséite *f* 水氯镁铝石
chlormanganokalite *f* 钾锰盐
chlormarialite *f* 氯钠柱石(钠柱石)
chlormercure *m* 角汞矿
chlornatrokalite *f* 杂钾食盐
chlorocalcite *f* 氯钾钙石
chlorolithine *f* 蚀长石
chloromagnésite *f* 氯镁石
chloromélane *f* 克铁蛇纹石(绿锥石)
chloromélanite *f* 暗绿玉(硬玉,翡翠)
chloromélanitite *f* 暗绿玉岩
chloropale *f* 绿蛋白石,杂绿脱蛋白硅石
chlorophacite *f* 褐绿泥石
chlorophane *f* 磷绿萤石,绿萤石(萤石的变种)
chlorophite *f* 铁叶绿泥石,绿纤石
chlorophœnicite *f* 绿砷锌锰石
chlorophylle *f* 植物叶绿素,绿素石,叶绿石
chlorophyllite *f* 菫青绿泥石,绿叶石,菫青白云母
chlorophyre *m* 绿英玢岩
chloroprène *m* 氯丁橡胶
chlorospinelle *f* 绿(泥)尖晶石
chlorospodiosite *f* 氯磷钙石
chlorotile *f* 绿砷铜石
chloroxiphite *f* 绿铜铅矿
chlorurage *m* 氯化,加氯
chloruration *f* 加氯(处理),氯化(作用)
chloruré *a* 氯化的
chlorure *m* 氯化物,漂白粉,漂白剂
chlorurer *v* 氯化
chneebergite *f* 铁锑钙石(锑钙石)
choc *m* 冲击,撞击,碰撞,震动,地震,激波,脉冲,敲击
　　～ absorber　减振器
　　～ central　正撞,对头碰撞
　　～ consécutif　(地震)余震,连续冲击
　　～ de chargement　荷载冲击
　　～ de manœuvre　调车碰撞
　　～ de première espèce　弹性冲击,弹性碰撞
　　～ de seconde espèce　非弹性冲击,非弹性碰撞
　　～ de véhicule contre piédroit　车辆撞击侧壁
　　～ dû au trafic　行车冲击,车轮冲击
　　～ élastique　弹性冲击,弹性碰撞
　　～ en retour　回击,反冲力
　　～ frontal　正面冲击
　　～ hydraulique　水力冲击
　　～ inélastique　非弹性冲击,非弹性碰撞
　　～ mécanique　机械冲击,机械碰撞
　　～ multiple　多次碰撞,多次地震
　　～ par seconde　每秒钟计数
　　～ principal　主震
　　～ s répétés　反复冲击
　　～ souterrain　地震,地下震动
　　～ thermique　热冲击,热震,温度突跃,温度突变,激波
chocage *m* (混凝土)振动致密
chocolate *f* 吸云片岩
chocolite *f* 铁硅镁镍矿,杂铁硅镁镍矿
chodnewite *f* (不纯)锥冰晶石
choisir *v* 选择,挑选
choisisseur *m* 寻线机,选线机
　　～ de balais　电刷选择机
　　～ rotatif　旋转选择机
choix *m* 选择,筛选,拣,挑选,取样
　　～ de position du pont　桥位选择
　　～ du tracé　选线
chômage *m* 封存,停工,车辆的停留、备用
　　～ d'un wagon　车辆停用时间,车辆停留时间
　　～ du matériel　机车车辆停用时间,车辆停留时间,车间车辆停留时间
chondrikite *f* 铈钛钠沸石
chondro-arsénite *f* 红砷锰矿,粒砷锰矿
chondrodite *f* 粒硅镁石
chondrostibiane *m* 粒铈锰矿
chonicrite *f* 分熔石,杂异剥蚀长石
chonoilt(h)e *f* 岩铸体,畸形岩盘,变形岩块
choque *m* 开采,采掘,挖方,掏槽,截槽
　　～ descendant　顺倾向开采,倾斜开采
　　～ montant　仰斜开采,逆倾斜回采

choquement *m* 碰撞,相撞
choquer *v* 碰,撞
chorismite *f* 混合岩
chott *m* 浅盐湖(盆地),咸水潮盆地,盐碱滩,碱盐地,沙漠中盐斑地,内陆浅洼地
choucage *m* 功率突变
chouleur *m* 链斗式装载机,斗式装载机,装载机,挖掘机
chourum *m* 落水洞,水陷
chowachsite *f* 黄钴土
chrismatite *f* 黄蜡石
chrisotite *f* 镁铁尖晶石
christensénite *f* 鳞石英
christite *f* 斜硫砷汞砣矿
christograhamite *f* 硅质中铁陨石,脆沥青
christophite *f* 黑闪锌矿,重铁闪锌矿
chrom(e)cyanite *f* 铬蓝晶石
chroma *m* 色品,色度
chromage *m* 渗铬,镀铬
chromanésite *f* 铬镁铝绿泥石,铬镁绿泥石
chromantigorite *f* 铬叶绿泥石
chromaticité *f* 色品,色度,彩色性,色彩质量
chromatique *a* 颜色的,色的,彩色的,有色彩的
chromatisme *m* 色差
chromatite *f* 铬钙石
chromatographe *m* 色谱分析仪,色谱法,色层分析法
chromatographie *f* 色层法,色谱法,色层分离法,色层分析法
 ~ d'adsorption 吸附色层分离(法)
 ~ des gaz 气体色层分离法
 ~ en phase gazeuse 气相层析,色谱分析气体
chromatographique *a* 色谱分析的,色层分离的
chromatomètre *m* 比色计
chromatométrie *f* 比色分析法
chrombiotite *f* 铬黑云母
chrom-brugnatellite *f* 碳铬镁矿
chrom-ceylonite *f* 铬尖晶石
chromdiopside *m* 铬透辉石
chromé, e *a* 镀铬的
chrome-acmite *m* 铬锥辉石,铬霓石
chrome-aluminium-hisingérite *m* 铬铝硅铁石
chrome-amésite *f* 铬镁铝蛇纹石(铬镁绿泥石)
chrome-antigorite *f* 铬叶蛇纹石
chrome-beidellite *f* 铬贝得石
chrome-clinochlore 铬斜绿泥石
chrome-clinozoïsite *f* 铬斜黝帘石

chrome-épidote *m* 铬绿帘石
chrome-halloysite *f* 铬埃洛石
chrome-idocrase *f* 铬符山石
chrome-jadéite *f* 铬硬玉
chrome-kaolin *m* 铬高岭土
chrome-kaolinite *f* 铬高岭石
chromel *m* 铬镍合金
chrome-magnétite *f* 铬磁铁矿
chrome-mica *m* 铬云母,铬白云母
chrome-nontronite *f* 铬绿脱石
chrome-ocre *m* 铬黏土
chrome-phengite *f* 铬多硅自云母
chrome-phlogopite *f* 铬金云母
chrome-pistacite *f* 铬绿帘石
chromer *v* 镀铬,加铬
chrome-spinelle *m* 铬尖晶石,镁铬尖晶石(镁铬铁矿)
chrome-tourmaline *f* 铬电气石
chrome-trémolite *f* 铬透闪石
chrome-vésuvian *m* 铬符山石
chrome-zoïsite *f* 铬黝帘石
chrominance *f* 色品,色度
chromisation *f* 镀铬,镀铬法
chromocre *m* 铬赭石,铬硅云母,铬多硅白云母
chromocyclite *f* 彩鱼眼石
chromoferrite *f* 铬铁矿
chromofore *m* 色素,色基
chromohercynite *f* 铬铁尖晶石
chromopicotite *f* 硬铬尖晶石
chromosphère *f* 色球层
chromowulfénite *f* 铬钼铅矿
chromphyllite *f* 蠕绿泥石
chrompicotite *f* 硬铬尖晶石
chrompléonaste *m* 铬镁铁尖晶石
chromrutile *m* 硅镁铬钛矿,铬金红石
chromspinelle *m* 铬尖晶石,铬铁矿
chromsteigerite *f* 铬水钒铝矿
chromtalc *m* 铬滑石
chrom-tourmaline *f* 铬电气石
chronaximètre *m* 反应时间测量表,时值计,电子诊断器
chrone *m* 时代,时间
chronique *f* 编年史,大事记,(新闻)专栏; *a* 慢性的
 ~ courante 日常收支,现金流水
 ~ de chemin de fer 铁路大事记
chronodéclencheur *m* 计时器,定时器

chronogramme *m* 计时图[表],时间图,(电子)记时器

chronographe *m* (电子)计时器,精密计时器

chronographie *f* 计时,计时仪

chronologie *f* 年表,年代学,日程表,编年学,时间顺序
~ absolue 绝对年代学
~ des événements 大事记
~ géologique 地质年代学
~ radiocarbonique 放射性碳年代学
~ relative 相对年代学

chronologique *a* 年代学的,按年代顺序的

chronometer *m* (精确)计时计,定时计

chronométrage *m* 计时,测时,制定标准工时,工时标定

chronomètre *m* (精确)计时计,定时计,精确测时器,精确计时器,精确测时计,精确时钟,天文钟
~ synchrone 同步秒表

chronophotographie *f* 高速摄影

chronorupteur *m* 延时开关

chronoscope *m* 计时器,计时表,瞬时计,分秒表

chronostratigraphie *f* 年代地层学

chronostratigraphique *a* 年代地层的,年代地层学的

chronotachymètre *m* 速度表

chronotaximètre *m* 行驶速度指示器(汽车)

chronozone *f* 年代带

chrysobéryl *m* 金绿宝石,乳光橄榄石

chrysochalque *f* 硅孔雀石

chrysocol(l)e *m* 硅孔雀石

chrysolit(h)e *f* 贵橄榄石,磷灰石,葡萄石
~ du cap (浅绿色)葡萄石
~ ordinaire (绿色)磷灰石

chrysomélane *m* 铁尖晶石

chrysophane *m* 绿脆云母

chrysoprase *f* 绿玉髓

chrystobalite *f* 方石英

chuchotement *m* 振颤,发振动声,发"卡搭"声

chudobaïte *f* 砷镁锌石

chuke *f* 灯头
~ à baïonnette 卡口灯头
~ à griffes 卡口灯头

chukhrovite-(ce) *f* 水氟钙铈矿

churchillite *f* 白氯铅矿

churchite *f* 水磷钇矿

chus(s)ite *f* 杂橄榄褐铁矿

chutage *m* 切割

chute *f* 塌落,崩塌,下降,下跌,跌落,摔倒,降落,瀑布,急流,冲槽,冲沟,位差,渡槽,水槽,水头,溜槽,泄槽,斜槽,减少,降低(风压),沉淀,释放(电),压降,落差,泥浆槽
~ absolue de vitesse 转速绝对降落,绝对速度下降
~ active 有效水头,作用水头,工作水头
~ affectée 影响水头
~ anodique 屏极电位降
~ artésienne (地下水)承压水头,自流水头
~ artésienne négative 负承压水头(井内自由水面低于地下水位时)
~ artésienne positive (地下水)正自流水头
~ brute 毛水头,总水头,总压降
~ brute maximale 最大毛水头
~ brute maximum (水库)正常蓄水水位
~ brute minimale 最小毛水头
~ brute moyenne 平均毛水头
~ caractéristique 特征水头
~ cathodique 阴极电位降
~ cinétique 流速水头,动力水头
~ critique 临界水头
~ d'alimentation (供水)水头,送料斜槽,送料溜槽
~ d'approche 行进水头
~ d'aspiration 吸水水头,通风压头
~ d'avalanche 雪崩
~ d'eau 瀑布,跌水,水头,扬程,水位差
~ d'éboulis 岩屑坠落,岩片崩落
~ d'élévation 高程水头,位置水头
~ d'énergie (水流)能头
~ d'entrée 进口水头
~ d'évacuation 排水立管
~ d'inertie 惯性水头
~ d'intensité 衰落,(电流)强度减弱
~ d'irrigation 灌溉水头
~ d'outils de forage 钻具脱落,钻具坠落
~ dans l'arc 电弧压降
~ de barrage 堰前水头
~ de barres 落棒,紧急停堆
~ de blocs 块状崩塌
~ de calcul 计算水头,设计水头
~ de charge 供料滑槽
~ de courant 减小电流
~ de débris 碎石崩落,岩片崩落
~ de drainage 排水区内最远或最高点,排水斜管
~ s de fer 废铁

~ de fontaine 喷泉水头
~ de fréquence 频率(全波)跌降
~ de friction 摩擦(损失)水头
~ de fuite 尾水水头
~ de glace 冰瀑,泄冰槽
~ de grappes 落棒,紧急停堆
~ de l'armature 继电器衔铁落下
~ de la chaleur 温度下降,温降
~ de la température 温度下降,温差
~ de marchandises sur la voie 在线路上跌落货物
~ de montagne 地滑,滑坡,山崩,坍方,崩塌,冒顶
~ de neige 下雪,降雪,降雪量
~ de pierres 崖壁坠石
~ de pluie 降雨,水落管,雨水管,(电)压降,电压损失
~ de pompage 抽水扬程
~ de portance 承载力下降
~ de position 位置水头,位头,势头
~ de potentiel 电压降,电位降
~ de précontrainte 预应力损失
~ de pression 压力水头,压头,减压,压力损失,压力差[降]
~ de puissance 功率下降,功率损耗
~ de résistance 阻力水头
~ de roches 岩石崩塌
~ de service 工作水头
~ de siphon 虹吸水头,吸(升水)头,负压头
~ de température 气温下降,温度下降,降温,温差
~ de tension (表面)张力水头,电压降,电压损失
~ de tension anodique 阳极压降
~ de tension cathodique 阴极压降
~ de tension d'arc 弧电压降
~ de tension dans l'arc 电弧压降
~ de travail 工作水头
~ de vitesse 减速
~ des exportations 出口减少
~ différentielle 水头差
~ du clapet 活门落下
~ du relais 继电器(衔铁)释放
~ du toit 冒顶,顶板塌落
~ dynamique 动力水头
~ effective 有效水头
~ électrique 电位降
~ glacier 冰川陷落,冰川崩落
~ gravitaire 大幅度跌降,自重下降,中立下降
~ hydraulique 水(压)头
~ hydrodynamique 动(力)水头
~ hydrostatique 静水头,静压头
~ inductive de tension 感应电压降
~ inductive de tension continue 感抗性直流电压降
~ libre 自由降落,自由落差,无压水头,自由水头
~ limite 极限水头
~ manométrique 测压水头
~ maximale 最大水头
~ minimale 最低水头,最小水头
~ modérée 中水头
~ moyenne 平均水头
~ naturelle 天然水头
~ nette 净水头
~ nette effective 净有效水头
~ nette maximale 最大净水头
~ nette minimale 最小净水头
~ nette moyenne 平均净水头
~ nette nominale (pour une machine) (设备)额定净水头
~ nette pondérée 加权净水头
~ ohmique de tension continue 电阻性直流电压降
~ par gravité 中心高差(由比重不同引起的压力差)
~ perdue 损失的水压
~ piézométrique 测压管水头
~ potentielle 势头,位头,净水头
~ productive nominale 额定发电水头,毛发水头
~ relative de vitesse 相对速度下降,转速相对降低
~ statique 势头,位头,净水头
~ totale 总水头,总扬程
~ totale d'alimentation 供水总水头
~ trapézoïdale 梯形陡槽
~ utile 有效水头

chuter v 下降,降落,降低,释放,落下
chymogène f 淡变熔体
cianite f 蓝晶石
ci-après adv 以后,如后,后面
cibdélophone m 钛铁矿
cible f 靶,目标,感光镶嵌幕
~ de réflexion 反射靶面
cicatrice f 深部缝合线,深断裂带,疤痕,痕迹,断崖,陡岩坡,逆掩断层
ci-contre adv 对面,旁边

ci-dessus *adv* 以上,如上,上面
ci-devant *adv* 以前,如前
ciel *m* 天,天空,气候,云层,云量,盖顶,穹隆,拱门
~ clair 晴天
~ de foyer 火箱顶板,炉顶板
~ dense 密云层
~ entièrement couvert 密云层(云量10级)
~ entièrement dégagé 晴天,晴空,碧空(云量0级)
~ ouvert 露天矿,采石场,露天开采
~ pommelé 卷集云
~ vitré 天窗,玻璃屋面,玻璃呈面
~ voilé 阴天
cigarette *f* 纸烟(形容设备尺寸)
ci-joint *adv* 附上,附带
cimaise *f* 挂镜线,反曲线
cimbre *m* 瑞士松
cime *f* 顶,峰,顶部,顶点,山顶,塔顶,巨石顶,顶峰,最高级
~ neigée 雪峰
ciment *m* 水泥,胶结物,胶结剂,结合剂,胶结材料
~ à base de silicates 硅酸盐水泥
~ à basse résistance 低强度水泥,低标号水泥
~ à basse teneur en alcalis 低碱水泥
~ à composants secondaires 混合水泥
~ à durcissement lent 缓凝水泥
~ à durcissement rapide 快硬水泥
~ à durcissement très rapide à haute résistance initiale 超早强水泥
~ à entraînement d'air 加气水泥,掺气水泥
~ à faible basicité 低碱水泥
~ à faible chaleur d'hydratation 低热水泥,低水比热水泥,低水化热水泥
~ à faible échauffement 低水比热水泥
~ à faible résistance 低强度水泥,低标号水泥
~ à faible résistance initiale 早期低强水泥
~ à faible teneur d'alcali 低碱水泥
~ à faible teneur de chaux 低石灰水泥
~ à faible teneur de laitier 低剂量矿渣水泥,低矿渣水泥
~ à faible teneur en alcali 低碱水泥
~ à faible teneur en alumine 低铝水泥
~ à faible teneur en chaux 低石灰水泥
~ à faible teneur en laitier 低矿渣水泥
~ à fine mouture 细磨水泥
~ à forte chaleur d'hydratation 高热水泥
~ à grosse mouture 粗研水泥,粗磨水泥
~ à haute résistance 高强度水泥,高标号水泥
~ à haute résistance initiale 高标号早强水泥
~ à haute teneur en alumine 高矾土水泥
~ à l'épreuve de l'eau 防水水泥
~ à la magnésie 氧化镁水泥,高镁水泥,菱镁土水泥
~ à la pouzzolane 火山灰水泥
~ à maçonner(C.M.) 低标号水泥,圬工用水泥,砌筑水泥,砖工用水泥
~ à mastic 水泥浆,水泥胶砂
~ à pigment 有色水泥
~ à prise contrôlée 凝结时间可调整水泥
~ à prise hydraulique 水硬性水泥
~ à prise instantanée 速凝水泥
~ à prise lente 慢凝水泥,缓凝水泥
~ à prise normale 标准凝结时间的水泥
~ à prise rapide 快干[凝]水泥,早凝水泥
~ à résistance initiale 早强水泥
~ à sac 袋装水泥
~ à très fin mouture 细磨水泥
~ accéléré 快凝水泥,速凝水泥
~ additionné 含掺合料的水泥,混合水泥
~ additionné de laitier 矿渣水泥
~ alumineux 矾土水泥,高铝水泥,渗铝水泥
~ alumino-ferrique 铝铁水泥
~ anglais 英国水泥,大理石水泥
~ anhydre 硬[无水]石膏胶结料
~ antiacide 耐酸水泥
~ argileux 泥质胶结物
~ armé 钢筋混凝土
~ armé de fibre 钢纤维水泥
~ artificiel à faible chaleur d'hydratation 低水化热水泥
~ artificiel à haute résistance initial 快硬水泥,早强水泥
~ artificiel normal 普通硅酸盐水泥
~ asphaltique 地沥青水泥,地沥青胶结料,沥青膏
~ au cendre pouzzolanique 火山灰水泥
~ au cendre volante 粉煤灰水泥
~ au trass 火山灰水泥
~ aux cendres volantes 粉煤灰水泥
~ aux cendres pouzzolaniques 火山灰水泥
~ aux pouzzolanes 火山灰水泥
~ ayant un pouvoir d'expansion élevé 高膨胀性水泥
~ basal 基底胶结物
~ bitumeux 沥青胶体,沥青胶结料
~ bitumineux 沥青胶结料,沥青胶泥

~ blanc 白色水泥
~ brut 粗磨水泥
~ calcaire 石灰类黏结料,水硬石灰,钙质胶结物
~ chargé 惰性掺合料水泥
~ chaux-laitier 无熟料矿渣水泥,石灰矿渣水泥
~ colloïdal 胶质水泥
~ coloré 有色水泥
~ complet hydraté 完全水化水泥
~ composé 多组分水泥
~ d'aluminate 铝酸盐水泥
~ d'aluminate de calcium 钙铝酸盐水泥,矾土水泥,高铝水泥
~ d'asbeste 石棉水泥
~ d'injection 灌浆水泥
~ de bauxite 矾土水泥,高铝水泥
~ de briquaillons 砖粉
~ de clinker 熟料水泥
~ de corrosion 溶蚀胶结物
~ de fer 含铁水泥,铁质胶合剂
~ de fer en poudre 铁粉水泥
~ de fibre 纤维水泥
~ de four droit 立窑水泥
~ de haut fourneau (CHF) 高炉水泥,高炉矿渣水泥
~ de haut fourneau à durcissement rapide 快硬(高炉)矿渣水泥
~ de Keene 金氏水泥(由无水石膏制成的白色水泥),掺铝水泥,快干水泥
~ de laitier 矿渣(波特兰)水泥,高炉矿渣水泥,石灰矿渣水泥
~ de laitier à la chaux(CLX) 石灰矿渣水泥
~ de laitier au clinker(CLK) 矿渣水泥
~ de laitier riche en magnésie 高镁氧矿渣水泥
~ de mâchefer 矿渣水泥,炉渣水泥
~ de magnésite 镁氧水泥,菱镁土水泥
~ de qualité 优质水泥,高标号水泥
~ de résine phénolique 酚醛树脂胶
~ de scorie 矿渣水泥
~ de silicate 硅酸盐水泥
~ de silicate de sodium 硅酸钠胶结料,水玻璃胶结料
~ de silice 硅石水泥
~ de trass 火山灰水泥
~ de tuf 凝灰岩水泥
~ double 混合[双组分]水泥
~ durcissant à l'air 气硬性水泥
~ élastique 塑性水泥浆
~ électrique 高铝水泥,矾土水泥
~ en sac 袋装水泥
~ en vrac 散装水泥
~ ensaché 袋装水泥
~ époxyde 环氧胶结剂
~ éventé 过期水泥,变质水泥
~ exothermique 热高水泥
~ expansif 膨胀水泥
~ faiblement basique 低碱水泥
~ faiblement expansif 微膨胀[无收缩]水泥,低膨胀水泥
~ feldspathique 长石水泥,长石胶结料
~ ferreux 高铁水泥
~ ferrique 铁基水泥,铁质水泥
~ fondu 高铝水泥,矾土水泥
~ gum 树脂水泥
~ hydraulique 水下速凝水泥,水硬性水泥,水凝水泥
~ hydrofuge 防水水泥
~ hydrophobe 憎水水泥
~ hypersiliceux 高硅水泥
~ incolore 本色(未上色)水泥,白色水泥
~ indécomposable 高铝水泥,矾土水泥
~ latéritique 红土胶结物
~ lent 慢凝水泥
~ magnésien 氧化镁水泥,高镁水泥,菱镁土水泥
~ métallurgique 冶金水泥,高炉水泥,矿渣水泥
~ métallurgique sulfaté 耐硫(酸盐)矿渣水泥
~ métallurgique sursulfaté 高硫矿渣水泥
~ mixte 混合水泥
~ mixte portland-pouzzolane 硅酸盐火山灰水泥
~ mortier 水泥砂浆
~ naturel(G.N.) 天然水泥,低标号水泥
~ naturel à durcissement rapide 快硬天然水泥
~ naturel au cendre volante pouzzolanique 火山灰硅酸盐水泥
~ naturel au laitier 矿渣硅酸盐水泥
~ naturel avec addition de pouzzolane 加火山灰的天然水泥
~ net 净水泥,纯水泥
~ noir 普通水泥
~ non ensaché 散装水泥
~ plastique 塑胶,塑料黏结剂,塑态水泥
~ portland 波特兰水泥,普通硅酸盐水泥,硅酸盐水泥,普通水泥
~ portland à la pouzzolane 火山灰水泥
~ portland artificiel (CPA) 波特兰水泥,硅酸

盐水泥
~ portland au cendre volante pouzzolanique 火山灰质硅酸盐水泥
~ portland aux pouzzolanes 火山灰波特兰水泥
~ portland composé 合成硅酸盐水泥
~ portland de chaleur modérée 中水化热波特兰水泥,中水化热硅酸盐水泥
~ portland de fer 含铁硅酸盐水泥,矿渣硅酸盐水泥
~ portland de haut fourneau 矿渣硅酸盐水泥
~ portland de laitier 矿渣硅酸盐水泥
~ portland normal 普通硅酸盐水泥
~ pour puits de pétrole 油井水泥
~ pour routes 路用水泥
~ pouzzolanique 火山灰质水泥
~ pouzzolano-métallurgique 火山灰质矿渣水泥
~ prompt 快凝水泥,快硬水泥
~ pulvérisé 细磨水泥
~ pur 纯水泥(不加掺料的)
~ rapide 快硬水泥
~ réfractaire 耐火水泥
~ résistant à sulfate 抗硫酸盐水泥
~ résistant aux sulfates 抗硫酸盐水泥
~ romain 罗马水泥,天然水泥
~ sans clinker 无熟料水泥
~ siliceux 硅质胶结物
~ Sorel 索雷(瑞)尔水泥,镁氧水泥,菱镁土水泥
~ spécial 特种水泥
~ sulfaté 抗硫(酸盐)水泥
~ superartificiel 高强快硬水泥
~ superblanc 超白水泥
~ superfin 超细水泥
~ sursulfaté (CSS) 高硫水泥,硫酸盐水泥,硫化水泥
~ volcanique 火山灰水泥
cimentage *m* 用水泥黏合,灌水泥浆,注水泥,抹水泥
cimentaire *a* 水泥的
cimentation *f* 胶结,(用水泥)黏结,(用水泥)灌浆,(水泥)封闭,水泥凝固,铺水泥,注浆
~ préalable 预注浆法
~ des puits à pétrole 油井注(水泥)浆
~ des terrains 岩层注浆,岩层胶结(作用)
cimenter *v* 抹水泥,灌水泥浆,用水泥黏合,加强,巩固
cimenterie *f* 水泥厂;水泥工业
cimenteux *a* 用水泥黏固的,胶结的

ciment-gun *m* 水泥枪
cimentier *m* 水泥工
ciminite *f* 橄辉粗面岩
cimolit(h)e *f* 水磨土
cinabre *m* 辰砂,朱砂,朱红色
~ d'antimoine 红锑矿,橘红硫锑矿
~ natif 天然朱砂
~ rouge 红朱砂
~ vert 绿朱砂
cinabrifère *a* 含辰砂的
ciné- (前缀)运动,电影
cinéfaction *f* 灰化,变成灰
cinématique *f* 运动学,运动机制; *a* 运动学的,运动的
cinématométamorphisme *m* 动力变质(作用)
cinémographe *m* 速度记录仪
cinémomètre *m* 高灵敏度转速表,速度计,(用来测定车速的)摄影测速器
cinérite *f* 火山渣(凝灰)岩,玻璃凝灰岩
cinéritique *a* 灰色的,火山渣的
cinétogenèse *f* 动力成因,动力源
cinglard *m* 打铁锤
cingleresse *f* 打铁钳
cinnabarite *f* 辰砂,朱砂
cintrage *m* 滚轧,扭弯,弯头,轧制(钢板),挠曲(管道),弯曲部,弯曲(度),挠曲(度),定中心
~ à chaud 热弯
~ à froid 冷弯
~ au retrait 收缩弯曲(度)
~ d'appui 支承反挠度
~ des armatures 钢筋弯曲
~ par emboutissage 压制弯管
~ par enroulement 卷制弯管
~ par retrait de chaud 冷缩成形
cintre *m* 拱,弧,拱架,拱圈,穹形,拱顶,拱门,弓形,弓形圈,半圆形,弧形梁架
~ à un montant amovible 立柱能松下的拱架
~ articulé 铰接拱架
~ borgne 假拱,装饰拱,实腹拱架
~ câble 电缆弯转
~ coulissant 滑移式供架,滑动拱架
~ d'un pont 桥梁拱架
~ de câble 电缆弯转
~ de charpente 拱架
~ de coffrage 拱鹰架,脚手架,模板拱圈
~ de forme (铺设)模板的拱架,模板的拱圈
~ de l'arche 拱架

~ de pavillon 车棚拱梁
~ du pont 桥梁拱架
~ en anse de panier 三心拱架
~ en arc 拱架
~ en bois 木拱架
~ en terre 土拱(模)
~ en tubes d'acier 钢管拱架
~ léger 轻型拱架
~ lourd 重型拱架
~ métallique 金属拱圈，钢供架
~ réticule 格栅拱架
~ roulant 移动式供架
~ sécuriforme 斧斩供面
~ tubulaire 管拱架

cintré, e *a* 穹隆状，弓形的，拱形的，半圆形的，有拱架的

cintrement *m* 弯曲，挠曲

cintrer *v* 砌成拱形，建筑拱形，安设拱架，弯曲
~ à chaud 热弯
~ à froid 冷弯

cintreuse *f* 弯曲机，钢筋弯折机，弯管[板]机，折弯[压]机
~ à moteur 电动钢筋折机
~ hydraulique 液力钢筋弯曲机
~ pour fer 弯筋机

ciphyte *f* 含硅胶磷矿(磷硅钙石)

cipolin *m* 云母大理岩，结晶灰岩

CIPR(Commission Internationale de Protection Radiologique) 国际辐射防护委员会

circalittoral *a* 远岸浅海(底)的

circlips *m* 卡环，卡簧
~ intérieur 内卡簧

circon- (前缀)周围

circon *m* 锆石

circonférence *f* 圆，圆周，周围，边界，周界，外围，周长，外廓，周边，圆周线
~ du trou 钻孔圆周
~ de section mouillée de transit des eaux 过水断面湿周
~ géographique 地理情况

circonférentiel, elle *a* 圆周的，环向的，环绕的，切向的，周边的，平行于圆周方向的，四周分布的

circonflexe *a* 弯曲的

circonjacent, e *a* 周围的

circonscriptible *a* 可外切的

circonscription *f* 分区，区段，界限，界线，区域
~ du mouvement 行车分区，运转分区
~ du trafic 商务分区，货运工作区域

circonscrire *v* 标出界限，限制，控制，划线，标出范围

circonscrit, e *a* 被环绕的，被包围的，侵入的(岩体)，外界的

circonstance *f* 情况，状况，条件，形势，场合，时机
~ atmosphérique 大气条件
~ de la marche 运行状况，行驶条件，运行条件
~ de la marche suburbaine 市郊行驶条件
~ de la marche urbaine 市内行驶条件
~ géographique 地理情况，地理状况
~ météorologique 气象条件

circonstanciel, elle *a* 根据情况的，间接的，偶然的，有关而非主要的，详尽的

circonvoisin, e *a* 周围的，邻近的，四周的，邻接的

circuit *m* 电路，循环，周围，流程，回路，干线，接线图，电路图，线路图，(油、水)系统管线

circulable *a* 可通行车辆的

circulaire *f* 通报，通知单，通告；*a* 环状的，循环的，周期的，圆周的，圆形的，流通的，回转的

circulant, e *a* 循环的，流通的，运转的
~ sur ses propres roues 自轮运转

circulariser *v* 使成环形

circularité *f* 电路，电路系统，管路，管路系统，圆(形)度
~ du bassin 流域圆形度

circulateur *m* (波导管)循环器
~ d'eau 水环流器

circulation *f* 流通，循环，环流，环量，回转，周转，运行，行车，交通，运输，交通量
~ à contre-voie 逆向运行，反方向行车，逆向行车
~ à deux sens 双向行驶
~ à droite 右侧行车，靠右行车
à ~ faible 运量小的
à ~ forte 运量大的
~ à gauche 左侧行车，靠左行车
~ à grande vitesse 高速行车，高速运行
~ à prépondérance 潮状交通
~ à prépondérance unidirectionnelle 潮状交通
~ à sens unique 单向行车
~ à vide 空车运行
~ accélérative 加速环流，加速循环
~ aérienne 航空交通，空运
~ aller-retour 往返运输，一对上下行列车
~ ascendante 向上流动
~ atmosphérique 大气环流
~ au courant 循环液流

~ automobile 汽车交通,车流
~ bidirectionnelle 双向行车
~ capillaire 毛细[水]循环,毛细运动
~ cellulaire 环形环流
~ constante 稳定循环
~ continuelle 连续环流
~ contraire 逆向行车
~ convective 对流环流
~ croissante 交通增长
~ d'air 空气循环,空气环流
~ d'air forcée 强制空气循环,强迫通风
~ d'air naturelle 自然空气循环,自然通风
~ d'eau 水循环
~ d'huile forcée 强迫油循环,强迫供油
~ d'huile naturelle 油自然流动,自然供油
~ d'intensité moyenne 中等密度交通,中等交通量
~ d'interstice 裂隙循环,沿裂隙循环
~ d'un vecteur 矢量的环流量
~ d'un wagon 货车运行
~ d'une file 单车道交通
~ dans les deux sens 双向运行
~ dans les deux sens à voie unique 单线双向行车
~ dans un seul sens 单向行车
~ de bicyclette 自行车交通
~ de chantier 工地交通
~ de deux files 双车道交通
~ de fissure 裂隙渗透,裂隙循环
~ de l'air 空气循环
~ de l'eau 水循环
~ de l'huile 油循环,滑油循环
~ de l'information 信息流
~ de la haute atmosphère 高空环流
~ de lac 湖泊环流
~ de locomotive isolée 单机走行
~ de saumure 盐水循环
~ de transit 过境交通
~ des boues 泥浆循环
~ des cyclistes 自行车交通
~ des écoliers 学童车交通
~ des marchandises 商品流通,货运交通
~ des piétons 行人交通
~ des poids lourds 重车交通
~ des trains de vitesses différentes 非平行运行图
~ des véhicules 车流
~ des véhicules à traction animale 畜力车交通
~ descendante 向下流动

~ difficile 交通拥挤
~ directe 正环流
~ dissymétrique 非对称交通
~ du bétail 牲畜通行
~ du fluide de forage 钻井液循环
~ en[sur]site propre 在本辖区内运行
~ en bloc 整列运输
~ en charge 重车运行,负载行驶
~ en commun 公共交通
~ en ligne droite 直线行驶
~ en navette 往返运行,循环运行,往复行车,穿梭交通
~ en sens inverse 逆向行车
~ en simple file 单行交通
~ en ville 市内交通,市内行车
~ en virage 转弯行车,弯道上行驶
~ entrante (道路交叉口的)驶入车流
~ entre origine et destination 起讫点间的交通
~ entre usines 厂际运输
~ envisagée 预测交通量
~ express 快速交通
~ faible 轻量交通
~ fluide 交通流
~ forcée 强制环流,强迫循环
~ frontalière 边境交通
~ gênée 交通拥挤,交通阻塞
~ générée 新增交通量
~ giratoire (交叉口)环形交通
~ globale 全球性环流
~ hippomobile 畜力车交通
~ homogène 均匀交通
~ intense 稠密交通
~ interdite 禁止通行
~ intérieure 境内交通
~ interrompue 行车中止
~ interurbaine 城市间交通,市际交通
~ intraglaciaire 冰川内水的流动
~ inverse 反循环,反冲洗
~ journalière 每日行驶距离
~ la nuit 夜间行车
~ légère 轻型交通,少量交通
~ libre 畅行交通,无阻碍交通,自由水流
~ locale 地方性交通
~ lourde 繁密交通,重车交通
~ marine superficielle 地表洋流
~ méridienne 径向环流
~ mixte 混合交通

~ monétaire 货币流通
~ moyenne journalière 平均日交通量
~ naturelle 自然环流,自然循环,自然通风
~ nocturne 夜间行车
~ normale 正循环
~ par gravité 自流,重力流动,重力循环
~ par tout temps 晴雨通车
~ pédestre 行人交通
~ perdue 循环液漏失
~ primaire 一级环流
~ professionnelle 专业车交通
~ rapide 快速行车
~ résiduelle 余流环流
~ routière 公路交通
~ saisonnière 季节性通车
~ sans charge 空载行驶
~ sans fin 环形行驶,在封闭曲线上行驶
~ secondaire 二级环流,次级环流,次生环流
~ sortante (道路交叉口)驶出车辆
~ sous pression (huile) 加压油循环
~ souterraine 地下水流,地下水循环
~ sur double voie 复线行车,双车道交通
~ sur rails 有轨交通
~ sur ses propres roues 自轮运转
~ sur voie unique 单车道交通
~ tertiaire 三级环流,局部环流
~ thermique 热环流
~ thermodynamique 热力环流
~ touristique 旅游交通
~ tournante 转弯交通,弯道交通
~ transversale 横向环流
~ turbulente 湍流,紊流
~ unidirectionnelle 单向交通
~ urbaine 城市交通,市内交通
~ zonale 纬向环流
circulatoire *a* 循环的,流通的
circuler *v* 交通,流通,循环,运行
  ~ à contre-voie 在反方向线路上运行
  ~ en jumelage 双机重联运行
  ~ sur la voie de droite 右侧行车
  ~ sur la voie de gauche 左侧行车
circumcontinental, e *a* 环大陆的
circumdénudation *f* 环状侵蚀,环状剥蚀
circumfluence *f* 环流
circumjacent *a* 周围的,毗邻的
circumméditerranéen *a* 环地中海的
circumméridien *a* 近子午线的,近子午圈的

circumpacifique *a* 环太平洋的,环太平洋带的
ciré, e *a* 打蜡的,涂蜡的,上蜡的
cirer *v* 上蜡
cireux *a* 蜡的,蜡状的,含蜡的
cirque *m* 冰斗,冰围椅,冰坑,环谷,凹地,圆形山谷,溪谷
cirrolite *f* 黄磷铝钙石
cirure 蜡涂料
cisaillage *m* 剪切,切割,切口
  ~ à main 手工剪切
cisaille *f* 剪刀,剪床,剪断机,交叉渡线,剪刀机,剪切,剪切机,(金属)边角料
  ~ (de fer rond) à bras 手动钢筋剪
  ~ à barres 棒刚剪切机,钢筋剪切机
  ~ à couper les cornières 角钢剪床,角钢剪切机
  ~ à guillotine 铡剪,铡刀,台剪
  ~ à levier 杆式剪刀机
  ~ à main 手动剪刀机,手动剪断机
  ~ à main pour tôle 手动剪板机
  ~ à moteur 电动剪切机,动力剪切机
  ~ à tôles 板材剪刀机,剪板机
  ~ circulaire 圆盘机
  ~ coudée 弯剪
  ~ coudeuse 挠曲折断两用机,钢筋弯曲折断机,弯曲折断两用机
  ~ droite 直剪
  ~ guillotine 铡刀式剪切机
  ~ hydraulique 液动剪切机
  ~ pour acier d'armature 铜筋剪切机
  ~ pour acier rond 钢筋剪切机,钢筋截断器,钢筋剪断机
  ~ pour fer à béton 钢筋切断机
  ~ pour fer profilé 型刚剪床,型钢切断机,型钢剪切机
  ~ volante 飞轮剪机
cisaillement *m* 剪,剪切,切变交叉,剪力,剪切力,剪应力,剪切断裂,剪切变形,路线交叉,与正线交叉的进路
  ~ à deux coupes 双剪,双剪力
  ~ à une section 单剪,单剪力
  ~ de poinçonnage 冲剪
  ~ de routes 道路交叉
  ~ de voies 线路交叉
  ~ des itinéraires 经路交叉
  ~ direct 直剪切,直接剪切力
  ~ double 双剪,双剪力
  ~ effectif 有效剪切力

~ lent　慢剪
~ local　局部剪力
~ longitudinal　纵向剪力
~ par torsion　扭转剪力,扭剪
~ pur　纯剪力
~ radial　径向剪力
~ rapide　快剪
~ résiduel　剩余剪力,残余剪力
~ simple　单纯剪力,单剪
~ transversal　横向剪力
~ triaxial　三轴剪力

cisailler　*v*　剪切,切割,切开
cisailleuse　*f*　剪床,剪切机
ciseau　*m*　凿子,雕刻刀,钻头,一字钻头,钎头,錾子
~ à biseaux　木工凿,杠凿
~ à boucharde　斧凿
~ à chaud　热凿
~ à dents　齿凿
~ à froid　锤头凿,冷凿
~ à la charrue　阔凿
~ à main　手摇冲击钻头,手摇钻
~ à pierre　阔凿
~ de burinage　石錾
~ de calfat　填隙凿
~ de charpentier　木工凿
~ de maçon　圬工凿
~ de menuisier　木工凿
~ de mortaise　榫凿
~ denté　齿凿
~ élargisseur　扩孔器,,扩孔钻头
~ en biseau　一字形钎头
~ manche　榫凿
~ plat　扁凿
~ pointu　尖錾
~ tranchant　榫凿
~ x　剪刀,剪切机
~ x à vis　螺旋拉紧装置

ciselure　*f*　刻蚀,灰岩上的花纹(溶蚀结果)
~ éolienne　风吹刻蚀,风蚀
cissoïde　*f*　蔓叶线
cistre　*m*　钙质角砾岩
citadin, e　*a*　城市的,市区的
cité　*f*　城市,营地,都市,老城区,居民区
~ d'exploitation (pour usine)　(电站)运行人员生活区
~ de chantier　施工营地,施工临时房屋,施工生活基地
~ de vie　生活区
~ linéaire　带形城市,带状城市
~ ouvrière　工人住宅区,工人村

citer　*v*　引用,引述,举例,提及,指出
citerne　*f*　罐,槽,桶,箱,柜,池,油罐,水罐,槽车,罐车,蓄水池,雨水池,油槽车,储水槽
~ à air comprimé　压缩空气运输车
~ à liant　沥青锅,沥青加热炉
~ aérienne pour l'eau　高压水池,压力水箱,塔式水箱
~ amovible　活动(罐体)罐车
~ d'eau　水槽,水塘,水池
~ d'essence　油车,油罐车
~ d'incendie　消防储水池
~ de stockage　储油罐,蓄水池,储藏槽,散装储存箱
~ de transport　运输罐车
~ enterrée　地下储水槽,地下储油槽,地下水库,地下储存池
~ fixe　固定(罐体)罐车
~ pneumatique　压气运输车
~ pour transport de bitume　沥青罐车
~ routière　油罐车

citerneau　*m*　小水槽,小水罐,储水器
CI-tyretskite　*f*　三斜氯羟硼钙石
claias　*m*　菱铁矿
claie　*f*　箅子筛,铁栅筛,格栅,格网(木制或铁制的),筛子,筛分机,筐篮,栅栏,篱栅
claim　*m*　开采权,矿权地,采矿用地,矿区用地,(产矿权)申请书
~ alluvionnaire　砂矿开采区
~ de découverte　矿产地开拓申请书,勘探申请书
~ de quartz aurifère　含金石英脉开采区
~ minier　建矿用地,采矿用地
~ pour exploitation hydraulique　水力采矿区

claine　*f*　粒状熔渣,熔渣砂,细矿渣
clair, e　*a*　明亮的,淡的,浅色的,清楚
clairer　*v*　冲洗(煤、矿)
claire-voie　*f*　栅栏,篱笆,(教堂的)顶部排窗,篱栅,橱,间隙,间距,孔,小窗,格子孔
clairvoyance　*f*　明晰度
clameau　*m*　蚂蟥钉,扒钉,两爪钉,夹具,卡钉,卡子,搭扣
clameauder　*v*　卡住,扒住,用扒钉钉住
clamp　*f*　夹具,钳,夹子,夹板,钳子
~ de câble　电缆夹
~ de moule　模夹钳

~ terminale 终端线夹
clamping *m* 钳位,扣甲,电平钳位,电平固定
clapet *m* 盖,阀,孔,活(气)门,阀瓣,闸门,舌瓣,阀舌,滑阀,排气孔,通风孔,倾覆式闸门,翻板闸门,滑动式给气阀
~ à battant 单摇瓣逆止阀
~ à bille 球阀,球形单向阀,球形闸式活门
~ à boisseau 套式阀,滑阀,液压控制阀,活塞滑阀
~ à double alimentation 双向供给阀
~ à échappement d'air 放气阀
~ à flotteur 浮子式活门
~ à glaçons 排冰阀
~ à haute pression 高压闸门
~ à papillon 蝶形活门,节流阀,节气门
~ à une extrémité de conduite 翻板阀,瓣阀,逆止阀
~ à volets antagonistes (registre) 双阀瓣蝶阀(通风)
~ à volet simple (registre) 单阀瓣蝶阀(通风)
~ antiretour 止回阀,反压活门,逆止阀,单向阀
~ autoclave 自动闭锁闸门
~ automatique 自动倾侧阀(门),自动(开启)阀门
~ automatique pour canal 渠道自动闸门
~ casse-vide 真空破坏阀
~ contrôlant le changement de régime 工况控制阀
~ coupe-feu 消火栓,防火阀
~ coupe-feu de décompression 隔火减压阀门
~ coupe-flux 截流阀门,挡水闸门
~ d'étranglement 节流阀,节气门
~ d'admission 进入阀,进气活门
~ d'air (空)气(阀)门
~ d'alimentation 配水闸
~ d'appel (电话)呼叫落牌表示器
~ d'aspiration 吸入阀,吸气活门,进气阀,吸气阀,进气活门
~ d'échappement 放水闸门,排气阀
~ d'étranglement 阻塞阀,节流阀,节气门
~ d'extraction 抽水闸门
~ d'injection 灌浆阀
~ de by-pass 旁通阀
~ de combustible 燃油阀
~ de contrôle 节制闸门
~ de décharge 释载[减压]阀,放泄阀,放油阀,喷油阀,排泄阀
~ de dégonflage 放气阀
~ de dérivation 分水闸,导流闸,溢流[旁通]阀

~ de division 分水闸门
~ de drainage 排水闸门
~ de fermeture 遮断阀,停汽阀
~ de fond 底阀
~ de frein 制动阀
~ de freinage 制动阀
~ de fuite 尾水闸门
~ de non retour 止回阀,单向阀,逆止阀
~ de pied 底座阀
~ de pompe 水泵闸门,水泵阀
~ de protection de la valve du signal d'alarme 紧急制动阀的保护盖
~ de purge 放泄阀,放气阀
~ de réaspiration 再吸阀,重吸阀
~ de refoulement 排气阀,压力阀,增压阀
~ de réglage 调压阀,调节闸门
~ de réglage à multiples ailettes 多叶调节阀
~ de régulation 调节闸门,控制闸门,可调节的闸门,可半开的闸门
~ de reprise 回收阀,循环阀
~ de retenue 止回阀,逆止阀,单向阀,保压阀,安全阀
~ de retenue à battant 单摇瓣逆止阀,摆式止回阀
~ de retenue à soupape 安全排放阀
~ de retour 回动活门
~ de secours 应急[安全]阀
~ de sécurité 安全阀
~ de soupape 阀瓣,活门瓣
~ de sûreté 保险阀,安全阀,安全活门
~ de trop-plein 溢流式闸门
~ de valve 阀瓣,活门瓣
~ de ventilation 通风阀,风门
~ double 双闸门
~ double d'alimentation 双阀口,复式供风阀
~ du signal d'alarme 紧急制动阀
~ en conduite 回流阀,逆止阀
~ en nez 鼻形阀门
~ équilibré 自动止回阀,平衡式阀门,平衡门,平衡闸门
~ étrangleur 节流阀
~ limiteur de dépression 呼吸阀
~ s multiples 组合阀门
~ plat 平阀
~ sur un seuil 倾倒式闸门,翻板闸门,倾覆式闸门
~ sur un seuil ou dans un pertuis 翻板闸门,舌瓣闸门,倾斜式闸门

~ taré de décharge 喷油阀
~ valve 阀瓣
clapier *m* 冲积堆,岩屑堆,碎石堆,山坡塌陷
claquage *m* （电）击穿,放电,烧毁,过压,隔离层,将地层灌注水泥浆加固
claqué *a* 断开的,击穿的
claquement *m* 破裂,裂开,劈裂声,撞击声,断开,击穿,撞击,气焊火焰的回火
claquer *v* 格格作响,断开,裂开
clarain *m* 亮煤（煤的光亮部分）
clarain-durite *f* 微亮暗煤
clarifiant *m* 净化剂,澄清剂,凝结剂,照明设备
clarificateur *m* 澄清剂,净化剂,澄清池,澄清槽,清晰器,沉淀器,离析器,澄清器,分离机,照明设备,聚光器
~ accéléré 加速澄清池
~ centrifuge 离心澄清池
~ circulaire 水力循环澄清池
~ d'eau 静水器,澄清池
~ secondaire 二次澄清池,二(次)沉(淀)池
clarification *f* 澄清,净化,过滤,沉淀,精炼,纯化
~ accélérée 加速澄清
~ biologique 生物净化法
~ Degner-Rothe 德涅—路特澄清法
~ des eaux 水的澄清,水的净化
~ des eaux d'égout 污水净化
~ mécanique 机械净化法
~ par précipitation chimique 化学澄清法,化学净化法
clarifier *v* 澄清,净化
clarinette *f* 歧管
claringbullite *f* 水羟氯铜矿
clarke *m* 克拉克值
~ de concentration 浓度克拉克值
~ terrestre 地壳克拉克值
clarté *f* 亮度,光泽,透明,透光率,清晰度,透明度
~ sonore 声音清晰度
clasolite *f* 碎屑岩
classable *a* 可分级的,容易分级的
classé *a* 分选的,被分级的,按粒度分级的
~ mal 分选性不好的
classe *f* 级,课,组,类,等级,类别,种类,晶族,程度,船级,舰级,教室,阶级,年级,（生物分类）纲
~ d'acier 钢材等级
~ d'entretien 养护类别
~ d'érosion 侵蚀等级
~ d'isolation (type d'isolation) 绝缘级（绝缘类型）
~ de charbon 煤的等级
~ de ciment 水泥标号
~ de l'ouvrage 工程类别
~ de la route 道路等级
~ de plate-forme 路基类型
~ de pont 桥梁分类
~ de précision 精度等级
~ de précontrainte 预应力度
~ de qualité 质量等级
~ de route 道路等级
~ de sécurité 安全等级
~ de sol 土壤类别
~ de surintensité d'un transformateur de courant 电流互感器的过电流等级
~ de symétrie 对称等级
~ de tarif (de marchandises) 运价等级（货运）
~ de trafic 交通类型,交通等级
~ de trafic cumulé 累计交通量等级
~ de trafic de poids lourds cumulés 累计重型车交通量
~ de triangulation 三角测量等级
~ de vent 风级
~ s de voiture 客车等级
~ du ciment 水泥标号
~ du pont 桥梁等级
~ du sol 土壤分级
~ fondamentale de séisme 地震的基本强度
~ granulaire 颗粒级配范围,粒径级,颗粒分类
~ granulométrique 级配等级,粒度等级
~ spectrale 光谱类型
~ tarifaire 货物运价等级,货物运价分号
~ tarifaire de marchandises 货物运价等级
~ technique 技术等级
classement *m* 分类,分级,分等,选分,级配,类别,筛分,分选性,分选作用,分类法
~ de la circulation 交通分类
~ de la route 道路分类
~ de wagons 货车分类,货车选分
~ des bois 木材等级分别
~ des comptes 账目分类
~ des marchandises 货物分类
~ des sols 土壤分类
~ des véhicules 车辆选编
~ dimensionnel 粒度分级,尺寸分类,筛分,筛选
~ du trafic 交通分类
~ en grosseur 粒度分级,筛分,筛选,粒度级配

classer

~ granulométrique 筛分,筛选,粒度分级,颗粒级配
~ horizontal (搬运时)水平分选
~ hydraulique 水力分级
~ latéral 侧向分选
~ mécanique 机械分选
~ minéralogique 矿物分类,矿物分级
~ par file avant l'intersection 交叉口前的车辆分类排队
~ par le vent 风力分级
~ par pistonnage 活塞跳汰机分选
~ préalable 预先筛分,预先(粒度)分级
~ préliminaire 预先分级
~ sous eau 水力分级,湿式分级,水力分选
~ volumétrique 按体积分级,按容积分级,按粒度分级

classer v 分级,分类,分等,归类,整理,排,编组

classeur m 分级机,分选机,筛分机,选矿机,淘汰机,分离机

~ à râteaux 耙式选分机
~ centrifuge 离心机
~ doseur 筛选配料机,筛分投配器(用于沥青拌和机)
~ hélicoïdal 螺旋式分选机
~ hydraulique 水力分级机,水力分选机

classificateur m 分级机,分选机,筛分机,分粒器,分离机,选矿机,跳汰机,筛分设备,选分器

~ à air 分离器,风力分级机
~ à force centrifuge 离心分级机,离心分粒器
~ à l'air 风力分级机
~ à râteaux 耙式分选机,耙式分级机,耙式选分机
~ à spirale 螺旋式分选机
~ conique 锥形分级机
~ cyclone 旋流分级机
~ de sable 砂分选机
~ des échantillons 样品分类
~ des éléments 元素分类
~ des roches 岩石分类(法)
~ des roches magmatiques 岩浆岩分类(法)
~ géochimique 地球化学分类(法)
~ hydraulique 水力分级机
~ par gravité 重力分级机
~ spectrale 光谱分类
~ systématique 系统分类

classification f 分级,分类,分等,分类法

~ automatique des véhicules (道路上)车辆自动分类(装置)
~ centrifuge 离心分选(法)
~ d'après Arthur Casagrande 卡萨格兰德氏土壤分类法(工程用的土壤分类法)
~ d'instructions 指令分类
~ de la réaction au feu 防火分级
~ de matériaux routiers 道路材料分类
~ de précipitation 降水分类
~ de terrain 围岩分级
~ de voie 车道分类
~ des chaussées 路面分类
~ des composés organiques 有机化合物的分类
~ des marchandises 货物分等,货物分类
~ des masses d'air 气团分类
~ des rivières 河流分类
~ des roches 岩石分类
~ des roches par causes de formation 按成因分类
~ des roches par degrés d'altération 按风化程度分类
~ des roches par degrés de solidité 按坚固程度分类
~ des sols 土壤分类
~ des sols fins au laboratoire 细粒土实验室分类
~ descriptive des sols 土壤描述性分类法
~ en block 字组分类
~ géotechnique 工程地质分类,土工技术分类
~ granulométrique 粒度分级,粒径分级,级配分类
~ pédologique 土壤学的土分类法
~ pour le R.M.R(BIENIAWSKI) R.M.R围岩分级
~ systématique 系统分类
~ visuelle des sols 土的肉眼分类

classificatoire a 分类的,分级的,分等的

classifier v 进行分类,归类,分类,分级,分等

classifieur m 分选机,筛分机,分级机,上升水流洗煤机

~ à contre-courant 逆流式分选机
~ à spirale 螺旋式分选机
~ de sable 砂选分机,筛砂机
~ hydraulique 水力分级机

classique a 经典的,典范的,传统的,习惯的,常规的,标准的,通常的,典型的,古典的

clastique m 碎屑物;a 碎屑状的,破碎状的

~ grossier 粗碎屑(结构)物质
~ fin 细碎屑物质

clastites m.pl 碎屑物质

clastoaplitique *a* 碎裂细晶结构的
clastocristallin *a* 碎屑结晶质的
clastogène *a* 粗粒碎屑岩的
clastogranitique *a* 碎裂花岗状(结构)的
clastolépidoblastique *a* 碎裂鳞片变晶(结构)的
clastomorphique *a* 碎屑剥蚀变形的
clastoporphyrique *a* 碎裂斑状(结构)的
clastoporphyroïde *m* 碎屑残斑岩
claudétite *f* 白砷石
clause *f* 条款,条文,条项,说明书
~ à talon 钩头键
~ accessoire 附加条款
~ additionnelle 附加条款
~ clavetage 楔子连接,键接,销接,销栓固定
~ clavette 栓,销,楔,键
~ complémentaire 补充条款
~ d'ajustage 调整楔铁,轴箱楔铁
~ d'amendement 修正条款
~ d'assemblage 紧固楔,装配楔块,定位销
~ d'assurance 保险条款
~ d'exception 例外条款
~ d'exemption 豁免性条款,免责条款,免税条款
~ d'un contrat 合同条款
~ de calage de roue 轮的楔铁
~ de choix 任择性条款
~ de contrat 合同条款
~ de crosse 十字头销
~ de débit 弃约条款
~ de force majeure 不可抗力条款
~ de ligne rouge 红线条款
~ de réciprocité 互惠条款
~ de réserve 保留条款
~ de révision de prix 价格调整条款
~ de sabot de frein 闸瓦销
~ de semelle de frein 闸瓦插销
~ de tout risque 综合险条款,全险条款
~ de variation 变更条款
~ dérogatoire 例外条款
~ discrétionnaire 任择性条款
~ douanière 关税条款
~ échappatoire 免责条款
~ et contre-clavette 带销扁栓
~ facultative 任择性条款
~ fendue 开尾销,开口销
~ s finales 最后条款
~ mobile 活动销
~ s obligatoires 强制条款
~ parallèle 平行键
~ pénale 惩罚条款
~ restrictive 限制性条款
~ spéciale 特别条款
~ s techniques 技术标准,技术说明
clausoir *m* 拱顶石
claussénite *f* 三水铝矿,γ三羟铝石
clausthalite *f* 硒铅矿
claustre *m* 混凝土漏空预制构件,(围墙用的)陶土漏空预制构件
clavage *m* 灌浆,封闭,填塞,充填,填料
~ des joints 接缝灌浆,接缝封闭
clavais *m* 煤砂岩,含煤砂岩
claveau *m* 拱石,砌块
clavetage *m* 楔连接,键接,销接,销栓固定
clavette *f* 栓,楔,键,销
~ conique 锥形销
~ cylindrique 圆柱销
~ d'ajustage 调整键
~ d'ancrage 锚楔,锚键,锚销
~ d'assemblage 装配键,紧固楔,装配楔块,定位销
~ de cisaillement 剪切键,抗剪键
~ de fonction 功能键
~ de guidage 防滑块
~ de maintien (cuve du réacteur) (反应堆压力壳)径向支撑键
~ de positionnement 定位销
~ de réglage 调整键
~ de valve 阀门扳手,阀门键
~ disque 半月键销
~ et contre-clavette 带销扁栓
~ fendue 开口销,开尾销
~ inclinée 楔形键
~ noyée 埋头键
~ parallèle 平键
~ parallèle à bout rond 圆头平键
~ plate 平键
~ tangente 切向键
clavier *m* 键盘,电键,(开关)按钮,键板
~ à anglais 活动扳手,万能扳手
~ à béquille 丁字扳手
~ à bouche réglable 活络扳手
~ à clique débouchée 贯通式棘轮扳手
~ à molette 活络扳手
~ à œil multipan 多角梅花扳手
~ à touche 键式操作板

claxon

~ coudé fermé à deux ouvertures 弯头梅花扳手
~ simple 单手扳手
claxon m 角,角状物,角质物,岬角
claya m 黏土夹层
clayband m 泥铁矿,黏土层
clayer m 红色黏土
clayite f 高岭石,杂砷黝铜铅矿
clayon m 筐,篮
clayonnage m 枝条排,柴垫,沉排,柴排,沙丘防护篱
clé f 拱顶石,拱心石,扳手,钥匙,开关,扳钳,拱
~ à béquille 扳手,扳手器,扁担式扳手
~ à boulon 螺丝扳手
~ à chaîne 链条扳手
~ à cirons 活络扳手
~ à cliquet 套筒扳手
~ à crochet 钩形扳手
~ à crochet pour écrou d'arbre 轴螺母用钩式扳手
~ à douille 套筒扳手
~ à écrou 螺母扳手
~ à ergot 单钩扳手,销钉扳手
~ à fourche 叉形扳手
~ à griffe 钩形扳手
~ à long bras de levier 长柄扳手
~ à mâchoires mobiles 活动扳手
~ à molette 活动扳手,活口扳手
~ à œil 单头螺帽扳手
~ à titre-fonds 套筒扳手,拧道钉的扳手
~ à tubes 管钳
~ alêne 内六方扳手
~ anglaise 螺丝扳手,活动扳手
~ carrée 方形套筒扳手
~ combinée 两用电键,多用电键
~ coudée en tube 弯头套筒扳手
~ crocodile 鲤鱼钳
~ d'ouverture 开盖器
~ d'aiguille 道岔钥匙
~ d'appel 呼叫电键,振铃电键
~ d'arrêt 离合器,止动键,锁定键
~ d'attache au bâton-pilote 钥匙路签
~ d'essai 试验按钮,测试键
~ d'inversion de courant 电流反向开关,电流转向电键
~ d'ouverture 开盖器
~ d'une voûte 拱冠,拱顶
~ de berne 伯尔尼扳手,方形套筒扳手
~ de contact 接触开关,点火开关,电话电键
~ de manœuvre 操作扳手,控制开关,操作键
~ de manœuvre pour le vidange du moteur diesel 柴油机排油用操作扳手
~ de pédale 踏板开关,辅助开关
~ de porte 门钥匙
~ de rail 钢轨扳钳
~ de rappel 呼叫电键
~ de réenclenchement 复原手柄,复原电键
~ de ressort 簧舌
~ de rupture 隔离开关,断开电键
~ de secours 辅助开关,备用键
~ de séparation 隔离开关
~ de serrure pour verrouillage d'aiguille 道岔锁闭器钥匙
~ de sûreté 安全钥匙
~ de taraud 丝锥扳手
~ de torsion 扭力扳手
~ de voûte 拱顶石,拱心石,拱冠,拱顶
~ déportée 弯头扳手
~ double 双头扳手
~ du robinet 龙关开关器
~ du robinet de vidange 排放阀扳手
~ dynamomètre 测力扳手
~ dynamométrique 示功螺丝扳手,测力螺丝扳手
~ dynamométrique de sensibilité 高灵敏度的示功螺丝扳手
~ en main 整套承包(合同、工程)
~ en T 丁字旋具[扳手]
~ femelle 暗锁
~ fermée 梅花扳手
~ hexagonale 梅花扳手
~ ouverte 开口扳手
~ plate 扁扳手
~ plate double 双头扁扳手
~ plate ouverte 开口扁扳手
~ plate simple 单头扁扳手
~ pneumatique 风炮
~ polygonale 梅花扳手
~ serre-tubes 管子扳手,紧关器
~ simple 单头扳手,单头螺帽扳手
~ six-pans 六角扳手
~ spéciale 专用扳手
~ technique 路标,里程碑
~ torsion 扭力扳手
~ universelle 万能扳手,活动扳手
clearing m 清算

~ bilatéral 双边清算
~ house 清算所
~ multilatéral 多边清算
cléavelandite *f* 叶钠长石,钠长石
clef *f* 电键,键,楔子,销,拱顶石,拱心石,扳手,标志,信息标志,开关,钥匙
　~ à air comprimé 气动扳手
　~ à boulon 螺丝扳手
　~ à douille 套筒扳手
　~ à écrous 螺母扳手
　~ à fourche 叉形扳手,叉形螺丝刀
　~ à molette 活口扳手,螺丝扳手
　~ à tube 管扳手,管钳
　~ anglaise 活络扳手,活动扳手
　~ d'écoute 听音键,收听键,监听键
　~ d'isolement 隔离键(电话)
　~ de combinaison 组合扳手(电话)
　~ de contact 开关,电话电键
　~ de direction 定向键
　~ de la voûte 拱顶石,冠石,拱心石,背斜拱顶楔(楔形陷落部分)
　~ de parole 送话键,通话键
　~ de réponse 回答键
　~ de surveillance 控制键,操纵键
　~ double 双头扳手
　~ dynamométrique 测力扳手
　~ géochimique 地球化学标志
　~ hexagonale 六角扳手
　~ hydraulique 液力扳手
　~ plate 扁扳手
cleiophane *f* 纯闪锌矿
clenche *f* 门销,锁扣,掣子,爪,门锁
cliachite *f* 胶铝矿,含铁铝土矿
clic *m* 瞬态,瞬变,瞬变值
cliché *m* 照相底片,X射线照片,底片(摄影)
　~ aérien 航空摄影照片
　~ oblique 平面航空摄影照片
　~ redressé 纠正的航摄照片
　~ vertical 水平航空摄影照片(真正垂直的摄影照片)
client *m* 用户,客户,买方,委托人,交易人,当事人,顾客
　~ retenu de garantie 客户担保预留款
clientèle *m* 顾客,主顾,用户,买主
cliftonite *f* 方晶石磨
clignotant *m* 转向闪光信号灯
　~ arrière 后转向闪光信号灯

~ avant 前转向闪光信号灯
clignotement *m* 闪光
clignoter *v* 闪光,眨个不停
clignoteur *m* 闪光信号灯,闪光指示器,闪光器,闪光标,闪光设备,明暗灯
climat *m* 气候,环境,气氛,地带,区域
　~ alpestre 高山气候
　~ arctique 北极气候
　~ aride 干燥气候,干旱气候
　~ artificiel 人造气候
　~ atténué 温和气候
　~ boréal 北方气候
　~ chaud 炎热气候
　~ chaud et sec 荒漠气候
　~ continental 大陆性气候
　~ côtier 沿海气候,海滨气候
　~ d'altitude 高空气候
　~ d'investissement 投资环境,投资气候
　~ de l'inlandsis 冰盖气候,冰冠气候
　~ de la calotte glaciaire 冰盖气候,冰冠气候
　~ de mer 海洋性气候
　~ de montagne 高山气候,山地气候
　~ de mousson 季风气候
　~ de serre 温室气候
　~ de taïga 泰加林气候,副极地气候
　~ de travail 工作环境温度
　~ des arbres 树木气候
　~ des déserts 荒漠气候,沙漠气候
　~ des forêts 森林气候
　~ des forêts de pluie tropicaux 热带雨林气候
　~ des savanes 热带稀树草原气候,大草原气候(萨王纳稀树草原)
　~ des steppes 草原气候
　~ des toundras 冻原气候,苔原气候
　~ désertique 沙漠气候
　~ du commerce extérieur 外贸气候
　~ du métamorphisme 变质作用条件
　~ équatorial 赤道气候
　~ étésien 地中海气候
　~ excessif 温差变化大的气候
　~ extrême 极端气候
　~ froid 寒冷气候
　~ glaciaire 冰川气候
　~ humide 潮湿气候,湿润气候
　~ intertropical (信风的)热带气候
　~ marin, ~ maritime 海洋性气候
　~ mathématique 天文气候,数理气候

~ méditerranéen 地中海气候
~ mégathermique 高温气候
~ mésothermique 中温气候
~ microthermique 低温气候
~ modéré 温和气候
~ nival 冰雪气候
~ océanique 海洋性气候，大洋性气候
~ périglaciaire 冰原气候
~ physique 物理气候
~ pluvieux 多雨气候
~ polaire 极地气候
~ régional 微气候，区域性气候
~ saharien 撒哈拉气候
~ sec 干燥气候
~ semi-désertique 半沙漠气候
~ sévère 严寒气候
~ solaire 天文气候，数理气候
~ sonore 噪音环境
~ soudanien 苏丹型气候
~ subaride 半干旱气候
~ subhumide 半潮湿气候
~ subtropical 亚热带气候
~ tempéré 温带气候
~ torride 热带气候
~ tropical 热带气候
~ venté 多风气候

climatérique[climatique] *a* 气候的，水土的，风土的
climatisation *f* 气温调节，空气调节，温度调节
climatiser *v* 调节空气，适应气候
climatiseur *m* 空气调节器，空调机
climatogramme *m* 气候图
climatographie *f* 气候志
climatographique *a* 气候的
climatologie *f* 气候学
climatologique *a* 气候学的
climatologue *m* 气象工作者，气候学家
climax *m* 最高点，顶点，极点，高峰，高潮，(气候)顶极群落，顶极动物群落
clinaugite *f* 单斜辉石
clingmanite *f* 珍珠云母
clinker *m* 熔渣，缸砖，熟料，熔块，热料，熟料，炼砖，熔结体，烧结渣，烧结料，水泥熟料，水泥烧块，渣状熔岩
  ~ asphaltique 沥青熔渣
  ~ de ciment 水泥熟料
  ~ de four droit 立窑烧结料
clinoamphibole *f* 单斜闪石

clinoanthophyllite *f* 镁闪石(斜直闪石)
clinoantigorite *f* 叶蛇纹石
clinobarrandite *f* 红磷铝铁矿(斜铝红磷铁矿)
clinobisvanite *f* 斜钒铋矿
clinobronzite *f* 针古铜辉石
clinochalcoménite *f* 斜蓝硒铜矿
clinochlore *m* 斜绿泥石
clinochrysotile *f* 斜纤蛇纹石
clinoclase[clinoclasite] *f* 光线石
clinoédrite *f* 斜晶石
clinoenstatite *f* 斜顽辉石
clinoensténite *f* 斜顽苏石，单斜辉石类
clinoépidote *f* 斜黝帘石
clinoferrosilite *f* 斜铁辉石
clinographe *m* (钻)孔(测)斜仪(测量钻孔、竖井斜度的)，平行板，测斜记录仪，坡面仪，斜度仪
clinoguarinite *f* 斜片楣石
clinoholmquistite *f* 斜锂闪石
clinohumite *f* 斜硅镁石
clinohypersthène *m* 斜紫苏辉石
clinojimthomsonite *f* 斜镁川石
clinomètre *m* 测斜仪，测角仪，量角器，测角器，倾角仪，磁倾器，量坡仪，量坡器
  ~ à pendule 摆式测斜仪
  ~ suspendu 悬式测斜仪
clinométrie *f* 斜度测量，坡度测量
clino-olivine *f* 钛斜硅镁石
clinoptilolite *f* 斜发沸石
clinosafflorite *f* 单斜砷钴矿
clinoscope *m* 水平孔测斜仪，测斜仪
clinoscorodite *f* 斜臭葱石
clinostrengite *f* 斜红磷铁矿
clinotriphilite *f* 斜磷铁锂矿
clinotyrolite *f* 斜铜泡石
clinoungemachite *f* 斜碱铁矾
clinovariscite *f* 变磷铝石(斜磷铝石)
clinozoïsite *f* 斜黝帘石
clinquant *m* 金属箔片
  ~ d'argent 银箔
clintonite *f* 绿脆云母，脆云母类
clip *m* 夹具，钳，回形针，蚂蟥钉，弹性夹
  ~ de connection 结合扣
  ~ de fil 线夹，钢丝夹
cliquage *m* 溜矿斜坡，溜道
cliquart *m* 建筑石材，建材石料
cliquet *m* 扳杆，棘爪，抓手，棘轮，掣子，爪，锁销，制动齿，制动块，锁销

～ à percer　扳钻
～ arrêt　棘轮,制动装置,锁销,止动销,钩爪,掣子
～ d'arrêt de frein　制动销,制动棘轮,止动爪
～ d'impulsion　驱动爪
～ de maintien (mécanisme de grappe)　定位棘爪,夹持抓手(控制棒驱动机构)
～ de manœuvre　驱动爪
～ de retenue　锁闭爪,闭止把
～ de transfert (mécanisme de grappe)　转移棘爪,转动抓手(控制棒驱动机构)
～ fixe　固定爪(电表中的)
～ interversible　单向扳杆
～ pour percer　扳钻

cliquetis *m*　振动声,发出"卡搭"声
clisimètre *m*　测斜器,倾斜仪,量坡仪,量角器
clitographe *m*　测斜仪
clivabilité *f*　劈理性,解理性,可裂性,劈裂性
clivable *a*　可劈开的,可剥开的,可裂的
clivage *m*　(矿物)解理,(岩石)劈理,裂开,分层
　～ ardoisier　板岩劈理,轴面面理
　～ basal, ～ basique　(矿物)底面解理
　～ cassant　交切解理,交错解理
　～ cisaillant　剪切劈理
　～ cubique　立方形解理,三向相互垂直的劈理
　～ d'écoulement　流纹劈理
　～ de cassures　断裂劈理,裂隙解理
　～ de fluage, ～ de flux　流纹劈理,流劈理
　～ de fraction, ～ de fracture　破劈理,裂开劈理
　～ des couches　层面劈理,顺层劈理
　～ des minéraux　矿物解理
　～ distinct　明显解理,明显裂开(劈理)
　～ en éventail　扇形解理
　～ faux　假劈理,假解理
　～ imparfait　不完全解理
　～ linéaire　线性劈理
　～ lité　层面劈理,顺层劈理
　～ micacé　云母状解理
　～ monotone　单方向解理
　～ octaédrique　八面解理
　～ original　原生劈理
　～ par pli-fracture　剪劈理
　～ parfait　完全劈理,完全解理
　～ primaire　原生劈理,层理
　～ principal　主劈理,主解理
　～ prismatique　柱状解理
　～ réel　真劈理
　～ rhomboédrique　菱形解理,菱形劈理

～ schisteux　节理,片理
～ secondaire　次生劈理
～ transversal　横向解理,横向劈理

clivé *a*　具劈理的,裂开的
cliver *v*　按劈理劈开,按解理劈开,按纹理劈开,解理,劈理
clivure *f*　岩石裂隙,片裂
cloche *f*　钟,罩,岩钟,钟罩,穹隆,阀壳,外壳,圆盖,提取器,管状钻,虹吸罩,钟状物,打捞母锥,(钻探)钟状打捞器,钟形固定阀筒
　～ à air　气室
　～ à boulet　带球形阀的钻泥提取器
　～ à clapet　带升高阀的钻泥提取器
　～ à l'échantillon　岩芯提取器,取样器
　～ à l'écrou　打捞工具,打捞母锥
　～ à plongeurs　沉箱,潜水钟,压缩空气罩(水下施工具)
　～ à sable　泥砂泵,捞砂泵
　～ à soupape　带球阀的取砂器
　～ à trépan　土层钻
　～ à vide　真空室,真空瓶
　～ d'alarme　信号铃,呼叫铃
　～ d'ancrage　锚圈套(预应力钢筋用)
　～ d'injection　灌浆漏斗
　～ de curage　钻泥提取器,泥砂泵,捞砂泵,取土器
　～ de plongée　潜水钟
　～ de repêchage　捞取筒,捞取器(打捞断折的钻杆),打捞母锥
　～ de signal avancé　预告信号铃
　～ du cabestan　绞车鼓,纹盘鼓
　～ en porcelaine　磁绝缘子
　～ guide　打捞筒导向器
　～ isolante　绝缘子
　～ libérable　能松开提出的打捞筒
　～ pneumatique　(驼峰)压风储存缸,储气筒
　～ pour signaux　呼叫铃,信号铃
　～ sympathique　(西门子)共振铃
　～ taraudée　打捞母锥

clocheton *m*　塔,钟楼
cloison *f*　隔板,挡板,隔墙,模片,隔膜,支墩,间壁,内墙,挡土墙,护岸
　～ à claire-voie　格子隔板,板条隔板
　～ à mi-hauteur　矮隔板
　～ ajourée　花格墙
　～ amovible　活动隔墙
　～ arrière　后隔板,后挡板
　～ d'aérage　(矿坑通气用的)隔壁,(围护机械

cloisonnage

的)围板
- ~ d'isolation acoustique 隔音(隔)墙,隔音板
- ~ de bois 木隔墙
- ~ de condensation 凝结隔板
- ~ de partition de l'eau claire 拦沙撇水墙,刮(浮)渣板
- ~ de séparation 隔墙,分水水嘴,分割器,隔板
- ~ diélectrique 电介质隔板
- ~ double 双层隔墙
- ~ en béton coulé 现浇混凝土隔墙
- ~ en briques creuses 空心砖隔墙
- ~ en briques pleines 实心砖隔墙
- ~ en lattes 板条间壁
- ~ en maçonnerie 圬工隔墙
- ~ en palplanches 板桩墙
- ~ en pan de bois 木龙骨隔墙
- ~ en pan de bois et lattes 板条墙
- ~ en verre 玻璃隔墙
- ~ étanche 密封隔板,不渗透的隔墙
- ~ étanche à l'eau 防水墙
- ~ faussées 螺旋形隔板
- ~ faussées méridiennes 轴线隔板,中心线隔板
- ~ ignifuge 隔火墙,防火墙
- ~ insonorisée 消音隔墙
- ~ intérieure 隔墙
- ~ légère 轻质隔墙
- ~ longitudinale 纵隔板
- ~ mobile 滑门,滑动隔板
- ~ obturante 不透水的隔墙
- ~ pare-feu 防火隔板
- ~ pare-flammes 防火墙,防火隔板
- ~ portante 承重隔墙
- ~ pour abris 隐蔽墙
- ~ préfabriquée 预制隔墙
- ~ résonnante (波导管)谐振膜片
- ~ sèche 隔断墙,干燥间壁
- ~ transversale 横向隔板
- ~ treillis 网架隔墙
- ~ vitrée 玻璃围墙,玻璃隔板
- ~ vitrée comportant des portes 带门的玻璃围墙

cloisonnage m 隔墙,间壁,间隔工作,分隔,隔开
cloisonné a 隔开的,分开的,嵌金属丝花纹的
cloisonnement m 隔间
- ~ intérieur d'une voiture 客车内部隔间

cloisonner v 分隔,隔开,隔断
cloître m 回廊,围栏
cloquage m 局部隆起,起泡,薄板永久变形,大梁横向弯曲,起砂眼,发泡

cloque f 气泡,水泡,局部隆起,小丘,砂眼
clos,e a 闭合的,封闭的,关闭的
- ~ de pont 合龙

clostérite f 油页岩,新月藻油页岩,伊尔库茨克油页岩
clôture f 围篱,围墙,围栏,围棚,关闭,栅栏,篱笆,结束,光栅
- ~ à gibier 防动物栅栏
- ~ d'espalier 格构围栏
- ~ d'une conférence 会议闭幕
- ~ de base vie 生活营地围墙
- ~ de chantier 工地围栏
- ~ en fil de fer 铁丝栅栏
- ~ en lattis 木栅,围篱
- ~ grillagée 铁丝网围墙

clôturer v (用墙)围住,关闭,封闭,合龙,使停止,使截止,使结束
- ~ en terrain 筑围墙把场地围住

clou m 钉,钉子,钉头饰
- ~ à béton 混凝土钉
- ~ à carvelle 方头钉
- ~ à ciment 水泥钉
- ~ à crochet 钩头钉
- ~ à deux pointes 双头螺栓,结合销
- ~ à double tête 双头圆钉
- ~ s à injection 螺纹射钉
- ~ à plancher 地板钉
- ~ à sol 土钉,土锚钉
- ~ à tête large 大头钉
- ~ à tête perdue 无头钉
- ~ à tête plate 平头钉
- ~ à tête ronde 圆头钉
- ~ caché 暗钉
- ~ d'épingle 圆铁钉
- ~ de bouche 平头钉
- ~ de charnière 铰链销
- ~ de coffrage 模板钉
- ~ de soufflet 平头钉
- ~ de tapissier 圆包钉
- ~ en bois 木钉
- ~ indiquant une voie 车道标志
- ~ millésime 日期钉
- ~ réfléchissant 反光路面标志
- ~ sans tête 无头钉
- ~ tête ronde 圆头钉

clouabilité f 可钉牢度[性]

clouable *a*	可钉入的
clouage *m*	钉钉子,钉住,钉牢
clouer *v*	打钉,钉牢,钉住
cloup *m*	塌陷,岩溶漏斗,陷坑,落水洞,渗水井
cloustonite *f*	发气沥青
cloutage *m*	路面上压入石屑使粗糙,打钉子
clovissoi *m*	蓝色泥板岩,蓝色片状黏土
clue *f*	峡谷,小峡,水口
cluse *f*	峡谷,横谷,小峡,风口,水口
~ active	水口
~ morte	风口,干谷
~ sèche	干谷,峡口,山口
~ vive	水口,峡谷
cluster *m*	群,组,团聚体,星团
~ de glace	大冰锥
~ de pieu	桩群,桩组
~ séismique	震群
~ terminal	集线箱,接线元件组
clute *f*	劣质煤
co-	(前缀)共同
coactivateur *m*	共激活剂,共活化剂
coagulabilité *f*	凝结力,凝结性,凝固性,凝结能力
coagulable *a*	可凝结的,可固结的,可凝固的
coagulant *m*	凝结剂,助凝剂,凝固剂
~ organique	有机凝聚剂
coagulat *m*	凝块,凝结物
coagulateur *m*	凝结剂,凝聚剂,起凝结作用的
coagulateur, trice *a*	起凝固作用的,起凝结作用的
coagulation *f*	凝聚,胶凝,凝固,凝结(作用)
~ chimique	化学凝结,化学凝聚
~ de réactif	试剂凝结
~ supplémentaire	后混凝
~ totale	完全混凝
coaguler *v*	使凝结,使凝聚
coagulum *m*	凝块,凝结物,凝固物,凝结块,凝聚体,凝固剂,凝结剂
coalescence *f*	聚结,凝聚,接合,结合,聚合,合并,联合,球化退火
coalesceur *m*	聚结剂
coalingite *f*	片碳镁石
coalite *f*	半焦煤
coaltar *m*	煤焦油
coassurance *f*	共同保险
coaxi *m*	同轴线,同轴电缆
~ de mesure	同轴测试线
coaxial, e *a*	同轴的,共轴的
coaxialité *f*	共轴,同心

cobaltocre *m*	钴华,钴赭石
cobaltomélane *m*	杂钴锰土
cobaltoménite *f*	水硒钴石
cobaltonickelmélane *m*	杂钴镍锰土
cobaltpyrite *f*	钴黄铁矿
cobaltsmithsonite *f*	钴菱锌矿
cobaltzippéite *f*	水钴铀矾
cobblestone *f*	卵石,粗砾岩,大砾石
Coblencien *m*	科布伦茨阶(早泥盆世晚期,欧洲)
cocarde *f*	信号,标志,帽徽,饰结
~ de losange	菱形盘式信号
en ~	鸡冠状(结构)的,(矿石结构)环状(结构)的
~ ronde	圆盘信号
coccinite *f*	碘汞矿
coccolit(h)e *f*	粒辉石
coccolithes *m. pl*	颗石,球石,颗形石
coccolithophores *f. pl*	(钙质超微化石)圆锥颗石
coche *f*	刻痕,压痕,砍痕,锯齿形缺口
cocite *f*	白榴闪辉岩,橄辉白榴斑岩
cockpit *m*	开式驾驶室
cock-pit *m*	辉岩盆地,辉岩溶坑,漏斗状石灰坑
cocontractant *m*	签约人,承包人,共同缔约人
codage *m*	编码,译码,编成电码,译成电码
codazzite *f*	杂钙铈白云石,铈铁白云石
code *m*	法规,规范,标准,电码,代码,法典,规则,符号,编码,法则,条例
~ de construction	建筑规范,建筑法规
~ de construction des routes	道路修建法规
~ de coordination	各种运输工具间的联运规则,各种运输工具间的配合办法
~ de dimensionnement	设计规范
~ de fabrication	制造准绳,制造准则
~ de l'expropriation	土地征用法
~ de l'urbanisme	城市规划法规
~ de la circulation	交通规则
~ de la circulation routière	道路交通法规
~ de la conception des routes	道路设计规范
~ de la construction	建筑法规
~ de la route	道路法规,公路法规
~ de marchés	合同法
~ de sécurité	安全规范
~ routier	道路法规
codification *f*	编码,法规编纂,译成电码
~ des transports de détail	零担运输规章汇编,零担货车的组织
~ des transports par wagons complets	整车运输规章汇编

coefficient *m* 率,系数,常数,因数
~ absolu 绝对系数
~ absorption 吸收率,吸收系数
~ adiabatique 绝热系数
~ angulaire 角系数,倾斜率
~ calorifique 导热系数
~ caractéristique 特性系数
~ CBR (california bearing ratio) CBR 系数(加州承载比)
~ conditionnel 条件系数
~ constant 常系数,固定系数
~ correcteur de la déflexion 弯沉修正系数
~ d'abrasion 磨损系数,磨蚀系数
~ d'abrasion français 法国磨耗系数
~ d'absorption 吸收率,吸收系数
~ d'absorption acoustique 吸音系数
~ d'absorption d'eau 吸水系数
~ d'absorption d'humidité 吸水系数,吸湿系数
~ d'absorption de son 吸声系数
~ d'absorption linéaire 线性吸收系数
~ d'absorption massique 质量吸收系数
~ d'accélération de la valeur de pic sismique 地震动峰值加速度
~ d'accommodation 调节系数,适应系数
~ d'accouplement 耦合系数,黏附系数
~ d'accouplement électromécanique 机电耦合系数
~ d'accumulation superficielle 表面拦蓄系数
~ d'acidité 酸性系数
~ d'action proportionnelle 比例控制系数
~ d'activité 活性系数,活化系数
~ d'activité d'un laitier granulé 粒状熔渣的活性系数
~ d'activité des fines 细粒活性系数
~ d'activité des fines et fillers 填充料活性系数
~ d'adhérence 黏着系数,耦合系数,附着系数
~ d'adhérence acier-béton 钢筋/混凝土黏着系数
~ d'adhérence du bandage 轮胎(和地面的)黏着系数
~ d'adhésion 黏着率,黏附系数
~ d'aération 掺气系数,曝气系数
~ d'affaiblissement 衰减系数,阻尼系数,线路每公里衰耗
~ d'affouillement 冲刷系数
~ d'agressivité moyenne du poids lourds par rapport à l'essieu de référence 相对标准轴重载车平均影响系数
~ d'agressivité structurelle moyenne de poids lourd 平均磨损结构系数
~ d'ajustement 改正系数,校正系数
~ d'allongement 延伸系数,伸长系数
~ d'amortissement 阻尼系数,衰减系数
~ d'amplification 放大系数,增益系数
~ d'amplification d'une électrode 电压倍数
~ d'anisotropie 各向异性系数
~ d'aplatissement 扁度,扁率,棱角系数,(石料)扁平系数
~ d'aquifère 含水层系数
~ d'arrondi 圆化系数
~ d'assurance 保证系数,安全系数
~ d'atténuation 衰耗率,衰减系数
~ d'audibilité 可听率,可闻度系数
~ d'autocorrélation 自相关系数
~ d'auto-induction 自感系数
~ d'eau hygroscopique 吸湿水系数
~ d'échange 交换系数
~ d'échange calorifique 传热系数,热交换系数
~ d'éclairement 照(明)度系数
~ d'écoulement 流量系数,径流系数,排水比率,流出系数
~ d'efficacité 效率,有效系数
~ d'efficacité de la luminescence 发光率
~ d'efficacité lumineuse 发光率
~ d'efficience 效率,有效系数
~ d'élancement 长细比
~ d'élasticité 弹性系数,弹性模量,弹性因数
~ d'élasticité au cisaillement 抗剪弹性系数,抗剪弹性模量
~ d'élasticité cubique 体积弹性系数
~ d'élasticité longitudinale 纵向弹性系数
~ d'élasticité transversale 切变模量,抗剪弹性系数,横向弹性系数(即抗剪弹性系数)
~ d'emmagasinement 储水系数
~ d'encastrement 刚性固定系数
~ d'encombrement 空间系数
~ d'encrassement 污垢因子
~ d'engendrement 运量增长系数
~ d'entraînement 曳力系数,阻力系数
~ d'épuisement du gisement 储量回采率,矿床(储量)回采率
~ d'équivalence 换算系数,等值系数,等价系数,等效系数,当量系数
~ d'équivalence (béton armé) (钢筋混凝土)当

量系数
~ d'équivalence de potier 保梯等效系数
~ d'équivalence du trafic 交通量换算系数
~ d'étalonnage 校准系数
~ d'évaporation 蒸发系数
~ d'exactitude 准确率,精确率
~ d'expansion 膨胀系数
~ d'expansion brusque 骤扩系数,突然扩大系数
~ d'expansion cubique 体积膨胀系数
~ d'expansion linéaire 线性膨胀系数
~ d'expansion thermique 热膨胀系数
~ d'expansion volumétrique 体积膨胀系数
~ d'exploitation 利用率,开采系数,挖掘系数,利用系数,运营系数
~ d'extensibilité linéaire 线性延展系数
~ d'extinction 衰减系数,阻尼系数,消光系数
~ d'extraction 回采率,回收率,提取率
~ d'homogénéité 均匀系数
~ d'humidité 湿度
~ d'hygroscopicité 吸水系数,吸湿系数
~ d'hystérésis 磁滞系数,滞后系数
~ d'imbibition 浸透系数,吸水系数
~ d'impact 冲击系数
~ d'imperméabilité 不透水系数
~ d'induction 感应系数
~ d'induction mutuelle 互感系数
~ d'induction propre 自感系数
~ d'inertie 惯性系数
~ d'infiltration 渗流系数,渗透系数,地表入渗系数(入渗量与降水量之比)
~ d'influence 影响系数,电位系数
~ d'influence séismique 地震影响系数
~ d'intensité de contrainte 应力强度系数
~ d'intensité de contrainte critique 断裂韧性,临界应力强度系数
~ d'irrégularité 不均匀系数,非均质系数,不平整系数
~ d'isolement thermique 隔热系数,绝热系数
~ d'occupation des places 客座占用系数,坐席占用系数
~ d'uni transversal 横向平整度系数
~ d'uniformité 匀度系数,匀质系数,均匀系数,均质系数
~ d'usure 磨损率,磨损系数,磨耗系数
~ d'utilisation 利用率,负载系数,利用系数
~ d'utilisation(en temps)pendant la disponibilité 可利用小时率
~ d'utilisation de l'énergie 可用率,实际投运率
~ d'utilisation de la capacité 载重量利用率
~ d'utilisation de la puissance disponible 可用率,实际投运率
~ d'utilisation de voiture 车辆利用率
~ d'utilisation des apports 径流利用率,径流利用因素
~ d'utilisation des trains de voyageurs 旅客列车利用率
~ d'utilisation effective(facteur de charge) 负荷因子,利用系数,设备利用率
~ d'utilisation en temps 与电网连接投运率
~ d'aplatissement 扁平系数
~ de bouclage 平衡系数,冲销系数
~ de brassage 混合比
~ de butée 下沉系数,稳定系数,(支承面的)收缩率
~ de butée de terres 被动土压力系数
~ de butée du sol 被动土压力系数
~ de capacité portante 承载力系数
~ de cavitation 空化系数,空蚀系数
~ de chaleur sensible 显热比
~ de change volumique 体积变化系数
~ de charge 载荷系数,装料系数,负荷系数,荷载系数,过载系数,装载系数
~ de charge utile 有效荷载系数
~ de chargement 装载系数
~ de cheminement 徐变系数,蠕变系数
~ de choc 冲击系数
~ de circularité 圆度系数
~ de cisaillement 剪切系数,切变系数
~ de cisaillement de base 基底剪力系数
~ de cisaillement mobilisé 动剪切系数
~ de classement 分选系数
~ de cohésion 黏聚系数,凝聚系数
~ de compactage 压实系数
~ de compressibilité 压缩率,压缩性能系数,可压缩性系数
~ de compressibilité volumétrique 体积压缩系数
~ de concentration 凝聚系数,集中系数
~ de concentration des contraintes 应力集中系数
~ de conductibilité 导热率,导电率,传导系数,导电系数
~ de conductibilité calorifique 导热系数
~ de conductibilité thermique 导热系数,传热系数
~ de conduction thermique 导热系数

~ de conductivité hydraulique 导水系数,渗透系数,水力传导度系数
~ de confiance 可信系数
~ de consistance 稠度系数,黏度系数
~ de consolidation 常系数,固结系数,压实系数
~ de consolidation secondaire 次固结系数
~ de consolidation vertical 垂向固结系数
~ de construction 结构系数,建筑系数
~ de contraction 收缩系数
~ de contraction brusque 骤缩系数
~ de conversion 交换系数,变频系数,转换系数,变换系数,转换因子
~ de correction 改正系数,校正系数,修正系数
~ de correction saisonnière 季节修正系数
~ de corrélation 相关系数,对比系数
~ de corrélation multiple 复相关系数,多重相关系数
~ de corrélation partielle 偏相关系数
~ de corrosion 腐蚀系数
~ de corroyage 衰减率,收缩率,还原率
~ de couche aquifère 含水层系数
~ de couplage 耦合系数
~ de courbure 曲率系数
~ de crue 洪水系数
~ de danger 危险系数
~ de darcy 水渗透系数,水渗导系数,达西渗透系数
~ de débit 流量系数,消耗量系数,输出系数
~ de décharge 流量系数,放电系数
~ de déflexion 弯沉系数,挠度系数,偏差系数
~ de déformation 变形系数
~ de dégradabilité 损坏系数
~ de dégressivité 递减系数
~ de déplacement 位移系数
~ de détection 检波系数
~ de détente élastique 膨胀系数
~ de détours 迂回系数
~ de déviation 偏差系数,离差系数
~ de déviation (d'un tube cathodique) 偏移因数,偏差系数,偏差因数,(阴极射线管的)偏转系数
~ de déviation partielle de conduite par mètre 管道每米局部偏差系数
~ de déviation standard 准差系数,标准偏差系数
~ de diffusion 扩散率,扩散系数
~ de diffusion axiale 轴扩散系数
~ de diffusion moléculaire 分子扩散系数,分子弥漫系数
~ de diffusion radiale 径向扩散系数
~ de diffusion thermique 热扩散系数
~ de dilatation 膨胀系数,剪胀系数,扩容系数
~ de dilatation cubique 体积膨胀系数
~ de dilatation linéaire 线性膨胀系数
~ de dilatation thermique 热膨胀系数
~ de dilatation volumétrique 体积膨胀系数
~ de dilution 贫化系数,(有害气体的)稀释系数
~ de dispersion 离散系数,离差系数,扩散系数,弥散因数,散射因数
~ de disponibilité en énergie 能量利用率
~ de disponibilité en temps 有效利用小时率
~ de dissipation 消散系数,消耗系数
~ de distorsion 畸变率
~ de distribution 分布系数
~ de distribution pluviale 雨量分布系数
~ de divergence 发散系数
~ de dosage 配合比,供水系数
~ de drainage 径流系数,排水系数,排泄系数,集流系数(集水区24小时内的径流量)
~ de drainance 渗漏系数,越流系数
~ de ductilité 延性系数
~ de durée 时间系数
~ de dureté 硬度系数
~ de fiabilité 可靠性系数
~ de filtration 渗透系数,过滤系数
~ de finesse 细度系数
~ de fissuration 裂隙率
~ de fissuration (béton) 开裂系数,开裂比(混凝土)
~ de fissuration d'armature courante 普通钢筋的裂缝愈合开裂系数
~ de fissuration d'armature précontrainte 预应力钢筋的裂缝愈合开裂系数
~ de flambage 压曲系数
~ de flambement (柱的)压屈系数
~ de flétrissement 枯萎系数
~ de fluage 徐变系数,蠕变系数
~ de fluctuation 波动系数
~ de foisonnement 膨胀系数,增长系数,松散系数,(砂的)湿涨率,容积增大系数,(堆石料开采的)容积松胀系数
~ de forage 钻进系数,(岩石的)可钻系数
~ de force latérale 侧应力系数
~ de forme 形状系数
~ de Fourier 傅里叶系数

~ de fragilité 脆性系数
~ de fragmentabilité 破碎系数
~ de freinage 制动率，制动系数
~ de friabilité des sables 砂的易碎性系数
~ de friction 摩擦率，摩擦系数
~ de friction interne 内摩擦系数
~ de friction mécanique 机械摩擦系数
~ de friction statique 净摩擦系数
~ de frottement 黏滞度，摩擦系数，黏着系数，摩阻系数
~ de frottement au repos 静摩擦系数
~ de frottement axial 轴向摩擦系数
~ de frottement d'adhérence 静摩擦系数
~ de frottement de conduite 管道摩阻系数
~ de frottement de glissement 滑动摩擦系数
~ de frottement de l'assise 基底摩擦系数
~ de frottement de mur 墙摩擦系数
~ de frottement dû à la déviation de conduite 管道偏差引起的摩擦系数
~ de frottement dynamique 动摩擦系数，运转摩擦系数
~ de frottement en mouvement 动摩擦系数
~ de frottement entre maçonneries 圬工与圬工间的摩擦系数
~ de frottement intérieur 黏滞系数，内摩擦系数
~ de frottement interne 内摩擦系数
~ de frottement latéral 侧向摩擦系数
~ de frottement longitudinal (CFL) 纵向摩擦系数
~ de frottement par roulement 滚动摩擦系数
~ de frottement pneu-route 轮胎和地面的摩擦系数
~ de frottement radial 径向摩擦系数
~ de frottement statique 静摩擦系数
~ de frottement transversal (CFT) 横向摩擦系数
~ de fuite 渗漏系数
~ de glissance 滑动摩擦系数
~ de glissement 滑动系数
~ de gonflement 膨胀系数
~ de grosseur de grain 粒径系数
~ de hétérogénéité 不均匀系数
~ de l'énergie pendant la disponibilité 可用率（因子）
~ de l'importance de structure 结构重要性系数
~ de la poussée des terres 土压力系数
~ de la poussée des terres au repos 静土压力系数
~ de la pression interstitielle 孔隙压力系数，间隙压力系数
~s de lamé 拉梅系数（表示弹性体的应力与应变关系）
~ de lessivage 淋滤系数
~ de levage 升力系数，举力系数
~ de majoration 增加系数，超载系数
~ de majoration de la masse du train 列车旋转惯量系数
~ de majoration dynamique 动力超载系数
~ de marginalité (d'un poste de charge) 边际系数（开支项目）
~ de mélange 配合比，混合系数
~ de modulation 调制系数
~ de moment 力矩系数，弯矩系数
~ de nivosité 雪量系数（占总降水量的%）
~ de non uniformité 不均匀系数，非均质系数
~ de paroi 面积比
~ de partage (extraction par solvant) 分配系数（溶剂萃取，溶剂提炼）
~ de partage (séparation d'isotopes) 分配系数（同位素分离）
~ de participation 参与分离
~ de pénétration 渗透性，渗透率，渗透系数
~ de performance （水轮机）性能系数，使用系数，有效系数
~ de perméabilité 渗透性，导水性，渗透系数
~ de perméabilité du laboratoire 实验室渗透系数
~ de perméabilité sur le terrain 自然土渗透系数
~ de perte 损失率，损耗系数
~ de pertes de charge singulières 压力损失系数
~ de plasticité 塑性系数
~ de pluie 降雨系数，雨量系数
~ de pointe 峰值系数
~ de Poisson 泊松比，泊松系数，横向变形系数
~ de Poisson pour le béton 混凝土的泊松比系数
~ de polissage accéléré (CPA) 加速磨光系数，加速磨耗系数
~ de pondération 加权系数
~ de porosité 孔隙率
~ de porosité réduite 孔隙率，孔隙比
~ de portance 承载比，承载系数
~ de poussée 推力系数，土压力系数
~ de poussée active 主动土压力系数
~ de poussée active au repos 静止土压力系数
~ de poussée active de sol 主动土压力系数
~ de poussée active de terres 主动土压力系数
~ de poussée au repos 静土压力系数

~ de poussée de sol　土压力系数
~ de poussée passive　被动土压力系数
~ de précipitation　沉淀率
~ de pression　压力系数
~ de pression du sol　土压力系数
~ de pression latérale　侧压(力)系数
~ de priorité　优选系数
~ de probabilité　或然率,概率系数
~ de profondeur　深度系数
~ de proportionnalité　比例系数,比例常数
~ de propreté　清洁系数
~ de propulsion　推进系数
~ de puissance　功率因数,动力系数,功率系数
~ de purge　净化系数
~ de purification　净化系统
~ de qualité　q 值,质量特性,质量因数,质量因素,品质因数
~ de quantité de mouvement　运动量系数
~ de radiation　辐射系数
~ de raideur　劲度系数,刚度系数
~ de raideur (vertical)　地基反力系数
~ de raideur d'infrastructure　路基劲度系数
~ de raideur du sol　土壤压实系数
~ de rayonnement　辐照率,辐射率
~ de réactance　电抗率
~ de réaction　反馈系数,回授系数,反力系数
~ de réaction d'infrastructure　基础反力系数,路基反应系数
~ de réaction du sol　地基反力系数,土基反力系数
~ de réaction du sol de fondation　地基反应系数
~ de réactivité　反应率
~ de rebondissement　回弹系数
~ de recombinaison　复合系数
~ de recouvrement　剥离系数
~ de récupération　(油气)采收率
~ de réduction　换算系数,折算系数,压缩系数,折减系数
~ de réduction des moments fléchissants　弯曲力矩折减系数(平板设计用)
~ de réflexion　反射率,反射系数,振幅反射率,电流回流系数(无线电)
~ de réfraction　折射率,折射系数
~ de régénération　再生率,再生系数
~ de réglage　调节系数,相位控制率
~ de régression multiple　复回归系数
~ de régression partielle　偏回归系数

~ de régularité　均匀系数,均质系数
~ de remplissage　充填系数
~ de remplissage d'un entrepôt　(冷藏库)储藏因素
~ de répartition　分配系数
~ de répartition transversale de charge　荷载横向分布系数
~ de résilience　回弹系数
~ de résistance　阻力系数,电阻系数
~ de résistance à glissement　抗滑系数
~ de résistance à l'avancement de la locomotive　机车运行阻力系数
~ de résistance de l'air　空气阻力系数
~ de résistance de roulement　滚动阻力系数
~ de résistance locale　局部阻力系数
~ de résistance localisée　局部阻力系数
~ de résistance pour locomotive　机车阻力系数
~ de résistance pour train　列车阻力系数
~ de résistance pour wagon　货车阻力系数
~ de résistance thermique　热阻,热阻系数
~ de ressuage　(水泥砂浆)泛水系数
~ de restitution　恢复系数,回收系数,还原系数
~ de rétablissement　复原系数,重建系数
~ de retardement　滞留系数
~ de rétention　降水保持量
~ de retour du relais　继电器返回系数
~ de retrait　收缩率,收缩系数
~ de rétrécissement　收缩系数,干缩系数
~ de rétro-réflexion de nuit　夜间反射系数
~ de rigidité　刚性系数,剪力系数,刚变系数,刚度系数
~ de rugosité　糙率,粗糙度,粗糙系数,糙率系数
~ de rugosité Darcy-Weisbuch　达西—韦斯巴赫糙率系数
~ de rugosité des parois de dalots ou buses　沟或管壁的粗糙系数
~ de rugosité équivalente　当量糙率系数,等值糙率系数
~ de rugosité Manning　曼宁糙率系数
~ de rugosité relative　相对粗糙系数
~ de ruissellement　漫流系数,径流系数
~ de rupture　断裂系数,破裂模量
~ de saturation　饱和系数
~ de sécurité　安全率,安全系数,储备系数
~ de sécurité au cisaillement　抗剪切破坏安全系数
~ de sécurité au glissement　抗滑安全系数

~ de sécurité partielle 局部安全系数
~ de séisme combiné 组合地震系数
~ de séisme projeté 设计地震系数
~ de self-induction 自感系数
~ de shunt 分流能力
~ de solubilité 溶解系数
~ de sous-sol 基础系数,地基系数
~ de stabilité 稳定率,稳定系数
~ de stabilité d'un talus 土坡稳定系数
~ de stabilité de résistance au fauchage 抗倾覆稳定系数
~ de stabilité de résistance au glissement 抗滑动稳定性系数
~ de stockage 蓄水系数,储水系数,库容系数,(线圈、电路的)存储因素
~ de striction 断面收缩率,(受拉试件的)断面收缩系数
~ de structure 结构系数
~ de sûreté 安全系数,可靠系数
~ de susceptibilité à la température 感温性系数
~ de tassement 收缩率,沉降系数,沉陷系数,压缩系数,下沉系数
~ de tassement relatif 相对下沉系数
~ de température 温度系数,温度因数
~ de température du modérateur 减速剂温度系数
~ de tension 应力系数
~ de torsion 扭转系数
~ de traction 牵引系数
~ de traînage 牵制系数
~ de traînée 阻力系数,牵引系数
~ de traînée de frottement 摩阻系数
~ de transfert d'énergie 能量转换系数
~ de transfert de sédiment 泥沙传输系数
~ de transformation 变换系数
~ de transmissibilité (地下水)导水系数,传输系数
~ de transmission (电)传递系数,传输常数,传输系数,渗透系数,透射系数,传导系数,传递系数,渗过系数,渡越因数(平面波或传输线中,反射波与入射波的比)
~ de transmission de chaleur 传热系数,导热系数
~ de transmission de son 传声系数,声透射系数
~ de transmission thermique 热传导[散热]系数,对流传热系数
~ de transmissivité 可透率,传输率,导水系数,传递系数,渗过系数,过水系数
~ de transparence 透射系数

~ de transpiration 蒸腾系数,蒸发系数
~ de transport turbulent 紊流输送系数
~ de triage 分选系数
~ de trop-plein 溢流系数
~ de turbidité 混浊系数
~ de turbulence 紊流系数
~ de valeur 成本／效益比,价／利比值系数
~ de variation 变化率,变化系数,变差系数,不均匀系数
~ de variation spécifique de la porosité volumétrique 体积压缩系数
~ de vélocité 流速系数
~ de vélocité verticale 垂涎流速系数
~ de vélocité-hauteur 流速水头系数
~ de vibration du vent 风振系数
~ de vide 空隙率,真空系数
~ de viscosité 黏度,黏性系数,黏滞系数
~ de viscosité absolue 绝对黏性系数(动力黏性系数)
~ de viscosité cinématique 动黏滞系数,运动黏性系数
~ de viscosité dynamique 动力黏性系数,动力黏滞系数
~ de viscosité dynamique de vitesse 速率系数,转速系数
~ des masses tournantes 列车旋转横量系数
~ des ondes stationnaires 驻波比
~ Deval 狄法尔系数(石料磨耗试验系数)
~ différentiel 差动系数,微分系数
~ d'influence de site 场地影响系数
~ doppler 多普勒系数(反应性)
~ du bac 蒸发系数(蒸发皿计算的)
~ du bâtiment 建筑系数
~ du moment fléchissant 弯矩系数
~ du rocher 岩石硬度,岩石硬度系数,岩石爆破系数
~ dynamique 动力系数
~ eau/ciment 水灰比(水与水泥之比值)
~ économique 经济(有效)系数
~ empirique 经验系数
~ g 重力加速度
~ global de passage de chaleur 传热系数
~ global de transmission thermique 传热系数
~ granulométrique 级配常数
~ hygroscopique 吸湿系数
~ hygroscopique (de sol) (土的)吸水系数,(土的)吸湿系数

~ indéterminable 未定系数,不定系数
~ linéaire de dilatation 线性膨胀系数
~ longitudinal de freinage 纵向制动力系数
~ Los Angeles(LA) 洛杉矶(石料磨耗试验)系数
~ massique d'absorption 质量吸收系数
~ mensuel de débit 流量月分配率(与年流量相比)
~ micro-Deval en présence d'eau(MDE) 浸水微狄法尔试验
~ mixte 混合系数
~ négatif de température 负温度系数
~ nonlinéarie 非线性失真系数
~ numérique 数字系数
~ partial 分部系数
~ s partiels 分项系数
~ plastique 塑性系数
~ pluvial 雨量系数,降雨系数
~ pluviométrique 降雨系数
~ pondéré 加权系数
~ pondéré de ruissellement 漫流平衡系数
~ rectificatif 修正系数,整流系数
~ réel 实际系数
~ sans dimensions 无因次系数
~ séismique 地震系数
~ spécifique d'ionisation 比电离系数
~ structural 结构系数
~ transversal de freinage 横向制动系数
~ unitaire de traînée 迎面阻力系数
~ unitaire de transmission thermique 导热系数
~ volumétrique (granulat) (颗粒材料)容积效率,容积系数

coentreprise *f* 合资企业
cœrcibilité *f* 压缩性,压缩系数
cœrcible *a* 可压缩的,能受压的,可强制的
cœruléolactite *f* 钙绿松石
coésite *f* 柯石英(单斜石英)
cœur *m* 心,毂,中心,核心,芯材,堆芯,中心部分
　　au ~ de 在……中心
　　~ d'anticlinal 背斜中心
　　~ d'un synclinal 向斜中心
　　par ~ 记住,牢记
　　~ terrestre 地心,地核
coexistant, e *a* 共存的,共处的,同时存在的
coexistence *f* 共存,共处,共生,同时存在
cofferdam *m* 围堰,浮箱,隔离舱,安全舱
　　~ de sortie 出线箱

coffine *f* 瓦板岩
coffinite *f* 铀石(硅铀矿)
coffrage *m* 沟,槽,腔,横板,挡板,模板,拱架,箱体,外壳,外罩,凹部,模[支]架,模板工程,制管模子(水井用)
~ à béton 混凝土模板
~ à double paroi 双层挡板
~ à progression horizontale 活动模板,移动式模板
~ à progression verticale 滑升模板
~ à recouvrement 搭接板,搭贴板
~ absorbant 吸水模板,真空模板
~ autogrimpant 自升模板
~ central 中模,内模
~ contre-plaqué 胶合板模板
~ coulissant 滑模,滑动模板
~ d'immeuble 房屋建筑(用)模板
~ de béton 混凝土模板
~ de colonne 柱模,支柱子模板
~ de plancher 楼板模板
~ de routes 路面模板
~ démontable 可拆式模板
~ déplaçable 移动式模板
~ des fouilles 地槽支撑板,基坑支撑板
~ du béton 混凝土模板
~ du plancher 楼板模板
~ du poteau 柱子模板
~ du revêtement 衬砌模板
~ en acier 钢模板
~ en alliage léger 轻合金模板
~ en bois 木模板
~ en cintre 拱架,拱脚手架
~ en contreplaqué 胶合板模板
~ en mixte bois métal 木质金属混合模板
~ en planches 木板模板
~ en plastique rigide 硬塑箱体
~ étanche 防水模板,防水围壁,防水挡板
~ extérieur 外模板
~ fixe 固定模板
~ glissant 滑模,滑动模板
~ grimpant 活动模板,滑动模板,上升模板,提升模板
~ intérieur 内模板
~ latéral 侧模,侧面模板
~ métallique 钢[金属]模板
~ métallique démontable 活动模板,工具模板,可拆式模板

～ mobile 活动模板
～ ordinaire 普通(混凝土)模板
～ outil 工具模板,活动拼装模板
～ perdu 永久模板,损耗模板
～ permanent 永久性模板
～ pliant 折叠式模型板
～ pneumatique 充气模板
～ relevable 向上移动模板
～ sous vide 真空模板,吸水模板
～ standard 标准[定型]模板
～ suspendu 悬式模板
～ télescopique 套筒式模具(多用于隧道衬砌)

coffre m 箱,盒,室,车箱,金库,浮标,接线盒
～ à agrès 装车用具箱
～ à gravillons 石屑箱
～ à minerai 原矿仓
～ à outillage et rechanges de bord 随车工具和备件箱
～ à outils 工具箱
～ à outils de bord 随车工具箱
～ à relais 继电器组匣
～ à rideau 窗帘盒
～ d'amarrage 系船浮筒
～ d'instrument 仪器盒
～ de compartiment 仪表箱
～ de division 电缆套管,电缆接头箱
～ des accumulateurs 蓄电池箱
～ fort 保险柜,保险箱

coffret m 小盒,小箱,配电箱
～ à fusibles 保险盒
～ d'alimentation 电源盒,配电箱,动力供应箱
～ d'arrivée 进线箱
～ d'équipement 器械箱,工具箱
～ de charge batterie 蓄电池充电箱
～ de commande 控制箱,控制台,操作台
～ de commande électronique 电子控制柜
～ de commande pour grue 起重机控制柜
～ de coupe-circuit 断路箱
～ de distribution 分配箱,配电箱
～ de distribution courant forcé 电力配电器
～ de distribution pour l'éclairage 路灯配电箱
～ de distribution pour l'éclairage public 路灯配电箱
～ de fonte 铸铁箱
～ de régulation de l'excitation de l'alternateur 交流电机激磁调整箱
～ de relais 继电器箱
～ de sécurité 保险箱
～ de servitude à PCC 监控中心PCC配电箱
～ de sortie 出线箱
～ des interrupteurs H. T. 高压开关柜
～ des interrupteurs H. T de réserve 备用高压开关柜
～ des interrupteurs H. T. du type fixe 固定式高压开关柜
～ des interrupteurs H. T. installé à l'extérieur du bâtiment 户外高压开关柜
～ extérieur 开关盒
～ niche de sécurité 安全洞室配电箱
～ pour intertube 横通道配电箱

coffreur m 模板工
cogénétique a 同成因的
cognage m (moteur) 机件撞击声(发动机)
cognée f 斧,钺,斧子
～ à branche 伐木斧
～ de bûcheron 伐木斧
cognement m 钉入,撞击声
～ du moteur 发动机工作不正常时发出的音响
cohénite f 陨碳铁矿
cohérence f 黏着,黏结,内聚,凝聚,结合,联贯,附着,黏聚性,黏结性,相干性(光的、波的)
～ géochimique 地球化学内聚力(现象)
cohérent, e a 黏附的,凝聚的,结合的,凝固的,相干的,黏聚性的,黏结性的
cohérer v 附着,结合,凝聚,相关,相干,粘在一起
cohéreur m (金属)粉末检波器
cohésif, ive a 内聚的,凝聚的,黏合的,紧密团结的
cohésion f 内聚,黏结力,黏附,黏着,接合,黏性,黏聚性,凝聚力,内聚力,黏聚力,黏合(力)
～ à l'interface entre le boulon et le mortier 钉材与砂浆界面的黏结强度
～ à sec 干黏结性
～ apparente 假内聚力,视凝聚力,显似凝聚力,表观凝聚力
～ apparente d'un sol non saturé 非饱和土黏聚力
～ critique 临界黏聚力
～ d'origine 原始黏聚力,天然黏聚力
～ de membrane humide 湿膜黏聚力
～ du sol 土壤黏性,土壤黏聚力
～ effective 有效凝聚力
～ mobilisée 流动凝聚力
～ moléculaire 分子凝聚力,分子内聚力
～ originale 初始凝聚力
～ remaniée 重塑土的黏聚力

~ résiduelle 残余黏聚力
~ résultante 组合内聚力，合成凝聚力
~ scissométrique 十字板剪切强度
~ scissométrique en laboratoire 室内十字板剪切强度
~ scissométrique remaniée 十字板剪切残余强度
~ scissométrique remaniée en laboratoire 重塑土的室内十字板剪切强度
~ vraie 真黏聚力

cohésivité *f* 黏聚性，凝聚性，内聚性，黏聚力
cohobation *f* 精馏，分离，清洗，分选，蒸馏，分馏，过滤
coiffe *f* 帽，罩，套，头，端，顶，盖板，小帽，小盖，小罩
~ d'instrument 仪器罩
~ d'usure 磨耗套
~ de fusée 引信保险帽

coin *m* 棱，边，隅，楔，销，角，角落，边缘，楔键（无）楔形终端波导负载
~ à quartz 石英楔，水晶楔
~ à tranche 凿石楔
~ abaissé, ~ affaissé 楔状地堑
~ absorbant 吸收光楔
au ~ de 在……角上，在……旁
~ d'assemblage 连接楔
~ d'étanchéité 密封楔
~ d'huile 油楔，纳油隙
~ de bois dur 硬木楔
~ de calage 锁销，销楔
~ de centrage 定心楔
~ de définition 分解力楔形图，测定图像清晰度的楔性线束
~ de glace 冰楔，冰裂隙
~ de jante 轮辋楔，轮辋销
~ de lehm, ~ de lœss 黄土楔
~ de mesure 测量光梗（偏差极小折射棱镜）
~ de réglage 调整楔
~ de remblai 路堤边缘
~ de retenue 夹紧楔，稳定楔，打捞公锥，打捞工具
~ de rue 掘路楔凿
~ de rupture 破坏楔替
~ de serrage 紧固楔，坚固楔
~ de serrage de la boîte d'essieu 轴箱紧楔铁
~ de tige de forage 打捞工具
~ du sol 土楔
~ en acier 钢楔

~ en bois 木楔
~ en bois dur 硬木楔
~ inverse 楔状地堑
~ libre 不连角隅
~ optique 光楔
~ repas 餐厅
~ surélevé 楔状地垒，上冲断层楔

coinçage *m* 楔入，楔紧，卡住，滞塞，楔子连接
coincé,e *a* 楔入的，卡紧的
coincement *m* 尖灭，卡钻，卡住，楔入，楔住，不灵活
coincer *v* 楔入，楔紧，卡住，固定
coïncidence *f* 符合，一致，重合，吻合，巧合，迭合
~ accidentelle 偶然符合，无规符合
~ de bulle （水准仪的）气泡重合
~ de courant 电流重合
~ des axes 同心度，同轴度
~ des impulsions 脉冲重合
~ des phases 同相，相位重合
~ structure 构造整合

coïncident,e *a* 符合的，吻合的，重合的，一致的，同时发生的
coïncider *v* 一致，符合，吻合，重合，同时发生，相符
~ avec 与……相符，与……相一致

coke *m* 焦炭，焦煤
~ brut 生焦
~ concassé 碎焦煤，碎焦炭
~ de brai 沥青焦炭
~ de charbon 煤焦，焦炭
~ de fonderie 熔铸用焦炭
~ de gaz 煤气焦炭
~ de houille 焦炭
~ de pétrole 油焦，石油焦炭
~ de tourbe 泥煤焦炭
~ domestique 民用焦炭
~ maigre 瘦煤焦
~ métallurgique 冶金用焦
~ naturel 天然焦

cokéfaction *f* 炼焦，焦化，成焦，焦化作用
cokéfiable *a* 可焦化的，可成焦的
cokéfiant *a* 炼焦的，焦化的，成焦的
cokéfier *v* 炼焦，焦化
cokerie *f* 炼焦，炼焦厂，焦化厂
coking *m* 结焦，焦化
col *m* 颈，山坳，山口，峡谷，隘口，管颈，短管，轴颈，轴环，垭口，分流管，鞍状构造，马鞍形地形
colateur *m* 灌溉渠
colatitude *f* 余纬度

colature *f* 过滤,滤液
colcrete *m* （预填骨料）压浆混凝土
colémanite *f* 硬硼钙石
colifluction *f* 泥流
colis *m* 包裹,行李,货物
～ à vitesse 快运货物
～ aérien 空运货物
～ au départ 准备发送的货物
～ contre remboursement 交货付款包裹
～ de détail 零担货物
～ express 快运货物
～ messageries à grande vitesse 快运货物
～ sans application 无法交付的货物
～ zonés 按区堆放的包裹
colisage *m* 装箱单
colis-valeur *m* 贵重货物,贵重包裹
collaboration *f* 合作,协作
～ de béton et acier 混凝土与钢筋同时受力
～ économique 经济合作
collaborer *v* 合作,协作
～ avec 同……合作
collage *m* 油灰,粘贴,胶合,黏附,黏着,黏合,黏土,泥子,裱糊,吸附,油灰,(电)混线,(尖轨)密贴
～ à chaud 热胶合
～ à froid 冷胶合
～ des métaux 金属的黏合
～ des plastiques 塑料的胶接
～ des tapis 毡层黏合
～ métal-métal 金属胶合
～ par résines 树脂胶合,用树脂黏合
collant, e *a* 黏结的,结焦的,黏性的,胶黏的
collapse *m* 塌陷,毁坏,崩塌,溃灭,(土的)湿陷,(水管等的)压扁
～ de bulle 泡溃灭
～ successif 渐进破坏,逐渐崩坏
collapser *v* 塌陷,毁坏,崩塌,溃灭,(水管等的)压扁,(土的)湿陷
collapse-structure *f* 塌陷构造
collapsus *m* 崩坍,塌陷,倒塌,坍陷
collatéral, e *a* 旁边的,侧面的
colle *f* 胶,胶水,黏合剂
～ 107 107胶
～ à base de caoutchouc 橡胶黏合剂
～ à base de caséine 酪朊胶,干酪素胶
～ à base de résine 树脂胶
～ à bois 木工用胶
～ à chaud 热胶

～ à froid 冻胶
～ à l'albumine 蛋白胶
～s à polymérisation lente 缓慢聚合胶
～s à polymérisation rapide 快速聚合胶
～ à prise rapide 快速凝固胶
～ caurite 尿醛胶
～ d'os 骨胶
～ de contact 接触胶
～ de cuir 皮胶
～ de peau 皮胶
～ de placage 胶合板用胶
～ de résine artificielle 合成树脂胶
～ de résine blanche 白树脂胶
～ durcissable à chaud 热硬胶
～ durcissable à froid 冷硬胶
～ en film 胶膜
～ en poudre 胶粉,粉状胶
～ en tablettes 骨胶
～ végétale 植物胶
collecte *f* 募捐,集资,募款,征税
～ des eaux de surface 路面排水,地面排水
～ de données 数据采集装置
collecteur *m* 总管,集管,汽室,干管,主线,汇编,干线,汇水管,集水管,集流器,集电极,零担车,多叉管,集水沟,收集器,汇集器,回收器,集电器,整流子,换向器,(河流)主流,(货物)集散道路,沿途集装零担车
～ à lame 转极开关,换向器
～ à raccordements multiples 歧管
～ à vide 真空罩,真空收集器
～ avoide 蛋形干管
～ centrifuge 离心吸集器
～ d'air 通气多叉管,空气收集器
～ d'alimentation 供水总管,供水管线
～ d'aspiration 进口集箱,吸入汇流联箱
～ d'azote 氮气总管,供氮联箱
～ d'eau 蓄水池,集水池,集水器
～ d'eau claire 清水排水管
～ d'eau polluée 污水排水管
～ d'échappement 排气总管,排气集气管
～ d'huile 集油器
～ d'interception 截流器
～ d'ondes 天线,接收天线
～ de boue 沉淀池,岩粉接收器,矿泥捕集器
～ de captage 集水沟,排水沟
～ de cyclone 离心除尘器
～ de dépôts 沉淀过滤器,沉淀汇集槽

~ de drain 集水管,排水主管
~ de filtre 过滤除尘器
~ de messages 信息接收器
~ de pluie 雨水收集器
~ de poussière 集尘器,集水设备,除尘器
~ de purge 凝汽罐,汽液分离器
~ de sable 集砂器
~ de surface 表面集流器
~ de terre 接地导线
~ de vapeur 聚汽室,集汽管,集汽器,蒸汽联箱
~ des boues 污泥收集器
~ des données (traitement de l'information) 数据采集(信息处理)
~ des égouts 下水总管
~ des égoutteurs 集流环
~ distributeur 集散道路,沿途零担车
~ drainant 排水干管
~ en béton 混凝土集水器[管]
~ local 一站整装零担车,运往管内某一指定站的沿途集装零担车
~ principal des eaux pluviales 雨水干管
~ principal des eaux usées 污水干管
~ s réguliers 定期挂运的沿途集装零担车
~ s réguliers de grande vitesse 定期挂运的快运集装零担车
~ transbordement 中转零担车,运往换装站的沿途集装零担车
~ φ400 φ400 纵向集水管

collectif, ive *a* 集合的,聚集的,集体的,共同的
collection *f* 集,群,汇集,集合,收集,选集,采集,收藏,一套,汇编,收集品
collectionner *v* 收集,收藏,汇编,聚集
collectionneur *m* 集合器,收集者,收集器
collectivité *f* 团体,集团,集体
collement *v* 黏着,胶着
coller *v* 粘,贴,胶合,上胶,卡住,粘住
collerette *f* 箍,凸缘,边缘,轮缘,套圈,夹子,安装边,法兰盘
~ de chemise d'eau 水套凸缘
collet *m* 颈,轴颈,管颈,轴领,凸缘,边缘,轴环,管径,法兰盘,安装边
~ de fusée 轴领,车轴防尘板座
~ de l'essieu 轴肩,轴环,轴领,车轴防尘板座
~ de serrage 接线柱,接线夹
~ rapporté 压装环
colleuse *f* 接合器,胶合机,影片接片机
collier *m* 箍,环,套环,夹子,柱环,卡箍,箍圈,套管,加强圈,连接套管
~ à ressort 弹簧夹,弹簧卡箍
~ d'anode 多腔磁控管阳极片
~ d'arrêt de fuites 减渗环,截流环
~ d'excentrique 偏心环
~ de battage 桩箍,柱环
~ de câble 电缆夹,缆索夹钳
~ de déviation 偏转系统,偏转线圈,致偏衔铁
~ de durite 软管卡箍
~ de fil 电缆头,缆头夹子
~ de fixation 固定夹
~ de fixation pour câble 电缆卡子
~ de fixation pour lance 水枪卡子
~ de l'arceau 拱圈
~ de prise avec vanne 截门式鞍座卡
~ de serrage 夹具,紧环,夹钳,紧随,箍,卡箍,卡圈
~ de suspension 吊卡
~ double 复式夹管,复式箍环
~ du boyau d'accouplement 软管卡,软管箍
~ en caoutchouc 橡胶环,橡胶圈
~ porte-balais 刷架,电刷架
~ pour tuyau 管卡,箍圈,管接头

collimateur *m* 视准仪,准直仪,照准仪,准直管,瞄准器,平行光管
~ fin 狭窄准直仪,精细准直仪
~ vertical 垂直仪,竖准仪,垂准器
collimation *f* 视准,瞄准,准直,测试,观测,平行性,平行校正
colline *f* 丘陵,山岗,小山,山丘,小丘
~ abyssale 深海丘
~ de pierres 石山岗
~ de potentiel 势[位]能壁垒
~ dénudée 荒山
~ glaciaire 冰碛丘
~ isolée dans une plaine (准平原)残丘
collinite *f* 无结构凝胶质,无结构镜质体(显微组分)
collinsite *f* 磷钙镁石(斜林斯石)
collision *f* 碰撞,冲击,接触,冲突,抵触
~ arrière 车后互撞
~ de plaques lithosphériques 岩石板块碰撞
~ de plein fouet (车辆)直接相撞
~ élastique 弹性碰撞
entrer en ~ avec 同……碰撞
~ frontale 正面碰撞,车前互撞
~ inélastique 非弹性碰撞
~ latérale 车侧互撞

～ murale 壁碰撞
collisionner *v* 互撞,相碰
collobriérite *f* 铁闪橄榄岩
collodion *m* 胶棉,火棉胶
　～ en laine 胶棉,低碳硝化纤维素
colloïdal, e *a* 胶体的,胶质的,胶态的
colloïde *m* 胶体,胶质,胶态,胶状体
colloïdité *f* 胶度,胶体性
collophane *f* 玻璃纸,胶磷矿
collophanite *f* 胶磷矿,碳磷灰石,胶粒磷块岩
colloque *m* 会谈,商议,研讨会,讨论会,座谈会,讨论小组
colloxyline *f* 胶棉,硝棉,火药棉,硝化纤维
collure *f* 胶合,黏合
collusite *f* 硫钒锡铜矿
colluvial, e *a* 崩积的,塌积的
colluviation *f* 崩积(作用),塌积(作用)
colluvion *f* 崩积料,崩积物,(地)崩(塌)积层
colluvionnement *m* 崩积,塌积,崩积作用
colluvium *m* 崩积层,塌积层,坠积层
collyrite *f* 微光高岭土
colmatage *m* 淤积,堵塞,淤塞,淤灌,放淤,封闭,填塞,沼泽填积,细粒料止水,细粒料填缝
　～ argileux 黏土填充,黏土淤积
　～ d'un puits 钻井堵塞
　～ des fissures 填缝,封缝,堵塞裂缝
　～ du filtre 过滤器堵塞
colmatant *m* 堵塞物,填充剂;*a* 淤塞的,堵塞的
colmater *v* 卡住,挤住,填塞,封闭,淤积,堵塞,淤灌,放淤
colombin *m* 纯铅矿石,纯铅光泽,精选铅矿石
colomine *f* 滑石黏土
colomite *f* 钒云母
colonnade *f* 柱廊,列柱,石笋柱体
colonnaire *a* 柱状的,圆柱状的
colonne *f* 列,塔,柱,矿柱,管,简,栏,行,立柱,圆柱,支杆,支架,支柱,行列,柱状图标桩,穿孔卡片上的列孔
　～ à câbles 电缆柱
　～ à couplage 双柱
　～ à pans 多面柱
　～ à section uniforme 等截面柱
　～ à section variable 变截面柱
　～ à tuyau d'acier 钢管柱
　～ absorbante 吸收塔,吸收柱
　～ s accouplées 对柱
　～ acoustique 声柱

～ adossée 附墙柱,壁柱(墙中突出的柱)
～ affiches 广告柱,贴通告的柱子
～ analogue 似柱,比(拟)柱
～ angulaire 角形柱
～ annelée 箍柱,环状柱,带状柱
～ ascensionnelle 提水柱
～ assemblée 组合柱
～ attachée 附柱,半柱
～ avec cerce 环箍钢筋柱
～ avec spire 螺旋形柱,螺旋钢筋柱
～ bandée 箍柱
～ cantonnée 支柱,支承柱
～ chargée axialement 轴向受力柱
～ chromatographique 色谱柱,包层吸附柱
～ coiffée 沙柱,沙尖柱
～ combinée 组合柱,格构柱,空腹柱
～ composée 混成柱,混合柱,组合柱
～ composite 混成柱,组合柱
～ contenant les bâtons 路签柱
～ couchée de minéral 缓倾斜矿筒
～ d'absorption 吸水塔,吸附塔
～ d'angle 角柱
～ d'eau 水柱,角柱
～ d'épuisement 排水管
～ d'exhaure 排水管
～ d'instrumentation 仪表导向套管
～ d'une sonnerie 铃柱
～ de l'air 气柱
～ de basalte 玄武岩柱
～ de boue 泥浆柱
～ de compression axiale 轴心受压柱
～ de direction 转向柱,转向盘轴
～ de flottation 浮选柱
～ de fluide 液柱
～ de forage 钻杆
～ de fractionnement 分馏塔,分馏柱
～ de fumée (喷发时)烟柱
～ de gaz (含气部分)气藏高度
～ de guidage 导向销
～ de l'eau lourde 泥浆柱
～ de la boue de forage (钻探用)泥浆柱
～ de mercure 汞柱,水银柱
～ de minerai 矿柱,矿筒,柱状矿脉
～ de minerai riche 柱状富矿体
～ de paroi 墙柱
～ de pierre 石柱
～ de production 采油柱,油层套管,采油套管

~ de puits　井筒管道,矿井排水管
~ de richesse　柱状富矿体
~ de sable　砂柱
~ de sel, ~ salifère　盐柱,盐矿柱
~ de support　支柱,支承柱
~ de terrain salifère　盐柱,盐株
~ de terre　土柱
~ de thermocouple　热电耦套管
~ de tiges de sonde　钻杆,钻杆柱
~ de tubage　套管组,套管柱
~ de tubage perdu　掉在孔内的套管
~ de tubes　管柱,套管
~ disposée en gradins　阶形柱
~ élancée　细长柱
en ~　纵列式
~ en béton armé　钢筋混凝土柱
~ en béton armé à enroulement en spirale　螺旋箍钢筋混凝土柱
~ en béton précontraint　预应力混凝土柱
~ en cornière　角钢柱
~ en plusieurs pièces　组合柱
~ en tube　管柱
~ en tube bétonné　混凝土填心管柱,混凝土填塞管柱
~ encaissée　箱形柱
~ engagée　半柱,嵌墙柱
~ excentriquement comprimée　偏心受压柱
~ extensible　可伸缩的管柱
~ faisceau　组合柱
~ frettée　箍筋柱,环筋加强柱
~ géologique　地质柱状(剖面)图
~ humide　湿式消火栓
~ inclinométrique-tassométrique　测斜—测沉降组合仪
~ isolante　绝缘架,绝缘台
~ s jumelles　并置柱,双支柱
~ lattée　缀合柱
~ lithologique　岩性柱状图
~ longue　长柱
~ manométrique　压力感受器
~ s métalliques　钢立柱
~ minéralisée　(柱状)矿体,矿柱
~ minéralisée payante　柱状富矿体
~ monolithe　独石柱
~ montante　气,立柱,水总管,溢水口,热水立管,供水立管,楼房垂直配电,立管(建筑物中水、电、煤气等的垂直总管道)

~ montante d'eau froide　冷水立管
~ perdue　掉在孔内的管柱
~ pilotée　柱桩,端承桩
~ poussière　尘柱,旋风尘柱
~ préfabriquée　预制柱
~ rassemblée　集柱,群柱
~ rectificatrice　精馏塔,精馏柱,分馏柱
~ sèche　气口
~ stratigraphique　地层剖面,地层柱状图
~ support　支柱,支承柱
~ thermique　热管
~ tubulaire de minéral　矿柱
~ tuyauterie　(蒸汽发生器)管型支柱
~ vertébrale　脊柱

colonnette　*f*　柱,销,小柱,栏杆柱,小圆柱,(索吊的)承载器,气缸头固定螺旋
~ d'assemblage　贯穿螺旋,装配螺旋
colonnifère　*a*　柱状的,圆柱状的
colophane　*f*　松香,松脂,树脂,黄树脂
~ à souder　焊接(用)松香
colophonite　*f*　褐榴石(钙铝榴石)
coloradoïte　*f*　碲汞矿,石英粗安岩
coloradolite　*f*　英钠粗安岩
colorant　*m*　染料,颜料,着色剂
~ actif　活性染料
~ apparent　表色
~ artificiel　合成染料
~ bleu　群青
~ de ciment　水泥染料
~ synthétique　合成染料
coloration　*f*　染色,着色,色率,上颜色,染色法,显色作用
~ jaune　着黄色
~ rouge　上红色
~ de la flamme　火焰色,焰色(氢氧吹管做矿物测定)
~ sélective　色分析,染色法
coloré　*a*　涂上色的,着色的,有颜色的,彩色的
colorimètre　*m*　色度计,比色计
~ photoélectrique　光电比色计
colorimètre-néphalomètre　*m*　浊度比色计
colorimétrie　*f*　色度学,比色法(颜色测定)
~ objective　间接比色法
~ subjective　直接比色法
~ visuelle　目视比色法
colorimétrique　*a*　比色的,比色法的
coloris　*m*　色调,色彩,着色法

colossal, e *a* 巨大的,宏伟的
colquiriite *f* 氟铝钙锂石
colubrine *f* 滑石,灰色黏土
columbium *m* 铌铁矿,钶(铌的旧称)
columbomicrolite *f* 烧绿石,铌细晶石
columbretite *f* 白榴粗安岩
columnaire *a* 柱状的,棱柱状的,玄武岩柱的
comagmatique *a* 同源岩浆的
comarite *f* 硅铝镍矿
comatiite *f* 科马提岩
comatiites *f. pl* 科马提岩类
combe *f* 山脊,峡谷,冲沟,小溪,小谷,背斜谷,小盆地
　～ anticlinale　背斜谷
　～ homoclinale　单斜谷,同斜谷
　～ monoclinale　单斜谷
combéite *f* 菱硅钙钠石(孔贝石)
combien *adv* 多少
combinaison *f* 结合,混合,组合,联合,化合物,方案,复合物,(数)集合,化合(作用),电唱收音两用机
　～ accidentelle　偶然组合
　～ caractéristique　特殊组合
　～ conventionnelle　常规组合
　～ d'actions　荷载组合
　～ de charge　荷载组合
　～ de traction-freinage　牵引—制动联合装置
　～ des effets d'action　作用效应组合
　～ du profil en long et du tracé　纵断面与线形的综合
　～ fondamentale　基本(主要)组合
　～ interdite　禁止组合
　～ linéaire　线性组合
　～ rare　稀有组合
combinat *m* 公司,管理局,联合企业,联合工厂
　～ de charbon　煤矿管理局
　～ minier　采矿公司,选矿公司
　～ métallurgique　冶金(钢铁)联合企业
combinateur *m* 控制器,操纵开关,组合[转换、程序]开关,(转桨式水轮机的)协联机构
　～ à came　凸轮控制器
　～ à cylindre　鼓形组合开关
　～ à moteur　机动组合开关
　～ à tambour　鼓形控制器
　～ automatique de triage　连线器
　～ cylindrique　鼓形控制器,鼓形组合开关
　～ d'élimination des résistances　变阻控制器,电阻断路组合开关
　～ d'inversion　反向组合开关,(改变电机旋转方向的)反向器
　～ d'isolement　隔离组合开关
　～ de commander　控制组合开关
　～ de couplage des moteurs　电动机接线组合开关
　～ de freinage　制动组合开关,制动控制器
　～ de prise　负载分接开关
　～ de puissance　主电路组合开关
　～ de récupération　再生(制动)组合开关
　～ de réglage en charge　负载分接开关
　～ de shuntage　削弱磁场组合开关
　～ électrique　电控制器
　～ electrohydraulique　电液协联机构
　～ manuel　手动组合开关,手操纵控制器
　～ manuel de commande　电力牵引动车手动操纵装置
　～ pilote　辅助控制器
　～ pneumatique　压风式控制器
　～ semi-automatique　半自动控制器
　～ semi-magnétique　半电磁式控制器
　～ tout à fait magnétique　全磁控制器
combiné *m* 组合,联合,化合,成分,结合,组成,混合物,化合物,送受话器(电话),手持式话筒,手持接收机
　～ téléphonique　电话送受话器
combiner *v* 配合,结合,连接,联合,安排,布置
comblainite *f* 羟碳钴镍石
comblanchien *m* 硬石灰石
comble *m* 屋顶,顶楼,顶板,顶点,上部,上层,峰顶,屋架,转折点,屋顶室,顶楼层,屋顶结构
comblement *m* 充填,填满,淤积,淤沙,回填,填塞,填没,(钻孔)堵塞,漏水填塞
　～ d'un puits　钻孔堵塞
combler *v* 填没,填塞
comburant *m* 助燃剂
combustibilité *f* 可燃性
combustible *m* 燃料,可燃物;*a* 可燃的,易燃的
combustion *f* 燃烧,燃耗
　～ humide　湿式燃烧法
　～ incomplète　不完全燃烧
　～ interne　内部燃烧,自燃
　～ neutre　(火药)定压燃烧
　～ non uniforme　不均匀燃料
　～ spontanée　自燃,自燃着火
　～ uniforme　均匀燃料
　～ vive　急燃,猛烈燃烧

comendite *f* 白碱流岩,钠闪碱流岩
comité *m* 会议,委员会
  ~ compétent 特设委员会
  ~ consultatif 咨询委员会
  ~ consultatif des assurances contre les accidents du travail 工伤事故保险顾问委员会
  ~ d'examen de projets 项目审议委员会
  ~ d'experts 专家委员会
  ~ d'organisation 组织委员会
  ~ de conciliation 调解委员会
  ~ de direction 理事会,董事会
  ~ de rédaction 起草委员会
  ~ de travail 工作委员会
  ~ des propositions 提案处理委员会
  en petit ~ 在小范围内
  ~ exécutif 执行委员会
  ~ intercommunal pour l'aménagement des villes 城市城镇规划委员会
  ~ intérimaire 临时委员会
  ~ mixte 联合委员会
  ~ organisateur 组织委员会
  ~ préparatoire 筹备委员会
  ~ spécial 特设委员会
  ~ technique 技术委员会
commandé *a* 定购的,受控制的,被操纵的,被牵引的
  ~ par air comprimé 气动调节,气动控制,气动操纵
  ~ par came 凸轮控制
  ~ par huile comprimée 油压控制,油压操纵
commande *f* 控制,操纵,调整,指挥,支配,驱动,传动,指令,命令,订货,订购,操纵机构
commandement *m* 操纵,控制
  ~ des travaux 开工
commander *v* 订货,订购,指挥,控制,支配,定做
comme *conj* 当,如同,好像,作为,当作,由于,因为
  ~ le montre la figure 如图所示
  ~ le sait 正如人们所知道的一样
  ~ nous avons déjà dit 正如我们说过的
  ~ on le voit 正如人们看到的一样
commencement *m* 开始,开端,初期,起点,起动
  au ~ 开始时
  ~ de clothoïde 回旋曲线起点
  ~ de courbe 曲线始点
  ~ de courbe de raccordement 缓和曲线起点
  ~ des travaux 工程开始
commencer *v* 开始,着手,起头,开端
  ~ à 着手,开始
  ~ par 由……开始,从……着手
commensurabilité *f* 公度,同量,相称,成比例,可比性,同约性
comment *adv* 如何,怎样,怎么,为什么
commentaire *m* 注释,注解,说明,评述,解说词
commenter *v* 注解,注释,评论,评述
  ~ de transit 转运商
  ~ en détail 零售商
commerce *m* 商务,商业,贸易,商店,商界
  ~ à tempérament 分期付款贸易
  ~ d'exportation 出口贸易
  ~ d'importation 进口贸易
  ~ de commission 代理商业
  ~ de demi-gros 半批发贸易
  ~ de transport 运输业
  ~ extérieur 对外贸易
  ~ intérieur 国内贸易
  ~ intermédiaire 中介贸易
  ~ international 国际贸易
  ~ libre 自由贸易
  ~ mondial 世界贸易
  ~ multilatéral 多边贸易
  ~ privé 私营贸易
commettant *m* 业主,顾主,发起人,委托人
comminution *f* 破碎,研磨,分割,粉碎作用
commissaire *m* 委员,专员
  ~ vérificateur des comptes 查账员
commissariat *m* 派出所,特派员,专员
commission *f* 稿费,佣金,委托,委员会,手续费,服务费
  ~ arbitrale 仲裁委员会
  ~ d'acceptation 承兑手续费
  ~ d'agent 代理手续费
  ~ d'enquête 调查委员会
  ~ d'exploitation 运营业务委员会
  ~ de direction 管理费
  ~ de géographique des transports de l'union géographique internationale 国际地理联盟运输地理委员会
  ~ de jugement 评审委员会
  ~ de négociation 议付手续费,转让手续费
  ~ de normalisation 标准化委员会
  ~ de participation 手续费
  ~ de surveillance 监察委员会
  ~ des finances 财务委员会
  ~ des résolutions 决议委员会

~ du budget 预算委员会
~ du règlement 议事规则委员会
~ économique pour l'Afrique 非洲经济委员会
~ internationale permanente 国际常设委员会
~ juridique 法律委员会
~ nationale de la technique 国家技术委员会
~ nationale de planification 国家计划委员会
~ nationale des marchés 国家合同委员会
~ technique 技术委员会
~ technique des équipements routiers de sécurités 道路安全设备技术委员会
commissionnaire *m* 代理人,代理商,经纪人,运货人,货物转运商,行李搬运工
~ de transport 运输代理人,转运公司
~ expéditeur 发送代理人
~ transitaire 过境代理人,转口代理人
~ vendeur 代销人,销售代理人
commissionnement *m* 任用,委派
commissure *f* 缝口,合缝处,接合点
commode *m* 控制装置,调节装置; *a* 适合的,方便的,容易的,简单的
commodité *f* 方便,合适
commotion *f* 震动,震荡,扰动,动摇,混乱
~ électrique 触电
commun,e *a* 共同的,公共的,公用的,普遍的,普通的,常用的,一般的,共用点,共有的
en ~ 共同地,一起
communauté *f* 社团,社区,群落,团体,共同体
commune *f* 公社,市镇
communément *adv* 一般地,通常地
communicateur *m* 电报电键,电报发报机,传动机构
communicateur,trice *a* 交通的,联络的,通信的
communication *f* 通信,交通,联络,连接,接合,联系,联通,通话,运输,通知,消息,渡线,(电)传输
~ avec branchement à droite en alignement 双直线间右侧渡线
~ bilatérale 双向通信
~ de données 数据通信
~ en tunnel 隧道交通
~ et transport 交通运输
être en ~ avec 接触,跟……联系
~ routière 道路交通
~ s par fibres optiques 光纤通信
~ s radio 无线电通信
~ s radio bilatérales 双向无线电通信
~ temporaire 临时交通

~ transocéanique 远洋通信
~ unidirectionnelle 单向通信
communiqué *m* 公告,公报,发布,发布消息,发表,发表文告
commutable *a* 折贴的,可折偿的,可换的
commutateur *m* 总机,开关,整流器,交换机,交换台,换向器,换向机,转换电门,转换装置
commutation *f* 变换,转向,开关,整流,转换
commutatrice *f* 旋转变流机,单电枢换流极
commuter *v* 转换,开关,配电,整流
compacité *f* 坚实,密度,稠度,压实度,紧凑性,压实性,密实度,紧密性,致密性,坚固性
~ de la roche 岩石密度
~ du béton 混凝土的密实度
~ du terrain 土壤密度,土石密度
~ dynamique 动力压实度
~ Hubbard-Field 哈费氏密实度(一种测定沥青混凝土强度的指标)
~ L. C. P. C. 法国道桥中心研究所规定的密实度
~ Marshall 马歇尔密实度(一种测定沥青混凝土强度的指标)
~ optimum 最佳密实度
~ optimum Proctor 葡氏最佳密实度
~ optimum Proctor modifiée 修正葡氏最佳密实度
~ relative 相对密实度
~ satisfaisante 合适密实度
~ superficielle 表面密实度
~ sur éprouvette 试样密实度
compact,e *a* 压实的,密实的,致密的,密集的,浓缩的,坚固的
compactable *a* 可压实
compactage *m* 压实,夯实,碾压,击实,捣实,密封,固定,压制成型
~ à la dame 夯实,捣头
~ adéquat 充分压实,足够压实
~ artificiel 人工压实
~ au choc 冲击压实
~ au dameur 捣实,夯实
~ au pétrissage 揉搓压实
~ au rouleau 滚碾压实
~ b. s. 英国压实标准
~ couche par couche 分层压实
~ cycloïdal 回旋压实,回旋碾压
~ d'essai 试验压实
~ de circulation 车辆压实

~ de remblai 填方压实,路堤压实,填土压实
~ de surface 表面压实,路面层压实
~ de terrassement 圬压实
~ des couches de chaussées 路面分层压实
~ des sols par vibration 土壤振动压实
~ des talus 斜坡压实,边坡压实
~ du sol 地面压实,土壤压实
~ dynamique 动力压实
~ efficace 有效压实
~ en grande épaisseur 深厚度压实
~ en profondeur 深层压实
~ final 最终压实
~ initial 初始压买
~ insuffisant 压实不足,压实不够
~ modéré 适度压实,中等压实
~ naturel 天然压实
~ par cylindrage 滚碾压实
~ par damage 夯实
~ par le trafic 车辆压实
~ par pilonnage 夯实
~ par pilonnage intensif 强夯压实
~ par roulage 液碾压实
~ par vibration 振动压实
~ par vibroflottation （地基）振浮压实法
~ primaire 初始压实
~ Proctor 葡氏击实（度）
~ statique 静态压实
~ superficiel 表面压实
~ uniforme 均匀压实
~ vibrant 振动压实

compacté *m* 压制品
~ à froid 冷压

compacter *v* 压实,夯实,使紧密

compacteur *m* 夯具,压土机,冲击夯,压路机,密封器,压紧器,压实工具
~ à percussion 冲击式压实器
~ à pieds de moutons 羊角压路机
~ à plaque vibrante 振动夯板,振动板压实器,平板式振动压实器
~ à pneumatique 轮胎压路机,轮胎压实机
~ à pneus 气压式压路机
~ à pneus lourds 重型轮胎压路机,重型轮胎压实机
~ à roues multiples 多轮式压路机
~ à roulette latérale 侧向小轮压实机（压实纵向接缝用）
~ à vibration 振动式压路机
~ automatique 自动压路机
~ automoteur 自动压路机
~ automoteur à pneumatiques 轮胎式自动压路机
~ cylindrique 光轮压路机
~ de ballast 夯渣机
~ de fossé 边沟压实机
~ de sol 地面夯具,土壤压实器
~ de sol vibrant 振动式土壤压实机
~ de tranchées 路槽压实机,沟槽压实机
~ en surface 面层压实机,表面压实机
~ giratoire 回转式夯具,旋转式压实机,回转式压实机,环动式压实机构
~ isostatique à pneus 等压轮胎式压路机
~ lourd 重型压实机,重型压路机
~ par chocs 冲击式压实机
~ par vibrations 振捣器,振动压路机,振动压实机
~ pétrissant 揉压机
~ tracté à pneumatiques 拖式轮胎压路机
~ vibrant 振捣器,振动式压实机
~ vibrant à pneus 振动式轮胎压路机
~ vibrant automoteur 自动振动压路机
~ vibrant tandem 串列式振动压路机

compactibilité *f* 压缩性,压实性,压实度,（集料等的）可压缩性

compaction *f* 压实,收缩,收缩率,压实作用

compagnie *f* 公司,协会,团体,集合,结伴
~ d'assurance 保险公司
~ d'électricité 电业设备公司
~ d'ingénieurs-conseils 顾问工程师协会
~ de contrôle 控股公司
en ~ de 在……陪同下,同……一起
~ financière 金融公司
~ française des minerais d'uranium 法国铀矿公司
~ inscrite à la cote 上市公司
~ mère 母公司,总公司
~ minière 矿业公司
~ nationale chinoise de transports maritimes 中国远洋运输总公司
~ par action 股份公司
~ pétrolière 石油公司
~ populaire chinoise d'assurance 中国人民保险公司
~ transnationale 跨国公司

comparabilité *f* 可比性,可对比性
comparable *a* 可比较的,可对比的

~ à 可与……相比较
comparaison *f* 比较,对比
~ d'algorithme 算法比较
~ des projets 方案比较
~ des tracés 选线比较
~ économique 经济性比较
en ~ 相对地
en ~ de 同……相比
~ et dépouillement des offres 评标
~ logique 逻辑比较
par ~ 相对地
par ~ à 同……相比
par ~ avec 同……相比
sans ~ 无可比拟地
~ technico-économique 技术经济比较
comparateur *m* 比较器,比长仪,比测器,量表,千分表,百分表,指示表,比色计,应变仪
~ à cadran 千分表,测微计,测微仪,刻度表
~ amplificateur 千分表
~ d'alésage 内径千分表,内径比较仪
~ de fréquence 频率比较器
~ de puissance 功率开关
~ électronique 电子千分表,电子比较器
~ optique （长度)比较仪,光学比长仪,相位鉴别器
~ par levier 杠杆式千分表
~ s pneumatiques 气动比较器
comparatif, ive *a* 比较的,对照的
comparer *v* 比较,对照
compartiment *m* 隔舱,水密舱,间隔,部分,室,间,断层翼,格间,(井筒)梯子间,支局,分局科,股,客车包房,联,机器间
compartimentage *m* 划分,分隔,隔格,打间隔,分成小格,划分为包房
compas *m* 罗盘,圆规,量规,卡钳,指南针,两脚规,分线规,针规(绘图用)
~ à coulisse 游尺,游标规
~ à pointes sèches 两脚规
~ à trusquin 卡尺,划线规
~ à verge 卡尺,椭圆规,长臂圆规,长杆圆规
~ astronomique 天文罗盘,星相罗盘
~ azimutal 方位罗盘
~ d'avion 飞机罗盘,航空罗盘
~ d'azimut 方位罗盘
~ d'épaisseur 测厚规,厚度计,外卡钳(规)
~ de calibre 两脚规
~ de mer 罗径,航海罗盘

~ de mesure 量规
~ de minneur 矿用罗盘
~ de précision 精密罗盘,游丝分规
~ de proportion 比例规
~ de réduction 两脚规,比例规,尖脚圆规,比例圆规
~ de relèvement 方位罗盘
~ diviseur 分度罗盘
~ étalon 校正罗盘
~ gyroscopique 陀螺罗盘,回转式罗盘
~ magnétique 罗盘仪,磁罗盘
compatibilité *f* 相容性,协调性,一致性,兼容性,并存性,配位性,适应性
~ d'équipement 设备兼容性
~ de ciment-agrégat 水泥与集料之间的适应性
~ partielle 部分兼容性,部分两用性
~ réciproque 互换性,全兼容性
compatible *a* 相容的,适合的,适应的,协调的,兼容的,不矛盾的
~ avec 适合,一致
compendium *m* 概要,纲要
compénétration *f* 互相渗透
compensable *a* 可补偿的
compensateur *m* 补偿器,调相机,调整器,调节器,膨胀圈,胀缩件,校准器,均衡器,平衡器,膨胀套
compensation *f* 补偿,赔偿,结算,清算,调整,消除,抵消,平衡,校正,平差,补贴,补偿金
~ bilatérale 双边清算
~ d'accident 意外事故赔偿
~ d'amortissement 衰耗补偿
~ d'ouverture 孔径失真补偿
~ de charge 荷载补偿,荷载平衡
~ de compte 冲账
~ de déclivité 坡度折减(在曲线上)
~ de distorsion trapézoïdale 梯形失真校正
~ de haute fréquence 高频补偿
~ de la charge de caisse 轴重转移的补偿
~ de la pression 压力平衡,压力补偿
~ de lignes 行校正,行补偿,行弯曲
~ de pression 压力补偿,压力平衡
~ des basses fréquences 低频补偿
~ des comptes 冲账
~ des dommages 损失赔偿
~ des erreurs 误差配赋,误差校正,消除误差
~ des pertes 损耗补偿
~ différentielle 差动补偿

~ dynamique　动力补偿
~ en nature　同性质客车交换相抵的车辆过轨办法
~ financière　经济补偿
~ isostatique　均衡补偿
~ légale　法定赔偿
~ matérielle　物质补偿
~ multilatérale　多边清算
~ optimum　最佳补偿
~ par dopage　（半导体）加杂质补偿

compensé *a*　平衡的,补偿的,已调节好的
compenser *v*　平衡,补偿,调节
~ l'usure　（缓行器）磨耗调整
compétence *f*　能力,胜任,权能,权限,资格,强度,范围,技能,管辖权
~ d'une roche　岩石强度
~ de transport　输送能力,输沙能力
~ du courant, ~ d'un cours d'eau　水流强度
~ du courant d'eau　水流强度,河流输送能力
~ du vent　风的挟带力
~ en matière d'expédition d'une gare　车站办理货运票据的权限
compétent *m*　（承受上覆压力的）坚固岩层；*a*　强的,有能力的,坚固稳定的（岩石顶板）
compétitif *a*　有竞争性的
compilation *f*　编译,编纂,整编,汇编,编辑,编码
~ des cartes　编图,编制图件,地图编制
compiler *v*　汇编,汇总,编译
complément *m*　余,补,补充,补码,增补,补数,余角,余弧,余数,补充部分,补足部分
complémentaire *a*　补充的,增添的,互补的,附加的,辅助的
complémentarité *f*　互补性,并协性,互余性
~ intermodale　各种方式之间的互补性,各种方式之间的相互补充
complémentation *f*　补码法,补数法
complémenter *v*　补充,补足
complet, ète *a*　完全的,完整的,全面的
complètement *adv*　完全地,完整地,全面地
compléter *v*　补充,补足,完成,使完整
~ le niveau　加液至规定平面
~ le plein　注满液箱
~ un chargement　补装（货物）
~ une lettre de voiture　填齐运单
complétion *f*　完工,竣工,完成,结束,期满,整体
~ de puits en diamètre réduit　小口径孔完井
~ multiple　多层完井
~ par colonnes perdues　补管完井
~ permanente　永久完井

complexe *m*　群,套,组合,复数,杂岩,合成物,集合体,综合体,杂岩体,络合物,复合体,全套设备,综合企业,枢纽工程,综合结构；*a*　复杂的,复合的,多元的,综合的,配位的
~ à tectoniques superposés　鳞片状构造,叠瓦状构造
~ anticlinal　复杂背斜
~ argilo-humique　黏土,腐殖质混杂层,腐殖（质）黏土复合体
~ base　基底杂岩
~ colloïdal　胶质复合物
~ d'anomalies　异常群
~ d'objectifs　目标群
~ de couches　层系,层组,混合岩层,沉淀杂层,沉积杂岩联
~ de dykes　岩墙群,岩脉群
~ drainant　复合排水材料
~ du gisement　矿床群,矿体群
~ dunaire　复合沙丘,连锁沙丘,沙丘系统
~ géologique　地质杂岩体
~ glaciaire　冰川杂岩
~ granitique　花岗质杂岩,花岗岩岩群
~ humique　腐殖质混杂土壤层
~ jaune　黄色合成物
~ latéritique　红土,杂岩层
~ morainique　冰碛杂岩
~ récifal　礁体岩石
~ sédimentaire　沉积杂岩体
complexe *a*　复杂的,复合的,综合的
compleximétrie *f*　配位滴定法,络合滴定法
complexion *f*　体制
complexité *f*　复杂性
compliance *f*　依从,屈服,声容抗,声顺（声媒质在声波作用下的体位移量度）
complication *f*　复杂
compliquer *v*　使复杂化
comportement *m*　状态,位置,情况,性能,特性,性状,成分,特性曲线,稳定性（岩石、运行情况、行为）
~ à la fatigue　疲劳性能
~ à la prise　凝固状态
~ argileux　黏土的物质成分
~ au feu　燃烧情况
~ au fluage du matériaux　材料流变性能
~ de formation géologique　沉积岩层产状特征

~ de l'empierrement 碎石层工作性能
~ de la chaussée 路面(使用)性能,路面(工作)状况
~ de la route 道路状况,道路(使用)性能
~ de retrait de refroidissement 冷却收缩状态
~ des chaussées 路面工作性能,路面使用性能
~ des couches de la chaussée 路面层工作性能
~ des essieux 轮对的性能
~ des joints (de rail) (钢轨)接头状态
~ des matériaux 材料性能
~ des structures 结构性能
~ du conducteur 驾驶员(驾驶汽车时心理上和生理上的)状态
~ du matériel 设备状况
~ dynamique 动力性能,动态特性
~ économique 经济行为
~ élastique 弹性特性,弹性性能,弹性状态
~ en fatigue 疲劳性能,疲劳特性
~ en service 工作状况,服务态度,在役性能
~ mécanique 力学性能
~ morphologique 地貌发育特征
~ non élastique 非弹性性能,非弹性状态
~ non linéaire 非线性性能
~ plastique 塑性性能,塑性状态,塑性特征
~ rhéologique 流变性能,流变状态
~ rigide 刚性性能,刚性状态
~ souple 柔性性能,柔性状态
~ sous charge 荷载状态,负载状态
~ statique 静力性能
~ vibratoire 振动性能
~ viscoélastique 黏弹性能,黏弹状态

comporter v 包含,允许

composant m 成分,组分,元件,构件,元素,分量,分力,要素,组件,部件,零件,组成部分
~ actif 有功元件,活性部件,有源元件
~ axial 轴向力,轴向分量
~ d'un vecteur 矢量分量
~ de base 基本元件
~ de contrainte 分应力
~ de force 分力
~ de machine 机器零件,机器部件
~ détritique 碎屑组分
~ du béton 混凝土成分
~ électrique 电子组件
~ en béton 混凝土构件
~ radial 径向力,径向分量
~ résistant à la pression 耐压元件

~ volatile 挥发组分

composant, e a 组成的,合成的

composante f 分量,组分,部分,分力,部分,成分,元素,组件,构成部分,元素构件
~ active 有效组分,有效部分,实数部分,有功分量,有功部分
~ aléatoire 偶然部分,随机部分
~ alternative 交流成分,交变分量
~ apériodique 非周期分量
~ apériodique d'un courant de court-circuit 短路电流的非周期性分量
~ ascendante 向上分量,向上[上升]分力
~ axiale 轴向分量[分力]
~ axiale de la vitesse 轴向分速度
~ d'effet continu 平均应力
~ de courant alternatif 可变部分,交流成分[分量]
~ de courant continu 固定部分,直流成分[分量]
~ de fréquence radio 射频分量,射频成分,高频部分
~ de l'erreur en variation sinusoïdale avec le relèvement 随方位成正弦变化的误差
~ de vitesse 分速度,速度分量
~ du mouvement 运动分量,移动分量
~ dure 硬部件(射线难于穿透)
~ essentielle 主要组分
~ harmonique 谐波分量
~ homopolaire 零序分量
~ horizontale de la poussée de sol 土压力水平分力
~ horizontale du rejet 走向滑距
~ inductive (ohmique) de la tension 电感(欧姆)电压成分
~ inverse d'un système triphasé de grandeurs 三相量系统的负序分量
~ longitudinale 纵向分力
~ ondulée 脉动组件,微波组件
~ périodique 周期性分量
~ réactive 虚部,无功分量,电抗性分量,无功成分
~ s trichromatiques 三色部分
~ symétrique directe 正序对称组件
~ symétrique homopolaire 零序对称组件
~ symétrique inverse 负序对称组件
~ transversale d'une force électromotrice 电动势的交轴分量

~ transversale d'une tension　电压的交轴分量
~ verticale de la poussée de sol　土压力垂直分力

composé *m*　组成,成分,综合,化合物,复合体,混合物
  ~ chimique　化合物,化学成分
  ~ isolant　绝缘物
  ~ macromoléculaire　高分子化合物
  ~ organique　有机化合物
  ~ pour calfatage　堵缝化合物

composé, e *a*　组成的,复合的,合成的,由……组成的

composé-isolant *m*　绝缘物质

composer *v*　组合,组成,构成,构图,编制
  ~ des forces　合力
  ~ un numéro　（电话）拨号

composite *m*　合成物,合成材料,复合材料

composition *f*　成分,组成,构成,编成,编组,排版,合成,构图,作文,化合物,混合物,混合剂,合成物,合成材料
  ~ architecturale　建筑布局
  ~ chimique　化学组成,化学成分,化学合成
  ~ critique　临界成分
  ~ d'allumage　引爆剂
  ~ d'une gâchée　一盘砂浆的配料成分
  ~ de béton　混凝土组成,混凝土配料
  ~ de chaussée　路面组成
  ~ de corps de chaussée　路面体的组成（包括底层,底基层,基层面层等）
  ~ de courbe　曲线组合
  ~ de crue projetée　设计洪水组合
  ~ de forces　力的合成
  ~ de fréquence　频率成分
  ~ de gravier et de sable　砾石和砂的成分
  ~ de la chaussée　路面组成
  ~ de mélange　混合料的组成
  ~ de plate-forme　路基组成
  ~ de vecteurs　矢量合成
  ~ de vitesse　速度合成
  ~ des forces　力的合成
  ~ des mélanges bitumineux　沥青混合料组成
  ~ du béton　混凝土组件,混凝土拌和物
  ~ du combustible　燃料的成分
  ~ du lit　河床组成
  ~ du parc de véhicules　交通组成
  ~ du profil en travers　横断面组成
  ~ du sol　土壤成分
  ~ du trafic　交通组合,交通组成
  ~ éclairante　发光剂,荧光粉
  ~ granulaire　级配组成
  ~ granulométrique　级配,颗粒组成,粒度级配,粒径级配,粒径组成,颗粒级配,级配组成
  ~ granulométrique moyenne　平均粒径级配
  ~ isolante　绝缘物
  ~ isolante pour obturation　电缆封闭物
  ~ lithologique　岩性成分,岩性组成
  ~ mécanique　机械成分,粒度成分,机械组成,颗粒组成,粒度测定的成分
  ~ minéralogique　矿物组成,矿物成分
  ~ minéralogique idéale　标准矿物成分
  ~ minéralogique réelle　真矿物成分,实际矿物成分
  ~ minéralogique virtuelle　标准矿物成分
  ~ modale d'une roche　（岩石）实际矿物成分
  ~ normale des roches　标准（矿物）成分
  ~ pétrographique　石组成,岩性组成,岩石特征
  ~ volumétrique du mélange　混合料体积比

compost *m*　灰泥,混合涂料,混合肥料,合成堆肥

compound *m*　混合,合成,复合物,混合物,化合物,合成物,绝缘混合剂; *a*　复合的,混合的,化合的,合成的
  ~ chimique　化合物
  ~ de remplissage　填料

compoundage *m*　复合,混合,化合物,发动机组合

compréhensif *a*　含有的,综合的,广泛的

comprendre *v*　包括,理解,懂得

compresseur *m*　压缩机,增压器,压气机,压路机,空气压缩机

compressibilité *f*　压缩性,压缩率,压实性,可压缩性
  ~ des eaux　水的可压缩性
  ~ du sol　土壤压缩性
  ~ relative　相对压缩量,单位压缩量
  ~ volumétrique　体积压缩量

compressible *a*　可压缩的,可压紧的

compression *f*　压力,压强,压缩,压紧,受压,压缩变形,挤压（作用）
  ~ à deux étages　二级压缩,双级压缩
  ~ à double aspiration　双效压缩
  ~ à plusieurs étages　多级压缩
  ~ à un étage　单级压缩
  ~ adiabatique　绝热压缩
  ~ axiale　轴向压力,轴向压缩
  ~ bi-étagés　双级压缩
  ~ dans le carter　发动机曲轴箱压缩

~ de l'air 空气压缩
~ de la production 减产,生产缩减
~ de la rame 列车退行
~ de synchronisation 同步脉冲压缩
~ des bétons de ciment 水泥混凝土压缩
~ des effectives 精简定员,压缩定员
~ des nuances 阴影动态缩小
~ des terres 土的压缩
~ du blanc 白区信号压缩
~ du noir 黑区信号压缩
~ du ressort 弹簧压缩
~ du sol 土壤的压实
~ due à la poussée du vent 风压力
~ élastique 弹性压缩
~ élevée （汽缸）高压缩
~ en deux étages 双级压缩
~ en service 工作压力
~ excentrique 偏心压力
~ exercée par la circulation 车压,车辆压实路面,车辆（对路面）的压力,车辆（对路面）的揉搓作用
~ générale dans tous les sens 各向均匀压力,各向均匀压缩
~ homogène 均匀压缩
~ hydrostatique 静水压缩
~ interne 矿体(岩石)挤压
~ isentropique 等熵压缩
~ isothermique 等温[恒温]压缩
~ latérale 侧向压缩,横向压缩
~ longitudinale 轴向压力,纵向压力,纵向压缩
~ monoétagée 单级压缩
~ multi-étagée 多级压缩
~ normale 正压力,法向应力
~ orogénique 造山构造挤压
~ par étages 分级[多级]压缩
~ parallèle aux fibres （木材等的）顺纹压力
~ permanente 永久压缩
~ polytropique 多变压缩
~ préalable 预压缩
~ radiale 径向压缩
~ réelle 有效压缩
~ relative 相对压缩,断裂时横断面积的相对收缩
~ résiduelle 残余压缩[变形]
~ secondaire 二次压缩
~ simple 单纯压缩
~ spécifique 比压,单位压缩量

~ temporaire 临时压力
~ triaxiale 三轴压力
~ uniaxiale 单轴压力,单轴压缩
~ variable 可变[非恒定]压力
~ variante 变压力
~ volumétrique 压缩比,容积压缩,体积压缩
compressomètre *m* 压缩仪,压缩计,压缩比测量计
comprimable *a* 可压缩的
comprimé *a* 被压缩的,被挤压的,压扁的
comprimer *v* 压缩,压紧,加压
compris, e *a* 包括在内的
compromis *m* 妥协,和解,折中(方案)
~ des travaux 工程折中方案,工程综合考虑
comptabilisation *f* 记账,算账,会计业务
comptabiliser *v* 做账
comptabilité *f* 财务,记账,簿记,会计,核算,会计,会计学,兼容性
~ de prix de revient 成本会计学
~ des coûts 成本核算
~ matière 材料账
comptable *n* 会计员
comptage *m* 计量,计数,读数,计算,判读
~ à BT 低压计量
~ à coïncidences 重合读数
~ à HT 高压计量
~ automatique 自动记数,自动计算
~ cordon 小区交通量调查,区界交通量统计,交通出入量调查
~ de classification 分类计,分类计算,分类计数
~ de courants 交通流量计数
~ de cycles 周期计数
~ de la circulation 交通量计数,交通流量统计
~ de poids total en charge 总荷载量计数
~ de tous véhicules (C.T.V) 车辆总计数
~ décroissant 倒计时
~ des colis 计算(行李、包裹、货物)件数
~ des essieux 计轴,轴数
~ directionnel 交通流向调查
~ du trafic 交通量调查
~ isolé 单独计数,单一计数
~ multiple 多次计数
~ par échantillons 抽样计数
~ par sondage 探测调查
~ périodique 定期计数
~ routier 交通量调查
~ systématique 系统统计
~ temps 计时

comptant *m* 现款

compte *m* 账户,账,账目,计算,总结,读数,单据
- ~ de redevance (location de wagon) 货车租用费账,货车使用费账
- rendre ~ de 汇报
- ~ rendu 汇报,通报,报告,总结,实验报告
- ~ rendu d'accident de circulation 交通事故统计报告
- ~ rendu de défaut 故障报告
- ~ s rendus 汇报,报告,记录
- se rendre ~ de 懂得,了解,体会到
- sur le ~ de 关于,归因于
- tenir ~ de 考虑,重视
- ~ tours 转数计,转速表
- tout ~ fait 终究,究竟,总之,归根到底

compter *v* 数,计算,包括
- à ~ de 从……算起
- ~ pour 看作,视为
- ~ sur 相信,指望,依靠

compte-rendu *m* 汇报,报告,记录,说明,纪要
- ~ analytique 摘要记录
- ~ d'essai 试验报告

compte-secondes *m* 秒表

compte-temps *m* 计时器

compte-tours *m* 转数计,转速表
- ~ diesel 柴油机转速表
- ~ du moteur 发动机转速表
- ~ horaire (dans cabine i seulement) 计时表(仅在第一司机室)

compteur *m* 计数器,计算机,计算器,计算员
- ~ à balancier 摆动式振动计算表
- ~ à dépassement 超额计算表
- ~ à dépassement totalisateur 总额和超额计算表
- ~ à diodes 二极管计数器
- ~ à eau 水表,水量表
- ~ à enregistreur de maximum 带最高需量记录器的计算表
- ~ à gaz 气量计,煤气表
- ~ à hélice 轮叶式水表
- ~ à induction 感应系计算表,感应式计算器
- ~ à moulinet 流量计
- ~ à vapeur 气压表,蒸汽量表
- ~ analogue pile de fondation 基础桩模拟计算机
- ~ automatique de la circulation 交通量自动计数,交通量自动记录仪
- ~ d'eau 水表,水量表,水量计
- ~ d'essieux 计轴器,车轴计数器
- ~ d'heures 计时器
- ~ de circulation 交通量记录仪,车辆计数器
- ~ de combustible 燃油表
- ~ de courses 里程计,转数计,行程计数器
- ~ de croisement (commande automatique de la marche des trains) 交会计数器
- ~ de cycles 转数计,周期计量器,循环计数器
- ~ de débit 流量计,消耗量表,流量表
- ~ de distance 里程计,行驶路程计数器
- ~ de durée d'occupation d'emplacement 停车计时表
- ~ de parcage 汽车停放计时器
- ~ de révolution 转速计,旋转计数器
- ~ de rotations 转数计,转速表
- ~ de stationnement 停车计时器
- ~ de temps 计时器
- ~ de totaux 总和计数器
- ~ de tours 转速表,转数表,速率计
- ~ de trafic 变通量计数器
- ~ de vitesse 转速表,速度计,速度表,流速仪,测速器,转速测量表,流速式水表
- ~ de vitesse à radar 雷达测速计
- ~ de volume 流量计
- ~ des gâchées (混合料)分批计
- ~ horaire 计时器,工作小时计数器
- ~ journalier 日计数器
- ~ kilométrique (机车)里程表,里程计数器
- ~ kilométrique journalier 日计里程表
- ~ kilométrique totalisateur 累计里程表
- ~ volumétrique 流量计,容量计数表

comptoir *m* 柜台,银行,账台

compulser *v* 查阅

computable *a* 可计算的

computation *f* 计算,运算,演算,计算机应用,计算机操作
- ~ de l'élévation de température 温升计算

comuccite *f* 毛矿,硫锑铁铅矿

concassage *m* 破碎,粉碎,磨碎,压碎,轧碎,挤压,压毁,打碎,乳碎,捣碎,使成粒状
- ~ à percussion 击碎,振动轧碎
- ~ de pierres 岩石破碎
- ~ des agrégats 集料破碎
- ~ fin 细轧,细碎,细磨
- ~ grossier 粗轧碎,粗破碎
- ~ intermédiaire 中间破碎
- ~ mécanique 机械破碎
- ~ naturel (岩石)自然分解,自然破碎

~ par chocs 冲击破碎
~ préalable 初步破碎
~ primaire 初碎,粗碎,初步破碎,(碎石)初步轧碎
~ proprement dit 粗轧,粗破碎,(碎石机)粗轧
~ secondaire 二次轧碎,第二次破碎

concassé *m* 碎石,石屑,小片,碎屑,小石片
~ à granulométrie monodispersée 均一尺寸碎石,单一级配碎石
~s d'épandage 盖面石料,撒布甩石料
~ d'épandage 细粒砂砾,铺面用屑
~s d'origine morainique 冰碛碎石,冰碛石屑
~ de fermeture 填缝石,嵌缝石
~ raffiné 精选石屑,精选细碎石
~ sec 未拌沥青石屑

concasser *v* 轧碎,捣碎,压碎,研碎

concasseur *m* 破碎机,压碎机,碎石机,轧石机,轧碎机,破冰机
~ à ballast 道砟轧碎机
~ à béton 混凝土凿碎机
~ à bras 手摇轧碎机
~ à chocs 冲击破碎机,锤式破碎机
~ à ciment 水泥研磨机
~ à cône 锥形破碎机,锥形碎石机
~ à cylindre unique 单滚筒破碎机
~ à cylindres 滚筒式破碎机,圆滚式破碎机,滚筒式碎石机
~ à cylindres dentés 齿筒式破碎机
~ à disque 圆盘破碎机,盘式破碎机,圆盘式轧碎机,圆盘式碎石机
~ à double cylindre 双滚筒碎石机,双滚筒式破碎机
~ à double effet 双颚板碎石机
~ à double rouleaux 双滚筒轧碎机
~ à glace 碎冰机
~ à mâchoire de type Blake 双肘杆颚式破碎机,布莱克型颚式破碎机,简单摆动型颚式破碎机
~ à mâchoires 颚式碎石机,颚式破碎机
~ à marteaux 锤式破碎机
~ à marteaux oscillants 旋锤式碎石机,旋锤式破碎机
~ à minerais 矿石破碎机
~ à multiples cylindres 多滚筒破碎机
~ à percussion 冲击式破碎机,移动式破碎机
~ à percuteurs rigides 冲击式破碎机
~ à pierres 碎石机,破碎锤,岩石破碎机
~ à rouleaux multiples 多滚筒式轧碎机
~ à simple effet 单颚板碎石机
~ à trois cylindres 三滚筒式破碎机
~ centrifuge 离心破碎机
~ cribleur 碎筛分联合机,联合破碎过滤机,联合破碎过筛机
~ de réduction 细碎机,次碎机,次轧破碎机
~ débiteur 初碎机,初轧碎机
~ débiteur primaire à mâchoire 颚式初碎机
~ finisseur 细碎机
~ giratoire 旋转式碎石机,环动式碎石机,环动式轧碎机,回转式破碎机,圆锥形破碎机
~ gyrosphère 旋回球面破碎机
~ mobile 移动式轧碎机
~ oscillant 振动碎石机,振动破碎机
~ percuteur 锤碎机,锤式破碎机
~ pour roches 碎石机,岩石破碎机
~ primaire 初碎机,粗碎机,初轧碎机
~ primaire à mâchoires 颚式初碎机
~ primaire giratoire 回转式初碎机
~ rotatif 旋转式破碎机
~ secondaire 次碎机,中碎机,二级轧碎机,二次破碎机
~ séparateur 破碎分离机
~ tertiaire 细碎机,三次破碎机,三级碎石机
~ transporteur 压碎输送机,联合轧碎输送机,轧碎输送联合机

concasseur-cribleur *m* 破碎筛分联合机

concaténation *f* 连锁,串联,级联,串级调速

concave *a* 凹的,凹形的,凹下的,凹面的,凹入的
~ en bas 下凹的
~ en haut 上凹的

concave *m* 凹体,凹面

concavité *f* 槽,凹面,凹地,盆地,凹槽,岩洞,凹度,凹体,凹入度

concavo-convexe *a* 凹凸形的,双凹形的,双面凹的,一面凹一面凸的

concéder *v* 特许,让与,承认

concentrat *m* 精矿,密集,集中,浓缩
~ fini 选好的精矿

concentrateur *m* 集线器,浓缩器,浓缩机,精选(矿)机,集中器(信息处理)
~ de boues 集泥斗
~ de messages 信息集中器

concentration *f* 富集,集中,浓度,浓缩,浓集,选矿,精选,汇流,密度
~ à gaz 加气聚焦

~ alluviale, ~ alluvionnaire　冲积砂矿
~ critique　临界浓度
~ d'énergie　能量密度
~ de charge suspendue　含沙量，悬移质含砂浓度
~ de contraintes　应力集中
~ de cuivre　铜的密度
~ de déformations　应变集中
~ de la carbone organique　有机碳富集(作用)
~ de la vapeur　水汽浓度
~ de minerai　选矿，矿石精选，矿石含量
~ de poussière　含尘量
~ de saturation　饱和浓度
~ de sédiment　含沙量，泥浆浓度，含沙浓度
~ de sédiment suspendu　悬移质浓度，悬移质含水量
~ de sûreté　安全浓度
~ des atomes excités(d'un gaz)　(气体的)受激原子的密度
~ des contraintes　应力集中
~ des données　数据密集
~ des roches en gaz　岩石瓦斯含量
~ des suies　煤烟浓度
~ des tensions　应力集中
~ des voitures　汽车集中度
~ détritique　碎屑矿床
~ éluviale　残积砂矿
~ en boues　污泥浓缩
~ en gaz　富气性，气体饱和度
~ en huile　含油性，石油饱和度
~ en ions hydrogènes　氢离子浓度(pH值)
~ en masse　含湿度
~ endogène　内生矿床
~ épigénétique　外生矿床，后生矿床
~ équivalente　当量浓度，当量矿化度
~ exogène　外生矿床
~ gravimétrique, ~ par gravité　重力选矿
~ hydatogène　水成富集
~ hydrothermale　热液矿床
~ hydrothermale plutonique　深成热液矿床
~ initiale　初浓度，原始浓度
~ liquidomagnétique　分熔矿床，熔离矿床
~ magmatique　岩浆富集，岩集分凝
~ maximum admissible　最大容许浓度
~ mécanique　碎屑矿床，机械富集
~ métallifère　金属矿床
~ métasomatique　交代矿床
~ métasomatique de contact　接触交代矿床
~ par flottation　浮选
~ par gaz　气体聚焦
~ relative　比浓度，相对浓度
~ thermochimique　热化学富集
~ tolérable　容许浓度
~ volumétrique　(单位)体积浓度

concentré　*a*　精选的,富集的,集中的,浓缩的
concentrer　*v*　集中,集合,浓缩,聚焦,富集
　se ~ sur　专心于
concentrique　*a*　同心的,同心度,集体性,集中性,同轴的,集中的,同心圆的,同心环带状的,同中心的
concept　*m*　概念
concepteur　*m*　设计人员
~ de système　规划人员,系统设计人
conception　*f*　方案,构思,意图,概念,观念,设想,想法,(初步,草图)设计
~ assistée par ordinateur (CAO)　计算机辅助设计
~ automatisée　自动化设计
~ avancée　前期设计
~ d'avant-garde　先进设计
~ de l'ossature　框架方案
~ de la structure　结构设计
~ de pont en état limite ultime　桥梁极限状态设计
~ de section　截面设计
~ du projet　方案设计,设计构思
~ générale du projet　设计的总意图
~ géométrique　几何设计
~ moderne　现代设计法
~ organique　设计,投影
~ sans obstacles　无障碍设计
~ structurale　结构设计
conceptualisation　*f*　概念化
concernant　*prép*　关于
concerner　*v*　涉及,关系到,关于
concession　*f*　开采权,采矿用地,采矿权申请书
~ alluvionnaire　冲积矿执照,冲击矿采矿用地
~ au large des côtes　领海权,海洋勘探权
~ d'exploration et d'exploitation　勘探和开采权
~ d'une mine　采矿权,采矿租地
~ de découverte　勘探申请,勘探租地
~ de placer aurifère　砂金开采权,砂金开采租地
~ filonienne　脉矿采矿用地,脉矿执照(区别于砂矿,美国)

~ minière 采矿权,采油租地
~ pétrolière 采油租地,油田用地
~ sous-marine 海洋勘探权

concession *f* 让步,特许,优惠,租界,让与,租让,租界,特许,特权,承租
~ d'une mine 矿山特许开采权
~ de marque 商标转让
~ de travaux publics par adjudication 工程招标
~ tarifaire 关税减免

concessionnaire *m* 矿产地拥有者,特许权享有者,受让人

concevoir *v* 构思,设想,想象

conchite *f* 泡霰石,霰石(文石),方解石

conchoïdal *a* 贝壳状的,贝壳状裂痕(断口)

conciliation *f* (conflits du travail) 调解,调停(劳工纠纷)

concluant, e *a* 决定性的,结论性的

conclure *v* 缔结,达成,商定,结束
~ à 断定,作出结论,作出决定
~ de 从……得出结论,从……推断出
~ par 以……结束

conclusion *f* 结论,达成,订立,解决,结尾,断定
~ d'un contrat 合同的缔结
~ de modification 修改结论
~ du contrat de transport 缔结运送契约
~ du marché 签署合同
en ~ 所以,因此,总之,最后
~ provisoire 临时性结论

concomitant *a* 相伴的,共存的,伴生(随)的,随……而产生的

concordance *f* 一致,协调,温和,吻合,(地层的)整合,和谐(性)
~ des phases 同相,岩相相同
être en ~ avec 跟……一致,吻合
~ géométrique 几何外形重合
~ mécanique 构造整合
~ structure 构造整合
~ tectonique 构造整合

concordant, e *a* 一致的,相符的,和谐的,协调的,整合的

concorde *f* 一致,协调,符合

concorder *v* 一致,相符,协调
~ avec 与……符合,与……一致

concourant *a* 协调的,温和的,一致的,产状整合的,平行层理的,整合产出的

concourir *v* 促使,竞争,相遇,会聚,集合,交叉,相符,相合,有助于

concours *m* 竞争,协助,援助,聚集,集合,比赛
~ technique 技术竞争,设计竞争

concrescible *a* 可凝固的,可凝结的

concret *m* 具体事物

concret, ète *a* 稠的,凝结的,具体的,实在的,质密的

concrètement *adv* 具体地,实际上

concréter *v* 凝固,凝结,固结

concrétion *f* 结核,硬化,凝结,凝块,固结[作用]
~ calcaire 钙质结核,石灰质结核
~ s calcaires abondantes 钙质结核富集
~ de manganèse 锰结核
~ dure dans le grès 砂眼中硬头,砂岩中硬结核,低质锡铁砷合金
~ ferrugineuse 含铁结核,铁质结核,含铁凝结构
~ siliceuse 豆石结核

concrétion *f* 凝结,凝固,结核
~ calcaire 石灰岩凝结

concrétionnaire *a* 结核的,结核状的

concrétionné *a* 结核的,固结的,含结核的

concrétiser *v* 使具体化

concurrence *f* 竞争
jusqu'à ~ de 不超过……,到某一数目,到……的程度
jusqu'à ~ de la limite de charge 至最大载重量
~ libre 自由竞争
~ routière 公路竞争

concurrent *a* 并存的,重合的,会合的,同时发生的

concurrentiel *a* 有竞争性的

condamnation *f* 报废,注销

condensabilité *f* 压缩性,凝固性,凝结性,凝聚性,冷凝性

condensable *a* 凝结的,冷凝的,可凝结的

condensat *m* 冷凝,冷凝物,冷凝液,凝析油

condensateur *m* 冷凝器,电容器,调相机,凝结器,浓缩器,聚光器,冷却器
~ à air 空气冷凝器
~ à ammoniac 氨气冷凝器
~ à jet d'eau 喷水冷凝器
~ à reflux 回流冷凝器
~ de surface 表面式冷凝器

condensation *f* 凝结,凝聚,缩聚,浓缩,缩合,冷凝(作用)
~ atmosphérique 大气凝结
~ capillaire 毛(细)管凝结
~ d'eau sur une surface 表面凝水

~ en film 膜(式)冷凝
~ initiale 初始凝结
~ rapide 快速凝结
~ statique 静力凝结

condensé *m* 文摘,摘要,概要,凝结物,冷凝物,冷凝液；*a* 紧缩的,缩简的,压缩的,凝聚的

condenser *v* 凝结,冷凝,浓缩,聚集

condenseur *m* 冷凝器,浓缩器,电容器,聚光器,冷却器,压缩器

condition *f* 情况,条件,状况,状态,规格,规程,条款,地位,身份
à ~ de 以……为条件,只要,只需
à ~ que 在……条件下,只要,只需
~ s à bords de route 路边条件
~ à la frontière 边缘条件,边界条件
~ acceptable 可接受的条件
~ accidentelle 事故工程
~ adiabatique 绝热状态
~ ambiante 环境条件
~ anormale 反常工况
~ artésienne （地下水的）自流情况,承压状态,自流条件
~ s astronomiques 大气状况,大气压状态
~ s atmosphériques 气候条件,气候情况,大气条件
~ au contour 边界条件
~ s aux bornes 边界条件
~ s aux limites 极限条件,边界条件(应力的)
~ climatique 气候条件,气候情况
~ climatique favorable 有利气候条件
~ s climatologiques 气候情况,气候条件
~ critique 临界条件,极限条件,临界状态
~ s critiques 临界条件
~ d'entretien 维修条件,养护[保养]条件[规程]
~ s d'un contrat 合同条件
~ s d'âge et d'ancienneté 年龄和工龄条件
~ d'appui 支承条件
~ d'arrêt 停机条件
~ d'échantillonnage 取样条件
~ d'écoulement 径流状态,水流形态
~ s d'écoute 接收条件
~ s d'emballage 包装条件,包装状态
~ s d'emploi 使用条件,运用状况
~ s d'encombrement 装载限界条件
~ d'entrée 输入条件,入口条件
~ d'entretien 维修条件,养护[保养]条件[规程]
~ d'environnement 环境条件
~ d'équilibre 平衡条件
~ d'équivalence 等值条件,等价条件
~ d'érosion 侵蚀条件,侵蚀环境
~ s d'essai 试验条件
~ s d'évacuation 排泄条件
~ d'exécution 施工条件
~ s d'expédition 装运条件,发送条件
~ s d'exploitation 运营条件,运输规则
~ d'humidité 湿度,湿润条件
~ d'instabilité 不稳定条件
~ d'interface 层间接触条件
~ d'un contrat 合同条件
~ d'utilisation 使用条件[规则、规定]
dans ces ~ s 在这种情况下
~ de basse couverture 浅埋条件
~ de bord 边界条件,极限范围
~ s de calcul 设计条件,计算条件,计算工况
~ de chantier 工地条件
~ de chargement 荷载条件
~ de chargement la plus défavorable 最不利荷载条件
~ de circulation 行车条件,交通[运行、行驶]条件[规则]
~ s de circulation des véhicules 车辆运行条件
~ s de comptabilité 相容性条件（弹性理论方面）
~ de confort （行车）舒适条件
~ de conservation （混凝土的）养护条件,保养状态
~ de continuité 连续条件
~ s de contrat 合同条件,合同条款
~ de décharge 泄水条件,过流状态,放电状态
~ de déformation 变形条件
~ de drainage 排水条件
~ de filtration 渗透环境,渗透条件
~ de fluage 徐变条件,蠕变条件
~ de fonctionnement 使用条件,工作条件,运行工况,工作状态,工作规范,工作制度
~ de force majeure 不可抗力条件[情况]
~ s de fourniture 供应条件
~ s de freinage 制动条件,制动状况
~ de gisement 产状,(矿床)产出环境,矿层[产出]条件
~ de haute couverture 深埋条件
~ s de l'eau des couches （路面）层间水状况

~ s de l'eau souterraine 地下水情况
~ de l'offre 供应条件
~ s de la précipitation 降水条件,降雨条件
~ s de la route 道路状况
~ de livraison 交货条件
~ de migration 迁移条件,运移环境(石油等)
~ de mise en œuvre 施工条件,实施条件
~ de paiement 付款条件
~ s de parcours et de classe 行车与等级条件
~ de portance 支承条件
~ s de propagation 传播条件
~ de réception 验收条件
~ de réclamation 索赔条件
~ de relief 地形条件
~ de rigidité 刚性条件
~ de rupture 破裂条件,破坏条件
~ de saturation 饱和状态,饱和条件
~ de sécurité 安全条件
~ de sédimentation 沉积环境
~ de service 工作条件,运行状况,运行工况
~ s de similitude 相似条件
~ s de sollicitation réaliste 仿真应力条件
~ de sollicitations 应力条件,应力状态
~ de sortie 输出条件,出口条件
~ s de soumission 投标条件
~ de stabilité 稳定条件
~ de surface 地表环境,地面条件
~ s de température 温度条件
~ de tonnage 吨位条件
~ s de tonnage pour charges complètes 整车货物吨位条件,整车货物最低收费重量
~ s de trafic 运输条件,运输规则,交通状况,行车条件
~ s de transport 运输条件,运送条件
~ de travail 工作条件
~ de validité 规程,规格,生效条件,有效条件
~ de visibilité 能见度条件,视野条件
~ s de voie 线路状态
~ s défavorables 不利条件
~ dépôt 沉积环境
~ des précipitations 沉淀条件,沉淀情况
~ s des tarifs 运价规程,运价计算规则
~ des travaux d'exécution 施工条件
~ du temps 气候条件,天气状况
~ écologique 生态环境,生态条件
~ économique 经济条件
~ favorable 有利条件

~ s frontières 边缘条件,边界条件
~ s générales d'un contrat 合同总则,合同的一般条件[条款]
~ s générales de contrat 施工总则,施工概况
~ s géologiques 地质条件,地质环境
~ s géologiques particulières 特殊地质条件勘察与评价
~ géothermique 地热条件,地温环境
~ s granulométriques 级配条件
~ hydraulique 水力条件
~ s hydrauliques aux limites 液力边界条件,水力边界条件
~ s hydrogéologiques 水文地质条件
~ s hydrographiques 水文地理环境,水文地理条件
~ impérative 必须的条件(例如先登记后破铅封)
~ indépendante 独立条件
~ indéterminée 不确定性条件
~ initiale 原始条件,初始条件
~ isothermique 等温情况
~ limite 极限工况
~ s locales 地方[局部]条件,当地条件[情况]
~ s météorologiques 气象条件,天气情况
~ morphologique 形态条件
~ naturelle physique 自然地理条件
~ s naturelles 自然条件,野外条件
~ s normales 正常状态,标准条件,正常条件
~ s normales de service 正常工作条件
~ orographique 山形条件,地形条件
~ oxydante 氧化环境,氧化介质
~ physiographique 自然地理环境,自然地理条件
~ préliminaire 先决条件
~ s projetées 合同通用条件
~ réception 验收条件,验收要求
~ réductrice 还原环境,还原介质
~ s requises 要求的条件,要求的规格
~ s sédimentologiques 沉积环境
~ statique du rupture 静态击穿条件
~ s structurales 构造条件,构造环境
~ s tarifaires 运价规则
~ technique 技术条件
~ s thermo-hygrométriques 气候条件
~ s topographiques 地形条件

conditionné *a* 有条件的,(空气)调节的,符合技术条件的,受技术条件限制的

conditionnel, elle *a* 有条件的,附有条件的
conditionnellement *adv* 有条件地
conditionnement *m* 调节,调理,包装状态,调节空气,(水)湿度测定,(商品)包装情况,测定(纺织品等)湿度
~ s aux limites 极限条件
~ chimique 化学调治,化学处理,化学调节(使污泥容易脱水)
~ d'air d'été 夏季空气调节
~ d'air d'été-hiver 全年空气调节
~ d'air d'hiver 冬季空气调节
~ d'air pour le confort humain 使旅客舒适的空气调节
~ s d'ambiance 环境的状况
~ de l'air 空气(温度)调节
~ de l'eau 水质处理,水(温度)调节
~ des boues 污泥调节(处理)
~ des eaux industrielles 工业用水的净化
~ des emballages 包装种类,包装情况
~ des marchandises 货物包装状态
~ du chargement des wagons 货车装载状态
~ volatil à salinité nulle 全挥发淡水处理
conditionner *v* 决定,规定,调节,以……为条件,调节空气,规定条件,调节温度,包装(商品),测定(纺织品等)湿度
conditionneur *m* 调节器,通风机,空气调节器
~ d'eau 水温调节器
conductance *f* 电导,热导,传导性,电导率,导电性,传导力
~ de chaleur 热传导,导热性
~ thermique 导热率,散热率,散热系数
conducteur *m* 导线,导体,司机,车长,驾驶员,导电体,电缆芯,查票员,乘务员,指挥者,操作者,领导者,管理人员
~ d'engin 机械操作手,机器操作者
~ d'engin de terrassement 土方机械操作手
~ de camion 载货汽车司机,汽车驾驶员
~ de chantier 工地指挥,工地主管
~ s de commande 工作导线(电动转辙机)
~ de mesure 仪表测量线
~ s de mesure 仪表笔,仪表测量线
~ de pelle 挖土机驾驶员
~ de terre 地线,接地线,避雷引下线
~ de terre de travaux (côté maître d'œuvre) 监理,(监理工程师方的)项目经理施工助理,主任工程师施工助理
~ de travaux (côté entreprise) 领工员,监工员,工地主任,工程负责人,(施工企业方的)施工主任,施工经理助理
~ du dragueur 挖泥机驾驶员
~ du mélangeur 搅拌机司机,搅拌机操作者
~ du tracteur 拖拉机驾驶员
~ électricien 电力机车驾驶员
conductibilité *f* 电导,导水性,传导性[率],导电性[率、系数]
~ calorifique 导热性,导热率,导热系数
~ calorifique des terrains 岩层的传热性
~ de la chaleur 导热性,导热系数
~ thermique 导热率,导热性,热导系数
conductif *a* 传导的,导电的,导热的
conduction *f* 传导(性),导热(性),输送,导电性,电导,传导系数,引流(指用管道)
~ aérienne 空气传导
~ aérotympanique 空气传导
~ calorifique 热传导,导热性
~ continue 连续导电
~ d'électricité 导电(作用)
~ de chaleur 热传导,导热性
~ thermique 导热性,热传导,导热率,热导系数
conductivité *f* 导热性,导热率,传导性,导电性,导电率,传导率,导磁性,电导系数
~ acoustique 传声性,声导率
~ calorifique 导热性,导热率,导热系数
~ capillaire 毛(细)管导度,毛(细)管导水率
~ des roches 岩石导电率
~ du sol 土壤传导率
~ hydraulique 导水性,渗透性,水渗导性,渗透系数
~ thermique 热传导,导热性,导热率,导热系数,传热性能
~ thermique de matériaux 材料导热性,材料传热系数
~ turbulente 涡动传导率
conductomètre *m* 热导计,电导计
conduire *v* 指挥,管理,引导,驾驶,传导,导致,导通(电)
conduit *m* 槽,沟,管,水管,涵洞,管道,电缆沟,通风管,导(线)管,火山通道
~ à ciel ouvert 沟渠,明沟,探槽,壕沟
~ d'arrivée d'air 进风管
~ d'admission 进气道,进入管,导气管,进气导管
~ d'aération 通气管,通风管
~ d'air 风管,风道,进气道,空气导管
~ d'air frais 进气管,新鲜空气吸入管

~ d'alimentation 供料管,供水管,供气管,供油管
~ d'amenée d'air 引风管
~ d'arrivée d'air 进风管,进气管
~ d'eau 水管
~ d'eau de pluie 雨水管
~ d'échappement 排气口,排气管,排水管,排油管
~ d'échappement freinage rhéostat 电阻制动排气管
~ d'entrée de la turbine 水轮机进水道
~ d'évacuation 排水管,溢水管
~ d'évacuation d'air 排气管,排气道
~ d'air 风道[管]
~ de câbles 电缆导管
~ de décharge 排水管,泄水管
~ de départ des effluents 排污水管
~ de dérivation 旁[支]管
~ de distribution 配水管,上水管,分配管
~ de surface 地面电缆管道
~ de transport de béton 混凝土输送管
~ de vapeur 蒸汽管道
~ de ventilation 通风管,通风道
~ de ventilation de moteur de traction 牵引电机通风管
~ de vidange 放水管,泄水底孔
~ des gaz 煤气管,瓦斯导管
~ flexible 软管,软导管,柔性导管
~ karstique 溶蚀槽,(岩)溶槽,岩溶通道,岩溶裂隙,岩溶溶道,喀斯特通道
~ siphonal 虹吸管
~ souterrain 地下管道

conduite f 线路,驾驶,操作,管理,引导,导向,领导,管理,导线,管子,水渠,性状,状态,状况,指导,实施,控制,行动,排水沟,管路[道、件]
~ à droite 靠右驾驶
~ à gauche 靠左驾驶
~ à gravité 自流管道
~ à haute pression 高压管道
~ à tenir 防治方案
~ amovible 移动式管道
~ automatique 自动驾驶
~ Bonna 钢筋混凝土管
~ branchée 支管,支线
~ centralisée 集中控制
~ circulaire 循环[环状]管道
~ collecteur 干管,总管

~ couverte 加盖水道,封闭式水道
~ d'adduction (dans une retenue) (水库)导流渡槽,引水渡槽
~ d'air 风管,空气管道
~ d'air comprimé 压缩空气管
~ d'alimentation 供水管道,输料管道,馈电电缆
~ d'alimentation en eau 供水管道
~ d'amenée 导管,进入管,供水管,取水管,引水管道
~ d'aspiration 吸管,进入管,取水管,进气导管,上水管道
~ d'eau 水管,供水管,水管道
~ d'eau à forte pression 高压水管
~ d'eau chaude 热水管
~ d'eau potable 饮用水管
~ d'eaux usées 排污管
~ d'échappement 排水管,排气管
~ d'écoulement 排水管
~ d'égalisation 均衡管
~ d'égout 污水管
~ d'embranchement 支管
~ d'épuisement 排水管
~ d'évacuation 排水管,废水管,排泄管
~ d'évacuation des boues 排泥管
~ d'exhaure 排水管道
~ d'huile 油管,滑油管
~ de câbles 电缆管道
~ de chasse 冲砂涵洞
~ de dérivation 支管
~ de distribution 分配管
~ de drainage 排水管,泄水道
~ de frein 制动风管
~ de fuite 泄水管,止水管
~ de refoulement 增压管,压力管道
~ de rejet d'eau 排水管
~ de remplissage des puits 闸室充水管
~ de répartition 分配管
~ de réserve 备用管道
~ de retour 回水管道
~ de saumure 盐水管
~ de sortie 排气管,放气管
~ de transfert 输水管道
~ de transport 输送管道
~ de trop-plein 溢流管
~ de ventilation 通风管道
~ de ventilation en galerie 通气道,导气管,通

气管,排气管
~ de vidange 排水管,放水管,泄水孔,卸料管
~ dérivée 支管
~ des câbles 电缆沟,电缆道,电缆管
~ des engins moteurs 驾驶动力车组
~ des locomotives 驾驶机车
~ des travaux 施工管理,作业管理
~ double 双孔水道
~ du feu 控制点火
~ du frein 制动风管
~ du frein direct 直通制动机风管
~ du véhicule 驾驶汽车
~ du vidange 排水管,放水管,泄水孔
~ électrique de commande à distance 遥控导线
~ en acier 钢管
~ en boucle 环状管道
~ en charge 压力管道
~ en fibre 纤维管道
~ en siphon 虹吸管
~ encastrée 嵌入式线套管
~ enterrée 埋设管道
~ forcée 增压管,加强管,承压涵洞,压力管道
~ forcée métallique 压力钢管
~ frettée (加)箍(钢)管
~ générale 总风管,列车管
~ générale défectueuse 破损的主风管
~ générale du frein 制动(风)管
~ générale du frein automatique 自动制动机主风管
~ générale du frein direct 直通制动机主风管
~ générale obstruée 堵塞的主风管
~ gravitaire 自流水管
~ immergée 下水管道
~ maîtresse 干管
~ manuelle 人工驾驶
~s manuelles des trains 人工操纵列车
~ métallique 金属管道
~ montante 竖管
~ ouverte 明管道
~ par un seul agent (locomotives) 单人驾驶(机车)
~ pour alimentation d'eau 供水管
~ pour l'eau s'écoulant à une vitesse rapide 冲洗管
~ pour remblayage hydraulique 输泥管,水力冲填管道
~ principale 总管,主风管,主要管路

~ PVC PVC管
~ réchauffée 热管道,加热管道
~ rectangulaire 矩形管道
~ renforcée de fibre de verre 玻璃钢管
~ souple 软管
~ sous pression 承压管道,压力管道
~ souterraine 地下管道
~ sur route 交通管制
~ transversale 横向排水管

cône m 锥,圆锥,锥套,锥坡,漏斗,火山锥,圆锥体,冲积锥,冰碛锥,变径管,锥状地形,锥体护坡,锥(体、面、形、轮),路上临时导向用的锥形路标
~ à deux emboîtures 二承短管(大小头)
~ affluent 水流冲击锥(丘)
~ alluvial 冲击扇,冲击锥
~ aplati 冲积扇
~ asymptote 渐进锥面
~ broyeur 锥形破碎机
~ circonscrit 外切圆锥
~ circulaire 圆锥
~ d'abrams 坍落度筒,混凝土稠度测量计,测坍落度的锥形圆筒
~ d'action 地下水下降漏斗的影响范围
~ d'affaissement (地下水位的)沉陷锥
~ d'agglutinant 钟乳锥,岩溶滴锥
~ d'alluvions 冲积扇,岩屑锥,冲积锥
~ d'ancrage 锚锥,锚碇锥体
~ d'ancrage femelle 锥形锚环(预应力混凝土锚具)
~ d'ancrage mâle 锥形锚塞(预应力混凝土锚具)
~ d'ancrage OVM OVM系列锚具
~ d'appel 下降漏斗,降落漏斗
~ d'aspirateur d'une pompe 水泵吸水锥管
~ d'aspirateur d'une turbine 尾水锥管
~ d'avalanche(s) 雪崩锥,泥石流锥
~ d'eau 水锥
~ d'éboulis 岩锥,岩屑堆
~ d'embrayage 离合器圆锥
~ d'énergie acoustique (回声探测仪的)声能锥
~ d'érosion 冲积锥,侵蚀锥
~ d'Imhoff (污水沉淀试验用的)英霍夫锥形杯
~ d'influence (地下水)下降漏斗,影响漏斗(漏斗范围)
~ d'un tube cathodique 阴极射线管的圆锥
~ d'ancrage 锚具
~ de boue 泥丘

~ de cendres 炉渣锥,凝灰锥,火山渣锥,凝灰岩锥
~ de complexe 线丛锥面
~ de coulées 熔岩锥
~ de débris 岩锥,碎石堆,岩屑锥,填石堆,冲积扇,冲积堆(地)
~ de décantation 沉积锥
~ de définition （电视试验表上的）测定电视图像清晰度的楔形线束
~ de déjection 洪积锥,冲积锥,冲积扇,河口扇形地,锥状三角洲
~ de déjection sous-marine 海底冲积锥
~ de déjection torrentielle 冲积锥,洪积锥
~ de dépression 沉陷锥,沉降锥,降落漏斗,下降漏斗,地下水位下降区
~ de dispersion 散射锥体
~ de friction 摩擦锥,摩阻圆锥,摩擦锥面
~ de frottement 摩擦锥,摩阻圆锥
~ de glace 冰锥,积冰
~ de grands fonds 深水下冲积锥
~ de haut-parleur 锥形喇叭筒
~ de l'arbre 轴转锥
~ de l'avant-distributeur 固定导叶锥
~ de lave 熔岩锥
~ de rabattement 下降漏斗
~ de réduction 变径管,大小头
~ de roue 叶轮锥
~ de roulement 转锥,滚动锥面
~ de sable 沙锥,沙丘
~ de serrage 卡紧锥
~ de silence 静锥区
~ de sortie 喇叭形出口
~ de talus 锥坡,路堤护锥,锥体护坡,路堤锥体护坡
~ de transition 过渡锥,异径管接头
~ de tube cathodique 阴极射线管钟形罩,阴极射线管屏蔽罩
~ de tufs 凝灰岩锥
~ de vase 泥锥
~ droit 直圆锥
~ équilatère 等边锥面
~ femelle 锚环,空心圆锥体
~ mâle 锚塞,(预应力用的)圆锥形塞
~ métrique 公制锥度
~ morse 莫氏锥度
~ oblique 斜锥,斜圆锥体
~ parabolique 抛物线状锥体

~ pour l'essai d'affaissement （混凝土）坍落度试验用圆锥体
~ profond 深水冲积锥
~ proglaciaire 冰前锥
~ pyrométrique 测温锥,示温熔锥
~ rocheux 石扁,碛原
~ support de palier de butée 止推轴承支承锥
~ thermosensible 测温锥
~ torrentiel 冲积锥,洪积锥
~ tronqué 斜截头圆锥体

confection *f* 配制,调制,制备,绘制,制造,实施,完成,实行,建成
~ d'une carte géologique 绘制地质图
~ de la chaussée 修地路面
~ des accotements 路肩填筑
~ des agglomérés 制块料
~ des échantillons 制备样品
~ des joints 接缝施工
~ du béton 混凝土浇制,混凝土制造
~ du mélange en centrale 厂拌,集中拌和
~ du mélange sur le sol 就地拌和
~ du revêtement 路面修建

confectionner *v* 制造,完成,烹调
confectionneur *m* 制造者,制作者
conférence *f* 会议,对照,比较,讲座
confiance *f* 信任,把握
confiant, e *a* 确信的,有把握的
confidentiel, elle *a* 机密的
configuration *f* 轮廓,构形,形相,形状,外形,地形,配置,方案,构型,外观,形式,构形,布局,构造（形式）
~ asymétrique 不对称形态,不对称构造,不对称配置
~ critique 临界体积
~ d'essieux 车轴组成
~ de drainage 排水网形
~ du basson 流域外形,流域形状,流域轮廓
~ du gîte 矿体轮廓
~ du lit 河床地形,河床形态
~ du profil en travers 横断面外形
~ du terrain 地形,地层构形,地表外形
~ géométrique 几何外形,几何形状
~ géométrique naturelle 天然地形
~ verticale 垂直外形

configurer *v* 使成形
confinement *m* 限制,制约,容积,容量,幽禁,软禁,封闭度,密封度

~ de pollution 限制污染
confiner v 接触,邻接,接壤,毗邻,同……交界
confins m.pl 疆界,边界,界限,边缘,区域,范围,限制
~ latéraux 侧限,侧向限制
confirmatif, ive a 确定的,确认的,确证的,证明的,肯定的
confirmation f 确定,确认,证实,证明,批准,肯定
~ de commande 订货确认,预定核实
~ de filante 直行方向
~ de la fermeture du signal 停车信号的确认,信号机关闭的确认
confirmer v 证实,证明,确认,使坚信
conflit m 冲突,抵触,争执,矛盾,(车流的)冲突点
~ de trafic 车流冲突点
~ du travail 劳工纠纷
confluence f 汇流,合流,合流点,汇流河,合流河,合流处,(河川的)汇流点,(河流的)汇合处
~ de rivières 河流汇合点
confluent m 直流,合流,汇合,合并,结合,合流点,合流河,河流汇口,河流汇合处,河流汇合点
~ de deux cours d'eau 两条河流汇合点
~ discordant 悬垂合流,梯级合流,不整齐汇合
~ entraîné 延缓合流处,推迟河流合口
confluent, e a 汇合的,汇流的,合流的
confluer v 汇合,合流
confolensite f 杂蒙脱石
confondre v 混淆,搞错,使混合
conformabilité f 一致性,相似性,适应性,整合性
conformable a 整合的,适合的
conformation f 构象,构造,形态,构形,结构形式
~ éclipsée 全重叠构象
~ géologique 地质构造
~ oblique 偏转构象,歪扭构象
conforme a 相似的,等角的,相称的,符合的,相同的,整合的,保角的,保角形,产状整合的
~ à l'exécution (plans) 竣工图纸
~ à l'horaire 按点运行,按行车时刻运行
~ aux instructions réglementaires 按照规章
conformément adv 根据,依照,按照
~ à 根据,依照,按照
conformer v 使符合,使一致,使成形
conformité f 一致,相同,相似,符合,调谐,匹配,整合,符合度
~ au règlement 符合(技术)规范
en ~ avec 和……一致,依照,根据
en ~ de 和……相符,依照,根据……

confort m 舒适,安逸,减轻上下振动疲劳
~ acoustique 隔音程度,(减低)噪音音量,消除噪音程度,减轻噪音程度
~ de la circulation 行车舒适性
~ des voyageurs 旅客的舒适性
~ du véhicule automobile 汽车行驶舒适性
~ dynamique 行驶舒适性,动态舒适性
~ en marche 行驶舒适性
~ en voyage 乘坐舒适性
~ statique 静态舒适性
confortement m 加固
confrontation f 对照,对比,对质,较量
confronter v 比较,对照,对质
confus a 表现不清楚的
congé m 凹部,环槽,圆角,休假,凹槽,空心,假期,辞职,解雇,轮缘槽,整流片,倒圆角,(角钢)内圆角
~ de l'arbre 轴槽
~ de raccordement 圆角,转接圆角,倒圆(机械加工)
~ de raccordement au bras 摇臂倒圆
~ du bandage 轮箍凹槽
~ du moyeu 轮毂凹槽,轮毂圆根
~ en arc de cercle 圆弧形槽
congédiement m 解雇
congédier v 辞退,放出,卸下,释放
congélabilité f 冻结,结水,凝结,凝固,变硬
congelable a 凝固的,冻结的,凝结的
congélateur m 冷冻机,冷藏设备
congélatif a 凝固的,冻结的
congélation f 冻结,结冰,凝结,凝固,冻结物
~ à basse température 低温冻结,深度冻结(在极低温度下冻结产品)
~ active 迅速冻结
~ de terrains 岩层冻结
~ des sols à l'azote liquide 液氮冻土法
~ du minéral 矿石凝结,矿石冻结
~ du sol 土壤冻结
~ en air calme 在静止空气中的冻结
~ en air soufflé 风冻结,吹风冻结
~ graduelle 逐渐冻结
~ lente 慢速冻结(不企图将温度迅速降至产品最大结晶液区域以下的冻结方法)
~ par contact 接触冻结
~ par immersion 沉浸冻结
~ par pulvérisation 喷淋冻结(利用冷液喷淋冻结物品)

~ perpétuelle 永冻,永久冻结,永久冻土带,永久冻土层
~ rapide 快速冻结
~ superficielle 表面冻结,地表冻结
congeler *v* 凝固,冻结,使凝固,使冻结
congélifraction *f* 融冻崩解作用,融冻扰动作用,融冻泥流作用,冻劈
congère *f* (风吹积成的)雪堆,吹积雪
congestion *f* (货物)充斥,过剩,阻塞,堆积,稠密,(交通)拥挤,(人口)过剩
~ de réception 接收拥挤
~ du trafic 交通拥挤,交通阻塞
congestionner *v* 阻塞
conglobé, e *a* 圆的,团聚的,球形的,集结的,团聚成球形的
conglomérat *m* 砾岩,团块,蛮岩,密集体,集成物,泥流角砾岩
~ à galets cimentés 卵石,砾岩
~ à galets cupulés 含鳞片状卵石砾岩
~ à galets émoussés 含滚圆卵石的砾岩
~ à galets mous 含泥质卵石的砾岩
~ aurifère 含金砾岩
~ autoclastique 假砾岩
~ basal 底砾岩
~ boueux 黏土砾岩,泥流堆积,含泥砾岩层,泥质胶结砾岩
~ cataclastique 碎屑状砾岩,压碎状角砾岩,破碎状角砾岩
~ continental 陆相砾岩,大陆砾岩
~ d'écrasement 压碎砾岩
~ de base 底砾岩
~ de faille 断层砾岩
~ de glace 冰砾岩
~ de liège comprimé 压制软木板
~ de piedmont 山麓砾岩
~ de plage 岸滩砾岩,滨岸砾岩
~ deltaïque 三角洲砾岩
~ feldspathique 长石砾岩
~ gréseux 砂质砾岩
~ intraformationnel 层间砾岩,建造内砾岩
~ intrusif 侵入砾岩
~ s métamorphisés 变质砾岩
~ monogène, ~ monogénique 均质砾岩,单成砾岩
~ oligomictique 单成分砾岩,单岩砾屑的砾岩
~ polygène, ~ polygénique, ~ polymictique 复成砾岩,复成分砾岩,多成因砾岩

~ porphyrique 斑状砾岩
~ pyroclastique 火山砾岩
~ siliceux 石英砾岩,硅质砾岩
~ torrentiel 洪积砾岩
~ volcanique 火山砾岩
~ volcano-détritique 火山碎屑砾岩
conglomérat, e *a* 密集的,成团的
conglomérat-brèche *m* 砾岩—角砾岩
conglomération *f* (人群的)密集,团块,凝聚,凝集,聚集,堆集(作用),积聚成块状
conglomératique *a* 含砾岩的,砾岩状的
congloméré *a* 堆集的,聚集的,凝聚的,砾岩状的
conglomérer *v* 堆积,凝聚,使凝聚
conglutinatif, ive *a* 凝集的,胶凝的
conglutination *f* 凝集,胶凝
conglutiner *v* 凝集,胶凝
congrès *m* 会议,大会,代表大会
~ international de la route 国际道路会议
~ technique des terrassements 土木工程技术会议
congressiste *m* 国际会议参加者,会议参加者
congressite *f* 淡粗霞岩
congruence *f* 汇,叠合,同余,适合,相同,相合,一致
congruent *m* 同斜褶皱(系)
congruent, e *a* 适当的,合适的,迭合的,全等的
congruité *f* 适当,合适
conichalcite *f* 砷钙铜石
conicité *f* 锥度,锥形,锥形,锥度比,圆锥形,锥削度,锥形波导管段
~ de bandage 轮箍锥度
~ de 1/20(bandage) 1/20 的锥度
conimètre *m* 灰尘计
conique *a* 锥形的,圆锥的,圆锥形的,圆锥体的,有锥度的,二次曲线的
conistonite *f* 草酸钙石
conite *f* 粉石英,镁白云石
conjoint, e *a* 联合的,结合的
conjointement *adv* 联合地,共同地,一致地
conjoncteur *m* 开关,电流锁闭器,自动闭合器,复式塞孔(交换机)
conjonction *f* 连接,接通,接入,结合,汇合,闭合,连测,搭接,接合,连接点,会合点
conjugaison *f* 耦合,连接,共轭性
~ des freins 制动机联动
conjugué, e *a* 成对的,连接的,结合的,联合的,耦合的,成对结合的,共轭的(断层、岩脉)
connaissance *f* 知晓,了解,考察,知识,学识,认

识,相识,知觉
～ des lieux   现场考察

connaissement *m*   提单,运单,提货单,载货单
～ à forfait   联运提单
～ à ordre   指示提单
～ d'entrée   进口提单
～ de sortie   出口提单

connaître *v*   知道,了解,懂得,认识,认得

connarite *f*   水硅镍矿,康镍蛇纹石

conné *a*   同源的,同生的,先天的,原生的(与岩石同时生成的水)

connecter *v*   连接,接通
～ en opposition   对接
～ en parallèle   并联
～ en série   串联

connecteur *m*   插头,接头,连接器,接线器,结合环,连接环,拨号器,接线柱,终接器,接线柱,选择器(电话)

connection *f*   连接,接头,接合,连接法

connéllite *f*   硫羟氯铜石

connexe *m*   结合,连接;*a*   相关的,有关联的
～ conjugué   配合连接

connexion *f*   连接,接头,接合,接线,衔接,连接法,接合面,连接结构,(电位器的)终端连接线

connu *m*   已知数

connu,e *a*   著名的,熟悉的,了解的,认识的,众所周知的

conoïdal,e *a*   圆锥形的

conoïde *m*   锥面,圆锥体,劈锥曲面

Conrad *m*   康拉德不连续面(花岗岩层和玄武岩层之间)

conroi *m*   井颈,竖井井口

consanguinité *f*   同源,同族,亲和力,化合力,同血缘,岩浆同源(性),(岩石的)亲和性

consécutif,ive *a*   相邻的,连续的,相继的,陆续的,连贯的,依次相连的

consécution *f*   次序,循序,依次相连

conseil *m*   院,意见,劝告,建议,顾问,议会,忠告,理事会,委员会,董事会
～ général des ponts et chaussées   道桥总理事会
ingénieur ～   顾问工程师
～ technique   技术建议

conseiller *m*   顾问,参赞,参事,建议者
～ technique   技术顾问

consensus *m*   共识,意见一致

consentement *m*   同意,赞成,答应,允许
～ écrit   书面同意

～ mutuel   互允,彼此同意

conséquemment *adv*   因此,依此,所以
～ à   由于,因为,按照

conséquence *f*   结果,后果,关系,推论,结论
～ de l'accident   事故后果
～ numérique   数值结果
en ～   因此,依此,相应地
en ～ de   按照,由于,因为
par ～   因此

conséquent *m*   后项

conséquent,e *a*   顺向的,必然的,一贯的,连贯的,符合……的,和……一致的,跟着发生的

conservateur *m*   保存器,存油器,腐蚀剂,保护料,防老化剂,负责保管者
～ d'huile   油枕,油箱,保油器(变压器用)

conservation *f*   保存,守恒,维持,储备,储藏,保持,保护料,(水土)保持,(混凝土)养护,(环境、自然)保护
～ à chantier   工地养护(混凝土),(混凝土)工地保护
～ à l'air   空气保持,(混凝土)自然养护
～ à l'air humide   湿空气养护
～ à l'état frais   保鲜
～ à la membrane   薄膜养护
～ à sable humide   (混凝土)湿砂养护
～ adiabatique   绝热养护(混凝土)
～ d'énergie   能量守恒
～ dans l'eau   水中养护
～ dans les sables mouillés   (混凝土)湿砂养护
～ dans vapeur   蒸汽养护
～ de béton par membrane liquide   液膜养护法(混凝土)
～ des bois   木材防腐,木材储存
～ des données   数据保留
～ des eaux   保水,水保持,水源保护
～ des eaux et du sol   水土保持
～ des échantillons   样品保存,试样保存
～ des échantillons pour essais   混凝土试样养护,混凝土试件养护
～ des forêts   森林保护
～ des ressources   (矿产)资源保护
～ des ressources aquatiques   水产资源保护,水生资源保护
～ des ressources pétrolières   石油资源保护
～ des richesses minières   矿产资源保护
～ du béton   混凝土养护
～ du bois   木材防腐,木材保护

~ du sol 土壤保持,水土保持
~ du sol et des eaux 水土保持
~ du sous-sol 矿产资源保护
~ électrique du béton 混凝土电热养护
~ naturelle 自然保护
~ sèche 干养护(混凝土)
~ sous anti évaporant 薄膜养护
conservé, e *a* 受保养的,被保护的
~ à l'air humide 湿(气)养护(的)
~ dans l'eau 水中养护(的)
~ dans la vapeur 蒸汽养护(的)
conserver *v* 保存,保管,储藏,保持,防腐,养护,维持,守恒
considérable *a* 巨大的,大量的,重要的,重大的
considérablement *adv* 许多,大大地,大量地
considération *f* 考虑,考察,斟酌,视作,认为,理由,因素,约因
~ s des dimensions 尺寸选定,选定尺寸
~ s financières 财政考虑
pendre en ~ 考虑,注意到
sans ~ de 不考虑……
considérer *v* 察看,考虑,视作,认为,尊重,重视
~ comme 视作,看作,认为,假定
consigne *f* 守则,指令,规程,押金,行李房,规则,细则,说明书,(行李)寄存处
~ d'exploitation 运行指令,操作须知
~ d'utilisation 使用说明,操作规程
~ de circulation 行车规则,交通规则
consigner *v* 记录,记载,寄存
consistance *f* 稠度,浓度,稠性,范围,余地,坚实,坚固,组成,密度,坚实度,一致性,相容性,连贯性,密实度
~ d'Atterberg (阿太堡)稠度
~ d'un bitume 沥青组成,沥青稠度
~ d'une étude 考察内容,研究内容
~ de calcul 计算内容
~ de lecture 读出的一致性
~ de mélange 混合稠度
~ des travaux 工作强度,工作范围
~ du béton 混凝土稠度
~ du béton frais 新浇混凝土稠度
~ du parc (véhicules) 车辆现有数,车辆在册数,车辆保有量的构成
~ du parc de locomotives 机车现有台数
~ du sol 土壤稠性,土壤结持度
~ du terrain 土壤密实性
~ du terrain naturel 土壤天然密实度

~ dure 硬稠性,干硬性
~ normale 标准稠度,正常稠度
~ normalisée (ciment) (水泥)标准稠度
~ originale 最初稠度,最初密度
~ relative 相对稠度,稠度指数
consistant *m* 坚实的,坚固的,密实的,稠的
consistant, e *a* 稠的,相容的,一致的,坚固的,稳定的,坚实的,坚硬的,浓厚的,致密的,密实的
consister *v* 由……组成,包括
~ à 在于
~ dans 在于,由……组成,包擂
~ en 由……组成,包括
consistomètre *m* 稠度计,稠度仪
~ à cisaillement 剪切稠度仪
~《vébé》 "维培"稠度仪(混凝土试验)
console *f* 牛腿,悬臂,托架,梁托,横担,伸臂,托座,支架,控制台,角撑架,安装座,电缆架,悬臂梁,操作台,升降台,悬臂式构件
~ articulée 旋转腕臂
~ bétonnée 混凝土托架,混凝土悬臂梁
~ d'encorbellement 悬臂托座
~ d'isolateur 绝缘子弯穿钉
~ de câble 电缆架
~ de commande 操作台,控制台
~ de contrôle 控制台
~ de fixation de la valve du frein 制动阀固定用支架
~ de levage 起重悬臂
~ de mur 墙上支架
~ de porte-à-faux 悬臂托座
~ de support 支托,托架,承托架,支承牛腿
~ de visualisation 显示控制台,显示(操纵)台
~ en fer forgé 锻铁横担
~ en porte à faux 牛腿,悬臂托架
~ équerre 隅撑,角撑,斜撑
~ rigide 刚体托架
~ support 底箱,底座
~ support de trottoir 人行道悬臂梁
~ tubulaire 管式托架
~ verticale 垂直悬臂梁(单元)
~ visuelle 显示控制台
consolidation *f* 巩固,加强,固结,压密,捣固,浓缩,聚合,加硬,硬化,凝固,凝结,接牢,压缩
~ d'un sol 土壤加固,土壤固结
~ de fondation 基础加固工程
~ de l'amas rocheux 加固围岩
~ de talus 护坡,边坡加固

~ des appuis 支承加固,支座固定
~ des fosses 基坑加固
~ des sédiments 沉积岩固结
~ des talus 护岸,护坡,护(坡)面,护岸工作
~ du front avec éléments en fibres de verre 玻璃纤维锚杆加固掌子面
~ du magma, ~magmatique 岩浆固结
~ du toit 顶板(岩石的)加固
~ dynamique 强夯法,动力固结
~ électrique (黏土)电化固结法,电气固结法
~ électrochimique des sols argileux 黏土电化固结
~ manuelle 手工捣实,人工固结

consolidé *a* 加固的,强化的,压实的,捣实的,固结的,巩固的

consolidement *m* 加强,巩固

consolider *v* 固结,加固,巩固,强化,压实,捣实

consolidomètre *m* 固结仪,压缩仪,渗压仪

consommable *m* 耗材,消费品;*a* 可消耗的,一次使用的

consommateur *m* 消费者,用户,消耗装置,耗能[电]设备

consommation *f* 消费,食用,消耗,损耗,支出,完成,购买,实现,结束,消耗量
~ annuelle 年用量,年度消费,年度消耗量
~ d'air 耗风量,耗气量
~ d'eau 耗水量
~ d'énergie 能量的消耗
~ d'essence 汽油消耗量
~ d'huile 耗油量
~ d'oxygène 氧消耗,耗氧量
~ de carburant 燃料消耗量
~ de chaleur 耗热量
~ de charbon 耗煤量
~ de combustible 燃料消耗量
~ de courant 耗电量,电流消耗
~ de gaz 燃气消耗量
~ de pointe 最大消耗量,最大消耗功率,最大[高峰]耗量
~ de vapeur 蒸汽消耗量
~ domestique d'eau 生活耗水量
~ en eau 耗水量,需水量
~ en palier 在平路上的油耗
~ en service continue 持续工作时的消耗
~ en watts 瓦特消耗,功率消耗
~ improductive 非生产消费
~ industrielle d'eau 工业耗水量
~ journalière d'eau 日耗水量
~ kilométrique 每千米耗油量
~ maximale d'eau 最大耗水量
~ maximale d'eau par jour 最高日用水量
~ moyenne d'eau par jour 平均日用水量
~ moyenne de courant 平均电流消耗
~ nominale 额定消耗量
~ par cheval-heure 每马力小时耗油量
~ propre 自身耗损
~ publique d'eau 公用耗水量
~ spécifique 消耗率,特定消耗,单位消耗量
~ spécifique d'énergie d'un véhicule électrique 电动车辆能耗率
~ spécifique d'un véhicule électrique 电动车辆耗能率
~ spécifique d'un véhicule moteur 动车耗能率
~ spécifique d'un véhicule thermoélectrique 热力—电动车辆的燃料消耗率
~ uniforme de courant 均等的电流消耗

consommer *v* 消费,消耗,使用,耗尽

consonance *f* 和谐,共鸣

consortium *m* 财团,国际财团,企业集团,(银行、企业)临时性联合组织

constamment *adv* 经常地,不断地

constance *f* 常数,不变,恒定,稳定性,恒定性,(仪表读数的)一致性
~ de fréquence 频率稳定性
~ de l'épaisseur 等厚度
~ du volume 体积常数,体积稳定性

constant,e *a* 恒定的,不变的,经常的,确实的,固定的,稳定的

constantan *m* 康铜(镍铜合金)

constante *f* 常数,恒量,参数,常数,系数,恒定值
~ critique 临界常数
~ d'amortissement (检流计的)阻尼常数
~ d'appareil 仪器常数
~ d'atténuation 衰减常数,阻尼常数
~ d'écoulement 流值(土壤力学)
~ d'élasticité 弹性常数
~ d'équilibre 平衡常数,平衡恒量
~ d'équilibre dynamique 动力平衡常数
~ d'essai 试验常数
~ d'inertie (检流计的)惯性常数
~ d'instruction 指令常数
~ d'un appareil de mesure 测量仪表的常数
~ de calibration 校正常数,校准常数,率定常数,校正直线斜率
~ de capacité 设备利用常数

~ de charge 荷载常数
~ de la roche 岩石常数
~ de poids 重力常数
~ de Poisson 泊松比,泊松常数
~ de torsion 扭转常数
~ de transfert 转换常数,传输常数
~ de transmission 渗透常数,传播常数,传导系数
~ des forces de la pesanteur 重力常数,引力常数,万有引力常数
~ du sol 土常数
~ du télémètre 视距常数
~ élastique 弹性常数
~ linéique (线路单位长度的)线路常数

constat *m* 笔录,证明
   ~ d'achèvement 竣工证明
   ~ qualité 质量证明

constatation *f* 论证,陈述,确认,发现,证明,验证
   ~ authentique d'un contrat 合同正式文本
   ~ d'expert 专家确认
   ~ de l'état initial 初始条件论证,初始条件报告
   ~ de poids 确认重量

constater *v* 发现,确认,考查,验证,证明,指示

constituant *m* 成分,组分,组件,组元,分力,分量,组成部分,组成物
   ~ accessoire 副组分
   ~ du béton 混凝土成分
   ~ du sol 土壤成分,土壤组成部分
   ~ en trace 微量成分
   ~ essentiel, ~ fondamental 主要组分,基本组分,主要元素
   ~ floculant 絮凝体
   ~ liquide 液体燃料成分
   ~ mécanique 机构组成部分
   ~ micrographique 显微组分
   ~ micropétrologique 显微岩石组分,显微煤岩组分
   ~ pétrographique 岩石组分,煤岩组分
   ~ secondaire 次要组分
   ~ solide du sol 土的固体成分

constituant, e *a* 组成的,构成的

constituer *v* 组成,构成,建立,设立

constitutif, ive *a* 组成的,构成的

constitution *f* 结构,构造,组织,成分,网络,组成,建立,设立,创立,情况,状态,宪法,章程,混合物,纹理(木、石等)
   ~ d'un emballage 包装种类
   ~ d'une poutre 梁结构
   ~ de la surface 表面构造
   ~ de réseau télécommunication 建立远程通信网络
   ~ de roche 岩石矿物成分
   ~ des chaussées 路面结构
   ~ des couches 层次结构
   ~ du corps de la chaussée 路面体结构
   ~ du massif 岩体结构,岩体构造,(岩)石块构造
   ~ du massif du mécanisme 机械结构
   ~ du mélange 混合物成分,混合物组成
   ~ du réseau 道路网结构
   ~ géologique 地质丰勾造
   ~ granulaire 粒状结构,粒状组织
   ~ mécanique 粒度组成,机械成分
   ~ micrographique 显微结构,微观构成
   ~ minéralogique 矿物成分

constitutionnel, elle *a* 组成的,构成的,符合宪法的

constrictif, ive *a* 收缩的,紧缩的

constriction *f* 压缩,收缩,缩小,紧缩,颈缩,压缩物,收缩率
   ~ du canal ouvert 明渠收缩段

constructeur *m* 建筑师,设计师,制造商,制造者,建筑商,建设者,造礁生物,设计人员,施工人员,制造厂家,工程承办人

constructif, ive *a* 建设性的,积极的,建筑的,建设的,构成的

construction *f* 构造,结构,建筑,建设,制造,设计,作图,工程,施工,设备,设计,建筑物,筑积物
   ~ à charpente en acier 钢架结构,钢构架建筑
   ~ à fermeture 框架结构
   ~ à flans de coteau 在山坡上修建线路
   ~ à l'aide d'élément de montage 装配式结构
   ~ à l'aide d'éléments préfabriqués 预制式结构
   ~ à l'aide d'éléments unités 用统一元件装配的结构
   ~ à l'avancement 前期工程
   ~ à l'épreuve du feu 防火建筑,耐火建筑
   ~ à ossature 框架结构,框架建筑,框架结构建筑物
   ~ à sec 陆上施工
   ~ à squelette 骨架结构
   ~ à suspension par câble 悬索结构
   ~ annexe 附属工程
   ~ antifeu 防火建筑
   ~ antisismique 抗震建筑,抗震构造,抗震结构
   ~ asismique 抗震建筑物

- ~ au-dessus de voûte　拱上建筑
- ~ au-dessus du sol　地上建筑,房屋建筑
- ~ autoportante　自承重结构,承重结构
- ~ biscornue　不规则形结构
- ~ capitale　基本建设
- ~ cellulaire　格形构架,格形建筑,框格式建筑法
- ~ composite　组合结构,组合建筑,分层组合建筑,(木、混凝土或钢、木结构)混合结构
- ~ continue　连续结构
- ~ coquille rigide　硬壳结构
- ~ d'infrastructure　基本设施建设
- ~ d'Oméga　欧米茄建筑(一种预制钢筋混凝土现场拼接的建筑形式)
- ~ d'ouvrage en terre armée　加筋土结构物工程
- ~ d'un pont en porte-à-faux　悬臂梁桥结构
- ~ d'une coupe géologique　绘制地质剖面图
- ~ de base　基本建设
- ~ de bois　木结构
- ~ de cadre　框架结构
- ~ de chaussées　路面工程,路面结构
- ~ de chaussées hydrocarbonées　沥青路面工程
- ~ de corps de chaussée　路面体施工,路面结构
- ~ de l'autoroute　高速公路工程
- ~ de la route　道路工程,道路施工
- ~ de la voie　线路建筑
- ~ de pont　桥梁建造,桥梁施工,桥梁工程
- ~ de quai　护岸工程,堤岸工程,护堤工程
- ~ de routes　公路建设
- ~ de tunnels　隧道施工,隧道工程
- ~ de type grand confort　豪华建设
- ~ de type sandwich　夹层结构
- ~ de type unifié　标准结构,定型结构
- ~ de villes　城市建设
- ~ des ouvrages　工程建筑,工程施工
- ~ des ponts en béton précontraint　预应力混凝土桥梁工程,预应力混凝土桥梁施工
- ~ des revêtements en béton　混凝土路面施工,混凝土路面工程
- ~ des routes en béton　混凝土路工程,混凝土路施工
- ~ des routes en bitume　沥青路面工程,沥青路面施工
- ~ des routes noires　黑色(沥青)路面施工,黑色路面工程
- ~ des travaux-clés　重点工程建设
- ~ des voies urbaines　城市道路建设
- ~ discontinue　不连续结构,断续施工法
- ~ domiciliaire　住宅建筑
- ~ du génie civil　土木工程(建筑)
- ~ du réseau routier　道路网工程
- ~ du toit　屋架结构
- ~ en acier　钢结构
- ~ en béton　混凝土结构
- ~ en béton armé　钢筋混凝土结构,钢筋混凝土建筑
- ~ en blocs　砌块建筑,砌块结构
- ~ en blocs massifs　大型砌块建筑
- ~ en bois　木结构(建筑)
- ~ en bois par collage　胶合木板结构
- ~ en briques　砖结构,砖砌工程,砖砌建筑物
- ~ en cadre　框架结构
- ~ en caisson　箱式结构
- ~ en carcasse　骨架构造,骨架结构
- ~ en charpente　构架建筑,桁架结构
- ~ en construction　正在建设中,正在施工中
- ~ en coque mince　薄壳结构,薄层施工
- ~ en coquille rigide　硬壳结构
- ~ en dur　永久性建筑,永久性结构
- ~ en éléments préfabriqués　预制构件的建筑物
- ~ en espace　空间结构
- ~ en grande échelle　大规模施工
- ~ en grands blocs　大块结构,快件结构,大型砌块建筑,大型块体结构
- ~ en hiver　冬季施工
- ~ en maçonnerie　圬工结构,砖石结构,圬工工程
- ~ en matériaux légers　轻金属结构
- ~ en palplanches　打板桩
- ~ en plaquage　胶合结构,胶合板结构
- ~ en plaque mince　薄板结构
- ~ en plate-forme　平板结构
- ~ en plate-forme sans nervure　无梁结构,无助平板结构
- ~ en poutre creuse　空心梁结构
- ~ en profilés d'acier　型钢结构
- ~ en série　成批制造,批量生产
- ~ en souffrance　烂尾建筑
- ~ en tôles pliées　薄壁型钢结构
- ~ en treillis　桁架结构
- ~ en treillis métallique　钢桁架结构
- ~ en tubes d'acier　钢管结构
- ~ encombrante et lourde　庞大而沉重的结构
- ~ entièrement en acier　全钢结构
- ~ entièrement métallique　全金属结构
- ~ fondamentale　基本建设

~ géométrique 几何构造,几何作图
~ hyperstatique 超静定结构
~ isostatique 静定结构
~ jouxtant un immeuble 临近楼房的建筑
~ légère 轻型建筑,轻型结构
~ lourde 重型结构
~ mécano-soudée 机械—焊接结构
~ métallique 钢结构,金属结构
~ mixte 混合式结构,混合结构
~ mixte acier-béton 钢—混凝土混合结构(建筑物)
~ modulaire 模数化施工,用标注构件组装
~ monobloc 整体结构
~ monocoque 壳体结构
~ monolithe 整体结构
~ monolithe en caisson 整体沉箱结构
~ monolithique 整体结构
~ orthodoxe 传统结构,传统施工法
~ par éléments préfabriqués 预制构件建筑法,预制装配式构件建筑物
~ par encorbellement 悬臂法施工
~ par étapes 分期施工,分段施工,多层面建筑,分期修建
~ parasismique 抗震建筑,防震结构,抗震结构(建筑物)
~ pendant hiver 冬季施工
~ pendant les gelées 冬季施工
~ portante 承重结构
~ portante (véhicule) 车辆自承载结构
~ précontrainte 预应力结构
~ préfabriquée 预制装配式结构
~ principale 主要工程
~ protégée 带保护的结构
~ résistant au feu 耐火结构
~ rigide 刚性结构
~ rivée 铆接结构,铆合结构
~ rivetée 铆合结构
~ routière 筑路,道路施工,道路工程
~ sandwich 夹层结构
~ sans échafaudage 无支架施工
~ semi-monolithe 半整体式结构
~ soudée 焊接结构
~ souterraine 地下工程
~ structurale légère 轻型结构
~ suivant la méthode de l'axe central 中心线施工法
~ sur mur porteur 承重墙结构,砖墙承重结构

~ sur place 就地建造
~ sur versant 在山坡上修筑线路
~ télémécanique 机电结构
~ tout-verre 全玻璃结构
~ traditionnelle 传统施工(法)
~ tubulaire 管状建筑,筒形结构
~ tubulaire (caisse de véhicule) 筒形结构(车体)
~ vétuste 破旧建筑
construire v 制造,建筑,建造,建设
~ à ciel ouvert 露天开挖,露天作业(地铁、隧道等)
consulat m 领事馆
consultable a 可查阅的,可查看的
consultant m 顾问
consultation f 查询,咨询,商议,协商,查阅,查考
consulter v 检查,商议,磋商,咨询,查阅
contact m 接触,触点,接点,开关,相切,切点,接触点,相切点,分界面,接触带,接触面
~ à frottement 摩擦接点
~ à l'accompagnement 桥接点,先接通后断开接点
~ à ouverture automatique 自动脱扣接触器
~ à pédale 踏板接点,轨道接触器
~ à pont 桥接式触点
~ à pression directe 平压接触
~ à ressort 弹簧接点
~ s à séquence imposée 程序控制触点
~ à vis 螺丝接点
~ angulaire 斜接触
~ anormal 异常接触,不整合接触
~ arrière 后接点,静合接点
~ auxiliaire 副触点,辅助触点,连锁触点
~ auxiliaire du contacteur 接触器辅助接点
~ auxiliaire du disjoncteur à huile 油断路辅助接点
~ avant 前接点,上接点,动合接点
~ avant rupture 桥接点,先接通后断开接点
~ barométrique 气压开关
~ bas 下接点,静合接点
~ binaire 双太点
~ bombé 圆触头
~ caché 隐蔽接触
~ concordant 整合接触
~ coupé au repos 尖轨监督接点
~ d'allumage 点火开关
~ d'allumage à clef de sûreté 点火锁,带锁点火

开关
~ d'allumage-démarrage 点火—启动组合开关
~ d'arrêt 停机开关
~ d'auto-alimentation 自保持接点
~ d'étanchéité 密封接头
~ d'interrupteur 开关接点
~ d'ouverture 下接点,开路接点,断开接点,常开开关
~ d'ouverture d'un relais 继电器下接点
~ de commande 控制开关
~ de contrôle de points 定位断开的接点
~ de fermeture 常闭开关
~ de fin de course 终点开关,终止开关
~ de freinage 制动接点
~ de gaz réduit 节气门,节流门
~ de glissement 滑动接点,滑动接触
~ de jack 塞孔接点
~ s de la position 终端接点,选择机旋转到尽头的接点
~ de maintien 自保持接点
~ de mise à la terre 接地触头
~ de mise en court-circuit 短路接点
~ de palette 信号臂扳转换开关
~ de passage 短时闭合(断开)触点
~ de point 点接触
~ de pontage 跨接,桥接点
~ de porte 门接点
~ de rupture 构造接触,断裂接触
~ de transmission 工作接点,闭路接点
~ de travail 桥接点,工作接点,闭路接点,负荷接点,闭路[工作]触点,先接通后断开的接点
~ de travail constant 动触点
~ de travail constant pour le démarreur magnétique général 综合(磁力)启动器用动触头
~ de verrouillage 锁闭接点
~ dentelé 齿状接触
~ disconcordant 不整合接触
~ droit 直接接触
force de ~ 触点压力
~ frottant 摩擦接触
~ gaz-huile 油气接触面
~ glissant 滑动接触(面),滑动接点
~ haut 上接点,动合接点
~ imparfait 不良接触,不良接点,不良触点
~ impulsion 短时闭合(断开)的接点
intervalle ~ 触点间隙
~ intrusif 侵入接触,火成接触

~ jumelé 双触点
~ lithologique 岩相接触,岩相界线
~ mécanique 构造接触(面)
~ mobile 活动触头
~ moteur 电动机带动接点,接触器(遥控和自动控制电磁极)
~ net 清晰接触
~ normal 整合接触
~ par pression 压触开关,压力接点
~ par traction 拉出接通接点
~ plat 扁接头,平触头
~ pneumatique-chaussée 轮胎与路面接触
~ primaire 主接点
~ redresseur 接触整流器
~ repos 常闭开关
~ repos-travail 换向器,转换器,先合后开的开关
~ sec 干状态下起弧距离
~ sélecteur 选择器接通触点
~ s séquentiels (à) 顺序接点,序列接点,顺序接触式的,序列接触式的
~ simple 单触点
~ tectonique 构造接触,错动接触
~ temporisé 缓动接触,迟后接触,延时动作触头
~ tournant 转动开关
~ tout-ou-rien 双位触点,开关触点
~ travail 常开开关
~ travail-repos 三端子触点,先开后合开关
~ vibreur 振动触点

contacter v 同……接触,同……联系,同……来往

contacteur m 开关,电门,接点,接触器,断路器
~ de désexcitation 消除磁极接触器
~ de freinage 制动回路接触器
~ de groupe de prégraissage 预润滑组接触器
~ de groupe pompe à eau 水泵组接触器
~ de groupe pompe à gas-oil 重油泵组接触器
~ de ligne 主电路断路器,主电路接触器
~ de mise à terre 接地接触器
~ de moto-compresseur à lancement 起动电动压缩机接触器
~ de passage 通过接触器
~ de prise (变压器)分接触器,开关接触器
~ de shuntage 分路接触器
~ de surcourse 起程保护开关
~ électromagnétique 电磁接触器
~ électropneumatique 电动气动接触器
~ manométrique 压力接触器

~ pour relais mors　衔铁继电器用接触器
~ séparateur　隔离开关,隔离接触器
~ tachymétrique à seuils　分级转数接触器
contacteur-annonceur *m*　接触报警器,接触通报装置
container *m*　箱,罐,容器,吊斗,砖笼,集装箱,储藏器
　~ à claire-voie　格栅集装箱
　~ à parois pleines　整壁集装箱
　~ à porteur aménagé　带走行论的集装箱
　~ à pulvérulents　粉状货物集装箱
　~ aéré　通风集装箱
　~ calorifique　保温集装箱,隔热集装箱
　~ caoutchouc　橡皮集装箱
　~ démontable　可拆卸集装箱
　~ fermé　密封集装箱
　~ frigorifique　冷藏集装箱,机械冷藏集装箱
　~ isotherme　隔热集装箱
　~ isotherme normal　普通隔热集装箱
　~ isotherme renforcé　加强隔热集装箱
　~ mobile　运输用集装箱
　~ muni d'organes de roulement amovible　带活动滚轮的集装箱
　~ muni d'organes de roulement fixe　带固定滚轮的集装箱
　~ ordinaire　普通集装箱
　~ ouvert　敞开式集装箱
　~ plastique　塑料集装箱
　~ pliant　折叠式集装箱
　~ pour transporter le béton　混凝土运送容器
　~ pourvu d'agencement　带特殊装备的集装箱
　~ réfrigérant　冷藏集装箱
　~ spécial　专用集装箱
　~ universel　多用途集装箱,通用集装箱
　~ s vides en retour　回空集装箱,回送集装箱
container-citerne *m*　罐式集装箱
containerisation *f*　集装箱化
container-isotherme *m*　保温集装箱,等温集装箱
container-stérilisateur *m*　消毒集装箱
contaminamètre *m*　污染测定仪
contaminant *m*　杂质,污染物,污垢物
　~ artificiel　人工污染物,人为污染物
　~ de l'air　大气污染物
　~ organique　有机污染物
contamination *f*　混,污染,混染,污垢,传染,堵塞,污染物
　~ accidentelle　意外污染,偶然污染,事故性污染

~ agricole　农业污染
~ atmosphérique　空气污染
~ audio-active　放射性(物质引起的)污染
~ chimique　化学污染
~ croisée　交叉污染
~ cutanée　外皮污染
~ d'eau potable　饮用水污染
~ de l'air　空气污染
~ de l'atmosphère　大气污染
~ de l'environnement　环境污染
~ du milieu ambiant　周围环境污染
~ du sol　地面污染
~ interne　内部污染
~ microbienne　细菌感染
~ par l'huile　油料污染
~ radio-active　放射性污染
contaminer *v*　传染,污染
　~ par l'eau polluée　受污水浸染
contemporain *a*　同时的,当代的,现代的,同生的,与……同时的
contemporanéité *f*　同时性,同时发生
　~ de dépôt　同时发生的沉积作用
contenance *f*　内容,容量,容积,含量,电容,装载量
　~ de réservoir　水柜容量
contenant *m*　容器,储藏器
conteneur *m*　货柜,集装箱
　~ à claire-voie　格栅集装箱
　~ à pulvérulents　粉状货物集装箱
　~ aéré　通风集装箱
　~ calorifique　保温集装箱,隔热集装箱
　~ caoutchoc　橡皮集装箱
　~ démontable　可拆卸集装箱
　~ s en retour　回送集装箱,回空集装箱
　~ en vrac　散货集装箱
　~ fermé　密封集装箱
　~ frigorifique　冷藏集装箱,机械冷藏集装箱
　~ gerbable　可码垛的集装箱
　~ isotherme　隔热集装箱,恒温集装箱
　~ isotherme normal　普通隔热就装箱
　~ isotherme renforcé　加强隔热集装箱
　~ loué en location banalisée　供出租的集装箱
　~ multimodal　联合运输集装箱
　~ ordinaire　普通集装箱
　~ ouvert　敞开式集装箱
　~ pliant　折叠式集装箱
　~ porteur aménagé　带走行轮的集装箱

~ réfrigérant 冷藏集装箱
~ spécial 专用集装箱
~ standard 标准集装箱
~ s《tout venant》 尺寸不一的集装箱,各种来源的集装箱,各种型号的集装箱
~ s vides 回空集装箱,回送集装箱
conteneur-citerne *m* 罐车
conteneurisable *a* 可集装箱化的
conteneurisation *f* 集装箱化
conteneuriser *v* 集装箱化,适用于集装箱运送的
contenir *v* 容纳,包含,克制,抑制,含有,藏有,包括,装有
~ les crues 防洪
contentieux *m* 诉讼,争执
contenu *m* 含量,容重,装量,存数,容积,容数,内容,目录,可容度,内装物,装载量
~ d'air （加气混凝土的）含气量
~ d'un contrat 合同内容
~ de ciment 水泥含量,水泥用量
~ de matière organique 有机质含量
~ de poussière 含尘量
~ en eau 含水量,含水率
~ en informations 信息内容
~ en matières volatiles 挥发物含量（煤）
contexte *m* 情况,背景,主文,上下文,前后关系
contexture *f* 组织,结构,（岩石、材料）构造
~ de roche 岩石结构
contigu,ë *a* 邻接的,毗连的,接近的
contiguïté *f* 邻接,毗连,接近,邻近
continent *m* 洲,大陆,陆地
continental,e *a* 大陆的
continentalité *f* 大陆度,大陆性（气候）
~ hygrométrique 降水大陆度
contingence *f* 相依,列联,偶然事件,意外事故,不可预见事件
contingent *m* 配额
~ à l'importations 进口分配
contingentement *m* 配额,定额分配,规定分配额
~ des importations 进口配额
continu *m* 连续,持续
continu,e *a* 连续的,直接的,连贯的,不间断的
continuation *f* 继续,延续,连续,延长
continuel,elle *a* 连续的,不断的,经常的,持续的
continuellement *adv* 连续地,不断地,经常地
continuer *v* 继续,延续,延长
~ par 延伸到
continuité *f* 层序,继续,连续,连续性,连通率,连贯性,不间断性
~ de déplacement 位移连续性
~ de l'auscultation （路面）检查的连续性
~ de la circulation 连续行车,行车连续性
~ de la granulométrie 颗粒级配连续性
~ de masse 接地连接
~ des couches 地层的连续性
~ irrégulière 走向不稳定的岩层
~ régulière 走向稳定的岩层
continuum *m* 连续体,连续介质
contorsion *f* 弯曲,偏斜,扭转
contour *m* 轮廓,周线,边界,电路,外形,周围,边线,等高线,等值线
~ auxiliaire 辅助等高线
~ des forces 力多边形
~ extérieur 外形,轮廓
~ géologique 地质界线
~ intérieur 内边界线,内部轮廓
contourite *f* 等深积岩,等深流沉积
contournage *m* 仿形加工,靠模加工,模拟加工
contournement *m* 绕行,分路,支路,侧线,旁路,闪络,飞弧,跳火,绕行,迂回线,绕行线
~ avec torsion 螺旋形增长
contourner *v* 绕行,绕过
contractant *m* 业主,缔约人,订约者
contracter *v* 收缩,缩紧,签订合同,缩窄
contracteur *m* 承包人
contractilité *f* 可收缩性,可压缩性,收缩率,缩性
contraction *f* 压缩,收缩,缩短,收敛,收缩段,急流段,收缩量,收缩率
~ abrupte 突然缩小
~ s aérodynamiques 空气动力作用,空气动力压缩
~ béton 混凝土收缩
~ complète 完全收缩
~ de surface 表面收缩
~ du béton 混凝土收缩
~ du chenal 河槽压缩,河床缩小
~ du dégel 解冻时的收缩
~ due à dessiccation 干缩
~ et expansion du sol 土壤的收缩和膨胀
~ incomplète 不完全收缩
~ latérale 侧面压缩,侧向压缩,线性收缩
~ linéaire 线性收缩局部收缩
~ locale 局部收缩
~ par hydratation 凝缩,水化收缩

~ thermique 热收缩
~ transversale 横收缩,横压缩,侧向收缩
~ volumétrique 体积收缩
contradiction *f* 矛盾,相反,抵触
　être en ~ avec 跟……矛盾
contradictoire *a* 反对的,对立的,矛盾的
contraindre *v* 强制,迫使,约束
contrainte *f* 应力,张力,约束,影响,作用,荷载,电压,强制,限制,负载,应变,胁变,变形
~ à l'arête 边界应力,边缘应力,边载应力,支承应力
~ à l'extension 拉应力
~ à la compression 压应力
~ à la fatigue 疲劳应力
~ à la flexion 弯曲应力,挠(曲)应力
~ à la rupture 断裂应力
~ à la traction 拉应力
~ absolu 绝对应力
~ actuelle 实际应力
~ actuelle de rupture 实际破坏应力
~ additionnelle 附加应力
~ admissible 容许应力,允许应力
~ admissible de sûreté 安全容许应力
~ admissible du sol 容许地耐力,允许地耐力
~ admissible du sol support 地基容许应力
~ alternativement variable 应力循环
~ s alternatives 变向应力,交变应力,变向电压
~ alternée 交变应力,变向应力,交变荷载
~ apparente 视应力,表现应力
~ appliquée 视应力,表现应力,作用应力,外加应力
~ au cisaillement 剪应力,切应力
~ au cisaillement du lit 河床剪应力,河床剪切力
~ au contact 接触应力
~ au flambage 压屈应力
~ auto-équilibrée 自平衡应力
~ aux interfaces 界面应力
~ s aux limites 边界应力
~ axiale 轴向应力,边载应力,边缘应力
~ axiale à profil en long 截面纵向轴应力
~ axiale apparente 轴向视应力,轴向应力
~ biaxiale 双向应力,双轴向应力,轴向视应力
~ bi-dimensionnelle 双向应力
~ brute 毛应力,总应力
~ centrifuge 离心应力,双轴应力,双向应力
~ circonférentielle 荷载应力,圆周应力
~ circulaire 环向应力,圆周应力

~ combinée 合成应力,组合应力,综合应力,复合应力
~ s complexas 综合应力,复合应力
~ s composées 综合应力,复合应力
~ compressive 压应力,压缩应力
~ s conjuguées 共轭应力
~ constante 永久应力
~ contrôlée 控制应力
~ critique 综合应力,复合应力,临界应力
~ critique au flambage 纵弯曲应力
~ cyclique 压应力,压缩应力,周期性应力
~ d'adhérence 黏着应力
~ d'ancrage 锚固应力
~ d'appui 作用应力,外加应力,支座应力,局部应力
~ d'écoulement 屈服应力
~ d'élément 单元应力,部件应力
~ d'environnement 环境约束
~ d'écoulement de consolidation 固结屈服应力
~ d'étirage 拉应力,屈服应力
~ d'extension 拉应力,张应力,膨胀应力
~ d'onde 波应力
~ d'origine mécanique 机械负载应力
~ d'origine thermique 热应力,温度应力
~ dans les assemblages 装配应力
~ dans les barres 杆件应力
~ de base 基本应力
~ de calcul 计算应力
~ de calcul de béton 混凝土计算应力
~ de charge 荷载应力,离心应力
~ de cisaillement 剪应力,切向应力,圆周应力,环向应力
~ de cisaillement admissible du corps de mur 墙身允许剪应力
~ s de cisaillements conjugués 共轭剪应力
~ de cisaillement de limite admissible 容许极限剪应力
~ de cisaillement excessif 过剩剪应力
~ de cisaillement longitudinal 纵向剪应力
~ de cisaillement transversal 剪应力,切向应力,横向剪应力
~ de compression 压应力,压缩应力
~ de compression biaxiale 双轴压应力
~ de concentration due à la température 温度收缩应力
~ de construction 施工应力
~ de contraction due à la température 横向剪

应力,温度收缩应力
~ de contrat　接触应力
~ de déroulement　屈服应力
~ de déviation　偏应力,偏差应力,轴差应力,(三轴压缩试验中的)主应力差
~ de dilatation　施工压力
~ de fibre　纤维应力
~ de fibre extrême　最外纤维应力,外缘纤维应力
~ de flambage　压曲应力,纵向弯曲应力
~ de flambement　压曲应力
~ de flexion　弯曲应力
~ de fluage　蠕变应力
~ de fluage à rupture　断裂的蠕变应力
~ de glissement　剪切应力
~ de l'adhérence　黏着力,握裹力
~ de la soudure　焊缝的(允许)应力
~ de matage　负载应力
~ de membrane　膜应力,震动应力,薄膜应力
~ de pic　峰值应力
~ de poinçonnement　冲剪应力
~ de pointe　峰值应力
~ de pression　压应力
~ de résistance de pointe (d'un pieu)　桩端应力
~ de retrait　收缩应力
~ de rupture　断裂应力,临界应力,极限应力,破坏应力
~ de rupture en flexion　弯曲断裂应力
~ de rupture en torsion　扭曲断裂应力
~ de sécurité　安全应力
~ de service　使用应力,允许应力
~ de sol support　地基应力
~ de soudage　焊接应力
~ de température　温度应力
~ de tension　张力
~ de torsion　拉应力,张应力,扭曲应力
~ de traction　拉力,拉应力,张应力
~ de traction admissible　允许拉应力
~ de traction nominale　标称拉应力
~ de traction par flexion　弯拉应力
~ de traction réelle　实际拉应力
~ de traction vraie　真拉应力
~ de travail　资用应力
~ de trempe　淬火应力
~ de turbulence　紊流应力
~ de vent　风应力
~ de vibration　振动应力,振动荷载
~ de viscosité　黏滞应力

~ déformation　应力变形
~ directe　直接应力
~ discontinue　间断性应力
~ donnée　已知应力,已知约束
~ du béton　混凝土应力
~ du sol de fondation　基础压力,土承压力,地基应力,地基承压力
~ due au choc　冲击应力,临界应力
~ due au trafic　车辆行驶产生的应力
~ due aux charges dynamiques　动荷应力,动荷载应力,温度收缩应力
~ s dues au retrait　收缩应力
~ s dues au soudage　焊接应力
~ s dues au travail mécanique　机械加工时产生的应力
~ s dues au vent　风应力
~ dynamique　动应力,动荷应力,动荷载应力,周期性应力
~ écrasante　压毁应力,压碎应力,膨胀压力
~ effective　实际应力,有效应力,动荷应力
~ effective initiale　初始有效应力
~ effective verticale initiale en place　垂向原位初始有效应
~ élastique　弹性应力
~ s élémentaires　单元应力
~ en fibre inférieure à la section médiane　跨中截面下缘应力
~ en flexion　弯曲应力,挠曲应力
~ en un point　点应力
~ équivalente　等效应力,应力强度,允许应力强度,设计应力强度
~ excessive　过剩应力
~ extrême de cisaillement　极限剪切应力
~ extrême de compression　极限压应力
~ extrême de traction　极限压应力
~ extrême en flexion　极限挠曲应力
~ finale　最终应力
~ imposée à la géométrie du projet　(道路)设计的几何约束
~ imposée au profil en long　纵断面约束
~ in situ　原为应力,现场应力
~ indirecte　间接应力
~ initiale (de précontrainte)　初始应力,(预施应力的)初应力
~ initiale de précontrainte　预加初始应力
~ interne　内应力
~ interne du rail　钢轨内应力

~ s internes 内应力,内电压
~ s internes en surface 表面内应力
~ isotropique 最大应力,各向等应力
~ la plus élevée 最大应力
~ latente 潜应力
~ latérale 侧限应力,侧向应力
~ limite 极限应力,最高应力,极限电压,最大应力
~ limite de fatigue 疲劳极限应力
~ limite inférieure 下限应力
~ limite supérieure 上限应力
~ linéaire 线性应力
~ lithostatique 岩石静压力
~ locale 局部应力,局部约束
~ longitudinale 纵向应力,纤维应力
~ marginale 边缘应力
~ maximale 最大应力
~ maximale ou minimale admissible de matériaux 材料允许的最大、最小应力
~ maximale ou minimale de la section de calcul 截面计算最大、最小应力
~ mécanique 机械应力
~ momentanée 瞬时应力
~ moyenne 平均应力
~ moyenne totale (ou contrainte de cisaillement) 平均应力(或剪应力)
~ neutre 中和应力
~ normale 正应力,法向应力,垂直应力,标称应力
~ normale effective 有效应力
~ normale maximum 最大法向应力
~ normale octaédrique 平均应力
~ normale totale 正应力
~ normale verticale 垂直法向应力
~ nuisible 有害应力
~ orogénique 造山运动应力
~ parallèle aux fibres 顺向纤维应力
~ parasite 次应力
~ permanente 持续应力,长期荷载
~ plane 双向应力,平面应力
~ pluriaxiale 多轴应力
~ préalable 预(加)应力
~ primaire 基本应力,初期应力
~ s primaires (与次应力相对的)基本应力
~ principale 主应力
~ principale axiale 轴向主应力
~ principale de traction 主拉应力
~ principale intermédiaire 中间主应力
~ principale majeure 最大主应力
~ principale maximale 最大主应力,第一主应力
~ principale minimale 最小主应力,第二主应力
~ principale moyenne 平均主应力
~ principale oblique 斜向主应力
~ principale secondaire 第二主应力
~ pulsatoire 脉动应力,脉冲应力
~ radiale 径向应力,辐向应力
~ radiale de compression 径向压应力
~ rectifiée sous x kg 在 x 千克下的整定刚度
~ réduite 折合应力,换算应力
~ réelle 真实应力
~ rémanente 残余应力
~ répétée 重复应力,反复应力
~ s résiduelles 残余应力,残余张力,残留电压,剩余应力
~ résultante 合成应力
~ résultante des variations de température 温度应力,温度变化所产生的拉应力
~ secondaire 次应力,附加应力
~ séismique 地震应力
~ simple 单轴应力,简单应力
~ sinusoïdale 正弦应力
~ sphérique 球应力,球面应力
~ statique 静应力
~ structurale 构造应力
~ superficielle 表面应力
~ supplémentaire 附加应力
~ supportée 支承应力
~ tangente à profil 截面剪切应力
~ tangentielle 剪应力,切线应力,剪切应力
~ tangentielle de vent 切向风应力
~ tectonique 构造应力
~ temporaire 暂时应力
~ tensile 张应力
~ thermique 热应力,温压应力,温度应力
~ totale 总应力
~ totale dans sol 土壤总应力
~ totale horizontale au niveau de l'essai pressiométrique lors de l'essai 测试点水平应力
~ totale principale 理论总应力
~ totale principale intermédiaire 中间主应力
~ totale principale majeure 最大主应力
~ totale principale mineure 最小主应力
~ s totales 总应力

~ transitoire 瞬时应力
~ transversale 横向应力
~ triaxiale 三向应力,三维应力,三轴应力
~ s tridimensionnelles 三向应力
~ uniaxiale 单轴应力,单向应力
~ uniforme 均布应力
~ unitaire 单位应力
~ variante 变应力
~ verticale de cisaillement 垂直剪应力
~ verticale de compression 垂直压应力
~ vraie 真实应力

contrainte-déformation *f* 应力变形

contraire *a* 逆的,相反的,反向的,有害的,不利的
au ~ 相反地

contrairement *adv* 相反地
~ à... 与……相反

contrarier *v* 阻碍,阻挠,妨碍

contraste *m* 对照,反差,衬度,对比度,衬比度,对比率,对比(灯光颜色)

contrat *m* 合同,契约
~ à coût remboursé 实报实销合同
~ à durée déterminée 短期合同,定期劳动合同
~ à durée indéterminée 长期合同,不定期劳动合同
~ à exécution successive 分期实施合同
~ à forfait 承包合同,包干契约
~ à forfait absolu 总包合同,包干合同,包工契约
~ à titre gratuit 无偿合约
~ à titre onéreux 有偿合约
~ absolu 无(附加)条件合同
~ accessoire 附属契约
~ aléatoire 风险合同
~ antérieur 既往合同
~ arrive à l'expiration 期满失效合同
~ bilatéral 双边合同,双边契约
~ caduc 失效合同
~ CAF 到岸价合同(法)
~ CIF 到岸价合同(英)
~ clés en mains 一揽子合同,交钥匙工程合同
~ collectif 集体协议,集体合同
~ commercial 商业合同
~ d'achat 购买合同,采购合同
~ d'achat-vente 买卖合同
~ d'adaptation 试用合同
~ d'affermage 租赁契约
~ d'agence 经理合同,经理契约
~ d'application 实施合同,施工合同
~ d'assurance 保险合同
~ d'assurance crédit 信贷保险和约
~ d'assurance sur le dommage 损失保险契约
~ d'échanges 易货合同,贸易合同
~ d'échanges équilibrés de marchandises 平衡易货合同
~ d'emprunt 借贷合同
~ d'études 研究合同,设计合同
~ d'exclusivité 专营合同,排他性合同,独家经营合同
~ d'expédition 装运合同
~ d'indemnité 赔偿契约,赔款契约
~ d'option 期权合同
~ d'option sur actions 股票期权合同
~ d'option sur devises 外汇期权合同
~ de cautionnement 质押合同
~ de cession 转让契约
~ de change 兑汇合约
~ de change à terme 期汇合约
~ de change au comptant 现汇合约
~ de change hybride 混合兑汇合约
~ de clés en main 交钥匙合同
~ de commission 委托契约
~ de concession 出让合同,租赁契约
~ de consignation 寄售合同
~ de construction 施工合同
~ de coopération banque-entreprise 银企合作协议
~ de crédit 信贷合约
~ de crédit-bail 信贷租赁合约
~ de délégation 委托代理协议
~ de délivrance 交货合同
~ de fermage 租约
~ de fiducie 信托协议,信托契约
~ de fourniture 供货合同,供销合同
~ de franchise 特许代理合同
~ de gage 典押契约
~ de garantie 担保契约
~ de gérance 经营契约
~ de leasing 信贷租赁契约
~ de livraison 交货合同
~ de location 租约,租用合同,租用契约,租借合同
~ de location-financement 租借融资合同
~ de longue durée 长期合同
~ de louage 租契,租借契约

~ de maintenance　维修保养合同
~ de plan　计划合同
~ de prêt　贷款合约
~ de produits en main　交产品合同
~ de programme　项目合同
~ de protection juridique　法律保护合同
~ de qualification　职业资格合同
~ de règlementation par les prix　调控价格协议
~ de réinsertion en alternance　轮流上岗合同
~ de réinsertion sociale　再就业合同
~ de représentation　代理合同
~ de retour à l'emploi　重新就业合同
~ de sauvetage　海难救助合同
~ de service　服务合同
~ de société　合伙契约
~ de sous-traitance　分包合同,来料加工合同
~ de transit　转口契约,过境合同
~ de transport　运输合同,运送契约
~ de transport des bagages　行李运送契约
~ de transport des marchandises　货物运送契约
~ de transport des voyageurs　旅客运送契约
~ de travail　劳务合同,工作合同,劳动契约,劳工合同
~ de travail temporaire　临时工合同
~ de travaux　工程合同
~ de vente　售货合同
~ de vente exclusive　包销合同
~ déclaré nul et non avenu　宣布无效的合同
~ emploi-formation　就业培训合同
~ emploi-solidarité　就业互助合同
~ en bonne et due forme　正规契约文本
~ en régie　成本加成合同
~ en suspens　未了合同
~ entaché de vol　欺诈性合同
~ FAB　离岸价格合同(法)
~ FOB　离岸价格合同(英:船上交货)
~ forfaitaire　承包合同
~ formel　正式合同,正式契约,有签署的合同
~ futur　期约(国际金融)
~ hypothécaire　抵押契约
~ implicite de travail　不成文的劳动契约
~ initiative-emploi　创造就业合同
~ invalide　无效合同
~ multilatéral　多变合同
~ passé par l'appel d'offre　招标合同
~ pignoratif　典卖契约
~ provisoire　临时契约,临时合同

~ réciproque　互惠合同
~ social　社会契约
~ spéculatif　投机契约
~ standardisé　标准化合约
~ synallagmatique　双边义务合同
~ technique　技术合同
~ temporaire　临时合同
~ type　标准合同,示范合同
~ valide　有效合同,有效契约
~ verbal　口头合同

contrat-cadre　*m*　框架合同,框架协议
contrat-type de travail　工作标准合同
contravention　*f*　违约,违规,违反规章,违反法令
contravis　*m*　相反的意见,更正通知
contre-　(前缀)反对,相反
contre　*prép*　对,向,朝,靠,反对,反抗,相反,预防,抵御,交换
　　ci- ~　对面,相对,旁边
　　en ~ -haut　朝上,向上,在上面
　　~ flèche　预拱度
　　~ flèche de construction　预拱度
　　par ~　相反地
　　~ pression par remblaiement　堆载反压
　　tout ~　很近,紧雏
contre-allée　*f*　沿街道路,平行侧逆
contre-arbre　*m*　对轴,副轴,中间轴
contre-balance　*f*　平衡重,平衡锤,平衡铊,平衡梁
contre-balancement des masses　土方平衡
contre-balancier　*m*　配衡,抵消,平衡锤,使平衡,平衡梁,均衡重,平衡杠杆
contrebande　*f*　违禁品
contre-barrage　*m*　副坝,消力槛,滑力墙[槛]
contre-bas　*m*　垂度,挠度,下垂,凹陷
contre-boutant　*m*　扶垛,扶撑,斜支撑
contre-bracon　*m*　支柱,斜杆撑
contre-bride　*f*　逆法兰,副法兰,加强凸缘,加强法兰,配对法兰(盘)
contre-brouillage　*m*　反无线电干扰
contre-butée　*f*　对置的止挡,反向推力轴承
contre-canal　*m*　边沟,侧沟,排水沟
contre-châssis　*m*　隔层框架
contre-cintre de toiture　车顶拱支撑
contre-clavette　*f*　锁紧键,紧键楔
contre-courant　*m*　逆流,反流,对流,逆电流,反向流动,逆向水流,反向电流
contre-courbe　*f*　反拱,拱底,反曲线,反向曲线
contre-dévers　*m*　反超高

contre-diagonale *f*	斜撑,副对角撑
contre-distorsion *f*	纠正失真,抑制干扰
contrée *f*	地区,地方,地带,陆地,土地,区域,多尘土的地方
~ à tremblement de terre	震区,地震活动区
~ accidentée	不平坦的地区
~ désertique	沙漠地区
~ granitique	花岗岩发育区
~ marécageuse	沼泽地区
~ minière	采矿区
~ montagneuse	山地
~ nue et stérile	不毛之地
~ rocheuse	岩石地带
~ sablonneuse	砂砾地区
~ très pluvieuse	多雨地区
~ vallonnée	丘陵地带
contre-échange *m*	相互交换
contre-écrou *m*	锁紧螺母,防松螺母,保险螺母,锁紧螺帽,防松螺帽,保险螺帽
contre-enquête *f*	复核调查
contre-épreuve *f*	检验样品,核对样品,对照样品,核对试验
contre-essai *m*	检验,试车检验,检验试车,复查试验,对比试验,再试验,复核试验
contre-expertise *f*	再鉴定,重新鉴定,复核鉴定
contre-fer *m*	盖铁,(包好的)压铁
contre-fiche *f*	撑杆,斜支柱,斜撑,角撑,托架,悬臂
contre-fil *m*	反方向,相反方向
contre-flèche *f*	凸度,外凸,反拱,上拱度,隆起度,起重臂
~ de poutre	梁的上拱度
contre-flexure *f*	反挠,反向弯曲,反向挠曲
contre-force *f*	反力,反作用力
contrefort *m*	扶垛,扶壁,护墙,支墩,肋墩,墙垛,扶支脉,山麓丘陵
~ cellulaire	格形支墩,空心支墩
~ creux	空腹支墩
~ de contre-rail	护轮轨支撑
~ double	双支墩
~ en arc	拱式支墩
~ en maçonnerie	圬工支墩
~ solide	实体支墩,实体扶壁
~ suspendu	悬扶垛
contre-fossé *m*	山沟,截水沟
~ de type L	L 形边沟
~ en V	V 形边沟,三角形边沟
contre-foulement *m*	(水的)倒流
contre-galerie *f*	迎头开挖面,迎面开挖面,对面开挖面
contre-garde *m*	(桥墩的)中空部分
contre-hausse *f*	(掘进时的)护板
contre-lame *f*	肋板,加强板,加劲杆
contre-latte *f*	(斜平顶的)板条筋
contremaître *m*	工长,技师,班长,队长,工头,领工员
contremarche *f*	梯级高度,岩屑堆积
contremarque *f*	附加戳记
contre-mesures *f. pl*	相应措施
contre-mur *m*	(双层墙的)外墙,护墙,挡土墙,支撑墙
contre-pendage *m*	逆倾斜,倒转倾斜,反向顺斜
contre-pente *f*	逆坡,背坡,反坡,反向坡,逆向坡度,反向坡度,最陡的斜坡
contre-plaque *f*	底板,夹板,层板,基础板,加强板,胶合板,多层胶合板
~ de coffrage	胶合板模板
~ de serrage	压紧夹板
contreplaqué *m*	层(压木)板,胶合板
contre-plongée *f*	仰摄
contre-poids *m*	配重,砝码,平衡锤,平衡体,平衡锤
~ à renversement	转辙握柄上的平衡锤
~ antagoniste	臂板的平衡锤
~ compensateur de transmission funiculaire	缆索传动均衡器的平衡锤
~ compensateur de transmission rigide	导管温度调节器的平衡锤
~ de fermeture	平衡重,平衡锤
~ de frein	制动均重铁
~ de l'appareil de levage de la lanterne	信号灯提升平衡锤
~ de rappel	回动平衡锤,信号臂板平衡锤
~ de tension des caténaires	接触导线平衡重
~ des roues	车轮均重铁
~ en béton	混凝土平衡重,混凝土平衡锤
~ mobile	(转辙器上的)可调重锤
~ mobile de grue	起重机上部活动平衡装置
contre-porte *f*	挡板,护板,挡风门,(双重门的)外门
contre-poussée *f*	反推力
contre-pression *f*	背压,反压力,反压护道
~ sur le piston	活塞反压力
contre-rivure *f*	铆钉垫圈

contre-rotatif, ive *a*	逆转的
contrescarpe *f*	壕沟外护墙
contresens *m*	逆向,误解,误译,逆纹理
contre-seuil *m*	端墙
contretemps *m*	故障,不适时,不合时宜,意外事故,意外情况
à ~	不适时地,不合对宜地
contre-tension *f*	逆电压,反电压
contre-tours *m. pl*	反绕,反线圈
contre-traction *f*	后拉力,后张力
contretype *m*	副本,复本,副件,复制品,复制影片,可互换零件
contre-valeur *f*	等值,等价,对等物
contrevenant *m*	违章者
contrevent *m*	护窗板,百叶窗,抗风斜撑
contreventement *m*	风撑,反撑,加强杆,加强版
~ croisé	剪刀撑
~ d'entrait	下弦横向支撑
~ de l'arbalétrier	上弦横向支撑
~ diagonal	斜支撑,对角联杆
~ horizontal	横向[水平]支撑
~ longitudinal	纵向支撑
~ rampant	斜面支撑
~ supérieur	顶横支撑,上弦连接系
contreventer *v*	用风撑加固
contre-vérification *f*	复查,再验证
contre-virage *m*	反向弯道
contre-voie *f*	反方向线路(复线的非正方向线路)
contribuer *v*	协助,赞助,分担,对……做出贡献
~ à une dépense	分担开支
~ au roulement silencieux	用于减少运行噪音
contribution *f*	作用,影响,赋税,协助,赞助,贡献,捐款
~ additionnelle	附加税
apporter une ~ à	对……做出贡献
~ de sédiment	产沙作用,产沙成分
~ foncière	土地税
contrôlabilité *f*	可控(制)性
contrôlable *a*	可控制的,可检查的,可操纵的
contrôlé *a*	被控的,被操纵的
contrôle *m*	控制,操纵,检查,检验,调节,检测,审查,考察,视察,调查,探伤,校验,核对,查对,监督,调整,管理,指导,控制器,账簿副本
~ à distance	遥控,远距离操纵
~ à érosion	侵蚀控制,冲刷防治
~ après	事后检查,施工后监理
~ architectural	建筑管理(规则)
~ artificiel	人工控制
~ au hasard	抽查,抽验
~ au moyen des rayons gamma	γ射线检查
~ au moyen des rayons X	X射线探伤
~ automatique	自动控制,自动调整,自动调查,自动校验,自动检验,自动试验,自动调节
~ automatique d'amplification	自动增益控制
~ autoroutier	高速公路管理
~ avant	事先控制,超前控制,先行控制,(施工)前期管理
~ budgétaire	预算监督,预算审查
~ central	中央控制
~ centralisé	集中控制
~ centralisé des études	对设计的集中控制,对设计的集中检验
~ commande	监控
~ commande des systèmes	系统控制
~ complet des crues	洪水完全控制,防御最大可能洪水
~ d'accès	(高速公路)入口控制
~ d'accident	事故监督,故障防治
~ d'admission	进站检票
~ d'allumage de signal	信号灯光监督
~ d'aménagement	经营管理
~ d'amplification	增益控制,增益调整
~ d'anticipation	预调(制),预(先)调(整)
~ d'aptitude	能力检查
~ d'aspect	目测,外观检查
~ d'entrée	(水位或流量的)进口控制
~ d'épaisseur	厚度控制,厚度调整
~ d'erreurs	误差控制
~ d'espacement	车头间距控制
~ d'exécution	施工控制
~ d'implantation	(道路)定位控制
~ d'inertie	惯性控制,惯性引导
~ d'intelligence	智能控制
~ d'itinéraire	进路试验,进路检查
~ d'occupation de ligne	占线检验,线路占用检验
~ d'urbanisme	市政管理
~ d'urgence	紧急控制
~ de bruit	噪声控制
~ de change	外汇管制
~ de circulation dans les tunnels	隧道交通管理
~ de compacité d'un remblai	路堤密实度控制
~ de compensation	补偿控制
~ de concordance	同步控制,审查协议

~ de construction 施工管理,施工控制,工程检查,工程监理,工程(施工)检查
~ de contraste 对比度调整(电视)
~ de corrosion 防腐蚀检查
~ de critiques par ressuage 裂纹渗透试验
~ de crue 防洪,治洪
~ de déformations 变形控制
~ de densité 密度控制,容重控制
~ de densité humide 土的湿密控制
~ de direction 方向控制,偏离中心线修正
~ de dosage 配量控制
~ de fabrication 生产监督,生产管理
~ de fissures 检查缝隙
~ de fonctionnement 运行检查,运行控制,操作控制
~ de force de câble 索力控制
~ de fréquence 频率控制
~ de gain 增益控制
~ de glace 防冰措施,冰冻防护措施
~ de groupe 群控,成组控制
~ de l'exécution 施工控制
~ de la circulation 交通管制,行车制度,行车控制,交通控制
~ de la circulation par signaux lumineux 信号灯控制交通
~ de la construction 工程检查
~ de la hauteur de la trame 帧扫描振幅调整
~ de la hauteur du cadre 垂直扫描幅度控制
~ de la navigation 航行控制
~ de la pollution 污染监控
~ de la pollution des eaux 水(制)污染控制
~ de la qualité 质量控制,质量管理
~ de la qualité des eaux 水质控制,水质检验
~ de la vitesse 速率控制
~ de la vitesse primaire 原速调节
~ de ligne 线控制
~ de linéarité 线性调整,扫描速度分布调整
~ de matériel 硬件检查
~ de modulation 调制检查
~ de point 点控制
~ de position 位置控制,位置检查
~ de processus 过程控制,程序控制
~ de projet 计划管理,项目管理
~ de proportion 比例控制
~ de réception 验收检查
~ de sécurité de la structure de pont 桥梁结构安装控制

~ de sédiment 泥沙控制
~ de son 声控
~ de sortie (水位或流量的)出口控制
~ de synchronisation 同步控制,同步调整
~ de température 温度控制,温度调节
~ de trafic aérien 空运控制
~ de validité 有效性检验
~ de ventilation 通风控制
~ de vitesse par voiture radar 雷达测速车
~ de volume 控制增益
~ de volume de son 音量调节,音量增益控制
~ de zone 面控制,区域控制
~ définitif 竣工检查,最后检查
~ des chaussées 路面检查
~ des comptes 查账
~ des conditions de mise en œuvre 施工情况监理
~ des crues 防洪,洪水控制
~ des dépenses engagées 费用审核
~ des déplacements 位移控制
~ des engagements de dépenses 费用审核
~ des fuites 检漏
~ des marchés 合同监督
~ des poussières 防尘控制
~ des prix 价格控制,成本控制
~ des recettes 进款检查,收入查对
~ des soudures 焊缝[焊接]检查
~ des temps 时间控制
~ des terrassements 土方工程检验
~ des travaux 工程控制,工程监理,施工管理
~ des travaux d'ouvrages d'art 桥涵工程管理
~ des travaux routiers 道路工程管理
~ des vibrations 振动检验
~ destructif 破坏性试验
~ digital 数字控制
~ dimensionnel 尺寸控制
~ direct 直接检验
~ du cadrage 对中心调整
~ du centrage 对中心调整
~ du compactage 压实检验,压实控制
~ du compactage des terrassements 土方压实控制,土方压实检验
~ du fonctionnement d'un dispositif de drainage, voile d'étanchéité 灌浆帷幕、排水系统运行监测
~ du gaz 瓦斯测量
~ du mélange 混合料检查
~ du mouvements 运营监督,运行监督

~ du niveau 水准控制,水位调节
~ du poste de mélange 拌和厂控制
~ du revêtement 路面检查
~ du site（rayonnement） 环境放射性监测
~ du système 系统控制
~ du toit 顶板控制,地层检查
~ du trafic 交通量管制,交通量控制
~ en temps réel 实时控制
~ en usine 厂检,工厂检查
~ et manœuvre à distance 远程控制和操纵
~ final 最终检验,竣工检查,最后检验
~ financier de l'État 国家的财政监督
~ flexible 灵活控制,柔性控制
~ général des travaux 施工管理,施工监督
~ global 全面测试,全面检查
~ granulométrique 粒度检查,粒度分析,级配控制
~ indirect 间接控制
~ instantané de compactage 瞬时压实质量控制
~ intégral 全面控制,全面检查
~ intelligent 智能控制
~ macrographique 宏观检查
~ magmatique 岩浆控矿因素
~ majeur 主控制,主调节
~ manuel 人工调整,人工控制,手动控制
~ mécanique 机械控制
~ micrographique 微观检查,显微镜检查
~ morphologique 地貌控矿因素
~ naturel du chenal 河道的自然调节
~ non-destructif 非破坏性,无损探伤（法）,非破损检验（法）,非破坏性检查
~ officiel 正式检验
~ optimal 最优控制
~ par attributs 特征检验
~ par gammagraphie γ照相术检查
~ par grilles 栅极控制
~ par la voix 音响调制
~ par le fournisseur 供货商检验
~ par mesures 变量检验,可调参数检验
~ par radiographie 透视检查,X光探伤,X射线检验
~ par rayon X X光探伤（检查）
~ par ressuage 渗透检查
~ par ressuage（surface métallique） （金属表面)渗透性检验
~ par signal 信号控制
~ par signaux lumineux 信号灯控制

~ par sondage 钻探控制,随机检验,钻探检查
~ par télévision 电视监测
~ par ultrasons 超声波探伤,超声波检验
~ pendant 施工中监理,进行中检查
~ périodique 定期检查
~ permanent 连续监督,永久控制（点）
~ piézoélectrique 压电控制
~ pneumatique 压缩空气控制
~ polaire 极坐标法控制
~ ponctuel 抽样,抽查
~ poussé 精确检查,精确控制
~ programmé 程序控制
~ sans démontage 不拆卸探伤
~ statistique 抽查,统计检查,抽样检查
~ stratigraphique 地层控矿因素
~ structural 构造控矿因素
~ sur chantier 现场管理,工地检查
~ sur le terrain 野外观察,地面控制
~ sur place 现场检查
~ technique 技术检查
~ technique périodique 定期技术检查
~ thermostatique 恒温控制
~ ultra-sons 超声波检查,超声波探伤
~ ultrasonore 超声波检查,超声波探伤
~ unitaire 分别检验
~ vertical 高程控制,垂直控制
~ visuel 目测,目视检查
~ volumétrique 音量调节,容积[量]控制[调节]
~ volumique 全厚度检查
contrôler v 控制,检验,检查,管制
~ au plomb 用压铅检查
~ les approvisionnements complets（eau, huile, gas-oil, sable） 检查整备状况（水、油、燃油、砂）
~ par radiographie 用X光检查
contrôleur m 量具,控制器,调节器,检查员,管理员,操纵器,计时员,检票员,传感器,监护设备,检测设备,检验设备
~ automatique 自动控制器,自动调节器
~ automatique d'humidité 自动湿度控制器
~ automatique de pression 自动压力调节器
~ automatique de vitesse 自动速度控制器,自动速度调节器
~ avec énergie auxiliaire 电力控制[操纵,调节]器
~ de circulation 流量控制[调节]器
~ de débit 流量控制[调节]器
~ de démarrage 起动操纵器

~ de freinage 制动控制器
~ de gare 车站检票员
~ de signal 信号控制器
~ de verticalité 偏流计,偏差计
~ de vitesse 速度控制器
~ du fonctionnement des disques 盘式信号动作的检查装置
~ du niveau 水位控制器
~ électrique de passage à l'arrêt 允许驶过停车信号的标志
~ électrique de ronde 钟表巡视员用的时间记录器
~ majeur 主控器
~ portatif 手提式检查仪
~ programmable 可编程序控制器
~ sans énergie auxiliaire (autoalimenté) 自给能控制器
~ spécialisé 专职检查员
~ universel 万用表,万能表,通用测量仪表
~ universel électronique 电子万能表
conurbation f 人口密集区,人口稠密区
convecteur m 对流器,环[对]流气(机)
convectif a 对流的,迁移的
convection f 运流,传递,环流,迁移,(热、电)对流
~ d'un courant 对流,运流
~ de fumée 烟雾对流
~ forcée 强制对流
~ humide 湿对流
~ libre 自由对流
~ naturelle 自然对流,自然通风
~ sèche 干对流
~ thermale 热对流
convenable a 适合的,适当的,适宜的
convenablement adv 合适地,适当地
convenance f 相配,适用(范围)
~ technique 技术适用范围
convenir v 适合,吻合
~ à 适合,适应
~ de 同意,承认
convention f 习惯,惯例,常规,协定,条约,公约,大会,会议,契约,条款,协定,合同,习用性,契约条款
~ annuelle 年会
~ collective de travail 劳资协议,集体劳动公约
~ commerciale 贸易协定
~ pour l'utilisation en commun des wagons à marchandises 共同使用货车协定(欧洲车辆联营公约)
~ sur la qualité 质量协定,制式合同
~ tarifaire 运价公约,运价协定
~ s techniques 技术条款,技术规程,技术管理规程
conventionnel, elle a 协议的,议定的,习惯的,传统的,惯用的,惯例的,常规的
convergence f 集中,聚敛,聚合,会合,结合,合流,汇合,集合,趋同性,集合线,会聚(度),(地层)交汇,(巷道)顶底板汇合,会聚性,趋同现象,驶入正线的交叉进路
~ des itinéraires 经路汇合点
convergent m 汇合
convergent, e a 会聚的,汇合的,集中的,收敛的,收缩的,趋同的,逐渐缩小的,周期衰减的
converger v 会聚,汇合,集中,趋向一致
conversation f 谈话,通话,会话,交谈
conversion f 变换,转变,转化,换算,兑换,对流,改变,转换,反演,转化作用,情况变更
~ énergétique 能量转变,能量转换
~ numérique-analogique 数字—模拟转换
~ thermodynamique 热力对流
convertibilité f 可逆性,可换性,互换性
convertir v 转换,变换,转变,换算,改装,兑换
convertissable a 可转化的,可转变的,可转换的
convertisseur m 转炉,转化器,转换器,变换器,流器,变流机,换流器,变频机,整流器,换能器,交流器,变频器,转化器
convexe a 凸出的,凸面的,隆起的,凸形的
convexité f 凸体,凸面,凸度,凸状,隆起,凸起
convocation f 召集,召开
convoi m 列车,车队
~ automobile 汽车队
~ de désherbage 除草列车
~ de voyageurs 客车
~ lourd 载重汽车队
~ routier 汽车列车
convoluté, e a 盘旋形的,回旋状的
convolution f 正演,折积,卷积,回旋,旋转,褶积
convoyage m 输送,输水,押运
convoyer v 护送,押运,输送
convoyeur m 输送机,输送带,传送带,押运人,护送者,押运员,传送装置,输送装置
~ à air 空气输送机
~ à bande 传送带,输送带,固定输送带,皮带输送机
~ à bande de galerie 廊道皮带输送机

~ à bande en caoutchouc   皮带输送机，皮带运输机
~ à bande en matière plastique   塑料带输送机
~ à câble   缆索输送机
~ à chaîne   链式输送机
~ à chaîne à raclettes   单链刮板输送机
~ à chaine-centrale   中间链式[链板]运输机
~ à courroie   传送带，输送带，皮带输送机
~ à disques   圆盘式运输机
~ à double chaînes à raclettes   双链刮板输送机
~ à écailles   链板式输送机
~ à godets   斗式运输机，斗式提升机，链斗式输送机
~ à godets basculants   翻斗式输送机
~ à hélice   螺旋式输送机
~ à palettes   板式输送机
~ à raclettes   刮板输送机，刮板式传送机，(刮式)链板运输机
~ à rouleaux   辊道，滚道输送机，滚柱式输送机
~ à spirale   螺旋输送机
~ à toile   带式运输机
~ à vis sans fin   螺旋输送机
~ aérien   吊运器，架空输送机
~ aérien double rail   双轨悬挂式输送机
~ aérien monorail   单轨悬挂式输送机
~ autochargeur   自动装载输送机
~ auxiliaire   辅助输送机
~ d'alimentation   进料输送机
~ d'évacuation du sable   输沙机
~ de grande longueur   装堆输送带
~ de levage   斗式提升机
~ de taille   工作面运送机
~ de transport à distance   固定输送带
~ incliné à godets   链斗式倾斜输送机，链斗式倾斜提升机
~ navette   往复式输沙机
~ pneumatique   压气输送机，气动输送机，风动传送带
~ sans fin   循环输送机

cookéite *f*   锂绿泥石
coolgradite *f*   杂碲金银汞矿
coopératif, ive *a*   合作的，协作的
coopération *f*   合作，协作，联合作用，技术合作
  ~ de béton et armature   混凝土与钢筋的联合作用
  ~ des travaux   工程协调
  ~ économique   经济合作
  ~ internationale   国际合作
  ~ technique   技术合作
coopérer *v*   合作，协作
coopérite *f*   硫铂矿
coordimètre *m*   坐标测定仪
coordinateur *m*   坐标方位仪，位标器
coordination *f*   配位，调整，协调，协作，配价，配合，并列，同位，协调性，一致性
  ~ de contrat   合同的协调
  ~ de plan et profil   三向协调设计，平面和纵断面协调设计
  ~ des feux d'un itinéraire   联动交通信号
  ~ des tarifs   运价协调，运价调整
  ~ des transports   联运，各种运输方式的配合
  ~ des transports de marchandises   货物联运，各种货运方式的协作
  ~ des transports de voyageurs et de marchandises   客货联运
  ~ des transports par eau et par terre   水陆联运
  ~ entre le tracé en plan et le profil en long   平面纵断面协调定线
  ~ études-travaux   研究与工程之间的一致性
  ~ modulaire   模数协调，模量量测系统
  ~ tarifaire   运价协调，运价调整
coordinatographe *m*   坐标仪，读数器，x-y 绘图仪，坐标读数器
coordonnées *f. pl*   坐标，经纬线
  ~ absolues   绝对坐标
  ~ aléatoires   随机坐标
  ~ apparentes   视坐标
  ~ approximatives   近似坐标
  ~ biaxiales   双轴坐标，双极坐标
  ~ cartésiennes   直角坐标，笛卡尔坐标
  ~ circulaires   圆坐标，圆线坐标
  ~ colorimétriques   比色坐标
  ~ coniques   圆锥坐标
  ~ courantes   流动坐标
  ~ curvilignes   曲线坐标
  ~ cylindriques   柱面坐标，圆柱坐标
  ~ d'intersection   交点坐标
  ~ d'ordre zéro d'un système polyphasé de grandeurs   多相量系统的零序坐标
  ~ dans l'espace   空间坐标
  ~ de Davisson   戴维逊坐标
  ~ de Gauss   高斯坐标
  ~ de maille   网络坐标
  ~ de surface   面积坐标

~ directes d'un système triphasé de grandeurs 三相量系统的正序
~ du boulon d'ancrage 锚栓坐标
~ ellipsoïdales 椭面标,椭球坐标,椭面坐标
~ elliptiques 椭圆坐标
~ en géodésie, ~ géodésiques 大地坐标,测地坐标
~ équatoriales 赤道坐标
~ généralisées 广义坐标
~ géographiques 地理坐标,地面坐标
~ géomagnétiques 地磁标
~ globales 整体坐标
~ homopolaires d'un système polyphasé de grandeurs 多相量系统的零序坐标
~ horizontales 水平坐标
~ hyperboliques 双曲线坐标
~ inverses d'un système triphasé de grandeurs 三相量系统的负序坐标
~ logarithmiques 对数坐标
~ longitudinales 纵坐标
~ modales 模态坐标系
~ nodales 节点坐标系
~ normales 法坐标,正规标,正则坐标,法定坐标
~ obliques 斜角坐标,斜交坐标
~ originales 起始坐标,原始坐标
~ orthogonales 正交坐标,垂直坐标,直角坐标
~ paraboloïdales 抛物面坐标
~ paraboliques 抛物线坐标
~ paraboliques cylindriques 抛物柱面坐标
~ parallèles 平行坐标
~ planes rectangulaires 平面直角坐标
~ polaires 极坐标
~ polaires angulaires 角极坐标
~ ponctuelles 点坐标
~ projectives 投影坐标
~ rectangulaires 直角坐标
~ rectilignes 直线坐标
~ semi-polaires 半极坐标
~ sphériques 球体坐标,球面坐标
~ sphériques rectangulaires 球面直角坐标
~ symétriques d'un système de grandeurs polyphasé non équilibré 不平衡多相量的系统中的对称坐标
~ tachéométriques 逐桩坐标
~ tangentielles 切线坐标
~ transversales 横坐标
~ trichromatiques 三色坐标
~ trilinéaires 三线坐标
~ trilinéaires normales 正三线坐标

coordonner *v* 协调,调整,调配
coorongite *f* 弹性藻沥青
copeau *m* 屑,碎片,刨花,切屑,岩隙,碎块,碎木屑,金属屑,岩石裂隙
~ de charriage 冲掩体,推覆体
~ de l'acier 钢屑
~ tectonique 构造碎片
copiage *m* 仿制,靠模,复制,靠模加工
copie *f* 抄本,副本,拷贝,复制,复印本
coplanaire *a* 共平面的,同一平面的
copolymère *m* 共聚物,异分子聚合物,共聚化合物
coppaelite *f* 黄长辉斑岩
coppernickel *m* 红砷镍矿
coppite *f* 铁黝铜矿
coprécipitation *f* 共同沉淀
coprolit(h)e *m* 粪化石,粪石
coque *f* 壳,薄壳,外壳,船壳,壳体,壳形物
~ conique 圆锥壳
~ conoïdale 圆锥壳
~ cylindrique 圆柱形薄壳
~ en béton armé 钢筋混凝土壳
~ hyperbolique 双曲壳
~ mince 薄壳
~ sphérique 球形壳体
coquillart *m* 介壳石灰石
coquille *f* 壳,套,模,介壳,甲壳,冷铸模,贝壳状物,金属铸型
~ en acier garnie de cupro plomb 挂铜铅合金的钢背瓦
~ en acier garnie de cuivre-plomb 挂铜铅合金的钢背瓦
~ amovible 可拆卸铸型
~ cylindrique 柱形壳
~ de coussinet 轴瓦
~ de fonderie 铸模,铸造轴瓦
coquiller *m* 壳灰岩
coquine *f* 贝壳灰岩
coracite *f* 箭石,杂钙铅铀矿
corbeau *m* 梁托,托肩,牛腿,撑架,起重机角撑
cordage *m* 缆,钢索,粗索,缆绳,绳索,索具,悬置系统,吊挂系统
~ d'ancre 锚索,锚链
cordé *a* 鸡心形的,(熔岩)波纹(构造)的

corde *f* 绳,索,弦,丝线,弦杆,吊索,帘布,(轮胎)帘线
～ d'arc 拱弦
～ de chanvre bitumé 沥青麻绳
～ de fabrication 制造弦
～ de garniture 包扎绳
～ de mesure 测绳
～ de mesure d'allongement 测量绳
～ de nylon à enfilage 穿线用尼龙绳
～ de remorque 牵引索
～ de retenue 系索,牵索
～ en chanvre 麻绳

cordeau *m* 绳,小线,导火线,导爆线,引爆线,引爆索

cordée *f* 提升(罐笼)

cordelette *f* 细导火索

cordelle *f* 井绳,纤绳

cordéroïte *f* 氯硫汞矿

cordillière *f* 山脉,雁行山脉,高山地区

cordite *f* 无烟火药,无烟线状炸药,硝化甘油火药

cordon *m* 绳,带,线,脊,焊缝,沙洲,沙嘴,沙坝,电线,细绳,焊珠,焊波,小辊,导火线,火药线,滨外沙洲,长条料堆(道路施工),(山岭或沙丘的)梁
～ à 10 fils 10芯合股线
～ à l'envers 充填焊缝
～ bombé renforcé 凸焊缝,加固焊缝
～ bouclé 环形沙嘴
～ conducteur 绞线,合股线
～ continu 连续焊缝
～ d'effondrement 熔穿的焊缝
～ de câble 绞线电缆
～ de matériaux 纵向料堆
～ de pénétration 熔穿的焊缝
～ de pointage 定位焊缝
～ de sonnette 打钟绳
～ de soudure 焊缝,焊波,焊接接头
～ de soudure arasé 修整过的焊缝
～ dorsal 背脊
～ en congé 凹焊缝
～ en sol 土料堆,条形土堆
～ en V V形沙洲
～ frontal 正面焊缝,端面受力焊缝
～ morainique 冰碛堤
～ morainique frontal 前碛堤,终碛堤
～ morainique latéral 侧碛堤
～ réduit 凹焊缝
～ renforcé 加固焊缝
～ routier 条形长堆,道路上的长条料堆
sans ～ alimentation 无电线的,无塞绳的,电池式的
～ secteur 电源线
～ téléphonique au central 电话交换台上的电话线
～ transversal 横焊缝
～ unipolaire 单芯塞绳

cordylite *f* 氟碳钡锌矿

corencite *f* 绿脱石

corindite *f* 刚玉

corindon *m* 刚玉,金刚砂,氧化铝

corinindum *m* 刚玉

corivendum *m* 刚玉

corne *f* 角,尖头,喇叭,尖角,货物起重臂

corné,e *a* 角状的,折角的,带角的,角岩的(结构)

cornéan *m* 隐晶岩

cornée *f* 断层阶地

cornéen *a* 角岩的

cornéenne *f* 角岩,角石,角页岩

cornéite *f* 黑云角岩

cornélian *m* 红玉髓,光玉髓(闪红玉髓)

cornet *m* 喇叭,小号,喇叭形,圆锥形,喇叭形天线
～ de manœuvre 吊车号角
～ de signal 号,信号笛,警告喇叭
～ double 双锥
～ émetteur 喇叭形发射天线
～ recourbé 平滑匹配装置

cornétite *f* 蓝磷铜矿

corniche *f* 檐,檐口,檐板,挑檐,上楣,悬顶,悬崖,盖层,岸边路,沿峭壁的道路

cornier *a* 角的,隅的

cornière *f* 角,角铁,弯管,肘管,角钢[铁、材]
～ à ailes égales 等边角钢
～ à ailes égales à arêtes vives 尖角等边角钢
～ à ailes inégales 不等边角钢
～ à ailes inégales à coins arrondis 圆角不等边角钢
～ à arêtes vives 尖角角钢
～ à boudin 圆头,角钢,凸缘角铁,圆头角钢
～ à bourrelet 凸缘角铁,圆头角钢
～ à branches égales 等边角钢
～ à coins arrondis 圆角角钢
～ couvre-joint 盖接缝角铁,角形鱼尾板
～ d'acier 角钢

~ d'angle 角撑,角形托座
~ d'assemblage 角撑,连接角钢
~ d'attache 短角钢,连接角钢,辅助角钢
~ d'huisserie de porte 门枢角铁
~ de butée 支撑角铁,支撑角钢
~ de fixation de huisserie de porte 门框定位角铁
~ de la membrure 翼缘板角钢
~ de raidissement 加劲角钢
~ de renforce 加强板,加强角钢,加劲角钢
~ guide 导向角铁,导向角钢
~ raidisseuse 加劲角钢
~ support 支撑角钢,支撑角铁

cornubite *f* 羟砷铜石
cornwallite *f* 墨绿砷铜石
coronadite *f* 锰铅矿(铅硬锰矿)
coronite *f* 反应边岩,镁电气石
coronspuite *f* 水锑铅银矿
corps *m* 体,矿体,外套,物体,物质,浓度,厚度,本体,主体,机壳,床身,阀壳,外壳,机体,车体,车身,团体,正文,岩体,数统
~ à arêtes vives 多面体
~ à la pompe 泵壳,水泵外壳
~ anisotrope, ~ biréfringent 各向异性物体
~ avec orifice d'échappement 有排风孔的阀体
~ charrié par une fleuve 河流漂流物,河流夹带物
~ combustible 可燃体,易燃体
~ conducteur 导体,导线,导电体
~ creux 空心体
~ d'aspiration 泵的吸入管
~ d'essieu 轴梁,轴体,轴身
~ d'état 工种
~ d'un bâtiment 建筑物的主体
~ d'une nappe 推覆体
~ de bobine 线圈架
~ de boîte d'essieu 轴箱体
~ de chaudière 锅炉体
~ de chauffe 加热器,散热器,辐射体,暖气装置
~ de chaussée 基层
~ de culée 合身
~ de distribution 分配阀体
~ de fusible 信管,熔丝管
~ de joint 填缝料
~ de l'inducteur 手摇发电机的机壳
~ de l'outil 刀杆
~ de la chaussée 铺砌层,路面结构,路面体(包括基层,底基层和底层)
~ de minerai, ~ minéralisé 矿体
~ de pieu 桩身,桩体
~ de piston 活塞体
~ de pompe 泵体,泵壳
~ de remblais 路堤
~ de révolution 旋转体,回转体
~ de robinet 阀体,塞门体
~ de roue 轮心
~ de roue à rayons 辐条轮心
~ de sapeurs-pompiers 消防队
~ de sonde 钎杆,钻杆髓
~ de tendeur 松紧螺套
~ de turbine 汽轮机汽缸
~ déformable 柔体,变形体
~ des ingénieurs 工程技术人员
~ difficilement soluble 难溶物质
~ dissipateur 消力体
~ du barrage 坝体
~ du cylindre 汽缸体
~ du guide 导轴承体
~ du poteau 柱身
~ du rivet 铆钉体
~ du robinet de vidange 排放阀体
~ du siphon 虹吸管管身
~ effilé 流线体
~ élancé 大延伸率物体
~ élastique 弹性物体
~ électrisé 带电体
~ émissif 辐射体
~ en acier coulé 铸钢外壳
~ en chute libre 自由落体
~ étranger 异体,异物,杂质,外来物体,外国材料,外国设备,外加物质
~ extrusif 喷出体
~ flottant 浮体,浮物,浮渣,漂浮物
~ fusiforme 纺锤体,纺锤状体
~ gazeux 气体
~ géologique 地质体
~ gris 灰色体,非选择性辐射体
~ hétérogène 不均质体
~ homogène 均质体
~ igné concordant 整合侵入体
~ immergé 潜没体
~ inerte 惰性体,惰性剂,惰性物质
~ infini 无限体

~ injecté 贯入体,侵入体
~ intrusif profond 深成[侵入]岩
~ intrusif, ~ intrusif injecté 侵入体,深成[侵入]岩
~ isolant en papier phénoplaste 用酚醛塑料绝缘纸做的绝缘体
~ isotrope 各向同性物体
~ libre 自由体,隔离体,孤立体
~ liquide 液体
~ métallique 金属矿体
~ mort 固定锚,系船锚
~ mou 非弹性体
~ noir 黑体,沥青材料,全辐射体
~ opaque 不透明物体
~ organique 有机体,有机物质
~ perturbateur 干扰体,扰动物体,干扰物质
~ pesant 重物,实体物质
~ peu soluble 微溶物质
~ plasto-élastique 塑料弹性体
~ polymorphe 多形变体,同质多象变体,同性多晶型体
~ pur 纯材料
~ radioactif 放射性物质
~ rigide 刚体
~ routier 路基
~ sableux 砂体
~ simple 单质,单体,元素,化学电池
~ solide 固体
~ soluble 可溶物质
~ sous-jacent 下伏岩体
~ stratiforme, ~ stratoïde 层状矿体
~ tensio-actif 表面活性物质
~ tombant 落体
~ tombant librement 自由落体
~ translucide 半透明体
~ transparent 透明体
~ visqueux 黏性体
~ volatil 挥发物质
corpusculaire *a* 微粒的,粒子的
corpuscule *m* 微粒,粒子,质点,小体
~ élémentaire 元质点
corrasion *f* 磨蚀,风蚀,刻蚀,刻蚀(作用),动力侵蚀
~ éolienne 风力刻蚀
~ fluviale 冲蚀
correct, e *a* 正确的,恰当的,合适的,端正的,符合规则的

correctement *adv* 正确地,符合规则地,合适地
correcteur *m* 校对,校正器,调节器,补偿器
correcteur, trice *a* 矫正的,调整的,补偿的
correctif *a* 校正的,校准的,调整的,勘误的
correction *f* 改正,校正,修正,调准,调整,治理,校样,正确,校正值,修正量,改正数
~ angulaire 修正角,角度校正
~ automatique de charge 自动调整负载
~ automatique des erreurs 自动纠错
~ d'adresse 更正地址
~ d'alignement 定线校正,准线修正
~ d'erreur 误差校正
~ d'excentricité 偏心校正
~ d'une route 公路改线
~ de directivité 定向性校准(明暗、浓淡、品质的细微差别)
~ de distorsion 失真校正
~ de Faye 法依校正值(高程校正值)
~ de fréquence 频率调整,频率校准
~ de gamma 非线性校正,电视影像亮度校正
~ de gravité 重力修正,重力校正
~ de l'état de surface 表面状态修整
~ de membrane 橡皮膜校正(土的三轴试验)
~ de niveau 水平校正,气泡校正
~ de parallaxe 视差校正
~ de plan de pose (voie) 线路水平面的校正
~ de relief 地形校正
~ de rivière 改移河道,河道矫正
~ de signal 信号校正
~ de température 温度修正,温度调整
~ de tension 拉力修正
~ de terrain 地形校正
~ de tracé 路线修正
~ de zéro 复零,零校准,零点校正,无间隙调整
~ des courbes au cordeau 曲线绳整法
~ des données 数据校订,资料校正
~ des phases 相位校正
~ du profil 水准校正,纵断面修正
~ dynamique 动(力)校正,(地震)正常时差校正
~ électrique de l'heure des horloges 电钟的调准
~ en direction 方向校正
~ granulométrique 级配调整
~ instrumentale 仪器校正
~ isostatique 均衡校正
~ par la lecture 读数校正
~ parallaxe 视差修正(量)
~ périodique 脉冲式控制,周期式校正

~ statique （地震勘探）静校正
~ topographique 地形测量校正
corrélateur *m* 相关器,相关函数测定仪,相关函数分析仪,电子乘积检波器
~ analogue 模拟相关器
~ de quadrature 自动调相线路
~ électronique 电子相关器,电子相关函数分析仪
corrélatif, ive *a* 相关的,相应的
corrélation *f* 对比,关联,相应,相关性,对射,对射变换,相关关系,交互作用,关联作用
~ de puits 钻孔剖面对比
~ de strate 地层对比
~ de terrains 地层对比,岩层对比
~ des couches 地层对比
~ des diagrammes électriques 电测井曲线对比
~ des diagraphies 钻孔剖面对比,测井曲线对比
~ électrique 电测井曲线对比
en ~ avec 相联系,与……相关联
être en ~ avec 跟……相关
~ faible 对比性差
~ forte 对比性强
~ géologique 地质对比,地质相互关系
~ graphique 图解相关
~ hybride 混合相关
~ interpuits 钻孔剖面对比
~ linéaire 线性相关
~ lithologique 岩性对比
~ multiple 复相关,多重相关
~ mutuelle 互相关
~ négative 负相关
~ normale 正态相关,常态相关
~ partielle 偏相关,部分相关
~ positive 正相关
~ stratigraphique 地层对比
~ structurale 构造对比
corrélativement *adv* 相关地,相应地
corrélogramme *m* 相关（曲线）图
corrensite *f* 柯绿泥石
correspondance *f* 换乘,衔接,接运,联络,符合,通信,函件,相当,一致,吻合,联运,相称
~ avec les services routiers (voyageurs) 旅客列车与公路运输部门的联系
être en ~ avec 跟……一致,对应
~ officielle 公文
~ par automobile 汽车接运

~ ponctuelle 点对应
~ postale internationale 国际邮件
~ symétrique 对称对应
correspondant *n* 记者,代表,通信员
~ à... 相当于……,相应于……
correspondant, e *a* 符合的,一致的,对应的,相应的
correspondre *v* 符台,一致,对应,通信,与……一致
~ à 与……相符,与……对应,与……一致
corridor *m* 走廊,廊道,通道,狭长通道,走廊地带,狭长地带
~ périphérique 环形廊
corrie *f* 冰坑,冰斗,山凹,悬冰斗
corrigé *m* 标准答案,习题解答;*a* 修正的,校正的,调整的
corriger *v* 校正,修正,改正,调整,对准,排除故障
corroborer *v* 证实,确认,加强,加固
corrodabilité *f* 易腐蚀性,对腐蚀的倾向性
corrodable *a* 有受腐蚀倾向的,易受侵蚀的
corrodant *m* 锈蚀,腐蚀,腐蚀剂,腐蚀性物质
corrodant, e *a* 锈蚀的,侵蚀的,有腐蚀力的
corrodé *a* 被侵蚀的,被腐蚀的
corroder *v* 腐蚀,侵蚀,刻蚀,锈蚀,破坏
corroi *m* 胶泥,黏土胶泥（用于防水涂层）
corrosif *m* 腐蚀剂;*a* 侵蚀的,腐蚀的
corrosion *f* 腐蚀,锈蚀,溶蚀,侵蚀,冲蚀,冲刷
~ à la limite des grains 颗粒间侵蚀
~ acide 碱腐蚀
~ atmosphérique 大气侵蚀,大气腐蚀
~ au sol 地下侵蚀
~ bactérienne 细菌侵蚀
~ caustique 碱性腐蚀
~ chimique 化学腐蚀
~ dans les fissures 裂缝腐蚀
~ de frettage 束紧腐蚀
~ de frottement 摩擦腐蚀
~ de l'acier 钢腐蚀
~ de services d'eau chaude 热水设施的腐蚀
~ de vent 风蚀
~ due au sol 地下腐蚀
~ électrochimique 电化腐蚀
~ électrolytique 电蚀,电解腐蚀
~ en strates 岩层侵蚀
~ éolienne 风力腐蚀
~ exfoliente 岩层侵蚀
~ feuilletante 岩层侵蚀

~ filiforme 纤维状腐蚀
~ fissurante 裂化腐蚀,裂纹腐蚀
~ fissurante de l'acier 钢材裂缝腐蚀
~ fissurante sous tension 应力裂纹腐蚀
~ galvanique 电解腐蚀,电化腐蚀
~ intefcristalline 晶间腐蚀,晶间熔蚀
~ interfaciale 面间腐蚀
~ intergranulaire 颗粒间腐蚀
~ interne 内腐蚀
~ latérale 侧向磨蚀,侧向冲刷,侧向侵蚀
~ locale 局部腐蚀
~ localisée 局部腐蚀
~ magmatique, ~ par le magma 岩浆熔蚀
~ par acide 酸洗,酸腐蚀
~ par contact （两种金属的）接触腐蚀
~ par fissuration 破裂腐蚀,裂缝腐蚀
~ par humidité 水分腐蚀
~ par immersion alternative 反复浸没腐蚀
~ par l'eau 水腐蚀
~ par l'eau de mer 海水腐蚀
~ par la rouille 锈蚀
~ par le gaz 气体腐蚀
~ par liquide 液体腐蚀
~ par rouille 锈蚀
~ ponctuelle 点状腐蚀
résistant à la ~ 防腐的,耐蚀的,防腐蚀的
~ saline 盐分侵蚀
~ sèche 干蚀
~ sélective 选择(性)腐蚀
~ sous contrainte 应力腐蚀(由于应力而增加的腐蚀)
~ sous fatigue 疲劳腐蚀
~ sous l'eau 水下腐蚀
~ sous tension 应力腐蚀
~ souterraine 地下侵蚀
~ uniforme 均匀腐蚀

corrosivité *f* 腐蚀性,腐蚀作用

corroyage *m* 锻焊,锻接,挤压,压延,夯实,捣密（工作）,(黏聚性土料的)压实

corroyé *a* 锻造的

corroyer *v* 锻接

corruption *f* 变质,腐烂

corset *m* 加强板,(树木)护栏,贴护板

corsite *f* 球状辉长岩

cortège *m* 套,组,链,系列,行列,电路,(地层)系列段(区)
~ de bordure de plate-forme 地台边缘楔形层系列段,陆架边缘楔形层系列
~ de cône sous-marin 海底扇形地层系列段
~ de haut niveau 高水位地层系列段
~ minéral, ~ de minéraux 矿物系列,矿物组合
~ ophiolitique 蛇绿岩套
~ plutonique 深成岩系列
~ sédimentaire 沉积层系列段,沉积地层系列
~ transgressif 海侵地层系列段,海侵地层系列区

cortlandite *f* 角闪橄榄岩

corundite *f* 刚玉

corundolite *f* 刚玉岩

corundophilite *f* 脆绿泥石

corundum *m* 刚玉

corvusite *f* 水复钒矿

cosalite *f* 斜方辉铋铅矿

cosédimentation *f* 同沉积（作用）

coséistes[cosistes] *m.pl* 同震线,等震线

cosse *f* 壳,套,罩,端,盖,片,套管,衬套,轴套,端头,终端,壳盖,壳罩,辫子线,电线接头,线头焊片,连接线（从主断路引至瓷套管）
~ à borne 接线柱,接线端子
~ à river 铆接凸缘
~ à sortir 引出线套管
~ à souder 焊接凸缘
~ baguée 套环
~ de câble 线套,线夹,电缆夹,电缆端帽,钢丝索套筒

cossyrite *f* 三斜闪石,细晶斜闪石

costibite *f* 硫锑钴矿

cotation *f* 编号,估价,做记号,注尺寸(制图)
~ de couche 地层层号
~ de sondage d'assiette et son odographe 路基钻孔编号及里程
~ de sondage des ouvrages d'art et son odographe 构造物钻孔编号及里程
~ du personnel 人员鉴定

cote *f* 维,度,标高,编号,记号,尺寸,读数,高程,税额,号码,牌价,因次,份额,号码,行情
~ absolue 绝对标高,绝对高程
~ actuelle 实际高程
~ critique (barres de commande) 临界位置,极限位置(控制棒)
~ d'alarme 警戒水位
~ d'alerte 警戒水位
~ d'altitude 标高
~ d'altitude du projet 设计标高

~ s d'encombrement   外廓尺寸,外形尺寸
~ d'enfoncement   嵌装尺寸,压装尺寸,组装尺寸,外形尺寸,轮廓尺寸
~ d'information   参考尺寸
~ d'un sondage   钻孔高程
~ d'usure   磨耗尺寸
~ de l'eau   水位标高
~ de chaussée   路面标高
~ de coffrage   立模标高
~ de fondation du tunnel   隧道基础标高
~ de forme   路基标高
~ de l'échantillon   钻孔取样深度
~ de la mise en œuvre   施工标高
~ de montage   安装尺寸,组装尺寸
~ de niveau   标高
~ de niveau du sol intérieur   室内地面标高
~ de niveau du sol naturel   自然地面标高
~ de niveau prévue   预定(设计)标高
~ de niveau projetée   设计标高
~ de nivellement   高度,高程
~ de perçage   钻进量,钻孔尺寸
~ de pile et culée   桥墩台标高
~ de profondeur   深度读数
~ de projet   设计线,设计高程
~ de réelle   实际标高,实(际)尺寸
~ de référence   参考尺寸
~ de restitution   回水标高
~ de sondeur   钻孔,岩石标高(深度)
~ de sous-poutre   梁底标高
~ de surface libre   自由表面标高
~ de terrain   地面高程
~ de terrain naturel   地面标高
~ définitive   最终尺寸,成品尺寸
~ des basses eaux   低水位标高
~ des hautes eaux   高水位标高
~ des plus basses eaux   最低水位标高
~ des plus hautes eaux   最高水位标高
~ diagraphique   钻孔测井深度
~ du couronnement (barrage en béton)   (混凝土坝)坝顶高程
~ du dessin   图纸尺寸
~ du fil d'eau intermédiaire   水流中间高程
~ du lac   水库水位
~ du navire   船级
~ du plan d'eau   水平面,水平面高度
~ du projet   设计标高
~ du seuil   溢流堰顶高程
~ du sol au droit du pieu   桩处地面标高
~ du terrain   地面标高
~ du terrain naturel   天然地面标高
~ effective   实际尺寸
~ exacte   精确尺寸
~ limite   极限尺寸
~ limite maximale   最大极限尺寸
~ limite minimale   最小极限尺寸
~ maximale autorisée   最大容许尺寸
~ maximum   最大尺寸
~ minimale admissible   最小容许尺寸
~ minimum admise en service   使用中最小容许尺寸
~ minimum admissible   最小容许尺寸
~ moyenne du terrain   地面平均高度
~ noir   地面(土地)标高
~ nominale   标称尺寸
~ obligatoire   必须遵守的尺寸
~ par rapport au zéro   海拔面标高
~ s principales   基本尺寸,主要尺寸
~ réelle   实际尺寸,实际高程
~ relative   相对高程,相对标高
~ standard   标准尺寸
~ théorique   理论尺寸,计算尺寸
~ unifiée   标准尺寸,统一尺寸

côte   *f*   崖,海岸,沿岸,滨线,山坡,单面山脊,滨海地带

côté   *m*   旁,侧,边,面,壁,端,方向,侧面,侧边,方面,方船舷,(褶皱的)翼
à ~   在旁边
à ~ de   在……旁边,与……相比,除……之外
~ abaissé   下盘,下降翼
~ adjacent   邻边
~ affaissé   下盘,下翼,沉降翼
~ au vent   向风面,迎风面,上风面
de ~   横斜地,向旁边,在旁边
de ~ et d'autre   从各处,在各处
~ de bobine (de section)   线圈(段)边
~ de la faille   断层翼
~ de la puissance principale   主功率端,连轴节端
de tous ~ s   到处
~ destination   到达方向
du ~ de   在……方面,在……方向,在……旁边,在……附近
~ du mur   下盘
~ du toit   上盘
~ frontal   正面

~ origine　始发方向
~ portant au vent　迎风面,受风面
~ primaire (transformateur)　变压器原边
~ récepteur　（天线电路的）接收端,接收方面
~ relevé　上升翼,断裂上盘
~ secondaire (transformateur)　变压器次边
~ soulevé　上盘,上翼,上升翼
~ sous le vent　背风面
~ ventral　腹部,腹区

coté, e *a*　标注尺寸的,做了标记的,以符号表示的
coteau *m*　高地,小山,小丘,山坡,山丘,丘陵,边坡,冰碛脊（美国西部）,高原（美国、加拿大）
côtelé *a*　有棱角的,肋骨状的
coter *v*　标注尺寸,标注高度
　~ un dessin　在图纸上标注尺寸
côtier, ère *a*　沿岸的,沿海的,海滨的,海岸线的
coton *m*　棉花,棉布,浓雾,棉织品,松软的填塞物
coton-poudre *m*　火棉,硝棉,火药棉,硝化纤棉,硝化纤维
cotre *m*　切刀,刀具,切削器,切断机
cottaïte *f*　灰正长石
cottérite *f*　珠光石英
cotunnite *f*　氯铅矿
cotyle *f*　联结器,提引接头,（链子上的）转环
couchant *m*　下盘,底板；*a*　卧伏的,位于下盘的,位于底板下面的
couché *a*　平卧的,伏卧的
couche *f*　膜,夹层,薄层,涂层,层（次）,地［岩、矿］层
　~ à alliage　合金层
　~ à coller　黏结层
　~ à compacter　压实层
　~ à dégagement　泄出沼气的岩层,有突然喷出瓦斯危险的岩层
　~ à diffusion　扩散层
　~ à exploiter　开采层
　~ à la proximité de la surface　靠近表面的层次
　~ à saute　突变层
　~ à saute de température　温度突变层
　~ absorbant le bruit　隔声层
　~ absorbante　吸附层,吸收层
　~ absorbante de l'atmosphère　大气吸收层
　~ absorbée　吸附层
　~ accidentelle　间层,夹层,薄层,细脉,岩枝,附层
　~ accumulant l'eau　积水层
　~ active　活动层,松软土,冻融（活性）层,（地基土）活性层
　~ alluviale　冲积层
　~ alluvionnaire　冲积层
　~ altérée　风化层
　~ anti-argile　防黏土侵入层
　~ anticapillaire　隔离层,防毛细水层
　~ anticontaminante　防污层,防污染层
　~ anticorrosive　防腐层
　~ antifriction　耐磨层
　~ antigel　防冻层
　~ anti-pumping　防抽吸层
　~ antiréfléchissante　加膜层,光学涂层,减少反射层
　~ antirouille　防锈层,防锈涂料面层
　~ anti-usure　抗磨耗层
　~ aquifère　含水层
　~ aquifère à fuites　渗漏含水层
　~ aquifère artésienne　自流含水层
　~ aquifère productive　出水层
　~ aquifère temporaire　暂时含水层
　~ argileuse　黏土层
　~ asphaltique de liaison　沥青结合层
　~ atmosphérique　大气层
　~ au lait de chaux　石灰浆层
　~ barrée　废石层,无矿层,夹矸［煤］层
　~ basaltique　暗色岩,离群石,玄武岩层
　~ basculée　翘起地层,倒转岩层
　~ bitumineuse　沥青层
　~ boueuse　淤泥层
　~ brisée　断层（接缝）
　~ calcaire　灰岩层
　~ caractéristique　标准层,标志层
　~ collante　结合层
　~ compétente　强岩层,硬岩层
　~ compressible　可压缩层
　~ comprimée　压缩层
　~ concordante　整合层,平行岩层
　~ concrétionnée argileuse　隔水层,隔水黏土层
　~ contournée　扭曲层,扭动岩层
　~ cultivée　表土层,耕作层,植物生长层
　~ d'apprêt enduit à froid　冷底子油（层）
　~ d'accrochage　底漆,底涂层,（沥青）黏层
　~ d'accrochage au mortier de ciment　水泥砂浆打底（层）
　~ d'adhérence　黏着层
　~ d'air　空间,空气隙
　~ d'altération　风化层,风化带
　~ d'amélioration　改善层

~ d'antigel 防冻层
~ d'apprêt 底漆,底涂层
~ d'apprêt (peinture) 底漆,头道涂层
~ d'apprêt enduit à froid 冷底子油(层)
~ d'argile 黏土层
~ d'argile molle 软黏土层
~ d'arrêt 阻挡层,壁叠层,壁垒层,吸收层(过滤器的)
~ d'asphalte 地沥青层
~ d'assainissement 防污层(用来防止土壤向上侵入)
~ d'assise 垫层
~ d'atténuation au dixième 十分之一值层
~ d'eau 含水层
~ d'égalisation 调节层,整平层
~ d'enduit 涂层,粉刷层
~ d'enduit appliquée à chaud (bitume) 热敷沥青层
~ d'enduit d'imprégnation froid (bitume) 冷敷沥青层
~ d'enrochement 粗石垫层,毛石垫层
~ d'épaisseur limitée 限制厚层
~ d'épaisseur uniforme 均匀厚层
~ d'étanchéité 封层,防水层
~ d'humification 腐殖层
~ d'imperméabilisation 防水层,封层
~ d'imprégnation 渗层,透油层
~ d'impression 底涂层,首涂层,结合层,封闭层,沥青透层
~ d'isolant 绝缘[隔热、隔音]层
~ d'isolation thermique 隔热层
~ d'isolation thermique des routes 道路隔热层
~ d'isolement 隔离层,绝缘层
~ d'un enroulement réparti 分布绕组层
~ d'usure 表层,摩擦层,磨损层
~ d'usure définitive 定型磨耗层
~ d'usure provisoire 临时性磨耗层
~ de ballast 废渣层
~ de barrage 屏障,封闭层,阻挡层,壁垒层
~ de base 基层,底层,下垫层
~ de base en déchet industriel 工业废渣基层
~ de base en macadam sec 干结碎石基层
~ de base en pavée 块石基层
~ de base en sol-chaux-cendres volantes 二灰土基层(石灰、粉煤灰、土混合料基层)
~ de base en sol bitumineux 沥青土基层
~ de base en sol ciment 水泥处治土基层

~ de base en sol escarbille-chaux 煤渣石灰土基层
~ de base en sol-chaux 石灰土基层
~ de base imperméable 不透水基层
~ de base inférieure 下基层
~ de base non revêtue 未铺装基层
~ de base perméable 透水基层
~ de base stabilisée 稳定基层
~ de base supérieure 上基层
~ de base traitée aux liants hydrauliques 水硬性结合料处理的基层
~ de béton 混凝土层
~ de béton de ciment armé 钢筋混凝土层
~ de béton de propreté 垫层,床面层,素混凝土层
~ de béton maigre (de propreté) 贫混凝土垫层
~ de binder 结合层,联结层
~ de blocage 阻水层
~ de brique 砖层
~ de câblée enroulée en spires jointives 一层铜丝圈
~ de caoutchouc 橡胶涂层
~ de cendre 炉灰层,火山灰层
~ de charbon 煤层
~ de chaussée 路面层
~ de collage 黏着层,黏合层,黏结层
~ de convection 对流层
~ de couverture (路面)罩面,盖层,终饰层,覆盖层,上覆层
~ de cure 封层
~ de demi-absorption 半值层,半吸收层
~ de demi-atténuation 半值层
~ de dessous 底层,下伏层
~ de dessus 超覆层,上覆层
~ de drainage 排水层,滤水层
~ de dressage 找平层
~ de faible pendage 缓倾岩层,倾角小的岩层(或矿层)
~ de fermeture 封层,止水层,封闭层,防水层,不透水层
~ de feutre 毡垫
~ de finissage (路面)罩面,盖层,终饰层,罩层,表面修饰层
~ de finition 上涂,罩面,(油漆的)最后涂层
~ de fond 底层,底涂层,首涂层,结合层,沥青透层,底漆涂层
~ de fondation 垫层,基础层,床面层,(路面)底基层,素混凝土层,地基土层

~ de fondation en grave sableuse 砂砾石底基层
~ de fondation imperméable 不透水底基层
~ de forme 垫层,改善路基
~ de forme non traitée 未处治的改善土基
~ de forme traitée 处治改善土基
~ de fort pendage 陡倾岩层,倾角大的岩层
~ de galets 卵石层
~ de glace 冰层,冰盖
~ de goudron 煤沥青层
~ de grande épaisseur 厚矿层,厚度大的岩层
~ de gravier 砾石层,卵石层
~ de la base 底层
~ de laine de verre 玻璃纤维层
~ de lave 熔岩层
~ de lave superposé 堆积熔岩层
~ de liaison 结合层,联结层
~ de liant 结合料层
~ de lignite 褐煤层
~ de limon 淤泥层
~ de macadam 碎石层
~ de macadam en semi-pénétration 半贯入碎石层
~ de matelassage 垫层
~ de minerai 矿层,矿石层
~ de mortier 灰浆层,砂浆层
~ de neige 雪层
~ de papier （混凝土路面施工中的）纸垫层
~ de peinture 油漆层
~ de peinture de finition （路面）罩面,终饰层
~ de peinture de fond 打底漆层,底漆［底涂］层
~ de pendage modéré 中等倾斜的岩层
~ de pénétration 贯入层
~ de poussière 尘土层,（冰）灰层
~ de propreté 清洁层
~ de protection 保护层
~ de réglage 调节层,整平层,调平层
~ de régularisation 调节层,整平层,调整层
~ de renforcement 补强层,加固层
~ de reprise 整修层,结合层（在已凝混凝土上浇注新混凝土前铺上的水泥砂浆层）
~ de reprofilage 整平层
~ de revêtement 铺面,路面面层
~ de roches 岩层
~ de roulement 面层,磨耗层
~ de roulement en béton bitumineux 沥青混凝土面层
~ de sable 砂层

~ de scellement 封闭层,保护层,防水层
~ de scories 炉渣层
~ de sel gemme 岩盐层
~ de séparation 分离层,隔离层
~ de sous-base 底层
~ de sous-fondation 垫层,整平层
~ de support 基层,承重层
~ de surface 表层,地表层
~ de surface cultivable 天然土层
~ de surface de chaussée 路面面层
~ de surface multiple 多层面层
~ de surface simple 单层面层
~ de surface souple 柔性面层
~ de terrain 土层
~ de tourbe 泥炭层
~ de transition 过渡层
~ de tresse 压实层,夯实层
~ de vernis 清漆层
~ déchirée 破碎地层
~ déficiante （层群中）缺失层
~ demi-drainée 半封闭层
~ demi-ouverte 半封闭层
~ discordante 不整合层
~ disloquée 移位层,移位岩层,错动岩层
~ drainante 滤水层,排水层
~ drainante anti-contaminante 防污染排水层
~ droite 急倾斜的岩层
~ du mur 底板,下伏岩层
~ du passage 过渡层
~ du sol 土层
~ du sol de dilatable 膨胀土层
~ du sol gelé 冻土层
~ du toit 顶板,上部矿层
~ dure 硬岩层
~ en panneresses 顺砖层
~ en pierres de taille 琢石层
~ en planeur 近水平层,缓倾斜层（3°以下）
~ en sifilet 斜面整平层
~ encaissante 封闭层
~ épaisse 厚层
~ étanche 防水层,防潮层
~ étanche en feutre bitumé 沥青油毡防潮层
~ exploitable 可采矿层,工业矿层
~ extra-mince 非常薄的矿层
~ faiblement inclinée 平缓倾斜地层
~ filtrante 滤层,过滤层,反滤层,渗透层,砂或砾石盖层

~ filtre 过滤层
~ filtre de sable 砂滤层
~ flexible 柔性层
~ fortement inclinée 倾角陡立地层
~ fossilifère 化石层，含化石的岩层
~ frontale 前积层
~ gazifère 含瓦斯矿层
~ gelée 冻结层，冻结岩层
~ géologique 地质层(位)
~ géothermique 地热层
~ glissante 滑溜层
~ granulaire 砾料层
~ gravier 砾石层，砂石层
~ grisouteuse 瓦斯煤层
~ guide 标准层
~ hétérogène 不均匀的矿层，异质的岩层
~ homogène 同质层，均质岩层
~ horizontale 水平地层，水平岩层，水平矿层
~ houillère 煤层
~ hydrocarbonée 沥青层
~ hydrofère 含水层
~ hydrofuge 防潮层
~ imperméable 阻挡层，闭锁层，防水层，隔水层，不透水层
~ imprégnée d'eau 积水岩层，水浸泡的岩层
~ inclinée 倾斜岩层，倾斜地层
~ incompétente 软岩层
~ inexploitable 不可采矿层
~ inférieure 底层，下层，垫底层
~ insonorisante 隔声层
~ intensivement dérangée 强烈扰动地层
~ intercalaire 夹层，互层
~ intermédiaire 夹层，过渡层，内衬层，中间层次，中间涂层(油漆作业)
~ interrompue 岩层间断，破坏的岩层
~ interstratiphiée 间层
~ irrégulière 乱砌层，乱石铺砌层，不规则岩层，不稳定岩层，厚度有变化的矿层
~ isolante 隔离层，绝缘[隔热、保温、隔音]层
~ isolante imperméable 防水隔离层
~ isotherme 同温层，等量层，等温层，同温岩层
~ lacustre 湖沉积(层)
~ lamellaire, ~ lamelleuse 薄层，叶片，薄壳层
~ légèrement inclinée 平缓倾斜地层
~ liée 连接层
~ métallifère 矿石层，含矿层
~ mince 薄膜，薄层，薄片

~ mince d'huile 油膜
~ minéralisée 含矿层，可采矿层
~ mixte 混合层
~ mouvementée 被破坏的岩层，构造破坏的矿层
~ multiple 多层，复层，变杂岩层，多层体系
~ nivelée 整平层
~ non gélive 不冻层，不冻结层
~ non inclinée 水平岩层
~ non traitée 未处治层
~ oblique 交错层，斜层理
~ obturatrice 封闭含水层
~ océanique(de la croûte terrestre) 洋壳层，洋壳型地壳
~ opaque 浑浊层，不透明层
~ ouverte 排水层，开放层
~ oxydée 氧化层
~ par croissance contrôlée 变速生长结
~ payante 产矿层，富矿层，有效路基层
~ pellucide 透明层
~ pénétrée 穿透层
~ périphérique 外层
~ perméable 透水层，渗透层
~ perpétuellement gelée 永冻层
~ pétrolifère 含油层
~ peu inclinée 缓斜岩层
~ plate 缓斜层
~ plissée 褶皱层
~ portante 承压层，承重层
~ pourrie 松散岩层，风化岩层
~ précomprimée 预压层
~ primaire (peinture) 底层(油漆)
~ productive, ~ productrice 产油层，产矿层
~ profitable 有效路基层
~ protectrice 保护层，防护层
~ protectrice contre le feu 防火层
~ puissante 厚矿层，厚层
~ rapportée 冲积层，覆盖层
~ recoupée 交错层
~ redressée 垂直矿层，陡立岩层，向上直立地层
~ régulière 稳定矿层，规则岩层
~ rejetée 断错的岩层，断开的矿层
~ renversée 倒转层，倒转岩层
~ répandue 摊铺层
~ repère 标准层，标志层
~ réservoir 蓄水层，蓄油层，蓄气层，(地)热储层
~ rigide 刚性层

~ rocheuse 岩层
~ routière thermoisolante 道路隔热层
~ sablonneuse 砂质土层
~ saisonnièrement dégelée 解冻层
~ salée et dure 盐田,盐盘
~ salifère 含盐层
~ saturée 饱和层
~ scellement 封层
~ sédimentaire 沉积层,冲积层,沉积岩层
~ semi-rigide 半刚性层
~ séparatrice 夹层,分界层
~ simple 单层
~ sommitale 顶积层
~ sous couche 基底,基层,支撑层,承托层
~ sous-jacente 下邻层,覆盖层,下伏岩层
~ stérile 无矿层,岩石夹层
~ s structurelles de chaussée 路面结构层
~ subjacente 上覆层,上邻层,下伏的,下邻的,深成的,直接在下面的
~ successive 相继层,连续层
~ superficielle 表层,面层,保护膜,表面地层,埋藏在地表的矿层
~ superficielle des chaussées 路面面层,路面表层
~ supérieure 上层,表层,覆盖层
~ superposée 超覆层,上覆层,叠置层,叠加层,覆盖层
~ support 承托层,支撑层,承重层
~ surplombante 覆盖层
~ sur-jacente 覆盖层,上覆层,上邻层
~ terminale 端饰层
~ terrestre 土层,地层
~ thermoisolante 隔热层
~ tordue 扭转层
~ toujours gelée 永久冻土层
~ tourmentée 拐曲层,破坏层
~ traitée 处治层,稳定层
~ transgressive 海侵岩层
~ transitoire, ~ transition 过渡层
~ traversée 交错层,交错矿层
~ très épaisse 极厚矿层,工业矿层
~ très inclinée 极陡矿层
~ très mince 非工业矿层,极薄矿层(0.01m~0.03m)
~ turbulente 紊流层
~ uniforme 均匀层,稳定的矿层(岩层)

couchis *m* 拱架,筒板,横板,支拱板条,沙土垫层,(天花板)灰板条

coudé *a* 肘形的,曲拐的,弯曲的
coude *m* 肘,曲拐,弯道,弯头,河曲,急弯,拐角,弯曲,弯管,河湾,曲柄,弯曲部,传动臂,拐弯处,可曲波导管
~ à 45° 45°弯头
~ à brides 法兰弯头
~ à grand rayon 长弯弯头,长半径弯头,平缓河湾,大半径河湾
~ à petit rayon 短弯弯头,小半径弯头,小半径河湾
~ brusque 急弯
~ d'aspirateur 尾水管肘管
~ d'échappement 排气管弯管,排气管弯头
~ d'équerre 直角弯管,直角弯头
~ d'équerre à trois voies 三向直角弯头
~ d'équerre égale 直角弯管
~ d'interconnexion 连接管
~ d'un mur 断裂,裂缝,墙拐角
~ de bouche d'incendie 消火栓弯头
~ de convexe 凸弯头
~ de distorsion 扭曲河道
~ de jonction 弯管,肘管
~ de la bobine 线圈弯头,线圈象鼻
~ de la caractéristique 特性曲线
~ de la tuyauterie 管道[歧管]弯头
~ de manivelle 曲柄,曲拐臂
~ de raccordement de tubes 管连接弯头
~ de rivière 河湾
~ de surchauffeur 过热器弯管,过热器弯头
~ de tube 管弯头
~ de tuyau 弯管
~ double 双弯管,S形弯管
~ en U U形弯管
~ étanche 防水弯头
~ flexible 柔性弯头
~ hydrofuge 防水弯头
~ inférieur 下弯曲,(断层)下盘弯曲
~ inférieur de la caractéristique 特性曲线向下弯曲部分
~ manomètre 压力表弯管
~ réducteur 缩径弯头
~ soudé 焊接弯头[弯管]
~ supérieur 上弯曲,(断层)上盘弯曲
~ taraudé 带丝扣弯头

couder *v* 弯曲,使弯曲,弯成拐状,使变成肘形
~ à froid 冷弯,冷折
coude-raccord *m* 弯管接头

coudeuse *f* 折弯机,弯折机,弯(钢)筋机,煨弯[弯曲]机
　～ à bras　手动钢筋弯折机
　～ à main　手动弯曲机,手动钢筋弯折机
　～ de barres　钢筋弯折机
　～ hydraulique　液压弯曲机
　～ mécanique　机械弯曲机,机械弯曲器,机动钢筋弯折机
　～ pour barres　弯钢筋机
　～ pour tubes　弯管机
　～ universelle　万能弯管机

coudure *f* 挠曲,弯曲
　～ à froid　冷弯
　～ asymétrique　不对称弯曲
　～ latérale　侧向弯曲
　～ plastique　塑性弯曲
　～ pure　纯弯曲
　～ renversable　反向弯曲
　～ simple　(单)纯弯曲

coulabilité *f* 流动性
coulable *a* 可铸的
coulage *m* 灌注,渗漏,漏水,漏气,铸造,漏泄,浇筑,浇铸,浇注(水泥、钢水等)
　～ des joints　灌缝
　～ du béton　混凝土浇注
　～ de béton sous l'eau　水下浇注混凝土
　～ sur place　现浇混凝土

coulant *a* 流动的,连续的
coulé *a* 铸造的
　～ en place　现浇
　～ en matrice　压铸的,模铸的

coulée *f* 流,流入,浇注,浇口,翻砂,铸造,浇铸,注入,出钢,排出,喷出,熔岩流,浇注系统
　～ à fente　缝隙式浇口
　～ à surface lisse　波状熔岩岩流
　～ basculante　倾斜浇注
　～ boueuse　泥石流,矿泥
　～ centrifuge　离心铸造
　～ cordée　绳状熔岩流
　～ d'éboulis　山崩,塌方,地滑,滑坡
　～ de bloc　石川,石流,巨石流
　～ de boue　泥流
　～ de boue et bloc　泥石流
　～ de boue volcanique　火山泥流
　～ de débris　岩屑流
　～ de laitier　出渣
　～ de lave　熔岩流
　～ de lave anguleux　块状熔岩流
　～ de lave souterraine　地下熔岩流
　～ de minerai　富矿体,柱状矿体
　～ de pierres　石川,石流河,泥石流
　～ de solifluxion　泥流,泥流作用,泥流沉积,解冻泥流(翻浆现象)
　～ de terrain　滑坡,地滑
　～ de terre　坍方,山崩,地崩
　～ de vase　泥流
　～ diabasique　辉绿熔岩
　～ discontinue　(裂隙中的)不连续矿化
　～ en châssis　模箱铸造
　～ en chute　上浇法
　～ en chute directe　顶注式浇口
　～ en coquille　硬模铸造,冷硬铸造
　～ en cornichon　底注式浇口
　～ en matrice　压铸,压铸件
　～ en moules étuvés　干砂型浇注
　～ en sable　砂型铸造
　～ en siphon　底浇注口
　～ poids　重力式岸墩,重力式拱座
　～ sans masselotte　无冒口铸造
　～ volcanique　熔岩流

couler *v* 流,漏,流淌,浇注,铸造,注入,浇注(混凝土)
　～ le béton　浇注混凝土
　～ les produits　产品流通
　～ un mur　浇筑墙
　～ un plancher　浇筑楼板
　～ un poteau　浇筑支柱
　～ une poutre　浇筑梁
　～ une voûte　浇筑拱

couleur *f* 色,颜色,彩色,色调,颜料
　～ à la céruse　铅白,白铅粉
　～ bleue pâle　浅蓝色
　～ claire　浅色
　～ complémentaire　补色,互补色
　～ d'apprêt　原色,底色
　～ d'interférence　干扰色
　de ～ stable　稳定色的,不上色的
　～ de fond　底色
　～ de la poussière d'un minéral　矿物条痕的颜色
　～ de lumière　光色
　～ de revenu　回火色,氧化色
　～ de rouille　铁锈色
　～ de signal　信号颜色
　～ des minéraux　矿物的颜色

~ des roches　岩石的颜色
~ finale　终色
~ foncée　深色,暗色
~ fondamentale　基本色
~ s fondamentales　原色,基本颜色
~ neige pâle　灰白色
~ pâle　浅色,淡色
~ pigmentaire　色素的颜色
~ réfléchissante　反光色
~ s reproductibles　可再生的颜色
~ sans tonalité chromatique　无色颜料,无色调表象,消色差颜色
~ superficielle　表面颜色
~ vive　鲜明颜色

coulis *m*　浆,薄浆,灰浆,浆液,薄胶泥,水泥浆
~ argile-ciment　黏土水泥浆
~ asphaltique　沥青砂浆,沥青胶泥
~ bentonite-ciment　膨润土—水泥浆液
~ chimique　化学浆液,合成浆液
~ ciment-sable　水泥砂浆
~ colloïdal　胶体浆叶,胶态浆液,薄胶泥浆
~ d'argile　泥浆,黏土浆,黏土浆液
~ d'expansion　膨胀性浆液
~ d'expansion à haute résistance　高强度膨胀性浆液
~ d'injection　注入浆,灌浆
~ d'injection pour tirants　锚固用砂浆
~ de béton　混凝土浆,混凝土灰浆
~ de bitume　沥青砂浆,地沥青砂胶,地沥青胶泥
~ de chaux　石灰浆
~ de ciment　灰浆,水泥浆,水泥浆液,液态耐火泥,单液水泥浆
~ de ciment pur　纯水泥浆
~ de ciment ultrafin　极细水泥浆
~ de sable　（水泥）砂浆,含砂的灌浆体
~ hydrocarboné　沥青胶泥浆
~ mère　母浆,原浆
~ pour micropieux　导管注浆
~ primaire　母浆,原浆
~ stable　稳定浆液

coulissage *m*　（运动）平移,（褶皱）雁行状分布
coulissant *a*　滑动的
coulisse *f*　沟,槽,滑板,滑槽,滑环,滑尺,游标,曲柄,轴杆,导槽,承滚道,滑板环,月牙板,轴承滚道
~ à fourche　叉形滑环
~ cintrée　弧形滑环

~ d'introduction de l'appareil　路签机上放入路签的槽孔
~ de changement de marche　换向月牙板
~ de distribution　阀动滑板,配气月牙板
~ de forage　钻杆
~ droite　直滑环
~ manivelle　曲柄导向装置

coulisseau *m*　滑块,滑屐,滑板,导轨,导板,游动杆,滑动片,导向装置,换挡滑竿
~ crosse　滑屐,滑靴,十字头滑块

coulissement *m*　滑动,错动,（褶皱）雁行排列,雁行状分布
coulisser *v*　滑动
coulisseur *m*　滑块,导槽,小滑杆,（岩芯钻机）定向杆
~ de battage　冲击钻杆,套接振动钻杆
~ de forage　冲击钻杆
~ de pêchage　钻探打捞器
~ de repêchage　打捞器,打捞振动杆

coulobrasine *f*　杂硫锌硒汞矿
couloir *m*　管,槽,沟,峡谷,通道,廊道,洞穴,走廊,过道,孔道,套管,软管,溜矿槽
~ à charbon　溜煤槽
~ à minerai　溜矿槽,溜矿眼
~ central　中间过道
~ d'accès aux quais　进站通道
~ d'écoulement　水沟,水憎
~ de chargement　溜矿口,溜矿槽
~ interdunaire　沙丘谷
~ karstique　溶槽,岩溶沟,喀斯特槽
~ latéral　侧走廊,侧边过道
~ oscillant　扳动槽式输送机
~ synclinal　向斜谷
~ tectonique affaissé　地堑,裂谷
~ vibrant　振动溜槽,振动槽式输送机

couloire *f*　过滤器,沥水器
coulomb *m*　库仑（电量单位）
coulombmètre *m*　电量表,库仑计,电荷计
coulsonite *f*　钒磁铁矿
coumaie *f*　致密灰岩,肾状致密灰岩
coup *m*　打,击,冲击,震动,爆炸,行程,冲程,阵风,放炮,爆破,撞击,打击,跳动,一次,一下
à ~ sûr　一定,肯定,必然
à tous (les) ~ s　每次,时常,随时
après ~　事后,过后
~ arrière　后视,后方交会,后视水准仪读数
~ avant　前视

~ d'arc（soudage） 起弧（焊接）
~ d'eau 冒水,涌水,水击,水锤,水力冲击,（矿井）突然涌水
~ de bélier 水压增大,水力冲击
~ de bélier（eau） 水锤,水击
~ de bélier（vapeur） 气锤
~ de burin 凿击,雕凿痕迹
~ de charge 冲击地压,装药爆破,岩石喷出,岩石射出,负荷冲击
~ de charge initiale 初始重量
~ de cloche 打钟,打铃
~ de corne d'appel 音响信号
~ de courant 电流脉冲
~ de dame 夯击
~ de feu 耐热,耐火,逆燃（火箱）
~ de frein 紧急制动
~ de froid 温度骤降
~ de grisou 矿井瓦斯爆炸
~ de lunette 水准导线,（矿山测量时）标高
~ de meule 研磨痕迹
~ de mine 炮眼,爆炸,爆破,爆破孔,爆破工程
~ de mine raté 瞎炮,拒爆炮眼
~ de mouton 锤击
~ de mur 下盘突然位移
~ de poing 放炮机,手镐（斧）
~ de poing（bouton） 蘑菇头形按钮
~ de pointeau 冲击力,定中心点
~ de poussière 矿尘爆炸,煤尘爆炸
~ de sifflet 响笛,鸣笛,鸣放汽笛
~ de sonde 钻孔,打冲击钻孔,深部探测
~ de toit 塌顶,顶板冒落
du même ~ 同时,在同一机会
~ sur coup 接连地,一个又一个地
sur le ~ 立刻,马上
tout à ~ 突然
tout d'un ~ 突然,一下子
un ~ d'œil 一瞥

coupage *m* 截切,切断,截断,(采区)切割工作
~ à arc électrique 电弧切割
~ à chaud 热割
~ à froid 冷割,冷切
~ à l'arc 电弧切割
~ au chalumeau 喷灯切割
~ autogène 气切,气割
~ automatique 自动切割
~ en travers 横切
~ manuel 人工切割,手工切割

~ sous l'eau 水下切割

coupe *f* 切,削,割,剖面,断面,截面,切割,切口,剪切,挖方,剖面图
~ à baïonnette 阶式接头
~ au chalumeau 火焰切断,火焰隔离
~ cartographique 剖面图,断面图,截面图
~ circuit bipolaire 双极保险器
~ composée 复合剖面,综合剖面
~ d'assemblage 组装断面
~ d'ensemble 综合剖面,区域性断面
~ d'un massif 大体积剖面
~ d'un trou de sonde 钻孔地质剖面
~ de champ 矿区剖面
~ de fil 纵断面
~ de forage 钻井剖面,钻孔柱状图
~ de force 强力切割
~ de joints 切缝（混凝土路面）
~ de la chaussée 踏面剖面
~ de la salle de commande 控制室剖面图
~ de niveau 等高线
~ de profondeur 深部剖面
~ de sondage 钻探剖面,钻孔剖面(图)
~ de sonde 测井,钻探断面,钻探剖面,测井记录
~ de wagon 车组
~ des terrains 地层剖面,地质剖面
~ détaillée 详细剖面
~ du forage 钻孔柱状图
~ du gisement 矿床剖面
~ du poste de transformation 变电所剖面图
~ du puits 钻孔[井]剖面
~ du segment 活塞环切口
~ du sondage 钻孔剖面(图)
~ en équerre 平接,对接
~ en long 纵剖面,纵截面,走向断面,总剖面图
~ en travers 横断面,横剖面,横剖面图
~ générale, ~ généralisée 综合(地质)剖面
~ géologique 地质断面,地质剖面,地质断面图
~ géologique（par sondage） 柱状剖面,地质剖面图
~ géologique d'un forage 钻孔地质剖面
~ géotechnique 地质剖面
~ horizontale 平面图,水平断面,水平截面
~ hydrogéologique 水文地质剖面
~ hydrologique 水文剖面
~ idéale, ~ idéalisée 理想剖面
~ lithologique 岩性柱状图

~ lithostratigraphique 岩性地层剖面
~ locale 局部剖面图
~ longitudinale 纵断面,纵截面,纵剖面,纵剖面图,纵向断面,走向断面,纵向剖面
~ mince 磨片,切片,薄片
~ minimale (arbre de défaillance) 最小路径安排(事故树)
~ nette 净截面
~ oblique 斜剖面,斜削剖面,斜削接头
~ orientée 定向剖面,走向剖面
~ par abrasion 用砂轮截开
~ polie, ~ micrographique 光片,显微磨片
~ régionale 区域性综合剖面图
~ représentative 代表性剖面
~ sagittale 矢切面,(矿体)沿走向切割剖面
~ schématique 概略剖面,剖面示意图
~ sériée 连续剖面,顺序剖面
~ sismique 地震剖面图
~ standardisée 标准剖面
~ stratigraphique 地层剖面(图)
~ stratigraphique synthétique 综合地层剖面
~ tectonique 构造剖面
~ théorique 理论剖面,理论示意剖面
~ topographique 地形剖面
~ transversale 横截面,横剖面,横断面,横向剖面
~ transversale de culée 桥台标准横断面
~ transversale de l'appui 支点横断面
~ transversale de pile 桥墩标准横断面
~ transversale de travée médiane 跨中横断面
~ tubes 截管器,割管刀
~ typique 典型剖面图
~ verticale 正面图,垂直断面,垂直剖面,垂直截面
~ verticale en long 垂直纵剖面
coupé *a* 横切的,切断的
coupe-ardoise *m* 石板切割机
coupe-béton *m* 混凝土路面切缝机
coupe-boulons *m* 切螺栓机,螺栓剪钳,螺栓切割机
coupe-câbles *m* 电缆切断机
coupe-carreaux *m* 方砖切割机
coupe-circuit *m* 断路,保险器,保险丝,熔断器,自动开关,自动断路器
coupe-feu *m* 挡火器,挡火墙
coupe-fils *m* 切线机,剪线钳
coupe-film *m* 地震剖面,地震综合剖面
coupe-gazon *m* 割草机

coupe-joint *m* 混凝土路面切缝机
coupelle *f* 座,碗,盘,皿,盂,密封皮碗
~ de ressort 弹簧座
~ d'essai 试样,实验标本
coupement *m* 切断
couper *v* 割,削,截,切,剪,砍伐,截止,阻止,制止,停止,中断,公开,划分,断绝,穿过,断开(接点),打开(铅封),与……交叉
~ avec la scie 锯,锯开
~ de fils au chalumeau 气割钢丝
~ l'échantillon en petits morceaux 样品切片检查
~ la charge 切断负载
~ la communication 拆线,切断联系
coupe-rivet *f* 铲铆钉用扁铲
coupe-temps *m* 时距,时间间隔
coupe-tubes *m* 割管刀
coupe-tuyaux *m* 割管刀,管子割刀
coupeur *m* 关,开关,切割机,截断器
~ à disque 圆盘式切割机
~ d'argile 黏土切削器
~ de barres 钢筋截断器,钢筋切割机,钢筋切割工
~ de béton 混凝土切割机
~ de brique 切砖机
~ de cornières 角钢切割机
~ de joint 切缝机
~ de ligne 线路开关
~ de verre 玻璃工,划玻璃刀
coupeuse *f* 切割机,裁纸机,切断机,切纸机
~ rotative 回转式平巷掘进机
~ de carreaux 切方砖机,切瓷砖机
~ en travers 切割机,切割刀具
coupe-verre *m* 玻璃刀
~ à diamant 金刚钻玻璃刀
~ à molette en acier 钢轮玻璃刀
couphochlorite *f* 水砷铝铜矿(豆铜矿)
coupholit(h)e *f* 柔葡萄石
couplage *m* 连接,联系,配合,匹配,加倍,布线,接线,接合,耦合,联合器,连接节,连接器,重联运行
couple *m* 偶,力,矩,对,转矩,一对,耦合,电偶,结合,联结,力矩,扭矩,电解偶
~ actif 转矩,转动力矩
~ antagoniste 回复力矩,反作用力矩
~ au frein 制动力矩
~ centrifuge 离心力偶

~ d'accostage 拧紧力矩
~ d'accrochage (d'un moteur synchrone) （同步电动机的）牵入转矩
~ d'allumage (d'un moteur thermique) 点火转矩,发火转矩（内燃机）
~ d'amortissement 减振力矩,缓冲力矩,（直接式仪表的）稳定力矩
~ d'équilibrage 平横力矩,复原力矩
~ d'implantation 安装扭矩
~ d'inertie 惯性力偶
~ d'utilisation 满载力矩
~ de charge 负载力矩
~ de chavirement 横倾力矩
~ de décollage (d'un moteur thermique) （内燃机的）最小开机转矩
~ de décrochage 脱机力矩,（同步电动机的）失步转矩
~ de démarrage 动力矩,起动力矩,启动力矩,起动扭(力)矩
~ de flexion 弯矩,弯曲力矩
~ de force 力偶
~ de freinage 制动力矩,制动转矩
~ de frottement 摩擦力矩
~ de lancement 起动扭(力)矩
~ de mise en marche 起动扭(力)矩
~ de pointe 峰值转矩
~ de rappel 复原力矩,回复力偶
~ de réaction 抵抗力矩
~ de redressement 恢复力矩
~ de résistance 抵抗力矩
~ de rotation 扭(力)矩,旋转(力)矩
~ de serrage 惯性力矩
~ de torsion 扭矩,转矩,扭转力矩
~ directeur 控制扭矩,反作用力矩
~ électromagnétique 电磁力矩
~ initial de démarrage 起动力矩
~ initial de démarrage (d'un moteur) （电动机的）起动转矩
~ instantané 顺时扭矩
~ maximal 最大力矩,断流力矩,最大转矩
~ maximal constant en charge 最大恒定负载力矩
~ minimal 最小力矩
~ minimal au démarrage 最小起动力矩,最小起动转矩
~ minimal pendant le démarrage 最小起动转矩,起动过程的最小力矩

~ moteur 扭矩,转矩,转动力矩,电动机转矩
~ normal 额定转矩,正常转矩
~ normal (d'un moteur) （电动机的）额定负载转矩
~ résistant 阻力矩,反力矩,制动力矩
~ résultant 合成力偶
~ retardateur 阻滞扭矩
~ spécifique (d'un compteur) （电度表的）力矩重量比
~ thermique 热电偶,温差电偶
~ thermo-électrique 热电偶,温差电偶
~ thermoélectrique à vide 真空热电偶
~ utile 有效力矩
~ voltaïque 原电池,伏特电偶,接触电偶

couplement m 联轴器
~ flexible 柔性连接轴
~ hydraulique 液压联轴器

couplemètre m 扭力计,扭矩计,力矩表

coupler v 配对,连接,耦合

couplet m 门窗铰链

coupleur m 连接,耦合,连接器,离合器,联轴器,耦合器,耦合元件,转换开关

coupole f 盖,帽,穹隆,穹丘,岩钟,穹顶,圆屋顶,拱形丘,圆顶丘,穹形洞顶

coupon m 票,券,证,息票,切片,断片,试片,剪切洞顶

coupon-témoin m 试样

coupure f 间断,中断,切口,断裂,图幅,采掘,掘进,掏槽,断口,开槽,切除,截水墙,一段距离,岩层界线,断裂错动,曲流切割
~ alluviale 灌浆冲积土截水墙
~ bipolaire 双极切断
~ boucle 曲流裁弯取直
~ cadmium 镉切断
~ complète 完全关闭
~ cornière （道路交叉口）转角切除
~ d'électricité 断电,动力切断
~ de circuit de sortie 输出电路断路
~ de contact 接点断开
~ de courant （电流）断路,停电,电流切断
~ de distance （运价）里程区段
~ de l'eau 停水,断水
~ de la rivière 截流,河道堵塞
~ de la voie 线路中断
~ de lampes 关闭照明
~ de méandre 弓形湖,割断曲流,曲流裁弯取直
~ de poids 重量分等（运价）

~ du circuit d'entrée 输入电路断路
~ du massif 岩体界线
~ étanche 防渗帷幕
~ multipolaire 多极切断
~ partielle 部分截水墙(达到部分防渗)
~ partielle (souterraine) 局部齿墙,(地下)局部式截水墙(未到基岩的)
~ positive 正截水墙,在地面下的截水墙
~ réseau 网压失压
~ stratigraphique 地层边界,地层剖面,地层界线
~ sur les deux pôles 双极切断
~ topographique 图幅
~ totale 完全截水墙(达到完全防渗)
~ totale (souterraine) (地下)完全式截水墙
~ transversale 横谷,横切面,横断面
~ unipolaire 单极切断
~ zéro 零位断路

couramment *adv* 经常地,通常地,流利地,流畅地
courant *m* 流,水流,河流,气流,电流,通量,流动,射流,车流,作业线,流水作业线
~ côtier 沿岸流,海岸流,沿岸海流,沿岸漂流
~ critique 临界水流
~ d'aération 通风风流
~ d'air 通风,空气流,穿堂风,过堂风
~ d'air ascendant 上升气流
~ d'air descendant 下向风流,下降气流
~ d'air frais 新鲜气流,新鲜风流
~ d'alimentation 磁化电流,起磁电流,馈电电流
~ d'antenne 天线电流
~ d'appel 呼唤电流,振铃电流,触发[启动]电流
~ d'apports 浮土流动,冲积层滑动,覆盖层滑动
~ d'arrachement 退潮流,击岸浪,拍岸浪
~ d'arrivée 输入电流
~ d'eau 水流
~ d'eau souterrain 地下水流
~ d'échange 换向车流
~ d'échauffement 灯丝电流,加热电流
~ d'échauffement d'un appareil 仪表的容许温升电流
~ d'éclairage 照明强度线
~ d'égale pression 等压曲线
~ d'électrode (d'un tube électronique) (电子管的)电极电流
~ d'émission à champ nul 无场发射电流,零电场发射电流

~ d'émission d'une surface 发射电流
~ d'entrée 注入水流,输入电流,(湖泊的)来往支流
~ d'espace 阴极电流,空间电流
~ d'essai 试验电流,检验电流
~ d'évanouissement (屏极)衰减电流
~ d'excitation 激励电流,磁化电流
~ d'excitation d'aérien 天线激励电流
~ d'induction 感应电流
~ d'induit 感应电流
~ d'inertie 惯性流
~ d'infiltration 渗流
~ d'intensité faible 弱电流
~ d'ionisation 电离电流
~ d'isolement 绝缘电流,泄漏电流
~ d'obscurité 暗电流
~ d'onde 波浪流
~ d'opération 操作电流,工作电流
~ d'une pile 电池电流
~ de balayage 扫描电流
~ de base 基极电流
~ de battement 差拍电流
~ de blocage 闭塞电流
~ de bruit 干扰电流
~ de capacité 容性电流
~ de charge 充电电流,负载电流
~ de chauffage 热丝电流
~ de circulation 环流,车流,交通流,循环水流
~ de commande 控制电流,控制电缆
~ de commande à programme 程序控制电流
~ de compensateur 补偿电流
~ de compensation 补偿电流
~ de compressibilité 压缩曲线
~ de conduction 传导电流
~ de contour 等深线流
~ de contraintes 应力曲线
~ de convection 对流(指气流、热流、电流等),(大气、水、电等的)对流
~ de court-circuit 短路电流
~ de court-circuit nominal d'un transformateur de courant 电流互感器的额定短路电流
~ de court-circuit triphasé permanent 稳态三相短路电流
~ de crête 峰值电流,(瞬时)最大电流
~ de crête-cathodique anormal 峰值阴极故障电流
~ de crête-cathodique en régime périodique 稳

定状态下的巅值阴极电流
~ de crue 洪流,涨潮流
~ de d'arsonvalisation 高频处理电流,高频电疗电流
~ de déblocage 解除闭塞电流
~ de décharge 放电电流,泄放水流
~ de défaut 故障电流
~ de déflexion 挠度曲线
~ de démarrage 启动电流,触发电流
~ de densité 重流,异重流,密度流
~ de déplacement 通量,位移电流
~ de détente 膨胀曲线
~ de diffusion 扩散电流
~ de faible intensité 弱电流,低强度电流
~ de faisceau 电子束电流
~ de fatigue 疲劳曲线
~ de filtration 渗流
~ de flot 涨潮流
~ de flux 涨潮流
~ de fond 潜流,底流,地下水流,底部海流
~ de force 电源电流,动力用电
~ de Foucault 涡流,傅科电流,傅科涡流
~ de freinage 制动电流
~ de friction 摩擦流
~ de fuite 漏泄电流
~ de gâchette d'amorçage 控制极触发电流
~ de glaces 淌凌,流冰,漂冰,冰流
~ de gravité 重力流
~ de grille （正向）栅极电流
~ de grille inverse 负栅电流
~ de grille-écran 屏栅极电流
~ de haut ampérage 大电流,强电流
~ de haute atmosphère 高空电流
~ de japon 黑潮,日本(暖)流
~ de jusant 退潮流,落潮流
~ de la mer 海洋流
~ de lancement 启动电流,触发电流
~ de lave 岩流,熔岩流
~ de ligne 线路电流,网络电流
~ de maille 网络电流
~ de mesure 测量电流
~ de mise en marche 启动电流,触发电流
~ de modulation 调制电流
~ de niveau 等高线
~ de noir （光电管）暗电流
~ de parasite 涡流,寄生电流
~ de pente 环流,(斜坡上的)绕流

~ de percolation 渗流
~ de perte 漏泄电流
~ de perte à la terre 接地电流
~ de perte superficielle 表面漏泄电流
~ de plaque 板极电流
~ de pointe 峰值电流,瞬间短路电流
~ de pointe d'un transformateur de courant 电流互感器的瞬时短路电流
~ de polarisation 偏流,极化电流
~ de profondeur 深水流,深部水流
~ de référence 基准电流,参考电流
~ de régime 稳定流,定常流,稳定电流
~ de réglage du relais à coupure rapide 速断保护继电器的动作电流
~ de réglage du relais à maximum d'intensité 过流保护继电器的动作电流
~ de réglage du relais à maximum d'intensité temporisé 定时限过流保护继电器的动作电流
~ de répartition 分配[分布]曲线
~ de repos 静态电流,保持电流,吸持电流
~ de reprise (commande des véhicules électriques) 吸起电流(电力牵引控制)
~ de réseau 线路电流
~ de retour 回流,逆流,涡[旋]流,回电流
~ de rotor 转子电流
~ de rupture 断路电流
~ de saturation 饱和电流
~ de secours 备用电,救急电流
~ de sens contraire 反向电流
~ de sens opposé 反相电流
~ de service 工作电流
~ de sommet 峰值电流
~ de sonnerie 振铃电流
~ de sortie 输出电流
~ de stator 定子电流
~ de surface 地表流,表层流,表面流,地表水流
~ de suspension 泥沙流,浑浊流
~ de terre 接地电流
~ de traction 牵引电流
~ de trafic 车流,货流
~ de trafic de marchandises 货流
~ de trafic partiel 部分交通流
~ de transport 运送趋势
~ de travail 工作电流,信号电流
~ de turbidité 浊流
~ de turbidité (généralement de fond) 浑浊流,

浑水异重流（一般指潜流）
~ de vagues　波流
~ décroissant　减幅电流,衰减电流
~ dérivé　分支电流,分路电流
~ des apports cumulés　累积曲线,径流积分曲线
~ des véhicules　车流
~ des véhicules tournants à gauche　左转弯车流
~ descendant　顺流,下降气流
~ déwatté　无功电流
~ différentiel　差动电流
~ diphasé　二相电流
~ direct　直流电,直接流,正向电流,正巅电流
~ direct de pointe de surcharge accidentelle　意外过负荷峰值直流电流
~ discontinu　间歇电流
~ dû au vent　漂流,表流,风吹流,漂移电流
~ du canon à électrons　电子枪电流
~ du diagramme des efforts transversaux　剪应力曲线
~ du lac　湖流
~ du relais à maximum d'intensité　过流保护继电器的动作电流
~ du réseau　网络电流
~ du secteur　网络电流
~ effectif　有效电流
~ efficace　有效电流
~ efficace à l'état passant　通态有效电流
~ égaliseur　平衡电流,补偿电流
~ élastique　弹性曲线
~ électrique　电流
~ électronique　电子电流
~ en arrière　滞后电流
~ en avance　相位超前电流
~ en circuit ouvert　无载电流
~ en dents de scie　锯齿形电流
~ en retard　滞后电流
~ énergétique　有效电流,有功电流
~ équatorial　赤道洋流
~ équilibré　平衡电流
~ érosif　冲制水流,冲蚀水流
~ étranger　迷流
~ excessif　过剩电流
~ faible　弱电(流)
~ filtré　平滑电流
~ fluvial　河中水流
~ fort　强电流
~ froid　寒流,冷流,冷水流

~ galvanique　伏打电流,治疗用稳定电流,由伏打电池产生的电流
~ gazeux　瓦斯流,天然气流
~ géostrophique　地转流,地转水流,地转风气流
~ glaciaire　冰川流
~ historique　历史潮流
~ hydro-électrique　水力发电
~ impétueux（violent）　湍流
~ induit　感应电流
~ induit de rupture　断裂感应电流
~ industriel　工业电流
~ instantané　瞬时电流
~ intense　强电流
~ intermédiaire　中间流,中间海流
~ intermittent　断续电流
~ interstitiel　层间水流
~ inversé　逆流,反向电流
~ inverse d'électrode　反向电极电流
~ inverse de grille　反向栅极电流
~ ionique　离子电流
~ irrésistible　不可抗拒的潮流
~ laminaire　层流,片流,薄层水流
~ limite　边界流,极限电流
~ littoral　沿岸流,滨海潮流
~ local　局部电流
~ lumière　光流
~ matin　海流,洋流
~ maximum asymétrique de court-circuit triphasé　最大的不对称三相短路电流
~ maximum de précision　最大电流量程限制（为了达到某一精确度）
~ maximum de précision d'un compteur　电度表的有效电流极限
~ modéré　阻尼电流
~ monophasé　单相电流
~ montant　上游,上流,逆流
~ moyen　平均电流,均值电流
~ moyen redressé　平均整流电流
~ naturel　自流,天然径流
~ nominal　额定电流,标称电流
~ nominal (d'une machine ou d'un appareil)　（电机或电器的）额定电流
~ nominal primaire d'un transformateur de courant　电流互感器的额定一次电流
~ non répétitif de surcharge accidentelle à l'état passant　通态偶发过负荷不重复电流
~ normal　额定电流,标称电流

~ océanique 洋流
~ ondulatoire 波动电流,弱脉动电流波
~ ondulé 波动电流,弱脉动电流
~ opposé 逆流
~ oscillant 振荡电流
~ père 主流
~ permanent 常定流,永定流,稳定电流,稳态电流
~ perte à la terre 接地电流
~ perturbateur 干扰电流
~ photoélectrique 光电电流
~ polaire 极化电流,极地气流
~ polyphasé 多相电流
~ porteur 载波电流
~ prédominant 主流,盛行流,优势流
~ primaire 一次电流,初级电流,原[一次、初级]电流
~ principal 主电流,驱动电流
~ profond 深水流
~ pulsatoire 脉动电流
~ s push-push 平衡同相电流
~ rabattant 下降气流
~ rapide 激流
~ réactif 无功电流
~ redressé 已整流电流
~ réfléchi 返流
~ réglé 整定电流
~ résiduel 初速电流,漏泄电流,剩余电流
~ résultant 合成电流
se mettre au ~ de 了解情况
~ secondaire 次级电流,二次电流,次生水流,次级线圈电流,初级电路中的电流
~ sinusoïdal 正弦电流
~ sinusoïdal complexe 矢量电流
~ souterrain 地下径流,地下水流
~ stationnaire 固定流,不变流
~ subsuperficiel 潜流
~ torrentueux 突发洪水
~ tourbillonnaire 紊流,湍流,涡流,漩流
~ traversier 横穿车流
~ tropique 回归潮流
~ turbulent 湍流,紊流,涡动水流
courant, e *a* 流动的,当前的,现时的,日常的,通常的
courantomètre *m* 流量表
courbage *m* 弯曲
courbe *f* 河湾,河曲,弯曲,弯曲度,弯曲量,曲线圈,特性曲线,曲线(板、规、图、图表);*a* 曲线的,弯曲的
~ à changement de concavité 反向曲线
~ à courbure progressive 渐近曲率曲线
~ à déverser 设超高的曲线
~ à droite 右偏曲线
~ à gauche 左偏曲线
~ à sommet 高峰曲线,巅值曲线
~ à trois centres 复曲线,三(中)心点曲线
~ abrupte 急弯曲线,陡变曲线
~ accélératrice 加速度曲线
~ adiabatique 绝热曲线
~ adjointe 伴随曲线
~ admissible 容许曲线
~ ajustable 可调整曲线,可校正曲线
~ amplitude-fréquence 振幅频率特性曲线
~ analytique 分析曲线,解析曲线
~ aplatie 平坦曲线
~ approximative 近似曲线
~ asymptote 渐进曲线
~ au sommet 顶曲线,凸曲线
~ auxiliaire 辅助曲线
~ bathymétrique 等深曲线
~ calculée 计算曲线
~ caractéristique 特性曲线
~ caractéristique d'un puits （流量/稳定降深）水井特性曲线
~ caractéristique d'une pompe （流量/压力水头）抽水特性曲线
~ caractéristique de pompe 水泵特性曲线
~ caractéristique hauteur-débit 水头—流量特性曲线
~ caractéristique hydraulique 水力特性曲线
~ s caractéristiques 特性曲线
~ cartographique 轮廓线,等高线
~ CBR CBR 曲线
~ circulaire 圆曲线,环形曲线,绳套曲线,固定半径曲线
~ combinée 复曲线,联合曲线,复合曲线,多圆弧曲线,协联特性曲线
~ compound 复式河湾
~ concave 凹曲线
~ continue 连续曲线
~ contrainte-déformation 应力—应变曲线
~ convexe 凸曲线
~ d'éclairage 照明强度线
~ d'abrupte 急弯曲线

~ d'accélération 加速度曲线
~ d'accumulation 累积曲线
~ d'affaissement 沉降曲线
~ d'ajustage 调整曲线
~ d'alignement 定线曲线
~ d'alimentation d'eau 供水曲线
~ d'allure parabolique 抛物线形曲线
~ d'analyse 分析曲线
~ d'analyse mécanique 机械分析曲线
~ d'analyse thermique 热分析曲线
~ d'approche sous-critique 接近临界曲线
~ d'approximation 近似曲线
~ d'éclairage 照明强度线
~ d'écoulement 流量曲线,泄出曲线,稠度曲线
~ d'écoulement normal 正常流量曲线
~ d'efficacité 效率曲线
~ s d'égal tassement 等沉降曲线
~ d'égale profondeur 等深线
~ d'égale rabattement 等降深曲线
~ d'endurance 疲劳曲线,耐劳曲线
~ d'enfoncement 沉陷曲线
~ d'enveloppe 包线,包络线
~ d'enveloppe minimum 下包络线,最小包络线
~ d'épuisement 衰竭曲线,消耗曲线,(油、气井)产量下降曲线
~ d'erreur 误差曲线
~ d'erreur normal 正态误差曲线,常态误差曲线
~ d'essai 试验曲线
~ d'étalonnage 校准曲线,标定曲线,校准曲线
~ d'évaluation 额定曲线,计算曲线,率定曲线,流量关系曲线
~ d'expansion 膨胀曲线
~ d'expression analytique simple 简单分析曲线,简单解析曲线
~ d'extension de charge 荷载伸长曲线
~ d'humidité 湿度变化曲线
~ d'humidité-densité 湿度—密度曲线
~ d'influence de la charge 荷载影响曲线
~ d'intensité (照明)强度曲线,场强曲线,电流密度曲线
~ d'intensité de trafic 行车密度曲线
~ d'intensité lumineuse 光强曲线
~ d'intensité pluviale 降雨强度曲线
~ d'isogain 等增益曲线
~ d'isopression 等压曲线
~ d'isopropriété 等成分线,等特性曲线
~ d'isoteneur 等含量曲线

~ d'oscillation 振荡曲线
~ de calibrage 校准曲线,定标曲线
~ de charge 负荷曲线,充电曲线
~ s de charge 负载曲线,功率曲线
~ de charge-coulissant 荷载—滑移曲线
~ de charge-déformation 荷载—变形曲线
~ de charge-enfoncement 荷载—沉降曲线
~ de charge-glissement 荷载—滑移曲线
~ de charge-pénétration 荷载—贯入曲线
~ de charge-tassement 荷载—沉降曲线
~ de classement 筛分分析曲线
~ de compactage 压实曲线
~ de composition mécanique 机械成分曲线
~ de compressibilité 压缩曲线
~ de compression 压缩曲线,收缩曲线
~ de compression originale 初压曲线,压缩主枝,原始压缩曲线
~ de concentration 浓度曲线
~ de consolidation 固结曲线,压实曲线
~ de consolidation en fonction du temps (土的)固结与时间曲线
~ de consommation d'eau 用水曲线,耗水量曲线
~ de contrainte-déformation 应力—应变曲线
~ de contraintes 应力曲线
~ de contre courant 壅流曲线
~ de convergence 沉降曲线,岩石下沉曲线
~ de corrélation 相关曲线
~ de courant 水流曲线
~ de courbure constante 恒曲率曲线
~ de croissance 增长曲线
~ de crues 洪水曲线
~ de cuvette 盆地等高线
~ de débit 流量曲线
~ de débit constant (固)定流量曲线,等流量曲线
~ de débit cumulé 流量累积曲线
~ de débits pression 流量—压力曲线
~ de décharge 卸载曲线,放电曲线,消耗曲线,水位下降曲线
~ de décharge du carburant 燃料消耗曲线
~ de déchargement 卸载曲线
~ de décrochage 断开曲线,破坏曲线
~ de décroissance 衰减曲线
~ de décrue 退水段,落洪段,退水曲线,洪水减退(段)曲线
~ de déflexion 挠度曲线,变位曲线
~ de demande 负荷曲线,需用量曲线

~ de densité 密度曲线
~ de densité-humidité 密度—湿度曲线
~ de déplacement 位移曲线,移动曲线
~ de dépréciation 衰减曲线,功率损耗曲线,温度随时间下降曲线
~ de dépression 浸润线,降落曲线,(地下水位)下降曲线
~ de descente 降落曲线,下降曲线
~ de détection 探测曲线
~ de détente 膨胀曲线
~ de déviation 变位曲线
~ de dilatation 膨胀曲线
~ de dimension des grains 粒径曲线
~ de distension 拉伸曲线
~ de distribution 分布曲线,分配曲线
~ de distribution de charge 荷载分布曲线
~ de distribution de gauss 高斯分布曲线
~ de distribution des dimensions des grains 粒径分布曲线
~ de distribution normale 正态分布曲线,常态分布曲线
~ de dommage 损失曲线,损耗曲线
~ de durée 历时曲线
~ de durée d'intensité （降水）强度历时曲线
~ de durée de charge 负荷历时曲线
~ de durée de charge annuelle 年负荷历时曲线
~ de durée de hauteur 水头历时曲线
~ de durée des débits 流量历时曲线
~ de durée des débits moyens 平均流量历时曲线
~ de durée moyenne 平均历时曲线
~ de dureté 硬度曲线
~ de faible rayon 小半径曲线
~ de fatigue 疲劳曲线,耐劳曲线
~ de flèche 垂度曲线,挠度曲线
~ de flexionnel fonction de charge-temps 荷载—时间的挠度曲线
~ de fluage 蠕变曲线
~ de freinage 制动曲线
~ de fréquence 频率曲线,反应曲线,频率反应曲线
~ de fréquence de crue 洪水频率曲线
~ de fréquence de dommage 损失频率曲线
~ de fréquence des dimensions des grains 粒径频率曲线
~ de fréquence granulométrique 粒径频率曲线
~ de fréquence normale 正态频率曲线

~ de fusion 熔化曲线
~ de gausse 高斯曲线,钟形曲线
~ de géophone 地震检波曲线
~ de glissement 崩滑线,滑动曲线
~ de gonflement 膨胀曲线,充气曲线,旁压仪试验曲线
~ de grand rayon 大半径曲线
~ de granulométrie cumulative 累积级配曲线
~ de granulométrie idéale 理想级配曲线
~ de l'essai pénétrométrique 动力触探试验曲线
~ de l'essai pressiométrique 旁压试验曲线
~ de l'état californien 加州曲线
~ de la masse de sol 土积曲线,土方累积曲线
~ de la même vitesse 等速曲线
~ de la voie 线路曲线
~ de lavabilité 可选性曲线
~ de limite 边界曲线,界限曲线,极限曲线
~ de marée 潮汐曲线
~ de masse 累积曲线,土方累积曲线
~ de masse d'énergie 能量累计曲线
~ de masse différentielle 差基线
~ de masse double 双累积曲线
~ de masse pluviale 雨量累计曲线
~ de même sens 同向曲线
~ de moment 力矩图,弯矩图,力矩曲线,弯矩曲线
~ de moment de tangage 俯仰力矩曲线
~ de moment de torsion 扭矩力矩曲线
~ de moment polaire 极（力）矩曲线
~ de niveau 等高线,等值线,轮廓线,等效率线,水平曲线,构造等高线
~ de niveau de dépression 降压等高线
~ de niveau de la nappe aquifère 等水深线,含水层等高线,地下水位等高线
~ de niveau du terrain 地形等高线
~ de niveau fermé 闭合等高线
~ de niveau intercalaire 辅助等高线,中间等高线
~ de niveau normale 标准等高线
~ de pénétration 贯入曲线
~ de pénétration-charge 贯入荷载曲线
~ de pénétration-résistance 贯入阻力曲线
~ de performance 特性曲线,性能曲线,运转特性曲线
~ de perméabilité 渗透曲线
~ de pertes 损耗曲线
~ de pluie 雨量曲线

~ de pompage （钻孔）抽水曲线
~ de porosité 孔隙度[率]曲线
~ de potentiel 位能曲线
~ de poussée 推力曲线
~ de précipitation 见水量曲线
~ de première mise en charge 第一次荷载曲线
~ de pression 压力曲线
~ de pression constante 等压曲线
~ de pression-déformations 压力—变形曲线
~ de pression-indice de vides 压力孔隙比曲线
~ de prise 凝固曲线
~ de probabilité 概率曲线，或然率曲线
~ de probabilité normale 正态几率曲线，正态概率曲线
~ de Proctor 葡氏(土)密实度曲线
~ de Proctor modifiée 修正葡氏曲线
~ de production 生产曲线，产量曲线
~ de profil en long 竖曲线
~ de profil en long avec un point bas 凹形竖曲线
~ de profil en long avec un point haut 凸形竖曲线
~ de profondeur-résistance de pieu 桩的深度—阻力曲线
~ de profondeur-surface （雨）深度—面积关系曲线
~ de profondeur-surface-durée （降雨的）深度—面积—历时曲线
~ de profondeur-temps 深度—时间曲线
~ de profondeur-vitesse 水深—流速关系曲线，流速垂直分布曲线
~ de propagation 时距曲线，向量曲线
~ de puissance 功率曲线
~ de puissance du moteur 发动机功率曲线
~ de puissance moyenne 平均出力曲线，平均功率曲线
~ de rabattement 地下水位降落曲线，地下水位下降曲线
~ de rabattement-distance 地下水位降落曲线
~ de rabattement-temps 时间—(地下水位)降落曲线
~ de raccord 缓和曲线
~ de raccordement 缓和曲线，过渡曲线
~ de raccordement au point bas 凹形缓和曲线
~ de raccordement au sommet 凸形缓和曲线
~ de raccordement convexe 凸曲线的缓和曲线
~ de rayonnement 方向图

~ de rayonnement calorifique 热辐射特性曲线
~ de rayons-gamma 伽马射线特性曲线
~ de récession normale 正常亏水曲线，正常退水曲线
~ de recharge 重新加载曲线
~ de refroidissement 冷却曲线
~ de régénération 回升曲线，更新曲线
~ de régression 回归曲线
~ de relaxation 张弛曲线
~ de remontée 回水曲线，(抽水后)水位回升曲线
~ de remous 回水曲线，壅水曲线，降落曲线，泄降曲线，地下水下降漏斗曲线
~ de rendement 流量曲线，生产效率曲线
~ de répartition 分配曲线，分布曲线
~ de réponse 反应曲线，反应特性曲线
~ de réponse du discriminateur 鉴频器特性曲线
~ de réponse en fréquence 频率特性曲线
~ de réponse horizontale 水平特性曲线，平顶特性曲线
~ de réponse spectrale 谱响应曲线
~ de résistance 阻力曲线
~ de résistivité 电阻率曲线
~ de résonance 谐振曲线
~ de retenue 回水曲线，壅水曲线
~ de rivière 河湾，河流弯段
~ de saturation 饱和曲线
~ de sédimention 沉降曲线
~ de sélectivité 选择性曲线
~ de sommation 累计曲线
~ de surface 面积曲线
~ de surface-capacité 面积容积曲线
~ de surface-capacité du réservoir 水库面积—库容(关系)曲线
~ de surface-profondeur 面积—深度分布曲线
~ de survie 残余曲线
~ de tamisage 筛分分析曲线
~ de tarage 率定曲线，水位流量曲线，流量率定曲线
~ de tarissement 干涸曲线，消耗曲线
~ de tarissement d'étiage 枯水期消耗曲线
~ de tarissement d'une source 泉(水)消耗曲线
~ de tassement 沉降曲线，沉陷曲线
~ de tassement en fonction du temps 时间—沉降曲线
~ de tassement-convergence 沉降—收敛曲线
~ de température 温度变化曲线

courbe

~ de temps 时距曲线
~ de temps-tassement 时间—沉降曲线
~ de temps théorique （固结的）理论时间曲线
~ de temps-charge 时间—荷载曲线
~ de temps-compression 时间—压力曲线
~ de temps-consolidation 时间—固结曲线
~ de temps-débit 时间—流量曲线
~ de temps-niveau 时间—水位曲线
~ de temps-surface-profondeur （暴雨的）时间—面积—降水深度曲线
~ de temps-tassement 时间—沉降曲线
~ de temps-température 温度—时间曲线
~ de tension-déformation 应力—应变曲线
~ de tombée de pression 压降曲线
~ de traction 牵引曲线
~ de transition 过渡曲线，缓和曲线
~ de transition de variation de température 温度变化曲线
~ de vidange 亏耗曲线，亏损曲线，黏度曲线
~ de vitesse 速度曲线
~ de volume constant 等容曲线
~ de Wöhler 伏勒曲线，疲劳曲线
~ densimétrique 比重曲线
~ densité 密度曲线
~ densité/teneur en eau 击实曲线，密度/含水量曲线
~ des apports cumulés 土方累积曲线，径流累积曲线
~ des crues 洪水曲线
~ des débits 流量过程曲线
~ des débits classés 流量曲线，流量历时曲线
~ des débits cumulés 积累流量曲线，累计流量曲线，径流累计曲线，流域累积曲线
~ des débits jaugés 流量曲线，流量率定曲线，水位流量关系曲线
~ des eaux dormantes 死水曲线，壅水曲线
~ des eaux enflées 壅流曲线
~ des efforts 应力曲线
~ des hauteurs d'eau 水位图，水位曲线
~ des hauteurs de précipitation cumulées 累计雨量曲线
~ des indicatrices sismiques 地震时差曲线
~ des lourds 重粒级曲线，重馏分曲线（重液分层时）
~ des moments fléchissants 弯矩图，弯矩曲线
~ des moments maximum 最大力矩曲线
~ des pressions 压力曲线

~ des résonances 谐振曲线
~ des températures et pressions 温压曲线
~ des valeurs cumulées 累积曲线
~ des vitesses 速度曲线
~ déversée 设超高的曲线
~ diagrammatique 图式曲线
~ diamétrale 径向曲线
~ différentielle 微分曲线
~ discontinue 间断曲线
~ dromochronique, ~ des durées de propagation （地震波）时距曲线
~ du chien 跟踪曲线
~ du courant 水流曲线
~ du diagramme 图式曲线
~ du diagramme des efforts transversaux 剪应力曲线
~ du diagramme des moments 力矩图，弯矩图，力矩曲线，弯矩曲线
~ du fond （岩石下沉）深度曲线
~ du graphique 图解曲线
~ du lit 河床曲线，河流纵截面
~ du mélange 混合料曲线
~ du temps de parcours vertical （地震波）垂直时距曲线
~ du tracé en plan 平曲线
~ du volume constant 等容量曲线
~ dureté-temps 硬度—时间曲线
~ effort-déformation 应力—变形曲线，应力—应变曲线
~ élastique 弹性曲线，变形曲线
~ en C C形曲线
~ en cloche 钟形曲线，高斯曲线
~ en colline 壳体曲线
~ en escalier 梯级曲线
~ en fer à cheval 马蹄形曲线
~ s en même sens 同向曲线
~ en plan 平曲线
~ en pointillé 虚点曲线
~ en retour 回头曲线
~ en S S形曲线
~ s en sens contraire 反向曲线
~ en trait continu 实线曲线
~ enregistrée 记录曲线
~ équidistante 等距曲线
~ équipotentielle 等热线，等电位曲线
~ s et angles de rotation 直线曲线转角表
~ exponentielle 指数曲线

~ extérieure 外曲线
~ facile 平缓曲线,平顺曲线
~ fermée 闭合曲线,封闭曲线
~ fondamentale 基准曲线
~ froide 冷却曲线
~ géodésique 测地线,大地线
~ granulométrique 曲线,(颗粒)级配曲线,颗粒级配曲线,粒径分布曲线,筛分分析曲线,颗粒大小分布曲线
~ granulométrique cumulative 累计级配曲线,粒度累计曲线
~ granulométrique cumulée donnant les refus 筛余物累积级配曲线
~ granulométrique du sol 土壤粒度曲线
~ granulométrique type fixée à l'avance 限制级配曲线
~ graphique 曲线
~ harmonique 谐波曲线,调和曲线
~ hauteur-débit 水位—流量曲线
~ hauteur-surface 高度—体积曲线,(降雨)深度—面积关系曲线
~ hauteur-volume 深度—体积曲线,高度—体积曲线
~ hélicoïdale 螺旋曲线
~ hodochrone 时距曲线
~ homothétique 位似曲线
~ horizontale 平曲线,水平断面曲线
~ hydrographique 水文曲线
~ hydroisohypse 等深线,等水位线
~ hydrostatique 静水压(力)曲线
~ hyétographique 雨量分布曲线,雨量计曲线
~ hyperelliptique 超椭圆曲线
~ hypsographique 等高线,等深线,高程面积曲线
~ hypsométrique 等高线
~ idéale 理想曲线
~ intercalaire 辅助曲线
~ intérieure 内曲线
~ interscendante 半超越曲线
~ intrados 拱腹线
~ intrinsèque 包曲线,包络曲线,禀性曲线
~ intrinsèque de rupture 内在断裂曲线
~ inverse 反曲线,反向曲线
~ irrégulière 不规则曲线
~ isanormale 等异常曲线
~ isobare 等压线
~ isobase 等基线

~ isobathe 等探线(图),(构造)等值线图
~ isochrone 等时线,等时差线
~ isoclère 等硬度曲线
~ isocline 等向线,等(磁)倾斜线
~ isocone 等浓度曲线,等含量曲线
~ isogéotherme, ~ isogéothermique 等地温线,地热等温线
~ isogone 等方位线,等磁偏线
~ isohore 等容线,等体积线
~ isohyète 等雨量线,等沉淀线
~ isohypse 等高线,构造等值线
~ isolux 等照度线
~ isométamorphisme (岩石)等变质(作用)线
~ isopaque 等厚线
~ isopiézométrique 等压水位线
~ isoplèthe 等值线
~ isopluviale 等雨量曲线
~ isopoids 等重量曲线
~ isopression 等压曲线
~ isoptique 切角曲线
~ isoséiste 等震线
~ isostatique 等压曲线
~ isotache 等流速线
~ isotherme 等温线
~ isovitesse 等速线,等速曲线
~ limite 极限曲线
~ limite inférieure 下限曲线
~ limite supérieure 上限曲线
~ lissée 光滑曲线
~ lithologique 岩性曲线图,岩石沉积韵律曲线
~ médiane 修正曲线
~ modèle 标准曲线,模型曲线
~ moyenne 平均曲线
~ normale de probabilité 标准概率曲线,标准或然率曲线
~ optimum 最优曲线
~ ovale 卵形曲线
~ parabolique 抛物线
~ parallèle 平行曲线
~ paramétrique 参数曲线
~ performance 特性曲线,性能曲线
~ photométrique 光强分配曲线
~ piézométrique 压力曲线
~ piquetée 标定曲线
~ plane 平曲线,平面曲线
~ s planimétriques des câbles 钢束平弯
~ plate 平缓曲线,平顺曲线,大半径曲线

~ pluviométrique　雨量曲线
~ pluviométrique annuelle　年降雨量分布曲线图
~ polygonale　多角曲线
~ polytropique　多变曲线
~ progressive　缓和曲线
~ prononcée　急弯，小半径曲线
~ quartique　四次曲线
~ quintique　五次曲线
~ raide　陡曲线
~ refroidissement　冷却曲线
~ sectrice　角等分线
~ semblable　相似曲线
~ sigmoïde　S 形曲线，剂量响应曲线
~ simple　单曲线
~ sinusoïdale　正弦曲线
~ somme　相加曲线，累积曲线
~ spectrale de visibilité relative　可见度曲线，明视度曲线
~ spirale　螺旋曲线
~ statistique de granulométrie　粒度累计曲线，粒度统计曲线
~ structurale　构造轮廓线
~ successive　连续曲线
~ surhaussée　超高曲线
~ temps-course　时间—行程曲线
~ temps-espace　时距曲线
~ théorique　理论曲线，计算曲线
~ thermique différentielle　差热分析曲线
~ s très légers　轻粒级曲线，轻馏分曲线（重液分层时）
~ triangle-symétrique　三角对称曲线
~ trigonométrique　三角曲线
~ unidirectionnelle　同向曲线
~ unique　单一曲线
~ verticale　竖曲线
~ verticale de câble　钢束竖弯
~ verticale en concave (saillante)　凸形竖曲线
~ verticale en convexe (rentrante)　凹形竖曲线
~ zéro　零线

courbement *m*　弯曲，弯曲度，曲率
courber *v*　使弯曲，弯曲
courbe-type *f*　标准曲线，典型曲线
courbure *f*　曲度，曲率，弯曲（度），弧形，弯曲部分，弯曲物
~ anticlinale　正向重力异常，背斜状弯曲
~ asymptotique　渐进曲率
~ axiale　轴线曲率
~ d'ailette　叶片曲度
~ d'aube　叶片曲度
~ d'un arc　弧度曲率
~ de côté　边缘曲率
~ de la caractéristique　特性曲线的弯曲度
~ de la déformée　变形曲率
~ de pompage　（钻孔）抽水曲线
~ de poutre　梁的曲率
~ double　双曲弧，S 形弧
~ en C　C 形弯曲
~ en plan　平面曲率
~ en S　S 形弯曲
~ maximum　最大曲率
~ moyenne　平均曲率，中曲率
~ négative　负向重力异常
~ normale　法面曲率，法向曲率
~ positive　正向重力异常
~ principale　主曲率
~ progressive　渐增曲率
rayon de ~　曲率半径
~ synclinale　向斜状弯曲
~ tangentielle　切面曲率
~ totale　全曲率
~ verticale　垂直曲率

coureur *m*　崎岖地，劣地
couronne *f*　盖，环，轮，冠，顶，圈，顶部，钻头，钎头，齿轮，轮缘，齿圈，电晕，轮缘，环形物，电晕放电
~ -fraise　铣刀
~ à bâtonnet métallique　硬质合金钻头
~ à concrétion diamantée　细粒金刚石钻头，镶细粒金刚石钻头
~ à diamants　金刚石钻头
~ à fraises dentées　齿状钻头
~ à grenaille　冲击钻头
~ à inserts de carbure de tungstène　硬合金钻头，镶碳化钨的钻头
~ à l'éclats de diamants　细粒金刚石钻头
~ à lames d'acier　镶钢刃的钻头
~ à pics　牙轮钻头，滚轮钻头
~ à pierres entières　镶大颗粒金刚石的钻头
~ à plaquette de métal dur　硬质合金钻头
~ à pointes de diamant　金刚石钻头
~ à prismes métalliques　硬质合金钻头
~ à quatre ailes　四翼钻头
~ à segments　扇形金刚石钻头

~ à simple taillant   一字形钻头,单刃钻头
~ à taillants multiples   多刃钻头
~ à trois ailes   三翼钻头
~ amovible   可卸式钻头,活钻头,活钎头,活络钻,可拆钻头
~ annulaire   环状钻头
~ d'angle du différentiel   差动主齿轮
~ d'élargissement   扩孔器,扩孔钻头
~ de carottage   岩芯钻头
~ de carottage à diamants   金刚石岩芯钻头
~ de carottier   岩芯提取器,岩芯切割器,岩芯提取钻头
~ de fil   线环,电缆环,钢丝盘条
~ de forage   钻头
~ de forage à carbure de tungstène   碳化钨钻头,硬合金钻头
~ de galerie   水平巷道顶板
~ de galets   滚动轴座圈
~ de jauge   轮辋外缘
~ de l'amas   矿体上部,矿体顶部
~ de maintenage   矿床顶板,矿床上盘
~ de mince   小口径钻头,直径小的钻头
~ de pieu   桩帽
~ de plate-forme   路拱
~ de roche   冠岩,盖岩,岩石盖层,盖保岩
~ de sondage   岩芯钻头
~ de tubage   下套管用的(扩孔)钻头
~ dentée   齿状钻头,大齿轮
~ dentée et moyeu en concordance   齿圈与轮毂相结合
~ diamantée   金刚石钻头
~ directrice   导向叶环,喷嘴环
~ du ballast   道床顶面,道床宽度
~ du barrage   坝顶
~ du disque de verrouillage   锁闭环
~ en dents de scie   萼状钻头
~ étagée   台阶式钻头
~ excentrée   钻刃偏心钻头
~ extérieure   滚动轴承外圈
~ fixe de turbine   涡轮机导轮
~ garnie de pierres   镶金刚石钻头,金刚石钻头
~ intérieure   滚动轴承内圈
~ kelyphitique   (岩石的)反应边
~ métallique   金属钻头,碳化钨超硬合金钻头
~ mobile (pompe primaire)   叶轮(主泵)
~ pilote   台阶式钻头,导向钻头
~ pleine   无岩芯钻头

~ porte-balais   电刷架,碳刷架,刷架
couronnement   *m*   顶,脊,凸出处,峰,冠,盖,(建筑物等)顶饰,帽
~ d'arche   拱冠,拱顶
~ d'une pile   桥墩帽
~ de la culée   台帽
~ de mur   墙压顶
courroie   *f*   条,带,皮带,引带,布带,橡胶带,传动皮带
~ à chaîne   链带,链条传动带
~ caoutchoutée   橡胶带
~ croisée   交叉(皮)带
~ d'attache   安全带,固定带
~ d'entraînement   传动皮带
~ de canevas   帆布传送带,帆布带
~ de commande   传动带
~ de convoyeur   输送带,运输带
~ de coton   布带
~ de fibre synthétique   合成纤维吊带
~ de la dynamo   发电机传动皮带
~ de montage   装配线,装配流水线
~ de souterrain de reprise   隧道输送带
~ de transmission   传送带,输送带
~ de transport   运输带,输送带
~ dentée   齿形皮带
~ en toile   帆布带
~ en V de régulation   活三角皮带
~ intermédiaire   中间带
~ lisseuse   (混凝土路面)镘光带,光面带
~ mobile   传送带
~ ouverte   开口皮带
~ pour transmission   传送带
~ s récupérées appareillées   (经比较仪比较的)更新皮带
~ sans fin   环带
~ torsadée   螺旋形皮带
~ transporteuse   运输带,皮带运输机,输送带,传送带
~ transporteuse sans fin   循环传送带
~ trapézoïdale   三角形传送带,三角皮带
cours   *m*   水流,水道,河流,行程,过程,测程,河区,河段,流动,流程,航向,航迹,林荫道,航向信标波束
~ d'eau   水系,水流,河流,流动,水道,河道
~ d'eau à lit instable   河床不稳定河流
~ d'eau à marée   潮水河,受潮汐影响的河流
~ d'eau à sac   干沟、季节性河流

~ d'eau antécédent 先成河
~ d'eau appauvoir 枯竭河
~ d'eau au régime alpin 高山河流,高山水流
~ d'eau ayant un débit solide 含冲击土的水流
~ d'eau capteur 劫夺河,袭夺河,劫套河
~ d'eau cataclinal 倾向河
~ d'eau conséquent 顺向河
~ d'eau d'origine glaciaire 冰源河
~ d'eau de fonte 冰川表面溶水河(流)
~ d'eau de ligne de faille 断层线河流
~ d'eau de régime pluvial 雨水补给的河流
~ d'eau de régime saisonnier 季节性河流
~ d'eau décapité 断头河
~ d'eau dérivé 潜水补给河
~ d'eau discontinu 间歇性河流
~ d'eau drainant 地下水排泄河,盈水河(由地下水补给)
~ d'eau endoréique 内流河
~ d'eau exoréique 外流河
~ d'eau fluvial 河漕,河道
~ d'eau glacière 冰源河,冰川河
~ d'eau indépendant 单独水流,与地下水无关的河流
~ d'eau inférieur 下游
~ d'eau infiltrant 补给地下水河(流)
~ d'eau inséquent 任向河
~ d'eau intérieur (冰川)内溶水河(流)
~ d'eau inverti 反向河
~ d'eau naturel 天然水道
~ d'eau navigable 通航水道,通航河流
~ d'eau obséquent 逆向河
~ d'eau perche 滞水河
~ d'eau perché infiltrant 地下水补给的悬河
~ d'eau permanent 常流河,永久河流
~ d'eau permanent et temporaire 常流水和季节河
~ d'eau principal 主水道,主河道
~ d'eau prolongé 河道延长段(下游三角洲)
~ d'eau reséquent 复向河
~ d'eau secondaire 支河,支流
~ d'eau sous glaciaire 冰下河,冰川底下溶水河
~ d'eau souterrain 地下水流,地下水
~ d'eau supérieur 上游
~ d'eau suspendu 高位河流,悬河
~ d'eau temporaire 间歇性(河流)
~ d'eau torrentiel 洪水河流,湍急河流
~ d'un fleuve 河(网)区,河流

~ de change 外汇行市,外汇牌价
~ de change ferroviaire 铁路运价货币牌价(国际联运用)
~ de concassage 破碎速率
~ de conversion 兑换牌价
~ de l'intérêt 利率
~ de la rivière 河道
~ des matériaux 材料牌价
~ dinueux d'un fleuve 河湾
en ~ 当前
~ frontière (entre deux pays) (两国间的)界河
~ hypogé d'une rivière 地下河流,地下水流
~ inadapté 废河,遗迹河,河流与河谷不相称的河,枯竭的河流
~ inférieur (d'une rivière) 河流下游,下游段,下游河段
~ moyen (河流的)中游(段)
~ perdue 无效行程
~ principal (河流的)主流,主河道,主河段,主支流
~ radial 径向位移
~ souterrain 地下河,地下水流
~ supérieur (de la rivière) (河流)上游

course f 竞赛,行程,冲程,进程,路程,动程,过程,水道,河道,螺距,经路,运行,运转,奔跑,路线测量,路线轨道
~ à vide 空程,空转
~ aller-retour 往返行程,冲程
~ angulaire 信号臂板转动角度,信号灯散角
~ ascendante 上升行程,上行冲程
~ bielle 连杆行程
~ côté bielle 连杆侧行程
~ d'aspiration 吸气冲程
~ d'eau 水道
~ d'échappement 排气冲程
~ d'essai 试运转
~ d'explosion 爆发行程,工作行程,排气行程,排气冲程
~ d'ouverture 信号驱动行程
~ de détente 膨胀冲程,膨胀行程
~ de la manivelle 曲拐行程
~ de refoulement 增压冲程,压气冲程
~ de retour 回程
~ de soupape 气门升程
~ de travail 工作行程
~ de verrou 锁闩动程
~ des voitures 汽车行驶里程

- ~ du levier 握柄动程
- ~ du piston 活塞行程,冲程
- ~ du tampon 缓冲器冲程
- ~ du tiroir 滑阀行程
- ~ du vérin 千斤顶行程
- ~ effective （电位器的）有效转角
- ~ EWP(voiture directe en service international) 欧洲国际直通客车运行经路
- ~ motrice 工作行程
- ~ retour 回程,退行
- ~ spéciale 特殊任务的行车,专程运送

coursier *m* 斜槽,泄槽,排水渠,溢流段,溢洪道,出水口,泄水闸,泄水建筑物

court, e *a* 短的,短暂的,简短的,简便的

court-circuit *m* 短路

court-jeu *m* 短杆钻孔器（小于1米的土层钻）

coussin *m* 垫,垫块,垫片,岩枕,垫子,坐垫,缓冲器,减振器
- ~ à ressorts 弹簧垫
- ~ de béton 混凝土垫块
- ~ de caoutchouc 橡皮垫块

coussinet *m* 板牙,轴瓦,滑架,导板,轴承（瓦、套），衬套,垫板,衬垫,支承,轴颈,滑动轴承,轴衬（轴承轴箱）
- ~ à collets 环状轴承
- ~ à galets 滚柱轴承
- ~ avec garniture de métal antifriction 挂耐磨合金的轴承,挂百合金的轴承
- ~ cylindrique 轴承垫,轴瓦
- ~ d'un tourillon 轴衬
- ~ de boîte 轴箱轴承
- ~ de dynamo 直流发电机轴承
- ~ de freinage 制动片,闸瓦
- ~ de ligne d'arbre 轴瓦
- ~ en bronze 青铜轴承
- ~ flottant 浮动轴承
- ~ fondu 铸造轴承,铸造垫板
- ~ pivotant 转动调节式轴承,转动轴承

coussinet(s) *m* 拱基石,基础垫层

coussinet-bague *m* 环形轴瓦

coût *m* 费用,经费,开销,支出,价格,成本
- ~ à court terme 短期费用
- ~ à long terme 长期费用,固定开支
- ~ absolu 绝对成本
- ~ actualisé 折现值
- ~ actuel 实际成本,现时成本
- ~ administratif 管理费用,行政费用
- ~ amortissable 折旧费
- ~ annuel 年度成本,年费用
- ~ anticipé 预期成本
- ~ au kilomètre 公里造价
- ~ budgétaire 预算费用
- ~ constant 不变费用
- ~ d'accélération 加速施工费,赶工费,事故费用,意外费用
- ~ d'accumulation 累计成本
- ~ d'achat 买价,原价,开办费,初期投资
- ~ d'acquisition 购置成本
- ~ d'eau 水的费用,水费
- ~ d'entretien 维修费,维护费,养护费
- ~ d'entretien et réparation 维修费
- ~ d'équilbre 无盈亏价格,成本费用
- ~ d'exploitation 开采成本,开采费,使用费,运转费,管理费,运营管理
- ~ d'exploitation des véhicules 车辆营运成本
- ~ d'expropriation 土地征用费,土地征收费
- ~ d'installation 设备费用,安装费
- ~ d'investissement 投资费用
- ~ d'opération 运行费用,业务开支
- ~ d'opération des véhicules 汽车营运费用
- ~ d'opération totale 总运行费,全部使用费
- ~ d'ouvrage 工程造价,建筑费用
- ~ d'usage de la route 公路使用费
- ~ de budget 预算成本
- ~ de circulation 行车费用
- ~ de conduite 管理费
- ~ de construction 造价,建筑费,工程费,建筑成本,施工费用
- ~ de creusement 掘进费
- ~ de dépréciation 折旧费
- ~ de distribution 经销成本,配电成本,配电费用
- ~ de fabrication 生产成本
- ~ de financement 融资成本
- ~ de fonctionnement 营运费
- ~ de l'argent 利息
- ~ de l'assurance 保险费
- ~ de l'entretien 养护[保修、维修、维护]费（用）
- ~ de l'investissement 投资成本,投资费用
- ~ de l'ouvrage 工程造价,建筑费用
- ~ de machine pour opération 机械使用费（包括折旧、维修与管理费）
- ~ de main d'œuvre 劳动力成本
- ~ de maintenance 维护费,维持费,维修费

~ de pompage   抽水费用,抽水成本
~ de production   生产费用,生产成本
~ de projet   工程费,项目费
~ de prospection   勘探费,勘探工作开支
~ de réalisation   建设费
~ de remplacement   更新成本
~ de renouvellement   改建费,翻修费
~ de réparation   修理费
~ de reproduction   再生产成本,重置成本
~ de revient   成本
~ de transfert   转运费
~ de transport   运费,运输成本
~ de travaux miniers   采矿工作开支
~ des contrôles   监理费
~ des études   研究费,设计费
~ des facteurs   生产要素成本,生产成本
~ des ouvrages de génie civil   土建费用
~ des projets   设计费
~ des projets d'exécution   施工图设计费
~ des travaux   工程费,工程造价
~ des travaux complémentaires   补充工程费
~ direct   直接成本
~ direct de construction   直接工程费用
~ du capital   投资费,资本值,基本建设费用
~ du capital annuel   年总成本
~ du temps mort   窝工成本,无效工时成本
~ économique   经济成本
~ économique d'un projet   工程经济价值
~ élémentaire   基本费用
~ estimatif   预算价
~ et fret   成本加运费价
~ exécutif   施工费用,实施费用
~ financier   财政费用
~ fixe   固定成本,固定开支
~ fixe annuel   年固定成本
~ fret   成本加运费,运费在内价
~ future   终值,未来值
~ global   总费用,总造费,全部费用,费用总计
~ indirect   间接成本
~ indirect de construction   间接工程费用
~ initial   基建费用,初期费用
~ limite   无盈亏价格,成本费用
~ s locaux   当地费用
~ marginal   边际成本,边际费用
~ nominal   名义成本
~ original   原价
~ s partiels   分部造价,部分费用

~ réel   真正成本,实际成本,实际费用
~ spécifique   专项费用,转定费用,直接费用
~ supplémentaire   用额外开支,额外费
~ synthétique   综合成本
~ technologique   工艺费用
~ total actualisé   总现值
~ total du pont   桥梁总造价
~ unitaire   单位成本
~ variable   可变成本,可变费用,非固定费用

couteau   m   刀,刀具,闸刀,刀口,刃形支承
~ de sectionnement   闸刀式开关
~ mécanique   机械刀具
~ mobile   活动闸刀
~ séparateur   闸刀,隔离开关
~ vibrant   振动刀片

coûter   v   值价,花费
coûteux, euse   a   贵的,费用大的
couture   f   缝,接缝,缝合,焊合,铆合,联杆（混凝土件间的）
couvercle   m   盖,罩,帽,盖板,拱圆,拱圈
~ à robinet   旋塞盖
~ d'arrêt   顶盖
~ de boîte à huile   油箱盖
~ de boîte d'essieu   轴箱盖
~ de boîte de jonction   接线盒盖
~ de caniveau   管沟盖板
~ de carter   箱盖
~ de culbuterie   汽缸头罩
~ de guidage   导向盖板
~ de protection   安全盖
~ de puits   井盖,机坑盖
~ de regard   检查孔盖,窨井盖,人孔盖
~ de sablière   砂箱盖
~ de trou d'homme   窨井盖,探井盖,人孔盖
~ de visite   检查孔盖
~ du cylindre   汽缸盖
~ du cylindre de frein   制动缸盖
~ du trou de visite   检查孔盖
~ en béton   混凝土盖板
~ en tout   端盖
~ graisseur de boîte d'essieu   轴箱油孔盖

couvert   m   庇荫,林冠,棚车；a   被覆盖的,带棚的
couverte   f   釉,珐琅质
couverture   f   顶,盖,罩,盖层,面层,封面,防护,罩面,顶棚,屋顶,围岩,准备金,覆盖物,表面层,覆盖层,地表沉积

~ aérienne 航摄范围
~ alluviale 冲积覆盖层
~ alluviale d'une terrasse 阶地冲积覆盖层
~ arbustive 灌木丛覆盖
~ argileuse 黏土盖层
~ asphaltique 沥青面层,沥青铺面
~ bitumineuse 沥青面层
~ contre le gel 防冻面层
~ d'amiante 石棉覆盖
~ d'asbeste 石棉覆盖
~ d'asphalte 地沥青盖层,地沥青覆盖,地沥青面层
~ de ciment 水泥面层,水泥罩面
~ de couche 岩层顶板
~ de débris,~ détritique 碎屑(岩)盖层
~ de gravier 砾石盖面
~ de gravillon 石屑罩面
~ de la gare 车站护栏,车站栅栏
~ de morts terrains 覆盖岩层,表土,露采的剥离层
~ de neige 雪盖,积雪
~ de paille 草席覆盖
~ de pavage 铺面层
~ de plate-forme 地台覆盖层,地台上部构造层
~ de protection 护面,保护层
~ de terrains sus-jacents 上覆地层,盖层
~ du sol 浮土层
~ du tablier 桥面板
~ dure 坚硬围岩
~ en ciment 水泥盖面,水泥护面,水泥砂浆护面
~ en sable 铺砂罩面
~ enterre 土被,土壤覆盖
~ évaporitique 蒸发岩盖层
~ flexible 柔性盖层
~ forestière 森林覆盖区
~ instable 不稳定的围岩
~ joint 盖缝木条,压缝条(贴脸)
~ laquée 漆层
~ morainique,~ de moraines 冰碛
~ photographique 摄影测量面积
~ profonde(peu profonde) 深(浅)埋
~ stable 稳定围岩
~ superficielle 残余土壤,表层土
~ supplémentaire 追加保证金
~ suspendue par câbles 悬索结构
~ teintée et laquée 油漆层

~ tendre 软屋盖,柔性屋面
~ végétale 植被,植物覆盖层
~ végétale du sol 土壤植被
Couvinien *m* 库万阶(D_1,比利时)
couvre-bornes *m* 端子盖板
couvre-culasse *m* 汽缸头罩
couvre-joint *m* 连接板,接合板,盖板,平接板,拼接扳,镶接板,压缝条
couvre-objet *m* 玻璃罩
couvre-roue *m* 护轮罩
couvre-tringle *m* 金属杆套
couvrir *v* 覆盖,包括,完成……路程,盖,覆盖,盖满,掩盖,掩护,包括,补偿
 ~ les frais 偿还费用
 ~ un son 淹没声音,掩盖声音
covite *f* 暗霞正长岩,闪霞正长岩
cowlesite *f* 刃沸石
crabe *m* (雪地、沼泽地带行驶的)履带式汽车,蟹爪式挖土机
crabots *m. pl* 爪形连接器,凸轮离合器,牙嵌离合器
crackage *m* 热裂,裂化,破裂,分解
cracké *a* 裂化的,热裂的,破裂的
cracking *m* 裂缝,破裂,(石油)裂化
craie *f* 白垩,粉笔
~ activée 活性白垩
~ altérée 风化白垩
~ argileuse 泥质白垩(岩)
~ blanche 白垩
~ chloritée 海绿白垩岩
~ compacte 致密白垩
~ coulante 板状硅藻土,硅藻土
~ de Briançon 块滑石,致密滑石,法国白垩
~ de tailleur 滑石
~ dure 硬白垩
~ française 滑石
~ glauconieuse 海绿石泥灰岩
~ grise sableuse 砂质灰色白垩
~ lacustre 湖成白垩,钙质沉积物
~ magnésienne 镁质白垩
~ marneuse 泥灰质白垩(黏土含量大于50%)
~ micacée 含云母白垩
~ noduleuse 结核状白垩,瘤状白垩
~ noire 黑色白垩,赭土
~ phosphatée 磷质白垩
~ remaniée 变形白垩
~ siliceuse 燧石白垩质

craigmontite *f* 淡霞正长岩
craigtonite *f* 杂铁锰铝氧矿
crain *m* 平移断层,岩层变薄,尖灭
crampage *m* 用夹钳夹住,挤压,(用夹钳)卡紧
crampe *f* 夹钉,卡钉,卡板,弓形夹
　～ de levage　起重钢索吊环
crampon *m* 夹子,夹钳,弯钩,U形钉,道钉,蚂蝗钉
cramponner *v* 钩住,扒住
cramponnet *m* 小钩子,小夹子,小钳子,夹钳,肘钉,U形钉,U形箍小扣钉,吊钩
cran *m* 槽,切口,凹口,缺口,刻痕,波纹,缺陷(焊缝的),卡槽,刻痕,标记,矿层变薄,浪成洞穴
　～ actif　(握柄)工作位止槽
　～ actif du levier(postes d'aiguillage)　握柄解扣器(信号楼)
　～ d'arrêt　止动凹口,止动槽,止动位,停车位
　～ de marche　运转极,运转挡
　～ de repos　止动槽
crandallite *f* 纤磷钙铝石
crantage *m* 刻痕,开缝
cranté, e *a* 开槽的,切口的
crapaud *m* 滑板床,夹子,夹板,压块
　～ élastique　弹性扣件
　～ de patinage　车轮空转痕迹,车轮空转擦痕
　～ de serrage　夹板
crapaudine *f* 插座,下心盘,立式轴承,阶式轴承,止推轴承,垂直的枢轴座(仪表中),门的枢轴承座,(防止垃圾进入管道的)帘格,探射式色灯信号机的旋转色玻璃眼睛
　～ à rotule　球面心盘
　～ annulaire　环形阶式轴承
　～ de la vis du frein　手制动螺杆轴座
　～ femelle　插座
　～ mâle　插头
craquage *m* (石油)裂化,破裂,裂开
craque *f* 裂隙,裂纹,裂缝,开裂
craquelé *a* 有裂纹的,易裂的,有裂隙的,呈碎裂花纹的,碎裂状的
craquellement *m* 开裂,龟裂,碎裂
craquelure *f* 裂缝,裂痕,龟裂,剥落(地)泥裂,干裂隙,破裂
　～ de peintre　油漆剥落
　～ atmosphérique　风化裂隙
　～ de gel　冻裂缝,冻裂
　～ de l'épaisseur d'un cheveu　发丝裂缝,细裂缝
　～ dessèchement　收缩裂缝,干裂纹

　～ formant réseau　网状裂缝,网裂
　～ superficielle　表面裂纹
craquement *m* 裂开,破碎,裂化
craqure *f* 裂缝,裂隙
crasse *f* 污垢,水锈,渣,铁屑,渣滓,炉渣
　～ de fonderie　铸铁渣
crasse-terre *m* 掘土机
crassier *m* 废石堆,矿渣堆,炉渣
cratère *m* 坑,漏斗,弹坑,焊口,弧坑
　～ d'accumulation　堆积火山口
　～ d'affaissement　沉降漏斗,下陷火山口
　～ d'arc　弧坑
　～ d'effondrement　塌陷的火山口
　～ d'érosion　侵蚀火山口
　～ d'éruption　喷发火山口
　～ d'étincelage　焊口
　～ d'explosion　爆裂火山口,爆发火山口
　～ d'impact　陨石冲积坑
　～ de boue　泥火山口
　～ de débris　碎屑火山口
　～ de l'impact　陷穴
　～ de lave　熔岩火山口
　～ de rupture　土坡的破坏弧
　～ de soulèvement　上升火山口
　～ de subsidence　沉降的火山口
　～ ébréché　蹄铁形火山口,裂口形火山口,破火山口
　～ égueulé　蹄形火山口,破火山口
　～ emboîté　巢状火山口
　～ en file　线条状火山口
　～ en forme de chaudière　锅形火山口
　～ jumeaux　双生火山口
　～ majeur　主火山口,主要火山口
　～ météorique　陨石坑
　～ mixte　混合火山口
　～ ouvert　开阔火山口
　～ parasite　寄生火山口
　～ principal　主火山口,主要火山口
　～ subactif　休眠火山口
　～ subterminal　近顶端火山口
　～ terminal　山顶火山口,顶端火山口,主火山口
cratère-lac *m* 火口湖
cratériforme *a* 火山口形的,漏斗形的
craton *m* 稳定地块,克拉通,古地核
　～ inférieur　沉陷克拉通,大洋型地台
　～ supérieur　上升克拉通,大陆型地台
cratonisation *f* 克拉通化

crayère *f* 白垩(采)矿场,白垩矿
crayeux, euse *a* 白垩质的,似白垩的
crayonneux, euse *a* 泥灰岩的,泥灰质的
creaseyite *f* 硅铁铜铅石
création *f* 开辟,创立,产生,创造,建立,铺设,开行,形成创造
　～ continue de la route　道路连续铺设
　～ piétonne　人行道铺设
créativité *f* 创造性
crédibilité *f* 信用,可信度,可靠性,确实性
　crédit *m* 贷方,信用,信贷,银行,拨款,资信
créditeur *n* 贷方,债权人
creep *m* 蠕动,蠕变,徐变,塑流,流变
creep-érosion *f* 上部土层侵蚀
creeping *m* 蠕动,蠕变
créer *v* 创造,创办,创作,产生,建立,引起,造成
crémaillère *f* 齿条,齿杆,齿轨
　～ du dispositif de réglage automatique du frein　制动机自动调整装置的齿条
crématoire *m* 垃圾焚化炉
crément *m* 滨海冲积层
crémone *f* 插销,窗栓,窗健,滑动闩锁
créneau *m* 车头时距,齿形装饰,缺口,间隔
　～ de dépassement　超车距离
　～ minimal　最小车头距
crénelure *f* 小齿,细齿,刻痕,锉纹,齿形
crénulation *f* 小褶皱,细褶皱
créosotage *m* (木材)浸染酚油
créosote *f* 杂酚油,木馏油,蒸木油
créosoter *v* 灌注防腐油
crépi *m* 涂料,腻料,涂抹,抹泥,抹灰
crépine *f* 过滤器,金属滤网,金属网滤管,滤水管,滤水器
　～ à fente　开槽式滤管
　～ d'aspiration　吸入过滤器,进油过滤器
　～ de prise d'eau　过滤网
　～ filtrante　过滤器,过滤管
crépir *v* 涂泥,粉刷
crépissage *m* 涂灰泥,粉刷
crépissure *f* 涂在墙上的灰泥
crépitement *m* 发出连续的爆裂声
crépure *f* 卷曲,波纹,波纹度
crêt *m* 单斜脊,山脊,海脊,分水岭,突出部分,峭壁
　～ monoclinal　单斜脊,猪背岭,单面鬣丘
crétacé *m* 白垩纪,白垩系
　～ inférieur　下白垩纪
　～ supérieur　上白垩纪

crête *f* 峰,脊,顶点,海脊,陡坡,高地,峰值,屋脊,山脊,山顶,焊脊,压顶,分水岭,峰顶水位,陡峭的山脊
　～ à crete　(正负)峰间值,峰-峰峰值
　～ anticlinale　背斜山,背斜脊
　～ aplanie　切割山脊
　～ axiale　轴线高度
　～ contrôlée　设有调节水位装置的坝顶
　～ correspondante　相应洪峰水位,相应峰顶水位,相应最高水位
　cote de la ～　坝顶高程,堰顶高程
　～ d'amplitude de courant cathodique　巅值阴极电流(浪涌的),峰值阴极电流(过电流)
　～ d'onde　波峰
　～ d'une lame　波峰,波脊
　～ de barrage　坝顶
　～ de déblai　挖方坡口
　～ de déversoir　溢洪道顶部,溢流堰顶
　～ de digue　堤顶
　～ de division　分水脊,分水岭
　～ de filon　矿脉上部,地表矿脉露头
　～ de glace　冰脊
　～ de l'anticlinal　背斜山
　～ de la dune　沙丘顶
　～ de marée　潮峰
　～ de modulation　调制峰
　～ de montagne　山脊,山巅,山岭
　～ de partage　分水岭
　～ de plage　海滨沙脊
　～ de récif　礁体顶都
　～ de talus　边坡顶
　～ de vague　波峰
　～ des eaux souterraines　地下水分水岭
　～ déversante　溢洪道顶部,溢流堰顶
　～ dorsale　背脊
　～ du barrage　坝顶
　～ du remblai　路堤顶
　～ du talus　坡顶
　épaisseur en ～　坝顶宽[厚]度
　～ fractionnée　具有几个峰的脉冲顶,均衡脉冲
　～ horizontale　平顶波峰,平缓峰顶
　～ isoclinale　等斜褶皱脊
　largeur en ～　坝顶宽度
　longueur en ～　坝顶长度
　～ médio-océanique　大洋中脊
　～ migrante　滨外洲
　～ monoclinale　单斜脊,单面山(猪背山)

~ négative 波谷
~ océanique 洋脊
~ onde 圆(波)峰,圆顶
~ positive 波峰
~ prélittorale 海底沙洲,海底沙坝,岸边沙洲
~ sous-marine 水下分水岭
~ synclinale 向斜轴线,向斜脊
~ transversale 横向山脊
~ tronquée 切断山脊

creusage *m* 挖掘,开凿

creusement *m* 挖掘,掘进,开凿,冲刷(作用),导坑,导洞,采掘,钻凿
~ à l'eau 水力挖掘,水力开采
~ à bras 人工挖掘
~ à l'explosif 爆破掘进
~ à pleine section 全断面掘进
~ avec cloison double 双侧壁开挖
~ avec cloison simple 单侧壁开挖
~ avec galeries aux naissances 导洞开挖
~ d'un puits 挖井
~ de chambre 硐室掘进
~ des bouveaux 石门掘进
~ des fossés 开挖边沟
~ des fossés par sautage 爆破法挖沟
~ des tranchées 挖沟,开槽
~ du lit 河床冲刷,河道刷深
~ en couche 分层[矿层]掘进
~ en demi-section 半断面(上下台阶)开挖
~ en pleine section 全断面开挖
~ mécanique 机械(方法)掘进
~ mécanique de tranchées 机械挖沟
~ mécanisé 机械开挖
~ mécanisé de tunnel 隧道机械开挖
~ rapide 快速掘进

creuser *v* 挖掘,开凿,挖,钻凿
~ un tunnel 挖掘隧道
~ une tranchée 挖沟

creuset *m* 罐,桶,坩埚,熔埚,铲斗[机],(高炉)炉缸,铸铁桶,炉床

creuseur *m* 挖土机,挖掘机,挖沟机,挖沟工人
~ de tranchées 挖淘机

creux *m* 腔,室,洞,穴,孔,坑,空洞,渗坑,凹陷,深度,高度,沙孔(铸件的),(构造的)槽线,凹地,窟窿,空穴,凹处,齿沟
~ d'effondrement 塌陷坑
~ d'une roue dentée 齿轮的齿牙间空隙
~ de déflation 风蚀坑
~ de fondation 路槽
~ de route 途中损耗
~ du bandage 轮箍踏面磨耗凹槽
~ formé par dissolution 溶解空洞
~ formé par effondrement 坍陷空洞
~ intramontagneux 山间凹地

creux, euse *a* 空心的,中空的,凹的,内凹的

crevaison *f* 爆裂,破裂,穿孔,刺穿
~ de pneu 轮胎爆裂

crevasse *f* 裂缝,龟裂,裂隙,冰隙
~ annulaire (木材)环裂
~ béante 张开的裂缝
~ de rocher 岩石裂缝,裂隙
~ de séchage 干爆裂缝
~ de tremblement de terre 地震形成的大裂隙
~ due au vent 风裂
~ en chevron 尖顶裂隙
~ glaciaire 冰川裂隙
~ latérale 边缘裂隙,斜交裂隙
~ longitudinale 纵向裂隙,走向裂隙
~ marginale 边缘裂隙
~ naturelle 自然裂隙,自然裂纹
~ rayonnante 放射裂隙
~ séismique 地震形成的裂隙
~ transversale 横向裂隙,横裂缝

crevassé *a* 有裂缝的,有裂纹的

crevassement *m* 裂开,裂隙,龟裂,形成裂纹

crevasser *v* 裂开,破裂,产生裂纹,使产生裂缝,使裂开

crever *v* 裂开,破裂,爆裂

criblage *m* 筛分,筛选,过筛
~ fin 精筛选
~ préalable 初步筛选(分出大块)
~ primaire 初筛选
~ sous l'eau 湿法筛分
~ sec 干式筛选

crible *m* 筛,筛子,筛板,筛分机
~ à barreaux 箅子筛,铁栅筛,格筛
~ à barres 箅子筛,铁栅筛
~ à bascule 摇动筛,吊筛
~ à claies multiples 多层筛
~ à course libre 惯性筛
~ à deux claies 双层筛
~ à deux étages 双层筛
~ à deux tamis 两层筛
~ à gravier 砾石筛
~ à grille fixe 固定筛板的跳汰机

～ à grille mobile　活动筛板跳汰机
～ à mailles（carrées）（方）孔筛
～ à mouvements oscillants　摆筛,摆动筛
～ à plateaux multiples　多层筛
～ à quatre claies　四层筛
～ à résonance　共振筛
～ à scalpage　分大块岩石筛
～ à sec　干筛
～ à secousses　簸动筛,跳汰机筛板
～ à tambour　圆筒筛,鼓形筛,滚筒筛
～ à tamis multiples　多层筛
～ à tamis unique　单层筛
～ à trois tamis　三层筛
～ à trous circulaires　圆孔筛
～ chauffé électriquement　电热筛
～ cylindrique　筒形格筛
～ d'égouttage par milieu dense　重液分离用的除液筛
～ dépoussiéreur　除尘筛
～ en tôle perforée　冲孔筛板,冲孔筛
～ excentrique　偏心筛
～ fixe　固定筛
～ galopant　吊筛,摇动筛
～ horizontal　平面筛
～ mécanique　筛分机,清筛机
～ oscillant　摇动筛,摆动筛
～ plan　平板筛
～ primaire　初级筛,头道筛
～ rotatif　滚筒筛,旋转筛
～ suspendu　悬吊筛
～ vibrant　振动筛
criblé, e　*a*　筛过的,多孔的
crible-classeur　*m*　分级筛,分级筛网
cribler　*v*　筛,筛分,筛选,过筛,穿许多孔
cribleur　*m*　筛分机
cribleuse　*f*　筛,清筛机,筛分机,摆动筛
　　～ à ballast　筛渣机
criblure　*f*　筛屑,筛剩的残渣,筛分机,清筛机
　　～ à sable　砂筛,筛砂机
　　～ de ballast　筛渣机
　　～ s de concasseur　碎石机石屑
　　～ s de pierres　筛余石屑
cric　*m*　千斤顶,起重机,手摇绞车
　　～ à bras　手动千斤顶,手动起重器
　　～ à crémaillère　齿条式千斤顶
　　～ à crochet　钩式千斤顶
　　～ à double noix　双链式千斤顶

～ à levier　杠杆千斤顶
～ à main　手摇千斤顶
～ à noix　链式千斤顶
～ à simple noix　单链式千斤顶
～ à vis　螺旋千斤顶
～ électrique　电动千斤顶
～ hydraulique　液压千斤顶
～ rouleur　活动千斤顶,移动式起重器
crichtonite　*f*　锶铁钛矿
crinanite　*f*　橄沸粒玄岩
criptomorphite　*f*　水硼钙石,基性硼钙石
criquabilité　*f*　易裂性
criquage　*m*　破裂,裂开,龟裂
crique　*f*　裂缝,裂纹,裂口,龟裂,小弯
　　～ à chaud　热裂纹
　　～ à froid　冷裂
　　～ dans le métal　金属的裂纹
　　～ d'essieu　轴裂缝
　　～ de fatigue　疲劳裂纹
　　～ de glissement　压裂
　　～ de retassure　收缩裂纹,缩裂
　　～ de retrait　收缩裂缝
　　～ de soudage　焊接裂缝
　　～ de trempe　淬火裂纹
　　～ due à la tension　张力裂缝,应力裂缝
　　～ initiale　初始裂纹
　　～ thermique　热处理裂纹,淬火裂纹
crise　*f*　变动,危机,发作,骤变,匮乏裂缝
crispite　*f*　网状红石
crispure　*f*　褶皱,不平整,不光滑
cristal　*m*　晶体,结晶,石英,水晶,精制玻璃,结晶体,水晶玻璃
　　～ aciculaire　针状晶体
　　～ actif　旋光晶体
　　～ allotriomorphe　捕虏晶,外来晶
　　～ anisométrique　非等轴晶体
　　～ anisotrope　各向异性晶体
　　～ aplati en table　板状晶体
　　～ atomique　原子晶体
　　～ attractif　正光性晶体
　　～ automorphe　自形晶
　　～ aux liquides　液晶
　　～ aux mélanges internes　内混晶体
　　～ biaxe　二轴晶
　　～ bimorphe　双层晶体,耦合晶体
　　～ biréfringent　双折射晶体
　　～ biréfringent biaxe　双轴双折射晶体

~ biréfringent uniaxe 单轴双折射晶体
~ brisé 破碎晶体
~ brun 烟晶
~ cannelé 柱状晶体
~ changeur de fréquence 变频器晶体
~ complet 全晶体,全结晶
~ complexe 混合晶体,混成晶体
~ corrodé 溶蚀晶
~ covalent 无极(性)晶体,同极晶体
~ cubique 立方晶体
~ d'aiguille 针状晶体
~ d'islande 方解石,冰洲石
~ de galène 方铅矿(检波晶体)
~ de montagne 水晶
~ de roche 水晶,岩晶,石英
~ de roche brun 烟晶
~ de thé 茶晶
~ dextrogyre, ~ droit 右旋晶体
~ embryonnaire 雏晶
~ en colonne 柱晶
~ ferromagnétique 铁磁晶体
~ gauche 左旋晶体
~ gemme 宝石晶体
~ glacial 冰晶(体),结晶冰屑
~ globulaire 球状晶
~ guttiforme 滴状晶体,水滴状结晶
~ hémitrope 半体旋转双晶(体),半体旋转孪晶
~ hétérogène 不均匀晶体
~ héterpolaire 有极晶体
~ holoèdre, ~ holoédrique 全对称晶体
~ homopolaire 无极晶体
~ idioblaste 自形变晶
~ idiomorphe 自形晶,自形晶体
~ imparfait 下完整晶体,非完美晶体
~ ionique 离子晶体
~ isotrope 各向同性晶体
~ lamellaire 页片状晶体,薄片状晶体
~ lenticulaire 透镜状晶体
~ lévogyre 左旋晶体
~ liquide 液晶
~ maclé 双晶体,孪晶
~ mériédrique 缺面晶体,金属晶体
~ mimétique 拟态晶体,拟晶(体)
~ mixte 混合晶体,混合晶
~ mixte d'insertion 间隙固溶体
~ mixte de substitution 置换固溶体
~ mixte limité 饱和固溶体
~ mixte saturé 饱和固溶体
~ moléculaire 分子晶体,分子(式)结晶
~ mosaïque 嵌镶结晶
~ mou 软晶体
~ naturel 天然晶体,天然水晶
~ négatif, ~ négativement biréfringent 负晶体,空晶
~ optiquement négatif 负光性晶体
~ optiquement positif 正光性晶体
~ parfait 完整晶体,完全晶体
~ piézo-électrique 压电晶体,压电晶
~ pléochroïque 多色性结晶,多色性晶体
~ polaire 极化晶体
~ polymère 聚体晶,聚合晶体
~ positif, ~ positivement biréfringent 正晶体
~ prismatique 棱柱晶体,柱晶体
~ pyroélectrique 热电晶体
~ résorbé 吸收晶
~ semi-conducteur 半导体晶体
~ squélétiforme 骸晶
~ transmetteur 晶体传感器
~ triple 三连晶
~ tronqué 截头状晶体
~ uniaxe 一轴晶
~ uniaxe négatif 负光性一轴晶体
~ unique 单晶体
~ zoné 带状晶体

cristal-hôte *m* 主晶体,母晶体
cristallière *f* 水晶矿(山),石英矿
cristallifère *a* 含晶体的
cristallin *m* 结晶体,结晶矿体,结晶地块,结晶岩体,水晶体
cristalline, e *a* 结晶的,晶体的,晶状的,透明的,清澈的,结晶的,晶莹的,水晶的
cristallinité *f* 结晶度,结晶性
cristallisabilité *f* 可结晶性,结晶(能)力
cristallisable *a* 可结晶的
cristallisant, e *a* 结晶的,晶化的
cristallisation *f* 结晶,晶化,晶体,结晶(体)形成,结晶作用
~ accumulative 聚集结晶
~ au repos 静态结晶,静置中结晶
~ de sel 盐的结晶
~ dendritique 树枝状结晶(作用)
~ en mouvement 运动中结晶,流动中结晶
~ eutectique 共结结晶(作用),共熔结晶
~ fine (晶体)细粒结构(晶体在 0.12mm ~

0.25mm),细粒结晶(作用)
~ forcée 外力结晶,强制结晶,外因结晶
~ fractionnée 分离结晶,分段结晶,分级结晶,分布结晶,分布晶化
~ granulaire 大粒结晶,晶体大粒结构(晶体粒径为 2mm~4mm)
~ grossière 粗粒结晶,晶体粗粒结构(晶体粒径为 0.5mm~1mm)
~ intermittente 分批结晶
~ intramagmatique 岩浆贯入结晶
~ intratellurique 地内结晶(作用)
~ lente 缓慢结晶
~ moyenne 中粒晶体,中颗粒晶体结构(晶体粒径为 0.25mm~0.5mm)
~ orientée 定向结晶
~ orthomagmatique 正岩浆结晶
~ par dissolution 溶解结晶作用,溶蚀结晶
~ par fusion 熔融结晶,熔化结晶
~ par l'évaporation 蒸发结晶(作用)
~ par pression 压力结晶
~ par sublimation 升华(法)结晶
~ périodique 间歇结晶,反复结晶
~ préférée 选择结晶(法)
~ primaire 原生结晶(作用),原始结晶
~ progressive 逐步结晶,拉晶法,拉单晶
~ rapide 快速结晶
~ secondaire 次生结晶,二次结晶
~ sélective 选择性结晶,选择结晶(作用)
~ tardive 晚期结晶作用

cristallisé, e *a* 结晶的,晶状的
cristalliser *v* 使结晶
cristallisoir *m* 结晶槽,结晶器皿
cristallites *f. pl* 雏晶,晶种,假晶
~ basculaires 长联雏晶
~ globulaires 球雏晶
~ de scopulites 羽雏晶
~ en trichites 发雏晶(毛状晶),丝雏晶,晶发
cristallitique *a* 雏晶的
cristalloblastique *a* 变晶质的,变晶的
cristallochimie *f* 结晶化学,晶体化学
cristalloclastique *a* 晶屑的(结构)
cristallogenèse *f* 晶体成因学,晶体发生学
cristallogramme *m* 结晶绕射图
cristallographe *n* 结晶学家,结晶器,检晶仪
cristallographie *f* 结晶学,晶体学
~ géométrique 几何结晶学
~ chimique 化学结晶学
~ physique 物理结晶学

cristalloïde *m* 拟晶体,准晶质; *a* 拟晶体的
cristalloluminescence *f* 结晶发光,结晶冷光
cristallométrie *f* 晶体测定法,结晶测定法
cristallophyllien *a* 片状结晶的,结晶千枚状的
Cristallophyllien *m* 结晶片岩,变质片岩,(区域性)变质岩,前寒武纪,前寒武纪沉积物
cristallophysique *f* 晶体物理学
cristobalite *f* 方氟硅铵石,方石英(方英石)
cristobalite-alpha *f* α方石英(低温方石英)
cristobalite-bêta *f* β方石英(高温方石英)
critère *m* 标准,准则,标志,规范,判别式,判据
~ à observer 遵循的原则
~ courant 现行标准
~ d'équilibre 平衡判据
~ d'exploitabilité 可采标准
~ d'indépendance 不相关准则
~ de calcul 计算标准
~ de charge 加载准则,载荷判据
~ de compacité 密实度标准
~ de comportement de la chaussée 路面工作性能标准
~ de confort 舒适标准
~ de cycle 循环判据,循环总次数
~ de défaillance unique 单一失事准则
~ de déflexion 挠度规定,变位准则
~ de déformation 变形标准
~ de dommage en fatigue 疲劳破坏标准
~ de flambement 压屈标准
~ de gélivité des sols 土壤冻结标准
~ de l'étude de drainage 排水设计标准,排水设计准则
~ de l'étude hydraulique 水力学设计准则
~ de Mohr-Coulomb (强度理论的)莫尔—库仑准则
~ de plasticité 塑性标准
~ de portance 承载力标准
~ de productivité 生产率标准
~ de propreté 清洁标准
~ de qualité 质量标准
~ de qualité d'air 大气质量标准,大气质量基准,大气质量准则
~ de qualité d'eau 水质标准
~ de réception 验收标准
~ de remblai (土石方的)填筑标准
~ de résistance 强度标准
~ de Reynolds 雷诺准则

~ de rigidité　刚度标准
~ de rupture　断裂(破坏)标准
~ de rupture des matériaux　材料破坏标准
~ de sécurité　安全标准
~ de Tresca　(强度理论的)特雷斯卡准则
~ de Von Mises　(强度理论的)米塞斯准则
~ diagnostique　(土地利用)诊断标准,土地质量特性鉴别基准
~ du bénéfice actualisé　实际利润标准
~ économique　经济标准
~ fondamentale　基本准则
~ s fondamentaux du calcul　基本设计标准,基本计算标准
~ géobotanique　地植物学标志
~ géochimique　地球化学标志,地球化学准则
~ géologique　地质(普查)准则,地质(普查)标志,地质前提
~ géométrique　几何标准
~ géomorphologique　地貌标志
~ géotechnique　土工标准
~ granulométrique　级配标准
~ lithologique　岩石—岩相标志,岩性准则
~ paléoclimatique　古气候标志,古气候准则
~ paléogéographique　古地理标志,古地理准则
~ paléontologique　古生物学标志,古生物学准则
~ sédimentologique　沉积学标志,(沉积)岩石—岩相标志
~ similaire　相似标准,相似准则
~ structural　构造标志,构造准则
~ supplémentaire　补充标准
~ utilisé　使用标准
~ valable　有效标准

critérium *m*　标准,规范,标号
~ de visibilité　可见度标准

criticalité *f*　临界性,临界状态

critique *f*　评论,考证,批评；*a*　临界的,极限的,危险的,判定的

croc *m*　牙,大齿,钩子,铁钩,风蚀沙丘,波状沙丘
~ à chaux　灰浆搅拌器

crocalit(h)e *f*　不纯钠沸石,假钠沸石

crochet *m*　钩,前刺,弯头,钩子,卡环,吊钩,夹具,支架,褶曲,挠曲,钩形沙丘,钩形工具,矿层褶皱,(岩层)弯曲,弯钩形断层,(一端)带弯钩的钢筋
~ à œil　吊环,吊耳
~ à tuyaux　管钩

~ amarré　缆钩,锚固钩
~ commutateur　钩锁,夹轨钩锁
~ d'accrochage　悬挂式吊钩
~ d'ancrage　锚固钩,钢筋端部弯钩
~ d'arrêt　锚钩,抓机,提取器
~ d'arrière　挂车的牵引钩
~ d'attache　连接钩,挂钩
~ d'attelage　链钩,牵引钩
~ d'enclenchement　锁闭钩
~ d'extrémité　端钩
~ de câble　缆索钩
~ de couche　地层褶皱,矿层褶皱,岩层弯曲
~ de faille　断层弯曲
~ de fermeture　锁闭钩
~ de fermeture de porte roulante　滑门锁扣
~ de forage　钻探用吊钩
~ de grue　起重机吊钩
~ de halage　缆索钩
~ de joint de palplanche métallique　钢板桩的锁口
~ de l'armature　钢筋钩
~ de levage　吊钩,提升钩,起重钩
~ de mur　墙钩(挂吊管子用)
~ de remorque　拖钩,牵引钩
~ de repêchage　打捞钩
~ de retour d'équerre　(钢筋)90°弯钩
~ de sécurité　安全吊钩
~ de sûreté　安全钩,备用钩
~ de suspension　吊钩,悬挂的钩环
~ de suspension des câbles　电缆挂钩
~ de traction　连结钩,牵引钩
~ de verrou　锁闭钩
~ des joints　(钢板桩)锁口
~ des têtes de couches　岩石露头弯曲
~ double　双钩
~ double de levage　双提升钩
~ dynamométrique (voiture d'essai et de mesures)　车钩测力计(试验车)
~ éjecteur　打捞钩,提引钻具的钩环(卡在钻孔中时)
~ normal　(钢筋)普通弯钩
~ porte-charge　吊钩,起重钩
~ pour écriteaux　布告板挂钩
~ simple　单钩

crochon *m*　层弯曲
~ de couche　岩层褶曲,岩层弯曲
~ de faille　断层弯曲

crocidolite *f* 纤铁闪钠石,青石棉,蓝石棉
crocodile *m* 鳄鱼夹,鳄鱼式接触器
　～ avertisseur　预告信号鳄鱼式接触器（机车信号装置）
　～ d'épreuve　检验用鳄鱼夹,检验用鳄鱼式接触器
croisé,e *a* 交叉的,成十字形的,相交的
croisée *f* 相交,交叉点,十字路口,交会点,十字接头
　～ des chemins　交叉路口
croisement *m* 交叉,交会,会车,跨越,重叠,搭接,交叉口,十字接头,四通接头
　～ à angle aigu　锐角交叉
　～ à angle droit　直角交叉
　～ à deux niveaux　立体交叉
　～ à feuille de trèfle　苜蓿叶形立体交叉
　～ à niveau　平交道,平面交叉,水平交叉
　～ à niveaux différents　立体交叉
　～ à niveaux en anneau　环形立体交叉
　～ à niveaux en feuille de trèfle　苜蓿叶式立体交叉,四叶式立体交叉
　～ à niveaux en losange　菱形立体交叉
　～ à niveaux en semi-trèfle　半苜蓿叶式立体交叉,三叶式立体交叉
　～ à niveaux séparés　立体交叉
　～ à trois niveaux　三层立体交叉
　～ de canal　渠道交叉建筑物
　～ de chemin de fer　铁路道口
　～ de courants de circulation　道路交叉口,十字路口,车流交会
　～ de failles　断层相交,交错断层
　～ de fils　线交叉
　～ de lignes　线路交叉
　～ de véhicules　车辆交汇,会车
　～ différent　立体交叉
　～ double　双开交叉
　～ en feuille de trèfle　苜蓿叶式交叉
　～ en trèfle　苜蓿叶形立体交叉
　～ en trompette　喇叭形立体交叉
　～ multiple　复式交叉
　～ oblique　斜角交叉
　～ rectangulaire　直角交叉
　～ sans cisaillement　立体交叉
　～ simple　单开交叉
croiser *v* 交叉,交合,切断,相交,相遇,使交叉,使相交
croisette *f* 十字石
croisière *f* 交叉点,交叉位置,交叉杆

croisillon *m* 横担,辙叉,横木,(电枢)支架,横梁,四通管,十字叉,星形轮,十字轴,十字铰接,四通接头,十字轴承,星形接头,十字形支架,十字铰接四通管
croisillonnage *m* 桁构,桁架腹系,架腹系
croissance *f* 增加,增大,增长,发展,生长,发育
　～ avec torsion　螺旋形增长
　～ du trafic　交通量增长
　～ en diamètre　径向增长
　～ en spirale　螺旋形增长
　～ excentrique　偏心增长
　～ linéaire du trafic　交通量线性增长率
　～ ondulée　波状增长
　～ prévisible du trafic　预估交通量增长
croissant,e *a* 增长的,不断增加的,越来越大的
croisure *f* 交叉点
croix *f* 交叉,叉号,十字,十字形,十字管,四通管,十字标记,十字接头,十字形零件
　～ à bride　法兰盘四通
　～ d'avertissement　道口预告信号
　～ de malte　十字轮机构
　～ de Saint-André　信号停用标记,信号机无效标
　en ～　横的,斜的,交叉的,成十字的
　～ horizontale　十字丝横丝
　～ inégale　四通接头,四通阀
　～ verticale　十字丝竖丝
cromaltite *f* 黑云榴霓辉岩
cronstedtite *f* 克铁蛇纹石(绿锥石)
crookésite *f* 硒铊银铜矿
croquis *m* 略[简]图,草案[图],速写,素描,略引,示意图
　～ à main levée　草稿,草图,略图
　～ de montage　配线草图,简单配置图
　～ perspectif　透视草图
　～ schématique　简图
crosse *f* 把手,手柄,弯钩,滑块,十字头,肘形支撑杆
　～ de piston　十字头,活塞十字头
　～ d'accrochage　挂钩
crossite *f* 青铝闪石
croulant *a* 崩陷的,倒塌的,冒顶的,滑落的
croulement *m* 崩塌,冒顶,陷落,冒落,倒塌,陷塌
crouler *v* 崩塌,陷落,倒塌
croupe *f* 山的圆顶,丘陵突起处,山脊,山梁,分水岭,圆丘
croupi,e *a* 停滞的,腐败的
croustillant,e *a* 脆的,粗糙的

croûte *f* 壳,皮,表皮,外壳,外层,(道路)硬面,地壳,硬壳,硬层,板结层,铸疤
~ altérée 风化壳
~ basaltique 玄武岩壳
~ calcaire 钙质层,碳酸钙结皮,钙质结壳
~ concrétionnée 硬盘,铁钙壳,灰质壳
~ continentale 陆壳,大陆壳,硅铝(花岗岩)层
~ d'altération superficielle 岩石风化表层
~ d'argile saline 盐质黏土壳[层]
~ d'huile 油垢
~ de calcaire 钙质层,碳酸钙结皮
~ de glace 冰盖层
~ de la terre 地壳
~ de lave 熔岩壳
~ de pain 面包皮(构造)壳
~ désertique 沙漠岩漆
~ durcie 硬结表土层
~ dure 硬土层,煤层底黏土
~ ferrugineuse 硬盘,铁盘,铁质壳,铁结核硬壳
~ granitique 花岗岩壳,硅铝层
~ gypseuse 石膏壳
~ intermédiaire 中间地壳,过渡性地壳
~ latéritique 红土风化壳
~ néoformée 新生壳
~ océanique 大洋壳,洋壳
~ oxydée 氧化层,氯化膜
~ salée 盐结皮,盐壳
~ saline,~ de sel 盐壳
~ sialique 硅镁层
~ siliceuse 硅质壳
~ superficielle 表层,地表碎屑
~ supérieure 大陆(型)壳,地壳顶壳,地壳上部
~ terrestre 地壳,岩石圈,地壳面层
~ travertineuse 石灰华层,钙华层

cru *a* 原生的,未加工的,未选的(矿石),硬的(水),强烈的,生硬的

cruciforme *a* 十字形的

crudité *f* (水的)硬度

crue *f* 山洪,水涨,洪水(量),涨水,冰推进,松散岩层,松散矿层,低品级煤层
~ 1/40 ans 四十年一遇洪水
~ annuelle 一年一遇洪水,常年洪水,年洪水量
~ automnale 秋汛,秋季洪水
~ brutal 骤发洪水,暴洪,山洪暴发
calcul de l'amortissement de la ~ 洪水消退演算
~ catastrophique 非常洪水,特大洪水,灾难性洪水
~ centennale 百年一遇洪水
~ chargée de matières solides 洪水挟沙量,固体质洪流
~ d'automne 秋汛
~ d'averse 暴雨洪水,洪水
~ d'été 夏汛,夏季洪水
~ d'hiver 冬汛,冬季洪水
~ d'orages 暴雨,洪汛
~ d'une nappe phréatique 潜水动态曲线峰点,潜水层"洪峰"
~ de chantier 施工洪水
~ de coulée 岩石裂隙中的水流
~ de faible amplitude 小洪水
~ de fonte de neige 雪融洪水
~ de fréquence centennale 百年一遇洪水
~ de fusion glaciaire 冰川(形成)的洪水
~ de fusion nivale 雪融洪水
~ de glacier 冰川推进,凌汛,冰川洪水
~ de neige 融雪洪水,春汛,桃汛
~ de plage 海滩加积,海滩扩大
~ de pointe 洪峰,洪峰流量
~ de printemps 春汛,桃汛
~ de projet 设计洪水
~ de projet standard 标准设计洪水
~ de projet synthétique 综合设计洪水
~ de sable 沙暴,沙泄
~ décamillénnale 万年一遇洪水
~ décennale 十年一遇洪水
~ des eaux 洪水,涨水
~ des glaces 凌汛
~ dévastatrice 毁灭性洪水
~ du mur 假底板
~ du toit 汹顶,假顶板
~ éventuelle 可能洪水,最大洪水
~ extraordinaire 非常洪水,特大洪水
~ extrême 极限洪水
~ fréquente 常遇洪水
~ grande 洪汛,洪水
~ historique 历史洪水
~ historique la plus importante connue 历史最高洪水位
~ inondée 泛滥洪水,大洪水
~ majorée de sécurité 设计最高洪水位
~ maximale probable 可能最大洪水
~ maximum 最大洪水,洪峰
~ maximum annuelle 最大年洪水(量)

~ maximum calculée　最大计算洪水(量)
~ maximum connue　最大已知洪水
~ maximum possible　最大可能洪水量
~ mensuelle　月最大洪水(流量),月最大洪峰值量
~ millénnale　千年一遇洪水
~ minimum annuelle　最小年洪水量
~ moyenne annuelle　年平均最大洪水量
~ s observées　洪水记录,洪水实测资料
~ pendant la période de construction　施工水位
~ périodique　周期性泛滥,周期性洪水
plus grande ~ connue　实测最大洪水,记录最大洪水
~ précoce　早期洪水
~ printanière　春汛,桃汛
~ prise en compte pour les travaux　施工假设洪水
probabilité des ~　洪水几率,洪水概率
~ probable　可能洪水
~ rare　稀有洪水
~ séculaire　百年洪水
~ standard　标准洪水
surélévation due à la ~　洪水超高,洪水上涨
~ torrentielle　山洪,暴(发)洪(水)
tranche de ~　洪水深度,洪水断面
~ urbaine　城市洪水
~ utilisée pour un calcul　设计洪水位
cryoclastie *f*　冻裂崩解
cryoconite *f*　冰尘
cryogène *a*　冷冻的,低温的
cryogénie *f*　低温学,低温工程,低温技术,制冷(技术),低温试验,冷冻剂,制冷剂
cryolithe *f*　冰晶石
cryomètre *m*　低温计
cryopédologie *f*　冻土学
cryophore *m*　凝冰器
cryopompage *m*　速冻超真空法
cryoscope *m*　冰点测定计
cryostat *m*　恒低温器,低温恒温器
cryoturbation *f*　融滑作用
crypte *f*　土窑,地穴
cubage *m*　容积,体积,求积法
　~ des terrassements　计算土方工程量
　~ approximatif　近似体积,近似容积
cubature *f*　容积,体积,求体积法,化为等体积的立方体
　~ de rebut　废土土方

~ des terrassements　计算土方体积
cube *m*　立方,立方体,体积,三次幂,立方体试块
　~ d'essai　试验立方块,(混凝土)立方体试块
　~ d'essai en béton　混凝土试验立方块
　~ de béton　混凝土立方试块
　~ des déblais　挖方体积
　~ des terrassements　土方体积
　~ total　总立方数
　~ mètre　立方米
cuber *v*　计算体积,计算容积,乘三次方,求立方,求体积,铺方石
cubicite *f*　方沸石
cubilot *m*　化铁炉,冲天炉,竖炉,直井炉
cubilotier *m*　熔铁工,炉前工
cubique *a*　立方体的,立方的,三次的
cuesta *f*　单面山
cuiller *f*　斗,罐,勺,桶,斗车,吊斗,铲斗
　~ de drague　挖掘机铲斗
　~ de prise de pression　压力水入口,调压管进口
　~ d'huile de tête de bielle　连杆端部油勺
　~ pour prélèvement des échantillons　取土样筒
cuillère *f*　勺,匙,水斗,水桶,罐,(提升机的)吊斗,(挖掘机)铲斗
　~ à fente　(标准贯入试验用的)开尾勺,对开取土勺
　~ de dragline　索铲铲斗
　~ pour prélèvement d'échantillon　取样勺
　~ verni　漆皮
cuirassé *a*　有护甲的,铠装的,金属包覆的
cuirasse *f*　框架,外罩,装甲,电磁屏蔽
cuire *v*　烧,煮,烘,焙,焙烧,焙干,烧硬
cuisage *m*　焙烧,一次焙烧量
cuisson *f*　焙烧,燃烧,干燥,硫化
　~ en moule　热压成形
　~ de la pierre à chaux　石灰石焙烧
　~ du ciment　水泥焙烧
cuivrage *m*　镀铜
cuivré　包铜的,铜皮包覆的,铜色的,赤褐色的,铜的,含铜的,镀铜的
cuivre *m*　铜(Cu)
　~ jaune　黄铜,黄铜矿
　~ natif　自然铜
　~ noir　黑铜矿,黑铜,粗铜
　~ oxydé　赤铜矿
　~ oxydé noir　黑铜矿
　~ oxydulé　赤铜矿
　~ oxydulé capillaire　铜华,针状红铜矿

～ oxydulé terrière 土状铜矿(石),含土的铜矿
～ panaché 杂铜,斑铜矿
～ phosphaté 磷铜矿,假孔雀石
～ pyriteux 黄铜矿
～ sélénié 硒铜矿
～ sélénié argental 硒铜银矿
～ spongieux 海绵铜
～ sulfuré 辉铜矿
～ sulfuré argentifère 硫铜银矿
～ velouté 绒铜矾(绒铜矿)
～ vierge 自然铜,原铜
～ vitreux 辉铜矿
～ vitreux rouge 赤铜矿
～ vitreux violet 斑铜矿

cuivrer *v* 镀铜
cul *m* 下层,底,底部,后部,锅底形部分
   ～ de chaudron 逆断层锅形部分
culasse *f* 座,架,栓,端,轭,轭铁,端面,桁架,顶端,端部,闭止器,汽缸盖,汽缸头
   ～ de cylindre 汽缸盖
   ～ de moteur 发动机汽缸盖
culbutant, e *a* 翻转的,翻刷的
culbuter *v* 翻转,翻倒,滚转
culbuterie *f* 摇臂(内燃机),活门,排[吸]气阀门
culbuteur *m* 倾车装置,翻车机,翻料机,摇臂
   ～ à galet 滚轮摇臂
   ～ circulaire 圆翻车机
   ～ de wagons 翻车机
   ～ porte-galet 滚轮套座摇臂
cul-de-sac *m* 尽头线,盲道,尽端,终端,(袋形)死巷,死胡同,尽头路,(路的)尽头,盲谷(石灰岩区分段出现的河谷)
culebrite *f* 杂硫锌硒汞矿
culée *f* 桥台,拱座,扶垛,支座,承台,岸墩
   ～ à cadre 钢架式桥台
   ～ à contrefort 扶壁式桥台
   ～ à fûts 桩柱式桥台
   ～ à l'aide 翼形桥台
   ～ à paroi 薄壁轻型桥台
   ～ à T inverse 倒T形桥台
   ～ arquée 拱形桥台
   ～ avec ailes 翼形桥台
   ～ avec les murs de retour U形桥台
   ～ cellulaire 格间式桥台
   ～ combinée 组合式桥台
   ～ creuse 空心桥台
   ～ d'arc-boutant 支柱,半弓形支柱
   ～ d'un pont 桥台
   ～ de l'arc 拱桥桥台
   ～ droite 一字形桥台
   ～ élastique 弹性支承
   ～ en I I形桥台
   ～ en T T形桥台
   ～ en terre armée 加筋土桥台
   ～ en U U形桥台
   ～ enterrée 埋入式桥台
   ～ évidée 空心桥台
   ～ fermée 封闭式桥台
   ～ légère 轻型桥台
   ～ perdue 埋入式桥台,埋入桥台
   ～ poids 重力式岸墩,实体岸墩
   ～ saillante 凸出桥台
   ～ semi-enterrée 肋板式桥台
culm *m* 碳质页岩
culminance *f* 最高点
culminant, e *a* 顶点的,最高的
culmination *f* (构造)顶点,最高点,积顶点,褶升区,褶隆区,(褶皱)顶部,鞍部
   ～ du pli 背斜褶皱鞍部
culminer *v* 处于最高点,达到顶点
culmophyre *m* 聚斑岩
culot *m* 底,管基,管座,灯座,沉淀物,残积物,岩颈,岩塞,溶渣,矿渣,底部,井底
   ～ à 11 broches 十一脚管底,十一脚管座
   ～ à 14 broches 十四脚管底,十四脚管座
   ～ à 20 broches 二十脚管底,二十脚管座
   ～ à broches 小型管座,针形管座
   ～ à cinq broches 五脚管底
   ～ à contacts latéraux 侧接点底座
   ～ adaptateur 管接头
   ～ de câble 电缆套管
   ～ de division 电缆分线插头
   ～ local 锁定管底
   ～ octal 八脚管底
culottage *m* 插座,管座,积炭
   ～ d'un câble 装电缆套管
culotte *f* 分支,分流,支流,双叉管,Y形管,人字形管,叉形管,叉形接头,三通管
   ～ double 斜四通,双Y形管
   ～ simple 斜三通
cumatolite *f* 腐锂辉石,杂云母钠长石
cumberlandite *f* 钛铁长橄岩
cumbraïte *f* 培斑安山岩
cumengéite[cumengite] *f* 锥氯铜铅矿

cummingtonite *f* 镁铁闪石
cumulât *m* 堆积岩，晶堆岩
cumulatif, ive *a* 积累的，附加的，累计的，渐增的
cunéaire *a* 楔状的，楔形的
cunéiforme *a* 楔状的，楔形的
cunette *f* 导坑，导洞，子沟，底沟，(排水)边沟，小排水沟，干壕底沟
　～ de crête de talus 边坡顶的截水沟
　～ de risberme 边坡平台边沟
　～ dissymétrique 不对称三角形沟
　～ en déblai 挖方边沟
　～ latérale 侧导坑
　～ symétrique 等腰三角形沟
cuprargyrite *f* 硫铜银矿
cuprides *m. pl* 含铜矿物
cuprifère *a* 含铜的
cuprite *f* 赤铜矿
cupritungstite *f* 铜钨华
cupro-adamite *f* 铜羟砷锌矿
cupro-apatite *f* 铜磷灰石
cupro-arquérite *f* 铜银汞膏
cuproartinite *f* 纤水碳铜石
cupro-asbolane *m* 铜钴土
cuprobinnite *f* 淡黝铜矿
cuprobismutite *f* 辉铋铜矿
cuproboulangérite *f* 铜硫锑铅矿
cuprocalcite *f* 杂赤铜方解石
cuprocassitérite *f* 土铜锡矿，杂锡假孔雀石
cuprohalloysite *f* 铜埃洛石
cupro-iodargyrite *f* 铜碘银矿
cuprolovchorrite *f* 铜胶硅钛铈矿
cupromontmorillonite *f* 铜皂石(铜蒙脱石)
cupro-nickel *m* 铜镍合金
cupropavonite *f* 硫铋铜银铅矿
cuproplatinum *m* 铜铂矿
cuproplomb 铅青铜
cuproplombite[cuproplumbite] *f* 铜硫铅矿，乳砷铅铜矿
cuprorivaïte *f* 硅铜钙石
cuproschéelite *f* (杂)铜白钨矿
cuprouranite *f* 铜铀云母
cuprovanadinite *f* 铜锌钒铅矿，钒铜铅矿
cuprovudyavrite *f* 铜胶硅钛铈矿
cuproxyde *m* 氧化铜
cuprozincite *f* 锌孔雀石，铜红锌矿
cuprozippéite *f* 铜水铀矿
curage *m* 挖清，疏通，挖深，清淤，清孔，剔净，清洗钻孔
　～ de fossé 清沟
　～ des fourneaux 清炮眼(装药之前)
　～ du trou 清孔(清除钻孔或炮眼中钻泥)
　～ de fossés 清沟
　～ des égouts 污水管疏通
cure *f* (混凝土)养护，养生，保护
　～ à air (混凝土)空气养护
　～ à eau (混凝土)水养护
　～ à la vapeur 蒸汽养护
　～ à membrane (混凝土)薄膜养护
　～ à natte (混凝土)草席养护
　～ à paillasson (混凝土)盖席养护
　～ à vapeur (混凝土的)蒸汽养护
　～ adiabatique 绝热养护
　～ au sable (混凝土)盖砂养护
　～ au sable humide (混凝土)铺湿砂护养
　～ du béton 混凝土养护
　～ électrique (混凝土)电热养护
　～ électrolytique 电解槽
　～ initiale (混凝土)初期养生
curement *m* 挖深，疏通，清除(炮眼、钻孔)杂物
cure-môle *m* 挖泥机
curer *v* (混凝土)养护
curetonite *f* 磷钛铝钡石
curette *f* 泥浆泵，抽泥筒
cureuse *f* de fossés 清沟机
curseur *m* 滑板，滑块，游标，指针，滑尺，指示器，动触头，标度尺，滑动接点
　～ gradué 带刻度直径观测器
curure *f* 矿泥，淤泥，煤泥，岩粉
curvigraphe *m* 绘曲线器，曲线描绘器
curviligne *f* 曲线，弧线
curvimètre *m* 曲率仪，曲线测长仪，曲线长度测量器，曲率计
curzite *f* 钡交沸石
cusélite *f* 云辉玢岩
cuspidine[cuspidite] *f* 枪晶石
cut-back *m* 稀释沥青，轻制沥青
　～ à séchage normal 标准干燥轻制沥青
　～ à séchage rapide 快干轻制沥青
　～ à séchage rapide fluide 快干液体轻制沥青
　～ bitume 轻制沥青
　～ fluide 流体轻制沥青
　～ fluidifié au gas-oil 慢凝液体沥青
　～ fluidifié au kérosène 中凝液体沥青
　～ fluidifié au moyen d'essence 快凝液体沥青

~ pétrolier　轻制地沥青
~ visqueux　黏稠轻制沥青
cutter *m*　切刀,刀具,切削器,切断机,倾斜节理
cuve *f*　槽,箱,桶,池,罐,容器,沟,管道,油罐,水箱,储槽
　~ à acides　酸池,酸槽
　~ à décantation　沉淀池
　~ à double paroi　双壁容器
　~ à filtration　沉淀槽,澄清器
　~ à huile　油底壳,油箱,油罐
　~ à mercure　水银槽,汞槽
　~ à simple paroi　单壁容器
　~ à tremper　淬火槽
　~ d'aspiration　吸入槽
　~ d'eau　水槽
　~ de broyage　磨粉机,研磨机
　~ de coulée　砂箱,型箱
　~ de décantation　沉淀池,脱水槽
　~ de lavage　洗涤槽,冲洗槽,清洗桶
　~ de malaxage　搅拌筒
　~ de mélange　（水泥的）泥浆槽
　~ de nettoyage des pièces de moteurs　发动机零件清洗槽（修理车间）
　~ de précipitation　沉淀池,沉淀槽
　~ de récupération　充电器,再生装置
　~ de redresseur　整流器箱
　~ de refroidissement　冷却箱
　~ de sécurité　安全容器
　~ de stockage de liants　结合料储存槽
　~ de transformateur　变压器箱
　~ du palier de butée　止推轴承槽
　~ du réacteur　反应堆压力壳
　~ électrolytique　电解槽
　~ finale　成品槽,成品桶
　~ interne　压力壳内部构件
　~ mélangeuse　搅拌桶
　~ métallique　金属槽,金属池,金属桶
　~ plastique　塑料盒
　~ principale　主容器
cuvelage *m*　圈腰,衬板,（不透水的）井壁,竖井井壁,套管柱,井壁衬砌,设置围堰,机坑里村,防坍支撑板,设置防坍支撑板
　~ à tête noyée　不透水的沉井,防水沉井,沉箱式防水井壁
　~ carré　（井壁支护）方形井筒
　~ cintré　拱形（丘宾筒）井壁
　~ croisé　十字井壁
　~ de bois　木围堰
　~ de maçonnerie　砖石井壁
　~ de puits　井壁,井筒,（井的）套管
　~ de système Lackawanna　拉克万型钢板桩围堰
　~ de système Lamp　兰氏钢板围堰
　~ de système Larssen　拉森型钢板桩围堰
　~ de système Ransome　兰生型钢板桩围堰
　~ double　（不透水的）双层井壁
　~ en acier　钢井筒
　~ en béton　水泥井壁,混凝土圈堰
　~ en béton armé　钢筋水泥井壁
　~ en bois　不透水的木井壁,木围堰
　~ en briques　砖砌围堰
　~ en fer　钢围堰,钢板桩围堰
　~ glissant　沉箱式井壁
　~ métallique　（不透水的）金属井壁,金属衬壁
cuveler *v*　设置防坍支撑板,设置围堰
cuvette *f*　盆,坑,座,池,槽,穴,小盘,盆地,器皿,低地槽,洼地,短轴向斜,短轴褶皱,向心褶皱
　~ basculante　活动底盘
　~ d'affaissement　下沉的盆地
　~ d'effondrement　断层盆地
　~ d'érosion　侵蚀盆地
　~ d'érosion aride　风蚀盆地
　~ d'érosion éolienne　风蚀盆地
　~ d'érosion fluviale　河流侵蚀洼地
　~ d'érosion glaciaire　（冰川剥蚀作用形成的）刨蚀盆地
　~ d'érosion karstique　岩溶盆地,卡斯特洼地
　~ d'évacuation des eaux pluviales en fonte　铸铁雨水口
　~ de déflation　风蚀坑
　~ de dépôt　沉积盆地,沉淀槽
　~ de descentes des eaux pluviales　雨水管下水口
　~ de dissolution　溶蚀坑,溶解槽
　~ de faille　断层盆地,锅状断层洼地
　~ de ressort　弹簧座
　~ de surcreusement　侵蚀盆地
　~ éolienne　风蚀盆地
　~ géosynclinale　地槽
　~ inférieure du carter　曲轴箱底
　~ lacustre　湖成盆地,湖成洼地
　~ marécageuse　沼泽洼地
　~ naturelle　自然小水沟
　~ océanique　海洋盆地
　~ sous-marine　海洋盆地,洋底洼地

~ structurale 构造盆地
~ support accumulateur 蓄电池座
~ synclinale （向心）构造盆地
~ terminale （冰川）舌形盆地
~ thermokarstique （冻土的）消融洼地

cuyamite f 蓝方沸绿岩
cyanite f 蓝晶石
cyanochalcite f 磷硅孔雀石
cyanolite f 不纯白钙沸石,杂钙沸石
cyanophilite f 紫铜铝锑矿
cyanuration f 氰化（作用）,氰化处理,氰化（提纯）法
cybernation f 自动控制,电子计算机控制,电子计算机化
cycle m 环,循环,周期,环流,旋回,过程
~ (de) machine 机器循环（时间或过程）,计算机周期（重复动作的最小周期）
~ à passage unique 单循环
~ s alternés gel-dégel 冻融交替循环
~ d'érosion （河流）侵蚀旋回,侵蚀循环,侵蚀轮回
~ d'érosion continentale 大陆侵蚀旋回
~ d'érosion littorale 滨岸侵蚀旋回
~ d'érosion majeur 大的侵蚀旋回,主侵蚀旋回
~ d'érosion mineur, ~ d'érosion partielle 部分侵蚀旋回
~ d'érosion normale 河流侵蚀旋回,正态侵蚀旋回
~ d'étuvage 蒸汽养护循环
~ d'hystérésis 磁滞回线,磁滞环
~ d'irrigation 灌溉周期
~ d'opération 工作循环,工作周期
~ d'oxydoréduction 氧化—还原周期
~ d'utilisation 使用周期,运用周期
~ de base (traitement de l'information) 基本周期（信息处理）
~ de battement 拍音周期
~ de budget 预算周期
~ de Carnot 卡诺循环,理想循环
~ de cavage 挖掘循环,挖掘周期
~ de chaleur 热循环
~ de chargement 加载循环
~ de construction 建设周期
~ de contrainte 应力周期
~ de coulée 浇注环
~ de creusement 掘进循环
~ de cure 养护周期
~ de dégivrage 除霜周期
~ de dépôt 沉积旋回
~ de dessiccation et d'humidification 干湿循环
~ de fluctuation 潜水面升降周期
~ de fonçage 掘进循环,凿井循环
~ de fonctionnement 工作循环,工作周期,运行周期
~ de forage 钻进循环
~ de gel et de dégel 冻融循环,结冰—化冰周期
~ de l'eau 水循环,水分循环,水文循环
~ de l'ensemble du relief 地形演化周期,地形演化旋回
~ de la topographie 地形旋回
~ de malaxage 搅拌周期
~ de marée 潮汐循环
~ de pollution 污染循环,污染周期
~ de processus de mélange 拌和循环
~ de sollicitation 加载周期,加力周期
~ de soudage 焊接过程
~ de tectogenèse, ~ tectonique 构造（造山运动）旋回
~ de travail 作业周期,工作比（脉冲宽度与重复周期比）,工作循环,工作周期
~ de vibration 振动周期,震动循环
~ de vie de produits 产品生命周期
~ des opérations d'entretien 保养作业周期
~ du relief 地形旋回
~ économique 经济周期
~ fermé 闭合循环,闭路循环
~ feu 交通信号灯周期
~ fluvial 河流循环,河流侵蚀旋回,河流旋回
~ fluvial frigorifique 制冷循环
~ frigorifique 制冷循环
~ hydrologique 水文周期,水循环,水分循环
~ interrompu 侵蚀中断旋回
~ inversé 逆循环,反循环
~ irréversible 不可逆循环
~ karstique 岩溶旋回,喀斯特（地形）侵蚀旋回
~ limite 极限循环
~ littoral 海滨旋回,滨线旋回
~ mixte 拌和周期,一次拌和周期
~ morphologique 地貌旋回
~ opératoire 加工周期,处理周期,作业周期
~ optimum 最佳工作周期
~ radioactif 放射性周期

cyclique f 循环曲线,周期曲线;a 循环的,周期性的,旋回性的,环状的

cyclisation *f* 环化(作用),成环(作用)
cyclogenèse *f* 气旋形成,气旋生成作用
cycloïde *f* 圆滚线,摆线,旋轮线
cyclomoteur *m* 机器脚踏两用车
cyclonage *m* 旋流洗选
cyclone *m* 气旋,旋[暴]风,飓风,旋流器,龙卷风,旋风除尘器,离心式鼓风机
cyclopéite *f* 毛黑柱石
cyclopite *f* 钙长石
cyclothème *m* 旋回层,韵律层,旋回沉积
cyclowollastonite *f* 假硅灰石
cylindrage *m* 碾压,滚碾,轧制
　　~ à chaud　热轧
　　~ à froid　冷轧
　　~ des chaussées　碾压路面
cylindre *m* 缸,汽缸,滚筒,轧辊,滚轮,轴,泵壳(体),柱面,圆柱体,滚筒式路机
　　~ à air　气压缸,储气筒,虹汽缸
　　~ à bandage caoutchouté　轮胎式压路机
　　~ à chemise de vapeur　带暖气套的汽缸
　　~ à dessécher　干燥筒
　　~ à double effet　双作用汽缸
　　~ à frein　制动缸,闸缸
　　~ à jante lisse　轮压路机
　　~ à main　人力操纵压路机
　　~ à mesure　量筒,量杯
　　~ à pneus　轮胎式压路机
　　~ à ressort　弹簧制动缸
　　~ à roues caoutchoutées　轮胎式压路机
　　~ à vapeur　汽缸,蒸汽压路机
　　~ arrière　压路机后轮
　　~ avant　压路机前轮
　　~ basse pression　低压汽缸
　　~ chemise de amovible　活动汽缸套
　　~ s cingleurs　轧钢辊
　　~ circulaire　圆柱
　　~ commandé　拖辊
　　~ compresseur　滚筒式压路机
　　~ creux　空心筒,空心辊
　　~ d'essai　混凝土圆柱形试块
　　~ de béton　混凝土圆柱体
　　~ de commande　控制器鼓筒
　　~ de commande de persiennes　控制百叶窗的汽缸
　　~ de contact　接点鼓
　　~ de dépression　真空制动缸
　　~ de frein à deux chambres　双室制动缸
　　~ de frein à double piston　双活塞制动缸
　　~ de frein à une chambre　单室制动缸
　　~ de frein avec bielle de poussée　推杆式制动缸
　　~ de manœuvre　操作圆筒
　　~ de mesure　量筒
　　~ de travail　工作汽缸,工作风缸
　　~ de vérin　千斤顶作用筒
　　~ double　双汽缸
　　~ du compresseur　压缩机汽缸
　　~ du tiroir　汽阀筒,滑阀筒
　　~ égalisateur de la charge des essieux　轴重平衡缸
　　~ elliptique　椭圆柱体,椭圆柱面
　　~ s en W　W形排列汽缸
　　~ enregistreur　记录筒,自动记录仪记录筒
　　~ gradué　量筒
　　~ haute pression　高压汽缸
　　~ horizontal　水平汽缸
　　~ hydraulique　液压缸,油缸
　　~ hydraulique à plongeur　柱塞缸
　　~ hyperbolique　双曲柱面
　　~ léger à jantes lisses　轻型光轮压路机
　　~ lisse　光轮压路机
　　~ lourd　重型压路机
　　~ moteur　动力驱动压路机
　　~ parabolique　抛物圆柱体,抛物柱面
paroi du ~　汽缸壁
　　~ plein　实心柱体
　　~ régulateur　调节鼓
　　~ rétreint　收口圆柱形
　　~ routier　压路机
　　~ scalène　斜圆筒,斜圆柱体
　　~ tandem　双轮压路机,串联压路机
　　~ tournant　回转式圆筒
　　~ tricycle　三轮压路机
　　~ trijante　三轮压路机
　　~ tronqué　斜截圆柱体
　　~ vibrant　振动压路机
　　~ vibratoire monojante　单轮振动压路机
cylindrée *f* 汽缸工作容积
　　~ totale　汽缸总工作容积
cylindrer *v* 滚碾,碾压,压成圆筒形的
cylindricité *f* 圆柱体
cylindrique *a* 圆柱形的,圆筒形的
cylindro-conique *a* 圆柱圆锥的
cymomètre *m* 频率计,波长计,测波仪
cymoscope *m* 检波器,振荡指示器

cymrite　*f*　铝硅钡石
cyprès　*m*　（扁）柏，杉
　~ de chauve　水松
　~ rouge　红柏
cyprine　*f*　青符山石，铜符山石
cyprite　*f*　辉铜矿
cyrilovite　*f*　水磷铁钠石
cyrtolite　*f*　曲晶石
czakaltaïte　*f*　氟钾云母，绿块云母
cziklovaïte　*f*　碲硫铋矿

D

dachiardite *f* 环晶沸石
dacite *f* 石英安山岩,英安岩
dacitique *a* 英安岩的
dacitoïde *m* 似英安岩
dactyloscopique *a* 指状结构的
dactylotype *m* 指状结构
dadsonite *f* 达硫锑铅矿
dahamite *f* 钠长钠闪微岗岩
dahllite *f* 碳羟磷灰石
daine *f* 底板(岩层、坑道的底板)
daisne *m* 底板,下盘
dalasi *n* 达拉西(冈比亚货币单位)
daleminzite *f* 短柱硫银矿
dallage *m* 垫板,底板,铺板,铺砌,砌面,铺面,石板地面
　～ de béton 混凝土(板)铺面[地面、路面]
　～ de marbre 大理石铺面[地面]
　～ de pierres 砾石地
　～ décoratif 装饰铺板,装饰铺面[地面]
　～ en asphalte 沥青块路面
　～ flexible 柔性路面
　～ industriel 工业铺板
dalle *f* 石板,铺石,底板,压板,板岩,方砖,薄层砂岩,板层岩石,平板,桥面板,路面板(水泥混凝土路面)
　～ à armature croisée 双向(钢筋混凝土)板,双向配筋混凝土板
　～ à armature principale dans une seule direction (钢筋混凝土)单向板
　～ alvéolée 槽板
　～ armée 钢筋水泥板,钢筋混凝土板
　～ béton armé 钢筋混凝土板
　～ biaise 倾斜板,弯曲板
　～ calcaire 石灰质石板
　～ cantilever 悬臂板
　～ contiguë 邻接板
　～ continue 连续板,连续平板
　～ continue précontrainte 预应力混凝土连续板
　～ coulée sur place 现浇桥面板
　～ creuse 空心板
　～ creuse préfabriquée 空心预制板
　～ d'asphalte 地沥青板
　～ d'essai 试验板
　～ d'une travée 跨板(桥梁)
　～ de béton 水泥板,混凝土板
　～ de béton à fleur de terre 混凝土筏形基础,混凝土底板
　～ de béton du ciment 水泥混凝土板
　～ de chaussée en béton 混凝土路面板
　～ de chaussée en béton de ciment 水泥混凝土路面板
　～ de ciment 水泥板
　～ de construction en plâtre 石膏铺面板,石膏制板,石膏板
　～ de couverture 盖板,屋面板
　～ de couverture en TPC 中央分隔带盖板
　～ de fondation 基础板,底脚板
　～ de fonte 铸铁板
　～ de granit 花岗石板
　～ de granito non-standard 异形水磨石块
　～ de granito préfabriquée 预制水磨石板
　～ de marbre 大理石板
　～ de mur 墙板
　～ de pierre 石板
　～ de plafond 天花板
　～ de recouvrement 盖板,压缝条(贴脸)盖面板,墙压顶,盖缝木条
　～ de revêtement 贴[镶]面砖,镶面板
　～ de revêtement en béton 混凝土路面板
　～ de revêtement en marbre 大理石贴[镶]面砖
　～ de roche 岩板,岩梁
　～ de roulement 路面板,行车道板
　～ de support 支承板,承重板
　～ de transition 桥台搭板
　～ (de revêtement) de trottoirs 人行道板
　～ de voirie 行车道板
　～ du plancher 楼板,混凝土地板
　～ en acier 钢桥面板
　～ en béton 水泥板,混凝土板,混凝土盖板
　～ en béton armé 混凝土板,钢筋混凝土板

~ en béton asphaltique 沥青混凝土板
~ en béton avec tresse métallique 钢筋网混凝土路面板
~ en béton coulé sur place 现场浇制的混凝土板(块)
~ en béton de ciment préfabriqué 水泥混凝土预制板
~ en corps creux 空心(楼)板
~ en pierre naturelle 天然石板
~ en plâtre 石膏板
~ en porte-à-faux 挑檐板,悬臂(桥面)板
~ épaisse en béton sans fondation 无基础的混凝土厚板(路面)
~ évidée 空心板
~ faiblement courbée 微弯板
~ s goujonnées avec fondation 有传力杆带基层的水泥混凝土路面
~ inférieure 底板
~ isotrope 各向同性板
~ marginale 边缘板
~ mince 薄板
~ multicellulaire 多孔(混凝土)楼板
~ nacrée 巴通阶板状灰岩
~ nervurée 肋板,肋构楼板,密肋楼板
~ nervurée à section en U 槽形肋板,U形带肋板
~ nervurée pour couverture 密肋屋面板
~ nervurée pour plancher 密肋楼板
~ nervurée préfabriquée 带肋的预制板
~ s non goujonnées avec fondation 无传力杆带基层的水泥混凝土路面
~ oolitique 鲕状结构板状灰岩
~ orthogonale anisotrope 正交异性板
~ orthotrope 桥面板,行车板道(桥),正交异性板
~ pilonnante 夯板,捣板
~ plastique préfabriquée 预制塑性板
~ pleine 实心板
~ pleine en béton armé 实心钢筋混凝土板
~ pleine préfabriquée 实心预制板
~ pont 桥面板
~ poreuse 多孔板
~ pour bidirection 双向板
~ pour couverture de caniveau 槽沟的盖板
~ pour couverture de rigole 沟盖板
~ pour unidirection 单向板
~ précontrainte 预应力混凝土板,预应力板
~ précontrainte dans deux directions 双向预应力混凝土板
~ préfabriquée 预制板
~ préfabriquée en B.A. 预制钢筋混凝土板[块]
~ préfabriquée en béton 混凝土预制板
~ préfabriquée en béton pour trottoirs 人行道混凝土预制板
~ rectangulaire 矩形板
~ rectangulaire infinie 无限矩形板
~ routière (混凝土)路面板
~ routière en béton précontrainte avec liaison ultérieur 后预应力混凝土路面板
~ s sans fondation 无基层水泥混凝土路面
~ semelle 底脚板,基础板
~ simplement appuyée 简支(混凝土)板
~ soumise à des charges transversales 横向荷载板
~ supérieure 盖板,顶板
~ unique 整体基础板
~ vide 空心板

daller v 铺石板

dalot m 排水沟,导水管,箱(形)涵(洞),矩形涵洞
~ à section rectangulaire 矩形截面涵洞
~ en béton préfabriqué 预制混凝土箱形涵洞

dalyite f 硅钾锆石

damage m 夯[压]实,捣实[固],打夯
~ manuel 人工夯实
~ des talus 边坡夯实,斜坡夯实

dame f 夯,矿柱,支柱,夯具,夯板,夯槌,捣棒,落锤,桩锤,打夯机,捣固机,捣实机,残余山,侵蚀高地(突出部分)
~ à air comprimé 压气式夯具
~ à béton 混凝土夯具
~ à explosion 内燃打夯机
~ à fer chaud 铁镘斗(熨平沥青路面用)
~ à main 手夯
~ à moteur 电动打夯机
~ à secousses 振捣板,振动夯
~ de pied 底柱,矿块底部矿柱

~ de remblai 充填带(区)，砌石带
~ de tête 顶柱，矿块顶部矿柱
~ en bois 木夯
~ mécanique 机械夯
~ pneumatique 风动夯机，风动夯具
~ pour remblai 路堤打夯机
~ sauteuse 蛙跳式打夯机，跳动式打夯机
~ vibrante 振动夯，振捣板，振动打夯机
~ vibreuse （混凝土）振动夯实棒
dame-grue f à chute libre 自由落锤打夯机
damer v 打夯，夯实，捣实，捣固
dameur m 打夯机，捣实机
~ à action rapide 快速打夯机
~ vibrant 振动夯实机，振捣板
dameuse f 夯具，手动夯具，打夯机，捣实机
~ de pavage 铺路夯具
~ mécanique 机械夯，打夯机
~ vibrante 振动夯，振动打夯机
damoir m 夯实，捣固，夯，硪，打夯机，捣实机，（翻砂用的）砂捣
~ à air comprimé 气动捣固机
damourite f 变白云母，细鳞白云母（一种水云母）
damouritisation f 水云母化
damper m 阻尼器，减振器，缓冲器
~ de vibration 减振器，减摆器
daN (déca Newton) 十牛顿
danaïte f 钴毒砂
danalite f 铍榴石
danburite f 赛黄晶
dancalite f 云沸粗安岩
danger m 危险，风险，危难
~ d'accident 事故危险
~ d'éblouissement 眩目危险，眩光危险
~ de collision 碰撞危险
~ de dérapage 滑行危险
~ de glissement 滑溜危险
être en ~ de 濒临……的危险，有……的危险
~ par gel 冰冻危险
dangereux, euse a 危险的，有害的
~ pour l'exploitation 对运营有危险的
dangerosité f 危险性
dannemorite f 锰铁闪石
dans prép 在……里，到……中，向……，朝……，处于……，在……时候，过……之后

~ l'ensemble 总体说来，一般说来
~ l'intérêt de 为了……的利益
danubite f 闪苏安岩
daourite f 红电气石（红碧玺），锂电气石
dapeche m 弹性地蜡
daphnine f 鲕绿泥石（铁绿泥石）
daphyllite f 辉碲铋矿
darapiozite f 锆锰大隅石
darce f （隧道内的）避车洞，充电室
darcy m 达西（渗透率单位）
dard m 尖，端，尖端，舌，榫舌，火舌，焰舌
~ de flamme 火焰焰舌
darlingite f 试金石
dartre f 表面缺陷，铸件表面气孔
darwinite f 辉砷铜矿，淡红砷铜矿（淡砷铜矿）
dashkes(s)anite f 氯闪石，氯化钾绿钙闪石
dash-pot m 缓冲器，阻尼器，减振器，废气制动法减速
~ à air 空气缓冲器
~ à huile 油压缓冲器
data m 资料，数据
date f 时代，年代，日期，期限，年龄测定
~ d'achèvement 竣工日期，完工日期
~ d'application 实行日期，实施日期，适用日期
~ d'arrivée 到达日期
~ de l'avarie 发生事故日期，发生破损日期
~ de la récupération de sa mise 回收期
~ de la réforme d'un wagon 货车报废日期，货车停用日期
~ de livraison 交付日期，交货日期
~ de mise en service 投产日期
~ de mise en vigueur 生效日期
~ de payement 付款日期
~ de réception 领取日期，接收日期，验收日期
~ de renvoi 回送日期，返还日期
~ de restitution 恢复日期，回收日期，归还日期
~ de transmission 交接日期，移交日期，转送日期
~ prévue 预定日期，规定日期
dater v 注明日期，写上日期，始于，发生在……时候
~ de 自……起，从……开始
datolite[**datholite**] f 硅硼钙石
daubreelite f 陨硫铬铁矿

daubréite *f* 羟氯铋矿
daunialite *f* 蒙脱石,硅质蒙脱岩,沉积膨润土
dauphin *m* (落水管)弯头出口
 ～ en fonte 铸铁弯头排水口
dauphinite *f* 锐钛矿
daurite *f* 红电气石,锂电气石
davainite *f* 褐闪岩
davantage *adv* 更多,更加,更久地
 ～ de 更多,不止,以上
 ～ que 比……更,超过
davidite *f* 镧铀钛铁矿
davidsonite *f* 绿柱石
davier *m* 夹钳
daviésite *f* 异极矿
davisonite *f* 板磷钙铝石
davite *f* 毛矾石
davreuxite *f* 达硅铝锰石
davyne *f* 钾钙霞石
davynocavolinite *f* 塞沙钙霞石
davyte *f* 天然硫酸铝,毛矾石
dawsonite *f* 碳钠铝石
dayingite *f* 铂硫铜钴矿
dé- (前缀)脱,去,除去,变,分离,反,否定
dé *m* 方料,座身,墩身,滑块,垫块,方块物,方形盒,方形机件
 ～ d'appui 支座垫石
 ～ de soupape 活门滑块
 ～ en béton 混凝土块
de *prép* 从,自,以,用……的,在……时间内
 ～ ... à ... 从……到……
 ～ ...en 从……到
 ～ chaque côté de 在……的每一边
 ～ couleur 有色的
 ～ couleur claire 浅色的,淡色的
 ～ façon à 以,使,以便,为使
 ～ l'ordre de 左右,大约
 ～ la façon suivante 用下述方式
 ～ manière à 为了,以致
 ～ même 同样地
 ～ plus en plus 越来越
 ～ temps en temps 不时
débarras *m* 储藏室
débarrasser *v* 清理,清除,清除障碍,消除
débat *m* 讨论

débattement *m* 倾斜,偏差,偏移角,倾斜角,游间,行程,运转
 ～ d'un bogie 转向架游间
 ～ d'un essieu 轮轴游间
débattre *v* 讨论
débieller *v* 卸下连杆
débit *m* 流量,功率,效率,节理,输出,容量,能量,能力,载量,径流(量),雨量,涌水量,消耗量,供给量,输出量,排出量,生产能力,(道路)通行能力
 ～ à évacuer 排水量,排水流量
 ～ absorbé (涡轮机)流量
 ～ accru 增大流量
 ～ annuel 年流量,年涌水量
 ～ annuel moyen 年平均流量
 ～ colonnes 柱状节理
 ～ columnaire, ～ en colonnes 柱状节理
 ～ connu 已知流量
 ～ constant 稳定流量,恒定流量
 ～ continu 持续流量,持续能量
 ～ critique 最大出水量,临界流量
 ～ cumulé 累计流量
 ～ d'admission 容许流量,进气流量
 ～ d'aération 通风量,风量
 ～ d'air 空气流量,空气消耗量,风量
 ～ d'air dans un compresseur 压气机空气流量
 ～ d'alimentation 补给量
 ～ d'apport décennal ou centennal 十年或百年流量
 ～ d'aspiration 吸入流量
 ～ d'eau 涌水量,水流量,耗水量
 ～ d'eau de pluie 降雨量
 ～ d'écoulement 流量率,流量
 ～ d'écoulement pérenne 永久流量,持续流量,多年不断的流量
 ～ d'électrode 电极电路电流
 ～ d'emmagasinement 储水量
 ～ d'énergie cinétique 动能耗损
 ～ d'étiage 最低流量,低水位流量,枯水期流量
 ～ d'exploitation 开采流量
 ～ d'infiltration 渗流量
 ～ d'intégration 全部流量
 ～ d'un moteur 发动机输出功率
 ～ d'un puits 水井出水量

~ d'un radiateur 散热器放热量
~ d'une fleuve 河水流量
~ d'une ligne 线路通过能力
~ d'une ligne primaire 原电流
~ d'une rivière 河水流量
~ d'une source 泉水流量,水源流量
~ de base 径流量,基本流量,设计交通流量
~ de calories 发热量(以卡路里为单位)
~ de carburant 燃料消耗量
~ de carrière 露天矿开采量
~ de charge 充电速率
~ de chargement 装车量
~ de circulation 交通流量
~ de crue 洪水流量
~ de crue calculé 计算洪水流量
~ de débordement 溢流量,泛滥水流域,渗漏量
~ de drainage 排水量
~ de passage 通过流量
~ de pointe 最大[高峰]流量
~ de pointe par temps de pluie 雨季排水量峰值,雨季最大排水量
~ de pompage 泵的输出率;水泵排水量
~ de pompe 水泵排水量
~ de projet 设计流量
~ de référence 计流量
~ de ruissellement 流水量
~ de ruissellement projeté 设计径流量
~ de sable 河水中沙含量
~ de saturation 饱和交通量
~ de sécurité 安全流量
~ de sortie 出口流量
~ de temps sec 旱流量
~ de traitement 处理能力,吞吐量,计算机的解题能力
~ de vapeur d'une chaudière 锅炉功率,锅炉能量
~ des appareils 设备用水量
~ des cours d'eau 河水流量
~ des croisements 交叉口的交通流量
~ des marchandises 货流量
~ des routes 公路上的交通流量
~ des trains 车流量
~ des voyageurs 容流量
~ discontinu 变动流量,间断流量

~ du compresseur 压气机流量
~ du flot 潮汐量,涨潮量
~ du forage 钻孔涌水量
~ du jusant 退潮量,潮汐量
~ du sondage 钻孔流量,钻孔涌水量
~ du transport 运输量
~ effectif 有效流量,有效能量,有效功率
~ en bancs 板状节理
~ en bâtonnets 柱状节理
~ en blocs 块状节理
~ en blocs parallélépipèdes 枕状节理
~ en boules 球状节理
~ en coussins 枕状节理
~ en dalles 板状节理
~ en eau souterraine 地下水流量
~ en écoulement (水)流量,气体流量
~ en écoulement naturel 天然水流量
~ en feuillets 叶片状节理
~ entrant 注入流量
~ éphémère 暂时流量,季节性涌水量
~ épisodique 短期流量
~ équipé 利用流量
~ exploitable 可采流量
~ fluvial 河水流量,河流流量
~ horaire 小时输出量,小时流量(消耗量),小时功率,小时生产率
~ horaire maximum de l'année 年最大小时交通量
~ hydraulique 泉或井水流量
~ ininterrompu 持续生产率
~ initial 初始流量,最初流量
~ instantané 瞬时流量,瞬时消耗量
~ intermittent 间歇涌水量
~ jaugé 规定流量,测定流量,量测流量,测出流量,计示流量
~ journalier 昼夜流量,昼夜消耗量,每日产量
~ s journaliers moyens annuels(DJMA) 年的日平均交通量
~ liquide 水流量,液体流量
~ maximum 最大功率,最大流量
~ maximum admissible 最大容许流量
~ maximum de crue 最大洪水流量
~ mesuré 实测流量
~ moyen 平均流量

~ moyen de crue 平均洪水流量
~ moyen disponible 平均有效流量,平均可用流量
~ moyen mensuel 月平均流量,月平均消耗量
~ naturel 自然流量
~ nominal 额定生产率
~ occasionnel 偶然流量
~ par minute 每分钟流量
~ par paliers 降深流量,落程流量
~ par unité de surface 单位面积流量
~ pérenne 持久流量,持续流量
~ périodique 周期性水流,间歇性
~ permanent 持久流量,持续流量
~ primaire 原电流,基本流量
~ rapide 急流
~ record 最大流量[输出量、耗量]
~ réel 实际流量[耗量]
~ réellement refoulé 实际空气流量
~ régularisé 调整的流量,调节流量
~ routier 公路上的交通流量
~ solide （水中）固体流量,水中悬浮物数量,泥沙运载量,输沙率,输沙量,推移质输沙率
~ sortant 流出量
~ spécifique 单位流量（流量/降深）,单位耗量,单位产量,输出率,单位消耗量
~ spécifique d'infiltration 单位渗入量
~ stylolitique 缝合线构造,柱状构造,缝合线劈理
~ thermique 发热量
~ total 总流量,总消耗量
~ uniforme 均匀流量,均匀消耗量
~ unitaire （含水层）单位流量（总流量/湿断面）
~ utile 有效功率
~ variable 可变流量,变化流量,可变消耗量
~ volume 体积流量
~ volumétrique constant 恒定体积流量,恒定容积流量

débitage *m* 破碎,裂开,劈裂,节理,页理,解开,锯开,切开,破碎,下料
~ des blocs 破碎成石块
~ en boule 球形风化
~ en feuillets 裂成薄片
~ primaire 初破碎
~ prismatique 柱状节理
~ secondaire 二次破裂

débiter *v* 供给,消耗,下料,锯开,详述
~ à l'explosif 爆炸,爆破

débiteur *m* 供应装置,下料机,进给机构,破碎机,初轧机,初轧碎石机,碎石机,碾碎机
~ à mâchoires 颚式碎石机
~ primaire 初碎机
~ primaire à mâchoires 颚式初碎机
~ primaire double effet 双颚式初碎机

débitmètre *m* 流量表,流量计,流速计,消耗量表

déblai *m* 废石,脉石,剥离,剥土,岩渣,岩屑,碎屑,路堑,挖方,废渣,废土,挖土,开挖,截断,(场地等的)清理,打扫; *m. pl* 软泥,污泥,挖出的弃土,凿井工作,钻孔工作
~ à talus abrupt 陡峻边坡路堑
~ courant 一般挖方
~ d'abattage 开采脉石,崩下的岩石
~ d'emprunt 借土坑,取土坑
~ d'essai 试验挖方,试验路堑
~ dans le sol 土挖方,土路堑
~ s de carrière 石桩,（采石场的）石堆
~ de forage 钻屑,钻进岩粉
~ de mine 废矸石
~ de roc à l'explosif 石方爆破
~ de semelle 承台挖方
~ de terre 挖土方
~ s dragués 挖泥机捞出物
~ du rocher 路堑,石挖方
~ en rocher compact 坚岩路堑
~ en rocher non compact 非坚岩路堑
~ en roches 坚石开挖,石挖方,石路堑
~ en terrain meuble 松土路堑
~ et remblai 挖方和填方,路堑和路堤,随挖随填,移挖作填
~ excédentaire 过剩挖方
~ meuble 松软路堑,松软挖方
~ s payants 含矿泥沙,可采矿石
~ peu profond 浅挖方,浅路堑
~ profond 探路堑
~ réutilisé en remblai 挖方用作填方

déblaiement *m* 剥离,清岩,挖掘,挖土,挖方,清除,清理,打扫(场地等),挖土方,线路清扫
~ de bourrelets 除去凸起之处
~ de décombres 剥离（矸石）,（露天开采时）清除废石

~ de neige 除雪

~ des terrains de recouvrement 剥离表土,剥离覆岩

~ des terrains morts 表土剥离

~ du fond de la construction 工程地基挖方

déblai-remblai 挖方用作填方,随挖随填,移挖作填

déblanchir v 除锈

déblayage m 挖土,挖方

déblayer m 挖方,挖土,扫除,清除; v 挖方,挖土

déblocage m 清理掌子面,清理顶板,解除闭塞,线路空闲,回采,出渣,开启(制动器),开通,解锁,放开,接通,开启,解除

~ de la taille 清理工作面,工作面出矿

~ des raccords vissés 松开螺丝接头

~ du frein 松闸,制动机缓解

~ du parcours 开放闭塞分区,开通进路

~ intempestif 不适时的解除闭塞

~ prématuré 过早解除闭塞

débloquer v 拆除,开通,解除闭塞

débobinage m 放线,退绕

débobiné a 放线的,退绕的

débobiner v 放线,退绕

déboisage m 拆除木支架,回收支柱

déboisement m 拆除支撑

déboiser f 拆除木支撑,伐木,砍树

déboîtage m 分开,分离,接头断开

~ des essieux 卸轴箱,轴箱脱臼

déboîtement m 变位,转位,位置错乱,脱节,断层,断错

déboîter v 分开,拆开

débomber v 减小路拱

débord m (站内侧线)装卸货物

débordant a 溢出的,泛滥的

débordement m 溢流,泛溢,溢出,泛滥,渗漏,涨水,稍度

~ de lave 熔岩溢流

~ du cours d'eau 河水溢出,河流涨水

déborder v 泛滥,泛溢,溢流,漫流,泛滥,溢出

débouchage m 疏通,清孔,清除卡块,(钻孔)抽水

débouché m 口,孔,出口,谷口,河口,排出,流出,流量,销路,排水口,坑道口,销售市场

~ de la vallée 谷口

~ des hautes eaux 洪水流量

~ du pont 桥孔

~ du tunnel 隧道洞口

~ en T T形道路交叉(口)

~ en Y Y形道路交叉(口)

~ linéaire 净孔,净跨,孔径

~ nécessaire 必需排水量

débouchure f 毛边,毛刺,卷刃,焊瘤刺

déboucler v 解开

déboulonnage m 卸螺栓

déboulonner v 松开,拧下(螺帽),旋开螺栓,卸螺钉,卸螺栓

débourbage m 淘洗,冲洗,(煤或矿石)洗选

débourber v 洗矿,选矿,淘析

débourbeur m 选矿工人,沉淀池,沉淀槽,洗矿筒

déboursé m 垫款,预付款

déboursement m 支付,付款

débourser v 支付,付款

déboutonnage m 解扣,撕裂(铆接缺陷)

débranchement m 调车,解体,解体,分解,断开,切断

débrancher v 断开,切断,分开,拆开,卸下

~ un appareil 解体,拆卸

débrayable a 可分开的,可断开的

débrayage m 摘车,摘钩,断路,断开,切断,起动,分离,释放

~ automatique 自动启动,自动断开

~ de secours 应急断开

débrayer v 摘钩,脱开,切断

~ une vitesse 解除某一挡速度,变速,停车

débris m 岩屑,碎屑,碎片,残片,有机物残渣,(钻孔)岩粉,钻泥,尾矿,矸石,废石,碎石堆,残渣,垃圾

~ basaltique 玄武岩屑

~ d'alluvion 冲积层,沉积土

~ d'épontes 脉壁泥

~ d'un filon 脉壁带,岩脉边缘带

~ de béton 混凝土碎块

~ de briques 碎砖头

~ de forage (钻孔)岩粉,钻泥

~ de glace 冰川碎屑,冰碛物

~ de projection 凝灰质碎屑,喷出物

~ de roche 岩屑

~ de rocher 岩屑

~ de tamisage 筛屑

~ rocheux 岩屑
débrocher v 拆下,卸下
débrouiller v 整理,清理,弄清楚,使澄清
débroussage m 拆除木支撑,清除木支撑
débrutissement m 粗加工
début m 起点,开始,开端
 au ~ de 开头,在……初期
 au tout ~ 最初
 ~ de fluage 屈服点上限
 ~ de la prise （混凝土）初凝
 ~ de la rupture 初期破裂,开始断裂
 ~ de la rupture 破裂初期
 ~ de la zone d'enclenchement 联锁区起点
 dès le ~ 一开头,一开始
 ~ des travaux 工程开始
 du ~ à la fin 从头到尾,自始至终
 ~ du chantier 工程开始,施工开始
 ~ du pilonnage 夯实开始
 tout au ~ 最初
débuter v 开始,开端,开头
 ~ dans 开始……
 ~ par 由……开始
déca- （前缀）十,十个
décachetage m 开封
décadence f 毁坏,破坏,断裂,衰落
 ~ de rocher 岩石风化
décadrer v 拆除支撑框架
décagramme m 10克
décaisser v 开箱取出,支付,支取,提出
décalage m 位移,偏移,移动,相差,偏差,相位差,不一致,不协调,水平断错,打出楔子,解除锁闭
 ~ angulaire 角位移
 ~ arithmétique 算术移位,运算移位
 ~ brusque de phase 相位突变,相位跳跃
 ~ circulaire 循环移位
 ~ d'origine 零位偏差
 ~ dans l'espace 平移,错开
 ~ dans le temps 错开时间,错开,时滞,延时,落后
 ~ de couches 地层的水平断距
 ~ de fréquence 频移,载波偏差,频率偏移
 ~ de manivelle 手柄位移
 ~ de phase 相移,相位移,相差
 ~ de roue 车轮移动,车轮位移

~ des tangentes （缓和曲线的）内移距
décalaminage m 除炭,去鳞皮,去氧化皮,除氧化物
décalcification f 脱钙,去钙
 ~ de l'eau 水的软化(处理)
décalcifié a 脱钙的,去钙的
décalé, e a 位移的,错位的,更换的,改变的,交错排列的,棋盘式排列的,移相的,偏移的
décaler v 取下,分离,位移,移相,变动,移动,改变,更换,偏移,交错排列,棋盘式排列(电路),推迟
décalitre m 10 升
décalque m 印,印痕,压痕
décamètre m 卷尺,10 米(测量)卷尺,10 米,10 米卷尺,10 米测链
 ~ à ruban 10 米卷尺
 ~ carré 10 平方米
 ~ cube 10 立方米
décantage m 倾析,沉淀
décantation f 澄清,移注,倾析,倾滤,沉淀,沉积,移位
 ~ d'eau 水的净化
 ~ d'une émulsion 乳液沉淀
 ~ des boues 沉渣澄清,矿泥沉淀
décanter v 倾析,倾滤,轻轻倒入,沉降,沉积,沉淀
décanteur m 倾析器,过滤器,滤网,沉淀池(槽),澄清池
décanteur-laveur m de sable 洗砂机,洗砂设备
décapage m 刮,除垢,清洗,酸洗,擦洗,整平,剥离,剥土,剥露,挖除上部沉积土,挖除积土层,挖除覆盖层,土工修整,清理金属表面
 ~ à jet des grains 喷砂(除锈)法
 ~ à la soude 碱洗
 ~ acide 酸洗
 ~ alcalin 碱蚀
 ~ au jet de grenaille 喷净法,喷丸除锈
 ~ au jet de sable 喷砂去污(法)
 ~ de béton frais 新浇混凝土整平
 ~ de la terre végétale 表土清除
 ~ de sable 刮砂
 ~ du terrain 整平土地
 ~ du terrain naturel 天然地面整平
 ~ hydraulique 水力去垢

décapant *m* 腐蚀剂,清洗剂,酸洗剂
　~ de soudure　焊剂,钎剂,熔剂
　~ fondant　焊接熔剂,焊药
　~ pour peinture　除漆剂
décapé *a* 酸洗的,清洗的
décapelage *m* 剥离,剥离表土
décapement *m* 剥离,剥离表土
décaper *v* 擦锈,酸洗,除垢,刮
　~ les morts-terrains　铲除表土
décapeuse *f* 刮土机,铲运机,铲刮工具
　~ à roues　轮式刮土机,轮式铲运机
　~ bimoteur　双引擎铲运机
　~ sur chenille　履带式刮土机,履带式铲运机
　~ tractée　牵引式刮土机,牵引式铲运机
　~ trigone　三角刮刀
décapitation *f* 河流袭夺,夺河,夺流,削顶(火山)
　~ d'une rivière　河流袭夺,夺流
　~ fluviale　河流袭夺
décapité *a* 夺流的,削顶的
décapiter *v* 袭夺,侵夺
décarbonatation *f* 脱碳,钙质带出
décarbonation *f* 脱碳,除碳
décarbonisation *f* 脱碳(作用)
décarboniser *v* 去碳
décarburant *a* 脱碳的
décarburateur *m* 脱碳剂
décarburation *f* 脱碳
　~ complète　完全脱碳
　~ superficielle　表面脱碳
décarburer *v* 脱碳
décarottage *m* 除去冒口或气孔
déceler *v* 测定,探测,检测,检出,暴露,识破,觉察,发现,显示
　~ la position　测定位置
　~ un défaut　检测出毛病,查出差错,找出缺点
décélération *f* 减速,负加速度,制动,延迟,延缓
　~ de freinage　制动减速
　~ effective (en fonction de l'espace)　实际减速(以距离计算)
　~ moyenne (en fonction du temps)　平均减速(以时间计算)
décélérer *v* (车辆)减速
décélérographe *m* 自动记录减速计
décéléromètre *m* 减速器,减速计,制动减速仪

décélérostat *m* 自动调速器,自动调低速度装置
déceleur *m* de tension　试电笔,电压检示器
décembre *m* 十二月
décennal, e *a* 持续十年的,十年间的,每十年的,每十年一次的
décentrage *m* 偏心,中心偏移
　~ admissible　允许偏心[移]
décentralisation *f* 分散,分散化,偏离中心
décentré, e *a* 偏心的,不对中心的
décentrement *m* 中心偏移,散焦(现象)
　~ horizontal　(图像)水平偏移,水平位移
　~ vertical　(图像)垂直偏移,垂直位移
déchargé *a* 卸载的,去掉荷载的,卸下的
décharge *f* 卸货,卸载,减压,排泄,排出,径流,涌水量,排水量,流量,卸负荷,放电,释放,弃土堆,堆积场,废料场,弃土堆,卸货[料、载、出]
　~ d'eaux　排水量,涌水量,径流
　~ du frein　制动机缓解
　~ en circuit ouvert　自卸,自动卸载,局部放电,自身放电
　~ provoquée　减压
déchargement *m* 卸货,卸车,卸载,卸料,排泄,倾倒,放电,径流
　~ à la gravité　滑溜化卸货,重力卸货
　~ à trois côtés　三向倾卸
　~ central　中心卸货
　~ d'essieu　减轻轴压,轴重转移
　~ d'une batterie　电池放电
　~ de caisse　轴重转移
　~ en vrac　倾倒,倾卸,撒布(材料)
　entrer en ~　开始卸货
　~ par le fond　车底卸载,底卸式
déchargeoir *m* 落水管,水落管,出水口
décharger *v* 减轻,卸载,卸货,释放,解脱,放电
déchargeur *m* 卸货机,卸载设备,卸货工人,放电器,避雷器,火花间隙
　~ de wagons　卸货机车,车厢卸货机
　~ de wagons fixes　固定式车厢卸货机
　~ de wagons mobiles　移动式车厢卸货机
déchaussement *m* 剥土,刺离物(矿床、矿层),开发,开拓,露头,脱锭,脱模
déchausser *v* 剥露,揭露,标本切片
déchéance *f* 逆断层,下落,下跌
déchénite *f* 红矾铅矿,砷锌钒铅矿

déchet *m* 损耗,减少,减少,损失,(复数)废料,废石,残渣,尾矿,变质
- ~ de carrière 废石堆,石渣
- ~ de charbon 尾煤
- ~ de diatomées 硅藻石
- ~ de forage 钻粉,钻探岩粉
- ~ de lavage 湿选尾矿
- ~ de lessivage 淋滤残渣,溶滤残渣
- ~ de minerai 矿石损耗量,矿石损失
- ~ de pierre 石渣,石屑,废石
- ~ de poids 重量损失,重量减少
- ~ de raffinage 炼油残渣
- ~ de route 货物途中的损耗,途中减量
- ~ de triage 手选废石
- ~ radioactif 放射性残渣
- ~ s 废品,次品,废石,脉石
- ~ s de diatomées 硅藻土
- ~ s de minerai 废矿石
- ~ s de papeterie 造纸废料
- ~ s de pierre 石渣,石屑

déchiqueté *a* 齿形的,锯齿状的,周边不整齐的,周边参差不齐的;撕碎的,扯碎的

déchiqueter *v* 粉碎,磨细,压碎,破碎

déchiqueteur *m* 破碎机,扯碎机,切碎机

déchiré *a* 撕裂的,撕碎的,扯破的

déchirement *m* 撕裂,断裂,裂纹

déchirer *v* 撕裂,断裂,扯碎

déchirure *f* 裂谷,裂缝,缝,裂口,裂纹,破裂

déchloruration *f* 脱[去、除]氯

déci- (前缀)分,十分之一

décibel *m* 分贝(音量强度单位)(dB)

décibelmètre *m* 分贝计,分贝表,噪音表

décider *v* 确定,决定,裁决,解决

décigramme *m* 分克(符号 dg,1/10 克)

décilitre *m* 分升(符号 dL,1/10 升)

décimètre *m* 分米(符号 dm),分米尺
- ~ carré 平方分米
- ~ cube 立方分米

décimillimètre *m* 丝米

décineper *m* 分奈培,十分之一奈培

décintrage *m* 拆除拱架

décintrement *m* 拆除拱架

décintroir *m* de talus 十字镐

décisif, ive *a* 决定的,决定性的,坚决的

décision *f* 决定,决议,命令,规定

déclarant *m* 申报人
- ~ en douane 报关行,报关人

déclaration *f* 申报,声明,宣布
- ~ à souscrire 投标人声明
- ~ d'accident 事故报告
- ~ d'entrée 进口报单
- ~ d'expédition 货物运单,发送通知
- ~ d'exportation 出口报单
- ~ d'importation 进口报单
- ~ d'intérêt à la livraison 交付声明
- ~ de la nature 申报货物种类
- ~ de sortie 出口报单
- ~ de transit 过境申报单,转口报单,报关单
- ~ de valeur 声明价格,申报价格,价值声明
- ~ du contenu 申报(货物)内容,申报品名
- ~ du poids 申报重量
- ~ fiscale 报税单,报税
- ~ incomplète de la nature de marchandises 货物品种填报不全
- ~ pour la douane 海关报单,报关单
- ~ pour produits exempts de droit 免税(产品)报单
- ~ provisoire 临时报单

déclarer *v* 表示,宣布,宣告,声明

déclassement *m* 改变等级,解雇,除名
- ~ de voiture 降低客车等级,降低车辆等级

déclavetage *m* 脱开,拆开,释放,分离

déclaveter *v* 拔出,起出(键、销、钉、栓等)

déclenche *f* 脱扣机构[装置],分离[切断、断开]机构

déclenchement *m* 断开,切断,起动,开动,释放,触发,解锁,跳闸
- ~ à vide 无载释放
- ~ automatique 自动释放,自动起动,自动触发
- ~ automatique des freins 自动下闸
- ~ brusque 突然释放
- ~ des séismes 震能消耗
- ~ direct 直接释放
- ~ du frein 制动缓解
- ~ du freinage 制动缓解
- ~ forcé 强制起动[脱开、拆开、切断]
- ~ instantané 瞬时切断[跳闸]
- ~ interdépendant 联锁跳闸

~ par bobine en dérivation 并联跳闸,电压跳闸,电流跳闸

~ par bobine en série 串联跳闸,电流跳闸

~ par défaut provoqué 人工短路跳闸

~ par impulsion 脉冲触发,脉冲起动

~ par manque de tension 低电压跳闸,无电压释放,无压切断

~ périodique 周期起动

~ rapide 快速释放

~ retarde 延时切断,延滞释放

~ retardé 延时断开

~ temporisé 延滞释放

déclencher *v* 释放,起动,接通

~ le verrouillage 解锁

déclencheur *m* 电门,开关,触发器,脱扣器,分离器,断路装置,解锁机构,断路[跳闸]装置

~ à action différée 延时解锁机构,延时开关,延时释放继电器

~ à action instantanée 高速开关,快动解锁机构,瞬时释放继电器

~ à retard dépendant 延时开关,延时解锁机构,延时释放继电器

~ à temps inverse 反时限开关装置

~ armé 屏蔽断路器

~ de pédale 踏锁,脚蹬开关,脚闸

~ de survitesse 高速开关(断路装置)

~ par survitesse 超高速起动装置

~ périodique 定时开关

~ tachymétrique pneumatique 风动转速表起动装置

déclic *m* 切断开关,制动装置,脱开机构,定位销,闭止器

déclin *m* 衰变,衰减,倾斜

~ d'un sondage 钻孔倾斜

déclinaison *f* 倾斜,偏差,偏斜,偏角,偏差,偏转,磁偏角,赤纬

déclinant *a* 倾斜的,偏斜的

déclinateur *m* 磁偏仪,测斜仪

déclination *f* 倾斜,斜度,山坡,偏斜,偏转,偏角

décliner *v* 倾斜

déclinomètre *m* 测斜仪,磁偏计,偏角仪,测斜板,方位计

déclive *f* 斜坡,斜度,坡道;*a* 倾斜的

déclivité *f* 斜坡,坡度,斜度,坡道,倾斜,倾斜度,

(采)斜坑

~ base 限制坡度

~ combinée 合成纵坡

~ constante 连续坡度,长坡道

~ contraire 反向坡度

~ instantanée 短坡度

~ limite de freinage 最大制动坡度

~ longitudinale 纵向坡度

~ maximale normale 一般最大坡度

~ maximum 最大坡度,限制坡度

~ minimum 最小坡度

~ moyenne 平均坡度

~ oblique 倾斜坡度

déclouer *v* 拔钉

décochage *m* 脱模,落砂

~ mécanique 机械清砂,机械脱模

décocheur *m* 脱模机,剥皮机

décoffrage *m* 拆模,脱模

~ prématuré 过早拆模

décoffrant *m* 脱模油

décoffrer *v* 拆模,脱模

décohérence *f* 脱开

décohéreur *m* 撒屑器

décohésion *f* 脱开,脱落,减聚力,剥落

~ de couche cémentée 渗碳层脱落

décoiffement *m* 蠕动,蠕动(形成的)褶皱

décollage *m* 释放,脱胶,脱离,分离,降下

décollé *a* 滑落的,剥落的,片落的

décollement *m* 分离,离析,剥离,剥落,脱胶,滑脱(构造),脱顶(构造),挤离,浮褶

~ de bancs 层状剥落

~ de la lame 水层分隔,射水分离(现象)

~ de la roche 剥离覆盖岩石

~ de métal 金属剥离

~ ou flambement de lames 薄皮(板)剥落或弯曲失稳

~ pat gravité 重力滑脱

décoller *v* 剥离,脱离,分开,揭下,扯下

décolletage *m* 浇口清理,螺旋加工

décolleteuse *f* 螺纹车床,自动车丝机,脱焊机,开封机,烫开机

décolmatage *m* 清除堵塞,清淤,清除积物,剥离表土

~ hydraulique 水力冲刷,冲刷表土,冲孔

décolmater m	整理,除尘,使清洁,净化
décolorant m	脱色剂,漂白剂
décoloration f	脱色,去色,漂白
décoloré a	脱色的,漂白的
décolorer v	脱色,去色
décombrer v	剥离,清除,清理工作面
décombres m.pl	破砖碎瓦,建筑碎料,碎石,废石,碎屑,表土,清除瓦砾
décommettage m de câble	松开绳股,解开绳股
décompactage m	清除堵塞,清除积物,碾压裂缝
décomposable a	可分离的,可分解的
décomposer v	分离,分析,分解,裂开,崩坏,破坏,风化,(岩石)侵蚀
~ ... en ...	把……分解为……
~ ... par ...	由……把……分解
décomposition f	分解(作用),破碎,裂开,风化(作用),侵蚀,腐败,节理,扫描,分析,解体,衰减,衰变,腐烂
~ chimique des roches	岩石化学分解
~ d'image	图像扫描,析像
~ d'une force	力的分解
~ de vapeur d'eau	水蒸气分解
~ des matières organiques	有机物的分解
~ des roches	岩石风化
~ du rocher	岩石风化
~ en bâtonnets	柱状节理
~ en blocs	块状节理
~ en boules	球状节理,球状风化
~ en dalles	板状节理
~ en masses	块状节理
~ en plaques	板状节理
~ granulométrique	筛分分析,粒度分析,粒度筛分,筛析粒度成分
~ horizontale	水平节理
~ hydrolytique	水解
~ photochimique	光化学分解
~ pyrogénée	热分解,高温分解
~ pyrolytique	热解作用,等温分解
~ sélective	选择风化,分异风化
~ spectrale	光谱分析
décompresseur m	减压器,减压开关,减压阀
décompression f	降压,减压,解除压力,泄压
~ combinée	组合减压
~ simple	简单减压
décomprimer v	减少压力,消除压力
décompte m	折扣,细账,扣除数
~ définitif	决算表,最后结算
~ mensuel	月份明细账
~ provisoire	临时结算表,中间结算,按日结算
décomptes m.pl	明细账
déconcentration f	分散,稀释,冲淡,散焦
déconcentrer v	分散
décongélation f	融化,解冻,熔解,融解,分开
~ artificielle	人工解冻
~ naturelle	自然解冻
décongestion f	减少壅塞
décongestionner v	使减少壅塞
déconnecté a	切断的,断开的
déconnecter v	断开,开断(线路),释放
déconnexion f	断开,切断,分开
déconsolidation f	软化(作用)
~ de la voie	线路松动
~ du toit	顶板破裂
décontamination f	去掉放射性污染,消除毒气,净化,纯化
décontraction f	应力减小,放松,松弛
déconvolution f	反褶积,解卷积,解褶积
décoration f	图案;装饰,装饰品,装潢
~ de bâtiments	建筑物的装饰
décortication f	去皮,去壳,(树木)剥皮,脱壳
décortiquer v	去皮,去壳,剥树皮
découlement m	流动,流出,漏出,滴下,细流
découler v	从……引出,渗出,滴出,漏出
découpage m	切,割,裁,(地形)切割,分割,开拓,开发,断开,断电,冲孔,冲切,斩波,分段
~ à l'arc	电弧切割
~ au chalumeau	焊炬切割,氧乙炔切割
~ dans le temps	时间分割
~ de carottes cylindriques	钻取岩芯
~ de carottes cylindriques au diamant	金刚钻钻取岩芯
~ des gisements	开采矿床,矿床开拓
~ des pieux	截断木桩
~ en massifs d'abattage	开采煤柱,切割煤柱
~ lithostratigraphique	岩层间断
~ oxhydrique	氢氧切割
~ oxyacétylénique	氧炔切割
~ oxyélectrique	氧电切割

découpe *f* 切割,切边,下料,裁切
　～ des flans　切料,下料,冲切
découper *v* 裁,切,割,切割,切断,剪裁,断开,冲切,冲孔
　～ à l'autogène　吹切(气焊切割)
　～ au ciseau　剪切
　～ au gaz　气割
　～ en bandes　切成条形
découpeur *m* 切割机,剪切机,断路器,切割工
　～ au chalumeau　喷灯,氧乙炔切割机,燃烧器
　～ de carottes　岩芯提出器,切岩芯
découpeuse *f* 切割机,冲切机,冲孔机,下料冲床
　～ de joints dans le béton　混凝土切缝机,连接铰刀,混凝土路面切缝机
découplage *m* 分开,拆开,断开,开闭,停止,去耦,退耦,去耦(退耦)电路
découpler *v* 分开,拆开,关闭,停止,去耦
décours *m* 减少,减退
découverment *m* 发现,显露,露头,剥离(工程)
　～des roches　岩石露头
découvert *m* 剥离,剥离表土,采坑,露天坑道
　～ initial　预先剥离
découvert, e *a* 暴露的,发现的,敞开的,开放的,露天的,出露的,露头的,已发现的
découverte *f* 普查,找矿,探测,寻找,发现,剥开,剥离,露天矿,露天坑道,挖除表土,清除覆盖层,清基
découverture *f* 发现,露天开采,剥离(表土),剥开,挖除表土,地面剥层,路面剥落
découvrir *v* 露出,发现,揭露,剥光,剥落,翻开(上层泥土),发现,发明
　～ les morts-terrains　揭露,剥离土层
décrassage *m* 清洗,去掉污垢,去垢,扒渣,去沫
décrément *m* 减缩,减缩量,衰减率,衰减量,减缩度
décrépir *v* 去泥灰
décrépitation *f* 碎裂,龟裂,胀裂,撑裂
décriquage *m* 烧剥,火焰清理
décrire *v* 叙述,描绘,画线
　～ un arc　画弧,绘圆曲线
　～ un courbe　画曲线,绘曲线
décrochable *a* 可分开的,能取下的,活动的
décrochage *m* 解开,脱钩,摘钩,失步(同步破坏),失调,(图像)跳动

　～ d'attelage　断开,摘钩
　～ d'oscillations　振荡中断,停振
décrochement *m* 平移断层,横断层,位移,滑脱,摘钩,脱离,横推断层,摘车
　～ d'un véhicule　摘车
　～ de la pente　坡折
　～ dextre　右旋平移断层
　～ du terrain　土崩,塌岸,岩层滑脱
　～ horizontal　水平断层,水平位移
　～ par inflexion　水平挠曲
　～ sans fracture　(水平)挠曲
　～ sénestre　左旋平移断层
　～ transversal　横向位移,横断层
　～ vertical　垂直断层,垂直位移
décrocher *v* 去耦,失调,失步,失速,取下电话听筒,摘钩
　～ la machine　机车摘钩
décroissance *f* 减少,减弱,低落,降低,衰减
　～ de la température　降温
　～ de la tension　应力减小
　～ des cristaux　晶体溶解
décroissant, e *a* 缩短的,减少的,下降的,降低的,衰减
décroissement *m* 减小,降低
　～ de tension　应力减小
décroître *v* 减少,减小,降低,递减,下降,落下,衰变
décrottage *m* 除去污泥
décrottement *m* 剥离,剥土,清除表土,清(理)岩(石)
décrotter *v* 除去污泥
décroûtage *m* 清理,清除铸皮,粗加工,粗制
décroûter *v* 清理,清除铸皮,粗加工,粗制
décruage *m* 除去表面裂纹
décrue *f* 水退,水位下降,逐渐下降,水量减少
　～ souterraine　地下水位下降
décuivrer *v* 除铜
déculassage *m* du diesel　卸下柴油机汽缸盖
déculasser *v* 卸下汽缸盖
décuple *m* 十倍;*a* 十倍的
décupler *v* 增加十倍,大大增加
dedans *adv* 在内
　au ～　在里面
　au ～ de　在……之内

en ~ 在里面
en ~ de 在……之内

dédit *m* 违约，违约条款

dédolomitisation *f* 脱白云石化，去白云石化

dédommagement *m* 赔偿，补偿

dédommager *v* 赔偿，补偿
~ par équivalent 等价赔偿

dédouanement *m* 向海关付税提货，办理海关手续
~ à destination 在到站办理海关手续
~ au retour 回程办理海关手续
~ avec passavant （办理）出录许可证明
~ des marchandises 办理货物报关手续
~ en transit 办理过境海关手续
~ intérieur 办理国内海关手续

dédoublement *m* 分离，分解，加倍，双重，裂开，分裂，分锯，分层，分枝，分为两份，分开

dédoubler *v* 分成两份，对开，平分
~ la chaussé 设两条车行道的路面
~ la route 设两条行车道的公路

dédoublure *f* 一分为二，分为两半部，分成两部分，裂缝，分层

déduction *f* 扣除
~des trous de rivets 减少铆钉孔数量

déduire *v* 扣除，减去

dédurcir *v* （岩石）降低硬度，软化，使……柔和，弄软

déeckéite *f* 镁丝光沸石（黄沸石）

déémulsification *f* 脱悬浊，浮浊澄清，反乳化

défaillance *f* 损伤，损坏，故障，衰减，衰退，中断，缺陷，失效，电池放完电
~ d'appareillage 器械发生装置

défaillant *a* 有故障的，失效的，失灵的，有缺陷的

défaire *v* 取消，废除，拆开，放松，打乱原状
~ un marché 取消买卖契约
~ l'engrenage 拆换齿轮

défaut *m* 故障，缺陷，破损，不足，缺少，缺点，错误动作，固定（测量）偏差
à ~ de 没有，缺少，在欠缺……的情况下
~ à la masse 接地不良
~ administratif （道路行政的）管理错误，管理疵病，管理缺陷
~ caché 内伤，内部缺损
~ d'adhésivité 黏性不足
~ d'alignement 不对准直线，非准直线，不平行度，不正，非直线性
~ d'alimentation 供电中断
~ d'équilibre 不平衡
~ d'équipement 设备故障
~ d'étanchéité 密封不良
~ d'isolement 绝缘不良
~ d'origine 先天缺陷
~ d'uni 不平，不平整度
~ de construction 建筑上的缺点，结构缺陷
~ de contact 接触不良
~ de contact radio 无线电通信中断
~ de coulée 铸件缺陷
~ de fabrication 产品缺陷，生产不足
~ de fonctionnement 工作[运行、运转]故障
~ de l'employeur 业主违约
~ de la voie 线路缺陷
~ de masse 质量亏损
~ de matériel 材料缺陷，技术装备
~ de montage 装配缺陷，装备缺陷，安装缺陷
~ de planéité 不平，不平整度
~ de portance 承载能力不足
~ de réalisation 施工缺陷
~ de stabilité 稳定性不够
~ du cristal 晶体缺陷，晶体不完整，晶体缺位
~ en surface 表面缺陷
~ groupe électrogène 发电机组故障
sans ~ 无缺陷，无缺点
~ superficiel 表面缺陷

défavorable *a* 不利的

défavoriser *v* 损害，不利于

défécation *f* 澄清

défectibilité *f* 不完善

défectible *a* 不完善的

défectif, ive *a* 有缺陷的

défectivité *f* 缺陷性，不完善性，不足

défectoscope *m* 探伤器，探伤仪

défectueux, euse *a* 有缺陷的，残的

défectuosité *f* 缺陷，不足，不准确性，不完善
~ de l'emballage 包装不良
~ de soudure 焊接缺陷

défense *f* 禁止，防护，保卫
~《d'entrer》 禁止入内
~ contre avalanche 防塌方

défernite

～ contre l'incendie　消防,防火
～ contre la mer　海岸防护
～ contre le bruit　消减噪音
～ contre les crues　防洪,防汛
～ de circuler　禁止通行
～ de doubler　禁止超车
～ de l'environnement　保护环境,环境保护
～ de la côte　海岸防护
～ de manœuvrer　禁止调车
～ de parquer　禁止停车
～ de pied des talus　边坡坡脚保护
～ de stationner　不准停车
～ de traverser les voies　禁止横越线路
～ des rives　护岸
～ des talus　护坡工程,边坡防护
～ du remblai　护坡
～ mobile　防御物,防冲物,防冲桩,挡泥板

défernite　*f*　戴碳钙石
déferrisation　*f*　除铁,脱铁
déferrisé　*a*　去铁的,去铁盐的
déferriser　*v*　除铁,脱铁
déficience　*f*　不足,缺点,缺陷,故障,不配套,不完善

～ en oxygène　缺氧,氧气不足

déficient, e　*a*　缺乏的,不足的,有缺点的,有缺陷的,不健全的

déficit　*m*　亏损,亏空,差,差额,逆差,赤字,不足,峡谷,隧道

～ budgétaire　预算赤字
～ d'écoulement　径流差,径流消耗;水流不足,流量不足
～ d'exploitation　运营亏损
～ d'humidité　湿度不足,缺少水分
～ d'une entreprise　企业亏损
～ de caisse　现金不足
～ de poids　重量不足
～ de saturation　饱和差
～ en oxygène　缺氧

déficitaire　*a*　稀缺的,入不敷出的,亏损的
défilé　*m*　峡谷,峡,隧道
défilement　*m*　遮蔽,伪装,行走,偏离,散开,(钻具之类)起下,限制眩光(的)路灯,裁弯取直,敲断
définir　*v*　确定,限定,规定,下定义,说明特征,说明特点,明确指出

～ le tracé　确定路线

définissable　*a*　可确定的,可限定的,可下定义的
définitif, ive　*a*　明确的
en ～　归根结底,最终地,结果
définition　*f*　定义,确定,限定,决定,圈定,定界,清晰度,分辨力,分辨率,图像清晰度

～ à haute　高清晰度的,高分辨率的
～ d'image　影像清晰度
～ de la méthode d'analyse　分析方法的确定
défaut de ～　没有指出特征,缺乏明确的说明,分辨率低,分辨力不良
～ des prix unitaires　单价定义
～ en distance　远距离分辨力,确定距离
～ technique　技术决定
～ verticale　图像垂直清晰度

déflachage　*m*　(路面)整平,整形,(路面)补坑,修补,修理
déflacher　*v*　除去洼地
déflagration　*f*　点爆,爆燃,爆燃作用,燃烧,闪光
déflation　*f*　风蚀,放气,收缩,紧缩,吹蚀,抽出空气
déflecteur　*m*　致偏器,偏向器,偏转器,导流片[板],反射器,反射镜,导向板,偏导装置,导向装置,磁偏角测定器,致偏电极(集射四极管)

～ d'étanchéité　密封挡油盘[环]
～ d'huile　回油装置,回油管
～ de courant　水流导向设备
～ droit　右向偏移器
～ gauche　左向偏移器

déflection　*f*　弯沉(路面),变位,挠曲,挠度,绕曲,绕度,弯曲,偏斜,偏差,偏角,偏转,偏移,垂度

～ critique　临界弯沉
～ dynamique　动力弯沉
～ élastique　(路面)弹性弯沉,回弹弯
～ en surface　表面弯沉,路面弯况
～ maximum　最大弯沉
～ observée　观察弯沉
～ relative　相对弯沉
～ totale　总弯沉

déflectogramme　*m*　弯沉图
déflectographe　*m*　自动弯沉仪

～ à châssis long　长底盘自动弯沉仪
～ Lacroix　拉克鲁瓦自动弯沉仪

déflectomètre　*m*　弯沉仪,弯度计,挠度仪,挠度

计,偏差计,测偏仪
~ à boulet 球式弯沉仪
~ à levier 杠杆弯沉仪
~ optique 光学弯沉仪

déflexion f （路面）弯沉,挠度,挠曲,交位,致偏,偏斜,偏差,偏转,偏角,垂直位移量
~ à la surface de la chaussé 路面弯沉
~ admissible 容许弯沉
~ caractéristique 特性弯沉
~ critique 临界弯沉
~ de la surface 路面弯沉
~ dynamique 动力弯沉
~ limite 限制弯况,极限弯况
~ limite admissible 容许限制弯沉
~ maximum 最大挠度,最大弯沉量
~ mesurée 测量弯沉
~ moyenne 平均弯沉
~ relevée 量测弯沉
~ rémanente 残余弯沉
~ répétée 重复弯沉
~ résiduelle 残余变形,残余弯沉,残余挠度
~ totale 总弯沉
~ verticale 垂直弯沉
~ verticale du surface 表面垂直弯沉,路面垂直弯沉

défloculant m 散凝剂,悬浮剂,黏土悬浮剂,胶体稳定剂,反絮凝剂,反凝聚剂

défluent m 支流,河岔

défonçage m 去底;打穿,捅破;深层翻松,深层松土,翻松（路面）,扩孔
~ de béton 混凝土破坏

défoncé, e a 磨损的,磨成槽的,形成车辙的

défoncement m 穿孔,扩孔,加深,去底（桶或箱的）,扩建（井筒等）

défoncer v 翻挖到深层,打穿

défonceur m 除根机,拔根器,路犁,松土机

défonceuse f 除根机,松土机
~ hydraulique 液压松土机
~ portée 除根机,松土机
~ tractée 拖拉式除根机,拖式路犁,拖拉式松土机

déformabilité f 柔性,伸缩性,变形能力,可压缩性,变形性能
~ admissible 容许变形性

~ des chaussées 路面变形
~ des plates-formes 路基变形性
~ du terrain de fondation 基础变形性
~ élastique 弹性变形性,弹性变形
~ plastique 塑性变形性,塑性变形

déformation f 变形,失真,应变,畸变,歪曲,永久变形
~ à chaud 热变形
~ à deux dimensions 双向变形,平面变形
~ à fibre 纤维应变
~ à froid 冷变形
~ à la limite d'élasticité 屈服点应变
~ à la rupture 破坏应变,损毁应变
~ accumulée 累积(塑性)变形
~ admissible 容许变形
~ alternative 反复应变
~ anélastique 非弹性变形
~ angulaire 角变形
~ angulaire du pneu 轮胎角变形
~ anisotrope 非均质变形,各向异性变形
~ attendue 预计变形量
~ au delà de la limite d'élasticité 超限应变,过度应变
~ biaxiale 平面变形,平面应变,双轴变形
~ cassante 断裂变形,错动变形
~ chargée 荷载变形,荷载应变
~ clastique 破碎变形
~ compressive 压缩应变
~ continue 连续变形
~ contraction 收缩变形
~ contrôlée 控制应变
~ critique 临界变形
~ cubique 体积变形,体积应变
~ d'appui 支承应变
~ d'écrasement 压毁应变
~ d'étirage 拉伸变形
~ d'impulsion 脉冲畸变,脉冲失真
~ de chaussée 路面变形
~ de cisaillement （受）剪应变,剪切变形,切应变
~ de compression 压缩应变,压缩变形,压缩变,挤压变形
~ de contraction 收缩变形
~ de déchirement 扯裂应变

déformation

~ de fatigue 疲劳变形,疲劳应变
~ de flambage[flambement] 压屈应变,压屈变形
~ de flexion 弯曲变形,挠曲变形,弯曲应变
~ de fluage 蠕变变形,徐变变形
~ de glissement 剪切变形,滑移变形
~ de la chaussée 路面变形
~ de la croûte terrestre 地壳变形
~ de la structure 结构变形
~ de la voie 线路变形
~ de pression 压缩变形
~ de retrait 收缩变形,收缩应变
~ de rupture 破裂变形,断裂变形
~ de températures 热变形,温度变形
~ de tension 受拉应变,拉应变,张应变
~ de torsion 扭转变形
~ de traction 拉伸变形,拉应变,拖曳变形
~ de volume 体积变形,体积应变
~ de[par]glissement 滑动变形
~ dermale 硅铝壳上层变形,上硅铝壳变形
~ des sols argileux 被土变形
~ directe 直接应变
~ dissymétrique 不对称变形
~ du cadre 框架变形
~ du champ 场变形,场畸变
~ du corps de chaussée 路面体变形
~ du papier 纸变形
~ du profil en traves 横断面变形
~ du terrain de fondation 基底变形
~ due à la soudure 焊接变形
~ élastique 弹性变形,弹性应变
~ élastique différée 延迟弹性变形
~ élastique pure 纯弹性变形
~ élastique retardée 延缓弹性变形
~ élastoplastique 弹性—塑性变形
~ et déplacement 变形和位移
~ excessive 过剩变形
~ fléchissante 弯曲变形,挠曲变形,弯曲应变,绕曲应变
~ homogène 均匀变形
~ horizontale 水平位移,横向位移
~ interne 内应变,内变形
~ intime 内应变
~ irréversible 不可逆变形,永久变形
~ latérale 侧变形,旁应变
~ linéaire 线应变,线形变形
~ locale 局部变形,局部应变
~ longitudinale 纵向变形,纵向应变,轴向变形
~ maximum 最大变形,最大应变
~ momentanée 瞬时变形,弹性变形
~ moyenne 平均变形
~ non permanente 非永久变形,非残余应变,弹性变形
~ non résiduelle 非残余变形,非残余应变
~ normale 垂直变形
~ orogénique 造山变形作用
~ par extension 拉伸变形,张性变形,张性应变
~ par retrait 收缩变形,收缩应变
~ permanente 永久变形,不可逆变形
~ permanente résiduelle 残余永久变形
~ persistante 永久变形,残余变形
~ plane 平面应变
~ plastique 塑性变形
~ plastique irréversible 不可逆塑性变形
~ plastique résiduelle 残余塑性变形
~ post cristalline 晶后变形
~ principale 主应变
~ principale intermédiaire 中间主应变
~ principale majeure 最大主应变
~ principale mineure 最小主应变
~ produite par le soudage 焊接变形
~ progressive 递进变形
~ pure 单纯应变,纯变形
~ radiale 径向变形,辐向变形
~ réactivité totale 完全弹性变形,完全弹性应变
~ relative 相对变形
~ relative linéique 相对线性变形
~ relative linéique principale 相对线性变形
~ relative principale intermediaire 中间主应变
~ relative principale majeure 最大主应变
~ relative principale mineure 最小主应变
~ rémanente 残余变形,永久变形
~ résiduaire 残余变形,永久变形
~ résiduelle 残余应变,永久变形
~ réversible 可逆变形,弹性变形
~ simple 简单应变
~ sous charge 荷载变形,荷载应变

~ sous-crustale 壳下变形，地壳亚层变形
~ spontanée 自然变形
~ structurale 结构变形
~ superficielle 表面形变
~ symétrique 对称变形
~ tangentielle 切向变形，切向应变，(受)剪应变
~ tectonique 构造变形
~ thermale 热变形
~ transversale 横向变形，横向应变
~ unitaire 单位变形
~ verticale 竖向变形，沉陷
~ verticale de l'âme du rail 轨腰垂直变形
~ viscoélastique 黏弹性变形
~ viscoplastique 黏塑性变形
~ visqueuse 蠕变
~ volumétrique 体积变形，体积应变

déformé *a* 变形的
déformer *v* 变形，失真，畸变
déformètre *m* 应变计，变形仪，变形测定器，伸长计
défourneuse *f* 卸货机，卸货机构
défreinage *m* 缓解制动
défreiner *v* 制动缓解
~ les écrous 松开螺母
défrichage *m* 清除现场，消除地面，耙松地面
défrichement *m* 场地清除，清除现场，清除地面，开垦(土地)
~ de bois 木材开发
défricher *v* 回收，再生，开发，开垦，探究，探索，初步研究，初步整理
défricheur *m* 松土机，松土器
défriper *v* 弄平，使不皱
dégagement *m* 清理，清除，提炼，提纯，提取，间隙，间距，分开，释放，解约，逸出，排出，分离，暴露，出露，露头，脱离，发散，车底净空，离地净高，清理场地
~ continu de gaz 连续排气，气体连续排出
~ d'énergie 能量释放
~ de chaleur 放热，散热
~ de fumée 排烟
~ de gaz 放气
~ de la section totale 全断面开挖
~ de la visibilité 清除视野障碍
~ de matières volatiles 挥发物质升华[排出]
~ de roue 车轮与车身最近部分的间隙
~ de route 疏导高速公路
~ des voies 清除线路障碍，开通线路，线路腾空
~ des voies principales 开通正线，腾空正线
~ du croisement 腾出警冲标
~ du gabarit 腾出线路接触界限的净空，限界与重车间的空隙
~ du massif 岩体露头
~ spécifique de la chaleur 单位容积发热率，热容强度

dégager *v* 释放，分开，脱离，引出，腾出，清理，提纯
~ ... de... 从……导出
~ l'engrenage 松开齿轮
~ un câble 拔出缆绳
~ une vitesse 脱开排挡

dégarnir *v* 刮净，刮去，擦去
dégarnissage *m* 清理，清除，整修
~ d'un joint 清理接缝
~ de la voie 扒渣
dégarnisseuses *f* 扒渣机
~ de ballast 扒渣机
dégasification *f* 脱气作用，除气作用
dégât *m* 损失，损害，损伤
~ à la roche 岩石破碎
~ de corrosion 腐蚀损害
~ de surface (采矿造成的)地表破坏
~ dû au dégel 解冻破坏
~ du gel 冰冻破坏，冻融损害
~ matériel 设备损坏
dégauchir *v* 整平，校准，弄直
dégauchissement *m* 校正，平整，弄直
dégauchisseuse *f* 木工刨床
dégazage *m* 放气，排气，除气，脱气，干馏，去脆性
dégazéification *f* 放气，脱气，去气
dégazer *v* 除气，脱气，抽气，干馏，去脆性
dégazeur *m* 脱气器，脱气装置，脱气剂，除气剂，吸气剂，吸气器，泡沫灭火器
dégel *m* 融雪，解冻，融化，解冻气候
~ artificiel 人工解冻
~ du sol 土壤解冻
dégelage *m* 解冻，融化
~ des chargements des wagons 整车货物解冻

dégelant *m* 防冰冻装置
dégélation *f* 解冻,融化
dégèlement *m* 解冻,融化
dégeler *v* 解冻,融化,融解
dégélifluxion *f* 解冻泥流(翻浆现象)
dégénération *f* 变质,蜕化,退化,蜕变,负反馈,简并
dégénéré *a* 退化的,蜕变的,变质的
dégénérer *v* 退化
　～ en 变为,转为,退化为
dégénérescence *f* 退化,变异,衰退,衰减,负反馈,简并性,简并度
dégeroïte *f* 硅铁石
dégivrage *m* 防冰,除冰,除霜,溶水,防霜冻
　～ des fils de contact 接触导线除霜,接触导线除冰
dégivrer *v* 防冰,除冰
dégivreur *m* 防冻器,除霜器,防霜冻装置
déglaçage *m* 研磨,打磨,除去光泽,除冰,融冰
　～ à la machine 用机器研磨
　～ des chaussée 冰冻路面的处治,路面除冰
　～ des chemises 缸套打磨
　～ mécanique 用机器研磨
déglacement *m* 冰融,除冰,消冰,融化
déglacer *v* 解冻;打磨,研磨
déglaceur *m* 除冰器
déglaciation *f* 冰消,冰消作用,灭除冰川作用,冰川减退,冰消过程
dégommage *m* 去胶,脱胶,减压,清洗
dégommer *v* 脱胶,除垢,清洗
dégonflage *m* 放气,排气
dégorgement *m* 流动,流出,溢出,排出,清洗,浸洗,清除,洗涤,清岩粉
　～ d'hydrogène 用氢分解物品,用氢排除杂质
dégorgeoir *m* 刮管器,扩孔器,排水口,疏水口
dégoudronnage *m* 除树脂,除沥青,除焦油,除煤沥青
dégoudronner *v* 脱胶油,脱煤沥青
dégoudronneur *m* 煤沥青分离器
dégourdissage *m* 稍微加热
dégoutter *v* 滴,滴水
dégradation *f* 降解,退化,降级,剥蚀,夷平,冲刷,切蚀,破坏,破碎,粉碎,递减,蜕变,损耗,剥蚀,递降分解,褪色破坏,路基破坏,质量下降,粒度减小
　～ biologique 生物降解
　～ chimique 化学损坏
　～ de la granulométrie 磨碎,粒度变小
　～ de la plateforme 路基破坏
　～ de la qualité de service 降低服务质量
　～ de minerai 矿石降级,矿石贫化
　～ de surface 路面破坏,表层破坏
　～ des chaussées 路面破坏
　～ des pierres de construction 建筑石料风化
　～ dû à l'eau 水的破坏(作用)
　～ du cône 火山锥去顶,锥顶削减
　～ excessive 过分破坏
　～ localisée 局部破坏
　～ superficielle 表面破坏
dégrader *v* 退化,降级,磨损,毁坏,损坏,破坏,冲刷,递减
　～ la disponibilité 影响使用,降低使用效果
dégrafer *v* 下,拆下,去掉
dégraissage *m* 除油,脱脂,擦洗,去油渍
dégraissant *m* 脱脂剂
dégraissé *a* 脱脂的,除油
dégraisser *v* 脱脂,除油脂,去油渍
dégraphitage *m* 去除石墨
dégravage *m* 冲刷,侵蚀,洗净,冲刷作用,侵蚀作用
dégravoiement *m* 冲刷,侵蚀,表土冲刷,(流水)冲走(河床)砂砾,砂砾的冲走
dégravoyer *v* 冲刷,侵蚀,冲走砂砾
degré *m* 度,率,比,级,幂,程度,等级,指数,刻度,台阶,阶段,方次
　～ absolu 绝对温度,凯氏温度
　～ arrondi 滚圆度,圆度
　～ Baumé 波美度(Bé)(液体比重)
　～ Celsius 摄氏度(℃)
　～ centésimal 摄氏温度,百度刻度盘度数
　～ centigrade 百分刻度,摄氏度数
　～ coupe-feu 防火等级
　～ d'inclinaison 倾斜度,斜度,坡度,倾角
　～ d'acidité 酸度
　～ d'admission 进给度,进气度,填充系数,装满程度
　～ d'aération 含气度,充气率,透气度
　～ d'agrégation 集聚力,凝聚程度

~ d'altération 风化程度,蚀变程度
~ d'angle 角度
~ d'aplatissement （骨料的）扁平度,扁度
~ d'approximation 近似度,接近程度
~ d'automaticité 自动程度
~ d'éclairement 照明程度
~ d'écrasement 压碎程度
~ d'élancement 细长度
~ d'embouteillage 交通阻塞度（表示阻塞程度的指标）
~ d'encombrement （道路交通的）拥挤程度
~ d'envasement 淤积程度,注浆程度
~ d'érosion 侵蚀度,侵蚀程度
~ d'évidement 充气度,含气度,透气度
~ d'exactitude 精确度,准确度,精密度,精度
~ d'expansion 膨胀度
~ d'exploration 勘探程度
~ d'humidité 含水量,湿度,水分
~ d'humidité de l'air 空气湿度
~ d'humidité normale 正常[标准]湿度
~ d'humification 腐殖程度
~ d'hyperstaticité 超静定度
~ d'inflammabilité 闪点,发火点
~ d'intensité de métamorphisme 变质强度
~ d'intervention 干预程度,介入程度,作用大小
~ d'irrégularité 紊乱度,不均匀度,不规则程度
~ d'irrégularité de distribution de la charge 负荷分布不均匀度,荷载分布不均衡度
~ d'oxydabilité 耗氧度
~ d'oxydation 氧化程度
~ d'uniformité 均匀度
~ d'usure 磨耗程度,磨损程度
~ de basicité 碱度,碱性
~ de cimentation 胶结程度
~ de classement 分选程度
~ de compacité 压实度,密实度
~ de compactage 压实度,密实度
~ de compressibilité 压缩度,压缩比
~ de compression 增压比,压缩比
~ de concentration 集中度,浓缩度
~ de cône 锥度
~ de congélation 冰点
~ de consolidation 固结度

~ de contamination 污染程度,混染程度
~ de couplage 啮合度
~ de courbure 曲度,曲率度
~ de cristallinité 结晶程度
~ de déséquilibrage 不平衡度
~ de déséquilibre d'un système triphasé 三相系统的不平衡度
~ de détente 膨胀度,膨胀比
~ de dispersion 分散度,弥散度
~ de dissipation d'énergie 能量散逸度
~ de dissociation 离解度
~ de dureté 硬度,硬度级,刚度
~ de finesse 细度
~ de fissuration 裂缝度
~ de fracturation et altération 岩层破碎和风化程度
~ de gélivité 冻胀度,冻裂程度
~ de houillification 煤化程度,煤级,煤等级,煤分类,炭化程度
~ de la planéité 平面度,水平度
~ de latitude 纬度
~ de liberté 自由度
~ de liquidité 流动率,流动度,液态指数
~ de métamorphisme 变质程度
~ de motorisation 机械化程度
~ de non-uniformité du champ acoustique 声场不均匀度
~ de plasticité 可塑度（岩石）
~ de précision 精度,精确度,准确度
~ de préconsolidation 超固结比
~ de précontrainte 预应力级
~ de pression 压力级
~ de priorité (transmission de messages, gestion centralisée du trafic marchandises) 优先次序（信息传输,货运集中管理）
~ de propreté 纯度,光洁度,清洁程度
~ de pulvérisation 粉碎程度
~ de pureté 清洁程度,纯度
~ de qualification 熟练程度,业务能力,鉴定等级
~ de réglage 调整级数
~ de remaniement （土的）重塑度,改塑度
~ de remplissage 充填度
~ de risque au gel 冰冻危险程度
~ de saturation 饱和度,（光的）色纯度

~ de saturation limite 极限饱和度
~ de saturation moyenne 平均饱和度
~ de sécurité 安全度
~ de sensibilité 灵敏度
~ de sensibilité au gel 冰冻敏感度
~ de stabilité 稳定度
~ de surchauffe 过热度
~ de sursaturation 过饱和度
~ de tassement 压实程度,压实度,收缩度,沉降比
~ de transparence 透明度
~ de trempe 淬火度
~ de vide 真空度
~ des emplois partiels （路面）修补率
~ Engler 恩氏黏度
~ Fahrenheit 华氏度,华氏刻度盘系数,华氏温度数
~ géothermique 地热增温率,地热梯度
~ hydrométrique 湿度,相对湿度,水分,含水量
~ hygrométrique 湿度
~ Kelvin 绝对温度度数,开氏度数
~ limpidité （矿物）透明度,透明程度
par ~ 一步一步地,逐步地,逐渐地
~ porosité 孔隙度
~ précision 精度,精确度,准确度
~ propreté 纯度,光洁度,清洁度
~ Réaumur 列氏温度
~ s de bande 坡度,倾斜度

dégressif, ive a 渐减的,递减的
dégressivité f 递减度
dégrèvement m 减税,减免负担
~ tarifaire 降低运价
dégrilleur m 拦污栅,清污耙,拦污栅清理机
dégripper v 释放,分离,卸下,松开,拔出
dégrossir v 粗加工
~ au tour 粗旋
dégrossissage m 粗加工,粗磨光,粗研磨,粗磨片,粗碎,粗轧,（路基）初步整形,（土方）初步平整,初加工,粗滤,近似测定
~ à la meule 粗磨
~ à la raboteuse 粗刨
~ au tour 车床粗加工
dégrossissement m 粗加工,粗轧,粗磨,粗碎,粗滤

dégrossisseur m 开坯机,粗轧机,粗碎机,粗滤器,筛选,粗筛分
dégroupage m 散焦,分解,散乱,离散
dehors adv 在外边,在外
au ~ 在外面,向外面,在外边
au ~ de 在……外边,在……外面
de ~ 从外面
en ~ 在外面,向外面
en ~ de 除……之外,在……之外,与……无关
par ~ 由外面,从外面
déjà adv 已经
déjeté m 歪斜褶皱,斜褶皱; a 斜的,倾斜的,歪斜的
déjeter v 弄歪,使弯曲
déjettement m 翘曲,弯曲,扭曲,歪斜
~ de la voie 线路侧向位移,线路歪斜
~ de pli 褶皱歪斜
~ horizontal de la voie 线路横向位移
déjointage m 勾缝,嵌缝,刮平
dékalbite f 纯透辉石
délabré, e a 损坏的
délafossite f 赤铜铁矿
délai m 期限,日期,时间,迟缓,延迟,滞涩,卡住,延期,迟滞,滞后
à bref ~ 在短期内
~ accordé 允许期限,规定期限
~ avant prise 保存期限,凝固前的时间
bref ~ 短期,短时间
~ contractuel 工期,合同期限,施工期限
~ contribué 给予的期限
~ d'exécution 工期;施工期限,执行期限
~ d'achèvement 竣工期限,竣工日期
~ d'allumage 点火持续时间,点火时间,起动时间
~ d'assurance 保险期限
~ d'attente 等待时间,等待期限,停工时间,停机时间
~ d'avancement 提升期限
~ d'enlèvement 领取货物期限,取车期限
~ d'exécution 施工期限,工期,执行期限,运转时间
~ d'exécution d'une commande 交货期限,定货交付期限
~ d'exécution des travaux 工期,施工期

~ d'expédition　发送期限
~ d'intervention　动作时间,响应时间
~ d'utilisation　使用期限
~ de chargement　装车期限
~ de chargement et de déchargement　（货物)装卸时间,(货物）装卸期限
~ de dépôt　(免费)保管期限
~ de fourniture　交货日期
~ de garantie　担保期限,保证期限
~ de livraison　交货日期,交货期限,交付期限,运到期限
~ de maniabilité　（混凝土)和易性时间
~ de mise à disposition　提供使用期限
~ de paiement　付款期限
~ de parcours　走行时间,运行日期,行程时间
~ de prescription　规定期限,规定日期
~ de prise　凝固时间
~ de publication　公布日期,公布期限
~ de réaction　反应时间
~ de réalisation　完成期限
~ de résiliation　解约期限
~ de révision (matériel roulant)　检修期限（机车车辆）
~ de révision périmé　超过检验期限,检修期限逾期
~ de route　途中运行时间,途中运行时限
~ de stationnement　停留时间
~ de transport　运输期限,运送期限
~ de validité　有效期限
~ de validité d'un billet　客票有效期限
~ de validité pour soumission　投标有效期
~ imparti　给予的期限
~ maximum　最宽期限
~ maximum de livraison　最长货物运到期限,最长交货期限
~ moins rigoureux　较宽期限
~ prescrit　规定期限,规定日期
~ supplémentaire　附加时间,附加期限
~ variable　可变期限,允许延后期限
délaissé *a*　放弃的,废弃的（港道、采区),切断的
délanouite[délanovite] *f*　锰蒙脱石
délardage *m*　剥离,拆模,挖除表土,剥除面层土,地面剥层
~ du gazon　清除草皮

délatinite[délatynite] *f*　特拉琥珀,含碳琥珀
délatorréite *f*　钡镁锰矿
délavage *m*　淘洗,冲刷,冲蚀,淋滤,洗去,冲去
~ du ciment　水泥洗掉,水泥冲掉
délavé *a*　冲刷的,受冲蚀的,受侵蚀的
délavement *m* du sol　土壤冲蚀
délaver *v*　去,冲去
délayable *a*　可水调的,冲淡的,稀释的,可溶的
délayage *m*　融解,液化,冲淡,稀释,(掺水)搅和,浸润,掺和,混合,拌和
~ de chaux et de ciment　石灰—水泥稀浆
délayer *v*　溶解,混合,拌和,掺和,渗水
délayeur *m*　淘泥机,掺和机
déldoradite *f*　钙霞正长岩
délégation *f*　代表团,委派,授权,委托书
~ économique et commerciale　经济贸易代表团
délessite *f*　铁叶绿泥石
délestage *m*　疏散交通,减轻交通负荷,卸载,断电,清除石渣
~ trafic　疏散交通,减轻交通负荷
délester *v*　卸载
délétère *a*　有害的,有毒的
délhayelite *f*　片硅碱钙石
délignage *m*　侧线
~ des accotements　路肩修整,路肩整平
déligneuse *f* d'accotements　路肩整平机,路肩整平器
délimitation *f*　圈定,划界,界限,限定,确定,划分,区分,圈定边界
~ des voies de la chaussée　行车道确定
~ des zones géologiques　地质分区
~ du terrain　划地界
délimiter *v*　区分,划界,确定包围,限定,限制
délinéament *m*　划线,画轮廓,描绘
délinéateur *m*　轮廓标,安全标,路边护柱
~ à poteau　柱式轮廓标
~ adhésif　附着式轮廓标
délinéation *f*　圈定,划界,略图,图纸,草图,画草图,清绘,描述
délinéer *v*　画轮廓
déliquescence *f*　潮解,液化,融解,溶解性,潮解性
déliquescent, e *a*　潮解的,易潮解的,伞状的,歧散的
délislite *f*　柱硫锑铅银矿

délit *m* 裂口,裂缝,节理,劈理,垫层面,(岩层)层平面,层理,层理面,层面,分层,顺层裂隙,顶板,上盘

délitage *m* (岩石)崩解,劈裂,剥理,劈理,分层,剥落片落

délitation *f* 分层,劈理,剥落,片落

délitement *m* 劈理,分层,劈裂,岩块剥落

déliter *v* (岩石)崩解,风化,劈裂,分层,(岩块)剥落

délitescence *f* 风化,粉化

délitescent, e *a* 风化的,粉化的

déliteux *a* 剥落的,劈裂的,崩塌的

délivrance *f* 发给,交付

délivrer *v* 释放,解除,交付

déllaïte *f* 羟硅钙石

dellénite *f* 流纹英安岩

dellénitoïde *m* 似流纹英安岩

delphinite *f* 黄绿帘石

delrioïte *f* 水钒锶钙石

delta *m* (三相电的)△接法,三角洲,三角形物,希腊字母表中第四个字母(Δ,δ)
~ alluvial 冲积三角洲
~ ancien 古三角洲,河口区
~ arqué 弧形三角洲
~ arrondi 圆形三角洲
~ barré 沙坝三角洲,堰塞三角洲
~ bloqué 堵塞三角洲,淤塞三角洲
~ continental 大陆三角洲
~ de baie 海湾三角洲
~ de flot 浪成三角洲
~ de fond de baie 海湾三角洲
~ de jusant 退潮三角洲,落潮三角洲
~ de marée 潮汐三角洲
~ de marée externe 外潮汐三角洲
~ de marée interne 内潮汐三角洲
~ de tempête 风暴(形成的)三角洲
~ digité 鸟足状三角洲,指状三角洲
~ embryonnaire 雏形三角洲
~ en formation 正在形成的三角洲
~ en patte d'oie 鸟足状三角洲,指掌状三角洲
~ en pointe 尖头三角洲
~ en pointe de flèche 尖头三角洲
~ en progression 凸形三角洲,前展三角洲
~ extérieur de jusant 退潮外三角洲
~ fluvial 河口三角洲,河流三角洲
~ fluvioglaciaire 冰水三角洲
~ intérieur de flot 涨潮三角洲
~ intérieur, ~ interne 内三角洲
~ lacustre 湖泊三角洲,湖相三角洲
~ lobé 舌状三角洲,朵状三角洲
~ pro-glaciaires 冰碛外三角洲,冰前三角洲
~ saillant 突出三角洲
~ sous-aquatique 水下三角洲,水下平原
~ sous-marin 海底三角洲,海底平原
~ triangulaire 尖顶三角洲
~ vigoureux 巨厚三角洲(平原)

deltagéosynclinal *m* 三角洲地槽

deltaïque *a* 三角洲的

deltaïte *f* 杂钙银星磷灰石

deltoïde *a* 三角形的

déluge *m* 大洪水,洪荒纪,洪水,泛滥,倾盆大雨
~ de boue 泥流
~ de lave 熔岩流

delvauxène[delvauxite] *f* 胶磷铁矿

démaçonner *v* 拆除砖石圬工,拆除砖砌圬工

démaigrissement *m* 海滩后退,变薄,变细,切削碎片,切削碎块,弄薄,削薄

demain *adv* 明天,今后

demande *f* 申请(书),订购单,需要,需要量,请求,需求,定购,定购,定货
~ d'assurance 要保书,投保书
~ d'indemnité 索赔,要求赔偿
~ de brevet déposée 专利申请
~ de crédit 申请贷款
~ de détaxe 请求减收费用,请求减(免)税
~ de fret 货物查询,运价问询
~ de licence d'exportation 申请出口许可证
~ de licence d'importation 申请进口许可证
~ de mutation 请求调职,请求变更所有权
~ de permis de recherches 普查勘探许可证申请书
~ de pesage 请求过磅
~ de rectification 要求订正
~ de renseignements 打听,问询有关资料
~ de secours 请求援助
~ de transport 运输要求,运输需求,运输需要
~ de voie 发车请求
~ de wagons 请求车辆,申请车辆

~ du matériel   申请机车车辆
~ en dommages-intérêts   要求赔偿损失
~ en eau   需水量
~ en eau d'irrigation   灌溉需水量
~ fraîche   新要车数(即次日需照拨的车数)
~ par écrit   书面申请
~ pour la restitution   请求发还,请求赔偿
~ reconventionnelle   反诉要求
~ totale   总要车数(包括新要车数和前一次欠拨的车数)

demander *v*   请求,要求,问询,查询,需要,想要
demandeur *m*   申请人
démanganisation *f*   除锰(装置)
démantèlement *m*   露头,剥离,露天开采,拆除,机械风化作用
démanteler *v*   剥离,露天开采,拆除
démantoïde *f*   翠榴石(铁钙榴石),乌拉尔祖母绿
démarcatif, ive *a*   分界的,划界的,勘界的,设界标的
démarcation *f*   边界,分界,定界,划界,划分,界限,圈定边界
~ de couche   地层分界线
~ hypothétique de couche   推测地层分界线
démarrage *m*   开车,出发,开工,(汽车、发动机等)发[起、启、开]动,起步
~ à froid   冷起动
~ automatique   自动起动
~ contrôlé   控制起动
~ des travaux   工程开工
~ du chantier   工地开工,工地动工
~ électrique   电起动
~ en asynchrone   异步起动
~ en rampe   在坡道上起动
~ étoile-triangle   星—三角起动
~ immédiat   直接起动
~ par autotransformateur   自耦变压器起动
~ par phase auxiliaire   辅助相起动
~ rhéostatique   变阻器起动
~ sous le froid   在寒冷季节起动
démarrer *v*   启动,开始,起动,发动(机器、汽车等),出发
~ à vide   无载起动
~ la réaction   开始反应,产生反应
démarreur *m*   起动器,起动电动机,起动器,起动电动机,起动装置,加速器
~ à air comprimé   气动起动机
~ à bagues collectrices   滑环式起动器
~ à bouton-poussoir   按钮(式)起动器
~ à impédance   阻抗起动器
~ à inertie   惯性起动器
~ à main   手动起动器,起动手柄
~ à résistance   变阻起动器
~ à solénoïde   螺管线圈起动器
~ automatique   自动起动器,自动触发器
~ avec mise à l'arrêt automatique   自动脱扣起动器
~ centrifuge   离心起动装置
~ d'automobile   汽车起动器
~ électrique   电(动)起动机
~ inverseur   可逆起动器,反向起动器
~ magnétique   磁力起动器
~ magnétique général   综合磁力起动器
~ pneumatique   气动起动机
démasquer *v*   破坏伪装,允许进行信号
démastiquage *m*   去油灰
dématérialisation *f*   湮没现象,消失,非物质化作用,使失去物质的特性
démélange *m*   分隔,分离,分凝,离析
démembrer *v*   分支
démergement *m*   排水,放水,排出
demeurer *v*   延续,延迟,耽搁,仍然是
demi *m*   一半,半个
à ~   一半
demi-période *f*   半周(期)
demi-précontrainte *f*   部分预加应力
demi-sphère *f*   半球球体
demi-tour *m*   半转
demi-absorption *f*   半吸收
demi-accouplement *m*   半截管
~ de frein   制动软管连接器
demi-additionneur *m*   半加器
demi-alternance *f*   交流半周,半波,半周
demi-arbre *m*   半轴
~ articulé   摆动式半轴
demi-axe *m*   半轴
~ oscillant   摆动式半轴
demi-barrière *f*   半栏木(只拦道路右侧的一半)
~ s doubles   双半栏木

~ s simples 单半栏木
demi-brique *f* 不整砖,半砖
demi-cadre *m* 半框架
demi-cercle *m* 半圆,量角器
~ gradué 量角器,分度器
demi-charge *f* 半负载
demi-châssis *m* 半铸型,半型砂箱
demi-circonférence *f* 半圆周
demi-circulaire *a* 半圆的
demi-coke *m* 半焦炭,地温焦炭
demi-collier *m* 半圆卡箍,半夹环
demi-coquille *f* 抓斗,半壳体,半轴瓦背
~ en béton cellulaire 泡沫混凝土半壳体(管道保温用)
demi-coupe *f* 半剖面
~ longitudinale 半纵切面
~ transversale 半横切面
demi-coussinet *m* 半轴瓦
~ inférieur 下半部瓦轴
~ supérieur 上半部瓦轴
demi-cycle *m* 半周期,半圆
demi-diamètre *m* 半径
démidovite 青硅孔雀石
demi-dressant *m* 倾斜,倾斜层
demi-dur *m* 中等硬度(岩石),中硬度岩石
demi-écrou *m* 半螺母,对开螺帽
demi-élévation *f* 半立面(图)
demi-entrelaçage *m* 半帧(隔行扫描中)
demi-espace *m* 半空间
~ élastique et isotrope 弹性各向同性半空间
demi-essieu *m* 半轴
demi-fabriqué *a* 半制成的,半成品的
demi-feuille *f* de trèfle 部分苜蓿叶式(指道路枢纽),不完全的四叶式(指交叉口)
demi-flasque *f* de butée 半块轴承止挡
demi-fluide *a* 半流体的
demi-flysch *m* 半复理石,半复理层
demi-globe *m* 半环形灯,扁圆形灯
demi-graben *m* 半地堑
demi-gras *m* 半沥青煤
demi-heure *f* 半小时
demi-image *f* 图像的半帧场
demi-largeur *f* 半宽,一半宽度
~ de chaussées 路面半宽

~ de plate-forme 路基半宽度
demi-lune *f* 半月形越行线,偏心挡
demi-méandre *m* 半曲流,半蛇曲
demi-métallique *a* 半金属光泽的
demi-moule *m* 半铸形,半型箱,对合模
déminéralisation *f* (水中)去掉矿质,脱矿质,清除矿物质,排出无机盐,软化(水)
demi-onde *f* 半波
demi-période *f* 半周(期),交流半周
~ radioactive 半衰期
demi-perméabilité *f* 半渗透性
demi-plan *m* 半平面
demi-plaque *f* de garde 半轴箱导框
demi-pli *m* 挠曲,单斜褶皱
demi-poutre *f* 半跨梁
demi-produit *m* 半成品,半制品
demi-profondeur *f* 半深成,浅成
demi-recouvrement *m* 半叠
demi-roisse *f* 倾斜约45°的矿层
demi-rond *m* 半圆
~ plat 半圆扁钢
demi-section *f* 半断面
demi-solide *a* 半固体的
demi-sous-sol *m* 半地下室
demi-sphère *f* 半球体
demi-stable *a* 半稳定的
demi-teinte *f* 半音度,浓淡度,半色调,中间色调
~ d'image 图像浓淡点,图像黑白点
demi-ton *m* 半音
demi-trèfle *m* 半苜蓿形立体交叉
demi-variogramme *m* 半变差图,半方差图
~ ponctuel 点半变差图
demi-vitesse *f* 中速,常速
demixage *m* 分层
démixtion *f* 分裂,分离,夹层,分层,反混合
démocratiser *v* 普及,使大众化
démodulateur *m* 检波机,解调器,反调制器,反调幅器,语言编码装置,语言搅乱装置,语言保密装置
démodulation *f* 检波,解调,反调制,反调幅
démoduler *v* 解调,检波,去调幅,反调制
demoiselle *f* 土柱,蘑菇石,残余山,夯实工具,残余岩柱
~ à béton 混凝土夯实器

~ coiffée 残余岩柱
~ de pavage 路面夯实器
~ de paveur 铺路夯实器
démolir *v* 拆毁,割裂,破坏
~ à l'explosif 炸毁
démolissage *m* 拆毁,毁坏
démolisseur *m* 轧碎机,碎石机,破冰机
démolition *f* 破坏,毁坏,磨损
~ d'îlot insalubre 城市重新规划
~ des bâtiments 建筑物拆除,房屋拆毁
~ du béton 混凝土破碎
~ du matériel reformé 拆毁报废的机车车辆
démonstrateur *m* 实物示范者,示范表演者
démonstration *f* 论证,论证方法,证明,示范,表示,表观
~ analytique 解析证明
~ directe 直接证明法
~ indirecte 间接证明法
démontabilité *f* 可拆卸性
démontable *f* 可拆卸砖;*a* 可拆卸的,可更换的,可分开的,插入式的
démontage *m* 拆卸
~ complet 全面解体
~ de gouvernail 卸舵
démonté *a* 拆开的,卸下的
démonter *v* 拆开,拆卸,拆除,卸下
démontrabilité *f* 可拆卸性
démontrer *v* 论证,证明,表明,显示
démoulage *m* 脱模,起模
démouler *v* 脱模,起模
démouleur *m* 脱模,起模,脱模机
démultiplicateur *m* 减速器,分配器,倍减器,定标器,减速齿轮,微调装置,机械游标
démultiplicateur, trice *a* 缩减的,倍减的
démultiplication *f* 倍减,减速,减速比,减速传动装置,减速齿轮
~ de fréquence 分频
démultiplié *a* 减速的
dendriforme *f* 树枝形
dendrite *f* 树枝石,松林石,树枝石
dendritique *a* 枝状的,多枝状的,树枝状的,树枝石的
~ variolitique 树枝状气孔构造的
dendroïde *a* 分枝状的

déneigée *a* 无雪覆盖的,去雪的
déneigement *m* 除雪,铲雪
déneiger *v* 除雪
déneigeuse *f* 除雪机
dénitration *f* 脱硝,脱硝酸盐
dénitrification *f* 去氮,脱氮作用,脱硝,脱硝酸盐
dénivelée *f* 高程差,两点间高程差,高差,水准差
déniveler *v* 使不平,使起伏不平,使高低不平
dénivellation *f* 不平度,高差,水准差,水位变化,错位,下沉,(平面的)起伏,交叉,立体交叉
~ de la taille 高差
~ de route 道路的沉陷,道路的凹凸不平
~ de voie 轨道下沉
~ des appuis 支点沉陷,支座下沉
~ des bords 接缝错位,焊缝错位
~ des lèvres 断层垂直高度
~ du rejet 断层垂直高度
~ piézométrique 压水位差,承压水位差
~ verticale 断层垂直高度
dénivellement *m* 起伏不平,不平坦,不平度,水准差,水平差,水位变化,高差
denningite *f* 碲锌锰石(登宁石)
dénombrable *a* 可数的,可计数的
dénombrement *m* 点数,计数
~ d'impulsions 脉冲计数
dénombrer *v* 列举,计数
dénomination *f* 名称,命名
~ des marchandises 货物品名
dénommer *v* 命名,取名,指名
dénoncer *v* 显示,取消,废止,揭发
dénoter *v* 标明,表明
dénouement *m* 解开,解决,结局
dénouer *v* 解开,解决
dénoyage *m* 疏干,排水
~ de puits de mines 矿井排水
dénoyer *v* 排水,疏干,排干
dense *a* 浓的,稠的,密实的,致密的,厚的(矿床),重的
densification *f* 密实化,压实
~ des matériaux 材料密实度
~ des remblais 填土密实化
densifier *v* 加密,使增加稠密度
densimètre *m* 密度计,液体密度计,液体比重计
densimétrie *f* 比重计分法,比重计分析法,密度

测定
densimétrique *a* 密度测定的
densité *f* 密度, 比重, 稠度, 浓度, 容重, 稠密度, 光密度, 照相密度
~ à l'optimum Proctor 葡氏最佳密度
~ à poids sec 干容重, 干重密度
~ absolue 绝对密度
~ apparente 容重, 视密度, 单位容积重量, 表观密度, 堆集密度
~ apparente du sol 土壤视密度, 单位土壤重量, 土壤视比重
~ atmosphérique 空气密度, 大气密度
~ automobile 车辆密度
~ critique 临界密度
~ critique du sol 土的临界密度
~ cubique 容积密度
~ d'enregistrement 记录密度
~ d'armature 配筋百分率
~ d'arrosage 洒水密度
~ d'énergie 能量密度
~ d'énergie électromagnétique totale 总电池能密度
~ d'enroulement 绕组的紧密度
~ d'information 存储密度, 信息密度
~ d'occupation 单位里程车辆数, 车流密度
~ de charge 单位荷载, 装药密度, 电荷密度
~ de charge permanente 连续荷载的集度
~ de circulation 行车密度, 行车量
~ de compactage 压实密度
~ de compactage effective 有效压实密度
~ de construction 建筑密度
~ de fissuration 裂缝密度
~ de fissures 裂隙密度
~ de foration de trous 钻孔网密度
~ de gradation maximum 最大密度级配
~ de l'acide 酸的比重
~ de l'air 空气密度
~ de l'eau 水的密度
~ de l'épandage 铺撒密度
~ de la circulation 行车密度
~ de la liqueur 液体比重, 液体密度
~ de la matrice 岩石骨架密度, 基体密度
~ de milieu 介质比重, 悬浮液比重(重介质洗选时)
~ de partage 分选比重
~ de particules de sol 土粒密度
~ de peuplement 人口密度
~ de probabilité 概率密度函数, 密度函数
~ de référence (重悬浮液的)初始浓度, 初始密度, 标准容重
~ de remplissage 充填密度
~ de répandage 摊铺密度
~ de réseau 水网密度, 水系结构
~ de réseau fluvial 河网密度
~ de réseau routier 公路网密度
~ de roche 岩石密度
~ de routes 道路密度
~ de tassement 填实密度
~ de terrain 岩石密度, 岩层密度
~ de terre sèche 干土密度
~ de visquance 黏性密度
~ des automobiles 车辆密度
~ des puits 钻孔(网)密度
~ des sondages 钻孔网密度
~ désirée 理想密度, 理想密实度
~ du bitume 沥青稠度
~ du sol 土壤密度
~ du trafic 运输密度, 车辆密度, 交通密度
~ du trafic routier 汽车运行密度, 行车密度
~ effective 有效密度
~ en place 就地量测密度, 就地密度, 现场测量密度
~ en volume 体密度, 体积密度, 容积密度
~ en vrac (散装货物)堆积密度
~ gravimétrique 重力密度, 比重, 体积密度
~ humide 湿密度
~ hydrographique 水网密度, 水网结构
~ initiale 最初密度, 初始密度
~ la plus faible 最小密度
~ linéique de courant 电流的线密度
~ magnétique 磁密度, 磁场密度, 磁场强度
~ maxima 最大密度
~ maxima à saturation complète 最大饱和密度
~ maxima de laboratoire 试验最大密度, 实验室最大密度
~ maxima théorique 最大理论密度
~ maximale d'entreposage 最大堆装密度
~ maximum 最大(实)密度

~ maximum Proctor　葡氏最大密度
~ maximum théorétique　理论最大密度
~ minimale　最小密度
~ moyenne　中密,平均密度
~ moyenne de la circulation　平均行车密度
~ normalisée　标准密度
~ optimale　最佳密度
~ optimale Proctor modifiée　修正葡氏最佳密度
~ optimum　最佳密度
~ optique　光密度
~ Proctor　葡氏密度
~ Proctor modifiée　修正葡氏密度
~ Proctor normale　标准葡氏密度
~ réelle　实际密度
~ relative　相对密度,比重
~ routière　道路密度
~ sèche (D.S.)　干密度,干容重
~ sèche absolue　全干(状态)比重,绝对干比重
~ sèche apparente　表面干密度,干毛体积密度
~ sèche d'un granulat　粒料干容重
~ sèche du Proctor modifiée　修正葡氏干密度
~ sèche en vrac　散装干密度
~ sèche maximum　最大干密度
~ sèche moyenne　平均干密度
~ sèche optimum　最佳干密度
~ spécifique　比密,比重
~ spectrale　频谱密度,谱线密度
~ stable　稳定密度
~ standard　标准密实度
~ superficielle　表面密度
~ sur place　现场密度,就地密度
~ surfacique　表面密度,区域密度
~ très forte　极密实
~ vibrée　振动后的密度
~ volumétrique　体密度,容积密度
~ volumique　体电荷密度,体密度,体积密度,容积密度

densitomètre　*m*　密度计,比重计,浓度计,液体比重计,显像密度计,光密度计
　~ à membrane　薄膜式比重计,薄膜式密度测定仪

densitométrie　*f*　密度测量,(显像)密度测定

dent　*f*　角峰,锥状峰,牙齿,齿轮,轮齿,齿,锯齿,齿状物,缺口,凹口,凸口,凸起,凸轮,销,销钉,槽,沟,(多腔磁控管的)极
~ antérieure　前齿
~ cardinale　主齿
~ conique　锥形齿
~ d'arrêt　锁闭缺口,棘轮齿
~ de creusement　挖斗齿
~ s de fouille du godet　挖土斗的齿
~ de loup　锁块,销钉
~ de pénétration　推土机刀片上的齿
~ de scarificateur　松土机齿
~ de scie　锯齿
~ du godet　铲屑齿,铲斗齿
en ~ de scie　锯齿状的
~ latérale　侧齿
~ marginale　齿状边缘,边缘齿
~ médiane　中心齿
~ pleine　实心齿,实心叶片
~ postérieure　后齿
~ postéro latérale　后侧齿

denté, e　*a*　齿状的,锯齿形的,锯齿状的,有齿的
dentelé, e　*a*　有齿的,锯齿形的
denteler　*v*　使边缘成细齿状,刻凹槽,压刻痕
dentelure　*f*　锯齿状,凹槽,刻痕,压痕
denter　*v*　刻成锯齿状,刻凹槽,压刻痕
denticulation　*f*　齿状突起,锯齿状(结构),小齿状(结构)
denticulé　*a*　齿状构造的,锯齿状的
denticules　*f. pl*　小齿,细齿
dentiforme　*a*　细锯齿状,花边状
denture　*f*　齿,齿圈,齿冠,齿轮,啮轮,啮合,锉纹
~ à cannelures　槽齿啮合
~ à chevrons　人字齿啮合
~ d'induit　电枢齿
~ de crémaillère　齿条啮合
~ droite　直齿啮合,正齿啮合
~ extérieure　外齿
~ gauche　左齿啮合
~ hélicoïdale　螺旋齿
~ oblique　斜齿啮合

dénudation　*f*　裸露,剥蚀,溶蚀,侵蚀,风化,剥露,剥蚀(作用),剥裸(作用)
~ chimique　化学侵蚀
~ tectonique　构造剥蚀

dénudé　*a*　剥光的,裸露的,剥蚀的

dénuder *v* 剥蚀，冲蚀，裸露，露出，剥落

déodatite *f* 蓝方石

dépalettiseur *m* 卸托盘机

dépannage *m* 排除故障，应急修理，拖曳（有故障车辆）

　～ d'urgence en service(engins de traction) 运行中抢修（牵引动车）

　～ point par point 分阶段修理，逐级排除故障，信号式线路故障跟踪

dépanner *v* 抢修，排除故障，应急修理

dépanneur *m* 故障跟踪装置，维修人员，抢修人员

dépanneuse *f* 工程修理车，工程抢修车

dépaquetage *m* 开箱

déparaffinage *m* （石油）脱蜡，去蜡

déparaffiner *v* 脱石蜡

déparasitage *m* 干扰的抑制，反干扰，无线电屏蔽

déparasité *f* 防噪声性，低噪声性，抗噪声性

dépareillé *a* 不成对的，单数的，零散的

déparquement *m* 驶出车岸，驶离停车场

départ *m* 出发，起动，起步，开始，开端，区分，分开，分离，分选，（电话的）总机，接线中心，楼梯起步

　au ～ 起初

　～ de bretelle 匝道出口

　～ par voie humide 湿法分离

　～ par voie sèche 干法分离

département *m* 部，司，州，院，处，省，部门，行政单位

　～ de production 生产部门

　～ des coûts 超支，超额费用

　～ Des Travaux Publics(DTP) （省）公共工程局

départemental, e *a* 省的

départeur *m* 分离机，选矿机，离析器

départir *v* 分开，划分

dépassement *m* 溢出（计数器或寄存器容量），仪表指针偏转过头，越行，过度，超过，越行，越车，超车

　～ s budgétaires 预算超支

　～ s de crédits 透支

　～ des coûts 超支，超额费用

　～ du délai de livraison 超过交付期限，交付期限逾期

　～ en marche 越行

dépasser *v* 追过，超过，超出，越车，超车，越过，超越，高出，突出，过度

　～ le signal 冒进（停车）信号

　～ un délai 逾期

　～ une certaine valeur au-dessous de la pression atmosphérique 低于大气压的一定数值

　～ une certaine valeur au-dessus de la pression atmosphérique 高于大气压的一定数值

dépavage *m* 拆除路面，拆除路面石块

dépaver *v* 拆除路面（石）

dépècement *m* 破碎，压碎，切割

　～ du minerai 矿石（二次）破碎

dépêche *f* 电报

　～ radiotélégraphique 无线电报

　～ télégraphique 电报

dépeindre *v* 描述，描绘

dépendance *f* 关系，依附，从属，依赖，相依，相关（性），关系曲线，关系式；*f. pl* 附属物，附属建筑，附属建筑物

　～ de fréquence 频率关系

　～ s de route 道路附属设备

　～ s électriques 电气配件

　sous la ～ de ... 与……有关

dépendant, e *a* 从属的，附属的，依赖……的，依靠……的

dépendre *v* 取决于，属于，依赖于

　～ de 依靠，附属于，根据……变化，取决于，与……有关

dépense *f* 费用，开支，支出，消费，消耗，消耗量支出，消耗量（液体、气体）

　～ s annuelles 年度支出

　aux ～ de 由……负担费用，靠……养活

　～ s budgétaires 预算支出

　～ s contrôlées 成本加报酬

　～ d'administration 管理费用

　～ s d'eau 水的消耗量

　～ d'énergie 动力费用，能量消耗，能源费用

　～ d'entretien 维修费，保养费，养护费用，维修费用

　～ s d'établissement 开办费，设备投资费

　～ s d'État 国家支出

　～ d'étude 研究费用

　～ d'exécution des travaux 工程施工费用

　～ d'exploitation 营运开支，营运费用

　～ d'exploitation des transports 营运费

~s d'infrastructure　基建费用
~ d'investissement　投资费用
~ de carburant　燃料消耗量
~s de chantier　工地支出
~s de circulation　列车运行费
~ de construction　建筑费用, 工程费
~ de courant　电流消耗
~ de main-d'œuvre　人工费
~s de matériel roulant　机车车辆设备费, 机车车辆费用
~s de matière　材料费
~s de personnel　人员开支
~s de renouvellement　更新费, 翻修费, 改造[建]费
~s de réparation　修理费
~ de salaires　工资费用
~ de surveillance　管理费用
~s directes　直接开支, 直接费用
~s diverses　杂费, 杂项开支
~ effective　实际费用, 有效费用
~ en attente d'imputation　待列支出的费用
~ en wattheures　瓦特小时耗量
~s extraordinaires　临时费用, 特殊开支
~ imprévisible　不可预见费用
~s improductives　非生产性开支
~s indirectes　间接费用, 间接开支
~ initiale　原价, 初期投资, 基本投资, 基本建设
~ marginale　附加费用
~s nationales brutes　国家总支出
~s ordinaires　日常开支, 日常开销
~s productives　生产性开支, 生产支出
~ spécifique　单位消耗量
~ supplémentaire　辅助费用

déperdition　*f*　损失, 减少, 缩减, 减少额, 衰减, 消[损]耗, 衰减[弱], 矿石贫化
　~ calorifique　热损耗[失]
　~ d'air　漏风, 空气损失
　~ de chaleur　热损失, 热耗, 热损耗
　~ de courant　电流损失, 漏电
　~ de pression　压力减少, 压力损失
　~ frigorifique　低温损失
　~ thermique de canalisation　管道（系统）热损耗[失]

déphasage　*m*　相位差, 相位移, 相移, 相位角, 相位失真
　~ angulaire　相角相位, 相角相差, 相移角
　~ capacitif　静电相移
　~ d'un transformateur de tension　电压互感器的相角差
　~ en arrière　相位滞后
　~ en avant　相位超前
　~ en retard　相位滞后
　~ inductif　感应相移
　~ linéique　线路相移
　~ nominal　额定相角误差

déphasé, e　*a*　相位偏移的, 相位差的
　~ en arrière　相位滞后的
　~ en avant　相位超前的

déphaser　*v*　分相, 移相, 相位差

déphaseur　*m*　移相器, 变相器, 相位超前补偿器, 相位调节器

déphosphoration　*f*　脱磷

dépiècement　*m*　破碎, 粉碎, 磨碎

dépiécer　*v*　分割成块, 破碎

dépiéter　*v*　压凹, 打出凹痕

dépilage　*m*　回采, 矿柱回采, 抽提, 提取, 提炼, 选出, 抽提法
　~ chassant　顺走向开采, 前进式开采
　~ de piliers　回采矿柱
　~ des chambres　房柱式开采
　~ en échiquier　残柱式回采
　~ en gradins　台阶式回采, 阶梯式回采
　~ en long　沿走向开采
　~ en retour　后退式开采
　~ en travers　横向推进式开采
　~ par foudroyage　高落法采煤
　~ par recoupes transversales　穿脉开采
　~ par tranche　分层回采
　~ rabattant　后退式开采

dépiler　*v*　回采矿柱, 回采煤柱

dépistage　*m*　发现, 探测, 扫描
　~ des pannes　故障检查
　~ des sources d'eau　勘探水源

dépister　*v*　发现, 探测
　~ des source　勘察水源, 勘测水源

déplaçable　*a*　移动的, 可置换的

déplacement　*m*　移动, 位移, 错动, 断层, 调动, 调职, 旅行, 沉降, 变位, 排液量, 伸长, 延长, 伸长度,

延长度，船舶排水量
- ～ admissible　容许变位置，容许位移值
- ～ angulaire　角位移，角度差
- ～ angulaire du bogie　转向架转向角
- ～ apparent　视位移，视断层位移幅度，视[垂直]断距
- ～ au cisaillement　剪切移动
- ～ axial　轴向位移
- ～ cumulé　累计位移
- ～ cyclique　循环移位
- ～ d'eau　排水量
- ～ d'un agent　职员调职
- ～ d'un lit de rivière　河流改道，河床改道，河床位移，清除河床
- ～ d'une route　道路位移
- ～ de chantier à chantier　工地转移
- ～ de chargement　货车偏转，装车偏移
- ～ de consolidation　固结位移
- ～ de flexion　挠曲位移
- ～ de fréquence　频率漂移
- ～ de l'appui　支承移动
- ～ de l'axe　轴位移，轴向移动
- ～ de la route　道路位移，公路位移
- ～ de masses minérales　矿体位移
- ～ de nœud　节点移动
- ～ de piston　活塞移动
- ～ de terres marécageuses　沼泽地移动
- ～ de trafic　车辆移动
- ～ des dalles　板体移动
- ～ des dislocations　位错偏移
- ～ des géoisothermes　等地温(线)移动
- ～ des grains　颗粒移动，颗粒位移
- ～ des plantations　移植，移种
- ～ des strates　地层滑动，地层位移
- ～ des terres　土方运输
- ～ du centre　中心位移
- ～ du centre de gravité　偏移
- ～ du cisaillage　剪切移动
- ～ du mur de soutènement　挡土墙位移
- ～ du pétrole par l'eau　油水置换，油水交替
- ～ du piston　活塞移动
- ～ du terrain　岩层错动，岩石移动
- ～ du zéro　零误差，零点漂移
- ～ dynamique des poutres　梁的动力位移
- ～ élastique　弹性位移
- ～ en charge　满载排水量
- ～ en courbe　曲线移动
- ～ en direction　沿走向位移
- ～ en masse　物质坡移，块体坡移
- ～ fini　有限位移
- ～ haut-le-pied du personnel　人员便乘
- ～ horizontal　水平位移
- ～ initial　初始位移
- ～ inverse　反向位移
- ～ latéral　侧移，侧向位移，横向位移
- ～ latéral de la voie　线路侧向移动
- ～ latéral des nœuds　节点侧移，接点侧移
- ～ latéral des talus　边坡侧向位移
- ～ linéaire　线位移
- ～ longitudinal　纵向位移
- ～ longitudinal du point d'appui　支承点的纵向移动
- ～ magnétique　磁偏移
- ～ maximum　最大位移
- ～ normal　正断层，正向位移
- ～ oblique　斜位移
- ～ par gravité　重力偏移
- ～ parallèle　平行位移
- ～ parallèle à la stratification　沿层错动，平行层理错动
- ～ plastique　塑性位移
- ～ radial　径向位移
- ～ réel　真位移
- ～ relatif　相对位移，相对移动，相对运动
- ～ s et réceptions　差旅费和招待费
- ～ suivant la direction　沿走向滑移
- ～ suivant le pendage　沿倾向滑移，沿倾向位移
- ～ sur une faille　位移断距
- ～ tangentiel　切向位移，水平位移
- ～ vertical　垂直位移
- ～ virtuel　虚位移
- ～ volumétrique　体积变化

déplacement-navette　往返行车，往返交通
déplacer　*v*　位移，移动，偏移，排出
déplanation　*f*　夷平，夷低
déplanter　*v*　拔，挖
déplétion　*f*　耗尽，消耗，贫乏，枯竭，减少，亏损，开发

dépliant *m* 展开图,文件夹
déploiement *m* 展开,散开,开启,展开图
déplombage *m* 启封
déplomber *v* 启封
déployer *v* 展开,摊开,铺开,显示,表现
dépocentre *m* (最厚)沉积中心
dépolarisant *m* 去极化剂,消偏振镜
dépolarisation *f* 去极化,消偏振,去极化作用
dépolariser *v* 去极化作用,去偏振作用
dépolariseur *m* 去极化剂,去极化器,消偏振镜
dépoli *m* 毛玻璃;*a* 粗糙的,无光的,毛面的
dépolir *v* 使粗糙,制毛面,制成毛面,去光泽
dépolissage *m* 使粗糙,去光泽,制成毛面
dépollution *f* 消除污染,减少污染
dépolymérisation *f* 解聚,解合
déport *m* 偏心率,偏心距
déporté *a* 偏移的,偏心的,迁移的
déporter *v* 偏移,移动,位移
　～à gauche　向左行驶
déposant *m* 存款人,存户
déposé *a* 沉积的,沉淀的,拆除的,放置的,卸去荷载的
dépose *f* 移开,除去,拆卸
　～ de la ligne (téléphonique)　拆除电话线
　～ de la ligne aérienne　拆卸架空导线
　～ de voie　拆轨,移轨,起轨
déposer *v* 放置,拆除,除去负荷,沉淀,沉积,沉陷,堆积,淤积,阳极化,阳极处理
déposition *f* 沉积,沉淀,放置
dépôt *m* 仓库,车库,段(机车、车辆),存款,沉淀,沉积,残渣,包层,镀层,敷层,焊道,焊缝,堆积,矿床,矿体,堆积物,沉积层,寄存处,存放物品,重复使用的堆积材料
　～ à charbon　煤场,煤台
　～ à court terme　短期存款
　～ à long terme　长期存款
　～ à terme fixe　定期存款
　～ à vue　活期存款
　～ abyssal　深海沉积
　～ accumulatif　堆积沉积
　～ actif　活性沉积,放射性沉淀
　～ actuel　现代沉积
　～ aérogène　风成沉积,风力沉积
　～ allochtone　异地沉积,移积
　～ alluvial　冲积层,冲积沉积,冲击沉淀,表土层,冲积矿床,砂矿床
　～ alluvien　冲积层,表土层,冲积矿床,砂矿床
　～ alluvionnaire　冲积沉淀物
　～ annexe　附属车库,附属仓库
　～ aqueux　水成沉积
　～ au tonneau　筒镀,滚镀
　～ automatique　自动电镀,自动喷镀,自动涂镀
　～ bathyal　半深海沉积
　～ biochimique　生物化学沉积
　～ biogénétique　生物沉积
　～ bourbeux　泥炭沼泽,泥炭沼
　～ brûlé　过烧沉积物,烧制沉积物
　～ calcaire　水垢,水碱,钙质沉淀,石灰沉积,石灰淀积
　～ calcaire de haut fond　浅水灰岩沉积
　～ chimique　化学沉积,化学沉淀
　～ colluvial　塌积岩,崩积物
　～ continental　陆相沉积,大陆沉积
　～ coralligène　珊瑚灰岩
　～ côtier　滨岸沉积物,滨海沉积物
　～ cuprifère　含铜沉积层
　～ cupro-nickélifère　含铜镍沉积层
　～ d'alluvion　冲积层,冲积物,砂矿床
　～ d'attache　机务本段,配属段
　～ d'atterrissements　冲积层,覆盖层,表土层
　～ d'eau de fonte　冰水沉积
　～ d'eau douce　淡水沉积
　～ d'essence　汽油库,加油站
　～ d'évaporation　蒸发岩类,蒸发盐类
　～ d'explosifs　炸药库
　～ d'incrustation　水垢,水锈
　～ d'inondation　涝原沉积,漫滩堆积
　～ d'objet　存物处
　～ d'une garantie pour les frais　费用保证金
　～ de boue　淤泥沉积,煤泥沉积,煤泥,井壁泥壳
　～ de calamine　炭质堆积物
　～ de colis　市内营业所(办理零担货物)
　～ de couverture　沉积盖层
　～ de crasse　污[积]垢层
　～ de cuivre disséminé　浸染铜矿
　～ de cuivre porphyrique　斑岩铜矿
　～ de déblai　碎石堆,废石场,弃土场,弃土堆,废土堆

dépôt

- ~ de douane　海关仓库，关栈，海关寄存，海关寄放
- ~ de filtration　过滤沉积余物
- ~ de fosses orogéniques　复理石，复理层
- ~ dé fragmentation　崩积沉积，崩积物
- ~ de garantie　保证金
- ~ de grottes　洞穴沉积（物）
- ~ de limon　淤积，淤泥沉积，黏泥
- ~ de machines　机车库
- ~ de marécages　沼泽沉积
- ~ de matériaux　材料仓库
- ~ de matériel　工具[器材]库
- ~ de matériel et machines　机械设备库
- ~ de minerai en sable　冲积矿床，砂矿床
- ~ de pente　坡积物，边坡堆积物
- ~ de piedmont　山麓堆积，山麓沉积
- ~ de plage　海滩沉积，岸滩沉积
- ~ de plaine de d'inondation　洪（泛区沉）积土
- ~ de rivages　河岸沉积
- ~ de rivière　河流沉积
- ~ de ruissellement　洪积物，洪积层
- ~ de sel　盐堆积物
- ~ de silt　淤积
- ~ de stockage　仓库，备件库
- ~ de tartre　水垢，水锈，沉垢，沉渣
- ~ de terrasse　阶地沉积
- ~ de terre　土堆
- ~ de tourbe　泥炭田，泥炭沼
- ~ de transit　中转货物仓库
- ~ de transport　搬运冲积，浮土，表土
- ~ de vase　淤泥沉淀
- ~ de vieux matériel　废旧器材库
- ~ deltaïque　三角洲沉积
- ~ des agrès　器材库
- ~ des autobus　公共汽车库
- ~ des bagages　行李房，小件行李寄存处
- ~ des pièces de rechanges　备件[零件]库
- ~ des pompes à incendie　消防站，消防点
- ~ des rivières glaciaires　冰水沉积，冰川沉积
- ~ désertique　荒漠沉积
- ~ détritique　碎屑沉积
- ~ diluvial　洪积物，洪积层，洪积沉积
- ~ disséminé　浸染矿床，浸染矿石
- ~ électrolytique　电解沉淀，电镀
- ~ éluvial　残积层，残积物
- ~ en banque　银行存放
- ~ éolien　风成沉积，风力沉积
- ~ éolien en monticule　风积小丘
- ~ épitaxial　外延沉淀物
- ~ épithermal　低温热液矿床
- ~ erratique　冰砾泥，冰碛泥
- ~ exploitable　工业矿床，可采矿体
- ~ extraglaciaire　冰川外沉积，外冰川沉积，远冰川沉积
- ~ filonien　矿脉，脉状矿体
- ~ fluvial　河流沉积
- ~ fluviatile　河流沉积
- ~ fluvio-glaciaire　冰水沉积，漂碛层，成层漂碛
- ~ froid　低温沉积
- ~ glaciaire　冰川沉积
- ~ granulaire　粒状沉积
- ~ halogène　海盐沉积，海盐矿床
- ~ hémipélagique　半远洋沉积，半深海沉积，近海沉积
- ~ hétéropique　异相沉积
- ~ hétérotaxique　异列沉积
- ~ hétérotopique　异区沉积，异境沉积
- ~ homotaxique　等列沉积，同动物群沉积
- ~ houiller　煤田，煤藏
- ~ hydrothermal　热液矿床，热液产物
- ~ hypotaxique　地面矿床
- ~ in situ　原地沉积
- ~ infitrationnel　渗滤矿床
- ~ isomésique　同环境沉积
- ~ isopique　同类沉积，同相沉积
- ~ isotopique　同区沉积，同环境沉积
- ~ lacustre　湖泊沉积
- ~ lagunaire　潟湖沉积
- ~ latéral　路侧弃土
- ~ littoral　滨海沉积，海岸沉积
- ~ longitudinal　纵向焊道，焊道，焊缝，叠珠焊缝
- ~ magmatique tardif　岩浆期后产物，岩浆期后矿床
- ~ marécageux　沼泽沉积
- ~ marin　海相沉积
- ~ mésothermal　中温热液矿床
- ~ métallifère　金属矿床，含金属沉积物
- ~ meuble　疏松沉积

~ mixte 合成镀
~ mobile 松散沉积,松散岩层
~ molassique 磨拉石,磨砾层
~ morainique 冰碛沉积
~ néritique 浅海沉积
~ nivéo-éolien 风雪沉积
~ organique 生物沉积
~ organogène 生物沉积
~ par contact 接触沉积,接触镀敷
~ par immersion 浸镀
~ paralique 近海沉积,滨海沉积
~ partiel 部分镀
~ pélagique 深海沉积,远海沉积
~ pétrolier 油库
~ postmagmatique 岩浆期后矿床
~ potamogène 河流沉积
~ primaire 原生沉积,原生矿床
~ produit d'altération sur place 残积层
~ pyroclastique 火成碎屑物,火成碎屑沉积
~ pyrométasomatique 高温(热液)交代矿床
~ quaternaire 第四纪堆积物
~ radioactif 放射性沉淀
~ rocheux 岩堆,岩石堆积物
~ salin 盐类沉积
~ secondaire 次生沉积
~ sédimentaire 沉积层,成层沉积
~ siliceux 硅质沉积物
~ sous-aquatique 水下沉积
~ souterrain 地下仓库,地下储藏室
~ spongieux 海绵状沉积物
~ stratifié 成层沉积,层状沉积,成层堆积物
~ subvolcanique 次火山岩矿床,次火山(沉积)岩相
~ successif 连续沉积
~ superficiel 地表沉积,表土,表层堆积物
~ sur place 残积层
~ synchrone 同时沉积
~ syngénétique 同生沉积,同生矿床
~ tardi-magmatique 岩浆期后矿床,后成岩浆矿床
~ téléthermal 远成热液矿床
~ temporaire 临时性材料储藏库
~ terrestre 地表沉积堆积
~ terrigène 陆源沉积,陆源物

~ torrentiel 洪积物,泥石流堆积
~ transgressif 海侵沉积物
~ volcanique 火山堆积物
dépouille *f* 膜,皮,壳体,皮壳,外套,斜度
dépouillement *m* 处理(资料、数据),判读,解释,换算,核算,估计,审检,剥裂,估计,评定,鉴定,评价,计算数值
~ automatique 自动处理
~ d'essai 试验数据处理,试验分析
~ d'un diagramme 曲线图[表]解译
~ des carnets d'observation des polygonales 观测资料整理
~ des documents 资料处理
~ des données 数据处理,数据分析
~ des mesures 测试结果处理,测试资料处理
~ des séismogrammes 地震记录的解译
~ du sondage 钻探资料处理,探测资料分析,探测资料处理
~ simultané 同步数据换算
~ statistique 根据统计资料估算,统计资料处理
dépouiller *v* 开发,揭开,剥,处理(数据),鉴定,分析
dépourvu *a* 没有……的,缺乏……的
~ de cohésion 无黏结性的
dépoussiérage *m* 除尘,吸尘
~ électrostatique 静电除尘,静电吸尘
~ industriel 工业除尘
~ par ultrasons 超声波除尘
~ par voie humide 湿式除尘
~ par voie sèche 干式除尘
~ pneumatique 压气除尘
~ ventilateur 通风除尘
dépoussiéré *a* 除尘的,吸尘的
dépoussiérer *v* 除尘,捕尘,吸尘
dépoussiéreur *m* 除尘器,吸尘器,捕尘器
~ à cyclone 气旋吸尘器
~ à film d'eau 水幕除尘器
~ à manche 管道式吸尘器,袋式吸尘器
~ à membranes 薄膜式吸尘器
~ électrique 电力吸尘器,电驱动除尘装置
~ électrostatique 静电吸尘器,静电捕尘器,静电除尘器
~ humide 湿式除尘器
dépréciation *f* 贬值,减价,折旧,效率降低,变旧

déprécier *v* 减价,贬值
dépressif, ive *v* 使下陷的,使凹陷的
dépressiomètre *m* 真空计
dépression *f* 洼地,凹地,凹陷,盆地,下沉,沉降,降低,减少,减压,真空,沉陷,衰退,不景气,低压,低压区
　～ allongée　长条形凹陷,裂谷
　～ aréique　无河盆地
　～ barométrique　气压下降
　～ bordière　边缘洼陷,边缘凹陷
　～ capillaire　毛细下降
　～ centrale　中央裂谷,中央沉陷
　～ conique　锥状凹陷
　～ continentale　大陆盆地,陆地盆地
　～ de chaussée　路面沉陷
　～ de l'appui　支座沉陷
　～ de l'horizon　地平倾角
　～ de la nappe souterraine　潜水位下降
　～ de niveau d'eau　水位下降
　～ de potentiel　电位降
　～ de régime d'un frein continu à vide　直通真空制动机的工作负压,真空直通制动机的标准真空度
　～ du sol　地表下沉,土壤沉陷
　～ du terrain　地面沉降,地面沉陷,地体沉降
　～ endoréique　内流盆地
　～ éolienne　风成盆地
　～ exoréique　外流盆地
　～ faillée　断层盆地,断层洼地
　～ fermée　封闭洼地,封闭盆地
　～ intercontinentale　陆间凹陷,陆间盆地
　～ intermontagneuse　山间坳陷
　～ karstique　岩溶洼地,喀斯特洼地,落水洞
　～ latérale humide　漫滩沼泽
　～ marginale　边缘凹陷
　～ océanique　海槽,大洋盆地,洋盆
　～ périphérique　边缘洼地,边缘坳陷
　～ première automatique　初自动减压
　～ structurale　构造洼地,构造坳陷
　～ superficielle　表面沉陷
　～ tectonique　地堑,构造凹陷,构造洼地
　～ thermokarstique　热喀斯特洼地,冰融洼地
　～ volcan tectonique　火山构造洼地
dépressurisation *f* 解除密封,漏气

déprimé *a* 低洼的,凹陷的,陷落的,沉降的,压平的,被压下的,平坦状的
déprimer *v* 使下陷,使凹陷
déprimomètre *m* 真空计
depuis *prép* 自……以后,从……以后,从
　～ jusqu'à　自从……一直到
　～ longtemps　已有很久,很久以来
　～ lors　从此,此后
　～ peu　最近,近来
　～ quand　从何时
　～ que　自从……时候起,自从……以后
　～ toujours　从来,历来
dépuration *f* 净化
déracinage *m* 除根
déracineur *m* 除根机
déraisonnable *a* 不合理的
dérangé *a* (岩石)破坏的,位移的,错动的
dérangement *f* 失调,失效,失灵,干扰,事故,故障,破坏,损坏,错位,混乱,紊乱,错误动作
　～ aux freins du matériel roulant　机车车辆制动机故障
　～ de couches　岩层产状错乱
　～ de gîte　矿层破坏
　～ de transmission　传输故障,传动故障
　en ～　失效的,失灵的,无次序的,混乱的,有毛病的
　～ géologique　地质变动,产状错乱
　～ par mélange de conversations　串话干扰,电话串话,漏话
　～ par mise à la terre　接地故障
dérapage *m* (汽车)滑溜,滑行
　～ de chaussée　路面滑溜
　～ des véhicules　车辆打滑,车辆滑行,汽车侧滑
　～ en freinage　制动时侧滑
déraper *v* 滑动,向旁滑移
dérasement *m* 降低路面凸起处使与路面平行,刨平,整平,弄平
　～ des accotements　减低路肩高度
déraser *v* 降低水平
　～ en direction　取向错误
derbylite *f* 锑铁钛矿
déréglage *m* 失调,失常
déréglé *a* 失调的,不规则的
dérèglement *m* 失调,不规则,失常

déréglementation *f* 不规则,无规则
dériberite *f* 累托石(钠板石)
dérivable *a* 可导出的,可引出的
dérivage *m* 位移,移动,滑移,滑动,漂移,漂流,偏斜,偏差,侧滑
dérivate *f* 转生岩,导生岩,衍生物
dérivation *f* 支管,弯头,分支,分流,引出,导出,分接,偏差,偏移,推导,推论,衍生,派生,支线,支脉,分接头,迂回线
　～ à air libre　露天引水
　～ audiofréquence　音频分流,声频分流
　de ～　偏差的,偏离的,分流的,推导的
　～ du tube　支管
　en ～　并列,并排,相并,并联,分流
　～ en charge　压力引水道,压力引水
　～ latérale　辅助管道,支流,分支
　～ mise à la terre　接地
　～ souterraine　地下水袭夺作用
dérivé *a* 派生的,衍生的,分叉的,分支的
dérive *f* 漂移,漂流,偏差(角),偏流(角),漂移角,溜逸,测角仪,量角器,偏向,偏离
　～ à partir du pôle　(大陆)高开极地漂移
　～ de wagons　车辆溜逸
　～ des continents　大陆漂移
　～ du zéro　零位移,零漂移
　～ instrumentale　零点漂移
　～ littorale　沿海漂移,沿岸漂砂
　～ moyenne de la sortie　输出平均漂移
　～ océanique　海洋漂移,洋流
　～ zéro　零漂移,零位移,零移位
dérivé *m* 变型,改型,分路,衍生物,派生物
dérive-chaîne *f* 退铆钉器
dériver *v* 使偏差,使倾斜,偏流,引出,导出,排出,移开,漂移,漂流
　～ de　来自,由……得出,由……产生
dérivetage *m* 铲铆钉,拆除铆钉
dériveter *v* 拆除铆钉,铲除铆钉
dérivomètre *m* 航向偏差指示器,偏航指示器,偏差计
dermatine *f* 皮壳石
dermolithe *f* 肤状熔岩,皱皮熔岩
dernier, ère *a* 最后的,最末的,最近一个的,上一个的,最差的,极端的
dernièrement *adv* 最近,近来

dérochage *m* 擦净,洗净,清洗,酸洗,清理金属表面,开凿岩石
dérochant *m* 酸洗剂,酸洗液,除垢剂
dérochement *m* 挖石工程,石方工程
dérocher *v* 洗选,洗矿,选矿,酸洗,拣矸石,清除石砾,清除夹石
dérocheuse *f* 切石机
déroctage *m* 挖石(工程),石方工程,出渣(打隧道时),基岩崩落
dérocteuse *f* 切石机,碎石机
dérogation *f* 违反规定,违反规章
　～ aux dispositions　违反规定,违章
dérouillage *m* 清除锈蚀,除锈
dérouillant *m* 除锈剂
dérouiller *v* 除锈,去锈
déroulage *m* 放线,解开,展开,摊开,打开,放开
déroulement *m* 解开,展开,放线,转移,陷阱,改变航线
　～ d'exécution　施工流程
　～ de la circulation　交通流量,货流
　～ de simulation　模拟过程
　～ des travaux　工程放线
　～ par canal　通道陷阱,通道自阱
dérouler *v* 展开,展示,展现,发生,解开,放线,退绕,拆卷,退卷(指缠绕的钢丝等),倒开
dérouleur *m* 放电缆车,放线车
dérouleuse *f* 卷轴,绕线车,电缆车,放线车
derrick *m* 钻塔,钻架,井架,钻塔架,人字起重机,(吊杆式)起重机,转臂起重机
　～ à trépied　三脚起重机
　～ à trois pieds　三角井架
　～ câblé　牵索超重机
　～ de forage　钻塔架
　～ de puits à pétrole　石油钻塔
　～ de sondage　钻塔,钻探井架
　～ en A　A型转臂起重机
　～ haubané　牵索起重机
　～ terrestre　陆地用起重机
　～ triangulaire　三角井架
derrière *prép* 在……的后面
Dertonien *m* 代尔顿阶(中新统中部)
dervillite *f* 斜锑铅矿
dés-　(前缀)除去,消除
dès *prép* 从……时候起

~ lors 从那时起，因此

~ lors que 一……就……，既然

~ que 一……就……，刚……就……，当……即

désaccentuation *f* 加量频率的衰减，逆校正，去加重，减加重（调频机）

désaccord *m* 失谐，失调，失配，差异，分歧，未对准

~ maximum 最大频率偏移（调频时）

désaccordage *m* 失谐，解谐，失调

désaccordé *a* 失调的，不一致的，解谐的

désaccorder *v* 失调，解谐，产生矛盾

désaccouplement *m* 关断，切断，断开，脱开，摘钩，打开

désaccoupler *v* 分开，拆开

désactivation *f* 消除放射性（污染），减活化，钝化，钝化作用，减活化作用

désadaptation *f* 失配，失调，不匹配，不再适应

désadapter *v* 使不再适应

désaération *f* 脱气，去气

désaffleurement *m* aux joints 接头高低不平

désagrégateur *m* 分解器，离解器，松土器，切削器，黏土切割器

désagrégation *f* 分解，分裂，分散，散逸，解体，破碎，粉碎，压碎，磨碎，崩裂，崩解，瓦解，风化，翻松，弄松，使松

~ aride 干旱崩解

~ chimique 化学风化

~ de la glace par explosifs 炸破冰层

~ des roches 岩崩，岩石破碎，岩石风化

~ du ballast 破碎道砟，扒松道床

~ en bâtonnets 柱状风化

~ en blocs 块状风化

~ en boules 球状风化

~ en dalles 板状风化

~ en masses 块状风化

~ en plaques 板状风化

~ et chargement du sol 松土和装土

~ météorique 大气风化

~ physico-chimique 物理化学风化

~ physique 机械风化

~ sphéroïdale 球状风化

~ superficielle 地表风化

~ thermique 热崩解

~ de la glace par explosifs 炸破冰层

~ des roches 岩崩

~ et chargement du sol 松土和装土

désagrégé *a* 崩解的，风化的，破碎的

désagrégeable *a* 可风化的，可崩解的

désagrégement *m* 分解，剥蚀，崩解，风化

désagréger *v* 使松，弄松，翻松（土），解体，分解，离剥解，解，破碎，崩裂，使崩解，使风化

désaimantation *f* 去磁，退磁

~ thermique 加热退磁

désaimanter *v* 去磁，退磁

désaisonnalisation *f* 季节性疏运工作

désaligne *a* 不对准（直线）的

désalignement *m* 不重合，不同轴性，未对准，不平整度，粗糙度，不平坦

désamarrage *m* 解缆绳

désamorçage *m* 熄弧，消除激励，停车（电动机），起动系统失灵，不触发，停止虹吸（作用）

~ d'oscillations 停振，停止振荡

désamorcer *v* 熄弧，去激励，断电，卸下导火线

désargentation *f* 去银，脱银

désargenté *a* 去银的，脱银的

désarmement *m* 拆卸

désarrimage *m* 未按规定堆码货物

désassemblage *m* 拆散，拆开，拆卸

désaturation *f* 失饱和，减饱和，冲淡，稀释

désaulésite *f* 脂镍蛇纹石，铁镍皂石（硅锌镍矿）

désautelsite *f* 羟碳锰镁石

désaxage *m* 偏心

désaxé *a* 偏心的，不同轴的

désaxement *m* 偏心，偏心率，不同轴，（接触网）往两侧移动，轴的错位，中心线位移

~ des attelages 车钩中心线偏移

~ latéral (fil de contact) （接触网）"之"字形敷线

désaxer *v* 偏心，脱离轴线

descellement *m* 拔出，拆除

desceller *v* 拔出，拆除

descendant *m* 衰变产物，溜道，溜井，溜煤坡，退潮，后代；*a* 下降的，放下的，降低的，向下的

descenderie *f* 斜井，斜巷，溜井，小暗井，溜煤坡，下山坑道

~ au rocher 挖掘石井

~ cadrée 有支架支护的溜井

descendeur *m* 斜槽，滑槽

~ hélicoïdal par gravité 螺旋(式)斜槽，螺旋溜槽

descendre v 下降，降低，下来，减少，下放，下沉，降落，放下，放倒

　　~ une ligne d'aplomb 用铅锤测量，以铅锤测垂直

descension f 下降，降低，放下

descente f 下降，降低，放下，下坡，水落，下坡度，落差，斜巷，斜坡，倾没，溜煤坡，天线引下线

　　~ apparente 明管
　　~ blindée 天线的屏蔽引下线
　　~ d'eau en escalier 阶梯式急流槽
　　~ d'antenne 天线引下线，天线馈线
　　~ d'eau 急流槽，水位落差，水位下降，(边坡上的)水沟
　　~ d'eau dans le sol 水渗透，水下渗
　　~ d'eau préfabriquée 小型预制集流槽
　　~ d'ordure 垃圾管道
　　~ de base 降低基线
　　~ de mine 斜井，斜巷，斜坡道
　　~ de niveau 水位下降
　　~ de paratonnerre 避雷针下导线
　　~ des eaux pluviales 雨水立管，落水管
　　~ des eaux pluviales en fonte 铸铁雨水管
　　~ des eaux usées 污水立管
　　~ du tubage 下套管
　　~ encastrée 暗管，暗装下水管
　　~ intérieure 内落水(管)
　　~ pluviale 泄水管，落水管，跌水

déschlammage m 清渣，脱渣，脱泥，清除软泥，清除海泥

descloïzite f 羟钒锌铅石

descriptif m d'organigramme 流程图说明书，程序方框图说明书，工艺流程说明书

description f 描绘，描述，记载，记述，清单，叙述，规范，规格，证明书，说明书

　　~ de fonctionnement 工作原理的叙述
　　~ des bagages 行李清单
　　~ des carottes 岩芯描述，岩芯记录
　　~ des eaux pluviales en fonte 铸铁雨水管
　　~ des fichiers 文件说明
　　~ des terrains 地层描述
　　~ des travaux 工程说明书
　　~ détaillée 详细说明

　　~ du projet 设计说明
　　~ générale 概述
　　~ générale de construction 施工说明书
　　~ géologique 地质描述
　　~ lithologique 岩性描述
　　~ technique 技术说明书

déséclisser v les rails 拆卸鱼尾板

déséconomie f 不经济

désembarquement m 卸货，卸载

désembarquer m 卸货，卸载

désembourbage m 从泥中拖出

désembouteiller v 消除……的交通阻塞

désembrayage m 拆开，离开，脱扣

désembrayer v 拆开，脱开，解开，摘钩，切断

désémulsifiant m 乳液分裂剂

désémulsification f 反乳化(作用)，乳浊澄清

désémulsionneur m 反乳化剂

désencombrement m 消除障碍，排除阻塞

désenfumage m 消烟

　　~ en cas d'incendie 火灾排烟

désenfumer v 消烟

désengageur m 释放器，解锁器，信号选别器，离合杆，解钩杆

désengrener v 使齿轮脱离啮合

désenneiger v 扫除积雪

désenrayer v 排除障碍，恢复运转，摘开，脱扣

désenrayeur m 防空转装置，防滑装置

désenrobage m (路面)剥落，剥离，剥开(指沥青混凝土层)，位移，拆模

désensibilisation f 灵敏度降低，脱敏作用，减感作用，钝化

désenvaser v 清除污泥

déséquilibrage m 不平衡性，失去平衡，失调

déséquilibré a 不平衡的，不对称的

déséquilibre m 破坏平衡状态，非对称性，不对称性，不平衡，不平衡度

　　~ dans le réseau de distribution 配电网的不平衡
　　~ de capacité 电容不平衡，电容性失调
　　~ de charge 不平衡负载
　　~ de la balance des paiements 收支差额不平衡
　　~ dynamique 动(力)不平衡
　　~ maximum 最大不平衡
　　~ statique 静(力)不平衡

déséquilibrer *v* 破坏平衡,失去平衡
déséquipement *m* 拆开、解开
désert *m* 沙漠,荒漠,荒地
~ caillouteux 石漠
~ côtier 海岸沙漠
~ de lave 熔岩高原
~ de pierres 碎石荒漠
~ de sable 沙丘荒漠,沙漠
~ littoral 海岸荒漠
~ méditerranéen 地中海(岸边)沙漠
~ montagneux 山岳荒漠
~ rocheux 石质荒漠,岩石荒漠,石漠
~ salé, ~ de sel 盐漠
~ tempéré 温带气候沙漠带
~ tropical 热带沙漠
désertification *f* 沙漠化,荒漠化
désertique *a* 沙漠的,荒凉的
désexcitation *f* 失磁,衔铁落下,消除激励
désexciter *v* 去能,去能源,解除激励,去激励,切断电路
déshabillage *m* 分解,拆卸,除去覆盖物
déshabiller *v* 解体,分解,拆卸,除去覆盖物
désherbeuse *f* 除草机
déshuilage *m* 去油,脱脂
déshuiler *v* 脱脂,除油
déshuileur *m* 分油器,除油器
~ centrifuge 离心油水分离器
~ excentrifuge 偏心油水分离器,离心除油器
déshumidificateur *m* 减湿器,去湿器,空气[气体]干燥器,空气干燥剂
déshumidification *f* 干燥,脱水,去除湿气
déshydratant *m* 脱水剂,干燥剂
~ efficace 活性干燥剂
déshydratation *f* 脱水,去水,去湿,脱水作用,去水作用
déshydraté *a* 脱水的
déshydrater *v* 去水,脱水,失水,去湿
déshydrateur *m* 吸湿器,吸湿剂,干燥器,脱水器,脱水剂
déshydrogénation *f* 脱氢
désidératum *m* 尚待解决的问题,尚未解决的问题
design *m* 设计,计划
désignation *f* 标记,名称,符号,指示,标明,指定,任命,挑选

~ commerciale 商标
~ d'usage internationale 国际上惯用的名称
~ de la lettre de voiture 货物运单记载事项
~ de la spécialité 专业[工种]名称
~ des éléments de construction 建筑构件名称
~ des marchandises 货物名称,货名
~ des points sur le terrain (地面)测量标志
~ destinataire 收货人名称
~ du corps de métier 工种名称
~ du type 型号
~ expéditeur 发货人名称
~ générique (tarifs) 货物分类运价表
~ incomplète 填注不全,记载不实
~ inexacte 填注不正确,记载不实
designer *m* 设计师
désigner *v* 指示,指出,选定,指定
désilication *f* 脱硅,除硅
désilicification *f* 脱硅,除硅(作用)
désincorporation *f* 脱离,分出
désincrustant *m* 除垢剂,软水剂
désincrusteur *m* 除垢器
~ pour chaudière 锅炉除垢器
désinfectant *m* 消毒药,杀菌剂,消毒剂
désinfection *f* 消毒(作用),杀菌
~ du matériel 机车车辆消毒
désintégrateur *m* 分裂物,破碎机,碾碎机
désintégration *f* 分裂,分解,离解,破碎,衰变,蜕变,崩解,残变,裂变,风化,腐朽,机械破坏,机械分解
~ chimique des roches 岩石化学风化
~ du béton 混凝土崩裂
~ du sable 松砂
~ en bloc 岩块崩解
~ granulaire (岩石)颗粒崩解
~ mécanique des roches 岩石机械破裂,岩石机械风化
désintégré *a* 分裂的,崩解的,裂变的,风化的
désintégrer *v* 分裂,分解,破碎,衰变
désinvestissement *m* 减少投资,取消投资
désirable *a* 所希望的,合乎愿望的,理想的
désiré *a* 所希望的,所要求的
désirer *v* 希望,想望,愿望
désireux, euse *a* 希望的,想望的,要求的
désistement *m* de l'ayant droit 放弃权利

desmine *f* 辉沸石
desmodromique *a* 机械控制的,机械操纵的
desmosite *f* 条带绿板岩
désobstruction *f* 排除障碍,疏通
désobstruer *v* 排除障碍,疏通
désodorisation *f* 除味,除臭,脱臭
désolé *a* 荒芜的,荒凉的
désolidariser *v* 离开,解锁,分离
désordonné *a* 不规则的,无序的,紊乱的
désordre *m* 不规则,紊乱,无次序,失调,失常
désorganisation *f* 离解,解体
 ~ d'une chaussée au dégel 解冻路面的崩解
 ~ du béton 混凝土离解,混凝土的崩解
désormais *adv* 今后,往后,从今以后,从此以后
désorption *f* 解吸附,解吸收,解吸,退吸,析出,消除,吸附气体
désoufrage *m* 脱硫,除硫,脱二氧化硫
désoufrer *v* 脱硫
désoxydant *f* 脱氧剂; *a* 脱氧的,还原性的
désoxydation *f* 脱氧,还原,脱氧(作用)
désoxydeur *m* 除氧器
despujolsite *f* 钙锰矾
desquamation *f* 剥离,分层剥落,分离剥落,剥落,去壳,脱皮,层状剥离,鳞剥作用
 ~ en écailles 剥离,页状剥落
dessablage *m* 除砂,清砂
dessabler *v* 除砂,去砂
dessableur *m* 砂槽,砂井,沉砂池,截砂池
 ~ petit 沉砂池(污水处理)
dessableuse *f* 清砂机
dessalage *m* 除盐,脱盐,去掉盐分
dessalement *m* 脱盐,淡化
dessalinisation *f* 脱盐,淡化
dessalure *f* 降低含盐量,减少盐分,淡化,脱盐
desséché *a* 烘干的,干燥的
dessèchement *m* 干枯,干涸,排水,干旱,干燥,疏干,排出
 ~ de la voie 线路排水
dessécher *v* 使干涸
dessécheuse *f* 干燥器
dessein *m* 计划,企图
 à ~ de 为了……,目的在于
 à ~ que 为了,目的在于
desserrage *m* 制动缓解,松闸,松开,拧松,减压,拧开,缓解
 ~ de la borne 松开接线柱,松开端子
 ~ des attelages 摘钩,松钩
 ~ graduable 阶段缓解
 ~ indépendant 单独缓解
 ~ modérable 阶段缓解
 ~ progressif 逐渐缓解
desserrement *m* 松开,放松
desserrer *v* 松开,解开,放松,缓解,拧松
 ~ l'attelage 摘钩,松钩
 ~ le frein 制动机缓解
 ~ les écrous 松开螺母
 ~ progressivement les freins 制动机阶段缓解
desserte *f* 运输,送出,沟通,联络,服务,出矿,运出(矿石等),联络巷道,联络小道
 ~ d'embranchement 专用线取送车作业
 ~ en surface 用汽车办理接取送达业务
 ~ étoffée 配备齐全的线路
 ~ interrégionale 跨区线路
 ~ linéaire 全程接取送达业务
 ~ régionale 地区运输
 ~ terminale routière 用汽车上门接取送达货物
dessertir *v* 展平,矫平
desservir *v* 操作,按压,服务,联络,通往,把……送到,运输
dessiccateur *m* 干燥器,烘箱,烘干炉,脱水器
 ~ à vide 真空干燥器
 ~ d'air 空气干燥器,空气干燥剂
dessiccatif *m* 干燥剂
dessiccation *f* 干燥,脱水,变旱,干涸,干缩
 ~ de bois 木材干燥
 ~ et humidification alternées 干湿交替
dessin *m* 图,插图,图纸,设计图,图解,花样,平面图,设计图
 ~ à main levée 草图
 ~ automatique 自动成图
 ~ d'architecture 建筑图
 ~ d'arpentage 实测图
 ~ d'atelier 工厂图纸,车间建造图,施工图
 ~ d'ensemble 装配图,总装图,总体图,系统图
 ~ d'ensemble des commandes 操纵系统图,控制系统图
 ~ d'enveloppe 轮胎花纹
 ~ d'étude 设计图

~ d'exécution 蓝图,施工图,工作图纸,实测图
~ d'implantation des appareils téléphoniques 电话安(装布)置图
~ de bande de roulement (轮胎)胎面花纹
~ de construction 结构制图,结构图纸
~ de coupe de la section 剖面图
~ de dallage 分格示意图
~ de détail 详图,大样,细节图
~ de fabrication 施工图,工作图纸,生产图纸
~ de face 正面图,前视图
~ de fondations 基础图
~ de l'armature 框架图,钢筋图
~ de la bande de roulement du pneu 轮胎接触地面图
~ de montage 装配图,安装图
~ de plan 平面图
~ de planchette 平板平面图,实测图板
~ de profil 断面图,侧面图
~ de programme 程序设计图
~ de référence 参考图,参照图
~ de réseau fluvial 河网图
~ des installations électriques 电气设备图
~ du drainage 排水系统图
~ du profil en long 纵断面图
~ du profil en travers 横断面图
~ en coupe 剖面图,断面图
~ en demi-tons 电视半色调图像
~ en détail 详图,细节图
~ en élévation 正面图,立视图
~ en perspective 透视图
~ général 一般图,总图
~ panoramique 全景图
~ par projection 投影图
~ perspectif 透视图
~ schématique 示意图
~ technique 工程图,技术图纸
~ topographique 地形(测量)图

dessinateur *m* 制图员,绘图员
dessiner *v* 制图,绘图,设计
~ à l'échelle 按比例制图,按比例尺制图,绘制缩尺图
~ en grandeur naturelle 绘制足尺图
dessoif *m* 层理方向
dessouchage *m* 除根,掘根,掘除(树根等)

dessoucher *v* 清除树根
dessoucheur *m* 除树根机
dessoucheuse *f* 除树根机
dessouder *v* 拆焊
dessoufrage *m* 脱硫
dessous *m* 底,底部,下部,根部; *adv* 在下面
~ de boîte d'essieu 轴箱底部
dessus *m* 上部,表面,表层; *adv* 在上面,在外面
~ de boîte d'essieu 轴箱上部
destinataire *m* 收货人,收件人
destination *f* 到站,去向,目的地,用途,规定
à ~ de 以……为目的地
~ de circulation 交通终点
~ de l'itinéraire 进路终端,(进路继电集中内)进路出口
~ de trafic 交通终点
~ des véhicules 车辆到达点
~ lointaine 远距离到达地
~ proche 近距离到达地
destiner *v* 指定,预定
destinezite *f* 磷铁矾(磷硫铁矿)
destructibilité *f* 破坏性,破坏力
destructible *a* 可破坏的,可毁坏的
destructif, ive *a* 毁坏的,毁坏的,有害的
destruction *f* 破裂,破坏,毁坏,分裂,分解作用,衰变,蜕变,崩塌,崩落
~ automatique d'une commande 自动化进路解锁
~ chimique 溶蚀,腐蚀
~ de l'énergie 消能
~ de la chaussée 路面破坏,行车道破坏
~ de la route 道路破坏
~ de pont par crue 桥梁水毁
~ de revêtement 路面破坏
~ des gisements 矿藏破坏(如石油、天然气)
~ érosive 侵蚀,侵蚀破坏
~ fortuite de la voie 线路意外损坏
~ mécanique 机械破坏
destructuration *f* 结构破坏
désuet, ète *a* 旧的,已废弃的,停止使用的
désuétude *f* 废除,废弃
désulfurant *m* 脱硫,脱硫剂
désulfuration *f* 脱硫(作用),去硫
désulfurer *v* 脱硫

désutilité *f* 没有用，负作用

désynchronisation *f* 去同步，破坏同步

détachable *a* 可分开的，可取下的，可拆卸的

détaché *a* 崩落的，剥落的，分离的

détachement *m* 拆开，分离，脱离，拆卸，解开，切断，挤离，浮褶，岩石崩落
  ～ de roche 岩石崩落

détacher *v* 使松，弄松，分开，解开，离开，卸下

détail *m* 细节，细部，详细，地物，详图，零担货物，详述，清单，细目，零[元]件，部分，说明，详细[情]，分图，零件图
  ～ d'image 图像清晰度，影像清晰度（逼真度），图像细部
  ～ de construction 施工详图，施工细节
  ～ de projet 设计详图
  ～ de réalisation 施工详图
  ～ de terrain 地形细部，详细地貌（如丘陵、冲沟……）
  en ～ 详细地，零星地
  ～ en grande vitesse 快运零担货物
  ～ en grandeur 详图，打样
  ～ en petite vitesse 慢运零担货物
  ～ estimatif 初步估计，建筑工程清单，明细费用预算
  ～ topographique 地形详图
  ～ tunnel 隧道详图

détalonnage *m* 铲齿，切槽，铲切

détartreur *m* 除垢剂

détaxation *f* 免税，减税

détaxe *f* 减税，免税，退还错收的税款或费用

détaxer *v* 减税，免税

détectabilité *f* 检波能力，检验能力，探测能力

détecté *a* 检测的，检验的，探测的

détecter *v* 探测，检验，检波，探伤
  ～ des signaux 检测信号
  ～ les fuites 检查漏泄现象
  ～ un défaut 发现不良现象，探伤

détecteur *m* 探头，检测器，检波器，检验器，指示器，探测[伤]器，探测装置，车辆记录器，信号装置，传感器
  ～ à carborundum 碳硅砂检波器
  ～ à contact 触点检测器，接点检测器
  ～ à cristal 晶体检测器，晶体探测器
  ～ à galène 方铅矿（石）检波器
  ～ à radar 雷达车辆感知器
  ～ à sensibilité de phase 相敏检波器，相敏整流器
  ～ à ultrason 超声波车辆感知器
  ～ au son 声波定位器，回声探伤器
  ～ automatique d'incendie (DAI) 火灾自动检测器
  ～ auto-oscillant 再生检波器
  ～ bidirectionnel 双向检测器，双向耦合器（波导）
  ～ centrifuge à deux seuils 两级离心式检测器
  ～ d'accélération 加速度计，加速度记录器
  ～ d'armatures 钢筋检测仪
  ～ d'incendie 火灾感知器
  ～ d'ondes stationnaires 驻波检测器
  ～ d'orages 雷雨探测器
  ～ de boîtes chaudes 轴箱发热探测器
  ～ de couple 扭矩计
  ～ de criques （金属）裂纹探测器
  ～ de criques et fêlures 探伤仪
  ～ de débit 油流检测器
  ～ de différence de phase 鉴相器，相位检波器
  ～ de diode défectueuse 不良二极管检波器
  ～ de fissures 裂纹检出器
  ～ de fuites 漏泄探测装置，漏气指示器
  ～ de fuite sous vide 真空试漏探测
  ～ de fumée 烟雾探测器
  ～ de masse 接地检测器
  ～ de mensonge 测谎器
  ～ de mesure 定向耦合器（波导）
  ～ de mines 探雷器
  ～ de niveau 水位检测器
  ～ de panne 故障检测器，故障跟踪器
  ～ de pièces traînantes 牵引装置检测器
  ～ de rapport 比值检波器
  ～ de seuil 定值检出器，电平检出器
  ～ de tension 试电笔，电压检波器
  ～ de véhicules 车辆感知器
  ～ de verglas （路面）冰冻检测器
  ～ de vitesse 速度监视仪，测速器
  ～ des défauts magnétiques 磁力探伤机
  ～ des défauts ultrasoniques 超声波探伤仪
  ～ diode 二极管检波器
  ～ gélatine 明胶探测器
  ～ incendie 火灾探测器

~ interne de température 埋置探温计,埋入式热电偶
~ magnétique 磁探测器
~ optique 光缆检测器
~ par condensateur shunté 栅极检波器
~ par grille à réaction 栅极再生检波器
~ photo-électrique 光电检验器
~ photoélectrique à haute performance 高效光电探伤机
~ photosensible 光敏探测器,光敏探伤机
~ pneumatique 压力式车辆感知器
~ premier 第一检波器,变频器
~ quadratique 平方律检波器
~ thermo vélocimétrique 热测速器
~ ultra sonore 超声波检波器
~ ultra-sonique 超声波探伤器
~ vidéo 视频检波器

détection *f* 发现,探测,测试,检测,检波,检出,检验
~ à vidéo 视频检测
~ aéroportée 航空探测,机载探测
~ automatique d'incendie (DAI) 火灾自动探测
~ continue de gaz 连续瓦斯测定(法),连续探测气体(瓦斯)
~ d'avions 探测飞机,搜索飞机
~ de fuite sous vide 真空试漏探测
~ de gaz 瓦斯检查
~ de grisou 沼气检测,瓦斯检查
~ des fissures d'essieux 车轴裂纹检测
~ diode 二极管检波
~ discontinue des hydrocarbures gazeux 不连续探测气态烃(法)
~ du patinage de bogie 转向架打滑检测
~ du patinage du moteur 电动机打滑检测
~ du pétrole (brut) par fluorescence 荧光沥青分析
~ du ralenti 减速检测,缓行检测,空转检测
~ électromagnétique 电磁探测,无线电探测,无线电定位
~ grille 栅极检波
~ linéaire 直线检波,线性检波
~ par fluorescence 荧光分析
~ par la méthode des ultrasons des fissurations 超声波探伤

~ parabolique 平方律检波
~ plaque 屏极检波
~ quadratique 平方律检波,抛物线检波
~ surintensité 过流检测
~ ultrasonique des défauts 超声波探伤

détectrice *f* 检波管
~ d'amplificatrice 再生检波器

dételage *m* 摘钩
~ d'un wagon 货车摘钩

dételeur *m* 连接员

détendeur *m* 减压器,减压阀,扩散器,膨胀阀,降压装置
~ à main 手动减压阀
~ à pression constante 恒压减压阀
~ automatique 自动减压阀,恒压减压阀
~ de survitesse 超速减压阀
~ de vapeur 蒸汽减压阀
~ pilote 控制缓解阀
~ thermostatique 恒温减压阀

détendre *v* 放松,伸长,展开,减压,扩压,膨胀,扩大

détenir *v* 占有,掌握

détente *f* 放松,伸长,展开,膨胀,扩大,制动爪,制动片,锁键,减压,降压,消除应力
~ adiabatique 绝热膨胀
~ brusque 突然放气,突然缓解
~ des gaz 气体膨胀
~ du ressort 弹簧放松
~ étagée 多级膨胀,分级缓解
~ isentropique 等熵膨胀

détenteur *m* 持有者
~ d'un billet 客票持有者

détention *f* 占有,监禁
~ pour compte 账户上的占有

détergent *m* 洗涤剂,除垢剂,去垢剂,净化剂,清洁剂

détérioration *f* 变质,损坏,损伤,腐蚀,磨损,退化,衰退,(气候)恶化,破碎,崩解,变质
~ de béton dans les fondations 基础混凝土被侵蚀,基础混泥土被损坏
~ de la marchandise en cours de route 运输途中货物变质
~ de la route 道路破坏
~ de structure 结构破坏
~ de surface 路面破坏

~ des caractéristiques de réservoir 储集层特性损坏,蓄油层破坏
~ des qualités de réservoir 储集层特性损坏,蓄油层破坏
~ du matériel roulant 机车车辆损坏

détériorer v 破坏,损坏,毁坏,损害,使恶化

déterminable a 可确定的,可决定的
~ par la statique 可静定的

déterminatif, ive a 限定的

détermination f 测定,决定,确定,算出,鉴定,分析,求出,定义,规定,列定
~ à vue 目测定位
~ automatique des catégories (DAC) (车辆)类型自动检测
~ automatique et introduction directe des données (traitement de l'information) 数据自动确认和直接输入(信息处理)
~ barométrique de l'altitude 气压计测高
~ calorimétrique 热量测定
~ colorimétrique 比色法测定
~ d'itinéraire 确定经路
~ d'un défaut 故障探测
~ de l'âge absolu 绝对年龄测定
~ de l'épicentre 震中测定,震中确定
~ de canevas 控制测量
~ de contraintes 应力测定
~ de grosseurs des grains 颗粒级配分析,测定粒度
~ de l'humidité 含水量测定
~ de la composition du béton 混凝土配合比设计
~ de la densité 测定比重,测定浓度
~ de la pression de contact 接触压力
~ de la puissance calorifique 热值测定
~ de la section 断面选择(确定)
~ de la solubilité 溶解度测定
~ de la structure de la maille 晶胞结构测定
~ de la structure du cristal 晶体结构测定
~ de la viscosité des bitumes 沥青黏滞度测定
~ de pendage 测定倾角,倾斜度测定
~ de teneur d'un minéral 确定矿石品位
~ de teneur en eau 测定含水量
~ de tracé d'une ligne 定线
~ des cendres 灰分测定
~ des efforts 应力测定
~ des espaces vides 空隙测定
~ des grosseurs des grains 颗粒级配分析
~ des hauteurs 高程测量,测高
~ des paramètres 参数确定
~ des points de contrôle 标定点测定
~ des prix 成本确定,费用确定
~ du canevas 地形测量的网络点测定
~ du centrage 重心测定,对中测定,定中心
~ du degré de compactage 压实度测定
~ du domaine public de route 道路区域确定
~ du poids 确定重量,定重量
~ du réseau cristallin 晶格测定
~ du taux de travail admissible du sol 地耐力测定
~ expérimentale 实地测验
~ granulométrique 级配分析
~ graphique 图解测定,图表测定
~ graphique des forces 力的图解法
~ gravimétrique 重力场参数测定,重量分析测定,重力测定
~ rapide de teneur en eau 含水量的快速测定
~ spectroscopique 光谱测定
~ théorique 理论计算
~ volumétrique 体积测定
~ volumétrique du mélange 混合物体积测定

déterminé a 确定的,测定的,规定的
~ statiquement en surabondance 超静定的

déterminer v 确定,断定,使决定,导致,引起,测定
~ la valeur du coefficient de sécurité 确定安全系数值

déterministe a 确定的

déterrement m 出土,掘出,发掘,发现,找到

déterrer v 出土,掘出,发掘,发现,找到

détonateur m 起爆器材(信管,雷管,起爆药等),爆破管,起爆管,发爆剂
~ à mèche 雷管,导火线,引信
~ à micro retard 非电毫秒雷管
~ à retard 迟发雷管
~ à retard au fond 用于井下的延期爆炸雷管
~ à retardement 迟发雷管,延期爆炸雷管
~ automatique 自动响炮,自动触发器,自动起爆器
~ électrique 电雷管,电力雷管

~ instantané 瞬发雷管
~ intermédiaire 传爆管,中继雷管
~ métallique 火雷管,金属壳
~ milliseconde 毫秒爆破雷管
~ primaire 雷管
~ retardé 迟发雷管
~ secondaire 传爆管

détonation *f* 爆炸,爆破,爆燃,起爆,燃爆,导爆,突燃
~ complète 完全爆炸
~ incomplète 不完全爆炸

détoner *v* 爆炸,爆发,爆燃
détour *m* 迂回(路线),绕道
détourné *a* 绕弯的,迂回的
détournement *m* 变更经路,转线,迂回,(河流)改道,改变方向,排水,引水,分出,引出,转换,转向,变向,临时支路
~ de trafic 迂回运输,变更运送经路
détourner *v* 绕弯,迂回,弯曲
~ de l'itinéraire 变更线路
détraqué, e *a* 紊乱的,失调的
détraquer *v* 弄坏,损坏(机件)
détrempage *m* 化开,泡软,调稀
détrempé *a* 浸泡的,泡软的,调稀的,退火的
détrempe *f* 退火,水(性)涂料
détremper *v* 化开,和,调稀,退火,使(刚)软
détresse *f* 退火,故障,危急
~ d'une locomotive 机车故障
détret *m* 手老虎钳
détriment *m* 损害,损失; *m. pl* (岩石)碎屑,碎片
au ~ de 有损于,不利于,使……受损
détrition *f* 磨损
détritique *a* 碎屑的,岩屑的
~ terrigène 陆源碎屑的
détritus *m* 岩屑,碎屑,碎片,碎石,岩片,脏物
détroit *m* 海峡,峡谷,隘口
détruire *v* 破坏,毁坏,摧毁,崩塌
~ l'itinéraire 解除进路
détruit *m* (地面)漏斗形陷落,锅形下沉; *a* 毁坏的,摧毁的,粉碎的
dette *f* 债务
~ à court terme 短期债务
~ à long terme 长期债务
~ à terme 定期债务

~ s contractuelles 契约债务
~ d'exploitation 经营债务
~ d'investissements 投资债务
~ de l'État (nationale) 国债
~ de stock 库存债务
~ envers les associés et sociétés apparentées 与联合或组合公司间的债务
~ envers les sociétés apparentées 与联合公司间的债务
~ étrangère (extérieure) 外债
~ exigible 到期债务
~ s financières 金融债务
~ hypothécaire 抵押债务
~ intérieure 内债
~ publique 公债

détubage *m* 起拔钻管
deutérique *a* 岩浆后期的,后期的,初生变质的
deutogène *m* 后生岩,次生岩; *a* 后期生成的,后生的
Deutomiocène *m* 格里维特阶和托尔馈阶(中新世中部)
deutomorphique *a* 后生变形的
deux *m* 二
~ tubes unidirectionnels 双洞单向通行
~ tunnels parallèles (上下行分离的)平行隧道
deuxième *a* 第二
~ voie 超车道,快车道
dévadite *f* 杂铁锰尖晶石
Deval(essai) 狄法尔磨耗试验,双筒磨耗试验
dévalement *m* 落下,下降,掉下,滚落
dévaler *v* 跌落,下降,往下运送
devancement *m* 超车,越行,提前,提早
devancer *v* 超过,胜过,超前,提前
devant *m* 正面,前面,前部; *prép* 在……前,在……前面,面对着
développé *a* 发展的,扩大的,开展的
développement *m* 发育,发展,演化开拓,开发,掘进,增长,扩展,显像,显影,冲洗,研制,试制,展现,显影
~ cristallin 晶体生长,晶体发育
~ d'un champ 开发油田,开发矿区,开发性钻进
~ d'une ligne 弯曲率,弯曲度,演化线,增长线
~ de la circulation 交通量增长

~ de la cohésion　内聚力增加
~ de la production　发展生产
~ de performance　改善性能
~ de système RAU　紧急呼叫系统程序
~ des autoroutes　高速公路的发展
~ des villes　城市发展
~ du cours　河道展长
~ du cours d'une rivière　河流发育,河流弯曲度
~ du récif　生物礁的形成,生物礁体的生长
~ du relief　地形发育
~ du trafic　交通量增长,货运量的增长,运输的发展
~ en longueur de la ligne　线路延长
~ en rubans　带形发展,带状扩展(街市沿干道向郊外扩展)
~ géotectonique　大地构造演化
~ structural　构造演化
~ système RAU　紧急呼叫系统程序

développer *v*　发展,开展,展长,扩大,发育,开发,开拓,研制,显影,冲洗,详述,发挥
~ une vitesse　加速,加快速度,提高速度

devenir *v*　变成,成为

déverglaçage *m*　除冰,消冰

déverglassage *m*　清除薄冰,防止形成薄冰

déverrouillage *m*　释放,开锁,开锁机构

déverrouiller *v*　解锁

dévers *m*　超高,斜面,倾斜,坡度,扭曲,弯曲；*a* 斜的,倾斜的,扭曲的,弯曲的
~ dans les courbes　弯道超高
~ de la chaussée　路面横坡,道路超高
~ de la route　道路超高
~ des raccordements　连接超高
~ en virage　弯道超高
~ extérieur　外超高
~ intérieur　内超高
~ maximal en courbe　曲线最大超高
~ maximum　最大超高
~ minimal　最小超高
~ transversal　横向坡度,横坡
~ unilatéral　单侧超高
~ unique　单侧超高

déversé *a*　倾斜的,倒转的

déversement *m*　倒出,溢出,放水,倾斜,翻倒,流出,排泄,倾斜度,弯曲,洪水流量

~ arrière　向后倾卸材料
~ d'eau　排水,放水
~ de côté　侧向倾卸
~ de lave　熔岩溢出
~ des crues　泄洪
~ du profil　断面倾斜
~ en retour　逆向倾斜
~ fluvial　河流溢道,河流改道
~ latéral　侧卸材料,侧面倾卸
~ par barrage　河流堰塞改向
~ par le fond　底卸材料,车底卸货

déverser *v*　倾倒,倾卸,抛弃
se ~ dans　流入……

déverseur *m*　automoteur　自动卸料机

déversoir *m*　水闸,溢水,水闸,溢水孔,溢流口,泄水口,泄水道,溢水道,溢洪堰
~ à siphon　虹吸溢水道
~ commandé　控制式溢水道,浸水式溢流坝,潜堰
~ d'arrivée du béton　卸混凝土箱,翻斗车
~ d'orage　暴雨溢流,下水道雨水出流口
~ de crête　溢水道,溢流排洪道
~ de crues à becs de canard　鸭嘴形溢洪道,鸭嘴形溢洪坝
~ de mesure　量水堰
~ en forme d'arc　拱式溢流坝
~ en saut de ski　滑雪槽式溢洪道,排流式溢洪道
~ latéral naturel　天然边坡溢洪道

déviation *f*　偏差,偏移,偏离,位移,弯曲,歪斜,偏角,(钻孔)偏斜,井斜,差异,误差,近路,问道,测线,交换线,旁路,支路,绕道,偏向,倾斜,预向,剪移,滑移,分歧,岔线
~ absolue　绝对偏差
~ admise　公差,允许误差,容许误差
~ admissible　允许偏差[误差]
~ angulaire　角偏移,角偏差
~ bilatérale　向两侧偏角
~ cadre　帧扫描
~ d'itinéraire　改变经路
~ d'un trou de sonde　钻孔倾斜度
~ d'une faille　断层偏斜,断层位移
~ de l'aiguille aimantée　磁针偏转,磁针偏角
~ de forage　钻孔偏离,孔斜,钻孔偏斜

~ de fossé 水渠改道
~ de l'aiguille aimantée 磁针偏转,磁针偏角
~ de la verticale 垂线偏斜
~ de mesure 测量误差
~ de puits 井斜,井筒歪斜
~ de rivière 河流改道
~ de sondage （钻孔）孔向偏离,钻孔倾斜
~ dimensionnelle 尺寸公差
~ du cœur d'un croisement 辙叉心斜角
~ du cours d'eau 水改道
~ du zéro 零点位移,零点漂移
~ électrique 电子束偏转
~ magnétique 磁偏差,磁偏角
~ maximum 最大偏差,最大偏斜,最大倾斜
~ normale 正常偏差[误差]
~ provisoire 施工便道
~ relative 相对偏差
~ résiduelle 剩余自差
~ temporaire 临时支路
~ trame 场偏转,帧偏转（每行扫描时电子束垂直向下移动）

déviation-ligne *f* 行扫描,行偏转

dévidoir *m* 放线车,绞车,卷轴,卷线筒,绕线筒,电缆盘
~ d'antenne 天线绞盘

dévier *v* 待避,压弯,转向,改变方向,偏离,使偏离,使有偏差,使偏斜,使挠曲
~ en bas (un fil de précontrainte) 向下施拉（应力钢筋）
~ un fil de précontrainte 张拉预应力钢丝

Devillien *m* 戴维尔阶（始寒武系）

dévilline[dévillite] *f* 钙铜矾

déviomètre *m* 偏差计,转弯指示器,转弯指示计

dévirage *m* 反转（信号机构因臂板重量反向旋转）,反转,拧松（绳索）

devis *m* 概算,预算,计算,清单,结算,估计,估价,评价
~ approximatif 估算,粗略概算,粗略计算
~ de frais 费用预算,费用概算
~ descriptif 工程说明书,施工说明书
~ descriptif et quantitatif 工程量说明书
~ détaillé 详细预算,详细预算表
~ estimatif 估算,概算,预算,预算,初步估计,建筑工程清单,工程概算书,(工程)概算

~ général 总预算,总概算
~ particulier 说明书,工程说明书,（带有概算的)工程系部说明书
~ préliminaire 概算,估算,暂估价
~ provisoire 暂时预算,临时预算
~ quantitatif 工程数量单
~ quantitatif et estimatif(DQE) 工程量清单
~ technique （带有概算的)工程技术说明书

devise *f* 外币,外汇
~ convertible 可兑换外币
~ étrangère 外币,外汇
~ forte 硬通货

dévissage *f* 拔螺丝钉

dévissement *m* 拔螺丝钉

dévisser *v* 拧下,旋下,拧松螺钉,松开螺丝,起初螺丝
~ les bouchons des évents 拧开通风孔塞门

dévitrification *f* 使失去（玻璃)光泽,透明性消失,脱玻作用,脱玻,脱玻(璃)化,失透明性,透明消失,反玻璃化

dévitrifier *v* 使透明消失,反玻璃化

dévoiement *m* 斜度,偏差,误差,倾斜

devoir *v* 应该,必须,可能,大概

dévolteur *m* 降压变压器,降压机,减压
~ différentiel 差接减压器

dévolution *f* 转移[让],移交,代交,授予,归属
~ des travaux 工程转让[包]

devon *m* 泥盆纪,泥盆系

Dévonien *m* 泥盆纪,泥盆系(D),侏罗纪
~ inférieur 早泥盆世,下泥盆统
~ moyen 中泥盆世,中泥盆统
~ supérieur 晚泥盆世,上泥盆统

dévonite *f* 银星石,斜斑辉绿岩

dévoyer *v* 错发

devriksite *f* 多硒铜铀矿

dewalquite *f* 锰硅铝矿

dewatté *a* 无功的,空载的

deweylite *f* 杂水蛇纹石

dewindtite *f* 粒磷铅铀矿

dextre *a* 右旋的,右边的,右旋壳,右旋螺

dézincification *f* 除锌

dézingage *m* 除锌

di- （前缀)两,二,二重

diabantite *f* 铁斜绿泥石

diabase *f* 辉绿岩
　～ à olivine　橄榄辉绿岩
　～ amygdalaire　杏仁辉绿岩
　～ en poutrr　辉绿岩粉
diabasique *a* 辉绿岩的
diabasoïde *f* 辉绿岩类
diabasophyre *m* 辉绿斑岩
diablastique *a* 筛状变晶(结构)的
　～ fine　筛状细变晶(结构)
　～ grossier　筛状粗变晶(结构)
diable *m* 尾轮车,手推搬运车
　～ gerbeur　码垛手推车
diaboléite *f* 羟氯铜铅矿
diabolo *m* 固定半挂车支架,双轮小车
diachronie *a* 穿时的
diachronisme *m* 穿时性
diaclasé *a* 有节理的,裂隙的,裂开的,裂纹的
diaclase *f* 节理,节理裂隙,构造裂隙,裂隙,压力裂隙,黄绢石
　～ accessoire　副节理
　～ croisée　倾向节理,斜交节理
　～ d'extension　张节理,张性节理
　～ de cisaillement　剪节理,扭节理
　～ de cisaillement satellite　羽状节理,羽状裂隙
　～ de directionnelle　走向节理
　～ de distension　伸长节理,张节理
　～ diagonale　斜节理,斜交裂隙
　～ directionnelle　走向节理
　～ fermée　闭合节理,闭合裂隙
　～ horizontale　水平节理,水平裂隙
　～ longitudinale　纵节理,纵向裂隙
　～ oblique　斜节理,斜交节理
　～ orthogonale　横节理,正交节理
　～ ouverte　张开节理,开口节理
　～ persistante　持续节理
　～ principale　主节理,主裂隙
　～ satellite　副节理
　～ secondaire　小节理,次要节理
　～ transversale　横节理,横向节理,横向裂隙
diaclaser *v* (岩层)裂开
diaclinal *a* 横向的,横切褶皱的,垂直(构造)走向的
diadelphlte *f* 羟砷镁锰矿
diadochie *f* 互代性,同形代替,同位占位能力晶格同位
diadochite *f* 磷铁矾
diadysite *f* 注入融合岩
diagenèse *f* 岩化作用,原状固结,成岩(作用)
　～ biochimique　生物化学成岩
　～ précoce　早期成岩
diagénétique *a* 成岩(作用)的
diagénisé *a* 已成岩的,成岩的
diagnose *f* 检查,诊断,识别,判断,鉴定
diagnostic *m* 鉴定,鉴别,诊断,判断,预测
　～ de trafic　交通特性鉴定
　～ des données　数据预测
　～ des mineraux　矿物鉴定
　～ météorologique　气象预测
diagnostique *a* 鉴别的,诊断的,特征的,带诊断性的,有鉴定意义的
diagonal, e *a* 对角线的,斜交的
diagonale *f* 单式渡线,斜拉杆,对角[顶]线,中斜线,斜杆,斜撑,构架斜支柱
　～ comprimée　受压斜拉杆
　～ croisée　交叉对角撑
　～ de compression　受拉斜拉杆
　～ extrême　端斜拉杆,端斜撑
　～ principale　主斜拉杆
　～ spatiale　间隔斜拉杆
　～ tendue　受拉斜杆
　～ travaillant à l'extension　受拉斜杆
　～ travaillant à la compression　受压斜拉杆
diagrammatiser *v* 用图解表示
diagramme *m* 图,图解,图表,曲线图,示意图,简图,略图,系统图,线路图,图(表、解、形)
　～ à vide　无载曲线图
　～ caractéristique　特性曲线图
　～ carré　(矿化度)直方图
　～ CBR　CBR 曲线图
　～ charge-tassements　荷载沉降曲线
　～ charge-course　荷载行程关系曲线,荷载位移特性曲线
　～ chemin parcouru-temps　行程—时间曲线
　～ compression-déformation　压缩—变形图
　～ contrainte-déformation　应力应变图
　～ d'écoulement　(工艺)流程[流线、流量]图
　～ d'accélération　加速图表
　～ d'écoulement de la circulation　交通流量图

~ d'effort normal 法向应力图
~ d'effort tranchant 剪力图
~ d'éruption 节理走向图
~ d'influence d'Osterberg 奥斯托勃格影响线图（计算填土荷载引起的垂直应力诺谟图）
~ d'interaction 交互作用，相互作用图
~ de blocs 立体图，块状图
~ de câblage 电缆[线]连接[敷设]图
~ de carottage 测井曲线图
~ de charge 负载曲线，荷载曲线
~ de cheminement 位移图
~ de cheminement de Williot 卫乐位移图
~ de chromaticité 色度图，色品图，色彩表示图
~ de cisaillement 剪力图
~ de collisions 碰撞分析图，撞车分析图
~ de contrainte 应力图
~ de contraintes-déformations 应力应变图
~ de courbes 曲线图
~ de Crémona 克莱摩那应力图
~ de déplacement 位移图，变位图
~ de diaclase 节理走向图
~ de distance d'arrêt 制动距离曲线图
~ de distance parcourue 实际行程曲线图
~ de force 力图
~ de force axiale 轴力图
~ de hauteur d'eau 水位曲线
~ de la marche des courants 电路图
~ de marche 性能曲线图
~ de Mohr 莫尔应力图
~ de plasticité （土的）塑限图
~ de position électronique 电子运动时空图
~ de pression 压力图
~ de rupture de Mohr 莫尔剪损图解
~ de stabilité 稳定曲线图
~ de tassement en fonction du temps 时间—沉降曲线图
~ de tassement sous charges 荷载沉降曲线图
~ de traction 拉力试验图，应力应变图
~ de traitement 流程图
~ des accidents （发生交通）事故地图
~ des azimuts 方位图
~ des contraintes 应力图(形、表、解)
~ des contraintes-déformations 应力应变图
~ des distances de visibilité 视距图
~ des efforts tranchants 剪力图
~ des enclenchements 锁簧图，联锁图
~ des moments 力矩图，力矩圈，弯矩图
~ des moments fléchissants 弯矩图
~ des moments fléchissants d'une poutre simple 简支梁弯矩图
~ des pressions et volumes 压容图
~ des relations entre les tassements et les charges unitaires 沉降和单位压力曲线图
~ des terrassements 土方曲线图
~ directionnel 方向图
~ énergétique 能级图，能量图
~ enthalpique 焓[热函]图
~ entropique 熵图
~ figuratif des voies （线路）照明盘
~ granulométrique 级配曲线图
~ indicateur 线路布置图，指示图
~ isobougie 等烛光图
~ isolux 等照度图
~ logique 逻辑图，原理图
~ lumineux 照明图，照明盘，照明控制盘
~ Mollier 莫里亚图（压焓图）
~ optique 反光图案，光学图案
~ polaire 极向示意图，极向坐标图
~ pour le calcul des poutres mixtes 组合梁设计图
~ pression-temps 压力—时间图
~ Proctor normal 标准葡氏曲线图
~ stéréoscopique 立体图，体视图
~ synoptique 方框图，方块图
~ ternaire 三元(系)图解，三元相图
~ triangulaire 三角图，三角坐标图，三角形坐标
~ vectoriel 向量图，矢量图

diagraphe *m* 制图器，描图器，分度尺，放缩仪，作图器，扩大绘图仪

diagraphie *f* 测井，记录，测井曲线，体积描记法
~ acoustique 声波测井
~ d'activation 活化测井
~ d'activation neutronique 中子活化测井
~ d'atténuation 衰减测井
~ d'avancement 进度曲线图
~ d'indices 油气显示(井中)曲线
~ de densité 密度测井，密度记录
~ de densité compensée 补偿密度测井

~ de densité variable 变密度测井
~ de diamétrage 井径测井
~ de fluorescence 荧光测井
~ de microlatérolog 微侧向测井
~ de microlog 微电极测井
~ de microrésistivité 微电阻率测井
~ de mobilité d'huile 石油活度系数测定法
~ de teneur en eau 含水量记录
~ de[par]fluorescence nucléaire résonnante 核共振荧光测井
~ des sondages 井中测井
~ du foreur 钻井记录,钻井测井
~ électrique 电测井
~ électrique à espacements multiples 多极距电测井
~ électrique à une électrode 单电极电测井
~ électrique classique 标准电测井
~ électrique conventionnelle 标准电测井
~ électrique dipôle 偶极电测井
~ électromagnétique 电磁电测井
~ gamma-gamma 伽马—伽马射线测井
~ gamma-gamma à deux espacements 双间距伽马—伽马测井,微分伽马—伽马测井
~ gamma-gamma compensée 伽马—伽马补偿测井
~ gamma-gamma sélective 选择性伽马—伽马测井
~ gazeuse 气测井
~ géologique 地质记录,地层断面,地层断面图
~ géophysique 地球物理测井
~ géothermique 地热测井
~ neutron-neutron 中子—中子测井
~ neutron-neutron épithermique 超热能中子—中子测井
~ neutron-neutron par impulsion 脉冲中子—中子测井
~ neutron-neutron suprathermique 超热中子—中子测井
~ neutron-neutron thermique 热中子—中子测井
~ nucléaire 核子测井
~ P. S. de potentiels spontanés 自然电位测井
~ par impulsions de neutrons 中子脉冲测井
~ par induction 感应测井
~ séismique 地震测井
~ sonique 声波测井

diakon *m* 普列玻璃(聚异丁烯酸树脂),透明塑料
dial(l)ogite *f* 菱锰矿
dialitique *a* (岩石)分解的
diallage *m* 异剥辉石
~ métalloïde 绢石
~ vert 绿闪石,透辉石,阳气石
diallagique *a* 含异剥辉石的
dialmaïte *f* 黑钽钠矿
dialogue *m* 会话,对话,对话录
dialyser *v* 渗析,透析,分解,分离
diamagnétique *a* 抗磁性的,反磁性的
diamagnétisme *m* 抗磁性,反磁性,反磁现象
diamant *m* 金刚石,金刚钻,钻石,钻刀(用以划玻璃等),玻璃刀
~ à queue 切割用金刚石
~ à rabot 切割用金刚石
~ alluvien 金刚石砂矿
~ blanc 纯白金刚石,无色透明金刚石
~ boart 圆粒金刚石
~ brillant (有光泽的)金刚石,钻石
~ brut 未琢磨的金刚石,粗金刚石
~ d'Alençon 透明黄玉(黄晶)
~ d'Astourie 光泽好的金刚石
~ s de forage 金刚石钻头,金刚钻钻头,钻头用金刚石
~ de grosse taille 大颗粒金刚石
~ de Sierra Leone 具带状结构的金刚石,塞拉利昂金刚石
~ de vitrier 金刚钻玻璃刀
~ du Brésil 巴西金刚石
~ fermé 圆形金刚石
~ gendarmeux 劣质金刚石,低品级金刚石
~ industriel 工业用金刚石
~ noir 黑金刚石
~ pour l'industrie 工业(用)钻石,工业(用)金刚石
~ savoyard 暗色金刚石,黑色金刚石
~ spathique 刚玉
~ synthétique 人造金刚石
~ taillé 琢磨的金刚石,加工过的金刚石,金刚石制品,钻石
diamantaire *a* 有钻石光泽的

diamantifère *a* 含金刚石的
diamantin *a* 似金刚石的,金刚石的,钻石的
diamantine *f* (磨片用)金刚砂
diamantoèdre *m* 六八面体
diamétrage *m* 井径图,井径规
diamétral, e *a* 直径的
diamètre *m* 直径
　～ a n pour cent 对应百分含量的粒径
　～ au creusement 掘进直径
　～ caractéristique 公称直径,特征直径
　～ critique 临界直径
　～ d'impact 冲击直径
　～ d'un pore 孔(隙)径,孔间通道直径
　～ de barre 钢筋直径
　～ de forage 钻孔直径
　～ de grain 粒径
　～ de l'empreinte (球印硬度试验的)凹槽直径
　～ de l'essieu 轴径
　～ de la barre 钢筋直径
　～ de la roue 轮径,车轮直径
　～ de perçage 钻孔孔径,钻孔直径
　～ de plaque tournante 转盘直径
　～ de pliage (钢筋)弯曲直径
　～ des armatures 钢筋直径
　～ des grains 颗粒直径,粒径
　～ des particules 颗粒直径,粒径
　～ des rivets 铆钉直径
　～ des roues motrices 动轮直径
　～ des sondages 钻探直径
　～ déterminant (矿物颗粒)有效直径
　～ du cercle 圆直径
　～ du cercle de roulement 车轮路面
　～ du fil 线材直径
　～ du forage 钻孔直径
　～ du fourreau 套管直径
　～ du gicleur 喷嘴孔径
　～ du grain 粒径,颗粒尺寸
　～ du granulat 粒料直径
　～ du puits fini 终孔直径,井孔内径
　～ effectif,～ efficace 有效直径
　～ équivalent des grains 颗粒等效直径
　～ extérieur 外径
　～ exterieur de la trousse 取土器外径
　～ exterieur du corps du carottier 岩芯管外径
　～ fictif (颗粒)假想直径
　～ initial 开孔直径,初始直径
　～ intérieur 内径
　～ intérieur d'un tuyau 管子内径
　～ intérieur de cylindre 汽缸内径
　～ intérieur de la trousse 取土器内径
　～ intérieur du conteneur réceptacle du prélèvement effectué 取样器衬管内径
　～ interne de bobine 线圈内径
　～ moyen d'enroulement 绕组平均直径
　～ moyen de bobine 线圈平均直径
　～ moyen des grains 平均粒径
　～ nominal 公称[标准、额定、规定]直径,标称直径
　～ nominal de barre 钢筋的公称直径
　～ sur flancs de filets 螺纹内径
　～ utile 有效直径,有效孔径
diamétreur *m* 测径器,测孔规,测径规,钻孔直径量规
dianite *f* 铌铁矿
diapason *m* 音叉
diaphane *a* 透明的
diaphanéité *f* 透明度
diaphanite *f* 珍珠云母
diaphanomètre *m* 空气透明度测量计,透明计
diaphragme *m* 膜,膜片,薄片,薄膜,隔膜,隔板,遮光板,中隔(波导),隔水墙,光闸,光圈,十字线片
　～ d'explosion avec tube d'évacuation d'huile 带溢油装置的防爆堵
　～ de béton 混凝土防渗墙
　～ de frein 制动机膜片
　～ séparateur 隔板,隔壁
　～ transversal 横隔膜
diaphtorèse *f* 退化变质,逆变质,逆变法
diaphtorite *f* 退化变质岩
diapir *m* 底辟(构造),挤入构造,刺穿构造,盐丘
　～ salifère 盐丘
diapirique *a* 底辟的,挤入构造的,刺穿构造的
diapirisme[diapyrisme] *m* 底辟作用,穿刺(褶皱)作用,挤入作用,挤入褶皱
diapositive *f* 幻灯片,透明正片
diaschiste *m* 二分岩; *a* 二分岩的
diaschistique *a* 二分岩的

diaschistite *f* 二分岩
diaspodumène *m* 双锂辉石
diaspore *m* 硬水铝石,水铝石,水矾石,水矾土
diaspore-gamme *m* 硬羟铝石(硬水铝石)
diasporite *f* 硬羟铝石,硬水铝石
diasporogélite *f* 硬羟铝石
diastatite *f* 角闪石
diastème *m* 层理,层理面,(地层)小间断,短暂间断,小不连续,沉积停顿,沉积间歇,层理裂隙
diastimomètre *m* 测距仪
　～ électronique 电子测距仪
　～ électro-optique 光电测距仪
　～ laser 激光测距仪
diastromes *m. pl* 层节理,层面节理
diastrophique *a* 地壳运动的
diastrophisme *m* 地壳变动,地壳运动
diataxis *m* 高度深熔作用,高级深熔作用
diatectique *a* 高度深熔的
diatectite *f* 高度深熔岩
diatomée-pélite *f* 硅藻土
diatomique *a* 硅藻土的,硅藻的
diatomite *f* 硅藻土,硅藻岩
diatrème *m* 岩颈,火山道,火山爆发口,火山角砾岩筒
dicératien *m* 启莫里灰岩(上侏罗统)
dictionnaire *m* 词典,辞典,索引,汇编
　～ des destinations 到站站名索引
dictyonite *f* 网状混合岩,网纹混合岩
dictyonitique *a* 网状混合岩的,网纹(构造)的
didjumolite *f* 斜长石
didodécaèdre *m* 偏方复十二面体组
didodécaédrique *a* 偏方复十二面体的
didrimite *f* 绢云母
didymolite *f* 斜长石
dief *m* 不透水黏土层,不透水白垩岩层
diélectrique *m* 电介质,电介体,介质; *a* 介电的
diénerite *f* 白砷镍矿(迪纳尔矿)
diennéaèdre *m* 十八面体; *a* 十八面体的
dière *f* 厚泥层,厚层黏土
Diestien *m* 第斯特阶(N_2,欧洲),上新统砂岩
diestite *f* 杂碲银铋矿
diétrichite *f* 锌铝矾,锰铁锌矾
dietzéite *f* 碘铬钙石
diève *f* 浅蓝黏土,隔水泥灰岩,黏土壁

différé *a* 延时的,延迟的,迟发的
différence *f* 差,差别,差异,差分,差额,差示,区别,误差,不精确度
　à la ～ de 和……不同,不同于……,和……有差别,有别于……
　à la ～ que 除掉……以外,除去……不同以外
　～ admissible 允许偏差
　～ admissible des tassements 容许沉降差
　～ de contrainte principale 主应力的偏差
　～ de hauteur de tamponnement 缓冲器中心高度差
　～ de hauteurs 高程差,水位差,位差
　～ de niveau 水平高差,水位高差
　～ de pression 压差,压降,压(力)差
　～ de température 温差
　～ de vitesse moyenne 平均速度差
　～ entre régions 地区差别
　～ finie 有限差
　～ moyenne 平均误差
　～ moyenne de températures 平均温差
　～ notable 显著差别
　～ partielle 偏差,偏增量
différenciateur *m* 微分器,微分电路,差示器,差示装置
différenciation *f* 分异,区别,辨别,划分,沉积分异,成岩分异,浮选
　～ diagénétique 成岩分异
　～ granulométrique 颗粒沉积分异,机械分异
　～ magmatique 岩浆分异
　～ mécanique 机械分异
　～ métamorphique 变质分异
　～ par ascensum 上浮分异,浮选重力分异
　～ par cristallisation 结晶分异
　～ par décantation 重力沉淀分异
　～ par densité 密度分异,重力分离
　～ par diffusion 扩散分异
　～ par écoulement 流动分异
　～ par flottation 浮选分离
　～ par gravitation 重力分异,重力差
　～ par gravité 重力分异
　～ par immiscibilité 不混合分离,不混溶分离
　～ par individualisation cristalline 结晶分异
　～ par liquation 熔离,分熔
　～ par pression 压力分异

~ sédimentaire 沉积分异

différencier v 区别,划分,区分,分化,差动,使有差异

différent a 不同的,相异的,各种的,各种各样的
être ~ de 与……不相同,和……不一样
~ scénario de ventilation 不同通风方案
~ type de structures 不同的结构类型

différentiateur m 微分器,微分电路,差动电路

différentiel m 差动装置；a 差动的,差别的,区别的,差异的,分异的
~ conique 伞齿轮差动装置
~ droit 直齿轮差动装置

différer v 有差别,有分歧
~ la locomotive 减轻机车吨位
~ le tonnage 减轻吨位
~ un wagon 甩车,摘车

difficile a 困难的,艰难的

difficulté f 困难,艰难,难事
sans ~ 毫无困难地,轻而易举地,毫不费力地

diffluence f 分流,分溢,溢流,溶解

diffluent a 溢流的,流出的,扩散的,溶化的

diffractif a 绕射的,衍射的

diffraction f 绕射,衍射,回折,折射
~ acoustique 声衍射
~ optique 衍射光学

diffractomètre m 衍射计,衍射仪,绕射计,分光计

diffractométrie f 衍射测量法

diffus a 扩散的,散逸的,漫射的,弥漫的

diffusant a 漫射的,弥漫的,扩散的

diffuser v 散播,扩散,无线电发射

diffuseur m 扩散器,扩管器,散光罩,漫射体,交换道,散光灯罩,互通式立体交叉,道路立体枢纽,高速道路入口处
~ circulaire 环形立体交叉
~ complet 全式立体交叉
~ complexe 复杂的立体交叉
~ d'air 空气扩散器
~ de l'éclairage 照明用散光灯罩
~ des sablières 撒砂器
~ en losange 菱形立体交叉
~ en trompette 喇叭形交叉口
~ parfait 最佳扩散器,最佳漫射体
~ simple 简单立体交叉
~ urbain 城市(道路)立体交叉

diffusibilité f 扩散性,扩散率
~ thermique 热扩散率

diffusible a 可扩散的

diffusiomètre m 扩散测量表

diffusion f 扩散,散射,漫射,广播,传播,无线电广播
~ ambipolaire 双击扩散
~ avec fil 有线广播
~ capillaire 毛细管扩散
~ de la force de précontrainte 预应力分布
~ des neutrons 中子扩散
~ des renseignements 询问广播
~ en arrière des électrons 电子逆行扩散,电子反向扩散
~ par chaîne 多通道散射,多道投射
~ par radio 无线电广播
~ sans fil 无线广播
~ thermique 热扩散
~ totale 全面扩散,全面散射
~ troposphérique 对流层散射

diffusivité f 扩散性,扩散率,扩散系效

digénite f 蓝辉铜矿

digesteur m 化污池,脱硫器(橡胶),浸煮器,蒸煮器,消化池

digestion f 消化,同化,同化吸收,化污,岩浆同亿,蒸煮作用,蒸煮,煮解,浸提,菌致分解
~ des bous 污泥消化
~ des roches encaissantes 围岩同化

digicol m 等色度分析仪

digit m 数字,计算单位,号位,数字位,位数

digital, e a 指状的(结构),数字的,数字显示的

digitalisation f 数字化

digitaliser v 使数字化,译成数字

digitation f 岩层分叉,指状物,指状分叉(指背斜式褶皱)
~ des nappes 岩层分支,矿层分支

digité a 指状的,掌状的,分叉状的

digitiser v 数字化,数转化

digue f 堤,坝,围堰,沙嘴,河堤,堤坝,沙洲,拦河坝,破浪堤,防渡堤
~ à coffrages en bois 框栅堤,木笼堤
~ contre les inondations 防洪堤
~ courbe 弯钩形沙洲,弯曲沙嘴
~ de barrage 隔墙,(矿井或矿山内)密闭墙

~ de crochet　弯曲沙嘴
~ de débris　冲积坝,冲积堤,碎石坝
~ de défense contre les eaux　防水堤
~ de fleuve　河堰,河堤
~ de guidage du courant　导流堤
~ de pierres　石砌堤
~ de protection　防护堤
~ de retenue　挡水堤,挡水坝
~ de rive　河堤,河岸堤
~ de rivière　河堤,河岸堤,拦河坝
~ de séparation　分水堤
~ du canal　渠堤
~ en crochet　弯曲沙嘴
~ en enrochement　堆石堤,填石堤
~ en épi　直长沙嘴,狭长沙洲
~ en fascine　柴笼堤坝
~ en fleuve　河堤
~ en gabions　石笼堤
~ en sable　砂堤
~ en terre　土堤
~ littorale naturelle　滨岸沙坝,海岸洲堤
~ longitudinale　纵向堤
~ maîtresse　主堤
~ maritime　海堤
~ morte　固定堤堰,固定堰堤
~ naturelle　天然堤坝
~ parallèle à la côte　海堤,防波堤
~ revêtue en pierres　石堤

diguer v　筑堤,筑坝,用堤防堵,挖沟
diguette f　小堤
dihexaèdre m　复六方锥
dihexagonal a　复六方的
dihydrite [pseudo-malachite] f　假孔雀石
dihydrothénardite f　杂硫钠镁矾
dike m　岩墙,岩脉,河堤,防波墙
diktyonite f　网状混合岩
dilapidation f　浪费,破烂
dilatabilité f　膨胀性,膨胀能力,延伸能力,延伸性
dilatable a　可膨胀的,可延展的,可伸展的
dilatation f　扩展,拉长,延伸,膨胀,变形,扩大
~ absolue　绝对膨胀
~ apparente　表观膨胀
~ cubique　体积膨胀
~ de rupture　破坏应变

~ de volume　体积膨胀
~ du béton à la rupture　压缩混凝土极限变形
~ élastique　弹性变性
~ et contraction　膨胀和收缩
~ initiale　初始应变
~ libre　自由膨胀
~ linéaire　线性膨胀
~ par la chaleur　热膨胀
~ permanente　永久形变
~ principale　主应变
~ superficielle　表面膨胀
~ thermale　热膨胀
~ thermique　热膨胀

dilater v　使……膨胀,扩散,扩展
dilatomètre m　膨胀计
dilatométrie f　膨胀测定法
dillenburgite f　硅孔雀石
dillinite f　水铝高岭石
diluable a　可稀释的
diluant m　稀释剂[液、物、质],冲淡剂,溶剂,溶媒,贫矿石
diluer v　冲淡,稀释,溶解
dilueur m　稀释器
dilution f　稀释,冲淡,稀薄化,溶解,淡度,稀度,(矿石)变贫,贫化
diluvial, e a　冲积的,洪积的
diluvien m　第四纪,第四系,洪水的,洪积期的,倾盆的(指大雨)
diluvien, enne a　洪水的,洪积期的
diluvion m　河流冲积,洪积物,洪积层,洪水冲积
diluvium m　河流冲积,洪积物,洪积层,洪水冲积,洪积纪,河积物
dimagnétite f　黑柱石形磁铁矿
dimanche m　星期日
dimelite f　磁铁黄长岩
dimension f　维,元,度,量,尺度,尺寸,大小,量纲,范围,方面,面积,容积,规格,体积
~ a n pour-cent　颗粒百分含量
~ brute　毛尺寸
~ critique　(筛选时)临界尺寸,极限尺寸
~ d'encombrement　外形[轮廓]尺寸
~ s d'un wagon　货车尺寸,货车容积
~ de la banquette　护道尺寸
~ de la chaussée　路面尺寸,行车道尺寸

~ de la maille 筛孔尺寸,筛孔大小
~ de quai 站台尺寸
~ de structure 结构尺寸
~ des baies 门窗洞口尺寸
~ s des bois 木材尺码
~ des dormants 门窗框[橙]尺寸
~ des fossés 边沟大小,边沟尺寸
~ des grains 粒径,颗粒大小,晶粒度
~ des gros éléments 最大粒径,粗粒径
~ des ouvertures 洞口尺寸
~ des particules (颗)粒度,颗粒大小
~ des pneumatiques 轮胎尺寸
~ des pneus 轮胎尺寸,车轮尺寸
~ des pores 孔隙度,孔隙大小
~ des tamis 筛孔大小
~ du forage 钻孔直径
~ du grain 颗粒大小,颗粒尺寸,级配
~ du gravillon 细砾石大小,细砾石尺寸
~ du gros élément 粗颗粒大小
~ s du profil transversal 横断面尺寸
~ du remblai 路堤尺寸
~ effective 真正尺寸,有效尺寸
~ effective des grains 有效粒径
~ extérieure 外围尺寸,外形尺寸
~ géométrique 几何尺寸
~ granulométrique 粒径,颗粒大小
~ hors tout 总[外形、全、最大、外廓]尺寸
~ infinie 无限厚度
~ interne 内部尺寸
~ linéaire 线性尺寸
~ maximale admissible 最大容许尺寸
~ minimale 最小尺寸
~ moyenne 平均尺寸
~ normale de maille 标准筛孔
~ normale des trottoirs (旅客)站台的标准尺寸
~ s normales des mailles 标准筛孔尺寸
~ optimale 最佳尺寸
~ radiale 径向尺寸
~ réelle 实际尺寸
sans ~ s 无尺寸的,无量纲的
~ standard 标准尺寸
~ variable 可变尺寸
dimensionnalité f 维,维数
dimensionnement m 设计,设计厚度,尺寸设计,规定尺寸,测定尺寸,厚度设计,结构设计,尺寸的规定
~ de la banquette 确定护道尺寸
~ de signalisation verticale 竖直信号结构计算
~ des chaussées 路面厚度设计,路面结构设计
~ des chaussées souples 柔性路面厚度设计,柔性路面结构设计
~ des dalles (混凝土)板厚度
~ des murs en terre armée 加筋土墙尺寸设计
~ des ouvrages en terre armée 加筋土结构物尺寸设计
~ des renforcements de chaussées 路面补强厚度
~ des revêtements 路面厚度
~ probabiliste 概略设计
dimensionner v 定尺寸,设计尺寸,计算尺寸,测定尺寸
diminuer v 减小,缩小,减弱,缩减,降低
~ la pente du talus 减缓边坡
~ progressivement 逐渐减小
diminution f 减少,缩小,减轻,减小,减低,降低,减弱,下降,削弱
~ appréciable de la portance 承载力显著降低
~ dans la masse des travaux 工程量减小
~ de la contrainte 应力减弱
~ de la force 力量衰耗
~ des tarifs 降低运价
~ du coût de transport 运输费用降低
dimorphe a 二形的,同质二象的,二态的,双晶的
dimorphie f 同质二象(体),二形晶,双晶(体)
dimorphine f 硫砷矿,雌黄,自然砷
dimorphisme m 二态性,二态现象,二形性,二形现象,两性异形,同种异形,同质二象(现象),双晶现象
dimorphite f 硫砷矿(二形矿)
Dinantien m.pl 狄南(阶)(C_1,欧洲)
Dinarides f.pl 迪纳拉褶皱带,迪纳拉(造山)带
Dinarien m 迪纳拉统(T_2,欧洲)
diochrome m 锆石
dioctaèdre m 二八面体
dioctaédrique a 二八面体的
diode f 二极管
~ tunnel 隧道二极管
diopside m 透辉石

~ chromifère 绿辉石
diopside-hypersthène *f* 钙斜紫苏辉石
diopside-bronzite *f* 钙斜古铜辉石
diopside-jadéite *f* 透辉硬玉(透辉石—硬玉)
diopsidite *m* 透辉石岩
dioptase *f* 透视石
dioptre *m* 照准仪,测角计,觇孔,窥孔,屈光面,折光面
dioptrie *f* 屈光度,折光度
dioptrique *a* 屈光的,折光的
dioptromètre *m* 屈光测量计,屈光度计
diorite *f* 闪长岩,闪绿岩
  ~ à augite 斜辉闪长岩
  ~ à porphyre 斑状闪长岩
  ~ gneissique 闪长片麻岩
  ~ orbiculaire 球状闪长岩
  ~ quartzique 石英闪长岩
diorite-porphyrite *f* 闪长玢岩
dioritine *f* 云母玢岩
dioritique *a* 闪长岩的
dioritite *f* 闪长细晶岩
dioritoïde *f* 似闪长岩,闪长岩类
dioxylite *f* 黄铅矿,氧铅矾
dioxynite *f* 天青石
diphanite *f* 珍珠云母
diphasé, e *a* 二相的,双相的
diplex *m* 同向双工制,双信号同时同向传送
diplobase *f* 钡霞石
dipôle *m* 偶极,偶极子,偶极天线,对称振子
dipper-dredge *m* 单斗挖泥机
dipyrrhotine *f* 钙钠柱石,磁黄铁矿
dire *v* 表示,表明,叙述,告诉,预言
direct, e *a* 直接的,直达的,接通线路的,直通的,直的,正向的,正面的,顺向的
directement couplé *a* 直接耦合的
directeur *m* 司长,局长,校长,经理,指示器,指挥员,领导者,导向装置,天线导向器,指挥仪,控制仪,控制仪表
  ~ des travaux 工程监理人
direction *f* 走向,方向,倾向,方位,管理,办理,处理,指挥,领导,引导,组织,修正,校正,控制机构
  à deux ~ s 双向的,双控的
  à une ~ 定向的,单向的
  ~ à vis 行驶方向,螺杆式转向器
  ~ à vis et écrou 螺杆螺母式转向器
  ~ à volant 驾驶方向,驾驶盘
  ~ assistée 助力转向,动力转向
  ~ commerciale voyageurs 客运部门
  ~ contraire 反方向
  ~ cristallographique 晶体方位,结晶(学)方向
  ~ d'écoulement 流动方向,流水方向
  ~ d'effort principal 主应力方向
  ~ d'une faille 断层走向
  dans la ~ de ……朝……方向
  ~ de clivage 劈理走向
  ~ de force 力的方向
  ~ de glissement 滑动方向
  ~ de l'Aménagement Foncier et de l'Urbanisme (D.A.F.U.) 国土布置和城市规划局
  ~ de l'écoulement 流动方向,流水方向
  ~ de l'exploitation 运输管理局
  ~ de l'irrigation 灌溉管理
  ~ de l'urbanisme et des paysages 城市规划和风景管理局
  ~ de la flèche 箭头指向
  ~ de la poussée 推力方向,冲断层走向
  ~ de la prévention des pollutions(DPP) 防污染管理处
  ~ de la propagation 传播方向
  ~ de la Voirie de la Ville de Paris 巴黎市道路管理局
  ~ de marche 行车方向
  ~ de pendage 倾斜方向,倾斜线
  ~ de stratification 岩层走向
  ~ de traction 拉伸方向
  ~ de travail 工作管理
  ~ de voie 线路方向
  ~ départemental de l'équipement(DDE) 省属设备局
  ~ des travaux 施工领导,工程管理
  ~ des couches(roches) 岩层走向,矿层走向
  ~ des routes 公路局
  ~ des Routes et de la Circulation Routière(D.R.C.R.) 公路工程和公路运输局
  ~ des Transports Terrestres(DTT) 陆地运输局
  ~ descendante 下行方向
  ~ dominante du vent 主风向
  ~ du courant 电流方向,流向

directionnel, elle

～ du déplacement de faille　断层（位移）走向
～ du trafic　交通方向，运输方向
～ du vent　风向
en ～ de　……朝……方向
～ excentrique　偏心方向
～ générale　区域走向，总走向，一般趋向
～ générale de l'exploitation　全面管理运输
～ hydraulique　水力传动控制，液压传动控制
～ indicateur　进路表示器
～ initiale　零方向，初始方向
～ irréversible　反方向式转向装置，非逆向式转向装置
～ longitudinale　纵向
～ montante　上行方向
～ opposée　对向，相向
～ optique de la circulation　行车视向
～ par barres　杆式导向
～ par châssis articulaire　铰接式车架转向装置
～ par commande électrique　电力控制，电力操纵
～ par un seul essieu　单轴控制，单轴转向
～ parallèle　平行方向
～ passante　通路方向，放行方向
～ préférentielle　（矿床）主要走向
～ principale　主要方向，主方向
～ structurale　岩层走向，构造方向
～ technique　技术领导
～ tectonique　构造方向
～ transversale　横向

directionnel, elle *a*　方向性的，定向的，定向性的
directive *f*　指示，命令，法则
　～ s de réception d'un ouvrage　工程验收规范
　～ s pour l'aménagement des routes　公路布置规范
　～ provisoire　临时规定
directivité *f*　方向性，定向性，指向性
directrice *f*　准线
dirigé *a*　有方向性的，定向的，指向的，被控制的
dirigeable *a*　可操纵的，可控制的
dirigeant *m*　领导人
　～ du mouvement et trafic　运输部门领导干部
diriger *v*　控制，指引，引导，带动，驱动
　～ un wagon sur la voie à laquelle il est destiné　使车辆溜入应进的股道
dis-　（前缀）反，否定，分离，分开，除去

discoïdal, e *a*　圆盘状的，平圆形的，盘旋壳
discoïde *m*　圆盘状，盘状
discolites *f. pl*　（钙质超微化石）盘状石
disconformité *f*　假整合，平行不整合
discontinu, e *a*　不连续的，断续的，间断的，中断的，间歇的
discontinuation *f*　中断，间断，间歇，不连续
discontinuer *v*　中断，中止，停止
discontinuité *f*　间断，中断，剧变，裂纹，界面，突变，不整合，间断性，跃变性，不接续性，不均匀性，不连续面
　～ s d'absorption　（元素的）吸收带边缘
　～ de Conrade　康拉德不连续面
　～ de Gutenberg　古登堡不连续面
　～ de Gutenberg-Wiechert　古登堡—韦谢特界面
　～ de jumelage　耦合系统的不连续性（多腔磁控管空腔间）
　～ de Lehmann　雷曼不连续面
　～ de Mohorovicic　莫霍面，莫霍罗维奇契不连续面
　～ de[par]ravinement　冲沟侵蚀不整合，沟壑间断
　～ du tracé　路线的不连续性
　～ stratigraphique　不整合，地层间断，地层不连续性
　～ tectonique　构造不连续性，构造间断
discordance *f*　不谐调，不一致，不相符，不一致性，（接触）不谐和，不整合，角度不整合，产状不整合
　～ angulaire　角度不整合
　～ azimutale　方位角不一致，地形不整合
　～ cachée　假整合，侵蚀不整合
　～ calédonienne　加里东期构造不整合
　～ complète　完全不整合
　～ d'érosion　（地层）侵蚀不整合，侵蚀假整合
　～ de ravinement　冲沟侵蚀不整合
　～ de stratification　不整合层理
　～ diapirique　底辟不整合，穿刺褶皱不整合
　～ géométrique　角度不整合
　～ hercynienne　海西期构造不整合
　～ masquée　假整合，（地层）侵蚀不整合
　～ mécanique　构造不整合
　～ parallèle　平行不整合，假整合
　～ progressive　渐变不整合

~ stratigraphique 不整合性，地层不整合，层位不整合
~ tectonique 地质构造不整合
~ topographique 地形不整合
~ transgressive 海侵不整合，超覆不整合

discordant, e *a* 不整合的，不协调的，不一致的
discrase *f* 锑银矿
discrasite *f* 锑银矿
discret *a* 离散的，不连续的，分立的
discriminateur *m* 鉴别器，鉴频器，甄别器，振幅分析仪，选分仪
~ d'intégral 积分鉴别器
~ de bande （频）带鉴别器
~ de fréquence 鉴频器
~ de phase 鉴相器，相位鉴别器
~ différentiel 分鉴别器

discrimination *f* 辨[鉴、区、识、甄]别，区分，分辨能力，歧视
discriminer *v* 鉴别，分辨，辨别
discussion *f* 讨论，议论，商讨，商议，研究，分析
discuter *v* 讨论，议论，争论
disharmonie *f* 不调和，不谐和
~ épigénétique （与褶皱不一致的）后成不调和
~ tectonique 不调和构造，构造不整合

disharmonique *a* 不协调的，不和谐的
disjoindre *v* 使脱开，使分开，断开，隔开
disjoint *a* 分离的，分开的，拆开的
disjoncteur *m* 开关，电门，断路装置，（自动）断路器，跳开装置，断续器，分离器
~ à air comprimé 风动断路器，压缩空气断路器
~ à commande pneumatique 风动开关
~ à cornes 角隙开关
~ à couteau horizontal 水平闸刀，断路器
~ à cuve 油槽式断路器
~ à désionisation 消电离断路器
~ à fil 拉线开关
~ à fusible 熔断断路器
~ à gaz comprimé 压缩气体开关
~ à inversion 反向开关
~ à jet d'huile 喷油断路器
~ à l'air libre 风动开关
~ à l'huile 油开关，油断路器
~ à manche 钩键，挂钩开关（电话机）
~ à manque de tension 欠载电压断路器

~ à maximum 过载断路器，过流断路器
~ à maximum de courant 最大保护自动开关，过载电流断路器
~ à minima 无载开关
~ à minimum 低压保护断路器
~ à ouverture automatique 自动断路器，自动开关
~ à réenclenchement 重闭开关，自动重合闸，自动再接通开关
~ à vide 真空断路器
~ amovible 抽出式断路器
~ antigrisouteux 防爆开关
~ automatique 自动开关，自动断路器
~ automatique à tension minime 无载自动断路器
~ auxiliaire 辅助断路器
~ bipolaire 双极断路器，双断开关
~ -conjoncteur 逆流继电器，接触器
~ d'excitation 磁力开关
~ dans l'huile 油开关，油断路器
~ de champ 场开关，励磁开关
~ de champ magnétique avec levier 手动磁力开关
~ de combinaison 组合开关
~ de feeder 馈电器开关，主电路开关[断路器]
~ de ligne 主电路断路器，主电路接触器
~ de puissance minihuile 少油主开关，少油主断路器
~ de sécurité 安全开关，应急开关
~ de surcharge 过载开关
~ différentiel 差动断路器
~ directionnel 逆流断路器，定向断路器，定向开关
~ par arrivée 进线开关
~ pneumatique 风动断路器，风动开关
~ protégé 保护开关，分区开关
~ rapide à jet d'huile 喷油快速断油器
~ sur poteau 柱上开关
~ temporisé 延时开关，缓动开关
~ thermique 热断路器
~ ultra-rapide 超高速开关，快速断路器

disjonctif *a* 错动裂断的，断裂的，破坏的，脱节的，分开的
disjonction *f* 断开，切断，断路，跳闸，跳开，节理，曳裂，脱节，分离，接合，连接，分开，结构

dislocation

~ en bancs 页状节理,板状节理
~ en bâtonnets 柱状节理
~ en blocs 块状节理
~ en boules 球状节理
~ en colonnes 柱状节理
~ en dalles 板状构造
~ en plaquettes 板状节理
~ en prismes 棱柱形结构
~ irrégulière 不规则节理
~ lamellaire 片状节理,页状节理
~ prismatique 柱状节理
~ shunt 分路切断
~ trirectangle 立方节理

D **dislocation** *f* 错位,位移,断层,移动,滑移,转移,转换位置,分裂,分解,断错
~ antéminérale 成矿前错动,成矿前位移
~ cristalline 晶体滑移
~ de la voie 线路移动
~ des roches 岩层断错,岩石断层,岩石位移
~ des terrains 岩层破坏,岩层错动
~ disjonctive 错动断层,断裂错动
~ horizontale 水平移位,水平错动
~ par décrochement 平移断层,平移错动
~ par failles 错动断层,断裂错动
~ plicative 褶皱错动,褶皱变位
~ post-minérale 成矿后错动,成矿后的位移
~ radiale 垂直运动,径向位移
~ saline 盐丘错动,盐丘移动
~ tectonique 构造位移,构造错动,构造断层
~ verticale 垂直位移,垂直错动

disloqué *a* 错动的,断错的,碎裂的
disloquer *v* 分解,使松,弄松,翻松(土),拆散(机件)
dismicrite *f* 扰动微晶灰岩,扰动泥晶灰岩
dismigration *f* 分散迁移,分散移动,离散运移(石油)
~ directe 原生分散运移
~ indirecte 第二次分离运移,二次迁移
~ primaire 原生迁移
~ secondaire 第二次分散迁移,二次离散迁移

disomatique *a* 捕获晶的,(被)包裹晶的
disomose *f* 辉砷镍矿
disparaître *v* 消失,消散,隐没,失踪,遗失,消亡
faire ~ 消除,去除,消灭
disparité *f* 差异,区别,不对等,不对称

~ des matériels 材料的不匀质性
disparition *f* 消失,幻灭,消散,隐没,尖灭,浪费,消耗
~ de la couche en biseau 地层尖灭
~ de la pression interstitielle 孔隙压力消失
~ graduelle 渐弱,逐渐消失

dispatcher *m* 调度员
dispatching *m* 调度,调度制,调度系统,调度通信,调度所
~ central 主控制,总控制,总调度
~ centralisé 集中控制系统

dispendieux, euse *a* 费用大的,费用高的,花钱的
dispense *f* 免除,豁免证明书
~ d'avis 取消通知

dispersé *a* 分散的,离散的,扩散的,消散的,散射的
disperser *v* 分散,扩散,耗散,散开,传播
dispersif, ive *a* 分散的,离散的,散射的
dispersion *f* 分散,弥散,色散,散布,散射,扩散,离差,离散差(度),漂移,漏电,泄漏,铺撒,筛分
~ anti-automatique 防原子扩散
~ des contraintes 应力分散
~ des déflexions 弯沉分布
~ des mesures 测试结果不一致,测量结果分散
~ des résultats 结果分散
~ du liant 撒布黏结料

dispersoïde *m* 分散胶体
disphénoèdre *m* 四分面体,四面体
disphénoïde *m* 双楔,双楔,四方双楔,四方双楔
~ rhombique 斜方双楔(菱形四面体)
~ tétragonal 四方双楔(四方四面体)

disphénoïdique *a* 双楔的,四方双楔的
disponibilité *f* 保有量,现有数,储备量,库存量,几率,预备资金,可用性,可使用性,可处理性,流动性; *f. pl* 流动资金,可使用资金
~ des locomotives 机车保有量

disponible *a* 有效的,可用的,可处理的,后备的,备用的,可流通的
disposer *v* 安排,整理,部署,布置,使用,支配,拥有
~ de 使用,可支配,具有

dispositif *m* 装置,装备,设置,设备,仪器,布置,布局,配置,配备,排列,机构
~ à cheval 对称排列,对称配置
~ à doser 配料器,剂量计

~ à mesurer la pression interstitielle 孔隙压力测量设备
~ à perçage à la flamme 火焰钻孔器
~ à purifier l'air 空气滤清器,空气净化装置
~ à temps 延迟时间设备
~ à vue 即期汇票
~ accessoire 辅助设备[装置]
~ acoustique et matériaux 隔音设施及材料
~ amortisseur 减速装置,减振装置,缓冲装置
~ anti-broutage de locomotive 机车防空转装置
~ anticheminant 防爬设备
~ antichocs 防冲击装置,缓冲装置
~ anti-contraste 防(灯光)眩目装置
~ antidérapant 防(侧)滑装置
~ anti-éblouissant 遮光板,防耀眼板
~ antiéblouissant de phare 大灯防耀眼的装置
~ anti-enrayeur 防滑装置
~ anti-fantôme 消除幻象设备(不使阳光射入色灯信号而产生幻象)
~ antifriction 减摩装置,减摩措施
~ anti-induction 电感防护装置
~ antiparasité 抗干扰设备
~ anti-patinage 防滑装置,牵引时防打滑装置
~ anti-télescopage (voitures) 客车的缓冲装置
~ antivol 防盗警报器
~ architectural 建筑机具
~ auxiliaire 辅助设备
~ avertisseur 信号装置
~ basculeur 倾卸装置
~ C.T.V. 车辆计数仪,交通量计数仪
~ catadioptrique 反(射)折射装置
~ compteur d'essieux 计轴器,数轴器
~ contre l'incendie 消防设备
~ d'accrochage (téléphérique) 连接装置(架空索道)
~ d'aecélération 加速装置
~ d'aérage 通风系统
~ d'aération 通风装置,通风系统,风扇鼓风机
~ d'alimentation 送料器,给料器
~ d'amorçage 起动装置,触发装置
~ d'amortissement 阻尼装置,消震装置,缓冲装置
~ d'anti enrayage (en freinage) 制动时防滑装置
~ d'appel 呼叫(信号)设备
~ d'arrêt 制动装置,锁紧装置
~ d'arrêt de secours 紧急制动装置
~ d'arrosage 喷水装置,洒水装置,冲洗装置
~ d'arrosage des bandages 轮箍润滑器
~ d'asservissement 助力[伺服、随动]系统[装置]
~ d'éclairage 照明设备
~ d'écoute 监听设备
~ d'égalisation des charges des essieux 轴重调整装置
~ d'éjection 喷射器
~ d'encliquetage 闭塞装置,棘轮装置
~ d'enregistrement 记录装置,记录仪器
~ d'entraînement 传动装置
~ s d'entraînement d'une cimenterie 水泥厂的传动装置
~ d'entrée des données 数据输入设备
~ d'épuisement 排水设备
~ d'épuration de l'air 空气净化装置
~ d'essai 试验设备,试验装置
~ d'essai des soupapes 阀的试验装置
~ d'évacuation des eaux 排水设施
~ d'exploitation 运营设备
~ d'extinction d'arc 熄弧装置,熄弧室
~ d'homme-mort 自动警告器,警惕按钮
~ d'immobilisation 锁定装置
~ d'inflammation 引爆设备
~ d'inversion 反向器,往复设备,转换机构
~ de basculement 倾卸装置
~ de battage 打桩装置
~ de bétonnage 混凝土灌注设备
~ de brassage 搅拌装置
~ de brassage à bras 手动搅拌装置
~ de centrage optique 光学对中装置
~ de changement de régime du frein 制动转换装置
~ de changement des régime《marchandises-voyageurs》 "货车—客车"制动位转换装置
~ de changement du régime de desserrage (制动机)缓解转换装置
~ de chargement 荷载装置
~ de chargement de charbon 上煤机
~ de chauffage d'air 空气加热器

dispositif

~ de chauffage de route 路面加热器
~ de command 操纵装置,控制装置
~ de commande à câble 缆索操纵装置
~ de commande automatique 自动控制装置
~ de conduite automatique 自动牵引装置
~ de contrôle 调节装置,控制系统
~ de contrôle d'émission de fumée du moteur diesel 柴油机排烟检查装置
~ de contrôle d'opérations différentes 多路运算控制器
~ de contrôle de dosage 配料控制装置
~ de contrôle de la durée du stationnement （停车场）停车计时器
~ de contrôle de plausibilité (gestion centralisée du trafic marchandises) 数据检测装置（货运集中管理）
~ de contrôle de tassement 沉降记录仪
~ de contrôle de vigilance 自动警告器
~ de déchargement 卸车装置
~ de déclenchement de la sonnerie 电铃切除按钮
~ de décrochage (téléphérique) 解钩装置（架空索道）
~ de délestage 自动减(负)载装置
~ de dépoussiérage 除尘设备,除尘装置
~ de déversement 倾卸装置
~ de dilatation 膨胀装置
~ de dosage 分批投配装置
~ de dosage pour ciment 水泥分批投配装置
~ de drainage 排水设备
~ de fermeture 关闭设备
~ de fixation 紧固装置,固定装置
~ de freinage 制动装置
~ de freinage à la charge 重车制动装置
~ de gâchage de chaux 石灰搅拌装置
~ de garage 停车线,备用线,会让线
~ de gare 车站设施,车站设备
~ de gestion 管理设备
~ de graissage des boudins 轮缘润滑器
~ de guidage 引导装置,导向设备,导向装置
~ de lavage 洗炉设备,冲洗设备
~ de levage 起重装置
~ de liaison 连接装置
~ de limitation de courant 限流装置

~ de maintien 信号机动车的保持磁石
~ de mécanicien automatique 机车无人驾驶装置
~ de mélange du béton bitumineux 沥青混合料摊铺机
~ de mesure 测量仪器,仪表
~ de mesure à distance 遥测仪表,测距仪
~ de mise à zéro 零值调整器
~ de mise en mémoire 数据存储装置
~ de montage 装配设备
~ de nettoyage de joint 清缝机
~ de nettoyage par le vide 真空除渣[清洗]器
~ de précontrainte 预施应力装置
~ de prédosage 预配料设备
~ de présignalisation 警告用信号装置
~ de prise de courant 受电装置,插头
~ de protection （继电)保护装置[设施]
~ de protection à impédance 阻抗保护装置
~ de protection à maximum de courant 过电流保护装置
~ de protection à maximum de fréquence 过频率保护装置
~ de protection à maximum de puissance 过功率保护装置
~ de protection à maximum de tension 过电压保护装置
~ de protection à minimum de courant 低电流保护装置
~ de protection à minimum de fréquence 低频率保护装置
~ de protection à minimum de puissance 低功率保护装置
~ de protection à minimum de tension 低电压保护装置
~ de protection à retour de puissance 逆功率保护装置
~ de protection ampérométrique 电流保护装置
~ de protection ampérométrique directionnel 方向电流保护装置
~ de protection ampérométrique non-directionnel 非方向电流保护装置
~ de protection contre l'éblouissement 防眩目装置,防耀眼装置
~ de protection contre le déraillement 脱轨保

护装置

~ de protection contre les coupures de phase 断相保护装置

~ de protection contre les courts circuits 短路保护装置

~ de protection contre les courts-circuits de mise à la terre 接地短路保护装置

~ de protection contre les courts-circuits entre spires 匝间短路保护装置

~ de protection contre les défauts à la terre 接地保护装置

~ de protection contre les ruptures de synchronisme 失步保护装置

~ de protection contre les surcharges 过载保护装置

~ de protection de distance 距离保护装置

~ de protection de distance à caractéristique continue 平滑时限特性距离保护装置

~ de protection de distance à caractéristique discontinue 阶梯时限特性距离保护装置

~ de protection de puissance 功率保护装置电抗保护装置

~ de protection directionnel watt métrique 方向功率保护装置

~ de protection fréquence métrique 频率保护装置

~ de protection monophasé contre les courts-circuits 单相短路保护装置

~ de protection polyphasé contre les courts-circuits 多相短路保护装置

~ de protection pour enroulements à conducteur divisés 绕组支路断线保护装置

~ de protection principale 主保护装置

~ de protection volumétrique 电压保护装置

~ de pulvérisation 喷雾装置

~ de purge(freins) 缓解装置(制动机)

~ de purifier l'air 空气滤清器

~ de rappel 复原装置

~ de réarmement 再整定装置

~ de réchauffage 加热装置

~ de refroidissement 冷却装置

~ de réglage 调整设备,调节装置

~ de réglage aux grands débits d'un compteur 电度表的满载调整装置

~ de réglage aux petits débits 电度表的小荷载调整装置

~ de réglage de l'humidité 湿度调节器

~ de réglage de pression 压力调节器

~ de réglage de puissance 能量调节器,功率调节器

~ de réglage de température 温度调节器

~ de réglage du foyer 聚焦装置,调整焦距装置

~ de réglage en courant déphasé d'un compteur à courant alternatif 交流电度表的功率因数调整装置,交流电度表相位移动调节装置

~ de remuage 搅拌装置

~ de remuage à bras 人工搅拌装置

~ de renversement de marche 反向器,换向器

~ de répartition centrifuge 离心撒布机,离心铺砂机,圆盘式铺砂机

~ de répétition 中继器,重复器,重复机构,复示装置

~ de retenue 安全设施,护栏

~ de retenue frontal 防碰撞设施

~ de réverbération 混响器

~ de rodage des soupapes 阀的研磨装置

~ de rotation de la grue 起重机回转装置

~ de rupture 断裂设备,击穿设备

~ de secours 事故按钮

~ de sécurité 安全装置,保护装置

~ de sélection des mélanges 混合料选料装置

~ de serrage 紧固装置

~ de serrage pour goujon de paliers 轴承螺栓用紧固设备

~ de signalisation 交通管理设备,信号装置

~ de suralimentation par turbine 涡轮增压器

~ de sûreté contre la rupture de fils 导线折断保护装置

~ de synchronisation 同步器[装置]

~ de taraudage 攻丝板牙

~ de télémanipulation 远距离操纵装置

~ de télémesure 遥测装置

~ de temporisation 限时原件,延时原件

~ de tension 扩张器,张力装置,(锅炉的)扩管器

~ de trafic 运输设备,行车设备

~ de transport 运输设备

~ de veille automatique 自动警告器

~ de vidage 清除器,排除设备

disposition

~ de vigilance　警惕装置
~ des observations météorologiques　气象观察设备
~ désenrayeur　防滑装置
~ directeur (transmission hydraulique)　控制装置(液力传动)
~ disposition　布置,安排,格式,汇票,规定,布置方案,配置图,装置结构
~ du condenseur　冷凝[凝结、冷却、凝气、凝水]器,制冷装置
~ en croix　交叉排列,十字配置
~ en dérivation　分流装置[系统]
~ en éventail　扇状排列,扇状布置
~ en ligne　线状排列,线状布置
~ enregistreur　记录设备
~ enregistreur d'essieux　记轴器
~ enregistreur de comptage d'essieu　记轴器
~ érecteur　起重装置
~ expérimental　实验装置
~ hacheur　斩波装置
~ horaire　计时装置
~ indicateur　信号装置,指示器
~ interprète　翻译器
~ permettant le freinage d'urgence　紧急制动装置
~ plaine-montagne (frein)　平原—山区制动转换装置
~ pour échantillonnage　取样装置
~ pour la confection des joints de maçonnerie　圬工勾缝设备,勾缝机
~ pour les locomotives　机车装备,机务装备
~ pour locomotives de secours　推送补机用的辅助路签,救援机车用的装备
~ pour lumière réduite　(汽车)遮光板
~ pour marchandises　货物装卸机具
~ pour marchandises en colis séparés　零担货物装卸机具
~ pour rodage　研磨设备
~ protectrice de route　道路防护设施
~ réfléchissant　反射器,反射装置
~ répartiteur　分配设备
~ servo　增力装置,伺服机构
~ sismique　地震设备
~ sonore　音响设备
~ témoin　信号(指示)装置
~ tendeur　松紧装置,(接触导线)紧线器
~ tendeur automatique　自动紧线装置
~ transversal de la superstructure　线路上部建筑横向布置
~ unilatéral　(路灯等的)单侧排列
~ vide-charge(frein)　空重车(制动位)转换装置

disposition *f*　配置,布置,分布,排列,安排,部署,装置,结构,配置图,布置方案,装置结构,格式,汇票,规定;产状(岩石); *f. pl* 细则,规则,条例

~ à　易于……,倾向于……
~ à adresse　地址安排格式,地址布置格式
~ à bloc fixe　固定程序块格式
~ à bloc variable　可变程序块格式
~ à séquence fixe　固定顺序格式
~ à tabulation　列表顺序格式
~ à tabulation et adresse　列表和地址混合顺序格式
~ anticlinale　背斜分布,背斜排列
~ architecturale　建筑布局
~ au vieillissement　(结构材料)时效倾向
~ bilatérale en quinconce　(路灯)交错布置,交错排列
~ bilatérale en vis-à-vis　(路灯)两侧相对排列
~ bréchoïde　角砾状产出
~ complémentaire spéciale　特别补充规定
~ complémentaire uniforme　统一补充规定
~ constructive　结构布置
~ d'ensemble　总体布置,总布置图
~ de la cabinet de conduit　司机室装备
~ des appareils　电器布置,仪器仪表的配置
~ des armatures　钢筋布置
~ des boulons　螺栓排列
~ des essieux　轴列式
~ des gares　车站布置
~ des nervures　加强筋排列
~ des ouvrages　建筑物的装置
~ des roches　岩石产状
~ des signaux　信号装置
~ des signaux en alignement　信号直线式排列
~ des signaux en gradins　阶梯式信号排列
~ des stations　车站设置,车站布局
~ en bancs　层状产出
~ en gradins　台阶式分布

~ en ordre dispersé 分散布局
~ en séries (tension) 串联(电压)
~ face-avant du tableau de commande 控制盘正面布置图
~ générale 一般规定
~ obligatoire 约束性条款
~ orthogonale 格子型(指水平)分布,正交分布
~ s particulières 特别规定
~ s qui régissent le transport des marchandises 办理货物运输的条款
~ réglementaire 规定条文
~ stratiforme 层状排列,层状分布
~ structurale 构造排列
~ tabulaire 台形构造,板状构造(或层理)
~ s tarifaires 运价条例,运价规则
~ s techniques 技术规定,技术条例,技术细则
~ s transitaires 暂行规定
~ transversale de la superstructure 线路上部建筑横向布置,横断面上部结构布置
~ transversale du pont 桥梁横断面布置

disproportion *f* 不均匀,不均衡,不相称,不成比例,不均衡性

disproportionnel, elle *a* 不成比例的,不相称的,不均衡的,歧化的

disputer *v* 讨论
~ sur 讨论……

disque *m* 圆盘,圆板,圆片,转盘,磁盘,唱片,垫圈,垫(板),(电话机的)拨号盘,磨片砂轮,平圆形物,圆盘信号(机),圆盘形表面,旋转圆盘信号
~ à brosse 刷轮,磨轮
~ à cames 凸轮盘
~ à distance 预告圆盘
~ à encoches 槽盘
~ à fentes 有槽盘
~ à fleur de sol 矮柱信号机
~ à frein 制动盘,闸盘
~ à friction 摩擦片
~ à l'arrêt 信号圆盘在停车装置,圆盘(信号机)显示停车
~ à lentilles 透镜盘
~ à main 手动圆盘
~ à manche 带把圆盘,手动圆盘
~ à rabattement 铰接式圆盘信号
~ à voie libre 圆盘信号(机)显示进行

~ abrasif 研磨盘
~ ajouré 透空圆盘
~ analyseur 扫描盘
~ automoteur 自动圆盘信号(列车驶过后自动变为停车装置)
~ avancé 预告圆盘信号
~ bleu 蓝色圆盘(上水表示器)
~ coupe-joints 圆盘式切缝刀片(切混凝土伸缩缝)
~ d'appel 拨号盘
~ d'arrêt 停车圆盘信号,制动盘
~ d'arrière de jour 昼间列车尾部信号
~ d'arrière de nuit 夜间列车尾部信号
~ d'automate 拨号盘(自动电话的)
~ d'avant de nuit 机车头灯
~ d'embrayage 离合器,离合器圆盘
~ d'entraînement 主动(圆)盘
~ de défense 防护圆盘
~ de distribution 配气盘
~ de franc-bord 载重线标圈,保险圈
~ de frein 制动盘,闸盘,圆盘制动机
~ de garage 调入侧线的调车信号
~ de mineur 矿用罗盘
~ de pression 压力盘,膨胀饼
~ de protection (du pont) (桥梁)遮断圆盘,(桥梁)防护圆盘
~ de ralentissement 减速运行圆盘信号,慢行圆盘信号
~ de roue 轮心
~ de signal 圆盘信号
~ de stationnement 停车站停车时间指示盘
~ de tampon 缓冲器圆盘
~ du pupitre 控制台仪表盘,控制台文件盘
~ effacé 圆盘信号在进行位置
~ épandeur 离心散布机,离心铺砂机
~ fermé 圆盘信号显示停车
~ gradué 刻度盘
~ indicateur 表示圆盘,到达通知圆盘
~ lanterne 机车信号灯,机车标志灯
~ manœuvré à distance 预告圆盘
~ manœuvré à la main 带把圆盘,手动圆盘
~ mobile 移动硬盘
~ ouvert 圆盘信号(机)显示前进
~ pour meuleuse 砂轮片

disquette

~ redresseur 整流原件,整流原件管芯
~ répétiteur 电报中转站,中继站,信号显示复示盘
~ rouge 立刻停车圆盘信号
~ stroboscopique 频闪观测盘
~ stroboscopique d'un compteur 电度表的频闪观测圆盘
~ tournant (信号)回转盘,(机车)转盘

disquette *f* 小软盘
disrupteur *m* 放电器
disruption *f* 击穿,放电
dissecteur *m* d'image 电视析像管
dissection *f* (地形)切割,分解
  ~ du relief 地形切割
dissector *m* 析像管
dissemblable *a* 不相似的,不相同的
dissémination *f* 散发
dissémination *f* 浸染,分散,弥漫,传播
disséminé *a* 浸染的,分散的,扩散的
disséminer *v* 撒,分教,传播
disséqué *a* 切割的,分割的
dissimulé *a* 隐藏的
dissipateur *m* 消力池
dissipatif *a* 耗散的,消耗的,分散的,飘散的
dissipation *f* 耗散,消耗,散逸,损耗,消散,消融,分散
  ~ anodique 屏极功率损耗,屏极电压降
  ~ d'électrode 电极耗散
  ~ d'énergie 能量耗散
  ~ d'énergie dans une résistance 电阻能耗
  ~ de chaleur 热分散,散热,热散逸,热耗散
  ~ de l'énergie 能量耗散
  ~ de l'énergie de la chute 消能,动能消散
  ~ de la chaleur de prise 水合热的散逸
  ~ de surpression interstitielle 孔隙内压消散
  ~ des pressions 压力耗散
dissiper *v* 消散,消除,消失
dissociable *a* 可离解的,可分离的
dissociation *f* 分散,分离,分解,分割,色乱(彩色电视),分解,游离,离解(作用)
dissocier *v* 分离,分解,区分
dissogénite *f* 异源岩,接触脉岩
dissolubilité *f* 溶解度,可溶性
dissoluble *a* 可溶的,可溶解的,可分解的

dissoluté *m* 溶液,溶解
dissolutif *a* 溶解的,有溶解能力的
dissolution *f* 溶解,分裂,溶蚀,溶液,溶化,溶洞
dissolvant *m* 溶解剂,溶剂
dissonance *f* 不和谐,不调和
dissoudre *v* 溶解,融化,溶蚀
dissous *a* 溶解的
dissymétrie *f* 非对称,不对称,不匀称
dissymétrique *a* 不对称的,非对称的
distal *a* 远源的,远处的,远端的,远离中心的
distance *f* 距离,里程,间距,间隔,间隙,差距,差别,路程
  à ~ 有距离地,远远地,隔一段距离,远距离
  ~ à compter 计费里程,运价里程
  ~ angulaire 角移,角距,角距离
  ~ apparente 视距,视距离
  ~ centrale 中距,中心距离
  ~ clairvoyante 明晰视距
  ~ courte 最短里程,短距离,近距离
  ~ couverte 行驶里程
  ~ s cumulées 累计里程
  ~ d'arrêt 停车视距
  ~ d'acheminement 走行里程,运送距离
  ~ d'action du frein 制动滞后距离
  ~ d'arrêt 制动距离,刹车距离,停车距离
  ~ d'arrêt de croisement 会车制动距离
  ~ d'arrêt de sécurité 安全制动距离
  ~ d'arrêt de véhicule 停车距离,刹车距离,制动距离
  ~ d'arrêt du conducteur 驾驶员制动距离
  ~ d'arrêt en alignement 直线停车距离
  ~ d'arrêt en courbe 曲线(路段)停车距离
  ~ d'arrêt par freinage 制动距离
  ~ d'arrêt totale 总制动距离,总刹车距离
  ~ d'avertissement 预告信号(机)距离,警告距离
  ~ d'axe en axe 轴间距,中心线间距
  ~ d'entrecroisement (车辆)交织距离
  ~ d'espacement 间距,间隔
  ~ d'évacuation au carrefour 交叉口车辆疏散距离
  ~ d'introduction (车辆)交织距离
  ~ d'isolement 隔离区段,分隔距离
  ~ d'observation (feux de signaux) 瞭望距离

（信号灯光）
~ dans le site 斜距，倾斜距离
~ de bout en bout 全程，总里程
~ de charriage 逆掩断层的水平错距
~ de chassage 可采距离，掘进距离
~ de croisement 会车距离
~ de dépassement 超车距离
~ de déviation 偏距
~ de freinage 制动距离
~ de freinage avec traces 滑行距离（在特殊情况下刹车，汽车安全停止时所需的距离）
~ de freinage du véhicule 车辆制动距离
~ de lecture 可读距离
~ de lisibilité 可识别的距离，可看清楚的距离，视距
~ de perception 感觉距离，感应距离
~ de projection 投掷距离，喷射距离
~ de raccordement 连接距离，衔接距离
~ de réaction du conducteur （司机）感觉反应距离
~ de rebondissement 越程，跳跃距离
~ de saut 越程，跳跃距离
~ de sécurité 安全距离
~ de sûreté 安全距离
~ de tarif 运价里程，计价里程
~ de taxation 计费里程，计价里程
~ de taxe 运价里程，计价里程
~ de tir 爆破间距，爆破波传播半径
~ de transport de terres 土方运距
~ de visibilité 可见距离，能见距离，可见度，视距
~ de visibilité convenable 适合的视距
~ de visibilité d'arrêt 停车视距，停车可见离，刹车可见距离
~ de visibilité d'entrecroisement 会车视距（错车视距）
~ de visibilité dans le tunnel courbe 曲线隧道视距
~ de visibilité de dépassement 超车视距
~ de visibilité de dépassement minimal 最小超车视距
~ de visibilité en courbe 曲线视距
~ de visibilité horizontale 水平视距
~ de visibilité insuffisante 限制视距，不足视距

~ de visibilité minima 最小视距
~ de visibilité minimale absolue 绝对最小视距
~ de visibilité minimale normale 一般最小视距
~ de visibilité sur les raccordements convexes 凸形曲线上的视距
~ de vision directe 直接视距
~ des poteau 杆距
~ des rivets 铆钉距离
~ des stations d'alimentation 给水站距离
~ des traces de la faille 断层垂直距离
détermination de la ~ 决定距离，确定间距
~ du foyer 焦点距离，焦距
~ économique de transport 经济运距
~ en plan 平面距离[间距]
~ entre appareils d'appui 支座间距
~ entre axes 轴间距，中心线间距
~ entre joints 接缝间距
~ (en hauteur) entre les deux chaussées d'une route 公路两条行车道间的距离
~ entre les postes 闭塞分界点间的距离
~ entre les tubes 小烟管中心线间的距离，管中心距
~ entre pendules 接触网吊弦间距
~ entre pivots de bogie 转向架中心销间距
~ entre points d'appui 支（承）点间距
~ entre profils 断面间距
~ entre stations 区间长度，站间距离
~ entre tampons 缓冲器间距
~ entre voitures 行车间距
~ épicentrale 震中距离
~ excentrique 偏心距
~ explosive 爆炸距离
~ extérieure 外距
~ focale 焦距，震中距
~ franchie 行驶里程
~ horizontale 水平距离
~ inclinée 倾斜距离
~ infiniment petite 无限小距离
~ interaxiale 轴间距，中线距
~ marginale 界限距离
~ mètre 收敛计
~ moyenne de transport 平均运送距离，平均运程
~ nette 净距离，净空
~ normale 正常距离

~ oblique 倾斜距离
~ parcourue 走行里程,全程
~ partielle 部分距离,部分里程
~ perpendiculaire 垂直距离
~ photométrique 光照距离,测光距离
~ raisonnable 合理距离,合适距离
~ réelle 有效距离,实际距离,实际里程
~ réglementaire de protection 规定防护距离
respecter la ~ entre des voitures 保持行车间距
~ spécifique 指定行程
~ stadiométrique （视距仪的）视距
~ télémétrique 遥测距离
~ terrestre 地面距离
~ théorique d'arrêt 理论停车距离
~ transport 运输距离,运移距离,运距
~ virtuelle 换算距离,换算里程

distancemètre *m* 测距仪,里程表
distant, e *a* 隔开的,远隔的
distendre *v* 使延伸,使膨胀
distension *f* 膨胀,延伸,扩展
disterrite *f* 绿脆云母
disthène *m* 蓝晶石
disthénique *a* 蓝晶石的
disthénite *f* 蓝晶岩
distillable *a* 可蒸馏的
distillat *m* 馏出物,馏出液,馏分
    ~ de goudron 焦油馏分
    ~ de pétrole 石油馏出物
    ~ léger 轻馏分
    ~ lourd 重馏分
    ~ non visqueux 低黏度馏分
    ~ visqueux 高黏度馏分
    ~ volatil 挥发馏分

distillateur *m* 蒸馏器,蒸馏者
    ~ du goudron 煤沥青蒸馏器

distillation *f* 蒸馏（作用）,蒸馏法
    ~ à basse température 低温蒸馏
    ~ à haute température 高温蒸馏
    ~ des goudrons de pétrole 煤沥青蒸馏
    ~ du bois 木材干馏
    ~ du charbon 煤的蒸馏,煤的干馏

distiller *v* 蒸馏,渗出
distinct, e *a* 不同的,有区别的,清楚的
distinctif, ive *a* 有区别的,有特色的,特殊的

distinction *f* 区别,区分,识别,辨别,差别,特征,特性
    sans ~ 毫无区别

distinguer *v* 区分,辨别
    se ~ de 与……不同

distordre *v* 扭歪,扭曲,弯曲,失真
distorsiomètre *m* 畸变计,失真测试器
distorsion *f* 扭曲,歪曲,弯曲,翘曲,畸变,变形,失真,投影偏差
distribué *a* 分配的,分发的
distribuer *v* 布置,安排,分配,分发,分给
    ~ une somme d'argent 分配一笔款项

distributeur *m* 进料器,加料器,供料器,给料机,分配器,分配阀,分配装置,给水器,加油器,加煤器,支线,支流,进刀装置,配电盘,配电器,制动器,料库管理员,沿途分卸零担车
    ~ à action rapide（frein） 快动分配阀（制动机）
    ~ à chaînes pendantes 悬链式进料器
    ~ à ciment 水泥散布机
    ~ à courroie 皮带送料器,皮带输送机
    ~ à éléments articulés 裙式进料器
    ~ à mouvement alternatif 往复式供料器
    ~ à mouvement continu 连续式供料器
    ~ à palette rotative 转叶式供料器
    ~ à palettes 裙式供料器,叶片式分配器
    ~ à piston 活塞式分配器
    ~ à secousses 振动式给料器,振动筛分机
    ~ à sole tournante 转盘式供料器
    ~ à table circulaire horizontale 转盘式供料器
    ~ à tablier 平板供料器
    ~ à tambour alvéolé 旋叶送料器
    ~ à tambour cylindrique 滚筒式供料器
    ~ à tiroir 滑阀,分配阀
    ~ à va et vient 振荡式供料器
    ~ à vidéo 视频分配器
    ~ à vis d'Archimède 螺旋供料器,螺旋输送机
    ~ à vis 螺旋进料器,螺旋供料器
    ~ alvéolaire 旋叶送料器
    ~ d'allumage 点火分配器
    ~ d'appels 呼叫分配器
    ~ d'asphalte 沥青撒布机
    ~ d'essence 汽油分配器
    ~ d'itinéraire 进路调度员,进路控制器
    ~ de bâtons-pilotes 路签机

~ de béton　混凝土分布机,混凝土摊铺机,混凝土分配器
~ de béton à bac　斗式混凝土分布机,箱斗式混凝土摊铺机
~ de béton à vis sans fin　螺旋式混凝土摊铺机
~ de carburant　加油站,加油塔
~ de ciment　水泥撒布机
~ de concasseur　轧碎机供料器
~ de concasseur de pierres　石料轧碎机供料器
~ de gaz　气体分配器,煤气分配器
~ de lancement　起动分配阀
~ de matériaux de répandage　撒布材料分配器
~ de tâches　生产调度员
~ de turbine　涡轮机导轮,涡轮机自动导向器
~ des agrégats　集料供料器
~ des tensions　应力分布
~ doseur　配料给料器,配料计量器
~ du béton à bac　斗式混凝土分布机,箱斗式混凝土分布机
~ du frein　制动机分配阀
~ -électrovibrant　电力振动式给料机
~ fixe　固定供料器
~ mobile　活动供料器
~ podomètre　称量供料器
~ rotatif　旋转式给料机,旋转式分配器,旋转筛
~ rotatif à alvéoles　旋叶送料器
~ vibrateur　振动式给料机

distributif, ive *a* 可分配的

distribution *f* 分布,分配,配给,配置,分发,分配机构,分配齿轮,配电系统,配水系统,安排,(生态)范围,配电
~ à secousses　振动筛分机,振动式给料机
~ aléatoire　随意分布,混乱分布
~ d'eau　配[给、供、上]水(装置)
~ d'échantillons　样品分布
~ de carburant　加油站
~ de charge　荷载分布
~ de Gauss　高斯分布曲线,正态分布
~ de la pression　压力分布
~ de la vapeur　蒸汽分配
~ de lumière　光线布置系统,照明系统,照明电路系统
~ de matière　材料分配
~ de pieux en quinconce　梅花桩位,错列桩位,梅花形分布
~ de Poisson　泊松分布,泊松定律分布
~ de pression　压力分布
~ de probabilité　概率分布
~ de trafic　交通分配,交通量分布
~ des charges　荷载分布
~ des contraintes　应力分布
~ des déformations　应变分布
~ des masses de terre　土方分配
~ des pieux en quinconce　交叉布桩,梅花桩布置
~ des tensions　应力分布,电压分布,拉应力分布
~ des vitesses　速度分配
~ du liant　黏结料分布
~ granulométrique　粒度分布,粒度比,粒径分布
~ parabolique des tensions　应力抛物线分布
~ statistique　统计分类法
~ sur le vilebrequin　曲轴上的主动齿轮
~ transversale　横向分布
~ transversale de charge　荷载横向分布
~ uniforme　均匀分布,均布

district *m* 区,县,段,工区,地区,地区,区域,区段,采区
~ de comptage　(车辆)计数站
~ de la sauvegarde d'espace-vert　绿化地带,保护地区
~ de la voie　工务段,养路工区
~ de mine　矿田,井田,采区
~ de répandage　摊铺工区

distyle *m* 双柱式
ditcher *n* 挖沟机,挖沟者
ditétraèdre *m* 复四面体
ditétragonal *a* 复正方的,复四方的
ditrigonal *a* 复三方的
ditrigone *m* 复正方体,对称八面体
ditroïte *f* 方纳霞石正长岩
dittmarite *f* 迪磷镁铵石
diurne *a* 一昼夜的
divergence *f* (矿脉)分支,分叉,辐射,发散,扩散,辐散,散度,趋异,歧异,偏差,偏差,岔路口,分岔,叉状,Y形,分散交通流,交通分流
divergent, e *a* 发散的,扩散的,辐散的,分叉的,岔开的,不一致的
diverger *v* 分叉,分支,分裂,分开,分散,发散,辐散

divers, e *a* 多方面的,各种的,不同的
　~ moyens de transport　各种运输工具
diversification *f* 多样化,多种多样,多种化
diversifié *a* 多种多样的,成分不一的,式样繁杂的
diversifier *v* 使多样化,使变化,使不同
diversion *f* 转向,转换,转移,变更
　~ obligée　(汽车转用道路交通控制的)强制车辆从匝道驶出
diversité *f* 多样性,分散性,变异(度),差异,分集,发散,分集式接收,相异性,多种多样性
diverticulation *f* 地层倒转
diviser *v* 分,分开,划分,隔开
　~ ... en...　把某物分成……
diviseur *m* 分线规,分频器,除法器,除数,约数,分压器
　~ à sable　碎砂机
　~ d'échantillon　(骨料)试样分取器
　~ de fréquence　分频器
　~ de puissance　功率分配器
　~ de tension　分压器
　~ inductif de tension　感应式分压表
　~ intégrant　积分分频器,积分分配器
divisibilité *f* 可除性,可约性
divisible *a* 可整除的
division *f* 司,处,科,区分,划分,分区,部分,分离,分度,刻度,部门,节理,劈理,分割,采区
　~《cone in cone》　叠锥(状)构造
　~ chrono stratigraphique　年代地层划分
　~ chronologique des roches　岩石年代划分
　~ columnaire　柱状节理
　~ d'échelle　刻度
　~ d'études des réseaux urbains(DERU)　城市道路网研究处
　~ d'un cadre　指针式仪表刻度盘中分格
　~ de l'entretien routier(D.E.R.)　公路养护处
　~ de la Traction et des Ateliers　机务处
　~ des Ouvrages d'Art(D.O.A.)　人工结构物管理处
　~ directe　直接分度法
　~ du Programme Neuf(DPN)　新规划处
　~ du travail　分工,分配工作
　~ égale　等份
　~ en baguettes　棒状节理
　~ en bancs　板状节理,席状节理
　~ en bâtonnets　柱状节理
　~ en bilboquet　小球状节理
　~ en blocs　块状节理
　~ en boules　球状节理
　~ en colonnes　柱状节理
　~ en coussins　枕状节理
　~ en crayons　杆状节理
　~ en dalles　层扳节理,板状节理
　~ en écailles　鳞片状节理
　~ en étages　分层,分阶段
　~ en feuillets　页片状节理,鳞片状节理
　~ en masses　块状节理
　~ en oreillers empilés　叠枕状节理
　~ en plaques　层板节理
　~ en plaquette　板状节理,(矿物的)叶片状结构
　~ en polygones　多边劈理,不规则劈开(作用)
　~ en sphères　球状节理
　~ feuilletée　页片状节理
　~ géologique　地质分区,地质划分
　~ globuleuse　球形节理
　~ naturelle　节理
　~ polyédrique　多边(形)节理,多边劈理,不规则劈开(作用)
　~ prismatique　柱状节理,棱柱状节理
　~ rhomboédrique　菱形节理
　~ secondaire de l'échelle　子刻度,细分度
　~ stratigraphique　地层划分,地层单位
　~ trirectangle　立方节理
dixenite *f* 黑硅砷锰矿
dixeyite *f* 方水硅铝石
djebel *m* 山,山地
docile *a* 软的,松软的,松散的(岩石)
docimastique *a* 试金的,试金用的
dock *m* 船坞,港池
　~ de radoub　干船坞
　~ flottant　浮船坞
docker *m* 搬运工人,(车站)搬行李工人
document *m* 文件,文献,材料,资料,正本,证书,档案,证件,单据
　~ annexe　附件
　~ cartographique　图件资料,图件
　~ s comptables　结算凭证,记账凭证
　~ critique　施工设计文件
　~ d'adjudication　招标文件

~ d'échange 互换文件
~ de base 原始材料，基础文件，原始文件，基本数据，基础资料
~ de l'avant-projet 初步设计文件
~ de recherche 研究用资料
~ de référence 参考资料
~ s de renseignements généraux 总体介绍
~ s de transport 运送票据
~ de transport négociable 可转让的运送票据，即提货单
~ du projet d'exécution 施工设计文件
~ primé 过期的文件
~ séparé 分割资料，分割文件
~ technique 技术文件，技术资料
~ technique provisoire（D.T.P.） 临时性技术文件
~ technique unifié（D.T.U.） 标准技术文件
~ topographique 地形测量资料

documentaire *m* 资料
documentation *f* 参考，编录，文件，资料，参考书，参考资料，文献资料，收集文献，收集资料，文件编制，文献编集
~ internationale de a recherche routière（DIRR） 道路研究国际文献资料
~ technique 技术资料

documenter *v* 提供资料，提供文献，收集文献
se ~ sur 收集关于……的资料

doferrowolframite *f* 多铁黑钨矿
dogger *m* 下层角状岩
dognacskaïte *f* 杂硫铋铜矿
doigt *m* 销，杆，凸轮，卡爪，针，指针
~ d'arrêt 锁闭掣轮，锁闭轮
~ d'entraînement 带动销
~ de contact 接触杆，接触销
~ de gant pour thermomètre 油温监视指示针（变压器），恒温器指针
~ de gant pour thermomètre à mercure 水银油温指示针（变压器）
~ de gant pour thermostat 恒温监视指示针（变压器）恒温器指针

dolérine *f* 长绿滑石片岩
dolérite *f* 粗玄岩
doléritique *a* 粒玄岩的
dolet *m* 红铁矿，赤铁矿

dolianite *f* 凝沸石
doline *f* 斗淋，河谷，溶斗，落水洞，落水坑，岩溶坑，灰岩坑，喀斯特斗
~ composée 复合灰岩坑，复合落水洞
~ d'effondrement 崩陷落水坑［洞］
~ de dissolution 溶蚀落水洞，溶蚀落水坑，陷坑
~ effondrement 崩陷落水坑
~ en baquet 火山口沉陷，火山洼地
~ en chaudron 火山口沉陷，火山洼地
~ en cuvette 封闭盆地
~ en entonnoir 深部岩溶漏斗
~ inondée 淹没谷
~ karstique 岩溶洞穴，喀斯特落水洞
~ rocheuse 石坑，石质落水洞

dolomagnésie *f* 煅烧白云岩
dolomicrite *f* 微晶白云岩
dolomie *f* 白云石，白云岩
~ calcaire 钙质白云岩
~ cargneule 洞穴白云岩，孔穴白云岩
~ cariée 土状白云石
~ cariée et caverneuse 结晶白云石
~ caverneuse 结晶白云石
~ cristalline 白云大理岩
~ diagénétique 成岩白云岩
~ granuleuse 粒状白云岩
~ pulvérisée 粉状白云石
~ tardive 次生白云岩
~ vacuolaire 多孔穴白云岩

dolomie-moellon *f* 松软白云岩
dolomite *f* 白云岩，白云石
~ calcaire 钙质白云岩
dolomiteux *a* 含白云石的，白云质的
dolomitique *a* 含白云石的，白云质的
dolomitisation *f* 白云岩化，白云石化
dolomitisé *a* 白云岩化的，白云石化的
doloresite *f* 氧钒石
domaine *m* 畴，域，区，区域，地带，成矿域，晶畴，磁畴，范围，方面，领域，区域，范围，电场，磁场，定义域，组构域
~ alpin 阿尔卑斯褶皱系
~ aséismique 无震区，不震区
~ calédonien 加里东褶皱区［系］
~ cassant 裂隙区，裂隙带
~ critique 临界范围，极限范围

~ d'application　实行范围,适用范围,应用范围
~ d'emploi　适用范围,使用范围,应用范围
~ d'érosion　侵蚀区
~ d'investigation　调查区,研究区
~ d'utilisation　应用范围,适用范围
~ de fonctionnement　作用[动作]范围
~ de l'hydraulique　水力学
~ de mesures　测量范围,量程
~ de métamorphisme　变质带
~ de non-fonctionnement　不动作范围,不作用范围
~ de précision des courants d'un compteur　电度表的有效电流范围
~ de puissance　功率区段,动力范围
~ de recherche　研究范围,研究领域
~ de réglage　整定范围,调节范围
~ de sédimentation　沉积区
~ de teneur en eau　含水量范围
~ de validité　有效范围
~ de variation　变化范围
~ des études　设计(研究)范围
~ des transports　运输范围
~ élastique　弹性区域,弹性范围
~ épicontinental　陆缘区,陆架区,陆表区,浅海带
~ épithermal　低温热液区(带),浅变质带,浅成带
~ géosynclinal　地槽区
~ hypothermal　深成热液区,深变质带
~ kata thermal　深变带,深成带高温热液区,深成热液区
~ méso thermal　中温热液区,中深变质带
~ nominal d'utilisation　额定适用范围
~ pétrographique　岩区,(同源)岩域
~ plastique　塑性区域,塑性范围
~ plissé　褶皱区
~ quasi-linéaire　接近线性范围,似线性范围
~ technique　技术领域
~ usuel　常用领域

domanganowolframite　*f*　多锰黑钨矿

dôme　*m*　圆顶,圆盖,双面,穹顶,拱顶,弯面,炉顶,穹地,穹丘,穹隆,圆丘,圆屋顶,熔岩丘,火山熔丘,背斜顶部,钟形顶盖,钟形气室
~ anticlinal　背斜顶部,穹隆
~ -coulée　穹丘状熔岩流,熔岩穹丘
~ d'intumescence　岩盖(岩盘)
~ de glace　冰丘,冰穹隆(高山小冰冠)
~ de laves　熔岩穹丘
~ de prise de vapeur　进气包
~ de sable　沙丘
~ de sel à noyau perçant　穿刺岩丘
~ de sel diapir　底辟盐丘,穿刺岩丘
~ de sel ferme　封闭盐丘
~ de sel intrusif　底辟枯丘,穿刺盐丘,侵入盐丘
~ de sel perforant　穿刺岩丘
~ endogène　内火山穹隆
~ enfoui　埋藏穹隆
~ éruptif　火山穹隆,喷发穹丘
~ exogène　外成火山穹隆
~ extrusif　喷出穹出,熔岩穹丘
~ produit par intrusion ignée　侵入熔岩穹丘
~ radar　雷达天线整流罩
~ salifère, ~ de sel　(穿刺)盐丘
~ volcanique　火山穹丘,火山口

domeykite　*f*　砷铜矿
dominant　*a*　支配的,占优势的,显著的,高耸的
dominante　*f*　特征,特点
dominer　*v*　占优势,支配,控制,胜过,超过,占突出地位
domingite　*f*　硫锑铁铅矿,毛矿
domino　*m*　分裂机,劈裂机,分离机,分解机
dômite　*f*　奥长粗面岩
dommage　*m*　损伤,损害,损失,损坏,毁坏
~ corporel　伤身事故
~ de personnes et propriété　人身与财产的损害
~ dû au gel　冻结破坏
~ et intérêts　损害赔偿
~ matériel　设备破坏
~ superficiel　路面损坏

donbassite　*f*　片硅铝石
donga　*m*　陡壁干沟;山峡,峡谷
donné　*a*　已定的,一定的,已知的,假定的
étant ~　由于,鉴于
étant ~ que　既然,由于,鉴乎

donnée　*f*　根据,论据,理由,数据
~ analogique　模拟数据
~ s brutes　原始数据,未整理的数据
~ s caractéristiques　(技术)参数,数据,基本技术性能
~ s chronologiques　地层年代数据,地层年代资料

~ complète 完整的资料,完善的资料
~s de base 原始数据,基本数据,基础数据
~s de construction 结构数据[参数]
~s de départ 原始资料
~ de laboratoire 实验室数据
~s de référence 参考数据
~s de sortie 输出数据
~s des calculs 计算依据[数据]
~ disponible 可使用的资料
~s empiriques 经验数据
~s en dépassement de capacité 溢出数据
~ expérimentale 实验数据
~s fixes (gestion centralisée du trafic marchandises) 固定数据(货运集中管理)
~s géochronologiques 地质年代数据
~s géologiques 地质数据,地质资料
~s géophysiques 地球物理数据,物探数据
~ granulométrique 级配资料,级配数据
~ hydrologique 水文观测数据,水文观测记录
~s initiales 原始数据,原始资料
~ lisibles 可读数据
~s numériques 数字数据
~s pluviométriques 雨量记录资料,雨量记录,降雨资料
~s ponctuelles 点状数据
~s qualitatives 定性数据
~s quantitatives 定量数据
~ réelle 实际数据
~ spécifique 特定资料,特种资料
~s statistiques 统计资料,统计数据
~ sur les flux 交通流资料
~s synthétiques 综合数据,综合资料
~s techniques 技术资料,技术参数
~s télémétriques 遥感数据
~ virtuelle 虚拟数据
donner v 给予,供予,供给,引起,产生,做出,表示,认为,发表
~ des instructions 发出指示
~ l'alarme 发出警报信号
~ l'autorisation 授权,批准
~ naissance à 使产生
~ son accord 予以同意
~ un effet rétroactif 具有追溯效力
~ une itinéraire 开通某一条进路

dopage m 掺杂,加添加剂,加浓,掺入添加剂
~ des liants 增加黏结料的黏结性
dope m 掺合剂,添加剂,外掺剂
~ antidétonant 抗爆剂
~ d'accrochage 增加表面黏结力的掺合剂
~ d'adhésivité 黏着剂,黏着料,增黏剂(增加黏结性的掺合剂)
doper v 掺添加剂
dopplétite f (泥炭中的)腐殖凝胶,(沼泽底部的)胶体腐殖酸盐,弹性沥青
doquarique a 多石英的
doranite f 变菱沸石
doréite f 钠粗安岩
dorer v 镀金,涂金,包金,烫金,使发金光,修饰,粉饰,使光彩夺目
dorfmanite f 水磷氢钠石
dorgalite f 多橄玄武岩
dormant m 间歇,枕木,底梁,横梁
~ de fenêtre 窗樘,窗框
dormant, e a 暂停活动的,固定的,静止的
dorsale f 山岭,山脊,山梁,海岭,海脊,峰
dorure f 镀金,涂金,包金,烫金,使发金光,镀金术,镀金料
dos m 背,背面
~ à dos 背靠背地
~ d'acier du coussinet 轴瓦钢背
~ d'âne 驼峰,等斜(线)山脊,(路面)搓板,驼峰形路面,马鞍形路段
~ d'une touche 岩层顶板
~ de nappe 推覆体脊背
~ de pli 褶皱倒转部分
~ de terrain 脊梁,埂丘
dosable a 可测定的,可确定的
dosage m 定量,配量,配料,剂量,用量,分析,混合物,混合料,配制拌和物,按比例配合,确定比例,测定含量,测定比例,选择混凝土配合比
~ colorimétrique 比色测定法,比色测定定量
~ contrôlé 控制配比
~ chimique du ciment 水泥化学剂量
~ de ciment 水泥配量(每平方米混凝土中用水泥升数)
~ de marché 合同案卷
~ de soumission 投标文件
~ des agrégats 集料配量

~ des granulats 粒料配量
~ du béton de ciment 水泥混凝土配合比
~ du liant 结合料配量,黏结料配量
~ du mélange 混合比,混合物成分
~ du mélange en poids 混合料重量比
~ du mélange en volume 混合料体积比
~ du stabilisant 稳定剂配量
~ eau-ciment 水灰比,水和水泥的配比
~ en ciment 水泥配量,水泥配比
~ en chaux 石灰配量
~ en eau 水配量
~ en gravillons 细砾石配量,石屑配量
~ en matière organique 有机材料配量
~ en poids 重量配合法,重量配比,按重量配料
~ en volumétrique 容积配合法
~ granulométrique 粒度配比
~ longitudinal 纵向配料
~ par approximations successives （混凝土）试拌法配料
~ par courroie transporteuse 输送带配合法
~ par pesée 重量配合法
~ pauvre 贫混合物,少灰混合物
~ pondéral 重量配合法
~ pondéral des agrégats 集料重量配合法
~ riche 肥混合物,多灰混合物
~ technique 技术资料档案
~ transversal 横向配料
~ volumétrique 体积比配料,容量分析,容积测定,体积配料

dose *f* 数量,剂量,分量,尺寸,投配量,含量,比例
~ de rechange 备用剂量
~ de sortie 输出剂量
~ de tolérance 容许剂量

doser *v* 定分量,配分量,使相称,使均衡,分配

doseur *m* 计量器,定量器,剂量计,送料器,配料器,投配器,给料机
~ à courroie 皮带投配器,皮带式配料机
~ à gouttoir vibrante 振动槽式投配器
~ continu 连续式定量供料器
~ d'eau 定量送水器
~ d'eau automatique 自动定量送水器
~ en poids 重量配料斗,分批称料机
~ pour ciment 水泥配料斗
~ volumétrique 体积配料斗,按体积比配料器,体积分批箱

doseur-alimenteur *m* 定量送料机,定量供给装置,计量给料器

doseur-mélangeur *m* 投配拌和机,计量搅拌机

doseuse *f* 配料器,投配器,送料器

dosimètre *m* 计量仪,剂量计,定量器,称量器,放射线量计
~ local 特定范围放射线检测器
~ portatif 便携式计量仪

dosseret *m* 支柱,扶柱,门窗柱,门梃,窗梃,边梃

dossier *m* 端板,档案,卷宗,案卷,文件,座位靠背
~ d'exécution 施工文件
~ d'exploitation 使用说明书,操作手册
~ d'appel d'offre(DAO) 招标文件
~ de calcul 工程计算记录
~ de consultation 咨询文件,发包文件
~ de marché 合同案卷
~ de mise en œuvre 施工文件
~ de programmation 程序编制表,程序设计表
~ de soumission 投标文件
~ de wagon 货车履历表,货车端板
~ technique 技术文件

dotation *f* 捐赠,捐款,供应,供给,配给,补助金
~ aux amortissements 折旧费
~ aux amortissements et provisions 折旧费和准备金
~ aux provisions 临时摊销费
~ budgétaire 预算费
~ de renouvellement 更新费
~ s exceptionnelles 特殊摊销费用

doter *v* 供应,供给,配给
~ ...de 供给,配给,装备

doublage *m* 加倍,重复,双重,外壳

doublé *a* 加倍的,双的,加衬(里)的

double *a* 双层的,成对的,复合的,二倍的,双的,双重的
à ~ effet 双作用的,双动的
à ~ voies 双线的
~ batardeau en palplanches 双层板桩围堰工程
~ expansion 复式膨胀,复胀
~ T 双T形电桥,工字钢,工字梁
~ tambour 双配料搅拌筒
~ traction 双机牵引

~ traitement superficiel 双层表面处理
double *m* 复本，复制品，副本，双倍，两倍，二路电报机副本
 au ~ 加倍，多得多
 ~ d'un accord 协定副本
 en ~ 重叠地，成双份地
double-commande *f* 双重控制，二元控制
double-coupure *f* 双向开关
double-fenêtre *f* 双层窗
doublement *m* 倍增
 ~ de la voie 铺设复线
doubler *v* 加倍，倍增，绕过，超车
 défense de ~ 禁止超车
 ~ la voie 铺双线，铺复线
doublet *m* 偶极子，偶极天线，对称振子，复制品，副本
doubleur *m* 倍增器
double-vitrage *m* 双层玻璃窗
doublure *f* 双层，夹层，内衬
doucine *f* 双弯曲线，S 形曲线，波形花边
doucir *v* 磨光，磨平，研磨，抛光
douelle *f* 拱石腹背面，拱门缘饰，拱腹线
douer *v* 具有
douille *f* 套筒，套管，衬筒，衬套，灯座，插座，轴套，塞孔，(打捞)母锥
 ~ d'éjection 压注套筒
 ~ d'entraînement 传动连接器
 ~ d'entrée du fil 电线引入口
 ~ de bielle 连杆衬套
 ~ de centrage 定位衬套
 ~ de centrage de palier 轴承定位衬套
 ~ en bakélite 胶木座
 ~ en bimétal 双金属衬套
 ~ en saillie pour le tirant transversal 横衬座
 ~ encastrée 防滑三脚架
 ~ étanche 防水灯口，防潮灯座
 ~ femelle 小型塞孔
 ~ inférieure 下套筒
 ~ intermédiaire 异径管接，缩径套节，大小头
 ~ miniature 小套筒
 ~ pour clé pneumatique 风炮套筒
douter *v* 怀疑，不相信
douteux *a* 不可靠的，不确定的
douve *f* 流水槽

doux, ce *a* 软的，柔韧的，淡的
douzaine *f* 一打，十二个
downeyite *f* 氧硒石
draconite *f* 漂砾，冰积石，大圆石
dracontite *f* 云闪粗面岩
dragage *m* 疏浚，清淤，挖泥，挖泥船，挖掘
 ~ aurifère 采金
 ~ d'entretien 养护疏浚
 ~ de galets 砾石疏浚
 ~ de rivière 疏浚河道
 ~ de sable 砂疏浚
 ~ du chenal 疏浚河道，疏浚河流航道
 ~ du chenille 河槽疏浚
 ~ du fond marin 海底挖掘
 ~ en mer 海洋疏浚
 ~ en profondeur 深疏浚，深挖泥
 ~ en rivière 河道疏浚
 ~ hydraulique 水力冲泥，水力疏浚
dragfold *m* 拖曳褶皱
dragline *m* 吊铲，拉索，导索，索斗挖土机，导索刮刀式挖土机，拉铲挖土机
 ~ à tours 塔式挖撬机，塔式挖土机
 ~ électrique 电力挖土机，电镐
 ~ marcheur 迈步式吊铲，履步式挖土机
 ~ sur chenilles 履带式挖土机
dragline-racleuse *f* 拖铲
 ~ à câble 缆索拖铲
drague *f* 挖掘机，挖泥机，疏浚机
 ~ à benne à demi coquilles 蛤斗挖泥机
 ~ à benne à mâchoires multiples 抓斗挖泥机
 ~ à benne plongeuse 杓斗挖泥机
 ~ à benne preneuse 抓斗挖泥机，攫式挖泥机
 ~ à bras 人工挖泥机
 ~ à chaîne 链式挖泥机
 ~ à chaîne à godets 链斗挖泥机
 ~ à creuser 挖泥机
 ~ à cuiller 杓斗挖泥机
 ~ à cuillère 单斗挖泥机
 ~ à cuillères 多斗挖泥机
 ~ à godets 多斗挖泥机
 ~ à grappin 抓斗挖泥机
 ~ à griffes 抓斗挖泥机
 ~ à mâchoires 抓斗式电铲
 ~ à main 人力挖泥机

~ à pelle　铲斗挖泥机
~ à pompe　吸泥机
~ à seaux　戽斗挖泥机
~ à succion　吸泥机
~ à vapeur　蒸汽挖泥机
~ aspirante　吸泥机
~ aspiratrice　吸泥机
~ automotrice　自动挖泥机
~ combinée　（虹吸与链斗）混合挖泥机
~ de creusement　挖泥机
~ de refoulement　冲泥机
~ hydraulique　疏浚机,水力冲泥机
~ hydraulique à canalisation　水力管道冲泥机
~ preneuse　抓斗式挖泥机
~ refouleuse　冲泥机
~ sèche　挖泥机,挖土机
~ stationnaire　固定式挖掘机
~ suceuse　吸泥机
~ suceuse refouleuse　吸泥冲泥两用挖泥机

draguer v　疏浚,挖泥

dragueur m　挖泥机
~ à bras　人力挖泥机
~ à cuiller　单斗挖泥机
~ aspirant　吸泥机

dragueuse f　挖泥机

drain m　阴沟,盲沟,消耗,损耗,疏干,排水沟,排水渠,排水管,排水器,下水道,排水暗沟
~ à agrégat　集料盲沟
~ à eau superficielle　地面水排水沟
~ au pied　坡脚盲沟
~ caissonné　箱形排水渠,箱形排水沟
~ central　中央排水
~ circonférentiel (extrados) $\phi 50mm$　$\phi 50mm$ 环形排水管
~ collecteur　集水沟
~ cylindrique　筒形排水渠,圆形排水渠,排水管
~ d'évacuation　排水管,排水沟
~ d'interception　截水沟
~ de chaussée　路基排水管
~ de construction　建筑物排水管,建筑物排水沟,建筑物下水道
~ de la fondation　基础排水暗沟
~ de pierraille　填石排水沟
~ de sable vertical　砂桩,砂井

~ de soutènement　支撑盲沟
~ de surface　地表排水管,地面排水暗沟
~ de toiture　雨水斗
~ de torrent　急流槽
~ de vidange　排空管
~ dendritique　树枝形排水系统
~ en ciment poreux　多孔混凝土排水渠,多孔混凝土排水沟
~ en galeries sans tuyaux　无排水管暗沟排水（法）
~ en pierres concassées　填石排水沟
~ en pierres sèches　填石排水沟,干砌石排水管,干石衬砌
~ en travers　横向排水沟,横向沟渠
~ en tuyauterie　管沟
~ foré　竖向盲沟
~ français　填石盲沟,集料盲沟
~ latéral　纵向排水管
~ longitudinal　纵向排水暗沟,纵向盲沟,纵向排水沟
~ longitudinal au pied　坡脚纵向盲沟
~ longitudinal profond　地下纵向盲沟
~ maçonné　石砌排水沟
~ ouvert　排水明沟
~ principal　主下水道,主排水暗沟,主(要)盲沟,排水总管,干线沟渠
~ profond　深排水沟
~ PVC　PVC排水管
~ rempli de sable　填砂盲沟
~ souterrain　地下排水沟,盲沟
~ transversal　横向排水沟
~ vertical　竖沟,立式渗沟,垂直排水管,垂直排水沟
~ vertical en sable　砂桩,砂井

drainabilité f　排水性

drainable a　排水的,疏干的,疏导的

drainage m　排水,径流,水系,放水,疏干,河网,排水法,排水系统,排水设备,排水地区,路面排水
~ à ciel ouvert　明沟排水,露天矿排水
~ à l'avancement　超前排水
~ à la surface　地面排水
~ à tranchée ouverte　路堑排水,明沟排水
~ accéléré　加速排水
~ annulaire　环状排水系统,环状水系

~ antécédent 先成河网
~ artificiel 人工排水
~ canalisé 集中排水
~ correct 正确排水
~ d'assainissement 疏干
~ de base 基层排水
~ de fondation 基础排水
~ de la circulation 交通渠化
~ de la route 公路排水
~ de plate-forme 路基排水
~ de sol de fondation 路基排水
~ de sous-couche 底层排水
~ de sous-sol 下层土排水
~ de surface 面状排水
~ de tablier 桥面排水
~ de talus 坡面排水,斜坡排水
~ de terrain 地面排水
~ de tunnel 隧道排水
~ de tuyauterie 管道排水
~ dendritique 树枝形排水系统,树枝状水系
~ des chambres 接线井排水
~ des chaussées 路面排水
~ des eaux souterraines 排疏地下水
~ des talus 坡面排水,边坡排水
~ diffusé 分散排水
~ du corps de chaussée 路面体排水,路面排水
~ du massif de voie 路基排水
~ efficace 有效排水
~ électro-osmotique 电渗排水
~ en arête de poisson 鲱骨式排水系统,人字形排水系统
~ en galeries sans tuyaux 无排水管堵沟排水（法）
~ en grille 网格状河网,网格状水网
~ en poterie 管式暗沟,管道排水
~ en sable 砂排水
~ en treillis 网式排水,格状水系,格式排泄系统,格形排水系统
~ endoréique 内陆水系,内流水系,内陆河流域,无排水地区
~ et étanchéité de tunnel 隧道防排水
~ exoréique 外流水系
~ extrados 外侧排水
~ intermittent 间隙性排水

~ latéral 路边排水
~ longitudinal 纵向排水
~ naturel 天然排水
~ par aqueducs enterrés 暗渠排水,暗沟排水
~ par collecteur 集水沟排水
~ par dessication 疏干排水
~ par expansion d'aquifère 弹性水压状态,水驱
~ par expansion du gaz-cap （弹性）气压状态,气帽状态
~ par fossé 明沟排水,侧沟排水
~ par fossés ouverts 明渠排水,明沟排水
~ par galeries 暗沟排水（法）
~ par gravité 重力驱动
~ par pompe 泵吸排水,抽吸排水
~ par poussée d'eau 水驱,水压动态
~ par poussée de gaz 气驱,气压动态
~ par saignée dans le revêtement 二次衬砌开槽排水
~ parallèle 平行排水系统
~ périodique 周期性排水
~ permanant 常年排水
~ ponctuel 点状排水
~ profond 深排水,地下排水
~ radial 辐射形排水系统
~ rayonnant 辐射状排水系统,放射状河网
~ rectangulaire 方格状水系
~ saisonnier 季节性排水
~ sous chaussée 路面下排水,下层土排水
~ souterrain 地下排水,地下水系,地下径流
~ subaérien 地表水系
~ superficiel 地面排水,地表水系,地表径流,陆上水系
~ surimposé 叠加式河网,叠加水系
~ transversal 横向排水
~ vertical 垂直排水

drainance f 层间水流,渗流,越流（系数）
drainé a 排干的,排出（水）的,流干的
drainer v 排水,汇集（水流）,放干,吸收
draineur m 排水[放泄]器,疏水器,排水工
draisine f 轻型轨道动车
~ à moteur 轨行动车
drapeau m 旗,信号旗,旗标
~ déployé 展开的信号旗
~ rouge 红色信号旗

drarge

～ signal 信号旗,旗码

drarge *f* de rupture 破坏荷载,断裂荷载

dravite *f* 镁电气石

dreelite *f* 杂石膏重晶石

dreikanter *m* 三棱石(风砂刻蚀结果),风棱石

dressage *m* 拨正,矫正,使直,修整,整直,截弯取直,竖[立、直、搭]起,矫直

～ à froid 冷矫正,冷直,冷法拉直

～ des talus 边坡修整

～ en plan de la voie 线路平面位置的校正

～ en profil 整正线路

～ en profil de la voie 线路纵断面的校正

dressant *m* 肘,肘管,窝管,弯头,肘状物,急弯,急倾斜矿层,立槽矿层,陡立岩层,急倾斜层(倾角45°～90°),急倾斜矿体

dressé *a* 修琢的,修整的,磨光的

dressement *m* 陡立,急倾,岩层陡倾(＞45°),急倾矿体

dresser *v* 陡倾(＜45°)竖立,编制,编写,制定,绘制,起草,草拟,举起,建立,竖直,整平,设计

～ à chaud 加热调直

～ au tour 旋床加工

～ des tables 制表

～ en double expédition 复制副本,按一式两份编制

～ le bilan 编制决算表,使达到平衡

～ procès-verbal 编写记录,提出报告

～ procès-verbal d'une réunion 整理会议记录

～ un plan 编制计划

～ un projet 设计方案

～ une carte 绘制地图,绘图,制图

dressérite *f* 水碳铝钡石

dresse-tube *m* 直管器,管子调直器,管件矫直机

dréwite *f* 灰泥

drift *m* 冰碛,漂移,漂流,漂积物,冰碛

drille *f* 钻,钻头,钻机,钻床,手摇钻,弓形钻,曲柄钻,钻孔机,岩芯钻机

～ à arçon 手摇钻,弓形钻

～ à levier 扳钻,手搬钻

～ à rochet 棘轮钻

dripstone *m* 滴水石,滴水

driver *m* 司机,驾驶员,发动机,主动轮,驱动器,激励器

droit *m* 费,费用,税,法令,法律,权利,法权,急倾斜矿体

～ à administrer une ligne 线路的运营管理权

～ d'embranchement 专用线使用费

～ d'enregistrement 托运手续费,登记费,注册税

～ d'espace (有关高架道路等用地的)空间利用权,领空权

～ d'exploitation 开采权

～ d'exploiter le pétrole 石油开采权

～ d'exportation 出口税

～ d'importation 进口权,进口税

～ d'option 选别权

～ d'ouverture des colis 货物开箱检查权

～ d'usage 地役权

～ d'utilisation 使用权

～ de bail 租赁费

～ de comptage 核算费

～ de conquête 矿山支配权,采矿企业占有权

～ de désinfection 消毒费

～ de disposition 处理权,支配权

～ s de douane 关税法,关税

～ de faire des sondages (进行)钻探权

～ de l'administration de route 道路管理权

～ de la circulation 交通规则

～ de la construction routière 道路建筑法规

～ de la propriété industrielle et commerciale 工商所有权

～ de location des wagons 货车租用费

～ de magasinages 寄存费,保管费,栈费,仓租

～ de modifier 变更权

～ de mutation 中转费

～ de passage 通行权

～ de pesage 过磅费

～ de priorité 优先权

～ de rétention 货物留置权

～ de stationnement 车辆停留费,车辆停留规则

～ de timbre 印花税

～ de transbordement 换装费,捣装费

～ de transit 过境税,转口税

～ de transmission 移交费

～ s d'enregistrement 转让税

～ s du maître de l'ouvrage 业主产权

～ exclusif 专利权,专属权

～ exécutif 特权

～ international 国际法

~ international public　国际公法
~ préférentiel　优先权,特惠关税
~ protecteur　保护税
~ routier　道路法规
~ sur remboursement　代收货价手续费
~ tarifaire　运价规则

droit, e *a* 直立的,直的,垂直的,右面的,右的
droite *f* 直线,右边,右方
　à ~　向右,朝右,在右边
　à ~ de　在……右边
　~ d'intersection　交线
　~ de charge　动态特性,负载特性,负载线,加感线路
　~ de jonction　连线
　~ de levé topographique　地形测量照准线
　~ de référence　基准线,参考线
　~ de relèvement　方位线
　~ horizontale　水平线
　~ intermédiaire　辅助线,中间线
　~ intrinsèque (d'un granulat)　（粒料）内力直线
　~ nulle　零线
　~ réelle　实直线
　~ singulière　特殊直线
　~ verticale　垂直线
dromochronique *m* 时距曲线,时距图
drugmanite *f* 水磷铁铅石
drum *m* 鼓,磁鼓,山脊,鼓丘,鼓状物,测磁鼓,狭山脊
drumlin *m* 鼓丘,鼓冰丘
　~ rocheux　石质鼓丘
dû, due *a* 基于……原因,系……所致
dualité *f* 双重性
duastique *a* 对偶的,二元性的
duboissonite *f* 红蒙脱石
duc-d'Albe *m* 单系柱,带缆桩
ducktownite *f* 杂黄铁辉铜矿
ductibilité *f* 延性,展性,韧性,可塑性
ductile *a* 可延伸的,可压延的,柔韧的,韧性的（指断层、剪切等）,延性的,黏性的,柔软的,塑性的
ductilimètre *m* 延性计,延度计
　~ Dow　杜氏延性计
ductilité *f* 延性,韧性,展性,延度,展延,延展性,可锻性,可塑性,柔软性

ductilomètre *m* 延度仪,延性试验机
dudgeon *m* 扩管器,胀管器
dudgeonnage *m* 嵌套,胀管,用扩管法紧装管端
dudleyite *f* 珍珠蛭石
duftite *f* 砷铜铅石
duganite *f* 砷碲锌铅石
dumalite *f* 潜霞粗安岩
dumasite *f* 铁镁绿泥石
dumortiérite *f* 蓝线石
dump car　自卸汽车
dumper *m* 翻斗车,卸货车,自动倾卸车
　~ à moteur diesel　柴油翻斗车
dunaire *a* 沙丘的
dundasite *f* 水碳铝铅石
dune *f* 沙丘,沙堆
　~ de sable　沙丘
　~ déchaussée　残余沙丘
　~ embryonnaire　雏形沙丘,原始沙丘
　~ en croissant　新月形沙丘
　~ en dos de baleine　鲸背形沙丘
　~ en fer à cheval　马蹄形沙丘
　~ fixée　固定沙丘
　~ fluviatile　河成沙丘
　~ grise　固定沙丘
　~ migrante　迁移沙丘,移动沙丘
　~ mobile　迁移沙丘,移动沙丘,活动沙丘
　~ morte　固定沙丘
　~ mouvante　迁移沙丘,活动沙丘,移动沙丘
　~ stabilisée　固定沙丘
　~ stationnaire　固定沙丘
　~ vive　活沙丘,流动沙丘
dungannonite *f* 刚玉闪长岩
dunite *f* 纯橄榄岩
dunitique *a* 纯橄榄岩的
dunnette *f* 小沙丘
duplexite *f* 硬羟钙铍石
duplicata *m* 副本,副件,复本,复制品
　~ de la lettre de voiture　货物运单副本
　~ du récépissé　收据副本
duplicateur *m* 倍增器,复写机,复制机,复印机
duplication *f* 重复,重叠,副本,加倍,复制,复制品
　~ de fréquence　倍频
duplicature *f* 叠瓦构造,（介形类）钙化壁,褶壁
duporthite *f* 丝纤石,不纯纤蛇纹石

duprène *m* 氯丁橡胶
dur, e *a* 硬的,坚固的,稳固的,坚硬的
durabilité *f* 坚固性,耐久性,耐用性,(使用)寿命,使用期限,疲劳强度
～ de gel et dégel 冻融耐久性
～ de la chaussée 路面耐用性
～ des armatures 钢筋耐用性
～ des armatures de terre armée 加筋土加筋的耐久性
～ des bétons 混凝土的耐久性
～ du revêtement 路面耐久性
durable *a* 持续的,耐久的,持久的,耐用的,有持久力的
durain *m* 暗煤
dural *m* 硬铝,杜拉铝
duralinox *m* 含镁的铝合金,含 3%～7%镁的铝合金
duralumin *m* 硬铝,杜拉铝,铝铜镁合金
duramin *m* 铜铝矿
durangite *f* 橙砷钠石
durant *prép* 在……期间
duranusite *f* 红硫砷矿
durbachite *f* 暗云正长岩
durci *a* 变硬的,硬化的,使轮廓更位明显的
durcir *v* 变硬,硬化
～ à la vapeur 蒸汽硬化
durcissant *m* 硬化剂,凝固剂
durcissement *m* 硬化,淬火,变硬,固结,焙烧,凝固,加强,强硬,硬化(作用)
～ à la vapeur (混凝土)蒸汽养护
～ à la vapeur à haute pression 高压蒸汽养护(混凝土)
～ accéléré 加速硬化
～ artificiel 人工时效
～ des liants 结合料硬化
～ direct après trempe 淬火后马上进行的时效硬化
～ du béton 混凝土硬化
～ du mortier 砂浆硬化,灰浆硬化
～ local 局部硬化
～ par chauffage électrique 电热硬化
～ par déformation 形变硬化
～ par écrouissage 冷作硬化
～ par le temps 时效硬化
～ par précipitation 时效硬化,沉淀硬化
～ par temps 时效
～ par trempe 淬火,淬硬
～ par vieillissement 时效,时效硬化
～ prématuré (混凝土)过早硬化
～ superficiel 表面淬火,表面硬化
durcisseur *m* 固化剂,硬化剂
～ pour le béton 混凝土硬化剂
durdénite *f* 碲铁石
durée *f* 期间,期限,寿命,延续,延续时间,持续时间,使用年限
～ à pleine charge 额定负载寿命
～ critique 临界时间,临界持缓时间
～ d'affaiblissement 衰减时间,衰变时间,减弱时间
～ d'arrêt 停留时间
～ d'échauffement 升温时间
～ d'éclairage 照明期间,照明时间
～ d'écoulement 径流时间
～ d'emploi 使用时间,使用期限,寿命
～ d'établissement 建立时间,存取时间,操作时间,上升时间
～ d'établissement d'une communication 传递时间,联络时间
～ d'évanouissement des oscillations 振动衰减时间
～ d'exécution 操作时间,工作时间,施工时期
～ d'imbibition 浸渍时间
～ d'immobilisation d'un véhicule 车辆非运用时间,车辆停留时间
～ d'immobilisation du matériel 机车车辆的停留时间
～ d'inversion de relais 继电器转换时间
～ d'usage 使用寿命
～ d'utilisation 使用期限
～ d'utilisation économique 经济使用寿命
～ de chargement 施荷期间
～ de chute de relais 继电器落下时间,继电器释放时间
～ de concentration 集中时间
～ de concentration en (heures) 汇流时间
～ de congélation 冻结时间
～ de contrat 合同期限
～ de coupure 释放时间,断开时间

~ de décollage de relais 继电器落下时间,继电器释放时间
~ de décongélation 融化时间
~ de démarrage 启动时间
~ de déplacement 离职时间
~ de durcissement 硬化时期
~ de fermeture 闭合时间,接通时间
~ de fonctionnement 工作时间,作用时间
~ de fusion 熔解时间,并合时间,清除时间
~ de la construction 施工时期
~ de la phase verte 绿灯时间,绿信比
~ de la phase verte prolongée 绿灯延长时间
~ de la précipitation 降水历时,降雨期间
~ de la précipitation pluviale 降雨延续时间
~ de la prise 凝结时间(水泥)
~ de la prise (ciment) (水泥)凝结时间
~ de malaxage 拌和期间
~ de marche 走行时间,运行时间
~ de mélange 拌和时间
~ de parcours 运行时间,行程时间
~ de pluie 降雨时期,降雨时间
~ de raffermissement 强化时间
~ de référence 设计使用年限
~ de réponse 反应时间,吸动时间
~ de rotation 周转时间
~ de ruissellement sur talus 坡面汇流历时
~ de service 使用期限,寿命
~ de stationnement de wagons 车辆停留时间
~ de trajet 走行时间
~ de travail 工作时间
~ de validité 有效期限
~ de vie 使用期限,寿命
~ de vie des chaussées 路面寿命期
~ de vie en fatigue 疲劳寿命
~ de vie moyenne 平均寿命,平均年限
~ de vie probable 预期寿命,预期年限
~ de vie utile 工作期限,有效年限
~ des escales 停站时间,停泊时间
~ des submersions 淹没时间
~ des travaux 施工期
~ du compactage 压实期间,碾压期间
~ du contrat 合同期限
~ du cycle de travail 工作周期
~ du stationnement 停车时间

~ entre révisions 修理间隔时间
~ intégrale de stationnement 累计车辆停放总时间
~ mécanique 机械使用期限
~ moyenne de vie 平均寿命,平均使用期限
~ pratique d'utilisation(DPU) 实际使用期限
~ réduite 缩短的期限
~ réservée à l'entretien 维修时间
~ rétablissement 恢复时间,重建时间
~ utile 使用年限,使用期间,有效期

durer v 持续,延续,持久

dureté f 硬度,强度,刚性,刚度,难度,坚固性,坚硬
~ à chaud 热硬度
~ à la pénétration 压入法硬度
~ à la rayure 刻划硬度,刮痕硬度,刮磨硬度
~ an rebondissement 回跳硬度
~ au pendule 摆撞硬度
~ au scléroscope 回跳硬度
~ carbonatée (水的)碳酸盐硬度
~ d'eau 水的硬度
~ d'étirage 拉拔硬度
~ d'un liant 结合料强度
~ de l'eau 水的硬度
~ de rebondissement 回跳硬度
~ de revenu 回火硬度
~ des minéraux,~ minéralogique 矿物硬度,矿物刻划硬度
~ des roches 岩石硬度
~ mécanique 机械硬度
~ naturelle 水的天然硬度
~ par striage 刻痕硬度,刻划硬度
~ pérenne (水的)永久硬度
~ permanente (水的)永久硬度,稳定硬度
~ sclérométrique 刻划硬度,硬度计示硬度,刻痕硬度
~ superficielle 表面硬度,表面硬化,表面坚化
~ temporaire (水的)暂时硬度
~ totale 总硬度

durite f 橡皮管,夹布胶皮管,微暗煤
~ de sablière 撒砂软管
~ des reniflards d'huile 油管上的软管

duroclarite f 微暗亮煤

duromètre m 硬度计,硬度测定器,硬度试验器

~ à bille 球体硬度计,布氏硬度计
dussertite *f* 绿砷钡铁石
dutoitspanite *f* 氟硅钙石
duttonite *f* 羟钒石
duxite *f* 亚疏碳树脂(一种不透明暗褐色树脂)
dyke *m* 岩墙,岩脉
~ annulaire 环形岩墙
~ circulaire 环形岩墙
~ composé 复合岩墙,复成岩墙,复合岩脉
~ conique 圆锥形岩墙
~ de croiseur 交切岩脉
~ de grès 砂岩岩墙,砂岩脉
~ différencié 分异岩墙
~ périphérique 边缘岩脉,边缘岩墙
~ radial 放射状岩墙
~ rayonnant 放射状岩墙
dykite *f* 脉岩
dyktyonite *f* 网纹岩,网状混合岩
dynam(o)- (前缀)力
dynamique *f* 力学,动力,动态,动力学; *a* 力学的,动力的,动力学的,动态的
~ appliquée 应用动力学
~ de gaz 气体动力学
~ de la circulation 行车动力学
~ de marche 行驶动力学
~ des contrastes 对比动力学,对比变动范围,对比范围
~ des poids lourds 重车动力性
~ des structures 结构动力学
~ du mouvement des véhicules 车辆走行动力学
~ terrestre 地动力学,地质动力
~ terrestre externe 外地质动力
~ terrestre interne 内地质动力
dynamisation *f* 动力化
dynamisme *m* 动力学,力学
dynamitage *m* 爆破
dynamite *f* 硝化甘油炸药,狄纳米特,黄色炸药,硝甘炸药
~ -gélatine 胶质炸药
~ gélatinée 胶质炸药,胶状炸药
~ gélatineuse 胶状炸药
~ -gomme 胶质炸药
dynamitière *f* 炸药库,火药仓库
dynamo *f* 发电机,直流发电机

~ à balai auxiliaire 三刷直流发电机
~ à courant alternatif 交流发电机
~ à courant continu 直流发电机
~ à essence 汽油发电机
~ à excitation dérivée 分激直流发电机
~ à excitation indépendante 他激发电机
~ à trois balais 三刷发电机
~ compensatrice 补偿直流发电机
~ compound 复激发电机
~ d'éclairage 照明直流,照明发电机
~ de charge 充电发电机
~ de démarrage 起动发电机
~ -frein 制动电机
~ shunt 并激发电机
~ tachymétrique 直流转速发电机
dynamofluidal *a* 流体动力的
dynamographe *m* 自动测力器,自动记力器
dynamométamorphique *a* 动力变质的
dynamométamorphisme *m* 动力变质,动力变质作用
dynamomètre *m* 测力计,功率计,动力计,测功器
~ à déformation élastique 弹性变形测力计
~ à élasticité 弹性测力计
~ à élastique 弹力测力计
~ à frein 制动测力计
~ à gravité 重力式测力计
~ à leviers 杠杆式测力计
~ à ressort 弹簧测力计
~ à roues dentées 齿轮式测力计
~ de compression 压力计
~ de frottement 摩擦测力计
~ de traction 拉力测力计,牵引测力计
~ en butée 功率表停止活动
~ hydraulique 液压测力计
~ pendulaire 摆动式测力计,摆锤式功率计
dynamomètre-peson *m* 秤式测力计
dynamométrique *m* 测力扳手
dynamoteur *m* 起动发电机
dynamothermal *a* 动力热力的,热动力的
dynaplaner *n* 路面铣削机,路面铣切机
dyne *f* 达因(力的单位),表面张力
dypingite *f* 球碳镁石
dysclasite *f* 水硅钙石

dysharmonique *a* 不协调的,不和谐的
dysintribite *f* 不纯白云母(斑块云母)
dysluite *f* 锰铁锌尖晶石
dysodile *m* 挠性褐煤,硅藻腐泥褐煤
dyssnite *f* 蚀暗锰辉石
dyssyntribite *f* 斑块云母,不纯白云母

E

eardleyite　f　水铝镍石
earlandite　f　水柠檬钙石
eastonite　f　蛭石,富镁黑云母(镁叶云母),水碱黑云母(铁叶云母)
eau　f　水,水体;雨,雨水;泉;江,河,湖,海
　~ à blanchir　石灰水浆
　~ à ciel ouvert　地面水,地表水
　à l'épreuve de l'~　能防洪水的
　~ à usage d'incendie　消防用水
　~ à usage domestique　生活用水
　~ absorbée　吸收水分
　~ accumulée　积水
　~ acide　酸性的,酸水
　~ acidulée gazeuse　碳酸性水,酸化水
　~ active　活性水,活化水,放射性水
　~ adhésive, ~ adhérente　附着水,薄膜水,黏着水,黏附水
　~ adoucie　软化水
　~ adsorbée　吸附水
　~ adsorbée par capillaire　毛细吸附水
　~ affleurante　地下渗出水
　~ agressive　腐蚀性水,侵蚀性水
　~ alcaline　碱性水
　~ alcalinisée　碱性水
　~ alimentaire　给水
　~ alimentaire de secours　辅助给水,事故给水
　~ alimentaire dégazée　除氧给水
　~ alimentaire normale　正常给水
　~ alluvionnaire　冲积层水
　~ ammoniacale　氨水
　~ anastatique　边缘水
　~ angulaire　(颗粒间的)孔隙水
　~ artésienne　自流(泉)水;自流井水,水喷水
　~ ascendante　上升水
　~ atmosphérique　大汽水,雨水
　~ attachée　结合水,化合水
　~ azotée　含氮水
　~ x basses　(洪水后)平水,低潮
　basses ~ x　低潮位;低水位,枯水位;枯水流量,低水流量
　~ battue　溢流水
　~ bicarbonatée　重碳酸水
　~ x blanches　浅水区
　~ bondissante　奔腾的水
　~ borée　含硼水
　~ boriquée　含硼水
　~ boueuse　泥浆水
　~ bourbeuse　泥水
　~ brute　未净化水,原水,生水(未处理过的)
　~ buvable　饮用水
　~ cachée　潜藏水
　~ calcaire　硬水,含钙质的水,石灰水
　~ calme　平静的水,死水,不流动的水
　~ capillaire　毛细管水
　~ capillaire discontinue　间断毛细水
　~ capillaire semi-continue　半连续性毛细水
　~ capillaire soutenu　毛细管水缘水
　~ captive　受压地下水,承压水,层间水,封闭水
　~ céleste　铜氨溶液
　~ chargée　污染水;加重泥浆;充电水
　~ chargée en sel　含盐水
　~ chaude　热水
　~ chlorée　氯水
　~ chlorocalcique　氯化钙型水
　~ chlorosodique　氯化钠型水
　~ chlorurée　氯化水,氯质水
　~ claire　清水
　~ collectée　截流水,拦蓄水,蓄积水
　~ collectée sur la surface　表面积水;路面积水
　~ combinée　化合水,结合水
　~ commerciale　商品水
　~ condensée　冷凝[凝结]水
　~ condensée capillaire　毛管凝结水
　~ connée　埋藏水,封存水,原生水,同生水
　~ connexe　封存水,(附在细孔壁下的)附着水
　~ contaminée　受污染水
　~ corrosive　溶蚀水,腐蚀性水
　~ coulante à grande vitesse　激流水,激流

~ courante 活水,流动水,自来水
~ cristallisée 结晶水
~ crue 硬水;原(生)水
~ cunéiforme 孔隙水,结合水
~ d'ablation 消融水
~ d'adsorption 吸附水,吸着水,附着水,薄膜水,结合水,束缚水
~ d'alimentation 供水,给水,上水
~ d'alimentation de la chaudière 锅炉用水
~ d'amont 上水,上游,上游水;承压水,上升水
~ d'appoint 补充水,新水
~ d'appoint clarifiée 净化补给水
~ d'appoint des tours de réfrigération 冷却水塔的补给水
~ d'arrosage 喷洒水,冲洗水,水雾
~ d'aval 尾水,下游,下游水,尾水
~ d'échappement 废水,水蒸气
~ d'écoulement 流动水,污水,流水
~ d'égout 污水,下水,下水道水
~ d'égout domestique 生活污水
~ d'égout industrielle 工业废水,工业污水
~ d'étanchéité 密封水
~ d'étang 塘水,池水
~ x d'été 中常的水量,平水位
~ x d'étiage 最低水位时的水
~ d'évacuation 排泄水,废水;冲洗水
~ d'exécution (condensat) 凝结水
~ d'exhaure 矿井抽出水,排出水
~ d'exsudation,~ de filtration 渗透水,过滤水
~ d'extension régionale 区域性分布的水
~ d'humidité 水分,吸湿水,潮解水
~ d'hydratation 结合水,水合液,水化水
~ d'hydromotière d'électrolyte 电液比重计
~ d'imbibition 浸润水,渗吸水,吸涨水
~ d'imprégnation 吸附水
~ d'infiltration 渗漏水,渗透水,渗流水,下渗水
~ d'inondation 洪水
~ d'irrigation 灌溉水
~ d'occlusion 封闭水,吸留水
~ d'orage 雨水
~ d'origine 原生水,结合水
~ de base 主要含水层
~ de boisson 饮用水

~ de bordure 边缘水,层边水
~ de canalisation 污水
~ de carrière 矿坑水,露天坑道水,矿山积水,矿石水
~ de cassure 裂隙水
~ de chaudière 锅炉给水
~ de chaux 石灰水,石灰水浆
~ de cheminement 渗透水,过滤水
~ x de chute 降水
~ de ciel 雨水,大气降水
~ de circulation 循环水,回水
~ de cohésion 聚合水,结合水
~ de colle 胶水
~ de combinaison 结合水
~ de compensation 补充水,补给水,新水
~ de condensation 凝结水,冷凝水
~ de conduite 自来水
~ de conservation 养护用水(混凝土)
~ deconstitution 化合水,结构水,组织水,化合水
~ de construction 结构水,化合水
~ de coteau 山水
~ de couche 地下含水层
~ de crevasse 裂隙水
~ de cristallisation 结晶水
~ x de crues 洪水
~ de décharge 排出水;废水,污水
~ de diaclase 裂隙水
~ de drainage 排水
~ de fabrication 生产用水
~ de filtrage 过滤水
~ de fissures 裂缝水
~ de fond 潜水;深层水,矿井水,底水,地下水
~ de fond karstique 岩溶水
~ de fontaine 泉水,井水
~ de fonte 冰融水,融解水
~ de formation 地层水,层间水
~ de fuite (joints) 密封排水
~ de fusion 融解水,冰溶水
~ de gâchage (混凝土的)拌和用水,(混合料的)拌和水
~ de gare 车站用水
~ de gisement 层间水;矿山水,油田水
~ de goudron 煤沥青(含)水

~ de gravité　重力水
~ de jour　地表水
~ de la nappe phréatique　地下水
~ de la phase hydratée　水化水（水泥）
~ delavage　（钻孔）冲洗用水；（钻孔）冲洗液；（滤池）冲洗水
~ de marais　沼泽水
~ de marée　潮水
~ de mélange　拌和水
~ de mer　海水
~ de mer artificielle　人造海水
~ de mine　矿井水
~ de nappe souterraine　地下水
~ de pénétration　（裂隙）渗透水
~ de pente　山坡水
~ de percolation　渗流水，渗漏水，（地下）重力水，过滤水
~ de piscine　游泳池水
~ de pluie　雨水
~ de pore　孔隙水
~ de précipitation　降水，降雨水，大气降水
~ de puits　井水
~ de pureté　纯水，净水
~ de recharge　补给水
~ de réfrigération　冷却水，冷凝水
~ de refroidissement　冷却水
~ de refus　污水，废水
~ x de remous　补给水，壅水，回水
~ de rétention　保持水，储存水，持水，附着水，黏结水
~ de retour　返回水，回水
~ de rinçage　冲洗水，洗涤水
~ de rivière infiltrée　伏流水
~ de robinet　家用水,生活用水,自来水
~ de ruissellement　漫流水，径流；地表水，地面水
~ de saline　盐水
~ de saunerie　盐水
~ de siphonnage (joints)　密封水
~ de solvatation　溶剂水
~ de sorption　吸湿水
~ de source　泉水
~ de sous-sol　底层水，潜水，地下水，底土水
~ de structure　构造水
~ de subsurface　地下水，底土水
~ de suintement　渗漏水
~ de surface　地面水，地表水，表流水
~ de sursaturée　过饱和水
~ de talus　边坡水
~ de tension superficielle　薄膜水
~ de terrains　潜水
~ de trop-plein　溢水，弃水，剩余水
~ de ville　自来水，饮用水，城市用水
~ décantée　澄清水
~ dégazée　除氧水
~ des cylindres　汽缸冷却套中的水
~ des fuites　渗漏水
~ des pores　孔隙水
~ des puits　井水；矿井水；钻井水
~ des terrains　地下水
~ désaérée　脱气水，无空气水，去气水
~ descendante　下降水
~ désionisée　去离子水
~ dessalée　人造淡水，淡化水，脱盐水
~ détendue　废水，污水
~ disponible　自由水
~ dissimulée　潜藏水
~ distillée　蒸馏水
~ domestique　生活用水
dompter les ~ x　治水
~ douce　软水，冲淡，淡水
~ drainée　排出水
~ x du ciel　雨水
~ du jour　表层水，地表水
~ du sol　土壤中水，地下水，潜水
~ du sol superficiel　表土层水
~ du sous-sol profond　深层地下水，深层底土水
~ dure　硬水
~ dure permanente　永久硬水
~ en charge　受压地下水
~ en coin　结合水
~ en crue　洪水；洪水位
~ en décrue　退水；下落水位
~ en ébullition　沸腾水
~ en excédent　过剩水量，过盈水
~ enflée　壅水［背水］，壅流
~ entartrante　易结垢的水
~ épurée　净化过的水
~ errante　渗流水

~étrangère 客水(来源于其他流域的水),外来水,浸入水
~ eutrophe 富营养水
~ excédentaire 溢流,过剩水量
~exempte de matière réductive 不含还原材料的水
~ x exterritoriales 公海
faire de l'~ (船、车)加淡水
~ fangeuse 泥水
~ fermée 封闭水,孔隙水
~ ferrobicarbonatée calcique 铁质重碳酸钙型水
~ ferrobicarbonatée magnésienne 铁质重碳酸镁型水
~ ferrobicarbonatée sodique 铁质重碳酸钾型水
~ ferrugineuse 铁质水
~ filtrée 过滤水
~ fixée par absorption 吸收水
~ fixée par capillarité 毛细管水
~ fluviale 上游;河水
~ x fluviales 河流
~ x fluviatiles 河流
~ folle 地表水,地面水,季节水,上层滞水
~ fontaine 泉水,井水
~ forte 硝酸
~ fossile 埋藏水;原生水;残余水;结合水
~ fraîche 新鲜水,淡水,凉水
~ fumerollienne 喷孔水
~ funiculaire 纤维水,纤维水体;薄膜水
~ gazouillante 淙淙流水
~ géothermale 地下热水
~ glacée 冰(冻)水
~ globulaire 薄膜水
~ gravifique 重力水,自由水
~ gravitée 重力水
grosses ~ x 洪水
~ halogénée 卤水
~ hautement purifiée 高纯(度)水
~ x hautes 高水位,高潮
hautes ~ x 高潮,涨水,高潮位;高水位
hautes ~ x de morte eau 小潮
hautes ~x de syzygie 大潮
hautes ~x de vive eau 大潮

~ x homoisohalines 等盐量水
~ humique 无营养水
~ hydratation 结合水
~ hydrocarbonatée 重碳酸(盐)水
~ hydrothermale 热水
~ hygroscopique 吸着水,吸湿水,潮解水
~ hyperlourde 超重水,氧化氚
~ hypogène 上升水
il tombe de l'~ 下雨
~ incendie 消防水
~ incrustante 泥水;硬水
~ industrielle 工业用水
~ injectée 注入水,注射水
~ intercalaire 层间水
~ x intérieures 内河,内河水位
~ intermédiaire 设备冷却水
~ interstitielle 层间水,间隙水,孔隙水,填隙水
~ irréductible 结合水,约束水,束缚水
~ jaillissante 喷涌的水
~ jeune 岩浆水,初生水
~ juvénile 岩浆水,初生水
~ karstique 岩溶水,溶洞水
~ légère 轻水,普通水
~ libre 自由水,自由流动水,游离水,重力水
~ libre de nappe souterraine 自由地下水,无压地下水,潜水
~ liée 结合水,约束水,束缚水,化合水,固态水,持水,保持水
~ limoneuse 泥水
~ limpide 清水
~ lourde 重水
~ magmatique 岩浆水
~ magnétique 磁化水
~ maigre 浅水区
~ marécageuse 沼泽水
~ marginale 边缘水,临界水
~ marine 海水
~ mère 母液;原卤
~ mésohaline 中盐水,含中度盐分水
~ métamorphique 变质水
~ météorique 降水,雨水
~ minérale 矿水,矿泉水
~ minéralisée 矿化水
~ motrice 动力水

~ moyenne 平均水位,平水
~ naturelle 天然水,自然水
~ navigable 通航河流;内河航道,通航水域
~ nette 净水
~ non potable 非饮用水
~ non traitée 原水(未经处理的),未处理水
~ non utile 无养分水
~ normale 标准海水(氯含量 19.3‰~19.5‰)
~ nuisible 侵蚀性水
~ occluse 封闭水,吸留水
~ oligochlorurée 贫氯水
~ oligohaline 少盐水
~ oligosulfatée 少硫酸盐水
~ ordinaire 普通水,自来水,饮用水,轻水
~ osmotique 渗透水
~ ouverte 渗透水
~ x ouvertes 公海
~ oxydante 氧化水
~ oxygénée 双氧水,过氧化氢
passer[traverser] l'~ 过河
~ pelliculaire 薄膜水,黏结水,吸附水
~ pendante 悬浮水
~ pendulaire 悬着水,振动水,摆动水
~ perchée 上层滞水
~ périphérique 边缘水
~ permanente 永久水源;稳定水源
~ x peu profondes 浅海
~ phréatique 潜水,地下水,无压地下水,自由地下水
~ phréatique indigène 原生地下水
~ plate 无气水
~ plutonique 深成水
~ pluviale 雨水
~ polluée 污染水
~ polyhaline 含高盐分的水,多盐水
~ potable 饮用水
~ potassique 苛性钾溶液
~ pour usages industriels 工业用水
~ pressurisée 压力水
~ primaire 原生水,一回路水
~ profonde 深水
~ x profondes 深海
~ propre 净水
~ provenant d'une fissure 裂缝水,裂隙水

~ pure 净水;纯水
~ purifiée 纯净水
~ radioactive 放射性水
~ rapide 湍急的流水
~ x recueillies 积水
~ recyclée 循环水,回水
~ réfrigérante 冷却水
~ refroidie 冷却水
~ refroidissante 冷却水
~ régale 王水
~ régénérée 再生水
~ relique 残余水
~ remise en circulation 复活水
~ remontante 上升水
~ résiduaire 污水,残留水,废水
~ résiduaire industrielle 工业污水
~ x résiduaires fécales 粪便污水
~ retenue 堵积水,储存水
~ x routières 道路流水
~ ruisselante 细流水
~ sableuse 含沙的水
~ sablonneuse 含泥砂水
~ saine 卫生的水
~ salée 海水,盐水,咸水
~ saline 盐水
~ saumâtre 盐水,咸水,半咸水,盐碱水,混入海洋的咸水
~ sauvage 地面漫流,表流水,地面水,地面雨水,片流水
~ secondaire 二回路水,给水
~ semi-artésienne 半自流水
~ silencieuse 静谧的流水
~ située dans la profondeur du sol 土的深层水
~ solidifiée 固结水分
~ soulevée 涌起波浪的水
~ sous la zone du pergélisol 永冻层以下的水
~ sous pression 压力水,承压水,增压水
~ sous-jacente 下盘水
~ sous-saturée 半饱和水
~ soutenue 地下饱和水
~ souterraine 地下水,潜水
~ souterraine polluée 地下水污染
~ stabilisée 含稳定剂的水
~ stagnante 静水,滞流水,死水

~ statique 静水,不流动水
~ stator 定子冷却水
~ submergée 壅水
~ subthermale 亚热水
~ sulfatée 硫酸盐水
~ sulfurée 硫水,硫化氢水,含硫矿化水
~ superficielle 表层水,地面水,表面水,地表水
~ superficielle collectée sur la plateforme 路基上积的表面水
~ supergène 下降水
~ surpressée 超压水,高压水
~ sursalée 盐水,高咸度水
~ sursaturée 过饱和水
~ sus-jacente 上层水
~ suspendue 悬着水（地下水位以上的土壤含水）,上层滞水；曝气（范围）的水,渗流水,饱气带水,悬浮水
~ tectonique 构造水
~ tellurique 土壤中水,地下水
~ terraquée 地下水
~ x territoriales 领海
~ thalassique 深海水
~ tombée 降雨；降雨量
tomber dans l'~ 掉进水中,落水
~ totale(béton) 湿度,含水量,(混凝土拌和物)含水率
~ traitée 处理过的水
~ transparente 清水
~ trouble 浑水
~ usée 废水,污水
~ usée industrielle 工业废水
~ usée ménagère 生活污水
~ usée traitée 处理过的污水
~ usée urbaine 城市污水
~ x usées industrielles 工业废水
~ vadeuse 渗流水
~ vadose 包气带水,上层滞水渗流水,过滤水
~ x vannes(égouts) 废水,污水,污水(下水道)
~ vaporisée 雾化水,喷射水
~ vaseuse 泥水
~ vierge 原生水,生水,初生水
~ vive 流水,活水
~ volcanique 火山水,岩浆水
eau-mère *f* 母液,原卤

eaux-vannes *f. pl* （化粪池中的）粪水
ébarbage *m* 清理,整修；切头,去毛边,切边,剪切
ébarbé,e *a* 切过边的,修正过的
ébarber *v* 修平,修整,切头,切边,去毛边
ébarboir *m* 錾,凿
ébarbure *f* 毛口,毛刺,飞边,毛刷,卷刃,焊瘤,焊刺
ébardoir *f* 三角刮刀
ébauche *f* （工程）草图,初样,毛坯,坯料,开始,钢锭,铁锭,铸块,半成品
~ de solution 解决方案
ébaucher *v* 筹划,起草,制定草案；粗轧；粗制,粗加工
ébaucheur *m* 开坯机；粗轧机
ébauchoir *m* 錾,凿,切刀
ébavurage *f* 打毛刺,(铸体的)清除飞边
ébavure *f* 毛刺
ébavurer *v* 打毛刺,去毛边,修整
~ les angles 倒圆角
èbe *f* 落潮,退潮；落潮流,退潮流
ebelménite *f* 杂硬锰软锰矿(钾硬锰矿)
ébène *f* 乌木,黑檀木
~ fossile 煤玉,煤精
ébénier *m* 乌木(树)
éblouir *v* 耀眼,耀眼,使眼花
éblouissant,e *a* 耀眼的,眩目的,使人眼花的
non-~ 不耀眼的,暗淡的
éblouissement *m* 眩目,耀眼
~ des phares 车灯眩目
ébonite *f* 硬橡胶；硬橡皮,胶木
~ cellulaire 多孔硬橡胶
ébouage *m* 消除(街道上)泥污及垃圾
ébouer *v* 清除(街道)泥污
éboueur *m* 街道清洁工
éboueuse *f* 扫路机,街道清扫车,清道车
éboulant,e *a* 崩塌的
éboulée *f* 崩落,崩塌
éboulement *m* 山崩,滑坡,崩塌,塌陷,坍陷[方]；崩塌的土石块堆
~ d'une digue 倒堤,堤岸塌落
~ de glacier 冰瀑
~ de mine 矿井冒顶
~ de montagne 山崩
~ de pente 边坡坍方
~ de rocher 岩崩,岩滑,岩塌,冒顶,岩石崩落

ébouler

~ de talus　边坡塌陷
~ de terrain　滑坡,坍方
~ de terres　坍塌,坍落,陷落,滑坡
~ des parois du sondage　钻探岩壁崩塌
~ des parois d'un puits　矿井壁（或坑道壁）崩塌,井壁坍陷
~ du sol　坍方,土滑
~ du toit　顶板陷落,冒顶
~ rocheux　岩（石）崩（落）,岩塌,岩滑
~ sous-marin　海底滑坡
~ subaérien　陆地滑坡

ébouler *v*　引起崩塌,塌陷,坍倒,陷落
ébouleux *a*　崩塌的,不稳定的（岩石）,松散的
éboulis *m*　坍陷,岸崩；崩塌物,岩屑,岩块,残渣,山麓碎石,碎石堆

~ anguleux　山麓碎石,角砾
cône d'~　碎石堆
~ de foudroyage　坍陷物,崩塌物
~ de gélifraction　冰裂碎石堆
~ de gélivation　霜冻（形成的）岩屑,霜裂岩块
~ de gravité　重力岩屑堆,重力堆积
~ de lessivage　溶滤残渣
~ de pente　坡积层,山坡堆积,岩屑堆,碎石坡
~ de pente en mouvement　滑移的山麓堆积物
~ de roches　崩塌的岩石,碎石堆
~ glaciaire　冰川岩屑[碎石]
~ ordonné　冰缘角砾,层状岩屑堆

ébranchage *m*　修削（树枝）
ébrancher *v*　修削（树）,修枝
ébranlable *a*　可动摇的
ébranlement *m*　动摇,振动,振荡

~ de l'air　空气波[爆破],天电扰动,大气扰动
~ du sol　地面振动
~ hydraulique　水力冲击,水力震动
~ provoqué　人工振动
~ séismique　地震

ébranler *v*　振动,振荡,冲击,摇动,震动
ébrasement *m*　侧墙外斜（门窗的）,做成八字墙
ébréché *a*　有缺口的,凹口的,锯齿状的,破缺的
ébrèchement *m*　形成缺口
ébréchure *f*　缺口
ébullition *f*　沸腾,起泡；煮沸,（徐缓）沸腾现象

entrer en ~　开始沸腾
~ locale　局部沸腾

écacher *v*　压碎；压平
écaillage *m*　鳞片状剥落；叠瓦（构造）；碎裂,（混凝土表面的）剥落,剥离,片落,分层,起鳞,去壳,去皮；(路面)起皮；起鳞,生锈

~ de béton　混凝土剥落
~ de chaussée　路面剥落,路面剥离
~ dû à la gelée　冰冻剥落,冻剥
~ structural　结构碎裂,结构剥落
~ superficiel　表面剥离

écaillé *a*　鳞状的,片状的
écaille *f*　水锈；铁渣；鳞状物；鳞状脱落小推覆体,小覆盖层；叠瓦（构造）；碎片,叠瓦状推覆体；*f. pl* 外皮,铸件表皮,水锈；碎石层,薄夹层

~ anticlinale　推覆背斜
~ de charriage　叠瓦构造,叠瓦状构造推覆体
~ de couverture　逆掩构造
~ de desquamation　鳞剥作用形成的岩石剥片
~ s de laminage　轧钢鳞片；轧屑
~ de mica　云母片
~ de pierre　碎石
~ préfabriquée　预制块面板

écaillement *m*　剥落,蚀落,脱层,剥蚀；剥离,鳞剥,碎裂

~ de roche　岩爆,岩崩（现象）

écailler *v*　成鳞片状剥落,剥落,剥蚀
s'~　鳞状脱落；剥离
écailleux, euse *a*　鳞状的,页片状的,叠瓦的
écart *m*　位移,偏差；误差；公差；差别,差距；间隔,间隙,距离；范围；螺距,节距,跨距,差值

à l'~　在一边,不参与
à l'~ de　远离……,与……有一定的距离
~ absolu　绝对偏差
~ admissible　允许误[偏]差,公差
~ angulaire　角偏差,角偏移
~ cumulé　累积误差
~ d'acquisition　购置差价
~ s d'IBS sur résultats retraités　盈亏差额基础上的公司利润税差额
~ de consigne　系统偏差
~ s de conversion liés à la consolidation　与短期债券有关的兑换差价
~ de fréquence　频率偏移,频率偏差
~ de hauteur　高度偏差
~ de mode　（振荡器中）振型频差

~ de niveau 水平容许误差,水平面容许误差
~ de pression atmosphérique 大气压差
~ de réévaluation 重估价差
~ de réévaluation inscrit à produits exceptionnels 特殊收入的重估价差
~ de référence 参考误差,瞬时误差
~ de réglage 动态误差,调整值误差
~ s de télécommande 温差,温度范围[偏差],遥控系统误差[偏差]
~ de tension 应力幅度
~ des ciseaux 剪刀差
~ des impulsions 脉冲距离,脉冲误差
~ des résistances à l'écrasement 压缩强度分布
~ des vitesses 速度范围
~ dimensionnel 尺寸偏差
~ en franchise d'impôt 免税差价
~ en hauteur 高度偏差
~ entre deux lectures 两读数间误差
~ entre les becs des segments 活塞环对头间隙
~ entre signal et bruit 信噪差
~ extrême 最大误差
~ fondamental 基本偏差
~ imposable 征税差价
~ inférieur 下偏差
~ latéral 侧偏差
~ maximal 最大误差
~ moyen 平均偏差,平均误差,均差
~ moyen de température 平均温差
~ moyen quadratique 均方根误差,均方误差
~ négatif 尺寸不足
~ normal 标准公差
~ probable 概率误差,可能偏差,公标偏差,或然偏差
~ quadratique 乘方偏差,乘方误差
~ quadratique moyen 均方根偏差,均方误差,标准离差
~ rapporté aux résultats 与结果有关的差价
~ réel 实际偏差
~ relatif 相对偏[误]差
~ standard 标准误差,标准均方根误差,标准均方误差
~ statistique 统计误差
~ supérieur 上偏差
~ technique 技术误差
~ temporaire 暂时偏差
~ tolérable 容许偏差,容许误差,公差(工艺的)
~ topographique 地形测量偏差
~ type 典型偏差,标准偏差,均方根差
~ vertical 高度偏差

écarté *a* 偏僻的,偏远的;分开的

écartement *m* 距离,间距;螺距;轨距,跨距;间隔,间隙;偏差;净空
~ d'axe en axe des voies 两线路中心线间的距离,线路中心距
~ de courbes de niveau 等高距
~ de faille 断层间距,断层空间
~ de voie 轨距
~ des ailettes 翼片间距
~ des appuis 跨距;当距;支撑点间距
~ des axes des contreforts 支墩中心间距,支墩间距
~ des cadres 坑道支架距离
~ des chenilles 履带间距
~ des conducteurs 导体间距(绕组的)
~ des contacts 接点间距离,接点间隙
~ des entretoises(foyer) 活箱螺撑距离
~ des essieux 轴距
~ des essieux extrêmes 全轴距
~ des étançons 坑道支柱距离
~ des étriers 连接构件距离
~ des fermes 桁架间距
~ des fils 电线间的距离
~ des joints 接缝距离
~ des longerons 纵梁间距
~ des pivots de bogies 转向架中心销间距离
~ des porteurs 杆距
~ des rivets 铆钉间距
~ des roues 轮距
~ des trous 炮眼距离
~ des trous de mine 炮眼间距
~ entre axes 中心线间距
~ entre barreaux(vide entre deux barreaux) 钢筋净间距
~ entre les essieux 轴间距离
~ entre les faces intérieures des boudins 轮缘内侧距离
~ entre les joints (路面)接缝间距
~ intérieur des contreforts 支墩净间距,拱跨

écarter

~ intérieur des bandages 轮箍内侧距离
~ international 国际轨距
~ jusqu'au bord 边距
~ libre 自由距离
~ métrique 米轨轨距
~ minimum 最小间距
~ minimum des rivets 铆钉间最小间距
~ normal (de voie) 标准量规;标准轨距

écarter v 使偏离;隔开;离开;分开;移开;排斥,撤开
  s'~ de la caméra 远摄

écarteur m 定距块,定距片,间隔物,隔板;分隔器,防阻块

écartomètre m 轨距尺

écartométrie f 方向错误,定向错误

écart-type m 标准偏差,均方根差,标准离差,误差测量(法、术)

E

ecdémite f 氯砷铅矿

échafaud m (泥瓦工、油漆工用的)脚手架,架子;工作平台
  ~ de barrage 打桩架
  ~ de tribune 临时看台,观众台
  ~ fixe 固定式脚手架
  ~ roulant à coulisse 移动式[滑动式]脚手架
  ~ volant 悬吊式[空悬式]脚手架

échafaudage m 脚手架;搭脚手架,赝架;堆积,堆砌
  ~ à chaise 悬臂式脚手架,挑出脚手架
  ~ à console 悬臂式脚手架
  ~ à montage rapide 快速架设的脚手架,速装配脚手架
  ~ arqué 拱形脚手架
  ~ d'arc 拱架
  ~ de coffrage 拱架脚手架
  ~ de construction 建筑用脚手架
  ~ de façade à échelle 梯式脚手架,梯台架
  ~ de maçon 砌砖脚手架,圬工脚手架
  ~ de montage 安全用脚手架
  ~ de montage rapide 快速架设用脚手架
  ~ du pont 桥梁赝架,桥梁脚手架
  ~ en alliage léger 轻合金脚手架
  ~ en bambou 竹脚手架
  ~ en fer 钢制脚手架
  ~ en tube 管子脚手架,管柱脚手架
  ~ extérieur 外脚手架
  ~ intérieur 内脚手架
  ~ léger 轻便脚手架
  ~ métallique 金属[钢制]脚手架
  ~ pour voûtes 拱架
  ~ préfabriqué 预制脚手架
  ~ roulant 滚动脚手架
  ~ roulant à coulisse 移动式脚手架
  ~ suspendu 悬式脚手架
  ~ tubulaire 管子脚手架,管柱脚手架
  ~ tubulaire métallique 钢管脚手架
  ~ volant 悬式脚手架

échafauder v 搭脚手架;堆积,堆砌;堆放[迭、砌]

échafaudeur m 搭脚手架工人

échancré, e a 弧形的,新月形的,港湾形的;挖空的

échancrer v 使成凹形,使成V形,使成新月形,使成弧形

échancrure f 切口,凹口;凹槽;刻痕;半圆切槽

échange m 交[互、更、调、转、对、兑]换;交[贸]易;代谢;交罚;交换道
  ~ à valeur égale 等价交换
  ~ à valeur inégale 不等价交换
  ~ automatique 自动交换
  ~ calorifique 热交换,散热,散热率,阳离子交换
  ~ cationique 阳离子交换
  ~ commercial 贸易
  ~ d'ions 离子交换
  ~ d'air 换气
  ~ d'anions 阴离子交换
  ~ d'eau 水交替
  ~ d'énergie 能量转换
  ~ d'énergie cinétique 能动转换
  ~ de base 盐基交换
  ~ de chaleur 热交换,散热,散热率
  ~ de radiation 辐射交换
  ~ de température 热交换,换热
  ~ des données 数据交换
  ~ des wagons aux frontières 在过境线互换车辆
  ~ direct 直接交换
  ~ du matériel roulant 机车车辆交换,车辆交换
  en ~ 作为交换
  en ~ de 交换;以……代替,以……补偿
  ~ équilibré 平衡贸易
  ~ équivalent 等价交换

~ s extérieurs 对外贸易
~ indirect 间接交换
~ s intérieurs 国内贸易
~ international 国际贸易
~ inverse 对换
~ ionique 离子交换
~ isotopique 同位素交换
~ mondial 世界贸易
~ non équivalent 不等价交换
~ océan-atmosphère 海洋大气交换
~ par rayonnement 辐射热交换
~ standard 标准替换件
~ s techniques intra-européens 在全欧内部的技术交流
~ thermique 热交换,散热,散热率
~ thermique par convection 对流换热

échangeable *a* 可交换的,可交换用的

échanger *v* 交换,交替
 ~ des conversations 通话

échangeur *m* 公路立体交叉(桥),热交换器,散热器;互通式立体交叉;道路立体枢纽;高速道路出入匝处;立体交叉交换道;交换器;交换机;中间加热;中间冷却器
 ~ à calandre 壳管式散热器
 ~ à demi-trèfle 半梅花形互通立交
 ~ à double trompette 双喇叭形互通立交
 ~ à feuille 叶形互通立交
 ~ à feuille de trèfle 苜蓿叶形立体交叉
 ~ à losange 菱形互通立交
 ~ à plaques 板式热交换器
 ~ à plaques tubulaires fixes 固定管板式热交换器
 ~ à poire 梨形互通式立交
 ~ à roue tangente 涡轮形互通立交
 ~ à serpentin 蛇形管式热交换器
 ~ à tête flottante 浮头式热交换器
 ~ à trèfle 梅花形互通立交(苜蓿叶式互通立交)
 ~ à trèfle complet 全梅花形互通立交
 ~ à trompette simple 单喇叭形互通立交
 ~ air-eau 空气—水热交换器
 ~ autoroutier 高速公路交换道
 ~ d'Ethernet 以太网交换机
 ~ d'air 空气(热)交换器
 ~ d'anions 阴离子交换器[剂],阴离子交换器
 ~ d'aspersion 淋水式热交换器
 ~ d'ions 离子交换器,离子交换剂
 ~ de cations 阳离子交换剂
 ~ de cations hydrogènes 氢阳离子交换器
 ~ de chaleur 换热器,热交换器,散热器
 ~ de chaleur à air 空气交换器
 ~ de circulation (道路)互通式立体交叉;道路立体枢纽
 ~ de fuites contrôlées 调节疏水散热器
 ~ de pression 压力变换机
 ~ de refroidissement 冷却器
 ~ de wagons par effacement vertical 格构斜臂式起重机,万能装卸机
 ~ diffuseur 集散型互通立交
 ~ eau-huile 水—油热交换器
 ~ en demi-losange 半菱形立体交叉
 ~ en losange 菱形立体交叉
 ~ en trèfle 苜蓿叶式立体交叉
 ~ en trompette 喇叭形立体交叉
 ~ giratoire 环形立体交叉
 ~ incomplet 不完全立体交叉
 ~ mixte 混合式立体交叉
 ~ nœud 结点型互通立交
 ~ routier 道路立体交叉
 ~ séparatif 分离式立交
 ~ thermique 热交换器,散热器
 ~ thermique à calandre 壳管式换热器
 ~ thermique à contrecourant 逆流式热交换器
 ~ thermique à plaques 板式换热器
 ~ thermique entre phases d'un fluide frigorigène 冷冻剂散热器,液体吸气换热器
 ~ thermique multibulaire 多管式换热器
 ~ tubulaire 管式热交换器
 ~ unidirectionnel 单向立体交叉
 ~ urbain 城市立体交叉

échantignole *f* 桁托;檩托

échantillon *m* 量规;板,样品,样板;试样,试块,试件,船构架;取样,采样;标本,样本
 ~ à main 手选样,手标本
 ~ adéquat 充足样本,适用样品
 ~ aléatoire 随机样品
 ~ au cisaillement 剪切试件,剪切试样
 ~ au hasard 任意取样

échantillon

~ bitumineux 沥青试件
~ broyé 粉碎的样品
~ carotte 岩芯(或钻探)取样
~ composé 组合样品
~ consigné 复查试件
~ cubique 方块试样,方块试件
~ cylindrique 圆柱形试样
~ d'analyse 分析试样
~ d'argile 黏土试样
~ d'eau 水样
~ d'essai 检查样品,试验试件,试样
~ d'essai prismatique 陵柱状试验试件
~ de ballast 道砟试样
~ de béton 混凝土试样
~ de carotte 岩芯取样
~ de chargement 载货标准,载货界限
~ de choix 拣块样品
~ de composite 混合试样
~ de contrôle 对照样品,核对样品,检查样品,检查试件
~ de forage 钻探样品,岩芯
~ de glace 冰样
~ de l'eau 水样
~ de laboratoire 实验室试样
~ de livraison 供用试件
~ de minerai 矿样
~ de probabilité 概率样本,随机样本
~ de référence 参考样品,标准试件,标准试样
~ de revêtement 试验路面
~ de roche 岩石样品
~ de rugosité 糙度样品
~ de sable 砂样,砂试件
~ de saignée,~ par saignée 刻槽样
~ de sol 土样;土试件
~ de sol non remanié 未扰动土样
~ de terrain 土样
~ de terre 土样
~ de trépan 岩芯样品,螺旋钻样品
~ desséché 烘干的试样
~ du béton 混凝土样
~ du sol 土壤样品,土样
~ du sol intact 原状土试件
~ élastique 弹性试样,弹性试件
~ en bloc 原状试块,方块原状土样

~ en compression non drainé 未排水压缩试件
~ en masse 大样
~ en poudre 粉末试样
~ entaillé 凹口试样
~ essayé 试验试件
~ étalonné 标准试样,标准样品,标准试块
~ humide (土的)湿试样,湿试件,饱和试样
~ immobile 固定试样
~ intact 未扰动试样,原状试样,完整试样
~ isolé 抽查样品
~ localisé 局部取样
~ métallique 金属试样
~ micrographique 金相试样
~ moyen 一般试件,平均样品
~ non remanié 未扰动试样,原状试样
~ normal 正规样品
~ normalisé 标准试件
~ obtenu par sondage 钻探试样
~ obtenu par sondage par injection d'eau 射水钻探取得的试样
~ paraffiné 涂蜡试件
~ partiel 部分试件
~ perturbé 被翻动样品,扰动样品,扰动土样
~ pour analyse 分析样品
~ préalablement saturé 预先饱和试样
~ prélevé 取试样
~ prélevé à la main 手取试样
~ prélevé dans le métal déposé 熔焊金属试样
~ pris à cuillère 勺(取试)样
~ pris à la tanière 螺钻(提取)试样
~ pris au hasard 随机试样,任意取样
~ prismatique 棱柱形试样
~ proportionnel 比例测杆,成比例试样
~ pulvérulent 粉末试样
~ réduit 缩分后的样品
~ remanié 扰动(土)试样,被翻动样品
~ représentatif 示范试件,代表试件,(典型)样品
~ saturé 饱和试样
~ saturé d'eau 饱和水样品
~ sec 干试件
~ standard 标准试样
~ systématique 系统样本
~ témoin 标准试样,核对试样
~ total 总体试样

～ tout entier 整体试样
～ transversal 横向测定试样,横向试件
～ type 标准试样,典型试样
～ unitaire （泥沙测验的）单位水样
～ vierge 完整试样；未用过的试样
échantillonnage *m* 取样,采样,选样；抽样；抽样检验,取离散值；定标准样件；时间抽样,讯息选择；调查
～ à la cuillère 勺钻取样
～ aléatoire 任意取样,随机取样
～ au hasard 随机取样,任意取样,抽样
～ continu 连续取样
～ d'eau 采水样,取水样
～ de gisement 矿床取样
～ de l'inquartation,～ de quartage 四分法取样
～ des sols pulvérulents 取土砂样
～ double 复式抽样
～ dynamique 动态抽样
～ espacé 稀疏取样
～ nucléaire 核取样
～ périodique 周期抽样
～ stratifié 分层取样
～ systématique 系统取样,系统抽样
échantillonner *v* 取样,选样
échantillonneur *m* 取样器,采样器,取样人
～ à fond 基础土取样器；河床土砂取样器
～ à mémoire 采样保持器
～ à rifles 庄氏分样器,格槽式缩样器
～ automatique 自动采样器
～ bloqueur 采样保持器
～ continu 连续取样器
～ d'eau 取水样器,采水器
～ de brut 原油取样器
～ de ciment 水泥取样器
～ de composite 综合取样器
～ de fond 井底取样器
～ de neige 取雪样器,采雪器
～ de sable 采沙器
～ de sédiment 泥沙采样器
～ de surface 表面取样器
～ Denison （坚实土质用的）丹尼森取样器
～ du sol 取土样器,采土器
～ fluide 流体取样器
～ instantané 瞬时取样器
～ latéral 井壁取样器
～ portable 轻便取样器
～ rotatif 回转取样器
échantillonneuse *f* 取样器,取土器
échantillon-témoin *m* 标准试样,复核用试样
échantillon-type *m* 标准试样,典型试样
échantionner *v* 取样品,提供样品,尝试
échappée *f* 坑道的高度（从底极到顶板）,顶底板高（度）,空隙
échappement *m* 排[流、漏、逸]出,排气；排气管,排气孔,喷嘴
～ à cônes étagés 多维锥形喷嘴式排气管
～ d'air 排[放]气；空气的逸[漏]出
～ de gaz 排出瓦斯气
～ diesel 柴油机排气管
～ double 双喷口排气管
～ électropneumatique 电空排气
～ libre 敞口排气管
échapper *v* 脱开,脱落,消失；避免,排出；溢出,流出
écharde *f* 碎块,碎片
écharpe *f* 斜柱,斜撑,斜杆；角撑；撑杆；吊绳
～ de bout 端板对角斜撑
～ de côté 侧板对角斜撑
～ de paroi latérale 侧板对角斜撑
prise en～ 侧面冲
échasse *f* 脚手架立柱,立杆,支架
échaudage *m* （石灰）粉刷,刷石灰浆
échaudé *a* 刷过石灰浆的；过热干缩的
échauder *v* 烫,烫洗；粉刷（用石灰浆）
échauffement *m* 加热[温],变[发]热；供暖
～ anormal 过热,不正常温升
～ central 集中供暖
～ continu 持续升温
～ de route 路面加热
～ de travail 工作时发热
～ des boîtes d'essieu 轴箱发热
～ des essieux de wagon 货车燃轴
～ des sabots de frein 闸瓦发热
～ du bobinage 线圈发热
～ limite 加温范围,加温极限
～ localisé 局部发热,局部加热
～ par induction haute fréquence 高频感应加热
～ unihoraire 小时升温

~ unilatéral 单面加热

échauffer *v* 加热,增温
　s'~ 发热

échauffure *f* (木材)开始腐朽

échéance *f* (票据)到期,定期票据;满期;期限,时限;票据
　~ à terme 定期票据
　~ de paiement 到期付款

échéancier *m* 进度表
　~ de paiement 付款清单
　~ de remboursement(crédit) 偿款清单
　~ des livraisons du matériel 设备供货进度表

échéant,e *a* 到期的;偶然发生的
　le cas~ 必要(需要)时

échec *m* 失败;毁坏,破坏

échelier *m* 绳梯

échelle *f* 比例尺;标尺,刻度,温标;刻度表[盘],分度盘;比例尺;比率;梯子;等级;规模
　~ à barreaux 梯子
　à l'~ de 在……范围内,在……规模内
　~ à miroir (仪表)镜面度盘
　~ à rapporter 比例尺;缩尺
　~ à vernier 游标刻度,游标尺
　à ~ réduite 用缩尺,用缩小比例法
　~ absolue 绝对标尺
　~ absolue de Kelvin 开氏绝对温标
　~ absolue de température 绝对温度
　~ acceptée 采用的比例尺
　~ amplifiée 放大比例尺
　~ angulaire 角度盘,角度标
　~ annulaire 环形换算电路,刻度盘;标度
　~ arithmétique 算术度标
　~ aveugle 盲刻度
　~ azimutale 测角仪可度盘,方位角刻度盘
　~ barométrique 气压表刻度
　~ Baumé 波美度,波氏比重计
　~ Beaufort 蒲氏风级
　~ biostratigraphique 生物地层表
　~ Celsius 摄氏温标
　~ centigrade 摄氏温标,百分度标
　~ chronolithologique 地层年代表
　~ chronologique 年代表
　~ chronostratigraphique 地层年代表
　~ colorimétrique 比色阶

~ composée 组合标尺
~ coulissante 伸缩尺,卷尺
~ crinoline 环形梯
~ d'accès 爬梯
~ d'eau 水位标,盈水标,量水标;测探锤
~ d'embarquent 舷梯
~ d'étiage 水位标尺
~ d'image 图像比例尺
~ d'incendie 消防梯,防火梯
~ d'intensité 强度标度,强度等级
~ d'intensité des travaux 工程强度表
~ d'intensité macrosismique 地震强度级
~ d'intensité séismique 地震烈度表
~ d'invar 殷钢(绘图)尺
~ d'un dessin 比例尺,图件比例尺
~ d'une carte 地图的比例尺
~ de balayage 扫描标度
~ de Baumé 波美比重标
~ de classement 分级比,粒度表
~ de comptage 计数器,计算尺;刻度,标度
~ de déplacement 载重容积;排水量标尺
~ de dérive 偏移度,漂移度
~ de dureté 硬度等级,硬度标(度);硬度计
~ de dureté de Mohs 莫氏(相对)硬度标
~ de force du vent 风力等级,风级
~ de fusibilité 熔度表
~ de glace 量冰尺
~ de gris 灰色标度
~ de l'état de mer 浪高等级
~ de longueur 长度比例(尺)
~ de longueur d'ondes 波段刻度盘
~ de luminosité 光亮标度
~ de marée 潮汐杆;水位尺
~ de MSK(Medvedev-Sponbeuer-Karnik) 地震烈度等级
~ de mesure 量尺,比例尺
~ de Mohs 莫氏硬度标
~ de niveau 水位标,量水标
~ de niveau d'eau 水标尺,水位指示器
~ de pilote 绳梯(船舶的),软梯
~ de pollution 污染标度
~ de prise de vue 航测比例,航空摄影比例
~ de profils 断面尺
~ de proportion 比例尺,缩尺

~ de réduction 缩小比例；缩尺
~ de représentation des déformations 变形比尺
~ de représentation des mouvements 滑尺，游标尺
~ de sauvetage 太平梯
~ de secours 安全梯；抢险梯；防火梯
~ de sensibilité 灵敏度范围
~ de service 爬梯，工作梯（检修用）
~ de tamisage 筛选的网目，筛分等级
~ de température 温度计，温（度）标
~ de temps 时标，时间量程，时间尺度，时间刻度，时间标度
~ de tirants d'eau 吃水标志
~ de toiture 车顶梯子
~ de turbulence 紊动尺度
~ des abscisses 横坐标标度
~ des eaux 水位标，量水标
~ des forces du vent 风力等级，风力度标，风力标度
~ des hauteurs 高度比例尺
~ des intensités macroséismiques 地震烈度等级
~ des longueurs 长度比例尺
~ des magnitudes des séismes 地震等级
~ des marées 测潮水尺
~ des pompiers 救火梯
~ des tangentes 正切函数刻度
~ dilatée 延长的比例尺
~ double 人字梯，工作梯
~ du dessin 绘图比例尺
~ du vent 风级
~ éclairée 照明度盘
~ électronique de temps 电子时间度标
~ en fer 铁爬梯
~ étalonnée 刻度尺，标定尺
~ extensible 伸缩尺，伸缩梯
~ Fahrenheit 华氏温标
~ fluviale 水标尺
~ générale 通用比例尺
~ géochronologique 地质年代表，地史年代表
~ géologique 地层表，地层剖面
~ géologique en fonction du temps 地质年代表，地质时标
~ graduée 分度尺，刻度盘
~ grandeur 原尺寸，全尺寸，足尺寸

~ granulométrique 粒级比，粒度表
~ graphique 绘图比例尺
~ hiérarchique 等级，等次
~ horizontale 平面比尺，水平比尺，平面尺度
~ hydrotimétrique 水硬度表
~ indicatrice 指示比例尺，指示标度
~ installation 设施规模；工厂规模
~ limnimétrique 液面记录标尺；水位标尺；检潮标；测深仪
~ linéaire 线形标度，直线比例尺，线性标度尺
~ locale 局部比例尺，局部尺度
~ logarithmique 对数表，对数尺，对数度表，对数尺度，计算尺
~ macroscopique 宏观规模，宏观尺度
~ Mercalli 麦加利（地震）烈度表，麦氏（地震）烈度表
~ métrique 公制（比例）尺，米制标度，米尺
~ meulière en fer 有扶手铁梯
~ mobile 计算尺
~ moyenne 平均比例尺
~ naturelle 自然比例尺，天然尺寸，数字比例尺，原尺度，实物大小
~ s non linéaires 非线性刻度，非线性标度尺
~ ovale 椭圆尺
~ pliante 折尺
~ primaire 基本比例尺，主要比例尺
~ réduite 缩尺，缩小比例尺
~ Richter 里氏展级，里希特展级表
~ sismique 地震烈度
~ sismique des intensités 地震烈度
~ stratigraphique 地层表
~ thermodynamique 热力学温标
~ thermodynamique absolue 绝对热力温标
~ thermométrique 热力温标
~ totale 全量程（仪表）
~ triangulaire （绘图用）三棱尺
~ uniforme 等分标尺
~ verticale 垂直比例尺，竖向比尺

échellite *f* 钠沸石

échelon *m* 级，阶梯；阶段；梯级，等级

~ d'amorçage 爆破顺序
~ de mise en charge 荷载范围，荷载等级
~ en étrier 脚蹬式踏步
~ géothermique 地热梯度，地热等级

échelonné *a* 阶梯状的，雁行状的；分段的，分级的；分期的

échelonnement *m* 分级，分段；梯次配置；交错配置，梯形排列，阶梯状排列，雁行状分布（矿体）；刻度

~ des travaux 施工程序［阶段］；分阶段施工

échelonner *v* 按里程，分阶段；梯状配置；交错，雁行状排列，梯列，梯状排列；分期，分级；配置；分期进行

échillon *f* 龙卷风

échine *f* 山脊，拱脊

écho *m* 回声，回波；反射信号，返回信号，反射波，反射（波、信号），传闻

~ à grande durée 长时间回声，迟缓反射信号

~ acoustique 回声

~ artificiel 人工反射信号，人造回波

~ bizarre 超折射（效应引起的）回波

~ capricieux 超折射回波，溢出回波

~ d'arrière 天线后瓣回波

~ d'extrémité 地面回波（超声波试验）

~ d'objectif 目标反射信号，目标回波

~ de câble 电缆回波

~ de la surface limite（essais ultrasoniques） 界限面反射（超声波试验）

~ de mer 海面回波，海面反射信号

~ de photon 光子回波

~ de sol 地面反射波（雷达）

~ s diffus 散射反射信号；扩散反射信号

~ faux 假回波，假反射信号

~ flottant 混响

~ ionosphérique 电离层反射信号

~ latéral 天线旁波瓣回波

~ magnétique 磁回波

~ s multiples 多重回声，多次反射信号；多次回波信号

~ parasite 雷达杂波，干扰反射信号

~ permanent 固定目标的回波，地物反射信号

~ principal 主要反射信号

~ radar 雷达反射信号

~ rapproché 近回波

~ retardé 迟缓反射信号

~ s secondaires 第二扫描回波

~ sondeur 回声探测仪

~ téléphonique 回音，回声

échogramme *m* 回声谱，（回声测深的）深度图解记录，回声探测仪，测音器

écholocation *f* 回声定位法

échomètre *m* 反射信号测量仪，回声测定［测探］器，音响测探器，回声测深仪

~ à impulsions 脉冲式电缆损坏地点测定仪，脉冲回波仪

échosondage *m* 测深

écho-sonde *m* 回声探测，测音器

échouage *m* 触礁；搁浅；下沉

~ des caissons 沉箱下沉

~ des caissons par chargement 荷载沉箱下沉法

~ des caissons par réduction de pression 沉箱减压沉降法

eckerite *f* 似钠闪石

eckermannite *f* 镁铝钠闪石

eckmannite *f* 锰叶泥石

éclaboussement *m* 溅出的泥浆

éclaboussure *f* 溅出的泥浆或污水

éclair *m* 闪电，闪光，闪光信号

~ diffus 片状闪亮

~ en boules 球状闪电

éclairage *m* 光明，灯光，光线；照明，采光，照明工程；照明装置

~ à arc électrique 电弧照明

~ à contre-flux 逆光照明

~ à feux croisés 交叉照明

~ à l'huile 油灯照明

~ à longue portée 远光灯

~ adaptable （隧道洞口）适应照明，缓和照明，过渡照明

~ ambiant 周围光线；外界光线

~ anti-éblouissant 防眩目灯，防眩灯

~ arrière 衬托光；辅助照明

~ artificiel 人工照明

~ au pétrole 煤油照明

~ autonome 独立供电照明

~ axial 轴向照明

~ code 防眩灯光；（大灯）近光，近光灯

~ collectif（trains） 集中供电列车照明系统，整列车照明

~ continu 全路段照明

~ continu du train 列车通联照明

~ d'évacuation 撤离照明

~ d'architecture 建筑照明
~ d'entrée （隧道）洞口照明，入口照明
~ d'instruments 仪表照明
~ d'intertube 横通道照明
~ de base 基本照明
~ de chantier 工地照明；工作面照明
~ de court tunnel 短隧道照明
~ de fond 背景照明（摄影）
~ de jalonnement 标杆照明灯
~ de la fiche horaire 时刻表照明
~ de la route 公路照明，道路照明
~ de la zone industrielle 厂区照明；工业区照明
~ de niche 洞室照明
~ de plafond 天棚照明，顶部照明
~ de renforcement 加强照明
~ de réserve 备用照明
~ de route 公路照明
~ de rue 街道照明
~ de secours 事故照明；应急[备用]照明
~ de sécurité 安全照明
~ de service 工作照明
~ de seuil de porte 门槛照明灯
~ de sortie （隧道）洞口照明，出口照明
~ de tunnel 隧道照明
~ de veille 夜间照明系统
~ défectueux 光线不好
~ des autoroutes 高速公路照明
~ des chantiers de construction 工地照明，现场照明
~ des postes de garde 警卫照明
~ des signaux 信号照明，信号灯光
~ des trains 列车照明
~ des voies publiques 道路和街道照明，公共照明
~ diffus 扩散照明
~ direct 直接照明；直接采光
~ dirigé 定向照明
~ diurne 天然照明
~ du feu 色灯信号机点灯
~ du navire 船舶照明
~ électrique 电气照明，电灯照明
~ électrique des aiguilles 道岔电气照明
~ extérieur 外部照明；室外照明
~ extérieur pour plaque de numéros 外部车号板照明
~ fluorescent 荧光照明
~ général 全面照明，整列车照明
~ incandescent 白炽灯照明
~ indirect 反射照明，间接照明
~ individuel 车内的独立供电照明设备
~ intérieur 内部照明，室内照明
~ interne 内部照明，室内照明；总体照明（仪表的）
~ local 局部照明
~ localisé 局部照明
~ mixte 混合照明与采光，一般漫射照明
~ naturel 天然照明，自然采光
~ non éblouissant 防眩目灯
~ normal 正常照明
~ oblique 侧面照明
~ ordinaire 正常照明，普通照明
~ par approche (des signaux) （信号）接近点灯
~ par la tranche 边缘照明（仪表的）
~ par projection 用探照灯照明，用泛光照明
~ par réflexion 间接照明；反射照明
~ par transparence 透穿照射
~ principal 主光，热光（电影、电视）
~ provisoire 临时照明
~ public 路灯，路灯照明，公共照明
~ rasant 贴地照明
~ réduit 防眩目灯光
~ semi-direct 半直接照明
~ semi-indirect 半反射照明
~ sur l'échangeur 道路立体交叉处照明
~ symétrique 对称式照明
~ turboélectrique des trains 列车涡轮发电照明设备
~ ultraviolet 紫外线照射
~ vers le bas 朝下照射
~ zénithal 顶灯照明
éclairagisme *m* 照明工程，照明技术
éclairagiste *n* 照明工程师，灯光设计师
éclaircir *v* 照亮，照明；使明亮，使晴朗；使色淡；弄清楚，变稀，稀释；净化
éclaircissement *m* 澄清
éclairement *m* 照度；曝光；照明度，露光时间
~ calculé 计算照度
~ de référence 标准照明

~ en uniformité longitudinale 纵向均匀照度
~ en uniformité transversale 横向均匀照度
~ horizontal 水平照度
~ maximum 最高照度
~ minimum 最低照度
~ moyen 平均照度,平均照明
~ vertical 垂直照度

éclairer v 发光,照耀,照明

éclaireur m 照明;光源,照明灯
~ de tablier 仪表台照明灯

éclat m 闪光,亮光;光泽,亮度;碎屑,碎片,碎块,爆炸,爆炸声
~ adamantin 金刚光泽
~ argenté 银色光泽,银光
~ brillant 发光光泽,闪耀光泽,亮光泽
~ chatoyant 耀光,闪耀光度
~ cireux 蜡光泽
~ d'image 图像亮度
~ s de pierre 碎石片,碎片,碎屑
~ de pierre 碎石片
~ demi-métallique 半金属光泽
~ fluorescent 荧光光泽
~ gras 油脂光泽,脂肪光泽
~ mat 暗色光泽,暗淡光泽
~ métallique 金属光泽
~ nacré,~ de nacre 珍珠光泽
~ perlé 珍珠光泽
~ résineux 松脂光泽,树脂光泽
~ schillérisant （矿物）闪光;闪烁,变彩;金属光泽
~ semi-métallique 半金属光泽
~ soyeux 绢丝光泽
~ terne 无光泽,黯淡无光
~ terreux 土状光泽
~ vitreux 玻璃光泽

éclaté m 分解图

éclatement m 爆裂,(混凝土)分裂,崩裂,龟裂;剥落,脱落;爆炸,炸裂,破裂;放电;击穿
~ d'un pneu 轮胎破裂
~ de la roche 岩石碎(破)裂
~ de la surface des revêtements 路面开(龟)裂
~ par gel 冻裂

éclater v 炸开;爆裂;碎裂,断裂,发光,闪光

éclateur m 放电器（电力机车穿心瓷瓶保护装置）,放电管;避雷器;火花放电器,电火花间隙
~ à aiguilles 针状放电器,尖端放电器
~ à asynchrone 异步电火花隙
~ à barreaux 棒状放电器
~ à boules 球型避雷器,球隙放电器
~ à cornes 角形放电器
~ à disques 盘式放电器
~ à électrodes fixes 固定电极放电器
~ à électrodes sphériques 环形放电器;球状避雷器
~ à étincelle pilote （冷阴极补齐管）触发管
~ à étincelles 火花放电器
~ à pointes 针状放电器
~ circuit batterie 蓄电池回路放电器
~ de coordination 绝缘配合间隙
~ de mesure 测量用火花放电器
~ de protection 防火花间隙;避雷器
~ multiple 多次运用避雷器（如真空避雷器等）,多级火花隙
~ réglable 可调放电器,可微调火花隙
~ synchrone 同步火花隙
~ tournant 旋转放电器

éclimètre m 测斜仪,倾斜仪,斜度计,坡度计;磁倾计
~ à joints francs 鱼尾板对接
~ d'angle 角铁形鱼尾板连接
~ de fortune 鱼尾板应急连接

éclissage m 鱼尾板连接

éclisse f 鱼尾板,夹板,接板,镶接板;楔,楔形物
~ à patin 带底座鱼尾板,角铁形鱼尾板
~ angulaire 角型鱼尾板
~ cornière 角铁形鱼尾板
~ d'assemblage 拼接板,鱼尾板
~ d'équerre 角铁形鱼尾板,折角形鱼尾板
~ de fortune 备用鱼尾板
~ de raccord 异形鱼尾板
~ de raccordement 异形鱼尾板,异形夹板,连接板
~ de rail 鱼尾板,夹板
~ de rattrapage d'usure 调整磨耗鱼尾板
~ de secours 应急(备用)鱼尾板
~ de talon 尖轨跟端鱼尾板
~ de transition 异形鱼尾板
~ électrique 钢轨导电接头

~ extérieure 外侧鱼尾板
~ intérieure 内侧鱼尾板
~ isolante 绝缘鱼尾板
~ lisse 鱼尾板,接合板
~ plate 平夹板,平鱼尾板
~ pour cisaillement 抗剪加劲板
~ pour moment 抗弯矩加劲板,水平加劲板
~ régénérée 翻新鱼尾板,再生鱼尾板,整修过的鱼尾板
~ rematricée 在轧制的鱼尾板
~ renforcée 加强鱼尾板

éclisser *v* 装鱼尾板,装夹板
éclogite *f* 榴辉岩
éclogitique *a* 榴辉岩的
éclogitisation *f* 榴辉岩化(作用)
écluse *f* 锁,闩;堤,坝,水闸;船闸,闸门,堰;排水沟,水门,泄水闸
~ à air 器闸,空气闸门,气闸,气闸室
~ d'évacuation 排气闸门
~ s étagées 多级船闸
~ fermée 闭合船闸,闭合闸门
~ s jumelles 双室船闸
~ maritime 通海船闸
~ simple 单厢船闸

écoinçon *m* 拱肩;拱上空间;上下层窗空间
école-chrono-structure-faciologique *f* 年代—构造—岩相学派
école-linéamentariste *f* 线性构造学派
école-magmatiste *f* 岩浆学派
école-subductionniste *f* 俯冲消亡学派
écologie *f* 生态学,生态环境;环境保护论
~ agricole 农业生态学
~ d'eau 水生态学
~ de réservoir 水库生态学
~ de rivière 河流生态学
~ de sol 土壤生态学
~ humaine 人类生态学
~ industrielle 工业生态学
~ sociale 社会生态学

écologique *a* 生态学的;环境保护的
écologisme *m* 生态保护主义;环境保护论
écologiste *n* 生态学家;环境保护论者;*a* 生态学的,主张环境保护的
écomusée *f* 生态博物馆

économe *n* 会计员,财会人员;*a* 节省的,节约的,经济的
économétrie *f* 计量经济学
économie *f* 理财,经济,节约;经济学;管理,经营;*f. pl* 储蓄,积蓄
~ d'eau 水利经济;水(利)经济学
~ d'emprise (EP) 节约用地
~ d'énergie 动力经济(水利用经济),节约能量
~ d'entretien 维修上的节约
~ d'exploitation 使用经济,营运经济,运营经济
~ de matériaux 节省材料
~ de personnel 精简人员
~ de temps 节约时间,省时
~ de terrassement(ET) 节约土方
~ de travail 节省劳力
~ des transports 运输经济
~ des travaux 工程经济
~ du combustible 燃料消耗的节约
~ en service 使用经济性
~ énergétique 动力经济(水利用经济)
~ hydraulique 水利,水利经济,水的利用
~ minière 矿业经济
~ routière 道路经济
~ technique 技术经济

économique *a* 经济的,节约的,经济学的
économiser *v* 节约,节省
~ les dépenses 节约开支
~ les frais 节省费用

économiseur *m* 省煤[油、热]器,余热暖水器,暖水装置
~ de carburant 汽化器节油器
~ de combustible 节油器
~ de Green 格林式节热气

écope *f* 勺形物;戽斗,水斗;抽泥筒,泥浆泵,吊斗,铲斗,勺斗
écoperche *f* 脚手架立杆
~ horizontale 脚手架横杆
écorçage *m* 剥皮,剥落
écorce *f* 壳,地壳;表层,外表,表皮;树皮
~ protectrice 保护壳,保护层
~ sialique 硅铝质壳
~ terrestre 地壳
écorcer *v* 剥,剥落;剥(树)皮
écorché *f* 盖层剥离面图

écorner

~ géologique 古地质图,基岩地质图
écorner *v* 倒圆,锐边倒圆
écornure *f* 倒圆的棱角
écostratigraphie *f* 生态地层学
écosystème *m* 生态区系,生态系统
 ~ agricole 农业生态系(统)
 ~ alpin 高山生态系(统)
 ~ aquatique 水生生态系(统)
 ~ aride 干旱生态系(统)
 ~ d'irrigation 灌溉生态系统,灌区生态系统
 ~ des ressources naturelles 自然资源生态系统
 ~ marin 海洋生态系统
écotone *m* 群落交错区,交错群落,生态过渡带
écotope *m* 生态区,空间生态单元
écotourisme *m* 生态旅游
écotype *m* 生态型,生态类型
écoulement *m* 流,水流;径流,径流量;潮流;(水、电、气等的)流动,流动性,流出;流程;流量,径流量;重力滑动
 ~ à haute vitesse 高速水流
 ~ à surface libre 自由面流,无压流
 ~ accéléré 加速流
 ~ adiabatique 绝热流
 ~ affluent 流入量
 ~ annuel 年流量,年径流(量)
 ~ artésien 自流水流,承压水流
 ~ ascendant 上升流
 ~ axial 轴向流;轴向流动
 ~ bidimensionnel 二元流动
 ~ boueux 泥流
 ~ calme 静流
 ~ compressible 可压缩流
 ~ conique 锥形流
 ~ constant 定常流,稳恒流
 ~ critique 临界流量,临界水流
 ~ critique constant 稳恒临界水流
 ~ critique de Belanger 贝朗格临界流
 ~ d'air 空气流量,气流
 ~ d'averse 暴雨流量
 ~ d'échappement de réchauffeur 加温器排水管
 ~ d'orage 暴雨流量,暴雨径流
 ~ de base 底流量,径流(量),基流;基本流量
 ~ de brèches 碎石块流
 ~ de cavitation 空化水流,空穴流
 ~ de circulation 环流,循环流动
 ~ de compensation 补偿水流
 ~ de cours principal 干流流量
 ~ de crue 洪水流量,洪水径流,洪流
 ~ de fil 线流
 ~ de filtration 渗流,渗流量
 ~ de l'acier 钢材的屈服
 ~ de l'air 空气流,气流
 ~ de l'eau 流水,水流
 ~ de la chaleur 热传导,热流
 ~ de la circulation 交通流量
 ~ de la nappe captive 受压地下水水流
 ~ de percolation 渗流
 ~ de pointe 顶峰流量,最大流量
 ~ de sable 流沙,沙流
 ~ de sol 泥流,土流
 ~ de sol et de pierres 泥石流
 ~ de solifluxion 泥流,分层流动
 ~ de surface 地面径流,地面漫流,表面流量
 ~ de talus 塌方
 ~ de terre 土流,泥流;土崩
 ~ de toit 顶部崩塌
 ~ des eaux 排水
 ~ des eaux de toiture 屋面排水
 ~ des fluides 流体流动
 ~ des nappes souterraines 地下水流,潜水流
 ~ différé 延滞径流
 ~ diphasique 两相电流
 ~ direct 定向径流,直接径流
 ~ dispersé 散流,雾状流
 ~ du cours d'eau 河流畅流,河流流量
 ~ du trafic 客货流,车流,交通流量
 ~ du trafic fluide 行驶交通流
 ~ du train 行车
 ~ dynamique du trafic 动态交通流量
 ~ effluent 排出径流
 ~ électro-osmotique 电渗流
 ~ en charge 压力流,有压流,承压径流
 ~ en décrue 退水流量,退化水流
 ~ en nappe 片流,漫流,席状流
 ~ en nappe libre 地下水自由流量
 ~ éphémère 季节性径流,短暂径流
 ~ filaire 线性电流
 ~ fluvial 缓流,径流,平流,亚临界流动

~ fluvial accidentel 季节性径流
~ fluvial intermittent 间歇径流
~ fluvial permanent 稳定流
~ fluvial saisonnier 季节性径流
~ géostrophique 地转流,地转水流
~ glaciaire,~ du glacier 冰川流动
~ glissant 滑流
~ graduellement varié （沿程）渐变流,缓变流
~ hydraulique 水流,水力流,水压流
~ hypodermique 伏流,潜流,地下径流
~ inconstant 不稳定流
~ instable 非稳定流
~ intermittent 间歇性水流,季节性河流
~ inversé 逆流,倒流
~ irrotationnel 非旋转流,无漩流
~ isentropique 等熵流
~ isoénergétique 等能流
~ isotherme 等温流
~ karstique 岩溶水流
~ laminaire 层流,稳定流,片流
~ laminaire stable 恒定层流
~ latéral 侧（向）流,横向流动,侧移
~ lavique 熔岩流
~ libre 重力流；自由流动,无压流
~ linéaire 线流
~ minimum 最小流量
~ moyen 平均流量
~ naturel 天然水流
~ non accéléré 非加速流
~ non dispersif 非分散流
~ non permanent 变速流,非稳定流,非恒流,变量流
~ non stationnaire 变速流,非稳定流
~ non uniforme 变速流,非均匀流,不等速流,非等速流
~ normal 正常水流（水面坡度与河底坡度平行）,正规水流,等速流,均匀流
~ normal de base 正常基流,多年平均基流
~ oblique 斜向水流
~ ondule 波动水流
~ ordinaire 常遇流量
~ par filtration 渗透
~ par glissement 滑流
~ par gravité 重力滑动,重力水流,自流

~ parallèle 顺流；平行流水作业
~ pérenne 常年径流,常年水流,常年流量
~ pérenne de base 常年基流,常年地下径流
~ périodique 周期性径流
~ permanent 永久性径流,恒流,恒定流,稳定流；永久性径流,常年径流
~ plane 平面流动,二元流动
~ plastique 塑性流,塑（性）流（动）,塑性流变
~ plastique du béton 混凝土塑流
~ plastique visqueux （土的）塑性—黏滞流动
~ polyphasique 多相流
~ potentiel 势流；潜在径流（理论径流）
~ pulsatoire 脉动水流
~ pyroclastique 火山碎屑流,火山灰流
~ quasi permanent 准稳定流
~ radial 辐向流,径向流,放射流
~ rapide 急流
~ régulier 流线型流（动）,均匀流动
~ renversé 逆向流,倒流,逆流
~ retardé 减速水流,阻滞水流
~ rocheux 石流,石河
~ rotationnel 旋转水流,涡流
~ rotationnel linéaire 线性旋转流
~ saisonnier 季节性径流
~ sous pression 压力流,有压流
~ souterrain 地下水流,地下径流；地下水流量
~ spiral 螺线流
~ stable 恒定流,定常流
~ stationnaire 稳流,稳定流
~ stratifié 分层流
~ subsuperficiel 地下水,潜流,暴雨渗流
~ superficiel 地面径流,表流,地表水流
~ thermique 热流
~ torrentiel 超临界水流,（超临界）急流,射流
~ total 总径流量
~ tourbillonnaire 涡流,紊流,湍流
~ tranquille 缓流,平流
~ transitoire 瞬变流（动）,非恒定流
~ transversal 横向流；交叉流
~ turbulent 涡流,紊流,湍流
~ uniforme 均匀流,稳定流,等速流
~ variable (dans le temps) （随时间变化的）非恒定流,非定常流
~ varié 不等速流

~ varié (dans l'espace) （随空间变化的）变速水流；非均匀流，变速流，非等速流
~ visqueux 黏性流，黏性流动，塑性流动

écouler v 销售，推销，出售
~ des marchandises 推销商品

écourter v 截短

écoute f 收听，听筒，收听器
~ de contrôle 监听

écouteur m 受话器，耳孔，耳机；听筒（电话）
~ téléphonique 电话耳机，电话接收机

écoutille f 孔，观察孔；舱口

écouvillon m 管刷，瓶刷

écran m 屏，荧光屏（电视），观看屏（光）；护板，挡板，遮阳板，遮光板，滤光镜；防护屏；反射面（地震）
~ à dépôt ponctuel 荧光点屏（电视）
~ à inclinaison 往下滑动的信号板
~ à longue persistance 长余辉荧光屏
~ à mailles 网格壁，网眼壁
~ absorbant 吸收屏，暗迹屏，吸音屏，吸音壁，遮音墙
~ acoustique 隔音板，防音壁
~ acoustique en matériaux composites transparents 透明复合材料声屏障
~ acoustique réflex 反音匣，反射板，障音板
~ amortisseur 阻尼器，缓冲器；减音器，消声器
~ anti-bruit 防噪音壁，防音壁
~ anti-bruit en béton 混凝土防音壁
~ anti-arc 隔弧板
~ anti-buée 防水玻璃
~ anticorrosif 防腐蚀层
~ antiéblouissant 反眩目屏
~ anti-éblouissement 防眩板
~ antigel 保温套
~ antiphare 反眩光屏
~ audiovisuel 视听屏幕
~ biologique 生物屏蔽
~ capillaire vertical 垂直毛细挡板
~ commandé mécaniquement （探照式色灯信号机中的）机械操纵的有色玻璃板
~ coupe-feu 防火墙
~ d'arrière 信号背光遮蔽器
~ d'étanchéité 密封隔板，密封隔层，（坝底部的）截水墙，防渗帷幕

~ d'étanchéité à la vapeur 防（蒸）汽层
~ d'injection 灌浆帷幕；灌浆截水墙，灌浆齿墙
~ d'un tube cathodique 阴极射线管的屏幕
~ de ciel 空网（观测导弹弹道横偏的光学仪器）
~ de commande 操纵盘，控制盘
~ de drains 排水帷幕
~ de fond 底板
~ de fumée 烟幕
~ de haut-parleur 扬声器反射面
~ de l'oscillographe 示波器，荧光屏
~ de lecture 读数表，刻度表
~ de palplanches 板桩幕墙
~ de prise de terre 天线地网
~ de protection 保护板，防护屏蔽
~ de rive 护岸
~ de vision 指示器荧光屏
~ diffusant 扬声器纸盒；散射屏，扩散器，漫射体
~ diffuseur 散射屏，扩散网
~ directionnel 定向屏蔽
~ électrique 电屏蔽
~ électromagnétique 电磁屏蔽
~ électrostatique 静电屏蔽
~ électrostatique cylindrique 圆柱形静电屏蔽，法拉第线笼
~ en palplanches en acier 钢板桩墙
~ en palplanches en béton 混凝土板桩墙
~ en palplanches en bois 木板桩墙
~ en palplanches en tôle emboutie 冲压钢板桩幕墙
~ en tôle noir 黑色遮板
~ fixe（du signal） 色灯信号机的固定透镜
~ fluorescent 荧光屏［板］
~ fluoroscopique 荧光板，荧光屏
~ imperméable 防水层
~ injecté 灌浆截水墙
~ interne d'étanchéité 心墙
~ interne d'étanchéité souple 柔性防渗墙，柔性心墙
~ jointif de pieux et palplanches 桩板墙
~ luminescent 荧光屏
~ magnétique 磁屏蔽
~ masquant le feu 手信号灯中色灯玻璃板
~ multicellulaire 多孔网形屏蔽
~ numéroté 数字板

~ opaque 遮光板
~ optique 反眩光屏
~ panoramique 环视扫描荧光屏
~ pare-fumée 挡烟板
~ pare-lumière 遮光板
~ protecteur 保护板，保护屏蔽，防护屏，防护板
~ radioélectrique 雷达干扰范围
~ réducteur （电影的）缩放屏
~ réflecteur 反射屏
~ renforçateur 增光屏；加强膜
~ répétiteur 复示器，外置显示器，分显示器
~ sélectif 选择滤波器
~ thermique 绝热屏，隔热屏，热屏蔽
~ transsonore 声屏
~ tresse 编组屏

écrasé *a* 压碎的，破碎的
écrasée *f* 陷落，塌陷
écrasement *m* 压碎，粉碎，破碎，压伤，伤人事故
écraser *v* 破碎，粉碎，压碎，碾碎，压坏
écrase-tube *m* 弯管机
écraseur *m* 破碎机，压碎机，粉碎机，碎石机，轧碎机
écrémage *m* 扒渣，除渣；挡渣，浮渣，精选（浮选）；脱脂；清除泡沫
~ du trafic 选择合理化运输
écrêtage *m* 调峰；限制，消波，消峰；限幅
écrêtement *m* 削渡作用（切削路面搓板的波形），削峰
écrêter *v* 消波，限幅，切削路面材料堆高的部分；削去路面搓板的波浪
écrêteur *m* 限制器，限幅器，斩波器，消峰器
~ antiparasite 无线电干扰限制器
~ basse fréquence 低频限幅器，低频斩波器
~ d'amplitude 限幅器
~ des bruits 干扰限制器；噪音限制器
écrire *v* 写，标记……
écrisée *f* 金刚砂
écriteau *m* 公告牌，通告，布告
~ d'avertissement 警告牌
~ de direction 旅客列车去向牌
écriture *f* 登记，记录，书法；书面形式；文字；文件；*f. pl* 文件；账簿；票据
~ s commerciales 商务票据
~ comptable 会记账目
~ s d'une banque 银行账簿
~ de banque 银行转账
~ de clôture 结账
~ s de transport 运送票据
~ de virement 转账单
~ s techniques 技术单据；技术文件

écrou *m* 螺母，螺帽；螺旋套
~ à ailes 翼形螺母
~ à ailettes 翼形螺母，蝶形螺母，元宝螺母
~ à bride 凸缘螺母
~ à calage 固定螺母
~ à chape 盖螺帽
~ à chapeau 帽式螺母
~ à clé 翼形螺母，元宝螺母
~ à coches 带槽螺母
~ à collet 凸缘螺母，翼形螺母，元宝螺母
~ à cosse 套筒螺母
~ à créneau 冠形螺帽，槽式螺帽，花螺帽
~ à double pas 紧固螺母
~ à douille 套筒螺母
~ à embase 凸缘螺母
~ à forme spéciale 异型螺母
~ à oreilles 元宝螺母，翼形螺母，蝶形螺母，凸耳螺母，双耳螺母
~ à poignée 带把螺母
~ à recirculation de billes 循环球式螺母
~ à six pans 六角螺母
~ à tête 撑帽式杆柱，撑帽式锚栓
~ auto-freiné 自锁螺母
~ borgne 罩形螺帽，螺帽盖，闷头螺帽
~ carré 方螺母
~ centrage 定心螺母
~ crénelé 开槽螺帽，花螺帽
~ d'accouplement 连接螺母
~ d'ancrage 托板螺母
~ d'arbre 车轴螺母
~ d'arrêt 双螺帽，锁紧螺帽
~ d'assemblage 连接螺母，紧固螺帽，装备螺帽
~ de blocage 锁紧螺帽，防松螺帽
~ de blocage du pignon d'arbre à cames 凸轮轴齿轮锁紧螺母
~ de boulon à tête carrée 方头螺母
~ de fixation 固定螺帽

~ de manœuvre monté sur butée à billes　滚珠止推轴承工作螺母
~ de raccord　螺旋管套
~ de raccord de tuyauterie　螺旋管套
~ de réglage　调整（节）螺帽
~ de ressort　弹簧螺帽
~ de rotule　万方接头螺母
~ de sécurité　保险螺母,自锁螺母
~ de serrage　扣紧螺母,固定螺母
~ de tendeur　凸缘螺母
~ de tige de piston　活塞杆螺母
~ de vis mère　丝杆螺母
~ du vilebrequin　曲轴螺母
~ élastique　弹性防松螺母
~ fendu　开槽螺母
~ fileté　螺栓帽
~ indesserrable　自锁螺母,防松螺母
~ mobile　活动螺母
~ moleté　滚花螺母,周缘滚花螺母
~ normal　标准螺母
~ papillon　蝶形螺母,元宝螺母
~ pinacle　自锁螺母
~ pour déblocage de roulement　松开滚动轴承用的螺旋套
~ tendeur　夹紧螺母,调整螺母,松紧螺母

écrou-capuchon　*m*　元宝螺母
écrou-coulisseau　*m*　滑动螺母
écroui　*a*　冷锻的,冷作硬化的
écrouir　*v*　冷锻;冷变形,冷轧,冷拔,冷加工
écrouissage　*m*　冷锻,冷轧,冷拔,冷加工,冷变形,冷作硬化,应变硬化,加工硬化
écrouissement　*m*　冷变形加工,冷轧;加工硬化
écroulement　*m*　垮坝,崩塌,冒顶,塌方
~ d'un tunnel　隧道坍塌
~ de chaussée　路面碎裂,路面裂缝
~ de roche　岩石剥落（现象）
~ de tunnel　隧道坍塌
~ du toit　冒顶
écrouler　*v*　倒塌;沁出熔岩,沁出混合岩
écrou-papillon　*m*　翼形螺母
écroûtage　*m*　粗加工,去皮,修整,抄平,清理
~ des lingots　钢锭的粗加工（清理）,钢锭除氧化皮
écrou-tendeur　*m*　夹紧螺母,调整螺母

éctinite　*f*　等化学变质岩,非交代岩（非混合岩）,非混合岩类
ectropite　*f*　肾硅锰矿,蜡硅锰矿
écuanteur　*m*　车轮辐条对轮轴的倾斜度,锥形轮;机轮外倾斜度
écueil　*m*　礁,暗礁
écuelle　*f*　de glace　冰锥
écumage　*m*　清除,撇去泡沫,撇去浮渣;清理炮眼
écumant　*m*　起沫剂；*a*　起泡沫的,多泡沫的
écume　*f*　渣,屑,泡沫,浮渣,废物,泡沫渣,泉华；*f. pl*　浮选精矿
~ d'algue　腐泥
~ de béton　混凝土浮渣
~ de loup　黑钨矿
~ de manganèse　沼锰矿,锰土,土状软锰矿
~ de mer　海泡石
~ de plomb　铅矿渣
~ de terre　泡沫状灰岩,鳞方解石
~ de verre　浮石,浮岩;泡沫岩颤,玻璃碎屑
écumer　*v*　气泡,起沫,撇去泡沫
écumeux, euse　*a*　起泡沫的,气泡膜的,泡沫状的,多孔的
écurage　*m*　清除,冲刷;掏净;掏刷
~ de fondation　基础冲刷
écurer　*v*　清除,洗刷,掏净
écusson　*m*　钥匙孔遮板,桥名牌；名牌
édaphique　*a*　土的,土壤的,土壤层的,土壤圈的
édaphologie　*f*　植物土壤学,生态土壤学
eddingtonite　*f*　钡沸石
edelforse　*f*　不纯硅灰石
edelforsite　*f*　不纯硅灰石;浊沸石
édelite　*f*　葡萄石;钠沸石
édénite　*f*　浅闪石
édicule　*m*　路旁的小建筑物
édificateur　*m*　建设者
édification　*f*　建设,建立;建筑,地形形成（作用）,地形演化
~ de base　基本建设
~ économique　经济建设
~ industrielle　工业建设
édifice　*m*　（火山）筑积体,筑积物,火山机构；组织,结构,构造；房屋,建筑,建筑物,大建筑物,大厦
~ à manufacture　厂房

~ coralliaire, ~ corallien 珊瑚礁[体]
~ cristallin 结晶组织,晶体结构
~ d'enseignement 学校建筑
~ dendritique 树枝状结晶结构
~ faillé 断层山系,断块山系
~ gitologique 矿床
~ intracontinental 陆内构造
~ maclé 双晶(结构)
~ orogénique 造山带,褶皱筑积物
~ plissé 褶皱山系
~ public 公共建筑,公共房屋
~ structural 构造体系,构造
~ tectonique 构造筑积体,构造单元
~ volcanique 火山结构

édifier *v* 建筑[造],兴建;创[建]立;建设
édingtonite *f* 钡沸石
édisonite *f* 金红石
edmondsonite *f* 镍纹石
edolite *f* 长云角岩
éducation *f* 教育,训练
~ routière 交通安全训练;交通安全教育
edwardsite *f* 独居石
Eémien *m* 埃姆间冰期(中欧,上更新世初期);埃姆阶(上更新世)
effacement *m* (水坝)崩塌,清除,取消,消去记录;涂抹,抹除,抹去,遮光
effectif *m* 名额,在编人数,全体人员,(一个单位的)实有人数
~ de l'équipage 船员定员,班组定员
~ des voitures 车辆保有量,汽车总数
~ des wagons 货车保有量,现有货车数
~ du personnel 职工人数,现有人员数
~ réglementaire 定员编制(人数)
~ théorique 定员数
~ total des wagons 货车总保有量
~ total du bateau 旅客和船员总数
effectif, ive *a* 现行的,现实的;有效的,有作用的
effectivement *adv* 事实上,实际上,确实,实在,的确
effectivité *f* 效率,效用
effectuer *v* 实行,完成,实现
~ des essais 进行试验
~ des mesures 测量
~ des observations 观察,观测
~ des réparations 修理
~ des trajets à vides 空车走行里程,空车运行
~ le transport 办理运输
~ un paiement 付款,支付款项
~ un parcours 走行里程,运行

effervescence *f* 沸腾;气泡,冒泡
effervescent, e *a* 沸腾的
effet *m* 效果,效应,作用,影响,结果,现象,实现;票据;*m. pl* 财产
à cet ~ 为此
à double ~ 双作用的,双动式的
à l'~ de 为了,目的在于
~ à l'effort tranchant 剪力作用
~ à payer 应付票据,要支付的票据
~ à recouvrer 可兑换的票据
~ accepté 已承兑票据
~ additionnel 附加效应,累加效应
~ adhésif 黏着作用,黏附作用
~ afférent à l'action de précontrainte 预应力荷载的作用效应
~ afférent à l'action tranchante 剪切作用力产生的效应
~ afférent à l'action accidentelle 偶然性荷载作用效应
~ afférent à la charge variable 可变性荷载的作用效应
~ afférent au moment et à la température 扭矩、温度产生的效应
~ afférent au séisme 地震荷载的作用效应
~ architectural 建筑效果
avoir pour ~ de 有……效果,有……作用
~ bancaire 银行票据
~ barométrique 气压效应
~ biaxial 双轴效应
~ brisant 破碎作用;爆炸力
~ calorifique 热效应
~ capillaire 毛管作用,毛细现象,毛细作用,毛细管效应
~ centrifuge 离心效应
~ chimique 化学作用
~ chimique superficiel 表面化学效应
~ commercial 商业票据
~ d'action 作用效应
~ d'action du gel 冻结作同,冰冻作用

~ d'affouillement des crues 洪水冲刷作用
~ d'amortissement 阻抑作用,缓冲作用,减振作用,阻尼作用
~ d'antenne 天线效应
~ d'arc 成拱作用,拱的作用
~ d'arc-boutant 成拱作用,拱扶垛作用
~ d'arc-boutement 齿轮制动
~ d'architecture 建筑效果
~ d'arrachement des roues 车轮抽吸作用
~ d'aspiration 虹吸,吸附作用,吸入作用
~ d'éblouissement 眩目作用
~ d'échelle 尺度效应,比尺效应
~ d'écho 回声效应
~ d'écran 屏蔽效应
~ d'écurage 冲刷作用(河床)
~ d'enclume 荷载冲击作用
~ d'entaille 刻槽影响,冲孔效应,裂口效应,切口效应,楔开效应
~ d'érosion des sols 土壤侵蚀作用
~ d'expansion 膨胀作用
~ d'extrémité 边际效应,末端效应,终端效应
~ d'îlot 小岛效应(当栅极电压低至某一数值时,阴极的发射就限制在某一阴极小面积之内)
~ d'induction 感应效应,感应作用
~ d'inertie 惯性作用,惯性效应
~ d'interaction 交互作用,相互影响
~ d'ombre 阴影效应
~ d'osmose électrique 电毛细管效应(直流电压由于含有潮气往负极的效应)
~ d'oxydation 氧化作用
~ d'une machine 输出功率
~ de bord 边缘效应,边缘影响
~ de bruit-Schottky 肖特基噪音
~ de calcul de l'acier courant 普通钢材计算应力
~ de calcul de pression de l'acier 钢筋计算压应力
~ de calcul de pression du béton 混凝土计算压应力
~ de calcul de traction de l'acier 钢筋计算拉应力
~ de calcul de traction du béton 混凝土计算拉应力
~ de capacité 电容效应
~ de chaleur 热效应,热作用
~ de champ 场效应
~ de changement de température 温度变化的影响
~ de chasse sur la direction 主轴后倾角对转向性能的影响
~ de cheminée 烟囱效应
~ de chenal 河槽效应,沟槽效应
~ de choc 冲击作用,冲击效应
~ de cisaillement 剪切力
~ de colmatage 淤塞作用,堵塞作用
~ de commande 控制作用,操纵作用
~ de compactage 压实作用
~ de compressibilité 压缩效应,压缩影响
~ de contraste 对比效果
~ de Coriolis 科里奥利影响(使地球上运动物体在北半球偏右南半球偏左)
~ de corrosion 腐蚀作用,锈蚀作用
~ de courants 水流作用,洋流作用
~ de courbure 曲率效应
~ de couronne 电晕效应,电晕现象
~ de dalle 路面板的作用;板的受力作用
~ de décantation 沉淀作用
~ de dégel 解冻作用,融化作用
~ de déplacement d'appui 支点移动的影响
~ de distorsion 变形影响,变态影响
~ de fatigue 疲劳效应
~ de filtration 过滤效果;过滤作用
~ de flottement 颤动,摩擦作用
~ de gel 冰冻作用,冰冻影响
~ de grêle 散粒效应,肖托基效应
~ de grenaille 散粒效应
~ de groupe 群桩作用
~ de l'eau 水的作用,水的影响
~ de la circulation 行车作用
~ de la gravitation 重力作用,重力影响
~ de la marée 潮汐作用,潮汐影响,潮汐效应
~ de la percussion 冲击作用
~ de la répétition des charges 荷载反复作用
~ de la roue de charge 荷载轮作用
~ de la rupture 断裂作用
~ de la torsion 扭力作用
~ de levier 杠杆作用
~ de limite 边际效应,边界效应

~ de lubrification 润滑效应
~ de lumière 灯光效应, 灯光效果
~ de masque 气动力阴影效应, 遮挡效应, 覆盖效应, 掩蔽作用
~ de masse 质量效应
~ de matelassage 垫层作用
~ de mélangeage 搅拌作用
~ de neige （电视）"雪花"效应
~ de nuit 夜间效应, 夜间误差
~ de paroi 洞壁效应, 边壁效应
~ de pétrissage 揉合作用
~ de pincement 引缩效应, 夹紧效应, 紧缩效应
~ de plaque 平板作用
~ de pluie 雨点效应
~ de poinçonnement 刻槽影响, 冲孔效应
~ de pollution 污染后果
~ de pression 压力作用, 压力效应
~ de prise de ciment 水泥凝固效应
~ de protection thermique 热保护作用
~ de puissance 功率效应
~ de radioactivité 放射性辐射作用, 放射性效应
~ de recettes 收到的债券
~ de refoulement 倒灌现象
~ de refroidissement 冷却效应
~ de rochet 棘轮效应
~ de rupture 断裂效应
~ de scintillation 闪变效应, 闪烁效应
~ de sécheresse 干旱影响
~ de séisme 地震作用[效应]
~ de sens 定向效果, 风向效应, 温室效应, 温室作用
~ de silo 储仓效率
~ de sol 地面效应, 大地效应（气垫车）
~ de sons 音响效果
~ de surface 表面效应, 趋肤效应, 物面效应
~ de suspension 悬浮作用
~ de température 温度效应, 温度作用
~ de temps 时间效应, 时效
~ de traction 拉应力
~ de tremblement de terre 地震作用
~ de vent 风荷载
~ de vibration de l'explosion 爆破震动影响
~ de vide 空穴效应

~ de viscosité 黏度影响, 黏滞性效应
~ de voûte 成拱作用, 拱的作用
~ des agents atmosphériques 风化（作用）, 风侵蚀
~ des agents extérieurs 外因作用
~ des forces 力的作用
~ des sons 音响效果, 音响效应
~ des surtensions 超应力作用
~ détecteur 检波作用
~ différentiel 差动效应; 微分效应
~ direct 直接作用, 直接效果
~ directif 方向效应, 定向作用, 定向性效应, 方向性, 指向往
~ Doppler 多普勒效应
~ Doppler-Fizeau 多普勒—菲佐效应
~ du champ de dispersion 杂散场效应
~ du fluage 蠕变作用
~ du froid 冷冻作用
~ du gel 冰冻作用, 冰冻影响
~ du pneumatique 轮胎作用
~ du ruissellement 流水作用
~ du surcompactage 超压实作用
~ du vent 风力作用
~ dynamique 动力影响, 动力效应, 动力作用
~ dynatron 打拿效应, 负阻效应, 打拿特性, 负阻特性
en ~ 其实, 事实上, 确实, 果然
~ en devise 外币票据
~ en réactivité 反应性影响
~ endothermique 吸热效应
~ étranger 外国票据
~ explosif 爆炸作用, 爆炸威力
~ extincteur 灭火作用
faire (de l'~) 产生强烈影响; 产生深刻印象
faire l'~ de 好像, 仿佛
~ gazéifiant 气化作用
~ géomagnétique 地磁效应
~ global 总作用
~ gyroscopique 回转效应, 陀螺效应
~ horaire 时间效应
~ hydroélectrique 水电效应
~ hyperstatique 超静定作业, 超静定效应
~ impayé 未付票据
~ indirect 间接效果, 间接作用

~ inductif 感应效应,感应作用
~ induit 诱发效应
~ local 局部效应,局部作用
~ lubrifiant 润滑作用
~ lumineux 发光效应,光作用
~ marginal 边际效应
~ mécanique 机械效应
~ microphonique 微音效应,送话器效应
~ néfaste 有害影响
~ néfaste sur l'environnement 对环境的不良效应[影响]
~ négatif 负面影响
~ négocié 议付票据
~ nocif 有害的影响
~ orographique 地形影响,山岳效应
~ parasite 干扰作用
~ payé 已付票据
~ perturbateur 扰动效果,扰动效应
~ photo-électrique 光电效应
~ photochimique 光化学效应
~ photoélastique 光测弹性兹应,光弹性效应
~ photo-électrique 光电效应
~ photo-électrique externe 外光电效应
~ photo-électrique interne 光电导效应,内光电效应
~ photomagnétique 光磁效应
~ photovoltaïque 光伏效应,光生伏特效应
~ physique 物理效应
~ piézo-électrique 压电效应
~ postérieur 副作用
~ pouzzolanique 火山灰作用
prendre ~ 生效
~ pyrométrique 高温效应
~ recherché 期望结果,期望效应
~ redresseur 整流效应,热电放射效应
~ renvoyé 退回票据
~ résiduel 后效
~ Rocky-Point 火花弧,罗柯点效应
~ secondaire 副效应,次效应
~ secondaire de temps 次时间效应
~ secondaire en fonction du temps 次时间效应
~ Seebeck 塞贝克效应,热电效应
~ séismique 地震作用,地震效应
~ sismique 地震效应

~ stabilisant 稳定作用
~ stéréoscopique 立体效应
~ stroboscopique 频闪效应
~ superficiel 表面效应
~ tangent 混凝土剪切应力
~ tardif de force tangente 剪力滞效应
~ thermique 热效应
~ thermoélectrique 温差电效应,热电效应,热电子效应
~ Thomson 汤姆逊效应
~ trans 转换效应
~ tunnel 隧道效应,隧洞效应
~ utile 有效功率;有效作用
~ volumique 体积效应,容积效应

effeuillage *m* 片状剥落,剥离
effeuiller *v* 剥落,剥离
efficace *f* 效力,功效; *a* 有效的,灵验的,有影响的,生效的,有功的
~ acoustique 隔音效果
efficacement *adv* 有效地
efficacité *f* 效率,功效,效能,作用,效用,影响,成效,实效,相对效,有效性率,有效系数,有效作用
~ actuelle 实际效率
~ annuelle 年效率
~ apparente 视效率
~ barométrique 气压效率
~ calorifique 热效率;热卡值
~ d'engin 发动机效率
~ d'épuration d'air 空气净化效率
~ d'explosif 炸药效能
~ d'un redresseur à contact 接触整流效应,检波效率
~ d'une cathode thermoélectronique 热电阴极效率
~ de balayage 扫油效率,注水效率;注水系数,波及系数
~ de chaleur 热效率
~ de compresseur 压气机效率
~ de compression 压缩效应
~ de dépoussiérage 除尘效率
~ de détection 探测效能;检波效能
~ de filtre 过滤效率
~ de machine 机器效率

～ de moteur 电动机效率
～ de rayonnement 辐射效率
～ de renforcement 加固作用,(路面)补强作用
～ de séparation de poussière 除尘效率
～ de sous-sol 基层土承载能力
～ des filtres 过滤器的有效性能
～ des freins 制动效率
～ des surfaces de chauffe 散热器效率
～ du compacteur 压实机械的效率
～ du courant 电流效应
～ du pilonnage 整实有效性
～ du travail 工作效率
～ en champ diffus 漫射场效能
～ en champ libre 自由场效能
～ hydraulique 水力效率,水利作用,水力效力
～ intrinsèque 固有效率,本征效能
～ ionique 电离效应
～ lumineuse 发光效率,流明效率,发光效应
～ lumineuse relative 相对发光效率
～ mécanique 机械效率
～ moyenne de station 电站平均效率
～ neutronique 中子效能,碰撞密度
～ omnidirectionnelle 杂乱入射灵敏度
～ optimale 最优效率
～ paraphonique 近讲灵敏度
～ relative 相对效率
～ thermale 热效率
～ totale 总效率

efficience *f* 效力,效能,效率
～ du travail 工作效率

efficient, e *a* 有效的,生效的,效率高的,有用的

effilage *m* 拉丝,抽丝;拉长

effilé, e *a* 圆锥的,尖锐的,拉长的,细长的,沿层理劈开的,削尖的,磨锐的

effilement *m* 拉长,磨薄,削尖

effiler *v* 使渐细,弄尖,锥削

effilochage *m* 擦伤;磨损(指纺织品)

effleurement *m* 岩脉露头

effleurer *v* 轻触,轻擦

effleuri *a* 风化的;出露的

effleurir *v* 风化,粉化

efflorescence *f* (混凝土)风化,粉化;风化物;开花,开花期;霜化,盐霜,凝霜,渗斑,盐华,火山升华物

～ de chaux 石灰引起的起霜现象,粉化石灰
～ de murailles 墙壁风化

efflorescent, e *a* 风化的,粉化的,粉状的;花状的,霜状的

effluence *f* 发散,放射,流出,溢出,测流
～ d'eau usée 溢出污水

effluent *m* 流出物,废液;支河,岔河;排水,出水,流出的液体,散发的气体
～ s de servitude 强迫排放物
～ s douteux 不肯定的排放物(可能的放射性废物)
～ s gazeux 气体排放物
～ secondaire 二次排出物,二级处理出水
～ thermique 热流出物

effluent, e *a* 流出的,渗漏的,溢流的,测流的

effluve *m* 发散,放射,辐射,喷气,射气;放电,辉光,辉光放电,电晕;散发物,发射(物)
～ gazeux 喷气,放气;放出气体

effondré *a* 崩陷的,坍塌的

effondrement *m* 塌陷,崩落,冒顶,陷落,沉降,地堑,崩塌,坍塌,脱坡;落水洞
～ circulaire 锅状塌陷;锅状盆地;破火山口,陷落火山口;火山口陷落
～ de la roche 岩塌,岩崩
～ de la voûte 拱部坍塌
～ de marché 市场崩溃
～ de puits 竖井塌陷;钻井坍塌
～ de talus par érosion du pied 边坡崩塌,坍坡
～ dû aux mines 由于地下开矿而引起的沉陷
～ du rocher 岩崩,岩塌
～ du toit 顶板塌陷,冒顶
～ linéaire 地堑
～ spontané 突然塌陷

effondrer *v* 破坏,塌陷,使崩塌,沉降,沉陷,倒塌,覆没

efforcer *v* 努力,尽力,竭力
s'～ de 努力,尽力

effort *m* 力,力量;应力;强度,压力,拉力,拖力;负荷,载重,作用力,牵引力;负荷荷载
～ à la barre 拉杆牵力,拉杆拉力
～ accélérateur 加速力
～ accidentel 偶然作用力
～ adhérent 黏着力
～ admissible 允许负荷,容许应力

~ admissible d'un rivet 铆钉值,铆钉容许强度
~ alterné 交变力,交变应力,变向负荷,变向荷载,交变荷载
~ s alternés symétriques 等量变向荷载
~ appliqué 施加负荷
~ au choc 冲击应力
~ au crochet 牵引钩,牵引力,车钩牵引力
~ au crochet de traction 车钩牵引力
~ axial 轴向应力;轴向力
~ s combines 组合荷载
~ concentré 集中力
~ constant 恒力,恒载
~ coupant 切割力
~ s cycliques 周期性荷载
~ d'adhérent 黏着力
~ d'ancrage 锚固力
~ d'arc 拱的推力
~ d'arrachement 断裂力;断裂能力,拉断应力,折断力
~ d'ébranlement 振动力
~ d'éclatement (混凝土)爆破[破裂]力
~ d'écrasement 挤压力,压碎能力
~ d'entraînement 传动力,驱动力
~ d'explosion 爆炸力
~ d'extension 拉应力
~ d'inertie 惯性力,惯性力载荷
~ de choc 冲击力;冲击荷载
~ de cisaillement 剪切力,切断力;剪切应力
~ de compactage 压实力,压缩力,压实力,击实功能,压实功能
~ de compression 压缩力,压力,压缩应力,压碎应力
~ de contraction 压缩力,压力;压应力
~ de coupe 切削力
~ de décollage 起步力,起动力
~ de démarrage 起动力,起步力
~ de déviation 偏转力
~ de dilatation 膨胀力
~ de fatigue 疲劳应力
~ de flambage 纵向弯曲应力
~ de flexion 弯曲力;弯曲应力,挠曲应力,挠应力
~ de freinage 制动力
~ de freinage rhéostatique 电阻制动力

~ de frottement 摩擦阻力
~ de frottement de base 路面基层(对混凝土路面板)摩擦力
~ de guidage (roulement des véhicules) (车辆运行的)导向力
~ de pointe 集中力;点荷载
~ de poussée 给进力(钻进中),推力
~ de précontrainte 预应力
~ de pression 压力;压实力
~ de rappel (bogies de locomotives) 复原力(机车转向架)
~ de retenue 恒速制动力(车辆不制动,机车制动),保压力
~ de rupture 断裂应力,断裂荷载;破坏应力,断裂力
~ de température 温度力
~ de tension 张应力,扭力
~ de tension thermique 热张应力
~ de terrain 地应力
~ de torsion 扭力,扭应力,扭曲力
~ de traction 拉力,牵引力,牵引作用;拉应力
~ de traction à la jante 轮周牵引力
~ de traction au démarrage 起动牵引力
~ de traction au régime continu 持续制牵引力
~ de traction au régime unihoraire 小时牵引力
~ de traction continu 持续牵引力,持续拉力
~ de traction de la locomotive 机车牵引力
~ de traction disponible à la barre 拉杆牵力,拉杆拉力
~ de traction en fonction de l'adhérence 黏着牵引力
~ de traction engendré par la flexion 弯曲引起的拉力,弯曲拉力,弯曲拉应力
~ de trainée 拖拉力
~ de vent 风力,风(荷)载
~ décélérateur 减速力
~ défavorable à long terme 不利的长期作用力
~ diagonal 斜拉应力
~ diélectrique 电介质应力
~ d'inertie 惯性力
~ du frein 制动力
~ dynamique 动力;动(力)载荷
~ effectif de traction 有效牵引力
~ élastique 弹性应力,弹性负荷

~ exagéré 过大的力
~ favorable à long terme 有利的长期作用力
~ fixe 静载,稳恒载
~ général 一般作用力
~ géodynamique 构造力,地质动力
~ horizontal 水平荷载,水平力
~ inertie 惯性力
~ initial 初始应力
~ initial de précontrainte 初施预应力
~ intérieur 内力
~ interne 内力
~ latéral 侧向力
~ longitudinal 纵向力
~ maximal 最大力
~ maximum admissible 最大容许载荷
~ maximum de traction 最大牵引力
~ mécanique 机械应力
~ mécanique admissible 允许机械应力
~ mobile 活动负载,活(动)载(荷)
~ s naturels 作用力
~ normal 法向力,垂直力,正交力
~ normal de compression 单向压力
~ normal de traction 单向拉力
~ ondulé 脉动荷载,周期交变荷载
~ par fluage 蠕变力
~ parasitaire 多余应力,超静定应力
~ permanent 持久作用力
~ quasi statique 近似静应力
~ radial 径向力,径向应力
~ réel 实际力
~ répété 重复力,重复荷载
~ résistant 阻力,抗力
~ résistant en palier et en alignement 直线和平道上的列车阻力;列车基本阻力
~ résistant total 总阻力
~ résultant 合力
~ retardateur 减速力
~ secondaire 次应力
~ statique 静荷载;静力
~ tangentiel 正切力,切线力;切向应力,剪应力
~ tectonique 构造力
~ tracteur 牵引力,拉力
~ tranchant 切力,剪切力;剪切应力
~ transversal 横向力

~ uniforme 均匀荷载
~ unihoraire 小时牵引力
~ unitaire 单位荷载
~ utile de traction 有效牵引力
~ vertical 垂直荷载,垂直力
~ vibratoire 振动力
effremovite *f* 铁磷钙石
effritement *m* 岩石风化;磨碎,破碎;崩裂;剥蚀
effriter *v* 粉碎,破碎
effuence *f* 流出,散发
~ libre 自由出流
effusif, ive *a* 喷发的,溢流的,流出的,溢出的,喷出的
effusion *f* 流出物;射流,孔口出流;溢出,流出,喷发,喷溢,泻流,溢流
~ magmatique 岩浆喷发
~ volcanique 火山喷发
égal, e *a* 相等的,平坦的;均匀的
~ force sonore 等响度的
également *adv* 相等地,一样地,同等地
égaler *v* 使相等,等于;赶上,比得上
égalisateur *m* 均衡器;补偿器;调整器;平衡管,配重
~ de pression 均压管;调压器
~ extérieur 外平衡器
égalisation *f* 整平,修平,平衡,补偿;平差;等分,均等
~ d'affaiblissement 衰减平衡,衰减补偿
~ d'observations 观测平差
~ de charge 荷载平衡
~ de la pression 均压
~ de la température 均温,均热
~ de tarif 运价均等
~ de température 等温
~ des niveaux 水平调整,水平校整
~ des tensions 应力补偿,应力均匀化
égaliser *v* 使相等;使平坦,平整,使平衡
~ à la pierre 用磨石磨平
égaliseur *m* 平衡器,均衡器;补偿器;补偿电路,补偿脉冲
égalité *f* 平衡,均匀;平坦;等式;相等
~ de puissance 功率平衡
égard *m* 考虑,注意
à cet ~ 在这一方面,在这一点上同等

à l'～ de　关于，对于
à tous (les)～ s　在各方面
par～ à　从……考虑，从……着想
sans ～ pour　不考虑

égérane　f　符山石
égéron　m　砂质黏土，黄土；更新统亚黏土（比利时）
eggonite　f　水磷钪石
égirine　f　霓石
eglestonite　f　褐氯汞矿
égougeoir　m　节理，裂隙，片裂（岩石中）
égout　m　暗沟，跌水，排水沟，排水管，下水道，污水管

～ à ciel ouvert　明污水道
～ à unité de bassin d'un fleuve　（河流流域内若干城市间的）流域排水管道
～ captant　截流式污水道
～ circulaire　圆形污水管，圆形污水道
～ collecteur　集水沟
～ collecteur ordinaire　普通污水干管
～ collecteur principal　污水总干管
～ collecteur secondaire　污水分干管
～ combiné　雨污水合流下水管道
～ commun　污水管
～ d'eaux de pluie　雨水沟渠，雨水管，雨水排水管
～ en béton　混凝土下水道
～ en briques　砌砖污水道，砖砌暗沟
～ en tuyaux　污水管道
～ général　污水干管，排水总管
～ latéral　侧向暗沟
～ ovale　蛋形排水管，椭圆形下水道
～ ovoïde　蛋形污水管
～ pluvial　排雨水管
～ principal　污水干管，排水总管
～ public　公共下水道
～ séparatif　分流式污水管
～ souterrain　暗沟，阴沟，地下排水道

égouttage　m　脱水，疏干，排水
égouttement　m　排水，疏干
égoutter　v　脱水，疏干，排水，滴水，把水沥干
égrapper　v　过筛
égrappoir　m　筛子，筛分机
égratignure　f　划痕，刻痕，刮痕，擦痕
égrenage　m　打磨；刮平；脱粒
égrisage　m　磨；研磨；细磨，磨片，磨光；制作磨片

égrisée　f　金刚石粉末（研磨用）；金刚砂
égriser　v　磨光，研磨，磨片；制作磨片
égruger　m　捣碎，研碎，研磨
égrugeures　f. pl　de minerai　破碎（好的）弦石
égueiite　f　球磷钙铁矿
égueulé　a　张开的，破的，破口的（指破火山口）
égueuler　v　张开，裂开，破口
ehlite　f　假孔雀石（斜磷铜矿）
ehrenbergite　f　水铝英石（锰水磨石）
ehrenwerthite　f　胶针铁矿
eichbergite　f　艾硫铋铜矿
eichwaldite　f　硼铝石（艾硼铝石）
eicotourmolite　f　似电气石（无硼电气石）
Eifélien　m　艾菲尔阶（D_2，欧洲）
eifelite　f　钠镁大隅石
eisenbrucite　f　铁水镁石
eisenglimmer　f　赤铁矿，针铁矿，纤铁矿，蓝铁矿；云母铁矿
eisengymnite　f　铁水蛇纹石
eisenkiesel　m　含赤铁石英
eisenocher　m　铁华
eisenspath　f　球菱铁矿
eisenstassfurite　f　铁方硼石
eisspath　f　透长石
eitelite　f　碳钠镁石
éjecter　v　喷发，排出，喷射
éjecteur　m　引射器，喷射器，射流泵，射流器，顶料器，抽气器，除气器

～ à air　空气喷射器
～ à air comprimé　压缩空气喷射器
～ à eau　喷射水泵
～ à sable　撒砂装置，喷砂装置
～ à vapeur　喷汽机，蒸汽喷射器
～ de sablière　砂箱喷砂器
～ hydraulique　排沙泵；水力排泥管，液力喷射器
～ pneumatique　风动喷射器，压气喷射器
～ souffleur　通风口

éjectif　a　喷出的，抛出的
éjection　f　弹射；抛射，抛出，喷出，推出；f. pl 喷出物（火山的）

～ à la main　人工推出，人工顶出
～ automatique　自动推出，自动顶出
～ de laves　熔岩喷发
～ des gaz brûlés　废气喷射，推出废气

~ des pièces moulées　脱模
~ mécanique　机械推出

ekanite　*f*　硅钙铀钍矿
ékebergite　*f*　中柱石
ekerite　*f*　钠闪花岗岩
éklogite　*f*　榴辉岩
ekmanite　*f*　锰叶泥石
ekpuele　*n*　埃克普韦莱(赤道几内亚货币单位)
ektropite　*f*　蜡硅锰矿
élaboration　*f*　起草,制造,制作,制定,拟定,设计,准备,策划,修改,精制,生产,加工

~ des dossiers d'appel d'offre (DAO)　编写招标文件
~ des granulats　集料制造,粒料制造
~ des projets　方案设计,项目设计,起草草案
~ du projet　制订方案

élaborer　*v*　制作,制定,拟定

~ la politique routière　制定道路政策

elæite　*f*　叶绿矾
élagage　*m*　修剪(树枝);砍树,截短树

~ des arbres　树枝修剪

élaguer　*v*　修剪(树枝)
élaïomètre　*m*　油比重计
élancé, e　*a*　加长的,流线型的
élancement　*m*　突变,磨尖,细长比,细长度;飞跃,冲动;矢跨比

~ mécanique de pièce comprimée　受压构件的长细比

élantérite　*f*　水绿矾
élargir　*v*　加宽,扩大,放大,扩展;变宽

~ la chaussée　加宽路面
~ le lit du cours d'eau　加宽河床

élargissement　*m*　加宽,变宽,扩大;扩展(坑道,钻孔),拓展;开拓;膨胀

~ d'un filon　矿脉变厚
~ d'une forage　扩孔,扩大钻孔
~ de base　基础加宽
~ de chaussée　道路加宽;路面加宽
~ de courbe　曲线加宽
~ de l'autoroute　高速公路加宽
~ de la route　公路加宽
~ de la section transversale　横断面加宽
~ de la tranchée　路堑加宽;边沟加宽
~ de la voie　行车道加宽
~ de marche　拓展市场
~ de remblai　边坡填土,路堤土
~ de voie　线路加宽
~ de voie d'une ligne courbe　曲线加宽
~ des fondations　路基加宽
~ du pont　桥的扩建,桥的加宽
~ du spot　(电子束)散焦
~ localisé　局部加宽
~ prévu　预估加宽
~ réservé à l'arrêt des autobus　公共汽车停车站加宽

élargisseur　*m*　扩孔器,扩孔钻头

~ à couronne de diamants　金刚石钻头扩孔器
~ de trou de sonde　钻孔扩孔器

élargisseuse　*f*　de route　公路加宽
élasmose　*f*　针碲矿,叶碲矿,叶碲金矿,碲铅矿
élastance　*f*　倒电容值(等于1/C)
élastérite　*f*　弹性沥青
élasticimètre　*m*　弹性测量仪,弹性测量;应变测量
élasticité　*f*　弹力,弹性,伸缩性,弹性学

~ acoustique　声顺(声媒质在1达因/平方厘米的作用下的体位移量度)
~ au choc　冲击弹性
~ axiale de la voie　线路纵向弹性
~ cinématique　运动弹性
~ cubique　体积弹性
~ de cisaillement　剪切弹性
~ de compression　压缩弹性
~ de flexion　弯曲弹性
~ de la roche　岩石弹性
~ de rebondissement　回弹弹性
~ de suite　弹性后效
~ de torsion　扭转弹性
~ de traction　拉伸弹性
~ différée　延迟弹性
~ du ballast　道床弹性
~ du terrain　岩体弹性
~ horizontale　侧向弹力,横向回弹力
~ instantanée　瞬时弹性
~ linéaire　线性弹性
~ non linéaire　非线性弹性
~ plane　平面弹性
~ retardée　延迟弹性
~ transversale　横向弹性

élastifiant

~ visqueuse 黏弹性
~ volumique 体积弹性
élastifiant *m* 增韧剂,增塑剂
élastification *f* 使具有弹性,给予弹性
élastique *a* 弹性的,有弹力的
élastodynamique *f* 弹性动力学
~ linéaire 线(性)弹性动力学
élastomère *m* 弹性塑料,弹性体,弹性物,合成橡胶;塑料混凝土掺合料
~ analogue 类弹性体
~ de polyuréthanne 聚氨酯橡胶
~ de synthèse 合成橡胶
élastomètre *m* 弹力计;伸长计
élastométrie *f* 弹性测定(法)
élastoplast *m* 弹性塑料
élasto-plastique *a* 弹塑性的
élastoplastique *m* 弹性塑料;*a* 弹塑性的
élasto-visqueux, euse *a* 胶黏性的,黏结性的,弹性黏性的
élatolite *f* 甲型方解石,α方解石
élbaïte *f* 锂电气石
Elberfeldien *f* 埃尔贝尔弗尔德阶(下石炭系)
élbrussite *f* 易布石,铁贝得石
électif, ive *a* 有选择性的;任选的
élection *f* 挑选,选定
électodéposition *f* 电极沉淀;电镀,电附着
électrain *m* 电动车组,电动列车
électret *m* 驻极电介体,永久极化的电介质
électricien *m* 电工,电工技师
électricité *f* 电(学、气、力、流、荷),静电
(qch) fonctionner [marcher] à [au moyen de] l'~ 某物靠电运转
~ à haute tension 高压电
~ à usage industriel 工业用电
accumuler de l'~ dans qch 在……中蓄电
alimenter [approvisionner] qch en ~ 向……供电
allumer l'~ 开灯
arrêter [couper] l'~ 断电
chercher qch d'~ 给……充电
consommer [employer, utiliser] l'~ 用电
~ d'orage 雷电
~ de friction 摩擦(起)电,静电
décharger qch de son ~ 给……放电

~ domestique 家庭用电,生活用电,民用电
~ dynamique 动力(学),电流,动电,动电学
éclairer à l'~ 用电(灯)照明
emmagasiner l'~ 蓄电,储存电能
~ en courant triphasé 三相交流电
éteindre [fermer] l'~ 关灯
fournir de l'~ à qch 向……供电
~ galvanique 动电
~ induite 感应电
installer [placer, poser] l'~ 安装电气
l'~ est en panne 电出现故障
~ latente (云层中的)束缚电荷
~ libre 自由电
~ ménagère 家用电器(装置)
~ négative 负电,阴电
~ par contact 接触电
~ par frottement 摩擦电,静电
payer une note d'~ 付电费
~ positive 正电,阳电
remettre [rétablir] l'~ 重新通电,恢复通电
~ résineuse 树脂电,负电
se chauffer à l'~ 用电取暖
~ statique 静电,静电学
~ statique du verre (摩擦玻璃产生的)正电,玻璃电
~ tellurique 大地电流
transmettre [transporter] l'~ 输电
~ vagabonde 漏泄电流
~ vitrée 玻璃电,正电
~ voltaïque 动电,流动电,伏打电,接触电
électrification *f* 起电,带电,电气化,电力化
~ de l'exploitation du fond 地下开采电气化
~ de mine 矿井[矿山]电气化
~ des chantiers d'abattage 采场电气化
~ du jour 露天开采电气化
~ du roulage 运输电气化
~ en courant alternatif 交流电气化
~ en courant continu 直流电气化
~ en courant industriel 工频交流电气化
~ en courant monophasé 单相交流电气化
~ en courant triphasé 三相交流电气化
~ ferroviaire 铁路电气化
électrifié *a* 电化的
électrifier *v* 电气化,电化,使……电气化

électrique *a* 电的,电气的,带电的
électriquement *adv* 用电力,用电气;触电似地
électrisation *f* 带电,起电;带电化
~ d'un gaz 气体带电
~ par frottement 摩擦起电
~ par influence 静电感应
électriser *v* 使带电
électriseur *m* 起电器
électro- （前缀）电;电的,电子的
électro *m* 电磁体,电磁铁
~ de frein 制动电磁铁
~ de frein pour courant continu 直流电制动电磁铁
électroacoustique *f* 点声学
électro-aimant *m* 电磁铁,电磁起重机
électro-analyse *f* 电(化)分析,电解分析
électrobus *m* 电瓶车,无轨电车
électrocarottier *m* 电取土器
électrocautère *m* 电烙器,电灼器
électrochronographe *m* 电动精密计时器
électrode *f* (焊、电)极,电焊条
~ à anions 阴离子电极
~ à arc 电焊条
~ à auto-émission 自发射电极
~ à cation 负电极,阴电极;阳离子电极
~ à concentration 聚集电极
~ à émission secondaire 二次发射极,二次电子发射电极;发射极(电子倍加器的)
~ à enrobage 包剂[涂药]焊条,包覆焊条,敷料电极
~ à enrobage épais 厚涂料焊条
~ à enrobage fin 薄涂料焊条,厚药皮焊,条细涂料焊条,轻药皮焊条
~ à enrobage intérieur 涂料焊条,敷料电极;引火索
~ à enrobage mince 薄药皮焊条
~ à gaz 瓦斯焊条
~ à grille 栅极
~ à hydrogène 氢电极
~ à l'hydroquinone 氢醌电极
~ à magnétite 磁铁石电极
~ à mèche 含芯焊条,药芯焊条,芯型焊条
~ à noyau de fondant 药芯焊条
~ à oxygène 气电极

~ à plaque 片状[板状、屏板]电极
~ à poudre de fer 铁粉敷层焊条
~ à rouleau 滚轴电极
~ à ruban 带状电极
~ à sandwich 夹层[多层]式电极
~ à souder 电焊条
~ à souder l'acier inoxydable 不锈钢焊条
~ à soudure 电焊条
~ accélératrice 加速电极
~ acide 酸性电极
~ au calomel 甘汞电极,甘汞半电池
~ auxiliaire 辅助电极
~ base 基极
~ bimétallique 双极电极
~ boudinée 机械压涂的焊条
~ centrale 中心电极(火花塞的)
~ chaude 热电极
~ circulaire 环形电极
~ collectrice 集电极
~ consommable 消耗电极
~ courte 间断电极
~ creuse 芯型焊条,药芯焊条
~ cylindrique 圆柱形电极
~ d'accélération 加速电极
~ d'aiguille 针状电极
~ d'allumage 点火电极,起动电极
~ d'amorçage 起动电极,点火电极
~ d'entrée 输入电极
~ d'entretien 保弧电极
~ d'excitation 激励电极
~ de brosse 电刷电极
~ de captage 集电极;集电环,桶形电极
~ de charbon 炭精电极,炭极
~ de commande 控制电极,调制电极
~ de concentration 聚焦电极
~ de conduite transparente 透明导电电极
~ de contact 接触极
~ de contrôle 控制电极,调制电极
~ de convergence 会聚电极
~ de courant 电流电极
~ de cuivre 铜电极;铜焊条
~ de déviation 致偏电极
~ de focalisation 聚焦电极
~ de freinage 抑制栅极;制动电极

~ de garde 防闪络电极，屏蔽电极
~ de graphite 石墨电极
~ de haute impédance 高抗阻电极
~ de la bougie 火花塞电极
~ de masse 接地电极
~ de mise à la terre 接地电极，地线
~ de modulation 控制电极，调制电极
~ de post-accélératrice 后加速电极（阴极射线管中的）
~ de ralentissement 减速电极
~ de rechargement 充电电极
~ de référence 标准电极
~ de réflexion 反射极
~ de répartition de potentiel 分压电极
~ de signal 信号电极
~ de signal de vision d'un tube analyseur de télévision 电视析像管的信号电极
~ de signal vidéo d'un tube analyseur 电视析像管的信号电极
~ de sondage 探测电极，电探针（用来测量气体放电的探头）
~ de sortie 输出电极
~ de soudure 电焊条
~ de soudure autogène à souder l'acier à faible teneur en carbone 低碳钢气焊条
~ de terre 接地电极，地极
~ de touche 尖端极，点电极
~ de verre 玻璃电极，玻璃半电池
~ douce 软金属焊条
~ dure 硬金属焊条
~ émettrice 发射极（三极管）
~ en charbon 炭精电极，炭极
~ en enrobage intérieur 含芯焊条，药芯焊条
~ enduite 薄药皮焊条
~ enrobée 敷料[有涂层的]电极；涂药焊条，电弧熔焊
~ extérieure 外部电极
~ fixe 固定电极
~ fourrée 涂药焊条
~ froide 冷电极
~ glissante 滑动电极，可调电极
~ graphite-ébonite 石墨—硬橡胶电极
~ inoxydable 焊条
~ inoxydable synthétique 合成不氧化焊条

~ ionisatrice 电离电极；电离涂料焊条
~ métallique 金属电极；金属电焊条
~ modulatrice 控制电极
~ mosaïque 嵌镶电极；感光嵌镶幕
~ négative 阴（电）极，负（电）极
~ normale 标准电极
~ nue 无药焊条，裸电极，裸焊条
~ perforée 空心电极；多孔电极
~ plane 平面电极
~ polarisable 极化电极
~ positive 阳（电）级，正（电）级
~ principale 主电极
~ prolongée 连续电极
~ protégée 有焊药的焊条，带保护焊条
~ réflectrice 反射器，反射极
~ reflex 反射极（速调管的）
~ sphérique 球型电极
~ spirale 螺线状电极
~ standard 标准电极
~ trempée 浸液电极，手涂焊条
~ nue 裸（电）极；裸焊条，无药焊条
~ volatile 气体护弧焊条
électrodésintégration f 电蜕变（核的）
électrodessiccation f 电干燥法
électrodiagnostic m 电诊断法
électrodialyse f 电渗析，电透析
électrodispersion f 电分散（作用）
électrodissolution f 电解溶解法
électrodynamique f 电动力学；a 电动力学的
électrodynamomètre m 电功率计；电测功计；测力电流计；双流作用
électroémission f 场致发射
électro-endosmose f 电渗透
électroextraction f 电解提取
électrofiltration f 电滤作用，电渗透
électrofiltre m （空气过滤器的）电力涂尘器
électrofondu a 电融化的
électroforage m 电钻，井底电钻钻井
électroforeuse f 电钻
~ à choc 冲击电钻
électrofrein m 电力制动器
électrofreinage m 电制动
électrogalvanique a 镀锌的
électrogalvanisage m 电镀锌

électrogalvanisation f 电镀
électrogène a 发电的
électrogénérateur m 发电机
électrographe m 示波器；传真电报；电记录器
électrohydraulique a 电动液压的，电液的
électro-impulseur m 电脉冲发生器
électroinduction f 电感应
electrolog m 电测井
électroluminescence f 电致发光，场致发光
électrolysable a 可电解的
électrolyse f 电解，电分析，电解作用
électrolyseur m 电解槽［器、池、装置］
électrolyte m 电解液；电解质
　～ liquide 熔融电解质
　～ pâteux 软胶电解质
électrolytique a 电解的
électromagnétique m 电磁的，电磁，电磁法；a 电磁的
électromagnétisme m 电磁，电磁学
　～ aéroporté 航空电磁测量，航空电磁勘探
électromagnétomètre m 电磁测量仪，电磁计（用于勘探的仪表）
électromagnétométrie f 电磁测量
électromécanique f 机电学；a 电机的，电机学的
électrométallurgie f 电冶金学，电冶金
électromètre m 静电表，静电计，电位计，量电表
　～ à disque 盘式静电计
　～ à quadrants 象限静电计
　～ à tube 电子管静电计
　～ à vibration 振簧静电计
　～ capillaire 毛细管静电计
　～ multicellulaire 复室静电计
électromètre-triode m 三极管静电计
électrométrie f 电气勘探，电法勘探，电测，测电术
électromicroscope m 电子显微镜
électromobile f 电力自动车，电动汽车，电动车，电瓶车
électromoteur m 电动机，起动电动机，马达
　～ frein 制动电动机
　～ shunt 分绕电动机
électromotrice f 电机车
électromyographe m 肌动电流记录仪
électronique f 电子技术

　～ de commande 控制部分的电子设备
　～ de la détection 电子探测装置
　～ de puissance 控制动力的电子设备
électronite f 硝铵炸药
électronmicrographie f 电子显微摄影（术）
électronucléaire a 核能发电的
électronvolt (eV) m 电子伏特（能量单位，1 电子伏特 $=1.602\times10^{-19}$ 焦耳）
électro-optique f 电子光学，电光学；a 电子光学的
électro-osmose f 电渗（法），电渗析，电渗透，电渗现象，电渗（电法勘探）
électro-oxydation f 电解氧化
électrophone m 电唱机；有线广播，送受话器，电子乐器
électrophore m 起电盘
électrophorèse n 电泳（现象）；离子疗法
électrophotomètre m 光电比色计
électro-placage m 电镀
électroplastie f 电镀，电铸
électropneumatique a 电动气动的，电控气压的
électropolissage m 电抛光
électropolymérisation f 电聚合（作用）
électropompe f 电动泵
électroporteur m 电磁起重机
électropositif, ive a 正电性的，阳电性的
électroprospection f 电探，电气勘探，电测
électro-prospection f 电探，电气勘探
électroscope m 验电器
　～ à condensateur 电容式验电器
　～ à feuilles d'aluminium 铝箔验电器
　～ à feuilles d'or 金箔验电器
　～ de Lauritsen 劳里岭验电器，石英丝验电器
　～ pour rayons alpha α 射线验电器
électro-serrure f 点火开关，电动锁
électro-soudé, e a 电焊的
électrosoudure f 电焊
électrostatique f 静电学；a 静电的；静电学的
électrosténolyse f 毛细管电解，细孔膜电解
électrostéthoscope m 电子诊断器
électrostriction f 电致伸缩
électrotechnique f 电工学，电工技术，电机工程；a 电工的，电工学的，电工技术的，电子技术的
électrothérapie f 电疗法

électrothermique *a* 电热的，电热学的
électrotonus *m* 电紧张
électrotrieuse *f* 磁选机
électrotropisme *m* 向电性
électrovalve *f* 电动阀,电子阀,电控阀,电磁活门,电磁阀
　～ à coup　一次缓解电磁阀
　～ à eau　水用电磁阀
　～ d'antipatinage　防空转电磁阀
　～ de freinage d'urgence　紧急制动电磁阀
　～ de lancement　起动电磁阀
　～ de limitation de pression　限压电磁阀
　～ de remplissage　充气电磁阀；加油活门
　～ de sablage　撒砂电动阀
　～ de substitution　替换电空阀
　～ de vidange　排泄电磁阀
　～ directe de sablage　直接撒砂电磁阀
　～ électro-pneumatique　电空阀
　～ modérable de freinage　分段制动电磁阀
　～ pour contacteur électromagnétique　电磁接触器用电阀
électrovanne *f* 电动阀；电磁阀,电磁活门
　～ à eau　给水阀
　～ à gas-oil　给油电动阀
　～ de by-pass　旁通电磁阀
　～ de graisseurs de boudins　轮缘润滑电动阀
　～ de pilotage　导向器电磁阀
électro-vibrateur *m* 电力振荡器
électro-volt *m* 电子伏特
électrum *m* 银金矿
élément *m* 成分,元素,要素；元件,器件,构件；部件；电池,组,节
　～ (facteur) imprévisible　不可预见因素
　～ à circuit fermé　闭路元件
　～ à deux liquides　浓差电池
　～ à section décroissante　渐缩断面构件
　～ accessoire　副矿物；配件,附件
　～ accessoire de sablage　撒砂配件,撒砂附件
　～ actif　有源元件
　～ allogène,～ allothigène　他生矿物,外源矿物
　～ arginal　黏土颗粒
　～ au cadmium　镉蓄电池元件
　～ authigène　自生矿物
　～ automoteur　机动车组
　～ automoteur diesel　内燃动车组
　～ chalcophile　亲铜元素
　～ chargé　充电电池
　～ chauffant　加热元件；电热丝
　～ chimique　化学元素
　～ climatique　气候要素
　～ complémentaire　补充因素
　～ comprimé　受压构件
　～ conique　锥形构件
　～ constitutif du béton　混凝土成分
　～ constitutif du sol　土壤成分
　～ constructif　结构部件,构件
　～ contigu　相邻的管节
　～ coulé d'avance　（混凝土）预制构件
　～ courbe　弯曲构件
　～ courbe en béton préfabriqué　预制混凝土曲形构件
　～ cryogénique　低温元件
　～ cuivre-zinc　铜锌电池
　～ d'abscisse　横坐标上的单元
　～ d'accumulateur　蓄电池元件,蓄电池
　～ d'alliage　合金元素
　～ d'âme　腹杆（钢梁中的）
　～ d'appoint　补偿元素
　～ d'apport　余土
　～ d'assemblage　联结构件
　～ d'élasticité non linéaire　非线性弹性构件
　～ d'exploration　（电视）像素
　～ d'image　像素,像点
　～ d'un arc　弧元素,微弧
　～ d'un arc horizontal　水平拱单元,(拱坝的)拱环
　～ d'un cylindre　柱的母线
　～ de butée　传送单元,传送箱
　～ de chauffage　加温元件；电热丝,暖气片
　～ de construction　结构部件,构件,拼装式结构组件
　～ de construction de grande dimension　大型构件
　～ de construction préfabriqué　预制构件
　～ de construction préfabriqué en béton précontraint　预应力混凝土预制构件
　～ de contact　切元素,接触元素,接触单元,接触元件

~ de contreventement 风撑构件
~ s de couverture en amiante-ciment 石棉水泥镶面板
~ de dépannage 排障元件,检修元件
~ de fluide 流体单元,流体微分体
~ de force （结构）受力元件
~ s de forme de hyphe 白色菌丝状物
~ de freinage 阻尼器（仪表中的）
~ de freinage d'un compteur 电度表的制动元件
~ de hourdis 预制楼板
~ de joint 节理单元,接缝单元；接缝构件
~ de liaison 连接件
~ s de liaisons mécaniques 机械连接使用
~ de locomotive 机车部件
~ de maçonnerie 圬工单元,圬工构件
~ s de matériel routier 筑路机械部件
~ de mesure d'un appareil 仪表的测验机构,仪表测验单元
~ de montage 拼装式机构组件
~ de mosaïque en grès-cérame 陶瓷锦砖
~ de mur préfabriqué 板材墙预制件
~ de navigation 导航要素
~ de pile 原电池,一次电池
~ de pompe 泵的零件
~ de précontrainte 预应力构件
~ de radiateur B.T 低压散热器元件
~ de radiateur de refroidissement 冷风机
~ de radiateur H.T. 高压散热器原件
~ s de réaction 反馈元件
~ de remplissage 填块
~ de réseau 网络单元,电路元件
~ de résistance 电阻单元
~ s de résistance mécanique 机械抗力元件
~ de structure 结构构件,结构杆件,结构元件
~ de symétrie 对称要素
~ de système 系统元件
~ de terres rare 稀土元素
~ de toiture 车顶构件,车顶部分
~ de trace 微量元素,痕量元素
~ de transmission 传送单元,传送箱
~ de voie 轨道线圈（二元交流轨道继电器中的）
~ de voie préfabriquée 轨节
~ de volume 体积单元

~ démarreur du moteur 发动机起动电动机
~ s démontables 可拆卸元件
~ dispersé 分散元素
~ du mélange 混合物成分
~ du prix de revient 成本的组成因素
~ du projet 设计构件
~ du tracé 路线部分
~ économique 经济成分,经济因素
~ en béton 混凝土构件
~ en béton armé 钢筋混凝土构件
~ en béton armé de construction préfabriqué 预制钢筋混凝土构件
~ en béton moulé d'avance 预制混凝土构件
~ en béton précontraint 预应力混凝土构件
~ en béton préfabriqué 预制混凝土构件
~ en bois 木构件
~ en encorbellement 悬臂式构件
~ en trace 痕量元素,微量元素
~ enregistreur d'un galvanomètre 检流器记录器
~ étalon 标准电池
~ évidé 空心构件
~ excité 驱动单元,激励单元
~ fémique 镁铁质矿物,铁镁元素
~ filtrant 过滤元件,滤芯
~ fin 细粒成分,细颗粒
~ fin du sol 土壤细料
~ final 终端设备元件
~ fini 有限元,有限单元,有限元素法
~ s fins 细屑
~ fixe 固定电池；固定单元
~ fléchi 受弯构件
~ fonctionnel 基本功率元件
~ fusible 熔断器；保险丝
~ galvanique 原电池,一次电池
~ granulaire 粒料成分
~ homologue 对应元素,同系元素
~ hydraulique 水力因素,水力要素
~ hydroélectrique 湿电池
~ imprévisible 不可预见因素
~ indicateur 指示物
~ indicateur d'un compteur 电度表的计度器
~ intégré 集成元件
~ interchangeable 可互换元件

élémentaire

~ s interchangeables des wagons　货车可互换零件
~ isoparamétrique　等参数单元
~ s joints en quantité　电池并联
~ latéral du capot　发动机罩侧板
~ le plus gros　最大构件
~ libre　浮动单元
~ linéaire　线性元素；线性单元
~ lithophile　亲岩元素
~ lithophylique　亲岩元素
~ longitudinal　纵向构件，纵梁
~ marginal　次要因素
~ mécanique　机件，机械元件
~ métallogène　成矿元素
~ météorologique　气象要素
~ minéral　矿料成分
~ minéralisateur　矿化元素
~ mineur　次要元素
~ moteur　驱动元件
~ moteur d'un compteur à induction　感应电度表的驱动元件
~ natif　自然元素
~ normalisé　标准元件，定型［统一、标准］构件
~ oxychalcophile　亲氧铜元素
~ parallèle　开联构件
~ passif　无源元件
~ périphérique　外部设备，外围设备
~ pierreux fin　豆石
~ plastique　塑性成分
~ pneumatolitique　气成元素
~ portant　承重构件
~ porteur　承重构件
~ postiche　模拟元件
~ préfabriqué　预制构件
~ radioactif　放射性元素
~ raidisseur　加固件，受力构件
~ rare　稀有元素
~ rare inconditionné　微量元素
~ rectangulaire　矩形单元
~ redresseur　整流单元，电路元件，整流元件，整流片
~ réfrigérant　冷却片
~ résistant　电阻元件
~ sec　干电池
~ secondaire　次要杆件；寄生元件
~ sédimentophile　亲沉积元素
~ sensible　受感［敏感、灵敏、感应、测量］元件；传感器
~ sidérophile　亲铁元素
~ stationnaire　固定电池；固定蓄电池单元
~ structural　构造单元；构造要素
~ surchauffeur　过热器
~ thermique　热（敏）元件
~ thermique incorporé　插入式温差电偶
~ thermosensible　感温元件，热敏元件
~ thermostatique　恒温元件
~ traceur　示踪元素，示踪同位素
~ transportable　便携蓄电池
~ transuranien　铀后元素，超铀元素
~ transversal　横向构件，横梁，横臂，横杆
~ triangulaire　三角形单元
~ unidirectionnel　不可逆元件，单向元件
~ unifié de montage　统一型号的组装单元
~ unitaire　单位元素
~ volatil　挥发元素
~ s volatils　挥发成分

élémentaire *a* 基础的，基本的，原理的；元素的，成分的；初等的，初步的，初级的，起码的

élément-témoin *m* 检验单元，控制元件

élément-trace *f* 痕量元素，微量元素

élénorite *f* 簇磷铁矿

éléolite[éléolithe] *f* 脂光石

élévateur, trice *n* 升降［起卸、起重、提升、升运］机，升压变压器，加料机；吊车，卷扬机，千斤顶；电梯，载货电梯

~《X》　X形机械支撑升降机
~ à air comprimé　风动升降机，气动千斤顶
~ à bande　带式提升机
~ à benne basculante　爬式加料机
~ à chaîne　链式升降机
~ à chaud　热料升送机，热拌提升机
~ à ciseaux　叉式起重机
~ à colonne　单柱起重机
~ à courroie　皮带提升机
~ à courroie sans fin　环带升运机
~ à disques　圆板式提升机，圆盘式提升机
~ à filler　填缝料升送机，填料提升机
~ à fourche　叉式起重机，叉车
~ à fourche hydraulique　液压叉车

~ à froid 冷料升送机,冷料提升机
~ à godets 料斗式提升机,斗式升降机,翻斗提升机,链斗提升机
~ à godets avec courroie 斗带式提升机
~ à godets basculants 摆动斗式提升机
~ à godets continus 多斗式提升机
~ à godets inclinés 斜斗式提升机
~ à godets jointifs 多斗式提升机
~ à godets oscillants 翻斗式升降机
~ à grains 粒料装卸机
~ à grains flottants 浮式谷粒装卸机
~ à minerai 矿石提升机
~ à plateaux basculants 翻转盘式提升机
~ à sable préparé 型砂提升机
~ à vis 螺旋式提升机,螺旋式升运机,螺旋式升降机
~ automoteur 自动装料机,自动装料车
~ d'alimentation 进料提升机
~ d'eau par refoulement 扬水泵
~ de charbon 起煤机
~ de charge 货用升降机,装载提升机
~ de fréquence 倍频器
~ de récupération 回收提升机
~ de tige 钻杆提升机
~ des bateaux 升船机(提升运输船舶过坝用)
~ électrique 电力升降机,电梯
~ hélicoïdal 螺旋提升机
~ hydraulique 千斤顶,液压千斤顶,水力提升机
~ incliné 倾斜式提升机,斜行升降机
~ pneumatique 风动升降机,气压升降机
~ pour la manutention des céréales 谷物升运器
~ pour le public 共用电梯
~ pour liquide 液体提升泵
~ pour wagonnets 小车提升机
~ transporteur 皮带输送机
~ vertical 立式提升机
~ vertical sous carter 封闭式垂直提升机
élévateur-aspirateur *m* 吸泥机
élévateur-chargeur *m* 转载机
élévation *f* 上升,举起,隆起,升高,提高,起吊;高地,高处,高度,高程,标高,海拔,射角,立面图,竖视图;垂直投影,正视图,正面图,标高仰角,立视图(建筑物)

~ à la verticale 垂直升高,垂直高度
~ absolue de vitesse 转速绝对升高
~ antérieure 前视图,正面图
~ au dessus de niveau de la mer 海拔高度
~ avec une forte pente 陡坡高度
~ coupe 正剖面图
~ d'eau 水平面高度,水位,提高水位,水位升高,水的提升高度
~ d'un bâtiment 建筑物立面图
~ de chute d'eau 水头高程;水头落差
~ de côté 侧视图
~ de devant 正视图
~ de face 前正面图,正视图
~ de l'axe de la voie 轨道中线高程
~ de la ligne centrale 中线高程
~ de la qualité 提高质量
~ de pression 压力升高,增大压力,增压
~ de température 升温,温度上升,温度升高
~ de tension 电压升高
~ de terre 土岗
~ derrière 后视图;背面图
~ des eaux pour la navigation 通航水位高度,为通航抬高水位
~ des prix 价格高涨
~ du devant 正面;正面图,正视图,前视图
~ en arrière 后立视图,背面立视图,背面图,后视图
~ inversée 对镜图
~ latérale 侧视图
~ longitudinale 纵剖面
~ mécanique de l'eau 机械提水
~ partielle 局部立面图
~ piézométrique 水压图
~ postérieure 背立面(图)
~ principale 正立面图
~ relative 相对高程
~ structurale 构造高度,构造隆起
élève *n* conducteur 实习司机
élève-mécanicien *n* 见习司机
élever *v* 提高,提出,升高,举起,增加,提起,加高,引起,建造;产生,发生
~ la température 提高温度
~ les performances 提高性能
s'~ à 达到

~ un mur 砌墙
~ un remblai 垫高路堤
~ une réclamation 提出索赔
élevtrostriction *f* 电致伸缩作用
elfstorpite *f* 灰砷锰矿
élhuyarite *f* 水铝英石
élidé, e *a* 略去的，省掉的
éligible *a* 适合的，合格的
élimé, e *a* 磨损的，擦伤的
éliminateur *m* 消除装置，抑制装置，限制器，滤波器，排除器，干扰消除器
~ d'air 排气装置
~ d'échos 回波抑制器，反射信号抑制器
~ de bande 带除滤波器，带阻滤波器
~ de moteur de traction 牵引电机隔离开关
~ de parasites 反干扰系统，反干扰线路，寄生振荡抑制仪
élimination *f* 除去，消除，抑制，取消，断电，切断
~ de pente 消除坡度，减缓坡度
~ des boues 除泥
~ des bruits 噪声消除
~ des cendres 除灰
~ des charges électrostatiques 静电消除
~ des contraintes internes 内应力消除
~ des eaux résiduaires 废水处理
~ des eaux usées 污水处理
~ des ordures 消除垃圾
~ des perturbations 抑制干扰
~ des résidus 清除残渣
~ du sel 除盐（法）
~ naturelle 自然淘汰
éliminatoire *f* 选择试验；淘汰试验；试用试验
éliminer *v* 除去，消去，消除；切断，淘汰；取消；滤波
~ les condensateurs 清除沉淀物
élinde *f* （桁架）弦杆；吊杆；（起重机）吊杆；起重臂，伸臂（起重机的）
élinguage *m* 吊挂，吊环，吊带，链钩
élingue *f* 吊索，缆绳，吊索，起吊环
~ à maillon à haute résistance 高强度链环式吊索
~ de chargement 装卸吊索
~ de hissage 升降吊索，起吊索
~ de suspension 联结环，吊环

~ en câble métallique 钢索
~ plate à mailles jointives 链环式吊带
~ plate en nylon 尼龙带吊索
~ plate en spires 薄片关节链式吊带
~ sans fin 吊装用钢丝绳
~ simple à bouche épissée 普通吊装用带环钢丝绳
élinguer *v* 吊挂，缆系；承吊
~ par l'œil 穿在吊孔里吊起
élinvar *m* 艾殷钢
elizavetinskite *f* 锂羟锰钴矿，锂硬锰矿
elkerite *f* 埃尔克沥青
elle-excavatrice *f* 反铲挖掘机
~ à chenille 履带式挖掘机
~ à pneu 轮式挖掘机
ellestadite *f* 硅磷灰石
ellipse *f* 椭圆
~ de déformation 应变椭圆
~ des contraintes 应力椭圆
~ des déformations 应变椭圆
~ des forces élastiques 弹力椭圆
~ des tensions 张力椭圆；应力椭圆
ellipsoïdal, e, aux *a* 椭圆状的，椭圆形的，似椭圆的，椭球形的
ellipsoïde *m* 椭圆体，椭球体，椭圆面
~ d'élasticité 弹性椭球
~ de déformation 应变椭圆体
~ des contraintes 应力椭圆体，应力椭球
~ des déformations 应变椭圆体，应变椭球
~ des dilatations 膨胀椭圆体；变形椭圆体
~ des efforts 应力椭球，应力椭圆体
ellipticité *f* 椭圆率，椭圆度，椭圆体，椭圆面
elliptique *a* 椭圆形的
éloigné *a* 遥远的，远方的，远距离的；离开的
éloignement *m* 远离；离开；远隔；距离；移动
~ tangentiel 切向距离；切向移动
éloigner *v* 离开
élongation *f* 伸长，伸展，延长；伸长度，伸张度，延伸率，延长性；摆幅；（仪表的）最大偏转值
~ de l'aiguille aimantée 磁针偏转角度，磁针偏转角
~ de dépassement 最大偏转过头量（仪表指针）
~ du ressort 弹簧的伸长
~ locale 局部伸长

～ unitaire　单位伸长

～ verticale courante　普通垂直伸长度

elpasolite *f*　钾冰晶石

elpidite *f*　纤硅锆钠石

elroquite *f*　杂磷铝石英

Elster *m*　埃尔期特冰期(北欧,更新世第二冰期)

éluse *f* d'un caisson　沉箱气闸

élutriation *f*　澄洗,澄析,(污泥)淘洗,冲洗,冲净;淘选,沉淀分析,净化,澄清;淘洗粗化(作用)

～ des boues　污泥淘洗

éluvial, e *a*　残积的,残积的,淋滤物

éluviation *f*　残积作用;淋滤作用,淋溶作用,淋失作用

éluvion *f*　残积矿床,残积层,残积料;风积物;淋溶层,风积的细砂土

éluvionnaire *a*　残积的

éluvium *m*　残积层,残积物;风积物;淋溶层

elvan *m*　**elvanite** *f*　淡英斑岩

élyite *f*　铜铅矾

e-mail *n*　电子邮件

émail *m*　瓷漆,珐琅,搪瓷,釉,釉瓷;搪瓷工艺品

～ final　面漆,覆盖漆

～ bouche-portes　气孔瓷漆

～ vitreux　玻璃搪瓷

émaillage *m*　搪瓷漆,上釉,上珐琅

émaillé *a*　涂瓷漆的,搪瓷的,上釉的

émaillite *f*　瓷漆

émanation *f*　射气,喷气,喷射,放射,辐射,发射,分离,离析,析出,分离层

～ du radium　镭射气

～ du radon　氡射气(铀矿山中)

～ gazeuse　气体喷发,瓦斯析出

～ hydrothermale　热液喷气

～ nocive　有害物的散发

～ pneumatolytique　汽化热液射气

～ radio-active　放射性射气,放射性辐射

～ thermale　热源气体析出

～ volcanique　火山(气体)喷发

émaner *v*　发出,放出;来自,出自

émanomètre *m*　射氡仪,测氡仪

émargement *m*　做旁注;签收

embâcle *m*　壅塞,冰塞,冰坝,冰阻,流冰拥塞,流冰堆积;淤塞,填集

～ de glaces　冰坝

～ végétal　(河道被)水草壅塞

～ glaciel　流冰壅塞,冰坝

emballage *m*　包装,打包,捆货;填密,填塞;包装物,包装箱

～ balle　捆,包

～ cageot　笼装

～ défectueux　包装不良

～ durable　耐久包装

～ en caisse à claire-voie　板条箱包装,格子箱包装

～ en partie brisée　包装部分破损

～ s en retour　回空包装财料

～ endommagé　包装受损

～ extérieur　外部包装

～ insuffisant　不够完整的包装,包装不良

～ intérieur　内部包装

～ maritime　海运包装

～ normalisé　标准化包装,正常化包装

～ perdu　易耗包装

～ récupérable　可回收包装

～ résistant　坚固的包装

～ solide　牢固的包装

～ usagé　使用过的包装品,旧包装

～ s vides en retour　回空包装箱,回空容器

emballage-type *m*　标准包装

emballé *a*　包装好的,已装箱的

emballement *m*　(电动机)飞逸,超负荷工作;空转,最大加速度,加速;包装

～ de la turbine　涡轮机在超速度转速状态下工作,涡轮机飞逸

～ du moteur　发动机在超转速状态下工作;电动机飞逸

emballer *v* un moteur　使电动机飞逸运转,使电动机超转速运转

embarcadère *m*　打包人,包装工,站台

embarcation *f*　小船,小艇

～ pneumatique　充气船(救生用的)

embargo *m*　禁运;没收;禁止

embarquement *m*　装船,装货,装运,装载

embarquer *v*　装货;上船;上飞机;上车

s'～ dans　从事于

embarras *m*　交通阻塞,阻碍

～ de la circulation　交通阻塞

～ de voitures　车辆阻塞

embarrasser *v*　阻塞(交通);妨碍

embase　*f*　管脚；底[基、承]座；台；柱基，墙基；凸边，凸缘
　～ de courant pour alimentation extérieure de moteure de traction　牵引电动机外电源用电流插座
　～ en verre pressé　玻璃压制的管底
　～ pour relais　继电器底架
embasement　*m*　基础；基层
embatholitique　*a*　上基岩带的
embattage　*m*　du bandage　轮箍热压装
embatter　*v*　压装，压进，楔
embauchage　*m*　招聘，招工
　～ d'un agent　招募人员，聘用人员
　～ d'un employé　招用职工
embaucher　*v*　招聘，招工
embayment　*m*　海湾形成(作用)；海湾；(晶体的)港湾状溶蚀；(晶体的)港湾状嵌插；构造转弯处
embellir　*v*　装饰，美化
embellissement　*m*　美化，装饰
　～ de l'environnement　美化环境
embiellage　*m*　喷嘴罩；(locomotives)　摇连杆系统(机车)
emblème　*m*　牌照，标记
　～ de radiateur　散热器标记图形
emboîtable　*a*　可装盒的，可装箱的
emboîtage　*m*　装盒，装封面
emboîté　*a*　套叠的，嵌入的，镶嵌的(如嵌入阶地，镶嵌火山锥)；填塞的，淤塞的；加入的；巢状的
emboîtement　*m*　嵌入，接合，榫合，套入，套叠，镶嵌，填塞，淤塞[堆积]；承插口，槽口搭接；套管，插头
　～ à vis　螺纹承口
　～ des terrasses　插入阶地，嵌入阶地；填塞堆积阶地
emboîter　*v*　嵌入，接合，套入，套合；填塞，填满，淤塞
　s'～ l'une dans l'autre　相互套在一起
emboîture　*f*　嵌合处，接合处，闭合处
embouchement　*m*　船进入海峡或河口
embouchure　*f*　河口；河谷进入平原处；孔洞；喷嘴口，管嘴，波导管喇叭口；喷口；进气口；江河出口
　～ d'un fleuve　河口，江口
　～ de fleuve, ～ fluviale　河口

　～ de tunnel　隧道洞口
　～ du microphone　送话器嘴
　～ du siphon　虹吸管进口
　～ en forme d'entonnoir　漏斗形河口
embourbement　*m*　陷入泥中，灌注泥浆，黏土灌浆，泥封
embout　*m*　端，接头；喷嘴；支柱架，柱脚
　～ à bride　凸缘接头
　～ à carrée　方形套筒
　～ à rotule　铰接端
　～ d'arbre　轴端
　～ de câble　钢索接头
　～ de clé　扳手助力套筒
　～ de levage　千金顶垫
　～ de mât　柱脚，支柱固定接头
　～ de montage　组装柱脚
　～ de tuyauterie　螺纹套，管接嘴，内接头
　～ dynamétrique　测力扳手助力套筒
　～ en U　U形套管
　～ protecteur　护套，护端套管
　～ serti　钢索焊接收头
embout-calotte　*m*　管接嘴，内接头
embouteillage　*m*　行车堵塞，交通拥挤，交通阻塞
　～ urbain　城市交通阻塞
embouteiller　*v*　阻塞交通，阻碍交通
embouti　*m*　冲压；冲压件
emboutir　*v*　冲压，模压，锻压，模锻，落锤锻压
emboutissage　*m*　冲压，模压，锻压，模锻，落锤锻压；冲压件
emboutisseur　*m*　冲压工人
emboutisseuse　*f*　冲压机，冲床，冲模，冲头，冲压工具
emboutissoir　*m*　冲模，冲头，冲压工具；冲压机，冲床
emboyage　*m*　泥浆灌孔，湿法充填
embranché　*f*　专用线
embranchement　*m*　专用线，支线；岔道，岔口；分支，分流，铡线；支线分接头；三接通头；支脉(山脉的)，岩枝；Y形道路交叉；会合点；道路交叉(口)
　～ double　双支管
　～ en T　T形道路交叉
　～ en Y　Y形道路交叉
　～ particulier　私营专用线
　～ principal　主要岔道，主要专用线
　～ raccordé dans deux sens de circulation　双方

向衔接基线的专用线
　～ raccordé dans un seul sens de circulation　单方向衔接基线的专用线

embrasement *m*　燃烧，焙烧

embrasser *v*　环绕，环抱；包括，包含；选择，接受

embrayage *m*　传动，联动，耦合；传动装置，连接器，离合器，连轴器；啮合，连接；传送
　～ à bain d'huile　油压离合器
　～ à clavette tournante　旋转键离合器
　～ à cône　锥形离合器
　～ à cône double　双锥离合器
　～ à crabots　爪形离合器；凸轮离合器
　～ à dents　齿轮离合器
　～ à denture　齿轮啮合离合器
　～ à disque unique　单片式离合器
　～ à disques　圆盘离合器，圈盘联轴；圆盘联轴器
　～ à disques multiples　多片式离合器
　～ à friction　摩擦离合器
　～ à frottement　摩擦离合器
　～ à griffes　凸轮离合器，爪形离合器，爪形联轴器
　～ à mâchoires　颚式离合器
　～ à plaque sèche　干板离合器
　～ à plateaux　圆盘联轴器，圆盘联轴器
　～ à ruban　带型连接器
　～ à spirale　螺旋爪式联轴器
　～ automatique　自动离合器
　～ centrifuge　离心式离合器
　～ commandé par dépression　真空操纵式离合器
　～ d'automobile　汽车离合器
　～ de commande　操纵式离合器
　～ de direction　转向离合器
　～ de prise directe　直接啮合离合器
　～ de sécurité　安全离合器
　～ des avances　进给式离合器
　～ élastique　弹性联轴器
　～ électrique　电动离合器，电离合机构
　～ électromagnétique　电磁离合器
　～ extensible　扩张式离合器
　～ flexible　活动耦合；挠性联轴器
　～ fluide　液压离合器
　～ fonctionnant à sec　干式离合器
　～ hydraulique　液压离合器；液压联轴器
　～ magnétique　电磁离合器
　～ mécanique　机械离合器
　～ monodisque　单片式离合器
　～ multidisque　多片式离合器
　～ par engrenage　齿轮离合器
　～ par friction métal contre métal　金属对金属摩擦式离合器
　～ pneumatique　风动离合器

embrayer *v*　啮合，连接，接通，传动

embréchite *f*　残层混合岩

embrèvement *m*　斜槽（木材）；铆钉头窝
　～ à chaud　热虫窝，热冲铆钉头窝
　～ à double épaulement　双凸肩斜榫接头
　～ à froid　冷冲窝，冷冲铆钉头窝
　～ double　斜槽接合（木材）
　～ double épaulement　斜槽接合（木材）

embrever *v*　榫槽接合；冲铆钉头窝

embreyite *f*　磷铬铅矿

embrochable *a*　可穿透的

embroussaillé, e *a*　荆棘丛生的

embrumé *a*　有雾的

embryon *m*　胚，胚胎
　～ de dune　雏形丘，原始沙丘
　～ de volcan　胎火山，雏形火山

embryonnaire *a*　初期的，雏形的，胚胎的，萌芽的

embryotectonique *f*　原始大地构造学，早期大地构造学，初始构造地质学

embut *m*　岩溶溶洞

emerald *m*　纯绿柱石，祖母绿

emeraldite *f*　角闪石，绿闪石，辉石绿辉石

émeraude *f*　纯绿柱石，纯绿宝石，祖母绿
　～ brute　未加工的纯绿宝石
　～ de Brésil　电气石（碧硒，璧玺）
　～ orientale　绿色刚玉

émeraudine *f*　透视石

émergé *a*　浮出水面的，露出水面的，上升的

émergement *m*　（从水中）露出，浮出水面；排水；排水设备

émergence *f*　上升，露出，涌泉；射出；流出，排泄，水露头，浮出水面
　～ d'incendie　出现火灾
　～ d'une nappe　地下水露头
　～ d'une péniche　平地船露出水面高度
　～ diffuse　渗流，渗漏

~ jurassienne, ~ vauclussienne 涌泉（从裂隙或洞穴流出的潜水）

émergent, e *a* 上升的，露出的，突然出现的，新兴的，浮出的；射出的；浮出水面的

émerger *v* 出露，露出，出现，显露，表现出，露出水面

émeri *m* 刚玉粉，金刚砂，刚砂

~ en poudre 金刚砂，磨光粉

~ grossier 粗[金]刚砂

émérilite *f* 珍珠云母

émeriller *v* 用金刚砂研磨

émerillon *m* 转环，转钩

émersion *f* 升起，浮起，露出，露出水面

~ de la côte 海岸升起

émerylite *f* 珍珠云母

émetteur *m* 发射机，发报机，发送机，发射台，发射体；辐射体；发射极（半导体三极管）；无线电发射台，无线电送话机，无线电发送器；传送器，传感器；液压机

~ à alternateur 用交流发电机的发射机

~ à arc 电弧发射机

~ à étincelles 火花式发射机

~ à exploration par rayon lumineux d'image 扫描射线发射机

~ à lampes 电子管发射机

~ à ondes courtes 短波无线电发射机

~ à ondes entretenues 等幅振荡发射机

~ à ondes longues 长波无线电发射机

~ à récepteur de radio 无线电发射机

~ à transistor 电视发射机

~ asservi 从发射机

~ automatique 气压转换开关

~ auxiliaire 辅助发射机

~ B. L. I. 独立边带发射机

~ barométrique 气压转换开关

~ brouilleur 无线电干扰发电机

~ commandé par cristal 晶体稳定无线电发射机

~ commun 共射极

~ couleur 彩色电视机发射机

~ d'images 传真电报发送机；图像信号发射机，视频发射机

~ d'impulsions 脉冲发送器

~ de courants codés 电码电流发射机

~ de données 数据传输装置

~ de la partie sonore 伴音发射机

~ de parasites 干扰发射机

~ de radio 无线电收发（两用）机

~ de radio-alignement 定向无线电广播发射机

~ de secours 应急无线电发射机

~ de station-relais 无线电中继站发射机

~ de télécinéma 电视电影发射机

~ de télémesure 无线电遥测发射机

~ de télévision 晶体管发射机，电视发射机

~ dirigé 定向发射机，定向发送机

~ majoritaire 多数载流子发射极

~ microphonique 话筒，送话器

~ minoritaire 少数载流子发射极

~ phototélégraphique 传真发射机

~ pilote d'impulsion 询问机

~ portatif 手提式（电视）发射机

~ portatif de télévision 便携式电视摄影机，手提式电视发射机，便携式摄像管摄像机

~ radiophonie 无线电话发射机

~ radiotélémétrique 无线电遥测发电机

~ régional 地区无线电台；短途发射机

~ relais 继电传送器，中继发射机，接力发射机

~ son 伴音发射机

~ s synchronisés 同步发射机

~ tachymétrique diesel 柴油机转速表示计

~ télécommandable 遥控无线电发射机

~ télégraphique 电码发报机

~ télégraphique à bande perforée 穿孔带电码发报机

émetteur-récepteur *m* 收发无线电台

~ portatif 手携式收发无线电台；步话机，无线电对讲机

émetteur-relais *m* 继电传送器；中继发射机

émetteur-répondeur *m* 问答机

émetteur-suiveur *m* 发射机输出器，射极跟随器

émettre *v* 辐射；放射，发射；发送；离析

~ un signal sonore 发出音响信号

émettrice *f* 出车道

émeulage *m* 磨碎，磨矿，粉碎，研磨；磨光，抛光

émeuler *v* 研碎；磨光

émiettement *m* 粉碎，破碎，粒状瓦解

émietter *v* 粉碎；粒状瓦解，研磨，碾碎

émigration *f* 他迁，迁离，迁移，移居

émildine[**émilite**] *f* 钇锰筒石

éminence *f* 高地,小丘;隆起部分,高处;隆起;高点
émissaire *m* 排水沟,泄水渠
émissaire *m* 排水渠,分水道,排水沟,泄水渠;支流,出流,出口;外流河;排水口,河口
~ d'eaux usées 废水出水槽,下水道
~ d'un lac 湖泊出口
~ de décharge 溢流排水管
~ de talus 边坡水簸箕
~ des fossés de drainage 排水沟出口
émissif *a* 发射的,辐射的,放射的
émission *f* 发射,放射,放出;辐射,放射(作用),发射物,放射物,传播,尾气,废气;排放
~ à bande latérale unique 单边带发射,单边带传输
~ à deux bandes latérales 双边带发射,双边带传输
~ à onde porteuse supprimée 抑止载波发射,抑止载波传输
~ acoustique 声音传播,声发射
~ aériforme 气体排出(火山喷发时)
~ atmosphérique 大气排放
~ calorifique 放热,散热
~ d'appel 发出呼叫信号
~ d'eau 流出(量);出水口
~ de cendres volcaniques 火山灰喷发
~ de chaleur 热量辐射,热量发射,热辐射,放热
~ de champ 场致发射
~ de courant 反冲脉冲,电流脉冲
~ de gaz 瓦斯逸出;发射气体,喷气
~ de grille 栅极放射
~ de lave 熔岩溢流(量),熔岩流出(量),熔岩喷发
~ de polluant par les véhicules 汽车污染物排放
~ de rayonnement 辐射
~ s de titres 有价证券的发行
~ des coulées 熔岩溢出
~ des impulsions 发送电码;脉冲发射
~ des panneaux chauffants réels 暖气板散热(暖气管理在板内)
~ dirigée 定向发射
~ en clair 明语发送
~ en direct 直接发射,直接播音
~ fantôme 镜频发射,镜频传输
~ isotope 同位素放射
~ liquide 液体喷出,液体流出
~ non-essentielle 寄生辐射(发射机)
~ par champ électrique 场致发射,电场发射,静电发射
~ par débordement 熔岩经火山口边缘流出
~ parasite 杂散辐射(X射线)
~ photo-électrique 光电效应;光电反射
~ pilote d'impulsion 脉冲查询传输
~ primaire 一次发射,原发射
~ pulsée 脉冲放射,脉冲传输
~ radiophonique 无线电广播
~ relayée 同时广播,同时播出,联播
~ secondaire 二次发射,次级发射
~ s simultanées (particules et/ou photons) 同时发射(离子和光子的,或多个光子的)
~ sur une bande latérale 单边带传输
~ télévisuelle 电视发射,电视传输
~ thermionique 热离子发射
~ thermique 热辐射
~ thermoélectronique 热电子发射
~ thermo-ionique 热离子发射
~ thermominérale 矿水溢出
~ vagabonde 杂散发射,旁发射
émissivité *f* 发(放、辐)射率,发(放、辐)射能力,辐射系数,发射系数
~ de surface 表面发射率,表面辐射系数
~ spectrale 光谱发射率;频谱发射率
émittance *f* 放射,发射,辐射
emmagasinage *m* 储器器;储存,库存,存放,入库,蓄积,堆积,聚集,积累
~ de l'eau 蓄水,储水
~ de l'eau du réservoir 水库蓄水
~ en tas 堆存
~ en vrac 散装储存
emmagasinement *m* 蓄水,蓄积,储量,积蓄,储存,储藏;仓库蓄水
~ d'eau 储水,蓄水
~ dans les berges 河岸地下水储量,河岸储水层
~ de surface 潴留水(地表积水),地表滞留水
~ de surface immédiat 早期地表积水,初始积水量
~ immédiat 初始蓄水
~ retardé 延迟蓄水
~ spécifique 单位储存系数

~ total 总储水

emmagasiner *v* 入库,仓储

emmanchement *m* 装柄;装配,套装

~ à chaud x degré 热压装时温度为 x

~ à la presse 压装

~ d'une voiture 车辆踏板设计,车辆踏板形式

~ du pignon 压装传动齿轮

emmanche-piston *m* 活塞安装工具

emmancher *v* 装柄;装配,套装

emmêler *v* 搞乱,缠结

emmonsite *f* 碲铁石

emmurer *v* 用墙围起来

émollient *m* 软化剂

émonder *v* 整枝,修剪树枝

émoudre *v* 磨削,磨尖

émoulage *m* 磨

émoulures *f. pl* glaciaires 冰川摩擦

émoussé *f* 滚圆度,磨圆程度; *a* 磨钝的,磨圆的,磨光的,钝的,变钝的,不锋利的,无刀刃的

~ luisant 水力磨圆的

~ mat 风力磨光的

émousser *v* 变钝,弄钝,使不锋利

empaillage *m* 用稻草包裹

empanon *m* 椽(子)

~ d'arête 背椽

~ de long pan 纵小椽

~ double 双面椽

~ intermédiaire 中间椽

empaquetage *m* 包装,装箱;堆放

empaqueter *v* 包装

empâtement *m* 黏着,黏着性

empâter *v* 黏,胶

empattage *m* 基脚,底脚;立脚点

empattement *m* 墙基,墙脚;基,基础;宽度;底座,底基,底脚,(砖墙)大方脚,轮距;纵向轮距

~ continu 连续底脚,连续基脚

~ d'un bogie 转向架轴距

~ d'un véhicule 车辆轴距

~ de l'essieu 轴距

~ des roues 轮距;轮轴距

~ du contrefort 支墩基底

~ du mur 墙基

~ en T T形基脚,悬臂基脚

~ en tronc de pyramide 截棱锥体基脚

~ fixe 固定轴距

~ rigide d'une locomotive 机车固定轴距

~ total 全轴距

empatter *v* les rayons d'une roue 嵌装轮辐,压装轮辐

empêchement *m* 阻碍,障碍

~ à la livraison 无法交付,交付障碍

~ au transport 运输障碍

empêcher *v* 阻止,妨害

émpholite *f* 水铝石,硬羟铝石

empiègement *m* 捕集(油、气),俘获

empiéger *v* 捕集,俘获

empierrage *m* 铺石

empierrement *m* 铺石子(筑路基),铺碎石;碎石层,铺碎石路;碎石路面,碎石铺路,碎石

~ à granulométrie continue 连续级配碎石层

~ à granulométrie discontinue 断级配碎石层

~ à l'eau 水结碎石路面,水结碎石;水结碎石路

~ à pénétration 贯入碎石层

~ asphaltique 地沥青碎石;地沥青碎石路,沥青碎石路面

~ au goudron 煤沥青碎石路面;煤沥青碎石路,灌柏油碎石路面

~ avec enduit superficiel 有表面涂层的碎石路面

~ avec semi-pénétration 半贯入碎石路面

~ calcaire 碎石灰石

~ lié au ciment 水泥结碎石

~ ordinaire 水结碎石;水结碎石路;一般碎石

~ par pénétration 贯入式碎石路面

~ silicaté 硅化水结碎石路面(或面层)

empierrer *v* 铺碎石层

empiétement *m* sur le profil d'espace libre 超过限界

empiéter *v* 侵入,侵占,超覆,重叠

empilable *a* 可叠放的

empilage *m* 重叠,叠置;堆积,堆装

~ d'embrayage 离合器片组装

empilement *m* 叠放,重叠,叠置,堆积,堆放,叠瓦状构造

~ de plis couchés 伏卧褶皱相互叠置

empiler *v* 叠放,重叠;堆,堆积,堆放

empirique *a* 经验的,以实验为根据的,凭经验

的；经验论的；实验上的
emplacement *m* 就位，侵位，定位，地址，现场，工地，坝址，地点，位置，布局，布置；矿产地，存储单元，工程地址，建筑地点
～ d'arrêt d'autobus 公共汽车停车位置
～ d'une construction 建筑地址
～ de construction 建筑地址
～ de dragage 疏浚位置，挖泥地点
～ de locomotive 机车库址；机车台位
～ de pose 敷设部位
～ de pose des conducteurs 导线敷设部位［位置］
～ de stationnement 停车场；停车地点
～ des conducteurs dissimulés 暗线敷［铺］设部位
～ des fiches de prise 插销位置
～ des ouvrages 结构的位置
～ des prélèvements 取样地点
～ du barrage 坝址
～ du franchissement 桥址
～ du pont 桥位，桥址
～ routier 公路占地，道路占地
～ spécial d'arrêt 道路港湾式停车站
～ spécial d'arrêt d'autobus （道路）港湾式停车站
emplectite *f* 恩硫铋铜矿
emplir *v* 装满，充满
s'～ (de) 被装满
emplissage *m* de gravier 充填砾石
emploi *m* 使用，利用，运用，职业，雇佣，服务，工作，职业，就业
～ à temps partiel 非全天工作（按钟点计费）
～ de coulis 使用灰浆
～ de début 最初位置
～ de tout venant 原材料的使用，未处治材料的使用
～ de wagon 货车运行
～ des freins 施闸，上闸，制动
～ des masses 利用土方
～ des textiles 编织品的使用，编织品的应用
～ des textiles dans les remblais 路堤中土工织物的使用
～ du temps 时间表
～ flexible 弹性就业
～ partiel （路面）补坑，（路面）局部修补；修补，修理
～ réciproque 相互使用，交替使用
～ réciproque des wagons 货车相互使用
～ répété des eaux 水的循环使用
employé *m* 职员，雇员，受雇者
～ de bureau 职员，管理人工
～ pilote 引导员
employer *v* 使用，采用，利用，雇用
employeur *m* 雇主，雇佣者，使用者
empochement *m* 凹部，承窝，铆钉窝，间隔
empointer *v* 削尖
empoise *f* 底座，基础底板
～ au plomb 铅毒
～ de cathode 阴极受毒（阴极射线管荧光屏上产生黑点现象）
emport *m* 转移，运送，运输
emporte-pièce *f* 岩芯提取器，岩芯提断器，取土器
emporter *v* 拿走，运走，带走；带引
emposieu *m* 塌陷漏斗；灰岩洞，落水洞，溶蚀孔
empoussiérer *v* 使蒙上灰尘，尘土堆积
empreinte *f* 压痕，擦痕，印痕，印模，足印，标记，烙印，痕迹；压迹
～ de goutte de pluie 雨痕
～ de grêlon 冰雹痕
～ de patinage 车辆空转擦痕，车辆空转痕迹
～ s musculaires 肌痕，筋痕
～ s vasculaires 脉管痕，维管痕，体腔痕
emprise *f* 征地；范围，（道路、铁路等）占［用］地，总用地，征用土地，占用公［地］产；（筑）路权；控制，操纵；影响
～ de la construction 建筑范围
～ de la gare 车站站界
～ de route 道路占地范围
～ de voie 道路用地；线路用地
～ des submersions 淹没地区，淹没面积
～ pour travaux 工程征地
emprisonné *a* 被包裹的，捕虏的，完全密封的，内含的
emprisonnement *m* électrique du bâton 电气路签锁闭
emprunt *m* 取土坑，借土坑，采料场，取土；借，借用，借款，债券；占用
～ à court terme 短期贷款

emprunter

~ à long terme 长期贷款
~ bancaire 银行借款
~ de côté 取土坑，侧向取土
~ de gaz 排气
~ en pente 山坡取土
~ extérieur 国外借款，外债
~ immergé 水下料场
~ intérieur 国内借款，内债
~ latéral 取土坑，侧向取土，侧向借土
~ latéral de terre 取土坑
~ mis en remblai 借土填方
~ obligation échu à rembourser 应还的到期的借款
~ obligatoire 借款
~ obligatoire non échu 未到期的借贷
~ public 公债

emprunter v 沿袭，承袭；占用，借用；引出；取样；获得

émulgateur m 乳化剂；乳化器
émulseur m 乳化剂；乳化器
émulsibilité f 乳化性
émulsif m 乳化剂
émulsif, ive a 乳化的
émulsifiable a 可以乳化的
émulsifiant m 乳化剂
émulsification f 乳化（作用）；悬浊作用
émulsifier v 乳化
émulsion f 乳化液，乳状液，乳胶，乳剂

~ à rupture lente 慢裂乳液
~ à rupture moyenne 中裂乳液
~ à rupture rapide 快裂乳液
~ acide 酸性乳液
~ alcaline 碱性乳液
~ anionique 阴离子乳液
~ anionique de bitume 阴离子沥青乳液
~ aqueuse 水乳状液，水乳胶状，水乳（浊状）胶体
~ asphaltique 地沥青乳化液，乳化沥青，沥青乳液
~ bitumineuse caoutchoutée 橡胶沥青乳液
~ bitumineuse cationique 阳离子沥青乳液
~ caoutchouc 掺橡胶沥青乳液
~ cationique 阳离子乳剂
~ classique 碱性乳液
~ d'huile dans l'eau 油水乳浊液
~ d'huile soluble 乳化液
~ d'huiles pour régénération des liants 结合料再生油状乳液
~ de bitume 沥青乳化液
~ de bitume caoutchouc 掺橡胶沥青乳液
~ de bitume dure 硬沥青乳液
~ de bitume-élastomère 掺橡胶沥青乳液
~ de bitume-latex 掺橡胶沥青乳液
~ de bitume surstabilisée 超稳定沥青乳液
~ de goudron 柏油乳化液，煤沥青乳液
~ de prétraitement 预处理乳液；高活性阳离子乳液
~ de répandage 表面层使用的乳液，用于表面处理喷洒的乳液
~ de savon 皂质乳化液
~ diluée 稀释乳液
~ directe 油包水乳浊液，直拌乳液
~ directe de bitume 油包水乳浊液，直拌沥青乳液
~ eau dans l'huile 水包油乳触液，倒拌乳液
~ goudron-bitume 煤沥青—石油沥青乳液
~ huile dans l'eau 油包水乳浊液，直拌乳液
~ huile de coupe 切削油乳液，矿油（涂于轮胎压路机表面；以防黏附沥青混合料）
~ inverse 水包油乳浊液，倒拌乳液
~ inverse de bitume 水包油乳浊液，倒拌（沥青）乳液
~ labile 不稳定乳液
~ négative 碱性乳液
~ normale 碱性乳液
~ photographique 照相乳胶，感光乳剂
~ positive 酸性乳液
~ résistante au gel 防冻乳液
~ routière 筑路沥青乳液，路面沥青乳液
~ semi-stable 半稳定乳液
~ sensible 感光乳胶
~ stable 稳定乳液
~ surstabilisée 超稳定乳液
~ -W 油包水乳浊液，直拌乳液
~ W-O 水包油乳浊液，倒拌乳液

émulsionnable a 可乳化的
émulsionnage m 乳化；冷铺地沥青
émulsionnant m 乳化剂

~ saponifié 皂化乳化剂
émulsionné *a* 乳化的
émulsionnement *m* 乳化
émulsionner *v* 乳化
émulsionneuse *f* 乳液洒布机；乳液喷洒器
émulsoïde *m* 乳胶（体）
en *prép* 在……（指地方，时候，状态，处境）；在……内（指时期）；以……（指方式）；用……（指材料）
~ absence de 在……缺席情况下，缺少，没有
~ amont 上游
~ arrière 在后面
~ attendant 在这期间，目前；然而
~ attendant que 直到……
~ aval 下游
~ ce qui concerne 关于，关系到，涉及
~ chantier 工地上，在工地
~ construction 施工中
~ cours d'étude 研究进行中；调查进行中
~ cours d'exécution 施工中
~ cours de réalisation 施工进行中；正在完成中
~ déblai 路堑；挖方
~ dehors de 在……之外
~ delà de 在这边，不超过……
~ dépit de 不管，不顾，虽然，尽管
~ descendant 下坡，下坡度
~ écharpe 斜撑式
~ échelon 分级；分阶段
~ effet 实际上
~ encorbellement 悬臂式
~ équilibre 平衡状态
~ face de 在……对面
~ fait 实际上
~ faveur de 有利于……
~ fonction de 根据，按照；随……而变化；以……为函数
~ forme de 呈……形状
~ forme de fer de cheval 马蹄形
~ forme de tige 尖的，锐利的
~ fouille 挖方，挖土
~ général 大体上
~ grains 多粒状的，多粒的
~ indication 指出，指示
~ matière de 关于，论到

~ mélange avec 与……混合
~ montant 上坡的，上山的
~ mouvement 运动状态
~ partie 部分地
~ place 在适当位置；就地的；在（施工）现场
~ planification 规划中
~ plateure 水平的，水准的
~ porte-à-faux 悬臂式，悬臂梁；悬臂的
~ position normale de service 在正常工作位置
~ pratique 实际上
~ premier lieu 首先
~ prévision de 预见，预先准备
~ principe 原则上
~ projet 设计中
~ quinconce 交错式，错列式
~ raison de 因为，由于
~ rase campagne 在野外，在乡村
~ réalité 实际上
~ règle général 按一般规则
~ remblai 路堤的
~ repos 静止状态
~ résumé 简言之
~ sens contraire 在相反方向
~ sens inverse 在相反方向
~ service 使用的，服务的
~ site 就地，在原处；在（施工）现场
~ talus 倾斜的，斜式
~ théorie 理论上
~ totalité 全体地
~ tous cas 在各种情况下
~ tout 全部
~ une seule couche 单层，一层
~ ventre de poisson 鱼腹式
~ vertu de 依照
~ vrac 散装（货物）
~ vue de 意愿；为了
énalite *f* 变铀钍石，铀钍石
énallogène *a* 外源的，他生的，异源的
énallogénétique *a* 异源的
énantiomorphe *a* （左右）对映的（晶体）
encablure *f* 链（计量单位，约合 200 米）
encadrage *f* 图像限制框
encadré *a* 镶边的
encadrement *m* 框，框架；装框

~ anti-séisme 防震抱框
~ de fenêtre 窗框
~ de fenêtre(voitures) 窗框(客车的)
~ de glace 玻璃框
~ de hublot 座舱窗框
~ de porte 门框
~ de porte du foyer 炉门框
~ de radiateur 水箱外壳,散热器栅栏框架,散热器护栏
~ du pare-brise 风窗玻璃框架
~ extérieur de fenêtre 外窗框
~ intérieur de fenêtre 内窗框
~ mort 盲区,非灵敏区

encadrer v 装在框内,镶边,装框;环绕

encaissant, e a 包围的,周围的,包围岩石的

encaissé, e a 入库的;两岸险峻的,被圈起的,被围住的,被封闭的,包围的,周围的

encaissement m 挖槽,下切,向下侵蚀;包装,装箱;存库,收款,兑现,纳入金库;峭壁夹道,两岸险峻;沟
~ en béton 混凝土外包
~ de marchandises 货物装箱
~ d'une rivière 河道的深切,嵌入河

encaisser v (陡壁等)夹住;开凿(道路)

encaisseur m 收款人,收账员

encapsulation f 密封,封装,封闭,用胶囊包起来

encapuchonné a 内卷的,包卷的(老推覆体包住新推覆体)

encapuchonnement m 内卷,包卷,包住,遮掩,蒙盖,包卷构造

encartouchage m 装炸药包,包装炸药

encastré, e a 镶[嵌、插、装、埋]入的;刚性固定,岩石中含有的(矿脉)

encastrement m 嵌固,固定,夹紧,插入,装入
~ de poutre 梁固定
~ élastique 半刚性固定,部分刚性固定
~ partiel 半刚性固定,部分刚性固定
~ souple 柔性固定

encastrer v 镶嵌,刚性固定,固定;安置
~ dans le béton 固定在混凝土中

enceinte f 围墙,栅栏,围栅;壳体,外壳,壳,堤,长垣;护板,挡板;腔,室,罩,小室,界地
~ acoustique 扬声器组,喇叭箱
~ anti-déflagrante 防爆室
~ batardée 围堰
~ de palplanches 板桩围堰,围栅
~ de pression 压力壳
~ étanche 密封壁板

encerclement m 环绕;包围

encercler v 环绕;包围

enchaînement m 用链连接,啮合,连接,接合

enchaîner v 用链连接,连接,束缚

enchâssement m 镶框,镶边

enchausser v 用稻草遮盖(防冻)

enchevêtré a 混乱的,错乱的;互结生长的(矿物颗粒)

enchevêtrement m 交生,互生,共生;互相生长,连晶;接连,连锁,连动;连锁装置;交错搭接;(钢板桩的)锁口,连接,缠结,牵连;混乱
~ d'agrégat(s) (混凝土)骨料连锁,集料嵌锁,集料连接
~ de cristaux 晶体互生
~ des grains 土壤颗粒结连,矿物颗粒连生
~ diablastique 筛状变晶结构

enclavant a 包裹其他物的,含有的,内含的

enclave m 包体,包裹体
~ allomorphe 同质异象包体
~ allothigène 他生包体
~ antiogue 异质包体,异源包体,异化(学)性包体
~ conné 与围岩同时生成的包体
~ énallogène 外源包体,捕房体
~ endogène 内源包体,内生包体
~ endopolygène 内生多源包体,全同化包体
~ exogène 外源包体
~ homogène 同源包体
~ homologue 同源包体
~ plésiomorphe 多结构包体,同源似构包体
~ pneumatogène 气成包体
~ polygène, ~ polygénique 多源包体,复成包体
~ synmorphe 同源同结构包体
~ xénogène 后生包体,后成包体

enclavement m (岩石中的)夹杂物;镶嵌,插入,圈入

enclaver v 围入,圈入(土地);装入,嵌入

enclenche f 座;槽;刻痕

enclenchement m (开关)合闸;接合,启动,开动;连接,投入,联锁,锁闭;联锁设备,动作时间(继电器)

～ automatique d'une ligne en réserve　备用线路的自动启闭
～ s binaires　两握柄直之间的闩锁
～ de block　闭塞信号锁闭

enclencher　*v*　锁闭,联锁,闩锁,连接,耦合,起动
　～ la manette(verrou)　闭止把锁闭

enclencheur　*m*　锁闭装置,联锁

encliquetage　*m*　止挡,扣锁,闩锁;棘齿

encliqueter　*v*　棘轮制动

enclore　*v*　筑围墙

enclos　*m*　围墙;*a*　防尘的,封闭式的,密封的,封装的

enclume　*f*　砧,铁钻
　～ de forge　锻工铁砧

enclumeau　*m*　台砧

enclumette　*f*　小铁砧

enclusion　*f*　包体;充填(空洞)

encochage　*m*　开槽

encoche　*f*　切口,凹槽,刻痕;垂直掏槽,缺口,槽;沟(锁闭用)

encoché, e　*a*　开缝的,开槽的,有凹口的

encollage　*m*　涂胶,上胶

encoller　*v*　涂胶,上胶

encombrant　*a*　体积大的,臃肿的;阻碍的

encombré　*a*　塌陷的;堵塞了的(巷道)

encombre　*m*　阻塞,障碍

encombrement　*m*　堵塞,障碍,混杂;塌落,繁忙,拥挤;行车堵塞;外廓,外廓尺寸,空间因素;限界尺寸,体积
　～ arbitraire　人为干扰;故意干扰
　～ d'une gare　车站作业量
　～ de circulation　交通堵塞
　～ de l'installation propulsive　船舶动力装置的外廓尺寸
　～ du trafic　交通堵塞
　～ urbain　城市交通阻塞

encombrer　*v*　阻塞,壅塞

encontre　*f*　相反方向;相反
　à l'～ de　与……相反,反对……,对着……

encorbellement　*m*　悬垂,悬臂,伸出部分;外伸(部分);突出;冲蚀(海岸);倒悬崖壁

encore　*adv*　还;再,又;更加;进步
　non seulement…, mais ～ …　不但……,而且……
　～ que　尽管……,虽然……
　～ si　只要

encrassé, e　*a*　堵塞的,沾上油污的,生垢的
　～ par la calamine　被水垢堵塞的
　～ par la suite　被煤烟堵塞的

encrassement　*m*　污垢,积垢,堵塞(炉箅);弄脏,沾污

encrasser　*v*　使沾上油污,使生垢;阻塞

encre　*f*　墨水;油墨
　～ de Chine　绘图墨水
　～ magnétique　磁性墨水

encrinite　*f*　石莲,海百合;石莲岩,海百合灰岩

encroûté　*a*　结壳的,结硬皮的

encuivrage　*m*　镀铜

endeiolite　*f*　烧绿石(硅铌钠矿)

endémique　*a*　土著的,地方性的,本地的

endémisme　*m*　特有现象,特有分布

endénite　*f*　浅闪石

endentement　*m*　嵌接,齿接合;轮齿的装配
　～ à queue d'aronde　鸠尾榫头固定

endenture　*f*　齿轮传动;齿轮啮合

enderbite　*f*　紫苏花岗闪长岩,斜长紫苏花岗岩

endettement　*m*　负债
　～ à court terme　短期负债
　～ à long terme　长期负债

endigage　*m*　筑堤

endiguement　*m*　筑堤坝,筑堤,筑堤堵水

endiguer　*v*　筑堤,阻水,阻止,截住,堵住,拦截住(用拦河坝)

endiopside　*m*　顽透辉石;寓镁透辉石

endlichite　*f*　砷钒铅矿

endobatholite　*f*　内岩基

endobatholitique　*a*　内岩基的

endodyke　*m*　内成岩墙,内生岩脉

endodynamogène　*a*　内动力生成的

endodynamomorphe　*f*　内动力生成(作用)

endoénergétique　*a*　吸热的,吸收能的

endogène　*a*　内生的,内成的,内源的,内力的

endogranitique　*a*　花岗岩体内的

endolithe　*a*　岩(石)内的

endolithique　*a*　岩(石)内的

endomagmatique　*a*　内岩浆的

endomigmatite　*f*　内生混合岩

endommagement　*m*　损坏,损失,故障;变质
　～ de dièdre　楔形体破坏
　～ mécanique　机械损坏

endommager *v* 破坏,损坏,损失,损害
endomorphe *a* 内(接触)变质的;(被)包裹晶的
endomorphique *a* 内(接触)变质的;(被)包裹晶的
endomorphisme *m* 内(接触)变质,内变质作用
endoréique *a* 内流的,无泄水的,内陆的
endoréisme *m* 内流,内陆流域,内陆水系
endoskarn *m* 内矽卡岩
endosmomètre *m* 内渗计
endosmose *f* 内渗(现象),内渗透
endossataire *n* (背书票据)受让人,被背书人
endossement *m* 背书
  ~ par procuration 代理背书
endosseur *m* 背书人
endothermique *a* 吸热的
endothermite *f* 高岭石,单热石(伊利石)
endroit *m* 处所,地方,场所,所在地;位置,部位,阳坡;地点;掌子面
  à l'~ 正面地
  à l'~ de 对于,关于
  ~ d'impuretés (锗或硅层上)含有杂质点,污点
  ~ dangereux 危险地点
  ~ de parking 停车场
  ~ défectueux 缺损地点
  ~ des nœuds principaux 主要交通枢纽
  ~ détérioré 损坏处,损伤部位
  ~ soudé 焊接处
  ~ surdosé en liant 使用结合料过量的地方
enduire *v* 涂抹,涂层
  ~ à l'émulsion 涂抹乳液
  ~ de coulis de ciment 水泥浆抹面
enduisage *m* 表面处治;涂,抹;涂料
enduit *m* (沥青)黏层,黏结层;面层,表层,涂料;(油漆)涂层,抹面,抹灰;镀层;薄层;膜;覆盖层,覆盖物
  ~ à la brosse 拉毛粉饰
  ~ à la chaux 石灰抹面,石灰粉刷,石灰抹灰
  ~ à parement bouchardé 水泥拉毛[滚花、压花]墙面
  ~ adhérent 黏附涂料
  ~ anodique 阳极镀层;阳极保护层
  ~ antibruit 防噪音覆盖层,隔音层,吸音粉涂层
  ~ antidérapant 抗滑层,防滑层
  ~ anti-hale 消晕涂层
  ~ antirouille 防锈涂层,防锈漆
  ~ argileux 黏土被膜
  ~ armé 加钢丝网护层,钢丝网抹灰
  ~ asphaltique (地)沥青盖面,沥青覆面
  ~ au mastic 打泥子,抹泥子,油灰抹层
  ~ au mortier de ciment 水泥浆粉饰,水泥砂浆抹灰,水泥浆涂层,水泥浆粉刷
  ~ au plâtre 石膏盖面;抹灰(工伟),涂料,饰面
  ~ bicouche 双层涂层
  ~ bitumineux 沥青盖面;沥青磨耗层
  ~ cathodique 阴极镀层;阴极保护
  ~ d'application à claud à base de bitume 热沥青抹层
  ~ d'application à froid 冷底子油涂层
  ~ d'asphalte 沥青膏;沥青涂层;沥青面层
  ~ d'accrochage 黏结层,(沥青)黏层,连接层
  ~ d'aluminium 铝粉油漆;铝粉涂层
  ~ d'application à chaud à base de bitume 热沥青抹层
  ~ d'application à froid 冷底子油涂层
  ~ d'apprêt 浇透层,涂底层,首涂层,结合层,填隙料
  ~ d'asphalte 沥青膏,沥青涂层,沥青面层
  ~ d'asphaltique 沥青涂层
  ~ d'époxy 环氧图层,环氧树脂涂层
  ~ d'étanchéité 密封涂料
  ~ d'imperméabilisation 封闭涂层,防水涂层,封层;不透水层
  ~ d'imprégnation 渗透层,透油层
  ~ d'impression 底涂层,首涂层,结合层
  ~ d'usure 磨耗层,表面处治层,封面层
  ~ d'usure classique 典型磨耗层
  ~ d'usure monocouche 单层表面处治,单层磨耗层
  ~ d'usure multicouche 多层表面处治,多层磨耗层
  ~ de base 底涂
  ~ de calcite 方解石被膜
  ~ de ciment 水泥砂浆涂层,水泥抹灰,水泥抹面
  ~ de coulis 沥青砂浆封层
  ~ de fermeture 封层;不透水层,封闭涂层
  ~ de finissage 表面修饰层,罩面层
  ~ de fond (打底)灰泥层;底漆;底涂层,首涂层,结合层;沥青透层

~ de fonds 打底抹灰
~ de lave （火山口内的）熔岩掩蔽层
~ de mortier de chaux 石灰浆粉饰,石灰浆涂层,石灰浆粉刷
~ de pan de bois 板条灰墁
~ de parement 终饰层,面饰层;上涂
~ de plafond 天花板粉饰
~ de protection contre la corrosion 防腐蚀保护层
~ de protection superficielle 封面涂层;保育薄膜（混凝土养护用）
~ de scellement 封闭涂层,封层;不透水层
~ dorsal 背衬,裱褙
~ du suif 涂油脂
~ électrolytique 电镀层
~ en cailloux lavés 水刷石面涂层
~ en carreaux 仿毛石粉饰（层）
~ en plâtre 石膏抹灰,抹石膏
~ extérieur 室外抹灰,室外粉刷
~ extérieur coloré 彩色外粉饰
~ externe 外粉饰,外涂层
~ ferrugineux 铁质壳
~ frais 刚修建的路面层
~ granito 水磨石
~ hourdé 粗糙抹灰层
~ hydrocarboné 沥青层
~ hydrofuge 防水层,防水涂层
~ ignifuge 防火涂层
~ imperméable 不透水涂层,防水涂层
~ intérieur 室内[内部]粉饰,（房屋）内部灰墁,内部粉饰,内涂层
~ isolant 绝缘（涂）层,绝缘层,隔热保护层
~ léger 薄层罩面
~ lisse 平整处治层
~ monocouche 单层涂层
~ multicouche 多层涂层
~ pour joints 接点用密封涂料,连接点保护层
~ préformé 预制黏层（路面黏层事先工业预制,后铺上路面）预制表面处治层,预制沥青混合料磨耗层
~ protecteur 保护层,保护外皮,保护外表
~ superficiel (ES) 表面处治层,表面涂层,封面层,罩面层;表面修筑,路面修整;敷面料
~ superficiel bicouche 双层表处,双层表面处治

~ superficiel d'usure (ESU) （沥青）表面处治
~ superficiel multiple 多层表面处治层
~ superficiel simple 单层表面处治层
~ sur lattis 板条抹灰
~ sur sables-laitier 矿渣砂处治层
~ sur semi-pénétration 半灌入层
~ sur treillage en métal déployé 钢丝网抹灰
~ tyrolien 抹面打毛,拉毛粉刷
~ une sur deux sur les deux faces 半叠式双面涂层

endurance *f* 耐久力[性],持久性,寿命;耐劳,坚韧,忍耐（力）;疲劳强度
~ à la fatigue 疲劳强度
~ du moteur 发动机寿命
~ générale 总寿命
~ mécanique 机械寿命
~ structurale 结构寿命

endurant, e *a* 耐劳的,坚韧的
endurcir *v* 使硬,变硬,硬化,增加硬度,凝固
endurcissement *m* 硬化,变硬,增加硬度;凝固
endurite *f* 亮煤
Enéolithique *m* 铜器时代
énergétique *f* 力能学,动能学,水能学,动力,动力技术,动力学;*a* 能量的;强有力的
énergie *f* 能,能量;动力,动能,刚毅,坚强,能量,强烈,活力
~ à fracture 冲击韧性
~ absorbée (GWh) 输入,输入量;消耗能量,吸收能量
~ accumulée 储存能,积蓄能
~ acoustique 声能
~ active 有效能量
~ actuelle 实际能量;动能
~ alternative 交替能
~ au repos 静态能
~ au zéro absolu 零点能量
autre ~ (GWh) 二次能源
~ basse 低能（沉积环境）
~ calorifique 热能
~ calorifique du carburant 燃料发热能
~ chimique 化学能
~ cinétique 动能,位能,热能,势能
~ cinétique d'un état microscopique 微观态的动能

~ complémentaire 余能,补充能量
~ critique 临界能
~ d'absorption 吸附能;吸收能量
~ d'action mutuelle 相互作用能
~ d'activation 激活能,活化能
~ d'activation des impuretés 杂质的激活能
~ d'agitation thermique 热运动能
~ d'entrée 输入能量,输入功率
~ d'équilibre 平衡能
~ d'excitation 激发能量,激励能
~ d'ionisation 电离能量
~ d'ondes 波能
~ de l'eau 水能,水力
~ de battage 打桩能
~ de biogaz (méthane) 沼气能
~ de bruit 噪音能
~ de champ 场能
~ de choc 冲击能
~ de cohésion du cristal 晶体内聚能
~ de compactage 压实能
~ de compactage faible 轻度压实
~ de compactage intense 重度压实
~ de compactage moyenne 中度压实
~ de compression 压缩能
~ de consommation 消耗能量
~ de coupure 切断的能量
~ de déchet 多余能量
~ de déformation 变形能,应变能
~ de déformation à la rupture 断裂应变能
~ de déformation au déchargement 卸载应变能,回弹能
~ de déformation élastique 回能模量,弹能模量
~ de déformation élastique de distorsion 畸变应变能
~ de désaimantation 消磁能
~ de désintégration 蜕变能,衰变能
~ de dissociation 分解能,离解能
~ de fission 裂变能
~ de frottement 摩擦能,摩擦功
~ de fusion 聚变能
~ de glissement 滑动能
~ de gravité 重力能
~ de liaison 结合能,束缚能,键能

~ de mobilité 漂移能
~ de percussion 冲击能量,锤击能量
~ de pilonnage 夯实能
~ de pointe 峰值能量
~ de pression 压力能(量)
~ de rayonnement 辐射能,放射能
~ de recul 反冲能量
~ de répulsion 排斥能
~ de résilience 回弹性
~ de résonance 共振能
~ de rupture 断裂能
~ de saturation 饱和能量
~ de seuil 阈能
~ de surface 表面能
~ de surface spécifique 比表面能
~ de traction 牵引机
~ de transition 跃迁能量
~ de turbulence 紊动能,湍流能量
~ de vibration 振动能,振荡能
~ débitée 输出的能量
~ dépensée 损耗能量,漏电能量
~ des lames 浪能
~ des marées 潮汐能量
~ des ondes 波能
~ des vagues 浪能
~ disponible 可用能,有效能
~ échangée 交换能,互换能量
~ effective 实际能量
~ élastique 弹性能,弹性应变能
~ électrique 电能
~ électromagnétique 电磁能
~ électronique 电子能
~ électrostatique 静电能
~ élevée 高能量
~ emmagasinée 储备能,蓄能
~ endogène 内生热能
~ éolienne 风能量,风能
~ épithermique 超热能
~ éruptive cinétique 动力喷发能
~ fossile 地下能源
~ fugace 二次能源,非稳定电能,非可靠电能
~ garantie (GWh) 固定出力,可靠出力,保证出力
~ géothermique 地热能

~ haute 高能（沉积环境）
~ hydraulique 液能；水力，水能
~ interne 内能
~ intrinsèque 内能，本征能量
~ latente 潜在能
~ libre 自由能
~ liée 结合能
~ lumineuse 光能
~ magnétique 磁能
~ marémotrice 潮汐能
~ massique 质能
~ mécanique 机械能
~ moyenne d'ionisation 平均电离能量
~ non-renouvelable 不可再生能源，不可再利用能源
~ s nouvelles 新能源
~ nucléaire 核能，原子能
~ optique 光能
~ oscillatoire 振荡能，振动能
~ photonique 光子能
~ potentielle 位能，势能
~ potentielle de déformation 变形能，变形位能，变形势能
~ potentielle de position 位能
~ pour la traction 牵引动力能源
~ primaire 基本能量，初始能量，次能源
~ produite 发电量
~ propre (particule) 固有能量（粒子）
~ radiante 辐射能
~ radiée 辐射能
~ rayonnante 辐射能
~ rayonnée 空气流量；辐射功率，受激发射功率
~ rayonnée efficace 天线有效辐射功率
~ réactive 反作用力
~ renouvelable 再生能，可再生能源，可再生的能源，可再利用的能源
~ secondaire 额外能，附加发电（最高水头时的发电）
~ séismique 地震能量
~ solaire 太阳能
~ sonore 声能
~ spécifique 比能（水深与流速水头之和或单位质量所具有的内能），单位能量

~ statique 静能，位能，势能
~ superficielle 表面能
~ thermale 热能
~ thermique 热能
~ thermique des mers 海洋热能
~ turbulente 紊流能，湍流能
~ utilisable 可用能，有效能
~ vibratoire 振动能量，振荡能
~ volcanique 火山能，火山喷发势能
~ volumétrique 体积能
enfaîteau m 脊瓦
enfaîter v 盖屋脊
enfance f 幼年期
enfermé a 关闭的，密闭的
enfermer v 围绕，包围；关闭
enficher v 插入插座
enfilade f 贯串；连续物
enfiler v 嵌入，插入；引入，穿入
enflammer v 燃烧，打入，钉入
enfonçage m 木桶装底，把底嵌入木桶；打入，钉入
~ de palplanches 打入板桩
~ du carottier par battage 取样器打入土中
enfonce-clous m 钉钉器
enfoncement m 下沉，深处，低洼处，塌陷，凹陷，加深（井），插入；洼地，穿入，深入
~ d'une colonne de tubes 下套管
~ de la chaussée 路面沉陷
~ de la nappe phréatique 地下水位（埋藏）深度
~ de pieu 沉桩
~ de pieu par jet d'eau 射水沉桩
~ de pieu par vibration 振动沉桩
~ de pilotis 打排桩，沉桩；打基桩
~ des pieux 打桩，沉桩
~ du puits 挖掘矿井；挖井
~ du socle 基底下沉
~ du sol 地面下沉，地表凹陷
~ géosynclinal 地槽沉降
~ local 局部陷落，局部沉降
~ moyen 平均贯入度；平均下沉量
enfoncement m 下沉，调节；装机高程
~ faible 水轮机的埋深变浅
~ profond 水轮机的埋深降低
enfoncer v 嵌入，插入，钉入，陷入，穿孔，穿入
~ le carottier par battage 把取样[土]器打入

土中
~ par battage 打入（桩）
~ par pression 压入
~ un bouton 按按钮

enfonçoir *m* 深钉器，打入器

enfoui *a* 埋藏的，隐藏的

enfouissement *m* 埋入，埋藏，掩埋；隐伏；铺设（管道）

enfourchement *m* 叉形榫接，叉形接头

enfourchure *m* 叉形布置，分叉

enfreindre *v* les dispositions *v* 违反规定

enfumé *a* 烟的，有烟的

engadinite *f* 少英细晶岩

engagement *m* 担保；进入；招聘，契约，约定，诺言；义务；接合
~ à vue 即期债务
~ s antérieurs 既往承诺
~ au pied 用脚踏板接合
~ bancaire de paiement 银行支付保证
~ bilatéral 双边契约
~ cambiaire 还汇保证
~ circulaire 循环保证
~ conditionnel 有条件承诺
~ contractuel 履约义务
~ d'honneur 诺言，誓言，名誉保证
~ d'une combinaison du changement de vitesse 变速器的换挡
~ de change 汇兑保证
~ de crédit 贷款保证
~ de fidélité 信用担保
~ du gabarit 超出限界（超出外廓尺寸），超限
~ écrit 书面承诺
~ exprès 明确保证
~ s financiers 金融债务
~ s financiers sur titres en capital 证券担保借款
~ formel 正式保证，许诺
~ s hors bilan 账外债务
~ indissoluble 不能解除的诺言
~ irrévocable 不能反悔的诺言
~ par caution 担保承诺
~ par endossement 背书承诺
~ s réciproques 互欠债务
~ solidaire 连带承诺
~ tacite 默契
~ unilatéral 单方承诺

engager *v* 担保，保证；约束；接合；开始，进行；占用，锁闭；进入，着手进行
~ un canton 占用闭塞区间
~ un sélecteur 占用选择机
~ une vitesse 进入挡位

engazonnement *m* 铺草皮，植草，（用草籽）种草
~ simple （边坡）条形铺草皮工程

engazonner *v* 撒草籽，种草，铺草皮

engelburgite *f* 榍斑花岗闪长岩

engelhardite *f* 锆石

engendrer *v* 产生，造成，形成，引起

engerber *v* 堆放，堆积

engin *m* 发动机，机器，机械，工具，装备，设备，装置，机车
~ à action continue 连续施工机械
~ à action discontinue 断续施工机械
~ à chenilles 履带式机械，履带式机动车
~ à étrave 装有V形除雪犁的装置
~ à plaques vibrantes 带振动板的机械
~ à pneus 轮胎式机械
~ à sabots vibrants 振动捣固装置
~ à vapeur 蒸汽机车
~ automoteur 机动车；自行式设备
~ chasse-neige 除雪机械
~ d'abattage 采掘机械，采矿机械，回采机械
~ d'épuisement 抽水设备，水泵
~ d'excavation 挖方机械，挖土机械
~ d'extraction 升降机，提升机，出矿机
~ d'ignition d'étincelle 火花引燃式发电机
~ de base 基本[主要]机械
~ de battage 打桩机，打桩机械
~ de bétonnage 混凝土施工机械，混凝土浇注机械
~ de carrière 采石机械，采石场机械
~ de chantier 施工机械
~ de chargement 装载机械
~ de compactage 碾压[压实、夯实]机械，压实设备，夯实设备
~ de construction 施工机械
~ de creusement 掘进机械，联合掘进机械
~ de déneigement 除雪机械
~ de forage 钻探机械，钻孔机械，钻探设备
~ de forage à câble 索钻机械，钻孔机械，冲钻机械

~ de forage à la main 人工钻探机械,人工钻孔机械
~ de foreuse 钻机;凿岩机
~ de gravillonnage 碎石摊铺机械
~ de levage 起重设备,起重机械,提升机械
~ de malaxage 拌和机械,搅拌机械
~ de manutention 装卸机械[设备],搬运机械[设备]
~ de manutention continue 连续装卸设备,连续作业设备
~ de manutention des batardeaux （堤坝）叠梁吊装起重机,叠梁操纵设备
~ s de manutention des matériaux 材料装卸设备,材料搬运设备
~ de marinage （隧道）挖泥机,清废土机械,隧道出渣机械
~ de mise en œuvre 施工机械
~ s de nettoiement automobiles 道路自动清扫机械
~ de perforation 钻孔机械
~ de refoulement 水力冲泥机,加压输送机械,水力冲泥机械
~ de répandage 撒布机械;摊铺机械
~ de serrage du béton 混凝土捣压机械,混凝土捣实机械
~ de serrage du sol 土壤压实机械,土壤夯实机械
~ de serrage pour remblais 填土夯实机械,路堤夯实机械
~ de serrage pour tranchées 路槽夯实机械;沟槽夯实机械
~ de service hivernal 冬季使用机械
~ de soc 犁式除雪机
~ de sondage 钻机
~ de stabilisation 稳定机械
~ de terrassement 土方机械
~ de terrassement à usages multiples 多用途土方机械
~ de terrassement en surface 土方整平机械
~ de traction 牵引动车,机车
~ de traction à vapeur 蒸汽机车
~ de traction diesel 内燃机车,内燃动车
~ de traction électrique 电力机车,电力动车
~ de traction multicourant 多流制动车,多流制机车
~ de traction polycourant 多流制电动车,多流制动车
~ de traction quadricourant 四流制电动车,四流制机车
~ de traction surpuissant 大功率牵引动车
~ de transport 运输设备;运输机械
~ s de transport des déblais 土石方运输设备;土石方运输机械
~ de ventilation 通风设备,通风机
~ diesel 内燃动车,内燃机车,柴油动车
~ électrique 电力动车,电力机车
~ en chenille 履带式机械
~ en pneus 轮胎式机械
~ évacuateur de neige 除雪机械
~ flottant 水上机械,救生船
~ gravillonneur 碎石摊铺机械
~ horizontal 卧式发动机
~ hydraulique 水力发动机
~ moteur à courant continu 直流电动车
~ moteur à crémaillère 齿轨动车
~ moteur à essieux indépendants 联动轴动车
~ moteur à turbine 多电流制电动车
~ moteur bicourant 双电流电动车
~ moteur bi-fréquence 双频电动车
~ moteur bitension 双电压电动车
~ moteur double 双动车重联机组
~ moteur monophasé 单相电力动车
~ moteur polycourant 多电流制电动车
~ moteur triphasé 三相动力动车
~ muni d'une étrave 装有V形除雪犁的装置
~ percutant 钻孔冲锤,凿岩机
~ polyvalent 多功能机械,多用途机械
~ poseur de travées de voie 铺轨排机
~ pour le réglage des surfaces de talus 边坡坡面修整机械
~ pour aplanissement 土方整平机械,土方整平机
~ pour la pose des revêtement 护面铺砌机械,衬砌机械,路面铺筑机械
~ pour le bétonnage 混凝土（路面）摊铺机,混凝土铺路机
~ s pour le bétonnage des routes 混凝土路面铺筑机械
~ pour le bétonnage des talus 坡面混凝土浇注机械

~ pour le régalage des surfaces de talus　坡面整修机械
~ s pour lever des dalles en béton　混凝土板举升设备
~ routier　筑路机械
~ télécommandé par radio　无线电遥控机车
~ tout terrain（à pneumatiques）　（轮胎）越野装置
~ tracté par tracteur　牵引车牵引的机械
~ s tractés par tracteurs　牵引车牵引的机械
~ tracteur　牵引动车，动力车，拖拉机
~ transport　运输机械
~ universel　万能机械，多功能机械
~ vertical　立式发动机
~ vibrant　振动机械；振动装置

engineering m　工程；工程学
Engineering Association　工程学会
englacement m　结冰作用；冰川作用
englaciation f　积冰，逐渐积冰
englishite f　水磷铝钙钾石
englobement m　合并，并入；包括，包含
englober v　包括，包含，包围；并入
engobage f　上釉
engobe m　釉底料
engober v　涂釉
engomment m　涂树脂
engorgé a　阻碍的
engorgement m　堵塞，淤塞，淤填，阻碍，阻塞
　~ de la grille de foyer　炉箅堵塞
　~ du brûleur　喷嘴堵塞
　~ du moteur　发电机油路堵塞
engorger v　堵塞，淤塞
engouffrement m　淹没；侵袭；堕入深渊
engoujonnage m　用自记器记录，用计算机统计；用螺栓紧固
engraisser v　（往钻杆上）涂油，上油，加滑润油
engravement m　沉积，填积，砾石填积，砾石沉积
engrenage m　齿轮；齿轮啮合；齿轮传动装置
　~ à chevrons　人字齿轮，双侧旋齿轮
　~ à crémaillère　齿条传动，齿条啮合，齿条传动装置
　~ à denture à chevrons　人字齿轮
　~ à denture hélicoïdale　螺旋齿轮
　~ à développante　展开线啮合
　~ à double denture　人字齿轮
　~ à double réduction　复式减速齿轮
　~ à flancs rectilignes　直齿啮合，直齿棘轮
　~ à friction　摩擦传动装置
　~ à pignons　齿轮传动
　~ à pont　直角传动
　~ à roue intermédiaire　带中间齿轮的齿轮传动装置
　~ à simple (double) réduction　单（双）侧齿轮系
　~ à vis sans fin　涡轮蜗杆系
　~ bilatéral　双侧齿轮，双侧齿轮传动
　~ compensateur　差动齿轮
　~ conique　伞齿轮，锥形齿轮
　~ cylindrique　正齿轮
　~ d'angle　锥形传动齿轮
　~ d'équerre　直角伞齿轮
　~ d'inversion de marche　方向齿轮
　~ de précision　精密齿轮
　~ s de réduction　减速传动系
　~ de renversement de marche　逆转齿轮，反向齿轮
　~ démultiplicateur　减速器，减速齿轮
　~ différentiel　差动齿轮
　~ droit　正齿轮
　~ élastique　弹性齿轮
　~ hélicoïdal　涡轮，斜齿轮，螺旋齿轮
　~ multiplicateur　加速齿轮，加速装置
　~ planétaire　行星齿轮，行星齿轮装置
　~ réducteur　减速齿轮
　~ rigide　刚性齿轮系
　~ sélectif　选速装置，可互换齿轮
　train d'~ s　齿轮组传动系
　~ uni-(bi)latéral　单（双）侧齿轮系
engrené a　齿状的
engrènement m　接合；啮合
engrener v　啮合；接合
enherber v　种草
enhydre m　含水玉髓晶洞；a　含水的，包水的
énigmatite f　钠铁非石（三斜闪石）
enjamber v　跨，跨过，跨越
enlèvement m　拆除，拆毁，举起，上升，除去，清除，排除，收拾，收起，搬走，回采，推进，爆破，清岩
　~ à domicile　上门取货物，接取货物
　~ d'un gîte　矿床开采

~ d'une épave （河面上）漂流物的清除，（沉船）残骸的清除
~ de découvert 剥土，剥离表土
~ de l'odeur 除臭味
~ de la calamine 清除积碳
~ de la couverture 清除覆盖层
~ de la glace 除冰
~ de la neige 除雪
~ de neige 除雪
~ de pavés 拆除铺路石块
~ de revêtement 路面刨除
~ de roue 车轮罩
~ de terres 取土
~ des batardeaux 围堰拆除
~ des bavures 去毛边，打毛刺
~ des boues 除泥
~ des carottes totales 取出全部岩芯，取出全部钻探试样
~ des cosses 剥离工作，剥土
~ des débris 清理废石
~ des eaux 抽水，排水
~ des échafaudages 拆除脚手架
~ des immondices 清除垃圾
~ des marchandises 领取货物，搬走货物
~ des marchandises en gare 领走货物，搬走货物
~ des ouvrages provisoires 拆除临建
~ des piliers 开采矿柱（或煤柱）
~ des terres 清除表土，剥离表土；清理土地
~ du boisage 拆除支护坑木
~ du revêtement 刨除路面，破碎路面
~ du stérile 清除废石
~ du verglas 除冰
enlever v 清除，拿走，除去，拿去，举起，上升；收拾，收起，拆卸，拆下，卸下
~ la neige 除雪
~ la poussière 除尘
~ le boisage 拆除支撑
~ les coussinets 取出轴瓦，卸下轴瓦
~ les palplanches 除去板桩
~ par un léger creusage à la meule 用磨石轻轻磨去
enlevure f 进路，旁洞；碾掘带，掘进段
~ descendante 滑倾斜进路，沿倾斜回采
~ montante 逆倾斜进路；逆倾斜回采

enliassement m 捆扎
enlignement m 成行列，连接成直线
enligner v 排成行，连成直线，排成直线
enlisement m 陷入，埋入
ennéagonal a 九角的
enneigement m 积雪，被雪覆盖，积雪厚度
~ persistant 终年积雪
enneiger v 被雪覆盖
ennéode f 九极管
ennoyage m 洼地，下沉，倾伏，倾没（指岩层俯冲），倒转
~ d'axe 轴（背斜或向斜）的倾伏
~ d'un pli 褶皱倾伏
~ de couche 岩层倒转
ennoyé, e a 下沉的
ennui m 缺陷，故障，不正常，失灵，卡住，麻烦
énoncer v 陈述，说明
énonciation f de la lettre de voiture 运单记载事项
énophite f 绿蛇纹石
énorme a 巨大的，极大的，庞大的
enquête f 探索，调查，调查研究
~ au cordon 封锁线调查；（区域）圈线交通调查（或观察）
~ auprès des riverains 向居民调查
~ d'origine-destination 始终点站调查
~ d'urbanisme 城市规划调查
~ de 24 heures 24 小时调查（交通量）
~ de circulation 交通调查，交通统计
~ de circulation aux points de départ et fin （交通）起讫点调查
~ de circulation par échantillon 交通抽查
~ de stationnement 车辆停放（常态）调查
~ de trafic 交通量调查
~ diurne 白天调查（交通量）
~ du pavillon 审查船旗；审查船舶国籍
~ économique 经济调查
~ ménage （车主）家庭调查
~ ménagère 走访汽车主调查
~ OD （交通量的）起讫点调查
~ origine-destination （交通量的）起讫点调查
~ par interview au bord de la route （交通量）路边观察调查
~ par numéros d'enregistrement 车牌号码调查

~ particulière 特殊调查
~ régionale 区域调查
~ sur la circulation 交通调查,运量观测
~ sur le déplacement des passagers 客流调查
~ sur route (交通起讫点调查的)地面观察

enquêter v 探索,调查,调查研究
~ sur 调查

enraciné a 深成的,深部的,生根的,根深蒂固的

enracinement m 嵌石桩基桥台,生根,固定;根基特深的古地块

enraciner v 使生根,使巩固

enraidissement m 加强刚性

enraiement m 制动,卡住,阻碍
~ à friction 摩擦式防滑装置
~ aérodynamique 空气动力制动
~ automatique 自动防滑装置

enrayer v 上铁鞋
~ le patinage 制止打滑,制止滑动

enrayure f 制动,制动机,制动装置

enregistrable a 可记录的,可记载的,可录音的

enregistré a 记录的,注册的,挂号的,托运的,登记的

enregistrement m 记录,注册,登记,登记处;录音;备案
~ à aire variable 变面积记录
~ à amplitude constante 等幅记录
~ à densité variable 变密度记录
~ à distance 远距测量
~ à vitesse constante 恒速记录
~ automatique 自动记录
~ automatique de la vitesse 自动记录速度
~ continu 连续记录
~ d'itinéraires 进路存储
~ de carottage 测井记录
~ des bagages à l'avance 托运行李
~ direct 直接托运行李
~ du profil 剖面法
~ du son 录音
~ électromagnétique 电磁记录
~ électrothermique 电热式记录器
~ en profondeur 深度式录音,垂直式录音
~ graphique 跟踪记录装置,示踪记录
~ logique 逻辑记录
~ magnétique 磁带记录,磁性记录
~ magnétique du son 磁带录音
~ magnétoscopique 录像,磁带录像
~ marégraphique 水位记录
~ mécanique 机械(自动)记录
~ optique 光学记录
~ photo-électrique 光电记录
~ photographique 照相记录
~ physique 物理记录,实物记录,有形记录
~ sismique 地震记录
~ sur bande magnétique 提前托运行李
~ sur disque 磁盘记录,磁盘录音
~ sur fil magnétique 磁线记录

enregistrer v 登记,记录;录音;记住,取得
~ à l'entrée 输入时记录
~ à la sortie 输出时记录
~ en mémoire 存储

enregistreur m 自动记录仪,自动记录器,录音机,记录员,记录器,磁带机,录音机
~ à bande magnétique 磁带录音机
~ à déroulement 自动展开记录仪
~ à distance 遥控记录仪,距离自动记录器
~ à inscription directe 可直接读数的记录仪
~ à inscription photographique 直接在照相纸带上读数的记录仪
~ à jet d'encre 喷墨记录器
~ à miroirs 镜式自记器
~ à plumes 笔录自动记录仪
~ à quatre plumes 四线记录仪
~ à retardement 延时记录器
~ à servo-moteur 伺服电动机记录器
~ à siphon 波纹收报机,虹吸记录器
~ à six voies 6线记录器
~ à stylet 色笔记录器
~ à trois couleurs 三色自动记录器
~ automatique 自动记录器
~ d'allongement 应变记录器;伸长记录器
~ d'appels 呼叫记录器
~ d'échos 回声探测仪,回声探测记录仪
~ d'heure de travail 工时记录器
~ d'impulsion 脉冲自动记录器
~ de boue 泥浆比重记录仪
~ de communication 计时仪,通话计时器
~ de contraintes 应力自动记录仪,应力自记仪
~ de débit 流量(自动)记录仪

~ de données 数据记录仪
~ de maximum 最高需量记录装置
~ de niveau 水平自动记录仪
~ de passage des circulations (programmateur d'itinéraires) 列车通过记录器,程控线路空间表示器
~ de pointe 峰值(自动)记录仪,峰值记录器,最大值记录仪
~ de pression 压力记录仪,压力自动记录仪,压力计录器
~ de pression de fond 井底压力记录
~ de profondeur 深度记录器
~ de température 温度记录器,温度自动记录仪
~ de trafic 交通记录器,交通情况分析记录器
~ de vitesse 速度记录器,速度自动记录仪,速度记录仪
~ des gâchées （混凝土）拌数记录器,混凝土盘数记录器
~ des signaux 信号记录装置
~ des tremblements de terre 地震仪,地震记录仪
~ double 双笔记录仪
~ électronique 电子记录仪,电子记录器
~ électronique de la température 电子温度记录器
~ graphique 绘图仪,图形记录器,曲线记录仪,图示器,标绘器,数字描绘器,数字绘图机
~ météorologique 气象计,气象记录器,气象自记仪
~ phonique 通话存储器
~ photographique （用）照相（纸带的）记录仪
~ sonore 录音机
~ sur bande magnétique 磁带记录仪
~ sur bandes 磁带录音机
~ vidéo 录像机

enrichi *a* 富集的;精选的;浓缩的
enrichir *v* 丰富,充实
enrichissement *m* 丰富,充实,富集(作用),加浓,浓缩(作用);利润,利益,选矿,精选
~ à façon 委托浓缩
~ à l'équilibre 换料浓缩,平衡浓缩
~ automatique d'auscultation 自动监测系统
~ chimique 化学浓缩
~ continu 连续(监测)记录
~ d'eau 水的养分富化措施,水的富养分化
~ d'une nappe 含水层(人工)补给
~ de l'eau souterraine 补充地下水
~ des minerais 选矿;矿石的富集
~ par flottage 浮选,浮选法
~ par voie humide 湿法选矿
~ par voie sèche 干法选矿
~ résiduel 残余富集
~ sans cause 暴利,不正当收入
~ secondaire 次生富集
~ supergène 表生富集
~ supergène des sulfures 硫化物表生富集

enrichisseur *m* 精选机,选矿机;选矿工作者
enrobage *m* 涂,覆盖,盖层,涂层,涂料,镀层,拌和,护层,油漆层,防护涂层,保护套,表面处治层
~ à chaud 热涂层,热表面处治,热拌混合料
~ à froid 冷涂层,冷表面处治,冷拌混合料
~ à poste fixe 固定式厂拌和
~ acide 酸性涂料
~ basique 碱性涂料
~ d'une barre 钢筋的混凝土保护层
~ de béton 用混凝土护面,用混凝土覆盖
~ des aciers 钢筋保护层
~ des fourreaux 套管包层
~ du béton 混凝土保护层
~ en continu 连续拌和
~ en discontinu 分批拌和;间歇拌和
~ in situ 就地拌和,路拌
~ par le bitume 沥青固化

enrobé *m* 沥青混合料,拌沥青的材料,沥青混凝土; *a* 敷层的,有涂层的,带保护层的
~ à base de cut-back 轻质沥青配制的沥青混合料
~ à base de goudron 煤沥青盖层材料;煤沥青罩面材料,柏油混合料
~ à caractéristiques mécaniques améliorés 改善力学特性的沥青混合料
~ à chaud 热拌沥青混合料
~ à chaud à base de bitume pur 掺地沥青的热拌沥青混合料
~ à chaud à base de cut-back 掺配轻质沥青的热拌沥青混合料
~ à froid 冷拌沥青混合料

~ à froid à base d'émulsion de bitume 配沥青乳液的冷拌沥青混合料
~ à froid à base d'émulsion de cut-back 配轻质沥青乳液的冷拌沥青混合料
~ s à granulométrie discontinue 断级配沥青混合料
~ s à granulométrie ouverte 开级配沥青混合料
~ à liants modifiés 改善结合料配制的沥青混合料
~ antidérapant 抗滑沥青混合料,防滑沥青混合料
~ armé de déchets plastiques 使用塑料碎片加强的沥青混凝土
~ asphaltique antidérapant 防滑用沥青混合料
~ au bitume 沥青混合料
~ au bitume-soufre 掺硫沥青混合料
~ au brai-époxy 硬柏油脂—环氧树脂沥青混合料
~ avec ajout de fibres d'amiante 加石棉纤维的沥青混合料
~ avec ajout de filler spécial 添加特种填料的沥青混合料
~ bitumineux（EB） 沥青混合料
~ s bitumineux à chaud 热拌沥青混合料
~ s bitumineux à froid 冷拌沥青混合料
~ bitumineux dense 密级配沥青混合料
~ bitumineux routier 路用沥青混合料
~ calcaire 掺石灰石集料的沥青混合料
~ clair 浅色沥青混合料
~ clouté 嵌挤式沥青混合料
~ coloré 有色沥青混合料,着色沥青混合料
~ continu 连续级配沥青混合料
~ de module élevé de classe I（EMEi） I级高模量沥青混合料
~ dense 密级配沥青混合料;密级配表面处治碎石路
~ dense à chaud 热拌密级配沥青混合料
~ dense à chaud à base de cut-back 配轻质沥青的热拌密级配沥青混合料
~ dense à froid 冷拌密级配沥青混合料
~ discontinu 断级配沥青混合料,间断级配沥青混合料
~ drainant 排水沥青混合料
~ fabriqué en centrale 厂拌沥青混合料

~ fermé 密级配沥青混合料
~ fin 细粒料沥青混合料
~ hydrocarboné 沥青混合料,拌沥青的材料
~ mince 薄层沥青混合料
~ ouvert 开式级配沥青混合料;开式级配表面处治碎石路
~ ouvert à chaud à base de bitume pur 配沥青的热拌开式级配沥青混合料
~ ouvert à chaud à base de cut-back 配轻质沥青的热拌开式级配沥青混合料
~ ouvert à froid 冷拌开式级配沥青混合料
~ s ouverts au bitume 开级配沥青混合料
~ s ouverts au goudron 开级配煤沥青混合料
~ perméable 透水性沥青混合料,薄层沥青混合料
~ plein 全级配沥青混合料
~ poreux 多空隙沥青混合料
~ préparé en station 厂拌沥青混合料
~ résistant à l'usure 抗磨耗沥青混合料
~ routier 路用沥青混合料
~ Routoflex 用掺合成橡胶和共聚物改善沥青配制的沥青混合料
~ semi-dense 半密级配沥青混合料
~ semi-ouvert 半开级配沥青混合料
~ spécial 特种沥青混合料
~ stockable 可储藏的沥青混合料
~ support 承重沥青混合料

enrober v 加面层;涂上;罩上;铸入,浇注;砌面;嵌入,装在……内,埋
~ de béton 混凝土砌面

enrobeur m 沥青混合料拌和机,沥青混合料搅拌机
~ d'entretien （路面）补坑机械

enrobeur-malaxeur m 拌和机,搅拌机;混合器
~ continu 连续式拌和机
~ discontinu 分拌拌和机,间歇式拌和机

enrochage m 填石,抛石

enrochement m 堆石,抛石,填石,充填,毛石充地,防冲乱石,防冲乱石筑成的地基;粗石,粗岩; m.pl 堆石体
~ armé 加筋堆石体,加固堆石体
~ arrimé 干砌填石,干砌块石
~ arrosé 冲洗过的堆石(体)
~ assisé 分层堆石,成层填石

~ s assises　成层干砌块石
~ classé ou sélectionné　有选择的堆石
~ compacté　压实堆石,碾压堆石,碾压堆石体
~ d'un mur de quai　堤岸墙防冲堆石
~ d'une digue　堤坝防冲乱石
~ d'une jetée　防波堤防冲乱石
~ d'une pile de pont　桥墩防冲乱石
~ de protection　堆石护坡,堆石护面
~ déversé　抛填堆石,抛石体
~ en vrac　倾卸堆石,抛填堆石,抛填堆石(体)
~ mis en place par couches　分层堆石,成层填石
~ moyen　中等毛石,中等块石
~ non compacté　非压实堆石,非碾压堆石
~ rangé à la main　人工堆石,人工砌石
~ s rangés à la main　手工砌石
~ tout-venant　任意堆石料;毛石料(未经筛选的),乱石堆筑体,混石堆筑体

enrouillement *m*　生锈
enrouiller *v*　生锈,起锈
enroulement *m*　线圈,(电机)绕组,圈,缠,绕,卷,盘;滚动
enrouler *v*　卷,绕
~ de ruban isolant　包绝缘带
~ des fils　绕线
enrouleur *m*　卷盘
~ de corde　卷绳器,卷线机
~ hydraulique　液力卷盘
enrouleuse *f*　卷线机,绞车,卷扬机
enrubannage *m*　包捆,缠绕
~ continu à 1/2 recouvrement　半叠式连续缠绕
enrubanner *v*　包捆,缠绕
ensablage *m*　铺砂,填砂
ensablement *m*　沙丘,沙洲,沙滩;沙淤作用,沙的沉积,砂的填积;淤沙地
~ des fossés　边沟沙沉积
ensabler *v*　沙淤,盖上沙子,埋入沙中
ensachage *m*　装包,装袋;装袋机
ensacher *v*　装包
ensacheur *m*　装包机
~ peseur　过秤包装机
ensacheuse *f*　装袋机
enseigne *f*　旗,符号,标记
~ lumineuse　灯光标记

enseignement *m*　训练,练习,说明书,工作细则
~ technique　技术培训,技术训练
ensellement *m*　洼陷,鞍背,峡谷,洼地,背斜脊,鞍状构造,鞍背地形,马鞍形地形
~ d'un pli anticlinal　背斜褶皱脊
ensemble *m*　一组,一套,成套,组件,全体,总体,一致,整体,协调,系统,装配件,成套设备;组合; *adv*　共同,一起,同时
~ alternateur principal　主交流发电机组
~ architectural　建筑群
~ camion-remorque　卡车带拖车组
~ complet pour bétonnage　灌注混凝土全套设备
~ d'injection　喷嘴总成
~ d'organes　整套部件
dans l'~　大体上,大致上,一般来说
~ de chauffage　加热组件
~ de concentration　聚焦部件,聚焦系统
~ de diagraphies　综合测井曲线
~ de disques　磁盘组
~ de données　数据组,一组数据
~ de failles　断层组
~ de forage　成套钻探设备
~ de forage de traction　成套钻探设备
~ de mesure　测量组件
~ de programmes　程序组,软件组
~ de réglage　成套控制设备,成套调节设备
~ de réglage automatique　自动控制组件
~ de régulation　继电器组
~ de séchage　蒸发器干燥设备,汽水分离装置
~ de soute à combustible　燃油箱组
~ de traitement de l'information　信息处理组件
~ de transporteurs à courroie　皮带输送机组
~ de tringles de lanterne　灯架,灯座
~ de ventilation des radiateurs　散热器风扇组
~ des aubes directrices　导叶总成
~ des couches　岩组
~ des creusements　采掘工人数
~ des délais　总期限
~ du bogie　转向架总成
~ du fond　井下工人数
~ du jour　地面工人数,地面工人
~ du moteur de traction　牵引电机组
~ électromécanique　电气机械组件

~ électronique de gestion　数据处理及统计计算的成套电子装置，电子管理系统
~ mobile d'enrobage　沥青混合料移动式拌和装置
~ moto-compacteur à pneus　轮胎式电动压实机组
~ répartiteur de pierres　石料撒布设备
~ sédimentaire　沉积层
~ structural　一级构造，构造单元
~ thermique　热系统
~ tracteur　牵引系统，牵引设备
~ tracteur-compacteur　拖拉机压实机组

ensemblier *m*　组装车间，组装工厂
ensemencement *m*　种草；播种
　~ hydraulique　水（力）种草，液力种草
ensemencer *v*　播种，撒种子
enserrement *m*　层变薄，脉变狭窄
enserrer *v*　紧束
enseveli *a*　封存的，埋藏的，埋葬的
ensevelir *v*　封存，埋藏，埋葬
ensevelissement *m*　封存，埋藏，埋葬
ensialique *a*　硅铝层上的，硅铝（质）的
ensilotage [ensilage] *m*　装入筒仓
　~ du ciment frais　新生产水泥装入筒仓储藏
ensimatique *a*　硅镁层上的，硅镁（质）的
ensoleillement *m*　曝晒；日照；太阳辐射
enstatite *f*　顽辉石
enstatite-augite *f*　顽普通辉石，正斜间辉石类
enstatite-diopside *f*　顽透辉石
enstatitite *f*　顽辉岩（顽辉石岩）
enstenite *f*　斜方辉石
ensuite *adv*　然后，以后，后来，随后，其次
　~ de　在……以后
ensuivre (s'~) *v*　跟着发生，随之而来；由此产生
entablement *m*　檐部，柱顶线盘，覆盖岩层，覆盖层，表土
entaillage *m*　开槽，刻槽
entaillé *a*　切割的；挖掘的；下切的；割槽的
entaille *f*　槽口，切口，凹口，缺口；刻痕，切痕，砍痕，刻槽，掘槽，挖掘；应力集中
　~ artificielle　山地工程
　~ circulaire　（岩芯钻进时）环形槽
　~ d'un ravin　冲沟切割
　~ dans l'enveloppe du vérin　千斤顶套的切口

~ des joints　接缝开槽
~ en V　V形切口
~ oblique　开斜槽

entailler *v*　开槽口，切；截；砍，刻槽
entaillure *f*　雄榫接合，接头，榫，填隙，堵缝，凿紧
entamer *v*　着手做，开始进行；划破，割破；损害
entamure *f*　掘进标记
entartrage *m*　结垢，生水垢，形成沉淀，生水垢（蒸汽锅炉）
entartrement *m*　水垢，水锈
entassement *m*　堆，堆积物，堆积，堆叠，团块；大块矿石
　~ des surfaces　压紧表面
entasser *v*　堆积，堆放，堆叠，堆起，堆砌，积蓄
entendre *v*　听见，听取，听懂，领会，精通，要，想说，打算
entendu, e *a*　精通的，能干的，谈妥了的，说好了的
entente *f*　协议，协定
　~ téléphonique　电话协议
enter *v*　嵌，接合；接补，对接
enterolite *f*　铁白磷镁石；肠石
enterré *a*　埋藏的，埋没的，沉没的，地下的，埋入地下的
enterrement *m*　埋藏，埋没
enterrer *v*　埋入土中，埋在地下，埋
en-tête *f*　头部，顶盖
entexie *f*　注入变溶，注入混合
entexite *f*　注入熔合岩，注入混合岩，注入变熔岩
enthalpie *f*　焓，热焓，热含量
　~ libre　自由焓，自由热焓，吉布斯自由能
entier *m*　整个，全体，整数
　en ~　整个地，完全地，全部地
entier, ère *a*　整个的，全部的，完整的，完全的
entièrement *adv*　整个地，完全地，全部
entièreté *f*　密室封（铸锭的）
entité *f*　实体
　~ économique　经济实体
entoilage *m*　包装材料
entonnement *m*　入口，进水口
　~ contrôle　可控进水口
　~ libre　自由进水口
entonnoir *m*　（火山口）漏斗，溶斗，陷坑，漏斗形，漏斗谷，灰岩坑，喇叭口，电缆斗，落水洞，爆裂漏

斗,漏斗形浇口,喀斯特漏斗
~ à écrou 打捞母锥
~ à robinet 滴(液)漏斗
~ à tire-bouchon 打捞用矛
~ cratériforme 火口,漏斗
~ d'alimentation 加料斗,进料口
~ d'éboulement 漏斗形陷穴,漏斗形陷坑
~ d'écoulement 放水漏斗
~ d'effondrement 塌陷漏斗,陷落坑
~ de chargement 加料斗
~ de coulée 外浇口,中心浇口,浇口
~ de dissolution 溶蚀漏斗,岩溶坑,落水洞
~ de réception 汇水洼地
~ filtrant 滤液漏斗
~ pour la soudure aluminothermique 铝热焊料斗,铝热焊坩埚
~ séparateur 分料漏斗,分液漏斗

entour m 附近,周围,四周
à l' ~ 四周,附近
à l' ~ de 在……周围,在……附近

entourage m 围墙,四周,周围,周围物,周围的装饰,浴盆外面的砌砖,(墙体)四周的装饰[保护]物
~ imperméable 不透水圈层,不透水围层
~ de radiateur 散热器框架
~ de sécurité 保护罩

entourer v 环绕,围绕

entracolite f 沥青灰岩,大石炭系(石炭二叠系)

entraînable a 可牵引的,可带动的

entraînement m 传动,牵引,夹杂,掺混,带动,带走,拖曳(褶皱),挟带作用,输送作用,输送,底砂推移,推移质泥砂的移动,连锁(如山脉)
~ à cordon 驱动轴
~ à quatre roues 四轮传动
~ à ressorts hélicoïdaux 螺旋弹簧传动
~ avant 前轴传动
~ commun 成组传动,成组驱动
~ d'air (混凝土)加气处理,掺气,加气
~ d'air comprimé 用压缩空气牵引,压缩空气传动
~ d'antifriction 轴承白合金的脱落
~ d'appareils auxiliaires 辅助机组传动装置
~ d'eau (chaudière à vapeur) 汽水共腾(蒸汽锅炉)
~ de câble 缆索传动

~ de chaux libre 浸提游离石灰;浸滤
~ de fréquence 频率牵引(振荡器中由于抗阻的变化二引起的频率变化)
~ de la dynamo 发电机传动
~ de machines 机器驱动装置
~ de sédiment 泥沙起动,夹带泥沙
~ des auxiliaires 辅助机组传动装置
~ des essieux des engins moteurs 车轴驱动装置
~ diesel 柴油机传动
~ direct 直接传送机构,直接传动
~ électrique 电力传动(装置);电传动
~ électrique à plusieurs moteurs 多电动机传动
~ final 终端传动,末级传动,主传动
~ hydraulique 水力驱动,水力传动
~ hydrostatique 流体静力传动
~ individuel 单独传动
~ jumelé 并联传动
~ latéral 侧向掺混
~ mécanique 机械传动
~ mixte 柴油机—电传动
~ par accouplement direct 直接传动
~ par air comprimé 压缩空气传动
~ par chaîne 链条传动
~ par courroie 皮带传动
~ par courroie plate 扁平带传动
~ par courroie trapézoïdale 三角皮带传动
~ par disques de friction 圆盘摩擦传动
~ par galet 滑轮传动
~ par les roues arrière 后轮驱动
~ par les roues avant 前轮驱动
~ par monopoulie 单皮带轮传动
~ par moteur diesel 柴油机驱动
~ par pignon 齿轮传动
~ par rouleaux 滚柱传动
~ par vis sans fin 涡轮蜗杆传动
~ pneumatique 压缩空气传动
sans ~ 无载体的,无载流子
~ selsyn 自动同步机传动
~ séparé 单独传动
~ tandem 串联传动,联动
~ toutes-roues 全轮驱动

entraîner v 带动,传动,运输,输送,牵引,运送,带走,吸引,引起
~ la mise au rebut 导致报废

~ la tringle 移动杠杆
~ le signal 扳动信号
entraîneur *m* 传动装置,驱动装置;传动件;传送器,运送机
~ à cliquet 棘轮传动装置
~ à racloirs 刮泥机,刮板输送机
~ d'air 混凝土加气剂,引气剂,加气剂
~ d'air plastifiant 混凝土加气塑化剂
entrait *m* 物架的下弦,下弦木;横梁;系统,副梁;支撑,撑杆
~ moise (隧道纵向的)支撑木;相邻支架间的系梁,撑杆
entrance *f* 中心距;(轮对)轴距
entrapinement *f* 截留,滞阻
~ de chaux libre 浸提游离石灰,浸滤
entrave *f* 障碍,阻碍
~ à la circulation 阻碍运行,行车中断,行车受阻,交通阻塞
entraver *v* 阻碍,阻挡,束缚
entraxe *f* 中心距,(轮对)轴距
~ de fonctionnement 传动时轮心间距(齿轮)
~ des essieux 轴距
~ des fusées 轴颈间距
~ horizontale 水平间距
~ verticale 垂直间距
entre- (前缀)相互
entre *prép* 在……之间,在……中间
entre-distance *f* 中间距离
entrebâillement *m* 半开,关闭不严
~ d'une faille 断距,断层宽度
entrebâiller *v* 半开,关闭不严
entrecolonnement *m* 柱距;柱距布置
entre-couche *f* 中间层
entrecoupé, e *a* 断断续续的
entrecouper *v* 切断;交叉,交错
entrecroisé *a* 交切的;交错的
entrecroisée *f* 交错层理,交错纹理
entrecroisement *m* 道路交叉,交叉支撑;(车辆)交织
~ de deux courants de circulation 车辆交织
~ longitudinal 纵向交叉支撑
entrecroiser *v* 使交叉
entredent *m* 齿沟
entre-deux *m* 中间,中间部分;居于两者之间的东西;隔墙,夹层,中间层;(矿柱)间隔,坑道支柱间距

entrée *f* (高速道路)入口,门厅,进口,进入,输入,引入,加入,引入线;开始
~ analogue 模拟输入,模拟量
~ au clavier 键盘输入
~ binaire 二进制输入,二进制量
~ d'air 进气口,通风井,进气道
~ d'alimentation en eau 上水入口
~ d'eau 进水口,引水口
~ d'eau de pluie 雨水口
~ d'un port 进港,进港航道
~ d'une intersection (道路)交叉口的引道
~ d'usine 工厂上班
~ dans le carrefour 交叉道入口
~ dans une file (des véhicules) 车流汇合
~ de l'autoroute 高速公路入口
~ de l'eau du radiateur 散热器加水口
~ de bretelle 匝道入口
~ de câble 电缆引入口
~ de canal ou de galerie (élargie et à ciel ouvert) 渠或廊道入口
~ de chenal 水道入口,航道入口
~ de clé 钥匙孔
~ de conduit 水道进口,管道进口
~ de courant 电[水、油、气]流输入口
~ de l'arbre dans le plateau 卡盘上的转轴孔
~ de l'autoroute 高速公路入口
~ de l'itinéraire 进路入口端(进路继电器集中联锁内)
~ de la clef 钥匙孔
~ de la synchronisation 同步输入
~ de micro 传声器输入,扩音器输入
~ de poste 信号楼入线;信号楼引入口
~ de route 进交叉口道路,交叉口驶入道路
~ des artistes 后台入口,演员入口
~ des bagages 行李入口
~ des données (traitement de l'information) 数据输入(信息处理)
~ des voyageurs 旅客入口
~ directe 直接输入
~ du canton de block 闭塞区间的进口
~ du puits 井入口,井口
~ du siphon 虹吸进口,虹吸管进口

~ effilée de l'aiguille 对向道岔,迎面道道岔
~ en chaîne mécanisée (gestion centralisée du trafic marchandises) 数据链输入（信息处理）
~ en courbe 进入曲线
~ en gare 进站
~ en service 交付使用,投入使用,开通；开始营业；就职
~ en temps réel(traitement de l'information) 实时输入（信息处理）
~ en tunnel 隧道进口
~ en vigueur 合同生效日期
~ en vigueur d'un accord 协定生效
~ en vigueur d'un tarif 运价规则开始生效
~ latérale 侧门,旁侧入口
~ manuelle 人工输入
~ postérieure 后门
~ principale 主要入口
~ secondaire 备用入口
~ sous forme de bande perforée (traitement de l'information) 用穿孔带输入（信息处理）
~ trafic 进入交通量

entrée-sortie *f* 输入/输出

entrefer *m* 间隙,气隙；起动线圈（转子的）内管和外管之间的间隙
~ axial 轴向气隙

entre-fin *a* 中等厚度的；中等粒度的
entreillissé *a* 格状的
entrelacé *a* 交错的,交织在一起的,隔行扫描的
entrelacement *m* 编织,交织,交叉,交错,扫描
~ à points d'image 隔行扫描
~ d'aiguilles 道岔交织
~ progressif 按序隔行扫描,渐进间行扫描
~ quadruplé 四帧扫描,四重断续扫描,四重间歇扫描

entrelacer *v* 交错,交织,编织
entre-lame *f* 隔离片,绝缘片；片间距离
entre-large *f* 平均宽度,平均粒度,平均块度
entremêlement *m* 混合,掺和,混杂,拌和,掺杂
entremêler *v* 混合,拌和；掺杂
entreposage *m* 混合,拌和；掺杂,存仓,存入仓库,入库；木材归楞
~ des marchandises 货物存仓,货物入库
~ en atmosphère artificielle 存入有空气调节的仓库

entreposer *v* 入库,存放,寄存,木材归楞
entrepôt *m* 仓库,装卸台,海关仓库,原料房,原料栈房；货栈,堆栈,木材楞场,外国货物过境免税制
~ à ossature en béton préfabriqué 混凝土预制构架仓库
~ banal 普通仓库
~ de douane 海关仓库
~ de matériel 器材库
~ de matières premières 原料库
~ de minerai 矿石堆放仓库,储矿场
~ de transit 中转仓库,中转库
~ des carottes 岩芯库
~ des matériaux 材料库
~ des produits finis 成品库
~ des produits semi-finis 半成品库
~ frigorifique 冷藏库；冷藏
~ pour produits congelés 冷藏库
~ sons douane 海关保税仓库

entreprendre *v* 着手进行,从事；承包
~ de 试图

entrepreneur *m* 承包者[人、商、单位],承办人,包工(头),包工,包商,立契约人,包工头,企业负责人,企业家
~ adjudicataire 得标承包人；得标承包单位
~ de bâtiment 建筑工程承包人,建筑业负责人
~ de construction 建筑业负责人
~ de transport 运输业承包商,运输业负责人
~ de transports routiers 公路运输业承包商,公路运输业负责人
~ de travaux publics 公共工人承包人；公共工程承包单位
~ de voirie 道路管理业负责人
~ du camionnage 卡车运输企业,载货汽车运输公司,汽车运输业负责人
~ général 总承包人,总承包单位
~ principal 企业主要负责人
~ routier 道路建设业负责人
~ sous-traitant 分承包单位负责人,分包人

entreprise *f* 公司,企业,实施,事业,计划,承包公司
~ à capital uniquement étranger 外商独资企业
~ adjudicataire 得标企业
~ chargée des travaux 工程建设公司,施工单位

~ collective 集体企业
~ combinée 联合企业
~ d'État 国有企业, 国有公司
~ de camionnage 卡车运输企业, 载货汽车运输公司, 载货汽车运输站
~ de construction de routes 道路施工企业
~ de constructions et de terrassements 施工和土方工程企业
~ de constructions et de travaux terrestres 施工工程企业
~ de factage 送货企业
~ de groupage 零担货物发送站
~ de mines 矿业
~ de revêtement 路面修筑企业
~ de terrassement 土方工程企业
~ de transport 运输企业, 运输公司
~ de transport routier 公路运输企业
~ houillère 煤矿企业
~ industrielle 工业企业
~ s industrielles dans les cantons et les bourgs 乡镇企业
~ jointe 合资企业
~ mixte à capitaux Chinois et étrangers 中外合资企业
~ routière 道路企业
~ sidérurgique et métallurgique 钢铁冶炼企业
~ sous le régime de propriété d'État 全民所有制企业
~ sous-traitante 分包企业
~ unipersonnelle à responsabilité limitée (EURL) 独人有限责任公司

entrer *v* 加入, 进入, 深入, 从事
~ dans 参加, 参与, 进入
~ en 进入, 开始, 从事
~ en action 起作用, 生效
~ en collision avec 同……碰撞
~ en communication avec 同……联系, 接触
~ en contact avec 同……接触
~ en ébullition 开始沸腾
~ en exploitation 开始操作, 使用
~ en ligne de compte 加以考虑
~ en réaction 开始反应
~ en service 交付使用
~ en vigueur 生效
~ sur l'autoroute 进入高速公路

entresol *m* （两个楼层之间的）夹层阁楼
entre-temps *m* 间隔时间
entretenir *v* 维护[持、修], 保持, 保养, 养护, 使延续保持, 保管
entretien *m* 养护, 维修, 保养, 养路; 维持, 支持; 保存, 包管, 修理; 交谈, 会谈
~ ajourné 逾期修理
~ annuel 年度修理, 年修
~ constant 经常养护
~ courant 日常维修, 日常养护, 日常保养, 一般养护, 经常养护, 常规维修, 临时修理, 小修理
~ courant de la voie 线路日常维修
~ courant des équipements 设备日常维修[护]
~ d'autoroute 高速公路养护
~ d'urgence 紧急维修, 抢修
~ de l'infrastructure 线路下部建筑维修
~ de la route 道路养护, 公路养护
~ de la voie 线路养护
~ de la voie (en révision intégrale) 线路大修
~ de la voie (hors révision intégrale) 线路紧急维修
~ de la voirie secondaire 次要道路的养护
~ de la voirie urbaine 城市道路养护
~ de patrouille 巡回养护
~ de pont 桥梁养护
~ de route 养路
~ de tunnel 隧道养护
~ des accotements 路肩养护
~ des bâtiments 房屋[建筑物]维修
~ des chaussées 路面养护; 道路养护
~ des chaussées en béton 混凝土路面养护
~ des fossés 沟渠养护, 边沟养护
~ des réchauffeurs de fuel 燃油热交换器的维修
~ des revêtements 路面养护
~ du matériel roulant 机车车辆的维修
~ du réseau autoroutier 高速公路网的养护
~ du réseau routier 道路网的养护
~ en banalité (matériel roulant) 轮流维修（机车车辆的）, 一般维修
~ en couche mince 薄层养护
établissement d'~ 车辆修理厂
~ extraordinaire 特别修理, 特殊养护
facilité d'~ 可保养性, 可维修性

~ général 一般养护
~ grand 大修(客车)
~ hivernal 冬季养护
~ incessant 连续养护,不间断养护
~ intégral de la voie 线路大修
~ intermédiaire 中型养护
~ journalier 日常维修,小修
~ majeur 大修,大型养护
~ manuel 人工养护
~ mécanique 机械养护
~ mécanique de la voie 机械化养路
~ méthodique 定期修理
~ méthodique de la voie 线路定期修理
~ mineur 小修
~ normal 一般养护
~ ordinaire 日常维修,日常修理,正常维修
~ périodique 定期修理,定轮;定期养护
~ préventif 预防性维修,常规维修,经常性维护,预防性修理,预防性养护
~ prophylactique 预防性修理
~ régulier 定期养护
~ renforcé 加固养护
~ systématique 定期修理,定限养护;系统养护

entretoise f 撑杆,横梁,压杆,支撑,支杆,支柱,螺撑,横撑,斜撑,隔板,隔环,垫圈,连杆,搁板,龙骨,加强筋,加劲梁,对角系杆,横向联杆,横向构件,连接支柱,支撑螺栓,垛间支撑
~ articulée pour ciel de foyer 火箱顶板活节螺撑
corps d'~ 螺撑体
~ coulée sur place 现浇横隔梁
~ creuse 空心螺撑
~ croisée 交叉联杆
~ d'arceau 弓形隔板
~ d'échafaudage 脚手架斜撑
~ de châssis 车底架横梁
~ de réglage 调整板
~ de roulement 轴承螺栓
~ de tampon 缓冲梁
~ des leviers de serrage 制动横梁
~ des parois latérales (boîte à feu) 侧板螺撑(内火箱)
~ des rails 轨距连杆
~ diagonale 斜撑梁,对角梁

~ du tablier 桥面系横梁
écartement des ~s 螺撑距
~ en béton armé 钢筋混凝土横梁
~ en travers 横向支撑
~ en treillis 桁架式横梁
~ en V 人字撑
~ fendue 槽纹螺撑
~ flexible 柔性联杆
~ intermédiaire sur place 现浇中隔梁
~ longitudinale 纵向联杆,纵向联系
~ mécanique de retenue (ligne de contact) 支撑杆,撑臂(接触线)
~ porteuse 支撑横梁
~ préfabriquée 预制横隔梁
~ raidiseuse 刚性联杆,加劲板
tête d'~ 螺撑头
~ transversale 横向联杆,横向联系,横梁
~ verticale (桁架的)竖杆,立杆

entretoise-éclisse f 叉形垫块(道岔)
entretoisement m 撑,固定,连接,拉条,撑条,横梁,横杆,联杆
~ à treillis croisé 格构交叉支撑
~ à treillis en diagonale 格构斜支撑
~ à triangles 三角支撑
~ de contreventement 抗风联杆
~ des cintres 拱架横撑(联杆)
~ horizontal 横联杆,水平联杆
~ longitudinal 纵联杆,竖向联杆
~ vertical 垂直联杆

entretoiser v 用横杆支撑,用横梁固定
entre-voie f 线间距,腰巷,中间平巷
entropie f 平均信息量;熵
~ absolue 绝对熵
~ massique 比熵
enture f 对接头,锁固连接,接口
~ en sifflet 嵌接,八字形嵌榫
énucléation f 挖出,摘出,刮出
énumérateur m 计数器
énumération f 计数,列举,查点
~ des colis 点查包裹,包裹点数
énumérer v 数,计算,列举
envahi a 水浸的,水淹的,侵入的
envahir v 入侵,侵犯,拥入,占满
~ par des mauvaises herbes 杂草侵入

envahissement *m* 侵入,泛滥,入侵,淹没
　～ des sables　砂的侵袭,砂的侵入
　～ par la végétation　植物侵袭
　～ par les eaux　水的侵入,水淹,大水泛滥

envasé *a* 淤塞的

envasement *m* 使充满淤泥,使淤塞,使陷入淤泥,淤塞,淤积,淤泥沉积,沉沙,泥淤作用
　～ des barrages　库区淤积

envaser *v* 使淤塞,使填满淤泥,使陷入淤泥

enveloppante *f* 包线,包络线,包迹

enveloppe *f* 套,管壳,外壳[套、罩];封皮[套];壳层,壳皮,机壳,包,包迹,包线,包络线,包络面,包封,封蔽
　～ calorifuge　隔热层;绝热罩
　～ de câble　电缆包皮,导线包皮
　～ de circulation d'eau　水套,汽缸水套
　～ de contrainte　应力包络线
　～ de drain　排水管裹料
　～ de jute　麻绳包扎层
　～ de marée　潮汐包线
　～ de modulation　调制振荡包络线
　～ de Mohr　莫尔包络线,莫尔包迹,莫尔包线
　～ de plomb　铅包
　～ de pneu　外胎,轮胎
　～ de réchauffage　加热套
　～ de rupture　破裂包线
　～ de rupture de Mohr　莫尔破裂包线
　～ de vapeur　汽套,蒸汽套
　～ des moments fléchissants　弯矩包络线
　～ du cylindre　汽缸外套
　～ du spectre　频谱包络线,频谱包迹
　～ du vérin　千斤顶套
　～ en béton　混凝土套
　～ extérieure　外壳,外套
　～ mince　薄壳
　～ par vapeur　防潮层
　～ protectrice　防护壳,防护罩
　～ réfrigérante　冷水套,冷却套
　～ résistante de Mohr　莫尔强度包络线
　～ rupture de Mohr　莫尔破坏圆包络线
　～ sphérique　球形壳体

enveloppement *m* 包,裹,包扎,包围,包封,包皮
　～ de tubes　管道包扎

envelopper *v* 包,裹,包裹,装,卷,盖住,包围,缠绕

envergure *f* 规模,尺寸,大小,开度,翼展,宽度,间距,距离,跨度

envers *m* 里面,反面,(山的)阴坡,背面,北坡,背坡;*prép* 对,对于

environ *adv* 大约,差不多,左右

environnant, e *a* 环境的,附近的,四周的,周围的,围岩的

environnement *m* 周围,环境,环境保护,介质
　～ botanique　植物环境
　～ climatique　气候条件
　～ de la route　道路环境
　～ de sol　土壤环境
　～ géologique　地质环境
　～ immédiat　外壳,外皮,套,罩
　～ terrestre　陆地环境
　～ urbain　城市环境

environner *v* 围绕,环绕,围住,包围

environs *m. pl* 四周,周围,附近,近郊,市郊,郊区
　aux ～ de　靠近,接近;将近;在……附近

envisageable *a* 可预见的;可考虑的,可实现的

envisager *v* 对面,观察,考虑;预想,预测,预计,打算

envoi *m* 送,寄,发,发送,发送的货物
　～ à couvert　有包装的发送货物
　～ à découvert　无包装的发送货物
　～ à domicile　门对门运输
　～ composé de marchandises différentes　合装货物
　～ contre remboursement　代收货款的货物
　～ de détail　零担货物
　～ de documents　发送文件
　～ de fonds　汇款
　～ de marchandises　发货
　～ dévoyé　错发货物
　～ dont le transport sans délai　即时运送的货物
　～ en grande vitesse　快运货物
　～ en petite vitesse　慢运货物
　～ local　管内货物,管内货运
　～ manutentionné par le public　发、收货人自行装卸的货物
　～ par charge complète　整车货物
　～ par poste aérienne　航空邮件

~ par train complet 整列车发送
~ postal 邮出,邮寄,邮件
~ réexpédié sans rompre la charge 不换装转发送的货物
envoyage *f* 井底车场
envoyé *n* 使者,使节
~ spécial 特使
envoyer *v* 送,发,寄,扔,掷,抛
~ sous pli 装在信封中寄出
envoyeur *m* 发送器,发送人
enwagonneuse *f* 货车装包机
Eocambrien *m* 始寒武纪[系];*a* 始寒武纪[系]的
Eocène *m* 始新世[统](E_2);*a* 始新世[统]的
~ inférieur 下始新纪
eocimmérien *m* 早基梅里(构造)期;*a* 早基梅里期的
Eocrétacé *m* 早白垩世;*a* 早白垩世的
éocristal *m* 早期斑晶,早期晶体
Eodévonien *m* 早泥盆世;*a* 早泥盆世的
Eogène *m* 早第三纪,下第三纪,下第三系,老第三纪
Eojurassique *m* 早侏罗世[系];*a* 早侏罗世的
éolianite *f* 风成岩
éolien, enne *a* 风积的,风成的,风力的,风动的
éolienne *f* 风车,风力发动机
~ de pompage 抽水风车
~ pour production d'énergie électrique 发电风车
éolisation *f* 风蚀(作用)
éolisé *a* 风蚀的
éolite *f* 雄黄,鸡冠石;硒硫黄
éolithes *m.pl* 风成岩;原始石器
Eolithique *m* 始石器时代
éométamorphisme *m* 始变质作用
Eonummulitique *m* 古新世[统]
Eopaléozoïque *m* 始古生代,早古生代
éorasite *f* 铅钙铀矿
éosite *f* 钒钼铅矿
Eosphorite *f* 磷铝锰石
Eotriasique *m* 早三叠世[系]
eötvös *m* 厄缶改正,厄特沃什改正(等于10^{-6}伽/厘米)
Eozoïque *m* 始生代;始生界
éozoon *m* 始生物;蛇纹大理岩
épais, e *a* 厚的,浓密的,稠密的,紧密的

épaisseur *f* 深度,厚度,厚薄,稠密,浓度,稠度,密度,宽度;调整垫片
~ à la base 底宽(一般用于重力坝和拱坝)
~ adéquate 适当厚度
~ apparente 视厚度
~ après cylindrage 压路机碾压厚度
~ calculée 计算厚度,设计厚度
~ compactée 压实厚度,碾压厚度
~ consolidée 固结厚度
~ constante 恒定厚度,不变厚度
~ d'aile 翼缘厚度
~ d'altération 风化厚度
~ d'épandage 摊铺厚度,虚厚
~ d'un filon 脉的宽度(厚度)
~ d'une couche 层厚,地层厚度
~ de cordon de soudure 焊缝厚度(即高度)
~ de couche 层厚,岩层厚度,地层厚度
~ de couche de base 道路基层厚度
~ de couche de fondation 道路底基层厚度
~ de film d'eau 水膜厚度
~ de joint 接缝宽度,缝口宽度,缝隙宽度
~ de l'âme 腹板厚度
~ de l'âme d'une poutre 梁腹板厚度
~ de l'écorce terrestre 地壳厚度
~ de la banquette 护道厚度
~ de la chaussée 路面厚度
~ de la couche (路面)层厚度
~ de la couche à compacter 压实层厚度
~ de la dalle 板厚
~ de la fondation 基础厚度
~ de la glace 冰厚
~ de la nappe phréatique 地下水深度
~ de la poutre 梁厚度
~ de la sous-fondation 底层厚度
~ de mur 墙厚
~ de paroi 隔板厚度,壁厚
~ de pose 铺面厚度
~ de recouvrement 上覆岩层厚度,盖层深度
~ de rejet 断距
~ de répandage 摊铺厚度
~ de revêtement (隧道)衬砌厚度;路面厚度,覆盖层厚度
~ de revêtement de projet 设计衬砌厚度;设计路面厚度

~ de soutènement 支护厚度
~ de structure （路面）结构（层）厚度
~ de voûte 拱的厚度
~ définitive 不变厚度
~ des corps de chaussée 路面体厚
~ des couches rejetées 断距；断层落差
~ des remblais 路堤厚度
~ déterminée 确定厚度，给定厚度
~ du barrage 坝宽[厚]（一般用于重力坝和拱坝）
~ du contrefort 支墩厚度，坝垛厚度
~ du flasque 法兰盘厚度
~ du renforcement 补强厚度
~ du stérile 剥离厚度；夹层厚度
~ du tapis 黏层厚度，磨耗层厚度
~ du tube （管棚）壁厚
~ en crête 坝顶宽（一般用于重力坝和拱坝）
~ équivalente 等值厚度，等效厚度
~ équivalente d'aluminium 空气等价，空气当量
~ exigée 要求厚度
~ fictive 假定厚度
~ fixée 确定厚度
~ limite 极限厚度
~ limitée 限制厚度，有限厚度
~ massique 比厚，表面密度
~ maximale 最大厚度
~ minimale 最小厚度
~ moyenne 平均厚度
~ nominale 额定厚度
~ non gélive 非冻结厚度
~ normale 真厚度
~ provisoire 临时厚度；可变厚度
~ réduite 减薄厚度，减小厚度
~ réelle 实际厚度，真厚度
~ requise 所需厚度，要求厚度
~ stratigraphique réelle 地层真厚度
~ suffisante 足够厚度
~ totale 总厚度
~ totale de la soudure 焊缝总厚度
~ totale du revêtement 路面总厚度
~ traitée 处治厚度
~ uniforme 均匀厚度，平均厚度
~ vraie 真厚度
épaisseur-moitié *f* 半厚度
épaissimètre *m* 测厚计

épaissir *v* 使厚，变厚，使浓，变浓，变密，变稠，稠化；变复杂
épaissisage *m* 变厚
épaississant *m* 增稠剂
épaississement *m* 加厚，变厚；密化，稠化；浓缩
épanchement *m* 倾注，流出，渗透，喷发，喷出，溢流，盖层
~ (de lave)sous-lacustre 水下熔岩喷发
~ (de lave)sous-marin 海底熔岩喷发
~ basaltique 玄武岩喷发；玄武岩被
~ de lave 熔岩溢流；熔岩被
~ fissural 裂隙喷溢
~ volcanique 火山喷发；火山岩被
épancher *v* 倾注
s'~ *v* 喷发，喷出，溢出，流出，溢流
épanchoir *m* 流，径流，溢流水；排放
épandage *m* 尾矿（堆）（选矿）；散布，分布，摊铺（粒料），撒布；分散，喷撒
~ à chaud 热摊铺
~ à la machine 机械摊铺
~ à main 人工摊铺
~ alluvial 冲积砂矿，冲积裙，冲积扇
~ de sel 撒布食盐
~ du gravillon 撒布石屑
~ fluvioglaciaire 冰水沉积扇
épandage *m* 撒布，分布，摊铺
épandeur *m* （碎石）撒布机；沥青喷洒车；混凝土摊铺机，布料机
~ à gravillon 石屑撒布机
~ de sable 铺砂机，铺砂车，铺砂汽车
épandeur-niveleur *m* 布料—平地机
épandeur-finisseur *m* 撒料—修整机械
épandeur-reprofileur *m* 沥青路面修整机，沥青路面整面机
épandeuse *f* 分布机，粉料机，散布机，分配机，布料机，撒布机，分配器
~ à bras 人工撒布机
~ à goudron 煤沥青撒布机
~ à gravillon 石屑撒布机
~ à rampe 洒水车
~ à sel 布盐机，撒盐机
~ de ballast 撒渣机
~ de béton 混凝土摊铺机
~ de bitume 地沥青撒布机，地沥青喷布机，沥

青撒布机
~ de gravillons automotrice 铺砾石机,砾石机
~ de liants 黏结剂洒布车
~ fixée 固定式撒布机
~ tractée 牵引式撒布机

épandre v 散布,遍撒,撒遍;大量注入(水)
épanouissement m 扩展,膨胀;运输线的分叉
Eparchéenne f 后太古褶皱期
épareuse f 割草机
éparpillement m 分散,扩散
éparpiller v 分散,扩散
éparpilleur m 撒布机
épars, e a 分散的,散乱的
épart m 横档,横木;门闩
épaté a 断了腿的;扁平的
épater v 压扁,压平,平地基
épaufrage f 剥落;削坡;表层(松动岩石)剥除
~ de béton 混凝土剥落
épaufrure f 碎屑,小石片,破片,啃边,剥落,散裂,碎片,击碎(岩石),表面边皮的开裂(建筑工程)
~ des bords (de dalle) (板)边碎块
épaule f 肩,凸肩;臂,力臂
épaulement m 路面层的料堆,预铺料,凸肩,凸缘,凸台,坝肩,路肩,山肩,谷肩,冰肩
~ de l'auge 槽谷肩
~ de remblai 填土路肩
~ des montagnes 山肩
~ du ballast 路肩
~ du barrage 坝肩
~ du remblai 填土路肩
~ glacial 冰肩
épauler v 撒预铺料
épave f 失事,破坏,无主货物,漂流物,残余,碎屑,岩石碎块
épeirogenèse f 造陆作用,造陆运动
épeirogénique a 造陆作用的,造陆的
éperon m 尖出物,支撑物
~ d'un pont 桥墩尖端
~ d'une digue 跳水坝
~ de dénudation 岩丘,剥蚀残丘
~ de montagne 山嘴,支岭
~ façonné 受切蚀山嘴
~ rocheux 石嘴

~ sectionné 冲断山嘴
~ tronqué 削断山嘴
éphémère a 短暂的,短命的
éphésite f 钠珍珠云母
épi m 丁坝,挑水坝,折流坝,防波堤,沙坝,砂嘴;岬
~ artificiel 防波堤,丁坝,折流坝,突堤
~ avancé 海角沙洲,岬角沙洲
~ d'arrêt des sables 截沙堤,截沙坝,拦沙丁坝
~ d'une voie ferrée 铁路的穗状支线组
~ de bordage 顺坝
~ de correction 防波堤;丁坝,折流坝
~ de lit 河底潜[丁]堤
~ de mer 海岸丁坝,海岸防波堤,海堤
~ de protection 防洪堤,护岸丁坝
~ de remblai 堤(坝)
~ déclinant 指向下游的挑水坝
~ digue 凸堤
~ du vent 风向
~ en bloc en béton 混凝土块挑水坝
~ en enrochement 堆石丁坝,堆石防波堤
~ inclinant 指向上游的挑水坝
~ latéral (海湾边缘)沙坝或沙洲;侧向沙洲
~ normal 与河岸垂直的挑水堤
~ perméable 透水丁坝,格栅丁坝
épibatholithique a 浅岩基的,岩基边缘的
épibolite f 顺层混合岩,层间状混合岩
épiboulangérite f 块硫锑铅矿
épibugite f 淡苏英闪长岩
épicéa m 云杉,挪威松
épicentre m (地震)震中,震源地区,震心,中心投影点(不透明物体的投影设备)
~ sur place 现场震中
épicerie f 临时拌和站
épichlorite f 次绿泥石
épiclastique a 表生碎屑的
épicontinental a 陆缘的,陆表的,陆架的
Epicrétacé m 始新世,始新统
épicycle m 亚旋回,小旋回,间升期,周转圆,本轮
épicycloïde f 外摆线,圆外旋轮线
épiderme m 浅硅铝层,浅地壳
épidermique a 地球表层的
épidesmine f 红辉沸石,辉沸石

épidiabase f 变辉绿岩
épidiagenèse f 表生成岩作用,后生成岩作用
épidiascope m 两用幻灯机,实物投影灯(不透明物体的投影设备)
épididymite f 板晶石
épidiorite f 变闪长岩
épidolérite f 变粒玄岩
épidosite f 绿帘石
épidote f 绿帘石
épidotisation f 绿帘石化(作用)
épidotite f 绿帘石岩
épierrage m 清除石块,取样;拣选
épierrement m 清理岩石,拣矸石
épierrer v 清除石块,清除石子,取样;拣石头,拣矸石
épieugéosynclinal m 次生优地槽,准优地槽,造山后期优地槽
épigène a 表成的,外成的,表生的,外生的
épigenèse f 外成,外力变质
épigénétique a 后生的,表生的,次生的
épigénie f 外成,外力变质,后生作用,外生作用;地表水流作用
épigénique a 后生的;表生的
épigénite f 砷硫铁铜矿
épiglacial a 冰期后的
épiglaubite f 透磷镁钙石
épiglyptique a 表层滑动的,冲刷后的
épigneiss m 浅带片麻岩
épi-ianthinite f 羟铀矿
épikarst m 浅成岩溶
épileucite f 变自榴石,杂长石白云母
épilimnion m 变温水层,温度跃变层,温度跃层
épimagma m 半固结岩浆,浅部岩浆,火口岩浆
épimagmatique a 浅岩浆的,岩浆后期的,浅部岩浆的
épimarbre m 浅成大理岩
épimétamorphique a 浅变质的
épimétamorphisme m 浅变质(作用)
épimillérite f 褐绿脱石
épinatrolite f 钠沸石
épinçage m (铺路石的)修凿,修琢
épine f (熔岩面上)突起物
épinglage m 夹紧
épingle f 夹子,销子,别针,大头针,卡子,销钉,箍筋,钢箍,蹬形铁件,连杆,链节,环
~ à cheveux (公路的)急拐弯
épingler v 销紧,穿孔,冲孔
épinglette f 小直径钻头
épinorme f 浅(变质)带标准矿物
épiophite f 变闪辉绿岩
épiorogénique a 造山期后的
épipaléolithique a 晚旧石器时代的
épiparaclase f 逆掩断层,上冲掩断层
épipélagique a 深海浅层的,海洋表面的,海洋上层的
épiphanite f 闪绿泥石
épiphosphorite f 磷灰石(肾磷铁钙石)
épiramsayite f 水硅钛钠石
épirelief m (层面)外突,表面起伏
épiroche f 浅带变质岩;地表岩石
épirogène a 造陆的
épirogenèse f 造陆作用
épirogenèse[épirogénie] f 造陆运动,造陆作用
épirogénétique a 造陆的
épirogénie f 造陆作用
épirogénique a 造陆的
épiscolecite f 钙沸石,变杆沸石
épisphærite f 球沸石
épissage m 拈合,绞接,编接;接头,接绳,拼接,叠接,连接,接合
épisser v 编接,绞接
épissure f 拈合,绞接,编接;接头,拼接,叠接,连接,接合
~ cuirassée 屏蔽式接头
~ droite 直线接头,直缝接头,无分支接头
~ en T 三通管接头,三通接头
~ galvanisée mobile de fonte malleable 镀锌可锻铸铁外接头
~ mobile de fonte malleable 可锻铸铁外接头
~ sèche 干接头
épistilbite f 柱沸石
épistolite f 硅铌钛矿,水硅钠铌石
épisyénite f 变正长岩
épitaxié a 外延的,(晶体)取向附生的;定向连生的
épitaxie f 面衍生,共面网取向连生;取向附生,外延(半导体)
épitaxique a 外延的,面衍的,共面网取向连生的

épite *f* 木楔,木塞
épithermal *a* 低温热液的,浅成热液的;超热的
épithermique *a* 超热的,超热中子的
épitomsonite *f* 变杆沸石
épizonal *a* 浅变质带的,浅成带的
épizone *f* 浅变质带,浅成带
épluchage *m* 手选(矿石),拣矸子
éplucher *v* 拣选,挑选,拣出(矿石)
éplucheur *m* 拣选者,挑选者
　～ du minerai 选矿工人,手选工
épluchoir *m* 选矿台
épointé *a* 钝的,钝头的
éponte *f* 盘,壁,(矿层)顶、底板;围岩,脉壁,脉壁黏土,矿层与圈岩之间层
　～ d'un filon 脉壁(带)
　～ de mur 底帮,底板,下盘
　～ du toit 顶板,上盘,悬帮
　～s dures 坚硬围岩
　～ franche 无泥质的(矿)脉壁
　～ inférieure 底帮,底板,下盘
　～ mauvaise 不稳定的围岩
　～s mauvaises 不稳定的围岩
　～s saines 稳定围岩
　～ supérieure 顶板,上盘,悬帮
épontille *f* 垂直支柱
époque *f* 时期,时代,世,新纪元;潮相
　～ d'apogée 极盛时期
　～ de plissement 褶皱期
　～ géologique 地质时代
　～ glaciaire 冰河期,冰川时期,冰期;更新世
　～ interglaciaire 间冰期
　～ la plus défavorable 最不利时期
　～ métallogénique 成矿时期
　～ néolithique 新石器时代
　～ orogénique 造山期
　～ post-glaciaire 冰后期,冰期后时期
　～ primaire 古生代
　～ secondaire 中生代
épousseter *v* 去尘,除尘
époxy *m* 环氧树脂
　～ au goudron 环氧树脂
époxyde *m* 环氧化合物
épreuve *f* 试件,试块,试样,检查,样品,试验;检验,测验;验证,鉴定;试金; *f. pl* 校样

à l'～ de 耐,抗
à l'～ de l'eau 防水的
à l'～ du feu 防火的
～ à la compression 抗压试验
～ à la traction 抗拉试验
～ à outrance 过载试验
～ au banc vibrant 振动台试验
～ au choc 冲击试验,落锤试验
～ au hasard 随意(取样)试验
～ au prélèvement des échantillons 抽样检查
～ d'affaissement au cône d'Abrams 坍落度试验
～ d'endurance 疲劳试验
～ d'étude 设计试验
～ de charge 加荷试验,荷载试验;(结构)加载试验
～ de chargement d'un élément 构件荷载试验
～ de cintrage 弯曲(弯成一定半径)试验
～ de cisaillement 剪切试验
～ de compression triaxiale 三轴压实试验
～ de convenance 适应性试验
～ de durée 耐久性试验
～ de flexion 弯曲试验,抗弯试验
～ de forge 锻造试验
～ de gonflement 膨胀试验
～ de la corrosion 耐腐蚀试验
～ de macrographie 宏观检查
～ de mise en charge 加荷试验,荷载试验
～ de pression à tuyaux 管子试压
～ de réception 验收试验
～ de résistance 强度试验,阻力试验
～ de résistance à la gelée 抗冻试验,抗冻性试验,抗冰冻试验
～ de résistance à la pression des canalisations terminées 管道竣工耐压试验
～ de stabilité 稳定性试验
～ de stabilité de volume (ciment) 水泥体积稳定性试验
～ de survitesse 超速试验
～ de torsion 扭转试验
～ de traction 拉力试验,拉断试验
～ de vérification 检验试验
～ des aciers à la traction 钢筋拉力试验
～ des aciers au pliage à froid 钢筋冷弯试验
～ des matériaux 材料试验

éprouvé

～ des ouvrages　结构物试验；桥梁试验
～ dynamique　动力试验
～ éliminatoire　抽查试验，淘汰试验
faire l'～ de…　试验……
～ Hubbard-Field　哈费氏稳定度试验（测定沥青混凝土强度用）
～ hydraulique　水压试验，液压试验
～ hydrostatique　流体静力试验，水压试验
～ intégrale　综合试验
～ par choc　落锤试验，冲击试验
～ préalable　预先试验
～ technique　技术检验

éprouvé　*a*　经过考验的，可靠的

éprouver　*v*　试验，检验，验证

éprouvette　*f*　试块，试管，试件，试样，试体，试验管，试验装置，实验室试样

～ à analyser　分析试样
～ barre　试杆，钢筋试件
～ compactée　压实试件
～ cubique　立方体试块，立方体试件
～ cylindrique　圆柱体试件，圆柱体试块
～ d'échantillonnage　取样[土]器
～ d'essai　试件，试验试件
～ de choc　抗冲击试件
～ de compression　抗压试件，耐压试件
～ de fatigue　疲劳试样
～ de référence　标准试件
～ de résilience　冲击韧性试件，冲击试件
～ de sol　土样
～ de traction　拉力试样，抗拉试件，拉力试件，拉伸试样
～ ébauchée　试件毛坯
～ en compression　加荷载的试件
～ en gradins　阶梯式试块
～ entaillée　破口试件，刻槽试件
～ fatiguée　疲劳试件
～ graduée　量杯，量管；滴定管
～ humide　湿试件
～ immergée　浸水试件
～ intacte　未扰动试样，未扰动试件，原状试样
～ lisse　平滑试件
～ mécanique　试管，试棒
～ normale　标准试件
～ parallélépipédique　平行六面体试件
～ prismatique　棱柱形试件
～ sèche　干试件
～ témoin　标准试样，核对试样，比较试件，试件，试块
～ type　标准试样

epsilonmètre　*m*　介电系数测量计

epsomite　*f*　泻利盐，七水镁矾

épuisabilité　*f* du frein　风闸失败

épuisable　*a*　可汲尽的

épuisé　*a*　干涸的，已汲尽的；耗尽的；使用期满的

épuisement　*m*　排水，去水，放水，脱水；疏干（沼泽）；耗尽，干涸，耗尽，损耗，消耗，采完，用完；矿山排水

～ d'une fouille　挖方排水
～ de fouille　基坑排水
～ de fouille ouverte　基坑排水
～ des nappes aquifères　含水层枯竭

épuiser　*v*　使干涸，耗尽，排出，抽水，采完，耗尽，消耗

～ le frein　制动机失效，制动机失灵

épurage　*m*　纯化，净化，提纯，精炼

épurateur　*m*　清洗器，提纯器，净化器，过滤器，滤光镜

～ à bougie poreuse　滤清器
～ d'air　空气滤清器，空气净化器
～ d'eau　软水器，净化器，滤水器
～ d'essence　汽油滤清器
～ d'huile　滤油器
～ de gaz　气体净化器，气体过滤器
～ secondaire　二道过滤筛，二次过滤器
～ vertical　立式过滤筛，立式净化器

épuratif, ive　*a*　净化的，提纯的，精炼的

épuration　*f*　净化（法）；纯化，清洗，清理；澄清，滤清，过滤，提纯，富集，精选；去掉放射性污染

～ à sec　干法选矿，干式净化
～ bactériologique　细菌净化
～ biologique　（水的）生物处理法，生物净水法，污水的生物净化
～ biologique des eaux d'égout　污水生物净化处理
～ chimique　化学净化处理，化学净水法
～ chimique de l'eau　化学净水，化学净水法
～ de l'eau　水净化
～ de gaz d'échappement　废气净化

~ de l'air 空气净化
~ des eaux 水的净化(处理),水的澄清
~ des eaux d'égout 污水净化
~ des eaux potables 饮用水的净化
~ des gaz brûlés 烟气净化
~ du ballast 清筛道砟
~ mécanique 机械净水法
~ mécanique de l'eau 机械净水
~ naturelle 自然净化
~ par voie humide 湿净化法
~ pneumatique 风选(煤)
~ primaire 一级净化处理
~ secondaire 二级净化处理,精选,再选
~ tertiaire 三级净化处理

épure *f* 图,线图,图表,示意图,施工图
~ de distribution 配置图,分配图

épurer *v* 纯化,净化,提纯,精炼

équante *a* 各向同性的;等径的,等轴的

équarrir *v* 翻转90°直角切割;使成直角;使成正方形或长方形

équarrissage *m* 成正方形,制方材,方形横断面,正方横断面,长方横断面,木材尺度(厚、宽)

équation *f* 方程,方程式;公式;反应式
~ à une inconnue (一元)一次方程式
~ algébrique 代数方程
~ aux dérivées partielles 偏微分方程
~ aux différences 差分方程
~ aux différences finies 有限差分方程
~ aux différences partielles 偏差分方程
~ aux différentielles totales 全微分方程
~ aux différentielles-différences 差分微分方程式
~ auxiliaire 辅助方程
~ bicarrée 四次方程
~ canonique 典型方程(式),正则方程(式),法方程(式)
~ caractéristique 特征方程,特性方程
~ cartésienne 笛卡尔方程
~ chimique 化学方程式;化学反应式
~ complète 完全方程
~ constitutive 本构方程
~ continue 连续方程式
~ corrélative 相关方程
~ critique 临界方程

~ cubique 三次方程
~ curviligne 曲线方程
~ d'atténuation 衰减方程
~ d'élasticité 弹性方程式
~ d'énergie 能量方程式
~ d'équilibre 平衡方程
~ d'erreurs 误差方程
~ d'état 物态方程,状态方程
~ d'état des gaz 气态方程
~ d' Euler 欧拉方程
~ d'hydrologie 水文方程式
~ d'indice 指数方程
~ d'observation 观测方程,误差方程
~ d'onde 波动方程
~ d'oscillation 振动方程
~ d'une courbe 曲线方程
~ de l'énergie de Bernouilli 伯努利能量公式
~ de base 基线方程
~ de Boussinesque 布辛尼斯克方程式(关于土中应力分布)
~ de Clapeyron (连续梁的)克拉贝伦方程式
~ de compatibilité 协调方程式
~ de condition 条件方程
~ de continuité 连续性方程
~ de continuité d'Euler 欧拉连续方程式
~ de conversion 换算公式
~ de Coulombe 库仑方程式
~ de débit 流量方程
~ de déformation 形变方程
~ de différence 差分方程
~ de différence linéaire 线性差分方程
~ de diffusion 扩散方程,散射方程
~ de dimension 量纲方程,因次方程
~ de Gauss 高斯方程
~ de grain 增益方程
~ de la quantité de mouvement 运动量方程式
~ de Laplace 拉普拉斯方程式
~ de machine 机器方程
~ de matrice 矩阵方程
~ s de Maxwell 麦克斯韦方程组
~ de membrane 薄膜方程
~ de modes 模式方程
~ de mouvement 运动方程式
~ de Navier-Stokes 纳维尔—斯托克斯方程(不

équation

（可压缩黏性流体运动方程）
~ de perturbation 扰动方程
~ de Poisson 泊松方程
~ de Prandtl-Reuss 普兰德—罗斯方块
~ de propagation 传导方程
~ de régression 回归方程
~ de trois moments 三矩方程
~ de variation 变分方程
~ de vorticité 涡度方程
~s de Westergaard 威士卡德公式（设计混凝土路面的）
~ des forces vives 动能方程
~ des gaz parfaits 理想气体方程式
~ des moments 力矩方程，弯矩方程
~ des télégraphistes 电报方程
~ des trois moments 三弯矩方程
~ déterminante 确定方程
~ différentielle 微分方程
~ différentielle adjointe 伴随微分方程
~ différentielle de Clairaut 克来劳微分方程
~ différentielle du premier ordre 一阶微分方程
~ différentielle du second ordre 二阶微分方程
~ différentielle homogène 齐次微分方程
~ différentielle hydrodynamique 水动力（学）微分方程
~ différentielle intégrale 积分微分方程
~ différentielle linéaire 线性微分方程，一次微分方程
~ différentielle matricielle 矩阵微分方程
~ différentielle non-linéaire 非线性微分方程
~ différentielle ordinaire 常微分方程
~ différentielle partielle 偏微分方程
~ du deuxième degré à une inconnue 一元二次方程
~ du moment 弯矩方程
~ du premier degré 一次方程，线性方程
~ du quatrième degré 四次方程，双二次方程
~ du radar 雷达方程
~ du second degré 二次方程
~ du temps 时差
~ du troisième degré 三次方程
~ dynamique 动力方程
~ équivalence 等价方程
~ équivalente 等价方程
~ exponentielle 指数方程
~ fonctionnelle 基本方程，函数方程
~ hétérogène 非齐次方程
~ homogène 齐次方程
~ hydrodynamique 水动力（学）方程
~ hydrologique 水量平衡方程，水文学方程
~ hydrostatique 流体静力方程
~ identique 恒等式
~ incomplète 不完全方程
~ indéterminée 不定方程
~ intégrale 积分方程
~ intégro-différentielle 积分微分方程，微积分方程
~ intégro-différentielle du second ordre 二阶积分微分方程
~ irrationnelle 无理方程
~ limite de la flexion 弯曲破坏方程
~ linéaire 一次方程，线性方程
~ linéaire algébrique 线性代数方程
~ linéaire homogène 线性齐次方程，齐次一次方程
~ linéaire non-homogène 非齐次线性方程
~ linéaire simultanée 联立线性方程，联立一次方程
~ linéaire symétrique 对称线性方程
~ logarithmique 对数方程
~ lunaire 月差
~ non-linéaire 非线性方程
~ normale 法方程式，正则方程，正规方程式
~ numérique 数值方程，数字方程
~ paramétrique 参数方程
~ personnelle 人为方程（校正读表误差）
~ polaire 极（坐标）方程
~ quadratique 二次方程
~ quartique 四次方程
~ rationnelle 有理方程
~ réductrice 简化方程
~ réduite 简化方程
~ séculaire 特征方程
~ simultanée 联立方程
~ statique 静立方程
~ tangentielle 切线方程
~ théorique 理论方程

~ transcendantale 超越方程
~ transcendante 超越方程
~ trigonométrique 三角方程
~ vectorielle 矢量方程

équerrage *m* 二面角；使成直角；机车车架校正

équerre *f* 角尺，角规；曲柄，弯管，三角尺；直角规，直角尺；角型材；直角弯管
~ à coulisse 测径规
~ à dessin 直角三角板
à l'~ 成直角
~ à miroirs 镜式直角仪（测量地形用）
~ à prisme 棱镜直角器
~ à talus 边坡角尺
d'~ 成直角
~ d'arpenteur 直角器，光学直角器，直角棱镜杆
~ d'assemblage 角撑架，角板
~ de charpentier 短尺，直角尺
~ de fixation 定位角铁，固定角铁
~ de pose 钢轨角尺
~ de réglage 可调角尺
~ de support 支撑角钢
~ double 丁字尺
en ~ 成直角
~ en fer 角铁，角钢
~ en T 丁字尺
~ en tôle 钢直角尺，角板，角撑铁
~ épaulée 木工曲尺

équi- （前缀）同，等，相等

équiangle *a* 等角的

équiangulaire *a* 等角的

équiaxial *a* 等轴的

équidimensionnel *a* 等径的，等轴状的，等量纲的，等维的

équidistance *f* 等距；等高线间距
~ des courbes de niveau 等高线（线间）距

équidistant, e *a* 等距（离）的

équigranulaire[**équigranuleux, équigrenu**] *a* 等粒状的，等粒的

équilatéral, e *a* 等边的，等侧的

équilibrage *m* 平衡，均衡，补偿；定心；去载
~ colorimétrique 荷载平衡
~ d'impédances 抗阻匹配
~ d'un pont 电桥平衡

~ de caisse 车体平衡
~ de capacités 电容平衡
~ de charge 荷载平衡
~ des masses 质量平衡
~ des moments 力矩平衡
~ des pressions 压力平衡
~ dynamique 动平衡
~ élastique 弹性平衡
~ hydraulique 液压平衡
~ longitudinal 纵向平衡
~ statique 静平衡
~ transversal 横向平衡

équilibration *f* 平衡

équilibré *a* 平衡的，均衡的，均匀的

équilibre *m* 平衡，均衡；均匀分布
~ à vide 无荷载的稳定（性）
~ acide-base 酸碱平衡
~ adiabatique 绝热平衡
~ astatique 随遇平衡
~ au cisaillement 剪切平衡
~ biologique 生态平衡
~ budgétaire 预算平衡
~ calorifique (chaudière) 锅炉热平衡
~ chimique 化学平衡
~ cinétique 动平衡
~ critique 极限平衡
~ d'ionisation 电离平衡
~ dans les constructions 结构平衡
~ de capacité 电容平衡
~ de chenal 河槽平衡
~ de convection 对流平衡
~ de drainage 排水量平衡
~ de membrane 膜渗平衡
~ de réaction 反作用平衡，反力平衡
~ de sédimentation 沉积平衡
~ déblai-remblai 挖填平衡，均衡挖填
~ des déblais et remblais 土方填挖平衡
~ des échanges de voitures 客车交换平衡
~ des forces 力的平衡
~ des grains 颗粒平衡
~ des masses 质量平衡
~ des moments 力矩平衡
~ des pressions 压力平衡
~ des terrassements 土方填挖平衡

équilibrer

~ des terres 土方平衡
~ du budget 预算平衡
~ du moment 弯矩平衡,力矩平衡
~ d'une dissociation hydrolytique 水解平衡
~ dynamique 动平衡,动态平衡,动力平衡
~ écologique 生态平衡
~ économique 供需平衡
~ élastique 弹性平衡
~ électrique 电平衡(电桥)
en ~ 平衡状态
~ en charge 荷载下的稳定(性)
~ entre l'offre et la demande 供求平衡,供需平衡
~ entre la recette et la dépense de devise 外汇收支平衡
~ entre les importations et les exportations 进出口平衡
~ faux 介稳平衡
~ général 总体平衡
~ hydrolique 水平衡
~ hydrostatique 静水压平衡,静平衡
~ instable 不稳定平衡
~ isostatique 静定平衡
~ labile 不稳定平衡
~ limite 极限平衡
~ local 局部(稳定)平衡
~ mécanique 机械平衡
~ métastable 准稳定平衡,介稳平衡
~ mobile 动平衡
~ plastique 塑性平衡
~ pour l'action des couples 扭矩作用平衡
~ réversible 可逆平衡
~ stable 稳定平衡
~ statique 静平衡,静态平衡
~ thermique 热平衡
~ thermodynamique 热力平衡

équilibrer v 使平衡,使均衡,补偿,匹配

~ en usine statiquement et dynamiquement 在加工过程中做动、静平衡

équilibreur m 均衡器,稳定器,稳定剂,均衡设备,平衡装置,平衡电路,对称电路

~ de glace mobile(voiture) 活动车窗均重器(客车)
~ latéral 侧向平衡装置

équipage m 装备,成套,设备,器械,仪器,测量仪器的活动部分,全套测量仪器

~ apériodique 非周期摆动的部件
~ astatique 无定向的活动部件
~ mobile 可动部分,可动部件,测量仪器的活动部分
~ périodique amorti 阻尼的周期摆动的可动部件

équipartition f 均分,等分

~ de l'énergie 能量均分

équipe f 班,组,团队;船队,地质队

~ chargée des études de trafic 交通量研究组
~ chargée des études économiques 经济研究组
~ d'abattage 采掘队
~ d'avancement 掘进作业班
~ d'entretien (道路)养护工班,养护道班
~ d'exploration 研究队,调查队,勘察队,勘探队
~ d'ouvrage d'art 人工结构物组
~ d'ouvriers 工班,工组
~ de bétonnage 灌混凝土工班
~ de comptage (交通量)计数组
~ de construction forfaitaire 包工队
~ de creusement 掘进队
~ de déblayage 挖方组
~ de ferraillage 铺设钢筋工队
~ de forage 钻探队
~ de gravillonnage 铺石屑组
~ de jour 日班,白班
~ de la voie 养路工班,养路工组
~ de manœuvre 调车组
~ de mesure 测量队
~ de montage 安装组,安装队
~ de nuit 夜班(工组)
~ de pose de canalisation 铺设管道队
~ de pose des rails 铺轨队
~ de projet 项目小组
~ de prospection 勘探队
~ de quart 轮换班组,换班人员
~ de recherche 研究队,调查队,勘探队
~ de réparation 维修队,维修组
~ de sauvetage 矿山救险队,救援队
~ de secours 救援队
~ de topographe (brigade de topographes) 地

形测量队
~ de travail　班；工作队，工作组，作业队
~ économique　经济调查组
~ géologique　地质队
~ géophysique　物探队
~ géotechnique　地质组
~ mobile　流动作业队，流动工作班
~ pour le marinage　挖泥工队
~ séismique　地震（工作）队
~ technique　技术组
~ triple　三班制

équipé *a*　装备好的

équipement *m*　装置，器材，（全套）设备，设施，器械，机械，仪器，附件，装备，配备，配置，配套工程，附属构造
~ à arbre à cames et servomoteur　凸轮轴和伺服电动机设备
~ à BT　低压设备
~ à contacteurs　接触器控制装置
~ à contacteurs individuels　单个接触器控制装置
~ à contrôleur　检测控制装置，检控装置
~ à dissoudre la neige　融雪设备
~ à HT　高压设备
~ accessoire　附属设施，附属设备
~ additionnel　辅助设备，附加设备
~ annexe　附属设施
~ automatique de traction　自动牵引装置
~ auxiliaire　辅助设备
~ classique　常规设备，标准设备
~ complet　成套设备
~ contre l'incendie　消防设备，灭火设备，消防器材
~ courant faible　弱电设备
~ d'air climatisé　空气调节装置
~ d'éclairage　照明设备
~ d'entrée　输入设备，输入装置
~ d'entretien　养护设备，维修设备
~ d'entretien du vide　真空维修设备
~ d'essai　试验设备
~ d'hivers　防寒设备
~ d'incendie　消防设备
~ d'injection　喷油系统，喷油装置
~ d'occasion　旧设备

~ d'une voie en caténaire　电气化线路设施
~ de base　基本（计量）元件
~ de bétonnage　浇灌混凝土设备
~ de bureau et de communication　办公与通信设备
~ de commande　操纵装置，控制仪器
~ de commande électrique　电控制装置
~ de communication　通信设备
~ de construction　施工设备
~ de contrôle　控制设备
~ de contrôle atmosphère　空气检测设备
~ de décharge d'air　排气设备
~ de diffusion　有线广播设备
~ de diffusion par fil　有线广播设备
~ de forage　钻孔设备，钻探设备
~ de forage à câble　索钻设备
~ de forage tube　索钻设备
~ de frein　制动装置
~ de fusion　熔化设备
~ de graissage　润滑设备
~ de graisseurs de boudins　轮缘润滑装备
~ de la ligne　线路设备
~ de la route　道路设施
~ de laboratoire　实验室设备，实验室装置
~ de lançage　泥浆冲洗设备
~ de lancement diesel　柴油机起动装置
~ de levage　起重设备，提升设备
~ de mesurage　量测设备，量测装置
~ de mise en tension　施加预应力的设备；张拉设备
~ de navigation　导航设备
~ de PCC　监控中心 PCC 设备
~ de peinture au pistolet　喷漆设备
~ de perforation　钻探[钻孔]设备，凿岩机械设备
~ de réglage　调节用仪表，调节系统，调节器
~ de remise en condition　修井设备
~ de réparation　维修工具，修理设备
~ de sauvetage　救生设备
~ de scarificateur　松土机，翻路机，耙路机
~ de scarificateur pour routes　翻路机，耙路机
~ de sécurité　（公路）安全设备，防护设备
~ de série　标准设备
~ de service　修理工具

~ de sondage 钻探设备
~ de sonorisation 音响设备
~ de sortie 输出设备
~ de T. S. F. (transmission sans fil) 无线电设备
~ de télécommunication 无线电通信设备,电信设备
~ de terrain 外部设备
~ de terrassement 土方工程设备,土方施工设备
~ de traction 牵引系统
~ de tunnel 隧道机电
~ de ventilation 通风换气设施,通风设备
~ dépoussiéreur 除尘设备
~ des auxiliaires 辅助设备
~ des gares 车站设备
~ des véhicules 车辆装备
~ du groupes 机组组件
~ électrique 电气装置,电气设备
~ électronique 电子设备
~ en traction électrique d'une ligne 线路电力牵引系统
~ énergétique 动力设备
~ excavateur arrière 后挖掘设备
~ excavateur-chargeur 挖捆装载设备
~ facultatif 非标(准)设备,临时设备
~ frigorifique 制冷设备,冷却设备
~ géodésique 大地测量设备
~ grue 吊车附件,起重机附件
~ hydraulique 液压设备,液压系统
~ s hydromécaniques 水机设备
~ industriel 工业装备
~ informatique 信息设备
~ léger de recherches 轻便探矿设备
les travaux d'~ du périmètre d'irrigation 灌区配套工程
~ lourd de recherches 重型探矿设备
~ mécanique 机械设备
~ minier 采矿设备,矿山设备
~ moteur 动力装置,动力设备
~ normal 常规设备,标准设备
~ parcs de stockage 货场设备
~ pétrolifère 石油钻探设备,采油设备
~ pneumatique 风动设备
~ portuaire 港口装备
~ pour curage de fossés 清沟设备,挖沟设备

~ pour démontage et remontage de roulement de boîte d'essieu 装卸轴箱滚动轴承用设备
~ pour démontage et remontage des ressorts de suspension primaire 装卸一级悬吊弹簧用设备
~ pour démontage et remontage des ressorts des roues élastiques 清沟设备,装卸弹性轮簧用设备
~ pour forage tubé 岩芯钻机
~ pour la perforation des longs trous 深孔钻探设备
~ pour les terrassements 土方施工设备
~ primaire 回路设备
~ radar 雷达设备
~ radio 无线电设备
~ radiodistribution 无线电转播设备
~ radioélectrique 无线电电气设备
~ routier 道路设施
~ standard 标准[统一]设备
~ tendeur 补偿装置;张力调整设备,(接触网)紧线装置
~ thermostatique 恒温设备
~ tracto-pelle 铲式推土机设备
équiper v 装备,配备,装置,配置
~ en block-système 装备闭塞系统
équiplanation f 冰冻夷平作用
équipollence f 均等,等值,等量
équipollent, e a 相等的,相当的,等值的
équipondérance f 平衡;等引力
équipondérant a 等电位的,等势的
équipopulation f 等密度
équipotent m 均压线
équipotentielle f 等位,等势,等电位的
équiprobable a 发生的可能性相等的,等概率的
équirésistivité f 等电阻率,等电阻系数
équirubané a 等距带状(构造)的
équité f 公平,公正,公道,不偏,正当
équitombance f 等速下降,等速下沉
équitombant a 等速下降的,等速下沉的
équivalence f 等量,等价,等值,当量,等值性
~ d'eau 水当量
~ de la charge 相等荷载,等值荷载
~ de matériaux 材料等值

~ de sable 砂当量
~ de trafic 交通量等值
~ des couples de force 等效力偶
équivalent *m* 相当量,等价,当量,等值,等效,同期地层,同位地层
~ au tissu 等效组织
~ calorifique 热当量,发热当量
~ calorique du travail 功的热当量
~ d'absorption 吸收当量
~ d'énergie 能当量
~ d'humidité 湿度当量
~ d'humidité centrifuge (土的)离心湿度当量
~ de charge 恒等载荷,相等载荷
~ de dose 剂量当量
~ de dose maximale admissible 最大可接受剂量当量
~ de Joule 焦耳当量
~ de pollution 污染当量
~ de population 人口当量
~ de puissance 功率当量
~ de sable (E. S.) 砂当量,含砂量,砂的百分比含量
~ de transmission 传输当量,传输等效值
~ en eau 水当量
~ en eau (de neige) (积雪)水当量
~ énergétique 能量相当
~ gramme 克当量
~ hydraulique 水力当量
~ mécanique 机械当量
~ mécanique de la chaleur 热功当量
~ net (résultant) 总衰耗
~ rayon 等效半径
~ relatif 相对当量
~ thermique 热当量
~ thermodynamique 热力当量
équivalent, e *a* 等效的,等值的,等价的,等量的;相等的,相当的,等积的,当量的;同期地层的,同位地层的
équivaloir *v* 相等于,相当于
~ à 与……等值,相当
équiviscosimètre *m* 黏度计,黏滞计
érable *m* 枫树,枫木
érathème *m* (地层)界
erbium *m* 铒(Er)

ère *f* 代;纪,时代;纪元,年号
~ agnotozoïque 元古代
~ anthropozoïque 灵生代
~ archéenne, ~ archéozoïque 太古代
~ azoïque 无生代
~ cénozoïque 新生代;新生界;新生代的,新生界的
~ des reptiles 中生代(第二纪)
~ éozoïque 始生代
~ géologique 地质时代
~ glaciaire 冰期,冰川期
~ mésozoïque 中生代
~ néozoïque 新生代
~ paléozoïque 古生代
~ permienne 二叠纪,二叠系
~ primaire 古生代,第一纪
~ protérozoïque 元古代,始生代
~ psychozoïque 灵生代
~ quaternaire 第四纪
~ secondaire, ~ de reptiles 中生代
~ supérieure 晚石炭纪
~ tertiaire 第三纪,第三系
érecteur *m* 升降架,安装机;安装器,升降架
~ de cintre 拱架升降机
érecteur-élévateur *m* 升降机
érection *f* 建造,建立,设置,安装,竖立,架设
érémite *f* 独居石
erg *m* 沙丘;尔格(功的单位)
erg (复数-s 或 areg) *m* 沙丘,砂质沙漠(撒哈拉),纯砂沙漠
ergeron *m* 钙质黄土;更新世黏土(比利时)
ergomètre *m* 观测计量震动仪,震动计
ergot *m* 销,销钉,插销,卡簧,爪
~ de coupe 开口销钉
~ de flanc 侧面销钉
~ de guidage 导向销,指示针
~ de la tige 闩锁杆的销子
~ de positionnement 定位销
~ intérieur 内销钉
éricaite *f* 铁方硼石
éricssonite *f* 钡锰闪叶石
éridelle *f* 瓦板岩薄片
Erien *m* 伊里亚统(D_2,北美)
ériger *v* 竖起,立起,建立,设立,把……视为

érikite *f* 硅磷铈石
érilite *f* 石英晶洞毛晶
érinadine *f* 铬钇锰铝榴石
érinite *f* 墨绿砷铜石
ériochalcite *f* 毛铜矿,水氯铜矿
érionite *f* 毛沸石
éritrosidérite *m* 红砷铁盐
erlane *m* 杂炉膛硅酸盐;辉片岩
erlet *f* (层或脉)变薄,(层或脉)狭缩
erlianite *f* 二连石
erllichmanite *f* 硫锇矿
ermakite *f* 褐蜡土
ernite *f* 水异剥石;钙铝榴石
ernstite *f* 羟磷铝锰石
érodabilité *f* 侵蚀度,可侵蚀性
érodable *a* 易受冲刷的,易受侵蚀的;可蚀的
éroder *v* 侵蚀,腐蚀,风蚀,磨蚀,冲刷,冲洗,水蚀
érodibilité *f* 易受侵蚀性
érosif *f* 腐蚀剂
érosif, ive *a* 侵蚀的,冲蚀的,腐蚀(性)的,有腐蚀性的
érosion *f* 风化,烧蚀,侵蚀,冲刷,冲蚀,剥蚀
～ accélérée 加速侵蚀,人为侵蚀
～ annuelle 年侵蚀量
～ artificielle 人为侵蚀
～ atmosphérique 大气风化,大气侵蚀
～ biologique 生物侵蚀
～ cachée 隐蔽的侵蚀,暗蚀
～ chimique 化学侵蚀
～ continentale 大陆侵蚀
～ côtière 海岸侵蚀
～ de cavitation 空蚀
～ de chenal 蚀,槽蚀,沟蚀,槽形侵蚀
～ de la rive 河岸冲刷
～ de rivière 河流侵蚀
～ de sol 土壤侵蚀,土壤冲蚀,水土流失
～ des berges 岸边侵蚀
～ des côtes 河岸冲刷,河岸侵蚀,海岸冲刷,海岸侵蚀
～ des eaux et du sol 水土流失
～ des pentes 坡面侵蚀,坡面冲刷,边坡冲刷,边坡侵蚀
～ des rives 河岸冲蚀
～ des rivières 河流侵蚀,河流冲刷
～ des sols 土壤侵蚀
～ des talus 边坡侵蚀;边坡冲刷
～ des vagues (波)浪(侵)蚀
～ différentielle 选择性侵蚀
～ discrète 暗蚀
～ du lit 河床侵蚀,河床冲刷,纵深侵蚀
～ du rivage 岸边侵蚀
～ du sol 土壤侵蚀,土壤冲刷,水土流失
～ en masse 剥蚀
～ en nappe 片蚀
～ en profondeur 垂直侵蚀,淘深冲刷,淘深侵蚀;沟蚀作用
～ en ravins 沟蚀,冲沟侵蚀;沟壑侵蚀
～ en rigoles 细沟侵蚀;细流冲刷;细流冲洗
～ éolienne 风蚀,风化
～ fluviale 河流冲刷,河流侵蚀,流水侵蚀
～ fluviatile 河流侵蚀,流水侵蚀
～ géologique 地质侵蚀,侵蚀;剥蚀
～ glaciaire 冰蚀,冰川侵蚀
～ glaciaire par éclatement 冰川拔削(作用)
～ hydrique 水蚀
～ intensive 强烈冲刷
～ interne (土壤)层内侵蚀,(土壤)隙缝侵蚀,(土的)内部冲蚀,内部淘刷,内部冲刷
～ karstique 喀斯特(作用),岩溶(作用),岩蚀
～ latérale 边侧冲刷(河流),侧(向侵)蚀,旁蚀
～ latéritique 砖红壤化
～ linéaire 线状侵蚀
～ littorale 海岸侵蚀
～ locale 局部侵蚀
～ localisée 沟状侵蚀,沟蚀
～ marine 海蚀,浪蚀
～ marmiteuse 严重侵蚀,淘深侵蚀,瓯穴挖深;锅状侵蚀
～ masquée 暗蚀
～ mécanique 机械侵蚀,机械风化,剥蚀
～ microscopique 微小侵蚀
～ naturelle 自然侵蚀
～ nivale 雪蚀,雪水冲刷
～ normale 正常侵蚀,常态侵蚀,流水侵蚀
～ occulte 暗蚀
～ par couches successives 片蚀
～ par décollement et glissement 坍滑侵蚀

~ par glissement 滑移侵蚀
~ par gravité 重力侵蚀
~ par l'eau 水(力侵)蚀
~ par la crue 洪水侵蚀,洪水冲刷
~ par le choc des gouttes de pluie 溅水侵蚀
~ par le vent 风(力侵)蚀
~ par ruissellement 径流侵蚀
~ pelliculaire 表层侵蚀
~ pénétrante en rive 河岸侵蚀,河岸冲刷
~ périglaciaire 冰缘侵蚀
~ pluviale 雨蚀,雨水侵蚀,雨水冲刷
~ préglaciaire 冰期前侵蚀
~ profonde 强烈侵蚀
~ progressive 海进式侵蚀,线状侵蚀
~ rapide 快速侵蚀
~ réelle 实际侵蚀
~ régressive 逆向侵蚀,海退侵蚀,溯源侵蚀,逆流冲刷,反向冲刷
~ remontante 溯源侵蚀,逆向侵蚀
~ sélective 选择(性)侵蚀
~ sous-marine 海底风化,水下风化
~ souterraine 地下洞蚀,漏斗状侵蚀,潜蚀,地下侵蚀
~ subaérienne 风蚀,地表侵蚀
~ superficielle 表面侵蚀,片流侵蚀,片蚀,表面冲刷
~ thermique 热蚀
~ torrentielle 急流冲刷
~ totale 总侵蚀量
~ tourbillonnaire 沟蚀,冲沟侵蚀,旋涡急流冲刷,漩涡急流冲刷
~ s transversaux 横向侵蚀
~ verticale 垂直侵蚀,向下侵蚀,淘深冲刷

érosionnel *a* 侵蚀的,冲刷的,风化的
erratique *a* 移动的,无定的,漂移的,不规律的
erratum *m* 订正表,勘误表
erre *f* 行进速度;行程惯性;步调
    amortir l' ~ 减速
    prendre de l' ~ 增速
erreur *f* 误差,偏差,错误,差错,失误,差值,故障
~ à court terme 短时误差,短期误差
~ à long terme 长时误差,长期误差
~ absolue (仪表的)绝对误差
~ absolue moyenne 平均绝对误差
~ accidentelle 偶然误差,偶差
~ accumulative 累积误差
~ accumulée 累积误差
~ actuelle 实际误差,真差
~ admissible 容许误差,允许误差,公差
~ angulaire 角度误差
~ apparente 视误差,表观误差
~ appréciable 显著误差
~ artificielle 人为误差
~ assumée 假定误差
~ au carré moyen 均方误差
~ bénigne 微小误差
~ compensatoire 补偿误差,偶然误差
~ constante 固定误差,不变误差,常在误差
~ cumulative 累积误差
~ d'indication 指示误差
~ d'alignement 定线误差,校直误差,调准误差
~ d'approximation 近似误差
~ d'arrondi 舍入误差
~ d'arrondissement 进整误差
~ d'échantillonnage 采样误差
~ d'échelle 标度误差
~ d'étalonnage 校准误差
~ d'excentricité 偏心误差
~ d'exécution 施工误差,施工错误
~ d'incohérence 闭合差
~ d'interpolation 内插误差
~ d'intervalle 间隔误差
~ d'obliquité 倾角误差,倾斜误差
~ d'observateur 观察误差,观测误差
~ de battage 打桩误差
~ de calcul 计算误差
~ de centrage 对中误差
~ de chute 截断误差,落锤误差
~ de circuit 环线闭合差;电路故障
~ de collimation 视准误差,瞄准误差,准直误差
~ de compensation 补偿误差
~ de conception 设计误差,设计错误
~ de déphasage 相角误差
~ de dérive 漂移误差
~ de fermeture 闭合误差
~ s de fuit 泄漏误差
~ de graduation 分度误差,刻度误差

~ de guidage 制导误差
~ de l'estime 计算误差
~ de lecture 读数误差
~ de mesure 测量误差
~ de nivellement 水准误差
~ de piste 跟踪错误(磁盘)
~ de plume 笔误
~ de pointage 定向误差,瞄准误差
~ de polarisation 极化误差
~ de pourcentage 误差百分率
~ de poursuite 跟踪误差
~ de prévision 预测误差
~ de rapport 比率误差,比误差,变比误差
~ de rapport d'un transformateur de tension 电压互感器的变比误差
~ de relèvement 定向误差,方位误差
~ de résolution 分辨误差
~ de site 仪表位置误差,由地物引起的方位误差
~ de station 测站误差
~ de superposition d'instruction 指令重叠错误
~ de taxation 计费误差
~ de température 温度误差(环境)
~ de tri 分类误差,分选误差
~ de troncature 截断误差,舍项误差,舍位误差
~ de tronquage 截断误差
~ de valeur approchée 近似值误差
~ de visée 瞄准误差,视准误差
~ de zéro 零位误差
~ du calcul 计算误差
~ due à l'hystérésis 磁滞误差
~ due à la courbure de la courbe d'aimantation 磁化曲线非线性误差
~ s dues aux courants de Foucault 涡流误差
~ en direction 方向误差
~ en longitude 距离误差
~ expérimentale 试验误差,实验误差
~ fatale 致命误差,严重错误,不可纠正的错误
~ fermée 闭合差
~ fermée en longitude 纵向闭合差,纵距闭合差
~ fortuite 偶然误差
~ globale 总误差,综合误差
~ grave 严重误差,过失误差
~ héritée 累积误差
~ humaine 人为误差
~ initiale 基准误差,零值误差
~ instrumentale 仪器误差
~ irrégulière 非系统误差,偶然误差,随机误差
~ itérative 迭代误差
~ latérale 横向误差
~ limite 极限误差
~ locale 局部误差
~ machine 机器误差,机器故障
~ maximum 最大误差
~ minimum 最小误差
~ moyenne 平均误差
~ moyenne quadratique 均方根误差
~ moyenne quartique 均方(误)差
~ négligeable 可忽略的误差
~ nominale 标称误差
~ nominale de rapport 额定变比误差
~ parallactique de lecteur 读数视差的误差
~ personnelle 人为误差,观察误差
~ possible 或然误差,概率误差,可能误差
~ prévue 估计误差
~ probable 可能误差,或然误差,概(率误)差,误差,公算误差
~ propagée 传播误差,扩散误差
~ quadrique moyenne 二次方平均误差
~ quartique moyenne 均方(误)差,中误差
~ relative 相对误差
~ résiduelle 剩余误差,残差,残余误差
~ résultante 合成误差,总误差
~ standard 标准误差
~ statistique 统计误差
~ systématique 系统误差,惯常性误差,累积误差
~ tolérée 容许误差
~ totale 总误差
~ vraie 真误差

errite *f* 羟硅锰矿,褐硅锰矿
erroné, e *a* 误差的,错误的
ersbyite *f* 钙柱石
érubescite *f* 斑铜矿
érugineux, euse *a* 铜绿色的
éruptif, ive *a* 爆发的,火成的,喷出的
éruption *f* 火山爆发,喷发,喷溢;爆发
~ aréale 区域喷发,面式喷发

~ boueuse 泥喷
~ centrale 中心式喷发
~ d'un puits 井喷
~ de gaz 瓦斯喷发
~ de lave 熔岩喷发
~ de type hawaïen 夏威夷式喷发
~ de type strombolien 斯特隆博利式爆发
~ effusive 溢流喷发
~ explosive 爆喷,爆发式喷发,火山爆发
~ extrusive 喷发,喷出
~ fissurale 裂隙喷发
~ hawaïenne 夏威夷式喷发
~ indirecte 间接喷发
~ linéaire 裂隙喷发
~ magmatique 岩浆喷发
~ non volcanique 非火山喷发
~ paroxysmale 激性爆发
~ peléenne 培雷式喷发
~ phréatique 蒸汽喷发
~ phréatomagmatique 蒸汽—岩浆喷发
~ ponceuse 浮石性喷发
~ pseudo vulcanienne 假武尔卡诺式喷发
~ punctiforme 中心喷发
~ secondaire 次级喷发,次生蒸汽喷发
~ sismogénique 引起地震的爆发
~ sous-marine 海底喷发
~ strombolienne 斯特隆博利式喷发
~ subaérienne 陆地喷发
~ subaquatique 水下喷发,海底喷发
~ synorogénique 同造山期喷发
~ volcanique 火山喷发
~ vulcanienne 武尔卡诺式喷发
éruptive f 火成岩
érusibite f 辉红铁矾
érythrine[érythrite] f 钴华
érythroconite f 砷黝铜矿
érythrosidérite f 红钾铁盐
érythrozincite f 锰纤锌矿
erzbergite f 杂霰钙互层石,方解石互层,霰钙华
erzgebirge m 埃尔茨造山期(C_1)
esboïte f 奥球闪长岩
escabeau m 梯子,木凳,板凳
~ roulant 滚动工作梯
escaillage f 含煤页岩,劣质煤

escaille f 脉壁;泥质夹层;脉壁黏土
escale f 自动楼梯
~ d'un train de marchandises 货物列车停车站
~ s des wagons 货车停留站
escalier m 楼[扶、阶]梯,梯子[级],踏板
~ auxiliaire 便梯
~ circulaire 圆形楼梯
~ d'honneur 主(要)楼梯,大楼梯
~ refuge 安全逃脱梯
escamotable a 可拆卸的,可更换的
escamotage m 拆卸,收起,折叠
escamoter v 拆卸,收起,取出;折叠
escarbille f 未烧尽的煤屑,煤焦子,烟灰,飞灰;粉煤灰;煤渣
escarboucle f 红宝石,红玉
escargot m 螺旋形楼梯
escargotière f 蜗牛壳堆积
escarpe m 陡崖;内壕;陡坡
escarpé, e a 陡的,陡峭的,峻峭的
escarpement m 陡崖,峭壁,悬崖,鬣丘,陡坡,悬岩,断岸;马头丘
~ à pic 悬崖
~ d'érosion 侵蚀陡崖
~ de faille 断层崖,断层陡壁,断层岩
~ de faille exhumé 裸露断层崖,侵蚀断层崖
~ de lave 熔岩陡崖
~ de ligne de faille 断层线崖
~ ou arrachement de glissement 滑坡后壁
~ tectonique 断层崖,断崖
eschérite f 绿帘石
eschwégéite f 钽复稀金矿
eschwégite f 杂石英针铁矿,铁华石
éschynite f 易解石
escompte m 贴现,折扣
~ accordé 给予折扣,许诺的贴现
~ au comptant 现款折扣,付现折扣
~ commercial 商业折扣
~ officiel 官方贴现
~ privé 私人贴现
escoupe f 陷落地点,冒落地点
eskebornite f 硒黄铜矿
esker m 蛇丘(冰川沉积物堆积成的蛇曲形丘岗),蛇形丘
eskimoïte f 埃硫铋铅银矿

eskolaïte *f* 绿铬矿,埃斯科拉矿
esmarkite *f* 褐块云母,硅硼钙石
esméraldaïte *f* 杂褐铁矿,水针铁矿
esméraldite *f* 云英花岗岩
esmeril *m* 刚玉砂,宝砂
espace *m* 空隙,间隙,一段时间;间隔,距离,间距;空间,宇宙;地方,场所;腔
~ à deux dimensions 二度空间,二维空间
~ à trois dimensions 三度空间,三维空间,立体空间
~ à vocation agricole 农作区
~ agricole 农田
~ annulaire （岩芯钻探)环形间隙,环形空间
~ contigu 周围空间,外界空间
~ creux 采空区;空洞,空穴;砂眼
~ d'accélération 加速间隙,加速室,加速度延迟区
~ d'air 空隙,气隙,空间
~ d'eau 流水道
~ d'enroulement 绕组空隙
~ dangereux 危险区,危险空间
~ de captation 收注空间
~ de chargement 装载空间,外界空间,受荷处,荷载地点
~ de conservation verte 缓冲绿化地带(防止污染噪声和震动的路侧绿化地带）
~ de glissement 漂移空间
~ de réflexion 反射空间
~ de travail 工作空间,工作场地
~ dépilé 采空区
~ entre les tubages et les parois 钻管与孔壁之间的间隙
~ exploité 采空区
~ extra-atmosphérique 外层空间
~ intergranulaire 粒间空隙
~ intermédiaire 空间,间隙,缓冲空间,缓冲区
~ interstitiel 空隙,孔隙
~ libre 空地;自由空间,空隙,净空
~ linéaire 线性空间
~ mort 死库容;盲区,死角,无声区,无信号区,无效区
~ mort (cylindre de locomotive) 余隙(机车汽缸)
~ ouvert 空地;空隙
~ parcouru 走行里程;经过的路线
~ piéton 人行道宽度,人行道空间布置,行人区
~ urbain 市区空间
~ utile 有效空间,有益空间
~ vapeur 蒸汽空间
~ verdoyant 绿地;绿化区
~ vert 绿化场所,绿化带
~ vide 孔隙,空隙;空隙量
espacé *a* 有间隔的,相隔一段距离的
espacement *m* 距离,间隔,间距,跨度,空隙,间隙;净空,跨距
~ de barres 钢筋间距
~ de puits 井距
~ des arbres 植树距离
~ des armatures (d'axe en axe) （两中心点间的)钢筋间距
~ des armatures générales 一般钢筋间距
~ des aubes 叶片间距
~ des auréoles 环向间距
~ des barreaux (d'axe en axe) （两中心点间的)钢筋间距
~ des branches 河网密度
~ des cadres 支架间距
~ des canaux 通路间隔
~ des colonnes 柱间距
~ des contreforts 支墩间距
~ des drains 排泄工程间距
~ des étriers 箍筋间距,钢筋间距
~ des fermes 桁架间距
~ des fissures 裂缝间距
~ des joints 接缝距离,裂隙密度
~ des lignes 行距
~ des poteaux 杆距
~ des puits 井距;钻孔间距
~ des trous 钻孔(或炮眼)间距
~ des véhicules 车距,车头间隔,车辆间距
~ entre caractères 字间距
~ entre stations 站间距离
~ latéral 侧向净空
~ maximal des étriers 箍筋最大间距
~ minimal 最小距离
~ net 净距,净跨
~ net des véhicules 车间净距
~ transversal des armatures 钢筋横向间距

espacer *v* 间隔(空间);间断(时间)

espace-temps *m* 空间时间

espaceur *m* 间隔物,隔板
～ en béton 混凝土垫块

espèce *f* 种类,品种;等级,性质,品质;式样,外观
～ de bois 木材种类
～ de mortier 砂浆种类
～ s en caisse 库存现金
～ minérale 矿物种
～ nouvelle 新种

espérance *f* 期待,期望
～ mathématique 数学期期望值,期待值

espérer *v* 希望,指望,期望,相信

esperite *f* 硅钙铅锌矿

espichellite *f* 橄闪煌斑岩,沸橄闪煌岩

esplanade *f* (大建筑物前的)广场,步行路,岩性阶地,草场,斜堤

esprit *m* 酒精,醇
～ de bois 木精,甲醇
～ de sel 稀盐酸,盐酸溶液

esquiche *f* 注泥浆,注水

esquille *f* 骨片,骨块;碎片,石片,裂片

esquilleux *a* 碎片的,裂片的

esquisse *f* 简图,(初步设计阶段)方案,草图,概况图,示意图,略图,草稿,素描,概要
～ du tracé 路线草图,路线示意图
～ géologique 地质草图
～ photographique 航空照片镶嵌

esquisser *v* 画草图,拟提纲,简略描述,开始做

essai *m* 试[实]验,检[测、校]验;分析,识别,评论,论文,研究
～ (de série)sur prélèvement 抽验,抽样试验
～ à l'imperméabilité 渗透试验
～ à l'ornière 车辙试验
～ à l'usure 磨损试验,耐磨试验
～ à basse température 低温试验
～ à bille de Brinell 布氏(球印)硬度试验
～ à blanc 空白试验
～ à charge constante 恒载试验
～ à chaud 高温试验;加热试验,热态试验
～ à clivage 劈裂试验
～ à cône 圆锥测定法(混凝土坍落度或砂的单位重量)
～ à dépression constante 恒定减压试验
～ à échelle grandeur 全尺寸模型试验,实物试验,足尺寸模型试验
～ à étincelle 火花试验(钢料化学成分),火花检验
～ à froid 冷态试验,冷冻试验,低温试验
～ à grande échelle 大规模试验
～ à haute température 高温试验
～ à immersion 浸渍试验
～ à l'air libre 室外试验,露天试验
～ à l'arrêt(frein) 制动试验,试风
～ à l'autoclave 蒸压试验
～ à l'effort tranchant 抗剪强度试验
～ à l'imperméabilité 渗透试验
～ à l'ornière 车辙试验
～ à l'usure 磨损试验,耐磨试验
～ à la bille 球印(硬度)试验,布氏硬度试验
～ à la boîte de cisaillement 剪力盒试验,直剪试验
～ à la cellule 压力盒试验
～ à la chaleur 热试法,加热试验,载重试验
～ à la compression 抗压试验,压缩试验
～ à la demande 请求试验
～ à la fabrique 工厂检验
～ à la fatigue 疲劳试验
～ à la flamme 火焰检定法
～ à la flexion 弯曲试验
～ à la goutte 点滴试验
～ à la machine centrifuge 离心机试验
～ à la plaque 平板承载试验,承载板试验
～ à la pression 压力试验
～ à la pression hydraulique 水压试验,压水试验,液压试验
～ à la table 土压试验(方板上加重)
～ à la table de secousses (混凝土)坍落度试验,(混凝土)流动稠度试验
～ à la tache d'Oliensis (沥青)奥氏斑点试验
～ à la touche 点滴试验
～ à la traction 拉力试验,张拉试验
～ à la traction répétée 反复拉力试验
～ à la vapeur 蒸汽腐蚀试验
～ à long terme 长期试验
～ à outrance 超载试验
～ à production 工厂试验,生产试验
～ à rayon gamma γ射线试验

essai

~ à remplissage　注水试验
~ à table　土压试验(方板上加重)
~ à usure par frottement　抗磨试验
~ à vibration　震动试验
~ à vide　空载试验,无载试运转
~ à volume constant　等容积试验,等体积试验
~ A.A.S.H.O.　美国各州公路工作者协会道路试验
~ AASHO Proctor modifié　美国各州公路工作者协会的修正葡氏试验
~ accéléré　加速试验(如风化等),快速试验
~ accéléré de béton　快速混凝土试验
~ accéléré de charge　快速荷载试验
~ accéléré de durabilité　加速耐久性试验
~ accéléré de résistance aux intempéries　加速风化试验
~ acoustique　声学检验
~ aléatoire　随机性试验
~ analytique　分析试验
~ appréciation　鉴定试验
~ après révision　修理后试验
~ au banc　试验台试验,工作台试验
~ au bleu de méthylène　亚甲蓝试验
~ au brouillard Salin　盐雾腐蚀试验
~ au chalumeau　吹管分析,吹管试验
~ au choc　冲击试验,落下试验
~ au choc enduré　反复冲击试验
~ au cisaillement　剪力试验,抗剪试验
~ au cisaillement consolidé non-drainé　固结不排水剪切试验,固结快剪试验
~ au cône　圆锥测定法(测量混凝土坍落度或砂的单位重量用)
~ au cône d'Abrams de béton　混凝土坍落度试验
~ au disque　平板承载试验,承载板试验,圆盘(对径)压缩试验,圆盘试验,圆盘压裂试验
~ au drainomètre de chantier　现场路面透水性试验
~ au feu　火法试验,燃烧试验
~ au flotteur　(沥青)浮标试验
~ au hasard　选择试验,重点试验
~ au laboratoire　室内试验
~ au marteau　冲击试验
~ au moulinet　(土的)十字板试验

~ au moyen de l'appareil à palettes　(土的)十字板试验
~ au pénétromètre　贯入仪试验,贯入度试验
~ au pénétromètre dynamique　动力触探试验
~ au pénétromètre statique　静态贯入度仪试验
~ au point fixe　定置台试验,工作台试验;静态试验
~ au scissomètre　(土的)十字板试验;旋转土钻(取样)试验,叶片剪切试验
~ au tamisage　筛分试验,筛选试验
~ au vérin　千斤顶试验
~ au vérin plat　扁千斤顶试验
~ au vérin plat radial　径向扁千斤顶试验,径向液压枕法试验
~ au vieillissement　老化试验;时效试验
~ aux chocs répétés　反复冲击试验
~ avec agitation　摇动试验,振荡试验
~ avec circulation　连续交通流试验
~ avec éprouvette cylindrique　混凝土圆柱体试验
~ avec éprouvette cylindrique de béton　混凝土圆柱体试验
~ avec locomotive-frein　用制动机车试验
~ axial d'extension　轴向延伸试验
~ bille et anneau　环球试验
~ Blaine de perméabilité à l'air　布莱恩透空气法试验(用于测定水泥的比表面积)
~ Brésilien　龟裂试验,开裂试验,破碎试验,巴西试验,(测抗拉强度的)劈裂试验
~ Brinell　布氏硬度试验
~ caractéristique de charge　负荷特性试验
~ CBR　加州承载比试验
~ CBR sur place　就地 CBR 试验
~ chimique　化学分析,化学试验,化学检验
~ classique　典型试验;古典试验
~ climatique　器材在各种气象条件下的试验,环境试验;风化试验,耐候试验
~ colorimétrique　比色试验
~ comparatif　比较试验
~ comparé　对比试验,比较试验
~ complémentaire　补充试验
~ consolidé non drainé　不排水固结试验
~ continu　持久试验,连续试验
~ contradictoire　对立试验,检查试验,反证

试验
~ courant 常规试验
~ cylindrique 圆柱体(强度)试验
~ d'ambiance 环境试验
~ d'abrasion 磨耗试验
~ d'abrasion Deval 狄法尔磨耗试验,双筒磨耗试验
~ d'abrasivité 研磨性试验,磨耗试验
~ d'absorption 吸收试验
~ d'absorption capillaire 毛细吸湿试验
~ d'absorption d'eau 吸水试验
~ d'absorption du sol 土壤吸水性试验
~ d'activité 活性试验
~ d'adhérence 黏着力试验
~ d'adhésivité 黏着性试验
~ d'affaissement (混凝土)坍落度试验
~ d'affaissement (slump-test) 坍落度试验
~ d'affaissement au cône (混凝土)坍落度试验
~ d'agitation 振动试验,摇动试验
~ d'agrément 验收试验
~ d'allongement 伸长试验
~ d'altération accélérée 快速风化试验
~ d'amortissement 衰减试验
~ d'aplatissement 压扁试验
~ d'appréciation 鉴定试验
~ d'arrachement (钢筋混凝土)拉拔结合力试验,拔拉试验
~ d'arrachement de béton armé 钢筋混凝土拉拔结合力试验
~ d'arrachement de pieu 拔桩试验
~ d'arrachement des boulons 锚杆拉拔试验
~ d'Atterberg 土的界限含水量试验,阿太堡试验
~ d'attrition 磨损试验,磨耗试验
~ d'autoclave 蒸压试验,(测水泥安定性的)高压蒸养试验
~ d'eau 水的试验,水质试验
~ d'eau saturée 水饱和试验,饱水试验
~ d'ébullition 沸腾试验
~ d'écaillage (沥青混合料的)磨耗剥落试验
~ d'échantillon du sol 土样试验
~ d'échauffement 温升试验
~ d'écho 反射校验,回声检测
~ d'éclatement 劈裂试验(混凝土实验用),爆裂试验

~ d'écoulement 流动(性)试验(混凝土等)
~ d'écrasement 压碎试验,压扁试验,轧碾试验
~ d'écrasement de cube (混凝土)立方块压碎试验
~ d'écrasement de cube de béton 混凝土立方块压碎试验
~ d'élasticité 弹性试验
~ d'élutriation 淘析试验
~ d'emballement 飞逸试验,超速试验
~ d'emboutissage 冲压试验,拉伸试验
~ d'endurance 疲劳试验,耐久试验,持久试验
~ d'endurance aux chocs répétés 反复冲击疲劳试验
~ d'endurance 疲劳试验,耐久试验
~ d'enfoncement 沉陷分析
~ d'entraînement 冲洗试验(用于测集料内泥土微粒的含量),(混凝土的)冲洗筛分分析试验
~ d'épreuve 抽样检查,最后检验
~ d'équivalent de sable 含砂当量试验
~ d'espace vide 空隙测定
~ d'étalement (混凝土)流动稠度试验
~ d'étalonnage 校准试验
~ d'étanchéité 防水试验,漏泄试验
~ d'étude 科研试验,研究试验
~ d'étuvage 烘干试验
~ d'étuvage en couche mince (地沥青)薄膜烘箱试验
~ d'étuvage en film mince 薄膜加热试验
~ d'évaporation 蒸发试验
~ d'expansion 膨胀试验
~ d'exploitation 试验性开采
~ d'exposition atmosphérique 暴露试验,自然老化试验
~ d'expulsion 挤出试验
~ d'extensibilité 延性试验
~ d'extension 伸长试验
~ d'extension triaxiale 三轴伸长试验
~ d'extraction 抽提试验,抽取试验
~ d'extraction Abson 阿布森抽提试验(用于美国 ASTM 规定的沥青混合料试验)
~ d'extrusion 挤出试验
~ s d'homologation 合格试验,鉴定试验,验收

essai

~ 试验

~ d'homologation 验收试验,合格试验,鉴定试验

~ d'humidité 湿度试验,水分试验,湿度测定

~ d'identification 鉴定试验,鉴别试验,分类试验

~ d'identification des sols 土壤鉴定试验

~ d'immersion 浸渍试验

~ d'immersion de plaque 板浸渍试验

~ d'immersion statique 静态浸渍试验

~ d'impact 冲击试验

~ d'imperméabilité 抗渗试验

~ d'impulsion 脉冲作用试验

~ d'indentation 球印硬度试验

~ d'indépendance 独立性试验

~ d'indice portant 承载力指数试验

~ d'indice portant Californien CBR 试验,加州承载比试验

~ d'inertie 惯性试验

~ d'infiltromètre 渗透仪试验

~ d'injection 注水试验

~ d'interférence （地下水的）干扰试验

~ d'investigation 研究性试验

~s d'investigation aux grandes vitesses (voiture d'essais et de mesure) 高速行车试验（试验车）

~ d'isolement 绝缘性能试验,电介质性能试验

~ d'opération 运行试验

~ d'optimisation 最优化试验

~ d'orniérage 车迹试验,车辙试验

~ d'oscillation 振动试验

~ d'ouvrabilité （混凝土）工作度试验

~ d'oxydation 氧化试验

~ d'un puits 水井抽水试验

~ d'une couverture et d'une semelle en béton de petites dimensions constituées par des paraboloïdes hyperboliques 由双曲抛物薄面构成的小型混凝土顶面及底板的试验

~ d'usure 磨损试验,耐磨试验

~ d'usure à la meule 磨损试验

~ d'usure au rattler 磨耗试验（石料、砖等磨耗机试验）

~ d'usure micro-Deval 微型狄法尔磨耗试验

~ d'usure par frottement 磨损试验

~ d'usure par frottement réciproque 磨损试验

~ dans les conditions naturelles 自然条件下的试验

~ de l'appui du sol 土的承载试验

~ de bande noire 无火花转换试验,无闪光转换试验

~ de battage 打桩试验

~ de battage de pieux 打桩试验

~ de béton 混凝土试验

~ de béton à la bille 混凝土撞球试验

~ de billage 混凝土撞球试验;布氏（硬度）试验

~ de bille Kelly 凯氏球体贯入试验（测定混凝土稠度用）

~ de bitume 沥青试验

~ de Blaine 水泥细度试验

~ de Brinell 布氏（硬度）试验

~ de brossage 刷损试验

~ de calibration 校准试验,率定试验

~ de capacité portante par cône （土基）锥承试验

~ de capillarité 毛细（管）试验

~ de carottes （钻取的）圆柱体试件试验;岩芯试验

~ de cavitation 空化试验,空蚀试验

~ de cémentation 金属渗透性试验,渗碳试验

~ de chantier 现场试验,工地试验

~ de charge 负载试验,加载试验,承载试验;载重试验

~ de charge avec plaque 平板荷载试验,板承试验（试验地基承载力）

~ de charge avec plaque circulaire 圆承载板试验,承载板加载试验

~ de charge constante 恒载试验

~ de charge du pieu 桩载试验,桩的承载能力试验,基桩荷载试验

~ de charge dynamique 动荷载试验

~ de charge horizontale 水平荷载试验

~ de charge in situ 就地加载试验

~ de charge-pénétration 荷载—贯入试验

~ de charge portante 承载试验

~ de charge rejetée 甩负荷试验

~ de charge standard 标准荷载试验

~ de charge statique 静荷载试验

~ de charge sur pieu 桩载试验

~ de charge sur plaque 平板载荷试验,承载板加载试验,板的承载试验
~ de chargement 荷载试验,加载试验,承载试验
~ de chargement de pieu 基桩荷载试验,桩载试验
~ de chargements répétés 反复加载试验
~ de charge-pénétration 荷载—贯入试验
~ de Charpy （摆锤）单梁冲击试验
~ de chaussée et determination 路面试验、检测
~ de choc（d'un véhicule） （车辆）冲击试验
~ de choc de Charpy 摆锤式冲击试验
~ de choc sur barreau entaillé 凹口试件冲击试验
~ de choc vertical en chute libre 落锤试验（一种冲击试验）
~ de chute 落下试验
~ de chute d'une bille 落球（贯入）试验
~ de cintrage 弯曲试验
~ de cisaillement 剪切试验,抗剪试验,剪力试验
~ de cisaillement à la botte 盒式剪力仪试验
~ de cisaillement annulaire 环剪试验
~ de cisaillement consolidé 固结剪力试验
~ de cisaillement direct 直接剪切试验,直剪试验
~ de cisaillement drainé 排水剪力试验,慢剪试验
~ de cisaillement du sol sur place 原状土剪力试验
~ de cisaillement in situ 就地抗剪试验,就地剪力试验
~ de cisaillement lent consolidé 固结慢剪试验
~ de cisaillement non drainé 不排水剪切试验
~ de cisaillement par torsion 扭剪试验
~ de cisaillement rapide 排水剪力试验,快剪试验
~ de cisaillement rapide sur échantillon consolidé 固结快剪试验
~ de cisaillement rectiligne 直剪试验,直接剪力试验
~ de cisaillement triaxial 三轴剪力试验
~ de classification 分类试验
~ de classification du sol 土壤分类试验
~ de coagulation 凝结试验

~ de cohésion 黏聚试验
~ de cohésion de Hveem 维姆黏聚力试验
~ de collage 黏着试验
~ de combinaisons interdites 不用组合校验
~ de commutation 换向试验,转换试验
~ de compactage 密实度试验,压实试验,击实试验
~ de compactage au laboratoire 试验室压实试验
~ de compactage B.S. 英国标准压实
~ de compactage Proctor 葡氏压实试验
~ de compactage standard 标准击实试验
~ de comparaison 比较试验,对比试验
~ de comparaison sur modèle-prototype 模型与原型比较试验
~ de composition et de résistance optimale de béton 混凝土成分及最佳配比试验
~ de compressibilité 可压缩性试验,压实试验
~ de compression 抗压试验,压缩试验
~ de compression à immersion 浸水抗压试验（测定沥青混凝土水稳性用）
~ de compression à une dimension 单向压力试验
~ de compression au repos 静压力试验
~ de compression avec frettage latéral 侧向约束压缩试验
~ de compression avec une étreinte latérale 侧限压缩试验
~ de compression dans une enceinte rigide 侧限压缩试验
~ de compression lente sur échantillon consolidé 固结慢压缩试验
~ de compression monoaxiale 单轴压缩试验
~ de compression non confinée 无侧限压力试验
~ de compression rapide 快速压缩试验
~ de compression rapide sur échantillon consolidé 固结快压缩试验
~ de compression sans contrainte latérale 无侧限压力试验
~ de compression simple 简单压缩试验,无侧限压缩试验
~ de compression sur cylindre 滚筒压路机压实试验
~ de compression triaxiale 三轴压缩试验

~ de concassage 破碎试验,压碎试验,轧碎试验
~ de cône 圆锥测定法（混凝土坍落度或砂的单位体积重量）
~ de congélation 冰冻试验,抗冻试验
~ de conservation de glycérine 甘油保持量试验（测定土粒表面积）
~ de consistance 稠度试验,(土壤)黏结性试验,稳定试验
~ de consistance naturelle 天然稠度试验
~ de consistance par la table de vibration 振动台式稠度试验
~ de consolidation 固结试验,击实试验,压缩试验
~ de consolidation rapide 快速固结试验
~ de consolidé non drainé 不排水固结试验
~ de consommation 消耗试验,耗量试验
~ de continuité 断线试验,通信连续试验
~ de contraction linéaire 线性收缩试验
~ de contraction volumétrique 体积收缩实验
~ de contrastes 敏感对比度试验（电视机）
~ de contrôle 检查试验;控制试验,校核试验,对照试验
~ de contrôle courant 日常检查,日常维修
~ de contrôle de la qualité 质量管理试验,质量控制试验
~ de contrôle régulier 日常检查,日常维修
~ de convenance 适用性试验
~ de copie 复述校验,复制试验
~ de corrosion 腐蚀试验
~ de corrosion accélérée 加速腐蚀试验
~ de corrosion de courte durée 短期腐蚀试验,快速腐蚀试验
~ de corrosion de longue durée 长期腐蚀试验
~ de corrosion édaphique 土壤侵蚀试验
~ de corrosion prolongée 长期耐蚀试验
~ de coupure 断裂试验
~ de courte durée 快速试验
~ de cube de béton 混凝土立方试块(强度)试验
~ de cube de mortier 砂浆立方块试验
~ de déboutonnage (焊接)撕裂试验
~ de déchirement 扯裂试验
~ de décollage 分离试验
~ de déflexion Benkelman 贝克曼梁弯沉试验
~ de défonçage 穿孔试验

~ de déformation 变形试验,形变试验
~ de déformation à haute fréquence 高频变形试验
~ de délitement (浸水)崩解试验,湿化试验
~ de démarrage 启动试验
~ de densité 密度试验
~ de densité sèche 干密度试验
~ de désenrobage 剥落试验
~ de détection 探测试验
~ de dilatation 膨胀试验
~ de dilatation hygrométrique （石粉的)浸水膨胀率试验
~ de dissipation (孔隙压力的)消散试验
~ de distillation 蒸馏试验
~ de dosage de ciment 水泥配料试验
~ de dosage de ciment par titration 水泥含量滴定试验
~ de ductibilité 延性试验
~ de ductilité 延性试验,延度试验,展性试验
~ de ductilité-ténacité 延度—韧度试验
~ de durabilité 耐久性试验
~ de durcissement 硬化试验
~ de durée 持久性试验,耐久性试验
~ de durée accélérée 加速持久性试验
~ de dureté 硬度试验
~ de dureté à l'indentation 球印硬度测定
~ de dureté à la bille 布氏硬度试验,球印试验
~ de dureté à rebondissement 回弹试验
~ de dureté Brinell 布氏硬度试验
~ de dureté Rockwell 洛氏硬度测定
~ de dureté Vickers 维氏硬度测定
~ de facteur de compactage 压实系数试验
~ de fatigue 疲劳试验
~ de fatigue à la compression 压缩疲劳试验
~ de fatigue à la flexion 挠曲疲劳试验,变曲疲劳试验
~ de fatigue à la traction 张拉疲劳试验
~ de fatigue aux chocs répétés 反复冲击疲劳试验
~ de fatigue combinée 综合疲劳试验
~ de fatigue oligocyclique 低循环疲劳试验
~ de fatigue par efforts alternés extraction-compression 张拉—压缩交替疲劳试验
~ de fatigue par efforts combinés 复合力疲劳

试验

~ de fatigue par flexion 挠曲疲劳试验,弯曲疲劳试验

~ de fatigue par flexions alternées 交替挠曲疲劳试验

~ de fatigue par flexions répétées 重复弯曲疲劳试验

~ de fendage 劈裂试验

~ de film mince 薄膜试验

~ de finesse des ciments 水泥细度试验

~ de fissilité 断裂试验,焊缝裂开试验

~ de fissuration 抗裂试验,裂缝试验

~ de flambage 纵向弯曲试验

~ de flambement 纵向弯曲试验,压曲试验

~ de flexibilité 柔性试验,柔度试验

~ de flexion 弯曲变形试验,挠曲试验,屈服试验

~ de flexion au choc 冲击弯曲试验

~ de floculation 絮凝试验

~ de flottation 浮选试验

~ de flotteur 絮凝试验

~ de fluage 蠕变试验,徐变试验,变形试验,流变试验

~ de fluage à pente （沥青混合料）坡面流动试验

~ de fluage dynamique 动态蠕变试验

~ de fluage-rupture 蠕变破坏试验

~ de fonctionnement 试运行

~ de fonctionnement à vide 无负荷运转试验,空载试验

~ de fonctionnement en charge 带负荷运转试验

~ de fond rocheux 基岩试验

~ de forage 钻孔试验

~ de forme 颗粒形状试验

~ de formulation 配合比试验

~ de formulation de carrière 采集场材料试验

~ de fragilité 脆度试验

~ de fragilité des bitumes 沥青脆点试验

~ de fragmentation 破碎试验

~ de fragmentation dynamique 动力破碎试验

~ de frein 刹车试验,制动试验

~ de freinage 制动试验

~ de fréquence 频率特性试验

~ de friabilité 脆性试验

~ de garantie（centrale） 特性试验,保证试验（电站）

~ de gel 冰冻试验

~ de gel des granulats 粒料冻胀试验

~ de gel-dégel 冻融试验

~ de gélivité 低温稳定度试验

~ de Gillmore 吉尔摩试验（水泥稠度）

~ de Glanville （混凝土）重塑试验

~ de glissance 滑溜试验

~ de glissement 滑动试验

~ de gonflement 鼓胀试验,膨胀试验;充气试验,旁压仪试验

~ de gonflement-consolidation 膨胀固结试验

~ de granulats 粒料试验

~ de Jominy 顶端淬火试验

~ de Kelly 凯氏球体贯入度试验（混凝土程度）

~ de l'acide 酸性试验

~ de l'appui du sol 土壤承载力试验

~ de l'oscillation 振动试验

~ de l'utilisation 运用试验,使用试验

~ de la classification de sol 土壤分类试验

~ de la mise en plein air 自然暴露试验

~ de la tache d'Oliensis （沥青）奥氏斑点试验

~ de laboratoire 实验室试验,室内试验,试验室试验

~ de limite d'élasticité 弹性极限试验

~ de limite plastique 塑(性)限(度)试验

~ de limites supérieure et inférieure 上、下限试验(一种程序试验)

~ de liquidité 流动性试验

~ de longue durée 长期试验

~ de lot 成批生产商品（抽样）检验

~ de Lugeons 压水试验,吕荣试验

~ de macrographie 宏观检查

~ de macrographique 肉眼试验,宏观试验

~ de malaxage d'émulsion bitumineuse avec agrégats à granulométrie dense 密级配骨料和沥青乳液拌和试验

~ de maniabilité （混凝土）和易性试验

~ de matériaux 材料试验

~ de matériaux routiers 道路材料试验

~ de mécanique des sols 土力学试验

~ de mélange de ciment 水泥掺和试验（用于试验沥青乳液与土混合的性能）

~ de mesure 测定试验,量测试验
~ de mise en charge 施荷试验,荷载试验
~ de mise en service 试运转
~ de module 模数试验
~ de module complexe 复合模量试验
~ de module d'Young dynamique 杨氏动力模量试验
~ de moment 弯矩试验
~ de moment fléchissant 弯矩试验
~ de mouillage-séchage 干—湿(循环)试验
~ de pénétrabilité des bitumes 沥青贯入度试验
~ de pénétration 贯入试验,针入度试验;触探试验,(桩工的)贯入度试验,锥入度试验
~ de pénétration à cône avec manchon de frottement 双层管式锥贯入试验
~ de pénétration après étuvage 蒸发后的针入度试验
~ de pénétration au carottier 标准贯入试验
~ de pénétration au cône 圆锥贯入试验,圆锥触探试验,锥入度试验
~ de pénétration cône 锥入度试验
~ de pénétration cylindrique 柱体贯入试验
~ de pénétration dynamique 动力触探试验,动力贯入试验
~ de pénétration dynamique à cône 动态圆锥贯入度试验
~ de pénétration par stripage 划痕硬度试验
~ de pénétration standard 标准贯入度试验
~ de pénétration statique 静态贯入试验,静力触探试验
~ de pénétration statique de cône 静态圆锥贯入试验
~ de perôage 钻孔试验
~ de percolation 渗漏试验
~ de percolation radiale 径向渗透试验
~ de perforation 可钻性试验(指岩石)
~ de performance 性能试验
~ de perméabilité 渗漏试验;透水性试验,渗透试验
~ de perméabilité à trois dimensions 三向渗漏试验
~ de perméabilité au laboratoire (土的)室内渗透试验
~ de perméabilité d'air 透气试验,空气渗透试验

~ de perméabilité sur chantier (铺装路面的)现场透水性试验
~ de perte de chaleur 加热损失试验
~ de perte linéaire 直线性损失试验
~ de pieu en vraie grandeur 足尺桩试验
~ de planche 荷载试验(平板试验)
~ de plaque chargée 荷载板试验
~ de plaque de Westergaard 威士卡德板试验(测量刚性路面下土的承载能力)
~ de plaque portante 承载板试验
~ de plasticité 可塑性试验
~ de pliage 弯曲试验,折叠试验
~ de pliage à bloc (焊缝)平折试验
~ de pliage à chaud 热弯试验
~ de pliage à choc 冲击弯曲试验
~ de pliage à froid 冷弯试验
~ de pliage alternatif en sens inverse 交替反向弯曲试验
~ de pliage alterné 交变弯曲试验
~ de pliage et de redressement 曲折和平直试验
~ de pliage sur cordon entaillé 凹口焊缝弯曲试验
~ de pliage transversal 横向弯曲试验
~ de poids unitaire 单位体积重量试验
~ de poinçonnage 压入试验,压痕试验,冲孔试验
~ de poinçonnement 冲压试验
~ de poinçonnement à l'aiguille cylindrique Proctor 葡氏密实度针试验
~ de poinçonnement au cône 锥入度试验
~ de point d'écoulement 流点试验
~ de point d'inflammabilité 燃点试验
~ de point de rupture Fraas 法氏断裂点试验
~ de pointage 电焊检验
~ de polissage accéléré(E.P.A.) 加速磨光试验
~ de pompage 抽水试验,泵压试验
~ de pompage par paliers en chaînes 连续抽水试验
~ de portance 承载试验,承重试验,承载力试验
~ de préhomologation 验收前试验
~ de prélèvement 取样试验,抽查
~ de pression 压力试验

~ de prise (béton) （混凝土）凝结时间试验
~ de production 生产试验
~ de propagation d'une onde ultrasonique dans le béton 混凝土试件的超声脉冲速度试验
~ de propreté （集料）清洁度试验
~ de puissance-fréquence 功率—频率试验
~ de puits 油井（或水井）生产试验
~ de puits de décharge 井水抽水试验
~ de puits par remontée 水位恢复试验
~ de pulvérisation 粉碎试验
~ de qualification 定型试验,合格试验,质量试验,鉴定试验
~ de qualité 定性试验,定性检验,质量检验,质量试验
~ de rabattement 降深试验
~ de rayage 刻痕（硬度）试验
~ de rebondissement 回跃试验,回跳试验
~ de réception 接收试验,验收试验
~ de réception en usine 工厂验收试验
~ de réception finale 最终验收试验
~ de réception officielle 正式验收试验
~ de recette 验收试验
~ de recherche 研究试验,探索性试验
~ de redondance 冗余校验
~ de refoulement 顿锻试验,缩锻试验
~ de refroidissement 冷却试验;降温试验
~ de relaxation 张弛试验,松弛试验
~ de remaniement 重塑试验
~ de remontée 水位恢复试验
~ de remplissage 注水试验
~ de réparation 修补试验
~ de résilience 冲击韧性试验,回弹试验,弹性试验,KCV 摆钟式冲击试验
~ de résistance 强度试验;阻力试验
~ de résistance à cisaillement 岩石抗剪强度试验
~ de résistance à la traction 抗拉强度试验,拉力强度试验
~ de résistance à pression uniaxiale 岩石单轴抗压强度试验
~ de résistance au feu 耐火试验,抗火试验
~ de résistance au gel 抗冻试验
~ de résistance aux intempéries 风化抗力试验,抗风化试验
~ de résistance des terrains 土壤抗力试验

~ de restait linéaire 线性收缩试验
~ de rétablissement 复原试验
~ de retrait 收缩试验
~ de retrait linéaire 线性收缩试验
~ de révision 校核试验,再试验
~ de rigidité 刚性试验,强度试验,刚度试验
~ de rivetage 铆接试验
~ de roche 岩石试验
~ de roulage 行车试验
~ de routine 常规试验
~ de rupture 裂断试验,破坏试验,断裂试验
~ de rupture à la traction par flexion 弯曲拉裂试验
~ de saturation 饱和试验
~ de secousse （土壤）摇动试验
~ de sécurité 安全试验
~ de sédimentation 沉积试验,沉淀试验
~ de sédimentométrie 颗粒（沉淀）分析试验
~ de sensibilité aux secousses 振动敏感性试验
~ de série 例行试验
~ de service 运行试验,性能试验
~ de sol 土壤试验
~ de solubilité 溶解度试验
~ de solubilité dans le tétrachlorure de carbone （沥青在）四氯化碳中的可溶部分试验
~ de soudabilité 可焊性试验
~ de soudure 焊接试验
~ de stabilisation 稳定试验
~ de stabilité 稳定性试验
~ de stabilité à immersion 浸水稳定度试验
~ de stabilité à l'autoclave （水泥）蒸压法稳定性试验
~ de stabilité an stockage （乳化沥青的）储藏稳定度试验
~ de stabilité de Hveem 维姆稳定度试验
~ de stabilité de volume （水泥）体积的稳定度试验
~ de stabilité Duriez 压缩浸没试验
~ de stabilité Hubbard-Field 哈费氏稳定度试验（测定沥青混凝土强度用）
~ de stabilité Marshall 马歇尔稳定度试验
~ de stabilité par pénétration de cône 锥贯入稳定性试验
~ de structures 结构物试验

essai

- ~ de surcharge 超载试验, 超负荷试验
- ~ de survitesse 超速试验
- ~ de tamisage 筛分试验
- ~ de tamponnement d'un wagon 货车沉积试验
- ~ de tassement 沉降试验
- ~ de tassement (béton) （混凝土）坍落度试验
- ~ de température d'équiviscosité 等黏滞温度试验
- ~ de tenacité 韧度试验
- ~ de teneur en air （混凝土的）空气含量试验
- ~ de teneur en eau 含水量试验
- ~ de teneur en eau équivalente 含水当量试验
- ~ de teneur en pierres tendres 软质颗粒含量试验
- ~ de tension 张力试验
- ~ de tenue dans le temps 持久性试验, 耐久性试验
- ~ de texture (métal) （金属）结构试验
- ~ de tirants d'ancrage scellés 密封锚杆试验
- ~ de tolérance 边缘测验, 公差校验
- ~ de torsion 扭力试验, 扭转试验, 抗扭试验
- ~ de torsion alternée 反复扭曲试验
- ~ de torsion avec surcharge 超载扭力试验
- ~ de torsion sous étreinte 侧限扭曲试验
- ~ de toughness-ténacité （沥青掺入橡胶粉等的）凝聚黏结力试验
- ~ de trace de roue 车辙试验, 轮迹试验, 车轮行驶稳定性试验
- ~ de traction 拉力试验, 张拉试验, 拉伸试验
- ~ de traction à charge dynamique 动荷载抗拉试验
- ~ de traction à charge statique 静荷载抗拉试验
- ~ de traction directe 直接拉力试验
- ~ de traction par fendage 分裂拉力试验
- ~ de traction par flexion 受弯抗拉强度试验, 弯曲拉力试验
- ~ de traction répétée 反复拉力试验
- ~ de trafic accéléré 加速行车试验
- ~ de trempe 淬火试验
- ~ de type 典型试验, 原型试验
- ~ de variation continue de puissance 功率等变试验
- ~ de variation de puissance 负荷变化试验
- ~ de vibration 振动试验
- ~ de vibration libre 自由振动试验
- ~ de vibration mécanique 机械振动试验
- ~ de vieillissement 老化试验; 时效试验
- ~ de vieillissement accéléré 加速老化试验, 快速老化试验
- ~ de vieillissement aux intempéries 风化试验
- ~ de viscosité 黏度试验, 黏滞性试验
- ~ de viscosité de Saybolt-Furol 赛氏黏（滞）度试验
- ~ de viscosité Engler 恩氏黏度试验
- ~ de viscosité Hutchinson 赫金生黏度试验
- ~ de viscosité Saybolt 塞氏黏度试验
- ~ de volatilisation 挥发试验
- ~ des aciers à la traction 钢筋拉力试验
- ~ des aciers au pliage à froid 钢筋冷弯试验
- ~ des carottes 岩芯试验
- ~ des charges statique et dynamique 静动载试验
- ~ des fourreaux 套管试验
- ~ des jonctions avec air comprimé 用压缩空气进行焊缝试验
- ~ des matériaux 材料试验
- ~ destructif 破坏性试验
- ~ Deval 双筒磨耗试验
- ~ Deval sec et humide 干湿狄法尔试验
- ~ drainé （土的）排水试验
- ~ du C.B.R. en place 就地 C.B.R. 试验, 现场加州承载比试验
- ~ du frein à air 风闸试验; 试闸
- ~ du matériel 器材试验
- ~ du point de flamme 闪火点试验
- ~ du point de Fraas （沥青材料）法拉斯断裂点试验, 法拉斯脆点试验
- ~ du point de ramollissement 软化点试验
- ~ du scissomètre （土的）十字板试验
- ~ du sol 土壤试验
- ~ du W.A.S.H.O. 美国各州公路工作者西部协会道路试验
- ~ Duriez Duriez 试验
- ~ dynamique 动力试验
- ~ dynamique de chute 落锤试验
- ~ électrochimique 电化学试验
- ~ en actif 高温试验
- ~ en grand 足尺试验
- ~ en inactif 低温试验

~ en ligne 在线路上做试验
~ en marche des freins 制动机的运行试验
~ en place 就地试验，现场试验
~ en plate-forme 试验台试验
~ en pleine charge 满载试验
~ en point de rupture 断裂点试验
~ en pression 压力试验，耐压试验，密封试验
~ en pression hydraulique 液压试验
~ en régime permanent 持续试验
~ en service 运营试验
~ en soufflerie 风洞试验
~ en stationnement 定置试验，停车试验
~ en surcharge 超载试验
~ en survitesse 超速试验
~ en tic-tac 碰响试验（估计水泥、土等相对硬度）
~ en type 型式试验
~ en usine 工厂试验
~ en vraie grandeur 足尺试验，真实尺寸试验
~ et détermination de l'enrobage 混合料试验、检测
~ exhaustif 摧毁试验
~ final 最后试验，最终试验
~ fonctionnel 功能试验
~ fonctionnel à chaud 高温功能试验
~ fonctionnel cuve ouverte 反应堆开壳功能试验
~ géotechnique 土工试验，岩土工程试验
~ granulométrique 颗粒级配试验，粒度分析
~ hydraulique 水分试验，流体试验，水压试验，水力试验
~ hydrométrique 比重计试验
~ hydrostatique 静水压力试验
~ in situ 原位试验，现场试验，工地试验，野外试验
~ in situ du sol 现场土工试验，现场原位试验
~ individuel 例行试验，个别试验，单项试验，单独试验
~ industriel 工业试验
~ lent de cisaillement 慢剪切试验
~ lent sur échantillon consolidé 固结慢速试验
~ Los Angeles 洛杉矶磨耗试验（岩石试验）
~ LUGEON 吕荣试验，压水试验
~ macrographique 宏观研究，宏观组织研究
~ magnétique à la limaille 磁粉试验，磁粉探伤

~ marginal 边缘试验
~ Marshall in situ 就地马歇尔（稳定度）试验
~ Marshall pour la fluence 马歇尔流动度试验
~ mathématique 数学检验
~ mécanique 机械试验，力学试验，机构试验，机械性能试验
~ mécanique de sol 土的力学试验
~ métallographique 金相试验
~ micro sismique 地震波测试
~ microcristallochimique 微晶分析，微晶化学分析
~ microscopique 显微镜检验，显微金相试验
~ naturel 工地试验，现场试验，野外试验
~ non destructeur 非破坏性试验
~ non destructif 不损坏试件的试验，非破坏性试验，非破损试验，无损试验，不损坏试验
~ non destructif de béton 混凝土非破坏性试验
~ normal 常规试验，例行试验
~ normal de compactage 标准压实试验
~ normalisé 标准化试验
~ oedométrique 压缩试验，固结试验，侧限压缩试验
~ opérationnel 试运行
~ par abrasion 磨耗试验
~ par aréomètre 比重计分折法，用气体比重计试验
~ par corrosion 腐蚀试验
~ par décantation 倾析试验
~ par extraction 抽提试验，抽取试验，抽样试验
~ par immersion et émersion alternées 反复浸渍和浮起试验
~ par résonance 共振试验
~ par voie humide 湿法试验
~ par voie sèche 干法试验
~ partiel du frein 制动机的局部试验
~ passager 瞬时试验
~ pénétrométrique 贯入度试验
~ périodique 周期性试验
~ photoélastique 光弹性试验，光弹应力试验
~ physique 物理试验
~ physique de sol 土的物理试验
~ pousse à la ruine 破坏试验，破损性试验
~ pratique 应用试验，实地试验，野外试验

~ préalable 预先试验
~ précritique à chaud 近临界高温试验
~ précritique à froid 近临界低温试验
~ préliminaire 初步试验,初试
~ pressiométrique 压力计试验,压力机试验,压缩试验
~ pressiométrique normal 标准压力试验
~ pressiométrique Menard 梅纳尔旁压试验
~ préventif 定期测试,预防性试验
~ probant 结论性试验,定型试验
~ Proctor 击实试验,葡氏试验
~ Proctor modifié 修正葡氏试验
~ Proctor normal 标准葡氏试验
~ Proctor pour densité de sol 葡氏土的密度试验
~ programmé 程序校验
~ prolongé 耐久性试验,寿命试验
~ pseudo-dynamique 拟动力试验
~ pyrognostique 试金分析,火试法
~ radioactif 放射能试验
~ radiographique 放射线照相试验,X 射线试验
~ rapide-consolidé 固结快速试验
~ rapide 快速试验,速测
~ routier 道路试验
~ routier de l'AASHO 美国各州公路工作者协会道路试验
~ routine 常规试验;程序检验
~ saisonnier de Kendall 肯达尔季节性检验
~ scientifique 科学实验,科学试验
~ scissométrique en place 原位十字板剪切试验
~ sclérométrique 划痕硬度试验
~ sédimentaire 沉积试验
~ sédimentaire 沉积试验
~ sélectif 选择性试验
~ similaire 模拟试验
~ simplifié 简化试验
~ sonique du béton 混凝土音响试验
~ sous charge en porte-à-faux 悬臂荷载试验
~ sous charge statique 静载试验
~ sous pression hydraulique 液压试验
~ sous vide 真空试验
~ sous volume constant 体积稳定性试验（水泥的）
~ spectroscopique 光谱分析

~ standard de compacité 标准压实试验
~ statique 静力试验,静荷载试验
~ statique de longue durée 长期静力试验
~ statique de mise en charge 加载静力试验,静荷载试验
~ statistique 统计试验
~ supplémentaire 补充试验
~ sur bitumes 沥青试验
~ sur chantier 工地试验
~ sur cube 立方体（强度）试验
~ sur cube de béton 混凝土立方块试验
~ sur éprouvette cubique 立方试样试验
~ sur éprouvettes 用试样试验
~ sur le carrousel tourisme 环道试验
~ sur les bétons bitumineux 沥青混凝土试验
~ sur les émulsions 乳液试验
~ sur les enrobés 沥青混合料试验
~ sur les liants 结合料试验
~ sur liants bitumineux 沥青结合料试验
~ sur maquette 模型试验
~ sur matériaux bitumineux 沥青材料试验
~ sur modèle 模拟[模型]试验
~ sur modèle géomécanique 地质力学模型试验
~ sur modèle géotechnique 土工模型试验,岩土工程模型试验
~ sur modèles réduits hydrotechniques 水工模型试验,水力学模型试验
~ sur place 现场[就地、工地]试验
~ sur prélèvement 取样试验
~ sur rivet 铆钉试验
~ sur route 道路试验,在道路上做试验
~ sur site 现场试验
~ sur table vibrante 振动台试验
~ sur terrain 野外试验,实地试验,现场试验
~ sur voie circulaire 环行道试验
~ systématique 系统试验
~ thermique 发热试验,耐热试验
~ triaxial 三轴（压力）试验
~ triaxial à multiples étages 多级三轴试验
~ triaxial à volume constant 等容积三轴压力试验,不排水三轴试验,未排水三轴压力试验
~ triaxial classique 标准三轴压力试验
~ triaxial consolidé non drainé 未排水三轴试验

~ triaxial de striction 三轴压缩试验
~ triaxial de striction à multiples étages 多级三轴压缩试验
~ triaxial drainé 排水三轴压力试验
~ triaxial drainé de consolidation 固结排水三轴试验
~ triaxial dynamique 动力三轴试验
~ triaxial lent 慢速三轴试验
~ triaxial non consolidé 非固结三轴试验
~ triaxial non drainé 未(不)排水三轴试验
~ triaxial rapide non consolidé 未固结快速三轴试验
~ type 典型试验,型式试验,标准试验
~ ultra-son 超声波探伤,超声波检验,超声波试验
~ ultra-sonique 超声波探伤,超声波检验
~ usuel 常规试验
~ vibratoire 振动试验
~ Vicat 维卡仪试验(水泥稠度)

essai-constructeur *m* 工厂试验,生产试验

essaim *m* (山丘,脉)群
~ de barkhane 新月形沙丘群
~ de diaclases 节理集中带,节理群
~ de drumlins 鼓丘群
~ de filons 脉群,簇状矿脉

essai-type *m* 型式试验,典型试验

essayage *m* 试验;检验

essayer *v* 试验;检验;尝试;力图,试图
~ de 尽力,设法,努力达到
s'~ à 试做某事

essayeur *m* 试验器,分析筛,检验器,检验员;试车员
~ d'isolation 绝缘试验器

essence *f* 汽油;燃料;燃油
~ d'aviation 航空汽油,航空燃料
~ de gaz naturel 气体汽油;天然气汽油
~ de houille 煤馏油
~ de pétrole 汽油,挥发油
~ de pin 松木油
~ de polymérisation 聚合汽油
~ de sapin 松柏油(选矿用)
~ de térébenthine 松节油;松脂
~ lourde 重油
~ minérale 矿物油

~ pour vernis 清漆稀释剂,清漆稀释油
~ précieuse 名贵树种

essentialité *f* 本质,基本性;根本性;必要性

essentiel, elle *a* 基本的,本质的;必要的,主要的(如主矿物)

essentiellement *adv* 本质上,基本上;主要地

esseret *m* 深孔钻头,钻头,钻

essexite *f* 碱性辉长岩

essieu *m* 轴,轮轴,车轴,轮对
~ à deux vitesses 两速轴
~ à écartement variable 变距轮对
~ à fusées extérieures 外轴颈车轴
~ à fusées intérieures 内轴颈车
~ à jeu transversal 横向游间轮对
~ à manivelle 曲柄轴
~ à orientation libre 自由转向轮对
~ à suspension caoutchouc 带橡皮弹簧轮对
~ accouplé 连动轴;联结轴
~ antérieur 前轴
~ arqué 弯轴
~ arrière 后轴
~ avant 导轴,前轴
~ chargé 荷载轴
chargé de l'~ 轴荷重,轴重
corps d'~ 轴身
~ coudé 曲轴
~ couplé 连动轴
~ creux (transmission de certaines) locomotives électriques 空心轴(某些电力机车传动用)
~ d'arrière 后轴
~ d'articulation 铰接轴
~ de direction 导向轴,转向轴
~ de direction oscillante à axe central 中心转向轴
~ de référence 参照轴,标准轴
~ de roues 轮轴
~ de wagon 货车轴
~ demi-flottant 半浮式轴
~ directeur 导向轮对;转向轴,操纵杆
~ double 双轴
~ droit 直轴
~ du milieu 中轴
~ en surcharge 超载轴
~ extrême 端轴

~ faussé 变形轴
~ fixe 固定轴
~ foré 穿心轴
~ fou 虚转轴
~ freiné 制动轴
~ guideur 导向轮对
~ indépendant 自由轴
~ jumelé 双轴
~ léger 轻轴
~ lourd 重轴
~ médian 中轴
~ monté à écartement variable 轮对
~ monté sur ressorts en caoutchouc 变距轮对
~ moteur 主动轮对,动轮,传动轴；主动轴
~ moteur intermédiaire 中间动轮对
~ normal 标准轴
~ nu 轴
~ orientable 导向轮轴,转向轴
~ plein 实心轴
~ porteur 从轮对,承力轮对,荷载轴
~ postérieur 后轴,后桥
~ radial 导轮轴
~ rigide 固定轮对,固定轴
~ simple 单轴
~ tandem 双轴
~ tout flottant 全浮式轴
~ tubulaire 管式轴

essieu-axe *m* 车轴
essieu-guide *m* 导轴
essieu-kilomètre *m* 轴公里
essonite *f* 铁钙铝榴石,钙铝铁榴石
essor *m* 跃进；发展；高潮
~ économique 经济发展
essorage *m* （混凝土）脱水,除湿气；排水,干燥,烘干
essorer *v* 脱水
essoreuse *f* 干燥器,脱水剂；脱水器,离心机,离心分离器；离心干燥器
~ centrifuge 离心式干燥器,离心机,离心分离器,离心式脱水机
~ des fissures （岩石）裂隙止水（注浆）
essouchement *m* 清除树根
essuie-glace *m* 刮水器,风挡玻璃刮水机,挡风,玻璃刮水刷

~ double 双雨刷刮水机
~ électrique 电动刮水器
~ pneumatique 风动刮水器,气动雨刷
essuie-main(s) *m* 揩手巾
~ continu 卷筒揩手巾
essui-vitre *m* 玻璃擦拭器,雨刷
essuyer *v* 拭,拭净,擦；擦干,晒干；遭受
estacade *m* 码头栈桥,栈桥；突堤；防栅,障碍栅；煤台,桩挑结构；桩式桥；跳板；装料台；阻拦栅；拦河埂,导污浮架,导冰浮架,防浪浮架
~ à glaces 防冰栅
~ de bétonnage 灌注混凝土用的平台,浇注混凝土用的析架
~ de chargement du charbon 煤台
~ de service 施工栈桥
~ en béton 混凝土栈桥
~ ferroviaire de voies sur piliers 高架铁路
estagnon *m* 金属油桶,马口铁油桶
estampage *m* 冲锻,冲压；模压,模锻,落锤锻；冲压件；模压件
estampe *f* 冲模,压模,锻模
estamper *v* 冲压；锻压；模压
estampeuse *f* 冲床；锻压机；压力机
estape *f* 充填,充填石料,充填用废石
estau *m* 矿柱,分段矿柱
estavelle *f* 岩洞；涌泉
esteau *f* 螺旋夹钳,夹钳
estérellite *f* (porphyre bleu de l'Esterel) 英闪玢岩,英微闪长岩
esthétique *f* 美学,审美学；*a* 美观的
~ routière 公路美学
~ industrielle 工业设计美学
estibioluzonite *f* 块状硫砷铜矿
estimable *a* 有一定价值的；值得尊重或重视的
estimateur *m* 估量计,估价师
estimatif, ive *a* 估计的；概略的
estimation *f* 估计[算、价],估定,测定,评价,评估,预算；概算
~ à vue d'œil 目测
~ calculée 估算
~ d'erreur 误差估计
~ d'état 状态估值
~ de charge 负荷估算
~ de crue 洪水估算

～ de paramètre　参数估计
～ de régression　回归估计
～ des coûts de forage　钻井费用概算
～ des dommages　损失估算
～ des quantités　工程量表，数量清单
～ des réserves　储量计算
～ des ressources　（矿产）资源评价
～ du coût　成本估算
～ du coût de construction　建筑成本估算
～ du coût des travaux　工程费用估算
～ du coût du projet　工程费用估算，项目概算
～ du dépôt, ～ du gisement　矿床评价
～ du dommage　估计损失
～ du projet　设计预算，设计估算；方案估算
～ du trafic　交通量估算
～ grossière　约计，粗估
～ non linéaire　非线性估计
～ optimale　最佳估算，最优估算
～ préalable　事前估计
～ préliminaire　初步估算
～ prévisionnelle　预估算
～ sommaire　成本估算

estimer v　估计，估价，计算，评价；重视；认为，以为

estival, e a　夏季的，夏季生长的

estompage m　（地形图）灰色阴影；晕化，明暗法；晕[涂]色

estrade f　平台，街道交叉口平台；台地，月台，站台，陆台

estramadourite f　块磷灰石

estran m　前滨，海滨，海滩，潮滩，潮间带
　～ marécageux　泥潮滩
　～ rocheux　石质海滨（浪蚀平台）

estuaire m　洲，江湾；咸水湖，（与海相连的）河口；海湾；河口湾；入海河口；潮区
　～ de marée　潮汐河口
　～ de rivière　河口湾
　～ ouvert　不冻河口湾，不冻感潮河口，开敞河口湾

estuarien a　海湾的，河口湾的，三角湾的

et conj　和，及，与；而且，又

établi m　工作台；机架
　～ à cintrer　弯管工作台，弯钢筋工作台
　～ à plier　弯管工作台，弯钢筋工作台
　～ d'ajusteur　装配工工作台，钳工工作台
　～ de maçon　造型台
　～ de menuisier　细木工工作台
　～ de serrurier　钳工工作台

établir v　编制，建立，规划，制定，规定，确立，计算
　～ en double exemplaire　一式两份
　～ le contact　接点闭合
　～ le courant　通电
　～ le prix de revient　制定成本
　～ le procès-verbal d'une réunion　编制会议记录
　～ le projet　制订方案
　～ les dossiers d'appel d'offres　编标
　～ un prix　规定价格
　～ un projet　立项
　～ un tarif　制定运价表
　～ une balance　冲账
　～ une communication　建立通信联络
　～ une facture　开发票

établissement m　建[设]立，确定，编制，制定；设施，机构；公司，企业，部门，机关，组织，（机构所在的）建筑物，安装，设置，工厂，信息编制中心
　～ commémoratif　纪念性建筑
　～ commercial　商业机构
　～ d'expérience technique　科技研究中心
　～ d'un canal　开运河
　～ d'un projet　方案设计
　～ d'une carte　编图
　～ de la feuille de route　填写货运单
　～ de la pente　确定坡度
　～ de la précontrainte　预加应力，预加应力法
　～ de levé géotechnique　工程地质测绘
　～ de projet　立项
　～ de roulement du matériel à voyageurs　客车调度室，客调
　～ de tarifs directs internationaux　编订国际直通运价表
　～ des budgets　制定预算
　～ des écritures　填写运送票据
　～ des levés géologiques　编制地质资料
　～ des normes　制定定额
　～ des plans routiers　制定道路规划
　～ des prix de revient　计算成本
　～ du programme géotechnique affiné　编制详细

的地质勘查预案
~ du programme routier　制订道路方案
~ du revêtement routier　路面修筑
~ du tracé　定线,定测
~ financier　金融机构
~ industriel　工业企业
~ urbain　城市设施

étagé *a* 梯状的,阶梯状的;一层层的,按层次排列的

étage *m* 级,带,层,段,阶,世,区,楼层,地层,阶段,时期,分层,分段,梯段,中段;水平,中段水平层;(江河的)最低水位
~ basse pression　低压级
~ centrifuge　离心式压气机的级
~ changeur de fréquence　变频级,变频器
~ compteur binaire　二进制计数级
~ convertisseur　变频级
~ correcteur　校正级
~ courant　标准层
~ d'amplification　放大级
~ d'attaque　驱动级
~ d'emmagasinement (programmateur de commande d'itinéraire)　磁芯板(进路程序控制)
~ d'entrée　输入级
~ de comble　阁楼,顶楼层
~ de compression　压缩级
~ de criblage　筛板
~ de frein de voie　线路制动位
~ de modulation par impulsions　脉冲调制器;脉冲调制级
~ de présélection　预选级;前置选择器
~ de pression　压力级
~ de puissance　功率级;功率梯度
~ de sortie　输出级
~ de tampon　缓冲级
~ déphaseur　反相级,倒相级
~ s des combles　顶楼层,阁楼
~ haute-fréquence　高频级
~ intermédiaire　(楼房的)中间层,中间级,缓冲级
~ limiteur　限幅器,调制级
~ mélangeur　混频级
~ modulateur　调制器,调制级
~ moyenne-fréquence　中频级
~ pilote　主控振荡器;主振级
~ préamplificateur　前置放大级
~ séparateur　缓冲级,分离级
~ sous le toit　阁楼,顶楼层,顶楼,顶层,屋顶层
~ technique　设备层
terrain en ~　梯地

étagement *m* 按层次分布,阶梯式分布,一层层排列

étagère *f* 格,架,存放架
~ de batterie　蓄电池架

étai *m* 支柱,坑柱,矿柱,支撑,横梁,压杆,斜支柱,加劲梁,垛间支撑
~ de galerie　导坑支柱,坑道支柱
~ de mine　坑木
~ du coffrage　模板支撑
~ incliné　斜杆,斜撑,斜支柱
~ oblique　斜撑,斜支柱
~ provisoire　临时支撑[支柱]
~ tubulaire　管支柱

étaiement *m* 固定,加固,支撑,加强支柱,支架;支护
~ auxiliaire　辅助支撑
~ d'une surface horizon　水平支撑
~ de coffrage　脚手架,工作架,模板支架
~ de l'ensemble du tablier　满堂支架
~ roulant　移动式支撑架

étain *m* 锡(Sn)
~ à souder　焊锡
~ alluvial　冲积锡
~ commun　锡块,锡锭
~ d'alluvion,~ alluvionnaire　砂锡矿
~ de bois　纤锡矿
~ de glace　铋(Bi)
~ de roche　脉锡矿
~ en blocs　锡块,锡锭
~ en fusion　熔化锡
~ en larmes　粉粒状锡
~ en saumons　锡块,锡锭
~ fusible　锡片熔断器
~ métallique　金属锡
~ natif　自然锡
~ noir,~ oxydé　锡石
~ oxydé granuliforme　褐色锡矿石
~ pyriteux　黄锡矿

étale *m* 无风,无浪,无风区,停潮,平潮,憩潮
  ~ de basse mer 低潮
  ~ de haute mer 高潮
  ~ de courant 平潮;滞水,死水
  ~ de pleine mer 满潮,高潮
  ~ supérieur 高潮,满潮
étalement *m* 展开,扩展,扩张(大洋),展布;铺设,陈列;漫流,流散,流展
  ~ de bande 波段扩展,频带展宽
  ~ des contraintes 应力扩展
étaler *m* 扩展,开展;分布;膨胀
étaleur *m* 分布机,撒布机,撒铺机
  ~ de bande 波带扩展器
  ~ de béton 混凝土分布机,混凝土摊铺机
étalon *m* (计量)标准,规格;样件;标准件(对比用),标准试样
  à ~ 光度标准,标准光源
  ~ d'intensité lumineuse 光强标准,一次光强标准
  ~ de fréquence 频率标准
  ~ de mesure 测量标准
  ~ de référence 校准的标准
  ~ de temps 时间标准
  ~ Hefner 亥夫纳烛光标准
  ~ national 国家标准
  ~ photométrique 光度标准,二次标准灯,光度基准灯
  ~ primaire 原始标准
  ~ prototype 原型标准样件
  ~ radioactif 放射性标准
  ~ secondaire 副标准,参考标准
étalonnage *m* 标准化,规格化;校准,率定,标定,标准件鉴定;刻度;分度;量口径,定径
  ~ de l'un par rapport à l'autre 相互校正
  ~ des barres 测杆校准
  ~ optique 仪器光学率定,光学校准
  ~ périodique 定期校准
  ~ stroboscopique 频闪校验法
étalonné *a* 标准化的;已校准的
étalonnement *m* 标定;标准化
étalonner *v* 校准,检定,标定,定口径,分度,刻度;标准化,规格化
  ~ un instrument 校准仪表
étalonneur *m* 校准器,振幅测量器
  ~ d'amplitude(s) 振幅校准器,振幅测量器
étamage *m* 镀锡,包锡;镀锌;电镀
  ~ au zinc 镀锌
  ~ électrolytique 电解镀锡
  ~ rapide et superficiel par galvanoplastie 快速表面电镀锡
étamé *a* 镀锡的
étamer *v* 镀锡
étamine *f* 筛布
étampe *f* 冲模,锻模,模具;冲头
  ~ inférieure 下模,底模
  ~ supérieure 上模,顶模
  ~ universelle 万能模具
étampeuse *f* 冲床,锻压床
étamure *f* 镀锡
étanchage *m* 密封,使密封;密封垫
étanche *a* 密封的,紧密的,密封的,紧闭的,不透水的,不漏气的,水密的
  ~ à l'air 不透气的,不漏气的,气密的
  ~ à l'eau 不透水的,防水的
  ~ à l'huile 不透油的
  ~ à l'humidité 防潮的
  ~ à la poussière 防尘的
  ~ à la vapeur 放蒸汽的,气密封的
  ~ au gaz 气密的,不漏气的,气封的
  ~ contre les poussières 防尘的
  ~ contre poussière 防尘的
  ~ sous pression 加压密封的
étanchéifiant *m* 油灰,泥子
étanchéification *f* 密封;防水层
étanchéifier *v* 使不漏气,使不漏水;密封,封闭
étanchéité *f* 封严,紧度,密封,密封性,密闭度,气密性,防水性,紧密度,不透水性,不渗漏性;工程防潮,建筑物防潮
  ~ à l'air 气密性,不透气性,不漏气性
  ~ à l'eau 防水,不透水性,水封,防水性
  ~ à pression 耐压性,压力密封
  ~ au feu 防火性
  ~ automatique 自动密封,自封作用
  ~ aux fuites 防泄漏性
  ~ aux gaz 不透气性
  ~ contre l'humidité du sol 防潮性
  ~ de surface 表面密封,表面不渗透性
  ~ des chemises des cylindres 汽缸套的防水性

~ des enveloppes de circulation d'eau 水套的密封性
~ des joints 接缝密封
~ des tabliers des ponts 桥面不透水性
~ du revêtement 路面密封性
~ hydraulique 液压密封
~ latérale 侧边止水
~ multicouche 多层(做法)防水
~ par l'emploi de produits hydrocarbonés 用沥青材料防水
~ perturbée 密封性被破坏

étanchéité-couche f 不透水层
~ de roulement 行车道不透水层

étanchement m 填缝,嵌缝,止流,止水,密封,封层;去水,干燥;抽水,疏干;防漏,防渗,防水层,铺筑封层,防渗铺盖
~ bitumineux 沥青封层,沥青防水层
~ de constructions établies dans la nappe 防水层
~ du sol 土壤防水层
~ du terrain 地面防水层,下层土防水

étancher v 密封,止流,封闭,堵塞,防水,防滴漏;压实,使不漏水,使不透水,阻止水流出,疏干,排水
~ une source 堵塞水源,止流

étançon m 斜撑,支撑,支柱,立柱,支架,支撑物
~ à caractéristique raide 主柱
~ à frottement 摩擦(式)支柱
~ à portance 承载支柱
~ auxiliaire 辅助支撑
~ convergent 扇形支撑
~ de fondation 基础支撑
~ des fondations 基础支柱
~ s en ligne 密集支柱,排柱
~ s en tuyaux Dorgue 密集支柱,排柱
~ hydraulique 液压支柱
~ provisoire 临时支撑,临时支柱
~ réglable 可调整支柱
~ rigide 刚性支撑
~ tubulaire 管式支柱

étançonnage m (用支柱)支撑,架设支柱,安装支柱
étançonnement m 用支柱加固
étançonner v 用支柱支撑
étançonneur m 支柱工,支护工

étanfiche f (采石场的)石层总高度,矿层厚度
étang m 池塘,水塘,浅湖
étant donné 鉴于,由于
étape f 级,阶段[级],步骤,期,程度,
~ chaussée 铺路面阶段
~ d'aménagement 布置阶段
~ d'un programme 计划阶段
~ de charge 荷载增长;受荷阶段,荷载程度
~ de construction 施工阶段
~ de terrassement 土方工程阶段
~ diagénétique 成岩阶段
~ épigénétique 后生作用阶段,表生作用阶段,外生作用阶段
~ expérimentale 实验阶段

état m 状态,工况,状况,条件,情况;位置;表,清单,目录,统计表;身份;国家(词头 é 大写)
~ 《néant》 无事可记的报单,无字报单
à l'~ de 成……状态,以……方式
~ acomptes IBS 公司利润税
~ actif 活化状态,活动状态
~ actuel 现状
~ adiabatique 绝热状态
~ s africains associés 非洲联系国
~ anhydre 无水状态
~ après vidange 水位下降状态
~ atmosphérique 天气状况,气象条件
~ avant vidange 高水位状态
~ colloïdal 胶态
~ commutant 变化状态
~ compact 密集状态,致密状态
~ comptable 财会报表,计数状态
~ cristallin 结晶状态
~ critique 临界状态,险境
~ d'agrégation 聚集状态
~ d'aimantation cyclisymétrique 对称式循环磁化状态,对称式周期性磁化状态
~ d'aménagement 布置情况
~ d'apesanteur 失重状态
~ d'avancement des travaux 工程进展情况
~ d'échange 车辆交换清单
~ d'élaboration 加工状态
~ d'énergie 能量的状态
~ d'entrée 输入状态
~ d'entretien 保养状态

~ d'entretien d'un véhicule 某一车辆保养状况
~ d'équilibre 平衡状态
~ d'équilibre élastique 弹性平衡状态
~ d'équilibre plastique 塑性平衡状态
~ d'être prêt à l'exploitation 达到交付使用状态
~ d'exploitation 运用状态,运营状态
~ d'inertie 惰性状态
~ d'occupation d'une ligne 线路占用
~ d'urgence 紧急状态
~ d'usure 磨耗程度
~ de caisse 现金收支表
~ de charge 充电状态,受荷状况
~ de chargement 装车情况
~ de circuler 运行状态
~ de compression 压实度,压实性
~ de contrainte 应力状态
~ de contrainte à un axe 单向应力状态
~ de contrainte multiaxiale 多轴应力状态
~ de décompression 降压极限状态
~ de déformation 应变状态,形变状态
~ de dispersion 分散状态,扩散状态
~ de droit 法治国家
~ de fissuration 开裂极限状态
~ de flux magnétique négatif 零状态
~ de flux magnétique positif "1"状态
~ de fonctionnement 运转情况,工作状态,工况
~ de frai 费用清单
~ de l'ouverture des fissures 裂宽的极限状态
~ de la marchandise 货物状态
~ de livraison 交货状态
~ de matériel 材料表
~ de mouvement 运动状态,运行状态
~ de présence 产状
~ de présence de couche 地层产状
~ de présence de jointe 节理产状
~ de rapprochement 对账表
~ de régularisation 对账单
~ de répartition d'indemnité 损失赔偿分配清单
~ de repos 休止状态,静止状态
~ de rupture 破坏阶段

~ de saturation 饱和状态
~ de service 工作状态,作业状态
~ de siège 戒严状态
~ de situation 财务状况
~ de sortie 输出状态
~ de surface 表面状态
~ de temps 天气状态,天气状况
~ de tension 张力状态,受力状态;应力状态
~ de veille 调用状态,呼叫状态;夜间值班,值班
~ de viabilité 使用状态;道路的可通车状态;施工前准备工程的状况
~ demandeur 申请国
~ des câbles 电缆配线图
~ des pièces avariées 破损零件清单
~ des travaux 工程进行情况
~ du marché 市场状况,市况
~ du sol 土壤状态
~ durable 持久状态
~ dynamique 动态,活跃状态
~ élastique 弹性状态
en tout ~ de cause 不管怎样,在任何情况下
en ~ de 能够
en ~ de fonctionner 可使用的,有工作能力的
en ~ de marche 行驶状态
en ~ de rouler 可运行的,有运行能力的
en ~ de service 处于运行状态,可使用的,有工作能力的
en ~ de circuler 处于走行状态
~ excité 激磁状态
faire ~ de... 重视,依靠,指望;考虑到;以……为依据;引证;提及
~ fermé 密闭状态
~ financier 财务报表
~ fluide 流体状态
~ fondamental 基本状态,基础状态,基本条件
~ gazéiforme 气态
~ gazeux 气态
~ grenu 颗粒状态,粒状
hors d'~ de 不能
~ hors d'équilibre 不平衡状态
~ hygrométrique 湿度状态
~ impôts sur les bénéfices 资产状况,利润税
~ initial 初始状态,原始状态

~ intermédiaire 中间状态
~ interruptible 可中断状态
~ limite 极限状态,极限条件,限制状态
~ limite de service(ELS) 使用极限状态
~ limite ultime 极限状态
~ liquide 液态
~ macroscopique 宏观状态
~ majeur 谋略机构
~ membre 成员国,会员国
~ membre bénéficiant d'une dérogation 享有例外的成员国
~ membre de l'Union Européenne 欧盟成员国
~ s membres fondateurs 创始成员国
~ métastable 准稳态,介稳状态,亚稳态
~ météorologique 气象条件
~ microscopique 微观状态
~ momentané 暂时状态
~ moniteur 管理程序状态,监督系统状态
~ natif 天然状态
~ naturel （土壤）自然状态,天然状态
~ neutre 中和状态
~ normal 正常状态,正常条件
~ normalisé 标准状况,正常情况
~ ondulé 波纹状态
~ opérationnel 持久状态
~ plan de tension 平面应力状态
~ plastique 塑性状态
~ polaire de l'huile 油的良好及不良状态
~ pour réclamation d'indemnités pour parcours à vide 空车行程赔偿要求书
~ radiologique de référence 自然环境放射性水平
~ récapitulatif 汇总表,决算表
~ rectificatif 订正单,勘误表
~ séché à l'air 空气干燥状态
~ semi-solide 半固体状态
~ solide 固态
~ solide avec retrait 半固体阶段(土壤)
~ solide sans retrait （土壤）固体状态,固态
~ souverain 主权国家
~ stable 稳定状态
~ stationnaire 稳定状态
~ statique 静态
~ s successifs 连续状态

~ superficiel 表面状态;路面状态
~ sur la nation 国情咨文
~ tridimensionnel de déformation 三维变形状态;空间变形状态
~ s-Unis d'Europe 欧洲合众国
~ vide de charge 无荷载状态
~ zéro （磁环）零态
étatisation f 国有化
étatiser v le chemins de fer 实行铁路国有化
étau m 手钳,夹钳,夹板;老虎钳
~ à vis 螺杆虎钳
~ d'établi 台虎钳
~ d'établi à pied 带脚台虎钳
~ parallèle 平口虎钳
~ pour les tubulures 管子台钳
~ tournant sur socle 旋转虎钳
étau-limeur m 牛头刨床
~ de précision 柚管牛头刨床
étayage m 支撑,临时撑,加固撑;支柱;固定,加固,加强
~ auxiliaire 辅助支撑
étayement m 支撑;天花板,支撑板
étayer v 支撑,支持;固定
étayle f 乙烯
etc(et cætera) 等等
été m 夏,夏季
éteindre v 衰减;熄灭;切断
~ la lumière 关闭灯光,熄灭灯光
étendage m 铺开,使干;干燥室
étendelle f 片理,节理
étendre v 伸出,展开,铺开,伸长,伸直,拉直,拉长;扩大,扩张;加水调稀,稀释;干燥
s'~ 伸展,延伸,扩展
étendu a 展开的,伸展的,延伸的;稀的,淡的
étendue f 幅员,大小,面积,区域,范围;伸展,扩展,走向;延续时间,持续时间
~ à trois dimensions 三度空间,三维空间
~ d'action 控制范围,活动范围
~ d'action correctrice 校正范围
~ d'eau 水域
~ d'un contrôle 检验范围
~ d'un filon （矿）脉的延伸长度,矿脉走向
~ de la fourniture 供应范围,提供范围
~ de la grandeur de correction 浮动率;校正量

范围
~ de la surface apparente　视表面积
~ de la température　温度范围
~ de mesure　标度尺的工作部分,测程,测量范围
~ de réglage　控制范围,调节范围
~ de régulation　控制范围
~ de ses compétences　职权范围
~ des connaissances　知识面
~ des pouvoirs　权力范围
~ des travaux　工程范围
~ du quartier　采矿地段的面积,采区面积
~ élasto-plastique　弹塑性范围
~ latérale　侧向延伸,两侧延伸
~ relative d'action　相对控制范围,相对活动范围
~ utile　有效范围

éthanal　*m*　乙醛
éthane　*m*　二甲基,乙烷
éthanol　*m*　乙醇,酒精
éthène　*m*　乙烯
éther　*m*　醚,乙醚;以太
~ absolu　无水醚
~ acétique　醋酸乙酯
~ anesthésique　麻醉(用)醚
~ cellulosique　纤维素醚
~ de méthyle　甲醚;甲基醚
~ de pétrole　石油醚
~ éthylique　乙醚
~ formique　甲酸甲酯;甲酸酯
~ mixte　混醚
~ vinylique　乙烯醚

éther-oxyde　*m*　醚
éthiopsite　*f*　硫化汞
ethmolite　*f*　漏斗状岩盘,岩漏斗
éthologie　*f*　个体生态学,习性学
éthybenzène　*f*　乙基苯
éthylation　*f*　d'essence　乙基汽油
éthylbenzène　*m*　乙基苯,乙苯,苯乙烷
éthyle　*m*　乙基,乙烷基
éthyle-alcool　*m*　乙醇,酒精
éthylène-copolymère-bitume(ECB)　乙烯—共聚物—沥青
éthylène　*m*　乙烯,次乙基

éthylidène　*m*　亚乙基
éthyne　*m*　乙炔
étiage　*m*　最低水位,浅水,枯水期,枯水位,(江、河)低水位;低潮位;枯水流量,低水流量
~ amont　上游枯水期,上游最低水位
~ aval　下游枯水期,下游最低水位

étier　*m*　盐田小渠;海滨小水渠
étincelage　*m*　触发,飞弧
étinceler　*v*　发火花,闪烁
étinceleuse　*f*　电火花机
étincelle　*f*　火花,火星;闪光,电火花,光泽
~ à impulsions　速熄火花,猝熄火花
~ aux balais　电刷火花
~ chaude　强火花
~ d'allumage　引燃火花;点火火花
~ de court-circuit　短路火花
~ de décharge　放电火花
~ de fermeture　闭合火花
~ de rupture　断电火花,切断电流时的火花
~ disruptive　击穿火花
~ étouffée　速熄火花,猝熄火花
~ musicale　歌弧,发声火花
~ nourrie　强火花

étindite　*f*　白榴霞岩
étiquetage　*m*　贴标签
~ d'identité　张贴发货人证明货物符合声明的标签
~ du wagon　插车牌,贴车辆标签,贴车辆修理票

étiqueter　*v*　贴标签
étiquette　*f*　标签,签条,标牌
~ à bagages　行李标签
~ accessoire　辅助标记
~ d'acheminement　运送经路标签
~ d'instruction à suivre en cas de défaillance du conducteur　司机运行故障处理条例
~ de colis express　快运包裹标签
~ de danger　危险品标签
~ de lotissement　直达列车车辆标签
~ de rapatriement　车辆回送标签
~ de réforme　待修车辆标签
~ de transit　中转标签
~ de wagon　货车标签
~ de wagonnage　零担货车运送标签
~ gommée　带胶标签,不干胶标签

~ pour le rapatriement des véhicules 回送车辆标签
étiquette-adresse *f* 地址标签
étiquette-matière *f* 材料标签
étirable *a* 可拉长的,可拉伸的,可伸长的,可延伸的
étirage *m* 拉长,拉伸,拉拔,拔制,拔丝;拉伸件,轧制,压延
~ à chaud 热轧
~ à froid 冷拉,冷拔,冷轧
~ à froid de l'acier 冷拔钢,冷拉钢
~ de fil 拔丝
étiré *a* 拉长的,伸长的,拉伸的(结构)
étirement *m* 延伸;伸长作用,拉伸,拉延,拉拔;伸延
~ en fréquence 频率牵引
étirer *v* 拉长,拉拔,伸长,延长,拖曳
~ le fil 拉丝
~ un ressort 将弹簧拉长
étireur *m* 拉丝机,拔丝机
étireuse *f* 拉丝机,拔丝机
etitretacs *f* 沉排;柴垫
~ de fascine 沉排,梢荨,柴排席
~ de fondation 基础底板
~ de protection 防护用柴排
~ flexible 柔性梢排
étocs *m. pl* 暗礁,海岸边明礁
étoffe *f* 编织品,织物,织品;材料,布
~ de coton 棉织品,棉布
~ filtrante 滤布
étoilé *a* 星形的
étoile *f* 星状物;星形发动机;道路的交叉点,十字路口
étoilement *m* 星形裂缝
étonnement *m* 金刚石上的白斑,金刚石上的裂纹
étonnure *f* (金刚石上)白斑,金刚石的裂纹
étoquiau *f* d'une lame de ressort 扁弹簧片的中心窝头
étouffement *m* 扼止,抑制,遏止;停止;熄灭,熄弧,窒息
étouffer *v* 熄灭,消除;堵塞
étouffeur *m* 灭火器,熄弧器,噪声抑制器
~ de bruit 消音器
étouffoir *m* 火花熄灭器,熄弧器

étoupe *f* 麻屑,密封材料;填料,麻刀;盘根
~ à calfater 填缝麻屑
~ de calfatage 堵缝麻刀
~ de cordes 麻絮
étouper *v* (用麻屑)填塞
étoupille *f* 起爆(雷)管,火药线,导火线
étourdissement *m* 接受机关闭效应;光线(电波)遮断效应;电子管通过强短脉冲后暂时失去灵敏度现象
étramylarite *f* 硅化碎裂岩
étranger, ère *a* 外国的
étrangeté *f* 奇异性
étranglé *a* 收缩的,压缩的;扼流的,变薄的,尖灭的
étranglement *m* 收窄,节流;收缩,缩小,变薄,尖灭;狭缩
~ d'un filon 矿脉尖灭
~ d'une couche 岩层变薄
~ des gaz 气体节流
~ naturel du lit 河床天然狭缩
étrangler *v* 收缩,节流,勒紧,扼,阻塞
~ la vapeur 节流蒸汽
étrave *f* V形除雪犁;V形犁片;V形刀片;分力板
~ chasse-neige 除雪犁
être *v* 是;有;存在,生存;在
~ à 属于;应该
~ aiguillé sur 加到……上,指向
~ commandé à partir de l'un des deux postes de conduite de la locomotive 由一端司机室操纵
~ communiqué à un tiers 交予第三者
~ constant 不变的
~ couché 倒下的,躺下的
~ de 来自;属于
~ de l'ordre de 约为
~ de service 值班
~ d'inverse de la rotation d'une horloge 反时针方向的
~ différencié par 被……微分
~ documenté 写成文件,作为资料
~ en accord avec 跟……一致,吻合
~ en bénéfice 是盈利的
~ en communication avec 跟……联系,接触
~ en concordance avec 跟……一致,吻合
~ en contact avec 跟……接触
~ en contradiction avec 跟……矛盾

~ en corrélation avec 跟……相关
~ en correspondance avec 跟……一致，对应
~ en déficit 亏损的，产生逆差的，有赤字的
~ en envahi de 被覆盖的，被充满的
~ en exploitation commerciale 已交付运营，对外运营，在运营中
~ en relation avec 跟……有关系
~ en retard dans le paiement 拖欠应付款
~ entraîné par 被拖走，被驱走，受影响
~ fort de...mm 粗……毫米
~ gratté 被刮的，被刮改的
~ habilité à faire 有权做
~ hors service 报废的
~ incorporé à 安装在……上的，连在……上的
~ issu de la transformation 经改造的，经改进的
~ joint en annexe 附在附件上的
~ l'objet de 是……的对象，目标
~ légèrement enterré 浅埋的
~ légèrement positif 略大于零的
~ livré enroulé sur couronne 交付时卷在环上
~ lu sur 从……中读出，从……中看出
~ luisant de pluie 因雨水冲洗而发亮
~ matérialisé par 因……而生效
n'~ pas homologué 未经认可的
~ non averti au préalable 事先未得通知
~ peu consommatrice d'espace 占地面积小
~ plusieurs fois renversé 被多次推倒的
~ posé à fleur de sol 放在地面
~ préjudiciable tant pour X que pour Y 对X和Y均有害，对X和Y均不利
~ proche de 接近于
~ profondément économisatrice d'énergie 能节约大量能源
~ profondément remodelé 完全改变式样，经彻底改装
~ proportionnel à 与……成正比
~ rechargeable(batterie) 可再充电的（蓄电池）
~ rectifié à la meule 研磨过的，整直的，磨平的
~ redevable de 应支付罚款
~ réticulé 成网状的
~ sans tension 不受压；不带电，无电
~ situé dans un climat humide et brumeux 处在潮湿与多雾的气候中
~ situé dans une atmosphère sèche 在干燥环境中
~ soumis à des actions d'agression 被腐蚀
~ sous tension 受压的；带电的
~ strié 带槽的，已掏槽
~ trempé HF 高频淬火
~ très fluide 流动性能良好的
~ une fraction du courant de pleine 小于满载电流
~ utilisé en 用作
~ venu en discussion 待讨论的
~ voilé 变得不清楚的
~ voisin de 接近于

étrécir v 使狭，使窄，使狭窄，使收缩，使缩小

étrécissement m 使狭，收缩，收敛，变窄，变狭，狭缩，缩小

étreindre v 紧束；收紧；收缩

étreinte f （岩层、矿层）狭缩，收缩，收紧，压缩；束紧
~ d'origine tectonique 构造压缩
~ latérale 侧限
~ radiale 径向压缩

étrépage m 清除草皮；挖除草皮

étrésillon m 支柱，支撑，角撑，系杆，链条，撑杆，斜撑，顶柱支撑，对角系杆，加劲梁，（水平）支撑加劲梁，支墩间撑梁
~ croisé 交叉支撑
~ d'échafaudage 脚手架斜撑
~ de contreventement 加劲梁，支墩间撑梁
~ en travers 横支撑

étrésillonnage m 斜撑加固，支撑

étrésillonnement m 斜支撑加固

étrésillonner v 支撑，支护，用支撑加固，用斜支撑加固

étrier m 环，夹；钢箍，卡箍，箍，链节，吊链；夹子，吊环，吊耳；支架，连接构件；蹬形铁件，箍筋连杆，U形螺栓，A形夹，箍筋（钢箍混凝土中的）
~ à vis 螺纹卡箍
~ d'assemblage de boîte à huile 轴箱蹬形安装架
~ d'attelage D形环，链钩连接环
~ de connexion 连接夹；导电箍
~ de fixation 固定卡箍
~ de levage 起重机吊环
~ de ressort 扁弹簧卡箍

~ de sécurité 安全环
~ de serrage 箍紧环,夹紧卡箍
~ de sûreté 安全箍

étroit *m* 走廊,隘口
étroit, e *a* 狭的,窄的,狭小的,严格的,严密的,紧紧的,紧密的,(面积或体积)小的,密切的
étroitesse *f* 狭窄,狭小
étropite *f* 蜡硅锰矿
éttringite *f* 钙铝矾,钙矾石;水泥杆菌(水泥受硫酸盐侵蚀的喻语)
étude *f* 学习,研究,分析,考察,调查,实测,勘测,设计,勘查,探索,筹划
~ à l'œil nu 肉眼观察
~ à la loupe 放大镜下研究
~ analytique 分析性研究
~ analytique des coûts 造价分析
~ au fluoroscope 荧光分析
~ au microscope 镜下鉴定
~ au stade de l'avant-projet détaille 在设计阶段;在详细初步设计阶段
~ aux rayons X X射线分析
~ cartographique 图纸设计
~ commune d'un véhicule 共同对车辆进行研究
~ comparative 比较设计方案,比较研究
~ comparée 对照研究,对比研究
~ d'assainissement 排水设计
~ s d'assainissement (buse) 排水设计(圆管涵)
~ s d'avant projet détaillée (APD) 详细初步设计
~ s d'avant projet sommaire (APS) 简单初步设计
~ d'avant-projet 初步设计,初步研究
~ d'économie routière 道路经济研究
~ d'ensemble 总体研究,总体调查;综合调查,综合研究
~ d'exécution de tunnel 隧道施工图设计
~ s d'exécution 施工图设计
~ d'impact (environnement) (道路、水坝、工业设施等)大型工程的环境设计、环境影响研究(报告)
~ d'Impact Environnement (EIE) 环境影响设计
~ d'impact sur l'environnement 环境影响评价
~ d'origine-destination (路线)起讫点调查
~ d'ouvrages d'art 人工构造物研究,人工构造物考察;桥涵设计,道路结构物设计
~ d'un projet 方案研究
~ de béton 混凝土设计,混凝土配合比设计
~ de circulation 交通流量研究
~ de comparaison 比较方案,比较研究
~ de complément 补充研究;补充勘探
~ de composition (沥青混合料或水泥加固土等的)配合比设计
~ de conception 规划设计,规划性设计;概念设计,概念性设计
~ s de couloirs de tracé 路线走廊设计
~ de détail 详细研究;详勘
~ de faisabilité 可行性研究,可行性论证
~ de faisabilité technico-économique 技术—经济可行性研究
~ de faisabilité routière 道路可能性考察,道路可行性研究
~ de fatigue 疲劳研究
~ de formule (沥青混合料或水泥加固土等的)配合比设计
~ de grande reconnaissance 区域调查
~ s de l'échangeurs 互通立交设计
~ de l'avant-projet 初步设计方案
~ de l'énergie hydraulique 水力调查
~ de la chaussée 路面研究
~ de la circulation d'origine-destination 交通起始点调查
~ de la compaction 压实研究
~ de la composition 配料设计;混合料配合比设计,综合设计
~ de la compressibilité 压实性能研究
~ de la fondation 基础设计,基础勘察,地基调查;路基调查
~ de la progression 洪水演算
~ de la progression des crues 洪水追迹(法)(洪水调节计算)
~ de marché 市场研究
~ s de paysage, ~ paysagère 景观设计
~ s de profil en travers 横断面设计
~ de projet 方案研究;设计调查,项目设计
~ de reconnaissance 踏勘;区域普查
~ de rendement 效益研究
~ s de rendements 经济效益的研究

~s de rentabilité 经济效果研究
~ de sensibilité 灵敏度测量,灵敏度研究分析
~s de signalisation 信号设计
~ de terres 土壤研究,土壤调查
~s de tracé 线路设计
~ de tracé d'un chemin de fer 铁路选线
~ de tracés 路线研究,线形研究
~s de trafic 交通量分析
~ de trafic 交通量研究
~ de trafic du tunnel 隧道交通研究
~s de tunnel 隧道设计
~ des constructions en acier 钢结构设计
~ des contraintes 应力分析
~ des éléments 构件设计;元件设计,部件设计
~ des nappes 地下水勘测
~ des ouvrages courants (cadre et dalot) 过水构造物设计
~s des ouvrages d'art et viaducs 构造物与高架桥设计
~s des ouvrages d'art non courants 非过水构造物设计
~ des parcours 交通流研究
~ des projets de route 道路设计研究;道路方案研究
~ des résistivités 电阻探测
~ des roches-réservoirs 储(油、气)层研究
~ des sciences 科学研究
~ des structures sur modèles 结构模型试验
~ détaillée 详细研究
~ déterministe 确定性研究,最终研究
~ diffractométrique X光衍射分析
~ du compactage 土壤压实方案
~ du comportement 性能研究
~ du comportement des joints 接缝性能的研究
~ du ferraillage 配筋设计,钢筋配置设计
~ du mouvement des terres 土方调配设计
~ du processus 作业过程的研究,操作方法的研究
~ du projet 方案的研究
~ du revêtement 路面研究
~ du sol 土壤勘查,地基勘查
~ du tracé en plan 平面线路的研究
~ économique 经济研究,经济设计
~ économique et financière 经济财务论坛

~s économique et financière 经济财政设计
~ effectuée au microscope électronique 用电子显微镜进行研究
~ élastique 弹性设计
~ empirique 经验设计
~ en bureau 内业设计,室内设计
en ~ 在设计阶段;在详细初步设计阶段
~ en général 普查,总体设计
~ en laboratoire 实验室研究
~ en lame mince 薄片鉴定
~ en lumière polarisée 偏光镜下研究
~ expérimentale 实验研究
~ expérimentale de la poussée des massifs 土块推力实地试验
~s générales 总体规划
~s générales divers 研究一般性问题
~ géoélectrique (par résistivité) des sols de fondation 基础土壤的地电研究
~ géologique 地质勘探,地质调查,地质研究
~s géologique et géotechnique 地质和地质工学研究
~ géométrique 几何学研究,线形考察(研究)
~ géomorphologique 地貌研究,地貌测量
~ géophysique 地球物理勘探
~ géotechnique 工程地质勘查,土壤物理力学特性勘查,地层勘测,地质工程研究
~ globale de transport 使用土地运输调查,用地运输调查
~ graphique 图解分析
~ gravimétrique 重力勘探,重力探矿
~ hydraulique 水力分析
~ hydraulique générale 总体排水设计
~ hydrogéologique 水文地质研究,水文地质调查
~ hydrologique 水文设计,水文调查
~ limite 极限(状态)设计
~ lithologique 岩性分析
~ logique 逻辑设计
~ magnétométrique 磁法勘探
~ métallogénique 成矿研究
~ métallographique 金相研究
~ micrographique 显微照相研究
~ microtectonique 岩石的微构造分析
~ minéralogique 矿物分析

~ morphologique 地貌分析,地貌测量
~ optimum 优化设计
~ optimum séismique 优化抗震设计
~ optimum structurale 结构优化设计
~ paléo morphologique 古地貌分析
~ par sondage de la circulation 交通量测研究
~ parcellaire 占地图(小块土地)设计
~ particulière 特殊研究,特种研究,特别研究
~ pétrofabrique 岩组分析
~ photogrammétrique 摄影测量
~ physico-mécanique 物理—力学研究
~ plastique 塑性理论设计,极限(强度)设计
~ poste-accidentelle 事故后研究分析
~ s pour la décoration 装修设计
~ préalable 初测,预测,预设计,预研究,初步设计,可行性研究
~ préliminaire 预测,初步设计,初步研究,初始研究,方案设计,可行性研究
~ préliminaire [préparatoire] 初勘,初步调查
~ s préliminaires (EP) 前期设计,(初步设计阶段)方案;初步研究,初步设计,方案设计
~ probabiliste 概率研究
~ radiologique 放射性学
~ radiologique de point zéro 零功率,放射性学
~ radiométrique 放射性测量
~ radiométrique aérienne 航空放射性测量
~ régionale 区域研究,区域调查
~ routière 公路研究,道路研究
~ sismique 地震研究
~ sismique basée sur la réfraction 折射地震波法
~ spécifique 专题研究
~ s spécifiques de dangers (ESD) 危险评估
~ spectrographique 光谱分析
~ statistique 统计研究,统计分析
~ structurale 构造研究
~ sur l'exploitation 运营调查
~ sur l'uni 平整度研究
~ sur le confort 舒适性研究
~ sur le terrain 野外调查
~ sur maquette 模拟研究
~ sur modèle 模型实验,模型试验,模型分析
~ sur modèle hydraulique 水力模型试验
~ sur modèle réduit 缩尺模型研究

~ sur terrain 勘测,现场设计,外业设计,实地研究
~ synthétique 综合研究
~ tarifaire 运价研究
~ technique 技术设计,技术研究,技术考查
~ théorique 理论研究
~ topographique 测量设计,地形测量研究,地形图测量
~ type 定型设计,标准设计
~ urbaine 城市研究

étudier v 学习,研究
~ le tracé 研究线路,研究线形
s'~ à 致力于……,专心于……

étui m 箱,盒,罩,外套
~ à pétards 响炮外壳
~ de mathématiques 绘图仪器盒

étuvage m 干燥处理,烘干;(混凝土的)蒸汽养护
~ à la vapeur (混凝土)蒸汽养护
~ dans la vapeur saturante 混凝土蒸汽养护
~ total 全面烘干,全部干燥

étuve f 烘箱,干燥箱,干燥炉,烘干炉,烘干箱,恒温器;蒸汽养护室,蒸汽杀菌器,蒸汽浴室
~ à chauffer l'air 空气加热室
~ à circulation d'air 空气循环烘干炉
~ à moules 铸模干燥炉,铸模烘干炉
~ à passage continu 连续式烘干炉
~ à vide 真空干燥箱,真空干燥炉
~ atmosphérique 干燥室,烘干室
~ de dessiccation 干燥炉
~ de séchage 干燥箱
~ de vieillissement 加速橡胶老化炉
~ de vulcanisation 热硫化室
~ électrique 电烘箱,电气干燥炉
~ électrothermique 电热干燥箱
~ pour le traitement des agglomérés 混凝土预制块蒸汽养护室

euabyssite f 放射虫岩;优深海红泥
eubane m 尤斑石英
eucaïrite f 硒铜银矿
eucalyptus m 桉树
~ amygdalaire 杏仁状桉树
~ globuleux 小球状桉树
eudiomètre m 气体分析仪,气体燃化室,测气计,量气管,气体燃化剂

eugranitique *a* （真正）花岗状的,粒状的
euhedral *a* 自形的
euhédrique *a* 自形的,优形的
eukaïrite *f* 硒铜银矿
eukamptite *f* 水黑蛭石
eukolite *f* 负异性石
euktolite *f* 橄金云斑岩
eulérien *a* 欧拉的,欧拉定理的,欧氏定理的
euliminaire *a* 优[地槽]前陆的
eulite *f* 尤莱辉石（易溶石）
eulittoral *a* 真潮间带的;真沿岸带的,真浅海带的
eulysite *f* 榴辉铁橄岩
eulytite *f* 硅铋石
eumanite *f* 板钛矿
eunicite *f* 暗蒙脱石
euosmite *f* 水脂石
eupholite *f* 滑石辉长岩
euphotide *f* 槽化辉长岩
euphotique *a* 透光的
euphyllite *f* 杂钠钾西母,杂钠云绿泥石
euphyrique *a* 星斑状（结构）的
eupyrchroite *f* 细晶磷灰石（圆层磷灰石）
euralite *f* 铁叶绿泥石
Eurasie *f* 欧亚大陆
eurasien *a* 欧亚（大陆）的
Eureka 欧锐卡（一种雷达信标）
eurite *f* 霏细岩
euritine *f* 霏细碎屑岩（水底冲蚀霏细质岩石构成的）
euritique *a* 霏细质的,霏细状（结构）的
euro *f* 欧元（欧洲经济共同体统一货币单位）
Eurobitume（European Bitumen Association） 欧洲沥青协会
européen,enne *a* 欧洲的
eustasie *f* 海面升降,增减性海水面变化,水动型海面升降
eustatique *a* 水动型海面升降的,海面进退的,长存性的
eustatisme *m* 水动型海面升降,增减性海面升降,世界性海面升降
～ de déformation 地动性海面升降
～ diastrophique 地壳运动性海面升降
～ glaciaire 冰川性海面升降,冰期海面升降运动,冰成海面升降
eustratite *f* 透长辉煌岩
eusynchite *f* 锌钒铅矿
eutaxite *f* 条纹斑杂岩
eutaxitique *a* 条纹斑杂状的
eutectique *f* 共晶,低共熔体,低共熔点;*a* 共结的,共熔的,共晶的
eutectoïde *m* 易熔质,不均匀工熔体,类低共熔体,共析体,似共结物;*a* 共析的,类低共结的,似共结的
eutecto-oranite *f* 共结正歪长石,共结钾钙长石
eutecto-perthite *f* 共结纹长石
eutectophyrique *a* 共结斑岩的
euthal(l)ite *f* 方沸石
eutomite *f* 辉锑铋矿
eutrophe *a* 富营养的;富养分的
eutrophication *f* 富营养化,过滋育
eutrophie *f* 营养丰富;滋养湖;同族异序同晶（现象）
eutrophique *a* 富养分的,富营养的,富含营养物质的,中性的,同族异序同晶的
eutrophisation *f* 滋育,滋养,养分富集
euxénite *f* 黑稀金矿
euxinique *a* 静海相的,闭塞环境的
évacuateur *m* 泄水道,溢水道,排泄沟,放水闸,溢流闸[堰]
～ à bec de canard 鸭嘴式溢洪道
～ à coursier 斜槽式溢洪道,池槽式溢洪道
～ à jets croisés 交叉喷射式溢洪道
～ à pertuis étages 多层进水竖井式溢洪道
～ à saut de ski 滑雪道式溢洪道,挑流式溢洪道
～ automatique 自动溢洪道;自动泄水道
～ auxiliaire 辅助溢洪道
～ avec vanne 有控制的溢洪道,闸门控制溢洪道,闸控溢洪道
～ chenal d'évacuateur 溢洪渠
～ coursier d'évacuateur 溢洪槽
～ de col 凹口溢洪道
～ de crue 泄洪道,溢洪道
～ de demi-fond 中间层进水溢洪道,中高进水溢洪道
～ de secours 备用溢洪道
～ de surface 表孔溢洪道
～ de surface sans vanne 自流溢洪道,无控溢洪道

évacuation

～ du type Y　Y形溢洪道
～ en charge　孔口式溢洪道，淹没式溢洪道
～ en éventail　扇形溢洪道
～ en labyrinthe　迷宫溢洪道
～ en marguerite　菊花形溢洪道
～ en puits　井式溢洪道
～ en siphon　虹吸式溢洪道
～ en tulipe　喇叭形(竖井式)溢洪道，牵牛花形(竖井式)溢洪道
～ ouvert　开敞式溢洪道
～ par déversement　溢洪道
～ principal　主溢洪道

évacuation *f*　抽空，排出，排除，腾空，撤出，泵出，排放，排泄；分接，接出，排泄物

～ d'air　排风
～ d'air vicié　污浊空气排除
～ d'eau　排水，疏水
～ d'énergie (de la centrale)　输电，(从电站)能量传输
～ de chaleur　排热，放热
～ de crues　排洪水
～ de la fumée　排烟
～ de la neige　除雪
～ de la population　疏散人口
～ de la vapeur　排气
～ de neige　除雪
～ de projet　项目评估
～ des cendres　除灰
～ des crues　度汛，泄洪，排洪
～ des déblais　清岩，出渣
～ des débris　洒水；冲洗
～ des déchets radioactifs　放射性废物排放
～ des eaux　排水
～ des eaux pluviales　排雨水
～ des eaux usées　排除污水
～ des fumées　排烟(爆破后)
～ des fumées par cheminée unique　集中排烟
～ des fumées par cheminées individuelles　多烟囱排烟
～ des glaces　除冰
～ des poussières　排尘
～ des véhicules　畅行车流，无阻车流
～ du minerai　运矿石(从掌子面)
～ efficace de l'eau　水的有效排除
～ en masse　总体排放
～ et protection des usagers　人员撤离和保护
～ extérieure　室外排水
～ intérieure　室内排水
～ par grille　平箅式出水口排水
～ rapide　快速排水

évacuer *v*　消除；排除，排出，抽空
évaluable *a*　可估价的；可估计的
évaluateur *m*　估价人，评价人
évaluatif, ive *a*　用作估价的；用作估计的
évaluation *f*　估价，评价，评定，评估，鉴定；求值，计算，估算，预算，概算，发展，进展；演变，进化，变化

～ d'environnement　环境(影响)综合评价
～ d'irrigation　灌溉评价
～ de l'environnement　环境(质量)评价
～ de coût　费用估算
～ de la charge　荷载估算，荷载计算
～ de la perte de tension différée en fonction du temps　钢绞线应力损失随时间折减系数
～ de la qualité　质量评定
～ de projet　项目评估
～ de risque　危险性评定
～ de sûreté　安全评价
～ de sûreté du barrage　大坝安全评价
～ de sûreté sismique　地震安全性评价
～ des coûts et des avantages du projet　项目经济评价
～ des crues　洪水预计
～ des dégâts　损失评估
～ des effets sur l'environnement　环境影响评估
～ des frais　费用估算
～ des gîtes　矿床评价
～ des impacts prévisibles　可预见的影响
～ des offres　评标
～ des réserves　储量计算
～ des ressources d'eau　水资源评价，水资源评估
～ des routes　公路评价，道路评价
～ des travaux　工程估算
～ du trafic des marchandises　货运的演变，货运的发展
～ du trafic des voyageurs　客运的演变，客运的发展
～ économique　经济评估

~ économique d'un projet　工程项目经济评价
~ s économique et financière　经济、财政评估
~ quantitative　定量评价
~ rapide sur place　快速现场检定
~ technologique　技术评估
évaluer　v　估计,评价,评估,估算;计算
~ l'importance　评估影响程度
évanescence　f　逐渐消失,逐渐接近于零
évanouissement　m　消失;衰减,衰耗;消失
évansite　f　核磷铝石
évaporabilité　f　挥发性,汽化性
évaporable　a　可蒸发的,易蒸发的,挥发的
évaporateur　m　蒸发[蒸化、汽气]器,冷却器,冷却剂,盐水蒸馏器
~ à aspersion interne　内喷淋式蒸发器
~ à injection directe　直接喷射式蒸发器
~ à plaque　板式蒸发器
~ à régime interne sec　干膨胀式蒸发器
~ à serpentin　盘管[蛇形管]蒸发器
~ à tubes verticaux　立管式蒸发器
~ à vide　真空蒸发器
~ accumulateur de glace　结冰式蒸发器
~ alimenté par pompe　泵供液蒸发器
~ en cascade　串联蒸发器
~ en herses　栅栏式蒸发器
~ horizontal　卧式蒸发器
~ noyé　浸没式蒸发器
évaporation　f　蒸发(作用),挥发,汽化,发散,脱水,蒸发量
~ à partir des surfaces d'eau libre　地面蒸发;水面蒸发
~ à partir du sol　大地蒸发,地面蒸发
~ complète　完全蒸发
~ de réservoir　水库蒸发
~ de surface　表面蒸发,水面蒸发
~ des nappes d'eau　水面蒸发
~ efficace　有效蒸发
~ instantanée　闪蒸,急骤蒸发
~ intense　强烈蒸发,大量蒸发
~ potentielle　可能蒸发量(理论蒸发量),蒸发(能)力
évaporer　v　蒸发,挥发,汽化,散发,脱水
évaporimètre　m　蒸发计,蒸发仪
~ de sol　土壤蒸发计

~ potentiel　蒸发计
évaporite　f　蒸发岩;蒸发盐
évaporitique　a　蒸发的,蒸发岩的,蒸发盐的
évaporomètre　m　蒸发器,蒸发计
évapotranspiration　f　(土壤水分或植物体)蒸腾量;蒸发—蒸腾(量),总蒸发;蒸散
~ effective　有效蒸散发,有效总蒸发,有效蒸散,有效蒸发—蒸腾
~ potentielle　可能的蒸发—蒸腾量,蒸发—蒸腾能力
~ réelle　实际蒸发升腾(量),有效蒸发蒸腾(量)
évapotranspiromètre　m　水分蒸腾计
~ hydraulique　水力式(土壤)水分蒸腾计
évasé　a　加宽的,扩展的,膨胀的,张开的,张口的,开旷的
évasement　m　膨胀,展宽,扩大;漏斗,喇叭口,扩大口;斜面,斜削
~ du contrefort　支墩倾斜度
~ en entonnoir　漏斗喇叭口
évaser　v　加宽,扩展,扩大,扩充
évasion　f　漏泄,渗漏
~ du trafic　交通分流,客货流走失(转移到其他运输工具)
éveite　f　羟砷锰石
événement　m　事件,变化,事故,事变,事实;结局
~ centennal d'une 24h　24小时百年事件
~ s de mer　海上事件
~ de référence　参考事件[现象]
~ géologique　地质事件
~ s imprévisibles　难以预料的事件
~ initiateur　初始事件[现象],初始作用
~ ionisant　电离事件
~ magnétique　磁变事件
évenkite　f　磷蜡石
évent　m　出口,通风;排气道,通风管;进气孔,送风机,火山口;出气孔,通风孔,空气入口,导进气孔,火山管道
~ cylindrique　圆柱形火山管道
~ s du trépan　钻头上的孔
éventage　m　通风,换气;干燥
éventail　m　扇;冲积扇,扇形物;风扇,扇形窗洞;扇形的;同类的总称;a　扇形的,扇状的
~ alluvial　冲积扇
~ centrifugé　离心扇

~ d'alluvion　冲积扇
~ de ventilation　风扇，通风器
~ des prix　价格幅度
~ des produits　产品种类
~ des revenues　收入跨度
~ des salaries　工资跨度
~ des spécialistes　专家类别
~ des taux d'intérêt　利率跨度
~ des taux fiscaux　税率跨度
~ sous-marin　海底冲积扇，海底扇形地

éventement *m* 通风

éventualité *f* 偶然性；不肯定性，可能性，或然性；可能发生的情况

éventuel, elle *a* 偶然的；不肯定的，可能的，或然的

evergreenite *f* 硫英正长岩

évidé, e *a* 挖空的

évidement *m* 槽，凹槽；口，凹口，缺口，凹处；挖空；挖蚀（作用）
~ du cylindre　汽缸活门孔

évidemment *adv* 显然，明显地，当然，肯定地
à l'~　肯定无疑地，明确地
de toute ~　显然
il est ~ que　很明显，显然
mettre en ~　出示，展出，陈列，使突出，使显著；强调，阐明

évident, e *a* 明显的，显然的，一目了然

évider *v* 刳空，掏空，排空

evigtokite *f* 钙铝氟石，水氟铝钙石

évisite *f* 碱性花岗岩类

évitable *a* 可避免的

évitage *m* 回水池

évitement *m* 避车道，分道；让车道，会让线，侧线
~ aux arrêts　（道路）港湾式停车站
~ de localités　地区旁路，地区支路
~ temporaire　临时交会线

éviter *v* 避开，避免
~ de tirer une puissance notable　避免消耗较大的功率
~ tout souillure　避免弄脏

évolubilité *f* 操纵的灵活性

évoluer *v* 演变，发展，进化

évolutif, ive *a* 可进化的，可发展的；进化的，发展的

évolution *f* 进化，展开，演变，演化，发展

~ ascendante　上升发育；盈满发展，凸坡
~ avec le temps　与时俱进
~ cyclique　（一个完整的）演化周期
~ de chaleur　放热
~ de la circulation　交通量增长；交通量变化
~ de la compacité　密度变化
~ de la pression　压力增长
~ de la route　公路发展；公路变化
~ de résistance　强度变化
~ des températures　温度演变，温度变化
~ des trafics　交通量发展，交通量变化
~ descendante　下降发育，亏耗发展；凹坡
~ du fleuve　河流发育，河道发育
~ du lit de tours d'eau　河床变动
~ du relief　地形演化
~ du rivage　河岸发育
~ géométrique　几何变化
~ glaciaire　冰川演化
~ glyptogénique　刻画生长；地形雕塑作用
~ karstique　岩溶演化，喀斯特演化
~ latéritique　红土化，红土风化
~ magma-tectonique　岩浆—构造演化
~ morphologique　地貌演化
~ paléogéographique　古地理演化
~ par étapes d'un projet　项目分级开发，项目分期开发
~ structurale de la croûte terrestre　地壳构造的演化
~ tectonique　构造演化
~ uniforme　均势发展，直坡

évolutionnisme *m* 进化论

évoquer *v* 重提；提起，提到；令人想起

evreinovite *f* 符山石

ewaldite *f* 碳铈钙钡石

Ex(exemple) 例子，范例

ex- （前缀）前，旧，先；出，外，在外；以前

exact, e *a* 真实的，如实的；确切的，精确的，精密的

exactement *adv* 准确地，确切地，精确地；完完全全

exactitude *f* 正确，准确；准确度，精密度

examen *m* 检验，审查，检查，试验，测验，鉴定，考试；研究，考察，探伤，审定
~ à distance　远距离观测，遥测
~ à la lumière ultraviolette　紫外线鉴定，荧光分析

~ à vue 外表检查,肉眼检验
~ au microscope 显微镜下鉴定
~ au palpeur d'angle 角钢梁检验
~ au palpeur droit 直梁检验
~ automatique 自动校验
~ aux rayons X X射线检验,检查
~ aux ultraviolettes 紫外线研究,紫外线检验
~ bactérien de l'eau 水的细菌检验
~ binoculaire 双目镜鉴定
~ chimique de l'eau 水的化学检验
~ civique 城市调查
~ cristallographique 结晶学检验
~ d'aptitude 性能测验,性能检验
~ d'aspect 表面检验
~ d'un compte 查账
~ de compactage 压实检查
~ de douane 验关
~ de l'eau 水质试验,水质分析
~ de laboratoire 实验室试验,室内试验
~ de plan 计划审核
~ des conditions de revêtement routier 路面条件检查
~ des marchandises 查货,货物检查
~ des prélèvements 取样试验
~ des résultats d'essais 试验结果整理,试验结果分析
~ détaillé 仔细检查
~ dilatométrique 膨胀仪试验
~ du chargement 装载检查
~ du sous-sol 地基勘察,土壤检查;底土调查
~ en plaque mince 薄片鉴定
~ extérieur 外观检查
~ gammagraphique 伽马射线[γ射线]检验
~ géologique 地质勘察,地质勘查,地质检验
~ isotopique 同位素检验
~ macrographique 低倍组织检验;宏观检验,肉眼检查,宏观检查
~ macroscopique 肉眼鉴定;宏观分析
~ magnétique 磁力探伤
~ magnétoscopique 磁力探伤,磁粉探伤
~ mécanique du sol 土壤力学研究
~ métallographique 金相检验
~ microsclérométrique 微观硬度试验
~ microscopique 微观检验
~ minéralogique 矿物学检定,矿物鉴定
~ photoélectrique de la qualité 产品质量的光电检查
~ physique （材料)物理性质检验
~ physique de l'eau 水的物理检查
~ préalable 事前检查,预检
~ radiographique X光检验,X光探伤
~ spectral, ~ spectrographique, ~ spectroscopique 光谱分析,光谱检验
~ stéréoscopique 立体分析
~ superficiel 地表观测
~ sur place 现场调查
~ technique 技术检查,技术测验
~ visuel 目测,目视检验,肉眼检查,肉眼检验
~ volumique 容积检验

examination f 验证;检验,检查;研究,调查,审查
~ géologique 地质勘探

examiner v 试验;检验[查、定];调查;研究;读出,审查,考试,测验,观察

exaration f （冰川)刨蚀,掘蚀,掏蚀

excavateur m 电铲,挖掘机,挖土机
~ à argile 黏土挖掘机
~ à benne preneuse 抓斗式挖土机
~ à benne traînante 拉铲机,挖土机,电铲,索铲挖土机
~ à câble 缆索操纵的挖土机,缆索式挖掘机
~ à câble à tour 塔式缆索挖掘机
~ à chaîne à godets 链传动多斗式挖掘机,链斗式挖土机,链斗式挖掘机
~ à chaîne à godets sur chenilles 履带链斗式挖土机
~ à chaine à godets sur rails 轨道式链斗挖土机
~ à commande hydraulique 液压操纵挖掘机
~ à commande par câble 缆索操纵的挖土机,缆索式挖掘机
~ à couronne-fraise 铣掘机
~ à cuillers 单斗挖土机
~ à dragline 拉铲挖土机,索铲挖土机,索铲
~ à dragline à câble 缆索拖铲
~ à élinde à godets 多斗式挖土机,多斗式挖掘机
~ à fonctionnement par câble 缆索操纵的挖土机
~ à godets 多斗式挖掘机;多斗挖土机,斗式挖

土机
~ à godets multiples　多斗式挖土机
~ à grappin　抓斗式挖掘机
~ à gravier　砾石挖掘机
~ à griffes　抓斗式挖掘机
~ à patins　移动式挖掘机,步行式挖掘机,步行式挖土机
~ à pelle dentée　带齿铲斗式挖土机
~ à roche　岩石挖掘机
~ à roue à godets　旋转式多斗挖掘机
~ à roue-pelles　多斗轮式挖土机,戽斗转轮挖掘机
~ à tour　塔式挖土机
~ à tranchées tracté　牵引式挖沟机,拖挂式挖沟机
~ à tunnel　隧洞挖掘机
~ à type de bulldozer　簸箕式刀片推土机
~ à vapeur　蒸汽挖土机
~ à vapeur sur chenilles　履带式蒸汽挖土机
~ automoteur　自动挖土机
~ chargeur　挖—装两用机(俗称"两头忙")
~ de fossé　挖沟机
~ de tranchée　挖沟机
~ de tranchée à chaîne sans fin　链式挖沟机,环链式挖沟机
~ de tranchée à élinde　斗式挖沟机
~ de tranchée à lames multiples　多刃挖沟机
~ de tranchée à roue　轮式挖沟机
~ de tranchée à soc　犁式挖沟机
~ de tranchée avec chaîne à godets　链斗式挖沟机
~ de tranchée monté sur chenilles　履带式挖沟机
~ de tranchée(s)　堑壕挖掘机,挖沟机
~ de tranchée(s) à godets　多斗式挖沟机
~ de tranchées à lames multiples　多刃式挖沟机
~ de tranchées à roue　轮式挖沟机
~ de tranchées à soc　犁式挖沟机
~ de tranchées avec chaîne à godets　链传动多斗式挖沟机,链斗式挖沟机
~ de tranchées monté sur chenilles　履带式挖沟机
~ de tranchées tracté　牵引式挖沟机;拖挂式挖沟机

~ en fouille　地下工程用挖土机
~ hydraulique　水力冲泥机,疏浚机;液压挖掘机
~ hydraulique sur chenilles　履带式液压挖掘机
~ marcheur　步行式挖土机,移动式挖掘机,履步式挖掘机
~ pivotant　旋转式挖掘机
~ pneumatique　气动挖掘机,风动挖掘机
~ pour canaux　渠道挖泥机
~ rotatoire　旋转式挖掘机
~ sur chenilles　履带挖掘机
~ sur rail　轨道式挖掘机,轨道式挖土机
~ tournant　回转式挖掘机,全回转式挖掘机
~ tracté　拖挂式挖土机
~ universel　多功能挖土机,通用挖土机,万能挖掘机
~ universel à vapeur　蒸汽式多功能挖土机

excavation　*f*　挖土,(基坑等的)挖方(工程);孔;开挖,铲掘,挖掘,开采,采掘,基坑;掘蚀,掏蚀
~ à ciel ouvert　明挖,明堑,露天采掘,露天开采,露天开挖
~ à la main　人工挖土,人工挖掘
~ à pelle　挖掘机开挖
~ à sec　干挖(土)
~ à surplomb　垂直开挖
~ au fond　掌子面掘进
~ avec boisage　支撑挖掘
~ avec pelle mécanique　用挖土机挖掘
~ dans l'eau　水下开挖
~ dans le sol vierge　初挖
~ de fondation　开挖基础
~ de fossé　挖沟
~ de grande ouverture　大断面巷道
~ de la plate-forme　路基挖方
~ de pied de falaise　基础侵蚀
~ de roche　开石方,石方开挖,石方
~ de talus　开挖边坡
~ de terre　挖土,土方开挖,土方
~ de tranchée　挖沟,挖堑;挖(探)槽
~ de fondation　基础开挖
~ demandée　必要开挖,主体工程开挖,有效挖方
~ des tranchées　挖槽
~ descendante　向下梯段式的采掘,正台阶式的

采掘
~ du marais 沼泽挖方
~ du pont 开挖桥基
~ du roc vif 坚石开挖
~ du tunnel 隧道开挖,隧道掘进
~ du tunnel à ciel ouvert 隧道明挖
~ en couches minces 薄层开挖
~ en gradins 台阶式挖方,阶梯式开挖
~ et équipement de l'exécution 隧道开挖及施工机械
~ humide 湿挖
~ hydraulique 水力冲方,水力开挖
~ latérale 山边开挖;堤旁借土,傍山开挖
~ mécanique 机械开挖,掘进机开挖
~ mécanique de tranchée(s) 机械挖沟,机械挖槽
~ ordinaire 普通挖方
~ ouverte 明挖
~ par jets d'eau 水力冲方,水力开挖
~ par trois gradins 三台阶开挖
~ pour emprunt 借土挖方
~ primaire 初次开挖
~ profonde 深(层)开挖
~ rapide 快速开挖
~ sans boisage 无支撑挖掘
~ sélective 选择开挖法
~ séquentielle 分步骤开挖
~ souterraine 地下开采;巷道
~ supplémentaire 补挖
excavatrice f 挖掘机,电铲,挖土机
~ à pelle 铲式挖土机
excaver v 挖掘,开采,开挖,挖土
excédant m 剩余,剩余物,剩余部分;余数,余额
excédent m 失衡,剩余,余量,过剩,过量;余额,盈余;剩余额,超过额
~ budgétaire 预算盈余;预算剩余额
~ de bagages 行李超重
~ de caisse 现金盈余
~ de contrainte 超限应力
~ de déblais 弃土堆
~ de dépenses 赤字,超支
~ de distance 超过的里程
~ de la balance des paiements 收支顺差
~ de perception 溢收,多收

~ de poids 超过重量,超重,超载
~ de production 生产过剩
~ de puisée 剩余功率
~ de réactivité 剩余反应性
~ de vitesse 超速,过速
~ des dépenses sur les recettes 支出超过收入
~ des recettes sur les dépenses 收入超过支出
excédentaire a 过剩的,多余的
excéder v 超过,突破,突出
excellent, e a 杰出的,极好的
excentrage m 偏心
excentration f 偏心,中心偏移
excentré, e a 偏心的,中心偏移的
excentrement m 偏心
~ selon l'axe ox ox方向偏心距
~ selon l'axe oy oy方向偏心距
excentrer v 偏心
excentricité f 偏心率[距、度],离心率;偏心;偏心现象
~ limite 限制偏心距,限制偏心率
~ d'une roue 车轮不圆度,车轮偏心率
excentrique m 偏心轮,偏心器,石枝,蠕虫形石钟乳; a 偏心的,离心的
~ de marche arrière 后退偏心轮
~ de marche avant 前进偏心轮
excepté, e a 除外,不在内
excepter v 除了,作为例外,不包括
exception f 例外,格外,除外
à l'~ de 除了,除……之外
par ~ 例外
sans ~ 无例外地,绝对地
exceptionnel, elle a 例外的,格外的,非常的;异常的,特殊的
exceptionnellement adv 例外的;特殊地,异常地
excès m 剩[盈]余,余数,余量;跳余数,余额(数量);过量;过度;剩余物,超出量
à l'~ 过度,太甚,过分,过多
~ de charge 充电过量
~ de liant 黏结料过量,结合料过量
~ de masse 质量过剩
~ de particules 颗粒过量,颗粒超量
~ de précipitations 超渗降水(量),超渗雨(量)
~ de pression 剩余压力
~ de ruissellement 径流雨量,直接径流,超渗径

流，超渗雨量，剩余雨量
~ de tension 过电压
~ de vitesse 超速
jusqu'à l'~ 过分地，过度地，过多地
excessif, ive *a* 过度的；过剩的
excherite *f* 绿帘石
excitateur *m* 激励（辐射）器，激发［激磁、离励］机，主控振荡器激振器，励磁机
~ auxiliaire 副励磁机
~ de vibration 激振器
~ électrodynamique 电动式激振器
~ électrohydraulique 电液激振器
~ électromagnétique 电磁激振器
~ électrostatique 静电激磁机
~ sismique 地震式激振器
excitation *f* 激发［励、磁］，电流磁化；刺激，干扰，扰动；励磁
~ à haute vitesse 高速励磁
~ anti-compound 差复激励
~ automatique 自（动）励（磁）作用
~ composée 复激，复式励磁，复励
~ composée additive 积复激，积复励
~ composée soustractive 差复激
~ compound （发电机的）复激，复式励磁，复励
~ compound cumulative 积复励
~ d'un gaz 气体的激发
~ d'un transducteur 饱和电抗器的励磁
~ de grille 栅极激励
~ différentielle 差励，差动励磁，差激
~ du relais 继电器励磁
~ en dérivation 并激
~ en série 串激，串励，串励磁，串联励磁
~ en shunt 并励，并激
~ harmonique 简谐激振
~ hypercompound （发电机的）欠复激，（发电机的）过复激，过复励磁
~ indépendante 单独励磁，他激，他励磁
~ instrumentale 器械激励，仪表激励
~ irréelle 假激励，虚构激励
~ lumineuse 光激励
~ multiple 多激，复励磁，多励磁
~ mutuelle 交互激磁
~ par choc 冲击激励，碰撞激发（气体的）
~ par courant continu 直流激励

~ par degré 逐步激励，阶式激励
~ par impulsion 碰撞励磁，脉冲激励
~ par rayonnement 辐射激发
~ préalable 预激励
~ repère 标定激磁，标定激励；主色质（光）
~ séparée 他励，他激，他励磁
~ shunt 并激
~ sismique 地震激励
excitatrice *f* 励磁机；激励器
~ à diodes tournantes 旋转型二极管励磁机
~ à entraînement indépendant 独立驱动励磁机
~ en bout d'arbre 轴端励磁机
~ en cascade 级联励磁器
~ Leblanc-Gratzmuller 勒勃朗励磁机
~ pilote à aimant permanent 永磁导频，激励器
~ primaire 副励磁机
exciter *v* 促使；鼓励；刺激，激磁，激发
exciton *f* （半导体）激发子，电子—空穴对
excitron *m* 励弧管（一种单阳极水银气整流管）
~ monadique 单阳极水银整流器
exclure *v* 排除，排斥，拒绝
exclusif, ive *a* 除外的，排他的；专用的
exclusion *f* 排除，删除，除名，禁止
à l'~ de 除掉……，……不计在内
exclusivité *f* 专有权，专营权，专利
excrément *m* 排泄物，粪便
~ fossile 粪化石
excursion *f* 旅行，远足；偏差，偏离，漂移，偏移；摆动
~ d'amplitude 振幅偏移
~ de fréquence 频率偏移
~ de marée 潮程
~ de puissance 功率偏差
~ de température 温度偏离
~ en phase 相位偏差
~ totale de fréquence 频率全面动荡，频率全面偏移，频率全面不稳定
exécutable *a* 可实施的，可执行的
exécuter *v* 实［执］行，完成，实现，履行；施工；操纵，实施，制作
~ un contrat 执行合同
~ un programme 执行计划，执行一个程序
exécutif, ive *a* 行政的，执行的常务的
exécution *f* 执行，实施，履行

~ à bride 用片环固定
~ à pied 用支架固定
~ d'un contrat 执行合同
~ d'un ouvrage 施工,工程实施
~ d'un projet 执行计划
~ d'un souterrain à l'aide d'un bouclier 盾构法开挖隧道
~ d'une carte géologique 编地质图
~ de contrat 履行合同
~ de fossés de pied de remblai 路堤边沟开挖
~ de l'infrastructure par méthode courante 常规方法施工下部结构
~ de puits peu profond 钻浅孔
~ des chaussées 路面施工
~ des couches de surface 面层施工,面层修建
~ des déblais 挖方
~ des écritures 办理运送票据
~ des fouilles de recherche 挖掘浅井
~ des joints 接缝施工
~ des marchés 执行合同
~ des obligations conventionnelles 履行契约义务
~ des remblais 填方
~ des revêtements 路面施工
~ des souterrains 开挖隧道
~ des terrassements 开挖土方,土方工程施工
~ des travaux 工程施工,施工
~ des travaux en deux postes 两班制施工
~ des travaux en hiver 冬季施工
~ du chantier 工地施工
~ du contrat de transport 运输契约的履行
~ du point à temps （路面）补坑,修补,修理
~ du travail 进行工作
~ en plusieurs couches 多层施工
~ en plusieurs couches successivess 分层填筑施工
~ manuelle 人力施工
~ mécanisée 机械施工
~ monocouche 单层施工
~ par étapes 分级操作

exemplaire *m* 标本,样本,样品,典范,复本,印刷册数,复制品; *a* 模范的,示范的
~ original 原本

exemple *m* 例子,范例,模范
à l'~ de 以……为榜样,按……那样,按照……样子,效法……

~ d'utilisation 使用例
~ de montage 组装图
~ de taxation 计费示例
par ~ 例如,举例

exemplification *f* 举例说明
exemplifier *v* 举例说明
exempt *a* 免除的,没有的
~ d'acide 无酸的
~ d'asphalte 无沥青的
~ d'impôt 免税的
~ de contrôle 免检
~ de défaut 无缺陷的
~ de frais de transport 免收运费
~ de goudron 无柏油的,无煤沥青
~ de résine 无树脂的
~ de tous droits et taxes 豁免一切捐税

exemption *f* 免除,除外,例外,豁免,免税
~ d'impôt 免税
~ de la redevance de location 免除租金,免费租用
~ de visite de douane 海关免检
~ fiscale 免税

exercer *v* 从事,执行;行使,运用
~ en bout de quelque chose un effort de x tonnes 在某物品端部施加 x 吨的力
~ l'action 开展活动
~ …sur… 将……作用在,对……施加
~ une influence sur 影响……,对……起作用

exercice *m* 实施,行使,使用,训练,锻炼,财政年度,会计年度
~ budgétaire 预算年度
~ comptable 会计年度,财政年度
~ du métier 专业训练
~ financier 财政年度,会计年度

exerciseur *m* 缓冲器;阻尼器,阻尼线圈
exfoliation *f* 剥离;分层剥落,剥层,叶状剥落,片状脱落,剥离作用叶状剥落;叶理
~ de la surface de roulement (roue, rail…) 路面剥离（车轮、钢轨）

exfolier *v* 剥落,剥离
exhalaison *f* 喷气;气体析出或排出,喷流
~ gazeuse 喷气
exhalatif *a* 喷气的
exhalite *f* 喷气岩,气成岩

exhaure *f* 降低地下水位,疏干,(基坑的)排水；采完(储量)
　～ électro-osmotique　电渗排水,电渗降低地下水位

exhaussement *m* 填高,加高；(底板岩石)膨胀；隆起；上升,凸起,升高,增加高度
　～ d'un terrain par refoulement　填土地面上升
　～ du fond　底板隆起
　～ du lit du fleuve　河床上升
　～ du sol　土壤膨胀；地层隆起

exhausser *v* 填高,升高,力强,增大

exhausteur *m* 吸风机,吸尘器；(风洞)鼓风机；排气管,抽风机；吸液装置
　～ d'air　排气管,排气机,抽风机

exhaustif, ive *a* 详尽的,完全的,会耗尽的,竭尽的,抽气的

exhaustion *f* 消耗,耗尽,耗竭,用尽；排气,抽空
　～ de chaleur　热量消耗
　～ de sol　土壤耗竭

exhiber *v* 出示；展出

exhibition *f* 陈列,展览,出示
　～ statique　停放展览,实物展览

exhumation *f* 发掘,剥露(作用)

exhumé *a* 裸露的(指地形),剥露的

exigence *f* 需要,要求,限制,(设计单位对施工企业提出的)设计要求
　～ aux études　设计要求
　～ d'entretien　养护要求
　～ d'exploitation　使用要求
　～ d'ordre chimique　化学要求
　～ d'ordre mécanique　力学要求
　～ d'ordre physique　物理要求
　～ de circulation　行车要求
　～ de confort　舒适性要求
　～ de réalisation　施工要求
　～ de sécurité　安全要求
　～ des techniques　技术要求
　～ s du trafic　行车要求事项,行车注意事项,运输要求事项
　～ économique　经济要求
　～ s essentielles　基本要求
　～ esthétique　美学要求

exiger *v* 要求；需要
　～ l'usage exclusif d'un wagon　要求单独用一辆货车运送

exiguïté *f* 很小,狭窄

exinite *f* 壳质组,壳质素,壳质体,角质

existant, e *a* 现存的,现有的,已建的

existence *f* 存在；生命,寿命
　～ de travail　使用年限,使用寿命

exister *v* 存在；生存；显得重要

exit *m* 出口,太平门；支流

exitèle *f* 锑华

exo métamorphisme *m* 外(接触)变质

exode *m* du trafic　客货运走失

exodiagenèse *f* 表生成岩作用,外成岩作用

exoénergétique *f* 放射本能；*a* 放能的,放热的

exogène *a* 外成的,外源的,外来的

exogénétique *a* 外生的,外成的,外力的,外动力地质作用的

exogéosynclinal *m* 外地槽,外源准地槽

exogranitique *a* 花岗岩体外的

exomigmatite *f* 外生混合岩

exomorphe *a* 外(接触)变质的,外变质的

exomorphique *a* 外(接触)变质的,外变质的

exomorphisme *m* 外变质,外(接触)变质,外变质作用

exondation *f* 渗出(物),流出(物),分泌物,排除积水；重新出露水面

exonder *v* 升出水面,出露水面

exonération *f* 免除,豁免,免除责任,减免

exoréique *a* 外流水系的,外流的

exoréisme *m* 外流,外流水系,外洋流域

exoscopie *f* 碎屑形态显微研究

exosmose *f* 外渗(现象)

exothermique *a* 放热的,散热的

exotique *a* 外来的,非本地的

expanseur *m* 扩管器,扩孔机,扩张器,扩展器,膨胀器
　～ automatique des contrastes　自动对比度扩展器,自动音量扩展器
　～ de son　音量扩展器,响度扩展器

expansibilité *f* 膨胀性；扩展性,延伸率；扩大

expansible *a* 可膨胀的,可扩散的；有弹性的(气体)

expansif, ive *a* 能膨胀的,扩大的

expansion *f* 膨胀,扩张,扩展,扩大,胀管,增加,延伸率,长宽比,影像的伸长部分,地层厚度增加,

展开式
~ absolue 绝对膨胀
~ adiabatique 绝热膨胀
~ apparente 表观膨胀，视膨胀
~ asymptotique 渐进展开
~ axiale 轴向扩展，轴向延伸
~ cubique 体积膨胀
~ de chenal 河槽扩大；河槽扩大段；渠道扩大段
~ de reproduction 扩大再生产
~ des bassins marginaux 边缘盆地扩张
~ des contrastes 对比度扩大，体积膨胀，音量扩展
~ des fonds océaniques 洋底扩张
~ des nuances 色泽差别扩大
~ dommageable 有害膨胀
~ interne 内胀
~ isothermique 等温膨胀
~ latérale 侧向膨胀
~ linéaire 线性膨胀
~ nuisible 有害膨胀
~ océanique 大洋扩张
~ pseudo-adiabatique 假绝热膨胀，拟绝热膨胀
~ relative 相对膨胀
~ spécifique 膨胀率
~ superficielle 表面膨胀
~ thermique 热膨胀
~ transversale 横向伸胀
~ vers l'extérieur (fluides) 向外扩张（流体）
~ vers l'intérieur (fluides) 向内膨胀（流体）
~ volumétrique 体积膨胀

expédier *v* 发送
~ un train 发车

expéditeur *m* 发货人，发送人

expédition *f* 发送，运送，递送，运送物；远征（队），探险（队），勘探（队）
~ à domicile 运送到户的货物
~ à grande vitesse 快运货物发送
~ à petite vitesse 慢运货物发送
~ au départ 始发货物发送
~ composée de marchandises différentes 合装货物发送，混装货物发送
~ contre remboursement 代收货款的货物
~ d'un train 发车，发出列车
~ de détail 零担货物发送
~ de détail en grande vitesse 快运零担货物发送
~ de détail en petite vitesse 慢运零担货物发送
~ de prospection 勘探；探险
~ de sortie 海关允许船只出港
~ des bagages 行李发送，行李运送
~ des marchandises 货物发送
~ dévoyée 错发经路的货物
~ en port dû 到付运费货物发送，到付运费货物的运送
~ en port payé 先付运费货物的运送
~ express 特快运送的货物
~ par charge complète 整车运送
~ par rame 整列运送的货物
~ par train complet 整列车运送
~ par wagon complet 整车货物
~ scientifique 科学考察

expérience *f* 经验；试验，实验，尝试，探索；感受
~ avancée 先进经验
~ critique 临界实验
~ d'avant-garde 先进经验
~ de l'exploitation 管理经验
~ locale 局部的经验，地区经验
~ mécanique 机械试验
~ personnelle 个人经验
~ routière 道路试验，路试
~ sur route 道路试验，路试

expérimental, e *a* 实验的，经验的

expérimentalement *adv* 从实验上，经过实验

expérimentation *f* 实验，经验，试验（方法），试验作业，试制，试车
~ de cloutage 嵌压试验
~ en vraie grandeur 足尺试验
~ scientifique 科学实验
~ statique 静态试验，静力试验

expérimenter *v* 实验，试验，检验

expert *m* 专家，行家，能手，专门人员，内行，鉴定人

expert-conseil *m* 顾问，技术顾问

expertise *f* 专项经验，专门知识，专门技能；鉴定，检验，鉴别，鉴定书[报告]；专家评价；测量
~ contradictoire 对账审计
~ d'avarie 损坏鉴定，事故鉴定
~ magnétique 地磁测量
~ métallographique 金相检验

expiration *f* 满期,到期
～ du délai 满期
～ du délai de livraison 货物交付期限满期
～ de la validité d'un billet 客票有效期限满期

explicatif, ive *a* 说明的,解释的

explication *f* 解释,说明;原因,阐述,阐明

expliciter *v* 阐述,阐明

expliquer *v* 说明,解释

exploitabilité *f* 适用性,可开发性,可采性

exploitable *a* 可开发的,可经营的,可开采的,可开垦的,有运营价值的,有经济价值的

exploitant *m* 使用者,使用单位,开发者,经营者,使用者操作人员

exploitation *f* 使用,运用,操作;工作;行车,运转;运行;运营,开发[采、拓、垦];营业;管理,经营;经营场所;资料利用
～ à ciel ouvert 露天采矿
～ à courant alternatif 交流牵引
～ à l'essai 试运行
～ à la main 非机械开采,人工开采
～ à plusieurs niveaux 多阶段回采
～ à sections fermées 信号定位显示停车的行车区段
～ à voie unique 单线行车
～ alluviale 砂矿开采
～ avec banalisation des voies 复线区段可组织双向行车的运输方式
～ avec remblayage 充填开采
～ commerciale 商务管理
～ d'État 国营
～ d'une terre 土地开发,开垦荒地,开荒
～ de donnée par intégration 综合数据处理
～ de l'énergie marémotrice 潮力能开发
～ de la route 道路管理,道路营运,交通管理
～ de minerais 矿床开采,采矿
～ de réseaux 道路网的使用
～ de tunnel 隧道运营
～ des accidents 事故管理
～ des gisements 矿床开采
～ des mines 矿山生产,矿床开采
～ des ressources 资源开发,资源开采
～ des ressources hydrauliques 水资源开发,水资源开采
～ des résultats 分析结果,结果使用
～ détaillée 详细勘探,详细普查
～ du réservoir 水库运用
～ efficace d'un gisement 矿床的合理开采
～ électrique (battage électrique, électroprospection) 电法勘探
～ en aval pendage 沿倾斜回采,下行回采
～ en avant 前进式回采
～ en banalisation (voies) 不分上下行运行的线路,双向运行的线路
～ en carrière 露天开采
～ en chassant 前进式回采
～ en conditions particulières 特殊情况运行
～ en découvert 露天开采(法)
～ en direction 顺走向回采
～ en galeries 平洞开采
～ en marche à vue 按调车方式运行,小心运行
～ en mode bidirectionnel 双向行车运行
～ en montant 逆倾斜回采
～ en rabattant 后退式回采
～ en régime de manœuvre 按调车规则运行,按调车方式运行
～ filonienne 矿脉开采
～ forestière 森林开发
～ géophysique 地球物理勘探
～ géotechnique 工程地质勘探
～ horizontale 水平分层回采
～ hydraulique 水力开采
～ inclinée 倾斜分层回采
～ industrielle 工业性开采
～ irrationnelle 不合理开采,掠夺式开采
～ manuelle 手工操作
～ minière 采矿,矿床开采;采矿工程
～ normale 正常运行
～ par bâton-pilote 路签闭塞制,路签行车制
～ par chambre 房式回采
～ par chambre d'éboulement 房式崩落,采矿法回采
～ par chambre et piliers 房柱式回采
～ par chambres magazins 留矿法回采
～ par chambres montantes 上行矿房回采,逆倾斜矿房回采
～ par chambres vides 空场法回采
～ par chef de ligne 全线调度由一个调度员专门负责的行车制

~ par dépilage 柱式采矿法回采
~ par dissolution 浸出法回采,溶解法回采
~ par éboulement 崩落顶板回采
~ par enlevures 洞采
~ par foudroyage 崩落法回采
~ par foudroyage du toit 顶板崩落法回采
~ par gradins 梯段回采
~ par lavage 冲洗法开采
~ par le bâton pilote et le ticket 路签及路票闭塞方法行车
~ par le pilote 引导行车制
~ par lixiviation 浸出法开采
~ par massifs 留矿柱回采,壁式采矿法回采
~ par piliers 柱式回采,壁式回采
~ par pilotage 引导制,引导制行车法
~ par quartiers indépendants 盘区开采
~ par recoupes 进路回采,硐采,条采
~ par remblai 充填开采
~ par sous-étages 分段回采法
~ par tranches 分层回采
~ préliminaire 普查,踏勘,初查
~ séismique (prospection sismique) 地震勘探
~ sélective 选别回采,分采

exploiter v 开发,开拓,开采,操作,行车,运转,利用,使用,经营;剥削

exploiteur m 开发参加者

explorable a 可探测的,可勘探的

explorateur m 探测器;扫描器,勘查者,勘探者

exploratif a 勘测的,勘查的

exploration f 勘测,勘探,考察,查勘,探测,勘查;研究,分析,调查;探索,探照灯搜索(雷达)

~ de fondation 地基勘探
~ de sol 土质勘探,土壤调查,土壤探查
~ de surface 地表查勘
~ détaillée 详细勘查(或勘探),详查
~ du site 坝址勘探,现场勘探,工程地址勘测
~ du sol 土壤勘探
~ du sous-sol 底土勘探,地下土层勘探,地下资源勘探
~ électrique 电探
~ électrique des sondages 电探,电钻探
~ en profondeur 深部勘探,测深
~ géochimique 地球化学勘探,化探
~ géologique 地质勘查,地质勘探,地质勘测,地质调查,地调
~ géophysique 地球物理勘探,物探,地球物理勘测
~ géotechnique 工程地质探测,工程地质勘探
~ géotechnique du sous-sol 底土地质勘探,底土土工技术勘查,下层土的地质勘探
~ gravimétrique 重力勘探
~ hydrologique 水文查勘
~ magnétique 磁法勘探
~ paléogéographique 古地理调查
~ par sondage 探测
~ par tranchées 槽探
~ préliminaire 普查,普查勘探
~ première 普查,踏勘,初查
~ radioactive 放射(性)探矿
~ séismique 地震探测,地震勘探
~ supplémentaire 补充勘探

exploratoire a 探索性的

explorer v 勘查,测量,勘探,研究,分析,检查,扫描

exploser v 爆炸,爆破

exploseur m 雷管,引信,起爆器,爆炸机,爆破仪,爆炸装置

~ électrique 电雷管,电爆器

explosibilité f 易爆炸性;可爆炸性;可燃性

explosible a 能爆炸的,易爆炸的

explosif m 炸药,爆炸物,爆炸品

~ à l'air 液氧炸药
~ à l'oxygène liquide (LOX) 液氧炸药
~ à usages restreints 非安全炸药
~ anti-grisouteux 非安全炸药
~ au chlorate 盐酸炸药
~ au coton nitré 硝化棉炸药
~ au nitrate d'ammoniaque 硝酸铵炸药
~ brisant 烈性炸药,高级炸药
~ chloraté 盐酸炸药
~ colloïdal 塑性炸药
~ commercial 工业炸药
~ comprimé 压缩炸药,压制炸药
~ d'amorçage 起爆炸药
~ de base 主要炸药
~ de sensibilité faible 低灵敏度炸药
~ de sûreté 安全炸药
~ de sûreté à ions échangés 交换离子安全炸药

explosif, ive

~ détonnant 烈性炸药
~ du type gélatine 胶质炸药
~ faible 低威力炸药
~ fort 高威力炸药
~ gélatineux 胶质炸药
~ industriel 工业炸药
~ latex 乳胶炸药
~ lent 低级炸药,低效炸药,慢性炸药
~ miner 开矿(用)炸药
~ nitraté 硝酸炸药
~ nitraté carrière 岩石硝铵炸药
~ nucléaire 核炸药,核燃料
~ perchloraté 高氯酸盐炸药
~ peu brisant 低级炸药,低强度炸药,低爆破性炸药
~ plastique 塑性炸药
~ plussant 低爆速炸药
~ pour travaux en roches 采石(用)炸药,爆破岩石的炸药
~ pour usages civils 工业炸药
~ puissant 烈性炸药,高威力炸药
~ pulvérulent 粉状炸药
~ sans flamme 无烟炸药
~ séismique 地震勘探用炸药
~ semi-plastique 半塑性炸药
~ sirupeux 浆状炸药
~ solide 固体炸药
~ thermonucléaire 热核炸药,热核燃料
~ très brisant 高级炸药,高强度炸药
~ type N 硝酸炸药
~ type O 盐酸炸药

explosif, ive *a* 爆炸的

explosion *f* 爆炸,爆破,炸裂;(火山)爆发

~ aérienne 空中爆炸
~ au fond 深处爆破
~ au silencieux 消声器放炮
~ automatique souterraine 井下自动爆破
~ de gaz 瓦斯爆炸
~ de gaz inflammable 煤气爆炸,易燃气体的爆炸
~ de grisou (矿井)瓦斯
~ des poussières 矿尘爆炸
~ en fond 地下爆破
~ en gradin 梯段爆破

~ nucléaire 核爆炸
~ photoélectrique 光电爆破
~ phréatique 准火山爆发,类火山爆发,潜水水气爆发
~ préfissurée 预裂爆破
~ prématurée 过早爆炸,提前炸药
~ primaire 第一次爆破
~ retardée 延缓炸药,迟爆,延缓爆炸,迟发爆炸
~ secondaire 第二次爆破
~ sous-marine 水下爆炸
~ souterraine 地下爆破
~ sphérique 球形爆破法
~ sur surface de finition 光面爆破
~ volcanique 火山爆发

exponent *m* 指数,幂数,阶

~ adiabatique 绝热指数
~ hydraulique 水力指数
~ négatif 负指数

exponentiel, elle *a* 指数的,指标的,幂数的

export *m* 输出,出口

exportation *f* 出口,出口货物

exporter *v* 移动,迁移;排除;出口;输出

exposant *m* 参展商;指数,常数,常量;阶(码)

~ complexe de propagation 传播复数常数
~ d'affaiblissement 衰减指数
~ de propagation 传播指数
~ de puissance 指数,幂
~ de transfert 传输常数(四端网络的特性)
~ entier 整指数
~ fractionnaire 分数指数
~ imaginaire 虚指数
~ négatif 负指数
~ réel 实指数

exposé *m* 声明,发言,报告,陈述,陈列;*a* 出露的,露头的;露出地表的

~ sommaire du projet 项目简介,设计简介
~ technique 技术报告
~ des travaux exemplaires 优良工程展示

exposer *v* 陈列,展览,展出;陈述;叙述,阐述

exposition *f* 展览,展出,陈列,展览馆,展览会;陈述,阐述,注释,解释,说明;暴露,露光,曝光,曝光时间(胶卷)

~ de matériel routier 筑路机械展览(会)

~ des produits exportés 出口商品展览会
exposure *f* 曝光量,曝光时间;辐射量;照射;曝光;露头;暴露,揭露
~ de roche 岩石露头
exprimer *v* 表示,表达;排出,挤出,压出
expropriation *f* 征用,征购
~ de terrain 征用土地
exproprier *v* 征用,征购
expulsion *f* 排除,放出;喷射,逐出,排出,驱动
~ de laves 熔岩喷射
exsiccateur *m* 保干器,干燥器,烘干机
exsiccation *f* 干燥,烤干
exsolution *f* 出溶,离溶
exsudat *m* 渗出物
exsudation *f* (混凝土)泌浆;泌水(性),渗出;溢泌;渗出物;(盐类)鳞剥风化
~ de béton 混凝土泌水(现象)
~ de l'eau de gâchage de la masse 灰浆拌和水渗出
~ de la créosote (traverses) 渗出克立苏油(枕木)
exsuder *v* 渗出,溢泌
exsurgence *f* 再生,复活
extenseur *m* 伸展器,扩张器;缓冲器
extensibilité *f* 伸长率,延展性,延伸性,延长性,扩展能力
extensible *a* 能伸长的,能扩展的
extensif *a* 胀紧的,能伸长的,能延伸的
extension *f* 伸长,延伸,伸出,延长,扩张,扩建,增加,扩展,展开;走向,长度;拉伸,张力,拉力,外延,开拓;影响范围;电话分机
~ à la rupture 断裂延伸度
~ anarchique 蔓延
~ d'un port 港口扩建工程
~ de fissure 裂缝伸长;裂缝扩展
~ de la couche 岩层走向
~ de la ligne de base 基线延长
~ de volume 体积膨胀
~ des moraines 冰碛层分布图
~ des villes 市区扩展
~ du gisement 矿床走向,矿床范围
~ du gîte 矿体走向,矿体长度,矿体的范围
~ du réseau routier 道路网延长,道路网伸展
~ en phase 相位空间,相宇
~ en profondeur 垂直延深;沿倾向延深,矿体深度
~ générale 总伸长
~ horizontale (矿体)水平伸延,(矿脉)沿走向的长度
~ longitudinale 纵向伸延
~ transversale 横向延伸,横向伸长
~ unitaire (感应车辆存在后)绿灯再延续的最少单位时间
extensomètre *m* 张力计,伸长计,应变计,引伸计;应变片,伸缩仪,引力计,变形测定仪,变形测定器
~ à corde vibrante 振动弦式应变计,振弦式引伸仪
~ à effet photo-élastique 光电效应伸长计,光电效应应变计,光弹效应伸长计,光弹效应应变计
~ à effet photoélectrique 光电效应,光电效应伸长计,光电效应应变计
~ à effet piézo-électrique 压电效应伸长计,压电效应应变计
~ à fil invar 殷钢丝引伸仪
~ à fil résistant 电阻弦式应变仪,电阻丝伸长仪
~ à inductance magnétique 磁感应伸长计,磁感应应变计
~ à longue base 长基伸长计
~ à magnétostriction 磁致伸缩伸长计,磁致伸缩应变计
~ à miroir 反光伸长计,反光应变计
~ à résistance électrique 电阻伸长计,电阻应变计,应变计
~ à self 电感伸长计,电感应变计
~ acoustique 声学伸长计,声学应变计
~ coulissant 滑动式伸长计
~ de forage 钻孔变形测量仪
~ électrique 电动伸长计,电子延伸仪
~ enregistreur 自记伸长计,自记应变计
~ latéral 侧向伸长计,侧应变计
~ mécanique 机械伸长计,机械应变计
~ optique 光学伸长计,空气应变计,光学应变计
~ pneumatique 电阻伸长计,电阻应变计,空气伸长计,空气应变计
~ simple 纯拉力

~ vibratoire 振动伸长计,振动应变计(即声学应变计)

extensométrie *f* 变形测定,应变测量

extérieur *m* 外部,外面,外边,表面,外观,外表,外貌

à l'~ de 在……外部

extérieur, e *a* 外部的,外面的,外表的,表面的;客观的

externalité *f* 外部性,客观性,外形

externe *a* 外部的,外面的,外表的,外观的;客观的

externides *m. pl* 外构造带,外褶皱带,外地槽带

extincteur *m* 熄灭器,灭火器,消灭器,灭火机,分离机,脱水器;采掘机;提取设备

~ à anhydride carbonique liquide 液态二氧化碳灭火机

~ à carbone tétrachlorure 四氯化碳灭火机

~ à eau 水灭火器

~ à gaz 气体灭火器

~ à liquide 液体灭火器

~ à mousse 泡沫灭火器

~ à mousse carbonique 二氧化碳泡沫灭火器

~ à neige carbonique 二氧化碳泡封灭火器

~ à poudre 粉末灭火器

~ à tétrachlorure de carbone 四氯化碳灭火器

~ au bromure de méthyle 溴甲基灭火器

~ CO_2 灭火器

~ d'arc 消弧器,消弧装置,灭弧器

~ d'automobile 汽车用灭火器

~ d'étincelles 火花灭火器,灭弧器

~ d'incendie 灭火器

~ d'incendie à main 手提式灭火器

~ halogéné 卤化物灭火器

~ mécanique 机械消火装置

~ portable 便携式灭火器

~ portable à CO_2 手提式

~ portable à poudre 手提式粉末灭火器

extinction *f* 消灭,灭绝,淬火,熄灭,衰减,衰耗;扑灭,消失现象;减弱,减轻

~ à l'air 气化(石灰),空气中水化

~ à sec 干熟化

~ d'arc 电弧熄灭

~ d'un feu 灭火

~ des feux du signal 信号灯熄灭

~ du contrat de transport 运输合同失效,运输契约失效

extra- (前缀)外;超(越);特别的,非常的

extrabudgétaire *a* 预算外的

extracalcirudite *f* 外砾屑石灰岩

extraclastes *m. pl* 外碎屑,外来碎屑

extracontractuel *a* 协定外的

extra-courant *m* 额外电流(因感应而产生的电流),额外自感应电流

~ d'ouverture 开路感应电流

~ de fermeture 闭路感应电流

~ de rupture 断开脉冲,回波效应,回波

extracteur *m* 供料机;取出装置;分离装置,提取设备,分离器;萃取器,提取器,拔出器,提出器,拔桩器

~ à courroie 卸料传送带,输送带运料机

~ à courroie pour déchargement de wagons trémies 漏斗车卸货用输送带运料机

~ à tapis 输送带供料机

~ à tiroir 往复运动供料机,滑阀式供料机

~ à vis 散装水泥螺旋式输送机

~ centrifuge 离心分离器

~ d'air 抽气机

~ de carottes 取样器,取土器,岩芯管,岩芯提取器

~ de goupille fendue 开口销拔出器

~ de l'eau 脱水机

~ de palplanches vibrant 振动式拔板桩机

~ de pieux 拔桩机

~ de siège de soupape 气阀拔出器,阀座拔出器

~ de soute 料斗卸料器

~ de trémie 料斗卸料器

~ des clous 起钉器,拔钉器

~ va-et-vient 往复运动供料机

~ vibrant 振动式供料机,振动拔桩机

extractif, ive *a* 采掘的

extraction *f* 提取,萃取,取出,引出,输出;拔出,抽出;提炼;(料场的)开采,挖方,采掘

~ à l'explosif 爆破开挖

~ à sec 干开挖

~ automatique 自动提升

~ chloroformique 提取氯仿溶液

~ d'air 空气提取

~ d'huile 抽油

~ d'une carotte 采岩芯

～ de carotte 取岩芯
～ de déblais 开挖,挖掘,挖方
～ de fumées 烟尘提取
～ de gravier 采砾石
～ de l'argile à ciel ouvert 露天取土
～ de l'argile 取土
～ de la chemise 拔出(缸)套
～ de tourbe 开挖泥炭
～ des barres de commande 提控制棒
～ des boues en excès 抽取多余污泥
～ des déblais 挖土
～ des matériaux en ballastière 采砾场开采
～ des matériaux en carrière 采石场开采
～ des matériaux en zone d'emprunt 土料场采料
～ des pierres naturelles 采石
～ des pieux 拔桩
～ des roches 开挖石方;采石
～ des terrassement 挖土,取土
～ des terres 挖土
～ du bâton 取出路签
～ du métal 金属萃取
～ du pétrole 采油,抽油(从钻井中)
～ du sable 采砂
～ électrochimique 电化提取
～ électrolytique 电解提取
～ localisée 局部排气
～ par solvant 溶剂萃取(法)
～ sous l'eau 水下开挖

extrados *m* 拱背;外弧面;拱腹线;拱内圈,拱背线,外拱圈

extra-dur *a* 超硬的,极硬的

extraferroviaire *a* 铁路外的

extra-fin, e *a* 最细的,最精的,超细的,极细的,极小的;优质的

extra-fins *m.pl* 超细颗粒,极细的颗粒

extra-fort *a* 极硬的,特硬的

extraire *v* 提炼,抽取,萃取;提出(钻杆),绞起,拔出;开采,采掘
　　～ un bâton 取出路签

extrait *m* 证,抄本,摘录,摘要,节录,提出物,内容提要;萃液,浸膏
　　～ de compte 对账单
　　～ de la matricule 登记证
　　～ de rôle de l'entreprise 承包人纳税证明
　　～ de rôle du gérant 咨询公司的经营范围摘要
　　～ du tarif 运价摘要,运价要目

extramagmatique *a* 外岩浆的

extramince *a* 超薄的,极薄的

extraordinaire *a* 特别的,非常的,奇特的,奇异的,新奇的

extrapolation *f* 外推法,外插法;推论;展延
　　～ statistique 统计外延,统计外推,统计展延

extrapoler *v* 外推,外插

extra-souple *a* 特别软的,挠性良好的,挠度大的

extrêma *m* 边值,极值

extrême *m* 极端,极值,极限,尽头; *a* 尽头的,尖端的;过度的,极端的,非常的,最大的,过分的
　　à l'～ 过度地,过火地;极端,过分
　　～ absolu 绝对极值
　　～ climatique 气候极值
　　～ du jour 日极值

extrême-avant *m* 前端,前部

extrême-haute fréquence *f* 极高频率

Extrême-Orient *m* 远东

extrêmes *m.pl* 极值曲线

extrémité *f* 边缘,极端;端,尖;终点,端点;端面
　　～ à chape 叉形端
　　à l'～ de 在……顶端
　　～ conique 锥顶
　　～ d'une dalle 板边缘
　　～ de bande 频带的临界频率
　　～ de bretelles 匝道端点
　　～ de caisse 车体端部
　　～ de l'arrondi d'un changement de pente 竖曲线起点
　　～ du câble 电缆终端
　　～ du câble enveloppée à sec 干包电缆终端头
　　～ du câble traitée à l'époxy pour installation intérieure 室内用环氧树脂处理电缆终端
　　～ du filetage 螺纹端部
　　～ du pont 桥端
　　～ filetée d'une barre 钢筋有螺纹端
　　～ fixée par articulation 铰接端
　　～ non-réfléchissante 不反射的终端负荷,匹配负载中断(波导)
　　～ ouverte de la ligne 线路的开口端
　　～ posée librement 简支端
　　～ soudée d'une broche 焊线头;焊片

extremum *m* 极值
extrinsèque *a* 外部的,外来的,非本征的,法定的
extrudeuse *f* 挤压机,压出机
extrusif *a* 喷出的
extrusion *f* 挤压;压制,压挤,挤出,侵出;深拉;喷出,压制成形
　～ par choc　冲挤

exudation *f* 渗出(物),分泌(物),流出(液)
exutoire *m* 出水口,地下河出口;地下水排水区,河口,流口;管路系统,排水系统;排水口;蓄水设施
　～ du bassin　水池排水口
eylettersite *f* 磷钍铝石
eytlandite *f* 铌钇矿

F

fabianite *f* 法硼钙石
fabricant *m* 制造厂，制造商
　～ de béton manufacturé 混凝土制品制造厂
　～ de matériaux de construction 建筑材料制造厂，建筑器材制造厂
fabrication *f* 生产，制造，加工，制造法
　～ à la chaîne 流水作业
　～ assisté par ordinateur（F.A.O） 计算机辅助生产
　～ d'essai 试制
　～ de la chaux 烧石灰，石灰制造
　～ de la glace 制冰
　～ des pièces précontraintes 预应力构件生产
　～ des prototypes 样机制造
　～ du béton 混凝土拌和
　～ en atelier 车间生产，车间制造
　～ en masse 大批生产，批量生产
　～ en série 批量生产，成批制造，成批生产
　～ en usine 工厂制造
　～ et mise en place du béton 混凝土拌和和浇注
　～ sur le chantier 在工地制造
fabrique *f* 工厂，制造厂，加工厂
　～ à fabriquettes 煤砖制造厂
　～ de caoutchouc 橡胶厂
　～ de pièces de béton 混凝土制品工厂
　～ de pieux en béton 混凝土桩生产厂
　～ des agglomérés en béton 混凝土块生产厂
fabrique(texture) *f* 组构，岩组，组织，结构
fabriquer *v* 建造，装配，制作，生产，制造
façade *f* （房屋）正面，立面，表面，立[正]面，外观
　～ de la gare 车站正面，车站外观
　～ est (sud, ouest, nord) 东（南、西、北）立面
　～ latérale （建筑物的）侧立面
　～ postérieure （建筑物的）背立面
　～ principale 正立面
face *f* 面，壁，表面，晶面，棱面，坡面，工作面，掌子面；正面，面向，朝向
　～ à 向着，朝
　～ à face 面对面

　à la ～ 在……面前，当……的面
　～ abritée du vent 背风面
　～ amont 向风面，近侧坡面
　～ amont lisse 光滑的近侧坡面
　～ âpre 粗糙面
　～ au vent 迎风面，向风面，上风方向
　～ aval 背风面，远侧坡面
　～ aval âpre 粗糙的远侧坡面
　～ avant 前面，面板，前面板
　～ bien développée 发育完好的晶棱面
　～ bouchardée 凿毛面
　～ brute （混凝土）毛面
　～ courbe 曲面
　～ cristallographique 晶面
　～ d'abattage 开挖面，工作面
　～ d'air 临空面
　～ d'apparente 表面
　～ d'applique 接触面
　～ d'appui 支撑面
　～ d'entrée de l'eau 渗透面，渗流面，渗漏面
　～ d'extrados 拱背
　～ d'intrados 拱腹
　～ d'un signal （控制一个方向交通的）信号显示面
　～ d'un wagon 车辆侧墙
de ～ 正面，从正面，正面地
　～ de bride 法兰密合面
　～ de chanfrein 斜削面，倒角面
　～ de charriage 掩冲断层面
　～ de chevauchement 逆掩断层面
　～ de cisaillement 剪切面
　～ de clivage 劈理面，解理面
　～ de compression 受压面
　～ de contact 接触面，接触面积
　～ de crête 脊面
　～ de dent 齿面
　～ de dissolution 溶解面
　～ de faille 断层面
　～ de filon （岩脉或矿脉）露头

~ de glissement　滑动面
~ de groupement　晶体的互生面
~ de joint　接结面，节理面
~ de la bride　凸缘面
~ de la faille　断层面
~ de mur　墙面
~ de référence　参考面，基准面
~ de roulement　滚动面，车轮踏面
~ de rupture　断裂面
~ de talus　坡面
~ dorsale　背面，上表面
~ du biseau　斜角面，倾斜面
~ du joint　接缝面，接合面，节理面
en ~　对面，当面
en ~ de　面临，面对，在……对面
~ en bout　端面
~ en taille pointée　琢石面
~ exposée au courant　向流面，迎浪面，迎风面，对面
~ extérieure du bandage　轮箍外侧面
~ finie　完工面，经加工的表面
~ inclinée　斜面
~ inférieure　底面
~ inférieure du plafond suspendu　吊顶面层，吊顶底面
~ intérieure des rails　轮箍内侧面
~ latérale　旁面，侧面
~ lisse　光滑面
~ plagiède　偏形晶面
~ polaire　极面
~ polie　磨光面
~ portante　承重面
~ primaire d'un signal　主信号
~ réfléchissante　反射面
~ secondaire d'un signal　副信号
~ sous la vent　背风面，下风面
~ supérieure　顶面
~ terminale　端，端面
~ verticale de joint　接缝垂直面
~ vicinale　邻接面
~ vue　视面，视度面

facellite f　钾霞石

facette f　（多面体）面，平面，刻面，刃面，磨蚀面，磨光面

~ d'un cristal　晶体面，结晶面
~ de brunissage　抛光面
~ de faille　断层面

facial, e a　相的，岩相的

faciès m　相，岩相，外观，外表，面容，面貌，晶体习性

~ abyssal　深海相
~ amphibolique　角闪岩相
~ argileux　泥质岩相
~ bathyal　次深海相，半深海相
~ benthique　底栖生物岩相
~ calcaire　灰岩相
~ carbonaté　碳酸盐岩相
~ consécutif　连续岩相
~ continental　陆相
~ côtier　海岸相
~ d'altération　风化岩相，残余岩相
~ d'eau douce　淡水相
~ de bordure　边缘结构
~ de delta　三角洲相
~ de flysch　复理石相
~ de granulite　麻粒岩相
~ de marais　沼泽相
~ de métamorphisme　变质相
~ de passage　过渡相
~ de rivage　海滨相，海岸相
~ de rivière　河（积）相
~ de roche　岩相
~ de variation　过渡岩相
~ deltaïque　三角洲相
~ détritique　碎屑岩相
~ diachrone　历时性（穿时性）岩相
~ du sol　土相
~ ébouleux　碎屑相，碎石相
~ éolien　风积相
~ estuairien, ~ d'estuaire　港湾相，潟湖相
~ fluvial　河流相，河相
~ fluviatile　河流相
~ géologique　地质相
~ géosynclinale　地槽相
~ gréseux　砂岩相
~ hétréochrone　异时（生成）性岩相
~ isochrone　等时性岩相
~ lacustre　湖相

~ lagunaire 潟湖相
~ latéral synchrone 同时(期)横向岩相
~ limnique 湖沼相
~ littoral 滨海相,海岸相
~ marginal 海滨相,边缘相
~ marin 海相
~ marneux 泥灰岩相
~ métamorphique 变质相
~ minéralogique 矿物相
~ mixte 混合岩相
~ nébulitique 星云状岩相
~ néritique 浅海相
~ normal 常态[相]
~ orogénique 造山相
~ oxydé 氧化物相,氧化相
~ pacifique 太平洋岩相群,太平洋岩系
~ paléontologique 古生物相
~ paléovolcanique 古火山岩相
~ pélagique 远海相
~ pétrographique 矿物相,岩相
~ pétroligène 生油相
~ plutonique 深成相
~ prérécifal 礁坡岩相
~ prodelta 前三角洲相
~ profond 深成相
~ récifal 礁相
~ réducteur 还原相
~ repère 标准岩相
~ sableux 砂质岩相
~ saumâtre 咸水相
~ sédimentaire 沉积岩相
~ sismique 地震岩相
~ solide 固相
~ suspendu 悬浮相
~ terrestre 陆相
~ tuffogène 凝灰岩相
~ volcanique 火山相

facile *a* 容易的,方便的
facilement *adv* 容易地,轻易地
facilité *f* 容易,轻便,灵活,设备；*f.pl* 方便,宽限,展期(付款)
~ commune 公共设施
~ d'entretien 维修设备
~ d'entretien et de réparation 维修设备
~ d'évolution 机动性,灵活性
~ s de circulation (voyageurs) 旅客旅行方便条件
~ de manipulation 操纵简便,可操纵性
~ de paiement 分期付款
~ de perforation des roches 岩石的可钻性
~ de pompage 易于泵抽
~ de pose 易于安装
~ s de transport (marchandises) 货运便利条件
~ dévolution 机动性,灵活性
~ du trafic 行车灵活性
~ expérimentale 实验设备

faciliter *v* 使容易,使方便
façon *f* 方法,方式,形状,式样,修饰,加工
~ à chaud 热加工
~ à froid 冷加工
à la ~ de 按……的方式
~ d'entretien 维修办法
d'une ~ générale 一般地,一般,一般说来
de ~ à 以便,使得
de ~ que 使得,以便,结果是,为的是
~ de brides 翻边,卷边,作凸缘,作法兰盘
de telle ~ que 结果是,为的是,使得,以便
de toute ~ 无论如何,不管怎样
en aucune ~ 绝不,一点也不
en même ~ que 正如……,如同……
par ~ de 由于……样子

façonnage *m* 制作,装饰,加工,成形,造型,型压,型面加工
~ à chaud 热加工
~ à froid 冷加工
~ des armatures 钢筋加工
~ des barres d'armatures 钢筋加工
~ en usine 工厂加工
~ mécanique 机械加工
~ par compression 挤压成型
~ sur place 现场加工

façonné, e *a* 已形成的,加工的,成型的
façonnement *m* 地表形态,地形刻蚀,地形形成作用,加工
~ continental 大陆形态
~ du modelé 地形形成作用
façonner *v* 成形,造型,型面加工
Facq *m* 比利时生产的自动化驼峰自动集中进路

储存器手柄
fac-similé *m* 传真,传真电报,无线电传真,复制品
factage *m* 到户接送货物的运输费,到户接送货物的运输费,办理到户接送货物运输的企业,投递信件电报
factage-camionnage *m* 卡车接送货运输
facteur *m* 因素,要素,系数,因子,搬运工,邮递员
~ Q　Q值,质量因数,品质因数
~ Q extérieur　外部Q值
~ antidérapant　防滑系数
~ balistique d'un appareil de mesure　测量仪表的阻尼因数
~ caractéristique　特性因素
~ ciment/eau　水泥/水混合率
~ climatique　气候因素
~ commande　控制系数
~ critique　临界因数
~ d'impact　冲击系数
~ d'absorption　吸收系数,吸收比
~ d'absorption acoustique　吸声系数
~ d'absorption atmosphérique　大气吸收系数
~ d'accumulation　累加系数
~ d'accumulation en énergie　能量积累因子
~ d'adhérence　黏着系数
~ d'adhésion　黏着系数,黏附系数
~ d'affaiblissement　衰减系数,阻尼系数
~ d'agrandissement　放大倍数
~ d'ajustement　调整系数
~ d'amortissement　阻尼系数,衰减系数
~ d'amortissement des vibrations　振动衰减系数,振动阻尼系数
~ d'amplification　放大系数,增益系数
~ d'amplification d'un tube électronique　(电子管的)放大因数
~ d'amplification du gaz　气体放大因数
~ d'amplification dynamique　动力放大系数
~ d'amplification en courant　电流放大率
~ d'amplification en énergie　能量放大系数,功率放大系数
~ d'amplification en puissance apparente　视在功率放大率
~ d'amplification en tension　电压放大率,电压增压
~ d'amplification relatif à deux électrodes　电压放大系数
~ d'assurance　安全系数,安全因素
~ d'atténuation　衰减系数,衰减因素
~ d'atténuation de rafales　阵风衰减系数
~ d'audibilité　可闻度系数,可听率
~ d'augmentation　增大系数
~ d'avantage　有利因素,有利条件
~ d'échange　交换因数
~ d'échelle　比例系数,比例尺
~ d'éclairement par lumière diffuse　漫射光照度系数
~ d'écran　屏蔽系数
~ d'efficacité lumineuse　有效发光率,有效发光度
~ d'entraînement　传动系数,传输系数
~ d'équilibre de terrassement　土方平衡系数(即收缩系数)
~ d'équivalence　等值系数,等效系数
~ d'érosion　侵蚀营力
~ d'évaporation　蒸发系数,蒸发因素
~ d'expansion　膨胀系数
~ d'homogénéité　均匀系数
~ d'imperméabilité　不透水系数(流域面积上的径流量与降水量之比)
~ d'inclinaison　斜扭因素,倾斜因数
~ d'inertie des masses tournantes　旋转部件的惯性因数
~ d'influence　影响系数
~ d'inhomogénéité　不均匀系数,不均质系数
~ d'interaction　互作用系数
~ d'une usine　电站容量因数
~ d'uniformité　均匀系数,匀质系数
~ d'uniformité granulométrique　不均匀系数
~ d'usage　利用系数
~ d'utilisation　负载系数(功率),利用系数,脉冲填充系数,利用率
~ de bobinage　绕组因素
~ de bruit　噪声因数,噪音系数
~ de canon　峡谷因数
~ de capacité　功率,利用率,容量系数,库容系数,利用系数,负荷因数,电容因数
~ de capacité annuelle　年利用系数
~ de capacité portante　承载能力系数
~ de charge　载重系数,载重因数

~ de charge annuel 年负荷因数,年负荷率,年负载率
~ de charge d'une usine 电厂负荷因数
~ de charge du réseau (pour une période donnée) (在规定时间段的)系统负荷系数
~ de charge économique 经济负荷因数,经济负荷率
~ de charge extrême 极限负荷因数,设计负荷系数
~ de charge journalier 日负荷系数
~ de charge limite 极限载重系数
~ de charge maximum autorisé 最大允许载荷系数
~ de charge optimal 最优负荷因数
~ de charge partiel 分部负荷系数,分项负荷系数
~ de charge systématique 系统负荷系数
~ de ciel 天窗照明度
~ de ciment 水泥系数(单位体积混凝土的水泥用量)
~ de cisaillement-friction 剪切—摩擦系数
~ de compacité 密实度
~ de compactage 压实系数
~ de compensation 补偿系数
~ de compressibilité 压缩系数,压缩比
~ de compression 压缩系数
~ de concavité 凹度系数
~ de concentration 集中系数,浓缩比
~ de concentration d'après Föhlich 弗氏应力集中系数
~ de concentration des contraintes 应力集中系数
~ de consistance 稠度因素,(浆液)可灌因数,稠度系数
~ de consommation 消费因数,需求系数
~ de contraction 收缩率,收缩系数(地层体积系数的倒数)
~ de contraste 反差系数,对比因数
~ de contrôle 控制因数(最小强度与平均强度之比值)
~ de conversion 换算系数,折合系数,换算率
~ de correction 校正系数
~ de correction énergétique 能量校正系数
~ de correction humide 湿度校正系数
~ de correction hygroscopique 吸湿校正系数
~ de corrélation 相关系数,相关因子,相关因素
~ de couplage 耦合系数,交连系数
~ de couplage inductif de deux circuits 两电路间的感应耦合系数
~ de courbure granulométrique 曲率系数
~ de crête 峰值因数(峰值与有效值之比),波峰因数
~ de débit 流量系数,流量比
~ de décharge 流量因数,放电因数
~ de décision 决定性因素
~ de décontamination 去污染因子
~ de déformation 畸变系数
~ de degré-jour 度—日因素
~ de demande 需用因数,需用率
~ de densité 密度系数
~ de déphasage 相移系数
~ de déposition 沉淀系数
~ de diamètre 直径系数
~ de dilatation 膨胀系数
~ de dilution 稀释率
~ de dimension 尺寸因数,有因次系数
~ de directivité 方向系数,定向性因数
~ de disponibilité 能量使用效率,运行效率
~ de disponibilité en temps 时间利用系数
~ de distorsion 畸变因数,失真因数
~ de distribution 分布因数,分布系数
~ de diversité 差异因数,差异度,不等率
~ de drainage 排水系数(以 mm/d 计的排水深度)
~ de durabilité 坚实系数
~ de durée de consolidation 固结时间系数
~ de filtration 渗透因数,渗透系数,过滤系数
~ de finesse 细度系数
~ de flexibilité 挠曲系数,挠曲度
~ de floculation 絮凝系数
~ de fluctuation 波动系数,振荡系数
~ de force 力因数,耦合系数
~ de forme 形状系数,波形系数,波形因素(经整流的电流)
~ de forme d'une grandeur alternative symétrique 对称交变量的形状系数
~ de friction 摩擦系数
~ de friction de Manning 曼宁阻力系数

~ de frottement 摩擦系数
~ de fuite 渗漏系数,漏水系数
~ de glissement 聚束系数,聚合系数,滑动系数
~ de gonflement 膨胀系数
~ de gradation （粒度）分级系数
~ s de l'environnement 环境因素
~ de lessivage 淋滤系数
~ de lumière du jour 日光系数,采光系数
~ de luminosité 发光因数,发光率
~ de maintenance 维护系数
~ de marche dans un service ininterrompu à charge intermittente 断续负载连续工作方式的有载率
~ de marche dans un service intermittent périodique 断续周期工作方式的有载率
~ de masque 阴影系数,阴影率
~ de modulation 调制因数,调谐因数,调制指数
~ de multiplication 放大系数,乘数,倍加系数
~ de pénétration 栅极渗透系数,栅透系数（电子管）,穿透率,渗透率
~ de pénétration IF 中频抑制因素
~ de permittivité 介电常数,电容率
~ de perte 损耗因数
~ de perte de charge 全压（头）损耗因数
~ de perte transductique 转换损耗系数
~ de Philleo 间距系数（一种表示混凝土抗冻融性的指标）
~ de pointe 高峰率（指高峰小时交通量对日交通量的比值）
~ de polarité 极化系数,极化因子
~ de pondération 权重因数,加权系数,加权因素
~ de porosité 孔隙率
~ de portance 承载系数
~ de précipitation 降雨系数
~ de pression des terres au repos 静止土压力系数
~ de pression interstitielle 孔压系数
~ de pression interstitielle au piezocone 孔隙（水）压力系数
~ de probabilité 概率,或然率
~ de propagation 传递系数,传播因数
~ de proportionnalité 比例系数,比例常数
~ de proportionnalité de mélange 混合比
~ de puissance 功率因数,功率系数,力率
~ de pureté d'une couleur 比色纯度因数
~ de qualité 品质因数,质量因素

~ de qualité (d'un appareil de mesure) 品质因数（测量仪表）
~ de qualité à pleine charge 全负荷的Q值,全Q载值
~ de raccourcissement 节距因数,节距系数
~ de rafale 阵风系数
~ de réduction 还原因数,缩减系数,缩小因数
~ de réduction acoustique 隔音系数,声降系数
~ de réduction de contrainte 应力折减系数
~ de réduction des essais 试验（结果）换算系数
~ de réflexion 反射系数,反射率
~ de réflexion de contrainte 光谱反射因数
~ de réflexion diffuse de surface 表面漫反射因数
~ de régime 脉冲工作比（脉冲宽度与重复周期比例）
~ de réglage de phase 调相系数
~ de réglage par dérivation 导数控制因数
~ de régulation 调节系数
~ de réjection 抑制因数,抑制比,废品率,舍弃率
~ de remblayage 充填系数
~ de rendement 效率
~ de répartition de trafic par voie de circulation 车道分配系数
~ de répartition par sens 方向分配系数
~ de réserve 储备系数,安全系数
~ de réservoir 油层体积系数,油储系数
~ de résonance 共振系数,谐振系数
~ de rétrécissement 收缩系数,收缩率
~ de rigidité 刚度系数
~ de ronflement 波纹因数,脉动系数
~ de rugosité 粗糙系数,粗糙率
~ de ruissellement 径流系数
~ de saturation 饱和系数
~ de sécheresse 干旱因子
~ de section 断面系数
~ de sécurité 安全系数
~ de sécurité au maintien 保持安全系数
~ de sécurité de cisaillement-friction 剪切—摩擦安全系数
~ de sécurité partielle 分项安全系数,分部安全系数
~ de sécurité pour la mise au repos 制动安全系数

~ de sécurité pour la mise au travail　始动安全系数
~ de service　工作条件系数
~ de similitude　相似系数
~ de simulation　模拟系数
~ de simultanéité　同时系数,同时率
~ de souffle　噪声系数,噪音系数
~ de stabilisation　稳定系数
~ de stabilité　稳定系数
~ de stockage　库容系数
~ de structure　结构因数,构造因数
~ de surabondance　安全系数
~ de surcharge　过负荷[超载]系数
~ de surcharge d'un transformateur de courant　电流互感的一次电流倍数,电流互感器的超负荷系数
~ de sûreté　安全系数
~ de surtension　槽路质量因数,储能电路质量因数,电压放大系数
~ de synchronisation　同期系数,同步性能
~ de tassement　沉降系数,沉陷系数,堆积系数
~ de température　温度因数
~ de temps　时间因素,(土壤固结的)时间因数),时间系数
~ de ténacité　韧度因数,韧度率
~ de traction　拉力系数
~ de transmission　（光在空气中的)透射率,传递系数
~ de transmission de chaleur　热量传递因数
~ de transmission spectrale　光谱传播系数
~ de transparence　透视系数
~ de turbulence　紊流系数,紊流因数
~ de variation　变化因数,不均匀系数
~ de variation journalière　日变化系数
~ de vide　空隙比
~ de viscosité　黏度系数,黏滞因数
~ démagnétisant　去磁因数,去磁率
~ des télégraphes　送电报人员
~ déterminant　决定性因数
~ diffusion　扩散系数
~ dilatation　膨胀系数
~ dimensionnel　尺度因数,粒径因数,因次因数
~ du ciment　水泥系数(单位体积混凝土中的水泥用量)
~ du débit　流量系数,流量比
~ du métamorphisme　变质要素
~ du temps　（土固结的)时间系数
~ dynamique　动力系数
~ eau-ciment　水一水泥比,水灰比
~ eau-liant　水和胶结料比
~ écologique　生态因素
~ géométrique　几何系数
~ granulométrique　粒度分级系数
~ s humains　人的因素
~ humide　湿度因子,湿润系数
~ hydraulique　水力系数
~ hydrologique　水文系数
~ lithologique　岩性要素
~ mécanique　机械因数
~ météorologique　气象因素,气象因子
~ morphogénétique　地貌成因要素
~ morphotectonique　地貌构造要素
~ numérique　数字系数
~ récupération　(原油)采油率
~ scalaire　缩尺因数,比例尺因子,标度因子,换算系数,比例系数
~ stratigraphique　地层因数
~ structural　构造因数,构造要素
~ s techniques　技术因素
~ technologique　工程因子
~ temps œnométrique　固结时间因数
~ volumétrique　体积系数,容量因素,容积因素
~ volumétrique de fond　地层体积系数

facteur-basculeur *m*　主任司磅员
facteur-clé *m*　主要原因,主要因素
factibilité *f*　可行性,可能性
factice *a*　人造的,人工仿制的,模拟的
facturation *f*　编制账单
facture *f*　发票,发货单,账单
~ d'achat　采购发票,购货发票
~ définitive　最终账目
~ finale　最终结算发票
~ originale　原始发票
~ pro forma　形式发票
~ provisoire　临时发票
facturer *v*　开发票
facultatif, ive *a*　任意的,临时的,随便的,随意的,可供选择的

faculté *f* 才能,本领,特性,性能,能力
　～ d'accrochage　连接性能
　～ d'adaptation du propulseur　动力装置适应能力
　～ d'adaptation　适应性能,配合度
　～ d'absorption des vibrations　吸收振动能力,减振能力
　～ de collage　胶附性能
　～ de transbordement　（船舶）转运能力,换装能力
　～s manœuvrières　操纵性能
fading *m* 衰落,消失,凋谢,枯萎
　～ à courte distance　近距衰落,近程衰落
　～ d'amplitude　振幅衰减
　～ d'interférence　干扰衰落
　～ scintillant　闪烁衰落
　～ sélectif　选择衰落
　～ synchrone　同步衰落
　～ total　全面衰落,同步衰落
fagot *m* 束薪,柴捆,柴排,柴排席
fagotage *m* 束薪,柴捆,柴排
faheyite *f* 磷铍锰铁石
fahlbande *f* 黝矿带,稀疏硫化物浸染带
fahlerz *m* **fahlite** *f* 黝矿（黝铜矿和砷黝铜矿等）
fahlunite *f* 褐堇青石
Fahrenheit *m* 华氏温度（代号为 F）
faible *a* 弱的,差的,轻的,不多的,不坚固的,不重要的
　～ constante de temps　较小时间常数
　～ courbe　缓和曲线
　de ～ largeur　狭小的,窄的
　～ écart de température　小温差
　～ masse moléculaire　低分子的
　～ trafic　低交通量
　une très ～ erreur　差值很小
faiblesse *f* 脆弱,软弱,无力
faiblir *v* 变弱,衰退
faïençage *m* 细开裂,路面网裂,发丝裂缝（龟裂）
　～ de chaussée　路面龟裂,路面网裂
faillage *m* 断裂作用
faillé *a* （被）断切的,断层切割的,错动的,断裂的
faille *f* 断层,断口,龟裂,缺陷,缺点,弱点,故障,矿脉断裂缝
　～ à charnière　扭转断层

　～ à déplacement curviligne　曲线断层
　～ à déplacement rectiligne　平移断层
　～ à faible pendage　缓倾断层,缓角断层
　～ à fort pendage　陡角断层,陡倾断层
　～ à [en]gradins　梯级断层
　～ à pendage élevé　陡倾断层
　～ à pente raide　陡倾断层
　～ à rejet compensateur　补偿断层
　～ à rejet fractionné　分枝断层
　～ à rejet horizontal　平错断层,横推断层
　～ à répétition　重复断层
　～ à rotation,～ rotatoire　旋转断层
　～ abyssale　深断层
　～ accessoire　副断层
　～ active　活动断层
　～ affaissée　倾伏断层,下落断层
　～ anormale　逆断层,异常断层
　～ antéminérale　成矿前断层
　～ anticlinale　背斜断层
　～ antithétique　反向断层
　～ auxiliaire　副断层
　～ avec chevauchement　逆掩断层
　～ avec décrochement　平移断层,走向滑移断层
　～ avec retroussement　压缩断层
　～ baillante　张开断层,开断层
　～ béante　张开断层,开断层
　～ bordière　边缘断层,边界断层
　～ cachée　隐伏断层,埋藏断层
　～ certaine　实测断层
　～ chevauchante,～ chevauchée　逆冲断层,超覆断层
　～ circulaire　环状断层,环形断层
　～ composée,～ complexe　复合断层
　～ concentrique　同心断层
　～ conforme inverse　整合逆断层
　～ conforme normale　整合正断层
　～ conforme　整合断层
　～ conjonctive　共轭断层,连接断层
　～ conjuguée　共轭断层
　～ contraire　不整合断层,反向断层,逆断层
　～ courbée　挠断层,断层
　～ d'effondrement　下陷断层,下落断层
　～ d'entraînement　拖曳断层,拖移断层
　～ d'extension　张断层,张力断层

~ dans le plan des couches 顺断层,层面断层
~ de [à]décrochement 平推断层,平移断层
~ de bordure 边缘断层
~ de charriage 推覆断层
~ de chevauchement 逆冲断层,超覆断层
~ de cisaillement 剪切断层
~ de compensation 补偿断层,调节断层
~ de compression 挤压断层
~ de contraction 挤压断层
~ de coulissage 平移断层,滑移断层
~ de crevassement 裂隙断层
~ de cisaillement 剪切断层
~ de déversement 逆掩断层
~ de direction 走向断层
~ de distension 拉伸断层
~ de glissement 滑动断层
~ de gravité 重力断层
~ de plis 褶曲断层
~ de plissement 褶皱断层
~ de poussée 逆[冲]断层
~ de recouvrement 超覆断层,褶皱—逆断层
~ de refoulement 逆断层
~ de tassement 沉陷断层
~ de tension 张力断层
~ décrochante 平推断层,平移断层
~ décrochée 平移断层
~ diagonale 斜断层
~ directe 正断层
~ directionnelle 走向断层
~ disjonctive 开口断层
~ en ciseaux 扭转断层
~ en direction 走向断层
~ en échelon 阶状断层,阶梯状断层,雁行断层
~ en escalier 阶梯状断层,横断层
~ en réseaux 断层网
~ en retour 对偶断层
~ en surplomb 逆断层,逆掩断层
~ et numéro 断层及编号
~ étagée 梯级断层
~ fausse 假断层
~ fermée 闭合断层,闭口断层
~ horizontale 水平断层
~ horizontale de décrochement 平移断层,走向断层

~ inclinée 斜断层
~ inverse 逆断层,冲断层
~ inverse diagonale 斜交逆断层
~ inverse et sa numérotation 逆断层及编号
~ inverse longitudinale 纵向逆断层
~ inverse transversale 横向逆断层
~ inverse 逆断层
~ isogonale 纵断层,走向断层
~ latérale 侧向断层,横移断层
~ limite 边缘断层,边界断层
~ listrique 铲状断层,勺形断层
~ longitudinale 走向断层
~ marginale 边缘断层
~ masquée 隐伏断层
~ mineure 次要断层,小断层
~ multiple 复断层,叠断层
~ nivelée 削(夷)平断层
~ non active 非活动断裂
~ normale 正断层
~ normale conforme 顺向正断层,整合正断层
~ normale contraire 逆向正断层
~ normale et sa numérotation 正断层及编号
~ oblique 斜交断层
~ orographique 山形断层
~ orthogonale 横断层,垂直(走向)断层
~ ouverte 开口断层
~ parallèle 纵向断层,平行断层
~ passive 不活动断层
~ périphérique 边缘断层,周缘断层
~ perpendiculaire 横断层,垂直断层
~ plane 平削断层
~ post-minérale 成矿后断层
~ principale 主断层
~ probable 推测断层
~ profonde 深层断层
~ radiale 放射状断层,径向断层,辐射状断层
~ rajeunie 复活断层,活化断层
~ ramifiée 树枝状断层
~ rotationnelle 旋转断层
~ rejouée 活化断层,复活断层
~ renversée 倒转断层
~ réouverte 复活断层
~ secondaire 小断层,二级断层
~ serrée 挤压断层

~ simple 简单断层
~ sinueuse 弯曲断层,扭曲断层
~ subdivisée en branche 分枝断层
~ superficielle 浅断层,浅成断层
~ syngénétique 同生断层
~ synthétique 次级同向断层,同组断层,顺向断层
~ tabulaire 平移断层
~ rasée 被夷平的断层
~ transformante 转换断层
~ transversale 横断层,横推断层
~ transversale et sa numérotation 平移断层及编号
~ verticale 垂直断层
~ verticale de décrochement 横推断层,扭转断层
~ vivante 活断层

faille-limite *f* 边界断层,边缘断层
faille-pli *m* 断层褶皱,断褶
failler (se) *v* 崩解、解体
failleux, euse *a* 裂隙的,断裂的
failli *m* 破产者
faillite *f* 破产,倒闭
fail-safe 结构寿命,生命力
failure *f* 故障,折断,断裂
faing *m* 沼泽
fairbankite *f* 碲铅石
fairchildite *f* 碳钾钙石
faire *v* 做,进行,工作,经营,从事,制作,引起,构成,安排,估价

~ ...de 把……变成
~ appel à 请求,要求
~ arrêter 停车
~ assurer 投保
~ banqueroute 使破产,倒闭
~ canon 无效爆破
~ circuler en unité multiple une locomotive prévue en unité simple 把单机牵引改为多机牵引
~ de l'eau 上水
~ de l'essence 加油
~ de petites additions 稍加一点儿
~ déduction des sommes payées d'avance 扣除预付金额
~ demi-tour 转向

~ des dettes 负债,借债
~ des heures supplémentaires 加班
~ des levés aérophotogrammétriques 航空测量
~ des placements 进行投资
~ des recherches 从事研究工作,调查
~ des relèvements 定向,定位
~ des réserves 作保留
~ du 70km à l'heure 每小时行车70公里
~ du carburant 加燃料
~ du charbon 上煤
~ également foi 具有同等效力
~ entre l'un dans l'autre 从一方向另一方向移动,相互滑移
~ face au trafic 从事运输,面向运输
~ faillite 使破产,倒闭
~ l'appréciation des marchandises 估价货值
~ l'objet de 是……的对象,目标
~ la caisse 核对现金
~ la lecture 读数,判读
~ la prise 接通,分出
~ le parcours 驶出,开出,行车
~ le plein 加油,装满,灌满,填满
~ le plein d'une citerne 灌满罐车
~ le point 定位
~ le retrait de bagages 提取行李
~ le train 行车
~ le trajet de 经过,路过
~ long feu 点火过慢,发火过慢
~ marche arrière 倒车
~ marche avant 向前行车
~ opposition 反对,提出异议
~ partie (de) 构成……部分,是……组成部分
~ passer un tunnel 使通过隧道,打隧道,开隧道,建筑隧道
~ pénétrer 沉桩,打桩
~ prise 放,安置,安装,固定,安排
~ revenir 退火,韧炼
~ route 行驶
~ sauter 炸掉,爆破,摧毁
se ~ 实现,完成,制造
se ~ jour 出现,显示
~ suivre les frais 按费用付款
~ tourner 运转,行驶
~ un appel d'offres 招标

~ un arrangement 协商
~ un brouillon 画草图,打底稿
~ un essai 试验
~ un nouvel essai 再尝试,再试验
~ un numéro 电话拨号
~ un prélèvement d'eau 取水样
~ un relevé d'enneigement 进行降雪测量,进行积雪调查
~ un virage 转弯,转向
~ une édition 出版,编订,编注,刊行,校订
~ une expérience 试验
~ une lecture 读数,判读
~ une perception complémentaire 核收附加费
~ une polygonation 绘制多边导线测量图
~ une remise sur un article 对货价打折扣

fairfieldite *f* 磷钙锰石
faisabilité *f* 可行性,可做性,可能性
~ technique 技术上的可行性
~ technico-économique 技术/经济的可行性（报告）

faisable *a* 可做的,可行的,可能的
faisceau *m* 束,套,组,捆,光束,线束,波束,簇,分层,群,线群
~ à carré de cosécante 余割平方律射束
~ atomique 原子束
~ cathodique 阴极电子束,阴极射线,阴极射束
~ compensé 余割平方包线形射束,余割平方波束(雷达)
~ convergent 会聚射束
~ d'accumulation 充电电子束,保持电子束
~ d'attente 停车线束,存车线束,停车场
~ d'attente au départ 机车发车线束
~ d'attente des locomotives 机车发车线束
~ d'atterrissage 特性曲线簇
~ d'électrons 电子束
~ d'électrons lents 低速电子束
~ d'escale 中转线束
~ de câbles 电缆束,导线束
~ de cercles 环束
~ de changement de voie 梯线
~ de classement 选分线束,编组场
~ de conducteurs 导体组,导线束
~ de couches 岩系,岩群
~ de débranchement 调车线束,调车场,解体线束
~ de départ 发车线束,发车场
~ de direction 发车线群,发车线束,发车场
~ de failles 断层系,断层群
~ de filons 矿脉群
~ de fils 导线束,扎在一起的导线
~ de formation 编组线束,编组场
~ de garage 停车线束
~ de joints 节理组,节理系,节理群
~ de lavage 车辆清洗场,洗车线束
~ de lignes de forces 力线束
~ de phares （汽车）前灯光束
~ de plis 褶皱组,褶皱群,簇状褶皱群
~ de plis convergents 会聚褶皱群,会聚褶皱束
~ de plis divergents 发散褶皱群,离散褶皱束
~ de rayons cathodiques jumelés （彩色电视）双阴极射线束
~ de référence 参考光束,基准光束
~ de régénération 保持电子束,反馈电子束
~ de relais 中转线束,改变场
~ de remisage 停车线束
~ de sectionnement （驼峰）线束
~ de triage 编组线群,编组线束,编组场
~ de tubes 管束,管组
~ de voies 线束,线群
~ de voies de garage 停车线束
~ de voies pour l'attente au départ 发车线束,发车场
~ de voies pour la réception 接车线束,到达场
~ des aiguilles 道岔群,道岔区
~ des caractéristiques 特性曲线簇
~ en gril 直线梯形车场
~ géographique 专掐(列车)站顺的调车线束
~ local 本站作业车场

faissier *m* 分水岭
fait *m* 事件,事实
~ d'avarie commune 共同海损事件
au ~ 毕竟,总之,归根到底
dans le ~ 其实,事实上,实际上
de ~ 其实,事实上,实际上
de ce ~ 因此,由此
du ~ de 因为,由于
du ~ que 由于,因为
en ~ 事实上,实际上

en ~ de　关于,说到,在……方面
par le ~　其实,事实上,实际上
tout à ~　完全,全部

faîtage *m*　屋脊梁,脊瓦,脊盖,脊檩
　~ en bois　木屋顶,木屋脊
　~ en fer　钢屋顶,钢屋脊

faîte *m*　顶,顶点,顶部,屋脊,山脊,分水界,分水岭,(巷道)顶板
　~ de mur　墙顶
　~ de tunnel　隧道拱顶
　~ médian　中央山脊[顶]
　~ structural　构造顶部

faîtière *f*　脊瓦
　~ ventilatrice　通风天窗,透气脊瓦

faix *m*　负荷,载重

falaise *f*　悬崖,峭壁,陡坡,陡岸,陡崖,马头丘
　~ alignée　陡崖线,陡岸,岸边陡崖
　~ à bande alluvionnée　具冲积条带峭壁
　~ d'éboulement　次生岸壁
　~ littorale　海岸陡崖,海蚀崖
　~ marine　海岸陡港,海蚀岸
　~ morte　遗弃崖,海滨古崖(离水已远)
　~ plongeante　下潜海蚀崖,半淹海蚀崖

falcondoïte *f*　镍海泡石
falkenhaynite *f*　辉锑铜矿
falkensténite *f*　四方沸石
falkmanite *f*　针疏锑铅矿
falloir *v*　需要,必须,应该
falot *m*　手提灯,灯
　~ d'arrière-train　列车尾灯
　~ tempête　风暴灯

falun *m*　贝壳砂,介壳灰岩,砂质泥灰岩(法国上新世)

falunière *f*　介壳灰岩采场
famatinite *f*　块疏锑铜矿
Famennien *m*　法门阶(D_3,欧洲)
famille *f*　科,种,类族,系,系列
　~ d'éléments　元素族
　~ de courbes　曲线族
　~ de courbes caractéristiques　特性曲线族
　~ de surfaces de glissement　滑移面网络
　~ des granites　花岗岩类
　~ logique　逻辑系列
　~ radioactive　放射族,放射系

fanal *m*　信号灯,导航灯
　~ de locomotive　机车头灯
　~ de tête　(矿工用的)头灯
　~ signaleur　信号灯

fanchère *f*　打捞工具
fange *f*　淤泥,矿泥,浓泥浆,泥烂沼泽
　~ de marais　沼地腐殖土,湿地腐殖土

fangeux, euse *a*　泥浆的,污泥的,充满泥泞的
fanglomérat *m*　扇积砾,扇砾岩
farad *m*　法(拉)(电容单位)
faradique *a*　感应电的
faradisation *f*　感应电应用法,感应电疗法
faradmètre *m*　电容(测量)计,法拉计,法拉表
farallonite *f*　硅钨镁矿
faratsihite *f*　法铁高岭石
fardeau *m*　重负,重载
fardeaux-lourds *m*　大吨位载重汽车,重型载重汽车
fardier *m*　附挂车
fargite *f*　钠沸石
farinage *m*　风化成粉末状
farine *f*　粉,粉末,石粉,岩粉,面粉,硅藻土
　~ brute de ciment　未加工水泥,生水泥
　~ calcaire　石灰石粉
　~ de bois　木屑
　~ de briques　砖粉
　~ de chaux　石灰粉
　~ de minéral　矿粉
　~ de pierre　石粉,石屑
　~ de ponce　浮石粉
　~ de roche　岩粉
　~ de sondage　钻井岩粉
　~ des fossiles　硅藻土
　~ du bois　木屑
　~ fossile　硅藻土,藻岩粉
　~ fossile des chinois　耐火黏土
　~ glaciaire　冰川粉土
　~ ponceuse　浮石粉
　~ salaire　石灰石粉

farineux, euse *a*　粉质的,盖着一层粉末的
farmacosidérite *f*　毒铁矿
faröelite *f*　星杆沸石
farringtonite *f*　磷镁石,法林顿石
farrisite *f*　透辉闪煌岩
farsundite *f*　闪苏花岗岩

fascicule *m* 册子,分册,分卷
fasciculite *f* 角闪石
fascinage *m* 梢工护面,柴筑工事,柴薪护面
fascine *f* 柴垫,柴捆,束柴,柴笼,沉排,梢料,梢捆,防护用柴排
　～ avec pilotis　用桩加固的柴排
　～ d'immersion　沉排,柴排
　～ de bois　柴排
　～s lestées　沉排,沉床,(用石块下沉的)柴排
fasciner *v* (用柴捆,柴笼)加固,堵塞
fascio-ponctué *a* 条纹星点状的
fascio-tacheté *a* 条纹斑点状的
faseranhydrite *f* 纤硬石膏
faserbaryte *f* 纤重晶石
faserblende *f* 纤锌矿
faserserpentine *f* 纤蛇纹石
fasibitikite *f* 负异钠闪花岗岩
fasinite *f* 橄云霞辉岩
fassaïte *f* 深绿辉石
fastes *m. pl* 记录,备忘录
fathogramme *m* 水深图,测深仪记录
fathom *m* 英寻(1英寻＝6英尺＝1.8288米);测深
fathomètre *m* 回声探测器,回音测深仪
fatigue *f* 疲劳,疲乏,蠕变,应力
　～ calorifique　热应力,温差应力
　～ d'une poutre　梁疲劳,梁应力
　～ de flexion　挠曲疲劳,弯曲疲劳
　～ de vibration　振动疲劳
　～ des chaussées　路面疲劳
　～ des matériaux　材料疲劳
　～ dynamique　动力疲劳
　～ élastique　弹性疲劳,弹性后效
　～ en flexion　挠曲疲劳
　～ en flexion rotative　转动弯曲疲劳
　～ limite　疲劳极限
　～ mécanique　机械疲劳
　～ normale　正常疲劳应力
　～ oligocyclique　低循环疲劳
　～ par fluage　蠕变疲劳
　～ principale　主应力,主疲劳
　～ provoquant l'éclatement　极限强度
　～ secondaire　次应力,次疲劳
　～ sous corrosion　腐蚀疲劳
　～ sous flexion alternée　交变弯曲疲劳
　～ thermique　热疲劳
fatigué, e *a* 疲劳的,用旧的
fatiguemètre *m* 疲劳测定计,疲劳测量仪
fatiguer *v* 疲劳变形,产生疲劳损坏
fauchage *m* (岩层)弯曲,弯曲度,曲率;割草,除草,刈草;倾倒变形
　～ mécanique　机械割草
　～ routier　道路养护除草
faucheuse *f* 割草机
　～ d'accotement　路肩割草机
　～ de voirie　道路养护除草机
　～ rotative　旋转式割草机
faucille *f* 镰,拱形支架
faujasite *f* 八面沸石
fausérite *f* 七水锰矾,七水锰镁矾,锰泻利盐
faussage *m* 翘曲,扭曲,弯曲,挠度
fausse *a* 假的,错误的,模拟的
　～ bride　无孔法兰盘
　～ déclaration de poids et de nature　重量和类别的错误声明
　～ fenêtre　假窗
　～ livraison　交付错误
　～ manœuvre　操作错误,操作失误,人为误差
　～ prise　假凝结(水泥、混凝土的过早硬化)
　～ terrasse　缓坡地带
fausse-arcade *f* 盲拱门,假拱
fausse-brèche *f* 假角砾石
fausse-équerre *f* 量角规,活络角铁,斜角
fausse-faille *f* 假断层
fausse-galène *f* 闪锌矿
fausse-galerie *f* 采石平巷,充填平巷
fausse-ogive *f* 假尖拱
fausse-oolit(h)e *f* 假鲕石
fausse-porte *f* 板门,不镶玻璃的门
fausser *v* 挠曲,弯曲,扭曲,破坏,损伤,造成错误
　～ les mesures　搞乱步骤
　～ en tournant le vis　把螺钉拧歪,把螺钉拧坏,拧损螺钉
fausse-schistosité *f* 假页理
fausse-stratification *f* 假层理
fausse-topaze *f* 假黄晶(黄水晶)
fausse-valée-suspendue *f* 假悬谷
fausse-voûte *f* 盲拱
faustite *f* 锌绿松石

faute *f* 缺陷,错误,过失
　～ de gestion administrative　（道路行政的）管理错误,管理缺陷
　～ de service　工作上的错误
　～ lourde　重大过失,严重错误
　sans ～　一定,无论如何

faux, sse *a* 假的,模拟的,错误的,仿制的,辅助的,中间的
　～ écho　假反射信号
　～ équerre des joints de rails　钢轨接头错位,钢轨接头位移
　～ équerre des traverses　轨枕错位,轨枕歪斜
　～ frais　意外开支
　～ joint　假缝,半缝,收缩缝
　～ lit　断层
　～ rivet　假铆钉
　～ sapin　枞松,挪威松
　～ sycomore　挪威枫木
　～ tunnel　假洞(明洞)
　un ～ zéro　人为零点

faux-accouplement *m* （软管连接器）
faux-anticlinal *m* 假背斜
faux-arc *m* 盲拱,假拱
faux-bedrock *m* 假基岩
faux-carter *m* 收油器
faux-châssis *m* 辅助车架,临时棚子
faux-clivage *m* 假劈理(或解理),错动劈理
faux-entrait *m* 跨腰梁
faux-équilibre *m* 假平衡
faux-essieu *m* 中间动轴
faux-litage *m* 假层理
faux-mur *m* 松软底板,夹层
faux-parquet *m* 拼花地板(粘贴)
faux-pendage *m* 假倾角,假倾斜
faux-pieu *m* 接桩
faux-plafond *m* 吊顶,假平顶棚,盖板
　～ à refroidissement par aspersion　冷却水喷淋盖板
　～ sous escalier　楼梯吊顶
　～ sous frigorifère　空气冷却器隔板
　～ sur lattis en bois　板条木筋吊顶
　～ sur métal déployé　钢丝网吊顶
faux-plancher *m* 夹层地板,双层地板的下层地板,阁楼楼板,天棚板,高架地板

faux-plissement *m* 假褶皱(作用)
faux-poinçon *m* 假柱(双柱桁架)
faux-proscénium *m* 假台口
faux-puits *m* 暗井,盲井,天井
faux-radier *m* 防冲铺砌
faux-repos *m* 假故障,故障安全周期(电话)
faux-rond *m* (roues) 椭圆度(车轮),不圆度
faux-synclinal *m* 假向斜
faux-tampon *m* 缓冲气筒
faveur *f* 优待,照顾
　à la ～ de　利用,借助于,由于
　en ～ de　考虑到,为了……利益
favorable *a* 顺利的,有利的
favoris *m* 收藏夹
favoriser *v* 帮助,有助于,优待
fayalite *f* 铁橄榄石
fayalitfels *m* 细铁橄岩
fèces *f. pl* 沉积物,沉渣,残渣,沉淀物,排泄物
fécond *m* 富矿脉; *a* 富的(矿床)
fécule *f* 淀粉
fédération *f* 同盟,联盟,联邦,联合会,协会
　～ Internationale des Ingénieurs-Conseil (F. I. D. I. C.)　国际顾问工程师联合会
　～ Internationale des Transports　国际运输联合会
fedorite *f* 硅钠钙石
fedorovite *f* 霓透辉石
fédorovskite *f* 硼镁钙石
feedback *m* 反馈,回授
　～ élastique　软反馈
　～ négatif　负反馈
　～ permanent　永态反馈
　～ positif　正反馈
　～ temporaire　瞬时反馈,暂态反馈
feeder *m* 支流,支脉,支线,供料器,供水渠,送水管,送料器,馈电线,馈送器(电或信息),主电网,主电路,进线回路,进给装置
　～ à bande　带式给料器
　～ à disque　圆盘式给料器
　～ adapté　匹配馈线
　～ automatique　自动供料机
　～ calibreur　定量供料器
　～ chimique　化学品加料机,化学品投加机
　～ croisé　交叉馈电线,交叉进给线

~ d'alimentation 输送管道
~ d'interconnexion 互连馈电线
~ de contournement 迂回线(接触导线)，桥接导线
~ de départ （输)出(馈)线，对外馈电线
~ de liaison 联络馈电线
~ de ligne 补强馈电导线
~ de retour 反馈电线
~ de sous-station 辐射状馈电线，辐射状进给线，径向馈电线
~ de transport 运输管道
~ direct 直接馈电线，直接进给线
~ multiple 复式馈线，有分支的馈线
~ principal 主馈电线，主进给线
~ secondaire 副馈电线，分支配电线
~ tubulaire concentrique 同轴馈线

feldarénite[**feldsparénite**] *f* 长石砂岩
feldistor *m* 场效应晶体管
feldspath *m* 长石，长岩
~ adulaire 冰长石
~ albitique 钠长石
~ alcalin 碱长石
~ amorphe 霏细岩，细晶长石
~ apyre 红柱石
~ argiliforme 高岭土，瓷土
~ aventurine 耀长石，日长石
~ barytiqu 钡长石，钡冰长石
~ bleu 青金石，天蓝石
~ calcaire, ~ calcique 钙长石
~ calcosodique 钙钠长石，碱质灰长石
~ calcosodique acide 钙质钠长石
~ chatoyant 拉长石，斜长石
~ commun 普通长石
~ compact 纳长英板岩
~ de chaux 钙长石
~ de Forez 红柱石
~ indien 钠长石
~ labrador 拉长石
~ lourd 钡长石
~ nacré 冰长石，月长石
~ opalin 柱长石
~ orthose 正长石
~ plagioclase 斜长石
~ potassique, ~ de potasse 钾长石

~ proprement dit 似长石，副长石
~ sodi-calcique 钠钙长石，斜长石
~ sodique, ~ de soude 钠长石
~ tenace 钠黝廉石
~ terreux 高岭土
~ vert 天河石
~ vitreux 透长石，玻璃长石

feldspath *m* 长石
feldspathides *m.pl* 似长石类
feldspathique *a* 长石质的
feldspathisation *f* 长石化
feldspathoïdes *m.pl* 似长石类，准长石类，副长石类
fêlé,e *a* 有裂纹的，龟裂的，裂开的，有裂隙的
fêler *v* 使产生裂隙，使开裂，发生裂纹
félite *f* 甲型硅灰石
felsite *f* 致密长石，霏细岩
felsitique *a* 霏细状的，霏细质的，霏细岩的
felsitisation *f* 脱玻作用
felsitoïde *a* 似霏细状的
felsïbanyite *f* 费羟铝矾
felsoblastique *a* 霏细变晶结构的
felsodacite *f* 霏细英安岩
felsogranophyre *m* 霏细花斑岩
felsokératophyre *m* 霏细角斑岩
felsonévadite *f* 霏细斑流岩
felsophyre *m* 霏细斑岩
felstone *f* 致密长石，霏细岩
fêlure *f* 缝隙，裂缝，裂口，细裂隙，细裂纹，(砂岩层中的)泥质薄层
femahastingsite *f* 镁绿钙闪石
femelle *f* 套管，套筒；空的，空心的，内部的
fémique *a* 铁镁质的
femme *f* 妇女，女人
~ ingénieur 女工程师
femolite *f* 铁辉钼矿
fenaksite *f* 硅铁钠钾石，铁钠钾硅石
fendage *m* 劈理，开裂，大裂隙，开裂
~ du bois 木材开裂
fendant *m* 含水裂隙，涌水裂隙
fendillé *a* 裂隙的；层状的
fendille *f* 裂缝，裂纹，分层面，层理面
fendillement *m* 裂纹，龟裂，划痕，裂隙，裂开，劈开，裂口

fendiller *v* 使劈开,裂开,龟裂
fendre *v* 使裂开,分裂,劈开,切开
   ~ avec un coin 楔开(石料)
fendu *m* 片状(脆性)岩石; *a* 劈开的,有裂口的,有裂纹的,有裂缝的
fendue *f* 平硐,(倾角不大的)斜井,勘探巷道,浅井,放矿天井,水平坑道,横坑道,坑道口
fenestra *f* 窗孔,膜孔,鸟眼构造,(沉积岩)缩孔,原生孔隙
fenestré *a* 窗格(状)(构造)的
fenêtre *f* 窗,孔,口,窥视孔,波门,内窗层,内围层,内露层,窗(构造),施工支洞,平洞,通道,坑道,推覆体出露处
   ~ à l'anglaise 外开窗
   ~ à bascule 摇窗,折叠窗,铰链式窗
   ~ à charnière 摇窗,折叠窗
   ~ à châssis à guillotine 上下拉窗,吊窗
   ~ à châssis à tabatière 推开式天窗
   ~ à châssis d'aérage 气窗,通风窗
   ~ à châssis simple 单层窗
   ~ à châssis suspendu 上悬窗
   ~ à coulisse 滑动窗
   ~ à deux vantaux 双扇窗
   ~ à double châssis 双层窗
   ~ à guillotine 吊窗,(上、下)拉窗,起落式窗,框格窗
   ~ à jour en béton 混凝土花格窗
   ~ à l'italienne 下悬式翻窗
   ~ à la française 内开窗,落地长窗
   ~ à persiennes brisées 折式百叶窗
   ~ à persiennes fixes 固定百叶窗
   ~ à soufflet 下悬窗,内倒窗
   ~ à trois vantaux 三扇窗
   ~ à un vantail 单扇窗
   ~ aérodynamique 气动窗
   ~ arquée 拱窗
   ~ atmosphérique 大气窗
   ~ charnière 旋转窗
   ~ coulante 吊窗
   ~ coulissante 推拉窗,滑动窗
   ~ d'accès 施工支洞,(隧洞工程)横坑道
   ~ d'assèchement 排水孔,渗水孔
   ~ d'observation 观察孔
   ~ d'une nappe 推覆体(构造)窗,推覆体内窗层
   ~ de contrôle 监视窗
   ~ de lecture du cadran 刻度盘读数孔
   ~ de regard 观察孔,检查孔
   ~ de sortie 射孔
   ~ de visée 观察窗,观察口,检盘口
   ~ de visite 检查口,检查孔
   ~ de voiture 车窗
   ~ en acier 钢窗
   ~ en baie 凸窗
   ~ en éventail 扇形窗
   ~ en saillie 凸窗
   ~ étanche 密封窗,密封口,封口
   ~ karstique 岩溶窗,喀斯特窗
   ~ latérale 侧孔
   ~ ordinaire 单层窗,普通窗
   ~ oscillante 转窗
   ~ ouvrant vers l'extérieur 外开窗
   ~ pivotante 垂直旋转窗,转窗
   ~ pliante 折(页)窗
   ~ sur instrument 仪表的信号窗孔
   ~ tectonique 构造窗
   ~ treillissée 网格窗,格子窗
fenghuanglite *f* 凤凰石(钍铈磷灰石)
fénite *f* 霓长岩
fénitisation *f* 霓长化作用
fente *f* 沟,槽,(构造)裂隙,裂缝,节理,切口
   ~ à boue 污泥缝
   ~ abyssale 深裂隙,深裂缝
   ~ annulaire 环状裂缝
   ~ aquifère 含水裂隙[大量涌水的]岩层裂隙
   ~ au cœur 木心环裂,心裂
   ~ bilatérale 夹缝,双边对称夹缝
   ~ capillaire 发状裂隙,毛细裂隙
   ~ d'affaissement 沉陷裂隙
   ~ d'extension 张力裂隙,张节理
   ~ d'interaction 相互作用空隙(电子管极间)
   ~ d'introduction (路签)放入口
   ~ de cassure 破裂裂隙
   ~ de cisaillement 剪切裂隙
   ~ de compression 挤压裂隙,挤压节理
   ~ de contraction 收缩裂隙
   ~ de dessiccation 干缩裂酸,干裂,泥裂缝
   ~ de dilatation 膨胀裂隙
   ~ de dislocation 构造节理,构造裂隙

~ de faillage　断层裂缝
~ de faille　断层裂隙
~ de froid　冻裂,冰裂
~ de glissement　滑动裂缝,滑动裂纹
~ de la tête de vis　螺钉头解锥槽
~ de lecture　声道,声门
~ de plissement　褶皱裂隙
~ de pression　压缩裂隙
~ de refroidissement　冷缩裂纹,伸缩间隙
~ de retrait　收缩裂隙,干裂
~ de rupture　构造裂隙,断裂面
~ de sécheresse　干缩裂纹,干燥裂隙
~ de serrage de vis　螺钉头解锥槽
~ due à la gelée　冻裂
~ en coin　楔状裂隙,冰楔
~ s en échelon　雁行裂隙
~ endocinétique　内动力裂缝,内应力裂缝
~ étoilée　木材星状环裂
~ exocinétique　外动力裂缝,外应力裂缝
~ fermée　封闭裂缝,闭合裂缝
~ filonienne　(被脉充填的)脉裂隙
~ longitudinale　纵向裂缝
~ mécanique　实际缝隙
~ optique　光隙,扫描线
~ pennée　羽状裂缝
~ peritique　珍珠状裂隙
~ remplissage　充填裂隙
~ tectonique　构造裂隙

fenwick *m*　叉式起重车
fer *m*　铁,钢,铁制品
~ à bandages　轮箍钢
~ à béton　钢筋
~ à boudin　盘弹簧钢条
~ à bourrelet　圆头(型)钢
~ à cheval　马蹄铁
~ à coin　角钢,角铁
~ à contourner　锯齿修整器
~ à crampons　制道钉用钢条
~ à d'ancrage　锚固铁件
~ à épingle à chevaux　U形钢筋,发针形钢筋
~ à équerre　角钢,角铁
~ à faible teneur en silicium　低矽铁
~ à grain fin　细晶生铁
~ à gros grain　粗晶生铁
~ à I　工字钢
~ à nervure centrale　带筋钢条,竹节钢筋
~ à repasser　扁铁,烙铁,熨斗
~ à repousser　挡铁
~ à rivets　铆钉钢
~ à souder　焊烙铁,烙铁
~ à souder électrique　电烙铁
~ à T　T形铁
~ à U　U形钢,槽钢
~ à vitrage　窗框铁条
~ à X　十字铁
~ à Z　Z形钢
~ aigre　脆铁
~ arsenical　毒砂
~ azuré　篮铁矿
~ battu　锻铁,熟铁
~ battu malléable　韧性锻铁
~ blanc　镀锡铁皮,锡,白铁皮
~ brûlé　过烧钢
~ brut　粗制钢,熟铁块,褐铁矿
~ brut de laminage　粗轧钢
~ camasitique　铁纹石
~ cannelé　槽钢,槽铁
~ carbonaté　菱铁矿,碳质褐铁矿
~ carbonyle　羟基铁
~ carburé　石墨;阴碳铁矿;碳化铁体,渗炭钢
~ carré　方钢,方铁
~ cassant à chaud　热脆铁
~ cassant à froid　冷脆铁
~ chromaté　铬铁矿
~ chromé　铬铁,铬钢
~ colonnes　方钢
~ cornière　角铁,角钢
~ corroyé　熟铁,低碳钢
~ coulé　铸铁,铁锭
~ cru　生铁
~ d'ancrage　(混凝土路面接缝的)拉杆
~ d'angle　角铁
~ d'armature　电枢铁芯,钢筋
~ de construction　建筑用铁,结构铁,建筑钢,结构钢
~ de fixation　固定铁件
~ de fonderie　铁锭
~ de fonte　铸铁

- ~ de guidage 导向角钢
- ~ de la membrure 翼缘铁,翼缘板,翼缘角铁
- ~ de lance 石膏双晶
- ~ de liaison 连接铁,系杆
- ~ de liaisonnement 拉接筋,系(杆)铁
- ~ de mine 钢钎
- ~ de qualité 特种铁,优质铁
- ~ de rabot 刨刀,刨铁
- ~ de raccord 预留接头钢筋
- ~ de reprise 留出接头的钢筋
- ~ de scellement 锚固钢筋
- ~ de sidérose, ~ spathique 菱铁矿
- ~ de suspension 吊杆
- ~ delta 三角铁,三角钢
- ~ demi-rond 半圆铁
- ~ demi-rond creux 空心半圆钢条
- ~ des lacs 湖铁矿
- ~ doux 软铁,熟铁
- ~ ductile 球墨铁,球墨铸铁,延性铁
- ~ ébauché 轧材,轧件
- ~ en attente (跨缝)伸出钢筋,露头钢筋,预留钢筋
- ~ en bandes 扁铁,扁钢,带钢
- ~ en barres 条铁,条钢,铁棒
- ~ en croix 十字型钢,十字钢
- ~ en double T 工字钢,工字型材
- ~ en feuilles 薄钢板,薄铁板
- ~ en gros profilé 大型(轧制)型钢
- ~ en lame 薄钢板,钢板
- ~ en lingot 钢锭,铸钢
- ~ en rondin 条钢
- ~ en rubans 箍钢,带钢,钢板,铁板
- ~ en T T形铁,T字钢
- ~ en tôle 铁皮,铁板
- ~ en U 槽铁,槽钢
- ~ en verges 条钢,棒钢,型钢
- ~ étamé 马口铁,白铁皮,镀锡铁皮
- ~ façonné 钢,型铁
- ~ ferreux 低铁,二价铁
- ~ ferrique 高铁,三价铁
- ~ feuillard 带钢
- ~ feuilleté 铁板,薄铁板,薄铁片
- ~ fond 圆铁,圆钢
- ~ fondu 铸铁
- ~ forgé 熟铁,锻钢,锻铁
- ~ fragile 脆性铁
- ~ fragile à chaud 热脆钢
- ~ fragile à froid 冷脆钢
- ~ galvanisé 镀锌铁皮,白铁皮
- ~ gamme γ铁
- ~ hexagonal 六角钢,六角铁
- ~ homogène 锭铁,软铁,工业纯铁,均质铁,低碳铁
- ~ laminé 压延铁,压延钢,轧材,轧制钢
- ~ large-plat 通用铁板
- ~ légèrement carburé 低碳钢
- ~ limoneux 褐铁矿
- ~ magnétique 磁铁
- ~ malléable 韧性铸铁,可锻铸铁
- ~ marais 褐铁矿,沼铁矿
- ~ martin 马丁钢,平炉钢
- ~ méplat 扁铁,扁钢
- ~ météorique 陨铁,铁陨石,菱铁矿
- ~ micacé 铁云母
- ~ natif 自然铁
- ~ octaédrique 八面陨铁
- ~ octogonal 八角钢
- ~ oligiste 赤铁矿
- ~ oolithique 鲕状铁矿
- ~ ovale 椭圆钢
- ~ oxydé carbonaté 菱铁矿
- ~ oxydé géodique 鹰石
- ~ oxydé hématite 红铁矿(赤铁矿)
- ~ oxydé magnétique 磁铁矿
- ~ oxydé rouge 红铁矿
- ~ oxydé terreux 沼铁矿,褐铁矿
- ~ oxydulé 磁铁矿
- ~ pisiforme 豆状铁矿石
- ~ plat 扁钢,扁铁
- ~ plat à queue d'aronde 燕尾扁铁
- ~ pour barreaux de grilles 炉条钢
- ~ pour cercle de fixation du bandage 轮箍扣环钢
- ~ profilé 型钢,型材
- ~ puddlé 熟铁,锻铁
- ~ pyriteux 黄铁矿
- ~ réduit 还原铁
- ~ rond 圆钢,圆铁,圆条

~ rouverain 热脆钢
~ soudé 熟铁,焊接钢,锻铁
~ spastique 菱铁矿
~ spécial 特种生铁
~ spéculaire 镜铁矿,辉铁矿
~ sulfaté 水绿矾
~ sulfuré 黄铁矿
~ sulfuré dentelé 白铁矿
~ T T形铁,T字钢
~ titané 钛铁矿
~ total 全铁
~ tournant 衔铁
~ s trapéziformes 梯形钢
~ triangulaire 三角铁
~ U 槽钢,槽铁
~ vierge 自然铁
~ zoré 波纹钢皮,瓦垄铁

féramine *f* 黄铁矿
feranthophyllite *f* 铁直闪石
ferault *m* 里阿斯灰岩(下侏罗纪)
feraxinite *f* 铁斧石
ferbérite *f* 钨铁矿
fer-blanc *m* 白铁,马口铁
ferblanterie *f* 白铁车间,马口铁器具制造业,白铁店,马口铁器具
ferblantier *m* 白铁工
ferdisilicite *f* 二硅铁矿(正方硅铁矿)
ferganite *f* 水钒铀矿
fergusite *f* 橄榄白榴岩
fergusonite *f* 褐钇铌矿
ferme *f* 桁梁,桁架,构架(矿层中的)硬煤夹层,矿柱,煤柱
　~ à armature double en arbalète 双柱上撑式桁架
　~ à colombage 桁屋架
　~ à contrefiches 简支桁架
　~ à contrefiches en bois 木桁架
　~ à deux poinçons 双柱屋架
　~ à jambes de force polygonale 多边形桁架
　~ a jambes de force trapézoïdale 梯形桁架
　~ à sous-tendeurs 再分桁架
　~ à treillis 格构桁架
　~ à treillis avec marquises 悬臂格构桁架,悬臂桁架

~ arc-boutée 多边形桁架,梯形桁架
~ arc-boutée polygonale 多边形桁架
~ arc-boutée trapézoïdale 梯形桁架
~ articulée (支点)铰接桁架
~ de toit en shed 单坡桁架
~ de toiture 屋顶面桁架
~ en arc 拱形桁架,拱架
~ en arc à console 拱式伸臂桁架
~ en bois 木桁架
~ en flèche 箭形桁架
~ librement appuyée à contre-fiches 组合桁架结构
~ longitudinale 纵桁架
~ maîtresse 主桁架
~ métallique triangulaire 三角钢桁架
~ multiple arc-boutée 复式桁架,复式多边形桁架
~ polygonale 多边形桁架
~ porteuse 承重桁架,桁梁
~ principale 主桁架
~ rigide 刚性桁架
~ souple 柔性桁架
~ transversale 横梁,横桁架,横向联系
~ trapézoïdale 梯形桁架
~ triangulaire arc-boutée 菱形桁架

fermé, e *a* 关闭的,闭合的,坚定的,坚固的,结实的
fermer *v* 闭合,锁闭,闩锁,关闭,合闸,停止
　~ la mise à l'atmosphère 关闭接通大气的开关,与大气隔离
　~ le circuit 闭合电路,接通电路
　~ une route 封闭道路
fermeté *f* 坚固,牢固,稳定,结实
fermette *f* 天窗或假顶楼的桁架,构架,框架
　~ abattue 底框架
　~ relevée 突起框架
fermeture *f* 锁闭,锁栓,闭锁机构,闭止器,闭合处,闸门,锁闭机构,圈闭短路,停止活动,信号置于停车或预告位置
　~ azimutale 方位角闭合差
　~ complète 完全关闭
　~ contre faille 以断层为界的构造闭合
　~ d'eau 止水,堵水
　~ d'un compte 结账

～ d'un pli 褶皱圈闭
　～ d'une ligne 线路封锁,线路遮断
　～ d'une ligne au trafic《voyageurs ou marchandises》 线路停止办理客、货运业务
　～ d'une ligne service 线路停办客、货运业务
　～ de circuit 环线闭合差
　～ de compte 结账
　～ de fichier 关闭文件
　～ de joint 接缝封闭
　～ de l'anticlinal 背斜闭合,背斜圈闭
　～ de la soupape 关闭阀门
　～ de la surface 路面封层
　～ de vanne 闸门关闭
　～ effective 有效闭合
　～ étanche 密封
　～ étanche à l'eau 水封
　～ finale （最后)合龙,合龙口
　～ hermétique 密封
　～ imperméable 非渗透屏蔽
　～ instantanée de la vanne 阀的瞬时关闭
　～ instantanée totale 全部瞬时关闭
　～ par faille 断层形成的屏蔽
　～ solidaire 解锁锁闭
　～ structurale 构造圈闭,构造闭合
　～ tardive 用缓动设备使信号置于停车位置
fermoir m 凿子,扣,钩,锁扣
fermorite f 锶砷磷灰石
fernandinite f 纤钒钙石
fernico m 费臬古(铁镍钴合金)
féroélite f 星杆沸石
feroxyhyte f 六方纤铁矿
ferracite f 磷钡铅石
ferraillage m 配筋,加筋,骨架,钢筋,钢筋网,骨架配筋,钢筋安装,钢筋布置
　～ à deux nappes 双面配筋
　～ à une nappe 单面配筋
　～ continu de dalles 桥面板连续钢筋构造
　～ d'about 端墙的钢筋
　～ de l'âme de poutre préfabriquée en T 预制T形梁肋钢筋构造
　～ de l'entretoise sur culée 端横梁钢筋构造
　～ de l'entretoise sur pile 中横梁钢筋构造
　～ de la dalle coulée sur place 现浇桥面板钢筋构造
　～ de la longrine 护栏座钢筋构造
　～ de la table de poutre préfabriquée en T 预制T形梁上翼缘钢筋构造
　～ de niche de sécurité 安全洞室钢筋
　～ de peau 控制裂缝钢筋
　～ de renfort de la réservation de manutention de poutre en T 预制T形梁吊装孔加强钢筋构造
　～ du dé d'appui 支座垫石钢筋
　～ du joint de chaussée 行车道伸缩缝钢筋构造
　～ en deux cercles 两圈配筋
　～ général de poutre en caisson 箱梁普通钢筋构造
ferraille f 废铁,废料
ferrailler v 加钢筋
ferrailleur m 钢筋工
ferral(l)ite f 铁铝土,铁铝岩
ferrallitique a 铁铝土的,红土矿的
ferrallitiser v 使红土化,使铁铝土化
ferrarisite f 费水砷钙石
ferrazite f 磷钡铅石
ferrchrompicotite f 铁硬铬尖晶石
ferré, e a 包铁的,装铁的,铁质的
ferre-magnétique a 铁磁的,强磁性的
ferrement m 包铁,铁箍
ferret m 铁矿结核,硬心,硬岩芯
　～ de cordon 电缆头,电缆插座,电缆眼接头
ferrét(t)isation f 氧化铁形成作用
ferreux, euse a 含铁的,含二价铁的,低铁的,亚铁的
ferriallophane f 铁水铝英石
ferriallophanoïde m 红色黏土
ferrialluaudite f 铁钠磷锰矿
ferrialunogène m 富铁毛矾石
ferribeidellite f 铁贝得石
ferriberthierine f 铁磁绿泥石,铁镁铁蛇纹石
ferribiotite f 富铁黑云母(铁黑云母)
ferricalcite f 硅铈石
ferriceylonite f 镁铁尖晶石
ferrichlorite f 铁绿泥石
ferrichromspinelle m 铁铬尖晶石
ferricopiapite f 高铁叶绿矾
ferricyanure m 铁氰化物,氰铁酸盐
ferriédenite f 亚铁浅闪石

ferriépidote	*f* 铁绿帘石	**ferro-arsénifère**	*a* 含铁砷的
ferrière	*a* 含铁的	**ferro-augite**	*f* 铁辉石,铁普通辉石
ferriérite	*f* 镁碱沸石	**ferro-axinite**	*f* 铁斧石
ferrifayalite	*f* 高铁铁橄榄石	**ferrobacilles**[**ferrobactéries**]	*f. pl* 铁细菌,噬铁细菌
ferrilite	*f* 硬质暗色岩,铁岩		
ferrimagnétisme	*f* 铁磁性	**ferrobactériacé**	*a* 含铁细菌的
ferrimolybdite	*f* 铁钼华	**ferroberthiérine**	*f* 镁铁蛇纹石(铁磁绿泥石)
ferrinatrite	*f* 针钠铁矾	**ferro-béton**	*m* 混凝土用钢筋
ferriorangite	*f* 铁橙黄石	**ferrobicarbonaté**	*a* 铁质重碳酸盐的
ferriorthochamosite	*f* 高铁鲕绿泥石	**ferrobrucite**	*f* 铁水镁石(铁羟镁石)
ferrioxyde	*m* 三氧化二铁	**ferrocalcite**	*f* 铁方解石
ferriphengite	*f* 铁硅白云母	**ferrocaldérite**	*f* 富铁铁锰榴石
ferriphlogopite	*f* 铁金云母	**ferrocarpholite**	*f* 纤铁柱石
ferriprehnite	*f* 铁葡萄石	**ferrochalcanthite**	*f* 铁胆矾,铁五水铜矾
ferripyroaurite	*f* 鳞铁镁矿,鳞镁铁矿	**ferrochamosite**	*f* 鲕绿泥石
ferripyrophyllite	*f* 铁叶蜡石	**ferro-chrome**	*m* 铬铁,铬铁合金
ferrique	*a* 含三价铁的,正铁的,铁的,高铁的	**ferrochromite**	*f* 铬铁矿
ferririchtérite	*f* 锰亚铁钠闪石(锰钠铁闪石)	**ferro-chromium**	*m* 铬铁合金
ferrisaponite	*f* 铁皂石	**ferro-chrysolite**	*f* 铁钎蛇纹石
ferrisarcolite	*f* 铁肉色柱石	**ferroclinoholmquistite**	*f* 斜铁锂闪石
ferriséricite	*f* 铁绢云母	**ferro-cobalt**	*m* 钴铁合金
ferriserpentine	*f* 铁蛇纹石	**ferrocopiapite**	*f* 叶绿矾,铁叶绿矾
ferrisicklérite	*f* 磷锂铁矿	**ferrocordiérite**	*f* 铁菫青石
ferristilpnomélane	*f* 黑硬绿泥石	**ferrocuprochalcanthite**	*f* 铁铜胆矾
ferrisymplésite	*f* 非晶砷铁石	**ferrocyanure**	*m* 氰亚铁酸盐,亚铁氰化物
ferrite	*f* (亚)铁酸盐,自然铁,纯粒铁,钙铁石,褐铁矿,铁氧体,铁素体,磁性天线	**ferrodéweylite**	*f* 铁杂水蛇纹石
~ de nickel-zinc	镍锌铁氧体	**ferrodickinsonite**	*f* 钠磷锰铁矿
		ferrodolomite	*f* 铁白云石
ferrithorite	*f* 铁钍石	**ferrodynamique**	*a* 动铁式的
ferritique	*a* 铁素体的	**ferro-eckermannite**	*f* 铁铝钠闪石
ferritrémolite	*f* 高铁亚铁阳气石(高铁透闪石)	**ferro-édenite**	*f* 铁浅闪石
ferritschermakite	*f* 铁镁钙闪石	**ferroélectricité**	*f* 铁电,铁电现象
ferritungstite	*f* 铁钨华	**ferro-epsomite**	*f* 铁泻利盐,铁七水
ferriwotanite	*f* 铁钛云母	**ferrofallidite**	*f* 水铁矾
ferro-manganèse	*m* 锰铁,锰铁合金	**ferroferri-andradite**	*f* 铁榴石
ferro-actinolite	*f* 铁阳起石	**ferroferrimargarite**	*f* 复铁珍珠云母
ferro-akermanite	*f* 铁黄长石	**ferroferrimuscovite**	*f* 复(重)铁云母
ferro-alabandine[**ferro-alabandite**]	*f* 铁硫锰矿	**ferroferritschermakite**	*f* 复铁钙闪石
ferro-alliage	*m* 铁合金	**ferrofranklinite**	*f* 铁锌铁尖晶石
ferro-alluaudite	*f* 磷铁钠石	**ferrogabbro**	*m* 铁辉长岩
ferro-aluminium	*m* 铝铁合金	**ferrogédrite**	*f* 铁铝直闪石
ferro-alunite	*f* 亚铁明矾石	**ferroglaucophane**	*f* 铁蓝闪石
ferro-anthophyllite	*f* 铁直闪石	**ferrogoslarite**	*f* 铁皓矾
ferro-antigorite	*f* 铁叶蛇纹石	**ferrohalloysite**	*f* 铁埃洛石

ferrohastingsite *f*	铁绿钠闪石，绿钙闪石，镁铁钙闪石
ferrohédenbergite *f*	富铁钙辉石
ferrohexahydrite *f*	六水绿矾
ferroholmquistite *f*	铁锂闪石
ferrohornblende *f*	铁角闪石
ferrohortonolite *f*	富铁镁铁橄榄石
ferrohumite *f*	铁硅镁石
ferrohydrite *f*	褐铁矿
ferrohypersthène *f*	铁紫苏辉石
ferrojacobsite *f*	铁锰尖晶石
ferrokærsutite *f*	铁钛闪石
ferroknébélite *f*	鳞镁铁矿，锰铁橄榄石
ferrolazulite *f*	铁天蓝石
ferrolite *f*	铁岩
ferrolizardite *f*	亚[低]铁利蛇纹石，铁鳞石
ferroludwigite *f*	硼铁矿
ferromagnésien *a*	铁镁质的
ferromagnésite *f*	菱铁镁矿，亚[低]铁菱镁矿
ferro-magnétique *a*	铁磁的，强磁性的
ferromagnétisme *m*	铁磁性，铁磁学
ferromangandolomite *f*	亚[低]铁锰白云石
ferromanganèse *m*	锰铁，锰铁合金
ferromanganésifère *a*	含铁锰的
ferromètre *m*	铁磁计，强磁计
ferromolybdène *m*	钼铁，钼铁合金
ferromuscovite *f*	富铁白云母（铁白云母）
ferronatrite *f*	针钠铁矾
ferronémalite *f*	铁纤水滑石
ferronickel *m*	镍铁，镍铁合金
ferronnerie *f*	铸铁厂，铁构件
ferro-orthotitanate *f*	钛铁晶石，钛铁尖晶石
ferropal(l)idite *f*	水铁矾
ferropargasite *f*	铁韭闪石
ferropériclase *f*	铁方镁石（镁方铁矿）
ferrophengite *f*	亚(低)铁多硅白云母
ferro-phosphore *m*	磷铁，磷铁合金
ferropickeringite *f*	铁镁明矾
ferropicotite *f*	铁尖晶石
ferropigeonite *f*	铁易变辉石
ferroplumbite *f*	铅铁矿
ferroprehnite *f*	铁葡萄石
ferropumpellyite *f*	铁绿纤石
ferrorichtérite *f*	铁钠透闪石
ferrorœmérite *f*	粒铁矾，亚铁矾
ferrosalite *f*	亚[低]铁次辉石
ferrosilicine *f*	硅铁
ferro-silicium *m*	硅铁，硅铁合金
ferro-silicium-manganèse *m*	硅铁，硅锰铁，硅锰铁合金，硅铁合金
ferro-silico-chrome *m*	硅锰铁，硅锰铁合金
ferrosilite *f*	铁辉石；三斜硅铁矿
ferro-sillco-chrome *m*	硅铬铁，硅铬铁合金
ferrospessartine[ferrospessartite] *f*	铁锰铝榴石
ferrospinel *m*	铁尖晶石
ferrostibiane[ferrostibianite] *f*	硅锑锰矿，锑铁锰矿
ferrostilpnomélane *f*	低铁黑硬绿泥石
ferrosundiusite *f*	镁铝绿闪石
ferroszaibélyite *f*	亚铁硼镁石
ferrotéphroïte *f*	铁锰橄榄石
ferro-titane *m*	钛铁，钛铁合金
ferrotitanite *f*	钛榴石
ferrotriplite *f*	褐磷锰铁矿
ferrotschermakite *f*	铁钙闪石
ferro-tungstène *m*	钨铁，钨铁合金
fer-route *m*	铁路—公路
ferro-vanadium *m*	钒铁，钒铁合金
ferrowagnérite *f*	铁氟磷镁石
ferrowinchite *f*	铁蓝透闪石
ferrowollastonite *f*	铁硅灰石
ferrowyllieite *f*	磷铝铁钠石
ferroxcube *m*	立方结构的铁氧体，软磁钡铁氧体
ferroxdure *m*	永久磁铁，钡铁氧体
ferrozincite *f*	锌铁尖晶石
ferruccite *f*	氟硼钠石
ferrude *f*	富铁赤铁矿
ferrugineux, euse *a*	含铁的，含铁质的
ferruginisation *f*	铁质化
ferrure *f*	（门窗的）铁件，包边，铁镶件，铁镶边，金属配件，金属接头；*f. pl* 铁板条，铁构架
~ d'articulation	铰接接头
~ d'assemblage	连接板，固定接头
~ de liaison	连接件，接头
ferry-boat *m*	列车轮渡，列车渡轮
fersilicite *f*	硅铁矿
fersmanite *f*	硅钠钛钙石
fersmite *f*	铌钙矿
fertile *a*	含矿的，肥沃的，富饶的

fertilité *f* 肥沃,丰富
fervanite *f* 水钒铁矿
fête *f* 节,节日
～s légales 法定假日
feu *m* 灯,火,灯光,信号灯
～《franchissable》 容许续行(停后前进)灯光
～《non franchissable》 绝对停车灯光
～à éclats 闪光信号,灯塔闪光
～à éclipses 闪光信号,灯塔明暗光
alimenter le ～ 焚火,投燃料
～allumé 点亮的信号灯
～antibrouillard 雾灯(汽车)
arrêter le ～ 压火,落火
～arrière 后灯,尾灯
～arrière de signal 信号机背面灯光
～arrière de train 列车尾灯
～auxiliaire 备用灯光
～avant (汽车)头灯,前灯
～avant (train) 列车头灯
～avertisseur 警报(信号)灯
～blanc 白色灯光
～blanc lunaire 月白色灯光(调车或在30公里/小时以下行驶)
～bleu 蓝色灯光
～bleu avertisseur 蓝色警告信号灯
～brouillard (防)雾灯,氖灯
～clignotant 警告灯,闪光灯,闪光信号灯
～coloré 色灯信号
conduite du ～ 焚火
～x croisés 干扰电流,串扰电流(两波道信号电流间的相互干扰)
～d'arrêt 停车灯,停车信号灯
～d'arrière de navigation 尾航行灯
～d'avarie 应急灯
～d'encombrement 限界灯,尺度灯,示宽灯
～d'identification 识别灯,标志灯
～d'obstacle 障碍指示灯
～x de barrage 路障信号灯
～de carrefours 交叉口信号灯
～de changement de direction 转弯信号灯
～x de circulation 交通信号灯,交通指挥灯,红绿灯,交通管理信号灯
～de côté 侧灯
～de croisement 近距灯,防眩灯光,大灯近光

(车辆交叉用灯光)
～de délimitation 界灯
～de franchissement 辅助月白色灯光(引导信号),容许通过灯光
～de jour et de nuit 色灯信号机
～de position 示宽灯,驻车灯
～de position arrière 后置灯,标识灯
～de repère 标志灯,识别灯光
～de repère œilleton 标志灯,识别灯光
～de répétition 站台上出站复示信号
～de route 大灯远光
～de signal 信号灯光
～de signalisation 交通信号灯
～de signalisation maritime 航行灯
～de signalisation suspendu (车行道上空的)悬挂式信号机
～de stationnement 驻车灯,停车灯
～de stop 停车信号
～étoilé 星形灯光
～fantôme 幻光(阳光反射产生的色灯灯光)
～fixe 长明灯,固定灯光
～grisou 井下瓦斯,矿内气体
～indicateur de direction 转向信号灯
～jaune 黄色灯光,黄灯
jeter le ～ 熄火
～lumineux 灯光信号
～occultation 遮光灯
～permanent 长明灯
～principal 主信号灯
régler le ～ 调火
～répéteur 闪光信号灯
～rouge 红色灯光,绝对停车灯光
～rouge arrière 红色后灯
～stationnement 驻车灯,停车灯
～stop 制动信号灯
～supplémentaire 备用灯光,辅助灯光,标志灯光
～tricolore 三色灯,三色交通信号灯
～vert 绿色灯光,绿灯
～x-ville 近距灯
～visible au pied du signal 色灯信号机近视灯光
feuerminéral *m* 火红矿
feuillard *m* 条,带,钢带,管坯,箍条,铁箍
～à chaud 热轧条钢,热轧带钢

~ de fer 箍钢,带钢,管坯
~ à froid 冷轧条钢,冷轧带钢
~ laminé à chaud 热轧条钢,热轧带钢
~ laminé à froid 冷轧条钢,冷轧带钢

feuille *f* 图幅,薄层,夹层,板,薄片,叶片,纹层,箔,鱼鳞板,调节片,图表,单据,执勤表,机务段记工单

  ~ d'accompagnement internationale 国际联运随货同行单,国际联运随货票证
  ~ d'aluminium 铝箔,铝片
  ~ d'appointements 工资单
  ~ d'argent 银箔,银片
  ~ d'argile 黏土层,黏土薄层
  ~ d'asbeste 石棉纸,石棉板
  ~ d'étain 锡箔,锡纸,锡片
  ~ d'étalonnage 标尺,标准度标
  ~ d'expédition 货票
  ~ de changement 装货单,装车单
  ~ de changement récapitulative 货物装车清单
  ~ de charbon 薄煤层
  ~ de comptage 对账单,清算表
  ~ de compte 账单
  ~ de cuivre 铜垫片,铜板
  ~ de marche 运行报单
  ~ de mica 云母片
  ~ de paie 工资单
  ~ de placage 胶合板,镶面板,层板
  ~ de reprise 复核单,冲账单
  ~ de route 运行报单,运送单,货票
  ~ de route de bagages 行李运送单,行李票
  ~ de route en service 路用货票,路用品运送单,公务运送单
  ~ de route internationale 国际联运货票,国际联运货物运送单
  ~ de saisie 打印间隔纸
  ~ de schiste 片岩层(叶片),薄片
  ~ de service 值勤表,作业单
  ~ de tôle 铁皮
  ~ de trèfle 苜蓿叶式立体交叉
  ~ de zinc 锌皮[片、灯]
  ~ des salaires 工资单
  ~ en matière plastique 塑料板
  ~ en métal 金属箔
  ~ métallique 金属片

  ~ métallique ondulée 波纹铁皮
  ~ ondulée 波纹板
  ~ pour couvertures 屋面铁皮

feuillère *f* 细脉,脉
feuilleret *m* 槽口刨,凸口刨,企口刨
feuillet *m* 板,薄板,箔,层板,胶合板,鳞片(矿物),纹层结构

  ~ argileux 泥质鳞片
  ~ frontal 前积层(三角洲)
  ~ magnétique 磁卡片
  ~ oblique 交错层
  ~ somminal 顶积层

feuilletage *m* 分层,层板,叠片,磁叠片铁心组,叶理,剥理,片理,页理
feuilleté *m* 板岩劈理,流状劈理
feuilleté,e *a* 叶片状的,层纹状的,薄片状的
feuilleter *v* 分层
feuilletis *m* 片状页岩,(板岩的)劈理,解理
feuillure *f* 沟,(闸门)槽,闸门导向槽,凹槽,凹凸榫接
feutrage *m* 叶理(化),(毛)毡,油毛毡,毡合,压毡,缩绒
feutre *m* 毡,毛毡,毡制品,油毛毡

  ~ à filtrer 过滤毡
  ~ à pour 磨轮
  ~ asphalté 沥青毡,油毛毡
  ~ asphaltique 油毛毡,沥青毡
  ~ bituminé 沥青油毛毡
  ~ coucheur 湿毛布,湿毛毡
  ~ d'amiante 石棉毛毡
  ~ d'herbe 草毡
  ~ de fibre de verre 玻璃毡
  ~ de graissage 油毛毡,油棉纱卷
  ~ de poile 油毛毡
  ~ de verre 玻璃棉
  ~ goudronné 油毡,煤焦油沥青毡,油毛毡,柏油毛毡
  ~ imperméable à l'eau 防水毡
  ~ imprégné 毛毡
  ~ insonorisant 隔音毛毡
  ~ poilu 油毛毡
  ~ pour joint 毡垫,毡衬
  ~ pour milieu filtrant 过滤用毛毡
  ~ pour papeterie 造纸用的毛毡

～ protecteur 保护毯
～ sécheur 干毛布,干毛毡,干毡
feutré, e *a* 毡状的,杂乱纤维状的
feux *m. pl* 交通信号灯
～ clignotants 摇晃告示灯
～ d'affectation de voies（FAV） 车道指示器
～ de circulation 交通信号灯
～ flash 闪光灯
février *m* 二月
fiabilité *f* 可靠性,安全性
～ acceptable 质量合格标准,容许品质等级
fiable *a* 可靠的,安全的
fiamme *f* 火焰石
fiasconite *f* 钙长白榴碧玄岩
fibrage *m* 制成纤维,拉丝
fibre *f* 纤维,木纹,纹理,微丝,羽针,细脉,硬纸板,钢纸板筋
～ à base d'oléfines 烯烃纤维
～ à gradient d'indice 梯度型多模光纤,渐变型多模光纤
～ à saut d'indice 阶跃型多模光纤
～ s acryliques 丙烯酸系纤维,丙烯腈纤维
～ artificielle 人造纤维
～ carbonique 碳纤维
～ cellulosique 纤维素纤维
～ céramique 陶瓷纤维
～ compacte 致密纤维
～ comprimée 受压纤维
～ coupée 短纤维
～ courte 短纤维
～ d'acier 钢纤维
～ d'amiante 石棉纤维,石棉绒
～ d'asbeste 石棉纤维,石棉绒
～ de bois 木纤维,木丝
～ de bore 硼纤维
～ de chanvre 麻丝,麻絮
～ de laitier 矿渣棉
～ de minérale 矿物纤维
～ de nylon 尼龙纤维
～ de verre 玻璃丝,玻璃纤维
～ de verre époxydique 环氧玻璃钢
～ de verre renforçante 增强玻璃纤维
～ droite （木材的）直纹
～ élastique 弹性纤维
～ étirée 受拉纤维
～ extrême （梁的）最外纤维
～ fine 细纤维
～ hydrophile 亲水纤维
～ inférieure 下层纤维,底部纤维,玻璃丝
～ ligneuse 木质纤维,纵向纤维
～ longitudinale 纵纹
～ minérale 矿质纤维,玻璃丝
～ monomode 单模光纤
～ moyenne 中性纤维
～ multimode 多模光纤
～ naturelle 天然纤维
～ neutre 中性轴,中和轴
～ optique 光导纤维,光纤
～ optique à monomode de tunnel 隧道内芯单模光纤
～ organique 有机纤维
～ plastique 塑料光纤
～ polypropylène 聚乙烯纤维
～ primaire 原纤维
～ régénérée 再生纤维
～ régulière （木材）纹理平直
～ soumise à la traction 受拉纤维
～ supérieure 上层纤维
～ synthétique 合成纤维,化纤
～ tendue 拉伸纤维
～ textile 纺织纤维,帘布
～ végétale 植物纤维
～ vinylique 聚乙烯纤维
～ vulcanisée 硫化纤维,硬纸板
fibreux, euse *a* 有纤维的,纤维状的,由纤维组成的
fibroblastique *a* 纤维变晶状的
fibrociment *m* 石棉水泥
fibroferrite *f* 纤铁矾
fibrolit(h)e *f* 细硅线石
fibro-radié *a* 纤维放射状的
fibro-réticulaire *a* 纤维网状的
fibrosité *f* 纤维性,乱纹度
ficeler *v* 用绳扎,捆扎
ficelle *f* 绳,细索
fiche *f* 栓,楔,卡片,标签,插销,标牌,木钉销,登记卡,记录卡,行车时刻表(供司机专用)
～ à broches rondes 圆脚插头
～ à broches verrouillées 锁入式插头

~ à deux broches 双头插销,插头,两脚插头
~ à jack 有插塞的接线板
~ banane 香蕉插头
~ blindée 屏蔽插头,隔离插头
~ d'accouplement 耦合塞头,连接插头
~ d'adaptation 转接插头
~ d'appel 呼叫塞头,呼叫插头
~ d'écoute 回话塞头,监听塞头
~ d'essai 试验记录卡
~ d'incident 事故报告
~ d'instructions 工艺说明,说明书
~ d'itinéraire 进路塞钉
~ de bois 木钉
~ de carottes 岩芯卡片
~ de charge de batterie 蓄电池充电插销
~ de classeur 档案卡
~ de commutateur 转接塞头
~ de commutation 转换插头
~ de connecteur 连接插头
~ de consignes 工序卡
~ de contact 接触针,插针
~ de contrôle 检查记录卡
~ de culot 管脚
~ de débranchement 调车单
~ de décompte 结清账户卡片
~ de fabrication 工艺卡片
~ de forage 钻探记录表,岩芯记录表
~ de jaugeage 计量登记卡
~ de jonction 连接塞头
~ de l'U.I.C. 国际铁路联盟备忘活页
~ de masse 接地,地线
~ de niveau 酒精水准仪,气泡水平仪
~ de point d'eau 水点登记卡
~ de pointage 出勤卡
~ de prise 插头
~ de prise de contact 通电插销
~ de prise en bakélite 胶木插头
~ de prise en caoutchouc 橡皮插头
~ de raccord 插头,插销,插塞
~ de raccordement 连接插头,行李过磅单
~ de rechanges 备件清单
~ de référence 参照卡片
~ de renseignement 个人信息卡
~ de réponse 回话塞头

~ de stock 库存卡片
~ de terre 接地板
~ de triage 调车单
~ de type de chaussées 路面结构类型图卡
~ diagramme (location des places) 座位表
~ électrique 电插头
~ et mâchoire de contact 插头和插座
~ femelle 座式插头
~ horaire 时刻表,时间表,时间指令,时间信息,计时指令
~ intermédiaire 分接插头,接线板插塞
~ isolante 空塞子,假插头
~ magnétique 磁插头
~ mâle 插销
~ manuscrite 手抄卡(片)
~ matriculaire d'une voiture 客车调动登记卡片
~ mobile à deux broches pour baladeuse 手灯用二销式活动插头
~ potentiométrique 电位计用图标
~ pour chaîne d'arpenteur 测杆
~ salaire 工资卡
~ signalétique (描述特征的)数据表
~ suiveuse 流动卡片(车间)
~ technique 技术数据表,技术说明书,技术览表,数据卡
~ technique d'échantillon 样品技术说明书,样品技术记录表
~ triple 三路式塞头
~ volt métrique 伏特计插头
fiche-diagramme *f* 客车座位图
fiche-itinéraire *f* 进路表
fiche-matière *f* 材料标签
ficher *v* 打入,(将尖端)插入,插入(桩子),钉入,登入卡片
~ un pieu 打入一个桩
fichier *m* 卡片柜,卡片箱,卡片盒,文件卡片索引,编目
~ de catalogue 图书目录
~ de documents 卷宗箱,档案箱,文件柜
~ de travail 工作文件
~ des déflexions des chaussées 路面弯沉卡片
~ des données géotechniques 土工数据技术卡片
~ des ouvrages d'art 人工结构物卡片

~ du personnel 职工档案卡片箱
~ électrique 接线板
~ électronique 电子文件
~ électronique du dossier 文件的电子版
~ géologique 地质卡片
~ géotechnique 土工技术卡片
~ géotechnique de granulats 粒料土工技术卡片
~ marquage routier 公路标线卡片

fichtélite f 白脂晶石
ficinite f 紫苏辉石，类磷铁锰矿
ficron m 十字镐，丁字镐，鹤嘴镐
fictif, ive a 虚构的，想象的，假定的
fidèle a 正确的，可靠的，忠诚的
fidélité f 真实，精确，准确度，精密度，精确度，保真度
　~ de l'instrument 仪表精确度
　~ de reproduction 保真度，复制精确度
fiduciel, elle a 基准的，参考的，可靠的
fiedlérite f 水氯铅石，羟氯铅石
fieldistor m 场效应晶体管
fieldite f 黝铜矿
fier, ère a 脆性的
figé, e a 凝固的，冻结的
figeage m 冻结，凝结
　~ des contraintes 应力冻结（光测弹性的一种方法）
figement m 凝结，凝固，凝固状态
figer v 使凝结，使凝固
figuration f 图像，形成，构成，结构，外形
figure f 外形，轮廓，图，图形
　~ à contour curviligne 曲线图形，曲线形
　~ axiale 轴象
　~ circonscrite 外接形，外切形
　~ corrélative 对射图形，相关图形
　~ curviligne 曲线图
　~ d'abrasion 磨纹
　~ d'attaque 侵蚀图（形），蚀象
　~ d'interfaces （沉积岩）界面铸型
　~ d'interférence 干涉图
　~ de bas de banc 岩层底板印痕
　~ de bruit 噪声频谱图，噪声系数，杂音指数
　~ de charge 载荷压模，压痕
　~ de choc （结晶）击像
　~ de corrosion （结晶）侵蚀像，腐蚀图
　~ de courant 水流痕迹，波痕
　~ de diffraction 绕射图，衍射图
　~ de flexion 弯曲形状，挠曲形状
　~ de pression （结晶）压力像，压痕
　~ de traînage 拖曳痕迹
　~ de Widmanstätten 维德曼斯特滕图案
　~ du terrain 地形轮廓
　~ égale 全等形
　~ fondamentale 基本图形
　~ géométrique 几何图形，外形，轮廓
　~ homologique 透射（图）形
　~ inscrite 内接形，内切形
　~ irrégulière 不规则图形
　~ magnétique 磁力线图
　~ plane 平面图形
　~ polaire 极（坐标）图形
　~ rectiligne 直线图形
　~ schématique pour le calcul 计算草图
　~ semblable 相似形
　~ signifiante 有效数（字），有效数值
　~ symétrique 对称形
figurer v 图示，表示，显示，出现，列入，描绘，图解表明，显现出
　~ dans 出现在……，列入……
　~ sur 出现在……，列入……
　~ une charge d'apport variable 作为不固定的补充
fil m 脉，细脉，钢丝，电线，导线，细流，刀刃，纤维，网络，金属线，毛细裂隙
　~ à argile 切（砖）线
　~ à bas carbone 低碳钢丝
　~ à câblage isolé en PVC 聚氯乙烯绝缘安装线
　~ à contact glissant 滑触电阻线
　~ à empreintes 齿痕钢丝，刻痕钢丝
　~ à freiner 防松铁丝
　~ à isolement de caoutchouc 橡胶绝缘导线
　~ à ligature 绑扎用钢丝，打包用钢材
　~ à plomb 铅垂线，垂直线，测锥，准绳
　~ à plomb enregistreur 自动记录测锤
　~ à section circulaire 圆线
　~ à souder 焊丝，焊条
　~ à tension réglée 自动调节张力的接触导线（或承力索）
　~ actif 测试线专用线（电话），塞套引线（电话），

动力线

~ s adhérents (tendus avant le béton) 先张法预应力混凝土钢丝
~ aérien 天线，架空线
~ axial 十字横线
~ barbelé 有刺铁丝
~ bimétallique 双金属线（筒包钢线）
~ bitumé 沥青线
~ blindé 屏蔽线，隔离线
~ compound 筒包钢线
~ conducteur 导线
~ s coupés silionnes 短玻璃丝束
~ croisé 十字丝（测量仪器的）
~ cuivré 铜包线
~ d'acier 钢丝（绳）
~ d'acier à bas carbone 冷拉低碳钢丝
~ d'acier à haute résistance 高强钢丝
~ d'acier étiré à froid 冷拔钢丝
~ d'acier galvanisé à bas carbone 镀锌低碳钢丝
~ d'acier plombé 镀铅钢丝
~ d'adresse 地质线
~ d'alimentation 馈电线
~ d'aller 引线
~ d'allumage 点火导线，点火线
~ d'aluminium 铝线
~ d'amorce 导火线，电雷管的尾部
~ d'appel du téléphone 长途电话呼叫线
~ d'araignée （测量仪器的）十字线
~ d'archal 黄铜丝
~ d'armature 铠装用钢丝
~ d'arrêt 系紧线，拉线
~ d'attache 扎线，绑扎钢丝
~ d'attente 排队
~ d'eau 水流线
~ d'eau karstique 岩溶径流
~ d'entrée 引入线
~ d'épreuve 电缆领示线（检查电缆绝缘用）
~ s d'extension （热电偶）延长线
~ d'information 信息线
~ d'invar 殷钢丝，殷钢线尺
~ de blocage 制动线，锁紧线
~ de bougie 火花塞的导线，点火线
~ de bronze 青铜线
~ de câblage 汇流线，装配线
~ de caret （制缆绳用）粗麻丝
~ de commande des signaux et des aiguilles 信号导线
~ de conduite 司机室电缆
~ de connexion 跳绳，连接线，调度塞绳，安装用线
~ de connexion étamé 镀锡连接线
~ de contact 触须，接触导线，螺旋触簧（晶体检波器内）
~ de contact non régularisé 无补偿接触导线
~ de contact régularisé 补偿式接触导线
~ de contrôle 控制线
~ de cuivre 铜线
~ de cuivre doux 软铜线
~ de cuivre dur 硬铜线
~ de cuivre écroui 冷拔硬铜线
~ de cuivre émaillé 漆包铜线
~ de cuivre en mail de polyester 聚酯漆包线
~ de cuivre étamé 镀锡铜线
~ de cuivre galvanisé 镀锌铜线
~ de cuivre nu 裸铜线
~ de dérivation 分流线
~ de distribution 跳线，配线
~ de fer 铁线，钢丝
~ de fer barblé 有刺铁丝
~ de fer clair 镀锌铁丝
~ de fer de guindage 连线，扎线
~ de fondation 基础线
~ de grille 网线
~ de guindage 系丝，起吊钢丝
~ de hauban 拉线，拉索
~ de l'eau 河水最大流速线，航道
~ de laiton 黄铜线
~ de liage 捆绑线
~ de liaison 绑扎用钢丝
~ de ligature 绑扎钢丝，打包用线材
~ de ligne 闭塞线，线路导线
~ de masse （接）地线，搭铁线
~ de mise à la terre 接地线，地线
~ de phase 相位导线
~ de pont （电桥的）滑线
~ de précontrainte 预应力钢丝
~ de prise de terre 接地线，地线
~ de prolongation （热电偶的）延伸导线

~ de protection de mise à la terre 保护地线
~ de quarte 四芯线
~ de quartz 石英丝
~ de retenue de ligne de contact 接触导线的支撑杆，接触导线的定位线
~ de réticule 十字线
~ de retour 回路线
~ de shunt 分路导线
~ de soudure 焊条钢丝，焊丝
~ de stadia （经纬仪的）视距丝
~ de suspension 悬线，(扭秤上的)吊线
~ de suspension de câble 钢丝吊索试验线
~ de terre 地线，(接)地线
~ de test 试验线
~ de tir 导线
~ de torsion 扭线(扭秤上的)绞合钢丝
~ de transmission (signaux) 信号导线
~ de verre 玻璃丝，玻璃纤维
~ dénudé 裸线
~ des signaux 信号导线
~ divisé 多芯导线，多股绞合线
~ écroui 冷拉钢丝，冷拔钢丝
~ électrique 电线
~ électromagnétique 电磁线
~ émaillé 漆包线
~ émaillé enveloppe 单纱漆包线
~ en aluminium 铝线
~ en caoutchouc plastique 塑胶线
~ étamé 镀锡线，锡皮线
~ étiré 冷拉钢丝，冷拔钢丝
~ façonné （截面成型)型线
~ fantaisie 异型线
~ fin 细丝，细线
~ flexible 软导线
~ fusible 熔断线，保险丝
~ galvanisé 镀锌线
~ garni 纱包线，皮线，绝缘线
~ guipé 绝缘线
~ guipé pour connexions 连接用包复线，连接用绝缘线
~ horizontal （测量仪器的)横丝
~ hydrographique 水文测验缆索
~ inducteur 初级线，感应线
~ induit 次级线，电枢线

~ isolé 绝缘电线，绝缘线
~ isolé à la soie 丝包绝缘线
~ Jäderin 耶德林基线尺
~ laminé 延压线，辊轧钢丝，碾压钢丝
~ ligature 绑扎用钢丝
~ lumière 光缆
~ machine 盘条，线材
~ machine en rouleaux 盘条，线材卷
~ magnétique 磁线，磁性钢丝
~ médian 中线
~ méplat 扁线
~ métallique 金属线[丝]
~ monométallique 单金属线，普通导线
~ multiple 多股绞线
~ neutre 中线，零线
~ nu 裸线
~ paratonnerre 地线
~ pilote 领示线，示引线，控制电路导线
~ plein 实心丝
~ plombé 铅垂线
~ porteur 载索，承载力
~ pour rivets 铆钉材
~ préservateur 保护线，铠装线
~ primaire 低压电线，初级线
~ privé 试验线(长途通信)
~ profilé (截面成型)型线，异型钢丝
~ protecteur 保护线
~ pyroxyle 导火线，引火线
~ quipé 绕好带子的芯线
~ recouvert 包线，绝缘线
~ recuit 退火钢丝，韧化丝，软拉线
~ résistant 电阻线，电阻丝
~ retordu 绞线
~ retors 加捻线，双股线
~ rond 圆钢丝
~ secondaire 高压电线，二次电流线，次级线
~ secteur 扇形线
~ souple 软线
~ souple caoutchouté 橡皮软线
~ sous caoutchouc 胶皮[橡皮]线
~ sous coton 纱包线
~ sous courant 载流线
~ sous tension 火线，有电线
~ structural 构造纹理

~ télécommande 遥控线
~ télégraphique 电报线
~ téléphonique 电话线
~ tendeur 拉紧线
~ ténu 细线
~ thermique 热线
~ toronné 多股缆线,绞线
~ torsadé 辫线,股线,绞线
~ traceur 示踪铜线
~ transversal 横跨承力索
~ tréfilé 冷拉钢丝,冷拔钢丝
~ tréfilé à froid 冷拉钢丝,冷拔钢丝
~ unique 单线
~ unique en cuivre 圆铜单线
~ verni 漆包线
~ vertical 竖(直)丝
~ vertical du réticule （测量仪器的）十字线竖丝
~ vibrant 振弦
~ volant 跨接线,跳线
~ zingué 镀锌钢丝

filage *m* 拉伸,拉拔,拉丝,重影,叠影
~ horizontal 水平拉拔,水平拉丝,水平挤压,水平条纹,出现水平条纹,图像拖尾现象（电视）
~ en l'air （吊桥主缆）高空吊缆

filament *m* 纤维,细线,丝,灯丝
à ~ 有线的,带线的
~ chauffant (d'un tube électrique) 发热丝,旁热丝（电子管的）
~ d'amiante 石棉纤维

filamenteux, euse *a* 有小纤维的,多筋络的,纤维状的

filandreux *a* 木纹状的,压扁的（结构）

filant, e *a* 黏稠的,缓流的

filante(voie directe) 直行线

filasse *f* 麻絮,麻屑,麻刀
~ bitumée 浸沥青麻丝

file *f* 行,列,排,直行,直列,纵列,一系列
~ d'attende 等候的队伍,短时停车道
~ de barkhanes 新月形沙丘行列
~ de circulation 交通流
~ de coton 棉纱
~ de palplanches 板桩排
~ de pieux 桩排,排桩
~ de poteaux 排架,排柱
~ de trafic 交通流
~ des véhicules 车队
~ tréfilée 冷拉钢丝

filé-dressé, e *a* 拉拔校直的
filer *v* 拉,拖,纺线,拉伸,拉制,拉丝
filerie *f* 电路,电线,接线,布线网,滤网
filet *m* 网,流,线,线路,细脉,细沟,丝扣,螺纹,流束,射束,栅极,细水流
~ à bagages 行李网架
~ à droite 右旋螺纹
~ à gauche 左旋螺纹
~ carré 矩形螺纹,直角螺纹
~ conique 锥形螺纹
~ d'angle 突缘饰,梯度突边
~ d'eau 水流,小溪,水流线,细水流,小排水沟
~ d'écrou 螺帽螺纹,内螺纹
~ de camouflage 伪装网
~ de garde 保护网（架空线上）,防雷线,接地栅极
~ de minerai 细矿脉
~ de pare-avalanches 防雪网
~ de protection 防落网
~ de vis 螺纹
~ des tuyaux à gaz 管螺纹
~ double 双线螺纹
~ du boulon 螺栓螺纹
~ extérieur 外螺纹,阳螺纹
~ femelle 内[阴]螺纹
~ fenêtre en fer 铁窗纱
~ fluide 射流,流线,流管
~ hélicoïdal 螺旋形螺纹
~ intérieur 内螺纹,阴螺纹
~ liquide 液体流束,流线
~ liquide superficiel （含水层）水面流线
~ mâle 外螺纹,阳螺纹
~ multiple 多头螺纹
~ plat 直角螺纹,矩形螺纹
~ plomb 拔花铅丝网
~ pointu 三角螺纹,V形螺纹
~ protecteur 防护网
~ rectangulaire 直角螺纹,矩形螺纹
~ renversé 左旋螺纹
~ rond 圆螺纹

~ tranchant 三角螺纹,V形螺纹
~ trapézoïdal 梯形螺纹
~ triangulaire 三角螺纹
filetage *m* 攻丝,套扣,螺纹,螺线,拉丝,拉伸,车螺纹,螺纹加工
~ à bois 木螺丝纹
~ à droite 正扣,正螺纹,右旋螺纹
~ à gauche 左旋螺纹,反扣,反螺纹
~ à la main 手工套扣
~ droit 右旋螺纹
~ du boulon 螺栓螺纹
~ femelle 阴螺纹,内螺纹
~ gauche 左旋螺纹
~ mâle 阳螺纹,外螺纹
~ unifié 标准螺纹
fileté *a* 带螺纹的,带丝扣的,螺纹形的
fileter *v* 加工螺纹,车螺纹,抽丝,攻丝,套扣,拉制,拉丝
~ au tour 车螺纹
fileteuse *f* 攻丝机,螺纹车床
filets *m.pl* 细流
~ enchevêtrés 交叉细流
~ liquides divergents 收敛流线,收敛液流
~ liquides convergents 分散流线,分散液流
fil-guide *m* 制导导线
filiale *f* 分号,分店,分行,子公司,分公司,分支机构
filiation *f* 分支,起源,生因,分散流线,分散液流
Filicales *f.pl* 蕨类植物
Filicinées *f.pl* 蕨类植物门
filière *f* 板牙,等级,交通通知,应履行的手续,攻丝模,拉丝模,螺丝绞板
~ à étirer 拉线钢板,拔线钢板
~ à fileter 套螺丝钢板,套螺丝板牙
~ à tailler 套丝板牙
~ à tirer 拉线板牙
~ de repêchage 打捞(用)母锥
~ du personnel de l'exploitation 运营人员的等级
filiforme *a* 纤维状的,丝状的
filin *m* 缆绳,系留绳,电缆标志线
~ de couleur 带色电缆标志线
filler *m* 填料,模板填孔料,(水泥)惰性掺合料
~ actif 活性填料
~ asphaltique 沥青填料
~ bituminé 沥青填料
~ calcaire 石灰石填料
~ compacté à sec 干压填缝料
~ d'inertie 惰性填料
~ de dépoussiérage 除尘填料
~ minéral 矿质填料
filler-bitume *m* 石粉沥青结合料
fillérisation *f* 填缝
film *m* 层,影片,软片,薄膜,反光膜,地震记录(带),测井曲线(图)
~ d'eau 薄膜水,水膜
~ d'eau sur les revêtements routiers 路面水膜,路面水层
~ d'huile 薄油层,油膜
~ de liant 结合料薄膜
~ de peinture 油漆薄层
~ de surface (单分子的)表面薄膜
~ grandeur 宽胶片,宽片
~ interfacial 界面薄膜
~ inversible 逆转片
~ laminaire 层流薄膜
~ lubrifiant 润滑油膜
~ mince 薄膜
~ nu 野外[原始]磁带(地震记录)
~ plastique 塑料薄膜
~ polyester 聚酯薄膜
~ polyéthylène 聚乙烯薄膜
~ polypropylène 聚丙烯薄膜
~ polyster 聚酯薄膜
~ réfléchissant à prismo minimal 微棱镜型反光膜
~ réfléchissant en microbille de verre 玻璃珠型反光膜
~ sismique 地震波曲线
~ stagnant 滞膜
~ synthétique 综合地震记录(带)
filoguidé *a* 有线控制的
filon *m* 矿脉,岩脉,岩墙,裂缝脉
~ à échelle 阶梯状脉
~ à géodes 多晶洞脉,中间空脉
~ à pendage,~ pendent 倾斜脉
~ annulaire 环状岩墙
~ aqueux 含水矿脉,充水矿脉

~ aquifère 含水矿脉
~ aurifère 含金矿脉
~ aveugle 盲矿脉,隐矿脉
~ bréchiforme 角砾状矿脉
~ bréchoïde 角砾状岩(矿)脉
~ clastique 碎屑岩墙
~ columnaire de basalte 柱状玄武岩脉
~ composé 复合脉,复脉
~ concordant 层间脉,整合脉
~ concrétionné 结核状脉
~ confus 产状不清楚的脉
~ s conjugués 共轭脉,结合脉
~ contemporain 同期矿脉,同时生成的矿脉
~ couche 层状脉
~ croisé, ~ croiseur 交切矿脉,交错脉
~ d'imprégnation 浸染脉
~ d'injection 侵入脉,岩墙,岩脉
~ d'origine hydrothermale 热液矿脉
~ de constitution 构造脉,分叉脉
~ de contact 接触矿脉
~ de couverture 沉积盖层中的脉
~ de départ acide 与酸性岩浆有关的矿脉
~ de faille 断层脉,滑动脉
~ de fracture 裂隙脉
~ de glace 冰夹层,冰脉
~ de pegmatite, ~ pegmatitique 伟晶岩脉
~ de quartz 石英脉
~ de quartz aurifère 含金石英脉
~ de remplissage secondaire 次生充填脉
~ de ségrégation 分凝矿脉
~ de substitution 交代脉
~ debout 直立脉,陡倾脉
~ découvert 露出地表的矿脉
~ détaché 支脉,岩枝,细脉
~ en amas 岩(矿)株,岩(矿)瘤
~ en chapelet 串珠状脉
~ en échelons 梯状矿脉,雁行脉
~ en forme de chambres 囊状脉
~ en gradins 阶状脉,梯状脉
~ en selle 鞍状脉
~ enserré 薄矿脉,狭缩脉
~ s entrecroisés 交错岩脉,交切岩脉
~ épithermal 浅成(低温)热液矿脉
~ épuisé 被采空的矿脉

~ éruptif 火成岩脉
~ étranglé 压缩矿脉
~ fente 裂隙脉
~ guide 导脉
~ harmonique 层状脉
~ houiller 煤层
~ hydrothermal 高温热液矿脉
~ hypothermal 深成(高温)热液矿脉
~ ignoble 贫矿脉
~ individualisé 独立矿脉,单一矿脉
~ interstratifié 层状脉,整合脉
~ intrusif 岩墙
~ latéral 侧[翼]脉,岩枝,支脉
~ lenticulaire 透镜状矿脉,扁豆状矿脉
~ lithoïde 细密晶质岩脉,岩墙
~ mère 母脉,主矿脉
~ mésothermal 中温热液矿脉
~ métallifère, ~ métallique 金属矿脉
~ métallisé 矿化脉,成矿脉
~ métasomatique 交代矿脉,交代脉
~ minéral 矿脉
~ mixte 混合脉
~ mourant 尖灭脉,逐渐消失的矿脉
~ noble 富矿脉
~ non exploitable 无开采价值的矿脉,贫矿脉
~ nourricier 母脉,主矿脉
~ oxydé 氧化矿脉
~ pauvre 贫矿脉
~ perpendiculaire 直立脉
~ plat 水平脉
~ plombozincifère 铅锌矿脉
~ pourri 风化岩(矿)脉,松散的岩(矿)脉
~ principal 母脉,主脉
~ productif 含矿脉
~ ramifié 分枝矿脉,支脉
~ renfié 膨胀脉
~ réticulé 网状脉
~ riche 富矿脉
~ rocheux 岩墙
~ rubané 带状脉,带状矿脉
~ satellite 副脉,细脉
~ secondaire 分脉,支脉
~ sédimentaire 沉积岩脉,碎屑岩脉
~ simple 单脉

~ stérile 无矿岩脉,脉石,脉岩
~ transversal 交叉矿脉,交错脉
filon-couche *m* 层状矿脉
~ intrusif 侵入脉层,岩床
filon-faille *m* 断层脉
filonien *m* 脉状矿床；*a* 脉状的,脉的
filon-lit *m* 岩床,侵入脉层
filonnet *m* 细脉,岩枝
filtrabilité *f* 可滤性,过滤性
filtrage *m* 过滤,滤清,滤除,鉴定,检验,滤波
~ d'air 空气过滤
~ de gaz 气体过滤
~ de Kalman 卡尔曼滤波
~ spatiale 空间滤波
filtrant, e *a* 过滤的,滤过性的
filtrat *m* 滤液,滤过的水
filtration *f* 过滤,渗漏,滤波,滤清,滤除,渗透
~ à air 空气过滤器
~ à courant inverse 后滤层
~ à l'eau 滤水器
~ à sable 砂滤
~ anti-poussière 防尘网
~ de boues 污泥过滤
~ des huiles de graissage 润滑油过滤
~ intermittente par le sol 土壤间歇渗滤
~ lente 慢滤法
~ lente sur sable 慢速砂滤
~ osmotique 渗透
~ rapide 快滤法
~ rapide à sable 快速砂滤池
~ rapide sur sable 高速砂滤
~ sous pression 压力过滤
~ sous vide 真空过滤
~ sur papier 用滤纸过滤
~ sur sable 砂滤法
filtre *m* （泥浆）失水,筛网,光栅,线栅,反滤带,反滤层,过滤器,滤光器,滤波器,平滑电路,清除干扰设备
~ à air 空气过滤器
~ à air à bain d'huile 油沐式空气滤清器
~ à analyse 分析用滤纸
~ à bande 带通滤波器
~ à bandes sélectives 选频带滤波器
~ à boue 泥滤器

~ à cartouche de papier 带过滤纸芯的过滤器
~ à charbon 碳滤池
~ à charbon activé 活性炭过滤器
~ à combustible liquide 燃油过滤器
~ à diatomées 硅藻土滤层,硅藻土滤池
~ à double écoulement 双向滤池
~ à eau 滤水器
~ à filtrage brut 粗滤器
~ à filtrage fin 细滤器
~ à gas-oil 滤油器
~ à gel de silice 硅胶过滤器
~ à haute efficacité 高效过滤器
~ à huile 滤油器
~ à l'eau 滤水器
~ à lit de sable 砂滤床
~ à lumière 滤光器,滤光板
~ à membrane （薄）膜滤器
~ à peigne 梳形滤波器,栅形过滤器
~ à poche 袋式滤器
~ à poussière 滤尘器,防尘网
~ à presse 压滤机,压滤器
~ à pression 加压滤器
~ à sable 砂滤器,砂滤层（池）,砂夹卵石滤水层
~ à sable sous pression 压力沙滤器,压力沙滤池
~ à tambour 鼓式过滤器,滤鼓,滚筒过滤器
~ à tamis moléculaire 分子筛
~ à toile métallique fine 细孔金属网过滤器
~ à vide 真空（过）滤机,真空（过）滤器
~ absorbé 吸收过滤器
~ acoustique 滤声器
~ amont 前部滤池,上游滤池
~ anaérobique 厌氧滤池
~ anti-éblouissant 防眩器,防眩片,防眩滤光器
~ antiparasite 反干扰滤波器,干扰抑制器,噪声消除器,天线干扰消除器
~ antipoussière 滤尘器,防尘器
~ aspirateur 吸入式过滤器
~ aval 后部滤池,下游滤池
~ caisse 过滤箱体
~ circulaire 圆形滤栅
~ coaxial de ligne radiale 径向线同轴式滤波器
~ coloré 滤色器,滤色镜

~ complexe 复合滤波器
~ correcteur 线路均化器,线路均衡器
~ couche filtrante 滤层,反滤层
~ coupe-bande 带阻滤波器
~ d'absorption 吸收性滤器
~ d'admission d'air 进气过滤器
~ d'aération 曝气滤池
~ d'air 滤气器,空气过滤器
~ d'air neuf 新鲜空气过滤器
~ d'air usé 废气过滤器
~ d'amplitudes 振幅滤波器
~ d'arrêt 带除滤波器,带阻滤波器
~ d'aspiration 吸入过滤器
~ d'aspiration d'air diesel 柴油机吸入空气过滤器
~ d'aspiration d'air ventilation des appareils dans le caisse 车体内机件通风吸入空气过滤器
~ d'entrée 进口过滤层
~ d'harmonique 谐波滤除器
~ d'huile 滤油器,滑油过滤器
~ d'impulsions 脉冲再生器,脉冲修正器
~ d'onde 滤波器
~ d'ondulation 脉动滤波器
~ de bande 带通滤波器,带式滤波器,滤棚(波导)
~ de blocage 带阻滤波器,阻塞滤波器
~ de composite 复式反滤层,复式滤波器,复式滤池
~ de couleur 滤色器,滤光镜
~ de drainage 排水滤层,排水滤体
~ de fond 井底过滤板(防砂用)
~ de fréquence 滤频器
~ de gravité 重力过滤
~ de maintien 保压制动机,保持制动机
~ de manipulation 键控滤波器,振动滤波器(操作时间隙过大会发出声响)
~ de mémoire infinie 无限记忆滤波器
~ de mode 杂模滤波器,振荡膜滤波器
~ de niveau variable 可变位过滤器(水、油等)
~ de percolation 渗透滤层
~ de pompe d'alimentation 供油泵滤清器
~ de pont 桥形滤波器
~ de redresseur 整流器滤波器
~ de séparation 分向滤波器,分相滤波器
~ de tonalité 滤音器
~ de vapeur 蒸汽滤网
~ dégrossisseur 粗反滤层,粗滤池
~ des eaux d'égout 污水滤池
~ discriminateur 鉴别滤波器
~ du distributeur 分配器过滤器
~ dynamique 惯性过滤器
~ éliminateur de bande 带阻滤波器,带式滤波器
~ en alluvions 冲积料滤层
~ en échelle 多节滤波器
~ en gravier 砾石滤池,砾石过滤层
~ en gravier grossier 粗砾石过滤层
~ en matière tissée 织物过滤器
~ en sable 砂滤器
~ en sable et pierrailles ou gravier 砂、碎石或砾司支滤层
~ en sac 袋式过滤器,袋滤器
~ en tissu 布滤器
~ fermé 封闭式滤池
~ finisseur 终滤池
~ glacier 玻璃纤维过滤器
~ goutte-à-goutte 滴滤池,生物滤池
~ gradué 回水过滤器,级配(的)滤层
~ grossier 粗过滤器
~ horizontal 水平滤层
~ immergé 淹没式滤池
~ intime 精滤器,精滤池
~ inversé 反滤层,倒滤层
~ lent 慢滤池,慢滤器
~ micronique 精滤器
~ multiple 复式滤池
~ noyé 淹没式滤池
~ ouvert 重力滤池,敞开式滤池
~ par gravité 重力式滤池
~ passe-bande 带通滤波器
~ passe-bas 低通滤波器
~ passe-haut 高通滤波器
~ passe-tout 全通滤波器,相移滤波器
~ pesant 重力滤池
~ primaire 一回路水过滤器
~ rapide 快速滤池
~ rapide à sable 快速砂滤池

～ régénérable 可更新过滤器
～ résonnant 共振滤波器
～ rotatif (air) (空气)旋转过滤器
～ séparateur 频带分隔滤波器,分向滤波器
～ sous pression 压力式滤池,压力过滤器,加压滤池
～ submergé 淹没式滤池
～ suppresseur d'harmoniques 去谐滤波器,抑制谐波滤波器
～ triage 分频滤波器
～ visqueux 滤油器

filtrer v 过滤,滤清,滤波,滤光,滤色,检查

fin f 尽头,末端,终点,结束,结局,终局,决胜战,停止,目的,意图
à cette ～ que 为了
à la ～ 最后,终于
à la ～ de 在……结尾,在……末
à seule ～ de 只是为了……
～ anormale 异常结束
～ d'admission 吸气终止
～ d'alternance 交流过零
～ d'auge 槽谷尽头
～ de combustion 燃烧终止
～ de courbe de raccordement 缓和曲线终点
～ de course 行程终点
～ de fichier 文件结束
～ de filetage 退刀纹,螺纹尾扣
～ de fluage 屈服点下限
～ de message 信息结束
～ de prise (水泥、混凝土的)终凝
～ de vallée 河谷上游
en ～ de compte 终究,究竟,归根到底,总之
～ encastrée 固定端,埋入端
～ immobile 固定端
～ libre 自由端
mettre ～ à 终止,停止
～ mobile 活动端
prendre ～ 结束,中止
sans ～ 没有完地

fin m 黄金属样品,矿粉,煤粉

fin, e a 精细的,精美的,优质的,细的,薄的,纯的

final, e a 最终的,终局的,有限的,完成的,完善的

finalement adv 最后,终于

finalité f 结局性,终极目的

finance f 资金,现金,财政,财务,财力,收入,融资,金融,金融业,金融界
～ s centrales 中央财政
～ d'entreprise 企业财务
～ s de l'État 国家财政
～ internationale 国际金融
～ s locales 地方财政
～ s publiques 公共财政,国家财政

financement m 融资,投资,提供资金
～ à l'exportation 出口融资
～ à court terme 短期融资
～ à forfait 包干融资
～ à long terme 长期融资
～ à moyen terme 中期融资
～ compensatoire 补偿融资
～ concessionnel 特许融资,优惠融资
～ conditionnel 有条件融资
～ conjoint 联合融资
～ d'entreprises nouvelles 向新企业提供资金
～ Daily 戴依融资法(用债权作贷款担保)
～ de la transition 过渡融资
～ de marché 市场融资
～ de programme 项目融资
～ de projet 项目融资
～ de stocks régulateurs 调剂库存融资
～ des entreprises 企业融资
～ des immobilisations 固定资产融资
～ des travaux d'infrastructure 基本建设融资
～ des travaux routiers 提供道路工程资金
～ direct 直接融资
～ du besoin en fonds de roulement 筹措流动资金
～ en commun 共同提供资金
～ externe 外部融资
～ indirect 间接融资
～ interne 内部融资
～ officiel de compensation 官方补偿融资
～ par acceptation 承兑融资
～ par les banques 银行融资
～ sur crédit de recherche 科研经费投入

financer v 提供资金,供给资金
～ une entreprise commerciale 对贸易企业提供

资金
financier, ère *a* 金融的,财政的
finandranite *f* 钠闪微斜正长岩
fine *f* 细料,碎屑,粉煤
　～ argileuse　黏土细料
　～s brutes　小块原煤
　～s lavées　小块洗煤
　～ poussière　石粉,岩粉
finement *adv* 精细地
　～ lité　薄层状的
　～ stratifié　薄层的
fines *f. pl* （charbon）煤末,煤粉,矿粉,细屑,粒煤,土壤细粒,小煤块
　～ brutes　小块原煤
　～ d'un granulat　集料填缝料,骨料填缝料
　～ de charbon　煤屑,煤末
　～ de minerai　矿粉
　～ lavées　小块洗煤
　～ poussières　石粉
finesse *f* 细度,纯度,锐度,光洁度,清晰度,延伸率,细长比
　～ d'agrégat　集料细度,骨料细度
　～ d'exploration　可辨清晰度
　～ de broyage　碾磨细度,粉磨细度
　～ de concassage　破碎粒度
　～ de fibre　纤度
　～ de grain　颗粒细度
　～ de l'image　图像清晰度
　～ de mesure　测定纯度,测量细度,测量精度
　～ de mouture　碾磨细度
　～ de réglage　调节细度,精密分级,调节的平滑性
　～ des lignes　外形优度
　～ du ciment　水泥细度
fini *m* 修整,完工,完成,完善,精加工,最后加工,磨光,修饰抹面；*a* 有限的,完成的,完善的
　～ à la lisseuse　镘平面
　～ à la taloche　抹光饰面,抹光面层,浮镘出面
　～ au profileur　刮平面
　～ de surface　表面光洁度,表面修整,表面精加工
　～ vermiculé　松孔电镀
Finicrétacé *m* 终白垩纪
Finimiocène *m* 终中新世

finir *v* 完成,终止,竣工,精修
　～ de　做完……
　～ par　以……结束,告终
　en ～　结束,了结
　en ～ de　结束,停止
finisher *m* 整面机,修整机,摊铺机
finissage *m* 精修,光制,精整,细研,精加工
　～ à la latte de réglage　用刮板抹平（混凝土拌和料）
　～ à la règle　用样板刮平
　～ à la taloche　镘平
　～ d'une pièce　工件的光制,工件的最后加工
　～ de la surface　路面整修
　～ superficiel　表面修整,终饰
finisseur *m* 抹面机,整面机,修整工,平整机,摊铺机,完工者,精加工工人
　～ à béton　混凝土饰面机
　～ à bras　（混凝土）手动修整器
　～ à coffrage glissant　活动模板整面机
　～ à poutre vibrante　振动梁式修整机
　～ à produits noirs　沥青路面修整机
　～ asphalteur　沥青修整机,沥青摊铺机
　～ de revêtement en béton　混凝土路面修整机
　～ de route　路面修整机,（修平路面用的）平路机
　～ longitudinal　（路面）纵向修整机
　～ pour couches de base　基层（石料）摊铺机
　～ pour la forme　外形修整机
　～ sur chenilles　履带式路面修整机
　～ transversal　（路面）横向修整机
finisseuse *f* 修整机,整面机,精加工女工
　～ à produits noirs　沥青混凝土路面整面机
　～ automotrice　自动整面机
　～ de béton　混凝土修整机
　～ de surface　铺面修整机,整面机
　～ sur chenilles　履带式修整机
finition *f* 修饰,饰面,装修,精加工,最后加工,（土工）最后整平,（路基）最后整形
　～ à la main　人工修整
　～ de la plate-forme　修整路基
　～ en surface　表面修整
　～ rugueuse　粗修整
finnémanite *f* 芬氯砷铅矿,砷氯砷铅矿
fiole *f* 烧瓶,长颈瓶,管形瓶,细颈烧瓶

~ à filtrer 吸滤瓶
~ à vide 抽滤瓶，吸滤瓶
~ conique 锥形瓶
~ d'arpentage （水准仪）气泡管，水准管，（水准）气泡玻璃管
~ de garde 安全瓶
~ de niveau 水准管，（水准）气泡玻璃管
~ jaugée 量瓶

fiorite f 硅华
firme f 商店，商号，公司
~ de construction 建筑公司，工程公司
~ exécutant les terrassement 搬运土方公司
fiscalité f maritime 海运税收办法
fischérite f 柱磷铝石
fischessérite f 硒金银矿
fissile a 分裂的，易剥裂的，可分裂的，裂开的，可裂变的，页状的
fissilité f 易裂性，可劈性，可裂变性，劈度，裂理，片理
fission f 裂变，裂变，劈开，分离，剥离，劈理
fissurabilité f 易裂性
fissurage m 破裂，开裂，龟裂
fissuration f 破裂，龟裂，开裂，裂纹，碎裂，形成裂隙
~ à chaud 高温裂缝
~ à la fatigue 疲劳裂纹，疲劳裂缝
~ après la construction 竣工后的开裂
~ dans la soudure 焊接裂纹
~ dans les couches de béton bitumineux 沥青混凝土面层的裂缝
~ de bâtiments 建筑物破坏，房屋开裂
~ de retrait 收缩开裂，收缩裂缝
~ de température 温度裂缝
~ des revêtements en béton 混凝土路面开裂
~ diagonale 斜向开裂
~ différée 延迟裂缝
~ en étoile 星形裂纹，龟裂，网状裂隙
~ en nids d'abeilles 龟裂，网状裂隙
~ en réseau 网状裂缝
~ en toile d'araignée 龟裂，网状裂缝
~ intercristalline 晶间裂隙
~ par corrosion 腐蚀破裂
~ par corrosion sous contrainte 应力作用下腐蚀破裂

~ par écarts de température 温差开裂
~ par tassement 下沉裂缝
~ plastique 塑性开裂
~ préexistante 天然裂隙，原有裂隙
~ sous retrait 收缩开裂
~ thermique 加热分裂

fissure f 裂隙，裂缝，断口，断裂，破裂，裂口
~ à froid 冷（缩裂）缝
~ active 发展的裂缝
~ aquifère 含水裂隙
~ béante 开裂隙
~ capillaire 毛细裂缝，发状裂缝
~ concentrique 同心裂隙
~ conjuguée 共轭裂隙
~ d'angle 道路接缝的四角裂纹
~ d'exfoliation 鳞状裂隙，叶片状裂隙
~ d'extension 张裂隙，张裂口
~ de chaussée 路面裂缝
~ de circulation 循环裂隙
~ de cisaillement 剪切裂隙
~ de clivage 节理裂隙
~ de compression 挤压裂缝
~ de contraction 收缩裂隙
~ de contraction superficielle 表面收缩裂缝
~ de cratère 焊口的裂缝
~ de déformation 变形裂隙，应变裂缝
~ de départ 原生裂隙，初生裂隙
~ de dessication 干裂，缩水裂缝，干缩裂缝
~ de dilatation 膨胀裂隙，伸缩裂隙
~ de fatigue 疲乏裂缝，疲劳裂缝
~ de flanc （火山）锥侧裂隙
~ de glissement 滑动裂隙
~ de gonflement 膨胀裂纹
~ de gravitation 重力裂隙
~ de plissement 褶皱裂隙
~ de réflexion 反射裂纹，反射裂缝
~ de retrait 收缩裂缝，收缩裂纹
~ de soudure 焊缝裂纹
~ de stratification 沿层理的裂隙，层理裂隙
~ de température 温度裂缝
~ de tension 张力裂隙，张力裂纹
~ de traction 拉力裂隙，拉力裂纹
~ de trempe 淬火裂纹，淬火裂缝
~ due à l'expansion 伸缩裂缝

~ élastique 弹性裂隙
~ en étoile 星形裂缝
~ en réseau 网状裂隙
~ en zigzag 锯齿状裂隙
~ endocinétique 自裂隙,内成裂隙
~ fermée 闭合裂隙
~ filonienne 裂隙矿脉,裂隙充填脉
~ fine 发状裂缝,细裂缝
~ fumerollierme 裂隙喷气孔
~ horizontale 水平裂隙
~ humide 渗水裂缝
~ initiale 初始裂缝,早期裂缝
~ intercristalline 晶间裂隙
~ interne 内部裂缝,内部裂纹
~ irrégulière 不规则裂缝
~ jaillissante 涌水裂隙
~ latérale 侧向裂缝
~ longitudinale 纵裂缝,纵向裂隙
~ marbrée 斑纹状裂缝
~ marginale 边缘裂缝
~ métallifère 含矿裂隙,成矿通路,矿路
~ métallifère profonde 成矿通路,含金属矿深裂隙
~ métallisée 含矿裂隙,裂隙状矿脉
~ microscopique 细微裂缝,发丝裂缝,微观裂纹
~ naturelle 自然裂纹
~ non évolutive 不发展裂缝
~ nourricière 矿液供应通道(成矿液由深部上升之路)
~ oblique 斜向裂缝,斜裂纹
~ ouverte 开裂隙
~ perlitique 珍珠状裂隙
~ profonde 深裂隙,深裂纹
~ radiale 辐射(形)裂缝,径向裂缝
~ sous cordon 焊缝下裂纹,内部裂缝
~ sous expansion 膨胀裂缝
~ structurelle 结构裂缝
~ superficielle 反射裂缝,表面裂缝
~ tectonique 构造裂隙
~ transversale 横向裂缝
~ visible 可见裂纹

fissuré, e *a* 裂缝的,裂隙的,开裂的
fissurer *v* 开裂,龟裂,产生裂缝
fissurité *f* 裂隙性
fissuromètre *m* 测缝计,测裂仪
fitinhofite *f* 铁铌钇矿
fixable *a* 可固定的
fixage *m* 固定,定位,连接
fixateur *m* 固定器,定影剂
fixatif *m* 定位器,固定销,固定装置
fixation *f* 固定,固定法,确定,规定,扭紧,紧固,定位,连接,凝固定影,沉淀
~ chimique 化学固定法
~ d'un prix 规定价格
~ de l'eau 水的固定
~ des accessoires dans l'armoire d'outil 把配件固定在工具箱内
~ des accumulateurs dans le coffre 把蓄电池固定在箱内
~ du bloc pneumatique 风动装置的固定
~ du point 测量点的确定(固定)
~ du tracé (测量)定线,钉桩
~ élastique 弹性固定
~ en voûte du tunnel 固定在隧道拱顶
~ flexible 柔性固定,弹性固定
~ papier 纸带固定
~ rigide 刚性固定
~ souple (ligne de contact) 柔性联结(接触导线)

fixe, e *a* 固定的,不变的,不挥发的,不动的,稳态的
fixe-écrou *m* 开口销,开尾销,防松螺帽
fixe-porte *m* 定门器
fixer *v* 固定,规定,确定
~ les attributions de quelqu'un 确定某人的职权
~ le budget 编制预算
~ les comptes 编制决算
~ la marche à suivre 决定行动步骤
~ le long du mur contre la paroi 贴墙安装[固定]的
fixité *f* 固定性,稳定性,安全性,不挥发性
fjeld *m* 冰蚀高原,冰蚀高地,岩质高荒原
fjord [fiord] *m* 峡湾,峡江,(峭壁间的)狭长海湾
flabelliforme *a* 扇形的
flaccidité *f* 松弛,柔软
flache *f* 孔,凹地,海槽,地窝,水穴,壶穴,岩石的缝隙,木材上的缺损部分,道路石块下陷处,道路

表面下陷处岩洞

flacon *m* 瓶,烧瓶,小瓶,药瓶
- ~ à densité 比重瓶,比重计
- ~ à mesurer la densité 比重瓶,比重计
- ~ de pesée 称量瓶
- ~ Gramme 比重瓶

flagstaffite *f* 柱晶松脂石

flagstone *f* 薄层砂岩,板层砂岩

flambage *m* 焙烧,压弯,弯曲,纵向弯曲,纵向褶皱,向下弯曲褶皱
- ~ de colonne 柱的纵向挠曲
- ~ latéral de la voie 轨道侧向变形

flambement *m* 压曲,翻倒,纵向弯曲,失去稳定
- ~ aucoursde l'établissement d'une précontrainte 施加预应力过程中产生的压曲
- ~ de lits 结合层失稳
- ~ des arcs à inertie variable 可变馈性力矩的拱的弯折
- ~ des pièces 杆件压曲
- ~ des profilés 型钢压曲
- ~ élastique 弹性压曲
- ~ excentré 偏心压曲
- ~ latéral 侧向压曲
- ~ par compression 压曲
- ~ plastique 塑性压曲
- ~ transversal 横向压曲

flamber *v* 燃烧,纵向弯曲,压曲,烘

flamme *f* 火焰,火舌,火苗,光芒,闪光
- ~ carbonisante 碳化焰
- ~ d'allumage 点火火舌
- ~ d'échappement 废气流火焰,排除火焰
- ~ de soudage 焊接火焰
- ~ découpante 切割火焰
- ~ des chambres de combustion 燃烧室火焰
- ~ du brûleur 喷灯火焰
- ~ neutre 中性焰
- ~ oxhydrique 氢氧焰
- ~ oxyacétylénique 氧乙炔焰
- ~ oxydante 氧化焰
- ~ pointante 尖头火焰,薄焰
- ~ réductrice 还原焰
- ~ soudante 焊接火焰

flammèche *f* 火花,火星,火苗,火舌

flan *m* 坯件,木坯件

flanc *m* 侧面,边坡,山坡,半山腰,缘,斜面,齿型,齿廓,翼
- ~ anticlinal 背斜翼
- ~ arrière d'impulsion 脉冲后沿,脉冲下降边
- ~ avant 脉冲前沿,脉冲上升边
- ~ d'aile 褶皱翼
- ~ d'attaque 脉冲前沿,脉冲上升边
- ~ d'impulsion 脉冲前沿
- ~ d'un pli 褶皱翼
- ~ d'une colline 山坡,半山腰
- ~ d'une montagne 山坡,半山腰
- ~ de chaussée 路肩
- ~ de déblai 路垫边坡
- ~ de guidage 钢轨内侧面,钢轨导向侧面,钢轨走行侧面
- ~ de pneu 轮胎侧面
- ~ de raccordement 连接翼
- ~ des fossés 水沟边
- ~ déversé 倒转翼,倾伏翼
- ~ doux 缓倾翼
- ~ du dôme 穹隆翼
- ~ du glissement 滑坡侧壁
- ~ étiré 伸长翼
- ~ inférieur 褶皱下翼
- ~ intermédiaire (伏卧褶皱的)中翼
- ~ inverse (褶皱)倒转翼
- ~ médian (伏卧褶皱的)中翼
- ~ médian étiré (伏卧褶皱的)伸长中翼
- ~ normal (褶皱)正常翼
- ~ normal de la nappe 外来推覆体正翼
- ~ normal inférieur 褶皱的下翼
- ~ normal supérieur 褶皱的上翼
- ~ renversé 倒转翼
- ~ soulevé (单斜挠曲的)上升翼
- ~ supérieur 顶翼,上翼
- ~ supérieur de la nappe 外来推覆体上翼
- ~ supprimé 消失翼
- ~ synclinal 向斜翼

flandre *f* 拉杆,横梁

Flandrien *m* 佛兰德阶(欧洲全新世)

flanquement *m* 谷坡

flanquer *v* 在两侧修建,放在两侧

flap *m* 内胎衬带,垫带

flaque *f* 水洼,水坑,洼地,坑,水塘,水潭

    ~ de neige persistante　永久积雪坑,积雪坑
    ~ minéralisée　矿化洼地
flaserdiabase　*f*　压扁辉绿岩
flasergabbro　*m*　压扁辉长岩
flasergneiss　*m*　压扁片麻岩
flasergranite　*m*　压扁花岗岩
flashlampe　*f*　闪光灯
flasque　*m*　翼缘,凸缘,边缘,法兰盘,轴肩,侧板,圆盘,支架,支座,瓶,泡；*a* 柔软的,松弛的
    ~ bride　法拉盘垫圈
    ~ bride intermédiaire　中间法拉盘垫圈
    ~ d'accouplement　连接法兰
    ~ d'arbre　轴凸缘
    ~ d'assemblage　法兰盘
    ~ d'étanchéité　密封法兰
    ~ de butée　止推环
    ~ de guidage de la chenille　履带导板
    ~ de manivelle　曲拐臂,曲柄颊板
    ~ de purge　放油(水)孔法拉盘
    ~ de réglage　调整法兰盘
    ~ de serrage　紧固法兰,定位法兰盘
    ~ de vilebrequin　曲轴凸缘
    ~ du train de galets　辊轴框架侧板,辊架侧板
    ~ extérieur　外导水环
    ~ intérieur　内导水管
    ~ latéral　端罩,端板
    ~ porteur　支承座,支承法兰
    ~ supérieur　顶盖
flat　*m*　平地,坪,低平滩,低沼泽,水平层,缓倾层；*a* 扁平的,平缓的,缓倾斜的,平坦的
    ~ alluvial　(河)谷底冲积层
flat-veine　*f*　层状脉,平缓脉,平脉
fléau　*m*　秤杆,天平横杆,平衡臂
fléchage　*m*　作箭形路标
flèche　*f*　矢高,箭头,指针,弯曲,翘曲,下垂,挠度,挠曲,吊杆,凸梁,悬臂,尖顶,起重臂,离岸沙坝,变位挺杆
    ~ à chariot　起重小车
    ~ à contrepoids　重体平衡式吊臂
    ~ à rupture　极限挠度,断裂挠度
    ~ absolue　绝对变位,绝对垂度,绝对弯曲度,绝对挠度
    ~ admissible　许可挠度,容许挠度
    ~ angulaire　角变位
    ~ apparente　(电线)弛度
    ~ avancée　岬头沙嘴,湾口沙嘴
    ~ barante　湾口沙嘴
    ~ col-de-cygne　鹅颈吊臂,鹅颈头
    ~ contrepoids　平衡重式吊臂
    ~ d'impact　冲击挠度
    ~ d'abaissement　挠度,下垂度
    ~ d'amour　(水晶晶体内的)发状金红石结晶
    ~ d'orientation　指北针
    ~ d'un arc　拱高
    ~ d'un câble　电缆垂度
    ~ d'un conducteur　导电线垂度
    ~ d'une poutre　桁梁挠度
    ~ de câble　缆索垂度
    ~ de calcul　计算矢高
    ~ de courroie　皮带弛垂度
    ~ de direction　指路标志,方向标志
    ~ de grue　起重机的起重臂
    ~ de l'arc　拱矢高
    ~ de la déformation　形变挠度
    ~ de la grue　起重机吊臂
    ~ de la pelle　挖土机机臂
    ~ de montage　安装用起重机臂
    ~ de préflexion　预弯挠度(预弯梁),预留相反挠度
    ~ de rabattement　转向箭头
    ~ de ressort　弹簧挠度
    ~ de retour　回复挠度(预弯梁)
    ~ de rivière　河流弯曲
    ~ de rupture　挠度,弯曲度,上弯度
    ~ de torsion　扭转屈曲
    ~ distributrice　配料臂
    ~ double　(起重机)双臂,四连杆
    ~ du câble porteur　承力索弛度,承力索垂度
    ~ du fil de contacte　接触导线垂度
    ~ du recouvrement　冲掩宽度
    ~ dynamique　动力屈曲,动力失稳
    ~ élastique　弹性挠度,弹性变位
    ~ inextensible　非延伸屈曲
    ~ initiale　初始挠度
    ~ initiale de fil de contact　接触导线的固有弛度
    ~ initiale de plan de contact　接触网的固有弛度
    ~ latérale　侧向屈曲
    ~ magnétique　磁偏转

~ maximum 最大挠度
~ négative 上拱度
~ non orientable 不旋转臂,固定臂
~ normale 架空线中最高点与最低点间距离
~ oblique 斜屈曲
~ orientable 转动臂,转动吊杆
~ partielle 局部屈曲
~ pivotante 转动臂
~ plastique 塑性挠度
~ réciproque 互易变位
~ relative 相对挠度
~ résiduelle 残余挠度
~ simple 单臂(起重机)
~ statique 静(荷)挠度
~ tangentielle 切线挠矩,切线偏移
~ télescopique 可伸缩悬臂
~ tubulaire 管形臂
~ ultime 最终挠度

flécher v 设箭形路标,设箭头标志
fléchir v 弯曲,下垂,垂度
fléchissement m 下垂,翼弯曲,垂度挠度
~ à T 三通弯头
~ de courant 电流下降
~ de l'aile 翼下垂
~ de dalles 板状弯曲
~ du ressort 弹簧挠度

fleckschiefer m 微斑板岩
flectomètre m 偏度计,挺度计,挠度测定仪
fléischérite f 费水锗铅矾
flène[flénu] m 长焰煤,气煤,肥煤
~ gras 肥烟煤
~ sec 瘦烟煤

flétchérite f 硫铜镍矿
flétrissement m 枯萎
fleur f 花,晕,煤华,石粉,岩粉
~ d'argent rouge 红银矿,浓红银矿,淡红银矿
~ d'hématite 海绵状赤铁矿
~ de gypse 石膏花
~ de plâtre 石膏粉末
à ~ de 在……水平面上,跟……相齐

fleuret m 钎子,钻头(打炮眼用的),钻杆
~ à injection d'eau 湿式打眼用的钎子,喷水钻头
~ à métal dur 硬质合金钻头
~ à percussion 冲击式钎子,冲击钻
~ à pointe carrée 十字钻头,十字钎子
~ à terre 钻土器
~ au carbure de tungstène 嵌钨钢合金片钻头
~ coudé 扩孔钻头
~ creux 空心钻头,空心钎子
~ d'acier ordinaire 碳素钢钎或钻
~ d'amorçage 螺旋钻,小钻头,开眼钎子
~ en forme d'étoile 星状钻头
~ en queue d'hirondelle 燕尾钻头
~ hélicoïdal 螺旋钻,麻花钻头
~ préparatoire 开孔钻头
~ rectangulaire 方钢钎子
~ rond 圆钢钎子
~ tors 螺旋钻

fleuve m (直流入海的)江,大河,河流,川
~ anastomosé 交织河流,河网
~ canalisé 通航河流
~ de blocs 石流
~ de boue 泥流,泥石流
~ intermittent 间歇河,地下河流
~ navigable 通航河流
~ souterrain 地下河,地下河流,暗河
~ tributaire 河的支流

flexibilité f 柔度,柔韧性,挠(曲)性,挠度,弹性,灵活性,适应性,最大抗弯强度
~ du ressort 弹簧的挠性
~ d'agencement 柔韧性,挠性,挠度,可弯性
~ dynamique 动态挠性
~ résultante 相加柔度,合柔度

flexibilomètre m 挠曲计,柔曲计
flexible m 软管,软线,胶管,柔杆,板簧,水龙带,橡皮管,挠性轴,柔性钻杆,金属软管,弹性连接件; a 挠曲的,可弯曲的,柔性的,灵活的
~ à air 通气软管
~ à huile 给油软管
~ à vapeur 蒸汽软管
~ armé 铠装软管,夹金属丝软管
~ arrivée-retour au réchauffeur 加热器往复软管
~ d'accouplement 连接软管
~ d'alimentation d'air de turbosoufflantes 废气涡轮增压器给风软管
~ d'aspiration 软吸管

~ d'aspiration d'été 夏季吸气软管
~ d'aspiration d'hiver 冬季吸气软管
~ d'échappement 排气软管
~ d'évacuation d'eau 排水软管
~ d'évent B.T. 低压通风管
~ d'évent H.T. 高压通风管
~ d'injection 注泥浆软管
~ de détartrage tunnel 除水垢软管,去水垢软管,存油泥软管
~ de frein caisse-bogie 车体—转向架制动软管
~ de liaison B.T 低压连接软管
~ de liaison de moteur diesel manomètre 柴油机压力计连接软管
~ de liaison H.T. 高压连接软管
~ de liaison réchauffage 加热连接软管
~ de réchauffage diesel 柴油机加热软管
~ de retour 汇流软管
~ de survitesse 高速挠性软管
~ de vidange d'eau 排水软管
~ de vidange d'huile 排油软管
~ du prégraissage 预润滑油管
~ du start-pilote 起动控制软管
~ en caoutchouc 胶皮软管,橡胶软管
~ pour boue de forage 钻井泥浆软管
~ pour cimentation 注水泥浆软管
~ pour vidange d'échangeurs 热交换器排空软管
~ tressé 编织软管

Flexichoc *m* 真空聚爆式震源装置(商标名)
flexigraphe *m* 挠度图表
fleximètre *m* 挠度仪(桥梁检定仪器),偏斜计
~ laser 激光挠度仪
flexion *f* 挠曲,挠度,弯曲,弯曲度
~ alternée 交替弯曲
~ axiale par compression 轴向弯曲,压缩轴向弯曲
~ composée 复合弯曲(纵向受力向下的弯曲)
~ d'un ressort 弹簧挠度
~ de banc en voûte 拱顶弯曲变形
~ de la timonerie 制动各组件的挠曲间隙,操纵杆系的挠度
~ des abouts de dalles (混凝土)板端弯沉
~ déviée 扭弯,偏扭弯曲
~ dynamique 动态弯曲

~ élastique 弹性挠曲
~ élastoplastique 弹塑性弯曲,弹塑性挠曲
~ gauche 扭弯,偏扭弯曲
~ inverse 反向弯曲
~ par chocs 冲击弯曲
~ permanente 永久挠曲
~ plane 平面弯曲
~ plane composée 复合平面弯曲
~ plastique 塑性弯曲,非弹性弯曲
~ préalable 预弯
~ pure 纯弯曲
~ répétée 反复弯曲
~ simple 纯挠度

flexoforage *m* 软管钻进(法)
flexoforeuse *f* 软管钻机[具]
Flexotir *m* 笼中爆炸震源装置(商标名,一种海洋地震勘探爆炸装置)
flexure *f* 单斜褶皱,弯曲,挠曲,颈曲
~ continentale 大陆边缘挠曲,陆架边缘挠曲
~ faillée 断裂挠曲,挠曲断层
~ horizontale 水平挠曲(拗褶)
~ marginale 大陆边缘挠曲
~ monoclinale 单斜挠曲
~ produite par compression axiale 纵向压力导致的挠度
~ répétée 链状挠曲
~ rompue 破裂挠褶

flin *m* 箭石属
flinkite *f* 褐砷锰石
flint *m* 黑燧石(火石),燧石
flip-flop *m* 触发电路,双稳态多谐振荡器
flockite *f* 丝光沸石,发光沸石
flocon *m* 小片,薄片,白点(金相),絮凝物,絮状沉淀,絮团,絮块
~ d'hydrogène 氢气垫层
floconnement *m* 形成絮团,形成絮片
floconneux, euse *a* 片状的,鳞状的,絮状的,有白点的(金相)
floculant *m* 絮凝剂
~ polymère 高分子絮凝剂
floculat *m* 絮片,絮状沉淀,絮凝体,絮状物,絮状凝结物
~ biologique 生物絮凝物
~ des boues actives 活性污泥絮凝物,絮状活性

污泥
floculateur *m* 絮凝器,絮凝搅拌器
floculation *f* 絮凝(作用),凝聚(作用),形成絮团
～ anormale 反常絮凝作用
～ de réactif 混凝剂,絮凝反应剂
～ du béton 混凝土絮凝作用
floculent *m* 絮凝剂
floculer *v* 絮凝
floculeux *a* 絮凝的,凝聚的,絮团的
floculomètre *m* 絮凝器
flogopite *f* 金云母
floitite *f* 黝帘片麻岩
flokite *f* 发光沸石,丝光沸石
florencite *f* 磷铈铝石
Floridien *m* 佛罗里达阶(上新统)
florinite *f* 云沸煌岩
flot *m* 流,水流;波浪,波涛;涨潮,洪水
～ de base 底流量
～ de circulation 行车车流
～ de fond 底层流
～ des véhicules 车流
à ～ 漂浮的
à ～ s 大量地
flottabilité *f* 浮力,浮动性,漂浮性,浮选性
flottable *a* 浮动的,漂浮的
flottage *m* 浮力,漂浮,木材流送,筏运,浮选,浮游选矿
flottaison *f* 浮选设备,选矿车间;吃水,吃水线
～ amont 上游水位线
～ aval 下游水位线
～ normale 设计水位线
flottant, e *a* 漂浮的,浮动的,变动的,浮选的,浮起的
flottation *f* 浮动,浮力,漂浮,浮选,浮游选矿法,气浮
～ à écume 泡沫浮选法,全浮选
～ à l'air 充气浮选
～ à l'huile 油浮选
～ à vide 真空浮选
～ collective 综合浮选,全浮选
～ de la retenue amont 上游段水位线
～ différentielle 优先浮选
～ du bulk 混合浮选,全浮选
～ globale 全浮选
～ intégrale 全浮选,综合浮选
～ naturelle 自然浮选
～ par air dispersé 散气浮选
～ par moussage 泡沫浮选法
～ primaire 初级浮选
～ releveuse 精[浮]选,扫[浮]选
～ sélective 选择浮选
～ sous pression 压力浮选,加压气浮
～ sur tables 台浮,粒浮
flotte *f* 浮标,浮筒,浮子,船队,舰队
～ de voitures 车队
flottement *m* 浮动,摆动,波形振动
～ de fréquence porteuse 载波频率偏移(调频时)
～ des roues 车轮的摆动
flotteur *m* 浮筒,浮子,浮标,浮体,浮选机,流速指示器
～ à boule 球形浮标
～ à disque 圆盘浮标
～ à tambour 鼓形浮标
～ d'alarme 报警浮标,浮子报警器
～ vibrant (混凝土)表面振捣器
flottille *f* 小队
～ de camions 汽车队
flou *m* 模糊,误差,多斑点,不清晰
～ artistique 散焦,画面发虚,画面模糊不清
～ géométrique 图形不清楚,图形模糊
～ d'image 图像不清,图像不清晰
flou, e *a* 模糊的,不清晰的
flouromètre *m* 澄清器,澄粉器
fluage *m* 塑流,蠕变,徐变,挤压,屈服点,塑性流变
～ à long terme 长期蠕变
～ accéléré 加速蠕变
～ chimique 化学蠕变
～ d'acier 钢(筋)徐变
～ de béton 混凝土蠕[徐]变,混凝土塑流
～ de roche 岩石蠕变
～ de sol 土的蠕变
～ de surface 表层(土)蠕动,表层塌滑
～ de talus 山麓堆积体蠕动
～ des sols 土的徐变,土的流变
～ du câble 电缆驰重
～ dynamique 动态蠕变
～ en profondeur des pertes 边坡深向流动处的潜移

~ instantané 瞬间蠕变,瞬间徐变
~ latéral du sol 土侧向流动
~ limite 徐变极限
~ linéaire 线性蠕变,线性徐变
~ primaire 初期蠕变（蠕变率随时间而降低）,初始蠕变
~ renversé 反向蠕变
~ secondaire 二期蠕变（蠕变率不随时间而变化）,附加蠕变
~ spécifique 比蠕变（单位应力下的蠕变）
~ stabilisé 稳定蠕变
~ tertiaire 三期蠕变（蠕变率随时间而增加）
~ visqueux 黏性蠕动

fluate *m* de chaux 萤石
fluckite *f* 砷氢锰钙石
fluctuation *f* 波动,变动,振动,变化,起伏,水位波动,涨落,升降,脉动,增减,变幅,振幅,涨落价
~ à court terme 短周期波动
~ à long terme 长周期波动
~ aléatoire 随机脉动,随机变动
~ annuelle 年变化,年波动
~ climatique 气候波动
~ d'une nappe aquifère （含水层）水位变化,地下水位升降
~ de charge 负荷波动,荷载变化
~ de contrainte 应力变动
~ de courant 水流脉动,水流起伏
~ de débit 流量波动,流量变化
~ de la nappe aquifère 地下水位升降,水位升降
~ de la nappe phréatique 地下水位波动,地下水位升降
~ de pression 压力波动
~ de puissance 功率摆动
~ de surface d'eau 水面升降,水面波动
~ de température 温度升降,温度变化
~ de tension 电压变动,电压波动
~ de turbulent 紊流脉动,紊动
~ de vitesse 速度变化,流速脉动,流速波动
~ des changes 兑换率的波动
~ du trafic 交通量变化
~ irrégulier 不规则脉动
~ journalière 日变动,日波动
~ journalière de charge 日负荷变动,日负荷波动
~ s journalières du trafic 每日运量波动

~ périodique 周期性波动,周期起伏
~ phréatique 地下水面波动,潜水面升降变化
~ saisonnière 季节性变化,季节性变动
~ s saisonnières du trafic 季节性运量波动

fluctuation *f* 波动,涨落
~ d'une nappe aquifère （含水层）水位变化,地下水位升降
~ de température 温度波动[变化]

fluctuer *v* 涨落,起伏,波动,升降,变动,增减,脉动,振动

fluellite *f* 氟磷铝石
fluence *f* 流动,流
fluent,e *a* 流动的,波动的,浮动的
fluidal *a* 流体的,流状的,流态的,流纹状的
fluidalité *f* 流动性,流理
~ linéaire 线性流理
~ plane 面性流理

fluide *m* 流体,液体,流质; *a* 液体的,流体的,流动的
~ à base d'argile 泥质流体
~ absorbant 吸收流体
~ actif 工作流体,工质
~ boueux 泥浆
~ caloporteur 载热剂,冷却剂
~ chauffant 加热流体
~ de circulation 冲洗液,循环液
~ de forage 钻探泥浆,钻孔清洗液,钻进液
~ de frein 制动液,刹车油
~ de transmission hydraulique 液力传动工作油
~ électrique 电流
~ frigorigène 制冷剂
~ générateur 含矿溶液,成矿溶液
~ hétérogène 非均质流体
~ homogène 均质流体
~ hydraulique 液压用流体
~ idéal 理想流体,无黏性流体
~ incompressible 不可压缩流体
~ minéralisateur 成矿溶液,成矿流体
~ moteur 工作流体,工质
~ Newtonien 牛顿（流）体
~ non Newtonien 非牛顿（流）体
~ non visqueux 非黏性流体
~ obturateur 封井用液体
~ parfait 完全流体,理想流体

~ préservatif 防腐液
~ réel 真实流体,实际流体
~ réfrigérant 冷却液,冷却剂
~ stratifié 分层流体
~ superposé 叠加流体
~ thixotropique 触变性流体
~ tournant 旋转流体
~ visco-élastique 黏弹性流体
~ visqueux 黏性流体

fluidifiant *m* (混凝土)塑化剂,增塑剂,液化剂,冲淡剂,稀释剂

fluidification *f* 稀释,冲淡,液化,流体化,变成流体,流态化
~ du trafic 运量波动性,运量变化

fluidifier *v* 使流体化,使成流体,液化,稀释,冲淡

fluidique *f* 射流技术,射流学,流控技术; *a* 流体的,射流的

fluidité *f* 液性,流度,稠度,液态,流动性,流动性系数
~ élevée 流动性良好
~ de la circulation 交通流
~ du béton 混凝土流动性
~ du trafic 车流
~ Lüer 刘埃尔流动性,刘埃尔黏度
~ spécifique 黏性,黏度

fluobaryte *f* 杂重晶萤石
fluoborate *m* 硼氟酸盐,氟硼化物
fluoborite *f* 氟硼镁石
fluocapteur *m* 荧光探测器,荧光测定器
fluocérine[**fluocérite**] *f* 氟碳铈石
fluochlore *m* 烧绿石
fluocollophanite *f* 氟胶磷矿(细晶磷灰石)
Fluon *m* 聚四氟乙烯,氟隆
fluoradélite *f* 氟砷钙镁石
fluoramphibole *f* 氟角闪石
fluorapatite *f* 氟磷灰石
fluorapophyllite *f* 氟鱼眼石
fluorchlorapatite *f* 氟氯磷灰石
fluorchondrodite *f* 氟粒硅镁石
fluordiopside *f* 氟透辉石
fluorédenite *f* 氟浅闪石
fluorescence *f* 荧光,辉光
~ aux rayons X X射线荧光
~ aux ultra-violets 紫外线荧光
~ du pétrole 石油荧光,石油反射显示的颜色
~ minérale 矿物荧光
~ organique 有机物荧光
~ rémanente 余辉
~ résiduelle prolongée 长余辉

fluorescent,e *a* 荧光的,发荧光的,照射发荧光的
fluoroscope *f* 荧光镜
fluorherdérite *f* 氟磷铍钙石
fluorhydrique *a* 氢氟化的
fluorhydroxylapatite *f* 氟羟磷灰石
fluoride *m* 氟化物
fluorimètre *m* 荧光计,荧光表
fluorimétrie *f* 荧光测定(法)
fluorite *f* 氟石,萤石,氟化钙
fluormagnésiorichtérite *f* 镁氟钠透闪石;镁氟钠钙镁闪石
fluormanganapatite *f* (氟)锰磷灰石
fluorméionite *f* 氯钙柱石
fluorméroxène *m* 氟黑云母
fluormica *m* 氟云母
fluormuscovite *f* 氟白云母
fluornorbergite *f* 氟块硅镁石
fluoromètre *m* 荧光计,氟量计
fluorphlogopite *f* 氟金云母
fluorpyromorphite *f* 氟磷氯铅矿
fluorrichtérite *f* 氟钠透闪石;氟钠钙镁闪石
fluorsidérophyllite *f* 氟铁叶云母
fluortainiolite *f* 氟带云母
fluortamarite *f* 氟绿闪石(氟绿铁闪石)
fluortrémolite *f* 氟透闪石
fluosidérite *f* 红硅钙镁石
fluotaramite *f* 氟绿闪石(氯绿铁闪石)
fluoyttrocérite *f* 稀土萤石,钇萤石
fluroborate *f* de sodium 氟硼酸钠
flusspath *m* 萤石
flussyttrocalcite *f* 稀土萤石,钇萤石,铈钇矿
flûte *f* (地震勘探)火线,地震电缆,漂浮电缆,测厚规,测隙规,塞尺,千分垫
~ de jonction 接线夹,线夹

flute cast 槽模,流痕
fluthérite *f* 铀钙石,碳铀钙石
fluvial,e *a* 江河的,河流的,河成的,冲积的,河流作用的

fluviatile *a* 河流的,河成的,江河的
　～ continental 陆上河流的
fluvio-éolien *a* 河风的,河风成因的
fluvio-glaciaire *a* 冰(川融化)水形成的,冰水作用的
fluviographe *m* (自记)水位计,水位自录指示器,自记水位器
　～ électrique 电测水位计
fluvio-lacustre *a* 河流、湖泊的,河湖的
fluviomarin, e *a* 河海的
fluviomètre *m* (自记)水位计
fluviométrique *a* 河川水位测量的
fluvio-nival *a* 河流—雪水的
fluvio-périglaciaire *a* 河流—冰缘的
fluvio-volcanique *a* 河流火山成因的
flux *m* 流,流动,流量,通量,磁通,焊剂,熔化,流动,满潮,涨潮,熔剂,土崩,土流,磁力线,助熔剂,稀释剂
　～ à souder 焊接溶剂,助焊剂
　～ à travers une bobine 线圈磁通量
　～ à travers une spire 单匝磁通量
　～ à travers une surface 表面通过流量
　～ acide 酸性溶剂
　～ acoustique 声流,声能通量
　～ adjoint 辅助通量
　～ alterné 交变(磁)通量
　～ axial 轴向流,轴向通量
　～ bidimensionnel 二元流,平面平行流
　～ compressible 可压缩流
　～ conservatif 守恒通量
　～ critique 临界热通量
　～ d'air 气流,进气量
　～ d'air admis 进气量,进气流
　～ d'air canalisé 管道气流
　～ d'air comburant 燃烧中的气流
　～ d'air comprimé de secours 应急系统压缩空气流
　～ d'air de dilution 三次气流,第三股气流
　～ d'air frais 二次气流,第二股气流
　～ d'air prélevé 抽取的气流,抽取的气流量
　～ d'air principal 主气流,第一股气流
　～ d'air réchauffé 热气流
　～ d'air refoulé par le compresseur 压气机增压气流

　～ d'air secondaire 二次气流,第二股气流
　～ d'échappement 废气流,排气流
　～ d'énergie 能通量,能流
　～ d'huile de graissage 滑油流
　～ d'information 信息流动量
　～ de carburant atomisé 雾化燃料流
　～ de chaleur 热流,热通量
　～ de cisaillement 剪流,旋流
　～ de déplacement 位移通量
　～ de dispersion de la chaleur 热散逸通量
　～ de dispersion du carburant 雾化燃料
　～ de drainance ascendante 上升越流
　～ de drainance descendante 下降越流
　～ de forces 力线,力通量
　～ de fuites 散流,漏流,漏通量
　～ de gaz brûlé 废气流,燃气流
　～ de gaz du jet 喷射燃,气流
　～ de marchandises 商品流量,商品运输量
　～ de tourbillonnaire 涡流,涡通量
　～ de voyageurs 客流量,旅客流量,旅客运量
　～ décapant 焊剂
　～ des fluides 流体流动,流量
　～ descendant 下降流量
　～ diélectrique 电介质通量,位移电流
　～ électrique 电通,电通量
　～ électronique 电子流
　～ élémentaire 流比
　～ en poudre 粉末溶剂
　～ énergétique 能通量,能
　～ externe 外流
　～ gamma γ通量
　～ géothermique 地热流
　～ hémisphérique subhorizontal 下半部磁通
　～ hémisphérique supérieur 上半部磁通
　～ incident 入射流,进入流,事故通量
　～ incompressible 不可压缩流
　～ infrarouge 红外线流
　～ interne 内流
　～ inverse 回流,逆流
　～ isotopique 各向同性通量
　～ laminaire 层流,片流,滞流,流线流
　～ lumineux 光通量,光通
　～ magnétique 磁通量
　～ mixte 混合流

~ montant 上升流量
~ parallèles 并流,半流
~ principal 主磁通,主磁通量
~ radial 径向流动
~ radiant 射线流,辐射通量
~ soutiré 排出流,引出流
~ thermique 热流,热通量
~ turbulent 紊流,湍流,涡流
~ uniforme rectiligne 均匀直线流

fluxage m 稀释
fluxant m 软制油,稀释油,助熔剂
fluxer v 软制,稀释(沥青等),使成流体,熔化
fluxion f 熔,流动
fluxmètre m 流量计
fluxoturbidite f 滑塌浊积岩
flysch m 复理层,复理石,浊积岩,复理式地层,厚砂页岩夹层
flyschoïde a 准复理层的,类复理石的,类复理层的
focal, e a 焦点的
focale f 焦点,焦距,焦点轨迹,焦点曲线,焦距
~ conjuguée 共轭(焦)点
~ sagittale 径向焦线,焦点曲线,焦距

focalisateur m 调焦装置,聚焦器
focalisation f 聚焦,调焦,对光
~ angulaire 角聚焦
~ après déviation 后聚焦,偏转后聚焦
~ d'ions 离子聚焦
~ de la phase électrique 电子相聚焦
~ directionnelle 方向聚焦
~ du faisceau 光束聚光,光束聚焦
~ électrostatique 静电聚焦
~ interne 内调焦
~ ionique 离子聚焦
~ magnétique 磁(场)聚焦

focaliser v 聚焦,调焦,对光
focimètre m 焦点计,焦距计
focomètre m 焦距计,焦距测量表(透镜)
foggite f 羟磷铝钙石
foïdique a 副长石的,似长石的
foirade m (螺钉)滑扣
~ des filets 螺纹崩扣,螺纹剥落

foire f 博览会,集市,交易会
foirer v (螺钉)滑扣
fois f 次,回,倍

à chaque ~ que 每次,每当
à la ~ 同时
d'autres ~ 在别的时候,在其他情况下
dès qu'une ~ 一旦
lorsqu'une ~ 一旦
pour une ~ que 每次,每当
toutes les ~ que 每当,每次
une ~ pour toutes 一劳永逸,一次就
une ~ que 一旦

foisonnant, e a 丰富的,充足的,膨胀的
foisonnement m 隆起,膨胀,繁殖,丰富,充足,体积膨胀
~ de sable 砂的体胀
~ des boues 污泥体胀
~ des terres 土壤膨胀
~ dû à l'humidité (砂的)湿胀
~ du massif 岩石膨胀
~ du soi 土壤体胀

foisonner v 膨胀,松散
foliacé, e a 叶片状的,薄层状的
foliation f 叶理,剥理,裂成薄层
~ active 主动功能
~ cataclastique 破劈理
~ passive 被动功能

fonçage m 向下掘进,沉桩,沉落,沉入,下沉
~ au jet d'eau 射水沉桩法,射水沉桩
~ au vérin 用千斤顶下沉[打入]
~ au vérin havage 利用千斤顶打沉
~ d'un puits 挖井,打井,沉井
~ d'un puits par air comprimé 气压法打井,压气沉井,用压缩空气下沉井
~ de caisson 沉箱下沉
~ de pieu 沉桩
~ de puits 竖井下沉,沉井
~ de puits de fondation 沉井下沉
~ des pieux 沉桩
~ des pieux par des jets d'eau 射水沉桩
~ hydraulique 液力钻进

foncé, e a 深色的,有色的(矿物)
foncée f 分段,单采层,开采沟道,工作面
foncement m 掘,挖,下沉,沉(桩、井)
foncer v 沉下,沉陷,下沉,沉(桩、井),冲击,挖掘,加深颜色
fonceuse f 钻探机,打井机

foncier, ère *a* 土地的, 根本的
foncière *f* 板岩层, 瓦板岩层
foncièrement *adv* 完全地, 彻底地, 深刻地
fonction *f* 作用, 性能, 机能, 功用, 运转
　～ de la route　道路的作用
　～ de performance　运行功能
　～ des tensions　应力作用力
　～ économique　经济作用
　en～ de　根据, 按照, 随……而变化, 为……的函数
　faire ～ de　代理, 暂代
　～ géologique　地质作用
　～ intermédiaire　缓冲作用
　～ interne　内部功能
　～ principale　基本职能
fonctionel, elle *a* 功能的, 有作用的
fonctionnement *m* 作用, 功能, 动作, 运转, 工况, 开动, 操作, 行程, 工作
　～ à circuit　空转, 无载运转
　～ à courants harmoniques dépendants　（饱和电抗器）强制励磁, 强制激发
　～ à courants harmoniques indépendants　（饱和抗电器）自然励磁, 自然激发
　～ à essai　试生产, 试运转
　～ à pleine charge　满负荷运行
　～ à puissance nulle　零功率运行
　～ à vide　空转, 无载运转, 急速运转, 空行程, 无负荷工作
　～ au point critique　在临界工况下工作[使用]
　～ automatique　自动运转
　～ autonome　独立操作
　～ continu　连续作用
　～ convenable, précis et sûr　运行无误, 准确可靠
　～ correct　正确动作, 正确运转
　～ d'asservissement　自动调节系统的作用, 随动系数的作用
　～ de circulation　交通营运
　～ défaillant　误动作
　～ défectueux　运转不良, 运转故障
　～ défectueux des signaux　信号机运转故障
　～ des réchauffeurs de fuel　燃油加热交换器的工作（原理）
　～ directionnel　方向性动作
　～ douteux　不可靠动作, 原因不明动作
　～ doux　平稳运转
　～ du frein　制动机工作状态
　～ en centrale de base　基本负载运行
　～ en connecté　联机操作
　～ en impulsion　脉冲状态下工作
　～ en parallèle　平行工作, 并联运转
　～ en puissance　功率运行
　～ en régime permanent　稳定状态运行
　～ en régime stationnaire　稳定状态运行
　～ en suivi de charge　连续负载运行, 跟踪负荷运行
　en ～　在工作中, 在工作状态
　～ incorrect　不正确动作
　～ intempestif　非必要动作, 非适时动作
　～ nécessaire　必要动作
　～ normal　正常运行
　～ optimum　最佳状态下工作
　～ par étape　分级操作, 分阶段操作
　qualité de ～　正确动作率
　～ réel des chaussées　路面实际工作状态
　～ saccadé　不均匀动作
　～ sans défaillance　运转良好
　～ sans surveillance　无监视运行
　～ séquentiel　工序操作, 顺序运算
　～ silencieux　无声运转
fonctionner *v* 工作, 动作, 开动, 运转
　～ au-dessous de la capacité　开工不足
　～ en《courant de repos》　在失电状态下工作
fond *m* 底, 底部, 基础, 根据, 深处, 底座, 背景, 底色, 实质, 内容, 井下工作面
　à ～　到底, 彻底, 完全地
　au ～　实际上, 其实
　au ～ de　在……深处, 在……尽头
　～ bombé　鼓形底, 凸形底
　～ d'argile　黏土底层
　dans le ～　实际上, 其实
　de ～　主要的, 基本的, 重要的
　de ～ en comble　完全地, 全部地, 彻底地
　～ de bateau　向斜
　～ de bateau renversé　背斜
　～ de cailloutage　卵石铺砌底层
　～ de carte　底图
　～ de cylindre　汽缸后盖, 汽缸底
　～ de dents　齿根圆（直径）
　～ de filtre　滤床

~ de fissure　裂纹的深部
~ de forme　基层下部,路基整形
~ de fossé　沟底
~ de fouille　开挖基线,基坑底部,坑底,堑底
~ de galerie　水平巷道工作面
~ de géosynclinal　地槽底部
~ de l'air　实际气温
~ de l'égout　下水道管底
~ de la nappe souterraine　地下含水层底
~ de la rivière　河床,河槽
~ de piston　活塞顶
~ de puits　井底
~ de rivière　河床,河底
~ de roche　岩底层
~ de sable　沙底层
~ de sondage　孔底,钻孔的工作面
~ de synclinal　向斜底
~ de trou　（爆破孔的）孔底,（钻孔的）孔底
~ de vallée　谷底
~ de vase　泥底层
~ de vérification　控制基线,校准基线,校核基线
~ des fossés de drainage　排水沟底
~ du cylindre　油桶顶盖
~ du lit　河底,河床
~ du puits　井底
~ du réservoir　水库底,水池底
~ durci　硬底,基岩底,不整合面
~ géologique　地质基础
~ marin　海底
~ microcristallin　微晶基质
~ mobile du fleuve　移动河床,河床变迁
~ roche　基岩,底岩,岩床,岩石基底
~ rocheux　基岩,底岩,岩床
~ rocheux du lit　基岩
~ solide　坚硬底层,硬土,坚硬地基[地层],坚实基础,硬底
~ topographique　地形底图

fondage *m*　熔化,熔铸,熔融,熔炼
fondamental,e *a*　基本的,基础的,固有的,根本的,本质的
fondamentale *f*　基波,基本成分,主要成分
fondamentalement *adv*　基本上,根本上
fondant *m*　熔剂,助熔剂,焊剂,焊药;*a*　熔化的,熔融的
~ chimique　防冻盐类,除冰剂

fondant,e *a*　熔化的,溶解的,融化的
fondation *f*　底,底脚,底座,路基,地基,基础,创办,设立,基金
~ à l'épreuve d'humidité　防潮基础
~ à air comprimé　气压沉箱基础
~ à charge excentrée　偏心载荷的基础
~ à frottement　摩擦基础
~ à hérisson　大石块基层,毛石基础
~ à l'air comprimé　气压沉箱基础
~ à l'épreuve d'humidité　防潮基础
~ à pierres perdues　抛石基础,乱石基础
~ à redans　阶梯形基础
~ à section rectangulaire　矩形基础
~ antigel en grave　砂砾防冻底基层
~ antivibratile　抗震基础,防震基础
~ artificielle　人工地基
~ au ciment comprimé　压入水泥浆基础,灌浆基础
~ avec diaclase　节理基础
~ carrée　方形基础
~ circulaire　圆形基础,环形基础
~ combinée　联合底座,联合柱基,双柱底脚,联合[组合]基础
~ compacte　压实土基
~ composée　复合地基
~ compressible　压缩性地基
~ continue　条形[连续]基础
~ d'ouvrage　结构物基础
~ de béton　混凝土基础
~ de blocage　毛石基础,粗石基础
~ de caisson　沉箱基础
~ de faible largeur par rapport à la longueur　窄长[长条]基础
~ de granulométrie　级配土基
~ de palplanche　板桩基础
~ de pieu　桩基础
~ de route　道路底基
~ de sable　砂质基础,砂底基层,砂垫层
~ de Telford　手摆块石底基层,手摆卵石底基层
~ déployée　扩展[扩大]基础
~ des appuis　墩基,墩台基础
~ des poteaux　柱基础

~ diaclasée 节理基础
~ directe 底脚基础
~ distributrice 扩展式基础
~ du pavage 道路铺砌层(面层和地面之间各层次的总称)
~ du sol pilonné 夯实土基
~ élastique 弹性基础[地基]
~ élongée 阶梯形基础,扩展[长]基础
~ empierrée 碎石土基
~ en béton 混凝土基础
~ en béton maigre 贫混凝土基础
~ en blocage de pierre 石块基层,块石基础
~ en blocs de béton 混凝土块基础
~ en caisson 沉井基础
~ en coffre 箱式基础,箱格基础
~ en eau profonde 深水基础
~ en empierrement 碎石基础
~ en fascine 梢料基础,柴捆基础
~ en forme d'escalier 阶形基础
~ en forme de bande 条形基础
~ en gradins 阶(梯)形基础
~ en graves non traitées 未处治砂砾底基层
~ en graves-ciment 水泥处治砂
~ en gravier 砾石基础
~ en grillage 格排基础
~ en pieu tubulaire 管桩基础
~ en pieux de béton 混凝土桩基
~ en pile 墩式基础,墩台基础
~ en puits 井筒基础,沉井基础
~ en radeau 筏形基础
~ en radier 整片基础
~ en roche 岩石基底
~ en surface 浅基础
~ en terrain caverneux 孔地基
~ en terrain humide 湿基础
~ en tube caisson 管柱沉箱基础,管柱基础
~ fichée 墩式基础
~ flexible 弹性地基,柔性基础
~ flottante 浮基,浮筏基础
~ granulaire 粒料土基
~ homogène 均质土基
~ isolée 墩式基础,柱基础,单(独)基(础)
~ mixte 混合基础
~ naturelle 天然地基

~ non rigide 弹性地基
~ non traitée 未处治底基层
~ par ballast encoffré 石笼基础
~ par caisson 沉箱地基,沉箱基础
~ par caisson flottant 浮运沉箱基础
~ par congélation 冻结法施工基础
~ par encaissement 木笼基础,箱形基础
~ par fonçage 沉箱基础,沉井基础
~ par fonçage de puits 沉井基础
~ par garnissage 外包有防水层[保护层]的基础
~ par garnissage extérieur 外包有防水层的基础
~ par havage 重力沉井基础
~ par hérisson 毛石基础,大石块底基础
~ par injection de ciment 注射水泥基础,灌水泥浆基础
~ par pieux 桩基
~ par pilier tubulaire 管柱基础
~ peu profonde 浅地基
~ pneumatique 气压沉箱基础
point le plus bas de la ~ 基础最低点
~ pour portaux 柱基础
~ profonde 深基础
~ profonde avec excavation 开挖式深基础
~ profonde sans excavation 非开挖式深基础
~ raide 刚性基础
~ rigide 刚性基础
~ rigidifiée 刚性基础
~ rocheuse 岩石基底
~ semi-enterrée 半埋入式基础
~ solide 坚硬地层,硬土
~ sous l'eau 水下基础
~ stabilisée mécaniquement 机械稳定基础
~ superficielle 浅基础,扩展基础
~ sur béton entre palplanches 板桩间混凝土基础
~ sur caisson 沉箱地基,沉箱基础
~ sur caissons cylindriques 圆柱沉箱基础
~ sur pieux 桩基
~ sur pieux flottants 摩擦桩基础,浮桩基础
~ sur pieux inclinés 斜桩基础
~ sur pile-caisson 井筒基础
~ sur pile-colonne 井桩基础
~ sur piles 墩式基础
~ sur piliers 管柱基础

~ sur pilotis　基桩,群桩基础
~ sur puits　井筒基础,桩基
~ sur puits foncé　沉井基础
~ sur radier　席式基础,满堂基础,筏基
~ sur radier en surface　浅基础
~ sur radier général　整片[满堂、筏形、席式]基础
~ sur semelle　板式[条形、扩大]基础
~ sur semelle continue　带状基脚,连续基脚,连续底座
~ sur semelle superficielle　浅条形基础
terrain de ~　地基
~ terreuse　土地基

fondation-dalle *f*　基础板
fondé de pouvoir *m*　代理人,被授权人
fondement *m*　基础,根本,根据
fonder *v*　奠定基础,建立,创办,把……建立(在)
se ~ sur　建立在……之上,以……为依据,以……为基础

fonderie *f*　铸件,铸造,崩塌,冶炼厂,铸造厂,塌陷,矿坑冒顶,铸工车间
~ d'acier　铸钢[炼钢]厂
~ de précision　精密铸造,精密铸造车间
~ mécanique　机械化铸造厂
~ mécanisée　机械化铸造车间

fondeur *m*　铸工,翻砂工
fondis *m*　地陷,地面沉降,沉陷,倒塌冒顶,垮落,崩落
fondoir *m*　加热器,熔化器
~ à agitateur mécanique　机械搅和加热器
~ à bitume　沥青加热器,沥青加热锅
~ à goudron　柏油加热器,煤沥青加热器
~ à neige　融雪器,化雪装置
~ avec agitateur　(沥青)加热拌和机
~ avec dispositif de brassage　(沥青)加热拌和机
~ de bitume　化沥青锅,(熬)沥青锅
~ de goudron　煤沥青加热器
~ -malaxeur à asphalte　附有加热保温装置与搅和机的运摊铺沥青车
~ -malaxeur pour asphalte coulé　地沥青砂胶加热锅
~ pour liants hydrocarbonés　沥青结合料加热器

fondre *v*　熔化,溶解
fondrière *f*　龟裂(土地),泥坑,洼地,灰岩坑,冲沟,峡谷,细洞(细谷,小谷),塌陷

fonds *m*　大巷,土壤,土地,地产,底板,基金,经费,主巷道
~ circulant　流动资金
~ d'accumulation　积累基金,公积金
~ d'aide gratuite　无偿援助款项
~ d'amortissement　偿债基金,折旧费,折旧基金
~ d'approvisionnement　食品费,原材料费
~ d'assurance　保险基金
~ d'État　国债,公债
~ d'investissement　投资基金
~ d'investissement routier　道路投资基金
~ de commerce　营业资产
~ de consommation　消费基金
~ de pension　托管基金
~ de péréquation　调剂基金
~ de placement　投资基金,信托资金
~ de prévision　准备金
~ de prévoyance　意外准备金
~ de production　生产基金
~ de production circulant　流动生产资金
~ de recherches　研究基金
~ de renouvellement　更新改造费,更新基金
~ de réserve　备用金,准备金,储备金,储备基金,备用基金,后备基金
~ de rotation　周转基金
~ de roulement　周转金,流动资金,循环基金
~ des entreprises　企业资金,企业基金
~ des salaires　工资基金
~ disponible　流动资金
~ dormant　闲散资金
~ du budget　预算基金
~ du secours　抚恤金
~ durcis　坚硬岩石夹层
~ en caisse　库存现金,库存资金
~ en dépôt chez le notaire　存放在公证人处的地产类存款
~ fixe　固定基金
~ liquides　流动资金
~ monétaire　货币基金
~ Monétaire Internationale (FMI)　国际货币基金组织
~ national de vieillesse　养老基金
~ non-productif　非生产基金

fondu, e

~ productif 生产基金

fondu, e *a* 熔化的,熔融的,衰落的

fongicide *m* 杀菌剂

font *m* 泉

fontaine *f* 泉,常流泉,喷水池,蓄水池,水道管,给水龙头

　　~ à boire 饮用水器,饮水泉
　　~ d'eau publique 公共水池,供水站,给水栓
　　~ de boue 泥泉
　　~ de laves 熔岩喷泉,熔岩涌丘,气化熔岩喷涌
　　~ de pétrole 油喷,石油喷发
　　~ intermittente 间歇泉
　　~ jaillissante 喷水泉,喷泉,喷发井
　　~ publique 给水栓

fontainerie *f* 凿井

fonte *f* 化,熔化,融化,融解,生铁,铸件,铸铁

　　~ à bas carbone 低碳生铁
　　~ à bas silicium 低硅生铁
　　~ à graphite sphéroïdal 球墨铸铁
　　~ à haute résistance 高强度铸铁
　　~ à structure non austénitique 非奥氏体铸铁
　　~ aciérée 钢性铸铁(生铁中加钢的铸铁)
　　~ alliée 合金铸铁
　　~ antiacide 耐酸铸铁
　　~ antifriction 耐磨铸铁
　　~ au bois 木炭生铁
　　~ au coke 焦炭生铁
　　~ au vent 高硅生铁
　　~ blanche 白铸铁,白口铁
　　~ blanche à facettes 白口铁
　　~ brute 生铁
　　~ brute de moulage 铸造用生铁
　　~ cassante 脆性生铁,脆性铸铁
　　~ chaude 铁水
　　~ coquille 冷模铸造
　　~ coulée 铸[生]铁
　　~ coulée en coquille 冷铸铁,硬模铸铁
　　~ d'acier 铸钢
　　~ d'addition 铁合金,合金铁
　　~ d'affinage 炼钢生铁
　　~ d'alliage 合金铸铁
　　~ d'allure chaude 热生铁
　　~ d'aluminium 铸铝
　　~ de la neige 融雪
　　~ de laiton 黄铜铸件,黄铜铸造
　　~ de moulage 铸造生铁
　　~ de neige 融雪(量)
　　~ des glaces 融冰
　　~ des neiges 融雪
　　~ désulfurée 脱硫生铁
　　~ ductile 可延性铸铁,球墨铸铁
　　~ dure 冷硬铸铁
　　~ faiblement alliée 低合金生铁
　　~ fluide 铁水
　　~ forgeable 可锻铸铁
　　~ graphitique 石墨铸铁
　　~ grise 灰铸铁,灰口铁
　　~ grise claire 白口铁
　　~ hématite 低磷生铁,赤生铁
　　~ inoculée 变形铸铁
　　~ inoxydable 不锈铸铁
　　~ liquide 生铁水
　　~ malléable 韧铸铁,可锻铸铁
　　~ manganésée 含锰铸铁
　　~ Martin 平炉生铁
　　~ mazée 白口铸铁,冷硬铸铁
　　~ miroitante 镜铁,铣铁
　　~ molle à cœur noir 黑心软铁
　　~ s moulées sur machines 机加工铸铁件
　　~ nodulaire 球墨铸铁
　　~ perlitique 球光体铸铁
　　~ phosphoreuse 含磷生铁
　　~ pour acier Martin 炼马丁钢的生铁
　　~ spéciale 特种铸铁
　　~ spéculaire 镜铁
　　~ sphéroïdale 球墨铸铁
　　~ sphérolitique 球墨铸铁
　　~ spiegel 镜铁
　　~ superficielle 表层融化
　　~ Thomas 托马斯生铁,碱性生铁
　　~ toute venante 劣质铸铁
　　~ trempée 冷硬生铁
　　~ truitée 麻口铁

fontis *m* 洞穴塌顶

　　~ à jour 陷坑,塌陷漏斗

foot *n* 英尺(英美长度单位)

footéite *f* 铜氯矾

forabilité *f* 可钻性

forable *a* 易钻进的,可钻进的

forage *m* 穿孔,钻井,钻孔,掘井,钻探,钻进,打眼(爆破)

~ à l'air comprimé　风动凿岩
~ à l'eau　清水钻探
~ à abatage　冲击钻进
~ à barre　破碎杆凿岩
~ à battage　冲钻
~ à bras　手摇钻探
~ à câble　索钻,绳索式冲击钻进
~ à carottage　岩芯钻探,钻取岩芯
~ à gaz　气钻
~ à grand diamètre　大口径钻探
~ à grande profondeur　深孔钻探,钻凿深井
~ à haute pression　高压钻进
~ à injection　灌浆钻孔,灌浆孔
~ à l'air　空气钻孔,气钻
~ à l'air comprimé　风动凿岩
~ à l'eau　湿式钻孔
~ à la corde　钢绳冲击钻探
~ à la grenaille　钻粒钻进
~ à la main　手摇钻探
~ à la percussion　冲击钻探,冲击钻孔
~ à la rotation　旋转式钻探,旋转钻孔,回转钻进
~ à la tarrière (action)　螺旋钻钻探,麻花钻钻探
~ à la tarrière (trou)　(螺旋)钻孔
~ à la turbine　涡轮式钻探,涡轮钻探
~ à marteau　撞[捶]钻
~ à marteau perforateur à injection d'eau　湿式钻孔
~ à rotary　旋转式钻探,旋转钻孔
~ à rotation　回转钻进
~ à sec　干钻孔,干钻探
~ absorbant　吸水孔
~ agrandi　扩孔,钻孔扩大
~ approfondi　加深钻孔
~ artésien　自流井
~ au câble　钢绳冲击钻探
~ au diamant　用金刚石钻头钻孔,用金刚钻钻孔
~ au jet　水冲钻探,射水钻进
~ avec carottage　岩芯钻进
~ avec circulation　湿式钻孔,湿式凿岩
~ avec marteau perforateur à injection d'eau　湿式钻孔
~ canadien　加拿大钻孔法
~ carottant (sondage carotté)　岩芯钻探,岩芯钻孔
~ d'appel en auréole　探测孔
~ d'essai　试验钻探,试验钻孔
~ d'étude géologique　(地质)控制钻探
~ d'exploration　勘探钻进,钻探,生产钻孔,探测钻孔
~ d'injection (trou)　注水孔,注浆孔,压力穿孔,灌浆钻孔,灌浆机
~ de carottage　岩芯钻探
~ de contrôle　检查(钻)孔
~ de décompression　降压钻探
~ de drainage　排水(钻)孔
~ de faible diamètre　小口径钻探
~ de pans　梯级钻探
~ de percussion-rotation　旋转冲击钻孔(以冲击为主),冲击回转钻进
~ de petit diamètre　小口径钻进
~ de prospection　勘探钻孔
~ de puits　钻(掘)井
~ de recherche　初探井
~ de reconnaissance　勘探钻孔,野猫井,钻野(猫)探井,新区普查钻探,普查钻
~ de rotation-percussion　冲击旋转钻孔(以旋转为主)
~ de sondage　钻探
~ dévié　倾斜钻探,偏向钻孔
~ dirigé　定向钻探
~ du mort terrain　表土钻探,剥离钻孔
~ du trou de mine　打炮眼
~ électrique　电钻,电钻钻井
~ en grand diamètre　大直径钻孔
~ en mer　海上钻井,海上钻探,浅海钻井
~ en mer profonde　深海钻探
~ en offshore　海上钻探,海上钻进
~ en profondeur　钻深孔
~ en roche　凿岩,钻岩,岩层钻孔
~ et injection　钻孔灌浆
~ géologique préliminaire　普查钻孔,构造钻孔
~ géophysique　地球物理钻探

| foration

- ~ hélicoïdal　螺旋钻钻探，麻花钻钻探
- ~ horizontal　水平钻孔，水平钻进
- ~ humide　湿式钻进，湿式凿岩
- ~ hydraulique　液压凿岩
- ~ incliné　斜孔钻进
- ~ mécanique　机械钻进，机力钻探
- ~ non tubé　无套管钻进
- ~ oblique　斜钻，钻斜孔，斜眼钻探
- ~ par battage　冲击式钻探，钢丝绳钻探，冲钻
- ~ par battage avec injection　射水钻进，水冲钻进
- ~ par curage à l'eau　水冲式钻探
- ~ par curage hydraulique　水冲钻探，水冲钻进，射水钻进
- ~ par la méthode de vibration　振动钻孔法
- ~ par percussion　冲击钻探
- ~ par percussion (action)　冲击钻进，冲击钻探
- ~ par percussion (trou)　冲击钻孔，旋转钻孔
- ~ par percussion rotative　冲击回转钻探
- ~ par pression hydraulique　液压钻进
- ~ par rotation (action)　回转钻进
- ~ par sondage　钻探，探孔
- ~ par vibration　振动钻，振动凿岩
- ~ pénétrométrique　贯入钻探
- ~ pennsylvanien　钢绳冲击钻探（宾夕法尼亚式钻进）
- ~ percussion rotative　冲击回转钻探
- ~ percutant aux tiges pleines　加拿大钻孔法（实心冲击杆钻孔），实心冲击钻探（加拿大钻法），冲击凿岩
- ~ pilote　预先钻孔
- ~ pressiométrique　压缩钻探，压力钻探
- ~ préventif　超前钻孔，超前炮孔
- ~ profond　深井钻探
- ~ radial　径向钻进
- ~ réalisé à sec　干式钻孔
- ~ rotary à circulation inverse　反循环回转钻探
- ~ rotatif　回转钻探，旋转钻探
- ~ rotatif à percussion　冲击旋转钻孔
- ~ rotatoire　旋转钻，回转钻探，转盘钻机，回转式凿岩机，旋转式钻探
- ~ sans carottage　无岩芯钻进
- ~ sec　无水钻探，干钻，干法打眼，干式凿岩，干井
- ~ sous-marin　海洋钻探
- ~ stratigraphique　地层[地质]钻探
- ~ thermique　熔融钻探法，热力喷射钻井
- ~ tubé　装套管钻孔
- ~ ultraprofond　超深钻井，超深钻探
- ~ vibrateur　振动钻进
- ~ vibrorotatif　振动回转钻探

foration *f*　钻孔
- ~ percutante　冲击钻孔
- ~ rotative　旋转钻孔

forçage *m*　冲压，模压，镦粗，加力，强化，压紧，增压
- ~ à froid　冷镦

force *f*　力，力量，动力，强度，应力，能力，(起重机)起重能力
- à toute ~　尽一切力量，用各种方法，不顾一切
- à ~ de　由于
- ~ accélératrice　加速力
- ~ active　有效力，主动力
- ~ adhésion　黏着力
- ~ adhésive　附着力，内聚力
- ~ alternative　往复力
- ~ angulaire　角向力，偏向力
- ~ antagoniste　回复力，对抗力
- ~ appliquée　作用力
- ~ ascensionnelle　起重力，升力，浮力
- ~ attractive　引力，吸力
- ~ au crochet　吊钩能力（起重机）
- ~ auxiliaire　辅助力
- ~ axiale　轴向力
- ~ axifuge　离心力
- ~ axipète　向心力
- ~ capillaire　毛细力，毛细管力
- ~ centrale　中心力
- ~ centrifuge　离心力，中心力
- ~ centripète　向心力，离心力
- ~ circonférentielle　切向力，环向力
- ~ coercitive　强制力，抗磁力
- ~ combinée　合成力
- ~ composante　分力，力的分量
- ~ composée　合力
- ~ compressive critique　临界压力
- ~ concentrée　集中力
- ~ concourante　共点力

~ constante 恒力,常力,不变作用力
~ contre-électromotrice 反电动势
~ coupante 切割力
~ critique 临界力
~ d'impact 冲击力
~ d'impulsion 冲力,冲击力
~ d'absorption 吸附力
~ d'adhérence roue-sol 车轮和地面的附着力
~ d'adhésion 黏着力,附着力
~ d'ancrage 锚固力
~ d'appui 支承力,支点力
~ d'appui vertical 垂直支撑力
~ d'arrachement 拔力,扯力,拉力
~ d'attraction 吸力
~ d'écrasement 压碎能力
~ d'entraînement 推移力,拖曳力,牵引力,传动力
~ d'excitation 激发力
~ d'expansion 膨胀力
~ d'extension de fissure 裂缝伸延力
~ d'impulsion 冲力,冲击力
~ d'inertie 惯性力
~ s d'interaction 相互作用力
~ de capillarité 毛细力,毛细作用力
~ de cavage 挖掘力
~ de cheval 马力,功率
~ de choc 冲击力
~ de choc horizontale de pont roulant 天车水平冲力
~ de choc verticale de pont roulant 天车垂直冲力
~ de cisaillement 剪力,剪切力
~ de cohésion 黏附力,内聚力,黏合力
~ de compression 压力,压缩力
~ de contact 触点压力,表面压力
~ de contraction 收缩力
~ de damage 捣固力,夯实力,冲力
~ de démarrage 起动力
~ de déviation 偏移力,偏向力
~ de filtration 渗透力
~ de flambage 纵向弯曲力
~ de flambement 压曲力
~ de flexion 弯曲力
~ de freinage 制动力

~ de frottement 摩擦力
~ de frottement latéral 侧向摩擦力
~ de gonflement 膨胀力
~ de gravitation 万有引力,重力
~ de gravité 重力,地球引力,万有引力,地心吸力
~ de guidages (roulement des véhicules) 导向力(车辆运转的)
~ de la grue 起重机起重量,起重机载重量,起重机起吊力
~ de la mise en tension 预应力张拉应力
~ de la prise 凝结作用力,凝固力
~ de levage (起重机)起重能力
~ de liaison 结合力,黏合力
~ de masse 体积力,质量力
~ de percolation 渗透力
~ de percussion 冲力,撞击力
~ de perturbation 扰动力
~ de pesanteur 重力,地心吸力
~ de pesanteur universelle 万有引力
~ de poussée 推力
~ de précontrainte 预应力作用力
~ de pression 压力
~ s de production 生产力
~ de propulsion 推力,原动力
~ de rappel 恢复力,复原力
~ de réaction 反作用力,反力,反应力
~ de résistance 阻力,抗力,反作用力
~ de résistance en pointe d'un pieu 桩端阻力
~ de ressort 弹力
~ de rupture 破坏力,破坏应力,断裂应力
~ de serrage 紧固力,握力,握裹力
~ de tension 张(应)力,拉(应)力
~ de tirage 拉力,牵引力
~ de torsion 扭力
~ de traction 牵引力,曳引力,拖曳力,推移力
~ de traction critique 临界曳引力
~ de transport 搬运能力,运输力
~ de transversale 平动力,平移力
~ de vibration 振动力
~ de viscosité 黏滞力,黏性力
~ de viscosité absolue 绝对黏滞力
~ de volume 体积力,质量力
~ des masse 惰力,惯性力,质量力

~ déviante 偏移力,偏向力
~ du courant 电力,电流强度,电流密度
~ du vent 风力
~ élastique 弹(性)力
~ élastique de cisaillement 单位面积上的剪力强度
~ électrique 电场强度,电力
~ s en jeu 作用力
~ équilibrée 平衡力
~ équivalente 等效力
~ équivalente de compression 等效压力
~ équivalente de tension 等效拉力
~ excentrique 偏心力
~ exogène 外力
~ expansive 伸张力
~ explosive 爆炸力,爆炸威力
~ extérieure 外力
~ externe 外力
~ externe périodique 周期性外力
~ fléchissante 弯曲力
~ freinante 制动力
~ généralisée 广义力,总合成力
~ gonflement 膨胀力
~ horizontale 水平力
~ horizontale de l'antidéplacement 防移动水平力
~ hydraulique 水(压)力,液(压)力
~ hydrodynamique séismique 地震动水压力
~ hydrostatique 静水压力,流体静压力
~ inclinée 斜力
~ instantanée 瞬时力
~ intérieure 内力
~ intermittente 周期作用力
~ interne 内力
~ latente 潜在力
~ latérale 侧力,旁力,侧压力,横压力
~ longitudinale 纵向力
~ majeure 不可抗力
~ massique 质量力,惯性力
~ maximale de la mise en tension de câble 预应力钢束张拉控制应力
~ mécanique 机械力
~ s modales 模态力
~ motrice 动力,起动力,原动力,推动力,策动力

~ mouvante 动力,原动力,起动力
~ nominale de déformation 屈服荷载
~ nominale de rupture 断裂荷载
~ non concourante 无共点力
~ normale 法向力,法线力
~ normalisée 归一化作用力
~ opposée 对向力
~ oscillante 振荡力
~ osmotique 渗透力
~ s parallèles 平行力
~ passive 被动力,从动力
~ pénétrante 穿透力
~ perturbatrice 扰动力
~ ponctuelle 集中力
~ portante 承重力,载重力,负荷能力,支撑力(建筑物),升力,浮力
~ portante admissible 容许承载力
~ portante de pieu 桩的承载力
~ portante des pilotis 桩的承载力
~ portante du pieu 桩的承载力
~ portante du sol 土壤承载力
~ probante 证明力,可依据的力量
~ productrice 生产力
~ propulsive 推进力,推动力
~ radiale 径向力
~ réactive 反作用力,反应力
~ réelle 实际作用力,有效力
~ répartie 分布力
~ répulsive 推斥力,斥力
~ résultante 合力
~ rotatoire 旋转力
~ secondaire 次力
~ séismique 地震力
~ sismique 地震力
~ sismique de masse 地震质量力,地震体积力
~ sonore 响度
~ superficielle 表面力
~ tangente 剪力
~ tangentielle 切向力,切线力
~ tangentielle de cisaillement 切向力,剪切力
~ tensorielle 张力,拉力
~ thermique 热力
~ thermoélectromotrice 温差电动势,热电动势
~ tirante 拉牵力,拖曳力

~ tractrice critique 临界牵引力
~ tranchante 剪力,切力
~ transversale 横向力,剪力
~ uniforme 均匀力
~ unitaire 单位力
~ variante 变力
~ vive 活力,动能
~ vive d'impact 冲击能
~ vive d'un train 列车动能
~ volumique 体积力,质量力

forcé *a* 强迫的,强制的

forcement *m* 加挂车辆,强制
~ de caisson 沉箱下沉
~ régulier 定期加挂客车(客车车底上)
~ d'un train 列车加挂车辆

forcer *v* 加力,强行打开,强制,强迫,制服,使变样
~ un signal d'arrêt 冒进停车信号

forchérite *f* 杂砷蛋白石(橙黄蛋白石)

ford *m* rocheux 基岩,底岩,岩床

forer *v* 穿孔,钻孔,挖掘,钻进,钻探,打眼,凿岩

forestier, ère *a* 森林的

forêt *f* 森林,树林
~ aciculifoliée 针叶林
~ caducifoliée 阔叶林,落叶林
~ claire 稀疏森林
~ de conifères 针叶林
~ de montagne 山地森林
~ de pare-neige 防雪林
~ de pluie 雨林
~ de protection 防护林
~ de protection contre les sables 防沙林
~ dense 密林,稠密森林
~ domaniale 国有林
~ en défends 禁伐林
~ feuillue 阔叶林,落叶林
~ humide 雨林,潮湿森林
~ mélangée 混交林
~ ombrophile 雨林
~ ombrophile tempérée 温带雨林
~ ombrophile tropicale 热带雨林
~ pour le bois de chauffage 薪炭林
~ primaire 原始森林
~ résineuse 针叶林
~ secondaire 次生林,再生林

~ vierge 原始森林

foret *m* 钻,钻头,钢钎,钻机,钻孔器,丝锥螺丝攻
~ à air comprimé 风钻,压缩气钻
~ à angle 角形钻头,歪脖钻
~ à bois 木钻,木螺钻
~ à bras 手摇钻,手钻
~ à câble 钢绳钻
~ à carottes 岩芯钻
~ à centrer 中心钻
~ à cuillère 勺形钻头
~ à diamant 金刚石钻头
~ à fraiser 划钻,埋头钻,锪钻
~ à hélice 螺旋钻,麻花钻
~ à langue d'aspic 扁钻,平钻,剑头钻
~ à levier 棘轮钻,手报钻
~ à main 手摇钻
~ à rotation 回转钻进
~ à spire 螺旋钻,麻花钻
~ à terre 土钻,取土钻
~ à téton 中心钻头
~ à trépaner 套孔钻
~ à vis d'Archimède 钻,钻孔器,阿基米德钻,螺旋钻
~ aléseur 镗孔钻头,扩孔钻
~ aléseur hélicoïdal 麻花扩孔钻
~ américain 麻花钻头,螺旋钻头
~ annulaire 环孔锥,空心钻
~ conique 锥形钻头
~ creux 空心钻
~ de percussion 冲击钻头
~ de tonnelier 圆作钻
~ du charpentier 木工钻,木螺钻
~ électrique 电钻
~ en calice 尊状钻,大口径钻
~ hélicoïdal 麻花钻,螺旋钻
~ long 深孔钻头,槽钻
~ mécanique 机械钻
~ plat 扁钻,平钻
~ pneumatique 空气钻(进),风钻
~ pour trou profond 深孔钻头
~ spiral 螺旋钻
~ spiral à terre 取土钻
~ tubulaire 管钻

foreur *m* 钻工,打眼工,凿岩工,钻探工,掘井工,

钻探器

foreuse *f* 钻机,钻床,镗床,凿岩机,打眼机
　~ à air comprimé　风钻
　~ à câble　钢丝绳冲击钻机,索钻钻机
　~ à diamant　金刚钻,钻岩机
　~ à main　手钻
　~ à marteau　冲击钻机
　~ à percussion　（钢绳）冲击式钻机
　~ à rotation　旋转式凿岩机
　~ à sec　干式钻孔机
　~ à sonde diamantée　金刚石钻头钻孔机
　~ à témoins　岩芯钻机
　~ à trou de mine　炮眼钻孔机
　~ carottier　岩芯钻机
　~ de carottage à diamants　金刚石岩芯钻机
　~ de traverses　枕木钻孔机
　~ de trou de mine　爆破钻孔机
　~ de trous à poteaux　（埋设电杆等用的）挖柱洞机
　~ diamantée　金刚石钻机
　~ électro-hydraulique　液压电动钻孔机
　~ horizontale　水平钻孔机
　~ humide　湿式钻孔机
　~ hydraulique　液压钻机
　~ hydro-électrique　液压电动钻孔机
　~ légère　轻型钻机
　~ lourde　重型钻孔机
　~ mobile　汽车式钻机
　~ percutante　冲击式钻机
　~ pneumatique　风动钻机,风动凿岩机
　~ pour abattages　爆破钻孔机
　~ pour mines　爆破钻孔机
　~ rotative　旋转式钻孔机
　~ rotopercutante　冲击回转钻机（凿岩机）,回转冲击式钻机
　~ roto-percutante　旋转冲击式钻孔机

foreuse-sol *f* 土螺钻

... *m* 包工,承包[办],承包合同[契约]
　... al　总承包
　... 承包的,包工的
　　　　　锻造的
　　　　炉,锻工场,锻造车间
　　　　炉,移动锻工炉

forgeable *a* 可锻的
forgeage *m* 锻制,锻件
　~ à chaud　热锻,热锻件
　~ à froid　冷锻
　~ à la main　手锻
　~ à la presse　压锻
　~ par choc　冲锻,落锻
　~ par compression　压锻
　~ par martelage　锤锻
　~ par matriçage　模锻
　~ par refoulement　镦锻
　~ par roulage　辊锻
forger *v* 锻造
　~ avec une matrice　模锻
　~ en matrice　冲压,模锻
forgeron *m* 锻工,铁工
formabilité *f* 可变形性,可塑性
formage *m* 造型,成形,模压,模锻
　~ d'impulsion　脉冲形成,脉冲整形
formal, e *a* 正式的,形式的
formalisation *f* 形式化
formalité *f* 形式,手续,程序,规则
formant *m* 峰段,共振峰,主要单元,构形成分
formation *f* 编成,编组,组成,构成,层系,岩系,地层,训练,培养,培训,成因
　~ adjacente　围岩
　~ aquifère　含水层,含水岩系
　~ argileuse　泥质岩层
　~ bauxitifère　矾土层
　~ boulante　坍塌层,滑塌层
　~ calcaire　石灰岩
　~ caractéristique　标志层,标准层,指示岩层
　~ complémentaire　补充培训
　~ d'eau　含水层
　~ d'étincelles　发火花,打火花
　~ d'ondulations　形成波状,形成搓板
　~ d'ornière　车辙形成
　~ d'un convoi de véhicules　车队组成
　~ de base　基础训练
　~ de bulles　（在高气温期的）沥青路面发泡,路面隆胀
　~ de chenal fluvial　河床的形成
　~ de craquelures　裂缝形成
　~ de criques　裂缝的形成

~ de filonienne   纤维组织,纤维结构
~ de frisures   裂纹形成
~ de nids de poule   形成坑洞,形成坑穴
~ de plis   起皱
~ de rouille   生锈,长锈
~ de salle   室内培训
~ de vagues   形成波状,形成搓板
~ des conducteurs   汽车驾驶员培养
~ des creux   形成坑洞,起坑
~ des fissures   形成裂纹
~ des trains   列车编组
~ détritique   碎屑岩层
~ du personnel   职工培训,人员培训
~ du sol   土壤形成,土壤构成,土层
~ ferrifère   铁矿层
~ géologique   地质组成,地质构造,地质建造,底层
~ lœssique   黄土层
~ métallifère   含矿层,含矿建造
~ mixte éluvion-diluvial   残积洪积层
~ morainique   冰碛层
~ néritique   浅海建造
~ non-consolidée   未固结的岩层
~ opérateur   系统集成
~ pétrographique   岩性建造
~ pétrolifère   含油地层
~ poreuse   多孔地层隙
~ professionnelle   专业训练,职业培训
~ récifère   含礁地层
~ salifère   含盐地层,盐层
~ simultanée   同时编解,解体与编组同时进行
~ superficielle   表层沉积,地面沉积,表生矿床
~ tertiaire   第三纪地层
~ torrentielle   洪积层
~ volcanique   火山建造,火山岩层

forme *f* 形状,外形,形式,地形,模型,样板,模,方式,格式,路床,行车道,路基面,砂垫层
~ aérodynamique   空气动力外形,流线型,流线形状
~ bicouche   双层形式
~ conséquente   顺向(地形)形态
~ construite   堆积地形,建设性(地形)形态
~ cristalline   晶质形状
~ critique   危形(桁架结构的)
~ d'ablation   消融地形,消融形态
~ d'échelle   标度形状
~ d'érosion   侵蚀形状,侵蚀地形,侵蚀形态
~ de culottage   积层保护方式
~ de destruction   侵蚀地形,破坏性(地形)形态
~ de l'arc   拱形
~ de la déflexion   弯沉形状
~ de la tarification   制定运价的程序
~ de moulage   铸型
~ de passage   过渡形态
~ de pente   找坡垫层
~ de profil   剖面形状,断面图,外形,形状
~ de terrassement   路基
~ de toit   路拱形
~ de trou d'aiguille   具针孔状
~ défectueuse   有缺陷的外形
~ définie   定型
~ dérasée   路基标高,路基面
~ dérivée   衍生形状
~ des grains   颗粒形状
~ des grains des agrégats   集料颗粒形状
~ des reliefs   地形
~ des traités   条约格式
~ du joint soudé   焊接接头形式
~ du relief   地形
~ du réseau   道路网形状
~ du salaire   工资形式
~ du signal   信号形状
~ du terrain   地表地形,地形,地貌
~ ébauchée   粗制模型
~ en béton   混凝土垫层,混凝土模板,混凝土模壳
~ en béton de mâchefer   炉渣混凝土垫层
en ~ de   呈……形状
en ~ de fer à cheval   马蹄形的
~ en plan   平面
~ en sable   砂垫层
~ figée   凝结定型
~ fixe   固定型,永久铸型
~ hélicoïdale   螺旋形状
~ juridique de l'entreprise   公司类型
~ légale   法定格式
~ linéaire   线性型,一次形式,线性式
~ maîtresse   主形态,主要形态
~ monocouche   单层形式

~ morphologique 地形
~ négative du relief 负地形
~ normalisée 标准型,归一化型
~ obséquente 反向(地形)形态
~ positive du relief 正地形
~ primaire 原生形态,原始形态
~ principale du salaire 工资基本形式
~ rugueuse 崎岖地形
~ sculpturale 刻蚀(或侵蚀)形态
sous ~ de 以……形式
sous la ~ de 以……形式,呈……形状
~ structurale 构造形态
~ tectonique 构造形态,构造形式

formé, e *a* 成形的,形成的
formel, elle *a* 正式的,形式上的
formène *m* 沼气,甲烷
former *v* 建立,形成,组成,构成,造成,培养,训练
　~ une mare 堵水成塘
　se ~ de 由……组成
　se ~ en 组成为……
formétique *a* 沼气的,甲烷的
formulaire *m* 表格
　~ de demande 申请表
formulation *f* 列出公式,公式化,用公式表示,简述
　~ d'un enrobé 沥青混合料的配合比
formule *f* 型,式,公式,算式,表格,格式,样式,方式,配方,方案,方程式,配置图,配置形式
　~ Boussinesq 布辛尼斯克公式(关于土中应力分布)
　~ brute 实验式,经验公式
　~ d'Arlington 阿灵顿(计算混凝土路面)公式
　~ d'enrobage 沥青混合料的配合比公式
　~ d'Eytelwein 爱氏打桩公式
　~ de capacité des pieux 桩承载量公式,桩承载能力公式
　~ de colonne 压柱公式
　~ de constitution 结构式
　~ de contrat 合同格式
　~ de Coulomb (计算土压力的)库仑公式
　~ de flambement 压屈公式
　~ de flexion 挠曲公式
　~ de Hiley 希氏打桩公式
　~ de la flexion 弯曲公式
　~ de la révision des prix 价格调整公式

~ de masse 质量公式
~ de mélange 混合料配合比公式
~ de mélange à poids 重量配合公式
~ de mélange spécifié 标准配合比公式,规定配合比公式,指定配合比公式
~ de pieu 桩承载公式
~ de Redtenbacher 雷式打桩公式
~ de réduction 换算公式,折减公式
~ de réduction des essais 试验数据换算公式
~ de révision de prix 价格调整公式
~ de ruissellement 径流公式
~ de Sheets 希氏公式(水泥混凝土路面隅角计算公式)
~ de soumission 投标书格式
~ de Wellington 威氏打桩公式(一种动力打桩公式)
~ des branches 按到达车站的去向线路数分摊公用车站运营支出的方式
~ des trains ou essieux 按列车数或轴数分摊公用车站运营支出方式
~ des unités de travail 按作业单位分摊公用车站运营支出的方式
~ du forfait pur et simple 按经验笼统规定的分摊公用车站运营支出的方式
~ dynamique de battage 动力打桩公式
~ dynamique de battage des pieux 动力打桩公式
~ granulométrique 颗粒级配公式
~ hydraulique de vitesses d'écoulement 流速公式
~ massique 质量公式
~ pour calculer l'évacuation des crues 洪水流量公式
~ rationnelle par l'hydrologie 估算雨水量理论公式
~ standardisée 标准格式
~ statique 静力公式
~ stéréotypée 固定格式
~ structurale 构造式,结构式
~ théorique 理论公式

formuler *v* 正式提出,明确表达,定公式,以公式表示,列出公式
　~ une réclamation 提出索赔
forstérite *f* 镁橄榄石

forstéritique *a* 镁橄榄石质的
fort *a* 强的,牢固的,猛烈的,有力的,强大的,可观的,有能力的
 à ~ 精通,擅长于……
 de ~ 依靠……,强大
 en ~ 精通,擅长于……
 ~ pour 擅长……
 ~ sur 精通,长于……
 ~ s valeurs de courant 大电流量
fortification *f* 加固,巩固,加强;*f. pl* 防护设备
fortifier *v* 巩固,加强,加固
fortuite *a* 偶然的,不可预知的,突然的
fortunal *m* 飚,疾风,烈风
fortunite *f* 橄榄金云煌斑岩(金云粗面岩)
forum *m* 论坛,讨论会
forure *f* (钻出的)孔,眼,洞
foshagite *f* 傅硅钙石
foshallassite *f* 水硅灰石
fosse *f* 坑,穴,槽,小沟,沟渠,流槽,凹部,竖井,堑壕,海沟,海渊,地堑,凹地,盆地
 ~ à boue (钻探)泥浆槽
 ~ à cendres 灰坑,灰窖
 ~ à chaux 化(石)灰池
 ~ à combustible 储煤坑,煤仓,燃料坑
 ~ à fond perdu 排水井
 ~ à fumier 粪坑,沤肥坑
 ~ à goudron 煤沥青池
 ~ à piquer 清灰坑,灰坑
 ~ à sable 沙坑
 ~ abyssale 深海沟,海渊
 ~ d'affouillement 侵蚀凹地,冲蚀,冲刷坑,冲刷孔
 ~ d'aisances 污水池,污水渗井
 ~ d'amortissement 冲刷跌水池
 ~ d'avant-pays 前海槽(前渊),前陆凹地
 ~ d'effondrement 地堑,裂谷
 ~ d'équilibrage 压力室,凹槽
 ~ d'érosion 冲刷坑,冲刷孔,侵蚀凹地
 ~ d'essai 试验坑道,试坑
 ~ d'essieux 落轮坑
 ~ d'exploration 探槽
 ~ d'inspection 检查坑
 ~ de basculage 清灰坑
 ~ de curage 污水坑,污水池
 ~ de décantation 污水坑,污水池
 ~ de démontage 拆卸坑
 ~ de drainage 排水坑
 ~ de fondation 基坑
 ~ de lavage 洗车地沟
 ~ de montage 组装坑
 ~ de nettoyage 清炉坑,清灰坑,灰坑
 ~ de plateforme roulante 移车台坑
 ~ de recherche 探井,探坑,试坑
 ~ de reconnaissance 探坑
 ~ de réparation 检修坑,修理地沟
 ~ de roulement (pour chariot transbordeur) 移车台坑
 ~ de travail 作业沟,检查坑
 ~ de visite 检查坑
 ~ filtrante 排水井
 ~ géosynclinale 地槽,地槽式槽地
 ~ interne 内(部)坳陷
 ~ marginale 边缘海沟,边缘坳陷
 ~ orogénique 造山坳陷,地槽坳陷,地槽沟
 ~ péricratonique 克拉通边缘坳陷
 ~ secondaire 次生地槽
 ~ sédimentaire 沉积盆地
 ~ septique 化粪池
 ~ tectonique 地堑,断层槽
 ~ terminale 边缘坳陷,外地槽沟
 ~ topographique 洼地,凹地
 ~ volcano-tectonique 火山构造槽
fossé *m* 沟,边沟,排水沟,沟渠,(明)沟,地槽,海沟,海渊,地堑,裂谷,盆地,坳陷
 ~ à ciel ouvert 明沟
 ~ à crête 截水沟
 ~ à la berme 平台排水沟
 ~ à la berme de déblai 挖方平台排水沟
 ~ à la berme de remblai 填方平台排水沟
 ~ annulaire 环形水沟
 ~ au bas des remblais 路堤边沟
 ~ captant 截水沟
 ~ collecteur 集水沟
 ~ commun (路面下埋设电力电缆,电信电缆,自来水管道,煤气和污水管道等的)公用沟
 ~ d'amont 上游边沟
 ~ d'arrivée d'eau 引水沟
 ~ d'aval 下游边沟

~ d'écoulement 排水沟
~ d'effondrement 地堑,裂谷,断陷槽
~ d'évacuation des eaux 排水沟
~ d'infiltration 渗透坑,渗水池,盲沟,渗水沟
~ d'interception 截水沟
~ d'irrigation 灌溉支渠
~ de berme 护道排水沟
~ de captage 截水沟,天沟
~ de collection 汇水沟
~ de crête (路堑上的)顶沟,天沟
~ de détournement 分散水沟
~ de drainage 排水渠(沟)
~ de faille 断裂谷
~ de garde 截水沟
~ de la plateforme 路面排水明沟
~ de la route 公路边沟
~ de pied (de remblai) (路堤)边坡脚水沟
~ de pied de talus 边坡脚排水沟,坡脚边沟
~ de roulement 移车台坑
~ de subsidence 沉陷盆地
~ du pied de talus 路堤排水沟
~ effondré 地堑,堑沟
~ empierré 铺石边沟
~ en crête (路堑上的)山脊水沟
~ en V V形边沟
~ enherbé 下面铺草皮的排水沟
~ et canalisation 管沟
~ filtrant 渗透渠
~ gazonné 植草皮边沟
~ houiller 含煤盆地
~ latéral 边沟,侧沟
~ longitudinal 纵沟
~ marginal 前陆坳陷
~ médio-océanique 洋中脊裂谷
~ monoclinal 单斜地堑
~ océanique 深海沟,海渊
~ ouvert 明渠,明沟
~ pavé 铺砌水沟
~ préfabriqué 预制沟槽
~ principal 主沟,主渠
~ rectangulaire 矩形沟
~ revêtu 铺砌边沟
~ subhorizontal enherbé 近水平植草排水沟
~ tectonique 裂谷,地堑,断层沟,断裂谷,构造盆地
~ trapézoïdal 梯形水沟
~ triangulaire 三角形水沟
~ vertical 向上开挖

fossé-drain *m* 排水沟
fossette *f* 小沟渠,小坑
foudrière *f* 陷落,崩落,塌陷漏斗
foudroyage *m* 陷落,崩落,坍陷,陷落法开采(回采),崩落回采法
~ en masse 矿块崩落法
fougère *f* 羊齿,凤尾草,蕨类植物;*f. pl* 蕨类
~ à graines 种子蕨类
fouille *f* 挖槽,开挖,挖方(工程),挖土,搜索,搜寻,发掘,基坑,地槽,浅井,探井,小井,穴,洞,坑道
~ à ciel ouvert 明挖方量
~ à pleine section 全断面开挖
~ à sec 干挖
~ avec épuisement 排水开挖
~ blindée 支护开挖,衬臂基坑,用钢板桩作护墙的开挖作业
~ d'emprunt 取土坑,采料场
~ d'essai 探井,探坑
~ dans l'eau 湿挖方,水中挖掘,水下开挖法
~ de recherche 探井,探坑,试坑,勘探凿井
~ de reconnaissance 探坑,试坑
~ de sondage 探坑,试坑
~ en excavation 明挖
~ en gradins 阶梯式开挖
~ en grand 大量开挖,大体积开挖
~ en tunnel 洞挖
~ étrésillonnée 支撑基坑
~ excessive 超挖方
~ hydraulique 水力开挖
~ ouverte 明堑,明挖,露天开挖
~ par compartiments 分格开挖
~ pour la pose de conduites 挖管沟
~ pour les fondations 基槽,基坑
~ sans renforcement 明堑,明(开)挖,无支撑基坑

fouillement *m* 挖掘,采掘
fouiller *v* 发掘,搜寻,考察研究,挖浅井,挖探井,进行开采,挖,掘
fouilleur *m* 挖沟机,挖沟工人

fouilleuse *f* 反铲挖土机,深挖犁
fouir *v* 掘,掘开,挖,挖出
fouler *v* 加压,挤压,压入,增压,踩,踏
　～ la pédale　踏上轨道接触器
fouloir *m* 夯,锤体,平锤,压平器,捣固机,打夯机
　～ à air comprimé　风动捣锤
　～ à main　人工捣锤
　～ effilé　(羊足碾的)细长羊足
　～ élargi　(羊足碾的)扩底羊足
　～ pneumatique　风动捣锤
　～ quadratique　(羊足碾的)方头羊足
foulon *m* 漂白土
four *m* (烘、烤、熔)炉子,熔炉,窑
　～ à acier　炼钢炉
　～ à agglomérer　烧结炉
　～ à air　反射炉,空气炉,通风炉,鼓风炉
　～ à air chaud　热风熔炼炉,热风炉
　～ à arc　电弧炉
　～ à arc électrique　电弧炉
　～ à arc protégé　带保护电弧炉
　～ à arc submergé　埋弧电弧炉
　～ à bain de sel　盐浴炉
　～ à brique　砖瓦路,砖窑
　～ à calcination　锻烧炉
　～ à carrousel　转炉,环形加热炉
　～ à cémenter　渗碳炉
　～ à chambre　灶平炉
　～ à chauffage à induction　感应加热炉
　～ à chaux　石灰窑
　～ à chaux hydraulique　水硬石灰窑
　～ à chemise d'eau　水套炉,水套鼓风炉
　～ à ciment　水泥窑
　～ à cornue　蒸馏炉
　～ à coulée　熔化炉,化铁炉
　～ à coupellation　吹灰炉,灰炉
　～ à creuset　坩埚炉
　～ à cubilot　化铁炉,冲天炉
　～ à cuire　退火炉,焖火炉
　～ à cuivre　炼铜炉
　～ à cuve　竖井炉
　～ à émailler　搪瓷炉
　～ à finissage　精炼炉
　～ à fondre　化铁炉,熔化炉
　～ à forger　锻铁炉

　～ à haute fréquence　高频电炉
　～ à induction　感应(加热)炉
　～ à induction à haute fréquence　高频感应电炉
　～ à micro-ondes　微波烘箱
　～ à moufle　隔焰炉
　～ à pas　步进式炉
　～ à plâtre　石膏窑
　～ à rayons cathodiques　阴极射线炉
　～ à recuire　退火炉
　～ à récupération　回流换热炉
　～ à refroidissement brusque　淬火炉
　～ à résistance　电阻炉
　～ à revenir　回火炉
　～ à rivets　铆钉炉
　～ à rivets à soufflerie pneumatique　鼓风铆钉炉
　～ à sécher　干燥炉
　～ à sécher le sable　烤砂炉,干砂炉
　～ à sole　平底炉,膛式炉
　～ à souder　焊接炉
　～ à tablier　围板式加热炉
　～ à thermostat　自动恒温炉
　～ à tirage naturel　自然通风炉
　～ à tremper　淬火炉
　～ à trommel　回转炉,转筒炉
　～ à verre　玻璃熔炉
　～ à vide　真空炉
　～ annulaire　环形炉,环转炉
　～ basse fréquence　低频感应炉
　～ centrifuge　离心炉
　～ chauffé au gaz　煤气炉
　～ chauffé par résistants　电阻炉
　～ circulaire　环形炉
　～ continu　连续窑,连续工作炉
　～ culbutant　侧倾炉
　～ d'adoucissage　回火炉
　～ d'affinage　精炼炉
　～ de calcination　焙烧炉
　～ de calciner　烤炉,焙烧炉
　～ de carbonisation　渗碳炉
　～ de cuisson　焙炉,烧成窑
　～ de dessiccation　干燥炉,烘干炉
　～ de filon　晶簇
　～ de fusion　化铁炉,熔化炉
　～ de réchauffage à lingots　钢锭接热炉

fourbir

～ de réverbération　反射炉
～ de traitement　热处理炉
～ de trempe　淬火炉
～ de verrerie　玻璃熔炉
～ électrique　电炉
～ électrique à induction　感应电炉
～ électrique à tube　管式电炉
～ en tunnel　隧道式炉
～ Héroult　艾鲁式电弧炉
～ Martin　平炉
～ périodique　间歇窑
～ pour la cuisson　煅烧窑,退火炉
～ pour sécher le bois　木材干燥窑
～ rotatif　回转炉
～ tournant　转炉
～ tubulaire　管式炉
～ vertical　立式炉

fourbir　v　洗刷,擦亮（金属制品）
fourche　f　叉,叉形零件,分叉,插头,插塞,支管
　　～ à ballast　道砟叉
　　～ à cailloux　碎石叉
　　～ à pierres (concassées)　碎石叉
　　～ contreventée　斜撑叉杆
　　～ d'articulation　活节叉头
　　～ d'attelage de remorque　挂车牵引钩
　　～ d'essai　度盘式测试叉（电话）,检测叉
　　～ de lavage　叉车,叉式起重机
　　～ de marinage　泥叉
　　～ oscillante　摆动叉
　　～ renforcée　加强叉
fourcher　v　分支,分叉,用叉翻动
fourchette　f　叉形接头,夹子,卡爪,不灵敏区,叉头,叉,（经）剪刀差
　　～ ℃/℃　温度范围
　　～ de commande　换挡拨叉
　　～ de commande des crabots (transmission)　直接传动爪形离合器控制叉
　　～ de dégagement　分离叉
　　～ de déplacement de courroie　皮带移动装置
　　～ des risques　风险等级
fourchon　m　挂钩,爪
fourchu, e　a　分叉的
fourchure　f　分歧点,分枝,分叉
fourgonnette　f　轻型货车,小型有篷运货车

～ de livraison　轻型送货汽车
fourgon-pompe-tonne　m　消防车
fourmariérite　f　红铀矿
fournaise　f　炉子,烈火,酷热的地方
　　～ à l'huile　油炉
fourneau　m　炉,灶,窑,孔,室,炉灶
　　～ x accolés　密集炸药
　　～ à coke　炼焦炉
　　～ à creusets　坩埚炉
　　～ à cuve　竖炉,鼓风炉
　　～ à gaz　燃气灶
　　～ à puddler　搅炼炉
　　～ à réffauffage　搅炼炉,反射炉
　　～ de cuisine　厨房炉灶,单眼炉灶
　　～ de fonderie à coke　炼焦炉
　　～ de fusion à air　坩埚炉
　　～ de mine　炮眼,爆破孔,药室,雷室
　　～ x étagés　分段装药
　　haut ～　高炉
　　～ simple　反射炉,空气炉,通风炉
fournir　v　供给,供应,提供,给予
fournissement　m　供给
fournisseur　m　供应者,供货单位,供货商,卖方
　　～ de matériaux de construction　建筑材料商店
　　～ retenu de garantie　供货商担保拾留款
fourniture　f　供给,供应,输送,交货,装备; f. pl 备用件、部件
　　～ acceptée　接收的供应品
　　～ d'air　供气
　　～ d'air extérieur　供给室外空气
　　～ d'énergie de secours　应急供电
　　～ de l'eau　供水,给水
　　～ de l'eau de secours　应急供水
　　～ de l'équipement　设备供应
　　～ de pièces de rechange　配件供应
　　～ de véhicules　配送车辆
　　～ de voiture　配送客车
　　～ de wagon　配送车辆
　　～ et montage　供货和安装
　　～ refusée　拒收的供应品
fourré　m　密林,丛林
fourreau　m　外壳,外套,壳体,套管,套筒,轴套,衬套,空心轴
　　～ d'avance (machines-outils)　进刀套筒（工作

母机）
~ de broche 机床轴套
~ de centrage 定位套筒
~ de pénétration 穿孔套管
~ de porte-injecteur 喷油器座外套,喷嘴套管
~ isolant 绝缘套筒,绝缘衬套,绝缘套管
~ porte-broche 轴套
~ plastique 塑料护套
~ x 3φ100 PVC φ100 PVC 套管
~ x PEHD 高密度聚乙烯材料套管
~ x PVC 聚氯乙烯材料的套管
~ x TPC 可弯曲塑料套管

fourrure *f* 衬,衬套,衬里,浇铸轴瓦,轴套,外套
~ de cylindre 汽缸套
~ de frein 刹车套
~ en charpente 叠梁闸板
~ en fibre bakélisée 绝缘纤维套
~ mécanique 衬垫,衬里衬套

foutu, e *a* 有缺陷的,有毛病的

fowlérite *f* 锌锰辉石

foyaïte *f* 流霞正长岩

foyer *m* 炉,火箱,焦点,焦距,灯框,中心,震源,发源地,辐射源,文娱室,休息厅,加热器,加热炉,燃烧室
~ à charbon pulvérisé 燃粉煤火箱
~ à combustible liquide 液体燃料火箱
~ à gaz 煤气炉
~ à grille horizontale 水平炉箅火箱
~ à grille inclinée 倾斜炉箅火箱
~ antérieur 前烧炉,前焦点
~ automatique 自动加煤火箱
~ central 震源,震中
~ d'ébranlement 地震发生地,地震中心,震源
~ d'orage 雷雨发生地
~ d'un séisme 震源
~ de l'explosion 爆破中心
~ de forage 锻工炉
~ de gaz chauds 热风炉
~ de lumière en globe 球形光源
~ de lumière en ligne 线光源
~ de lumière en point 点光源
~ de magma 岩浆中心
~ de séisme 震源
~ de tremblement 震源

~ éruptif, ~ d'éruption 火山喷发中心
~ extérieur 外火箱
~ inférieur 下火箱,内火箱
~ linéaire 行聚焦
~ lumineux 光源
~ magmatique 岩浆源
~ périphérique 浅震源
~ sans fumée 无烟炉
~ tubulaire 管状火箱

fracas *m* 破碎声,拆裂,噪音,闹声

fracassement *m* 碎裂,打碎

fracasser *v* 击碎,折断

fraction *f* 系数,部分,组分,分隔,分数,分式,小数,粒级,粒组,馏分,百分率,小部分
~ à grain 粒度级别,粒组
~ argileuse 泥质粒组,黏粒部分,黏土粒级
~ complexe 繁分数
~ d'écoulement 径流系数
~ d'itinéraire 分段进路,部分进路
~ de grains 颗粒部分
~ de limon 粉土颗粒成分
~ de pétrole 石油馏分
~ de saturation de l'atmosphère 大气相对湿度
~ de silt 粉土颗粒成分
~ fine du sol 土的细粒部分
~ finie 有限小数
~ granulométrique 粒度等级
~ légère 轻组分,轻馏分
~ lourde 重组分,重馏分
~ minérale 矿物组分

fractionnateur *m* 分馏塔

fractionné, e *a* 碎的,分裂的,部分的,分数的,分馏的,被分级的,被分割的

fractionnement *m* 分级,分馏,破碎,分段
~ de la précontrainte 分级预应力
~ des roches 岩石机械破碎
~ des travaux 工程分段
~ minéralogique 矿物分离

fractionner *v* 分割,分解,分成几部分

fracturation *f* 劈裂,断裂,压裂,裂开,破裂,切断,断折,断口,裂缝,断层
~ hydraulique 水力劈裂,水力致裂

fracture *f* 破碎,断裂,破裂,裂隙,裂缝,裂面,断口,断层,裂缝断口

~ à grain fin 细粒状断口
~ à nerf 纤维状破裂面
~ antéminérale 成矿前的断裂
~ béante 张裂隙,开口裂缝
~ clivage 劈理裂隙,解理裂隙
~ conchoïde 贝壳状断口,贝壳状断痕
~ conjuguée 共轭裂缝(断口)
~ d'extension 张裂隙
~ de cisaillement 剪切破坏,剪切断裂
~ de compression 压裂
~ de déformation 变形裂缝,变形破裂
~ de fond 深断裂
~ de gelée 冻裂
~ de glissement 滑动破裂
~ de la terre 深部断裂
~ de relâchement 拉伸断层
~ de séparation 分离剥裂
~ de tension 张力裂隙
~ de terrain 地壳断层,断裂岩块
~ dentelée 锯齿状破裂
~ ductile 韧性裂缝
~ en coupelle 杯状破裂面
~ en sifflet 斜削破裂
~ fragile 脆性断裂
~ glissement 滑移断裂,滑动断裂
~ granulaire 粒状破裂,粒状裂面,粒状断口
~ intercristalline 晶间裂隙
~ irrégulière 不规则裂隙,不规则断口
~ lisse 平滑断口
~ par fatigue 疲劳断口
~ plastique 塑性断裂
~ rhegmatique 区域平移断裂
~ soyeuse 丝状破裂面
~ structurale 构造断裂
~ volcano-tectonique 火山构造断裂

fracturé, e *a* 破裂的,断裂的
fracturer *v* 折断,打碎,发生断裂(裂隙)
fragile *a* 脆的,易碎的,小心易碎(包装标记),不坚固的
  ~ à chaud 热脆的
  ~ à froid 冷脆的
  ~ au bleu 蓝脆的(金属烧至蓝热时变脆的)
  ~ au rouge 红脆的,热脆的
fragilisation *f* 脆化,变脆

~ par l'hydrogène 氢脆(焊)
fragilité *f* 脆性,脆度,易碎性,易裂性,可碎性
  ~ à chaud 热脆性
  ~ à chaud et à froid 冷脆热脆性
  ~ à froid 冷脆性
  ~ au bleu 蓝脆性(钢铁加热到蓝色时)
  ~ au choc 冲击脆度
  ~ au rouge 红脆性,热脆性
  ~ caustique 苛性脆化
  ~ de décapage 酸性脆洗,剥离脆度
  ~ de galvanisation 镀锌脆性
  ~ de revenu 回火脆性
  ~ des métaux 金属的脆性
  ~ du filet 螺纹脆性
  ~ due à la corrosion 腐蚀脆性
fragment *m* 碎块,碎片,片段,裂片,断片,碎屑,岩枝
  ~ s angulaires 角状片石,有棱角的碎片
  ~ anguleux 角砾状碎块
  ~ arrondi 磨圆的碎块
  ~ cubique 碎片,裂片
  ~ de fission 裂变碎片
  ~ de roche 岩石碎块,岩屑
  ~ volcanique 火山碎屑
fragmentaire *a* 破碎的,碎块的,碎屑的,片段的,部分的
fragmentation *f* 破碎,压碎,粉碎,磨碎,分割成碎块,裂成碎片,破碎作用
  ~ mécanique 机械破碎
fragmenter *v* 使成碎片,分成部分
fraidronite *f* 云煌岩,云母正长脉岩
fraipontite *f* 锌铝蛇纹石
frais *m* 费用,经费,开支,消耗; *a* 凉爽的,新鲜的,新近的
  ~ à payer 应付费用
  ~ accessoires 杂费,附加费
  ~ comptabilisé d'avances 会计费用预付款
  ~ d'administration 行政费用,管理费用
  ~ d'accueil 接待费用
  ~ d'achat de titres 购买票据的费用
  ~ d'actes et de contentieux 文书和争议费用
  ~ d'administration 行政费用,管理费用
  ~ d'amortissement 折旧费
  ~ d'atelier 工厂费用

~ d'emballage 包装费
~ d'emmagasinage 仓储费
~ d'emploi 经营费,营业开支使用费
~ d'emprunts 借款
~ d'enlèvement à domicile 上门取货费
~ d'enregistrement 登记费
~ d'entreposage 保管费,存仓费,关栈费用
~ d'entretien 维修费,存仓费,关栈费用
~ d'entretien des autoroutes 高速公养护费用
~ d'entretien des routes 公路养护费用,道路养护费用
~ d'établissement 投资费用
~ d'études et de recherches 设计研究费
~ d'expédition 装运费
~ d'expertise 鉴定费,船舶检验费
~ d'exploitation 营运费,使用费,管理费
~ d'installation 设施费,设备费用,建点费,安装费
~ d'investissement 投资费用
~ d'occupation et de dégagement des terrains 土地占用和清理费
~ d'opération (机器)使用费,运转费,营运费
~ de banque et de recouvrement 银行手续费和托收费
~ de bassin 船坞使用费
~ de bureau 事务费,办公费
~ de camionnage 卡车搬运费
~ de chargement 装货费,装车费
~ de circulation 流通费,交通费,行车费
~ de combustible 燃料费
~ de commerce 营业费
~ de confection des billets 客票印刷费
~ de conseils et assemblé 会议费
~ de conservation 保管费(商品)
~ de consigne 行李寄存费
~ de consommation de combustible 燃料消耗费
~ de construction 施工费,建筑费,工程造价
~ de déchargement 卸货费,卸车费
~ de découcher 外勤住宿津贴
~ de dédit 弃约费用
~ de déplacement 差旅费,出差津贴,调动津贴
~ de développement 建设费
~ de douane 报关费用,关税
~ de fabrication 制造费,生产费,生产成本
~ de fonctionnement antérieur au démarrage 前期启动运作费
~ de fonctionnement des véhicules 车辆营运费
~ de formalités en douane 海关手续
~ de formation professionnelle 职业培训费
~ de gare 车站货运作业费,站内各项杂费
~ de gérance 管理费
~ de gestion 管理费
~ de grue 起重机使用费,吊车费
~ de livraison 送货费
~ de livraison à domicile 送货上门服务费
~ de location (wagon) 租金(车辆),租用费
~ de location d'équipement 设备使用租金
~ de location de bâches 篷布租用费
~ de location de combustible 燃料使用费
~ de logement 住宿费
~ de magasinage 仓储费,存仓费,仓租,栈租
~ de main-d'œuvre 人工费
~ de manœuvre 调车费
~ de manutention 装卸费,搬运费
~ de matériel 器材费
~ de matières 材料费,器材费,材料成本
~ de mise à terre 卸货费
~ de P.T.T. (Poste, Télégraphe, Téléphone) 邮电费
~ de personnels 人员费用
~ de pesage 过秤费
~ de pilotage 引水费,引航费
~ de pompage 抽水费
~ de portage 搬运费
~ de poste 邮资
~ de premier établissement 基建投资,基本建设费用,投资费,资本支出,资本值
~ de procès 诉讼费
~ de production 生产费用
~ de protection de travail 劳保费
~ de PTT 邮电费
~ de publicité 广告费
~ de réception 招待费
~ de remise en état 维修费用
~ de renouvellement 更新费用
~ de réparation 检修费,维修费,修理费
~ de réparation de colis défectueux 损坏包裹(或货物)修补费

fraisage

~ de représentation　交际费
~ de retard　延期费，逾期费
~ de revient　成本，生产成本
~ de séjours　日用杂费
~ de stationnement (wagons)　货车停留费
~ de statistique　统计资料费
~ de surveillance　管理费
~ de timbre　印花税
~ de transbordement　换装费，捣装费
~ de transmission　移交费
~ de transport　运费
~ directs　直接费用
~ divers　杂费
~ en cours de route　沿途费用
~ et transports sur ventes　销售方面的支出和运输费用
~ exceptionnels　特殊费用
~ extraordinaires　临时费用，特殊开支
~ financiers　财政费
~ fixes　固定费用
~ généraux　管理费，行政开支，杂项开支[费用]，通常开支，总开销
~ imprévisibles　不可预见费
~ permanents　固定开支
~ préliminaire　最初费用
~ prévus　预定费用
~ relatif au pacte social　与社会条约有关的费用
~ spéciaux　特别费用
~ supplémentaires　追加费，附加费用，额外费用
~ sur effets　贴现票据费用
~ sur titres　票据费用

fraisage *m*　铣削，铣切，滚刀，滚子，埋头钻，锪锥孔，齿轮钻头，用机械冷法或热法铣削沥青路面某一厚度
~ à engrenage　齿轮式铣刀
~ conique d'angle　锥形铣刀
~ de trou　扩孔
~ des rivets　铣削铆钉
~ des trous de rivet　铣削铆钉孔
~ en alliage　硬质合金铣刀
~ en bout　(端)面铣刀，立铣刀
~ en sens direct　顺铣
~ finisseuse　精加工铣刀
~ rotatif　滚动铣刀

~ scie　铣刀
~ sphérique　球形铣刀
~ universel　万能铣刀

fraise *f*　铣刀，滚子，齿轮钻头
~ à joints　接缝铣刀
~ à neige　切雪器
~ femelle　去管外毛刺器
~ mâle　去管内毛刺器

fraisé, e *a*　磨碎的，铣削的，滚花的

fraiser *v*　铣切，切削
~ des gorges　铣槽

fraiseur *m*　铣工

fraiseuse *f*　铣床
~ à chaud　(沥青路面)铣削回收机械，热铣切回收机械
~ à console　悬臂铣床
~ à froid　(沥青路面)冷铣削回收机械，冷铣切回收机械
~ à table　木工铣床
~ de labour　转轴式松土拌和机
~ de neige　旋转式雪犁，螺浆式除雪机
~ de puits vertical　竖井开挖机
~ horizontale à banc fixe　固定床身卧式铣床
~ pour bois　木工铣床
~ routière　道路切削机，道路铣切机
~ universelle　万能铣床
~ verticale　立式铣床

fraiseuse-raboteuse *f*　龙门铣床

fraisil *m*　煤渣，炉渣

framboïdale *a*　莓球状的，莓状的，球丛状的

framboïds *m. pl*　莓球粒，莓状体，微球丛

framésite *f*　黑钻石

framestone *m*　生物构架灰岩，骨架岩

franc *m*　法郎(货币单位)
~ beige　比利时法郎
~ de la communauté financière africaine (CFA)　西非法郎
~ français　法国法郎
~ luxembourgeois　卢森堡法郎
~ or　金法郎
~ suisse　瑞士法郎

franc, che *a*　自由的，免费的，完整的，免除的，免税的
~ de casse　破损不赔

~ de droits de douane 免除关税
~ de port 邮资已付,运费已付
franc-bord *m* 堤(岸),边坡,路堤
franchir *v* 通过,越过
~ le signal 通过信号
~ une courbe en vitesse 不减速通过曲线
franchisage *m* 特许经营,特约经营合同
franchise *f* 自由,免税,豁免,免除
~ de bagages 行李免税,免税行李
~ de bord 运费已付
~ de frais 免费
~ de poids 免费重量
~ douanière 免征关税
en ~ 免费
~ postale 邮资已付
franchissable *a* 可通过的,容许续行停车
franchissement *m* 越过,通过,跨行,跨距
~ d'un signal (à voie libre) 通过信号
~ d'un signal à l'arrêt 冒进停车信号,冒进信号
franckéite *f* 辉锑,锡铅矿
franco *adv* 免费,免税,免除运费
~ camion 敞车交货(价)
~ de port 运费已付
~ de port et douane 运费及关税已付
~ de tous frais 免除一切费用
~ départ usine 工厂交货价
~ domicile 住所交货价
~ frontière 过境费用已付
~ gare 车站交货价
~ gare d'arrivée 到达交货价
~ gare départ 起运站交货价
~ le long du navire 船边交货
~ rendu au point de destination 到达站交货价
~ y compris 发货人除负担全部运费外还愿负担下列……费用
francoanellite *f* 磷铝钾石
francolite *f* 碳氟磷灰石
Franconien *m* 弗兰康(阶)($\in_3$,北美)
frane *m* 滑坡,土滑,(黏土层的)地层滑移
frange *f* 边,缘,带,镶边,毛边,条纹
~ capillaire (地下水位以上的)毛细水边缘
~ colorée 彩色镶边
~ d'interférence 干扰光波带,干扰条纹

~ parasite 屏蔽噪声干扰
frangeant, e *a* 边缘的,裙边的,条纹的
franger *v* 镶边
frangible *a* 脆的,易碎的,易断的
frankdicksonite *f* 氟钡石
franklandite *f* 三斜钙钠硼石(硼钠钙石)
franklinite *f* 锌铁尖晶石
franquenite *f* 铝羟镁铁钒
franzinite *f* 弗钙霞石
frappe *f* double 双冲程,双行程
frapper *v* 敲,打,拍打,使遭受
~ à froid 冷冲,冷加工
~ avec un maillet 用木槌敲打
frappeur *m* 大锤工,锻工
Frasnien *m* 弗拉斯阶(D_3,欧洲)
fraude *f* 欺诈,诈骗
~ à la loi 钻法律空子
~ dans l'exécution d'un projet de construction 偷工减料
~ douanière 偷漏关税
~ financière 金融舞弊
~ fiscale 偷税,漏税
frauder *v* 欺诈,诈骗
frayé *m* 路面纵向永久变形,车辙,轮迹
~ de neige 雪辙
frayer *v* 开辟(道路)
frazil *m* 冰凌[花、屑],屑冰,细冰针,潜冰,底冰,水内冰
frein *m* 闸,制动,刹车,制动机,刹车装置,防松垫圈,制动垫圈
~《bon》 "完整的"制动机,"良好的"制动机
~《marchandises》 货车制动机
~ à accès 入口闸,闸口
~ à accumulation d'énergie 蓄能制动机,弹簧制动机
~ à action rapide 快速制动机
~ à air 空气制动器,气闸
~ à air comprimé 气压式制动机,空气制动机
~ à air comprimé admis 气压式制动机,空气制动机
~ à main sur caisse 车体上的手制动
~ à pédale 脚踏制动器,脚闸
~ à pied 脚踏制动器,脚闸,脚刹车
~ à pied de bosse 峰下减速器

~ à puissance autovariable　自动调节制动力的制动机
~ à récupération　再生制动装置
~ à refroidissement par l'eau　水冷式制动器
~ à ressort　弹簧制动器
~ à ressort à air comprimé　压缩空气弹簧制动机
~ à vis à main　手动螺杆制动机
~ à vis manœuvrable du sol　地面操纵手动螺杆制动机
~ aérodynamique　空气式制动机
~ automatique　自动制动机
~ automatique à air comprimé　自动压缩空气制动机
~ automatique à la charge　按负载自动调节的制动机
~ automatique à vide　自动真空制动机
~ autorégulateur　自动调节制动机
~ auxiliaire　辅助制动机
~ bloqué　关闭的制动机
~ centrifuge　离心闸
~ continu　连续制动机
~ d'arrêt　制动器,刹车,制动闸
~ d'axe　轴止推
~ d'écrou　锁闭螺帽,锁紧螺帽
~ d'embrayage　离合器式制动器
~ d'enrayage　进入编组入口时的制动装置
~ d'espacement　间隔制动装置
~ d'urgence　紧急制动机
~ de bogie　转向架制动机
~ de bosse　驼峰减速器
~ de commande　方向制动器,转向制动器
~ de conduite　转向制动器
~ de descente　峰下制动装置
~ de détresse　紧急刹车,应急制动器
~ de différentiel　差动闸,差动制动器
~ de direction　转向闸,转向制动器
~ de friction　摩擦制动器
~ de levage　提升齿轮制动器
~ de locomotive　机车制动机
~ de mâchoires　闸瓦式制动器,块式制动器
~ de parcage　停车制动器
~ de protection　安全制动器,保险闸
~ de queue　尾部制动机,后闸

~ de rail　车辆缓行器
~ de rotation　减摆器
~ de roue motrice　动轮制动机
~ de secours　车长阀,紧急制动机
~ de stationnement　停车制动机,防爬制动机,手刹车
~ de translation　行走机构制动器
~ de voie　（车辆）缓行器,减速器,轨道制动器
~ de voie à mâchoires　钳形缓行器
~ de voie par courant de Foucault　涡流缓行器,傅科电流制动机
~ de voie principal　主减速器
~ de voie type《mâchoires》　钳式缓行器
~ dépendant de la ligne de contact　依赖接触导线供电的电制动
~ différentiel　差动闸,差动制动机
~ direct　直通制动机
~ double Westinghouse-Henry　韦亨复式制动机
~ dynamométrique　机动闸
~ électrique　电力制动机,电气制动装置
~ électrique par induction　电感应制动机
~ électromagnétique　电磁制动器,电磁测功器,电磁制动机
~ électromagnétique agissant sur les roues　车轮电磁制动机
~ électromagnétique par solénoïdes　螺线管电磁制动机
~ électropneumatique　电控制动机
~ filet normal　普通螺纹闸
~ Froude　液力涡流制动机
~ graduable au desserrage　阶段缓解制动机
~ hydraulique　水力制动器,液压刹车,液压制动器
~ hydraulique à pied　脚蹬式液压制动器
~ hydropneumatique　液压气动制动器
~ indépendant de la ligne de contact　不依赖接触网供电的制动机
~ inépuisable　具有自动补偿能力的制动机
~ liquide　防松涂料（螺丝用）
~ magnétique　磁性制动器,磁闸
~ mécanique　机械制动机
~ modérable　阶段缓解制动机,压力调节式制动机
~ modérable au desserrage　阶段缓解制动机

~ non modérable au desserrage 直接缓解制动机
~ pneumatique 气动制动器,气闸,风闸
~ pour la direction 转向制动器
~ rapide 快速制动机,高速制动机
~ rhéostatique 变阻制动装置,变阻制动机
~ solénoïde 电磁线圈制动器,螺线管闸
~ sur arbre de transmission 传动轴制动机
~ sur jante 轮缘制动器
~ sur les quatre roues 四轮刹车
~ sur pneu 轮胎制动器
~ sur roues avant 前轮刹车
~ toutes roues 全轮制动器
~ voyageurs 客车制动机

freinage *m* 制动,刹车,阻尼,减速
~ à bloc 全自动,全制动
~ à coup 紧急制动,紧急制动按钮
~ à destination 目的制动,终点制动
~ à fond 全制动
~ à la charge 重车制动
~ à la marche à vide 空车制动
~ antipatinage 防空转制动
~ au but 目的制动
~ automatique d'arrêt au but 目的自动制动
~ d'appoint 应急制动
~ d'arrêt 停车制动
~ d'espacement 间隔制动
~ d'urgence 紧急制动
~ de coup de poing 紧急制动按钮
~ de dérive 防止车辆溜逸的制动,防溜制动
~ de la tare 空车制动
~ de maintien 保持停车状态的制动,在坡道的恒速制动
~ de ralentissement 缓行制动,减速制动
~ de service 行车制动
~ des trains 列车制动
~ efficace 有效制动
~ électrique 电气制动,电制动
~ électrodynamique 电动制动
~ électromagnétique 电磁制动
~ électromagnétique à frottement 摩擦电磁制动
~ électromagnétique par patins 电磁靴制动,磁轨制动
~ électromagnétique par solénoïde (freinage par solénoïde) 电磁螺线管制动
~ électromagnétique sur rail 轨道电磁制动,磁轨制动
~ en deux temps 两级制动
~ en fonction de la ligne 按线路条件制动
~ gradué 阶段制动,分级制动
~ interpestif 临时制动
~ limité 刹车,制动,止动
~ maximal 全制动
~ mécanique 机械制动
~ mixte 混合制动,电气—机械混合制动
~ ordinaire 常用制动
~ par contre-courant 电流方向制动,反流制动
~ par contre-vapeur 反汽制动,反压制动
~ par courants de Foucaults 涡流制动
~ par récupération 再生制动
~ par solénoïdes 螺线管制动
~ pneumatique 风闸制动,空气制动
~ rapide 急剧制动,急刹车
~ rhéostatique 编组制动,电阻制动,变阻器制动
~ rhéostatique avec excitation séparée 他激电阻制动
~ sans contre-courant 平滑制动,无冲力制动
~ sur résistances 变阻制动,电阻制动
~ utile 有效制动

freiner *v* 制动,刹车,减速
freineur *m* 制动员,减速操作人员
freinomètre *m* 制动试验台,制动检验台
~ à plate 平板式制动试验台
~ à rouleaux 滚筒式制动试验台

freinte *f* 损耗
~ de route (货物)途中减量,运输途中损耗

freirinite *f* 氯砷钠铜石
freistein *m* 泥质砂岩,泥砂岩
frémissement *m* 震动,摆动,移动,波动,振荡
~ s primaires 初震

frémontite *f* 羟磷铝钠石
frêne *f* 灰
~ volcanique 火山灰

fréon *m* 氟利昂,氟氯烷制冷剂
fréquemment *adv* 常常,经常
fréquence *f* 频率,频数,周率,频繁
~ à oscillation propre 固有振荡频率,自然振荡频率

fréquence

~ adjacente 邻近频率
~ alternative 交变频率
~ angulaire 角频率,圆频率
~ antirésonnante 电流谐振频率
~ asservie 已调频率,稳定频率
~ assignée 标称频率,规定频率
~ basse 低频
~ caractéristique 特征频率
~s centimétriques 特高频
~ centrale 中心频率
~ circulaire 角频率,圆频率
~ complexe 复合频率
~ composante 分量频率
~ critique 临界频率,阀频率
~ cumulée 累积频率
~ d'accident 意外事故频率
~ d'accord parfait 匹配频率,调谐频率
~ d'alignement 排列频率
~ d'analyse 扫描频率
~ d'échantillonnage 信号分层频率,采样频率
~ d'émission 发射频率
~ d'étincelles 火花放电振荡频率
~ d'excitation 激励频率,激发频率
~ d'exploration 扫描频率
~ d'horloge 时钟频率
~ d'image 帧频,视频
~ d'impulsions 脉冲频率
~ d'observation 观测次数,观测频率
~ d'occultation 抑制频率
~ d'onde 波频率
~ d'ondulation 脉动频率
~ d'orage 暴雨频率
~ de basculage 触发频率
~ de base 固有频率,基本频率
~ de battement 拍频,差频
~ de battement zéro 零拍频率
~ de champ 帧频
~ de commutation 接换频率,转换频率,换向频率
~ de commutation des couleurs 色取样频率,色最化频率,色转化频率
~ de comptage 计算频率
~ de coupure 截止频率,临界频率
~ de crue 洪水频率

~ de décharge 放电频率
~ de denture 信道间插入频率
~ de diffusion 扩散频率
~ de fluctuation 变动频率,波动频率,速度变化频率(磁盘)
~ de fracture 裂隙频率,裂隙频度
~ de frappe 冲击数
~ de groupe 群频率
~ de lignes 行频
~ de modulation 调制频率
~ de Nyquist 乃奎斯特频率,折叠频率
~ de période par seconde 每秒周波数
~ de pompage 泵激频率,激励频率
~ de recouvrement 覆盖频率,交叉频率,交界频率
~ de récurrence 重复频率
~ de relaxation 张弛振荡频率
~ de répétition 重复频率,帧频
~ de réponse 应答频率,响应频率
~ de repos 空闲频率
~ de résonance 共振频率,谐振频率
~ de retour de 50 ans 50年周期
~ de rotation 旋转频率
~ de scintillement 闪烁频率
~ de signalisation 振铃频率
~ de trame 帧频
~ de travail 工作频率
~ de vibration 振动音频
~ de vibration naturelle 自振频率
~ des accidents 事故频率
~ des crues 洪水频率
~ des débits 流量频率
~ des dessertes 行车密度
~ des essais 试验频率,试验周期
~ des incendies de tunnel 隧道火灾频率
~ des pluies 降雨频率
~ des trains 列车密度
~ différentielle 差频
~ donnée 已知频率
~ Doppler 多普勒频移频率
~ double 倍频
~ du milieu 中频,中心频率
~ du réseau 电网频率
~ du trafic lourd 重交通密度

~ élevée 高频,增大的频率
~ élevée des rames 行车密度增大
~ étalon 标准频率
~ étalonnée 试验频率
~ faible 低频
~ fixée par quartz 晶体频率,波动频率,速度变化频率(磁盘)
~ fondamentale 基(本)频(率)
~ fournie 馈送频率
~ grave 闭塞频率,低音频
~ gyromagnétique 旋磁频率
~ haute 高频
~ hétéodyne 本机振荡频率,外差频率
~ image 频视,镜频,影像信号频率,图像频率,第二波道频率,镜道频率
~ industrielle 工频
~ infra-acoustique 亚音频,低于可听频率的频率
~ intermédiaire 中频
~ interrogation 询问波道频率
~ latérale 边带频率
~ libre 固有频率,自有频率
~ limite 截止频率,极限频率
~ locale 本振频率
~ maximale d'utilisation 最大应用频率
~ maximale de lecture 最大读出频率
~ minimale d'utilisation 最小应用频率
~ moyenne 中频
~ musicale 声频,音频
~ naturelle 固有频率,自然频率
~ nominale 额定频率,标称频率
~ optimum d'utilisation 最佳应用频率
~ optimum de trafic 最佳工作频率
~ paire 倍频
~ s parasitaires 寄生振荡频率
~ passante 通过频率,滤过频率,滤清频率
~ pilote 导频,控制频率,基准频率
~ porteuse 载波,载波频率
~ porteuse de l'image 视率
~ propre 固有频率,自然频率
~ propre basse 固有的低频率
~ radio-électrique 高频,射频,无线电频(率)
~ réduite 约化频率,折算频率
~ relative 相对频率

~ résonnante 谐振频率
~ résultante 和频
~ secondaire 次频
~ sismique 地震频度
~ subsonique 次声频,次音频
~ super-haute 特高频,超高频
~ supra-acoustique 超声波频率
~ très haute 甚高频
~ ultra-haute 特高频,超高频(300 兆至 3000 兆赫兹)
~ ultrasonore 超声波频率
fréquencemètre m 频率计,周波表
~ à lame vibrante 振簧频率计
~ à résonance 谐振式频率计
~ absolu 绝对频率计
~ différentiel 微分频率计,差动频率计
~ hétérodyne 外差式频率表
~ intégrateur 积分频率计,主频率计
fréquent, e a 经常发生的,频繁的,常见的
fréquenta f 弗列宽达(绝缘材料)
fréquentation f des trains de voyageurs 旅客列车乘车人数
fréquentite m 弗列宽蒂(一种绝缘材料)
fresnoïte f 硅钛钡石
fret m 运输费,装运货物,船租,船货,租船,上运费,货运,运送的货物
~ mort 空舱费
frettage m 套紧,卡紧,箍,包紧,加铁箍
~ de cordonnet 抽头铁箍
~ des traverses 用铁箍捆扎枕木
frette f 圈,箍,铁[钢]环,包边,箍筋(钢筋混凝土中),环箍
~ du boyau d'accouplement de frein 制动连接软管卡紧环
~ hélicoïdale 螺旋圈箍
fretté, e a 有交织纹的
fretter v 套紧,卡紧,箍紧,包紧,用箍套紧,(钢筋的)连接
~ à chaud 热压装
freyalite f 硬铈钍石
friabilité f 松散性,脆性,易碎性
friable a 松散的,疏松的,易碎的,脆的
friction f 摩擦,摩阻,阻力,摩擦力,研磨,涂胶,挂胶

~ à sec　干摩擦
~ cinétique　动摩擦
~ de l'interface　交界面阻力,界面摩擦
~ de filtration　渗滤摩擦
~ de l'air　空气摩擦
~ de liquide　液体摩擦
~ de marée　潮汐摩擦
~ de roulement　滚动摩擦
~ de surface limite　边界摩擦,附面摩擦
~ dynamique　动(力)摩擦
~ fluide　流体摩擦
~ hydraulique　水力摩擦
~ interne　内摩擦
~ interne du sol　土壤内阻力
~ latérale　横向摩擦力,侧向摩擦力
~ médiane　(对向车流间的)错车阻力
~ par glissement　滑动摩擦
~ statique　静摩擦
~ superficielle　表面摩擦
~ vraie　实际摩擦力
frictionnaire *a* 摩擦的
frictionner *v* 摩擦
frieséite *f* 富硫银铁矿
frigidaire *m* 冷却器,冰箱
frigidité *f* 严寒,冰冷
frigo *m* 冰箱
~ sans fréon　无氟冰箱
frigorifère *f* 冷风机,空气冷却器
~ à circulation d'air　空气冷却器
~ humide　湿式空气冷却器
~ sec　干式空气冷却器
~ à pulvérisation　喷淋式空气冷却器,喷淋式冷风机
frigorifique *a* 冷冻的,制冷的
frigorigène *m* 冷冻剂
frigorimètre *m* 低温计
frimas *m* 雾凇,冰雾,白霜
friolite *m* 混凝土速凝剂
frise *f* 边,缘,框,边界,国境,周界,路线,缘石
~ d'un wagon　车辆侧墙板
frittage *m* 焙烧,烧结,熔结成块
fritte *f* 焙烧,烧结
fritté,e *a* 焙烧的,烧结的
fritter *v* 烧结

friture *f* 喀啦声,噪声,杂音
fritzschéite *f* 锰钒铀云母(磷锰铀云母)
froicolitique *a* 冷却熔岩的
froid *m* 冷,寒冷
~ vif　严寒
froid,e *a* 冷的,寒冷的
froideur *f* 冷,冷淡
froidure *f* 寒冷,寒气
frolovite *f* 弗硼钙石
froncé,e *a* 褶皱的
froncement *m* 皱纹,微褶皱,小褶皱
front *m* 开挖面,工作面,掌子面,前方,前面,前部,前缘
~ d'abattage　回采工作面,采煤工作面,工作面,坑道工作面
~ d'alimentation　(水的)补给面,上游面
~ d'appel　补给面
~ d'attaque　开挖工作面
~ d'avancement　导洞,前探工作面,掘进工作面
~ d'une nappe de charriage　逆断层推覆体前缘
de ~　从正面,面对面,直接地,并列并排,同时
~ de l'avancement de galerie　隧道开挖工作面
~ de l'entrée　洞脸,隧洞口
~ de l'usine　厂前区
~ de carrière　采石场开挖面
~ de charriage　路拱,拱高,拱顶,移动面,冲断层前缘,逆断层前锋,运输工作面
~ de chevauchement　逆冲断层的前缘
~ de côte　单面山陡崖
~ de descente　后沿,下降面,下降前沿,下降时间
~ de faille　断层面
~ de glace vive　活动冰川前锋
~ de glacier　冰川前锋,冰川鼻
~ de l'avancement　前探工作面,导洞
~ de taille　回采工作面,掌子面前壁,道工作面,隧洞口,洞脸
~ de travail　工作面,工作线
~ de tunnel　隧道工作面
~ des eaux　岸边线,江边
~ en escalier　阶梯式工作面,台级式工作面
~ en pente forte　陡坡
~ salé　咸水界面
frontal *m* 正面

frontal, e *a* 前面的，正面的，迎面的，前缘
frontière *f* 边界，边缘，界限，界线，范围，(科学技术的)边缘学科，新领域，尖端领域
　～ climatique　气候边界
　～ des grains, ～ intergranulaire　晶界，粒间界限
　～ géographique　地理上的国境
　～ météorologique　气象界线
frontispice *m* 建筑物的正面
frottage *m* 摩擦，擦亮
frottement *m* 摩擦，摩擦力，摩阻
　～ à vide　无载摩擦
　～ au palier　轴承摩擦
　～ au repos　静摩擦
　～ cinématique　动摩擦
　～ cinétique　动摩擦
　～ d'adhérence　静摩擦，黏着摩擦
　～ de base　基层(对混凝土路面板的)摩擦(力)
　～ de départ　起始摩擦
　～ de freinage　制动摩擦
　～ de glissement　滑动摩擦
　～ de l'air　空气摩擦
　～ de percolation　渗透摩擦
　～ de roulement　滚动摩擦
　～ des appuis　支撑摩擦(力)
　～ des dalles en béton sur le sol　土与混凝土板的摩擦
　～ des roues sur la chaussée　车轮和路面的摩擦
　～ du liquide　液体摩擦
　～ du mur　墙面摩擦，壁面摩擦
　～ du tourillon　轴颈的摩擦
　～ en mouvement　动摩擦
　～ fluide　流体摩擦
　～ intergranulaire　粒间摩擦
　～ intérieur　内摩擦
　～ interne　内摩擦，内摩擦力，内摩阻
　～ interne permanent　稳定内摩擦
　～ interne transitoire　不稳定内摩擦
　～ latéral　侧摩擦
　～ latéral des pieux　桩表面的摩擦力
　～ latéral négatif　侧向负摩擦力，表面负摩阻
　～ latéral total sur un pieu　桩的侧摩阻力
　～ latéral unitaire local　侧摩阻力
　～ latéral unitaire sur un pieu　桩的平均侧摩阻力

　～ longitudinal　纵向摩擦
　～ lubrifie　润滑摩擦
　～ négatif　负摩擦力
　～ périphérique　(桩的)周围摩擦
　～ positif　正摩擦力
　～ propre　固有摩擦
　～ sec　干摩擦
　～ séché　干摩擦
　～ sol-armature　土与钢筋的摩擦力
　～ statique　静摩擦
　～ superficiel　表面摩擦
　～ transversal　横向摩擦
　～ visqueux　黏滞摩擦
frotter *v* 摩擦
　～ sec　干摩擦
frotteur *m* 滑动件，滑片，游标，集流靴，接触电刷
　～ de contact　触靴
　～ élastique　弹性电刷
　～ de pantographe　受电弓滑板
　～ prise de courant sur rail de contact　接触轨电器滑板
frottoir *m* 磨光器
　～ de glissement de bogie　转向架旁承
fruchtschiste *f* 粒斑板岩
fructueux, euse *a* 有利的，有收益的，有成果的，有成效的
frugardite *f* 镁符山石
fruit *m* 倾斜(度)，斜坡，结果，成果，后果
　～ de mur　墙的斜度，墙壁的倾斜度
　～ droit　直倾斜度
fruste *a* 磨损的，粗糙的
ftanite *f* 致密硅页岩，黑燧石
fuchsine [fuchsite] *f* 铬云母，铬白云母
fuel *m* 燃料油(汽油、柴油、重油等)，燃料
fuel-oil *m* 燃料油(柴油、重油等)，重油
fuggarite [fuggérite] *f* 钙铝黄长石
fuir *v* 流，渗漏，漏泄，避开，向后倾斜
fuite *f* 漏，渗漏，漏泄，漏失，漏水，漏电
　～ à l'air libre　漏水，漏电，渗漏
　～ à la terre　通地漏泄
　～ à travers la fondation　地下渗流
　～ au radiateur　散热器漏水
　～ aux joints　接头渗漏

~ contrôlée (pompe primaire) 被监督的泄漏（主泵）
~ contrôlée (drains) 被控制的泄漏（排水）
~ d'air 漏气,漏气量
~ d'eau 漏水,渗漏,漏泄量
~ d'électricité 漏电
~ d'énergie 能损
~ d'huile 漏滑油,漏油
~ de fermeture et d'arrêt （施工导流的）合龙闭气
~ de gaz 漏气
~ de gaz au piston 活塞漏气
~ de grille 栅漏
~ de réservoir 水库渗漏
~ du courant 漏电
~ minimale décelable 最低可觉察漏泄
~ non contrôlée (drains) 非控制漏水
~ nulle 不漏
~ par en dessous 地下渗流
~ par infiltration 渗漏
~ par la voie 道砟漏电
~ par percolation 渗透,渗漏,渗出（量）
~ superficielle 表面漏泄
~ vers l'extérieur 向外部的泄漏
~ vers l'intérieur 向内部的泄漏

fukalite *f* 福碳硅钙石
fulchronographe *m* 雷击电流特性记录表
fuldj *m* 沙丘间洼地
fulguration *f* 孔频闪电,闪光,电击
fulgurite *f* 闪电管石,电焦石英,硅管石
fulmicoton *m* 火棉,硝化纤维
fulminant, e *a* 爆炸的,爆破的,高速爆炸的
fulminate *m* 雷酸盐
　　~ de mercure 雷汞,雷酸汞（起爆炸药）
fulmination *f* 爆炸
fulminer *v* 爆炸
fulvite *f* 褐钛石
fumant, e *a* 冒烟的
fumée *f* 烟,烟雾,烟气
　　~ à l'échappement 排烟
　　~ blanche 白烟
　　~ d'huile 油烟
　　~ de four 炉烟
　　~ de silice 硅粉（一种高活性混凝土混合材料）
　　~ de vapeur d'huile 油烟
　　~ nocive 有害烟雾
　　~ notable du reniflard 通风孔大量冒烟
　　~ volcanique （含有灰尘的）火山气
fumerolle *f* 气孔,喷气,射气,喷气孔,火山气体
　　~ acide 酸性喷气孔
　　~ d'acide carbonique 碳酸喷气孔
　　~ alcaline 碱(性)喷气孔
　　~ anhydre 干喷气孔
　　~ aqueuse 湿喷气孔,冷喷气孔
　　~ dans le cratère, ~ du cratère 火山口气孔,原生喷气孔
　　~ éruptive 爆发喷气孔
　　~ froicolitique 冷却熔岩喷气孔
　　~ froide 冷喷气孔
　　~ leucolitique 淡色热熔岩喷气孔
　　~ marine 海底喷气孔
　　~ primaire 原生喷气孔
　　~ sans racine 次生喷气孔,无根喷气孔（熔岩上）
　　~ sèche 干喷气孔
　　~ sous-marine 海底喷气孔
　　~ volcanique 火山喷气孔
fumérollien *a* 喷气的,喷射的,升华的,气孔的
fumeron *m* 木炭
fumivore *m* 除烟器,消烟器
fungite *f* 钙质凝灰岩
funiculaire *m* 索线,钢索道,缆车铁路,缆索铁道; *a* 纤维的,缆索的,索状的
funkite *f* 粒透辉石
furet *m* 刷管器
fuscite *f* 中柱石,方柱石
fuseau *m* 滚子,锭子,销轴,心轴,主轴,轴头,纵轴,（颗粒级配）范围,区域
　　~ caractéristique 特殊级配范围
　　~ granulométrique 级配范围,级配区域,级配曲线
fusée *f* 雷管,引信,轴颈,导火线
　　~ à action retardée 延时引信,迟雷管
　　~ d'amorçage 信管,引信,雷管
　　~ d'essieu 轴颈
　　~ d'essieu extérieure 外轴颈
　　~ d'essieu grippée 咬轴轴颈
　　~ d'essieu intérieure 内轴颈

~ de guidage　引导火箭,控制火箭
~ de signaux à pétard　响炝雷管,响炝信管
~ électrique　电引信
~ grippée　卡轴,卡住的轴颈
~ lumineuse　闪光,闪光信号
~ percutante　碰炸引爆炸药包

fuselé, e *a*　锭子状的,纺锤形的,流线型的,细长的

fusement *m*　爆烧,火箭起飞

fuser *v*　熔化,熔融

fusibilité *f*　熔度,可熔性

fusible *m*　熔断器,保险丝[片、器],易熔丝; *a* 易熔的,可熔的
~ à bouchon　栓塞式保险丝
~ à bouton　保险丝
~ à cartouche　熔丝管,管状保险丝,筒式保险器
~ à cornes　角形保险丝,角式保险器
~ à expulsion　冲出式熔丝
~ à lame　片状可熔保险丝
~ à liquide　充油保险丝,液体信管,液体熄弧保安器
~ à tube　管状保险丝,保险丝管
~ aérien　开敞型保险器,明保险丝
~ auto transfo　自耦变压器保险丝
~ avertisseur　报警熔断丝
~ brûlé　已熔断保险丝
~ de compteur　民用保险丝,家用熔断丝,电流表保险丝
~ de ligne　电源熔断器,线路保险丝
~ de température déclenchant　温度熔断器
~ de tension　过压熔断保险器
~ encastré dans tabatière porcelaine　瓷插式熔断器
~ fondu　可熔保险丝
~ haute tension　高电压熔断丝
~ indicateur　指示熔断丝
~ instantané　瞬时作用保险丝,速断保险丝,连续保险丝,易熔熔丝
~ principal　总保险丝
~ servomoteur graduateur　调压开关伺服马达保险丝

fusiforme *a*　流线型的,纺锤状的,纺锤形的,梭状的

fusinite *f*　丝质体(烟煤和褐煤的显微组分)

fusiomètre *m*　熔点测定器,熔化温度测量仪

fusion *f*　熔化,熔融,熔化,消融,掺和,(原子核的)聚变,合并
~ alcaline　碱熔
~ au chalumeau　喷焰熔化
~ au creuset　坩埚熔炼
~ de la glace　冰溶
~ en zones　区域熔融,区域熔化
~ entre deux compagnies　两个公司的合并
~ magmatique　岩浆熔融体
~ nivale　熔雪
~ superficielle　地表消融,(冰川)表面消融

fusionnement *m*　合并,融合,联合

fusionner *v*　熔化,熔炼,熔融

fusite *f*　丝炭,丝煤,乌煤,微丝炭,微丝煤

fût *m*　(躯)干,树干,枰,柱,筒,臂,管,架,座,台,酒桶
~ appareillé　砌筑柱身
~ de colonne　柱身
~ de grue　起重机桅杆
~ du pieu　桩身
~ du poteau　(信号)柱身
~ monolithe　整体柱身

futaille *f*　木桶

futée *f*　嵌填料,和胶锯末(填塞木料孔隙用)

futile *a*　无价值的,无意义的,无关紧要的

futur *m*　将来,未来

futur, e *a*　将来的,未来的

Fuvélien *m*　富韦尔阶(K_2,欧洲)

fyzelyite *f*　菲锑铅矿,辉锑银铅矿,杂辉锑银铅矿

G

G7 (groupe des sept plus grands pays industrialisés) 七国集团

gaada 小高原

gabariage *m* 按样板检测，做一个样板，按样板加工，按样板制作

gabarit *m* 限界；(放出的)样板，量规，模型；外廓，(外形)尺寸，大小；曲线板，靠模，仿形板，卡板

~ anglais 英国车辆限界(欧洲大陆最窄的车辆限界)

~ au dessous de pont 桥下净空

~ au dessus du tablier 桥面净空

~ cinématique 运动限界

~ d'assemblage 安装样板，装配样板

~ d'encombrement 装载限界

~ d'encombrement limite 最大装载限界

~ d'espace libre 建筑接近限界，装载限界，建筑净空

~ d'isolement des pantographes 受电弓绝缘限界，集电弓隔离限界

~ de chargement 装载限界，量载规

~ de courbe 曲线规

~ de débit 切割样板

~ de détourage 裁料样板

~ de forets 钻规

~ de la section libre 净空，建筑净空；建筑界线

~ de libre passage 建筑接近限界

~ de ligne de contact 接触网限界

~ de matériel 设备限界，机车车辆限界；机器体积尺寸

~ de montage 安装样板，装配样板

~ de navigation 通航净空

~ de passage 装载限界

~ de perçage 钻模，钻孔样板

~ de rail de contact 接触轨限界

~ de sabotage des traverses 轨枕槽轨

~ de tir 爆破钻孔形式；钻孔布置平面图

~ de troisième rail 第三轨(集电轨)限界

~ de vérification 检验样板

~ de voiture 汽车外形尺寸

~ des obstacles 建筑接近限界

~ des voies 道路限界

~ d'espace libre 建筑接近限界

~ d'excavation 开挖净空线

~ en hauteur 高度界限

~ étalon 标准样板

~ fixe 固定限界

~ latéral 侧向余宽，侧向净距

~ limite de construction des travaux (des ouvrages d'art) 建筑接近限界

~ mobile 移动限界

~ navigable 通航净空

~ passe-partout 通用限界(国际联运车辆)

~ pour plateaux de tampons 缓冲盘安装限界

~ pour véhicules 车辆限界

~ pour véhicules de transit (gabarit de transit) 联运车辆限界(联运限界)，国境车辆限界

~ prévu 设计净高

~ vertical 净空

gabarit-limite *m* de chargement 载限装界

gabbrides *m. pl* 辉长岩类

gabbrite *f* 淡辉长细晶岩

gabbro *m* 辉长岩

~ à olivine 橄榄辉长岩

~ à pyroxène 辉石辉长岩

~ porphyrique 辉长斑岩

~ schisteux 片状辉长岩

gabbro-amphibolite *f* 辉长闪岩

gabbro-aplite *f* 辉长细晶岩

gabbro-basalte *m* 辉长玄武岩

gabbro-diabase *f* 辉长辉绿岩

gabbro-diorite *f* 辉长闪长岩

gabbroïde *m* 辉长岩类；*a* 辉长岩状的

gabbroïque *m* 辉长岩的

gabbroïsation *f* 辉长岩化

gabbro-norite *f* 辉长苏长岩

gabianol *m* 页岩油

gabion *m* 石笼，石筐，铁丝笼，钢板桩或钢筋混凝土大直径砂笼(建桥截流用)

~ en acier　钢丝石笼
~ métallique　铁丝石筐,铅丝石笼

gâble f　山墙,三角墙

gâchage m　加水拌和,浪费,糟蹋,搅拌,用水调石灰,用水调三合土
　eau de ~　拌和用水
　~ de prix　压价倾销
　~ de temps　浪费时间
　~ du travail　应付差事

gâche f　槽,沟,插孔,卡箍,夹子,钩钉,U形钉,锁闭钩
　~ à chaux　灰浆搅拌器

gâchée f　定量调节,(混凝土的)配料;拌和好的混凝土
　~ sèche　干料分拌(混凝土)

gâcher v　拌和,搅拌(砂浆或混凝土)

gâchette f　扳机,联锁,销键,卡子;控制极(可控硅的)

gâcheur m　拌和工

gâcheux a　黏性的,黏滞性的,胶黏的,脏的,污垢的,泥泞的,污浊的

gâchis m　灰泥,泥泞,泥浆

gadolinite f　硅铍钇矿

gadoue f　粪肥,肥料;污泥,淤泥

gæbhardite f　铬云母,铬白云母

gaffe f　吊钩;带钩的竿

gaffer v　钩住,挂住

gagarinite f　氟钙钠钇石

gagat m　煤玉,煤精

gagate m　喷嘴,射口,喷射,喷出口,喷射器

gagéite f　羟硅锰镁石

gagner v　获取,赢得,达到

gahnite f　锌尖晶石

gahnospinelle m　镁锌尖晶石

gaïac m　愈疮树脂

gaidonnayite f　斜方钠锆石

gain m　利润,收入,进款,增益,收益,开采;放大系数,放大倍数
　~ aléatoire　或有收益
　~ comptable　账面收入
　~ d'insertion　介入增益,插入增益
　~ d'un répéteur　中继器增益
　~ de boucle　闭环增益,回线增益
　~ de charge　费用收益
　~ de performances　性能提高
　~ du minerai　矿石的开采,矿石的产量
　~ dynamique　动态增益
　~ en puissance　功率放大;功率增益
　~ en tension　电压增益
　~ logarithmique　对数增益,对数放大
　~ maximal　振鸣点(指在自振以下);最大增益
　~ progressif　渐强,渐显,渐现
　~ statique　静态电流放大系数

gainage m　密封,装保护照

gaine f　套,罩,外壳,套管,护套,包壳,护框;管子,导管,管道,废石,脉石;电缆外皮
　~ Bowden　钢索护套,防磨套
　~ d'air　空气管道,风管,风道,风管[道],通风管道
　~ d'air froid　冷风道
　~ d'aspiration　吸入管
　~ de câble　电缆外壳,电缆包皮
　~ de chauffage en long-pan　车侧热风管
　~ de départ　送风管
　~ de distribution　分配母线
　~ de fil électrique　电线管
　~ de fumée　烟气管道
　~ de plomb　铅包
　~ de protection　保护罩,保护套
　~ de reprise　回风管
　~ de ressort　弹簧护套
　~ de scorie　(熔岩的)渣壳
　~ de soufflet　折棚护罩
　~ de transport pneumatique　风力运输管套
　~ de ventilation　通风管道,风管
　~ de ventilation en tôle　薄钢板(制)风管
　~ du siphon　虹吸泄水道,虹吸管
　~ en caoutchouc　胶皮鞘管(预应力混凝土中放钢筋用)
　~ en cuivre　铜罩,铜壳,筒包
　~ en matière plastique　塑料鞘管(预应力混凝土中放钢丝束用)
　~ en papier　纸鞘管(预应力混凝土中放钢筋用)
　~ en tôle mince　薄铁皮鞘管(预应力混凝土中放钢筋用)
　~ flexible　软护套,软套管
　~ flexible pour l'entraînement　柔性传动装置;

柔性轴
　～ isolante　绝缘套管
　～ protectrice　防护罩,保护膜
　～ PVC　PVC管
　～ rectangulaire　矩形风管
　～ souple　软套罩,软管,套管
gaïnite *f*　铈片楣石
gaitite *f*　羟砷锌钙石
gaize *f*　蛋白土,云母海绿砂岩,燧石钙屑岩,生物蛋白岩
gal *m*　伽(重力加速度单位,1伽=1厘米/平方秒)
galactite *f*　针钠沸石
galandage *m*　隔墙,隔板
galapectite *f*　埃洛石,蒙脱石
galate *f*　沥青炭
galaxie *f*　银河系
galaxite *f*　锰尖晶石
galbe *m*　弯曲,凸圆,外形,轮廓,型面,断面,剖面
　～ de gîte　矿体轮廓
galber *v*　外弯,弯起
gale *f*　焊瘤,铸瘤,镀瘤
galéite *f*　氟钠矾
galène *f*　方铅矿;检波晶体
galerie *f*　长廊,走廊,平巷,坑道,廊道,地下通道,陈列廊;隧道,隧洞;(矿山)道路,导洞
　～ à écoulement libre　无压隧洞
　～ à flanc de coteau　坑道,平峒
　～ à forte charge　高压廊道,高压隧洞
　～ à travers bane　带石门的平巷
　～ au rocher　岩石平巷,脉外平巷,岩石隧洞
　～ au toit　上盘平巷,沿顶板平巷
　～ boisée　木支撑的坑道
　～ centrale　中心坑道
　～ circulaire　回廊
　～ d'abatage　回采平巷
　～ d'accès　平峒,石门,进出坑道,交通巷道
　～ d'accès (courte)　(短的)施工支洞,辅助坑道
　～ d'accès (en souterrain)　交通隧道,施工支洞
　～ d'adduction (dans une retenue)　(水库的)导流渡槽,引水渡槽
　～ d'adduction d'eau　运水隧洞,水工隧道
　～ d'aérage　风道,通风平巷,通风巷道
　～ d'allongement　沿走向平巷,主要平巷,阶段平巷

　～ d'amenée　引水隧道(水利工程用)
　～ d'amenée sous pression　压力引水隧洞
　～ d'amenée(à écoulement libre)　(电站的)(无压)上游隧洞
　～ d'amenée(en charge)　低压隧洞
　～ d'approche　导坑
　～ d'aspiration d'une pomp　泵的吸水管道
　～ d'assèchement　排水隧洞
　～ d'assise　底导坑,下导坑
　～ d'avancement　导坑,导洞;掘进平巷,超前平巷;推进中的水平巷道
　～ d'écoulement dans un barrage　坝体内的有压涵洞
　～ d'entrée　进口廊道,进厂廊道
　～ d'entrée d'air　送风巷道
　～ d'épuisement　排水隧洞
　～ d'essai　试验廊道
　～ d'évacuation　排水隧洞,排水廊道
　～ d'évacuation de crue　排洪隧洞
　～ d'évacuation des eaux dans les tunnels　隧道内排水沟
　～ d'expansion　扩大廊道
　～ d'exploitation　生产平硐,回采平巷,运行廊道,勘探廊道
　～ d'exploration　探硐,勘探巷道,勘探平巷,勘察导洞,勘探坑道
　～ d'exposition　展览廊
　～ d'extraction　出矿平巷,运输平巷
　～ d'infiltration　廊道,渗渠,渗水通道,渗流集水,渗水隧洞
　～ d'injection　灌浆孔道,灌浆廊道
　～ de l'évacuateur de crue (dans le corps d'un barrage)　(坝体内)溢流涵洞
　～ de l'évacuateur de crue (en sou terrain)　(地下)泄洪涵洞
　～ de base　主要(运输)平巷,下部超前平硐
　～ de captage　集水平巷,排水平巷,集水廊道
　～ de chasse (en souterrain)　(地下的)冲沙隧洞
　～ de chasse(dans le corps d'un barrage)　(坝体内)冲沙涵洞
　～ de circulation dans une construction　廊道
　～ de communication　运输巷道,出渣坑道,交通廊道,运出坑道
　～ de construction　施工廊道

~ de contrepression 压力室,平衡室
~ de contrôle 检查巷道
~ de décharge 排水廊道,排水隧洞
~ de dérivation provisoire （临时）导流隧洞；引水隧洞
~ de détour 迂回导洞,绕行导坑
~ de direction 平巷,沿走向巷道,主要平巷,基本平巷
~ de drainage 排水廊道,排水通道,排水隧洞,排水巷道,排水平巷,渗水洞
~ de faîte 上导洞,上导坑
~ de fenêtre 横洞
~ de filtre 滤池廊道,滤池管廊
~ de fond 底设坑道,下导坑,井下水平巷道,下部平巷,主要水平巷道
~ de force motrice （临时）导流隧洞；引水隧洞
~ de fouilles 勘探巷道,勘探平硐
~ de fuite 泄水隧洞
~ de fuite (en charge ou à écoulement libre) （低压或无压的）尾水隧洞
~ de mine 巷道,平巷,平硐；装药巷道
~ de niveau 中段平巷
~ de pompe 水泵廊道
~ de prise d'eau 进水隧洞,进水廊道,压力隧洞
~ de recherche 勘探坑道,勘探平巷
~ de reconnaissance 勘探导洞,探洞
~ de rejet d'eau 泄水隧道
~ de restitution 导流隧洞
~ de retour d'air 风道
~ de retournement 转向通道
~ de révision 检查廊道
~ de roulage 运输平巷
~ de sécurité parallèle au tunnel 平行安全导洞
~ de service 维修廊道
~ de sondage 勘探平巷,勘探坑道,探测
~ de sortie 出口廊道
~ de toit 车顶走板（旧型车辆）
~ de transformateur 变压器廊道,变压器室
~ de traverse 直交走向的平巷；穿脉,石门
~ de turbine 水轮机廊道
~ de ventilation 通风廊道
~ de vidange (en souterrain) （地下）泄水隧洞
~ de vidange de fond 泄水底孔廊道
~ de vidange (dans le corps d'un barrage) （坝体内）泄水涵洞
~ de visite 检查坑道,检查巷道,检查廊道
~ des barres 母线廊道
~ des câbles 电缆廊道
~ des vannes 阀廊
double ~ 双隧洞
~ drainante 排水隧道
~ en charge 压力隧洞
~ en couche 沿脉平巷
~ en haut 顶导坑,上导坑
~ en impasse 不通主巷的平巷
~ en souterrain 隧洞,隧道
~ fausse 充填平巷,石垛平巷
~ horizontale 水平（运输）巷道,水平导坑
~ inclinée 斜巷,斜井,斜隧洞
~ latérale 旁洞,侧洞
~ pare-avalanches 塌方防御廊；挡雪棚
~ pare-neige 挡雪棚
~ perpendiculaire à la direction 横洞
~ pilot-piédroit 侧墙导坑
~ pour canalisation 管沟
~ pour piétons 人行横洞
~ pour véhicules 车行横洞
~ principale 主要运输巷道
~ sous pression 压力隧洞
~ souterraine 地下坑道
~ transversale 横巷,穿脉,石门,横洞,横导坑
~ tubulaire 管型坑道,管廊
~ voûtée 拱廊
galerie-pilote 调查用坑道,导洞
galet *m* 滑轮,滚柱,皮带轮（小直径）,擒纵轮,座圈,轴承,导线轮,砾石,河卵石；*m. pl* 砾石道砟
~ à traiter 处治砾石
~ s aménagés 加工的砾石（石器）
~ argileux 黏土质卵石
~ arrondi 圆卵石,卵石
~ concassé 轧碎砾石
~ conducteur 引导轮
~ d'acier 钢轮
~ d'entraînement 传动滑轮,传动辊
~ d'orientation 导向滑轮,导向轮
~ de friction 摩擦轮
~ de grève 粗砾石
~ de guidage 导向轮,导向滑轮

galetage

～ de levée　起重滑轮
～s de mer　海砂
～ de plage　粗砾石
～ de porte　滑门滚轮
～ de porteur　承力滑轮
～ de roulement　轴承滑轮
～ de support　支撑滑轮
～ de tension　紧线滑轮
～ de transpalette　托盘搬运车的滚轮
～ de verrou　止动滑轮
～ fou　空转辊
～ guide　定向轮,导轮
～ guide de fil　导线导轮
～ orientable　导向滑轮,导向轮
～ roulé　圆砾石
～ strié　擦痕卵石
～ tabulaire　碎砾石
～ tendeur　压紧导轮,紧线滑轮

galetage *m* 滚轧,滚轧刨光
　～ d'une fusée　轴颈抛光滚压
galeter *v* 滚轧抛光
galet-guide *m* 导向滑轮,导向轮
galette *f* 板;扁平线圈
　～ de base　(半导体)基极区
galkhaïte *f* 硫砷铊汞矿
gallicinite *f* 皓矾;钛铁矿
gallinace *f* 暗玻玄武黑曜岩,鹑鸡岩
gillite *f* 硫镓铜矿(辉镓矿)
gallium-albite *f* 镓钠长石
gallium-anorthite *f* 镓钙长石
gallium-germanium-albite *f* 镓锗钠长石
gallium-germanium-anorthite *f* 镓锗钙长石
gallium-germanium-orthoclase *f* 镓锗正长石
gallium-phlogopite *f* 镓金云母
gallon *m* 加仑(单位)
　～ américain　美制加仑(1加仑＝3.785升)
　～ anglais　英制加仑(1加仑＝4.546升)
　～ impérial　英制加仑(1加仑＝4.546升)
　～ USA　美制加仑(1加仑＝3.785升)
galoche *f* 缺口滑车,导缆器
galon *m* 卷尺,皮尺,带
galop *m* 点头运动,沉浮运动
　～ d'un véhicule　车辆的颠振,车辆的沉浮运动
galopin *m* 中间齿轮

～ de tension　游滑轮,导滑轮
galvanique *a* 电的,电流的,电镀的
galvanisation *f* 电镀,镀锌
　～ à chaud　热镀锌法
　～ à froid　冷镀锌
galvanisé *a* 镀锌的,电镀的
galvaniser *v* 镀锌,电锭,通直电流
galvanisme *m* 直流电(电池等利用化学反应产生的)
galvanomètre *m* 电流[检流、安培]计,电表
　～ à aimant mobile　动磁式检流器
　～ à cadre　圈式检流计,圈式电流计
　～ à cadre mobile　动圈式检流计,动圈电流计
　～ à corde　弦线电流计,弦线检流计
　～ à miroir　镜式检流计,镜式电流计
　～ à ressort　弹簧式检流计
　～ à spot lumineux　光点检流计
　～ à vibration　振动式检流计
　～ astatique　无定向检流计,无定向电流计
　～ balistique　冲击检流计;冲击电流
　～ cuirassé　屏蔽检流计
　～ d'Einthoven　弦线电流计
　～ de D'Arsonval　达松伐耳电流计,检流计
　～ de résonance　振动式检流计
　～s des tangentes　正切检流计
　～ différentiel　差动检流计
　～ intégrateur　积分检流计
　～ sensible　灵敏电流计
　～ sinusoïdal　正弦电流计
　～ thermoïonique　热离子检流计
galvanométrie *f* 电流测定法
galvanométrique *a* 电流测定的
galvanoplastie *f* 电铸术,电镀术,电传术
galvanoplastique *a* 电铸的,电镀的
galvanoscope *m* 验电器
galvanotropisme *m* 向电性
galvanotypie *f* 电铸术,电铸技术
gamagarite *f* 水钒钡石
gamelle *f* 选矿溜槽;淘金盘
gamma *m* 伽马(磁场强度单位);微克(质量单位);γ量子,γ辐射;反衬度
　～ densimétrie　伽马密度计分析法
　～ densitomètre　γ射线密度仪(测量土壤密度),伽马密度计
　～ densitomètre mobile　(GDM)移动式伽马密

度计,手提式γ射线密度计

gammadéflectemètre *m* 伽马探伤仪;γ探伤仪

gammagraphie *f* γ照相术,γ射线扫描法,γ射线照相术,γ射线探伤法

gammamètre *m* γ射线测量器

gammaphone *m* 辐射仪

gamme *f* 区间,区域,范围,等级;间隔;等次,次第;波段,频道,音域;套,量程
- ~ acoustique 声频范围
- ~ d'accélérations 加速范围,加速段
- ~ d'accord 调谐范围
- ~ d'agrégats 骨料范围,集料范围
- ~ d'échelle 标度范围
- ~ d'épaisseur 厚度范围
- ~ d'erreur 误差范围
- ~ d'obturation 节流范围
- ~ d'ondes 波段
- ~ d'utilisation 适用范围,应用范围
- ~ dans toute la température 在整个温度范围内
- ~ de couleurs 色度等级,色谱
- ~ de dimension 尺寸范围
- ~ de fabrication 工艺卡,工艺程序,制造范围
- ~ de fréquences 频带,频率范围,波段
- ~ de la puissance disponible 可用功率范围
- ~ de mesure 测程,仪表量程,测量范围
- ~ de production 生产流程
- ~ de puissance 功率范围
- ~ de régimes 转速范围
- ~ de réglage 调整范围
- ~ de température 温度范围
- ~ de température intrinsèque 本征温度范围(半导体电气特性不变的温度范围)
- ~ de travail 工作波段,工作范围,(发动机)变距范围
- ~ de vitesse maxima 最大速度范围
- ~ des fréquences audibles 声频范围
- ~ des vitesses d'un véhicule 车辆的速度等级
- ~ dynamique 动态范围,动力学研究范围
- ~ étalée (无线电频率的)扩展范围
- ~ minérale 矿物组合
- ~ proportionnelle 比例范围
- ~ standard de température 标准温度范围
- ~ volume sonore 音量变化范围

gamsigradite *f* 含锰镁角闪石(锰镁闪石),含锰浅闪石

gan(n)ister *m* 致密硅岩

gangmylonite *f* 侵入糜棱岩,脉状糜棱岩

gangrène *m* 腐败;腐烂

gangue *f* 母岩,脉石,杂质;矸,矸石,废石
- ~ de minerai 废石
- ~ élémentaire 主脉
- ~ encaissante 围岩
- ~ enrobante 围岩
- ~ filonienne 脉石
- ~ fusible 自熔脉石,可熔脉石
- ~ pourrie 贫矿脉
- ~ rocheuse 坚硬脉石
- ~ stérile 废石,脉石,矸
- ~ terreuse 松散的脉石

ganil *m* 粒状石灰岩

ganoin *m* 硬鳞质;闪光质

ganomalite *f* 羟硅钙铅矿,不纯臭葱石,银钴臭葱石

ganophyllite *f* 辉叶石

gant *m* 手套
- ~ de soudeur 焊工手套

gapite *f* 碧矾

gara *m* 蘑菇石

garage *m* 备用线,停车线,侧线,交汇线;车库,汽车库;汽车修理厂;待避;停车;停船场;车辆进入停车线
- ~ actif 不停车避让(列车在长避让线上),越行线
- ~ avec entrée directe des deux côtés 两侧开通的停车线
- ~ d'un train 列车进入停车线;列车待避
- ~ de bicyclettes 自行车棚
- ~ de déchargement 卸车线,卸货线
- ~ de pleines 重车停车线
- ~ de stationnement 停车场
- ~ de vides 空车停车线
- ~ de voiture 汽车库
- ~ direct 直接到达线
- ~ franc 警冲标
- ~ s francs d'une aiguille 警冲标
- ~ latéral 路侧停车带
- ~ par rebroussement 列车通过折角调车转入停车线
- ~ parking 停车场

~ public   公用汽车库
~ sous sol   地下车库
~ souterrain   地下汽车停车场

garagiste *m*   修理工,汽车库工人
garant *m*   保证,担保
garanti *a*   保用的,质量有保证的
garantie *f*   保证,担保;担保品,抵押品;保函
~ accessoire   附加担保
~ d'offre   投标保函
~ d'exécution   施工保证
~ de bonne exécution   履约保函
~ de qualité   质量保证
~ de restitution d'avance   预付款保函
~ de soumission   投标保函
~ incidents   附带保证

garantir *v*   保证,担保,证明
~ une place assise   保证座席

garbenschiefer *m*   芥点板岩
garbenstilbite *f*   辉沸石
garbyite *f*   硫砷铜矿
garçon *m*   de bureau   办公室服务员
garde *m*   戒备,保卫,保护,防护,挡板,防护装置;看护者,看守人员
~ automatique   自动保持长途线路畅通的装置（长途电话中）
~ block   办理闭塞人员
~ cabine   信号员
~ d'air des pantographes   受电弓隔离限界
~ d'encombrement   离地间隙
~ de cambre   离地间隙
~ du poste de block   闭塞（信号）所信号员
~ excentrique   扳道员
~ sémaphore (signaux)   信号员

garde-barrière *m*   道口看守工
garde-boue *m*   挡泥板
garde-corps *m*   护轨,围栏,栏杆,胸墙,防护栏,女儿墙,防浪墙
~ de la baie   窗口栏杆
~ de plate-forme   平车侧板
~ de pont   桥栏

garde-crotte *m*   挡泥板
garde-feu *m*   挡火圈,防火指挥员
garde-fou *m*   栏杆,围栏
garde-frein *m*   制动员

~ en queue du train   运转车长
garde-ligne *m*   巡道工
garde-magasin *m*   材料保管员
garde-pavé *m*   斜柱
garde-place *m*   预定座位牌框;座号牌插入框（客车座位上设的）
garder *v*   保管,保住,保持,保留
garde-roue *m*   道路边缘的防栅柱
garde-signaux *m*   信号员
garde-temps *m*   时间传感器,计时计
garde-voies *m*   巡道工
gardien *m*   看守,警卫,保管员
gardiennage *m*   看守员职务,看守工作
~ à distance des passages à niveau   平交道口的遥控

gare *f*   站,车站,码头,旅客站舍
~ 《bicourant》   设有两种牵引电流的车站
~ à charges complètes   办理整车货物的车站
~ à étages   多层的车站
~ à marchandises   货运站
~ à personnel permanent   配备管理人员的车站
~ à services séparés   分开作业的交接杂站
~ à voyageur en forme de coin   楔式旅客站
~ à voyageur en forme en île   岛式旅客站
~ à voyageurs   旅客站,客运站
~ automobile   汽车站
~ autonome   独立的货运站
~ centrale   总站,中心站
~ centre d'informations (gestion centralisée du trafic marchandises)   信信息中心站（货运集中管理）
~ commune   公用站,联合站
~ d'arrêt   列车有停点的车站
~ d'arrêt d'un train   停车站
~ d'arrêt en cours de route   线路所
~ d'arrivage   到站,到达站,办理到达货物的商场站
~ d'attache   客车车底配属站,配属站
~ d'autobus   公共汽车站
~ d'eau   河岸站,内河客运站;河港站
~ d'échange   交接站
~ d'émission   客票发售站
~ d'entrée   进口站,进口国境站
~ d'escale   停车站,中间站

~ d'escale d'un train de marchandises 货物列车停车站
~ d'évitement 会让站
~ d'expédition 办理发送货物的商场站
~ d'origine 起点站,原发送站
~ de bifurcation 换乘站,枢纽站
~ de bifurcation à plusieurs directions 枢纽站
~ de chargement 发送站,起运站
~ de concentration 车辆集结站
~ de concentration du détail (G.C.D.) 零担货物集结站
~ de correspondance 衔接站,换乘站
~ de croisement 枢纽站,会让站
~ de déchargement 卸车站
~ de décomposition 列车车辆的车站,需要车辆的车站
~ de dégroupement 货物分发站
~ de départ 发送站,始发站
~ de départ de marchandises 货物发送站
~ de départ de voyageurs 旅客始发站
~ de dépassement 越行站
~ de desserte d'une localité 地方运输站
~ de destination 到达站,交货站
~ de détournement 列车变更经路的车站
~ de dislocation d'un train 列车解体站
~ de formation 编组站
~ de groupement 零担货物集结站
~ de jonction 衔接站,分界站;枢纽站
~ de jonction intérieure 国内衔接站,国内枢纽站
~ de manœuvre 编组站,调车站
~ de messageries 包裹运送站,快运货物站
~ de mine 矿区站,矿山站
~ de passage 中间站,通过站
~ de péage 收税站
~ de première classe 一等站
~ de rebroussement 折返站
~ de rechargement 货车双重作业站,重新装货站
~ de réenregistrement 重开货票的车站,转发送站
~ de réexpédition 货物转发站
~ de remisage 停车场,存车站
~ de transbordement 换装站
~ de transit 国境站,中转站,交接站,办理中转货物的商场站
~ de triage 编组站,调车站
~ de triage à deux côtés 双方向编组站
~ de triage d'un seul côté 单方向编组站
~ de triage de deux sens 双方向编组站(双方向都可调车的编组站)
~ de triage destinataire 到达编组站
~ de triage en forme de passage 纵列式编组站
~ de triage en forme de tête 横列式编组站
~ de triage en palier 平道编组站;平道调车场
~ de triage en pente continue 有坡道牵出线的编组站;驼峰调车场
~ de triage provenance 始发编组站
~ de voyageur en forme de passage 通过式旅客站
~ de voyageur en forme de tête 尽头式旅客站
~ déficitaire 缺少车辆的车站,需要车辆的车站
~ des ateliers 工厂站
~ des marchandises 货运站
~ destinataire 到站,到达站
~ destinataire de la feuille de route 运单上的到站,货运单据上的到站
~ destinataire de la lettre de voiture 运送票据上注明的到达站,运单上列出的到达站
~ émettrice 客票发售站
~ en cul-de-sac 尽头站,尽头客运站
~ en pente continue 坡道站,有连续坡道的车站
~ expéditrice 货物发送站,起运站
~ fermée au trafic des bagages 不办理行李运送的车站
~ fluviale 内河客运站,河港站
~ frontière 边境站,国境站
~ gardiennée 配备管人员的车站
~ gare-centre 总站,终点站,中心站,终点旅客站
~ gare-marché 商场站,带商场的车站
~ gérante 配属站
~ intérieure 国内车站
~ intérieure de dédouanement 办理报关手续的国内车站
~ intermédiaire 中间站
~ intermodale 具备各种运输方式的联运站
~ marchandise (集中规划的)物资流通中心
~ mixte 客货混合站

~ non gardiennée　无人管理车站
~ non reprise dans un tarif　非营业站
~ non tarifiée　非营业站
~ où le wagon est laissé　摘车站
~ où le wagon est prise　挂车站
~ principale　主要站，大站，总站
~ rattachée à un centre comptable　核算中心站的附属站
~ régulatrice (transports militaires)　军用调度站
~ répartitrice (wagons vides)　空车分配站
~ reprise dans un tarif　在运价表中列出的车站，营业站
~ restante　多余车辆停放场，代运站
~ routière　公路运输站
~ routière de marchandises　公路货运站
~ sans personnel permanent　无人管理车站
~ satellite　附属站，微型站，枢纽前方站
~ surélevée　高架站
~ tarifée　营业站
~ technique　技术站
~ terminus　终点站，尽头站
~ terminus de la lettre de voiture　运单到站，运送票据上注明的到达站，运单上列出的到达站
~ tête de ligne　首站，终端站，尽头旅客站
~ tête morte　终点站
~ traversée　通过站
~ voisine　邻站

garer *v* 避让；停放（车辆），送入车库；把（车）开进站，把（车）开进停车场或车库；车辆或列车送入备用线

garewaïte *f* 透辉橄煌岩
garganite *f* 闪辉煌岩
Gargasien *m* 加尔加斯（亚阶）（K_1，瑞士）
gargouille *f* 落水口，排水孔，排水管
garividite *f* 磁锰铁矿，杂铁锰尖晶石
garnet *m* 石榴石，石榴石类
garnetisation *f* 石榴石化（作用）
garnétite *f* 石榴石岩，石榴石
garnir *v* 配备，供应；充填，装衬垫；封严；装饰，装配
~ d'antifriction les coussinets　挂瓦，浇铸白合金

garnissage *m* 架；砌面，镶面；修整；填塞，衬板；支护；衬砌层，充填物；轴承挂白合金；背板（顶板的和巷道壁的）

~ de bois　木背板，木支护
~ de la voie　加垫道砟
~ des joints　封缝，密接
~ des parois　巷道背板
~ du tapis de l'éponge en caoutchouc　橡胶海绵地毯衬垫
~ en briques réfractaires　耐火砖衬砌层
~ intérieur　内部衬砌层
~ métallique　金属背板，金属支架

garnisseur *m* 装饰工，装配工

garniture *f* 密封圈，套组，配件，装备；填料，垫料，附件，衬砌；建筑装修内部装饰
~ d'amiante　石棉填料，石棉垫
~ d'asphalte　沥青防水层，沥青衬里
~ d'étanchéité　防水垫层，密封填料，密封套
~ d'étanchéité de pompe à eau　水泵密封垫
~ d'indicateur de niveau d'eau　水表衬垫
~ de bande de frein　制动带摩擦片
~ de bordure　包边，镶边
~ de caoutchouc　橡皮带，橡皮垫
~ de carottier　岩芯管
~ de chanvre　苎麻填料
~ de feutre　毡垫，毡衬
~ de frein　制动带，制动机附件
~ de joint　衬垫，垫圈，垫片
~ de l'entrée d'un puits　井圈
~ de la fenêtre　窗配件
~ de liège　软木垫
~ de palier　轴承衬
~ de piston　活塞环
~ de piston pour servomoteur des inverseurs et commutateur de traction de freinage　制动，牵引反向器和转换开关伺服马达用的活塞密封圈
~ des sièges (voiture)　软座垫（客车）
~ en caoutchouc　橡胶带，橡皮垫
~ en madriers　铺厚木板
~ en métal blanc　白合金衬层
~ intérieure　内部衬料
~ intérieure du cylindre　汽缸内衬垫
~ métallique　金属填料

garnsdorffite *f* 钟乳铁矾
garrelsite *f* 硅硼钠钡石
garronite *f* 十字沸石

garrot *m*	棒,横杆;方钉,道钉,紧索棒
gas-cap	气帽,气顶
gas-lift	气体升液器,气举
gas-oil *m*	柴油,粗柴油
gasole *m*	柴油
gaspillage *m*	掠夺性的开采,无计划滥采;浪费,糟蹋
～ de gisement	乱采,无计划开采
～ d'énergie	浪费能源
～ des réserves	无计划地开采储量,乱采储量
～ de l'investissement	投资浪费
gaspiller *v*	掠夺性开采,无计划滥采;浪费
gassi *m*	沙漠峡谷,沙丘间风槽,沙丘沟(撒哈拉地区)
gastaldite *f*	铝蓝闪石(蓝闪石)
gâté *a*	变坏的,腐败的
gâteau *m*	饼状物,泥饼
gâter *v*	损坏,毁坏,使变坏,使腐烂
gâtine *f*	贫瘠的沼泽地
gatumbaïte *f*	水羟磷铝钙石
gauche *m*	左边,左手;弯曲;*a* 左边的;变形的
à ～	向左;在左边
à ～ de	在……左边
à droite et à ～	到处
de droite et de ～	从各处,从四面八方
gauchi *a*	扭曲的,翘曲的,歪斜的,弯曲的,变形的
gauchir *v*	偏扭;翘曲,扭转;变形
gauchissable *a*	可歪扭的,可弯曲的
gauchissement *m*	倾斜,弯曲,翘曲;扭度,弯曲量;变形,走样
～ d'un véhicule	车辆变形,车辆倾斜
～ d'une roue	车轮变形,车轮走样
～ d'une tôle	板材翘曲
～ de la voie	线路变形
～ du béton	混凝土翘曲
gaudefroyite *f*	碳硼锰钙石
gaufrage *m*	微褶皱,皱褶,压力成形,滚波纹,轧凹凸花纹
gaufré *a*	波形的,皱纹(状)(结构)
gaufre *f*	凹凸花纹,波形凹凸花纹;波纹,皱纹;波形板
gaufrer *v*	烫字,烫花,压出凹凸花纹
gault *m*	重硬黏土,泥灰质黏土
Gault *m*	高尔特阶(K_1,英国)
gauslinite *f*	碳钠矾
gaussbergite *f*	橄辉白榴玻斑岩
gaussien *a*	高斯的
gautéite *f*	闪辉粗安岩,中长粗安岩
gavage *m*	充填;增压(内燃机)
gaveuse *f*	增压泵
gavillonneur *m*	细骨料破碎机,细碎机,铺砂机;石屑撒布机
～ à deux rouleaux	双圆筒式石屑铺撒机
～ à rouleau distributeur	圆筒石屑撒布机
～ porté	石屑撒布机
gavite *f*	水滑石
gayet *m*	腐泥煤;烛煤
gaylussite *f*	斜碳钠钙石
gaz *m*	气体,煤气,毒气,瓦斯,燃气
～ à condensat	凝析油;气体凝析物
～ à dépoussiérer	含尘气体,除尘气体
～ à l'eau	水煤气
～ à longue distance	远距离(输送)煤气
～ à rejeter	废气
～ acide muriatique	盐酸气体
～ asphyxiant	窒息性气体
～ associé	伴生气,油井伴生气
～ brûlé	废气
～ brut	未经处理的天然气,粗天然气,荒煤气
～ captif	截留的气体
～ carbonique	二氧化碳,碳酸气
～ carburant	碳氢燃料,气体燃料
～ combustible	可燃性气体,气体燃料
～ comprimé	压缩气体
～ condensable	可凝性气体
～ corrosif	有毒气体,有害气体,侵蚀性气体
～ d'eau résiduaire	污水气体
～ d'échappement	废气,乏气
～ d'échappement épais de couleur bleue-blanchâtre	蓝白色浓烟
～ d'huile	石油气
～ d'origine	天然气
～ de boue	污水气,污泥气
～ de carneau	烟道气,废气
～ de chauffage	可燃气体
～ de cheminée	烟道气,废气
～ de cokerie	焦炉煤气

~ de four à coke 焦炉煤气
~ de gazogène 发生炉煤气
~ de houille 煤气，照明气
~ de l'eau 水煤气
~ de la combustion 可燃性气体
~ de lignite 褐煤气
~ de mine 坑内沼气，矿井瓦斯
~ de pétrole 天然气，石油气
~ de pétrole liquéfié 液化石油气
~ de référence 标准气体，标准天然气
~ dégénéré 退化气体
~ délétère 有害气体，毒气
~ des graisses 石油气
~ des houillères 煤矿瓦斯
~ des marais 沼气，甲烷
~ détonant 爆轰气，爆鸣气，爆炸气体
~ dissous 溶解气体
~ emprisonné 捕集的天然气
~ et fumée d'explosif 爆后气体残气（指爆破后残留的有毒气体）
~ étranger 气体杂质，外来气体夹杂
~ explosif 爆炸性气体
~ fulminant 爆炸性气体，爆轰气，爆鸣气
~ hépatique 硫化氢
~ hilarant 笑气，钒化二氮
~ idéal 理想气体
~ imparfait 非理想气体
~ incommode 有害气体
~ inerte 惰性气体
~ juvénile 岩浆气体
~ libre 游离气体
~ liquéfié 液化气体
~ liquides 液化气体
~ magmatique 岩浆气体
~ méphitique 二氧化碳气
~ métallifère 气态含矿溶液
~ méthane 甲烷；沼气
~ mixte 混合气体，不凝性气体
~ natif, ~ naturel 天然气
~ naturel liquéfié 液化天然气
~ noble 惰性气体，稀有气体
~ nocif 有毒气体，有害气体
~ non condensable 不凝性气体
~ nuisible 有害气体

~ occlus 闭附气（固体内）
~ oxhydrique 爆炸性气体
~ parfait 完全气体，理想气体
~ pauvre 贫煤气，高炉煤气
~ perdus 废气
~ permanent 永久气体
~ poussiéreux 含尘气体
~ rare 稀有气体，惰性气体
~ raréfié 变得稀薄的气体
~ résiduel 残余气体，剩余废气
~ riche 富煤气，高热值煤气
~ sec 干煤气，干气
~ tonnant 爆炸气体
~ toxique 有毒气体
~ toxique ou explosif 有毒或爆炸性气体
~ usé 废气
~ volcanique, ~ de volcan 火山气体

gaze *f* 绷带；麻布，纱布；帆布
~ métallique 金属纱网
gazébo *m* 露台，阳台
gazéifère *a* 含气的
gazéifiable *a* 可气化的
gazéification *f* 气化（作用）
~ du charbon, ~ de la houille 煤的气化
~ en place 地下气化
~ des schistes 页岩气化
~ souterraine 地下气化
gazéifier *v* 气化
gazéiforme *a* 气态的，气体的
gazeux, euse *a* 气体的；煤气的
gazification *f* 气化
gazochimie *f* 气体化学
gazoduc *m* 煤气管道，天然气管道
gazogène *m* 煤气发生释，煤气发生炉，气体发生器
~ à anthracite 无烟煤煤气发生炉
~ à bois 木材煤气发生炉
~ à charbon de bois 木炭煤气发生炉
~ à semi-coke 半焦炭煤气发生炉
gazoline[**gazoléine**] *f* 石油醚；天然汽油
gazomètre *m* 气量计，煤气表；气体储存器
gazométrie *f* 气量法，气量测量
gazon *m* 草坪，草地；草皮，细草
~ en rouleau 碾压草皮，压实草皮
~ plaqué 铺面草皮

gazonnage *m* 铺草皮,种植草皮
　～à recouvrement 种植草皮
gazonnée *f* 草地
gazonnement *m* 种植草皮
gazonner *v* 铺草皮
gazonneux, euse *a* 长成草地的
géanticlinal *m* 地背斜
gearksite *f* 氟钙铝石
gédanite *f* 脂状琥珀
Gédinnien *m* 吉丁阶(D_1,欧洲)
gédrite *f* 铝直闪石
gédroitzite *f* 钠蛭石
gehlénite *f* 钙铝黄长石
Geiger *m* 盖格计数器
geine *f* 土壤有机质,腐殖质
géique *a* 腐殖质的
géite *f* 深部岩层
gel *m* 霜,冻结,结冰;凝胶,冻胶;严寒,胶质体;冻结期
　～à l'aluminate 铝酸盐凝胶
　～aqueux 水凝胶(体)
　～colloïdal 混胶,冻胶,凝胶(体)
　～d'argile 触变黏土浆,触变泥浆
　～de ciment 水泥凝胶,水泥凝胶体
　～de silicate de soude 水玻璃
　～de silice 硅胶,二氧化硅凝胶
　～des chaussées 路面冰冻
　～du revêtement 路面冰冻
　～du sol 冻土
　～éternel 永冻土层
　～humique 腐殖胶
　～mi-dur 半硬凝胶
　～nocturne 夜间冰冻
　～pérenne 冻土,永久冻土层
　～permanent 永久冻层
　～permanent continu 永冻层
gélatine *f* 胶,明胶;凝胶体;动物胶
　～des os 骨胶
　～du Japon 日本明胶,琼脂
　～explosive 爆炸性硝酸甘油物,胶质炸药
　～siliceuse 氧化硅胶
　～tannée 明胶
gélatineux, euse *a* 胶状的,胶质的,凝胶的,凝胶状的

gélatinifier *v* 胶化,涂胶,凝结,冻结
gélatiniforme *a* 胶状的
gélatinisant *m* 胶凝剂
gélatinisation *f* 胶凝作用,凝胶化
gélatiniser *v* 胶化;生成胶冻
gelbertrandite *f* 胶硅铍石
gel-dégel *m* 复冰(现象),冻融
geldiadochite *f* 胶磷铁矾
geldolomite *f* 胶白云石,雪白云石
gelé, e *a* 结冰的,冰冻的,冻结的
gelée *f* 霜;冻胶;严寒
　～blanche 霜
　～éternelle 永久冻结
　～nocturne 夜间冻结
　～siliceuse 硅胶
geler *v* 使结冰,使冰冻
gelfischérite *f* 胶水磷铝石
gélicontraction *f* 冰冻收缩
gélidéflation *f* 冻土消融
gélidisjonction *f* 冻裂
gélif *m* 不耐冻,易冻裂
gélif, ive *a* 不耐冻的,冻裂的,易冻裂的
gélifiant *m* 胶凝剂,胶凝物质,胶化物质
gélification *f* 胶凝,凝胶化
gélifié *a* 凝胶化的
gélifier *v* 使胶化,使胶凝
géliforme *a* 凝胶状的
gélifract *m* 冰冻裂块
gélifracté *a* 冰冻胀裂的
gélifraction *f* 冰冻崩解,冻劈作用
gélignite *f* 硝铵炸药,硝酸甘油炸药,葛里炸药
géliplaine *f* 冰缘平原
géliplanation *f* 冰雪夷平作用
gélisol *m* 冻土,永久冻土层
gélisolation *f* 冻土化作用
gelite *f* 蛋白石(石髓)
géliturbation *f* 融冻扰动(作用),融冻泥流(作用)
géliturbé *a* 融冻扰的
gélivation *f* 冰冻(作用),冻裂(作用)
gélive *a* 易冻裂的(岩石)
gélivité *f* 低耐寒性,易冻裂性
gélivure *f* (木、石的)冻裂缝,裂痕
gelmagnésite *f* 胶菱镁矿

gélose *f* 棕腐质；琼脂，琼胶
gélosite *f* 芽胞油页岩
gelpyrite *f* 胶黄铁矿
gelpyrophyllite *f* 胶叶蜡石
gelrutile *f* 胶金红石
gelténorite *f* 胶黑铜矿
gelthorite *f* 胶钍石
gelure *f* 冻伤
gelvariscite *f* 胶磷铝石
gelzircon *m* 胶锆石
géminé *a* 成双的，成对的
gemme *f* 宝石；树脂，松脂
　　~ de pin 含油松脂
　　~ de vésuve 透明符山石
　　~ orientale 蓝宝石
gemmifère *a* 含宝石的
gemmologie *f* 宝石学
gemmologiste *m* 宝石学家，宝石鉴别家
genaruttite *f* 方镉矿，方镉石
gendarme *m* 残山，岩柱，岩塔瑕疵
gêne *f* 危害，有害影响
　　~ à la visibilité 妨碍视线，影响能见度
gêner *v* 妨碍，阻碍；给予限制
général, e *a* 共同的；一般的，普通的；总的，概括的；全面的
　　en ~ 一般地；一般地说；通常
　　en règle ~ 按一般原则
généralement *adv* 一般，大概，大体上
généralisable *a* 可推广的；可归纳的
généralisateur, trice *a* 推广的，普及的，概括的，归纳的
généralisation *f* 普及；概括，综合
généraliser *v* 推广，普及；概括，归纳
généralité *f* 普遍性，一般性；概要；大多数；概[总]论；*f. pl* 概论，总结
générateur *m* 发生器，发生炉振荡器；发电机；生成程序
　　~ à arc 电弧振荡器
　　~ à courant constant 恒流发电机
　　~ à courant continu 直流发电机
　　~ à étincelle tournante 圆环式火花发生器
　　~ à excitation séparée 他激发电机，他激振荡器
　　~ à exploration de fréquence 摆频振荡器，扫描振荡器

　　~ à haute fréquence 高频发电机；高频振荡器
　　~ à onde sinusoïdale 正弦波振荡器
　　~ à pistons libres (turbines à gaz) 自由活塞式燃气发生器（燃气轮机）
　　~ à tension constante 恒压发电机
　　~ à turbine 水轮发电机，涡轮发电机
　　~ à vapeur 蒸汽发生器
　　~ à vent 风力发电机
　　~ alternatif 交流发电机
　　~ asynchrone 异步发电机
　　~ automatique de programmes (GAP) 自动程序发生器，报告程序发生器
　　~ autorégulateur 调压机，增压器，升压器
　　~ B.F. à battements 差拍振荡器
　　~ basse fréquence 音频发生器，音频振荡器，低频发电机
　　~ capacitif de dents de scie 电容式锯齿波发生器
　　~ d'étalonnage 校准振荡器
　　~ d'étalonné 校准器，校正器
　　~ d'harmoniques 谐波发生器
　　~ d'impulsions 脉冲发生器
　　~ d'impulsions codées 脉冲发生器；自动电话拨号盘
　　~ d'impulsions sélectrices 编码脉冲发生器，脉冲编码器
　　~ d'oscillations pilotées 稳定振荡器，被控振荡器
　　~ de courant 发电机
　　~ de haute tension 高压发电机
　　~ de taste 试验信号发生器
　　~ de tension 电压发生器
　　~ de tension linéaire 线性电压发生器
　　~ de tops 脉冲发生器
　　~ de tops de synchronisation 同步脉冲发生器
　　~ de vapeur 蒸汽发生器
　　~ différentiel 差动发电机，差动振荡器
　　~ domestique 民用发电机
　　~ électrique 发电机
　　~ H.F. de mesure 测量用高频振荡器
　　~ hydraulique 水轮发电机
　　~ hydroélectrique 水轮发电机
　　~ monophasé 单相发电机
　　~ multipolaire 多极发电机
　　~ pilote 辅助发电机，测速发电机

~ polymorphique 多电流发电机
~ pour tubes à rayons X X射线发生器
~ principal 主发电机
~ suspendu 悬式发电机
~ synchrone 同步发电机
~ tachymétrique 测速发电机,转速表传感器
~ thermoélectrique 热电式发电机
~ wobbulé 摆频发生器

générateur-régulateur *m* 可逆增压机

génération *f* 发电,发生,产生;振荡;世代,代
~ accidentelle 意外出现,偶然发生
~ d'énergie 产生能量
~ d'énergie électrique 发电
~ de chaleur 产生热量,产热
~ de données 数据生成
~ de l'impulsion 产生脉冲
~ de trafic 交通始发点(或处)
~ du système 系统生成
~ hydroélectrique 水力发电

génératrice *f* 基线,母点,母面,动线;发电机,发生器,发生炉,振荡器
~ à champ tournant 旋转磁场电机
~ à courant alternatif 交流发电机
~ à courant alternatif à vibreur 振荡式交流发电机
~ à main 手动发电机
~ à régulation de vitesse 调速发电机
~ à transistors 晶体管振荡器
~ asynchrone 异步发电机
~ auxiliaire 辅助发电机
~ birotor 双转子发电机
~ compound 复励[复激]发电机
~ couplée aux essieux 车轴发电机
~ s couplées en parallèle 并联发电机
~ d'avion 机动发电机
~ d'éclairage 照明发电机
~ d'essieu 车轴发电机
~ de chauffage 加热发电机,采暖发电机
~ de réserve 备用发电机
~ de tension anodique 阳极电压发生器,阳极发生器
~ de vapeur 蒸汽发生器,蒸汽锅炉
~ de voûte 起拱线
~ polymorphique 多电流发电机

~ principale 主发电机
~ semi-protégée 半封闭式发电机
~ tachymétrique asynchrone 测速异步发电机

génératrice-démarreur *f* 起动发电机;触发信号发生器

générer *v* 发生,振荡,激励

genèse *f* 成因,生因;起源,发生成因
~ de sol 土壤发生(学),土壤成因(学)

genevite *f* 符山石

génie *m* 工程,工程学;工兵;土木工程师的总称
~ civil 土木工程,土木学,建筑学
~ civil de tunnel 隧道土建
~ informatique 信息技术工程,计算机工程
~ logiciel 软件技术工程
~ mécanique 机械工程
~ militaire 军事工程
~ minier 采矿工程,矿山工程
~ parasismique 地震工程
~ routier 公路工程(学)
~ rural 农业工程

genkinite *f* 四方锑铂矿

genou *m* 万向接头,万能接头,万向节
~ de cardan 万向关节球形铰

genouillé, e 弯曲的

genouillère *f* 拐轴,曲柄;传动臂;肘管,弯管;球形接头

genre *m* 类,种类;方式,形式;方法
~ de marchandises à charger 装车货物种类
~ de wagons 货车种类

genre-type *m* 标型种属

genthelvite *f* 锌日光榴石

genthite *f* 镍叶蛇纹石

géo- (前缀)地;地球的

géoanticlinal *m* 地背斜

géocérellite *f* 树脂酸

géocérine[géocérite] *f* 地蜡,硬蜡

géochronologie *f* 地质年代学
~ absolue 绝对地质年代学
~ isotopique 同位素地质年代学
~ relative 地质年代学

géochronologique *a* 地质年代学的

géochronométrie *f* 地质年代测定(法)

géoclase *f* 断层,断裂,破裂

géocratique *a* 造陆的,造陆运动的

géocryologie *f* 冰岩地质学,冰冻地质学,多年冻土学,地球冰雪学
géode *m* 晶洞,晶球,晶簇
géodépression *f* 地洼,大地凹陷
géodèse *m* 大地测量人员
géodésie *f* 测量学,测地学;大地测量学
～ des mines 矿山测量
géodésien *m* 大地测量学家,大地测量工作者
géodésique *a* 大地测量学的,测地学的;最短线的
géodésiste *m* 大地测量工作者,测量员
géodimètre *m* 光电测距仪,导线测距仪,光速测距仪
géodynamique *f* 地球动力学,地质动力学
～ externe 地球外动力学
～ interne 地球内动力学
géoélectricité *f* 地电
géoélectrique *a* 地电的,地电(法)的
géoexploration *f* 地质勘探
géofracture *f* 地裂,区域性大断裂,地裂缝,地缝合线
géogaz *m* 地气,地气法测
géogénération *f* 地质作用
géogénèse *f* 地球发生论,地球成因说
géogénie *f* 地球成因学,地原学
géognosie *f* 记录地质学,描述地质学
géographe *f* 地理学家
～ physique 自然地理
géographie *f* 地理(学),地形(势),地文学
～ biologique 生物地理学
～ de données 数据图形
～ de sol 土壤地理学
～ des gares de triage 编组站的地理配置
～ économique 经济地理学
～ humaine 人文地理学
～ mathématique 数学地理学,天文学
～ physique 自然地理学
～ routière 道路地理学
géographique *a* 地理的,地理学的
géographiquement *adv* 在地理学上,在地理上
géogrille *f* 土工带,土工格栅
～ alvéolaire 蜂窝状土工格室
géohydrologie *f* 水文地质学,地下水水文学
géo-hygromètre *m* 土壤湿度计
géoïde *m* 大地水准面,重力平面,地球形体

géoisotherme *f* 等地温线,等地温面
géologie *f* 地质,地质学;地质状况
～ appliquée 应用地质学
～ architectonique 构造地质学
～ civile 工程地质学
～ comparée 比较地质学
～ de l'environnement 环境地质学
～ de l'ingénieur 工程地质学
～ de prospection 勘探地质学
～ de sol 土壤地质学
～ de subsurface 地下地质(学)
～ de surface 地表地质,地面地质学
～ de synthèse 区域地质(学)
～ de terrain 野外地质(学)
～ de tunnel 隧道地质
～ des combustibles 燃料矿产地质学
～ des hydrocarbures 油气地质学
～ des isotopes 同位素地质学
～ du gisement 矿床地质学
～ du Quaternaire 第四纪地质(学)
～ dynamique 动力地质学
～ environnementale 环境地质学
～ expérimentale 实验地质学
～ générale 普通地质学
～ géochronologique 地史学,地貌学,地貌地质学
～ géotectonique 大地构造地质学
～ glaciale 冰川地质学
～ historique 地史学,历史地质学
～ mécanique 地质力学
～ minière 矿床地质(学)
～ pétrolière 石油地质学
～ physiographique 地文地质学
～ profonde 深部地质(学)
～ régionale 区域地质;区域地质学
～ sédimentaire 沉积岩石学,沉积学
～ séismique 地震地质学
～ sous-marine 海洋地质学
～ stratigraphique 地层学
～ structurale 构造地质学
～ technique 工程地质学
～ tectonique 构造地质(学)
géologique *a* 地质的,地质学的
géologiquement *adv* 在地质学上,按地质学的观

点
géologue *m* 地质学家,地质师,地质工作者
　～ académique　地质科研人员
　～ de campe　野外地质人员
　～ de terrain　野外地质工作者
　～ en chef　总地质师
　～ pétrolier　石油地质工作者,石油地质学家
géologue-astronaute *m* 宇航地质学家
géologue-conseil *m* 地质顾问
géologue-géophysicien *m* 地质—地球物理学家
géologue-pétrolier *m* 石油地质学家,石油地质工作者
géologue-prospecteur *m* 地质勘探人员
géomécanique *f* 地质力学,地球力学
géomembrane *f* 土工薄膜,地膜
　～ de polyéthylène　聚乙烯地膜
géométéorologie *f* 大地气象学
géométral *m* 实测平面图
géométral, e *a* 实际测量的
géomètre *m* 测量员,地形测量者,土地丈量员,几何学家[者]
　～ du fond　矿山测量员
　～ des mines　矿山测量员,坑道测量员
géométrie *f* 几何学;几何形状,几何结构;测量学
　～ de la route　道路几何学
　～ du pneumatique　轮胎(几何)形状
　～ du remblai　路堤的几何形状
　～ souterraine　矿山测量,矿山测量学
géométrique *a* 几何的,几何学的
géométrisation *f* 几何测量;几何化
géomicrobiologie *f* 地质微生物学
géomorphie *f* 地貌学,地形学
géomorphique *a* 地球表面形态的,地形的,地貌的
géomorphogenèse *f* 地貌成因学,地形发生学
géomorphogénie *f* 地貌发生学
géomorphographie *f* 地貌叙述学,描述地貌学
géomorphologie *f* 地貌学,地形学,地表形态学
　～ appliquée　应用地貌学
　～ climatique　气候地貌学
　～ de glaciation　冰川地貌
　～ de rivière　河流地貌(学)
　～ dynamique　动力地貌学
　～ éolienne　风成地貌
　～ génétique　地貌成因学
　～ karstique　岩溶(喀斯特)地貌
　～ marine　海成地貌
　～ périglaciaire　冰缘地貌学
　～ structurale　构造地貌学
géomorphologique *a* 地貌学的
géomorphologue *m* 地貌学家
géomorphométrie *f* 地貌测量
géonémie *f* 地球学,地学
géonomique *a* 地球学的
géoondation *f* 大地波动运动,地壳升降运动,造陆运动
géopétale [géopète] *a* 向地性的,(沉积层的)觅序的,示顶底的
géophase *f* 地质相
géophone *f* 地震检波器,地下听音器,小型地震仪;地音探测器
　～ séismique　地声检波器,地音探测器
géophysicien *m* 地球物理学家
géophysicien-explorateur *m* 勘探地球物理学家
géophysicien-pétrolier *m* 石油地球物理学家
géophysique *f* 地球物理,地球物理学; *a* 地球物理学的
　～ appliquée　应用地球物理(学)
　～ d'exploration　勘探地球物理
　～ dans le forage　井下地球物理学
　～ de profondeur　深部地球物理
　～ de terrain　勘探地球物理
　～ du chantier　矿山地球物理学,工业地球物理学
　～ générale　普通地球物理学
　～ structurale　构造地球物理
géopolymère *f* 土工聚合物
géopotentiel *m* 位势,地重力势,位势高度,地重力势高度,(地球)量力位势
géorceixite *f* 钡磷铝石
géorgiadésite *f* 氯砷铅石
géoscience *f* 地球科学,地学
géoséismique *a* 地震的,地震勘探的
géosphère *f* 陆界,陆圈,地圈,岩石圈,地球圈
géostatique *a* 地球静力学的
géostatistique *f* 地质统计学,地球统计学
géostock *m* 地下储存库
géostratigraphique *a* 全球地层学的,洲际地层学的
géostrophique *a* 地转的,地球自转的

géosuture *f* 地裂缝，地缝合线，大地缝
géosynclinal *m* 地槽，地向斜
géotechnique *f* 土工学，地质工学，岩石力学，工程地质
    ~ et hydrogéologie régionale 区域工程地质与水文地质
géotectonique *f* 大地构造学，大地构造；*a* 大地构造的
géotextile *m* 土工织物，土工用编织品
    ~ anti-contaminant 防污染土工布
    ~ décomposable 可降解土工布
    ~ en fibre de verre 玻纤土工布
    ~ en polypropylène 聚丙烯土工布
    ~ filtrant 渗水土工布
    ~ non tissé 无纺型土工织物
    ~ tissé 有纺型土工织物
    ~ tricoté 编织型土工织物
géothèque *f* 地质资料库
géothermal, e *a* 地温的，地热的
géothermie *f* 地温，地热，地热学
géothermique *a* 地热的，地温的
géothermomètre *m* 地温计，地下温度记录器，地质温度计，地热温际
géothermométrie *f* 地温测量；地热测温术
géotrope *a* （沉积层的）觅序的，示顶底的
géotumeur *m* 地瘤，地隆
géoxène *m* 陨铁
gérance *f* 板，薄板，木板，模板，纸板
gérant *m* 经理，管理人，主管人，代理人
    ~ d'affaires 业务经理
    ~ d'une société 公司经理
gerbable *a* 可堆垛的
gerbage *m* 装堆，堆垛；编组
    ~ à la sauterelle 用皮带输送机堆垛
gerbe *f* 束，簇，捆；束形物
    ~ d'eau 喷水，水柱
    ~ de cristaux 晶簇
    ~ de filons 脉群
    ~ en panaché 松树状云，烟柱
    ~ éruptive 喷发云柱（充满火山灰与细屑）
gerber *v* 堆垛，将材料堆成堆
gerbeur *m* 堆垛机
    ~ à quatre voies 四向堆垛机
    ~ à fourche 叉式堆垛机
    ~ à planteur 托板式堆垛机
    ~ à positions multiples 多位堆垛机
    ~ à voie simple 单向堆垛机
    ~ électrique 电动堆垛机，电瓶堆垛机
    ~ léger 轻便堆垛机
    ~ universel 万能堆垛机
gerce *f* 龟裂，裂纹，裂缝，起皱纹
gercement *m* 裂开，龟裂
gercer *v* 裂开，裂缝
gerçure *f* 龟裂，裂纹，裂缝；起皱纹；节理，劈理，缝隙
    ~ annulaire 环裂（木材干裂）
gérer *v* 管理，支配
gerhardite *f* 铜硝石
germanate-analcime *f* 锗方沸石
germanate-celsian *m* 锗钡长石
germanate-leucite *f* 锗白榴石
germanate-natrolite *f* 锗钠沸石
germanate-néphéline *f* 锗霞石
germanate-pyromorphite *f* 锗磷氯铅矿（磷锗铅矿）
germaneux *a* 含锗的
germanifère *a* 含锗的
germanique *a* 日耳曼型的（构造）
germanium-phénacite *f* 锗硅铍石
germanotype *m* 日耳曼型构造
germarite *f* 紫苏辉石；异剥辉石
germe *m* 晶核，晶芽，胚芽，胚原基
    ~ cristallin 晶芽
germicide *a* 杀菌的
germination *f* 萌芽，发芽；新相形成，骤成巨粒
Gerpho *m* 路面诊断摄影仪
gersbyite *f* 磷镁铝石，天蓝石
gerstmannite *f* 硅锌镁锰石
gésir *v* 埋藏；产出
gespilite *f* 碧玉铁质岩
geste *m* 手势，手信号
gestion *f* 管理，经营，操纵
    ~ automatisée 自动化管理，用计算机管理
    ~ autonome 自主管理
    ~ budgétaire 预算管理
    ~ centralisée du trafic marchandises 货运集中管理
    ~ courante 日常处理

~ courante (temps différé)　日常处理(延时)
~ cybernétique continue du trafic marchandises　货运连续统筹管理
~ d'entrée/sortie　输入、输出管理
~ d'enregistrement　记录管理
~ de bureau　办公管理,事务管理
~ de documents　文件管理
~ de fichiers　文件管理
~ de file d'attente　排队管理
~ de la circulation　交通管理
~ de la qualité　质量管理,质量控制
~ de production　生产管理
~ de programme　程序管理
~ de ressources　资源管理
~ de stock　库存管理,仓库管理
~ de transaction　事务管理
~ décentralisée　分散管理
~ des données　数据处理
~ des entreprises　企业管理
~ des interruptions　中断管理
~ des ressources en eau　水(利)资源管理
~ des routes　道路管理
~ des stocks　材料管理
~ des tâches　任务管理
~ des temps　时间管理
~ des travaux　作业管理,施工管理
~ du trafic　交通管理
~ du trafic marchandise　货运管理
~ en commun　联营
~ en terrassements　土方管理
~ équilibrée　经济核算,经济管理
~ équilibrée des entreprises　企业经营核算管理
~ financière　财务管理
~ industrielle　生产管理
~ intégrée　集中管理
~ intégrée d'un parc de locomotives　机车保有量的集中管理
~ intégrée du trafic marchandise　货运集中管理
~ mécanographique　自动管理
~ opérationnelle　运算管理
~ opérationnelle (temps réel ou quasi réel)　运算处理(实时或半实时)
~ par normes de production　生产定额管理
~ planifiée　计划管理,计划经营
~ prévisionnelle　预算管理
~ programmée　程序化管理
~ sur ordinateur　电子计算机管理
~ technique centralisée(GTC)　集中控制系统

gestionnaire　*m*　管理人员,管理程序
~ de fichiers　文件管理程序,文件库管理程序

getter　*m*　气体吸收剂,(电子管中的)吸气剂
geyser　*m*　间歇喷井,自喷油井
~ de boue　泥火山
geysérien　*a*　间歇活动的,间歇性涌水的,间歇式喷放的
geysérite　*f*　泉华,硅华
ghassoulite　*f*　锂皂石,富镁皂石,针蒙脱石
ghijot　*m*　排水吊桶
ghizite　*f*　云沸橄玄岩
gianellaite　*f*　氮汞矾
giannettite　*f*　氮硅锆钙石
gibbeux　*a*　凸状的,凸起的,凸出的
gibbsite　*f*　三水铝石
gibbsitogélite　*f*　γ三羟铝石(三水胶铝矿,三水铝石)
gibecière　*f*　pour les pétards　雷管袋
gibelet　*m*　小螺旋钻,小螺丝锥,小钻孔
gibélite　*f*　歪长粗面岩
giboulée　*f*　(夹雹和雪)骤雨,(初春)骤雨,阵雨
~ de grêle　雹雨
gibsonite　*f*　纤杆沸石
giclage　*m*　喷射,雾化,喷油嘴系统
~ d'huile　喷滑油
giclée　*f*　喷流,射流,流
giclement　*m*　喷射;雾化
gicler　*v*　喷射,喷出,进射
gicleur　*m*　喷管,喷嘴,喷射器,量孔;喷漆枪
~ auxiliaire de puissance　满负荷辅助喷嘴
~ de carburant　喷油嘴,燃料喷嘴
~ compensateur　补偿量孔,补偿喷嘴
giddérite　*f*　细晶片麻岩
gieseckite　*f*　绿假霞石
giesenherrite　*f*　硅铁石
giffard　*m*　喷射泵
gigantesque　*a*　庞大的,宏伟的;巨大的
gigantolite　*f*　堇青云母(杂黑白云母)
gilalite　*f*　水硅铜石
gilbertite　*f*　丝光白云母

giliabite *f*	吉利蒙脱石
gill *m*	基尔(等于两千分之一秒)
gillespite *f*	硅铁钡矿
gilmmérite *f*	云母岩
gilpinite *f*	铁铀铜矾
gilsonite *f*	黑沥青,硬沥青
Gimpco *m*	反余弦控制脉冲发生器
ginilsite *f*	硅铝铁钙石
ginite *f*	水磷复铁石
Ginkgoales *f.pl*	银杏属
ginorite *f*	水硼钙石
ginzburgite *f*	金兹堡石,富铁高岭石
giobertite *f*	菱镁矿
giorgiosite *f*	异水菱镁矿
girafe *f*	送话器活动支杆
girasol *m*	青蛋白石
giration *f*	旋转,回转,转动,旋转运动;循环,环流
giratoire *m*	圆锥破碎机,旋回破碎机; *a* 旋转的,回转的
～ dénivelé	环形立体交叉
girdite *f*	复碲铅石
girnarite *f*	青钙闪石
girobroyeur *m*	旋回破碎机
giron *m*	踏步宽,级宽
～ d'une marche d'escalier	梯级踏板
girouette *f*	风向标
gisement *m*	方位,象限角,方位角;矿脉,矿床;沉积
～ acrobatolitique	近(基岩)顶部的矿床
～ affleurant	出露地表的矿床
～ alluvial,～ alluvionnaire	冲积层;冲积矿床,砂矿
～ apomagmatique	外岩浆矿床,中距岩浆源矿床
～ appauvri	采空矿床
～ asphaltique	沥青矿床
～ aurifère en place	原生金矿床
～ aveugle	隐伏矿床,盲矿床
～ caché	隐伏矿床,盲矿床
～ commercial	工业矿床
～ d'amas couché	缓倾筒状矿体
～ d'amas debout	陡倾筒状矿体
～ d'émanation	射气矿床,升华矿床
～ d'évaporites	蒸发盐矿床
～ d'exsudation	循环水沉积矿(水在围岩中循环时,水中矿物沉积形成的脉状矿床)
～ d'imprégnation	浸染矿床
～ d'origine	原生矿床
～ de cap-rock	具盖层的油藏,盐丘帽中的油藏
～ de charbon	煤田,煤矿
～ de charbon d'origine allochtone	异地成煤矿床
～ de charbon d'origine autochtone	原地成煤矿床
～ de cimentation	胶结矿床
～ de contact	接触矿床
～ de départ acide	酸性岩中的接触交代矿床
～ de départ immédiat	接触矿床
～ de diorite	闪长岩矿床
～ de figures	产在裂隙带的矿体
～ de flanc	近接触带矿体
～ de gaz	气田
～ de gaz-huile	油气藏,油气田
～ de gravier	砾石矿床
～ de métamorphisme de contact	接触变质矿床
～ de métamorphisme régional	区域变质矿床
～ de minéral	矿床
～ de pétrole	油藏;油田
～ de pétrole off-shores	近海油田
～ de pli couché	产于伏卧褶皱中的矿床
～ de pli diapire	产于底辟褶皱中的矿床
～ de récupération	次生矿床
～ de régénération	再生矿床
～ de remplacement	交代矿床
～ de ségrégation	分凝(分结)矿床
～ de sel	盐矿
～ de substitution	交代矿床
～ de[à]faible inclinaison	缓倾斜矿床
～ détritique	碎屑矿床
～ diagénétique	成岩矿床,沉积变质矿床
～ disloqué	受构造破坏的矿床,错动的矿床
～ éluvial	残积矿床
～ en couche	层状矿床
～ en filon	脉状矿床
～ en masse	矿株,矿囊,块状矿,网状矿脉
～ en pipe	岩筒状矿床
～ en place	原生矿床
～ en roche	原生矿床
～ épigène,～ épigénétique	后成矿床
～ épithermal	浅成低温矿床,低温热液矿床,浅成热液矿床

~ épuisé 已采完的矿床
~ éruptif 喷发矿床，火成矿床
~ exogène 外生矿床
~ exploité 采空的矿床，采过的矿床
~ exploré 探明的矿床
~ faillé 断错矿床，断层破坏的矿床
~ faux 偏差方位，误差方位
~ filonien 矿脉
~ fossilifère 含化石层
~ géosynclinal 地槽型矿床
~ graveleux 砾石料场
~ houiller 煤田，煤矿
~ hydrothermal 热液矿床
~ hypogène 深成矿床，内生矿床
~ hypothermal 高温热液矿床，深成热液矿床
~ in situ 原生矿床
~ intrusif 侵入矿床
~ lacustre 湖成砂矿
~ vrai 真方位

gismondine *f* 水钙沸石
gîte *m* 矿床，矿脉，地层；矿体，矿层倾斜；住所
~ à matériaux 料场
~ alluvionnaire 冲积矿床
~ apical （产在鞍部的）鞍部矿床
~ apomagmatique 外岩浆矿床
~ aquifère 含水层
~ chimique 化学成因矿床
~ crypto magmatique 隐岩浆矿床
~ crypto batholitique 隐岩基矿床
~ d'eau 充水矿体，含水层
~ d'imprégnation 浸染状矿床
~ d'inclusions 矿囊，囊状矿体
~ d'injection magmatique 岩浆贯入矿床
~ de cimentation 胶结矿床
~ de contact métasomatique 接触交代矿床
~ de départ acide 酸性岩中的接触交代矿床
~ de départ immédiat 接触交代矿床
~ de houille 煤层，煤田
~ de matériaux 材料产地
~ de métamorphisme de contact 接触变质矿床
~ de métamorphisme régional 区域变质矿床
~ de minerai de fer 铁矿床
~ de minéral 矿体，矿床
~ de moyenne température 中温热液矿床
~ de ségrégation magmatique 岩浆分异矿床
~ de substitution 交代矿床
~ détritique 碎屑矿床
~ disloqué 断错矿床
~ dispersé 浸染矿床
~ disséminé 浸染矿床
~ éluvial 残积矿床
~ embatholitique 岩基内矿床
~ émigré 再生矿床
~ en amont-pendage 逆倾斜矿床
~ en aval-pendage 顺倾斜矿床
~ en forme de cheminées 筒状矿床
~ en forme de trainées 链状矿床
~ en roche 原生矿床
~ endobatolitique 岩基内矿床
~ épibatholithique 岩基边缘的矿床
~ épigénétique 后成矿床
~ épithermal 低温热液矿床，浅成热液矿床
~ exogène 外生矿床
~ exploitable 工业矿床，可采矿床
~ filonien 脉状矿床
~ fluviatile 河成砂矿，河流冲积砂矿
~ hydrothermal 热液矿床
~ hypobatholitique 深岩基矿床
~ hypogène 内生矿床，深成矿床
~ hypothermal 高温热液矿床，深成热液矿床
~ intrusif 侵入矿体
~ lenticulaire 透镜状矿体
~ leptothermal 亚中温矿床
~ magmatique 岩浆矿床
~ mésothermal 中温热液矿床
~ métallifère 金属矿床
~ métamorphique 变质矿床
~ métasomatique 交代矿床
~ métasomatique de contact 接触交代矿床
~ minéral 矿体，矿床
~ minier 工业矿床，可采矿床
~ non métallique 非金属矿床
~ orthomagmatique 液体岩浆矿床，正岩浆矿床
~ par altération 风化矿床
~ pegmatitique 伟晶岩（脉）矿床
~ périmagmatique 岩浆缘矿床
~ pétrolifère 油层，油田
~ pneumatolytique de contact 气化接触矿床，

气化热液接触矿床
 ~ polymétallique　多金属矿床
 ~ porphyrique de cuivre　斑岩铜矿床
 ~ primaire　原生矿床
 ~ protomagmatique　分凝岩浆矿床
 ~ pyroclastique　火成碎屑矿床
 ~ pyrogénétique　火成矿体
 ~ pyrométasomatique　高温热液交代矿床
 ~ régénération　再生矿床
 ~ résiduel　残余矿床
 ~ sédimentaire détritique　碎屑沉积矿床
 ~ syngénétique　同生矿床
 ~ téléscopé　套叠矿床
 ~ xénothermal　浅成高温热液矿床,浅成高温矿床

gîtologie　*f*　矿床学
gittinsite　*f*　硅锆钙石
giuffite　*f*　整柱石
giumarrite　*f*　角闪沸煌岩
givrage　*m*　冰沉积,结冰
givre　*m*　霜,冰霜,白霜,雾凇,冰花
 ~ blanc　白霜,霜凇
 ~ de carburateur　汽化器结冰
 ~ dur　树挂

givrer　*v*　结霜
gjellbekite　*f*　硅灰石
glaçage　*m*　磨光(沥青路面),抛光;加冰
 ~ direct　接触加冰法
 ~ direct sur le chargement　顶上加冰法
 ~ direct au sein du chargement　内部加冰法
 ~ des wagons　车辆加冰

glaçant, e　*a*　结冰的;极冷的
glace　*f*　冰;结冰点;玻璃;镜子;滑动面
 ~ anti-buée　防水汽玻璃,保明玻璃
 ~ athermique　隔热玻璃
 ~ bombée　弯化[曲面]玻璃
 ~ broyée　碎冰(块),小块浮冰
 ~ carbonique　干冰,固体二氧化碳
 ~ colorée　有色玻璃
 ~ côtière　沿岸浮冰,滨冰
 ~ dans le sol　底冰
 ~ s dérivantes　流冰
 ~ de banquise　浮冰
 ~ de dérive　浮冰,流水
 ~ de fenêtre　窗玻璃
 ~ de fond　底冰,潜冰;土内冰,河底冰
 ~ de glacier　冰川冰
 ~ de névé　万年雪,冰原
 ~ de pression　承压水
 ~ de reflet　(公路)反射镜
 ~ de rive　沿岸浮冰
 ~ de rivière　河冰
 ~ de sécurité　安全玻璃,不碎玻璃,钢化玻璃
 ~ de sûreté　保险玻璃,安全玻璃,不碎玻璃,防弹玻璃
 ~ de vitrage　玻璃板,平玻璃
 ~ dépolie　毛玻璃,磨砂玻璃
 ~ dérivante, ~ en dérive　浮冰
 ~ du palier de butée　止推轴承支座
 ~ électro-conductrice　导电玻璃
 ~ embuée　毛玻璃
 ~ en bloc　块冰
 ~ en crêpes　冰饼
 ~ en fouie　埋藏冰
 ~ en mouvement　浮冰,漂冰
 ~ en recul　后退冰
 ~ éternelle　永冻冰
 ~ flottante　浮冰,漂冰,冰山,流水
 ~ fondante　融化冰
 ~ fossile　古代冰
 ~ glacier　冰川冰
 ~ incassable　不碎玻璃
 ~ interstitielle　(土壤)孔隙间冰
 ~ littorale　海滨冰
 ~ morte　死冰川,静止冰
 ~ moutonnée　积冰
 ~ perpétuelle　永冻冰
 ~ plane　平面玻璃
 ~ pourrie　蜂窝状冰,半融冰
 ~ sèche　干冰
 ~ souterraine　地下积水,地下冰,潜冰
 ~ translucide　半透明玻璃
 ~ trempée　钢化玻璃
 ~ triplex　三重夹层玻璃,三层玻璃(二层玻璃,中心夹一层塑料,安全玻璃的一种)
 ~ visqueuse　冰屑泥浆
 ~ vive　活动冰

glacé, e　*a*　结冰的,抛光的,上釉的

glace-miroir	f	玻璃镜	
glacer	v	使结冰,使冷却,使光亮,上釉	
glacerie	f	玻璃厂,平板玻璃	
glaciaire	a	冰的,冰成的,永冻的,冰河的	
glacial, e	a	严寒的,冰冷的,寒带的	
glacière	f	冰箱,冰洞,冰窖,冷藏库;制冰机	
glacification	f	冰川形成作用,冰川覆盖作用	

glacis *m* 斜堤,平坡,缓坡,微斜面,檐口[外窗台]泄水坡,平坦的地面
　～ alluvial　冲击缓坡平原,冲积坡,山前平原
　～ argileux　（亚）黏土
　～ continental　大陆斜坡
　～ d'épandage　山前平原
　～ d'érosion　山麓冲积坡,山前侵蚀平原
　～ de piedmont　麓原,山麓侵蚀面;山麓坡
　～ rocheux　碛原,石质平原

glaçon	m	冰柱,冰块,浮冰块,海冰碎片	
glaçure	f	釉,搪瓷;光滑(面)	
gladite	f	柱硫铋铜铅矿	
gladkaïte	f	英斜煌岩	
glagérite	f	乳埃洛石	
glaise	f	陶土,黏土,胶泥,壤土,亚(黏土)黏土	

　～ argileuse　亚黏土,黏土
　～ de versant　山麓陶土,山麓壤土
　～ marneuse　泥灰质土壤
　～ sableuse　亚砂土,砂壤土,砂质黏土
　～ sableuse fine　细砂壤土,细亚砂土
　～ sableuse marneuse　泥灰砂质壤土
　～ verte　绿色黏土;泥灰岩(巴黎盆地)

glaiseux, euse *a* 黏土质的,泥质的,黏土性的,含黏土的

glaisière	f	黏土采场,黏土坑,陶土坑,陶土层	
glanage	m	选别回采	
gland	m	盖,罩,帽;橡实管	
glandulaire[glanduleux]	a	结核状的,杏仁状的	
glasérite	f	钾芒硝	
glasstone	f	玻璃岩	
glauber	m	芒硝	
glaubérite	f	钙芒硝	
glaucamphibole	f	蓝闪石类	
glaucocérinite	f	锌铜铝矾	
glaucochroïte	f	钙锰橄榄石(绿粒橄榄石)	
glaucodote	m	砷硫钴矿	
glaucolite	f	海蓝柱石(中柱石);方钠石	
glauconie	f	海绿石	
glauconieux	a	海绿石的	
glauconifère	a	含海绿石的	
glauconite	f	海绿石	
glauconitisation	f	海绿石化	
glauconitite	f	海绿石岩	
glaucopargasite	f	蓝韭闪石	
glaucophane	f	蓝闪石	
glaucophanisation	f	蓝闪石化(作用)	
glaucophanite	f	蓝闪岩	
glaucosidérite	f	蓝铁矿	
glaukokérinite	f	锌铜铝矾	
glaukosphærite	f	镍孔雀石	
glèbe	f	含矿地带,成矿区;田地,耕地	
glendonite	f	钙芒硝状方解石	
glenmuirite	f	正沸绿岩,正橄沸煌岩	
glessite	f	圆树脂石,褐色树脂体,褐色琥珀	
gley	m	潜育层,潜育土,潜育	

　～ argileux　黏土质潜育层
　～ mouilleux　湿潜育土,湿格列土

gleyification	f	潜育(作用)	
gleyifié	a	潜育的	
gleylforme	a	潜育层状的	
glichou	m	夹层;工作面裂隙	
glimmérite	f	云母岩	
glimmerton	m	伊利石,云母土	
glinkite	f	绿橄榄石,富铁橄榄石	
glint	m	发光,闪耀,反射,回波起伏;陡崖;高原陡缘	
glissage	m	溜矿,放矿;溜矿槽,溜子;滑运木材,滑运	
glissance	f	(路面)滑溜	

　～ de la chaussée　路面滑溜
　～ des revêtements　路面滑溜
　～ due à la glace　冰引起的滑溜
　～ due à la neige　雪引起的滑溜
　～ hibernale　冬天路面滑溜(由于冰雪而引起)

glissant, e	a	滑动的,滑行的,易滑的	
glissante	f	活动面	
glissement	m	沿移,滑动,滑坡,滑移,坍塌,下滑,滑落,滑动塌方,平移断层,倾斜断层,滑差率(异步发电机或电机)	

　～ au cours d'un plissement　褶皱中的滑动
　～ autoroutier　高速公路的滑溜

~ bourbeux 泥滑
~ circulaire 旋转滑动,圆形滑动(滑坡的)
~ cylindrique 圆面滑动;滚动滑坡
~ d'un remblai 路堤坍滑
~ de cisaillement 土崩,(土的)剪切滑坍,剪切滑动
~ de courroie 皮带滑动,皮带打滑
~ de débris 岩屑滑动,岩屑滑移
~ de fréquence 频率漂移,频移
~ de la faille 断层断距,断层移距
~ de lit 层面滑移,(沿)层面滑动
~ de masse 坍方,滑坡,土崩,崩坍
~ de montagne 山体滑动,地滑,山崩
~ de neige 雪崩
~ de pente 滑坡
~ de revêtements 路面滑溜
~ de rives 河岸坍塌,坍坡
~ de roche 岩滑,岩崩
~ de roues calées 下闸车轮的滑行
~ de solifluction 泥流,融冻泥流
~ de surface 表层(土)蠕动,表层坍滑
~ de talus (人工填方或挖方的)边坡坍塌,坍坡,边坡滑移
~ de terrain 坍方,滑坡,山崩
~ des couches 岩(矿)层滑动
~ du mur 断层下盘滑落
~ du rail 钢轨爬行
~ du sol 土滑,土崩,土塌,土爬,土潜动
~ du terrain 坍方,滑坡,岩石滑落
~ du toit 顶板错动
~ en direction 顺走向滑动
~ en fauchage 翻倒式滑坡
~ en masse 岩石崩塌
~ en roche 岩质滑坡
~ en terre 质滑坡
~ gravitationnel 重力滑动
~ horizontal 水平滑动
~ latéral 侧滑,横向滑移
~ monoclinal 单斜滑移,单斜移动
~ oblique 斜向滑动
~ par la base 底坍,地基破坏,基础破坏
~ pierreux 石流
~ pneu-route 轮胎对路面的滑移
~ progressif 逐渐滑动,分级滑动
~ rocheux 岩石崩塌
~ sous-aquatique 水下滑移
~ sous-lacustre 湖底滑动
~ sous-marin 海底滑坡
~ superficiel de sol 蠕动,蠕变
~ synsédimentaire 同沉积滑动
~ thermique 热散逸

glisser v 滑动,滑行(下闸车轮),滑坍错动,滑落;平移(指岩石)

glisseur m 排矿槽,放矿溜槽,溜子

glissière f 平板支座;导轨,导杆,导槽,导向装置;滑板,滑块,滑筒,滑槽,滑动面
~ à câble 护栏索
~ à double face 双面护栏
~ à une face 单面护栏
~ d'enclenchement 闩锁杆
~ d'enclenchement du parcours 进路闩锁杆
~ de boîte d'essieu 轴箱导框
~ de crosse 十字头导板
~ de crosse de piston 活塞十字头滑板
~ s de plaque de garde 轴箱导框滑沟
~ de sécurité 安全栏,护栏
~ de sécurité en béton 混凝土安全(防撞)护栏
~ de tête de piston 活塞头导板
~ électrique 电动导向装置
~ en béton 混凝土护栏
~ métallique 金属护栏
~ rabotée 磨光支承轨道,磨光滑动支承板条

glissière-guides f.pl 导轨,滑轨

glissoir m 滑块,山坡滑道,滑走坡
~ à bois 木滑道
~ à câble 缆索滑道

global, e a 总的,全部的,全球的,世界的,地球的,球状的,整体的,全局的

globalement adv 总共,全部地

globalisation f 概括,总括,综合

globaliser v 概括,总括,综合

globalité f 全部,整体

globe m 球;地球;球状结核;球形灯罩;球形器
~ de lampe 玻璃灯罩,球形灯罩
~ flotté 浮球

globosite f 红磷铁矿

globosphérites f.pl 团状集球雏晶,球雏晶团

globulaire a 球状的,球的,球粒状的

globule *m* 泡，极小球形体，小球状体，水珠
　～ d'air　气泡
　～ d'eau　水滴，水珠
　～ de gaz　气泡
globuliforme *a* 鲕状的，鱼卵状的（指灰岩）
glockérite *f* 纤水绿矾
gloméroblastes *m. pl* 聚（合）变晶
gloméroblastique *a* 聚变晶（结构）的
glomérocristallin *a* 聚晶状（结构）的
glomérolepidoblastique *a* 聚鳞片变晶（结构）的
glomérophitique *a* 聚嵌晶状（结构）的
glomérophyrique *a* 聚斑状（结构）的
gloméroplasmatique *a* 聚束状（结构）的
gloméroporphyritique *a* 聚斑状（结构）的
gloméroporphyroïde *a* 聚斑状的
glomérosphérique *a* 聚球状（结构）的
glomérovitroporphyrique *a* 聚玻斑（结构）状的
glossa *f* 光泽
glossaire *m* 词汇汇编，词典
glossecolite *f* 黏埃洛石
glottalite *f* 菱沸石
gluant, e *a* 胶结的，黏性的
glucine[glucinite] *f* 羟磷钙铍石
gluer *v* 涂胶水
glushinskite *f* 草酸镁石
gluténite *f* 砂砾岩
glutination *f* 胶黏，黏合，胶合
glutineux, euse *a* 黏的，有黏性的
glycérine *f* 甘油，丙三醇
glycérophtalique *f* 甘油钛酸盐
glycol *m* 乙二醇，甘醇
glyptogenèse *f* 刻画生长；地形雕塑作用
glyptogénique *a* 刻画生长的
gmélinite *f* 钠菱沸石
gneiss *m* 片麻岩
　～ à biotite　黑云母片麻岩
　～ à cordiérite　堇青片麻岩
　～ à faciès d'anatexie　深熔片麻岩
　～ à faciès nébulitique　云染片麻岩，雾迷片麻岩
　～ à grenat　石榴片麻岩
　～ alpestre　原生片麻岩
　～ compact　细粒（结构）片麻岩；致密（结构）片麻岩
　～ composé　混合片麻岩
　～ conglomératique　砾石片麻岩
　～ du socle　基底片麻岩
　～ en feuillet，～ feuilleté　叶片状片麻岩
　～ fondamental　原生片麻岩
　～ glanduleux　眼球片麻岩
　～ granitique　花岗片麻岩
　～ granitisé　花岗岩化片麻岩（混合岩）
　～ granitoïde　花岗片麻岩
　～ inférieurs　下片麻岩（带）
　～ injecté，～ d'injection　贯入片麻岩
　～ lité　带状片麻岩
　～ œillé　眼球状片麻岩
　～ pélitique　泥片麻岩
　～ primitif　原生片麻岩
　～ quartzique　石英片麻岩
　～ rubané　带状片麻岩，缟状片麻岩
　～ schisteux　片状片麻岩
　～ sédimentaire　副片麻岩，变片麻岩
　～ supérieur　上片麻岩（带）
　～ veiné　脉状片麻岩
gneisseux, euse *a* 片麻岩质的，片麻岩的，片麻状的
gneissification *f* 片麻岩化（作用）
gneissique *a* 片麻岩质的，片麻岩的，片麻状的
gneissite *f* 长英麻粒岩
gneissoïde *a* 片麻状的
gneissosité *f* 片麻理，片麻状构造
gobetage *m* 墙壁粉刷打底
gobeter *v* 粗制，粗涂，打底（抹泥灰）
gobetis *m* 粗涂，打底（抹泥灰）
gobie *f* 戈壁
godet *m* 杯形件；斗，戽斗，吊斗，水斗，（挖土机的）铲斗，勺斗；润滑器，油杯，加油器；料罐，（浇混凝土的）吊罐
　～ à aiguilles　针式油壶，针状油壶
　～ à câble　缆索吊斗
　～ à dents　带齿铲斗
　～ à déversement latéral　侧卸吊斗
　～ à dragline　拉索戽斗，拉铲铲斗
　～ à huile　油盅，油杯
　～ à injection　喷漆枪
　～ à liant　结合料称量配料斗
　～ basculant　翻斗，倾卸斗，翻转式勺斗
　～ butte pour travaux en roches　铲石斗
　～ caveur　铲斗，抓斗，抓岩机勺斗

~ chargeur　装载斗
~ d'élévateur　升降机翻斗
~ d'excavateur　挖土机斗,挖掘机斗,电铲铲斗
~ d'excavateur de tranchée　挖沟机斗
~ de décharge　卸料斗
~ de dragline　拉索戽斗,拉铲铲斗,索铲铲斗
~ de drague　挖掘船挖斗
~ de drainage　排水戽斗
~ de noria　水车戽斗,链式提水机戽斗
~ de pelle　挖土机铲斗
~ de pelle fouilleuse　(挖土机的)反铲斗,反铲挖土机
~ de pelle mécanique　反铲(挖土机的),挖土机铲斗
~ de rétrocavage　(挖土机的)反铲
~ doseur　量斗
~ en fouilleuse　挖土机铲,挖土机反铲
~ excavateur de tranchée　挖沟机铲斗,挖沟机铲
~ fouilleur　推土机勺斗,挖土机勺斗
~ graisseur　油盅,油杯
~ inversé　挖土机反铲
~ jointif　多斗(挖沟机)
~ neige　刮雪斗,除雪铲斗
~ niveleur　刮路机;铲削器
~ pour travaux en roches　(挖掘机的)挖石斗
~ pour usage général　一般铲斗
~ puiseur　挖土斗
~ racleur　铲土斗,挖土斗
~ relevable　可提升铲斗
~ rétro　(挖土机的)反铲,反向机械铲,拖铲挖土机
~ rétro terrassement　挖土机反铲
~ rétro-tranchées　挖沟机反铲
~ terrassement　挖土斗,铲土斗,索铲铲斗

godet-caveur　*m*　铲斗
godet-dragline　*m*　拉铲铲斗,拉索戽斗,索铲铲斗
gœdkenite　*f*　羟磷铝锶石
gœrgeyite　*f*　斜水钙钾矾
gokaïte　*f*　斜紫苏辉石
gokumite　*f*　符山石
goldbéryl　*m*　金色绿柱石
goldfieldite　*f*　碲黝铜矿
goldichite　*f*　柱钾铁矾
goldmanite　*f*　钙钒榴石
goldschimidtine　*f*　硫碲银矿(脆银矿)
goldschmidtite　*f*　针碲金银矿,针碲金矿
gomipholite　*f*　泥砾岩
gommage　*m*　胶黏,胶结,涂胶,上胶,涂树脂,植物胶,树脂化作用;橡胶沥青煤的形成
~ à cellules d'air　海绵橡胶,松孔橡胶
~ à effacer　橡皮
~ acacia　金合欢树胶,阿拉伯树胶
~ adragante　黄蓍树胶
~ arabique　阿拉伯树胶,金合欢树胶
~ brut　生橡胶
~ de l'hévéa ou latex　橡树浆,乳胶(制橡胶用)
~ de roulement　轮胎橡胶,胎面胶
~ du Sénégal　阿拉伯树胶,金合欢树胶,塞内加尔树胶
~ élastique　橡胶,生橡胶;橡皮
~ indigène　糊精
~ s résines　树胶脂
~ synthétique　合成橡胶
~ tragacanthe　黄蓍树胶
~ vulcanisé　硫化树胶

gomme　*f*　绘图橡皮
gomme-gutte　*f*　杜仲胶
gomme-laque　*f*　虫胶,紫胶,漆树脂,洋干漆,虫胶漆,快干漆
gommeline　*f*　糊精
gomme-para　*f*　巴拉橡胶
gommer　*v*　涂树胶;卡住,挤住
gomme-résine　*f*　树脂胶
gommifère　*a*　树脂的
gond　*m*　铰链,折页,挂钩;车门铰链
gondite　*f*　石英锰榴岩
gondolage　*m*　弯曲,弯折,翘曲;凸起,鼓起
gondolé　*a*　翘曲的,弯曲的
gondolement　*m*　翘曲,弯曲,挠曲
gondoler　*v*　变弯,翘曲
Gondwana　*m*　冈瓦纳古陆,冈瓦纳大陆
gondwanien　*a*　冈瓦纳的
gonflable　*a*　膨胀的,充气的
gonflage　*m*　轮胎打气;充气
~ rapide　快速充气
gonflant　*m*　膨胀剂
gonflement　*m*　膨胀,溶胀,鼓胀,充气;隆起,湿

胀；加厚，变粗
　　~ à l'eau　泡胀
　　~ au gel　冻胀
　　~ des terres　土壤膨胀
　　~ dû au gel　（道路的）冻胀，冰冻隆胀
　　~ du béton　混凝土膨胀
　　~ du dôme　穹状隆起
　　~ du fond　底板隆起
　　~ du sol　地面隆胀，地基鼓起，地基隆起，地基弓高
　　~ du terrain　岩石膨胀，岩石突起
　　~ du tour　下盘隆起，底板鼓起
　　~ libre　自由膨胀
　　~ local à l'aplomb du barrage　水坝垂直方向局部隆胀
　　~ osmotique　渗透泡胀，溶胀
　　~ par le gel　冻胀，冰冻隆胀
　　~ saisonnier　季节性膨胀
　　~ stratigraphique　地层平错
　　~ volumétrique　体积膨胀
gonfler *v* 充气，膨胀，使膨胀；鼓起，隆起
　　~ le réservoir　给风缸充风
gonfleur *m* de pneus　轮胎充气泵
gongylite *f* 黄块云母
goniomètre *f* 测角仪，测角计，测角术，角的测量；定向，量角仪，X射线测角仪
　　~ à contact　接触式测角计
　　~ à deux cercles　双圈反射测角仪
　　~ à miroir　反射测角器，镜式测角仪
　　~ à réflecteur　反射测角器
　　~ à réflexion　反射测角仪
　　~ de Babinet　巴比纳测角仪
　　~ de Carangeot　卡兰乔测角仪（接触测角仪）
　　~ de Wollaston　沃拉斯顿测角仪（直立圈单圈反射测角仪）
　　~ haute fréquence　高频无线电定向仪
goniométrie *f* 测角术，晶体测角，角的测量；定向
goniophare *m* 雷达站
　　~ à impulsion　脉冲雷达站
gonnardite *f* 纤沸石（变橄沸石）
gonsogolite *f* 针钠钙石
gonyérite *f* 富锰绿泥石
goodérite *f* 含霞钠长岩
goosecreekite *f* 古柱沸石

gooseneck *m* 鹅颈钩，S形弯曲，S形曲管
gorceixite *f* 磷钡铝石
gordaïte *f* 针钠铁矾
gordonite *f* 磷镁铝石
gordunite *f* 榴辉橄榄岩
gore *f* 黏土夹层，风化砂屑岩（法国中部），风化花岗岩，风化花岗石
　　~ blanche　风化粗砂；（煤系中）白黏土
gorge *f* 峡，槽，凹槽，凹口，峡谷，山峡，隘口，山涧，冲沟，沟壑；喉部，颈
　　~ circulaire　环形槽，闪蒸环
　　~ d'érosion　侵蚀谷
　　~ d'étanchéité　封闭槽，密封槽
　　~ d'un isolateur　绝缘子凹槽
　　~ d'usure de la jante　轮缘磨耗槽
　　~ de capture　袭夺峡谷
　　~ de graissage　滑油路，滑油槽
　　~ de lubrification　滑油路，滑油槽
　　~ de piston　活塞环槽
　　~ de raccordement　（冰后期切蚀形成的）深堑谷
　　~ de réserve d'huile　储油槽
　　~ de retour d'huile　回油槽，甩油槽
　　~ de roulement　滚珠轴承座圈
　　~ de segment de piston　活塞环槽
　　~ de torrent　冲沟
　　~ des paliers　轴承槽
　　~ du bandage　轮箍踏面磨耗凹槽
　　~ étroite　峡谷
　　~ graissage　滑油路，滑油槽
　　~ lumineuse　暗灯槽
　　~ pour garniture　垫圈槽
　　~ profonde　峡谷，嶂谷
gorger *v* 使充满，使装满
gorgeyite *f* 斜水钙钾矾
goshénite *f* 透绿柱石
gosier *m* 进气口，进气道
goslarite *f* 皓矾
gosselétite *f* 锰红柱石
gothique *a* 哥德式的
Gothlandien *m* 哥特兰（系）（S，欧洲）
gotzénite *f* 氟硅钙钛矿
goudeyite *f* 三水砷铝铜石
goudron *m* 溚，柏油，焦油，石油沥青，硬煤沥青，煤焦油脂

~ à chaud 热用柏油,热用煤沥青
~ à froid 冷用柏油,冷用煤沥青
~ à haute viscosité 高黏度煤沥青
~ à prise lente 慢凝煤沥青
~ à prise rapide 快凝煤沥青
~ à séchage lent 慢凝煤沥青
~ à séchage rapide 快凝煤沥青
~ à vieillissement lent 慢老化煤沥青
~ à vieillissement normal 正常老化煤沥青
~ à vieillissement rapide 快老化煤沥青
~ anhydre 无水焦油
~ animal 骨沥青
~ artificiel 人造地沥青,人造煤沥青
~ ayant subi une distillation partielle 部分蒸馏煤沥青
~ bitumé 石油沥青—煤沥青混合料
~ bitumineux 沥青焦油,石油沥青
~ brut 粗焦油,粗柏油,生柏油,生焦油,原焦油,粗煤沥青
~ caoutchouc 掺橡胶的煤沥青
~ chand 热煤沥青
~ composé 复合煤沥青
~ d'anciennes spécifications 正常老化煤沥青
~ d'asphalte 软地沥青,沥青渣油
~ de basse température 低温柏油,低温焦油,低温焦油沥青
~ de bois 木溚,木焦油,木柏油,木焦油沥青
~ de coke 焦炉柏油,焦炉焦油,焦炉煤焦油,炼焦煤焦油,焦油煤焦油
~ de cokerie 焦炉柏油,焦炉溚炼焦厂生产的焦油沥青
~ de cornue horizontale 水平蒸馏罐蒸馏的焦油沥青
~ de cornue verticale 立式蒸馏罐蒸馏的焦油沥青
~ de four à coke 焦炉煤焦油,炼焦煤焦油,煤焦油沥青,焦炉柏油
~ de gaz 煤气柏油,煤气焦油
~ de gaz à l'eau 水煤气炉柏油,水煤气溚,水煤气焦油,水煤气焦油沥青
~ de gaz à l'huile 油（煤）气焦油,油（煤）气焦油沥青
~ de gaz d'éclairage 煤气焦油,煤气焦油沥青
~ de gazogène 煤气发生炉柏油,煤气发生炉煤焦油,煤气发生炉煤沥青
~ de haut fourneau 高炉柏油,高炉焦油沥青（或煤沥青）
~ de hêtre 山毛榉木焦油
~ de houille 煤焦油,煤溚,煤（焦油）沥青
~ de lignite 褐煤溚,褐煤焦油,褐煤沥青
~ de pétrole 石油沥青
~ de route 筑路沥青,筑路焦油沥青,路用沥青
~ de schiste 页岩柏油,页岩溚,页岩沥青
~ de tourbe 泥煤焦油,泥炭焦油,泥煤沥青
~ déshydraté 脱水煤沥青
~ desséché 去水柏油,脱水焦油沥青,脱水煤焦油,去水煤沥青
~ époxyde 环氧煤沥青;环氧焦油沥青
~ faiblement aromatique 低芳香焦油
~ fluidité 回配煤沥青,轻制煤沥青,流体煤沥青
~ minéral 天然沥青,沥青,地沥青,矿柏油
~ pour imprégnation 透油层用煤沥青
~ pour intempéries 抗坏天气的煤沥青
~ pour routes 路用煤沥青
~ primaire 低温焦油,低温焦油沥青
~ reconstitué 筑路焦油,筑路焦油沥青
~ routier 筑路柏油
~ T.R.S. 慢老化煤沥青
~ végétal 木焦油,木焦油沥青,植物柏油,植物油
~ vinyle 乙烯基煤沥青
~ visqueux 黏性焦油,黏性煤沥青

goudron-béton *m* 焦油沥青混凝土,煤沥青混凝土
goudron-bitume *m* 煤沥青—石油沥青混合料
goudron-macadam *m* 煤沥青碎石,煤沥青碎石路
goudronnage *m* 涂沥青,浇沥青,浇煤沥青,喷洒煤沥青
~ à chaud 热浇煤沥青
~ à froid 冷浇煤沥青
goudronné *a* 浇柏油的,涂柏油的,焦油浸渍的
goudronner *v* 涂沥青,涂煤沥青,铺煤沥青
~ à froid 冷铺柏油,冷铺煤沥青
goudronnerie *f* 柏油蒸馏厂,煤沥青工厂
goudronneuse *f* 柏油洒布机,沥青喷洒机,焦油沥青喷洒机,煤沥青喷洒机
~ à bras 手动煤沥青洒布机
~ à main 手动煤沥青洒布机
~ automobile 汽车式煤沥青喷洒机,煤沥青洒

布车
goudronneux, euse *a* 焦油状的,焦油的,沥青质的
goudron-vinyle *m* 乙烯基树脂煤沥青
gouffre *m* 海渊,陷坑,深潭,谷底,漩涡,天然谷;喀斯特盆地
　～ béant　喀斯特陷坑
　～ de mort　死谷
　～ océanique　海盆,洋盆
gouge *f* 凿子,半圆凿,弧口凿,断层泥,脉壁泥
gougeage *m* 割槽,表面切割
　～ à arc-air　电弧空气气刨
　～ à la flamme　喷火凿槽
　～ au chalumeau　喷火营槽
goujon *m* 销,键,插头,暗销,榫钉,开口销,全缝钉,传动杆,柱螺栓,合缝钢条,双头螺栓
　～ à deux pointes　双尖端钉;销钉
　～ au rivage　铆栓
　～ boulonne　螺栓式定位销,螺栓固定销
　～ central　中心螺栓,心轴
　～ circulaire　圆形暗销
　～ d'arrêt　开口销,开尾销,止动销,扁销
　～ d'assemblage　装配螺栓
　～ de centrage　定位销,导销
　～ de commande　调整塞头
　～ de culasse rapportée　可卸汽缸盖螺柱
　～ de fixation　扣接螺栓,定位螺栓,紧固螺栓
　～ de maçon　地脚螺栓,锚栓
　～ du rouet d'une poulie　滑轮滚动螺栓,滑轮滚动轴针
　～ mural　墙栓
　～ pour béton　(水泥混凝土路面的)传力杆
　～ rivé　铆住的螺栓
　～ téton　销钉
goujonnage *m* 安装螺栓;螺栓连接
goujonné *a* 用销钉连接的,用螺栓连接的
goujonner *v* 用销钉连接,用螺栓连接
goujure *f* 槽,沟
goule *f* 岩洞,喀斯特溶洞;陷坑,塌陷;矿山崩落
goulet *m* 槽,沟;峡谷,冲沟,沟壑;管道,孔道,通路;港湾窄狭的入口;咽喉区;水溜;地下涌水
　～ hélicoïdal　螺旋通路(冷却系统的)
goulette *f* 小沟,小槽(排水用)
goulot *m* 狭窄通道
　～ d'étranglement　咽喉区,狭窄道路

goulotte *f* 槽,斜槽,溜槽,小水沟,给料槽;混凝土浇注
　～ à béton　混凝土浇注溜槽
　～ à boue　泥浆槽
　～ à filtre　过滤漏斗
　～ d'alimentation　给料槽,供料槽
　～ de coulage du béton　混凝土滑溜槽
　～ de décharge　出料槽,卸料槽
　～ de distribution　配料槽
　～ de dosage　量料槽
　～ de jetée　出料槽,卸料槽
　～ de refus　废料槽
　～ de retour de boues　泥浆槽
　～ et entonnoir　槽斗联合装置
　～ orientable　转动滑槽
　～ porteuse (wagons pour transport d'automobiles)　槽形挡木(在装运小汽车的双层装运车上用)
　～ vibrante　振动槽式运输机
goumbrine *f* 漂白土;贡布林石
goupillage *m* 装开口销,装上销子
goupille *f* 销,钉;双头螺栓;接合销,开口销,止动销,开尾销;仪器中心顶针
　～ à encoche　开槽销
　～ cannelée　开槽销,凹槽销
　～ conique　锥形销
　～ cylindrique　圆柱形销
　～ d'arrêt　保险销;止动销;开口销
　～ de cisaillement　剪力轴针,剪力销,剪力铰
　～ de guidage　导销
　～ de montage　安装销
　～ de position　定位销
　～ de réglage　调整销,定位销
　～ de rupture　切口小螺栓;剪断销
　～ de serrage　止动销
　～ de sûreté　保险销
　～ de verrouillage　锁闭保险销,联锁销
　～ élastique　弹簧销
　～ fendue　开尾销,开口销,开槽销
　～ filetée　螺钉
goupiller *v* 装开口销,装上销子
gour *m* 风化残丘,(沙漠中)蘑菇石;岩溶溶洞底池
gourdin *m* 支柱,斜撑

gourgue *f* 下沉,陷落,沉陷

gousset *m* 接点板,角撑板,角板;撑杆,斜撑;节点板;托架

 ~ d'une poutre 梁托,(梁)腋

 ~ de dalle (混凝土楼板的)托板

 ~ de la membrure inférieure 下弦节点板

 ~ de la membrure supérieure 上弦节点板

 ~ de renforcement 加强角材

 ~ s de renfort 增强节点板,加强的角撑板

 ~ double 成对结合板

 ~ en équerre 角板,角铁

 ~ en tôle 角撑,角撑铁,角撑板

 ~ en U U形扣板

goutte *f* 滴,水滴,点滴

 ~ à ~ 一滴一滴地,一点一滴地

 ne... ~ 一点也没有,一点也不

gouttelette *f* 小滴

gouttière *f* 槽,天沟,水槽,水沟,檐槽;滴水槽,凹皱;向斜槽,水道,通风孔

 ~ à dégagement 传递槽,输送槽

 ~ à l'huile 油槽

 ~ carrée 箱形水槽

 ~ d'eau de fonte 融水道,融水冲沟

 ~ de coulage du béton 混凝土滑溜槽

 ~ de décharge 出料槽,卸料槽

 ~ de distribution 布料槽,配料槽

 ~ de dosage 量料槽

 ~ de jetée 出料槽,卸料槽

 ~ de parapet 箱形水槽

 ~ de refus 废料槽

 ~ des rebords du toit 檐沟,檐槽

 ~ en porte-à-faux 挑檐天沟

 ~ en V V形檐槽

 ~ fluvio-glaciaire 冰水河道

 ~ oblique 斜水沟

 ~ oscillante 震动槽式运输机

 ~ transporteuse 运输槽

 ~ vibrante 振动槽式运输机

gouvernable *a* 可控制的,可操纵的

gouverner *v* 操纵,驾驶,控制,管理

gouverneurite *f* 镁电气石

gowerite *f* 戈硼钙石

goyazite *f* 磷锶铝石

GPS+RTK *f* 全站仪

graben *m* 地堑,堑沟

grâce à 由于,多亏,借助,借……之力

gracilité *f* 细长,脆弱

gradateur *m* 调光器,遮光器,减光线圈,制光装置,光控设备

gradation *f* 等级,次第;层次,程序;分类;分级,分选,级配,筛选;均夷作用,渐变作用,颗粒分级作用

 ~ continue 连续级配

 ~ de la couche 地层均夷作用

 ~ des agrégats 骨料级配;骨料分级

 ~ des teintes 匀色

 ~ discontinue 间断级配,不连续级配

 ~ mécanique 机械筛分;机械级配分析

 ~ optimum 最佳级配

grade *m* 等级;程度,级,变质级,度,坡度,倾斜度;煤的分等,煤的等级;粒级,粒度

grader *m* 平地[土、路]机,推土[筑路]机,平土机,平路机

gradériste *m* 平地机驾驶员

gradient *m* 坡,坡度,陡坡,比降,梯度,斜度,斜率;增减率

 ~ adiabatique 绝热梯度

 ~ barométrique 气压梯度,气压递减率

 ~ conjugué 共轭梯度

 ~ critique 临界坡降,临界(水力)坡度

 ~ d'énergie 能量梯度

 ~ d'énergie idéale 理想能(坡)线

 ~ d'insulation 绝缘等级

 ~ d'intensité 烈度,强度

 ~ d'une route 道路坡度

 ~ de célérité 速度递减

 ~ de champ 场梯度

 ~ de charge 水力梯度;水力坡度

 ~ de concentration 浓度梯度

 ~ de contrainte 应力梯度

 ~ de contrainte thermique 热应力梯度

 ~ de contrastes 对比梯度

 ~ de couple antagoniste 反作用力矩梯度

 ~ de courbure 曲率梯度

 ~ de déformation 变形速率

 ~ de densité 密度梯度

 ~ de flottation critique (砂、土的)临界浮动比降

 ~ de fluage 徐变梯度

~ de gravité 重力梯度
~ de l'affaissement 沉落坡降
~ de l'humidité 湿度梯度
~ de la concentration 浓度比降
~ de la nappe aquifère 地下含水层梯度,地下水坡降
~ de la nappe phréatique 地下含水层梯度
~ de la pression de l'eau inertielle 间隙水的压力梯度,孔隙水压力梯度
~ de la surface de l'eau 水面坡降,水流表面坡度
~ de nappe phréatique 地下水坡降,地下水水力梯度
~ de percolation 渗透比降,渗透梯度,渗透坡降
~ de potentiel 势梯度,位梯度
~ de pression 压力梯度;气压梯度
~ de pression osmotique 渗透压梯度
~ de retrait 收缩梯度,收缩增减率
~ de rivière 河流比降
~ de route 道路坡度,道路比降
~ de saturation 饱和梯度
~ de sortie 出逸比降
~ de température 温度差,温度梯度
~ de terre 土壤粒级、土壤分类,土的分类
~ de vitesse 速度梯度,流速梯度
~ des contraintes 应力梯度
~ du champ magnétique 磁场梯度
~ du lit de rivière 河床比降
~ géochimique 地球化学梯度
~ géostatique 地静压梯度
~ géothermique 地热梯度,地热增温率,地热比降
~ hydraulique 液压梯度,水位增减率;水力坡降,水力坡度,水力梯度
~ hydraulique critique 临界水力坡降;临界液压梯度,临界水力梯度,临界水力比降
~ hydrodynamique 流体动力学梯度
~ hydrostatique 流体静压梯度
~ inerte 惯性坡度
~ initial 起始坡降
~ latéral 横比降,横向坡降,横向梯度
~ métamorphique 变质梯度
~ phréatique 地下水坡降
~ piézométrique 压力梯度
~ pluviométrique 雨量梯度
~ potentiel 势梯度,位梯度

~ potentiel électrique 电势梯度,电位比降
~ stable 恒定坡降,恒定梯度
~ thermique 热梯度,温度梯度
~ thermique superadiabatique 超绝热梯度
~ transversal 横(向)比降
~ variable 可变梯度

gradin *m* 级,阶段,阶地,阶梯,台阶;看台(指阶梯式的座位);护道;脚踏板
~ d'embouchure 悬谷陡坎,备口阶级
~ de diffluence 分流阶地,分流坎
~ de faille 断层阶地,断层崖
~ de piedmont 山麓阶地,山麓梯级地
~ de plage 海蚀阶地,后滨阶地
~ de vallée 谷地纵断面梯度
~ en exploitation 开采梯段,工作梯段
~ glaciaire 冰川阶地
~ marginaux 山麓阶地,边缘阶地
~ structural 构造阶地,岩阶
~ supérieur/calotte 上台阶
~ tectonique 断层阶地

gradiomètre *m* 梯度仪,重力梯度计,测斜仪,坡度测定器

graduateur *m* 分度器;刻度机
~ de réglage(en charge) 带负载分度开关

graduation *f* 分度,刻度;比率,等级,选分,级配;校准,刻度尺;修匀法,标度记号
~ de courbe 曲线修匀
~ de données 数据修匀
~ de réglage en charge 负载分度,负载刻度
~ s principales 主刻度
~ sans zéro 装配标尺,黑白图像标尺
~ s secondaires 子刻度,细分度

gradué *a* 分度的,刻度的,逐渐的,循序渐进的
graduel, elle *a* 渐次的,渐进的,顺序的,逐渐的,逐步的
graduellement *adv* 逐渐地
graduer *v* 分度,标度,分等级,标出刻度
~ l'action du frein 阶段制动

græmite *f* 水碲铜石
grahamite *f* 硅质中铁陨石;脆沥青
grain *m* 粒,颗粒,微粒,晶粒;轴瓦,衬套;火药条;谷(物);(木)纹,纹理;格令(英美质量单位,1grain = 0.064g)
~ à arêtes arrondies 圆角颗粒

~ angulaire 尖角颗粒
~ arrondi 滚圆颗粒
~ cristallin 晶粒
~ d'argile 黏土颗粒，黏粒
~ d'étanchéité 密封衬套
~ de bois 木(材)纹(理)
~ s de charbon 小块煤
~ de ciment 水泥细粒
~ de coulée 初生晶粒
~ de pollen 花粉粒
~ de sol 土(壤颗)粒
~ du granulat 粒料颗粒
~ émoussé 磨圆颗粒
~ fin 细晶，细颗粒(胶片)
~ floconneux 片状颗粒
~ gros 粗晶，粗颗粒(胶片)
~ grossier 粗粒，粗颗粒
~ isométrique 等轴状颗粒
~ longitudinal 纵(向木)纹
~ micro conglomératique 细砾状颗粒
~ minéral 矿物颗粒
~ mousse 磨圆的颗粒
~ moyen 中颗粒
~ non usé 未滚圆的颗粒
~ roulé 滚圆的颗粒

grainage *m* 使成粒状，成粒状
graine *f* 种子
grainelé, e *a* 成粒状的，粒状的
grainstone *m* 粒状灰岩
grainure *f* 粒状结构，粒状组织
graissage *m* 润滑，涂油，润滑系统
~ à bague 油环润滑
~ à circulation 循环润滑
~ à circulation d'huile 油循环润滑
~ à graisse consistante 滑脂润滑
~ à huile perdue 耗油润滑
~ à l'huile 油润，滑油润滑
~ à mèche 油芯润滑
~ à vapeur 蒸汽润滑法
~ central 集中润滑
~ centralisé 集中润滑
~ centrifuge 离心润滑
~ complémentaire des boîtes d'essieu 轴箱的补充润滑

~ continu 连续润滑
~ de mèche 油芯润滑
~ demi-sec 半干式润滑系统
~ forcé 强制润滑；压力润滑
~ limite 界面润滑
~ mécanique 机械润滑，机械供油
~ occasionnel 临时加油
~ par bain d'huile 油沐润滑
~ par barbotage 泼溅式润滑，飞溅润滑
~ par capillarité 毛细管作用润滑法
~ par chaîne 油链润滑
~ par compte-gouttes 滴油润滑
~ par immersion 沉浸油润，油浸润滑
~ par palette puiseuse 用汲油板润滑
~ par pulvérisation 喷雾润滑
~ par tampon 油垫润滑，油丝卷润滑
~ parfait 完全润滑
~ périodique 定期加油，周期性加油
~ permanent 经常性润滑
~ séparé 单独润滑，局部润滑
~ sous pression 压力润滑
~ sous pression en circuit fermé 压力循环润滑，加压循环润滑
~ suivant nécessité 必要时润滑

graisse *f* 滑油，干油，脂肪，润滑脂，润滑材料
~ à engrenages 齿轮润滑脂
~ à incruster 嵌缝膏
~ antigel 防冻润滑油
~ antigrippante 防卡润滑油
~ consistante 滑脂，甘油，黄油
~ de broche 锭子油
~ filante 黏度大的润滑油
~ graphitée 石墨润滑油
~ minérale 软沥青
~ molykote (au bisulfure de molybdène) 二硫化钼润滑油
~ protectrice 防护润滑脂
~ résistante au brome 耐溴脂
~ résistante à chaud 耐热润滑脂
~ résistante à froid 低温润滑脂，耐冷润滑脂

graisser *v* 润滑，涂油，注油
~ à cœur 内油润(钢丝绳)

graisseur *m* 油壶，油杯，注油泵；注油嘴加油工；黄油枪，加油器

～ à bague 油环式润滑器
～ à compression 压力润滑器
～ à distance 远距润滑装置
～ à pression 压力注油器
～ à refoulement 滑油泵
～ automatique 自动润滑器,自动给油器
～ centrifuge 离心润滑器
～ de boudin 轮缘润油器
～ de boudin de roues 轮缘润油器
～ de rail 钢轨注油器
～ mécanique 机械润滑器
～ sous pression 压力注油器

graisseux, euse *a* 油脂的,油污的
gralmandite *f* 钙铁铝榴石
graménite [graminite] *f* 铝铁绿脱石
grammatiste *f* 透角闪岩
grammatite *f* 透闪石
gramme *m* 克(符号 g)
～ équivalant 克当量
gramme-poids *m* 克重
grammite *f* 硅灰石
granatine *f* 石榴蛇纹似凝灰岩
granatite *f* 石榴岩;十字石;白榴石
granatoèdre *m* 菱形十二面体,斜方十二面体
grand, e *a* 大的,高大的,巨大的,大量的,主要的,强烈的,重要的
～ air 露天
～ angle 宽角
～ angulaire 宽角的
～ artère 运量大的干线,交通大动脉
～ artère (urbaine) (城市)主要交通干线
～ artère de trafic 干路,干线道路
～ atelier de matériel remorqué 车辆修理工厂
～ axe (de circulation) (交通)主轴线
～ chariot de perforation 隧道盾构
～ circulation 重交通,繁密交通
～ compartiment non cloisonné 无隔断客车,开敞式客车
～ crue 洪水,洪水泛滥
～ entreprise 大企业
～ entretien (G.E.) (matériel voyageurs) 客车大修
～ fosse 裂谷,断洼
～ itinéraire 主线路

～ ligne 正线,干线
～ marée 大潮,朔望潮,子午潮
～ s ondes 长波
～ s ouvrages de stockage et de transfert 大型蓄水、输水建筑物
～ pénétrante (城市交通)主要入口
～ pureté 高纯度
～ rayon 大半径
～ relation 长途通信
～ réparation (GR) (locomotives à vapeur) 蒸汽机大修
～ réparation générale (GRG) (locomotives électriques) 电力机车大修
～ réparation générale (GRG) (matériel voyageurs) 客车大修
～ riprap 大块抛石护坡
～ route 公路干道
～ route de trafic 大交通量道路
～ route de trafic international 国际交通干线
～ route fédérale 联邦主要公路
～ terre 大陆
～ vitesse 快运,高速度

grand-ensemble *m* 市郊住宅区,住宅新村
grandeur *f* 值,量值;数量,数据;大小,尺寸;强度;变数,参数
～ à mesure 测量数
～ absolue 绝对值
～ aléatoire 随机量
～ alternative 变量,变数
～ alternative symétrique 对称交变量
～ commandée 已调整数值,调节值
～ d'entrée 输入值
～ d'influence 作用量,影响量
～ d'onde 波幅
～ d'une couche 岩层厚度
～ d'une veine 脉厚
～ de déviation 偏差量,偏差
～ de l'intervalle des rails 钢轨伸缩缝大小
～ de rayonnement 辐射量
～ de référence 基准值,已知数,给定值
～ de réglage 整定值,设定值,调整值
～ de sortie 输出值,输出量
～ des caractères 特性值,特征值
～ des grains 颗粒大小

~ des masses 土石方数量
~ du filon 脉厚
~ du grain 粒度
~ du pendage 倾斜度
~s en régime continu 固定负载状态,持续运转的额定值,持续功率
~s en régime unihoraire 小时负载状态,小时运转的额定值,小时功率
~ étalon 标准尺寸
être du même ordre de ~ que 与……同一数量级
~ naturelle 实物大小;有效值
~ nominale 额定量,额定值
~ numérique 数字变量
~ périodique 周期量
~ perturbatrice 干扰值,噪声大小
~ physique 物理量
~ pseudopériodique 伪周期量,准周期量
~ pseudoscalaire 假标量
~ réelle 实际尺寸
~ réglée finale 最终调整值
~ spécifique 比值,比量

grandidiérite *f* 硅硼镁铝矿
grandir *v* 变大,长大,增强,提高
grandissement *m* 增加,增大;成长,提高,放大;放大率,轴向放大率
   ~ axial 纵向放大,轴向放大,纵向放大率,轴向放大率
   ~ frontal 水平放大率,横向放大率
   ~ linéaire 直线增加,线性增大,线性放大率

grandite *f* 钙铝铁榴石
grand-livre *m* des routes 公路路况登记簿
grand-route *f* 主要道路
   ~ rapide 快速干线公路
grand-routier *m* 长途运输工具
grand-rue *f* 主要街道
gränilite *f* 微粒花岗岩;多组分火成岩
graniphyrique *a* 花斑状的;文象斑状的
granit [granite] *m* 花岗岩,花岗石
   ~ à augite 斜辉花岗岩
   ~ à biotite 黑云母花岗岩
   ~ à dichroïte 二色花岗岩
   ~ à grain fin 细粒花岗岩
   ~ à grain moyen 中粒花岗岩
   ~ à grandes parties 粗粒花岗岩
   ~ à gros grains 粗粒花岗岩
   ~ à hornblende 花岗角闪岩
   ~ à muscovite 白云母花岗岩
   ~ à structure cataclastique 具碎裂结构的花岗岩
   ~ alcalin 碱性花岗岩
   ~ anorogénique 非造山花岗岩
   ~ atectonique 非构造花岗岩,构造期后花岗岩
   ~ bâtard 假花岗岩
   ~ batholitique 岩基花浅岩
   ~ hébroïque 文象花岗岩
   ~ calco-alcalin 钙碱性花岗岩
   ~ chaufé 粗面岩
   ~ d'anatéxie 深熔花岗岩
   ~ décomposé 风化花岗岩
   ~ désagrégé 风化花岗岩
   ~ égyptien 文象花岗岩
   ~ en efflorescence 风化花岗岩
   ~ en filon 脉状花岗岩
   ~ euritique 霏细质花岗岩
   ~ foliacé 叶片状花岗岩
   ~ gneissique 片麻状花岗岩
   ~ granulitique 变粒花岗岩
   ~ graphique 文象花岗岩
   ~ hololeucocrate 全淡色花岗岩
   ~ hyperalcalin 超碱性花岗岩
   ~ hypersodique 超钠质花岗岩
   ~ intrusif 侵入花岗岩
   ~ leucocrate 淡色花岗岩
   ~ métallifère 含矿花岗岩
   ~ métasomatique 交代花岗岩
   ~ miarolitique 晶洞花岗岩
   ~ orbiculaire 球状花岗岩
   ~ pegmatitique 伟晶花岗岩
   ~ plutonique 深成花岗岩
   ~ porphyrique 似斑状花岗岩
   ~ pourri 风化花岗岩
   ~ rapakivi 奥长环斑花岗岩
   ~ stratifié 片麻岩
   ~ subautochtone 准原地花岗岩
   ~ syncinématique 同构造期花岗岩
   ~ synorogène 同[准]造山运动花岗岩
   ~ tardicinématique, ~ tarditectonique 构造后期花岗岩

~ variolique 球颗状花岗岩
granitaire *a* 花岗岩状的,花岗岩质的
granité, e *a* 有花岗石纹的
granitelle *f* 二元花岗岩,辉石花岗岩,细粒花岗岩,细粒大理岩
graniteux, euse *a* 花岗岩的,含花岗岩的
granitico-aplitique *a* 花岗霏细质的
granitine *f* 细晶岩;非花岗岩质结晶岩
granitique *a* 花岗岩的,花岗岩状的,花岗质的
granitisation *f* 花岗岩化(作用)
~ d'anatéxie 深熔花岗岩化
granitisé, e *a* 花岗岩化的
granitiser *v* 使花岗岩化
granitite *f* 黑云母花岗岩
granito *m* 人造铺地花岗岩,(清)水磨石
~ poli 水磨石
~ préfabriqué 预制水磨石
granito-dioritique *a* 花岗闪长质的
granitogneiss *m* 花岗片麻岩
granitoïde *m* 花岗岩类,花岗片麻岩; *a* 花岗岩状的,似花岗状的,花岗岩类的
granitologie *f* 花岗岩岩石学
granitone *f* 辉长岩
granitophyre *m* 花斑岩
granito-porphyroïde *a* 花岗斑状的
granitporphyre *m* 花岗斑岩
granoblastique *a* 花岗变晶状(结构)的,粒状变晶(结构)的
grano-classement *m* 粒级层,序粒层;粒级,颗粒分级
granoclastique *a* 花岗碎裂(结构)的
granodiorite *m* 花岗闪长岩
granofels *m* 花岗变晶岩,岗粒岩
granolépidoblastique *a* 花岗鳞片变晶(结构)的
granoliparite *f* 花岗流纹岩
granolite *f* 花岗状火成岩;粒状深变岩,花岗深变岩,麻粒岩
granomasanite *f* 花岗马山岩
granomérite *f* 全晶质岩,全晶粒岩
granonématoblastique *a* 花岗纤维变晶(结构)的
granophyre *m* 花斑岩
granophyrique *a* 花斑状的
granosyénite *f* 花岗正长岩
grantsite *f* 水钒钠钙石(格兰茨石)

granulage *m* 成粒,粒度;破碎,磨碎
granulaire *a* 晶粒的,粒状的,粒化的,颗粒的
granularité *f* 级配,分等级;颗粒性,粒度,粒性;细粒状
~ étalée 开式级配
~ serrée 密级配,密实级配
granularité-type *f* 标准粒度
granulat *m* 骨料,粒料,填料,集料,颗粒材料;团粒
~ acide 酸性粒料
~ artificiel 人造粒料,人造集料
~ calcaire 石灰石集料,石灰石粒料
~ calibré 一定规格尺寸的骨料
~ s concassés 轧制骨料
~ de cloutage 嵌压集料(嵌压式沥青路面用)
~ s fins 细骨料,细集料
~ friable 易碎粒料
gros ~ 粗骨料
~ hydrophile 亲水集料
~ marin 海成骨料
~ s moulés 河卵石
~ pour béton 混凝土骨料
~ siliceux 硅质粒料
granulateur *m* 轧碎机,制粒机,成粒机,粒化装置
~ à disque 圆盘式成粒机
~ rotatif 旋转式成粒机
granulation *f* 制粒,粒化;成粒作用,形成粒状
~ du sol 土壤团粒作用
granulé *a* 颗粒状的,成粒的;粒化的
granule *m* 颗粒,细粒,晶粒,小颗粒,小粒料
~ cristallin 晶粒
granuler *v* 制粒,成粒状,磨碎,粉碎,破碎,压碎
granuleux, euse *a* 粒状的,粒度的,颗粒结构的
granuliforme *a* 细粒状的,粒状结构的
granuline *f* 鳞石英;粉蛋白石
granulite *f* (变质)麻粒岩,白粒岩,白云花岗岩,粒变岩,变粒岩;(沉积)砂粒岩
granulitique *a* 麻粒岩的,他形粒状(结构)的,他形花岗变晶(结构)的;间粒(结构)的
granulitisation *f* 麻粒岩化,变粒岩化,粒化的
granuloblastique *a* 他形粒状变晶(结构)的
granuloclassé *a* 粒径的,粒度的
granulomètre *m* 粒度计,颗粒计
~ à laser 激光颗粒计
granulométrie *f* 级配;粒度成分,粒度组成,粒径

granulométrique 级配,结构粒度,粒度测定,粒径分布;砂筛分级;颗粒测定方法
　　～ continue　连续级配
　　～ convenable　适合级配
　　～ d'agrégat　骨料级配,集科级配
　　～ de l'agrégat　骨料的级配
　　～ des empierrements　碎石级配
　　～ des granulats　集料级配,粒料级配
　　～ discontinue　间断级配,不连续级配
　　～ discriminatoire　粒度判别分析
　　～ étalée　宽级配,开级配
　　～ étendue　宽级配,开级配
　　～ fermée　密级配
　　～ grosse　粗级配
　　～ grossière　粗级配
　　～ mécanique　机械筛分
　　～ normalisée　标准级配
　　～ optimum　最佳级配
　　～ ouverte　开级配,宽级配
　　～ par centrifugation　离心法粒度分析
　　～ pleine　全级配,密级配
　　～ recherchée　研究级配
　　～ régulière　规律级配,稳定级配
　　～ resserrée　密级配
　　～ serrée　密级配,密实级配
　　～ stricte　严格级配
　　～ synthétique　合成级配,混合级配
　　～ uniforme　均匀级配
granulométrique　*a*　级配的,粒度的,粒径分级的,粒度分布的
granuloophitique　*a*　粒晶含长的
granulophyre　*m*　微花斑岩;微文象斑岩
granulosité　*f*　粒度,结构粒度,颗粒性
granzerite　*f*　透长石
grapestone　*m*　葡粒石,葡萄石;葡萄状灰岩
graphe　*m*　图形,图表;曲线,流程图,生产过程图解,程序图表
　　～ s d'informations　数据流程图
　　～ de débit　流量曲线,流向图
　　～ de fluence　操作程序图,流程图
　　～ de marche　列车运行图
　　～ fluente　流程图,程序框图,程序表;作业图
graphique　*m*　图,图表,曲线图,标绘图图解,图形学,制图学;列车运行图;图解计算法

　　～ d'injection　压力灌浆曲线图
　　～ d'occupation de voies　线路占用图
　　～ de capacité des gares　车站通过能力表示图
　　～ de fréquence　频率(直方)图
　　～ de marche　列车运行图
　　～ de performance　性能曲线图
　　～ de roulement de machines　机车周转图
　　～ des tensions　应力图
　　～ sommaire　简图
　　～ tension-déformation　应力应变图
　　～ tension-temps (essais de véhicules)　电压时间图(试验车辆用的),电压一时间关系曲线图
　　～ théorique　列车极化运行图,计划运行图
graphique　*m*　图标,线图
graphite　*m*　石墨;净碳
　　～ amorphe　非晶质石墨
　　～ colloïdal　胶状石墨
　　～ cristallin　晶质石墨
　　～ débloculé　人造石墨
　　～ en flocons　鳞片状石墨,片状石墨
　　～ en paillettes　鳞片状石墨
　　～ en plaques　石墨片
　　～ en rosettes　鳞状石墨,玫瑰石墨
　　～ globulaire　球状石墨
　　～ lamellaire　片状石墨
　　～ sphéroïdal　球状石墨
　　～ synthétique　合成石墨
graphiteschiste　*m*　石墨片岩
graphiteux　*a*　含石墨的
graphitgneiss　*m*　石墨片麻岩
graphitique　*a*　石墨的
graphitisation　*f*　石墨化,涂石墨
graphitite　*f*　不纯石墨;石墨岩
graphitoïde　*m*　石墨,次石墨,隐晶石墨,不纯石墨;陨石石墨
grapholite　*m*　黏土质页岩
graphomètre　*m*　测角器,测角仪,半圆仪,量角器,测周器
grappier　*m*　未烧透的石灰
grappin　*m*　弯钩,挂钩,钩环,吊钩;抓机,抓斗,脚扣子,拦污栅抓斗;四爪锚,锚形铁钩
　　～ à câble　缆索抓斗
　　～ à deux mâchoires　颚式抓斗,颚式抓斗
　　～ d'extraction　采掘抓斗

~ pour rochers 挖岩机
~ preneur 抓斗,抓斗
gras *m* 脂肪,油
　~ de cadavres 伟晶蜡石
　~ à courte flamme 主焦煤,短焰煤
　~ à longue flamme 气煤,长焰煤
　~ pruprement dit 肥煤
gras, se *a* 油腻的,肥的,油污的,脂肪的,脂肪质的,涂油的
grasshopper *m* 机车超重机;轻型单翼飞机
grastite *f* 蠕绿泥石,斜绿泥石
graticule *m* 十字线,交叉线,标线,网格,分度镜
gratification *f* 奖金
　~ annuelle 年度津贴
　~ d'ancienneté 工龄津贴,年龄津贴
　~ majorée 增加的津贴
　~ normale 标准津贴,正常津贴
　~ réduite 减少的津贴
graton *m* 块熔岩
gratonite *f* 细硫砷铅矿(格拉顿矿)
grattage *m* 刮削,刮平,擦伤,耙矿,刻痕,凿[拉]毛
gratte *f* 粗砂岩
gratte-brosse *f* 钢丝刷
gratte-ciel *m* 摩天大楼,高层建筑
　~ en béton armé 钢筋混凝土高层建筑
grattement *m* 刮,擦,扒
gratter *v* 刮削,刮平
gratte-tubes *m* 刮管器
gratteur *m* 刮具,刮土机
grattoir *m* 刮刀,抹刀,刮板;耙斗,耙矿机,铲土机,馒,馒形铲
　~ à roues 轮式铲运机,轮式刮土机
　~ à terre 铲土机
gratuité *f* 免费,无偿
　~ de transport 免费运送
　~ de voyage 免费旅行
grau *m* 潮道,通航水路,山间狭道
graulite *f* 铁毛巩石
grauwacke *f* 硬砂岩,杂砂岩,灰瓦克
gravats *m. pl* 岩粉,尾矿,石灰的粗粉;拆屋后的瓦砾,建筑碎料
grave *f* 砂、砾石混合料,粗砂,砂砾,天然砂砾
　~ argileuse 黏土质砾石混合料
　~ bien graduée 良好级配砂砾

~ bitume 沥青处治砂砾
~ bitume à chaud 热沥青砂砾
~ -bitume de classe I(GBi) I级沥青碎石
~ -cendre hydraulique(GCH) 水硬性炉渣碎石
~ -cendre volante 粉煤灰处治砂砾
~ -cendre volante silico-alumineuse-chaux(GCV) 石灰硅铝粉煤灰碎石
~ -ciment de classe I(GCi) I级水泥碎石
~ de ballastière 采石场砂砾
~ s émulion(GE) 乳液处治砂砾
~ -laitier granule(GLg) 粒状矿渣碎石
~ -laitier préboyé(GLp) 预研磨矿渣碎石
~ latéritique 红土砂砾混合料
~ limoneuse 粉土质砂砾石混合料
~ maigre 缺少细颗粒(如黏土等)的砂砾石混合料
~ naturelle criblée 过筛天然砂砾
~ naturelle 天然砂砾
~ s naturelles non traitées(GNT) 未处治天然砂砾
~ non gélive traitée au ciment 水泥处治抗冻砂砾
~ non traitée(BiCj)(GNT) 未处置碎石(Bi类强度 Cj级)
~ polluée 沾污砂砾
~ propre bien graduée 分选很好的净砾石
~ quartzitique 石英砂砾混合料
~ recomposée humidifiée 重新配合的湿润砂砾(材料)
~ sableuse 砂质砾石
~ semi-concassée 半轧碎砂砾石混合料
~ stabilisée à l'émulsion 乳液稳定砂砾
~ tout-venant 原砂砾,未筛砂砾
~ traitée 结合料处治的砂砾石混合料,稳定砂砾
~ traitée au ciment 水泥处治砂砾
~ traitée aux liants hydrauliques(GH) 水稳性结合料处治砂砾
~ traitée aux liants mixtes 混合黏结剂处治砂砾
~ traitée aux liants pouzzolaniques 火山灰黏结料处治砂砾
~ traitée aux liants routiers(GLR) 路用结合料稳定碎石
grave-bitume(GB) *f* 沥青处治砂砾石混合料,沥

青砂砾
~ dense(GBD) 密级配沥青砂砾
grave-ciment(GC) *f* 水泥处治砾石混合料，水泥砂砾
~ à prise retardée 慢凝水泥处治砂砾
grave-goudron *f* 砂砾煤沥青(混合料)，煤沥青处治砂砾混合料
gravelage *m* 铺砂砾
grave-laitier(GL) *f* 拌炉渣的砂砾石混合料
~ activée au gypsonat 掺石膏的活化矿渣砂砾料
~ prébroyée 预碾砾石炉渣混合料
graveler *v* 铺砾石
graveleux *m* 砾质石，砾石料，粗骨土
graveleux, euse *a* 含砂砾的，混有砂石的，假鲕状的
gravelle *f* 砾石，卵石，砾石层，假鲕石，细砾石（小到30毫米尺寸的颗粒）
grave-pouzzolane-chaux 火山灰石灰处治砂砾
graver *v* 雕刻
gravette *f* 细砾石，小砾石
graveur *m* 切削刀具，刃具
gravier *m* 砾石，卵石，(砂)砾(法国标准 2mm～20mm)
~ à béton 混凝土用砾石，混凝土用粗骨料
~ aggloméré 水泥烧粒，粒状水泥熟料
~ alluvial 冲积砾石
~ alluvionnaire 冲积砾石
~ anguleux 角砾，角砾石，尖砾石，有角砾石
~ argileux 带土砾石，砾石土
~ aurifère 含金砾石
~ broyé 碎砾，碎砾石
~ calibré stabilisé au ciment 水泥颗粒
~ cimenté 固结砾石，胶结砾石体，水泥烧粒
~ classé 按粒度分级的砾石
~ compact 密实砾石
~ concassé 轧碎砾石
~ concassé de roche dure 硬岩碎石
~ concrétionné 碎砾石
~ côtier 海岸砾石，岸边砾石，海(滩)砾石，海滨砾石
~ criblé 过筛砾石
~ d'alluvion 冲积砾石
~ de ballastière 坑砾石
~ de béton 混凝土用砾石
~ de carrière 山砾石
~ de ciment 水泥烧粒，粒状水泥熟
~ de concassage 碎砾石
~ de filtrage 滤水砾石
~ de mer 海石
~ de pied-de-mont 山麓砾石
~ de plage 海滨砾石
~ de rivage 滩砾石，河滩砾石，岸砾
~ de rivière 河砾石，河卵石
~ de terrasse 阶地砾石
~ délavé 粗粒风化物
~ et granule concrétionné calcaires 砂砾及钙质结核小粒
~ fertile 含矿砾石
~ filtrant 滤水砾石
~ fin 细砾石
~ fluvial 河砾石
~ glaiseux 带土砾石，砾石土
~ gradé 级配砾石
~ granulométrique 级配砾石
~ grossier 粗砾，粗砾石
~ incompressible 不可压缩的砾石
~ latéritique 红土砾石
~ lavé 洗净砾石
~ limoneux 黏淤泥的砾石
~ marin 海砾石，海滩砾石
~ menu 小砾石
~ moyen 中砾
~ naturel 天然砾石
~ payant 含矿砾石
~ pierreux 粗砾石
~ raffiné 精选砾石
~ rond 河砾，河卵石，圆砾石
~ roulant 圆砾石
~ roulé 豆(粒)砾石，小砾石，细砾(石)，绿石砂
~ sableux 砂砾，夹砂砾石，含砂砾石
~ schisteux 夹砂砾石，含砂砾石，片状砾石
~ stabilisé 稳定砾石
~ tout-venant 未过筛的砾石
~ volcanique 火山砾石
gravière *f* 采砾坑，砾石采场，砾石坑，砾石砂嘴
gravifique *a* 重力的
gravillon *m* 小砾石，细砾石，豆砾石，细粒碎石，碎粒砾石；石屑，粗砂

~ calcaire 灰质细砾石
~ concassé 碎砾石
~ concassé secondaire 二次轧碎石屑
~ concassé tertiaire 三次轧碎石屑,精碎石屑
~ de double tamisage 两次过筛石屑
~ de fermeture 填缝石,嵌缝石
~ de laitier 碎熔渣,轧碎渣
~ enrobé 沥青石屑
~ s préenrobés 预拌沥青石屑
~ raffiné 精选石屑
~ roulant 圆石屑,圆细砾石

gravillon-bitume *m* 沥青处治石屑
gravillon-goudron *m* 煤沥青石屑
gravillonnage *m* 铺砂,铺石屑,砾石矿,砾石盖层,铺细砾石,铺撒填缝石屑,铺碎石机;碎石机
gravillonné *a* 铺细砾石的,铺砂的
gravillonner *v* 摊铺石屑
gravillonneur *m* 细骨料破碎机,细碎机
gravillonneuse *f* 铺细渣机,石屑撒布机,砾石撒布机,砾石筛分机
~ portée 石屑撒布机

gravillonneux *m* 中碎机
gravillonneux, euse *a* 碎石的,细砾的
gravimètre *m* 重力仪,重力计,比重计,重力学,重量分析,重力测量
~ à ressort 弹性重力仪,弹簧重力仪
~ à rotation 旋转重力仪
~ bifilaire 双丝重力仪
~ Hoyt 霍依特重力仪
~ sous-marin 海洋重力仪
~ statique 静重力仪,静态重力仪
~ trifilaire 三丝重力仪

gravimétrie *f* 重力测量(学),重量分析(法),重力分析(法),重力学
gravimétrique *a* 重量的,(测定)重量的,重量分析的
gravir *v* 攀登
gravissement *m* 爬坡,爬坡能力
gravitachéomètre *m* 重力视距仪
gravitachéométrie *f* 重力视距测量
gravitation *f* 重力,引力,地心引力,万有引力,重力选矿法
~ universelle 万有引力
gravitationnel *a* 万有引力的,引力的,重力的

gravité *f* 重力,重量,荷重,吸力,引力,地心引力
~ absolue 绝对重力
~ de structure 结构重力
~ spécifique 比重
~ standard 标准重力
~ terrestre 地心引力,重力
graviter *v* 沉下,沉陷;使下沉,受重力作用
gravitomètre *m* 比重计
gravois *m. pl* 细末,粉末;煤粉
gravure *f* 刻制,雕刻物,腐蚀
grayite *f* 水磷铅钍石
gré *m* 意愿,意向
à son ~ 随意
au ~ de 随……之意
greenalite *f* 铁蛇纹石
greenhalghite *f* 淡英钠粗安岩
greenhornblende *f* 绿色普通角闪石
greenlandite *f* 铁铝榴石,镁铝榴石,铌铁矿,紫苏角闪岩
greenoughite *f* 红锰榍石
greenovite *f* 红榍石
grégaritique *a* 辉石聚斑状(结构)的
gregorite *f* 钚土,铋土(碳铋矿),钛铁矿,块滑石
greigite *f* 硫复铁矿
greinerite *f* 钙菱锰矿,锰白云石
greisen *m* 云英岩
greisénification[greisénisation] *f* 云英岩化(作用)
grelin *m* 索,缆,钢索
grêlon *m* 冰雹粒,雹
greluche *f* 豆状铁矿石
grenage *m* 粒化,成粒
grenaillage *f* 粉碎,喷砂处理,喷丸表面处理
~ à la grenaille à arêtes vives 喷射角形钢丸处理
~ à la grenaille sphérique 喷射球形钢丸处理
grenaille *f* 钢粒,钻粒,屑,金属碎粒,细粒,粒状填料,丸,金属珠
~ de charbon 炭粒(送话器),炭粉
grenaillement *m* 使成粒状,粒化;喷丸处理
grenailler *v* 使成粒状,粒化,喷丸处理
grenat *m* 石榴子石,石榴石
~ alumineux 铝质榴石
~ alumino-calcaire 钙铝榴石
~ alumino-magnésien 镁铝榴石
~ blanc 白榴石

~ calcarifère, ~ calcique 钙质榴石
~ commun 铁铝榴石
~ de Bohême 镁铝榴石（红榴石）
~ de chaux 钙铝榴石
~ de vésuve 白榴石,维苏威榴石
~ hélicitique 雪球石榴石
~ magnésien 镁石榴石
~ noble 铁铝榴石,贵榴石
~ noir 黑榴石
~ oriental 铁铝榴石（贵榴石）
~ rouge violet 紫红榴石
~ syrien 叙利亚榴石（铁铝榴石）
~ vermeil 朱红榴石

grenatifère *a* 含石榴石的
grenatite *f* 石榴石,十字石,石榴斜长片麻岩
grené, e *a* 成为细粒的,粒状的
grengésite *f* 锰铁绿泥石
grenier *m* 仓,阁楼,顶楼；粮库,屋顶室,屋顶层
grennaïte *f* 微霞正长岩
grenoir *m* 碾磨机,破碎机
grenouille *f* 蛙式打夯机,蛤蟆夯,动力夯,火力夯,机动夯
~ à moteur 动力夯,动力蛙式打夯机
grenouillère *f* 肘形接,铰接,车钩舌；沼泽地；江河浅滩
grenu, e *a* 多粒状的,粒料的,由小粒形成的粒状(结构)的,有细粒的
grès *m* 砂岩,砾石,粗陶,陶器
~ à agent de carbonate de chaux 灰质砂岩
~ à ciment argileux 黏土质（胶结的）砂岩
~ à ciment calcaire 钙质（胶结的）砂岩
~ à ciment d'anhydrite 硬石膏胶结的砂岩
~ à ciment dolomitique 白云质胶结砂岩
~ à ciment ferrugineux 铁质（胶结的）砂岩
~ à ciment siliceux 硅质胶结砂岩,硅质砂岩
~ à grains grossiers 粉砂岩,泥砂岩,粗粒砂岩
~ à gros grains 粗砂岩,粗粒砂岩
~ argileux 泥质砂岩
~ arkosique 长石砂岩
~ bariolé, ~ bigarré 杂色砂岩
~ bitumineux 沥青砂岩
~ calcaire 灰质砂岩
~ calcareux 灰质砂岩
~ carbonaté 碳酸盐胶结砂岩
~ carbonifère 石炭纪砂岩
~ cérame 粗陶器,缸器
~ colmaté 致密砂岩
~ compact 致密砂岩
~ coquiller 贝壳砂岩
~ crétacé 白垩纪砂岩
~ crétacé supérieur 上白垩纪砂岩
~ de plage 海滩砂岩
~ de taille 上白垩纪砂岩
~ désertique 风成砂岩
~ détritique 碎屑砂岩
~ dolomitique 白云砂岩
~ dur 粗砂岩,硬砂岩
~ falun 介壳砂岩,介壳灰砂岩
~ feldspathique 长石砂岩
~ ferrugineux 含铁砂岩,铁质砂岩
~ ferrugineux rubané 条带状含铁砂岩
~ feuilleté 层状砂岩
~ fin 粉砂岩,泥砂岩,细砂岩,细粒砂岩
~ fortement cimenté 胶结致密砂岩
~ glauconieux 绿砂岩,海绿石砂岩
~ grauwacke 杂砂岩,硬砂岩,绿砂岩
~ grossier 粗粒砂岩
~ gypsifère 石膏质砂岩
~ hétérométrique 不等粒砂岩
~ houiller 炭质砂岩,含煤砂岩
~ jurassique 侏罗纪砂岩
~ lithoclastique 碎屑砂岩
~ lumachellique 贝壳石英砂岩,贝壳砂岩
~ macigno 硅质云母砂岩
~ marneux 泥灰(质)砂岩
~ mélangé 杂砂岩
~ meulier 磨石粗砂岩
~ micacé 云母砂岩
~ minéralisé 含矿砂岩
~ moucheté 斑点砂岩
~ moyen 中粒砂石
~ ordinaire 普通砂岩(即硅质砂岩)
~ peu poreux 低空隙砂岩,致密砂岩
~ phosphaté 磷灰(质)砂岩
~ pif 极硬砂岩
~ polymicte 复矿砂岩,多源砂岩
~ pouf 极软砂岩
~ pyroclastique 火成碎屑砂岩

~ quartzeux 石英砂岩
~ rouge 红色砂岩,铁质砂岩
~ schisteux 层状砂岩,页岩状砂岩,片状砂岩
~ siliceux 硅质砂岩
~ très cimenté 胶结致密砂岩

gréseux, euse *a* 像砂岩的,砂岩质的,含有砂岩的,砂质结构的
grésière *f* 砂岩坑,砂岩采石场
grésiforme *a* 砂岩状的
grésil *m* 煤屑,细粒级
grésillon *m* 屑,细末,煤屑
gréso-argileux *a* 砂泥质的
gréso-conglomératique *a* 砂砾状的
grès-rouges *m* 红色砂岩
grette-tubes *m* 刮管器
greutite *f* 斜方水锰矿
grève *f* 粗砂,罢工,滩,沙滩,沙岸,边滩,倾斜沙岸,海岸粗砂,(冰缘的)泥砾物质
~ crayeuse 白垩质山麓碎石
~ de galets 砾石海滩
~ littorale 海滩
~ litée, ~ ordonnée (冰缘)成层泥石流
~ périglaciaire 冰缘山麓碎石
~ sauvage 天然粗砂

grève-ciment *f* 贫混凝土,少灰混凝土
grévière *f* 砾石采场
grid-roller *m* 方格压印路滚(修筑水泥人行道用),方格铁板压路机
gries *m* 小砾石
griffe *f* 齿,爪,镘,钩子,夹子,卡钳,挂钩,凸轮,基石,抓斗,瓦刀,抓钩,抓岩机,接线夹
~ d'accrochage (téléphérique) 索夹(架空索道)
~ d'alimentation 馈电线夹
~ d'entraînement 带动钩
~ de jonction 线夹(接触导线)
~ de serrage 夹板,紧固板,压板
~ de suspension 悬挂线夹
~ piocheuse 抓斗齿

griffelschiefer *m* 棒状千枚岩
griffithite *f* 含铁皂石(水绿皂石)
griffon *m* 涌泉,泉水出口
grignard *m* 特硬砂岩;(巴黎地区)粗石灰岩
grignoter *v* 啃,啮
gril *m* 格排,格架,格栅,线群,线束,柴排,车站上的配线
~ d'acier 钢筋网格
~ de gare 车站配线
~ de remisage 停车线束,接车场
~ de rentrée 接车线束,接车场
~ de sortie 发车线束,发车场
~ de triage 机车发车线束(编组场)
~ des enclenchements 联锁箱
~ support 支承格排
~ support en bois 支承柴排

grillage *m* 网,格,栅,格架,格排,筛网;焙烧(矿石),烘烧;格床,格状物,格排刹;格形基础
~ à mi-bois 半圆木格排基础
~ d'armature 钢筋网
~ de fil tressé 编制铁丝网
~ de fondation 基础格床,格子基础
~ de madriers 木板格排基础
~ de pierre 风化岩石的蜂窝状表面
~ de poutres 格排梁,梁式格排,钢梁组合格床,梁式承台
~ de protection 护栅,防护栅
~ en bois mi-pat 半圆木格排基础
~ en bois 木栅格,木格框
~ en fil de fer 铁丝网
~ en lattes 板条地板
~ en planches 木板格排基础
~ magnétisant 磁化焙烧
~ métallique 金属栅栏,金属丝网,铁丝网,钢丝网
~ oxydant 氧化焙烧
~ simple en madriers 单层木板格排基础

grillateur *m* 手选工
grillé *a* 焙烧过的,烧成的,过热的(胶片),栅网的
grille *f* 格,栅,网,筛,格栅,栅极,窗格,护栅,表格,隔板,隔膜,炉算,格子网,拦污栅,调车线,栅栏门束;机动炉排(锅炉)
~ à air 通风格栅,气流格栅
~ à bande 皮带式筛子,带式炉算
~ à barreaux 铁条式炉算;铁栅筛
~ à bascule 摇动式炉算;摇动筛
~ à chaîne 链条式炉算
~ à enroulement 卷帘铁栅
~ à la masse 接地栅极
~ à mailles carrées 方孔筛网

~ à mailles fines 密网栅极
~ à mouvement va-et-vient 摆动筛,摆动式炉算
~ à persienne 百叶风口
~ à registre 调风器,调风棚门
~ à résonateur 共振器栅极
~ à secousses 摇动式炉算,摆动筛,振实造型机
~ à vides étroits 窄缝炉算,密齿算
~ antidiffusante 抗扩散栅极
~ anti-volatile 防鸟飞入网
~ articulée 活动栅门
~ basculante 摇动式炉算
~ cage 笼形[弧形]拦污栅
~ chauffante 加热格栅
~ d'aération 通风算子
~ d'air 空气栅,通风算子
~ d'alimentation 进气格栅
~ d'arrêt 遏制栅(极),抑制栅极
~ d'attaque 注入栅,控制栅极
~ d'avaloir 进水井帘格
~ d'avaloir en fonte 铸铁排水算子
~ d'avaloir en PVC PVC硬塑泄水算
~ d'entrée 进水口帘格,进水口算
~ d'itinéraire 进路图,进路网
~ de champ 场网,阴栅极
~ de charge d'espace 空间电荷栅极
~ de commande 控制栅极(电子管)
~ de dépouillement 坐标网格;参考栅极
~ de désionisation 消电离栅(极)
~ de filtre 滤网
~ de mise à l'air libre 出气口栅栏
~ de pieux 桩排
~ de plancher 格条地板
~ de poutre 桁架腹系,桁架腹杆
~ de prise d'air neuf 进风口栅栏
~ de protection 屏蔽栅(极)
~ de référence 坐标网格,参考栅极
~ de tamisage à barres 铁栅筛,铁橱筛
~ du transfo 变压器油过滤栅板
~ écran 屏栅(极)
~ en fonte 铸铁算子
~ en l'air 浮动栅极
~ extérieure 外栅极
~ fine 细孔筛,细孔滤网,细拦污栅;细筛
~ flottante 漂浮栅极

~ grosse 大孔筛,大孔滤网
~ grossière 粗拦污栅;粗筛
largeur de ~ 炉算宽度
~ mobile 活动炉算,摆动炉算
~ No. n 第 n 栅极
~ par-neige 防雪栅(栏)
~ pour assécheur d'air 空气干燥器围栅
~ pour retenir la neige 防雪栅
~ ronde 圆炉算
~ soudée 焊接网
~ suppresseuse 抑制栅极
surface de ~ 炉算面积
~ tournante 旋转炉算
grille-cage f 笼形拦污栅
griller v 烘,烧,烤,炒,煅烧,装栅栏
grimaldite f 三方羟铬矿
grimpé m 爬高
grimpement m 蠕变,潜伸,缓变,爬高,上升
grimper v 爬高,上升,上坡
grincement m de freinage 制动时的摩擦声
grincer v 使卡嗒声,卡嗒作响,拍击;振动
griotte f 红色大理石,红纹大理岩,棱角石大理岩;红纹石灰岩
griphite f 暧昧石
grippage m 卡住,卡紧,咬紧,擦伤
~ dans la chemise de cylindre 缸套卡缸
~ du tiroir 滑阀卡住
gripper v 卡住,卡紧,擦伤
griquaïte f 辉石榴石连晶;透辉石榴岩
griqualandite f 纤铁钠闪石(青石棉)
gris m 灰色;a 灰色的,暗淡的,阴沉的,花白的
~ claire 灰白色
~ équivalent 色彩均衡的
~ foncé 深灰色
grisard m 硬质砂岩
grisâtre a 淡灰色的,浅灰色的
grisé m 灰黑部分
gris-jaunâtre a 灰黄色的
grison m 夹有结核的砂岩
grisou m 矿井瓦斯,甲烷,沼气
grisoumètre m 瓦斯测定器
grisoumétrie f 瓦斯含量测定
grisouscope m 瓦斯含量测定器
grisouteux a 含瓦斯的

grit *m* 粗砂,砂砾,砂粒,粗砂岩
grivelé *a* 灰色斑点的
grizzly-électrovibrant *m* 电力振动铁格筛
grobaïte *m* 淡辉二长岩
grochauite *f* 透绿泥石
groddeckite *f* 钠菱沸石
grodnolite *f* 细晶磷灰石,胶磷矿
grognement *m* 振鸣;颤噪效应
groie *f* (钙质层上的)脱钙黏土
grois *m* 灰岩露头
groisils *m* 玻璃屑,碎玻璃,玻璃片
gronlandite *f* 铁铝榴石,铌铁矿,紫苏角闪岩
groppite *f* 堇青块云母(变韭闪石)
groroillite *f* 沼锰土,锰土
grorudite *f* 霓细岗岩
gros, se *m* 粗粒级,不合格的大块; *a* 大的,粗的,厚的,肥大的,大型的,巨大的,大规模的;未加工的;近似的,不精确的
　～ béton 粗骨料混凝土,碎石混凝土,贫混凝土
　～ binder de sous-couche (路面的)厚基层
　～ bloc de pierre 大石块,岩块
　～ bout (桩木的)大头
　～ bout d'un poteau 电杆粗端
　～ calibre 粗(颗)粒
　en ～ 大略地,大量地
　～ enrochements 大石块
　～ entretien 大型养护
　～ grain 粗颗粒
　～ gravier 粗砾石
　～ lime 大锉刀
　～ pavé 大石块铺砌,大石块路面
　～ pièce d'échafaudage 脚手架立柱
　～ pierres pour béton 圬工石,代混凝土石料,混凝土圬工用大块石
　～ sable 轧碎的砾石
　～ sable argileux 黏质粗砂
　～ sable limoneux 粉质粗砂
　～ tôle 厚钢板
　～ tube (chaudière) 大烟管(锅炉)
gros-frais *m* 强风
gros-oeuvre *m* 主要工程,建筑物的主要组成部分
gros-porteur *m* 重型运输机
grospydite *f* 辉榴蓝晶岩
grosseur *f* 大小,尺寸;容积,体积;块度,厚度
　～ de granulométrie 级配粒度,级配颗粒粗度
　～ du grain 颗粒大小
grossier, ère *a* 粗糙的,粗大的,粗厚的
grossièreté *f* 粗糙性,粗糙度
grossir *v* 变大,变多;涨水;扩大
grossissement *m* 放大,增加,放大率,倍率
　～ de l'ordre de X 放大 X 倍
　～ de la couche 岩层变厚
　～ du microscope 显微镜放大
　～ latéral 线性放大,横向放大,横向放大率,侧向放大率
　～ longitudinal 纵向放大,轴向放大,纵向放大率,轴向放大率
grossouvreite *f* 粉蛋白石,粉状蛋白石
grossulaire *m* 钙铝榴石(绿榴石)
grossularite *f* 钙铝榴石
grothine [grothite] *f* 钙铝柱石
groupage *m* 分类,成群,分组,组合;零担货物的组合,凑集
　～ de marchandises 零担货物的组合
　～ des wagons 选编车组
groupe *m* 束,群,组,队,类,界,基,团,族,类;机组;线束中道岔区;集团,企业集团,集团公司;发电机组
　～ à attaque directe 直击机组
　～ agpaïtique 钠质火成岩类序列
　～ alternateur-redresseur 交流发电机—整流器组
　～ auxiliaire 辅助机组
　～ binaire 双变量机组
　～ commutant 换相组
　～ compresseur 空气压缩机组,压气机组
　～ compresseur-condenseur 压缩冷凝机组
　～ compresseur-condenseur hermétique 密闭式压缩冷凝机组
　～ convertisseur 变流机组,变频机
　～ d'alimentation 供料机组
　～ d'ancrage (QM, OVM, HVM outil d'ancrage) 群锚(QM、OVM、HVM 锚具)
　～ d'avaries (alteliers) 废损品的分类(车间)
　～ d'entreprise 企业集团
　～ d'équerres de renvoi 传动拐轴组(导管),直角传动组
　～ d'études séminaire 研究小组,讨论会
　～ d'excitation de freinage 制动励磁机组

groupe

~ d'un muni d'un mécanisme de lancement 带启动装置的机组
~ de barres 钢筋束
~ de branchements (changement de voie) 梯线道岔区
~ de broyage 破碎机组
~ de coloration 有色(暗色)矿物组
~ de concassage 破碎机组,碎石机组
~ de concassage-criblage 破碎筛分机组
~ de concassage-triage 破碎筛分机组
~ de criblage 筛分机组
~ de diaclases 节理组
~ de diaclases parallèles 节理组
~ de discussion 讨论小组
~ de disques 磁盘组,磁盘部件
~ de failles 断层组
~ de fractures 断层组
~ de galets de roulement 滚轮组
~ de granitoïdes 花岗岩类
~ de l'exinite 壳质组,壳质素组,壳质体组
~ de la répartition 配车所
~ de lancement (locomotives diesel) 内燃机车启动机组
~ de liaison 连杆组,系杆组,联络组
~ de malaxage 搅拌机组
~ de montagnes 山系,群山
~ de pieux 桩群,桩束,集桩
~ de pieux de défense 护桩群
~ de pompe 抽水机组,水泵组
~ de poulies de direction (导线)滑轮组
~ de pression d'huile 油压机组
~ de production d'eau glacée 水冷却装置
~ de réchauffage 加热锅炉
~ de refroidissement (locomotive diesel) 内燃机车冷却机组
~ de relais 继电器组
~ de réserve 备用机组
~ de restitution des débits réservés 补偿水泄水辅助发电机组
~ de rouleaux 滚轴组
~ de secours 备用发电机组
~ de soudage 焊机组
~ de soudage à génératrice 发电机式电焊机组
~ de soulèvement (turbine) (汽轮机)起重装置
~ de suralimentation 增压机组
~ de travail 工作组
~ de voies 线群,车场
~ des amphiboles 角闪石类
~ des pieux 桩群
~ désherbeur 除草车组
~ diesel 柴油发电机组
~ diesel de secours 救援内燃发电机组
~ diesel pour courant de secours 备用内燃发电机组
~ dosage 分批投配设备
~ du type cycle combine 联合循环机组
~ électrique diesel 柴油发电机组
~ électrocompresseur 电动空气压缩机组
~ électrogène 发电机组,充电装置
~ électrogène de secours 备用发电机组
~ électropompe 电动泵组
~ électropompe immergé 潜水电泵机组
~ en cascade 串级机组
~ en entretien 正在维修的发电机组
~ en réparation 正在修理的发电机组
~ fonctionnant en déchargeur 井口发电机组
~ frigorifique 制冷[冷冻]机组
~ frigorifique à absorption 吸收式制冷机组
~ générateur 发电机组
~ générique(tarifs) 货物分类名称(运价规程)
~ groupe-générateur 发电机组
~ hydraulique 水轮发电机组,液压装置
~ mobile 活动机组,移动式设备
~ moteur 电动机组,发电机组,动力装置
~ moteur compresseur 电动压缩机组,电动压气组
~ moteur ventilateur 通风机组
~ moteur-générateur (alternateur) 电动发电机组
~ moto-compresseur 电动空气压缩机组
~ motocompresseur de lancement 起动电动压缩机组
~ motopompe 电动泵组,电动抽水机组,电动水泵组
~ motopompe à combustible 电动燃料泵组
~ motopompe à eau 电动水泵组,冷却水泵机组
~ motopompe à huile de prégraissage 预润滑电动油泵组
~ motopompe auxiliaire 辅助电动泵组
~ motopompe primaire 主动电动泵组(回路冷

却主泵）
　～ moto-ventilateur　电动风机组
　～ moto-ventilateur de caisse　车体电动通风机组
　～ moto-ventilateur de freinage　制动电动通风机组
　～ muni d'un multiplicateur　带变速箱机组
　～ pompe-moteur　液压动力系统
　～ redresseur　整流机组，整流装置
　～ réversible　可逆式机组
　～ soudage　焊机组
　～ ternaire　三变量机组
　～ thermique　热力发电机组
　～ thermoplongeur　电动浸没式加热器组
　～ tournant　电动发电机组
　～ transformateur　变压器组
　～ turbo-alternateur　涡轮交流发电机组，汽轮发电机组
　～ turbogénérateur　涡轮发电机组
　～ turbopompe　涡轮泵组
　～ unité　部件，块，组，部分
　～ ventilateur　通风机组

groupement *m*　团，组，群，成组，成群，分组，分类；组合，联营体
　～ de boutiques　商业中心
　～ de failles　断层群（或组）
　～ de plis　褶皱群
　～ des cristaux　晶簇
　～ filonien　脉群
　～ mandat désignant le fondé de pouvoir, en cas de groupement d'entreprises　组成联营体时的授权委任书
　～ pour les Facilités de Transport Internationales du Personnel des Chemins de Fer　国际铁路员工旅行福利组织
　～ protocole d'accord, en cas de groupement d'entreprises　组成联营体时的议定书

grouper *v*　集合，集中，聚集
groupeur *m*　de marchandises　零担货物转运人
grovésite *f*　锰绿泥石
gruau *m*　小起重机，小吊车
grue *f*　起重机，吊车，起吊架，抓岩机，卷扬机
　～ à aimant-porteur　磁力起重机，磁吊
　～ à air comprimé　气动起重机
　～ à arbre fixe　固定起重机
　～ à ascenseur　升降起重机
　～ à auto-montage　自行安装的起重机
　～ à bélier　桩锤起重机，夯锤起重机
　～ à benne　抓斗起重机，斗式起重机
　～ à benne prenante　抓斗起重机
　～ à benne sur portique　门式抓斗起重机
　～ à benne sur semi-portique　单桩式抓斗起重机
　～ à bras　手摇起重机
　～ à câble　缆索吊车，架空索道起重机
　～ à câble aérienne　架空索吊运机
　～ à charbon　装煤起重机，装煤机
　～ à charger le charbon　装煤吊机
　～ à chariot　移动式起重机
　～ à chemin de roulement circulaire　周转式起重机
　～ à chenilles　履带式起重机
　～ à chevalet　构架式起重机
　～ à colonne　柱式旋转起重机
　～ à combustible　装煤起重机
　～ à commande électrique　电动起重机
　～ à console　悬臂式起重机
　～ à crochet　吊钩起重机，件货起重机
　～ à crochet de fort tonnage　大吨位吊钩（货件）起重机
　～ à crochet magnétique　磁力桥式起重机
　～ à demi-portique　单柱式高架起重机
　～ à électro-aimant　电磁起重机
　～ à électromagnétique　电磁起重机
　～ à excavateur　挖土机，挖土起重机，起重挖土两用机
　～ à flèche　挺杆式起重机，悬臂式起重机
　～ à flèche à vapeur　悬臂蒸汽起重机
　～ à godet　斗式起重机
　～ à grappin　抓斗吊机，抓斗吊车，抓斗起重机
　～ à griffe　抓斗吊机，抓斗起重机
　～ à longue portée　长臂起重机；长臂式架桥机
　～ à main　手摇起重机
　～ à mât　桅杆式起重机，转臂起重机
　～ à pivot　悬臂起重机
　～ à ponton　水上起重机，浮式起重机
　～ à portance　轻便起重机
　～ à porte fixe　固定式龙门吊车，龙门吊车
　～ à portique　门式起重机，龙门吊车，桥式起重机
　～ à pylône　塔式起重机
　～ à renversement　自动翻转式起重机

~ à rotation　旋转起重机,悬臂起重机
~ à rotation totale　全转式吊车,全转式起重机
~ à tour　塔式起重机,塔架吊机
~ à tour de rotation　塔式旋转起重机
~ à tour fixe　固定式塔吊
~ à tour grimpante　攀缘式起重机
~ à tour pivotante　塔式旋转起重机
~ à tour sur camion　汽车式塔吊,汽车塔式起重机
~ à trois essieux　三轴式起重机
~ à vapeur　蒸汽起重机,汽吊
~ à volée　臂式起重机
~ à volée horizontale　平臂塔式起重机
~ aérienne　悬索道(料场运石),缆道
~ automobile　汽车式起重机,汽车式吊车
~ automontante　自行架设的起重机
~ automotrice　牵引车式起重机,自动起重机
~ avec moteur　自行式起重机
~ charbonnière　装煤起重机,装煤机
~ consol　悬臂式起重机
~ d'alimentation　水力起重机
~ d'armement　安装用起重机,装配吊车
~ d'embarquement　装载起重机,装船吊机
~ dameuse　打夯起重机
~ de bâtiment　建筑用起重机
~ de bord　船台悬臂起重机,船上起重机
~ de chantier　工地用起重机
~ de chargement　装载机,装车起重机,装料吊车
~ de chevalement　构架式起重机
~ de construction　工程用起重机
~ de déchargement　卸荷起重机
~ de dépôt　仓库用起重机
~ de forage　钻探用起重机
~ de fort tonnage　重型起重机
~ de fort tonnage à poste fixe　固定式重型起重机
~ de génie civil　土建工程起重机
~ de levage　起重机,吊机
~ de manutention　装卸起重机
~ de montage　安装用起重机,拼装吊车
~ de parc　货场起重机
~ de relevage　救援起重机,复轨起重机
~ de remblaiement　填土起重机
~ de reprise　转载起重机,过载起重机,抓斗
~ de sauvetage　救援起重机
~ de secours　救援起重机
~ de sondage　钻机
~ de sonnette　打桩机
~ de transbordement　换装起重机
~ de transport　运输(用)起重机
~ de travaux publics　公共工程起重机
~ dépannage　救援起重机
~ dépanneuse　救援起重机
~ diesel électrique　柴油电力起重机
~ double　双臂起重机
~ dragline　索挖铲挖机
~ dragueuse　抓斗式吊车
~ dur chenilles　履带式起重机
~ électrique　电动起重机
~ électrique pivotante　电动悬臂起重机
~ élévatrice　起重机
~ en bateau　浮式起重机,起重船
~ enfourneuse　装炉起重机
~ fixe　固定式起重机
~ flottante　浮式起重机,浮吊
~ flottante pivotante autopropulsée　自航式旋转浮吊,自航式变幅浮吊
~ géante　巨型起重机
~ hydraulique　救火用水枪;液压起重机
~ légère　轻型起重机
~ locomotive　机车起重机
~ magnétique　磁力起重机
~ mobile　移动式起重机,汽车起重机,可移动吊车
~ monorail　单轨起重机
~ monotour　塔式起重机
~ montée à l'arrière　(拖拉机、平地机等)拖挂式起重机,后装起重机
~ montée sur camion　汽车起重机
~ montée sur voie　轨道起重机
~ murale　墙壁起重机,壁式悬臂起重机
~ orientable　悬臂起重机
~ parc　货物起重机
~ pivotante　悬臂起重机,回转起重机
~ pivotante avec flèche simple　直臂架水平变幅起重机
~ pivotante du type à quadrilatère articulé　四连杆水平变幅起重机

~ pivotante fixe　固定悬臂起重机，固定悬臂吊车
~ pivotante géante　大型悬臂起重机
~ pivotante mobile　移动式悬臂起重机
~ pivotante sur dessick　塔式起重机
~ pivotante sur pylône　塔式悬臂起重机，回转式起重机
~ pneumatique　风动起重机
~ poids lourd　重型起重机
~ polaire　极性吊，磁极吊
~ portable　轻便起重机，可移式起重机
~ portique　门式起重机，龙门吊车
~ portique à tour　塔架门式起重机
~ potence　轻便起重机
~ pour construction des bâtiments　建筑用起重机
~ pour érection　吊装起重机
~ pour érection rapide　快速吊装起重机
~ preneuse　抓斗式起重机
~ pylône à rotation totale　全回转式塔架起重机
~ rotatoire　旋转式起重机
~ roulante　移动式起重机，架桥机，桥式吊车
~ roulante à pylône　移动式塔架吊机
~ routière　胎轮式起重机，胎轮吊车，筑路用起重机
~ routière avec flèche télescopique entière automatique　全自动伸缩臂胎轮式起重机
~ semi-portique　半门式起重机
~ stationnaire　固定式起重机
~ sur camion　汽车起重机，汽车吊
~ sur chariot　移动式起重机
~ sur chariot électrique　移动式电动起重机
~ sur chenilles　履带式吊车；轨道起重机
~ sur pneus à trois essieux　三轴轮胎式起重机
~ sur ponton　水上起重机，浮式起重机
~ sur porteur　汽车式起重机，汽车式吊车
~ sur porteur avec flèche télescopique entièrement automatique　全自动伸缩臂汽车式起重机
~ sur portique roulant　移动式龙门吊机
~ sur remorque　拖车起重机
~ sur roues　轮式起重机
~ sur roues pneumatiques　轮胎式起重机
~ sur tracteur　拖拉起重机
~ sur voie ferrée　轨行起重机，铁路起重机
~ sur wagon　安装在平车上的起重机
~ télescopique　套筒式起重机，伸缩臂式起重机
~ Titan　巨型龙门起重机
~ tournante　旋转式起重机
~ tournante à benne preneuse　旋转式抓斗起重机
~ tournante à griffes　旋转式抓斗起重机
~ tournante sur rails　轨道式旋转起重机
~ tout-terrain　越野汽车吊，四轮驱动吊车
~ tractée　拖拉起重机
~ tracteur　牵引车式起重机
~ universelle　万能装卸机，通用装卸机
~ universelle sur chenilles　履带式万能装卸机
~ vélocipède　行走式悬臂起重机

grue-chargeuse　*f*　装载起重机
grue-derrick　*f*　动臂起重机，石油钻探起重架，起重架
　~ portable　轻便转臂起重机
grue-marteau　*f*　塔式起重机，塔式吊车
grue-pelle　*f*　塔式起重机，塔式吊车，单斗挖土机
grugeoir　*m*　切口机，开槽机
grume　*m*　大木料，圆木，原木
grumeau　*m*　结块，凝块
grumeleux, euse　*a*　结块的，凝块的，凝固的，粗糙的，瘤状的，高低不平的
grundite　*f*　伊利石
grünérite　*f*　铁闪石
grünéritisation　*f*　铁闪石化（作用）
grünsteintrachyte　*f*　绿粗面岩，变安山岩，清盘岩
grutier　*m*　起重机操作人员，起重机司机
gsaa　*m*　残山（蚀余山）
guadalcazarite　*f*　锌黑辰砂
guanabacoïte [guanabaquite]　*f*　菱面石英，萤石假象玉髓
guanajuatite　*f*　硒铋矿
guanakite　*f*　铵钾矾
guanapite　*f*　铣钾矾；杂硫铵钾类石；草酸铵石
guanite　*f*　鸟粪石
guano　*m*　鸟粪石
guanovulite　*f*　铵钾钒（填卵石）
guanoxalite　*f*　磷草酸钙石
guardiaite　*f*　霞石粗安岩
guarinite　*f*　希硅锆钠钙石（片榍石）
gué　*m*　可涉水渡过的地方；浅滩
guéable　*a*　可涉水而过的

guerinite *f* 格水砷钙石

guérite *f* 小屋,岗亭,电话亭,货车上的闸楼;哨所
～ de bascule 地磅房
～ de frein 货车制动楼,制动台;可作守车用的货车闸楼

guest *m* 客晶,客矿物,外来物,交代物,充填物,新成体,后生矿物

guéttardite *f* 格硫锑铅矿

guette *f* 撑杆,斜撑;三角构架

guetteur *m* (voie) 打旗员(线路上的),巡道工

gueulard *m* 进水口,排水沟,阴沟口

gueuse *f* 生铁

gugiaïte *f* 顾家石

guhr *m* 洞穴黏土,洞穴赭土;硅藻土

guichet *m* 售票窗口,小窗口,查看口;出纳处
～ de l'appareil de block 闭塞机小窗
～ des bagages 托运行李窗口,行李托运处

guidage *m* 操纵,驾驶,控制,瞄准;导向装置;管理,导引,瞄准;引导,制导,导航,导槽
～ automatique 自动跟踪,自动引导
～ des essieux 轴箱导框
～ des véhicules 操纵车辆
～ hertzien 无线电控制
～ infrarouge 红外线制导
～ longitudinal 纵向导向装置
～ par fil 有线导引
～ par inertie 惯性引导
～ vertical 竖向导板

guide *m* 标志;引导,导框,导架,导轨,导杆,导向器,导向装置;波导管,领导人,引导者,导游,向导;旅行指南,手册
～ à dépression 真空导管
～ à iris 膜片波导
～ d'ascenseur 电梯导杆
～ d'aspiration (主泵)吸水导向管
～ d'entraînement 驱动轴,驱动导轨
～ d'essieu 轴箱导框;车轴导杆
～ d'ondes à diaphragmes 膜片波导管
～ d'ondes articulé 脊椎形波导管
～ d'ondes cloisonné 有隔膜的波导管
～ d'ondes cylindrique 圆形波导管
～ d'ondes diélectrique 介质波导管
～ d'ondes en haltère 哑铃式波导
～ d'ondes fendu 纵缝波导(天线),有缝隙的波导(天线),开槽波导
～ d'ondes parallélépipédique 矩形波导管
～ d'ondes rayonnant 辐射波导
～ d'ondes rectangulaire 矩形波导管
～ d'ondes souple 弯曲波导管,柔性波导管
～ d'ondes unifilaire 单线波导管
～ de benne 车箱导向装置
～ de chemise 缸套导环
～ de chemise inférieur 下导环
～ de chemise supérieur 上导环
～ de construction 施工准则
～ de coulisseau 滑块导管
～ de crochet de traction 刀具架,刀具导框
～ de fil 钢索导套
～ de la crosse 十字头导板
～ de la tige du tiroir 滑阀杆导承
～ de lumière 光导
～ de mesure 波导测试线
～ de mineur 矿工手册
～ de products 产品目录
～ de puits 井筒罐道
～ de réception 接受波导管
～ de ressort 弹簧导框
～ de sabot 制动铁鞋导向装置
～ de sonde 钻杆导向器
～ de soupape 气阀导框
～ de vanne 闸门导轨
～ eau (baffle) 转轮上冠盖
～ élingue 起吊环
～ en bronze 青铜导杆
～ foret 钻头导套
～ géobotanique 地植物标志
～ géochimique 地球化学标志
～ géologique 地质标志
～ minéralogique 矿化标志
～ morphologique 地貌标志
～ paléogéographique 古地理标志
～ roue 车轮导向装置
～ stratigraphique 地层标志
～ structural 构造标志
～ transversal 横导架,横向滑板

guidé, e *a* 制导的,引导的,操纵的,管理的
～ par fil 有线控制的
～ par infrarouges 红外线制导的

guideau *m*	翼墙,导水墙,导流壁,泄水台
guide-câble *m*	钢索导套
guide-élingue *m*	起重吊环
guide-roue *m*	护轮轨
guidon *m*	操纵手柄,牵引杆,通风管,标志层,指示层,操纵杆,信号旗
guildite *f*	四水铜铁矾
guillaume *m*	槽口刨
guillochage *m*	花纹擦痕,弯曲短裂纹
guillotine *f*	闸门,龙门剪床,铡刀式剪床,截断机,断路器
guindage *m*	用起重机起重
guingar [guinger] *m*	含金黏土
guingois *m*	曲折,歪曲
guipage *m*	绝缘层,绝缘包皮(电线)
~ à caoutchouc	用橡皮包裹的
~ à coton	用棉纱缠绕的
~ à papier	用纸缠绕的,用纸包着的
~ à soie	用丝缠绕的
~ à soie sur émail	单丝涂釉的
guipé *a*	包绕的
~ une couche caoutchouc	包一层橡皮的
~ une couche coton	包一层棉纱的
~ une couche papier	包一层纸的
~ une couche soie	缠一层丝的
guiper *v*	卷绕,缠绕,包绕
guipon *m*	焦油沥青刷
guirlande *f*	花彩,花叶饰,弧,带
~ de pierres	石雕花饰
~ insulaire	岛弧
guise *f*	方式,方法
en ~ de	作为……,代替……
gully *m*	雨水进水口,排水沟,阴沟
gumbed *m*	地蜡
gumbélite *f*	镁水白云母
gumbo *m*	强黏土
gumbrine *f*	贡布林石,漂白土,胶盐土
gummite *f*	脂铅铀矿,杂质铅铀矿,埃洛石
gumucionite *f*	砷闪锌矿
guningite *f*	水锌矾
gunitage *m*	喷浆法,喷射水泥(用水泥枪)
gunite *f*	喷浆,喷射水泥,喷射泥浆
guniter *v*	喷涂,喷(射灌)浆
guniteuse *f*	水泥喷枪,水泥浆喷射机
gunnarite *f*	镍磁黄铁矿
gunnbjarnite *f*	铁海泡石(黑片石)
gunnisonite *f*	杂硅萤石
Günzien [Gunzien] *m*	汞兹冰期(阿尔卑斯山第一次冰期)
gurhofite *f*	雪白云石
gussasphalt *m*	摊铺地沥青
gustavite *f*	辉铋银铅矿(古斯塔夫矿)
gutenberg *m*	古登堡不连续面
gutsevichite *f*	水磷钒铝矿
gutta-percha *m*	古塔橡胶(即马来树胶),杜仲树胶,古塔波胶
guyot *m*	海底平顶山,平顶海山
gymnite *f*	杂水蛇纹石
gymnospermé *a*	裸子的
gypse *m*	石膏,灰泥板,熟石膏
~ à cristallisation grenue	粒状晶质石膏
~ anhydre	无水石膏,硬石膏
~ compact	纯白生石膏,雪花石膏
~ de construction	建筑用石膏
~ décomposé	酥性石膏,土状石膏
~ en fer de lance	燕尾双晶石膏
~ fibreux	纤维状石膏
~ lamelleux	纤维石膏,透石膏
~ laminaire	薄层状石膏
~ pulvérulent	粉状石膏
~ radié	放射状石膏
~ saccharoïde	糖粒状石膏
~ soyeux	绢丝状石膏,纤维状石膏
~ spathique	纤维石膏,透石膏
~ strié	条纹状石膏
~ terreux	土状石膏
gypseux, euse *a*	石膏质的,含石膏的
gypsifère *a*	石膏质的,含石膏的
gypsification *f*	石膏化(作用)
gypsifié *a*	石膏化的
gypsite *f*	土石膏
gyrater *m*	回转器,回旋器,回相器
gyrateur *m*	回转破碎机,圆锥破碎机
gyration *f*	回转,旋转
gyratoire *a*	旋转的,回转的
gyro *m*	陀螺仪,回转仪
gyrobroyeur *m*	回转破碎机
gyrobus *m*	飞轮车

gyroclinomètre *m* 陀螺式倾斜计
gyrocompas *m* 陀螺罗盘,回转罗盘,陀螺仪
gyrofréquence *f* 陀螺频率,回转频率
gyrogonite *m* 轮藻藏卵器化石
gyrographe *m* 旋转记录器
gyrolite *f* 吉水硅钙石(白钙沸石)
gyromagnétique *a* 陀螺磁的
gyromètre *m* 陀螺测试仪(指示方向的装置)
gyromoteur *m* 陀螺电动机
~ électrique 陀螺电动机
~ pneumatique 风动陀螺发电机
gyroscope *m* 陀螺仪,回转仪
gyrostate *m* 回转仪,回转轮,陀螺仪
gyrostatique *a* 回转式的
gyrotachymètre *m* 陀螺转速表
gyroverticale *f* 垂直陀螺仪
gyttia *f* 湖相沉积,腐蚀黑泥

H

h（hecto） 百
H（henry） 亨利(电感应单位)
ha（hectare） 公顷($1\ ha = 10000 m^2$)
haapalaite *f* 叠镁硫镍矿(哈帕矿)
haarcialite *f* 纤沸石
haarkies *m. pl* 针硫镍矿
haarscialite *f* 钙沸石
haarzéolite *f* 钙沸石
habile *a* 能干的,机灵的,善于,有……资格
   il est ~ à travailler le bois 他擅长木工
habileté *f* 熟练,胜任,本领,技能,熟练程度
  ~ dans la manœuvre 操作技巧,操作的熟练程度
  ~ du conducteur 驾驶员的驾驶技能
  ~ du personnel 人的技术熟练程度
habilitation *f* 授以权力,授以资格,合格证书
habilité *f* 能力,资格
  ~ à exporter 经营出口资格
habillage *m* 穿,盖,罩,外层,包覆,设置,装修,装配,加工,保护罩
  ~ d'ossature de radiateurs 散热器构架装修
  ~ de lanterneau de bloc électrique 电气柜采光装置
  ~ de lanterneau sur auxiliaires de côté des radiateurs 散热器一侧辅助设备上的采光装置
  ~ en béton 混凝土包层
  ~ intérieur de cabine 司机室内部装修
  ~ par peinture 喷涂层
  ~ réfractaire 耐热层
habiller *v* 盖上,蒙上,涂上,镀上,包上,装上
habit *m* 服装,衣服
  ~ de plongée 潜水服,潜水衣
  ~ de scaphandrier 潜水衣
  ~ s de travail 工作服
habitabilité *f* 座位舒适程度,载客定额
  ~ d'un ascenseur 电梯载人定额
habitacle *m* 机舱,驾驶舱,罗盘座,罗经柜
habitat *m* 居住条件,居住形式
habitation *f* 住宅,住房,居住

~ à bon marché（H.B.M.） 廉价住房
~ à loyer modéré（H.L.M） 低租金住宅
~ collective 集体住宅
~ de plaisance 别墅
~ individuelle 独立式住宅
~ moderne 现代住宅
~ primitive 原始住宅
~ rustique 简易住宅
~ sommaire 简易住房
~ somptueuse 豪华住所,豪宅
habitats *m. pl* 生境,产地,栖息地;石油生聚
habité *a* 载人的,有人住的,有人驾驶的
habitude *f* 习惯,习俗
  d'~ 通常,经常,惯常
  avoir ~ de 习惯于
  comme d'~ 照例,照常
habituel, elle *a* 习惯的
habituellement *adv* 习惯地,通常地
habitus *m* 习性,惯状,常态
  ~ cristallin 晶型
  ~ cubique 立方晶型
hachage *m* 切割,剖面线斩波
haché *a* 剁碎的,分裂的,断续的
hache *f* 斧,剁刀,板斧
  ~ à brique 砖斧
  ~ à glace 破冰斧
  ~ burineuse 琢石斧
  ~ d'abattage 伐木斧
  ~ d'incendie 消防斧
  ~ de courant 斩波器
hacher *v* 砍,凿,乱剁,打断,斩波,切割,切口,錾平,刻痕,画影线
hachette *f* 小斧
  ~ de bûcheron 伐木小斧
hacheur *m* 斩波器,振荡式变流器
  ~ de grande puissance 大功率斩波器
  ~ à thyristors 可控硅斩波器,晶闸管斩波器
hachoir *m* 断电器,选择器
hachure *f* 锉纹,影线,晕线,阴影线,擦痕,刻痕,

画剖面线

hachurer *v* 画影线,加晕线,画剖面线
hackmanite *f* 紫方钠石
hacon *m* 钻探扳手
haddamite *f* 细晶石(钽烧绿石)
haemachates *m* 血点玛瑙(血石髓)
hafnefjordite *f* 拉长石
hafnon *m* 铪石
hagatalite *f* 波方石(稀土铌钽钙石)
hagémannite *f* 杂氟钠霜晶石
hagendorfite *f* 黑磷铁钠石
haidingérite *f* 砷钙石
haie *f* 篱笆,篱栅,围墙,横列,跳栏架
  ~ de verdure 绿篱
  ~ de vive 绿篱
  ~ en clayonnage 网格
  ~ paraneige 防雪栅
hainite *f* 铈片楣石
hakutoite *f* 英钠粗面岩,白头岩
halage *m* 拉,拉紧,拉直
halation *f* 光晕,晕影,晕光作用,成晕现象
halde *f* 废石堆,矸石堆
  ~ aux scories 矿渣堆
  ~ de déblais 矸石堆,废石堆
  ~ de déchets 矸石堆,废石堆
  ~ de minerai 矿石堆
  ~ de scories 废渣堆
hale *m* 纤,缆索
haler *v* 拉,拉紧,拉直,拉纤
halimètre *m* 盐浮计,盐量计,盐液密度计
halite *f* 石盐,岩盐
halitite *f* 石盐岩
halitosylvine *f* 杂石钾盐
hall *m* 前[门、餐、大]厅,库,车间,候车室
  ~ d'arrivée des voyageurs 旅客到达厅
  ~ d'entrée 车站大厅,候车大厅
  ~ d'entrée de gare 车站大厅
  ~ de coulée 浇铸车间,翻砂车间
  ~ de démoulage 脱模车间
  ~ de départ de voyageurs 旅客出发厅
  ~ de fonderie 翻砂车间,铸造车间
  ~ de locomotives 车站大厅,候车厅
  ~ de manutention 装卸大厅
  ~ de production 生产车间

  ~ des machines 机器房,主厂房
  ~ des transformateurs 变压器室,变压器廊道
  ~ du public 营业厅,大厅
hall-arrivée *m* (gare) 到站大厅
hall-départ *m* (gare) 出发大厅
halle *f* (有屋顶的)市场,菜场,商场,车间,仓库,棚,室,大厅
  ~ à détails 零担货场
  ~ à marchandises 货物仓库,货场
  ~ à marchandises en vrac 堆装货物仓库,散装货物仓库
  ~ d'emballage 包装车间
  ~ d'entretien 组装车间,组装工场,维修车间
  ~ d'étamage 镀锡车间
  ~ d'expédition 货物发送场
  ~ d'exposition 展览厅
  ~ d'omnibus 公共汽车车库
  ~ de coulée 翻砂车间
  ~ de fonderie 翻砂车间,铸造车间
  ~ de gare 车站有棚站台
  ~ de manutention du bassin 码头换装货物的货棚
  ~ de montage 组装车间,组装工场
  ~ de Paris 巴黎市场(法国最大的消费、中转市场)
  ~ de quai 站台棚
  ~ de réception 收货棚,到达货物仓库
  ~ de transbordement 换装场
  ~ de visite des voitures 客车检修库
  ~ des convertisseurs 转炉车间
  ~ ouverte 露天站台
hälleflinta *m* 长英角岩
halleflintgneiss *m* 长英麻粒岩
hallérite *f* 锂钠云母
hallier *m* 灌木丛,荆棘丛
hallite *f* 矾石,星蛭石,铁菱镁矿,铁叶绿泥石
hallonite *f* 二水钴矿
halloysite *f* 叙永石,埃洛石
halloysite-garniérite *f* 埃洛镍蛇纹石
halltorn *m* 霍尔发送器
halo *m* 光环,光轮,晕圈,光晕,晕影
  ~ d'altération 次生风化晕
  ~ de filtration 水化学分散晕
  ~ pléochroïque 多色晕圈
halocinèse *f* 盐构造,盐运动

halogénation *f*	卤化
halogène *m*	卤素,卤族; *a* 卤素的,卤族的
halogénique *a*	海盐的,深海溶液沉积的,深海溶液生成的,卤素生成的
haloïde *m*	卤化物; *a* 卤族的,卤的
hâloir *m*	晒场,干燥室,晒物室
halokainite *f*	钾盐钾镁矾
halomètre *m*	盐液密度计,盐量计
halométrie *f*	盐量测量,盐度测定
halomorphe *a*	盐生的,盐渍的
halomorphisme *m*	盐生形态
halopélite *f*	盐质泥岩
halotectonique *a*	含盐构造的,盐类构造的
halotrialunogène *m*	杂毛铁明矾石
halotrichite *f*	铁铝矾(铁明矾)
halte *f*	小站,停车点,旅客乘降所;停止,停车;暂停
～ avec salle d'attente	带候车室的小旅客站
～ de routiers	驾驶员休息室
～ non gardée	无人管理停车站
halurgite *f*	哈硼镁石,哈卤石
ham(m)ada *f*	石漠,石质沙漠
hambergite *f*	硼铍石
hamélite *f*	水硅铝镁矿
hamlinite *f*	羟磷铝锶石
hammarite *f*	哈硫铋铜铅矿
hammérite *f*	橙钒镁石
hampdénite *f*	硬蛇纹石,叶蛇纹石
hampe *f*	柄,棒,杆,测杆
hampshirite *f*	滑蛇纹石
hamrongite *f*	英云斜煌岩
hanche *f*	凸耳,凸座,凸起部;加厚,变粗,加厚部分
hancockite *f*	铅黝帘石
handite *f*	锰砂岩
hangar *m*	库房,货场,货棚,船台,停车库,飞机库
～ à bicyclettes	自行车棚
～ à wagons	车辆段;货车库
～ circulaire	圆形库
～ d'entretien	组装车间,组装工场
～ de manutention	货物装卸场
～ de matériel	器材[工具]库
～ de montage	组装车间,组装工场
～ de quai	站台棚
～ de réception	收货棚
～ de réception des marchandises	承运货场,收货棚
～ de stockage	储料棚
～ de transbordement	换装场
～ de visite des wagons	检车棚
～ des marchandises	货物仓库,货物堆栈
～ pour locomotives	机车库,机车棚
hanksite *f*	碳钾钠矾
hanléite *f*	钙铬榴石(铬镁榴石)
hannayite *f*	水磷铵镁石
hanusite *f*	镁皂石,杂钠钙镁皂石
haplite *f*	细晶石
haplogranite *f*	细岗岩,人造花岗岩
haplome *m*	粒榴石,铝钙铁榴石
haplotypite *f*	钛赤铁矿,钛铁矿
happe *f*	钳,虎钳,夹钳,正反扣,蚂蟥钉
haquet *m*	搬运货物用的两轮车
harasse *f*	包装筐(装玻璃、瓷器用)
harbolite *f*	硬辉沥青,硫氢氮沥青
harbortite *f*	杂钙钠磷铝石(钠磷铝石)
hardenite *f*	碳甲铁,细马氏体
hardpan *m*	硬土,坚土,硬盘,硬土层
hardware *m*	金属设备
hardystonite *f*	锌黄长石
harkérite *f*	碳硼硅镁钙石
harmonique *m*	谐波,谐振荡,谐函数,调和函数,谐波分量,谐波分力; *a* 调和的,调谐的,谐波的
harmonogramme *m*	劳动与设备均衡表
harmophane *m*	刚玉
harpon *m*	叉形系杆
～ de repêchage	钻探用打捞钩
harringtonite *f*	杂杆中沸石,杆沸石
harrisite *f*	方辉铜矿,钙长橄榄岩
harstigite *f*	硅铍锰钙石
hartine *f*	白针脂石
hartleyite *f*	烟煤,碳页岩,哈特苇种油页岩
harttite *f*	磷铝锶矾
harzburgite *f*	方辉橄榄岩
hasard *m*	偶然,侥幸
～ d'incendie	火灾危险
hastingsite *f*	富铁钠闪石,绿钙闪石,绿钠闪石
hastite *f*	白硒钴矿(哈斯特矿)
hatchettolite *f*	铀烧绿石
hatchite *f*	硫砷铊银铅矿,细硫砷铅矿

hathérite[hatherlite] *f* 歪闪正长岩

hattérikite *f* 钇钽矿

hauban *m* 拉线(电杆),拉杆,支撑,拉杆,(钻探)拉索,牵索,拉条,锚固索,钢丝拉条
　～ en corde 拉索,牵引所
　～ flexible 软钢索
　～ latéral 侧支柱
　～s(ponts) 支撑索,稳定索(桥)

haubané *a* 用撑杆加固的,带撑杆的

haubaner *v* 安设撑柱,安设拉索,撑杆加固
　～ un appui 安设支点

haubannage *m* 拉线,撑杆系,用绳索固定,用缆绳固定
　～ des lignes 拉紧导线

hauchecoruite *f* 硫铋锑镍矿

hauérite *f* 方硫锰矿,褐硫锰矿

haughtonite *f* 富铁黑云母

hausmannite *f* 黑锰矿,黑色锰矿石

hausse *f* 上升,提高;(调节水位的)闸板(门)增长量;垫片,垫块,托架,支架;小门(装在大门上的)
　～ amovible 活动侧板,活动侧墙
　～s de déversoir 挡水闸门,叠梁闸门;决泄板
　～ de pression 升压
　～ de température 升温
　～ des prix 涨价,费用上涨
　～ des tarifs 运价提高

haussement *m* 抬高,加高,上升

hausser *v* 上升,升高,提高,增加

haussière *f* 牵引索,拖索

haut *m* 高度,端,顶,上部,顶点; *adv* 高,高高地
　～ amovible de benne 自卸车翻斗前保护板
　～ de plage 高潮线,潮滩顶
　d'en ～ 从上面
　de ～ 从高处,从上面
　de ～ en bas 从上到下,自下而上
　～ des filets de l'orifice 注油孔滤网
　～ des talons 升高片顶部
　du ～ de 从……高处
　en ～ 在高处,在上面;朝上面,往上
　en ～ de 在……高处,在……上面
　～ récifal 珊瑚岛潟湖内缘缓坡

haut, e *a* 高的,上方的,上游的,高地的,深的(指水),高等的
　～ définition(HD) 高分辨率,高清晰度(指图像)
　～ fidélité 高保真度,高灵敏度
　～ es eaux 高水位,高水,满水,洪水
　～ es eaux les plus fréquentes 经常性高水位
　～ es eaux maximum 最高水位
　～ fréquence 高频
　～ fréquence mélangée 高混频
　～ pression(H.P.) 高压力
　～ qualité 高质量
　～ résistance 高强度
　～ technologie 高技术,高科技
　～ teneur en carbone 高碳
　～ tension(H.T.) 高电压

haut-banc *m* 上部岩层

haut-bassin *m* 盆地上游

hautes-eaux *f. pl* 高水位,高水,洪水

haute-surtension *f* 高过压

hauteur *f* 高,高度,海拔,高程,标高,水位,距离,高地,丘陵,水深,上部
　～ à débit nul(pompe) 截流水头(泵)
　～ active 有效水头,作用水头,工作水头
　～ annuelle de la pluie 年降雨量
　～ annuelle des précipitations 年降雨量
　～ artésienne 自流水头,自流水高度
　～ artésienne négative 负承压水头(井内自由水面低于地下水位时)
　～ artésienne positive (地下水)正自流水头
　～ au sable vraie(HSv) 铺砂法构造深度值
　～ au-dessus de la face supérieure des rails 距钢轨顶面高度
　～ au-dessus du niveau de la mer 海拔高度,海拔
　～ au-dessus du sol 地面以上高度
　～ barométrique 气压表水银柱高度,气压高度
　～ brute 毛水头,总水头
　～ capillaire 毛细管上升高度
　～ cinétique 流速水头,动力水头
　～ critique 临界水头,临界高度
　～ d'affaissement 坍落度
　～ d'ascension capillaire 毛(细)管水头,毛(细)管吸升高度
　～ d'aspiration 吸水高度,(水泵的)抽水高度,吸水水头(泵),通风压头
　～ d'axe(moteur) 轴高(发动机)
　～ d'eau 水柱高度,水位高度,水落差
　～ d'eau enfilée 回水水头,壅水水头

~ d'eau équivalente (雪的)水当量
~ d'élévation 高程水头,位置水头,扬水高度
~ d'émergence 出露高度
~ d'empilage 堆装高度
~ d'encombrement 净空高度,限界高度
~ d'étage 阶段高度,阶段斜高,楼层高
~ d'étude 设计水头
~ d'évaporation 蒸发量,蒸发率
~ d'évaporation sur bac 蒸发皿蒸发损失
~ d'immersion 淹没深度
~ d'installation 安装(设备)高度
~ d'onde 波高,浪高
~ d'une poutre 梁高
~ d'usure (fil de contact) 接触导线
~ de baisse 耗水量,降深
~ de cambrure 上拱高
~ de champignon 轨头高度
~ de charge 扬程,压力头,压力落差,水头压力,装药高度(钻孔中)
~ de chargement 装载高度
~ de chute 落差,水头,断层高,(断层的)垂直断距,降落高度
~ de chute constante 常水头,恒定水头
~ de chute critique 临界水头
~ de chute de bosse de triage 驼峰高度
~ de chute des wagons (du dos d'âne) 驼峰峰高
~ de chute libre 无压水头,自由水头
~ de construction 建造高度
~ de construction admissible de pont 容许建筑高度
~ de construction du pont 桥梁建筑高度(自钢轨顶至桥梁最下边缘)
~ de crues 洪水位
~ de dépression 下降水头
~ de flambage 支撑的有效长度,支撑的计算长度
~ de flèche 挠度,上弯度
~ de fond 深度
~ de gousset 托臂加厚
~ de jetée 堤高,卸料料堆高度
~ de l'œil 在平视高度上
~ de la butte 驼峰高度
~ de la lame déversante 溢流水头
~ de la poutre 梁高
~ de la zone comprimée 受压区高度

~ de la zone d'oxydation 氧化带厚度
~ de levage 起重高度
~ de levage maximum adoptée dans le projet 设计最大扬程
~ de levée 扬程,抽升水头,提升高度,堤坝高度,混凝土浇注厚度
~ de libre passage du pont 桥下净空高度
~ de marche 踏步高度
~ de marée 潮高,潮(水)位
~ de naissance 起拱高度
~ de naissance d'une voûte 起拱高度
~ de neige 雪厚,降雪厚度
~ de pluie 降雨量
~ de pluie 降雨量
~ de pointes 中心高
~ de pompage 抽水扬程
~ de pont 桥梁高度
~ de position 位置水头,位头,势头
~ de poutre 梁高
~ de précipitation 降雨量
~ de pression 压头,压力水头
~ de pression absolue 绝对压力水头
~ de pylône 塔架高度
~ de quai 站台高度
~ de refoulement 扬程,压头,压水高度
~ de refoulement (pompe) 压头高度,扬程(泵)
~ de remblai 压力计高度,测压高度
~ de remblai ou déblai 填挖高度
~ de remontée 水位恢复的高度,提升高度
~ de réservoir 储油(水)层厚度
~ de retenue 蓄水高度,持水水位
~ de talus 边坡高度
~ de tamponnement 缓冲器高度
~ de tranche 分层高
~ de travail 工作水头
~ de traverse 工作高度
~ des précipitations 降雨量
~ des tampons 缓冲器高度
~ des vagues (波)浪高(度)
~ disponible 有效水头(泵)
~ du ballast 道床厚度
~ du champignon de rail 轨顶标高,轨头高度
~ du fond 深度
~ du niveau 水位头,水位高度

~ du son 音调,音调的高度
~ du tablier 桥面高度
~ dynamique 动力水头
~ économique （桥梁的）经济高度
~ effective 有效高度
~ efficace 有效高度
~ efficace de la section 截面有效高度
~ énergitique （水流）能头
~ engendrée par la pompe 水泵扬程
~ entrante 流入高度
~ entre lignes de tangence 切线之间的高度
~ ferrostatique de coulée 金属压头
~ géopotentielle 位势高度
~ hors sol 地面以上高度
~ hors tout 总高度
~ hydraulique 水头高度,水头
~ libre 净高,净空高度,自由高度
~ libre de route 道路净高
~ libre minimale 最小限界高度
~ limite 极限水头
~ manométrique 扬程,水头,测压水头
~ manométrique à débit nul（pompe） 截流水头,截流压头（泵）
~ manométrique d'aspiration 水泵吸程
~ manométrique de refoulement 水泵扬程
~ manométrique disponible 有效水头,有效压头（泵）
~ manométrique totale 总水头,总压头（泵）
~ maximale du barrage 水坝最大高度
~ maximale du barrage au-dessus des fondations 坝基以上水坝最大高度
~ maximum 最大水头
~ mécanique 力学高度
~ métacentrique 初稳(定中)心高度,初稳性高度
~ minimum 最小水头,最低水头
~ moyenne 平均高度
~ moyenne de chenal 平均河床高度,平均河床高程
~ moyenne de pluie 平均降雨量,平均雨深
~ navigable 航运终点,水陆转运点
~ nette 净高
~ nette effective 净有效水头
~ nette maximale 最大净水头
~ nette minimale 最小净水头

~ nette minimale d'aspiration 最小的净吸入水头
~ nominale d'assise 标称高度(砖层)
~ piézométrique 压力计高度,测压高度,测压管高度
~ pluviométrique 降雨量,雨深
~ potentielle 势头,位头,水头
~ pour le calcul de poussée de sol 土压力计算高度
~ réelle d'assise 实际高度(砖层)
~ requise 所需要的水头(泵)
~ sortante 流出高度
~ sous crochet 起重机挂钩上升高度
~ sous plafond 房屋净高,天花板高度
~ spécifique 比水头
~ statique 势头,位头,静水头
~ stérile 盖层厚度,剥离厚度,表土厚度
~ stratigraphique 地层厚度,层位高程
~ structurale 结构高度
~ topographique 高地
~ totale 总水头,总扬程
~ totale de section 截面的总高度
~ utile 有效水头,（钢筋混凝土梁或板的）有效高度

hauteurs *f* 山地[区],高原
haut-fourneau *m* 高炉
haut-le-pied *m* （parcours） 单机走行
~ （personnel） 人员乘便
haut-parleur *m* 扬声器,扩音器,(收音机的)喇叭
~ à aimant permanent 永磁喇叭,永磁扬声器
~ à chambre de compression 压缩箱式扬声器,迷宫式扬声器
~ à excitation séparée 他激扬声器
~ à magnétostriction 磁致伸缩扬声器,动导体扬声器
~ à membrane conique 锥膜扬声器
~ à membrane elliptique 椭圆膜扬声器
~ à tension constante 恒压扩音器
~ à ton bas 低音扩音器
~ à ton élevé 高音扩音器
~ à voies multiples 多路扬声器
~ d'aiguës 高音喇叭
~ de contrôle 监听扬声器
~ de graves 低音频扬声器

~ électrodynamique 电动扬声器,电动喇叭
~ électrodynamique à aimant permanent 永磁式电动扬声器
~ électromagnétique 电动式扬声器,电磁扬声器
~ électrostatique 静电扬声器
~ ionique 离子扬声器
~ mixte 高低音扬声器,双锥扬声器
~ piézo-électrique 晶体扬声器,压电扬声器
~ pour conversation 对讲扬声器
~ séparé 分体扬声器
~ témoin 对照扬声器,监控扬声器

haut-pays *m* 高地
haut-plage *m* 沙堤;后滨
haut-polymère *m* 高聚物
hauts-piliers *m* 巴黎盆地石膏层的上部层位
haüyne *f* 蓝方石
haüynolite *f* 蓝方石岩;蓝方石
haüynophyre *m* 钛辉蓝方岩
havage *m* 切槽,割槽,落煤,沉箱下沉,顺层理开采
havée *f* 掏槽,进路,人行道,采掘带
　~ d'abattage 工作空间,工作面进路
　~ descendante 下向进路
　~ montante 上向进路
haverie *f* 矸石夹层;截槽煤末
haveur *m* 坑道工人,工作面工
haveuse *f* 截煤机,风镐
havre *m* 小港湾,避风港
hawaiite *f* 橄榄中长玄武岩,夏威夷岩,深绿橄榄岩
haydénite *f* 黄菱沸石
hayésite *f* 水硼钙石,硼铵石,三斜硼钠钙石
hayon *m* élévateur 可举升货物的汽车后车门
haystack *m* 锥形溶蚀丘
haytorite *f* 硼石髓;硅硼钙石状玉髓
hébétine *f* 硅锌矿
Hébride *f* 赫布里底构造带
hebroïque *a* 文象的(结构)
hébronite *f* 锂磷铝石
hecatolite *f* 月长石(冰长石)
hectare *m* 公顷(符号 ha)(1 公顷＝100 公亩＝10000 平方米)
hectolitre *m* 公石(100 升),百升(代号为 hL)
hectomètre *m* 百米(代号为 hm),公引(合 300 市尺),百米标
　~ carré 公顷

hectorite *f* 锂皂石
hédenbergite *f* 钙铁辉石
hedleyite *f* 赫碲铋矿
hedreocraton *m* 大陆克拉通
hedrumite *m* 霞碱正长斑岩
hedyphane[hedyphanite] *f* 铅砷磷灰石(钙砷铅矿)
heidéite *f* 硫钛铁矿
heidornite *f* 氯硫硼钠钙石
heikkolite *f* 青铝闪石(平康闪石)
heinrichite *f* 钡砷铀云母
heintzite *f* 硼钾镁石
heldburgite *f* 锆石
hélénite *f* 弹性地蜡
hélice *f* 螺杆,螺线,螺旋桨,螺旋弹簧;(行波管的)收卷线
　~ cylindro-conique 锥面螺旋线
　~ hydrométrique 螺旋流速仪
　~ transporteuse 螺旋输送机
　~ transporteuse de distribution 分配螺旋输送机
hélicitique *n* 残缕状的,螺纹状的
hélicitite *f* 石枝,不规则石钟乳
hélicographe *m* 螺旋规
hélicoïdal *a* 螺旋形的,螺旋体的,螺线的
hélicoïde *m* 螺旋面,螺线的
hélicoptère *m* 直升飞机
héligmite *f* 不规则石笋,斜生石笋
héliodor *m* 金绿柱石,黄绿柱石
héliogramme *m* 日光反射信号
héliographe *m* 日光仪,日照计,日光反射信号器
héliophobe *a* 避阳的,嫌阳的
héliopile *f* 太阳能电池
hélioport *m* 直升飞机机场
helioscope *m* 日照器,太阳观察镜
héliostat *m* 定日镜,回照器
héliothermomètre *m* 日温量测计(测太阳温度的)
héliotrope *m* 鸡血石(红斑绿石髓);日光测距仪,回照器,回光仪
hélite *f* 胶质岩,细屑岩
hélitransport *m* 直升飞机运输
hellandite *f* 硼硅钇钙石
helleflinte[hälleflinta] *m* 长英角岩
hellenides *m. pl* 希腊褶皱带,希腊构造带
helluhraun *m* 波纹熔岩
hellyerite *f* 水碳镍矿

helmintholites *f*	蠕绿泥石(铁绿泥石)
helmutwinklérite *f*	水砷锌铅石
helsinkite *f*	绿帘钠长岩
helvétan	不纯黑云母;不纯白云母
helvine[helvite] *f*	日光榴石
hémachate *f*	血点玛瑙
hémafibrite *f*	水羟砷锰石(红纤维石)
hématisation *f*	赤铁矿化(作用)
hématite *f*	赤铁矿
~ brune, ~ jaune	褐铁矿
~ hydratée	含水赤铁矿
~ oolithique	鲕状赤铁矿
~ rouge	红铁矿
~ spéculaire	镜铁矿
~ spongieuse	海绵赤铁矿
hématitique *a*	赤铁矿的
hématoconite *f*	血红方解石
hématogélite *f*	胶赤铁矿
hématolite *f*	红砷铅锰石(羟砷镁锰矿)
hématophanite *f*	红铁铅矿
hématostibite *f*	硅铝锑锰矿
héméra *f*	地层分带,极盛时期
hémiaxe *m*	半轴
hémicellulose *f*	半纤维素
hémicristallin *a*	半晶质的,半结晶的
hémicycle *m*	半圆,半圆形,半周期,半圆形建筑,半圆形大厅
hémicylindrique *a*	半圆柱形的
hémidiatrème *m*	半火山道
hémidiorite *f*	半闪长岩
hémièdre *a*	半面体的
hémiédrie *f*	半面体
hémiédrique *a*	半面体的
hémiédrisme *m*	半面体
hémiédrite *f*	硅铬锌铅矿
hémiflysch *m*	半复理石
hémihexatétraèdre *m*	六四面体
hémihyalin *a*	半玻璃质的,半透明的
hémihydrate *f*	烧石膏
hémimicelle *f*	半胶粒
hémimorphe *a*	(形状上)异极的,异极象的,异极性的
hémimorphie *f*	异极象
hémimorphique *a*	(形态上)异极的,异极象的
hémimorphisme *m*	异极象
hémimorphite *f*	异极矿
hémine *f*	氯化血红素
hémiopale *f*	普通蛋白石
hémiorganique *a*	半有机质的
hémiovoïde *f*	半鲕状岩
hémipélagique *a*	半远洋的,近海的
hémipélagite *f*	近海岩,半远洋岩
hémiperméable *a*	半透水的
hémipinacoïde *m*	半轴面(单面)
hémiprisme *m*	半柱
hémipyramide *f*	半锥
hémisphère *m*	半球,半球体,半球面
hémisphérique *a*	半球形的,半球的
hémitrope *a*	半体旋转双晶的
hémitropie *f*	半体旋转双晶
hémivitrophyre *m*	半玻璃基斑岩
hemthrène *m*	方解闪长岩
hendersonite *f*	复钒钙石(水钙钒矿)
hendricksite *f*	锌云母(锌三层云母)
hengleinite *f*	钴镍黄铁矿
Hénisien *m*	埃尼斯阶(比利时渐新统中下部)
henkelite *f*	辉银矿
henritermiérite *f*	水钙锰榴石
henryite *f*	杂碲铅黄铁矿
henwoodite *f*	绿松石
hépatine *f*	含铜褐铁矿,肝赤铜矿
hépatite *f*	肝臭重晶石,沥青重晶石
heptaèdre *m*	(结晶)七面体
heptagonal *a*	七边形的,七角形的
heptagone *m*	七角形,七边形 *a* 七角形的,七边形的
heptangulaire *a*	七角的,七角形的
heptode *f*	七极管
~ à double commande	双控七极管
~ changeuse de fréquence	七极变频管
heptorite *f*	蓝方碧玄岩
herbage *m*	牧草,草本植物
herbeckite *f*	厚白碧玉
herbicide *m*	除草剂,除莠剂
herborisé *a*	含植物化石的
herbue *f*	瘠土,氧化铝熔剂
herchage *m*	堆草场,坑道运输
herche *f*	矿车,拖车

hercher *v*	运输,搬运
hercheur *m*	推车工,搬运工
Hercynides *m.pl*	海西构造带,海西褶皱带
Hercynien *m*	海西期(C—P)
hercynite *f*	铁尖晶石
hercynite-chromite *f*	铝铬铁矿;铬铁尖晶石
herdérite *f*	磷铍钙石
hérissé,e *a*	竖起的,耸立的
hérisson *m*	爪,锚爪,四锚爪,吊车,滑车;有刺铁丝;大石块基层;羊角碾,毛石
hérissonnage *m*	毛石砌基,毛石充填
héritage *m*	遗传,继承,继承性,遗传特征
~ tectonique	构造继承性
hermannite *f*	蔷薇辉石
hermannolite *f*	铌铁矿
hermésite *f*	汞黝铜矿
herméticité *f*	密封,密闭性,气密性,防爆性
hermétique *a*	密封的,气密性的,不透气的
~ à l'air	不透气的
hermétiquement *adv* fermé	密封的
hermétisation *f*	密封,封严,密闭
herminette *f* à saboter	扁斧,锛子
héronite *f*	淡沸绿岩
herrengrundite *f*	钙铜矾
herrérite *f*	铜菱锌矿
hersage *m*	松散土壤
herscharge *m*	(坑道)运输,拖运
herschélite *f*	碱菱沸石
herse *f*	耙,栅栏,格子,吊索,栅状物
~ à disque	圆盘耙
~ à disques doubles	双圆盘耙
hertz[Hz] *m*	赫兹(频率单位,周/秒)
herzenbergite *f*	硫锡矿
herzolite *f*	绿色蛇纹石
Hespérides *m.pl*	埃斯佩里褶皱带(利比亚)
hessenbergite *f*	羟硅铍石
hessonite *f*	铁钙铝榴石(桂榴石),红榴石
hétairite *f*	锌锰矿
hétéro-atome *m*	杂原子
hétéroblastique *a*	异变晶的,不均匀变晶状的,不等粒变晶的
hétérobrochantite *f*	羟铜矾,块铜矾,异水胆矾
hétérochrome *m*	异色的,杂色的
hétérochrone *a*	异时(生成)的
hétérochronie *f*	穿时性,异时性
hétérochronisme *m*	异时(生成)性
hétéroclastique *a*	不等粒碎屑的
hétérocline *f*	杂褐锰矿,蔷薇辉石
hétéroclite *a*	畸形的
hétérocyste *f*	异形细胞
hétérodyne *f*	外差振荡,差频振荡器,拍频振荡器
~ de mesure	外差式波长表;亮度外差振荡器
~ locale	本机振荡器
hétérogène *a*	非均匀的;多相的;异质的,异成分的,各种分子构成的
hétérogénéité *f*	异质,杂拼,多相性,异成分,不均匀性
~ chimique	化学(成分)不均匀性
~ cristalline	结晶的非均匀性结晶多相
~ de matériels	材料的异质性
~ de sol	土壤差异性,土壤不均一性,土的不均一性
~ du milieu	介质的不均匀性,非均一介质
~ structurale	构造非均一性,非均一构造
hétérogranulaire *a*	粒度不均匀的,颗粒不匀的,不等粒的
hétérojonction *f*	异结
hétérolite *f*	锌锰矿
hétéromérite *f*	符山石
hétéromésique *a*	异媒的,异境的
hétérométrie *f*	不等粒
hétérométrique *a*	粒度不均的,不等粒的
hétéromorphe[hétéromorphique] *a*	杂形的,异态的,异常形的,同质异象的,同质异矿的
hétéromorphisme *m*	异常形(现象),异态性;同(成)分异组(合)现象,同质异矿现象,异象性,异形性,异型
hétérophyllie *f*	异形叶性
hétérophyllite *f*	异叶云母
hétérophyllitique *a*	具异形叶的
hétéropie *f*	异相性
hétéropique *a*	异相的,非均匀的,非均性的
hétéropisme *m*	异相现象
hétéropolaire *a*	(性质上)异极的,有极的
hétérosite *f*	磷铁石
hétérosphère *m*	非均匀气层
hétérostatique *a*	异势差的,异位差的
hétérotaxe *a*	异列的,异变的

hétérotaxes *m. pl* 异列（现象），排列异次，异常排列
hétérotaxique *a* 异列的，异变的
hétérothermie *f* 不等温，异温，变温
hétérotopique *a* 异镜的
hétérotrophe[**hétérotrophique**] *a* 异养的
hétérotropie *f* 各向异性（现象）
hétérotype *m* 异型
hétérotypique *a* 异型的
heulandite *f* 片沸石
heumite *f* 棕闪碱长岩
heure *f* 钟点，小时，时候，时间，天气
　～s chaînées　连续时间
　～s creuses　淡季，空闲时间，（电力负荷的）低峰时间
　～s d'affluence　客运旺季，运输旺季
　～ d'allumage　燃烧小时，点亮小时，燃点小时，点火时间
　～ d'arrivée　到达时间
　～s d'ensoleillement　日照时间
　～ d'été　夏季时间
　～ d'hiver　冬季时间
　～s d'immobilisation　停用时间
　～ d'ouvrier　工时
　～ de brouillard　有雾天气
　～ de commutation　转换时间
　～ de départ　发车时间，出发时间
　～ de l'Europe Centrale　中欧时间
　～ de l'Europe Occidentale　西欧时间
　～ de l'Europe Orientale　东欧时间
　～ de main-d'œuvre　人工工时
　～ de minuit　零点
　～ de pointe　客运旺季，繁忙时间，高峰时间
　～ de retard　误点时间
　～s de service　工作时间，办公时间
　～ étalon　标注时间
　～ légale　法定时间，标准时间
　～ locale　当地时间
　～s ouvrables par an　全年工时
　～s pleines　峰荷时间
　～ réelle　实际到达时间
　～ réglementaire　规定时间
　～ supplémentaire　加班时间
　～ X de main d'œuvre　X工时
heuristique *a* 渐进的，启发式的，探索性的

heurt *m* 碰撞，撞击
heurter *v* 碰撞，撞击，冲击
heurtoir *m* 车挡，挡铁，挡板，止冲器，尽头车挡
　～ à frein　制动车挡
　～ à ressort　弹簧车挡
　～ de l'impasse　尽头车挡
　～ fixe　固定车挡
　～ mobile　活动车挡
　～ patinant　摩阻车挡
heurtoir-frein *m* 摩阻制动式车挡
hévé *f* 掏槽，截槽
hewettite *f* 针钒钙石
hexabolite *f* 玄武角闪石，氧角闪石
hexachalcocite *f* 六方辉铜矿
hexadièdre *m* 五角十二面体
hexaèdre *m* 六面体；*a* 六面的
hexaédrite *f* 方陨铁，六面体式陨铁
hexafluorure *m* de soufre　六氟化硫
hexagonal, e, aux *a* 六角形的，六边形的，六角的
hexagone *m* 六角形，六角钢，正六边形，六角形材料
hexagonite *f* 含锰透闪石，浅紫透闪石
hexagramme *m* 六角星形
hexahydrite *m* 六水泻盐
hexakisoctaédrique *a* 六八面体（晶组）的
hexakistétraédrique *a* 六四面体（晶组）的
hexaphasé *a* 六相的
hexapôle *m* 六端网络
hexastannite *f* 六方黄锡石（似黄锡矿）
hexatétraèdre *m* 六四面体
hexoctaèdre *m* 六八面体
hexode *f* 六极管
heyite *f* 钒铁铅矿
hialite *f* 透蛋白石
hiatal *a* 间断的；越级[不等粒状]的（结构）
hiatus *m* 间断，中断，缺失，缝隙，裂缝
　～ dans la série géologique　地层间断
　～ stratigraphique　地层间断，地层缺
hibonite *f* 黑铝钙石
hibschite *f* 水钙铝榴石
hidalgoite *f* 砷铅铝矾
hiddénite *f* 翠绿锂辉石，翠铬锂辉石
hie *f* 锤子，落锤；打夯机
hiérarchie *f* 等级，等级制度；层次，分级结构，级

别,阶层,体系,系统,排列
 ~ de données 数据(分级)结构,数据层次
 ~ de ménagement 管理等级系统,管理体系
hiérarchisation *f* 等级划分
hiérarchiser *v* 分系统,分等级
hiératite *f* 方氟硅钾石
hilgardite *f* 绿羟硼钙石
hilgenstockite *f* 板磷钙石
hillangsite *f* 铁锰闪石
hillebrandite *f* 针硅钙石
hinsdalite *f* 磷铅铝矾(磷铅锶矾)
hinterland *m* 腹地,后陆,后置地
hintzéite *f* 硼钾镁石
hiortdahlite *f* 希硅锆钠钙石(片楣石)
hippomobile *a* 马拉的,马拖的
hircine[hircite] *f* 褐羊膻脂
hirnantite *f* 绿钠角斑岩
hirovite *f* 镁绿矾
hisingérite *f* 水硅铁石
hislopite *f* 杂海绿方解石
hissage *m* 起重,升起,升高,提升,举起
hisser *v* 升起,用吊车吊起
histogramme *m* 矩形图,柱形图,频数图,直方统计图
 ~ cumulé 累积直方图
histoire *f* 历史,历程,过程,随时间的变化
 ~ accélératrice du temps 加速度时(间历)程
 ~ artificielle du temps 人造(地震)时程
 ~ de charge 荷载历史
 ~ du temps 时间历程
 ~ séismique 地震史
Histologie *f* (des roches) 组织学,岩石构造结构学
historadiographie *f* 组织射线照相术
histosol *m* 有机土(沼泽土,泥炭土)
hjelmite *f* 钙铌钽矿,杂重钽烧绿石
hodochrone *m* 时距曲线,速矢端迹,高空风分析图,潮流图
hodographe *m* 时距曲线
hodoscope *m* 辐射计数器,描迹仪
hœférite *f* 低硅绿脱石(铁绿脱石),比硼钠石
hœgbomite *f* 黑铝镁钛矿,镁铁钛铝石
hœgtveitite *f* 哈铁锆石(硅铁锆矿),红硅钇石
hœlite *f* 烟晶石,蒽醌(黄针品)

hœrnésite *f* 砷镁石
hœvélite[hœvilite] *f* 钾盐
höférite *f* 比硼钠石,四水硼钠石,低硅绿脱石
Hoffin *m* 奥芬岩系($\in_3$)
hoffmannite *f* 毒砂,晶蜡石
högauite *f* 钠沸石
hohlspath *m* 红柱石
hohmannite *f* 羟水铁矾
hokutolite *f* 铅重晶石(北投石)
hollaite *f* 方解霞辉脉岩,暗霞碳酸岩
hollandite *f* 锰钡矿
hollingnorthite *f* 硫砷铑矿
holmésite *f* 绿脆云母
holmite *f* 绿脆云母,云辉黄煌岩,不纯灰岩
holmquistite *f* 锂闪石
holoaxe *a* 全轴的
holoblastes *m.pl* 全变晶
holoblastique *a* 全变晶的(结构)
holocène *m* 全新世,全新统
holoclastique *a* 全碎屑的
holocristallin, e *a* 全晶质的,全晶的
holocristallin-interstitiel *a* 全晶质填间的,全晶质间粒的(结构)
holocristallin-porphyrique *a* 全晶质斑状的(结构)
holoèdre *a* 全面体的
holoédrie *f* 全面像
holoédrique *a* 全面(像、形、体)的
holofeldspathique *a* 全长石质的
holofeldspathoïdique *a* 全似长石质的
hologenèse *f* 全面发生
hologramme *m* 全息图,全息照相,全息照片
 ~ acoustique 声全息图
 ~ laser 激光全息图
holographe *m* 全息相片,全息摄影
holographie *f* 全息学,全息照相术,全息摄影术
 ~ acoustique 声全息法,声全息照相术
 ~ moyenne du temps 时均全息照相
 ~ ultrasonique 超声全息术
holographique *a* 全息的
holohyalin *a* 全玻质的
holokarst *m* 全喀斯特,完全发育岩溶,高度发育喀斯特
hololeucocrate *a* 全白色的,全淡色的
holomélanocrate *a* 全黑色的,全暗色的

holomètre *m* 测高计,高度计,平纬计
holomorphe *a* 同极象的;全对称的,全形的
holomorphique *a* 同极象的,全对称的
holoquartzique *a* 全石英质的
holosidère *m* 全陨铁,古铁陨石
holosidérite *f* 全陨铁
holostratotype *m* 正层型,全层型
holotype *m* 全型,正型
holovitrophyrique *a* 全玻基斑状的(结构)
holtedahlite *f* 六方羟磷镁石
holtite *f* 锑线石
holyokéite *f* 辉绿钠长岩
homéoblastique *a* 等粒变晶状的,花岗变晶状的
homéoclastique *a* 等碎屑状的
homéocristallin *a* 等粒的,等晶粒的
homéogène *a* 同源的(包裹体),同系的
homéomorphe *a* 异物同形的,异种同态的,异质同形物的,异质同形晶的
homéomorphie *f* 异物同形
homéomorphisme *m* 异质同形,异物同态
homéotherme *a* 同温的,等温的
homéotype *m* 同模式(标本);同型
homéotypie *f* 同型性
homme *m* 人,人员
　～ à la fouille 工作面工,探槽掘进工
　～ au treuil 绞车工,卷扬机工
　～ au basculeur 翻笼工
　～ averti 智囊
　～ d'équipe 作业班人员
　～ d'équipe de la voie 养路工人
　～ de la sonde 钻机司机
　～ de manœuvre 调车员;连接员
　～ de poste 值日人员
　～ de science 学者
　～ d'équipe 作业班人员
homme-heure *m* 工时
homoaxial *a* 同轴向的,平行轴的
homoblastes *m. pl* 等粒变晶
homocentrique *a* 同心的,共心的
homochrome *a* 单色的,一色的,等色的
homochrone *a* 同年代的
homoclime *m* 相同气候
homoclinal *m* 单斜层,同斜层;*a* 单斜的,同斜的
homocristallin *a* 全结晶的

homodromal *a* 同向旋转的
homofocal *a* 共焦的,同焦点的
homogène *a* 均质的,均匀的;齐次的
homogénéisateur *m* 均化器,均质机
homogénéisation *f* 取中,均匀化,取平均值,中和作用;混合,掺合,同质化,均质化,均匀化
homogénéiser *v* 使均匀,使匀质
homogénéité *f* 同质性,均质性;均质
　～ du mélange 可燃混合气均匀度
　～ de sol 土质均匀
homogénétique *a* 均质的,均匀的,均一的,单相的,齐性的
homogéniseur *m* 匀浆器;均质器
homokarst *m* 全发育的岩溶
homologation *f* 同意,批准,许可证
　～ d'un tarif 批准运价表
　～ du marché 批准合同,成交
homologie *f* 同调,透射,相互射影;同源,同系;异体同形;透射,同种性,同系性
homologique *a* 同源的,同系的;同形的
homologue *m* 同系物,相关设备,相似设备,同源包体,同源性,同源生物,同源器官,同源染色体; *a* 相应的,相似的,同调的,同系列的
homologuer *v* 认可,承认,批准
homométrique *a* 粒度均匀的
homoparaclases *f. pl* 副断层
homophane *a* 均质的
homopolaire *a* 同极的,单极的
　～ générateur 单极发电机
homoséismique *a* 同震的,共震的
homoséiste *f* 地震等时线,旧震线
homosphère *f* 均质层,混成层
homotaxes *m. pl* 等列性,层序排列相似
homotaxie *f* 排列相似,层序类似性,等列性
homotaxique *a* 等列的,层序相似的
homothermie *f* 等温性,同温性
homothermique *a* 同温的,等温的
homothétique *a* 同位的,共线同形的(形状相似,方向相同的地貌特征)
homotypie *f* 同型性
homotypique *a* 同型的
honesite *f* 铁镍矾(镍铁矾)
hongrite *f* 无英角闪安山岩
hongshiite *f* 红石矿

honing *m* à la pierre 用磨石研磨
honoraires *m.pl* 酬金
honorer *v* 尊敬，敬重，赐给
～ un chèque 兑付支票
hooibergite *f* 闪正辉长岩
hopéine[hopéite] *f* 磷锌矿
hopfnérite *f* 透闪石
horaire *m* (des trains) 列车(运行)时刻表，列车运行图
～ accéléré 快车时刻表
～ graphique 列车运行图
～ de service 路用列车时刻表
～ tendu 紧密行车时刻表，紧密列车运行图
～ de travail 轮值表，轮班表
horgne-niveau *m* 主要水平巷
horgne-valée *f* 交叉平巷，对角平巷
horizon *m* 视野，范围，地平线，水平线，水平仪；土层，(地震勘探)反射界面
～ A 土壤甲层，A层，淋溶层
～ alluvial 冲积层
～ apparent 可见地平线，视地平
～ aquifère 含水层
～ artificiel 假地平，人工地平
～ B 土壤乙层，沉积层，B层，淀积层
～ biostratigraphique 生物地层[层位]
～ C 土壤丙层，母岩风化层，母质层，C层
～ carbonifère 含煤层
～ concrétionné 硬盘，灰质壳
～ D 土壤丁层，母岩层，D层，基岩层
～ d'accumulation 堆积层，沉积层，淀积层，洗入层，淋积土层
～ d'apport 淤积层，淋积层
～ d'exploitation 同采水平，生产水平
～ de la roche-mère 母岩层(即土壤丁层)
～ de mer 海平线
～ de préparation 采准水平
～ de référence 基准水平面
～ de repère 标志层，基准层
～ de sols 土壤层
～ dur salé 盐盘
～ durci 硬土层，硬盘层
～ éluvial 残积层
～ ferro-humique 含铁腐殖质层
～ ferrugineux cimenté 铁质胶结层
～ gazéifère 气层
～ géographique 地平(线)
～ géologique 地层，地质层
～ illuvial 淀积层，淤积层
～ imprégné 渗透层
～ lessivé 淋滤层
～ mort 死(土)层
～ pédologique perméable 透水土层
～ pétrolifère 含油层
～ podzolisé 灰化土层
～ producteur 生产层
～ productif 含矿层，含矿水平
～ radio 无线电地平线；无线电台有效距离
～ réfléchissant (地震)反射层
～ repère 标准层，标志层
～ réservoir 储集层，储油层，热储层
～ salé 积盐层
～ sensible 视平线，可见地平，可见水平线
～ sismique 地震标志层
～ stratigraphique 地层层位
～ terrestre 地平，地平线
～ visible 可见水平
horizon-fantôme *m* 假想地震标
horizon-guide *m* 标志层，基准层
horizon-repère *m* 标准层，标志层
horizontale *f* 水平线，等高线
horizontalité *f* 水平性，水平度，水平状态
horloge *f* 钟，时间，时刻
～ de commutation pour compteur 电度表的转接时钟
～ de garde 监视时钟
～ de la gare 站钟，车站时钟
～ électrique 电钟
～ électrique à réserve de marche 有备用能电钟
horlogerie *f* 定时机构，计算机构
～ d'un compteur 电度表的计算机构
hormannsite *f* 碳酸辉石二长岩
hormites *f.pl* 海泡石—坡缕石组，海泡石组，纤维棒石族
hornblende *f* 角闪岩，角闪石
～ alcaline 钠角闪石
～ basaltique 玄武角闪石
～ brune 褐角闪石，钛闪石
～ commune 普通角闪石

～ ferrifère 玄武角闪石
～ schisteuse 片状角闪石
～ titanifère 钛闪石
～ verte 绿闪角石

hornblendite *f* 角闪石岩

hornitos *m.pl* 熔岩滴丘,熔岩滴锥,次生熔岩喷气锥

hornstein *m* 角岩

hors *prep* 在……外；除……外
～ circuit 切断(电源,回路),断开
～ ligne 线外,界外；脱线,离线；脱机
～ programme 程序外,规划外,计划外
～ propos 不合时宜地,不合适地,不相干地,不切题地
～ service 不使用的,不能再使用的,废旧的
～ tout 全长

hors d'œuvre *m* 附属建筑,建筑物外部突出部分

horse-power *m* 马力

hors-normes *m* 非标(准)

hors-profil *m* (隧洞的)超挖

hors-service *m* 作废

horst *m* 地垒,(洞顶)悬垂体
～ monoclinal, ～ en pupitre 单斜地垒,半地垒

hors-taxe 免税

hortonite *f* 辉石假象滑石

hortonolite *f* 镁铁橄榄石

hoshiite *f* 河西石

hôte *m* 基质,主岩,围岩,主晶,主体,容矿岩,主元素,主矿物

hôtel *m* 旅馆,大厦
～ de ville 市政府大厦
～ des postes 邮政总局

hôtellerie *f* 旅馆兼饭店,宾馆

hôtesse *f* 女服务员(旅客列车,客机,客轮、旅馆等的)

hotte *f* 虹吸罩；油烟机,排烟口,通风口；背筐
～ circulaire rotative 旋转式圆形排气罩
～ d'évacuation d'air 排气罩
～ de manutention 装卸箱
～ de ventilation 风机通风罩
～ ventilée 通风口

hotter *v* 以背筐运输

houage *m* 走向,截槽,掏槽
～ de filon 脉的走向

houari *m* 三角帆船

houe *f* 铁锹,锄
～ rétrocaveuse 反铲挖土机的铲斗

houghite *f* 水滑石

houille *f* 煤,煤炭,无烟煤
～ à coke 焦煤,炼焦煤
～ à courte flamme 短焰煤
～ à gaz, ～ gazière 气煤
～ à longue flamme 长焰煤
～ anthraciteuse 无烟煤,白煤
～ argileuse 碳质页岩,泥质煤
～ bitumineuse 烟煤
～ brillante 光亮煤,亮煤
～ brune 褐煤
～ brute 原煤,未选煤
～ collante 黏性煤
～ crue 原煤
～ de chaudière 锅炉用煤
～ de ménage 生活用煤
～ de spores 孢子煤
～ demi-grasse 半肥煤,半烟煤
～ éclatante 无烟煤
～ en blocs 大块煤
～ feuilletée 片状煤,页状煤
～ filandreuse 丝煤
～ fine 碎煤,煤屑
～ flambante 长焰煤,烟煤
～ forte 肥煤,油质煤
～ fuligineuse 土状煤
～ glaiseuse 泥质煤,泥炭
～ grasse 肥煤
～ grosse 大块煤
～ ligneuse 褐煤
～ limoneuse 沼煤
～ luisante 亮煤,发光煤,镜煤
～ maigre 瘦煤,贫煤,低挥发分煤
～ maréchale 锻炉用煤
～ mate 暗煤
～ menue 煤屑,碎煤
～ miroitante 镜煤
～ molle 低级煤
～ non collante 非黏结煤,不结焦煤
～ ordinaire 烟煤
～ papyracée 叶状煤,片状煤

~ piciforme 焦油煤,沥青煤
~ pour feu de forge 锻造用煤
~ poussière 粉煤
~ pyriteuse 含黄铁矿的煤
~ schisteuse 页状煤
~ sèche 干煤,贫煤
~ semi-brillante 半亮煤
~ subbitumineuse 亚烟煤
~ tout venant 原煤,未选煤

houiller *m* 含煤盆地;*a* 煤的,炭的
Houiller *m* 碳阶(C_{2-3})
houillère *f* 煤矿,煤坑,含煤盆地
houillerie *f* 煤矿井
houilleux *a* 煤的,含煤的
houillification *f* 煤化作用,碳化(植物的)
houillifier *v* 使成煤
houle *f* 涌浪,涨水,波涛,海浪;波形起伏
~ de bond 地波
~ du large 近海波浪

houlographe *m* 波浪仪
hourdage *m* 乱石砌体,打底灰,粗抹
hourder *v* 乱石砌体,打底灰,粗抹
hourdis *m* 肋粗抹,乱石砌体,间混凝土楼板作,粗糙的粉刷工;肋间空心混凝土预制块
~ creux 空心烧土块,空心混凝土块(肋间楼板)
~ de remplissage 填空灰泥
~ de terre cuite 空心烧土块(肋间楼板)
~ en béton armé 钢筋混凝土横向桥面板
~ préfabriqué 肋间空心预制混凝土块楼板

housse *f* 套,罩
~ de protection 保护罩;天然整流罩

hovercraft *m* 气垫车,气垫船
hovite *f* 碳铝钙石,钙钛铝英石,水铝英石吸附的钴钙石
howardite *f* 紫苏钙长无球粒陨石
howieite *f* 硅铁锰钠石
howlite *f* 羟硅硼钙石
hoyau *m* 小锄
hsihutsunite *f* 铁蔷薇辉石
huanghoïte *f* 黄河矿
huanite *f* 水黄长石
huantajayite *m* 银钠盐,含银石盐
huascolite *f* 杂硫锌铅矿
hublot *m* 检查孔

~ de vision 观察孔,观测孔

hübnérite *f* 钨锰矿
hudsonite *f* 角闪橄榄岩,镁铁钙闪石,绿钙钠石
huemulite *f* 水钒镁钠石
hugosine *f* 尼格染料
huilage *m* 润滑,涂油
huilé *a* 油的,油润滑的
huile *f* 油,原油,滑油,轻油,稀油,润滑油;油画
~ 《noir》 黑色油,润滑重油
~ à base sulfurée 硫化油
~ à broches 锭子油
~ à compresseur 压缩机油
~ à grand pouvoir lubrifiant 高级润滑油
~ à mécanisme 硫酸汞
~ à mouvement 机油
~ à paliers 轴承润滑油
~ à revenir 回火用油
~ anticorrosive 防腐油
~ antipoussière 防尘油
~ antirouille 防腐油;除锈油
~ asphaltique 沥青油
~ bitumeuse pour route 铺路油
~ brute 原油
~ brute non sulfurée 低硫原油
~ brute sulfurée 含硫原油
~ chargée 饱和油(冷却剂)
~ combustible 燃料油
~ compound 合成油
~ concrète 工业用油脂,硬质润滑油
~ créosotée 杂酚油
~ crue 生油,原油
~ cuite 熟炼油
~ d'abrasin 桐油
~ d'Andrinople 土耳其红油,磺化蓖麻油
~ d'étanchéité 密封油
~ d'interrupteur 开关油
~ d'olive 橄榄油
~ de bancoul 桐油,烛果油,石栗油
~ de base asphaltique 沥青底油
~ de base paraffinique 石蜡基石油
~ de bois 木油,桐油
~ de bois de Chine 桐油
~ de camphre 樟脑油
~ de cèdre 羊杉油

~ de chanvre 大麻油
~ de coffrage 模板油
~ de conservation 防腐油,封存用油
~ de coupe 冷却油,切削油
~ de coupe ordinaire 普通切削用油
~ de décoffrage 脱模油
~ de décolletage 润滑脂,油膏;混凝土模板涂的油
~ de démoulage 脱模油
~ de Dippel 骨焦油,地帕油
~ de fluxage (沥青的)稀释剂,半柏油
~ de fusel 杂醇油
~ de goudron 柏油,松焦油
~ de goudron de houille 煤馏油
~ de graine de coton 棉籽油
~ de graissage 润滑油,机油
~ de houille 煤焦油
~ de lin 亚麻籽油
~ de lin cuite 熟亚麻籽油
~ de lubrification 润滑油
~ de machine 机油
~ de paraffine 液体石蜡
~ de pétrole, ~ de pierre 石油
~ de pin 松木油
~ de protection 防腐油,防锈油
~ de récupération 再生滑油
~ de résine 树脂油
~ de ricin 蓖麻油
~ de schiste 页岩油
~ de transformateur 变压器油
~ de transmission hydraulique 液力传动用油
~ de trempe 淬火油
~ de turbine 涡轮润滑油
~ de vidange 废油
~ de vitriol 浓硫酸
~ dense 重油
~ détergente (内燃机用的)消污润滑油
~ diélectrique 电介质油
~ écumeuse 起泡沫油
~ épaisse 重油,干油
~ explosive 硝化甘油
~ fine 锭子油
~ fluide 轻油,稀油
~ fulminante 硝化甘油

~ grasse 油脂
~ hydrogénée 氢化油
~ isolante 绝缘油
~ légère 轻油,轻柴油;低黏度润滑油
~ lourde 重油,燃料油,重柴油,高黏度润滑油
~ lubrifiante 润滑油
~ mécanique 机械油
~ minérale 矿物油,石油
~ moteur 动力油
~ naphténique 环烷基石油
~ neutre 无酸滑油,中性油
~ non volatile 非挥发性油
~ oxydée 氧化油,酸化油
~ paraffinique 含蜡石油
~ pleine 纯油
~ polymérisée 聚合油
~ pour amortisseur 消震油
~ pour condensateurs 电容汽油
~ pour cylindres 汽缸油
~ pour moteur 机油
~ pour moteur diesel 柴油机润滑油
~ pour moules pour béton 混凝土模板油
~ pour mouvements et transmissions 机油,机器润滑油
~ raffinée 精炼油
~ régénérée 再生油
~ relativement fluide 流体油
~ semi-siccative 半干性油
~ siccative 干性油
~ solvant pour peinture 油漆溶剂油
~ sulfonée 磺化油
~ synthétique 合成油
~ type multigrade 多级型油
~ usagée 废油
~ usée 废油
~ vacuum 真空油
~ vaseline 凡士林油
~ visqueuse 重油;干油
~ volatile 挥发性油
huile-moteur *f* 马达油(润滑油),机油
huiler *v* 润滑,涂油,浸油,注油
huileur *m* 润化工,加油工
huileux *a* 油质的,多油的,油状的
huisserie *f* 门框;窗框

hullite *f* 富铁贝得石；玄玻杏仁体；褐绿泥石
hulsite *f* 黑硼锡铁矿
hululement *m* 发颤音,发啭音
hululer *v* 发颤音
hum *m* 灰岩残丘,溶蚀残丘,孤峰
humanthracite *f* 无烟煤级腐殖煤（腐殖煤系列最高煤化阶段）；休曼无烟煤
humate *m* 腐殖酸盐
humberstonite *f* 水硝碱镁矾
humboldtilite *f* 硅黄长石
humboldtite *f* 草酸铁矿,硅硼钙石
humectage *m* 润湿,浸湿,洒水
humectation *f* 润湿,润湿,洒水
humecter *v* 浸湿,润湿
humérite *f* 水钒镁矿
humide *a* 有潮气的,潮湿的,湿润的
humidifiant *m* 保湿剂,加湿剂
humidificateur *m* 加湿器,湿润器
　～ à air 空气加湿器
　～ à injection 喷射式加湿器
　～ à vapeur 蒸汽空气增湿器
humidification *f* 湿润,增湿,湿润作用
　～ des huiles isolantes usagées 用过的绝缘油水分增加
humidifier *v* 润湿,使湿
humidifuge *a* 抗潮的,防潮的,防湿的
humidimètre *m* 湿度计,湿度测量器
humidité *f* 湿,潮湿,湿度,水分,含水率
　～ absolue 绝对湿度
　～ absolue de l'air 空气的绝对湿度
　～ adhésive 黏附水分
　～ ambiante 环境湿度
　～ ascendante 上升水分
　～ atmosphérique 空气湿度,大气湿度
　～ brute 固有湿度
　～ capillaire 毛细水分
　～ contrôlée 控制湿度,限制湿度
　～ critique 临界湿度
　～ d'équilibre 平衡湿度
　～ de l'air 空气湿度,空气水分
　～ du sol 土壤水分,土壤含水量
　～ équivalente 等量湿度,当量湿度
　～ excédentaire 淤量水分
　～ hygroscopique 吸附水分
　～ normale 正常含水率
　～ optimum 最佳含水量
　～ relative 相对湿度
　～ résiduelle 残余水分
　～ spécifique 比湿（每公斤空气中的水重,以克计）,比湿度
　～ spécifique de saturation 饱和比湿
　～ superficielle 表面湿度,地表湿度
　～ totale 总湿度,全水分
humidomètre *m* 湿度计
humidostat *m* 恒湿器,湿度调节仪
humification *f* 腐殖化
humifier *v* 腐殖化
humine *f* 腐殖质
huminite *f* 腐殖组（褐煤显微组分组）,氧化沥青（似褐煤）,腐殖沥青,休明煤
humique *a* 腐殖质的
humite *f* 腐殖煤；硅镁石
hummock *m* 波状地,小圆丘；堆积冰,冰丘；沼泽高地
humodite *f* 亚烟煤级腐殖煤（腐殖煤系列第四煤化阶段）
humoferrite *f* 土赭石
humogélite *f* 棕腐质
humolite *f* 腐殖煤（陆殖煤）
humosite *f* 藻烛煤,藻烛煤显微组分,托班煤显微组分,包芽油页岩
humus *m* 黑土,腐殖土,腐殖质
　～ actif 活性腐殖质
　～ brun 褐腐殖质
　～ brut 粗腐殖质
　～ doux 腐熟腐殖土
　～ forestier 森林腐殖质
　～ intermédiaire 温性腐殖质
　～ tourbeux 泥炭腐殖质
hungarite *f* 角闪安山岩
hungchaoïte *f* 章氏硼镁石
huntérite *f* 水磨土,高岭土
huntite *f* 碳钙镁石
hurlbutite *f* 磷钙铍石
hurlement *m* （放大器）啸声；颤噪效应
hurler *v* 产生噪音（如发电机）
hurleur *m* 嗥鸣器,高声信号器
Huronien *m* 休伦统（Pt,加拿大）

huronite *f*	钙长石(不纯)
hurricane *f*	飓风,大旋风
hurumite *m*	钾英辉正长岩
husébyite *f*	斜霞正长岩
hussakite *f*	磷钇矿
hutchinsonite *f*	硫砷铊铅矿
hüttenbergite *f*	斜方砷铁矿
huttonite *f*	斜钍石
huyssénite *f*	铁方硼石(铁纤硼石)
hverléra *m*	硅铝铁镁黏土
hversalt *m*	不纯铁明矾
hyacinthe *f*	红锆石,风信子石;钙柱石;符山石; 交沸石
~ blanche	白锆石
~ blanche cruciforme	十字石
~ de Compostelle	红色石英(二叠纪泥灰岩中的)
~ de la Somma	钙柱石
~ volcanique	符山石
hyalin *a*	透明的,玻璃状的;玻璃质的
hyalite *f*	斧石;玻璃蛋白石;玉滴石(硅华蚀变产物)
hyaloallophane *f*	透铝英石,蛋白铝英石
hyaloandésite *f*	玻质安山岩
hyalobasalte *m*	玻质玄武岩
hyalobasanite *f*	玻质碧玄岩
hyaloclastite *f*	玻质碎屑岩,碎破质熔岩,玄武碎屑岩
hyalocristallin *a*	玻璃结晶的,玻晶质的
hyalodacite *f*	玻质英安岩
hyalodiabase *f*	玻质辉绿岩
hyalomélane *f*	玄武斑状玻璃
hyalomélaphyre *m*	玄武玻璃斑岩
hyalomicte *f*	云英岩
hyalonévadite *f*	玻质斑流岩
hyaloophitique *a*	玻质辉绿的(结构)
hyalophane *f*	钡冰长石
hyalophonolite *f*	玻质响岩
hyalophyre *m*	玻基斑岩
hyalopilitique *a*	玻晶交织的(结构)
hyaloplasmatique *a*	杏仁状的,玻粒状的
hyaloporphyrique *a*	玻质斑状的
hyalorhyolite *f*	玻质流纹岩
hyalosidérite *f*	透铁橄榄石
hyalosphérolitique *a*	玻质球粒状的
hyalotourmalite *f*	电气石岩
hyalotrachyte *f*	玻质粗面岩
hyblite *f*	羟钍石;橙玄玻璃凝灰岩
hybridation *f*	杂拼,杂交,杂化作用;混合岩化作用
~ magmatique	岩浆混染,岩浆同化
hybride *m*	混染岩,混成岩,混合物,混杂物,等差作用;*a* 混杂的,混合的
hybridisation *f*	混染;杂化;混合岩化
hybridisme *m*	混染,杂化
hydathode *f*	排水孔
hydatogène *a*	水成的,液成的
hydatogenèse *f*	热液成矿,液成作用
hydatogénétique *a*	水成的,液成的
hydofrac *m*	水力破碎,水力压裂
hydracide *m*	氢酸
hydragyrite *f*	莫舍兰斯伯矿,γ银汞矿;橙汞矿;矾石
hydrahalite *f*	水石盐
hydranthe *m*	(植物)绣球属
hydrargillique *a*	三水铝石的
hydrargillite *f*	γ三羟铝石,三水铝石;银星石;矾石;绿松石
hydrargyre *m*	汞,水银
hydratable *a*	水合的,水化的,含水的
hydratation *f*	水化作用,水合作用,水化热
~ de chaux	石灰水化作用
~ du ciment	水泥水化作用
hydraté *a*	水合的,水化的,含水的
hydrate *m*	水合,水化;水化物;水化作用
~ carbone	碳水化合物
~ de chaux	氢氧化钙,熟石灰
~ de calcium	熟石灰,消石灰,水化石灰
hydrater *v*	水合,水化
hydration *f*	水合,水化
hydraulicien *m*	水利工程师,水力专家
hydraulicité *f*	水凝性(水泥的),水饱和度
hydraulique *f*	水力学,水利工,应用流体学;*a* 水力的,液压的
~ alluviale	冲积河流水力学
~ de l'environnement	环境水力学
~ de marée	潮汐水力学
~ de rivière	河川水力学,河流水力学
~ des canaux découverts	明渠水力学
~ fluviale	河川水力学,河流水力学

~ souterraine 地下水力学
hydrique *a* 氢的,含水的
hydro-amésite *f* 水镁绿泥石;铝利蛇纹石
hydro-amphibole *f* 杂角闪绿泥石
hydro-anthophyllite *f* 水直闪石
hydro-antigorite *f* 水叶蛇纹石,羟叶蛇纹石
hydro-apatite *f* 磷钙土
hydro-astrophyllite *f* 水星叶石
hydro-basaluminite *f* 水羟铝矾石
hydrobiotite *f* 水黑云母
hydroboracite *f* 水方硼石
hydroborocalcite *f* 水硼钙石
hydrobucholzite *f* 水硅线石
hydrocalcite *f* 水方解石,二水方解石,单水方解石
hydrocalumite *f* 水铝钙石
hydrocancrinite *f* 水钙霞石
hydrocassitérite *f* 水锡石
hydrocatapléite *f* 钠锆石
hydrocellulose *f* 水解纤维素
hydrocérite *f* 镧石,氟碳铈矿,硅磷钇铈矿,硅磷稀土矿,黄水铈镧石
hydrocérusite *f* 水白铅矿
hydrochlorborite *f* 多水氯硼钙石
hydrochlore *m* 烧绿石
hydrochronologie *f* 水年代测量学
hydrocinématique *f* 水动力学,流体动体运动学
hydroclasseur *m* 水力分级机
hydroclastique *a* 水力作用产生的碎屑,水力沉积的岩石碎屑
hydroclastite *f* 水成碎屑岩
hydroclimat *m* 水文气候,水面气候;水中生物的物理及化学环境
hydroclinohumite *f* 水斜硅镁石
hydroclintonite *f* 水蛭石
hydroconduit *m* 大气波导(由于干湿度变化形成的)
hydrocordiérite *f* 水堇青石
hydrocraquage *m* 加氢裂化,氢化裂解
hydrocratique *a* 水动型的
hydrocyanite *f* 铜靛石,铜矾
hydrocyclone *m* 水力旋流器,水力分离器
hydrodelnayelite *f* 水片硅碱钙石
hydrodémétallisation *f* 加氢脱金属
hydro-densimètre *m* (土的)含水密实度测定器,水力密度计

hydrodéparaffinage *m* 加氢脱蜡
hydrodésalkylation *f* 加氢脱烷基
hydrodésulfuration *f* (石油)加氢脱硫
hydrodolomite *f* 水白云石,杂水菱镁钙石
hydrodresserite *f* 多水碳铝钡石
hydrodynamique *f* 流体动力学,水动力学; *a* 水动力的,流体动力学的
~ classique 古典水动力学
~ des canaux découverts 明渠水动力学
hydrodynamomètre *m* 流速计,水速计,流量计
hydroécologie *f* 水生态学,水域生态学
hydroéjecteur *m* 水力射流器,喷射泵
hydroélectricité *f* 水电,水力发电
hydroélectrique *a* 水电的,水力发电的
hydroénergie *f* 水能
hydroextracteur *m* 脱水机;水力离心机,水力挤压机
hydroextraction *f* 水力提取
hydrofère *a* 含水的
hydrofoil *m* 水翼船,水翼艇
hydroforstérite *f* 蛇纹石棉
hydrofranklinite *f* 水黑锌锰矿
hydrofugation *f* 不透水处理,防水处理
hydrofuge *m* 防水剂,干燥剂; *a* 不透水的,防水的,耐水的,抗水的,防潮的,防湿的
~ de masse (混凝土)防水剂
hydrogedroïtzite *f* 水钠蛭石
hydrogel *m* 水胶,防水剂,水凝胶
hydrogénation *f* 氢化,加氢,氢化作用
hydrogène *m* 氢(H)
~ (à l'état) naissant 新生态氢,活性氢
hydrogéner *v* 氢化
hydrogénique *a* 水生的,水成的
hydrogéologie *f* 水文地质学
~ des mines 矿山水文地质学
hydrogéologique *a* 水文地质学的
hydrogéologue *m* 水文地质学家,水文地质工作者
hydrogiobertite *f* 杂水菱镁钙石
hydroglaubérite *f* 水钙芒硝
hydroglockérite *f* 纤水绿矾
hydrogramme *m* 水文图,水文曲线,水流测量图,(水文)过程线(特指流量过程线)
~ compound 复合水文过程线
~ d'écoulement 流量图,径流过程线

~ de base 基本水文过程线
~ de crue 洪水过程线
~ de débit 流量过程线
~ de débit entrant 来水过程线,入流过程线,进水过程线
~ de débit sortant 出流过程线
~ de demande 需水量过程线,需电量过程线
~ de niveau 水位过程线
~ du puits 井内水位过程线
~ journalier 日流量过程线
~ mensuel 月流量过程线
~ moyenne unitaire 平均单位过程线
~ synthétique 综合水文过程线,综合水文曲线
~ triangulaire 三角形过程线
~ typique 典型过程线
~ unitaire 单位过程线,单位线

hydrograndite *f* 羟钙铝铁榴石
hydrographe *m* 水文图,水文曲线,水文过程线;水流测量图,水文地理工作者,水道测量人员,水文地理学家;自记水位仪
hydrographie *f* 水文地理(学),河海测量(学),水道测量(学)
hydrographique *a* 水文的,水道测量的,河道测量的
hydrogrenat *m* 水钙铝榴石
hydrogrossulaire *m* 水钙铝榴石
hydrogrue *f* 水力起重机
hydrohalite *m* 水石盐(冰盐)
hydrohalloysite *f* 埃洛石
hydrohausmannite *f* 锰土,水锰土,杂羟黑锰矿
hydrohaüyne *f* 水蓝方石
hydroherdérite *f* 羟磷铍钙石
hydrohypse *f* 等深线
hydroisobathe *f* 地下水等高线;等水深线
hydroisophypse *f* 等水深线,地下水等高线
hydrolaccolithe *f* 冰隆丘,冰核丘
hydrolanthanite[**hydrolanthite**] *f* 镧石
hydrolépidolite *f* 水锂云母
hydrolépidrocrocite *f* 水纤铁矿
hydrolite *f* 钠菱沸石;硅华;含水玉髓
hydrolithe *m* 水生岩,氢化钙
hydrologie *f* 水文学,水文地理学
~ appliquée 应用水文学
~ continentale 陆地水文学
~ de l'eau souterraine 地下水文学,水文地质学
~ de l'environnement 环境水文学
~ de l'ingénieur 工程水文学
~ de paramètre 参数水文学
~ des eaux souterraines 地下水文学
~ descriptive 描述水文学
~ et assainissement 水文和排水
~ et hydraulique 水文、水力
~ karstique 岩溶水文学,喀斯特水文学
~ quantitative 定量水文学
~ régionale 区域水文学
~ scientifique 理论水文学,科学水文学,基础水文学
~ socio-économique 社会经济水文学
~ souterraine 地下水文学
~ statistique 统计水文学,随机水文学,综合水文学
~ synthétique 综合水文学,随机水文学,统计水文学

hydrologique *a* 水文(学)的
hydrologiste *m* 水文学家,水文工作者
hydrologue *m* 水文学家
hydrolysable *a* 可水解的
hydrolysat *m* 水解产物
hydrolyse *f* 水解(作用);加水分解
hydrolyser *v* 水解
hydrolyte *m* 水解质;*a* 水解的
hydrolytique *a* 水解的,水解性的
hydromagma *m* 水岩浆
hydromagnésite *f* 水碳镁石
hydromagnétique *f* 磁流体动力学;*a* 水磁的,磁流体动力的水磁波的,磁流体波的
hydromagniolite *f* 含水硅酸镁矿物
hydromagnocalcite *f* 杂水菱镁钙石;杂水白云钙石
hydromanganite *f* 水锰土,锰土
hydromanganosite *f* 锰土,水锰土
hydrombobomkulite *f* 水硫硝镍铝石
hydromécanique *f* 水力学,流体力学;*a* 水力机械的,流体力学的
hydromélanothallite *f* 水黑氯铜矿
hydrométallurgie *f* 水冶,湿法冶金学
hydrométamorphisme *m* 水变质作用
hydrométéore *m* 水汽凝结体,水汽凝结物,水文气象

hydrométéorologie *f* 水文气象学
hydromètre *m* 液体比重计，流速仪，流速计
～ Baumé 波美比重计
～ chimique 化学液体比重计
hydrométrie *f* 测水学，水文测量学，流速测定法，液体比重测定法
hydrométrique *a* 测水的，水文测量的；液体比重测定的
hydromica *m* 水云母
hydromine *f* 水力采矿法；水力机械化矿井
hydromolysite *m* 水铁盐
hydromontmorillonite *f* 水蒙脱石
hydromorphe *a* 水成的
hydromorphisme *m* 水生形态
hydromorphologie *f* 水貌学（研究水压面的形态）
hydromorphologique *a* 水文形态学的
hydromoteur *m* 液压马达，水力发动机
hydromuscovite *f* 伊利石（水白云母）
hydronasturane *f* 水沥青铀矿
hydronatrojarosite *f* （多水）钠铁矾
hydronatrolite *f* 水钠沸石
hydronaujakasite *f* 水瑙云母
hydronéphélite *f* 水霞石（杂水铝石）
hydronickel-magnésite *f* 杂水菱镁钙石，绿水白云（钙）石
hydronium *m* 水合氢离子
hydronium-jarosite *f* 草黄铁矾；水合氢黄铁矾
hydronontronite *f* 水绿脱石
hydronoseane *f* 水黝方石
hydroparagonite *f* 钠伊利石，水钠云母
hydropelle *f* 液压挖掘机，水力挖土机
hydroperforateur *m* 液压凿岩机
hydropériode *f* 淹没期，水文周期，洪水淹没期
hydrophane *f* 水蛋白石
hydrophilite *f* 氯钙石
hydrophite *f* 铁蛇纹石
hydrophlogopite *f* 水金云母
hydrophobie *f* 疏水性，憎水性
hydrophone *m* 水听器，水下测听器，水下地震检波器，漏水检查器
hydrophone *m* 水听器，水中听音器
hydrophore *m* 恒压，器自动电动泵，压力水柜
～ à eau douce 淡水电动泵
～ à eau de mer 海水电动泵

hydrophosphate *m* 水磷酸盐
hydrophyllite *f* 水镁石；氯钙石
hydropite *f* 蔷薇辉石
hydropneumatique *a* 气水成的，液压气动的
hydropolylithionite *f* 水多硅锂云母
hydropyrite *f* 白铁矿
hydropyrochlore *m* 水烧绿石
hydropyrolusite *f* 锰土，水锰土水软锰矿
hydropyrophyllite *f* 水叶蜡石
hydroraffinage *m* 加氢精炼法
hydrorhodonite *f* 风化蔷薇辉石；水硅锰矿
hydrorinkite *f* 水层硅铈钛矿
hydroromarchite *f* 水羟碳铝石羟锡镁石
hydroroméite *f* 黄锑矿
hydrosamarskite *f* 水铌钇矿
hydroscope *m* 湿度计，水气计
hydroscopique *f* 吸着的，吸湿的
hydroséparateur *m* 水力分选机，水力分离机
hydrosidérite *f* 褐铁矿
hydrosilicate *m* 含水硅酸盐，含羟根硅酸盐
hydrosodalite *f* 羟方钠石水方钠石
hydrosol *m* 水质土（以别于矿质土、有机质土）；石棉防水油毡，沥青石棉毡；水溶胶
hydrosoluble *a* 水溶的，水能溶解的
hydrosonde *f* 海洋地震剖面仪，水下探测器
hydrosphère *f* （地球）水圈，水界
hydrosphérique *a* 水圈的
hydrostatique *f* 水工学，水利工程学；*a* 静液压的，流体静力学
hydrostéatite *f* 水块滑石，块滑石
hydrostratigraphique *a* 水文地层的
hydrotalc *m* 叶绿泥石
hydrotalcite *f* 菱水碳铝镁石（水滑石）
hydrotamis *m* 跳汰机，水洗机
hydrotechnique *f* 水工学，水利技术，水利工程（学），水硬度计
hydrotéphroïte *f* 水锰橄榄石
hydrothénardite *f* 二水芒硝
hydrothomsonite *f* 杆沸石
hydrothorite *f* 水钍石，羟钍石，钍脂铅锄矿
hydrotimètre *m* 水硬度测定，水硬度（测量）计
hydrotimétrie *f* 水硬度测量
hydrotimétrique *a* 水硬度测量的
hydrotungstite *f* 水钨华

hydrougrandite *f* 水钙榴石
hydrovermiculite *f* 水蛭石
hydrowollastonite *f* 雪纤硅钙石类
hydroxyacide *m* 含氧酸,羟[烃基]酸,醇酸
hydroxyamphibole *f* 羟闪石
hydroxyapatite *f* 羟磷辉石
hydroxyapophyllite *f* 羧鱼眼石
hydroxybraunite *f* 锰土,水锰土,羟褐锰矿
hydroxyde *m* 氢氧化物
hydroxylamine *f* 羟胺,胲
hydroxylannite *f* 羟铁黑云母
hydroxylapatite *f* 羟磷灰石
hydroxylbastnaesite *f* 羟碳铈矿
hydroxyl-beryllium *m* 羟铍石
hydroxylbiotite *f* 黑云母
hydroxylé *a* 羟基的,氢氧基的
hydroxyle *m* 羟基,氢氧根
hydroxylellestadite *f* 羟硅磷灰石
hydroxyl-herdérite *f* 羟磷铍钙石
hydroxyl-phlogopite *f* 金云母
hydroxymarialite *f* 羟钠柱石
hydroxyméionite *f* 羟钙柱石
hydroxymimétite *f* 羟砷铅石
hydrozincite *f* 羟碳锌石
hydrozircon *m* 水锆石
hyétal, e *a* 降雨的
hyétogramme *m* 雨量图,雨量曲线图
hyétographe *m* 雨量图,雨量曲线,雨量分布图,雨量过程线
hyétomètre *m* 雨量计
hygiène *f* 卫生,卫生学,保健学
　～ de l'environnement 环境卫生(学)
　～ du milieu 环境卫生
　～ du travail 劳动卫生
　～ industrielle 工业保健学
　～ professionnelle 职业保健学,工业卫生
　～ publique 公共卫生
hygiénique *a* 卫生的,卫生学的
hygiénisation *f* 卫生化,卫生处理
hygrographe *m* (自记)湿度计,湿度记录表,湿度计
hygromètre *m* 湿度表,湿度计
　～ à absorption 吸收湿度表,毛发湿度计,相对湿度计
　～ à condensation 露点湿度计
　～ à point de rosée 露点湿度计
　～ d'absorption 吸收湿度计
　～ enregistreur 自计湿度计
　～ spectroscopique 分光湿度计
　～ thermique à fil 热丝湿度计
hygrométricité *f* 湿度,水分
hygrométrie *f* 测湿法,湿度法,湿度测定法
　～ de conservation 吸湿养生法
hygrométrique *a* 测湿法的湿度测定法
hygrophilite *f* 湿块云母
hygroscope *m* 湿度计,验湿器
hygroscopicité *f* 吸湿性,吸水性,收湿性
hygroscopique *a* 验湿度的,测湿度的,吸湿的
hygrostat *m* 恒湿器,测湿计,温度检定箱
hygrothermographe *m* (自记式)温湿计
hygrothermomètre *m* 湿度温度计
hypabyssal *a* 浅成的,半深成的
hypargyronblende *f* 辉锑银矿
hypautomorphe *a* 半自形的
hyperacide *a* 多酸的,过酸性的,超酸性的
hyperalcalin *a* 过碱性的,超碱性的
hyperalumineux *a* 过铝质的,超铝质的
hypercinnaber *m* 六方辰砂
hypercompoundé *a* 过复励,超复励
hypercritique *a* 超临界的
hypereutrophe *m* 富营养化
hyperfin *a* 超精细的
hyperfine *f* 超精细,超精细结构
hyperflysch *m* 上侧复理石,超复理石
hyperfréquence *f* 超高频,微波段
hyperfusible *m* 超熔体; *a* 超熔的
hypergène *a* 表生的,浅成的,下降的,下降溶液生成的
hypérite *f* 橄榄苏长岩;紫苏辉石
hypéritique *a* 橄长反应边的(结构)
hyperluminosité *f* 眩光;过亮
　～ du sport 眩光(电视图像管的)
hypermarché *m* 特级市场,特大无人售货商店
hypermicroscope *m* 电子显微镜
hypermorphie *f* 超型性
Hyperoranite *f* 半钾纹长石
hyperplan *m* 超平面; *a* 超平面的
hypersalin *a* 超盐度的

hypersiliceux *a* 超硅质的
hyperstaticité *f* 超静定性
hyperstatique *a* 超静定的
hypersthène *f* 紫苏辉石
hypersthénisation *f* 紫苏辉石化
hypersthénite *f* 紫苏辉石岩
hypersurface *f* 超曲面
hyperthermal, e *a* 过热的, 高温的, 高温期的
hyperthermie *m* (土温)超热状况
hyperthite *f* 半钠纹长石
hypertrempe *f* 急剧淬火, 急剧冷却
hypervisqueux *a* 超黏性的
hypidiomorphe *a* 半自形的
hypidiomorphique *a* 半自形的, 半自形结构的
hypoabyssal[hypoabyssique, hypabyssal] *a* 半深成的, 浅成的
hypobatholitique *a* 深岩基的
hypocentre *m* 地震震源, 震源地面零点, 爆心投影点
　～ sismique 震源
hypochlorite *m* 次氯酸钠, 次氯酸根
　～ de calcium 次氯酸钙
　～ de sodium 次氯酸钠
hypocristallin, e *a* 半晶质的, 次晶质的
hypocristallin-porphyrique *a* 半晶质斑状, 玻基斑状
hypocycloïde *f* 内摆线, 圆内旋轮线
hypodesmine *f* 半辉沸石
hypogé *a* 地下生的, 地下的
hypogée *f* 地下建筑, 岩洞建筑
hypogène *m* (地壳)内力, 深成;*a* 上升的, 深生的
hypogène[hypogénique] *a* 深成的, 上升的, 上升溶液生成的
hypohyalin *a* 半玻质的
hypoleimme *f* 假孔雀石
hypolimnion *m* 均温层, (湖、海的)下层滞水区, 冷水层
hypomagma *m* 深部(贫气)岩浆
hypomagmatique *a* 深部岩浆的
hypométamorphique *a* 深带变质的
hypométamorphisme *m* 深成变质作用, 深带变质作用
hypo-oranite *f* 半钾纹长石;半正长钙长石
hypopilotaxitique *a* 半交织的(结构)
hyporelief *m* 底板起伏

hyposclérite *f* 钠长石
hyposcope *f* 潜望镜
hyposidérite *f* 褐铁矿
hyposiliceux *a* 基性的(岩石), 低硅的
hypostilbite *f* 半辉沸石;浊沸石
hypostratotype *m* 亚地层型, 次层型, 辅助标准地层
hypostructure *f* 深部构造
hypothèque *f* 抵押, 抵押权
hypothermal *a* 深成热液的, 高温热液的(矿床); 低温的(热水)
hypothèse *f* 假说, 假设, 假定
　～ admissible 容许的假设
　～ d'approximation 近似假定
　～ de calcul 设计假定, 计算假定
　～ de charge 设计荷载
　～ de contraction 收缩假说
hypothétique *a* 假定的, 推测的
hypotype *m* 亚型, 补模标本
hypotyphite *f* 自然砷铋石
hypovolcanique *a* 深成火山的, 潜火山的, 次火山的
hypoxanthite *f* 泥黄赭石
hypozoïque *a* 深生(界)的
hypozonal *a* 深带的, 深变质带的
hypozone *f* 深带, 深变质带
hypsogramme *m* 电平图, 水位线, 高度图
hypsographe *m* 高度自动记录器
hypsographie *f* 测高学, 等高线法, 地形测绘学, 地貌表示法, 分层设色法
hypsomètre *m* 沸点气压计, 沸点测高计;用三角测量法测量高度的仪器
hypsométrie *f* (沸点)测高法, 沸点测定法, 高度测量
hypsométrique *a* 高度测量的, 测高的
hystalditite *f* 榴云片岩
hystatique *f* 希斯塔方解石;富铁钛铁矿
hystatite *f* 杂钛磁赤铁矿;富铁钛铁矿
hystérésigraphe *m* 磁滞曲线绘制仪, 铁磁示波器
hystérésimètre *m* 磁滞计
hystérésis *f* 滞后量, 滞后现象, 滞后作用, 磁滞损耗, 平衡损失
　～ capillaire 毛管滞后(现象), 毛管迟滞性
　～ de cavitation 空化时滞(现象), 空化滞后
　～ de choc 碰撞滞后(现象)

~ de la transformation 相变滞后
~ des coûts 成本损失,原价损失
~ diélectrique 介质电滞,铁电滞后
~ élastique 弹性滞后
~ thermique à basse température 低温热滞后

hystérobase *f* 假象角闪辉绿岩
hystérocristallin *a* 次生结晶的,次生晶质的
hystérocristallisation *f* 次生结晶作用,再结晶作用
hystérogénétique *a* 岩浆最后期的,后生的

I

I. F. (infra-rouge)　红外线
I. F. (impôt foncier)　土地税,地产税
I. G. (indice de groupe)　分组指数
I. R. G. (impôt sur revenu global)　所得税
ibérite　*f*　堇青云母(青块云母),杂黑白云母,一种沸石(尚未确定)
IBS(impôt sur bénéfices des sociétés)　公司利润税
Icartien[Icart]　*m*　伊卡尔特阶(太古代—元古代的界线上)
icelandite　*f*　铁安山岩,冰岛岩(低铝安山岩)
icepar　*m*　透长石;冰长石
ichnographie　*f*　(建筑物)平面图
ichor　*m*　岩汁,岩精,溢浆,泌液;残余岩浆
ichtyophthalme　*m*　鱼眼石
ici　*adv*　这里,这儿;这时
iconographie　*f*　插图,图解,图谱
iconomètre　*m*　测距镜,反光镜,量影仪,测景仪,光像测定器,光电象测定仪
iconoscope　*m*　光电摄像管;光电析像管,电视摄像管
icosaèdre　*m*　二十面体
ICR(inductance-capacitance-résistance)　电感—电容—电阻
ictomètre　*m*　测速计,速率计,心搏计
idaïte　*f*　铁铜蓝(伊达矿)
iddingsite　*f*　伊丁石(杂铁硅矿物)
idéal, e　*a*　理想的,完美的,想象中的
identificateur[identifieur]　*m*　识别器,鉴别器,识别符
　～ de périphérique　外围设备识别符
　～ de train　列车设别装置
identification　*f*　识别,测定,鉴定,核对,发现,确定,辨认,判读,识[辨、鉴]别;恒等,相同
　～ automatique de train　列车自动识别装置
　～ automatique des wagon (gestion centralisée du trafic marchandises)　车辆自动识别(货运集中管理)
　～ d'un sol　土壤鉴定
　～ de fichier　文件标识
　～ de la silhouette　缩影识别
　～ de motif　模式识别
　～ de paramètre dynamique　动参数识别
　～ de projet　项目确定,项目认定,项目的鉴定,工程计划确定
　～ de terrain　野外鉴定,野外测定
　～ des couches　岩层对比,岩层鉴别
　～ des enjeux et préoccupations majeurs　鉴别中大危险潜在区
　～ des matériaux　材料鉴定
　～ du sol　土壤鉴定;土壤鉴别
　～ du système　系统辨识,系统识别
　～ géotechnique　工程地质鉴定
　～ radar　雷达识别
identifier　*v*　鉴别,识别,确定,做标记,认为相同,鉴定(矿物,岩石);使一致
　s'～ à　与……等同,与……相一致
　s'～ avec　与……等同,与……相一致
　～ les impacts　鉴别影响
identique　*a*　恒等的,同一的,相同的,一致的
identité　*f*　等量;本性;恒等,恒等式;相同,统一性
idioadaptation　*f*　个体适应,特异适应
idioblaste　*m*　异细胞;自形变晶;细胞原体
idioblastique　*a*　自形变晶的
idiochromatique　*a*　自色的,本质[色]
idiochromatisme　*m*　自色(性),本质色性
idiogène　*a*　同成的,同生的
idiogéosynclinal　*m*　独地槽,山间地槽
idiomorphe　*a*　自形(晶)的
idiomorphique　*a*　自形(晶)的
idiomorphisme　*m*　自形
idocrase　*f*　符山石
idrargillite　*f*　三水铝石,γ三羟铝石
idrialite　*f*　辰砂地蜡,绿地蜡(天然的碳氢化物)
idrizite　*f*　赤铁矾(镁铝铁矾)
igalikite　*f*　杂方沸白云母
igastite　*f*　伊加斯特陨石
iglite[igloïte]　*f*　(蓝绿色)霰石,文石

ignatiewite *f* 肾明矾(不纯洁的明矾石)

igné, e *a* 火的；火质的；火成的

ignescence *f* 点火，着火，燃烧

ignifugation *f* 防火

ignifuge *m* 耐火材料；*a* 耐火的，防火的，不可燃烧的

ignifugé, e *a* 防火的，耐火的，不可燃的

ignifuger *v* 使耐火

ignimbrite *f* 凝灰熔岩，熔结凝灰岩

ignispumite *f* 带状流纹岩，泡沫流纹岩

igniter *v* 发火，点火，引燃

igniteur *m* 点火剂，触发器，点火装置，引燃电极，引爆装置，点火电极
　～ central　中心点火器，中心引爆装置
　～ d'ignitron　引燃管的引燃极

ignition *f* 点火，起爆，发火；易燃，燃烧
　～ spontanée　自燃

ignitron *m* 引燃管，点火管，点火器，水银半波整流管

ignivome *a* 喷火的(火山)

ignorant *m* 无知的人

ignoré, e *a* 未知的，不明的

Igualadien *m* 伊加拉德阶(始新统中部)

igue *m* 灰岩坑，落水洞；*f* (法国南部灰岩高原的)落水洞，天然井

ihléite *f* 黄铁矾，叶绿矾

iimoriite *f* 羟硅钇石(饭盛石)

iiwaarite *f* 铁榴石，黑榴石

ijolit(h)e *f* 霓霞岩

ijussite *f* 棕闪钛辉岩

ikaïte *f* 六水碳钙石

il *pron* 用作无人称动词或无人称动词短语的主语
　～ arrive que　发生，产生
　～ en est de même pour (de)　对某种情况也是一样(如此)
　～ en va de même pour (de)　对某种情况也是一样(如此)
　～ est de la plus grande importance que...　极其重要的是，特别重要的是
　～ est hors de doute que...　毋庸置疑，毫无疑问
　～ est question de　问题在于，论及，涉及
　～ ne fait aucun doute que...　毋庸置疑，毫无疑问
　～ s'agit de　事关，关于问题在于
　～ s'avère que　证实，确信
　～ se produit　产生，发生
　～ suffit de　只需
　～ suffit que　只需
　～ suit de...que　由……得出
　～ va de soi que...　当然，可想而知，很自然的是
　～ va sans dire que...　不言而喻
　～ vaut mieux...　最好，更好一些
　～ y a　有
　～ y a intérêt à...　有利

ildefonsite *f* 钽铁矿

île *f* 岛，岛屿
　～ de refuge　交通岛，安全岛
　～ directionnelle　导向岛
　～ flottante-levante　浮动平台式起重机

ilésite *f* 四水锰矾

île-témoin *f* 蚀余岛

illégal, e *a* 非法的，违法的，不法的

illimité, e *a* 无限的

Illinosien *m* 伊利诺伊阶(N_2，欧洲)

illite *f* 伊利石；水白云母

illitique *a* 伊利石的

illogique *a* 不合理的，不合逻辑的

illudérite *f* 黝帘石

illuminant *m* 光源，发光体，照明剂，照明器，照明设施
　～ normalisé CIE　相干红外能量标准光源

illuminant, e *a* 照明的，照亮的

illuminateur *m* 照明器，发光器，照明装置

illumination *f* 照明，照亮，阐明，照明学，照(明)度
　～ artificielle　人工照明
　～ critique　临界照度
　～ directe　直接照明
　～ indirecte　间接照明，反射照明
　～ naturelle　天然采光

illuminer *v* 照耀，照明

illuminomètre *m* 照度计，照度仪

illusion *f* 幻象，幻觉；妄想

illustration *f* 说明，图解，插图，示例

illustrer *v* 说明；插图，加图解

illuvial, e *a* 淀积的，淋积的，淀积的

illuviation *f* 沉淀；淀积(作用)，淋积(作用)

illuvion *m* 淀积层，沉积层

illuvium *m* 淀积层,淋积层
ilmaiokite[**ilmajokite**] *f* 伊硅钠钛石
ilménitite *f* 钛铁岩
ilménocorindon *m* 板铝石
ilménorutile *f* 铌铁金红石
îlot *m* 街区,街岛,交通岛,采区(房柱式开采)
  ~ central 中心岛
  ~ d'arrêt 停车岛
  ~ de canalisation 渠化交通岛
  ~ de circulation 交通岛
  ~ de division 分车岛,分隔岛,交通岛
  ~ de guidage du courant 导流岛
  ~ de refuge 安全岛
  ~ de sécurité 安全岛
  ~ de trafic 交通岛
  ~ directionnel 方向岛,交通岛;导流岛
  ~ divisionnel 分车岛
  ~ dolomitique (灰岩中)白云岩发育区
  ~ du toit 顶板内的捕获体(捕房岩,外来岩)
  ~ giratoire 环形交叉岛
  ~ pour piétons 行人岛
  ~ séparateur 交通岛,分车岛,中心岛,分离岛
  ~ triangulaire 三角岛
ilvaïte *f* 黑柱石
ilzite *f* 英云微闪长岩
im- (前缀)不,非,无;在……内
image *f* 帧,像,画,图形,映像,图像,影像,镜像,照片,印象,思想,想象,相似物
  ~ à grand contraste 反差大的图像,黑白鲜明的图像
  ~ à visibilité faible 不清晰的图像
  ~ aérienne 航摄照片,航测照片
  ~ agrandie 放大像
  ~ animée 活动图像
  ~ approximative 近似图像
  ~ brute 原始图像
  ~ complète 帧,全像,全图
  ~ contrastée 色调鲜明的影像
  ~ de carte 卡片映像
  ~ de fréquence 像频
  ~ de télévision 电视图像
  ~ de trois dimensions 立体影像,三维图像
  ~ double 双影像,重叠幻影
  ~ dure 色调鲜明图像
  ~ en demi-teinte 半色调图,中间色调的图像
  ~ en trapèze 梯度图像,梯形图像,梯形图案(阴极摄像管),梯形畸变,梯形失真效应
  ~ faible 淡色图像
  ~ fantôme 双象,重影,杂散影像
  ~ floue 模糊影像
  ~ indistincte 模糊像,不清晰像
  ~ infrarouge 红外影像,红外线映像
  ~ latente 潜像
  ~ latente électronique 电子潜像,潜伏的电子像
  ~ mémoire 存储器映像
  ~ monochrome 单色像
  ~ multi spectrale 多波段图像
  ~ négative 负像
  ~ nette 清晰图像
  ~ numérique 数字图像
  ~ numérique du terrain 地面数字图形
  ~ ondulante 破碎图像(同步脉冲前沿时间位置不稳定造成的图像失真)
  ~ radar 雷达影像
  ~ radiographique X 光照片,X 射线照片
  ~ réelle 实像
  ~ reflétée 镜像,反像
  ~ retardée 余像,残留影像
  ~ secondaire 重像,双像,双重影像,二次图像
  ~ stéréoscopique 立体图;立体影像
  ~ tachetée 有斑点的图像(被脉冲干扰破坏的)
  ~ tronquée 截取的图像
  ~ vidéo 视频图像
  ~ virtuelle 虚像
  ~ visible 视像,可见影像
image-iconoscope *m* 移像式光电摄像管
image-orthicon *m* 超正析像管,移像正析像管,低速电子束摄像管
imagerie *f* 成像,雕像制品
  ~ infrarouge 红外成像
  ~ sonore 声成像
  ~ sous-marine 水下成像
  ~ thermique 热成像
imaginer *v* 想出;想象,设想
imandrite *f* 硅铁钙钠石,石英钠长岩
imbiber *v* 浸润,浸渍,浸透,浸染;吸入,吸液;渗化,渗吸
imbibiteur *m* 吸收剂,吸收器

imbibition *f* 浸润,浸透,吸入,吸液,蘸湿,吸胀,渗化,渗吸(作用),吸张(作用);吸水,吸水性,(岩石、土壤孔隙的)吸收水分
  ～ à n-jours 浸润几天
  ～ totale du sol 土壤全部浸润
imbrication *f* 叠瓦(作用),叠瓦构造;(钙质超微化石)叠盖
imbriqué *a* 重叠的,叠瓦状的,鳞片状(排列)的
imbriquer *v* 交错,按鳞状叠盖,按叠瓦状排列
imbu,e *a* 模仿的,被浸透的,被浸润的
imbuvable *a* 不可饮用的
imérinite *f* 钠透闪石,镁亚铁钠闪石
imitable *a* 可摹仿的
imitation *f* 模仿,模拟,伪造
  à ～ de 照……的样子
imiter *v* 模仿,模拟,伪造
immanent,e *a* 内在的;固有的;恒久的
immatriculation *f* 登记,注册,抄录
immatriculer *v* 登记,抄录,抄入
  ～ un véhicule 车辆登记,抄车号
immédiat,e *a* 直接的,紧接着的,最接近的
immédiatement *adv* 即刻地,马上地;直接地
immense *a* 无限的;巨大的;辽阔的,无边际的
immensément *adv* 无限地,无极地,无量地;无边无际地
immensité *f* 辽阔,广大;无边际
immergé,e *a* 浸入的,浸没的;潜没的,沉没的,水下的
immerger *v* 浸入,沉入,下沉,浸没,淹没,沉入水下
immersion *f* 浸没,浸入,沉入,下沉;潜入
  ～ à chaud 热浸
  ～ à l'avancement 事先浸没
  ～ dans l'huile 油浸,浸油
  ～ des blocs 块体沉于水下
  ～ homogène 均匀浸没
immeuble *m* 房屋,大楼,建筑物;不动产;*m. pl* 房产
  ～ de bureaux 办公楼
  ～ élevé 高层建筑
immeuble-tour *m* 高层建筑物
immigration *f* 移入,流入
immigrer *v* 移入,流入,迁移,迁入
immiscibilité *f* 不混合性,不混溶性
immiscible *a* 不混合的,不混溶的

immobile *a* 不动的,固定的,静止的
immobilisation *f* 固定,静止,存放,储存,锁闭,物业,不动产;*f. pl* 固定资本
  ～ corporelle 有形资产
  ～ d'entreprise 企业固定资本
  ～ d'un véhicule 车辆停用
  ～ incorporelle 无形资产
immobiliser *v* 锁闭,锁住,使固定
  ～ le levier 锁闭握柄
  ～ la locomotive 停用机车
  ～ le signal 锁闭信号
immobilité *f* 不动,固定,静止;静止状态
immondices *f. pl* 泥垢,垃圾
immunité *f* 免除;免疫;抗扰性
  ～ au bruit élevé 抗噪音水平
  ～ statique 静态抗扰
imogolite *f* 水铝英石,伊毛缟石(羽毛石,锯末石)
impact *m* 效力,影响,作用,震动,压实,命中,碰撞,冲击,撞击,冲击(力)
  ～ central 对心碰撞,对心冲击
  ～ de la pluie 雨(点)打击
  ～ des vagues 波浪冲击
  ～ direct 直冲,正碰
  ～ écologique 对生态的影响
  ～ économique 经济影响
  ～ élastique 弹性冲击
  ～ hydraulique 水力冲击;水冲击力
  ～ hydrodynamique 水动力冲击
  ～ latéral 侧向冲击
  ～ sur l'environnement 环境影响
impaction *f* 碰撞,撞击,压紧,嵌塞
impactite *f* 冲击岩
impair *m* 奇数
impair,e *a* 单数的,奇数的;不成对的,左右不对称的
impalpable *a* 无形的;细微的,微粒的,摸不出来的,不可触知的
imparfait,e *a* 有缺点的;未完成的,不完全的,不完善的(晶体),非完美的(晶体)
impassable *a* 走不通的,不能通行的
impasse *f* 闭端,死巷,死路,绝境,死胡同;尽头线,死岔线,尽头路(尽头有回车道)
  voie en ～ 尽头线
impatiens *f* 凤仙花属

impédance *f* 抗阻；阻抗器，阻[电]抗
 ~ à haute fréquence 高频阻抗
 ~ mécanique 力阻抗，机械阻抗
 ~ motionnelle 动生阻抗，动态阻抗
 ~ normale 标准阻抗
 ~ réelle 标准阻抗，实际阻抗
 ~ subtransitoire longitudinale 直轴超瞬变阻抗
 ~ subtransitoire transversale 交轴超瞬变阻抗
impédancemètre *m* 阻抗计，阻抗测量仪
impédeur *m* 阻抗器，阻抗元件
impelleur *m* 推进器；（泵的）叶轮，（水轮机的）转轮
 ~ fermé 封闭式叶轮，闭合式叶轮
 ~ ouvert 开敞式叶轮
impénétrabilité *f* 密封性，不透水性，不可渗透性，不可贯入性
impénétrable *a* 不可入的，不渗透的，不能透过的，难以越过的
impératif *m* 绝对需要，迫切需要
 ~ de qualité des matériaux 材料质量指标
 ~ s spécifiés 规格要求；技术指标
 ~ s techniques 技术要求，技术指标
impératif, ive *a* 强制的，必须的，命令的
imperdable *a* 锁紧的，不能松开的
imperfection *f* 疵点，缺点，缺陷，不足，误差，不足，不完整，不完善，不完整性
 ~ de cristallisation 结晶缺陷
 ~ de structure (microphysique) 结构缺陷（微观物理）
 ~ du réseau 晶格缺陷
 ~ réticulaire 晶格不完整
impermanence *f* 无持久性，非永久性
impermanent, e *a* 不持久的，非永久性的
imperméabilisant *m* 防水剂
imperméabilisation *f* 密封，不透水；不透水，不透水性，防水（处理）
 ~ à la membrane 薄膜防水
 ~ de la nappe aquifère 防止地下水渗透
 ~ de la chaussée 路面不透水
 ~ de la nappe aquifère 防止地下水渗透
 ~ des accotements 路肩不透水性
 ~ des tuyaux d'eau 水管接头密封
imperméabiliser *v* 防水，使不渗透液体，进行防水处理
imperméabilité *f* 隔水性，密封性，不渗透性，不透水性能
 ~ d'une bâche 篷布的防水性能
imperméable *m* 隔水层，不透水层；雨衣，不透水岩石；*a* 防潮的，防水的，密封的，不透水的，不透气的，不透视的
 ~ à l'air 气密的，不透气的
 ~ à l'eau 不透水的，防水的
 ~ au son 隔音的
 ~ au vent 不透风的
 ~ aux gaz 气密的，不透气的
impétus *m* 动力，动量，激励
implacement *m* de stationnement 停放车位
implantation *f* 安装，布置，设置，装配，配位，布置图；（道路）定线；种植，移植，培植；（建筑物）定位，定点；注入
 ~ automatique 自动定位，自动定线
 ~ classique 传统的安装方法
 ~ d'une route 道路定线
 ~ de canevas de base 设置基线网
 ~ de l'axe 定（路）轴线，定（道路）中线
 ~ de l'axe du tracé 定路轴线，定（道路）中线
 ~ de la polygonale de base 导线测量
 ~ de polygonales 布桩
 ~ des ouvrages 测定，定线，工程放样
 ~ des signaux 设置交通信号；交通信号设置位置
 ~ des travaux 工程放线
 ~ directe du tracé 直接定线
 ~ du tracé 定线
 ~ et piquetage du tracé 路线确定和布桩
implanter *v* 安装，装配，安放，安置；建立；插入；引进；树立
implication *f* 含义，实质；后成合晶，同期显微共生（结构）
implicite *a* 隐含的，不明显的
impliquer *v* 导致，包含；卷入，牵连，引起……必然结果
implosion *f* 压破，聚爆，内破裂，被外部压力压迫，被大气压力所压碎
impluvium *m* 集水区，补给区，汇水盆地
 ~ d'une couche aquifère 含水层的补给区
 ~ d'une nappe 集水范围，（含水层）补给区
impondérable *a* 不可称量的；无足轻重的；难以估计的，作用难以估量的

imporosité *f* 无孔隙性,不透气性;无孔结构
importance *f* 意义;数值,尺寸;规模;意义,重要性;权威,影响
　～ de l'éruption 喷发能力,爆发能力
　～ des tassements 沉陷尺寸
　～ des travaux 工程范围
　～ du dommage 损坏程度,损失程度
　～ du moulage 铸件尺寸
　～ du trafic 交通量大小
important, e *a* 重要的,重大的;数量大的
importation *f* 进口,输入;进口货
importer *v* 进口,输入
　～ à 对……重要
imposer *v* 强加,强迫接受;成为必要
　～ le séchage 要求干燥处理
impossibilité *f* 不可能;不可能性
impossible *a* 不可能的,办不到的;极困难的
imposte *f* 拱墩,拱底石,支承垫块,支座垫块
impôt *m* 税,捐税
　～ au poids des essieux 汽车重量税
　～ s d'exploitation dûs 所欠营业税
　～ du timbre 印花税
　～ en nature 实物税
　～ s et taxes 税收,其他税收
　～ s locaux 地方税
　～ s nationaux 国税
　～ pour les routes locales 地方道路税
　～ s retenus sur les autres revenus de valeurs imobilières 其他不动产收入预留税
　～ s retenus sur les bons de caisse à terme 定期库存票据预留税
　～ s retenus sur les dépôts à terme 定期存款预留税
　～ s retenus sur les placements à terme 预留税期货投资
　～ s retenus sur les revenus des valeurs immobilières 不动产收入预留税
　～ spécial 特别税
　～ s supplémentaires 附加税
　～ sur l'acquisition d'automobile 购买汽车税
　～ sur le revenu 所得税
　～ sur le revenu global(IRG) 个人收入所得税
　～ s sur les autres produits financiers 其他金融产品税
　～ sur les bénéfices de la société(IBS) 企业利润税
　～ s sur les bénéfices des sociétés 公司利润税
　～ sur les revenus industriels et commerciaux 工商所得税
　～ sur les transports 运输税
impotable *a* 不宜饮用的
impraticabilité *f* 不能通行;不能实行,难以实施
impraticable *a* 无用的,难于实施的,不能实行的;难以通行的
imprécis, e *a* 模糊的,不准确的,不精确的,不明确的
imprécision *f* 含糊,不精确,不准确,不明确
imprégnable *a* 能浸透的,能浸润的
imprégnateur *m* 浸渍剂,饱和浸渍剂
imprégnation *f* 浸染,浸润,浸透,(饱和,底涂层,木材防腐的)浸渍,沥青透层
　～ à vide 真空浸渍
　～ avec des sels 盐浸(木材防腐)
　～ bitumineuse 沥青包体(煤中)
　～ de l'induit 电枢浸漆
　～ huileuse du bois 木材浸油
　～ par cellules plaines 满细胞(木材防腐)法
　～ post-tectonique 构造期后的矿染作用
　～ sous pression 压力浸渍
　～ sous vide 真空浸渍
　～ sur couche de base 基层上的沥青透层
　～ uniforme 完全浸渍,完全浸透(岩石放石油浸润)
imprégné *a* 饱和的;浸泡的,浸染的(矿床);浸透的,浸润的(石油)
imprégner *v* 浸染,浸透,浸润;饱和
　s'～ de 渗透
imprenabilité *f* 视野不受阻挡
imprévisible *a* 意外的,突然的,未预见的
imprévu, e *a* 意外的,突然的,偶然的,不可预见的
improbabilité *f* 不可能,不可能性;不可能的事
improbable *a* 未必有的,不大可能的
improductif, ive *a* 不生产的,非生产性的;没有效果的,无开采价值的
improductivité *f* 非生产性
improportionnel, elle *a* 不相称的;不均衡的;不成比例的
impropre *a* 不合适的,非固有的;不干净的

imprudence *f* 不小心,不注意
imprudent, e *a* 不小心的,不注意的
impulseur *m* 脉冲调制器;脉冲发生器
impulsif, ive *a* 冲击的;撞击的
impulsion *f* 脉冲,推动,推进,动量,冲量,冲击,冲动
impur, e *a* 不纯的,不清洁的,混杂的,有杂质的
impureté *f* 不纯,污染,杂质,混杂物;包体(岩石,矿物中)
~ d'accepteur　受主杂质
~ de donateur　施主杂质
~ s de l'acier　钢的杂质,钢的杂渣
~ gazeuse　污浊气体
~ minérale　矿物杂质,矿物混杂物
~ naturelle　天然杂质
~ s néfastes　有害杂质
~ s organiques　有机杂质
imputation *f* 归咎,职责,出……账,算入账上,把支出列入某项预算
~ des charges　开支列入预算,费用列入账户
imputer *v* 列入,计入
~ à un compte　列入账户
imputrescibilité *f* 防腐性,不腐烂性
in- (前缀)不,非,无;在……内
in situ *adv* 原地,现场,就地,原点;就地的,原地的
inabordable *a* 难于到达的
inabrité *a* 露出的,无掩盖的
inacceptable *a* 不可接受的,难以接受的
inaccessibilité *f* 不可达到,不能接近性,不可存取性
inaccessible *a* 难达到的,难接近的,不可达的,不可接近的,不可存取的,不可触及的
inachevé, e *a* 未完成的,半途而废的
inactif, ive *a* 静止的,不动的,钝性的,不活泼的,不起作用的;非放射性的
inaction *f* 静止,不活泼,停止活动
inactivation *f* 钝化(作用),灭活
inactivité *f* 不活泼性,不活动性,不放射性
~ chimique　化学不活动性,化学稳定性
inactuel, elle *a* 不现实的,非现实性的
inadaptation *f* 失调,失配,不适应,不适合
inadapt, e *a* 不适合……的,不适应……的
inadaptif *a* 不适应的,不可适应的
inadéquat, e *a* 不合适的;不相符的
inadéquation *f* 不适合,不相符

inadmissibilité *f* 不能接受,不能容许
inadmissible *a* 不能接受的,不能容许的
inadvertance *f* 失察,疏忽,大意
inaffouillable *a* 不能被冲刷的
inaltérabilité *f* 不变性,稳定性,永恒性,不风化性,风化稳定性
inaltérable *a* 不变的,稳定的,坚固的,耐风雨的,不风化的,不变质的
inaltéré *a* 不蚀变的,未蚀变的
inanité *f* 无用,无益,无效
inapplicabilité *f* 不适用,不能应用的
inapplicable *a* 不适用的,不可使用的
inapplication *f* 不适用;不专心
inappréciable *a* 无价的,难以评价的
inapte *a* 不适宜的;无能力的,不能胜任的
~ à circuler　不能运行的,不合运行条件的
inaptitude *f* 无能力;不适宜;不胜任
inattaquable *a* 耐酸的,耐腐蚀的,耐氧化的
inattentif, ive *a* 大意的,不留心的,不注意的
inattention *f* 疏忽,不注意
inaudible *a* 听不见的
inauguration *f* 开始,着手;开始,开端,落成典礼,开[揭]幕(式,典礼)
inaugurer *v* 落成,开始,着手,开创
inauthenticité *f* 不可靠,不确实
inauthentique *a* 不可靠的,不确实的
incalculable *a* 数不清的,不可运算的,无法计算的,不可计算的
incandescence *f* 白热,白炽,灼热
incandescent *a* 白热的,灼热的,炙炽热的
incapable *a* 无能的,不能的,无用的;不会的
incapacité *f* 无能力
~ de service　不能胜任工作
incarbonisation *f* 煤化作用;碳化作用
incassable *a* 防碎的,抗震的,打不破的
incendiaire *a* 燃烧的,用以纵火的,可引起火灾的
incendiaire *m* 防火者,纵火者
incendie *m* 火灾,失火
~ de liquide inflammable　易燃液体的火灾
~ de mine　矿山火灾
~ de tunnel et détection d'incendie　隧道消防与火灾检查
~ repéré　发现火灾
~ souterrain　地下火灾

incendié, e

~ spontané 自燃

incendié, e *a* 被烧毁的

incendier *v* 烧毁,火烧,着火,放火,点火,用火烧

incertain, e *a* 不肯定的,不明确的,不可靠的,无把握的

incertitude *f* 误差,偏差,不肯定,不确定,不可靠,不准确度,不精确性

~ expérimentable 试验误差,试验的不准确性

~ relative 相对误差

incessant, e *a* 不绝的,不断的,连续的

incessible *a* 不可让与的

inch(in) *m* 英寸(1 英寸＝25.4mm)

inchangé, e *a* 未变的,没有变化的

inchavirabilité *f* 稳定性,不可颠覆性

inchavirable *a* 稳定的,不可颠覆的

incidence *f* 倾角,迎角,冲角,攻角,安装角,入射,入射(角);发生,影响;影响范围,影响程度;偶然事件

~ économique(des facteurs d'environnement) (环境因素对)经济的影响

~ normale 法向入射

incident *m* 事故,故障,事件

~ corporel 人身事故

~ d'exploitation 运营故障

~ de circulation 交通事故

~ de frein 制动机故障

~ de fréquence modérée 较少出现的故障

~ machine 机器故障,停机时间

~ matériel 机器事故

incident, e *a* 入射的;偶然的,意外的;附带的,次要的

incinérateur *m* 焚化炉,焚烧炉,燃烧炉,(垃圾)化灰炉

incinération *f* 煅烧;焚化,灰化,烧尽,烧成灰

incinérer *v* 煅烧;烧成灰

inciser *v* 切割,割开

incisif *a* 切开的,割开的

incision *f* 断痕,切口,切割,深切(作用),(河流,河谷)下切(作用)

~ des talwegs 深切河谷,切割河谷

~ de torrent 湍流切蚀,急流切割

inclinable *a* 倾斜的

inclinaison *f* 偏斜,偏差,倾斜,倾角,倾伏,倾向,坡度,倾斜度,磁偏角,磁倾角

~ contraire 逆倾斜,倒转倾斜

~ d'une aiguille aimantée 磁倾斜,磁倾角

~ d'une chaussée 道路坡度

~ d'une force résultant d'une action 荷载的偏心角

~ de l'interface huile-eau 油水界面的倾斜

~ de chaussée 道路坡度

~ de courant 水流坡度

~ de formation 地层斜坡,岩层倾斜

~ de freinage 制动坡度

~ de l'axe d'un pli 褶皱轴的倾伏

~ de l'axe géomagnétique 地磁轴倾斜

~ de l'électrode 焊条倾斜度

~ de la pente 坡度

~ de la vallée 河谷坡度,河谷斜坡

~ de puits de forage 井斜

~ de talus 边坡,坡角,坡度角,边坡角坡面倾角

~ de terrain 地面坡角

~ du champ magnétique 磁场倾斜

~ du toit 屋顶坡度

~ faille 断层倾角,断层面倾斜,(岩层)平缓倾斜

~ initiale 原始倾斜

~ intérieure du rail 钢轨内倾角

~ latérale 边倾角,倾斜角;横倾角,外缘超高角

~ limite 最大坡度,限制坡度,坡度极限

~ longitudinale 纵向坡度

~ magnétique 磁偏角,磁倾斜,磁倾角

~ minimum 最小斜度

~ naturelle 自然坡度

~ raide 陡坡

~ sur l'horizontale 坡度

~ sur la verticale 倾斜度

~ transversale 横向坡度

~ variante 变坡度

inclination *f* 倾斜,倾向,趋向

incliné, e *a* 倾斜的,偏转的,倾角的

incliner *v* 使倾斜,使偏转,使偏斜

s'~ à 倾向于

inclinomètre *m* 倾斜仪,测斜仪,倾角计,磁倾计

~ à induction 感应测斜仪

~ à orientation 定向测斜仪

~ électronique 电子测斜仪

~ gyroscopique 陀螺测斜仪

~ photographique 摄影测斜仪
inclinométrie *f* 测斜
inclure *v* 包括；附入
inclus,e *a* 包藏的，吸留；包括在内的
inclusif *a* 包含的，包括在内的
inclusion *f* 包括，内含，包含；夹杂，夹石，砂巢，掺杂，杂质，夹杂物，浸染物；包体，包裹体
~ (de) fluide 流体包体，气液包体
~ à libelle 带气泡的液态包体
~ d'air 空气杂质
~ d'exploitation 运行上的故障
~ d'oxyde 氧化物杂质
~ dans le métal 金属夹杂
~ de laitier 炉渣杂质，夹渣
~ de sable 夹砂，砂眼，砂孔
~ de zéros 填零，补零
~ ignée 岩浆岩包体
~ liquide 液态包体
~ magmatique 岩浆包体
~ métallique 金属杂质
~ minérale 矿物包体
~ non métallique 非金属杂质
~ primaire 原生包体
~ secondaire 次生包体
~ solide 固体杂质，固态包体
~ xénogène 他生包体，外来包体
incoagulable *a* 不凝固的，不凝结的
incoercibilité *f* 不可压缩性，不可压凝性，不可抑制性
incohérence *f* 不连贯，不相干性，不相关性
incohérent,e *a* 疏松的，松散的，无黏性的，非固结的，未胶结的；不相干的，不相参的
incohésion *f* 不黏着，非固结，无附着力，无黏结力
incolore *a* 无色的，平淡的
incombustibilité *f* 耐烧性，不可燃性，耐火性
incombustible *a* 不燃的，耐火的，防火的
incommensurable *a* 难以计量的，不可估量的
incompactable *a* 不能压实的
incomparable *a* 无比的，不可比拟的
incompatibilité *f* 互斥性，不相容性，不相干性，不兼容性，不协调性
~ s d'itinéraires (des parcours) 进路互斥性
~ entre itinéraires 进路的敌对性，进路的不可兼容性
~ entre parcours 进路的敌对性，进路的不可兼容性
incompatible *a* 不相容的，不能并存的，不相干的，不兼容的
incompétent *a* 软的，弱的
incomplet,ète *a* 不完全的，不完备的
incompressibilité *f* 不可压缩性
incompressible *a* 不可压缩的
incompris,e *a* 未被理解的；不包括在内的
incondensable *a* 不凝聚的，不冷凝的
inconditionnel,elle *a* 绝对的，无条件的
inconel *m* 因科镍合金
inconformité *f* 缺失，不整合
~ angulaire 角度不整合，产状不整合，不一致性
~ stratigraphique 地层缺失，地层不整合
inconfort *m* 不舒适
inconfortable *a* 不舒适的
incongélabilité *f* 不冻性，抗冻性，抗凝性
incongélable *a* 不冻的，抗冻的，不凝凝的
incongru,e *a* 不适宜的，不恰当的，不合适的
incongruent *a* 不一致的，不符合的
incongruité *f* 不适宜，不恰当；不合适
inconnu,e *a* 未知的，不知道的，不认识的，不著名的
inconséquence *f* 矛盾；不合逻辑
inconséquent,e *a* 矛盾的，不合逻辑的
inconsistance *f* 不坚定，松散性，不相容性，不一致性
~ du sol 土壤的松散性
inconsistant,e *a* 松散的，不坚硬的，不一致的，不坚定的
inconstance *f* 易变性，不稳定性，不恒定性，不坚固性，松散性（岩石）
~ des fréquences 频率不稳定性，频移
inconstant,e *a* 易变的，不恒定的，不稳定的，松散的，不黏结的（土壤）
incontinu,e *a* 不连续的
inconvénient *m* 妨害，妨碍，缺点，缺陷
inconvertible *a* 不可更改的，不可变换的
incorporable *a* 可混合的，可掺合的
incorporation *f* 衔接，编入，算入，掺合，混合，合并，插入，合成整体
~ de matières plastiques 添加塑性材料
~ des frais indirects aux prix de revient 间接费

用并入成本

incorporé, e *a* 并入的, 混合的, 添加的, 整体的, 集成的, 被吸收的, 编入在内的

incorporer *v* 衔接, 算入, 编入, 混合, 插入, 使合并, 使加入, 包括有
~ incorrect 不正确的, 错误的
s'~ à 加入
s'~ avec 同……合并, 同……结合
s'~ dans 加入
~ un véhicule dans un train 编挂车辆

incorrect, e *a* 错误的, 不正确的

incorrectement *adv* 错误地, 不正确地

incorrection *f* 错误, 不正确

incorrigibilité *f* 无法改正

incorrodable *a* 耐蚀的, 抗锈的, 防锈的

incorruptibilité *f* 不变质性, 不易毁坏性, 不易腐蚀性

incorruptible *a* 不变质的, 不易被腐蚀的

incrément *m* 增量, 增加, 增大, 增益, 余差, 增加物, 单个试样
~ annuel 年增量
~ de charge 荷载增量, 负荷增加值
~ entre divisions de l'échelle 刻度间距增量

incrémenter *v* 增量, 增加, 增进, 递增

incrémentiel *a* 增量的, 增加的, 递增的, 逐渐增长的

increvable *a* 不破碎的, 不爆裂的; 不疲劳的

incristallisable *a* 不结晶的

incroyable *a* 异常的; 不可相信的

incrustant *a* 结水垢的, 结钙质壳的

incrustation *f* 薄膜, 嵌入, 镂入, 水锈, 被壳, 水垢, 结壳, 结锅垢
~ alcaline 碱垢, 碱斑, 碱化硬表层
~ calcaire 灰质壳, 钙质结壳
~ de glace 冰壳
~ de puits 水井积垢
~ de sable 夹砂; 砂眼, 砂孔
~ métallique 金属水垢

incruster *v* 嵌入, 镶嵌, 镂刻, 使结壳, 使结垢, 蒙上一层薄膜

incubation *f* 培养, 培育, 孕育, 保温
~ aérobique 供气培养, 供氧培养

inculte *a* 荒地的; 荒芜的

incultivé, e *a* 未耕的, 荒芜的, 未开垦的

incursion *f* 侵入作用, 流入
~ d'eau 注水
~ marine 海侵

incurvation *f* 弯曲, 翘曲, 内曲, 挠曲, 凹入, 挠度, 弧度, 下陷, 凹陷

incurvé *a* 弯曲的, 凹入的, 弓形的

incurver *v* 使弯曲, 使内曲, 使成弓形

indécantable *a* 不沉淀的, 不可倾斜的

indéchirable *a* 撕不破的, 不可撕破的, 不可破坏的

indécomposable *a* 不可分解的, 不可分开的

indécomposé *a* 未分解的, 未分开的

indéfini, e *a* 无限定的, 不定的, 未确定的

indéfinissable *a* 不变形的, 难下定义的, 难确定的, 难以限定的, 不可解释的

indéformabilité *f* 不变形性

indéformable *a* 不变形的

indemne *a* 未受损伤的, 完整无损的

indemnisation *f* 索赔, 赔偿, 补偿, 津贴

indemniser *v* 索赔; 赔偿

indemnité *f* 索赔, 补偿, 赔款, 赔偿物, 报酬, 津贴, 补贴, 赔偿(款)
~ au déplacement ou à la démolition des bâtiments 房屋拆迁赔偿金、拆迁费
~ compensatrice 补贴, 补助费
~ compensatrice de traitement 工资补贴
~ d'assurance 保险赔付
~ d'occupation temporaire 临时占地补偿
~ de caisse 保证书
~ de changement de résidence 调动工作补助费
~ de cherté de vie 物价上涨补贴
~ de coût de la vie 生活补贴
~ de déplacement 出差补助费, 出差津贴, 出差补助
~ de logement 住房津贴
~ de nuisance 有害补贴
~ de remplacement 职务津贴
~ de résidence 住房补贴
~ de retard (marchandises) 交货逾期赔款
~ s de salaries 职工分红
~ de travail de poste 岗位工资补贴
~ de vie chère 物价上涨补贴
~ s dues par les assureurs 保险人应付赔款
~ s et prestation directes 津贴和直接补贴
~ indirecte 间接赔偿

~ journalière 按日津贴
~ libératoire 违约罚金
~ pour accidents de（ou du）travail ou pour maladies professionnelles 工伤或职业病的津贴
~ pour avaries 损坏赔偿
~ pour charges de famille 家庭负担津贴
~ pour pertes 损失赔偿
~ pour voyages de service 出差补助费
~ supplémentaire 额外补贴

indentation *f* 凹口，低凹，刻槽，压痕，刻痕，锯齿形缺口
~ d'usure de roulement 踏面凹陷，踏面走行压痕，踏面布氏硬度试验
~ dynamique 动力压凹
~ de faciès 岩相楔状交替，岩相锯齿形交替

indenté *a* 锯齿状的，犬牙交错的

indépendamment *adv* 独立地，自主地，与……无关
~ de 与……无关，在……之外，独立地

indépendant, e *a* 独立的，单独的，无关联的

inderborite *f* 水硼镁钙石

inderéglable *a* 不会失调的

indérite *f* 多水硼镁石

indesserrable *a* 自锁的，带自锁装置的

indestructibilité *f* 不可毁灭性，不可破坏的

indestructible *a* 不可毁灭的，不可破坏的

indéterminable *a* 不定的，超静定的，不能确定的
~ par la statique 静不定，超静定

indétermination *f* 不定，不定性，不确定性，超静定的
~ statique 静不定，超静定

indéterminé, e *a* 不定的，未定的

index *m* 标号，标记，指针，索引，握柄牌号，指标[数、示、南]，定位器，指示[定]器
~ biologique 生物指数
~ curseur 滑尺，游标
~ d'aptitude au service （道路）服务性指数
~ d'altitudes 水准点
~ de compression 压缩指数
~ de concentration 集中指数
~ de cône （土基圆锥贯入试验中的）圆锥指数
~ de corrélation 相关指数，相关指标，相关系数
~ de Dow-Jones 道琼斯指数
~ de pénétration 贯入指数
~ de performance 性能指数

~ de pointé 浮标
~ de pollution 污染指数
~ de porosité 孔隙率
~ de prix 物价指数
~ de productivité 产油率
~ de sphéricité 球度系数（岩石）
~ de viscosité 黏度指数
~ lumineux 光标（透射光点影像在标度上的指示器）
~ réglable 千分表可调指针
~ technique et économique 经济技术指标

indexage *m* 编制索引
~ des gares 编制站名索引
~ des prix de revient 编制成本项目索引

indexation *f* 编索引

indialite *f* 六方堇青石（印度石）

indianite *f* 粒钙长石

indicateur *m* 指针，指南，标志，说明书，指示器，显示器，计数器，指示剂，指示式，测量仪表，千分表
~ à aiguille 指针指示器
~ à aiguilles orthogonales 正交指针指示器
~ à cadran 千分表，刻度盘指示器
~ à distance 遥示器
~ à double ligne de balayage 双扫描显示器，双线扫描显示器
~ à double spot 双点显示器
~ à flotteur 浮标尺
~ à information décentrée 偏心指示器
~ à lame vibrante 振簧指示器，振簧频率计，振片式指示器
~ à trace sombre 暗迹管显示器，黑迹管显示器
~ à vide 真空计，真空指示器
~ alphanumérique 字母数字式指示器
~ altimétrique 高度表，高度指示器
~ au néon 氖气指示灯
~ automatique 自动指示器（供应专用程序转移指令）
~ cathodique 电眼，电子协调指示器
~ chimique 化学指示剂
~ circulaire 环形扫描显示器
~ colorant 酸碱指示剂；显色指示剂
~ coloré 酸碱指示器
~ d'accord 调谐指示器

indicateur

~ d'accord à ombre 阴影式调谐指示器
~ d'accord à rayons électroniques 电眼,电子射线调谐指示器
~ d'acheminement 路线标记,传送标识符,经路指示器,程序安排显示器
~ d'acquisition （雷达）探测显示器
~ d'altitude et de distance 高度—距离显示器
~ d'amplitude et de distance 距离—振幅显示器
~ d'angle 角规,量角器,测角计
~ d'angle de barre 舵面指示器
~ d'appels 呼叫指示器
~ d'atmosphériques 天电干扰显示器,大气干扰显示器
~ d'azimut 方位指示器,方位显示器
~ d'écart （航向）偏差指示器
~ d'enveloppe 射频包络指示器,包线指示器（雷达）,脉冲包线指示器
~ d'équilibrage 平衡指示器
~ d'équilibre 平衡指示器
~ d'erreur de gisement 方位偏差指示器,航向偏差指示器
~ d'étage （电梯）楼位指示器示器
~ d'étincelles 火花谐振器,赫兹放电器
~ d'excursion du signal 信号过阈指示器
~ d'incident 故障指示器
~ d'inoccupation 线路空闲指示器
~ d'intensité de champ 场强测量仪
~ d'intensité sonore 音量计,音量指示器
~ d'isolement 振簧指示器,振簧式频率计,绝缘检测装置,绝缘指示器
~ d'isolement thermique 绝热故障指示器
~ d'occupation 占线指示器
~ d'ondes 波长表,测波器,振荡检测器
~ d'ordre de phases 相序指示器
~ d'orientation 定向仪
~ d'oscillations 示波器,振动型指示器
~ d'un relais 继电器动作指示标志
~ de baisse de niveau 低电平指示器
~ de battement 差频指示器
~ de bouchage 堵塞指示器
~ de branchement 接通指示器,接通电源指示器
~ de charge 载重指示仪,高压验电棒,荷载指示器,充电指示器
~ de charge en consigne 额定负荷指示器,限定负荷指示器
~ de cibles mobiles 活动目标指示器
~ de coefficient de déphasage 相位指示器
~ de colonne （穿孔卡的）列指示器
~ de confort 粗糙度指示器
~ de consistance 稠度指示器
~ de contact à la terre 接地指示器
~ de convergence （地下工程观测用的）收敛仪
~ de couple 扭矩计
~ de courant 电流表,电流指示器
~ de courant d'appel 呼叫电流指示器,振铃电流指示器
~ de courant de fuite 漏泄指示器
~ de courant maximum 最大电流指示器
~ de courant zéro 零电流指示器,零值指示器
~ de courbe 曲线标
~ de course 航向指示器,罗经
~ de crête 巅值指示器,峰值指示器,脉冲测量仪,调制指示器,录音音量指示器
~ de débit 流量计,流量表,流量指示器
~ de déclenchement 断开指示器,跳闸指示器
~ de défaut 探伤器
~ de déformation 形变测量仪
~ de départ de trains 列车出发表示器
~ de dépassement de capacité 溢出指示器,溢流指示器
~ de déplacement 位移传感器
~ de dérangement 故障指示器
~ de dérive 井斜指示器,偏斜指示器,航向偏差指示器
~ de désadaptation 失配指示器,反射损耗指示器
~ de désenrobage 位移测量器
~ de déviation de fréquence 频偏计,频率稳定计
~ de direction 无线电罗盘;方向指示器
~ de direction à feu clignotant 闪光方向指示灯
~ de direction avancé 前进方向标志,前置指路标志,方向预告标志
~ de direction de piste cyclable 自行车道导向标志
~ de direction du vent 风向指示器

~ de direction gyroscopique 陀螺罗盘
~ de direction lumineux 灯光转向指示器
~ de distance 里程标,距离指示器
~ de distance et de gisement 距离—方位指示器
~ de distance et de site 位置仰角指示器,距离—高低角指示器
~ de durée 计时器
~ de filetage 螺纹千分表
~ de flèche 挠度计
~ de fonction 作用指示符,任务显示符,工作指示位
~ de fréquence 频率指示器
~ de fumée 烟度计
~ de fusion 熔丝熔断指示器
~ de gel dans le sol 地面冰冻测量仪指示器
~ de gisement 干线行车时刻表
~ de grisou 沼气指示器
~ de hauteur et de distance 距离—高度指示器
~ de l'humidité de l'air 绝缘指示器,空气湿度表
~ de la charge de pointe 最大需用量指示表
~ de la durée imposable 通话时间记录器
~ de la profondeur 深度计
~ de lever du doute 辨向器,测向器,方向指示器(相对于新标的方向)
~ de limite de vitesse 限速指示器
~ de luminance 亮度计
~ de marée 示潮器
~ de maximum intermittent 断续式最高需量指示器,限时式最高需量指示器
~ de niveau 水标尺,液面[水位]指示器,电平指示器,能级指示器,水位指示器,电平指示器
~ de niveau a distance 遥测电平指示器,遥测液位指示器,遥测料位指示器
~ de niveau à pression 加压液面指示器
~ de niveau d'eau 水表,水尺,水位指示器
~ de niveau d'eau à distance 远距离水位指示仪
~ de niveau d'enregistrement 记录电平指示器
~ de niveau d'essence 存油表,油位指示器,燃油油量表
~ de niveau d'huile 油量玻璃管,润滑油油量表
~ de niveau de carburant 燃油液面指示器
~ de niveau de combustible 油位指示器
~ de niveau de liquide 液面指示器

~ de niveau visible 可见水位指示器
~ de niveau visuel 宏观液面指示器,目视液面指示器
~ de nombre de tours 转速计
~ de parcours 路程表
~ de patinage 车轮空转表示器
~ de pente 侧角器,坡度标,倾斜计,量坡仪,测斜仪,测斜指示器,倾斜指示器,坡度指示器
~ de pente à rayon laser 激光测坡仪
~ de perte à la terre 接地指示器
~ de perte de charge 水头损失计
~ de pertes 探漏仪,探漏器,漏泄指示器
~ de pertes à terre 接地指示器,泄漏指示器
~ de perturbations 干扰指示器,故障指示器
~ de pile 栈指示器
~ de poids 重量计
~ de pointe 峰值指示器,巅值指示器
~ de pointe à diode (发光)二极管峰值指示,峰值指示(发光)二极管
~ de position 位置指示器,平衡(试验)机,雷达位置测定器
~ de position et de hauteur 位置—高度指示器
~ de présélection 交通分类指南
~ de pression 压力表,压力计,压力指示器
~ de pression d'huile 机油压力表
~ de pression de carburant 油压表
~ de priorité 优先指示符,优先指示信息
~ de profondeur 深度计
~ de profondeur de modulation 调制计,响度计,调制深度指示器
~ de programme 带长指示器,程序指示器
~ de puissance 功率表,瓦特表
~ de radar 雷达显示器,雷达站扫描指示器
~ de radio-activité 剂量计,放射性强度指示剂
~ de radiorepérage 雷达显示器
~ de rapports 比例测量机构
~ de rayonnement 辐射(强度)指示器
~ de rayons gamma 伽马射线显示器
~ de relèvement 方位指示器,方向偏差指示器,无线电定向指示器,无线电方位(角)指示器
~ de résonance 谐振指示器
~ de ressource 资源管理程序
~ de route 路线指示器,航线指示器,航线无线电信标

indicateur

~ de sensibilité 灵敏度测试器
~ de site （雷达）目标高低角指示器
~ de sortie 输出指示器（例如输出功率的）
~ de surcharge 过负载指示器
~ de syntonie 协调指示器
~ de syntonisation au néon 氖示谐管，氖调谐指示器
~ de T.O.S 驻波比指示器，驻波系数指示器
~ de taux de radiation 辐射强度指示器
~ de taxe 计费表，通话计费表
~ de température 温度指示器
~ de tension 电压指示器
~ de terre 接地指示器
~ de tirage 通风表，风压表
~ de tolérance 公差指示器
~ de torsion 扭力计，扭力指示器
~ de touche 基准指示器，试验用指示器
~ de tours 转速表，转数表
~ de triage 风压表，通风表
~ de vide 真空计，真空表，真空指示器
~ de virage 转弯指示器
~ de vitesse 速度计，示速计，转速计，速度指示器
~ de vitesse de locomotive 机车速度指示器
~ de vitesse Flaman 法拉曼速度指示器
~ de voie 线路标，股道表示器
~ de voltage 电压表，电压指示器
~ de volume 音量指示器，噪声指示器
~ de zéro 零读器，零位指示器，零值指示器
~ des battements 拍频指示器
~ des grandes relations 空气湿度表
~ des routes 通路指南
~ des tensions 电压表
~ des trains 列车标志
~ distance-altitude 距离—高度指示器
~ du facteur de puissance 功率因数表
~ dynamométrique 测力计，功率计
~ électroluminescent 电致发光显示器，场致发光显示器
~ électronique 电子显示仪，电子显示器
~ hydraulique 水压计
~ linéaire 线性显示器，A型显示器，直线扫描显示器
~ luminescent digital 照明数字表示器，发光数字式表示器

~ lumineux d'accord 电眼，目视调谐指示器
~ lumineux d'angle d'approche 接近角指示灯，进场角指示灯，（航空）进入着陆下滑角指示灯
~ lumineux d'appel 振铃指示灯
~ lumineux de direction du vent 发光风向指示器
~ mécanique d'itinéraire 机械进路指示器
~ moins restrictif 小于限制速度的信号显示
~ optique 光学指示器，光学测微计，目视指示器
~ panoramique 平面位置显示器
~ panoramique à centre dilaté 中心扩展平面位置显示器
~ panoramique à excentration 偏心平面显示器，偏中心环视显示器
~ panoramique décentré 偏心环视显示器，偏心平面位置显示器
~ panoramique stabilisé 方位稳定的平面位置指示器
~ plus restrictif 大于限制速度的信号显示
~ radar 雷达显示器
~ radar avec indication de mouvement relatif 有相对运动指示的雷达显示器
~ radar digital 数字式雷达显示器
~ radar type A A型显示器，雷达距离显示器
~ radar type B B型显示器，距离—高度雷达显示器
~ radar type C C型显示器，可选择距离范围的距离显示器
~ régional 地区铁路线的旅客列车时刻表
~ sectoriel 扇形显示器
~ statistique de charge 静荷载指示器
~ tachymétrique 转速表
~ type A A型指示器（一种距离振幅指示器，时基成直角）
~ type B 距离—方位指示器
~ type C 位置仰角指示器，距离—高低角指示器
~ visuel 目视指示器
~ visuel à impulsion 脉冲式目视指示器
~ visuel cathodique 电子调谐指示器
~ visuel d'accord cathodique 电眼，电子调谐指示器

~ visuel de régulation 目视调谐指示器
indicateur, trice *a* 指示的，说明的
indicateur-enregistreur *m* 自记器，自动记录仪，电感自动记录器
~ de vitesse 速度记录器
indicateur-horodateur *m* 自动记时仪
indicateur-répétiteur *m* 外置显示器
indicatif *m* 图例，呼号，符号，标号，指示符，振铃信号，呼叫信号，调度电话，电流脉冲电码
à titre~ 供参考的
~ d'accès à un service déterminé 业务代码，业务缩语
~ d'appel 振铃信号，呼叫信号
~ de circuit 线路标记
~ de fin 话终信号，结束字符
~ de service restreint （自动电话）限制使用的交换机代码
~ de signe 符号记标
~ de sous-programme 调入数字，子程序调用数（字），引入数（程序编制用的）
~ de station de radiodiffusion 广播电台呼叫信号
~ de wagonnage 零担货车到达地区标记
~ international 国际电码
~ littéral （通信）字母电码
~s radioélectriques 无线电呼号
indicatif, ive *a* 指出的，指示的，表示的，象征的，参考的
indication *f* 指示，象征，表示，显示，仪表读数，读数，数据，信号，迹象，征兆
~ à distance 远距离指示
~ d'avertissement 预告标；注意显示（信号的）
~ d'itinéraire 进路显示；进路表示器
~ d'un signal 信号形状，信号显示；信号位置
~ de lettre de voiture 运单的说明
~ de limitation de vitesse 限速标；限速显示
~ de ralentissement 接近减速段显示；减速标
~ de sortie 输出信号；输出读数；出站显示
~ des directions 进路指示信号
~ exigée par la douane 海关要求的说明
~ fournie par un signal 信号显示
~ générale pour le projet et les travaux 设计和施工说明
~s géologiques 地质标志
~s minéralogiques 矿物标志，矿物特征

indicatrice *f* 指标；指示量，指示线，指示图；光率体，光性指示体
indice *m* 值，率，系数，指针，指数，指标，指示器，迹象，标志，索引，符号，脚注，矿点，油苗，折光率
~ absolu 绝对指数
~ absolu de réfraction 绝对折射率，绝对折射指数
~ agrégatif 综合指数
~ bituminologique 沥青指数
~ botanique 地植物普查标志
~ brut de carottage 毛采芯率
~ C. B. R. CBR 指数
~ californien CBR 加州 CBR 指数
~ climatique 气候因素
~ climatique régional 地区天气指数
~ cristallographique 结晶指数
~ d'abrasivité, ~ de la roche 岩石研磨指数
~ d'absorption 吸收系数；岩石绝对温度
~ d'aération 空气含量
~ d'affaiblissement sonore 声音衰减因数
~ d'agglutination 黏结性指数，结焦性指数，烧结性指数
~ d'alcalinité 碱值，碱度指数
~ d'allongation 伸长指数
~ d'aplatissement 扁平系数
~ d'aridité 干燥指数
~ d'eau-ciment 水灰比
~ d'écoulement 径流指数
~ d'emmagasinement 储水度，储水系数
~ d'émoussé （滚）圆度，磨圆指数
~ d'épaisseur du revêtement 路面厚度指数
~ d'évapotranspiration 蒸散（作用）系数
~ d'hétérométrie 分选指数
~ d'humidité 湿度指数
~ d'hydraulicité 水凝性指数（水泥）
~ d'hydrogène pH 值，氢离子浓度指数
~ d'inégalité 不规则指数
~ d'infiltration 渗透指数
~ d'obstruction 阻塞度指数
~ d'usage 使用指数
~ d'usure 磨损指数
~ de basicité 碱度指数；基度指数
~ de capacité auditive 可闻因数
~ de carbonisation 碳化指数

~ de cémentation 黏结性指数
~ de choc 冲击指数
~ de classement 分类指数
~ de commutation 换相数
~ de compacité 相对密度,压实系数
~ de compactage 压实指数,压实度
~ de compactibilité 压缩性指数
~ de compression 压缩指数
~ de compression secondaire 次压缩指数
~ de concassage(IC) 轧碎指数,破碎率
~ de congélation superficielle 地表冰冻指数
~ de consistance(I.C.) 稠度指数
~ de consolidation 固结系数
~ de construction 结构系数
~ de coordination 配位数;同位数
~ de coulabilité 流动性指数,黏度指数
~ de couplage 耦合因数
~ de couple 扭矩计
~ de cristallinité 结晶系数
~ de débit 流量计,流量指示计
~ de décompression 回弹指数
~ de dégel 融化指数
~ de dégel moyen 平均融化指数
~ de dégel superficiel 地面融化指数,表面融化指数
~ de densité 密度指数
~ de dilatation 膨胀指数
~ de direction 转向指示器,转向信号灯
~ de dissymétrie 不对称系数,不对称指数
~ de durée de consolidation 固结时间系数
~ de dureté 硬度值,硬度指数
~ de fatigue 疲劳指数
~ de filtrabilité 渗透系数
~ de finesse 细度指数(型砂)
~ de fissures 裂隙度
~ de flexibilité du parement 墙面的弯曲指数
~ de flexion (弹簧等的)挠度计,弯曲仪
~ de fluage 屈服指数
~ de fluidité 流动系数,流动性指数
~ de foisonnement 松散系数
~ de forme 形态系数,波形系数
~ de fracturation 破裂指数
~ de friction 摩擦指数
~ de frottement 摩擦系数,摩阻力系数

~ de gare 站名代号
~ de gaz 气苗,(天然)气显示
~ de gel 冰冻指数;霜冻指数
~ de gel moyen 平均冰冻指数
~ de glissement amont 推移指数
~ de glissement aval 牵引指数
~ de gonflement 膨胀率,膨胀系数
~ de groupe(I.G.) (土的)分组指数
~ de jeu extérieur d'un carottier 取土器外部间隙指数
~ de l'usure 磨损指数
~ de la production 生产指数
~ de labilité 不稳定性指数
~ de liquide 液性指数
~ de liquidité 液化指数,流性指数,液性指数（土的）
~ de lotissement 直达列车车辆的到达区代号
~ de Miller 米勒(结晶)指数
~ de minerai 矿点
~ de minéralisation 矿化标志
~ de niveau 水位标
~ de pénétration 贯入度指数;针入度指数,穿透度指数
~ de pente 坡度仪
~ de piège 圈闭指数
~ de plasticité(IP) 塑性指数
~ de pollution 污染指数
~ de porosité 孔隙度,孔隙率
~ de portance 承载比,支承系数
~ de portance du sol (路基)土支承力指数
~ de pourcentage d'air en volume 孔隙比
~ de précipitation 降雨指数,雨量指数
~ de pression 压力表,压力指示器
~ de pression de base 井底压力指数,底部压力指数
~ de prise 凝结率
~ de Proctor(I.P.) 葡氏指数
~ de productivité 产油率
~ de protection de moteur 电机保护等级
~ de pulsation 脉动数
~ de qualité 质量指标
~ de qualité de terrain 围岩质量指标
~ de récupération 回采率;回收率
~ de référence 基准指数

~ de réflexion 反射率
~ de réfraction 折射率,折光率
~ de retrait 收缩比
~ de saturation 饱和指数
~ de sensibilité (土的)敏感性指数
~ de spécialité 特性指数
~ de stabilité 稳定指数
~ de surcharge 超载指数
~ de surface d'un carottier 取土器面积指数
~ de triage granulométrique 颗粒分选指数
~ de variation 变化系数
~ de viabilité 使用性指数
~ de vide-ciment 隙灰比
~ de vide 孔隙比,孔隙指数
~ de vide critique 临界孔隙比
~ de vide initial 初始空隙比
~ de vide-ciment 隙灰比
~ de vides d'air 孔隙比
~ de vieillissement 老化指数
~ de viscosité 黏度,黏滞系数,黏性系数
~ de wagonnage 零担货车到达地区代号
~ décevant 假(普查)标志
~ des matières volatiles 挥发物含量指标
~ des prix de gros 批发价格指数
~ des salaires 工资指数
~ des vides critiques du sable 砂的临界孔隙比
~ des vides d'air 孔隙比,孔隙指数
~ des vides maximal 最大孔隙比
~ des vides maximal dans l'état le plus lâche possible (emax) 可能的松散状态的最大孔隙比
~ des vides minimal 最小孔隙比
~ des vides minimal dans l'état le plus dense possible (emin) 可能的密实状态的最小孔隙比
~ du local 位置指数,位置因数,室形(位置)指数
~ du profil (路面)平整度指标,纵断面指数
~ du relief 地形起伏指数
~ durométrique 硬度指数,硬度系数
~ évaporation 蒸发系数
~ favorable 有利(普查)标志
~ granulométrique 粒度指数,平均块度,平均粒度
~ horaire de couplage 矢量组的时钟指数

~ implicite 隐蔽的标志,不明显的标志
~ indice de couplage 耦合因数
~ mobile 活动指数
~ net de carottage 岩芯采取率
~ numérique de couplage 矢量组的数字指数
~ optique 光率,光指数
~ pluvial 雨量指数,降雨指数
~ portant 承载指数
~ portant C.B.R. CBR承载指数
~ portant de Californie de dimensionnement 设计CBR,设计加州承载比
~ portant immédiat 直接支撑指数
~ qualitatif 质量指标
~ quantitatif 数量指标
~ rationnel 有理指数
~ réfraction 折射系数
~ stable 稳定指数
~ superficiel de pétrole 地表油苗,地表含油标志,地面油苗显示
~ technique 技术指标

indifférence f 惰性;无差别;不重要
indifférent, e a 惰性的;无差别的;不重要的
indigirite f 水碳铝镁石
indigo m de cuivre 铜蓝
indigosaphir m 蓝刚玉
indiquer v 指出,指示,表示,说明,简述
~ voie libre 表示线路空闲,表示线路开通
indirect, e a 间接的,次生的(矿化)
indirectement adv 间接地
indiscernabilité f 不可分辨性
indispensable a 必需的,必要的,不可少的,不可缺的
indisponibilité f 失效,损坏,报废,停机,不适用,发生故障
~ du matériel 器材损坏
indisponible a 无效的;不适用的,不可使用的
indissolubilité f 不可溶性,不溶解性,不可分离性
indissoluble a 不溶解的,不溶性的
indistinct, e a 模糊的,不分明的;无区分的,无差别的
individu m 个体
~ allomorphe 他形矿物
~ xénomorphe 他形矿物
individualisation f 个体化,具有特性,具有个性

individualité *f* 特性,特征,特色,个性
individuel, elle *a* 个别的,各个的,单独的,个体的,独立的,特殊的,独特的,独自的,专用的
individuellement *adv* 个别地;个体地
indivisible *a* 不可分的,除不尽的;极微小的
indochinite *f* 中印玻陨石
indu, e *a* 变态的,违反惯例的,不适当的,不合理的
indubitable *a* 可靠的,显然的,无可怀疑的
inductance *f* 电感,电感系数,电抗线圈,感应线圈
inductancemètre *m* 电感计
inducteur *m* 电感器,感应线圈,电感线圈,感应器[元件、线圈],手摇发电机,磁石发电机,电机电场磁铁,磁场结构,手摇发电机,感应器电机场磁铁
inductif, ive *a* 电感的,感应的,诱导的
induction *f* 归纳,引发,诱导,电感,磁感,感应(现象),感应密度,感应测井,感应测井曲线
inductivité *f* 电感,感应率,诱导率,感应率;介电常数;
inductomètre *m* 电感计
induire *v* 诱导,引诱,促使,归纳出;感应,使感应
　～ en　引入
induit *m* 电枢,转子
　～ en barras　杆状电枢
induration *f* 硬化,硬固,固结
induré, e *a* 固结的,硬化的,致密的
　lésion ～　硬化病变
indurer *v* 硬化
industrialisation *f* 工业化
industrie *f* 工业,产业,手艺,技巧
　～ à forte densité de main-d'œuvre　劳动密集型工业
　～ aurifère　采金工业
　～ cimentière　水泥工业
　～ connexe　附属工业
　～ d'houillère　油母页岩工业
　～ d'automobile　汽车工业
　～ de bois　木材工业
　～ de construction　筑建工业
　～ de l'anticorrosion　防腐蚀工业
　～ de la chaux　(烧)石灰工业
　～ de la construction　建筑工业
　～ de produits en béton manufacturé　预制混凝土制品工业
　～ de soudage　焊接工业
　～ de transformation　加工工业
　～ de transformation de l'huile　石油加工工业
　～ des agglomérés　混凝土制品工业
　～ des carrières　采石作业,天然石工业
　～ des goudrons pour routes　路用煤沥青工业
　～ des pièces moulées en béton　混凝土制品工业
　～ des pierres naturelles　(采)采石作业,天然石工业
　～ du bâtiment　建筑业
　～ du gaz　瓦斯工业
　～ extractive　采掘工业,采矿工业
　～ légère　轻工业
　～ lourde　重工业
　～ manufacturière　制造工业
　～ métallurgique　冶金工业
　～ minière　矿业,采矿工业
　～ naissante　新兴产业
　～ routière　道路工业
　～ sidérurgique　钢铁工业
industriel, elle *a* 工业的,工业生产的
inébranlable *a* 坚定的,不可动摇的
ineffaçable *a* 不可抹除的,不可清除地
ineffectif, ive *a* 无效的,无能的
inefficace *a* 无效的,不济事的,不起作用的
inefficacité *f* 无效
inégal, e *a* 不等的,不平的,不均匀的,不均衡的,不规则的
inégalité *f* 不平,差别,不平衡,不均匀,不规则,不等式,不相等,不平度
　～ annuelle　年不均衡性,年内不均衡性
　～ conditionnelle　条件不等式
　～ de la surface　路面不平
　～ des charges fiscales　税负不均
　～ des prix　价格不等
　～ des revenus　收入不均
　～ s du terrain　地面不平
　～ entre l'offre et la demande　供求不均衡
inélastique *a* 非弹性的,无弹性的
inéligible *a* 不合格的,无被选资格的
inéluctabilité *f* 不可抗的,不可避免的
inéluctable *a* 不可抗的,不可避免的
inemployé, e *a* 不用的,空闲着的
inenflammable *a* 不可燃的

inépuisabilité *f* 不衰竭性（阶段缓解）
　～ d'un frein continu automatique à air comprimé 压缩空气自动充风制动机的持续性
inépuisable *a* 不干涸的，汲不干的，取不尽的，无穷无尽的，储量十分丰富的
inéquigranuleux[**inéquigrenu**] *a* 不等粒的
inéquilatéral *a* 不等边的
inéquirubané *a* 条带不均匀的
inerrance *f* acoustique 声惯量，声惯性，声质量
inerte *a* 惯性的，惰性的，不活泼的，惰性物质的
inertie *f* 惯性，惰性，惰力，惯量，惰性（值）
　～ rotative 旋转惯性
　～ rotorique 转子惯性，转动惯量
inésite *f* 红硅钙锰矿
inestimable *a* 难以估计的，难以估量的
inétanchéité *f* 漏气，渗透性，不严密的
inévitabilité *f* 不可避免性
inévitable *a* 不可避免的
inexact,e *a* 不正确的，不精密的
inexactement *adv* 不准确地，不确切地，不精确地
inexactitude *f* 不正确；不精密
inexcité *a* 非激励的
inexécutable *a* 不能实行的，无法执行的
inexécution *f* 未执行；不履行
　～ d'un contrat 未履行合同
inexistant,e *a* 无效的，不重要的；不存在的
inexistence *f* 不存在，无价值
inexpérience *f* 无经验，未熟练
inexpérimenté,e *a* 无经验的，未经试验的
inexplicable *a* 没法说明的，不可理解的
inexplicite *a* 不清楚的，不明确的
inexpliqué,e *a* 没有得到说明的，没有得到解释的，没有解释清楚的
inexploitable *a* 不能开发的，不能利用的，无法开采的，不值得开采的，无开采价值的
inexploré,e *a* 未调查的，未经探测的，未经勘探的
inexplosible *a* 不会爆炸的
inextensibilité *f* 不能伸长，无延伸性
inextensible *a* 不能伸长的，不能延伸的
infaillible *a* 必然的，无误的，确实的，有效的
infaisable *a* 不可行的，办不到的，不能实施的
infection *f* 感染，传染，影响
　～ par l'eau 水传染
　～ radioactive 放射性污染

inférer *v* 推测，推理，归纳，结论
inférieur,e *a* 较低的，下面的，下游的，下（部、方、边）
infertile *a* 贫瘠的，不肥沃的
infiltrabilité *f* 可渗透性，可渗入性
infiltration *f* 渗透，渗滤，渗入，渗漏，渗流，漏电，浸润，渗入量，入渗作用，地表渗入
　～ couche à couche 分层浸润
　～ cumulative 累积入渗量，(土壤的)累积渗吸量
　～ de gaz 漏气量
　～ de pluie 雨水入渗量
infiltrer *v* 渗透，渗入，透过
　s'～ 渗入，漏过
infiltromètre *m* 渗漏仪，测渗仪，渗透计
　～ à tension （水分）张力入渗计
infime *a* 微小的，很小的，微末的，低微的，最下等的，毫无价值的
infini *m* 无限，无穷(大)，无尽(多)
infini,e *a* 无限的，无穷的
infiniment *adv* 无限地，永远地，无止境地
infinité *f* 无穷大，无限大，无穷性
infinitésimal,e *a* 无限小的，无穷小的
infirmation *f* 消弱，减轻，取消，废除，宣布无效
infirmerie *f* 医务室，诊疗所
inflammabilité *f* 可燃性，易燃性
inflammable *m* 点火器，引火器，易燃品；*a* 可燃的，易燃的
inflammateur *m* 点火，发火，引燃，引火剂；点火器；*a* 点火的，引燃的
　～ spontané 自燃，自发燃烧
inflammation *f* 发火，点火，点燃，着火，燃烧；发炎，炎症
　～ complète 完全燃烧
inflation *f* 膨胀，充气；通货膨胀
　～ à deux chiffres 两位数通胀率
　～ de la demande 需求通胀
　～ de pénurie 匮乏型通胀
　～ de prospérité 繁荣型通胀
　～ des prix 物价上涨
　～ des titres scolaires 学历贬值
　～ fiduciaire 通货膨胀
　～ galopante 急剧通胀
　～ induite par la demande 需求拉动通胀
　～ induite par la monnaie 货币拉动通胀

infléchir

　　~ induite par les coûts　成本诱生通胀
　　~ induite par les profils　利润诱生通胀
　　~ induite par les structures　结构诱生通胀
　　~ rampante　爬行通胀
　　~ structurelle　结构性通胀
infléchir　v　使弯曲
infléchissement　m　小变化
　　~ des couches　岩层褶曲，岩层弯曲
inflexibilité　f　刚性，刚度，非柔性，不挠性，不曲性
inflexible　a　硬的，坚固的，刚性的，非柔性的，不可弯曲的
inflexion　f　反弯，反挠，拐折，回折，挠曲，褶曲，弯曲，曲折，屈服
influence　f　影响，作用，效应，感应，干扰，商势，商业影响
　　~ s atmosphériques　大气影响，气候影响
　　~ de l'eau　水的影响，水的作用
　　~ de la consolidation　固结影响
　　~ de la marée　潮汐作用
　　~ de la profondeur　深度影响，深度效应
　　~ des saisons　季节影响
　　~ déterminante　主要影响，决定性影响
　　~ du gel　冰冻影响
　　~ du glissement des roues motrices　机车动滑轮滑动的影响
　　~ du liant　黏结料影响
　　~ du trafic　交通影响
　　~ mutuelle　相互影响，相互作用，相互感应，相互干扰
　　~ orographique　地形影响
　　~ perturbatrice　骚扰影响；搅拌作用
　　~ régionale　地区影响
　　~ sur un instrument　对仪表的影响（某一条变化时仪表读数的变化）
　　~ topographique　地形影响
　　~ topominérale　岩石控矿因素
influencer　v　影响，起作用
influent, e　a　有影响的
influer　v　影响到，给以影响
　　~ sur　影响
influx　m　汇流；流入；灌注，流入物
　　~ de marée　进潮量，潮水倒灌
　　~ libre　自由进流
infogérance　f　信息管理，计算机管理

infographie　f　计算机制图，计算机图形学
infographique　a　计算机图表的
information　f　信息，资讯，报道，情报，消息，指示，数据，资料，通知，调查
　　~ s classifiées　机密情报
　　~ de crues　洪水报道，洪水情报，洪水资料
　　~ de sortie　输出信息，输出数据
　　~ en retour　信息反馈
　　~ massive　大量信息，大量数据
　　~ numérique　数字信息，数字信号
　　~ s privilégiées　内幕信息
　　~ s scientifiques　科学情报
　　~ statistique　统计资料
　　~ stockée（traitement de l'information）　存储的数据，数据存量（信息处理）
　　~ technique　技术情报；技术资料；技术数据
informationnel　a　情报的，信息的，信息处理的
informatique　f　信息学，数据处理，信息处理，计算技术，计算机科学（技术）；a　情报的，信息处理的，计算机技术的，数据处理的
　　~ pour l'éducation　计算机辅助教学
　　~ de gestion　管理信息处理
　　~ industrielle　工业数据处理
informe　a　畸形的；不成形的
informer　v　通知，告诉
infra-　（前缀）次，下；在下（部）；低于，次于
Infracambrien　m　始寒武纪，底寒武纪
Infra-crayeux　m　白垩系下部
Infra-crétacé　m　早自垩世（下白垩统）
infracrustal　a　内地壳的，地壳下的
infraction　f　违反，违犯
infractueux, euse　a　不平的，弯曲的，曲折的，不平坦的
infradrainage　m　地下排水，暗沟排水，盲沟排水
infraglaciaire　a　冰下的，冰底的
infragranitique　a　花岗岩下的，花岗岩层下的
Infralias　m　里阿斯统下部，下里阿斯统（T_3—J_3）
infralittoral　m　滨岸带，沿岸地带，沿岸地带的下部；a　滨海带下部的
inframaréal　a　低潮位下的
inframicroscopique　a　超倍显微镜的
infranchissable　a　不能越过的，不能通行的；不可克服的
infra-noir　m　极黑

infrarouge *m* 红外线；*a* 红外的,红外线的,产生红外辐射的
　～ thermique　热红外线
infrarouges *m. pl*　红外线观测仪
infra-son *m*　亚声,次声,微声,次声学,亚音频
infrasonique *a*　微声的,亚声的,亚音频的,亚音速的,可听频率以下的
infrastructure *f*　下部建筑,基础结构,基础设施,公共设施,地下结构,底部结构,深部构造,深层构造,下构造层,下地壳层,内壳构造,(无线电导航系统的)地面设备
　～ d'irrigation　灌溉基础设施,灌区内部建筑
　～ de la voie　线路下部建筑
　～ des chaussées　路面层状结构
　～ du pont　桥梁下部结构
　～ économique　经济基础
　～ en béton　混凝土基础
　～ portuaire　港口地面设施
　～ routière　道路下部结构
infratidal, e *a*　潮下的,潮下带的
infréquent, e *a*　少见的,罕见的
infuser *v*　浸渍,浸泡,注入
infusibilité *f*　不熔性,难熔性
infusible *a*　难熔的,不熔的,不熔化的,能注入的
infusion *f*　浸液,浸渍,泡制,灌注,注水,浸剂,注入物
　～ en couche　往层内注水
　～ en eau　压水,注水
　～ propulsée　急剧注入
ingélif, ive *a*　抗冻的,防冻的
ingélivité *f*　抗冻性
ingénierie *f*　工程；工程学
　～ des logiciels d'assistance par ordinateur　计算机辅助软件工程
　～ générale　工程；工程学,工程技术
　～ industrielle　工业工程学
　～ système　系统工程
ingénieur *m*　技师,工程师,设计师,工程技术人员
　～ adjoint　助理工程师
　～ assistant　助理工程师
　～ chargé de contrôle　监理[技监]工程师
　～ civil　土木工程师
　～ concepteur　设计工程师
　～ conseil　顾问工程师,咨询工程师,监理工程师
　～ conseil spécialisé　专业顾问工程师
　～ constructeur　建筑工程师,结构工程师
　～ consultant　咨询工程师,监理工程师,顾问工程师
　～ d'arpentage　测量工程师
　～ d'entretien　维修工程师
　～ d'études　设计工程师
　～ d'exploitation　运营工程师,生产工程师,管理工程师,施工工程师
　～ d'ouvrages d'art　构造物工程师
　～ de contrôle　检验工程师,安全技术工程师
　～ de forage　钻探工程师
　～ de l'automobile　汽车工程师
　～ de la circulation　交通工程师
　～ de manutention des matériaux　材料管理工程
　～ de projet　设计工程师,规划工程师,项目工程师
　～ de recherches routières　道路研究工程师
　～ de trafic　交通工程师
　～ de travaux (côté entreprise)　(施工企业方的)施工工程师,施工经理助理
　～ des constructions civiles　土木工程师,建筑工程师
　～ des mines　采矿工程师；爆破工程师
　～ des ponts　桥梁工程师
　～ des ponts et chaussées(I. P. C.)　道桥工程师,道路桥梁工程师
　～ des routes　道路工程师
　～ des services du jour　地面工程师
　～ des Travaux Publics d'état(I. T. P. E.)　国家公共工程工程师
　～ diplômé　有毕业文凭的工程师
　～ dirigeant　主任工程师
　～ documentaliste　技术情报研究员
　～ du bâtiment　房建工程师,建筑工程师
　～ du contrôle　安全检查工程师
　～ du sol　土壤工程师
　～ du trafic　交通工程师
　～ éclairagiste　照明工程师
　～ économiste et évaluation des coûts　经济及造价工程师
　～ en chef　总工程师
　～ en chef adjoint　副总工程师
　～ en chef des ponts et chaussées　道路桥梁主任

工程师
~ environnementaliste　环境工程师
~ fluvial　河道管理工程师,水利工程师
~ général　总工程师
~ géographe　绘图工程师
~ géologique　工程地质工程师
~ géologue　地质工程师,地质师
~ géotechnicien　土工工程师
~ géotechnique　岩土工程师
~ hydraulicien　水利工程师
~ hydro-électricien　水电工程师
~ hydrographe　河海测量工程师;水道测量工程师
~ junior　助理工程师
~ logiciel　软件工程师
~ mécanicien　机械工程师
~ mineur　矿业工程师
~ municipal　市政(工程)工程师
~ paysagiste　园林设计工程师
~ principal　总工程师,主管工程师,主任工程师
~ projeteur　规划工程师,设计工程师
~ radio　无线电工程师
~ responsable　责任工程师,主任工程师
~ routier　道路工程师
~ stagiaire　见习工程师,实习工程师
~ supérieur　高级工程师
~ topographe　测量工程师
~ tracé autoroutier　路线工程师
~ tunnels　隧道工程师

ingénio　*m*　洗矿槽,斜槽式洗矿台
ingénite　*f*　内成岩
ingilite　*f*　英基利岩
ingrédient　*m*　组分,拼分,成分,配料,拼料,混成部分,煤岩成分,煤岩类型
　　~ s du béton　混凝土组成部分
　　~ solide　固体成分
inhabitable　*a*　不能居住的
inhabité, e　*a*　荒凉的,无人居住的
inhabitude　*f*　生疏,不习惯
inhabituel, elle　*a*　生疏的,不习惯的
inharmonie　*f*　不调和,不一致
inharmonieux, euse　*a*　不调和的,不一致的
inhérent, e　*a*　本来的,原有的,附属的,附着的
inhiber　*v*　抑制,禁止,阻止

inhibiteur　*m*　阻蚀剂,阻尼剂,阻抑剂,缓凝剂,阻化剂,防腐蚀剂,抗氧化剂,(浮选)抑制剂
inhibition　*f*　抑制,禁门,延缓,阻滞,抑制作用
inhomogène　*a*　杂拼的,不均匀的
inhomogénéité　*f*　不均匀性,不均质性
inimitable　*a*　不能模仿的
ininflammabilité　*f*　耐火性,不可燃性
ininflammable　*a*　不可燃的
inintelligible　*a*　难理解的,不可解的
ininterrompu, e　*a*　不间断的,不停顿的
ininterruption　*f*　连续性,不间断性
initial, e　*a*　起始的,初始的,最初的,开头的,初期的,初步的
initiale　*f*　缩写字头
initialement　*adv*　最初,在初期,开始时
initialisation　*f*　起始,启动,赋初值
initialiser　*v*　起始,恢复,安置初始值
initiative　*f*　倡议,举措,倡导,立法提案权
injecter　*v*　注射,喷射,贯入,注入,侵入
　　~ du lubrifiant à l'aide d'une pompe à main　用手泵注润滑油
injecteur　*m*　喷嘴,注射器,注浆机,喷射器;注入电极
　　~ à air comprimé　压气喷射器
　　~ à graisse　注油器
　　~ à pulvérisation d'eau　喷水器
　　~ à vapeur　蒸汽喷射器
　　~ à vapeur vive　新鲜蒸汽注水器
　　~ aspirant　吸入式喷射器
　　~ d'électrons　电子注射器
　　~ de béton　混凝土灌浆机
　　~ de bitume　沥青喷射器
　　~ de ciment　水泥枪,水泥喷射器
　　~ de freinage　制动喷嘴
　　~ gas-oil　喷油嘴
　　~ non aspirant　非吸入式喷射器
injection　*f*　导入,引入,喷射,注射,注油,贯入,注入,注频,灌浆,注浆,冲洗(钻孔)
　　~ à air comprimé　压气喷射法,压气灌浆法
　　~ abyssale　深成贯入
　　~ asphaltique　沥青灌浆
　　~ basse pression　低压注射
　　~ bitumineuse　沥青灌浆
　　centrale d'~　灌浆站

~ chimique　化学灌浆,(土的)化学固结(法)
~ concordante　整合侵入,整合贯入
~ d'air　喷气
~ d'argile　灌黏土浆,黏土灌浆,注入泥浆
~ d'asphalte　贯注地沥青
~ d'eau　喷水,射水,注水
~ d'eau lourde　淤灌,灌泥浆,灌重水
~ d'étanchéité　压力灌浆,密封灌浆
~ d'extrados　拱背注浆
~ de bentonite　膨润土灌浆
~ de bitume　灌注沥青
~ de bitume chaud　灌注热沥青
~ de boue　淤灌,灌泥浆,注入泥浆,泥浆灌浆
~ de bourrage　填充注浆,空腔灌浆,回填灌浆,(隧道)衬背灌浆
~ de ciment　注入水泥浆,水泥灌浆,水泥黏合
~ de clavage　接缝灌浆
~ de collage　接触灌浆,黏结注浆
~ de consolidation　灌浆固结法(土壤)
~ de contact　接触灌注
~ de coulis　注入浆,(水泥砂浆)灌浆,灌水泥浆
~ de coulis sous pression　压力灌浆
~ de fluide　注入液体[水]
~ de fondation　地基灌浆
~ de gaz　注气,注入(地层的)气体
~ de mortier par haute pression　高压喷射注浆
~ de remplissage　充填注浆
~ de résine　树脂浆液
~ de scellement　锚固灌浆,封闭灌浆
~ de scellement et de collage　锚固(封闭)和接触灌浆
~ de secours　安全注射
~ de sécurité　安全注射
~ de surface　接触面灌浆
~ de vapeur d'eau　水蒸气驱油
~ de voile　帷幕灌浆
~ des fissures　裂缝注浆
~ des joints　接缝灌浆
~ des roches　岩石裂缝灌浆
~ des terrains encaissants　围岩注浆
~ diapirique　底辟,刺穿现象,刺穿作用
~ directe (moteur diesel)　直接喷射(柴油机)
~ discordante　不整合贯入,不整合侵入
~ du liant　喷撒结合料

~ du mortier　灌注砂浆
~ en descendant　分段灌浆(法)
~ en ligne　线性注入,直线驱动(注水时直线前沿推进)
~ en montant　柱塞灌浆(法),分段灌浆(法)
~ haute pression　高压注射
~ individuelle　单独注油
~ lit-par-lit　顺层贯入,层间注入
~ magmatique　岩浆贯入
~ par pulvérisation　喷雾注射
~ passive　被动贯入
~ perméable　渗入性灌浆
~ pneumatique　气压,注入,气动注入,气压喷射法,风动喷射
~ préalable　预注浆法
~ pulvérisée　喷雾注油,雾状喷射
~ rideau d'injection　灌浆帷幕
~ sous pression　压力喷射,压力灌注
~ syntectonique　同构造侵入,同构造贯入
~ transversale　不整合贯入
~ voile d'injection　灌浆帷幕

injectivité　f　受量,注水度;注入能力;吸收能力
innelite　f　硅钛钠钡石(英奈利石)
inninmorite　f　钙长辉斑安山岩
innombrable　a　不可胜数
innovateur　m　革新者
innovation　f　更新,革新,改革
　　~ de la technique　技术革新
　　~ technique　技术革新
inobservable　a　不可观察的,不能观察的
inobservation　f　不可观测的
　　~ de l'horaire　不遵守,不履行
inodore　a　无气味的
inoffensif, ive　a　无害的,无气味的
inofficiel, elle　a　非正式的,非官方的
inondation　f　淹没,水灾,泛滥,水浸,水淹,(洪水)泛滥
　　~ accidentelle　坑道充水
　　~ catastrophique　严重的水灾
　　~ due à la marée　潮汐泛滥
　　empêcher des ~ s　防止水灾
　　~ en nappe　洪流,片流,层流,表流,漫流
　　être à l'abri des ~ s　不会受水灾侵害
　　être victime d'~　遭受水灾

~ fluviale 洪水,溢流;河水,泛滥,水灾
inondé,e a 浸湿的,泛洪的,沉没的,受水灾的,(有时)受洪水淹没的
inonder v 泛滥,浸没,使湿透,大量涌入
inopiné a 意外的,未料到的
inopportun,e a 不适时的,不适当的,不合时宜的
inopportunément adv 不适时地,不适当地,不合时宜地
inopportunité f 不适时,不适当,不合时宜
inorganique a 无机的,矿物的,无生物的
inox m 不锈钢; a 防锈的,不氧化的,不生锈的
~ réfractaire 耐热不锈钢
inoxydabilité f 耐氧化性,不可氧化性,不[耐]氧化物
inoxydable a 不锈的,防锈的,不氧化的,不生锈的
inquartation f 四分(取样)法
insalubrité f (职业的)有害性
insatisfaction f 不满意,不满足
insaturable a 不能饱和的
insaturation f 不饱和性
insaturé,e a 不饱和的,非饱和的,未充满的,未浸透的
inscripteur m 记录仪,自记式仪表;记录设备,记录仪器
~ photographique 照相记录仪
~ séismique 地震波记录仪
inscription f 记录,登记,注册,列入,记入,写入,凭据,字样
~ en courbe le gabarit 在弯道上通过限界(内切通过)
~ lumineuse opposée sur la façade 在正面上有灯光字样,在正面上有灯光标记
~ mécanique 机械记录
~ par tache (仪器中的)光点记录
~ s sur les wagons 货车标记,在货车上做标记
inscrire v 登记,记入,注册
insécurité f 不安全性
insensibilité f 钝性,不敏感,不灵敏性
~ à diaphonie 不产生串音,不产生串话
~ à l'induction 不产生电感
~ à la vitesse 速度不灵敏度
~ au gel 耐冻性,抗冻性
~ du frein 制动机失灵
insensible a 不灵敏的

~ au froid intense somme à la grande chaleur 耐严寒与酷暑
~ au gel 耐冻的,抗冻的
inséparable a 不能分开的,不能分离的,不可分割的
insérer v 插入,接入,接通,嵌入
~ une fiche 插入插销
insert m 插入物,衬套
insertion f 接入,插入,嵌入,插入物,嵌入物
~ gravitaire 自由下落插入,自由落棒
insigne m 标记,符号
insignifiance f 无意义,不重要,微不足道
insignifiant,e a 无意义的,不重要的,微不足道的
insinuant,e a 渗透的
insinuation f 渗透
insipide a 无味的;最初的,开头的,初步的,初期的
insister v 坚持,强调
~ sur 坚持……
insolamètre m 日光率量仪,光度测量仪
insolation f 曝,晒,日射,日照(时数),晒印
insoler v 晒
insolubilité f 不溶(解)性
~ totale dans l'eau 水中不完全溶性
insoluble a 不溶的;不能解决的
insondable a 不可测的
insonore a 隔音的,吸音的,无声的,无噪声发热
insonorisant m 隔音材料
insonorisation f 隔音,消音
~ de la caisse d'une voiture 客车车厢隔音
insonorisé,e a 隔音的,消音的,防噪音的
insonoriser v 隔音;消音
insonorité f 隔音性,消音性
insonostic m 隔音材料
insoudable a 不可焊接的
insoutenable a 不能支持的,站不住脚的
inspecter v 检查,监督,查对,观察,视察
inspecteur m 段长,监工,监察[检查、检验、验收]员,视察员
~ comptable 财务督察
~ d'accident 行车安全监察员
~ de comptabilité 查账员
~ de la douane 海关税务监察
~ des impôts 税务督察
~ des transports 运输段长

~ des travaux 工程监察员,工程监理员
~ des travaux de construction 工程监理
~ du chantier 工程监督
~ du mouvement et trafic 运输段长
~ général 总监工
~ principal 总监察员,总监

inspection f 监察,检验,检查,观察,视察,监督
~ d'entretien 维修检查
~ de béton 混凝土检查
~ de chantier 工地视察
~ de fiscalité 税务稽查
~ de la douane 海关检查
~ de réception 检验性验收,验收检查
~ des gares 车站工作检查
~ du site 现场调查,工程地址调查
~ du travail 劳动监察
~ en service 在役检查
~ Générale des Ouvrage d'Art(I.G.O.A.) 工程结构物一般检查
~ générale technique des mines 矿山技术监察局
~ géologique 地质勘查
~ journalière 日检,每日检查
~ normale 正常检查
~ officielle 正式检查
~ périodique 定期检查
~ pour gabariage 样板尺寸检查
~ radiographique X光探伤,辐射线照相检查
~ réglementaire 定期检查
~ technique 技术检查,技术检验

instabilité f 不稳定性,不稳固性,不坚固性,不安定性;零点漂移,图像不稳定移动
~ absolue 绝对不稳定(性)
~ aérodynamique 气动力不稳定(性)
~ chimique 化学不稳定性
~ climatique 气候不稳定(性)
~ commandée 控制不稳定性,操纵不稳定性
~ conditionnelle 条件(性)不稳定(度)
~ de basse fréquence 低频不稳定性
~ de combustion 燃烧不稳定性
~ de combustion de basse fréquence 低频燃烧不稳定性
~ de combustion de haute fréquence 高频燃烧不稳定性

~ de flamme 火焰不稳定性
~ de haute fréquence 高频不稳定性
~ de marche 运行不平稳,运转不稳定,工作不稳定(性)
~ de plate-forme 水平面不稳定性,平台不稳定性
~ de roulis 横向不稳定性
~ de tangage 纵向不稳定性
~ des pentes naturelles 天然坡度的不稳定性
~ du lit 河床不稳性
~ du mouvement 运动不稳定性
~ dynamique 动态不稳定性
~ élastique 弹性不稳定性
~ en virage 转弯不稳定(性)
~ horizontale de l'image 影像水平摆动
~ hydrodynamique 动水不稳定(性)
~ hydrostatique 静水不稳定(性)
~ latérale 横向不稳定性
~ locale 局部失稳,局部不稳定
~ longitudinale 纵向不稳定性
~ potentielle 位势不稳定
~ statique 静力不稳定
~ transversale 横向不稳定性
~ verticale 垂直不稳定
~ verticale de l'image 影像上下跳动,影像垂直跳动

instable a 活动的,不稳定的,不坚固的,不安定的
installateur m 安装工,安装承包商
installation f 设置,安装,装设,装置[备],设施[备],建点,建立工地,工地布置,工地设备,工地成套工具
~ à air comprimé 气动设备,压缩空气装置,气动设备装置
~ à cages 罐笼提升设备
~ à ciel ouvert 露天工厂,室外设施,室外设备
~ à courant continu 直流设备
~ à granuler 制粒设备
~ à haute tension 高压设备
~ à intercommunication 内部联络装置,内部通话设备
~ à l'air libre 露天设备
~ à poste fixe 固定设备
~ à réglage indirect 间接控制系统
~ à trémies doseuses 分批投配设备

installation

~ à vapeur 蒸汽动力设备
~ s accessoires （道路）附属设施
~ aéromotrice 风力机
~ annexe 辅助设备，附属设备[装置]
~ antipoussière 除尘装置
~ au cracking 破碎设备
~ au trafic des marchandises 货运设备
~ auxiliaire 辅助设备，附属设备
~ catalyse 催化装置
~ centrale de malaxage 中心拌和设备
~ centrale de mélange 集中拌和装置，集中拌和工厂
~ classique 传统设备，常用设备
~ clef en main 调整工具
~ commandée 可控装置
~ s complexes 复合设施
~ contre l'incendie 消防设备
~ criblage 筛分机，筛选设备
~ d'adoucissement （锅炉等的）软化装置
~ d'aérage 通风设备，通风装置，扇风机装置
~ d'agglomération 烧结厂，烧结装置
~ d'air comprimé 压风设备，压缩空气装置
~ d'air libre 露天设备，室外设施，室外设备
~ d'alerte au feu 火警装置
~ d'alimentation 供电设备，电源设备；发电设备；动力设备
~ d'alimentation de la chaleur 供热设备
~ d'alimentation sous pression 强制供给（电、水、油）设备
~ d'appoint 辅助设备[装置]
~ d'arrosage en pluie 喷淋装置，人工降雨装置
~ d'aspiration 通风装置，通风系统，吸尘装置；抽吸泵站
~ s d'assainissement des agglomérations 污水工程，排水工程
~ d'échantillonnage 取样装置，取样设备
~ d'échappement d'air 排气装置
~ d'éclairage 照明设备
~ d'éclairage publique 公共照明装置
~ d'électro-osmose 电渗设备
~ d'élimination du gaz 清除瓦斯装置
~ d'enclenchement 联锁设备，集中联锁设备
~ d'énergie 发电设备，供电设备，电源设备，能源实施

~ d'enrobage à chaud 热沥青混合料拌和设备
~ d'enrobage à marche continue 连续式沥青混合料拌和设备
~ d'enrobage automatique 自动式沥青混合料拌和设备
~ d'enrobage du type discontinue 分批拌和设备，间歇式拌和设备
~ d'enrobage fixe 固定式沥青混合料拌和设备
~ d'enrobage mobile 移动式地沥青混合料拌和设备
~ d'enrobage《travelplant》 简易沥青混凝土拌和设备，轻便式沥青混凝土拌和机
~ d'épuisement 排水设备，排水装置
~ d'épuration 净化设备，污水净化厂
~ d'épuration d'eau 净化设备
~ d'essai 试验设备，构造方向，实验设备，试验装置
~ s d'évacuation des eaux usées 污水排泄系统，排污系统
~ d'exploitation 管理设备
~ d'extraction 提升设备；萃取装置
~ d'injection 灌浆设备
~ d'une permanence 调度所车，机值班员联合办公室
~ d'une sablière 采石场设备
~ de balisage 信号标志系统
~ de bétonnage 浇灌混凝土设备，混凝土浇注设备
~ de block automatique 自动闭塞设备
~ de boîte de pression 压力盒装置
~ de broyage 破碎设备，磨矿设备
~ de calcul 计算机
~ de calibrage 分批投配设备
~ de chantier 工地装备
~ s de chantier (matériel et outillage de chantier) 建点，建立工地，工地布置；工地临建（设施），建筑工厂，施工辅助工厂
~ de charge 装载设备，负载设备；充电设备
~ de charge d'essai 试验荷载设备
~ de chargement 加料装置，装货设备，装车设备，装载设备
~ de chauffage 加热设备，取暖设备
~ de chauffage préalable des trains 列车预热设备

~ de chloruration 氯化设备,加氯处理设备
~ de climatisation 空调调节设备
~ de commutation pour véhicule bicourant 双对流制车辆的换流设备
~ de concassage 破碎设备,碎石厂
~ de concassage et criblage 碎石筛石厂
~ de concassage-triage 碎石筛石厂
~ de conditionnement d'air 空气调节装置
~ de congélation 冻结装置
~ de congélation rapide 快速冻结装置,速冻设备
~ de construction 施工设备;施工(辅助)工厂
~ de contrôle 试验室;控制设备
~ de coulage du béton 混凝土灌注设备
~ de coupage 切割设备
~ de criblage 筛分厂,筛分工场;筛分设备
~ de décalaminage 除磷设备
~ de déchargement 卸货设备
~ de déchargement de wagons 货车卸货设备
~ de décontamination 净化装置
~ de dépoussiérage 除尘设备
~ de distillation 蒸馏设备
~ de dosage 配料设备
~ de drainage 排水设备,排水设施
~ de durcissement par la vapeur sous haute pression 高压蒸汽养护设备(混凝土)
~ de fabrication d'enrobés 沥青混合料的生产设备
~ de forage 钻机,钻井设备,钻探设备,凿岩设备,穿孔设备
~ de forage à vapeur 蒸汽钻孔设备
~ de forage par battage 冲击式钻孔设备
~ de forage rotary 回转钻机,转盘式钻机
~ de foyer 燃烧设备(锅炉)
~s de gare 车站设施
~ de gares 车站设置
~ de gaz 煤气装置
~ de jauges de contrainte à dix canaux 十线应力仪
~ de la sécurité de circulation 交通安全设施
~ de lavage de minerai 洗选设备
~ de levage du béton 混凝土提升设备
~ de manutention 装卸设备
~ de manutention continue 连续传送设备,连续装卸设备,水泥装卸设备
~ de manutention de bitume 沥青装卸设备
~ de mélange 拌和厂,拌和设备
~ de mélange à marche continue 连续拌和工厂
~ de mélange continu 连续拌和设备
~ de mesure 测量系统,测量设备
~ de mouture 研磨设备
~ de nettoyage 清理装置,清除装置,净化装置;清砂装置
~ de nettoyage des pièces détachées 零配件清洗设备
~ de pompage 泵站,水泵站,排水设备;唧筒设备
~ de préchauffage 预热装置
~ de prélèvement d'échantillons 取样设备
~ de préparation 选矿装置
~ de préparation d'eau 净水厂,净水设备
~ de préparation des agrégats 集料加工厂
~ de production de béton préfabriqué 混凝土预制品厂,混凝土预制厂
~ de production des agrégats dans une carrière 采石场集料生产设备
~ de production du gravier 砾石工厂
~ de pulvérisation d'eau 喷水装置
~ de radio 无线电设备
~ de rayon X X光设备,X光机
~ de recherche de personnes 旅客站寻人广播设备
~ de redressement 整流装置
~ de réfrigération 冷冻设备
~ de refroidissement 冷却设备
~ de réglage thermotechnique 调温器,温度调节器
~ de remblayage 充填设备
~ de renversement de marche 换向器,回动装置,逆向装置
~ de retraitement 加工设备;加工工厂
~s de sablage 上沙设备,给沙设备
~ de sablage à air comprimé 喷砂清理设备
~ de séchage 干燥装置
~ de séchage et de mélange 干燥拌和设备
~ de secours 救援设施,救援设备
~ de sécurité 安全设备
~ de sécurité du tunnel 隧道安全设施

~ de séparation de coke　筛选焦炭设备
~ de signal de circulation　交通信号设施
~ de signalisation　信号装置
~ de signaux lumineux　灯光信号设备
~ de sondage　钻探装置
~ de sonorisation d'une gare　车站音响设备
~ de soudage　焊接设备,焊机
~ de soudage à tuyau flexible automatique　自动弧焊机
~ de stockage de pétrole　储油设备
~ de stockage de sable et d'agrégats　砂石储存厂,砂和集料储存工厂
~ de stockage en surface　地面储油设备
~ de surface　地面设备,地面装置,洞外工地设备
~ de tamisage　筛石厂,筛分设备
~ de tanks à carburant　加油站,燃油供应站
~ de télécommande　遥控设备[装置]
~ de téléphonie multiple par courants porteurs de haute fréquence　载波高频多路通话设备
~ de traitement chimique　化学处理装置
~ de traitement des eaux usées　污水净化厂
~ de transbordement　换装设备
~ de transformation transportable　移动式变电站
~ de transport aérien par câble　架空索道设备
~ de triage　编组站,调车站,筛选设备,筛分设备,分选设备,选矿设备,调车设备
~ de triage automatique　自动化编组站,自动驼峰设备
~ de triage magnétique　磁选设备
~ de turbines　涡轮机装置
~ de ventilation　通风装置[设备]
~ des équipements électromécaniques　机电设备安装
~ des signaux　设置交通信号标志
~ du block　闭塞装置,闭塞设备
~ du fond　地下设备;井下设备
~ du service de la voie　线路工程设备
~ électricité　电气设备
~ électrique　电气设备,电气装置
~ électrogène　发电机组,发电设备;电源机组
~ électronique de pesage　电子称重设备
~ en air　架空敷设
~ s en campagne　线路设施

~ en plein air　露天工厂
~ en réserve　工地设备;备用设备,辅助设备
~ extérieure　室外设施,室外设备
~ fixe　固定装置,固定设备
~ flottante de criblage　过筛浮选厂
~ frigorifique　制冷装置,制冷设备
~ mécanique　机械设备
~ mélangeuse　搅拌设备,混合装置
~ mélangeuse discontinue　分批投配拌和设备
~ mélangeuse pour macadam enrobé　黑色碎石拌制设备
~ mobile　非固定设施;可移动设备,可携带的设备
~ mobile de concassage　流动碎石设备
~ mobile de soudage　流动焊接设备
~ motrice　动力设备,动力厂
~ s permanentes de contresens(I.P.C.S.)　反向行车信号设备
~ pilote　中间试验设备,半工业试验设备,示范性电站(装置)
~ s portuaires　港口设施
~ pour annoncer des accidents　事故报警装置,事故信号系统
~ pour la distillation du goudron　焦油蒸馏设备
~ pour le chargement de charbon　装煤设备
~ pour le trafic routier　道路交通设施
~ pour les marchandises　货运设备
~ pour tarmacadam　焦油沥青碎石工厂,焦油沥青碎石拌和设备
~ privée　专用设备
~ protectrice contre la neige　防雪设施,防雪装置
~ provisoire　临时装置
~ radio pour les manœuvres　无线电调车设备
~ radioélectrique　无线电设备
~ radioélectrique pour les manœuvres　调车用无线电设备
~ radiologique　透射设备
~ réfrigérante　冷却装置,制冷设备
~ réglée　可调装置
~ sanitaire　卫生设备,卫生设施
~ terminale　终端设备
~ thermique　热力设备
~ type　标准装置,定型结构

installer *v* 安装,装设,安放,安置,设置

instant *m* 瞬间,瞬时,顷刻,短时间
~ d'explosion 爆炸时间
~ zéro 起始瞬间(地震勘探)爆炸信号
à l'~ 即刻
à tout ~ 时刻,不时,不断地
en un ~ 片刻,迅速,不一会

instantané, e *a* 快递的,瞬间的,瞬间有效

instantanéité *f* 瞬时性,即时性

instauration *f* 设立,建设,建立

instaurer *v* 设立,建立

instituer *v* 建立,设立,创立,制定

institut *m* 协会,学会,学院,研究所,研究院,专科学校
~ de Recherche des Transports (IRT) 运输研究院
~ de Recherche Interdisciplinaires de Géologie et de Mécanique 地质学力学研究院
~ de recherche scientifique du ministère des communications 交通部科学研究院
~ Fédéral Routier 联邦公路研究院
~ Géographique National 国立地理研究院
~ géotechnique de l'État (IGE) 国家土工研究所
~ National des Sciences Appliquées (de Lyon) (法国里昂)国立应用科学研究院

institution *f* 机关;协会;学会;机构

institutionnel, elle *a* 惯例的,规定的,制度上的;公共机构的,社会事业性质的(尤指事业机构)

instruction *f* 教育,教授,教育,指示,教学,训练,条令,规程,规范,细则,说明书
~ s aux soumissionnaires (IS) 投标人须知
~ de sécurité 安全条例
~ s de service 使用规程,维修规则,保养规则
~ de service 操作规程,使用规范,工作守则,使用说明书
~ de spécialité 专业教育
~ s de travail 操作规程
~ des dossiers 仲裁讯问
~ pour le montage 安装说明书
~ s pour la conduite 司机行车规则
~ s pour le service des trains 行车规则
~ pour soumissionnaire 投标须知
~ s précises 明确指示
~ primaire [secondaire, supérieure] 初等[中等、高等]教育
~ professionnelle 职业教育,业务训练
~ programmée 程序指令,程控指令
~ publique 国民教育
~ s relatives à la construction 工程规范
~ relative aux signaux 信号规则
responsable de l'~ des dossiers 仲裁人员
~ sur les Conditions Techniques d'Aménagement des Autoroutes de Liaison (ICTAAL) 野外高速公路布设技术条件规范
~ sur les Conditions Techniques d'Aménagement des Routes Nationales (ICTARN) 国道布设技术条件规范
~ sur les Conditions Techniques d'Aménagement des Voies Urbaines (ICTAVU) 城市道路布设技术条件规范
~ technique 技术训练;操作规程
~ technologique 操作规程,技术规程,工艺规程
~ vide 空指令

instruire *v* 教育,训练,通知,告诉

instrument *m* 仪器,仪表,工具,器械,测量仪;器具设备
~ à contrôle 控制仪表,检测计量器
~ à lecture directe 直读式仪表
~ absolu 一级标准仪器
~ angulaire 测角仪器
~ coupant 刃具,切割工具,切削工具
~ d'arpentage 测量仪器
~ d'enregistrement à distance 遥测记录仪器
~ d'enregistrement automatique 自记器,自动记录器
~ d'optique 光学仪器
~ d'optique électronique 电子光学仪器
~ de comptage 计数式仪表
~ de contrôle 控制仪器,操纵仪器
~ s de dessin 绘图仪器
~ de détection 探测仪器
~ de diagraphie de densité 密度测井仪
~ de géodésie 测地仪器
~ de géométrie souterraine 矿山测量刃具
~ de mesure 表,规,计,量具,测量仪器,计量仪器
~ s de mesure infrarouge 红外线测量仪

~ de mesure pour le fond 井下测量用具，矿山压力测定仪
~ de nivellement 水准仪，水平仪
~ de pesage 衡量
~ de précision 精密仪表，精密仪器
~ de prospection 勘探仪器，勘探设备
~ de ratification 批准书
~ de reconnaissance 勘测设备仪器
~ de référence 校准用仪表，检查用仪表
~ de règlement 结算工具
~ de surveillance 控制仪表，监控仪表
~ de télémesure 遥测计
~ du dessin 制图仪器
~ électronique 电动仪表
~ enregistreur 记录仪，自记式仪表
~ étalon 标准仪表，校准仪表，标准测试仪器
~ exact 精密仪器
~ indicateur 指示器，指示仪表
~ intelligent 智能仪器
~ portable 轻便仪表，手提式仪表
~ saillant 凸装式仪表
~ universel 万能量具，通用量具

instrumental, e *a* 器具的，工具的

instrumentation *f* 仪表化，仪表观测，仪表制造，仪表化观测，仪器制造学；打捞，打捞作业
~ de programme 程序测试

instrument-robots *m. pl* 机器人，自动设备，自动装置
~ de mesure 自动测量装置，自动测量仪

insubmersibilité *f* 不沉性

insuccès *m* 失败；无结果，不成功

insuffisance *f* 不足，缺乏，缺点

insuffisant, e *a* 不足的，缺乏的，不充分的；能力不够的

insurmontable *a* 难以超越的

intact, e *a* 未扰动的，未触动的，完整无缺的，未风化的，原状的，未被破坏的，未受损害的，未风化的（指岩石）

intarissable *a* 不干涸的；无穷竭的，源源不绝的，汲取不尽的

intégral, e *a* 完全的，全部的，整个的，综合的，集成的

intégralement *adv* 安全地，十足地，充分地

intégralité *f* 全部，完整，全面

intégrant, e *a* 组成的，不可缺少的，不可分割的

intégration *f* 集成，总和；整合，合并，合成一体
~ à grande échelle 大规模集成电路
~ à moyenne échelle 中规模集成电路
~ à ultralarge échelle 超大规模集成电路
~ entière 完全集成
~ graphique 图解集成
~ possible du projet au milieu 与环境融合

intégré, e *a* 积分的，集成的（指电路），集中的（指处理）

intégrer *v* 集成；总合；纳入，合并，并入
~ la dimension environnementale dans l'analyse des variantes 把环境设计纳入方案分析

intégrité *f* 完整，完全，完备，牢固性，强韧性，完善性，完整性
~ structurale 结构完整性

intelligence *f* 智力，智能，信息，情报，知识

intelligibilité *f* 清晰度，可理解度

intelligible *a* 易懂的，可理解的

intempérisme *m* 陆上侵蚀作用，风化（作用）

intempestif, ive *a* 偶然的，不测的，意外的

intendance *f* 监督，管理，后勤部门

intendant *m* 总管，经理，监督人，管理员

intense *a* 强烈的，严重的，紧张的，高度的

intensif, ive *a* 紧张的，猛烈的，强调的，集中的，密集的

intensificateur *m* 增强器，强化器

intensification *f* 加深，加快，加剧，增强，深化，强化

intensifier *v* 加强，增强，加剧，加紧

intensifieur *m* 扩大器，增压器
~ hydraulique 液压增强计

intensimètre *m* 声强计，场强测量器；X射线测量仪

intensité *f* （密）集度，强度，应力，亮度，（地震）烈度，光度，照度，电压，电流强度，电流密度；紧张程度
~ absolue 绝对强度
~ basique 基本烈度
~ claquage 击穿强度
~ critique 临界强度
~ critique de la pluie 降雨临界强度
~ d'aimantation 磁化强度
~ d'éclairage 光强，亮度，照明度，照明强度
~ d'effort 应力强度

~ d'infiltration 入渗强度
~ d'irrigation 灌溉率
~ d'un faisceau ionique en un point 在指定点的离子束电流强度
~ d'une contrainte 应力强度
~ de bruit 噪声强度
~ de cavitation 空化强度,空蚀强度
~ de champ perturbateur 荷载强度
~ de chauffage 行车密度
~ de circulation 交通量,交通密度
~ de compactage 压实密度
~ de crue 洪水强度
~ de déclenchement 释放电流强度
~ de désexcitation 开断电流强度
~ de faisceau cathodique 电子束强度
~ de force électrique 电场强度
~ de fusion 熔解电流强度
~ de l'averse 暴雨强度
~ de la charge 荷载强度
~ de la circulation 燃烧强度
~ de la circulation horaire 小时交通量,小时交通密度,小时行车密度
~ de la circulation journalière 日交通密度,日行车密度,日交通量
~ de la frappe （冲击钻）冲击频率
~ de la lumière 光度,发光强度
~ de la pluie 降水量
~ de la pluie décennale 十年雨量
~ de la vibration 振动强度
~ de lumière 光强度,光照度
~ de métamorphisme 变质程度,变质强度
~ de pluie 降雨强度
~ de pluie et la fréquence 雨水强度和频率
~ de pression 压力强度,压强（单位面积上的压力）
~ de pression absolue 绝对压（力）强（度）
~ de rupture 断开能力,切断能力,击穿强度
~ de tension 拉力强度,应力强度
~ de trafic 交通量,行车密度,交通密度
~ de trafic sur la ligne 线路运输密度,区段货运密度;线路负载（调度集中）
~ de tremblement 地震强度
~ de turbulence 紊动强度
degré d' ~ 烈度,强度

~ des impacts 影响程度
~ des précipitations 降雨密度,降水密度
~ des secousses séismiques 地震强度
~ du courant d'excitation(relais) 激励电流强度（继电器）
~ du courant de trafic 列车密度,行车密度
~ du courant des voitures 车流密度
~ du service sur une ligne 区段行车量
~ du trafic lourd 重交通密度
échelle ~ 强度标度,强度等级
~ efficace 有效强度
~ en bougies 光度（单位烛光）
~ et durée de la pluie 降雨强度和历时
~ instantanée 瞬时强度
~ limite 极限强度
~ lumineuse 光度,发光强度
~ lumineuse hémisphérique 半球光度,半球发光强度
~ lumineuse horizontale 水平光度,水平发光强度
~ lumineuse sphérique 球面光度,球面发光强度
~ macroséismique 地震裂度,强震烈度
~ macrosismique 地震烈度
~ magnétique 磁（场）强（度）
~ minimale d'excitation 最小励磁电流强度
~ minimale d'oscillation 最小振荡电流强度
~ moyenne de l'averse maximale 平均最大暴雨强度
~ moyenne des trains 平均列车密度
~ sismique 地震强度
~ spectrale 谱烈度;光谱强度
~ tourbillonnaire 涡流强度
intensité-durée-fréquence 降雨强度、时间、频率
intention *f* 意图,目的,意义,概念
inter- （前缀）中,间,内;相互
interactif, ive *a* 相互的,交互作用的,人机联作的
interaction *f* 干扰,干涉,相互作用,交互作用,相互影响
~ air-eau 气水交替作用,气水相互作用
~ entre tranches 条块间的相互作用力
~ entre véhicules de train 列车中车辆的相互作用
~ terrain-soutènement 围岩与支护的相互作用
interattraction *f* 互相吸引

interautomatique *m* 自动继电装置

intercalaire *m* 衬,垫,夹层,衬垫,衬垫料;*a* 夹层的;间生的
～ stérile 脉石夹层,夹矸

intercalation *f* 嵌入,插入,互层,夹层
～ d'exportation 禁止出口
～ d'importation 禁止进口
～ d'argile 黏土夹层,黏土层
～ de charbon 煤夹层(煤线)
～ de dépassement 禁止超出
～ de grès 砂岩夹层
～ de stériles 废石夹层,脉石夹层
～ fine 极薄夹层,纹层
～ imperméable 不透水层,隔水层
～ lenticulaire 扁豆状夹层

intercalé *a* 夹层的,嵌入的,插入的

intercaler *v* 插入,嵌入,接入,接通

intercepter *v* 截取,遮断,阻止,堵塞,截断,截获,截听
～ l'émission 截获传输

intercepteur *m* 拦截物,截水器,(污水)截流管
～ arrêt d'explosion 防爆止回阀
～ contre cures 防洪截流渠
～ de sable 截沙池,截沙器

interception *f* 堵塞,中断,扣留,拦截,截留,(水量的)植物截留
～ d'eau 截水,断流
～ de la pluie 降雨截流(量)
～ de la voie 线路中断
～ des précipitations 降水截留

interchange *m* 互换,交换

interchangeabilité *f* 互换性,互换制,可交换性,互换能力
～ des pièces de rechange 备件互换性

interchangeable *a* 可互换的,可置换的

intercirculation *f* 互通
～ à bourrelet en caoutchouc 橡皮折棚通过台
～ à soufflet 折棚式通过台
～ dans un train 列车通过台

interclassement *m* 分类;排列,排序;合并

interclasser *v* 归并,合并

intercoagulation *f* 相互凝结

intercommunication *f* 内部联系,内部通信
～ dans un train 列车内部通信设备

interconnecter *v* 互相连接
～ des centrales électriques 发电机互相连接

interconnection *f* 互相连接

interconnexion *f* 互连,相互连接;中断线
～ automatique 自动连接,自动互相连接
～ de calculateurs 计算机之间连接
～ des réseaux 联网
～ des réseaux de distribution 供电网间互相通联
～ des réseaux de distribution d'eau 供水管网互相连接

intercontinental,e *a* 洲际的,陆间的,大陆间的

intercorrélation *f* 相互关系,互相关联

intercristallin,e *a* 晶(粒)间的,(沿)晶界的

intercumulus *m* 堆晶间隙,晶堆间孔隙,堆积晶体间孔隙

intercutané *a* 表层间的;层内逆掩构造

interdépendance *f* 相互依赖,相互耦合,相互关系

interdiction *f* 禁止,制止,禁令,停职
～ d'arrêt 禁止停车
～ d'exportation 禁止出口
～ de circuler 禁止(车辆)通行
～ de débrancher à la gravité 禁止重力调车,禁止通过驼峰
～ de dépassement 禁止超车
～ de doubler 禁止超车
～ de faire demi-tour 禁止掉头
～ de l'avertisseur sonore 禁止鸣喇叭
～ de parquer 禁止停车
～ de passage à la bosse 禁止通过驼峰
～ de passager 禁止通行
～ de s'arrêter 禁止停车
～ de stationnement 禁止停车
～ de stationner 禁止停车
～ de tourner 不准转弯
～ de tourner à droite 禁止右转弯
～ de tourner à gauche 禁止左转弯
～ de trafic 停止运输,禁止运输
～ des accès 禁止(车辆)驶入
frapper quelqu'un d'～ de séjour 禁止某人逗留
frapper un fonctionnaire d'～ 给一官员以停职处分
～ temporaire de l'impulsion 脉冲暂停

interdigitation *f* 互层;交错对插,交错连接,指状交叉

interdire *v* 禁止，制止；停止
　～ la circulation　禁止通行
interdit *a* 被禁止的
intéressant, e *a* 有关系的；引起注意的
intéresser *v* 涉及，关系到；使感兴趣，引起关心
　s'～ à　对……关心，感兴趣
intérêt *m* 利益,利息；兴趣；权益,利害关系
　～ à la livraison　收货人缴付的"保证货物完整及如期到达"的费用
　～ à payer　支付利息
　～ à recevoir　应收利息
　～ annuel　年息,年利
　avoir ～ à　有利
　～ composé　复利
　～ créditeur　存息
　～ d'atermoiement　滞纳金,因拖欠需加付的利息
　～ d'un projet　工程效益
　dans l'～ de　为了……的利益
　～ de prêt　贷款利息
　～ de retard　延期利息
　～ s des comptes courants des dépôts créditeurs　活期存款利息
　～ s des emprunts　借款利息
　～ économique　经济利益
　～ économique d'un projet　工程经济价值
　～ fixe　固定利息,定息
　～ s intercalaires　（施工期间的）间歇利息
　～ s minoritaires hors groupe　集团之外的少数派人的利息
　～ s moratoires　滞纳金,因拖欠需加付的利息
　～ pour retard de paiement　逾期付款利息
　prendre ～ à　关心……,对……感兴趣
　～ simple　单利
interface *f* 交面,界面,界限,分界面,接触面,不连续面；接口设备,计算机接口
　～ air-eau　气水界面
　～ air-mer　大气—海洋分界面,大气—海洋界面
　～ bitume-matériau　沥青与材料的接触面
　～ d'eau-huile　油水分界面
　～ d'élément　单元（交）界面；部件中间衬垫
　～ d'exploitation　操作界面
　～ de dépôt　层理面
　～ eau-sédiment　水—沉积物分界面
　～ gaz-eau　气水分界面
　～ gaz-huile　油气分界面
　～ PAU/FO　紧急电话光接口
　～ thermique　温差交面
interfacial, e *a* 界面的,面间的,岩相间的
interférence *f* 干扰,妨碍,冲突；互相影响
　～ adjacente　邻波道干扰,邻近电路干扰
　～ arbitraire　人为干扰
　～ atmosphérique　天电干扰
　～ d'image　图像混杂
　～ de blocage　声频干扰
　～ de construction　施工干扰
　～ de la fréquence d'image　视频干扰
　～ de la lumière　光的干涉
　～ des bandes latérales　边带干扰
　～ des ondes　波的干涉
　～ électrique　电气干扰
　～ par la fréquence d'image　视频干扰
interférentiel, elle *a* 干扰的,干涉的
interférer *v* 干涉,干扰,打乱,妨碍,扰乱
interféromètre *m* 干扰计,干涉仪,光干涉仪
　～ électronique　电子干涉仪
interférométrie *f* 干涉计量法,干涉测量法
　～ par holographie　全息干涉法
interfluve *m* 河间地,泉间地,江河分水区,泉间分水区
interflux *m* 层间流,中间流,壤中流,地下水流,暴雨渗漏
interglaciaire *m* 间冰期；*a* 间冰期的
intergranulaire *a* 颗粒间的,晶粒间的,间粒状的
intérieur *m* 内部,里面,内部装置
　à l'～ de　在……内部
　～ de courbe　曲线内侧
intérieur, e *a* 内部的,里面的,国内的
interlignage *m* 隔行扫面
interligne *f* 行距,螺距
interlit *m* 夹层,间层
interlobaire *a* 中分碛,冰舌间碛
interlock *m* 联锁,联锁装置
intermaréal, e *a* 潮间的
intermédiaire *m* 媒介,中间体,中间物,中间层,中间人,中间状态,传动装置；*a* 中间的,过渡的,中性的（火成岩）,媒介的
　～ de commande pompe à huile　油泵传动齿轮

的中间齿轮
 par l'～ de 通过……，借助于……
interminable *a* 无终止的，长期的
intermittence *f* 间歇(性)现象，断续性
intermittent, e *a* 间歇的，脉动的，间断的
intermodal, e *a* 各种方式之间的
intermodulation *f* 交调，内调制，交扰调制，相互调制
intermontagneux, euse *a* 山间的，山间洼地的
interne *a* 内部的，里面的，内侧的，内（带）的；近岸带的
internet *m* 互联网，因特网
interpénétration *f* 叉生，穿插，互相渗入，互相渗透，互结生长，互相贯穿，隙间渗透
 ～ des voies 线路交错，线路套轨
interphone *m* 对讲机，内话机，对讲扬声器，内部通话机，工作联络电话
 ～ bilatéral 对讲喇叭，对讲扬声器
 ～ haut-parleur pour conversation 对讲喇叭，对讲扬声器
interpolymérisation *f* 共聚作用
interporteur *a* 内载波的，互载的
interposer *v* 插入，放入
interposition *f* 插入；截接（两个构造系统的）
 ～ de voie 套线（双线线路）
interprétable *a* 解译的，解释的，判读的
interprétateur *m* de photographies aériennes 航空照片解译员
interprétation *f* 解释，说明，描述，表演，翻译，分析，译码，判读，实验结果整理
 ～ d'image 影像解释
 ～ de photographies 相片判读
 ～ des auscultations 检查分析；测量分析
 ～ des cartes géologiques 地质图解译
 ～ des diagraphies 测井资料（数据）解译
 ～ des données géophysiques 地球物理资料（数据）解译
 ～ des résultats 结果整理，数据分析，结果分析
 ～ géologique 地质解译
 ～ géométrique 几何解析
 ～ qualitative 定性解释
 ～ quantitative 定量解释
 ～ tectonique 构造解释
interpréter *v* 解释，说明，翻译，表演

 ～ le règlement 解释规则
interprofessionnel, elle *a* 各行各业的
interréaction *f* 内回授，内反馈
interrégional, e *a* 地区间的
interrogateur *m* 询问器，询问程序
interrogation *f* 询问
interroger *v* 询问，提问，查阅
interrompre *v* 切断，断开，中断
 ～ le circuit 切断，断开
 ～ le contact 切断电路
interrompu, e *a* 中止的，中断的，间断的，不连续的
interrupteur *m* 开关
 ～ d'éléments 蓄电池组开关
interrupteur *m* 开关，电门，断路器，断流器，断开关，负荷开关；断续器
 ～ à bascule 单投开关，肘节式开关
 ～ à berceau 托架式开关，送受话器叉形托架开关（电话）
 ～ à bouton de pression 按钮开关
 ～ à bouton-poussoir 按钮开关
 ～ à chaîne 电路开关
 ～ à commande automatique 自动控制开关
 ～ à contacts arrière 后接点开关
 ～ à cornes 角式断路开关
 ～ à couteau 闸刀[刀形]开关
 ～ à deux couteaux 双刀开关
 ～ à deux directions 扳倒[起倒、倒顺]开关
 ～ à deux va-et-vient unipolaires 单刀双联双控开关
 ～ à deux voies 倒顺开关
 ～ à enveloppe en fonte 铁壳开关
 ～ à flotteur 浮控开关，液位开关，浮子式开关
 ～ à gradins 分级开关
 ～ à huile 油断路器
 ～ à levier 握柄开关，杆式开关
 ～ à main 手动开关
 ～ à marteau 锤形开关，锤形衔铁断路器
 ～ à maxima 过载开关；过载断路器，过电流继电器
 ～ à maximum 过载开关，过电流继电器
 ～ à mercure 水银开关，水银继电器
 ～ à ouverture automatique 自动开关，自动断路器
 ～ à pédale 踏板开关

~ à relais 继电器开关，继电器断路器
~ à ressort de rappel 弹簧复位开关
~ à rupture brusque 速断开关，快速断路器
~ à tambour 鼓形开关，鼓形控制器
~ à tirage 拉线开关
~ à tirage et à l'eau 防水拉线开关
~ aérien 空气断路器
~ au pied 脚踏开关
~ automatique 自动开关，自动短线器，自动断路器
~ automatique à retour de courant 电流反馈自动开关
~ automatique d'excitation 自动励磁开关
~ automatique de protection 自动保险开关
~ auxiliaire 辅助开关
~ bipolaire 双刀开关
~ d'aérotherme 采暖设备开关，空气加热器开关
~ d'annulation 取消开关
~ d'annulation de graissage des boudins de roues 轮缘润滑截断开关
~ d'antibuée 防水蒸气开关
~ d'arrêt du programme 停止程序开关
~ d'éclairage bloc électrique 电器柜照明开关
~ d'éclairage de cabine 司机室照明开关
~ d'éclairage de couloirs 过道照明开关
~ d'éclairage de la fiche horaire 计时指令照明开关
~ d'éclairage de pupitre 操纵台照明开关
~ d'éclairage des compartiments du moteur et d'appareils 柴油机和仪器间的照明开关
~ d'éclairage des numéros de la locomotive disposés sur les faces latérales de la cabine considérée 司机室侧壁车号照明开关
~ d'éclairage du bogie 转向架照明开关
~ d'éclairage du bogie situé sous la cabine considérée 司机室下部转向架照明开关
~ d'éclairage du numéro de la locomotive 机车车号照明开关
~ d'économie 节约开关，节电开关
~ d'excitation 励磁开关
~ d'isolement de graisseur de boudins 轮缘润滑器隔离开关
~ dans l'huile 油开关，油断路器

~ de batterie 蓄电池开关
~ de champ 励磁开关
~ de charge 充电开关
~ de commande 控制[操纵]开关
~ de commande à distance 遥控开关
~ de commande directe du motocompresseur de lancement 起动压缩机组直接控制开关
~ de commande du motoventilateur de chauffage de cabine 司机室取暖电动通风压缩机用开关
~ de commande manuelle de graissage des boudins de roues 手控制轮缘润滑开关
~ de compresseurs 压缩机开关
~ de contrôle 控制[操纵]开关
~ de couplage 接合开关
~ de courant à maxima 最大电流开关
~ de démarrage 停止起动机构
~ de diesel à vide 柴油机空载开关
~ de fanal droit 右前灯开关
~ de fanal gauche 左前灯开关
~ de fiche horaire 计时指令开关
~ de fin de course 限制开关，行程开关，终端开关
~ de la mise à la terre 接地开关
~ de la mise à la terre H.T. 高压接地开关
~ de lampe 灯开关
~ de luminosité réduite de projecteur 减弱头灯亮度开关
~ de marche en direct du compresseur d'air 空气压缩机正向运行开关
~ de mise à vide du moteur diesel 柴油机空转开关
~ de moto-ventilateurs de cabine 司机室电动通风机开关
~ de position 行程[位置]开关
~ de projecteur 前照灯开关
~ de réserve 备用开关
~ de section 隔离开关，分段电路开关
~ de sécurité 紧急[安全]开关
~ de surcharge 过载开关
~ de test de graisseur de boudins 轮缘润滑器测试开关
~ de veilleuse 照明灯开关
~ de ventilateur de cabine 司机室风扇开关
~ des travaux 停工

~ différentiel 差动断路器
~ du chauffage de la glace frontale devant l'aide conducteur 副司机前窗加热开关
~ du chauffage de la glace frontale devant le conducteur 司机前窗加热开关
~ du feu rouge droit 右侧红灯开关
~ du feu rouge gauche 左侧红灯开关
~ du réchaud électrique 电炉开关(热饭用)
~ électrolytique 电解开关
~ électromagnétique 电磁中断器
~ électronique 电子开关;电子继电器
~ fanal-phare 头灯
~ fusible à couteau 熔断器式刀开关
~ général 动力开关,电源开关
~ haute tension 高压开关
~ horaire 计时开关,带定时机构的时间继电器
~ instantané 快断开关,瞬时开关
~ inverseur 转换开关
~ inverseur à boîte 盒式转换开关
~ inverseur à tambour 鼓形转换开关
~ inverseur de voltmètre 电压表转换开关
~ inverseur hermétique 封闭式转换开关
~ inverseur réversible 可逆转换开关
~ inverseur unipolaire 单极转换开关
~ marche-arrêt 通电开关,电源开关
~ multipolaire 多极开关
~ ordinaire à couteau 普通刀闸开关
~ phare-code 闪光照明开关
~ pneumatique 风动开关
~ pour compresseur de lancement 起动压缩机用开关
~ principal 主开关,总开关
~ relié à la terre 接地开关
~ rotatif 旋转开关
~ secondaire 辅助开关
~ sélecteur d'adresses 选址开关
~ sensible 灵敏开关
~ séparateur 隔离开关
~ thyatronique 闸流管断路器
~ tripolaire 三刀闸开关
~ tripolaire à encastrer 暗装三刀闸开关
~ tripolaire automatique à air 三刀闸自动空气开关
~ unipolaire à deux directions 单刀双掷开关

~ unipolaire apparent 明装单刀[单连]开关
~ unipolaire automatique à air 单刀自动空气开关
~ unipolaire encastré 暗装单刀[单连]开关
~ va-et-vient 往复开关,双向开关

interruption f 中止,间断,中断,终止,停止;断线,断开
~ automatique 自动切断
~ d'acceptation des marchandises 停止货物承运
~ d'expédition 停止货物发送
~ d'opération 运行中断
~ d'un circuit 切断电路
~ dans le parcours par fer 停止经由铁路的行程但需中途换装的铁路运输
~ de courant 切断电流
~ de la circulation 交通中断
~ de terre pleine centrale 中分带开口护栏
~ de trafic 运输中断,交通中断
~ de transport 运输中断
~ de voyage 旅行中止,停止旅行
~ des travaux 停工
~ externe 优先中断,外部中断
~ interne 分类中断,内部中断

intersection f (前方)交会,相交,交叉,交线,交点,横断,横切;交会法;岔路口,交叉路口
~ à angle droit 交叉路,横路;直角交叉
~ à branches décalées 错位式交叉(交叉道中一条道路的中线在交叉口处错开)
~ à niveau 平面交叉
~ à niveaux différents 立体交叉(指两条道路以不同高度相交的交叉点)
~ à niveaux différents en Y Y形立体交叉
~ à niveaux séparés 立体交叉
~ à quatre branches 四条道路交叉
~ à quatre voies à angle droit (道路)十字交叉
~ à trois branches 三条道路交叉
~ avec une route sans priorité 同一般道路交叉
~ canalisée 渠化(交通的)交叉(口)
~ de fissures 裂隙交会,裂隙交叉
~ de pentes 坡度交会,坡度交叉
~ de routes 交叉路口,道路交叉,公路交叉点
~ de veines 矿脉交会,矿脉交叉
~ dénivelée 立体交叉

～ des courbes 曲线交叉
～ des routes à niveaux différents 道路立体交叉
～ des voies 交叉路口
～ en avant 前方交会
～ en baïonnette 错位式交叉
～ en losange 菱形立体交叉
～ en T T形交叉道,T形交叉(口)
～ en trompette double 双喇叭形立体交叉
～ en Y Y形交叉
～ multiple 复合交叉口(多条道路汇合的交叉口)
～ oblique 斜角交叉,锐角交叉

intersertal, e *a* 填隙的,填间的(结构),(珊瑚类)隔壁间区的

interstade *m* 间冰段

inter-stadiaire *m* 间冰段,间冰期; *a* 阶段间的,期间的

interstation *f* 中间站

interstice *m* 孔,槽,空隙,空间,孔隙,裂缝,裂口,缺口,间隔缝隙
～ s capillaires 毛细孔隙,毛细管间隙
～ continu (颗粒材料的)连续空隙,(岩石、熔岩等的)连续缝隙
～ de formation (岩石的)原生隙缝
～ de sol 土壤孔隙,土壤裂缝
～ discontinu (岩石的)不连续间隙
～ original 原生间隙
～ s primaires 原生裂隙,原生间隙
～ s secondaires (岩石的)次生隙缝,次生裂隙,次生间隙
～ s subcapillaires 次毛细管间隙

interstitiel, elle *a* 填隙的,间隙的,组织间隙的

interstratification *f* 互层,夹层,中间层;间层作用

interstratifié *m* 间层,夹层,混层矿物; *a* 间层的,层间的,夹层的,混层的(指黏土矿物)

intertidal, e [intercotidal] *a* (位于)潮区内的,潮间的

interurbain *m* 市际干线,城市间的道路干线

interurbain, e *a* 城际的,城市之间的

intervale *f* 河间区

intervalle *m* 段,区间,节间,范围;间隙,间隔,空隙,间歇,孔段,步长,时间间隔,单位间隔
à ～ s réguliers 定期
～ au collecteur 在换向器上的单位间隔
～ critique de temps 临界时间间隔
～ d'allumage 起动间隙,起动电极间隙,点火电极间隙
～ d'amorçage 起动间隙,起动电极间隙,点火电极间隙
～ d'échelle 标度间距,刻度距离
～ d'érosion 侵蚀间隔
～ d'essai 试验范围
～ d'impulsions 脉冲间隔(两个脉冲前沿之间的间隔)
～ de block 闭塞区间,闭塞分区;闭塞区长度,闭塞间隔
～ de contact 触电间隔
～ de contre distorsion 校正范围
～ de coupure d'un relais 继电器的截断间隙
～ de cristallisation 结晶间隔,晶间区
～ de dégagement (进入交叉口车辆的)清尾时间
～ de fréquence 频率间隔
～ de manipulation 时间间隔,空号时间,电码间隔
～ de marée 潮汐间隙
～ de mesure 量程
～ de pointage 标绘间隔时间
～ de répétition 重现期
～ de rouge intégral 全信号红灯时
～ de température utile (ITU) 有用温度范围,使用温度范围
～ de temps 时段,时间间隔
～ de tolérance 公差范围
～ de variation de la fréquence 波段,频率段,频率变化范围
～ de variation du volume de son 音量变化范围
～ des courbes de niveau 等高线间距
～ des courbes trains consécutifs 列车间隔时间
～ entre joints (路面)接缝间距,(路面)接缝间隔
～ entre le passage de deux trains 两列车间隔时间
～ fermé 闭区间
～ minimal 最短间隔时间(电话)
～ minimal de temps 最短时间间隔
par ～ 间隔,间隙,每隔一段距离
～ piézométrique 等压线间距

~ principal de décharge　主间隙
~ proportionnel　比例区域
~ réticulaire　网眼间隔
~ rouge-partout　全信号红灯时间

intervallomètre　*m*　定时器,时间间隔计,定时曝光控制器

intervenir　*v*　参与,出现,干涉,介入,处理,起作用
~ dans les procès　传讯

intervention　*f*　干预,干涉,参与,介入
~ au régulateur　修理调节器
~ de consolidation du front de taille　加固掌子面措施
~ par fuite de gaz ou liquide toxique　有毒气体或液体的泄漏所引发的中毒

interview　*f*　访问,会谈,访问记录
intervis　*f*　螺塞
interzonal, e　*a*　带间的
intime　*a*　直接的,相近的;紧密的
intitulé　*m*　标题,书名
intraclaste　*m*　内屑,内碎屑
intraclastique　*a*　内碎屑的
intracortical, e　*a*　内成的,内生(成因)的,深成的(岩石)
intracristallin　*a*　晶体内的,晶粒内的
intrados　*m*　内弧,拱腹,拱底面,拱腹线,拱内圈,内褶皱面,拱圈内弧线
intrafolial, e　*a*　叶理内的
intraformationnel, elle　*a*　层(组)内的,建造内的
intrafosse　*f*　内海沟
~ molassique　磨拉石内海沟
intragéosynclinal　*m*　内地槽,副地槽,内陆向斜
intraglaciaire　*a*　冰内的,冰川内的
intragranitique　*a*　花岗岩内的
intraitable　*a*　不可选的
intramagmatique　*a*　岩浆内的
intramétallique　*a*　金属内的
intramicrite　*f*　内碎屑微晶灰岩
intramicrudite　*f*　内碎屑微晶砾屑灰岩
intramoléculaire　*a*　分子内的
intramontagneux, euse　*a*　山间的
intransparent　*a*　不透明的
intranucléaire　*a*　核内的
intrapétrolifère　*m*　油层间水
intraplutonique　*a*　深成岩(体)内的

intrasparrudite　*f*　内碎屑亮晶砾屑灰岩
intrastructure　*f*　内壳构造
intratellurique　*a*　地内的;深成的,地下生成的
intravolcanique　*a*　火山内的
intrazonal, e　*a*　隐域的,地带内的
intrazone　*f*　内带
intrication　*f*　侵入,贯入,混乱,错杂
intrinsèque　*a*　内部的,固有的,本身的,本质上的,本身具有的
intrit　*m*　角砾岩,碎屑岩
intrite　*f*　斑状结构岩
introdacite　*f*　侵入英安岩
introduction　*f*　引入,导入,输入,插入,绪言,介绍,引用,导言,引论,初步,入门
~ directe des données（traitement de l'information）　数据直接输入(信息处理)
~ des données（traitement de l'information）　数据输入(信息处理)

introduction-schéma　*f*　引入电路
introduire　*v*　输入,引入,引进,接入,嵌入,插入,介绍;采用
~ le combustible　注油
~ les méthodes scientifiques de gestion　采用科学管理的方法

introniser　*v*　建立,创立
intrusif, ive　*a*　侵入的,贯入的
intrusion　*f*　贯入,侵入(作用),侵入体,煤层中的夹石
~ abyssale　深成侵入
~ anabatique　上升侵入
~ concordante　整合侵入
~ d'eau salée　咸水入侵
~ discordante　不整合侵入
~ entre des couches　层间侵入,整合侵入
~ granitique　花岗岩侵入(体)
~ hypabyssale　浅成侵入,半深成侵入
~ laccolithique　岩盘,岩盖
~ magmatique syntectonique　与造山运动同时的岩浆侵入,同构造运动的岩浆侵入
~ multiple　多期侵入
~ par les roches ignées　火成岩侵入
~ par sel, ~ de sel　盐丘,盐侵入
~ rubanée　带状侵入体
~ subvolcanique　次火山岩侵入(体)

intumescence *f* 膨胀, 扩大, 隆起, 肿大, 发泡, 弃荷涌浪
　～ thermique （地质体上面的）温度异常
inutile *a* 无用的, 无效的
inutilisable *a* 不能使用的, 未被利用的
inutilisé, e *a* 无用的, 未使用的, 未经利用的, 不能利用的
inutilité *f* 无用, 无效
invagination *f* 内陷, 凹下
invalide *a* 无效的, 作废的, 有病的, 伤残的, 残废的
invalider *v* 取消, 使无效
　～ un contrat 宣告合同无效
invalidité *f* 无效, 残废
　～ d'un contrat 合同无效
invar *m* 殷钢（含镍的合金钢）
invariabilité *f* 不变, 永恒性, 不变化性
　～ de volume 体积不变性
invariable *a* 常数, 不变量, 不变的, 恒定的, 固定的
invariance *f* 不变性, 不变式
invariant *m* 不变量, 不变式
invariant, e *m* 不变量, 不变式, 不变数; *a* 不变的
invasion *f* 侵犯, 侵略, 侵占, 闯入, 侵入, 海侵
　～ d'air 空气侵入
　～ d'eau salée 咸水侵入
　～ par argile 泥浆渗入
　～ par le boue 井壁挂泥, 孔壁黏土胶结
inventaire *m* 清单, 盘存, 盘点, 清查, 报表, 统计表, 登记册, 财产清单, 产品目录, 存货清单
　～ d'objets perdus 失物清单
　～ de combustible 燃料清单
　～ des matériaux routiers 筑路材料清单
　～ des points d'eau 水点登记册
　～ des ressources en eau 水资源平衡计算表
　～ des sites 工程地址位置表
　～ des visites 检修单
　～ des ressources minières de la France 法国矿产资源普查计划
inventer *v* 发明, 创造
inventeur, trice *n* 发明者, 创造者; 发明家
invention *f* 办法, 主意, 虚构, 捏造, 发明物, 发明[现], 创造(力)
invernite *f* 正斑花岗质岩
inversable *a* 不可倒置的, 不可翻转的
inverse *a* 反的, 逆的, 相反的, 反向的, 倒置的, 倒转的, 反比例的
inverse *m* 倒数, 反面, 反向
　à l'～ de 与……相反
　～ de la dureté 硬度倒数
　～ de la température 温度倒数
　～ du volume 体积倒数, 体积倒数
inversé, e *a* 相反的, 倒转的
inverser *v* 颠倒, 倒转, 倒退, 换向, 反向
inverseur *m* 反向器, 变换器, 逆变器, 回转机构, 转向装置, 电流换向器, 转换[反向、转向]开关, 转换连接器
　～ bipolaire 双极转换开关
　～ de marche 倒挡, 转向器, 反向器, 回转机构, 换向装置, 回动装置
　～ de marche à engrenages 齿轮回动装置
　～ de phase 倒相器
　～ de polarité 极性转换开关
　～ de pôles 极换向器
　～ de sens de marche 反向器
　～ de vapeur 蒸汽回动器
　～ de variation de luminosité du projecteur 前照灯变光开关
　～ phare-code droit 机车右侧前防眩灯变光开关
　～ phare-code gauche 机车左侧前防眩灯变光开关
　～ sectionneur 分段反相器, 反向隔离开关, 反向断路关
　～ tripolaire 三极转换开关
　～ unipolaire 单极转换开关
inversible *a* 可逆的, 可倒转的, 可反转的
inversion *f* 转变, 转化, 回返, 倒转, 换向, 倒行, 逆转, 回转, 逆温, 逆增, 反伸, (结晶)倒反
　～ atmosphérique 大气逆温
　～ au sol 地面逆温
　～ d'aimantation 磁性反转
　～ d'une rivière 河流逆向, 河流倒转
　～ de la température 逆温, 温度转换, 温度逆增
　～ de phase 反相, 倒相, 相位倒置; 相位转换
　～ de pluie 雨量逆增
　～ de pôles 极性变换, 极性倒转
　～ de rivière 河流转向, 河流倒流
　～ de subsidence 沉降回返, 下沉逆温
　～ de température 逆温, 温度逆增, 温度转换
　～ de turbulence 紊流逆温

investigateur

～ des précipitations　降雨量逆增,降水逆增
～ des sollicitations　应力反向
～ du courant（de la batterie）　反向电流（电池的）
～ du relief　倒转地形,倒置地形
～ latérale　横向倒逆
～ numérique　数字转换
～ tectonique　构造回返,构造倒转

investigateur　*m*　研究者,调查者,调盘者,探究者,勘查人员

investigation　*f*　调查,研究,勘测,检查,勘查,调查报告,研究论文

～ d'aménagement de chantier　施工管理研究
～ de crues　洪水调查
～ des chantiers　施工现场调查
～ des crues historiques　历史洪水调查
～ du gisement　矿床勘查
～ du site　现场勘查,现场调查,工程地址勘查
～ du sol　土质调查,土壤调查,土壤研究
～ du sous-sol　下层土勘探
～ du terrain　现场调查,野外调查
～ géologique　地质调查
～ géophysique　地球物理勘测
～ géotechnique　地质调查
～ hydrologique　水文研究,水文调查
～ préliminaire　踏勘,初(步查)勘
～ régionale　区域调查,区域研究

investison　*m*　安全矿柱

investissement　*m*　投资,投入;包围

～ à l'étranger　国外投资,外资
～ s conjoints pour projet　工程项目合资
～ d'infrastructure　基本建设投资
～ de roulement　流动资金
～ de soumission　投标特邀书
～ direct　直接投资
～ en capital　资本投资
～ en cours　正进行的投资
～ en valeurs　证券投资
～ étranger　外国投资
～ hors plan　计划外投资
～ initial　初期投资
～ public　公共投资,集体投资
～ risque　风险投资
～ successif　连续投资

invisibilité　*f*　看不见,不能见到
invisible　*a*　不可见的,看不见的
invitation　*f*　de soumission　投标合约书
invité　*m*　捕房晶,外来晶
inviter　*v*　引起,要求,邀请
involuté　*a*　内卷,包卷,内旋的,包旋式的（指贝壳）
invulnérable　*a*　au brouillage　抗干扰的,防干扰的
inyoïte　*f*　板硼钙石
iodcarnallite　*f*　碘光卤石
iodchromate　*m*　碘铬钙石
iodolite　*f*　硫碱陨石
iodure　*m*　碘化物
ioguneite　*f*　臭葱石
iojimaite　*f*　硫黄岛岩,奥斜安山岩
ionisant,e　*a*　电离的
ionisation　*f*　游离,电离(作用),离子化(作用)

～ cumulative　积累电离,雪崩电离（气体或蒸汽的）
～ dans les semi-conducteurs　半导体电离
～ des flammes　火花电离
～ dissociative　离解电离
～ électrolytique　电解电离
～ électronique　电子电离
～ multiple　多级电离
～ par choc　（气体或蒸汽的）碰撞电离
～ par impact　碰撞电离
～ par rayonnement　（气体或蒸汽的）辐射电离
～ thermique　（气体或蒸汽的）热电离

ionisé,e　*a*　电离的
ioniser　*v*　电离
ionite　*f*　褐水碳泥；富硅高岭石
ionomètre　*m*　电离式辐射剂量计,离子密度测定仪,离子计（测量伦琴射线强度）,X射线强度计
ionosphère　*f*　电离层
ionosphérique　*a*　电离层的,离子层的
iontophorèse　*f*　离子电渗（疗）法,电离子透入（疗）法
iowaite　*f*　水氯铁镁石
iranite　*f*　水铬铅矿（伊朗石）
iraqite　*f*　伊拉克石
irhtémite　*f*　斜砷镁钙石
iridium-platine　*f*　铱铂
iris　*m*　膜片,隔膜,挡板,隔板,晕色,晕彩石英

irisable *a* 虹晕色的,虹彩伪,晕彩的
irisation *f* 虹彩,晕彩,虹彩性
iris-citrine *m* 假黄晶
irisé, e *a* 彩虹色的,虹晕色的
irite *f* 杂铱铬矿
irradiation *f* 光渗,光照,辐照,辐射,照射,放射,扩散
　～ aux ultra-violets　紫外线辐射[照射、光渗]
　～ solaire　日光辐照,太阳辐照
irradier *v* 辐射,辐照,照射
irraisonnable *a* 不合理的,无理的
irréalisable *a* 难实行的,不能实行的,无法实现的
irréalité *f* 不真实,不现实
irrécouvrable *a* 不能回收的,不能提取出的
irréductible *a* 不可约的
irréel, elle *a* 不现实的,不实际的
irrégularité *f* 粗糙度,凹凸不平,参差不齐,不平整性,不规则性,不稳定性,不均匀性,不一致性,不均衡性
　～ de coupe　切割不平整,切割面凸凹不平
　～ de distribution de la charge　荷载分布不均匀性
　～ de fonctionnement　作用不良
　～ de la surface　表面不规则,路面不规则
　～ du revêtement　路面不平整性
　～ s du terrain　地形不平
　～ du trafic　运输不正常
　～ superficielle　表面不平整
irrégulier, ère *a* 不规则的,不正规的,不按规定的,不正常的,不平坦的(如裂隙面)
irrégulièrement *adv* 不规则地,不正规地
irrémédiable *a* 难以补救的
irréparable *a* 不可补救的,无法修复的,无法修理好的
irrésistible *a* 不可抵挡的,不可抑制的,不可抗拒的
irrésolu, e *a* 未决的
irresponsabilité *f* 无责任的,不负责任,不承担责任
irrétrécissable *a* 不收缩的
irréversibilité *f* 不可逆性
irréversible *a* 单向的,不可逆的,不能反转的,不能倒置的
irrévocable *a* 不可撤销的,不可取消的
irrigable *a* 可灌溉的
irrigateur *m* 喷灌机,洒水用具

irrigation *f* 灌溉,浇水,冲洗
　～ à la planche　畦灌
　～ à la raie　沟灌,垄灌
　～ à rampes d'arrosage　支渠灌溉
　～ automatique　自动灌溉
　～ circulaire　循环灌溉,轮流灌溉
　～ continue　连续灌溉
　～ d'aspersion par calants　畦灌
　～ d'hiver　冬季灌溉
　～ de surface　地面灌溉
　～ directe　直接灌溉
　～ du sol　土壤灌溉
　～ en pluie　喷灌
　～ fertilisante　施肥灌溉,加肥灌溉
　～ goutte à goutte　滴灌
　～ intermittente　间歇灌溉
　～ légère　轻灌,浅灌
　～ localisée　滴灌
　～ par aspersion　喷灌
　～ par calants avec banquettes successives　阶地畦灌,阶地带状灌溉
　～ par cuvettes　小区灌溉
　～ par débordement naturel　淹灌
　～ par des eaux usées　污水灌溉
　～ par déversement　漫灌
　～ par goutte-à-goutte　滴灌
　～ par gravité　自流灌溉
　～ par infiltration　渗灌,渗透灌溉
　～ par inondation　淹灌,漫灌
　～ par petits bassins　方格畦田灌溉
　～ par pompage　抽水灌溉
　～ par rigoles　沟灌
　～ par rigoles d'infiltration　沟灌,畦沟灌溉
　～ par ruissellement　地表漫灌
　～ par submersion　淹灌,漫灌
　～ par submersion contrôlée　畦田渴灌,格田漫灌
　～ profonde　深灌,地下灌溉
　～ souterraine　地下灌溉
　～ supplémentaire　补充灌溉
irriguer *v* 灌溉
irrotationnalité *f* 无旋性,非旋转性
irruptif, ive *a* 侵入的
irruption *f* 泛滥;侵入
　～ d'eau　水涌入,水浸入

irvingite	f 钠锂云母
isabellite	f 钠透闪石,碱锰闪石,镁钠钙闪石
isallobare	f 等变压线
isallohypse	f 等变高线
isallotherme	f 等变温线
isanomale	f 等异常,等异常线,等距平线
ischélite	f 杂卤石
isénite	f 霞闪粗安岩,黝方粗安岩
isenthalpie	f 等焓线,等热函线
isentropique	a 等熵的;绝缘体
isérine	f 铁尖晶石
isernore	m 灰色大理岩变种
ishiganéite	f α锰铝石
ishkyldite	f 绢蛇纹石,硅纤蛇纹石
isiganéite	f 硬锰矿
iskymètre	m (瑞典土力学研究所)伊斯基提拔式软土基抗剪试验仪,软土基抗剪强度连续测定仪(系一种触探装置)
islandite	f 贫钙中长辉安山岩
iso	m 隔离器;绝缘体
ISO 9002	(Certifie Qualité Système) ISO 9002 质量认证体系
isoanabase	f 等基线,等升线(海岸升起高度相等的线)
isoanomal,e	a 等异常线的
isoanomalie	f 等异常线
isobare	f 等压线
isobarique	a 等压的
isobase	f 等基线,等升降线
isobathe	f 等深线,等高程线;a 等深的
isocarène	a 等排水量的
isocèle	a 等边的,等腰的
isocentre	m 等心线
isochimique	a 等化学的
isochore	f 等容线,等体积线,等间距线,等层厚线;等容的,等体积的
isochromate	f 等色线
isochromatique	a 单色的,等色的
isochrone	f 等时线;a 同时的,等时的
isochronique	a 同时的,等时的
isochronisme	m 同步,等时性,等时性
isocitétraèdre	m 偏方三八面体,四角三八面体,二十四面体
isoclasite[isoclase]	f 水磷钙石
isoclère	f 等硬度线
isoclinal,e	m 等斜褶皱,同斜褶皱,等斜层,等斜线,等倾线;a 等斜的,均斜的
isoclinalité	f 等斜,等斜性
isocline	f 等斜线,等倾线,等向线,等斜层,等斜褶皱
isocline[isoclinique]	a 等倾斜的
isocolloïde	m 同质异性胶
isocone	f 等浓度线
isocontrainte	f 等应力
isocouples	m.pl 等扭矩曲线(族)
isodiamétrique	a 等粒的,等径的,等直径的,均匀粒度成分的
isodyname	f 等力
isodynamique	a 等力的,等能的
isoédrique	a 等边的,等棱边的
isofacial	a 等相的,同相的;等变质级的
isofaciès	m.pl 等相
isogamme	m 等重线,等重力线
isogène	a 同源的,等基因的,同成因的
isogénique	a 等基因的
isogéotherme	f 等地温线,地下等温线,地热等值线;a 等地温的
isogéothermique	a 等地温的,等地温线的
isogonal,e	a 等角的
isogonalité	f 等角变换
isogone	f 等角线,等斜线,等偏线,等磁偏线,同风向线,等方位线,等流向线,等地磁偏角线
isograde	f 等变线,等变度,等变质级
isogradient	m 等梯度线
isogramme	m 等值线图
isogranulaire	a 等粒的,等粒状的
isogyre	f 黑十字,消光影
isohalin,e	a 等盐度线的,等含盐量的
isohaline	f 等盐度线
isohyète	f 等雨量线,等降水量线,等沉淀线;a 等雨量的
isohypse	f 等高线;a 等高的
iso-intensité	f 等强度
isokite	f 氟磷钙镁石
isolable	a 可隔离的,可分离的,可绝缘的
isolant	m 绝缘,脱离,隔热层,绝缘体,绝缘材料
~ acoustique	隔音材料
~ cellulaire	多孔绝缘材料,多孔隔热[隔声]材料

~ céramique 陶瓷绝缘[隔热]材料
~ de bourrage 填充用绝缘材料
~ électrique 电绝缘材料
~ cellulaire 多孔隔热[隔声]材料
~ en blocs 块状隔热材料
~ en matelas 毯状绝缘材料
~ en panneau 板状绝缘材料
~ fibreux 纤维绝缘材料,纤维隔热材料
~ houilleux 油质绝缘材料
~ ignifuge 柔性隔绝材料,耐火绝缘[隔热]材料
~ incombustible 耐火绝缘材料
~ mou 柔性隔绝材料
~ phonique 隔音材料
~ plastique 塑性绝缘材料
~ thermique 绝热材料

isolant, e *a* 隔离的;绝缘的
isolante *f* 绝缘体
isolateur *m* 绝缘体,隔离子,绝缘子,绝缘体,绝缘器,分隔带,分车带,土路肩
   ~ à capot 罩式绝缘子
   ~ à cloche 裙式绝缘子,钟罩式绝缘子
   ~ à double cloche 双裙式绝缘子
   ~ à fût massif 实心绝缘子
   ~ à gorges 凹槽式绝缘子,埋线式绝缘子
   ~ à noyau plein 分段绝缘子,线段绝缘子
   ~ à parapluie 伞形绝缘子
   ~ à paratonnerre (parafoudre) 避雷器绝缘子
   ~ à tige 棒形绝缘子
   ~ bâton 棒形绝缘子
   ~ calorifique 绝热体
   ~ capot et tige (ligne de contact) 帽杆式绝缘体(接触导线)
   ~ d'ancrage (ligne de contact) 锚固绝缘子(接触导线)
   ~ d'arrêt 拉线绝缘子
   ~ d'entrée 引入绝缘子
   ~ d'extrémité 端部绝缘子,端部绝缘帽
   ~ de base d'antenne 天线支座绝缘子,天线托脚绝缘子
   ~ de chaîne 链式绝缘子,绝缘子串
   ~ de crochet de suspension 悬挂绝缘子
   ~ de feeder 馈线绝缘子
   ~ de fil tendeur 拉线绝缘子
   ~ de section 分段绝缘子
   ~ de support 绝缘支架,支持绝缘子
   ~ de suspension 悬式绝缘子
   ~ de traversée 绝缘导管,套管绝缘子
   ~ emprunté 悬挂式绝缘子
   ~ en forme de noix 胡桃性绝缘子,卵形绝缘子
   ~ en porcelaine 瓷,瓶绝缘子
   ~ pivotant 旋转式绝缘子
   ~ pour haute tension 高压绝缘子
   ~ pour pied de console (ligne de contact) 托座绝缘子(接触导线)
   ~ rigide 针式绝缘子
   ~ rigide à tige 针形绝缘子
   ~ suspendu 悬挂绝缘子
   ~ télégraphique 电报线绝缘子

isolateur-bâton *m* 绝缘棒
isolation *f* 分离,析出,离析,绝缘,隔离,孤立,单独,隔热
   ~ à la masse 对地绝缘
   ~ acoustique 隔音,消音,声绝缘
   ~ acoustique de la façade 表面隔音
   ~ aérienne 空气绝缘
   ~ calorifique 绝热,隔热
   ~ contre le bruit 隔噪音,防噪音
   ~ de bruit 隔音,噪声的隔离
   ~ de chaleur 隔热;热绝缘
   ~ de panthographe 受电弓断路器
   ~ électrique 电绝缘
   ~ en caoutchouc 橡皮绝缘
   ~ en feuille 薄膜绝缘
   ~ fibreuse 纤维隔离层
   ~ phonique 隔声,隔音
   ~ sonore 隔音
   ~ thermique 隔热,绝热

isolé, e *a* 孤立的,单独的,绝缘的,离析的
isolement *m* 绝缘,孤立,分离,离析,隔离,断路
   ~ à air 空气绝缘
   ~ acoustique 隔音,隔声
   ~ au caoutchouc 橡胶绝缘
   ~ au mica 云母绝缘
   ~ au papier sec 干纸绝缘
   ~ d'huile 油绝缘
   ~ électrique 电器绝缘
   ~ en fibre de verre 玻璃纤维绝缘材料
   ~ galvanique 电流绝缘

isoler

~ linéique 单位长度电阻
~ par air 空气隔离
~ par rapport à la terre 对地绝缘
~ phonique 隔音；隔音装置
~ sonore 隔音；消音
~ sonore brut 天然隔音
~ sonore normalisé 标准隔音
~ thermique 绝热；隔热；绝热装置

isoler *v* 绝缘，隔离，隔绝，断开，使孤立
~ de l'atmosphère 不通大气
~ complètement l'huile de l'atmosphère 油与空气完全隔离

isoligne *f* 等值线，等位线，等斜褶皱
isomère *m* 等雨率线
isomésique *a* 同沉积环境的，常年中温的(土壤)
isométamorphisme *m* 等变质作用
isométrique *a* 等量的，等距的，等容的，等角的，等轴的，等比例的，等体积的
isomicrocline *m* 正微斜长石
isomorphe *a* 同态的，同形的，类质同象的，同晶型的
isomorphie *f* 同形(体)，类质同象(体)
~ polaire 极化类质同象
isomorphisme *m* 同形现象，同晶型现象
iso-orthoclase *m* 正钾长石
isoosmotique *a* 等渗透的
isopache *f* 等厚线；*a* 等厚的，等厚线的
isopachyte *f* 等厚线，等厚图
isopaque *f* 等厚线，等厚图
~ cumulative 累积等厚线
isoparaclase *f* 顺层位移，顺层错动
isophane *f* 锌铁尖晶石
isophase *f* 等相线，等相位
isophone *a* 隔声的，隔音的
isophonique *a* 等声强的，等音感的
isopièze *f* 等压线，等测压水位线，等测压水头线；等压的
isopique *a* 同相的
isopisme *m* 同相性
isoplèthe *f* 等值线，等浓度线，等成分面
~ thermique 等温线
isopycne *f* 等密度线，等密度面
isopycnique *a* 等密面的，等密度线的，等密度面的
isorthoclase[isorthose] *f* 正钾长石

isoscèle *a* 等边的
isoscéloèdre *m* 六方锥，六方单针晶
isoséiste *a* 等震的
isoséiste[isosiste] *f* 等震线；*a* 等震的，等烈度的
isostannite *f* 锌黄锡矿
isostatique *f* (主应力)轨迹线，等压线；*a* 静定的，等压的，等应力的
isostère *f* 等比容线，大气等密度线
isostructural,e *a* 同结构的，等结构的，等构造的
isotache *f* 等流速线，等风速线
isoteneur *f* 等含量
isotherme *f* 等温线；*a* 等温线的
~ d'adsorption 吸附等温线
~ du sol 土壤等温线图
isothermique *a* 等温的，同温的，等温线的
isotonie *f* 等渗，等渗(压)现象
isotonique *a* 等渗的，等渗压的
isotopique *a* 同沉积区的，同沉积环境的
isotrope *a* 均质的，各向同性的
isotropie *f* 均质性，各向同性
isotropique *a* 各向同性的，均质的
isotype *m* 同型，等型，同位型；*a* 等结构的
isotypie *f* 同型性，等型性
~ pétrographique 岩石的等型性
isovitesses *f. pl* 等速线
isovol *m* 等挥发分线(煤层)
isovolumétrique *a* 等容线的，等体积线的
issite *f* 伊萨岩，辉长角闪石岩
issu,e *a* 来自，产生于
issue *f* 孔，结果，出路，出口，河口，泉口，涌水点，排气孔，排油孔，号，(期刊的)期
~ de secours 安全门，紧急出口
à l'~ de 在……结束后
issuration *f* 破裂
istisuite *f* 伊硅钙石
itabirite *f* 铁英岩
itabiritique *a* 铁英岩的
itacolumite *f* 可弯砂岩，柔软砂岩
italite *f* 粗白榴岩
item *m* 项目，条款
itératif,ive *a* 重复的，链式的，累接的，迭代的
itération *f* 重复，迭代，迭代法，逐渐逼近法
itérer *v* 反复，迭代
itinéraire *m* 经路，径路，进路，路线，旅程表，行

程计划；*a* 道路的，线路的，公路的
- ~ à étudier　研究的路线
- ~ à tracé permanent　自复式进路
- ~ allongé　延长进路，延长经路
- ~ aménagé　布设路线
- ~ s antagonistes　敌对进路
- ~ autorisé　容许进路
- ~ s compatibles　平行进路
- ~ court　短经路，近进路
- ~ d'acheminement (pour voyageurs et marchandises)　经路(客货运)
- ~ d'aménagement　布设路线
- ~ d'expédition　发送经路
- ~ dans une gare　站内进路
- ~ de dégagement　干路，干线道路
- ~ de délestage　辅助道路；分担交通的道路
- ~ de déviation　迂回线路
- ~ de manœuvre　调车进路，调车线路
- ~ de reconnaissance　踏勘路线
- ~ de taxation　计费经路
- ~ de transit　过境公路，越境公路
- ~ dédoublé　分成两部分(解锁)的进路锁闭
- ~ détourné　迂回进路，非直接进路；迂回经路
- ~ détriplé　分成三部分(解锁)的进路锁闭
- ~ dévié　迂回径路，迂回进路
- ~ du wagon　车辆运送经路
- ~ économique　经济经路，运费最便宜的经路
- ~ emprunté　占用进路；实际运送经路
- ~ en circuit fermé　环行线路
- ~ en diagonale　交叉线路
- ~ est constitué　排好进路
- ~ facultatif　任选的经路
- ~ figé　预备进路，接近锁闭进路(进路握柄扳动但不完全锁闭)
- ~ formant un circuit fermé　构成封闭回路的进路
- ~ fractionné　分段进路
- ~ grand　主要干线
- ~ important　主要交通线
- ~ s incompatibles　敌对进路
- ~ s internationaux　国际公路线，国际直通公路线
- ~ le plus court　最短经路
- ~ normal　正常经路；正常进路
- ~ s opposés de même parcours　敌对进路
- ~ optimisé　最优路线
- ~ partiel　部分进路
- ~ principal　主要道路，主要线路
- ~ prioritaire　优先进路
- ~ renforcé　加固线路
- ~ revendiqué　要求运行径路
- ~ revendiqué par l'expéditeur　发货人要求的发送经路
- ~ routier　公路线路
- ~ routier européen　欧洲公路线
- ~ sécant　同向敌对进路，自行隔开的进路
- ~ sélectionné　选定的经路
- ~ suivi　经过的线路

itoïte　*f*　羟锗铅矾(伊藤石)
itsindrite　*f*　霞石微斜长岩，富钾霞石正长岩
ittnerite　*f*　变蓝方石
ivaarite　*f*　钛榴石
ivanovite　*f*　水硼氯钙钾石
ivernite　*f*　二长斑岩
ivigtite　*f*　丝钠云母
iwaarite　*f*　钛榴石
ixomètre　*m*　(油液的)流动性测定表
ixomètre　*m*　黏度计
izémien　*a*　碎屑的(沉积岩石的)
izrandite　*f*　钛辉橄榄岩

J

jacinthe *f* 红锆石，锆石

jack *m* 塞孔，插座，插口，支柱，千斤顶，起重器，码棑，传动装置，弹簧开关
- ~ à air 气压千斤顶
- ~ à bras 手摇千斤顶
- ~ à lames 片状塞孔
- ~ à levier 杠杆千斤顶
- ~ à rupture 断接式塞孔，切断塞孔
- ~ banane 香蕉插头塞孔
- ~ circulaire 环形千斤顶，径向千斤顶
- ~ d'entraide 辅助塞孔
- ~ d'épreuve 测试塞孔
- ~ d'essai 测试塞孔，试验塞孔
- ~ d'occupation 占线塞孔
- ~ de commutateur multiple 多路塞孔
- ~ de Freyssinet 弗雷西内式双动千斤顶（预应力张拉用的）
- ~ de levage 起重器，千斤顶
- ~ de levier 杠杆式千斤顶
- ~ de micro 传声器插座（口）
- ~ de raccordement 联结塞孔
- ~ de renvoi 转接塞孔
- ~ de réponse 应答塞孔，呼叫塞孔
- ~ général 多路塞孔
- ~ hydraulique 液压千斤顶，水力千斤顶
- ~ local 呼叫塞孔，回答塞孔，用户塞孔
- ~ miniature 管脚插孔
- ~ multiple 复式塞孔
- ~ pneumatique 气压千斤顶
- ~ pour mesures 测试塞孔，试验塞孔
- ~ simple 普通塞孔

jackbit *m* 钎头，（钻探）钻头

Jacksonien *m* 杰克逊阶（E_2，北美）

jacksonite *f* 绿杆沸石，葡萄石

jacupirangite *f* 钛铁霞辉岩

jade *m* 硬玉（翡翠），玉石
- ~ oriental 东方玉，东方宝石
- ~ de Saussure, ~ tenace 钠黝帘石，糙化石

jadéite *f* 硬玉岩

jadéite-acmite [jadéite-œgirite] *f* 硬玉—锥辉石，霓硬玉

jadéite-diopside *f* 硬玉透辉石，透硬玉

jadéitite *f* 硬玉岩

jadéolite *f* 含铬正长岩，绿色正长岩

jadien *a* 硬玉的，硬玉岩的

jadis *adv* 从前，往昔，过去

jaffaïte *f* 树脂

jagowérite *f* 羟磷铝钡石

jahnsite *f* 磷铁镁锰钙石

jaillir *v* 喷射，喷出，涌出

jaillissant *a* 喷射的，涌出的

jaillissement *m* 喷射，飞溅，涌出，喷涌
- ~ d'eau 水流跃出
- ~ d'étincelles 喷火花，放射火花
- ~ de laves 熔岩涌出

jais *m* 黑玉

jais *m* 煤玉，煤精（深黑色煤化术），黑琥珀

Jakoutien *m* 雅库特阶（T_1）

jale *f* 桶，吊桶

jalet *m* 砾石

jalite *f* 玻璃蛋白石，斧石

jalo-allophane *f* 透铝英石

jalon *m* 测杆，标桩，标杆，路标，界标，指点标，水准标尺，测量用标杆
- ~ à neige 除雪导标，除雪标志
- ~ d'axe 中线桩，中心桩
- ~ de déneigement 积雪标杆
- ~ de mire 标桩，标杆，水准尺
- ~ de référence 参考桩，基准桩
- ~ de référence de talus 边坡桩，边桩
- ~ R (reprise) 减速终止标（黑方牌上标白字）
- ~ réglable 塔尺
- ~ Z (zone) 减速开始（黑方牌上表白字）

jalon-mire *m* 觇标尺，觇标水准尺，水准测量标尺

jalonnable *a* 可加标记的

jalonnage *m* 定线，测定路线
- ~ de l'axe 测定中线，打中线
- ~ de l'axe du tunnel 定隧道中线

jalonnement *m* 定线,立标杆,标定线路,测定线路
　～ d'un arc de cercle　测定圆曲线,标定圆曲线
　～ d'un itinéraire　安装线路标桩
　～ d'une droite　测定直线,打直线桩
　～ dans un tunnel　隧道内标定线路
　～ de la voie　测定路线,打桩标定线路
　～ de route　道路定线
　～ des barèmes　制定运价率表,制定运价分类表,制定运价分级表
　～ kilométrique　公里桩
jalonner *v* 设桩,标出,划出,定线,定界,立标杆,设置路标,标定线路,测定线路
jalonnette *f* 标杆,测杆
jalonneur *m* 测量工,遮光帘,插立标杆的人
jalousie *f* 软百叶,遮光帘,通风窗,百叶窗,鱼鳞片〔板〕
jama *f* 喀斯特井,灰岩井
jamais *adv* 曾经,有一天
　à ～　永远
　ne... ～　从未,永远不
　ne... ～ plus　不再,已不
　ne... ～que　向来只是,毕竟,只不过
　ne plus ～　不再,已不
　plus... que　比任何时候都更……,空前
　pour ～　永远地
jambage *m* 门框,窗框,山坡,斜坡,褶皱翼,门窗侧墙,壁炉侧墙
　～ de cheminée　壁炉侧墙
　～ de porte　门樘
jambe *f* 架,支柱,撑杆,托架,台架
　～ d'huisserie　门桩
　～ de force　支柱,支撑,斜撑,角撑
　～ de force de console　壁柱
　～ de force de plaque de garde　导框角撑
　～ de force de tampon　缓冲器支架
jambette *f* 小支柱,短柱
janeckéite *f* 硅酸三钙石,杂硅钙石
janite〔**janovaïte**〕 *f* 红软绿脱石
jante *f* 轮辋,轮圈,轮缘,环箍,箍条
　～ à base creuse　深槽轮辋
　～ à tringles　直边轮缘
　～ amovible　可卸轮圈
　～ creuse　空心辋
　～ de roue　轮辋

　～ normale　整体轮辋
　～ pour enveloppe à fil　直边轮缘
janvier *m* 一月,正月
japanite *f* 叶绿泥石
jaquette *f* 套,罩,外壳,护套
jardin *m* 花园,公园
　～ public　公园,(城市里的)绿化地区
jardinet *m* 小花园,小园子
jardinier-paysagiste *n* 园林建筑师
jargon *m* 黄锆石
jarlite *f* 氟铝钠锶石
jaroschite *f* 镁水绿矾,镁七水铁矾
jarosite *f* 黄钾铁矾
jaroslawite *f* 钙冰晶石(斜方钙铬氟石)
jarret *m* 曲折凸起,硬弯凸起
jarretière *f* 跳线,跨线,连接线,连接片
　～ d'accord　附加天线
jarrowite *f* 假锥晶方解石(岸钙华)
jaspagate *f* 玛瑙碧玉
jaspé *a* 碧玉状的,染有碧玉花纹的
jaspe〔**jaspis**〕 *m* 玉石,碧玉,碧石
　～ agaté　玛瑙碧玉
　～ fleuri　缟碧玉
　～ lydien　缟碧玉
　～ noir　燧石板岩,黑碧玉,试金石
　～ onyx　缟玛瑙,缟碧玉
　～ opale　碧玉蛋白石
　～ porcelaine　瓷碧玉
　～ porphyre　斑状玛瑙
　～ rubané　带状玉石,条纹状碧玉
　～ sanguin　红玛瑙,血滴石
　～ tigré　斑点碧石
　～ volcanique　黑曜岩〔黑曜石〕
jaspérisation *f* 碧玉化(作用)
jaspéroïde *a* 碧玉状的
jaspillite *f* 碧玉铁质岩,条带状含铁建造
jaspique *a* 碧玉状的
jaspoïde *m* 似碧玉,玄武玻璃; *a* 似碧玉状的
jasponyx *m* 缟碧玉
jaspure *f* 碧玉大理岩
Jatoulien *m* 耶杜里阶(An∈,欧洲)
jauge *f* 表,计,规,量规,量具,卡规,样板,卡钳,线规,容积,轨距尺,传感器,计量器,容量器,水表龙头,油位标尺,测量仪器

~ à air 气压计,气动量测仪表
~ à centrer 中心规
~ à combustible 燃油指示器
~ à coulisses 游尺,内径规,内卡钳,内径测微计
~ à fil 线规,卡规
~ à fil résistant 电阻应变仪,电阻伸长测量仪,元件变形测量仪
~ à ionisation 电离规,电离压力计,电离压强计
~ à lames 塞尺,量隙规
~ à rayon 弧形样板
~ à réflexion 反射式测量仪
~ à ruban 卷尺,带尺
~ à trous 验孔规,塞规
~ à vide 真空度仪
~ américaine pour fils 美国线规
~ anglaise pour fils 英国线规
~ atmosphérique 空气计量仪
~ autocompensée en température 温度自动补偿量规
~ automatique 自记水位计
~ calibrée 内径量规
~ d'écoulement 流量计,水表
~ d'effort 测力计
~ d'effort de freinage 制动力测量仪
~ d'épaisseur 塞尺,厚度计,测厚规,厚薄规
~ d'épaisseur à rayons bêta β射线厚度仪
~ d'épaisseur sans contact 非接触测厚度计
~ d'épaisseur ultra-sonique 超声波厚度计
~ d'huile 滑油油量计,机油尺
~ d'huile à réglette 油尺
~ d'ouverture de joint 测缝计,测缝仪
~ de carburant 存油表,燃料水平表,燃料计量表传感器,汽油表传感器
~ de carburant de carburant 汽油表传感器
~ de consistance 稠度计
~ de consommation d'essence 汽油消耗表
~ de contrainte 应力计,应变计
~ de contrainte à magnéto striction 压电应变计,磁致伸缩应变计
~ de contrainte à résistance 电阻式应变计
~ de contrainte à self 电感式应变计
~ de contrainte de torsion 扭力应变计
~ de contrainte piézoélectrique 压电应变计
~ de cylindre 缸径规

~ de déformation 应变仪,应变片,变形测定器,应变量测
~ de déformation sur le cintre 钢拱架应变计
~ de déformation sur le ferraillage 钢筋应变计
~ de densité 密度计
~ de distance 测距仪,间隔规,内径千分尺,(电子管中的)间隔用装架
~ de filetage 螺纹量规
~ de gabarit 净空规,量隙规
~ de gazoline 燃料计,油量计
~ de Mac Leod 麦克劳德压力计(用于测高度稀薄气体)
~ de niveau 液面计,液位计,水准器
~ de Paris 线规,厚度规
~ de Pirani 皮拉尼真空计,热线型压力计
~ de pression 压力表,压力计
~ de pression d'huile 油压表
~ de profondeur 深度规,深度尺,测深器
~ de réception 检验规
~ de soudure 焊接仪
~ de température 温度指示器
~ de vapeur 汽压计,汽压表
~ de vérification 检验样板
~ de vide 真空计
~ de vis 螺丝规
~ déformation sur le boulon 锚杆应变计
~ différentielle 微分计,微分气压计
~ du fil 线材直径号
~ électrique 电传感器
~ extensométrique 应变片
~ ionique 电离真空计,电离压力计
~ manométrique 压力计
~ micrométrique 千分尺,游标尺,内径测微计
~ micrométrique de profondeur 深度千分尺

jaugeable *a* 可测量的,测量的
jaugeage *m* 计量,衡量,校准,测定,测流,量测,检查,控制,调整,流量测定,水文测验,体积测量,直径测量,定标准样件
~ chimique 化学流量测定,化学测流
~ des cours d'eau 河流水文测验,水位观测,流量测验,河道测量(测定流量)
jauger *v* 测量(直径,体积,耗水量),分度,刻度
jaugeur *m* 量槽,量具,计量表,测量人员
~ de carburant 燃油计量表

～ électrique 伏安计(电压电流表)
～ Parshall 柏氏流量槽
jaulingite *f* 淡树脂
jaulingite-alpha *f* 淡树脂
jaulingite-bêta *f* 高氧树脂
jaunâtre *a* 浅黄色的
jaune *m* 黄色
　　～ ambré 橙黄色,信号黄色
　　～ brunâtre 褐黄色
　　～ cire 蜡黄
　　～ citron 柠檬黄
　　～ d'œuf 蛋黄色
　　～ de cadmium 镉黄
　　～ de chrome 铬黄,贡黄
　　～ de montagne 赭石
　　～ miel 蜜黄色
　　～ minéral 赭石
　　～ orangé 橙黄
　　～ paille 草黄色
　　～ pâle 淡黄色
　　～ rosé 红黄色
jaunissement *m* 变黄
javaïte[**javanite**] *f* 玻陨石(爪哇熔融石)
javellisation *f* 次氯酸钠液净水法,次氯酸钠消毒法
javelot *m* 标枪
jayet *m* 煤玉,煤精,黑琥珀
jecteur *m* 喷嘴套管
jefférisite *f* 水蛭石
jeffersonite *f* 锰锌辉石
jelinekite[**jelinite**] *f* 堪萨斯化石脂
jelletite[**jellelite**, **jellésite**] *f* 绿铁榴石
jeltozem *m* 黄壤(土)
jemchuznikovite *f* 草酸铝钠石
jenkisite *f* 铁叶蛇纹石
jennite *f* 羟硅钠钙石
jenzschite *f* 白美蛋白石
jéréméievite *f* 硼铝石
jerrican *m* 汽油桶
jerseyite *f* 英云煌岩
jet *m* 流,抛,投,扔,射流,急流,水流,水舌,喷出,喷射,喷口,喷嘴,喷注,喷射器,喷射钻井
　　～ à injection 射流,喷流
　　～ d'eau 水柱[流],喷水口[管]

～ d'air 喷气,气流,喷气器,空气射流,空气喷口
～ d'air-eau 气水混合射流
～ d'épandage 喷撒
～ de Bunsen 本生灯喷焰
～ de coulée 浇口,浇道,浇注
～ de décharge 射水管,喷射水束,喷射水舌
～ de fond 深层排水(嘴)
～ de gaz 气喷
～ de lave 熔岩锥
～ de rive 冲流,冲岸浪,强上升流,垂直急流
～ de sable 喷砂,喷沙嘴,喷沙管
～ de vapeur 喷气,蒸汽射流,蒸汽喷
～ double 双喷嘴,双射流
～ fermé 闭合射流
～ interne 内射流
～ libre 自由射流
～ liquide 液体射流
～ ouvert 自由射流
～ submergé 淹没射流
～ turbulent 紊动射流
～ violent de liquide 井喷,井自流
jet-cargo *m* 喷气式货机
jeter *v* 抛,投,掷,扔掉,奠定
　　～ un pont 架桥
　　～ un pont sur une vallée 谷地架桥
jeton-pilote *m* 电气路签标记
jetons *n* 筹码,代金币
　　～ de présence 各种会议费用
jette-feu *m* 倾卸式炉箅
jeu *m* 套,一套,组;间隙,游间,游隙;公差,容差;作用,冲程,自由行程,运动,断距,行程
　　～ à froid 装配间隙
　　～ admissible 容许间隙
　　～ au flanc 侧面间隙
　　～ au joint 接合间隙,对接间隙
　　avoir du ～ 有间隙,有余隙,有活动量
　　～ axial 轴向间隙
　　～ bobinage 线圈架
　　～ complet 全套,整套
　　～ complet de documents d'expédition 全套货运单据
　　～ d'orgue 舞台灯光琴键式配电盘
　　～ d'annulation de parcours 解锁装置
　　～ d'assentiment 同意(闭塞)装置

~ d'assentiment émetteur 给出同意闭塞装置
~ d'assentiment récepteur 接收同意闭塞装置
~ d'eau 喷水柱,喷水嘴
~ d'engrenage 齿轮组
~ d'essai 测试文件集
~ d'immobilisation d'itinéraire 进路锁定机构
~ d'immobilisation de parcours 进路锁定机构
~ d'instructions 指令系统
~ d'orgue à graduations （舞台灯光）分度式变［调］光控制板
~ d'orgue à réseau non gradué （舞台灯光）直放式灯光控制板
~ d'outils 工具组,成套工具
~ d'usure 游隙
~ de quatre broches pour levage de la caisse 车体用四项子式起重机组
~ de balais 电刷组
~ de barre 母线
~ de barre blindé 装汇咤流排
~ de barreau isolé 绝缘杆组
~ de barres （电）汇流排
~ de barres de locomotives électriques 电力机车汇流排,电力机车母线
~ de barres secouru （电）备用汇流排
~ de block 闭塞机组,闭塞装置
~ de block d'autorisation （block manuel de voie unique） 同意发车的闭塞机构（单线人工闭塞区间）
~ de block final 终端闭塞机（人工闭塞）
~ de block initial（block manuel） 线路所闭塞装置,中间闭塞装置
~ de block origine 闭塞始端设备,发车闭塞机
~ de block terminus（block manuel） 到达闭塞机（人工闭塞）,终端闭塞机
~ de bobines 线圈组
~ de boîte d'essieu 轴箱游间
~ de clés 一套扳手,一组钥匙
~ de concordance 同意闭塞装置
~ de construction 成套工具
~ de déblocage 解锁机构
~ de déformations structurales 构造变形系统
~ de dilatation au joint 伸缩缝
~ de dilatation joints de rail 钢轨接头的伸缩缝
~ de données 数据集

~ de galets de roulement 滚轮组
~ de la nappe 不均衡水压面带（区）
~ de lampes 电子管组,成套电子管
~ de palier du pont 桥梁支座间隙
~ de pavillons 整套旗
~ de pièces 一组零件
~ de piston 活塞游间
~ de pompe 泵的正常运转
~ de réglage 调整间隙
~ de rouleaux 滚轴组
~ de signal 信号装置,信号机组
~ de tamis 筛组,一组筛
~ de tolérance 容许间隙
~ des attelages 车钩余隙
~ des failles 断层组,断层系,复杂断层
~ des outils 工具组,成套工具
~ du bois 木材干湿尺寸变化
~ du boulon 螺栓游间
~ du moteur 发动机运转,发动机工作
~ du trépan 钻头与钻孔壁间的间隙
~ émetteur de déblocage 闭塞机的解锁发送机构
~ en bout 轴端余隙,轴向间隙
~ entre deux rails 轨缝
entrer en ~ 进入作用,开始发生作用
~ exagéré 过大的动作
~ excessif 过大的间隙
~ latéral 侧面间隙,横向间隙
~ longitudinal 轴向间隙,纵向间隙
~ maximum 最大间隙
mettre en ~ 使……起作用,使……工作
~ minimum 最小间隙
~ radial 径向间隙
~ récepteur de déblocage 解锁接收机构
sans ~ 无间隙的,无缝隙的
~ transversal 横向间隙,横向游隙
~ trop important 间隙太大,活动量太大
jeudi *m* 星期四
jevreinovite *f* 符山石
jewellite *f* 杰锥陨铁
jezekite *f* 羟氟磷铝钙石
jig *m* 钻模,夹具,跳汰机,水选机
jiggle-bar 摇杆,摇手柄
jimboïte *f* 锰硼石
jiningite *f* 集宁石

joaillier *m*	宝石工人，珠宝商
joal *m*	锚杆
joaquinite *f*	硅钠钡钛石
joesmithite *f*	铅铍闪石
jogynaïte *f*	（土状）臭葱石
johachidolite *f*	硼铝钙石
johannsénite *f*	钙锰辉石
johnbaumite *f*	羟砷钙石
johnite *f*	绿松石，泥状有机质混合物
johnstonite *f*	氯钒铅矿，杂硫方铅矿，混硫方铅矿
johnstonotite *f*	石榴石，钙锰铝榴石
johnstrupite *f*	层硅铈钛矿，氟硅铈矿
johusomervilléite *f*	砷铁镁钙钠石
joignant, e *a*	邻近的
joindre *v*	连接，接合，联合，结合，和……相邻，添加

　se ~ à　结合，会合，参加
　~ en about　对接，对接头
　~ par soudure　焊接

joint *m*　铰，骨节，关节，接缝，接头，接合，咬合，结点，节理，劈理，裂隙，焊接，连接，垫片，填料，密缝件，导接线，节理裂隙，构造裂缝

　~ à bague de caoutchouc　橡胶垫圈
　~ à baïonnette　棒接，插入式接头
　~ à billes　球形接面，球窝接头
　~ à boulet　球式关节，球形接头
　~ à bride　凸缘接合，法兰盘连接
　~ à brides à emboîtement　槽舌凸缘接合
　~ à cardan　万向接头
　~ à charnière　铰接接合
　~ à chaud　（沥青路面的）热接缝
　~ à cornière　角铁板连接
　~ à coude　肘接，弯头
　~ à croisillons　十字接头，横节理
　~ à dents　雄榫接合
　~ à double chanfrein　X形焊缝，X形焊接
　~ à éclisses　鱼尾板接头，板接头
　~ à emboîtement　套接，联锁缝，镶嵌接合，套筒结合，承插结合，承（插口）接头
　~ à encastrement　花键接合，槽栓接合
　~ à enture　嵌接，搭接，对头接
　~ à fourchette　叉形接头
　~ à froid　（沥青路面的）冷接缝
　~ à genou　球窝接头，万向接头
　~ à huile　油封
　~ à la lentille　透镜形接头
　~ à manchon　筒接，套筒连接，套管接头
　~ à mortaise　榫接
　~ à mortaise et tenon　镶榫接头，舌槽接头
　~ à onglet　斜接
　~ à peigne　算式（伸）胀缝
　~ à rainure　凹缝，槽缝，槽式接合
　~ à rainure et languette　企口接缝，舌槽接合
　~ à recouvrement　搭接，搭接接头
　~ à rotule　球形结合，球窝接头
　~ à section circulaire　圆环形接头
　~ à semi-chaud　半热接缝（用于沥青加固土路面底层的纵向援缝）
　~ à simple chanfrein　V形焊缝
　~ à siphon　虹吸管接头
　~ à torsade　铰合连接
　~ abouté　对接，平接
　~ s alternés　交错接头
　~ articulé　铰接，铰接缝，万向节，万向接合，活节接合
　~ asymétrique　不对称接合
　~ au ciment　水泥接缝
　~ au coulis de ciment　水泥浆填缝
　~ au plomb　锡焊接，灌铅接头
　~ avec un assemblage à tenon et mortaise　舌槽接合，企口接缝
　~ aveugle　假缝，假接合，半开式缝
　~ axial　轴节理
　~ bas (rails)　低接头（钢轨）
　~ biais　斜接头
　~ biseauté　斜接，斜削接头，斜对接接头
　~ bloqueur　绝缘接头，绝缘轨缝
　~ boulonné　螺栓接合，螺栓连接
　~ boulonné à haute résistance　高强度螺栓连接
　~ bourré de mortier　砂浆灌缝
　~ brasé　钎焊接合
　~ brisé　铰接，断缝，错缝，真缝，活节接合
　~ caché　暗缝
　~ calfaté　嵌实缝，嵌油灰缝
　~ chanfreiné　斜削接头
　~ s chevauchants　交错接合
　~ clos　密缝
　~ combiné　混合接头，组合接头

~ concave 凹缝,凹圆接缝
~ s concordants 同缝接头,对接接头,对接接合
~ conique 角接,弯管接头
~ convexe 凸缝,凸缘接缝
~ corset caoutchouc synthétique 合成橡胶紧贴垫圈,合成橡胶紧压垫圈
~ coulé 浇注接缝,接插口
~ coulissant 滑动接头,伸缩接头
~ creux plat 平凹缝
~ croisé 十字接头
~ d'about 对接接头
~ d'about à froid 冷对接
~ d'about avec espace 开口对焊接合,开口对接
~ d'about fermé 紧密对接,紧密接合,气密接头
~ d'about oblique 斜对接
~ d'about ouvert 明对接,开口对接
~ d'about sans espace 无缝对焊接合,无缝对接
~ d'affaissement 沉降缝
~ d'allongement 接长接头
~ d'âme 腹板接合
~ d'angle 角接,隅接
~ d'annulaire 圆垫片,圆垫圈,环形衬垫
~ d'arbre 轴封,叶片密封
~ d'argile 黏土夹层,断层泥
~ d'arrêt de chantier 建筑缝,工作缝,施工缝,加工缝
~ d'articulation 关节接头,铰接头,万向节
~ d'asphalte 地沥青缝
~ d'assise 平缝,水平接缝
~ d'eau 水封,防水接头
~ d'électrovalve 电磁阀垫
~ d'enfourchement 叉形接头
~ d'équerre 对接,直角接合
~ d'espace (伸)胀缝,伸缩(接)缝
~ d'étanchéité 衬垫,填密圈,密封接合,密封垫圈,波导管垫圈
~ d'étanchéité à eau 水封,水封圈,防水垫圈
~ d'étanchéité du câble 钢索密封套
~ d'étanchéité en caoutchouc 橡胶密封圈
~ d'exécution 施工缝
~ d'expansion 伸缩缝,伸缩接头,膨胀节理,膨胀密封垫
~ d'expansion transversale 横向伸缩缝
~ d'extension 张(性)节理

~ d'isolation 隔离接缝,隔离接头
~ d'ouvrage 结构缝
~ de bande extinguible 止水条
~ de béton 混凝土施工缝
~ de bétonnage 混凝土施工缝
~ de boutisse 丁砖砌合,丁砖缝
~ de briquetage 砖缝
~ de câble 缆索接头
~ de cardan 万向接头
~ de cardan à anneau 环形万向接头
~ de chantier 施工缝
~ de chaussée (ponts) 伸缩装置,伸缩(接)缝,桥面伸缩缝,结构物和路面间设的缝
~ de ciment 水泥接缝,水泥接头
~ de cisaillement 剪节理,扭节理,受剪节点
~ de clé 拱顶接头
~ de clivage 劈理面
~ de colle 胶缝,黏结缝,黏结接合
~ de colonne 柱接头,柱状节理
~ de compensation 调整缝,补偿缝,补强接头
~ de compression 挤压节理,承压缝
~ de conduite 管道接头
~ de construction 施工缝,建筑缝,构造接缝
~ de construction longitudinal 纵向施工缝
~ de contraction 收缩缝,收缩节理,温度缝
~ de contrôle 控制缝,控制结合
~ de coude 肘节,弯管接头
~ de culasse 汽缸头衬垫
~ de culasse de cylindre 汽缸盖衬垫
~ de culée 桥台接缝
~ de démontage 滑动接头,伸缩式连接
~ de dessiccation 干缩缝,干缩节理
~ de dilatation 变形缝,膨胀节理,(温度)伸缩缝,膨胀(伸缩)接头
~ de dilatation bitumineux 沥青伸缩缝
~ de faille 断层缝
~ de feutre 毛毡衬垫
~ de fibre 纤维纸板衬垫
~ de fin de journée 建筑缝,工作缝,施工缝
~ de flexion 弯曲缝,假缝
~ de glace 窗玻璃密封胶
~ de l'âme 腹板接头
~ de la couronne extérieure 外冠密封
~ de lit 水平砌缝,层间接缝,平层节理,层面

节理
- ~ de maçonnerie　砖缝，圬工砌缝
- ~ de maintenance　检修密封
- ~ de mastic　油灰缝
- ~ de montage　施工缝
- ~ de mortier　灰缝，砂浆接缝
- ~ de mur　墙接头
- ~ de parement　墙面砌缝
- ~ de pavage　铺路设缝，路面缝
- ~ de porte-à-faux　悬接，悬式接头
- ~ de poutre　横梁垫片
- ~ de raccord　接头，焊接头
- ~ de recouvrement　搭接，搭接接头
- ~ de refroidissement　冷缩封
- ~ de reprise (horizontal)　（新浇混凝土与已硬化的混凝土之间的水平）施工缝
- ~ de retrait, ~ de sécheresse　收缩缝，收缩节理，干缩节理
- ~ de retrait-flexion　收缩假缝
- ~ de rivets　铆接
- ~ de rivets à cisaillement double　双剪铆接
- ~ de sable　砂封
- ~ de sécurité　安全接缝
- ~ de sédimentation　原始节理
- ~ de segment　活塞环卡圈
- ~ de séparation　胀缝，分离缝
- ~ de sommet　拱顶接头
- ~ de soudure　焊缝
- ~ de stratification　层面节理，层理缝隙
- ~ de structure　结构缝，结构接点
- ~ de tablier　桥面伸缩装置
- ~ de tassement　沉降缝
- ~ de tension　张节理，受拉接合
- ~ de tige de directrice　导叶轴密封
- ~ de tige de forage　钻杆接头
- ~ de travail　工作缝，施工缝
- ~ de tringle　连杆接头，连杆连接
- ~ de tube　管接合
- ~ de vide　真空密封
- ~ défectueux　不良接头
- ~ déformable　伸缩缝，变形缝
- ~ démontable　可拆接头
- ~ des fils　接线
- ~ des revêtements　路面接缝
- ~ diagonal　斜接，斜削接头，斜接理
- ~ double　双接缝，宽缝
- ~ du masque　面层接缝，面板接缝
- ~ du moule　分型面
- ~ du mur　墙接头
- ~ élargi　致宽缝，临时缝口
- ~ élargi de refroidissement　冷缩致宽缝，收缩缝
- ~ élastique　弹性接合，弹性接头
- ~ emboîté　啮合对接
- ~ embouti　填密缝，填密压盖
- ~ en amiante　石棉垫
- ~ en boudin　凸缝接合
- ~ en bout　端接，对接，平接，对接接头
- ~ en bout de directrice　导叶端面密封
- ~ en caoutchouc　橡胶密封，橡胶垫
- ~ en caoutchouc pour frein à air　空气制动机橡胶垫
- ~ en carton amianté　石棉纸板，石棉纸板垫
- ~ en carton imprégné d'huile de lin　浸蓖麻油纤维纸板垫
- ~ en crémaillère　啮合接头
- ~ en équerre　对接接头，平接
- ~ en face　表面接合，出面接缝
- ~ en plomb　填铅接合，填铅接缝
- ~ en queue d'aronde　鸠尾接合
- ~ en rainure et languette　企口接缝，舌槽接合
- ~ en T　T形密封圈，T形连接
- ~ en V　V形缝，V形接合
- ~ entaillé　槽口接合
- ~ étanche　衬垫，密封垫，填料盒，防水封，防水套，密封罩，止水缝，密封接合
- ~ exécuté au couteau vibrant　（混凝土路面）振捣切割接缝
- ~ exposé　明缝，明接头
- ~ fermé　密缝，无间隙连接，密缝接头
- ~ fictif　假缝，半缝，假接缝
- ~ fileté　丝扣连接
- ~ fléau　铰接，活节接合
- ~ flexible　柔性接头，活接头
- ~ goujonné　暗销接合，榫钉缝
- ~ hermétique　真空密封接合
- ~ horizontal　水平缝，水平接缝，层间接缝
- ~ hydraulique　液封，水封
- ~ hydrogonflant　止水条

jointage

- ~ hydrostatique 水压承插接头
- ~ ignifuge 耐火密封垫，高温密封垫
- ~ imperméable 不透水施工缝
- ~ incliné （倾）斜（接）缝
- ~ indéchirable 耐用垫圈
- ~ isolant 绝缘节，绝缘垫圈
- ~ labyrinthe 挡圈
- ~ labyrinthe d'étanchéité 密封圈，迷宫式密封圈
- ~ longitudinal 纵缝，纵向接合
- ~ longitudinal axial 中线缝，中失纵缝
- ~ mal nourri 灰浆不饱满的砌缝
- ~ mandriné （管子）扩口连接，扩口接合，卷边接合
- ~ mécanique 机械连接
- ~ médian 中缝
- ~ métal sur métal 金属搭接
- ~ métalloplastique 金属塑料衬垫，兼具金属和塑料性能的接头
- ~ mobile 变型缝，活动铰接
- ~ montant 竖缝，立缝
- ~ moulé 预塑缝，预制缝
- ~ naturel 节理，劈理，解理
- ~ ouvert 明缝，开缝接头，露缝接头，开口接合，有间隙连接，张开节理
- ~ papier 纸垫
- ~ par approche 对头接，对口接
- ~ par boulonnage 螺栓接合
- ~ par rapprochement 对接接头（电焊）
- ~ par recouvrement 搭接缝
- ~ parallèle 平行对接，平行接合
- ~ parallèle à l'inclinaison 倾斜裂隙，倾斜节理
- ~ parallèle à la direction 纵向裂隙，劈理
- ~ périmétral 周边缝
- ~ plat 平缝，垫片，对接接头
- ~ plat en biseau 斜（平接）缝
- ~ plein 平灰缝，填实缝，齐平接缝
- ~ pneumatique 气封
- ~ pour couvercle de boîte d'essieu 轴箱盖密封垫
- ~ pour électrovalve de graisseur de boudins 轮缘润滑器电磁阀垫
- ~ préfabriqué （混凝土路面的）预塑伸缩缝
- ~ primorogène 造山期前的裂缝
- ~ principal 主节理
- ~ rainuré et languetté 楔形缝
- ~ rigide 刚性结点
- ~ rivé 铆接，铆钉接合
- ~ rivé double 双行铆接
- ~ riveté 铆接接头
- ~ rompu 断缝，错缝
- ~ scié 锯缝
- ~ sec 冷缝
- ~ séismique 抗［防］震缝，地震缝
- ~ serorogène 与造山运动同时的节理
- ~ serré 紧密接合
- ~ simple 单接缝
- ~ soudé 焊缝，焊接接头
- ~ soudé à l'aluminothermie 铝热焊接头
- ~ sous chaussée 埋入缝，路面下设缝
- ~ sphérique 球窝接头
- ~ sur bords relevés 凸缘接合，凸缘焊接
- ~ sur coussinet rails à double champignon 双头钢轨的承垫接头
- ~ suspendu 悬接接头
- ~ taillé en biseau 斜削接头
- ~ tectonique 构造裂隙
- ~ temporaire 临时接缝，临时接合
- ~ thermique 温度缝
- ~ torique 圆垫，密封垫圈
- ~ tournant 旋转连接
- ~ transversal 横缝，横节理，横向节理
- ~ transversal de dilatation 横向胀缝
- ~ transversal de retrait 横向缩缝
- ~ tubulaire 管形接头
- ~ universel 万向接头，万向连接，万向节缝
- ~ vertical 立缝，侧接，垂直缝，竖向灰缝
- ~ virtuel 盲节理，横节理

jointage *m* 参加，接合，连接
- ~ bout à bout 对接，端对端接合
- ~ par vis 螺丝接合

jointement *m* 接合，连接，节理形成
- ~ au mortier liquide （钻井）灌浆

jointif *a* 连接的

jointoiement *m* 勾缝，嵌缝

jointout *m* 大刨

jointoyage *m* 勾缝，嵌缝

jointoyer *v* 抹缝，勾缝，嵌缝

jointoyeur *m* 勾缝人员，嵌缝人员

jointure *f* 连接，接合，接头，接缝，铰接，接头，关节
- ~ croisée 十字接头，横缝
- ~ de tuyaux 管接头
- ~ du câble 电缆接头
- ~ en T 弯接头，T形连接
- ~ étanche 密封接头
- ~ soudée 接头焊缝

jollylite[jollyte] *f* 铝硅铁石

jonc *m* 茎秆，芦苇，灯芯草，导火管，环形件
- ~ central 光纤芯
- ~ cylindrique rainuré 光纤芯
- ~ d'arrêt 卡环，止动圈，锁紧环，限动环
- ~ de retenue 箍，轮箍，限动环，轴承保护器
- ~ moulé 成型(塑料)棒材
- ~ usiné 机械加工棒材

jonchée *f* 堆，堆积物

joncher *v* 铺满，遮盖，堆积

jonction *f* 渡线，跨越，连接，交叉，接头，(河川的)汇流点，接合，接轨站，衔接站，接合点，交叉道口，互通式立体交叉
- ~ à brides 凸缘接合，法兰盘连接，凸缘联轴器，法兰盘联轴器
- ~ à diffusion 扩散结，扩散层，扩散连接
- ~ à piège 扼流圈耦合
- ~ à siphon 虹吸管连接
- ~ adaptée 匹配连接
- ~ au collecteur 换向器连接，集电极结
- ~ chaude 热接点
- ~ s croisées 交叉渡线
- ~ d'autoroutes 高速公路连接，高速公路交叉道口
- ~ d'âmes 腹板连接
- ~ de câble 电缆接头
- ~ de chenal 渠道会合点
- ~ de maison 室内配线
- ~ de pression de contact 承压连接，承压接合
- ~ de référence 基准结
- ~ de rivière 河流交汇点，汇流点
- ~ de route 道路交叉点
- ~ de voies 渡线，孤道连接线
- ~ des âmes 腹板连接
- ~ des barres 钢筋接头
- ~ des tuyaux 管子连接
- ~ différentielle 混合连接(波导管)
- ~ différentielle annulaire 混合连接环(波导管)
- ~ double 交叉渡线
- ~ en losange 菱形立体交叉口
- ~ en T T形接头
- ~ en trompette 喇叭形立体交叉口
- ~ en Y Y形接头
- ~ guide-coaxial 波导管转接同轴线，波导管—同轴线连接
- ~ hybride 混合结，混合连接
- ~ ligaturée 绑扎接头
- ~ par adhésion 黏结结合部位
- ~ par attache 绑扎接头
- ~ par recouvrement 搭接，搭接接头
- ~ par soudage 焊接接头
- ~ routière 道路交叉口
- ~ simple 单渡线
- ~ soudée 焊接，焊接接头
- ~ souple 活动耦合，活动连接，挠性连接
- ~ soutenue 支垫接头(钢轨)
- ~ suspendue 悬空接头(钢轨)
- ~ thermoélectrique 热电耦接点
- ~ transistor 晶体管结
- ~ transversale 横向接缝

jonésite *f* 硅钛钡钾石

joséfite *f* 蚀变辉橄岩

josemitite *f* 斜长黑云花岗岩

josephite *f* 变微粒橄(榄)岩

joue *f* 颊板，侧面，侧板，夹板，法兰盘，安装边
- ~ de bobine 线圈颊板，线圈凸缘
- ~ de manivelle 曲拐臂，曲柄臂

jouer *v* (断层)错动，活动，运动，运转，松开，走样
- ~ un rôle d'appoint 起加强作用，起补充作用

joug *m* 天平梁
- ~ de déviation 偏转系统，偏向系统
- ~ de ligne de contact S 接触网硬横跨

jouir *v* 享有，具有
- ~ de 享有，具有

joule *m* 焦耳(热量绝对制单位)

joulemètre *m* 焦耳计

jour *m* 阳光，一天，日，一日，白天，当代，亮光，透光的孔，规定的日期
- ~ à partir duquel court la prescription 规则开始生效日
- ~ calendaire 日历日，毛工作日

~ civil　通常日
~ couvert　阴天
~ s d'immobilisation　停用天数
~ s d'utilisation　运用天数,使用天数
~ de brouillard　雾天
~ de chargement　装货日
~ de comptage　记数日(交通量统计)
~ de congé légal　法定休假日
~ s de disponibilité　运用天数,工作天数
~ de fenêtre　窗口
~ de gel　霜日
~ de gelée　冰冻天
~ s de grâce　宽限日期,优惠期
~ de la pointe maximale　最大需水日,最大用电日
~ de neige　雪天
~ de nos　当代,目前
~ de paiement　付款日
~ de pluie　降雨日,雨天,雨季
~ de pointe de trafic　运输高峰日
~ de repos　休假日
~ de travail　工作日
~ déchargement　卸货日
~ équatorial　赤道日
~ et heure de l'enlèvement des plombs　摘去铅封的时日
~ s fériés　假日
~ férié légal　法定节日,法定假日
~ intercalaire　闰日(即2月29日)
~ non-ouvrable　非工作日,假日
~ ouvrable　劳动日,工作日
~ ouvrable de huit heures　八小时工作日
par ~　每天,每日
~ plein　全日,整天
un ~ ou l'autre　总有一天,迟早

jouravskite f　硫碳钙锰石
journal m　日报,报纸,日记,日志,日记账,日记簿,登记簿,分录簿,工作日志
~ de bord　运行记事手册
~ de caisse　现金出纳簿,现金簿
~ de chantier　工地日记表,施工日志
~ de parcours　行程记录簿,运行记录簿
~ de sonde　钻井记录本
~ des dérangements　事故记录簿

journalier m　零工,日工,短工,临时工
journalier,ère a　每日的,每天的
journée f　日子,日间,工作,日间,一天,工作日
~ civile　日历日
~ de huit heures　八小时工作日
journée-wagon f　日车
　redevance de ~　日车租车费
Jovarien m　约瓦尔阶(渐新统中部)
juanite f　水黄长石
juddite f　锰亚铁钠闪石
jugement m　判断,识别,鉴定,评价,意见,看法,断定,裁判
~ des offres　判标
juger v　评价,评论,认为,判断,估计
~ sur　根据……判断,评论
~ au　大概,约莫,按照估计,根据判断
juillet m　七月
juin m　六月
julgoldite f　复铁绿纤石
juliénite f　硫氰钠钴石
jumbo m　活动开挖架,凿岩台车,(装有多个锤头的)钻(架台)车,(在隧洞工程中装置钻机等或搬运开挖料用的)隧洞钻车
~ à multiples bras　多臂钻车
~ automatique　自行式钻车,自行式凿岩车,自行式钻架台车
~ hydraulique　液压钻架台车
~ pour galeries　坑道钻孔台车,隧洞钻车
~ pour tunnel　隧道钻孔台车
~ sur chenilles　履带式钻车,履带式凿岩台车
~ sur pneumatiques　轮胎式台车
jumeau a　成双的,配偶的,相似的,同一的
jumelage m　双联,并列,配对,对偶,重联运行,并列运行
~ de véhicules moteurs　动车组的重联运行
~ de véhicules thermoélectriques　热—电动车的并列运行
jumelé,e a　成对的,成双的,双重的
jumeler v　使成对,使成双
jumelle f　机器中相同的两个零件,对称机件(多用复数),双筒望远镜(复数),鱼尾板(船上固桅用),钢板弹簧吊耳
~ s à prismes　棱镜双筒望远镜
~ s de campagnes　野外镜

~s de ressort	（汽车盘）弹簧吊耳
~ de ressort	弹簧吊环

jumillite *f* 金云白榴岩,透橄白榴响岩
jungite *f* 磷铁锌钙石
junitoïte *f* 水硅锌钙石
jupe *f* 环,裙,外壳,边缘,裙板（使机车成流线型）,裙状物,瓷瓶外裙
   ~ du piston 活塞裙部
   ~ de roue 转轮下环
   ~ porte-pont 吊车支撑墙
   ~ support 支撑墙
jurassique *m* 侏罗纪,侏罗系; *a* 侏罗纪的,侏罗系的
   ~ intérieur 侏罗纪
   ~ moyen 中侏罗纪
   ~ supérieur 上侏罗纪
jurbanite *f* 斜铝矾
jurer *v* 担保,肯定,发誓
jurupaïte *f* 镁硬硅钙石
jury *m* 审查[陪审、评判]委员会,审查员
   ~ du concours 竞赛评委会
jus *m* 汁,液,露,电流
   ~ concentré 稠液,浓缩汁
   ~ de diffusion 浸出汁,浸出液,原汁
jus(s)ite *f* 碱硅铝钙石
jusqu'à 直到,直至,甚至到……地步
jusque *prép* 到,直到,直至
juste *a* 正确的,确实的,合理的,当然的
   au ~ 确切地,精确地
justement *adv* 就是,恰是
justesse *f* 精度,适当,合理,正确性,准确度
justification *f* 论证,辩护,证实,证明,证据,辩解,付款凭证
   ~ de la part transférable 转移资金说明
   ~ de la résistance au feu 防火验证
   ~ de livraison 交货证明
   ~ de paiement 付款凭证
   ~ de revêtement 衬砌验证
   ~ du boulonnage 锚杆检查
   ~ économique 经济论证
justifier *v* 证实,证明,论证,调整,使合法
   ~ de 证明……
justite *f* 锌铁黄长石,氰镁铝石
jute *m* 麻
   ~ bituminé 浸柏油的麻（绝缘电缆皮）
   ~ imprégné 浸蜡的麻（绝缘电缆皮）
juteux *a* 多汁的
Juvavi *m* 朱瓦夫统（三叠系）
juvénile *f* 原生水,初生水,岩浆水; *a* 岩浆源的,原生的,初生的
juvite *f* 正霞正长岩
juxporite *f* 针碱钙石
juxta- （前缀）近旁
juxta-articulaire *a* 近关节的
juxta-nucléaire *a* 近核的
juxtaposer *v* 重合,重叠,并列,并置
juxtaposition *f* 并置,并列,斜接,毗连
   ~ faillée 断裂并置,断裂斜接

K

kaanskite *f* 闪斜磁铁橄榄岩
kabaïte[cabaïte] *f* 陨地蜡
kacholong *m* 镁蛋白石
kæmmérerite *f* 铬斜绿泥石
kaersutite *f* 钛闪石
kahlérite *f* 铁砷铀云母
kahuste *f* 磁铁流纹岩
kaïnitite *f* 钾盐镁钒岩
kaïnolithe *f* 新喷出岩,新喷发岩
kaïnosite *f* 碳硅铈钙石
kaiwekite *f* 橄歪粗面岩
kajanite *f* 云橄白榴岩
kakirite *f* 角砾破碎岩,错断角砾岩
kakochlore *m* 杂水锂锰土
kakortokite *f* 条带霞石正长岩
kalaa 陡倾地形
kalaat *m* 残山,孤山,方山
kalaïte *f* 绿松石
kalamite *f* 透闪石
kalbaïte *f* 电气石
kalborsite *f* 硅硼钾铝石
kalcuranite *f* 钙铀云母
Kalévien *m* 卡列瓦统(Pt,欧洲)
kaliakérite *f* 钾英辉正长岩
kalialaskite *f* 钾白岗岩
kalialbite *f* 钾钠长石
kalialuminite[kalialunite] *f* 明矾石
kaliandesine *f* 钾中长石
kaliankaratrite *f* 钾质黄橄霞玄岩
kaliautunite *f* 钾钙铀云母
kaliborite *f* 硼钾镁石
kalicamptonite *f* 钾质闪煌岩
kalicine[kalicinite] *f* 重碳钾石
kalidesmine *f* 钾辉沸石
kaligranite *f* 钾质花岗岩
kaliheulandite *f* 钾片沸石
kalilabrador *m* 钾拉长石
kaliliparite *f* 钾质流纹岩
kalimagnésiokatophorite *f* 钾镁红纳闪石,钛钾钠透闪石,(含钛)钾镁钠钙闪石
kalimargarite *f* 钾珍珠云母
kali-misy *m* 黄赭色铁矿石
kalimontmorillonite *f* 钾蒙脱石
kalinéphéline *f* 钾霞石,亚稳钾霞石
kalinéphélinite *f* 钾质霞石岩
kalioalunite *f* 钾明矾石
kaliohitchcockite *f* 铝绅菱铅钒
kaliophilite *f* 钾霞石
kaliptolite *f* 锆石
kalipulaskite *f* 钾斑霞正长岩
kalipyrochlore *m* 钾烧绿石
kalipyroxenite *f* 钾辉岩
kalisaponite *f* 钾皂石
kalithomsonite *f* 碱硅钙钇石,钾杆沸石
kalium *m* 钾(K)
kalkbaryte *f* 杂重晶石膏
kalkmalachite *f* 钙质孔雀石
kalkowskite *f* 钛铈铁矿,杂钛铁金红石
kalkrhodochrosite *f* 锰方解石
kalkspath *m* 方解石
kalktriplite *f* 含铁磷镁石
kalktuf *m* 钙质凝灰岩,石灰华
kalkwavellite *f* 纤磷钙铝石
kallaïte *f* 绿松石
kallar *m* 盐霜,盐土
kallilite *f* 硫锑铋镍矿(杂蓝辉镍矿)
kallirotron *m* 负阻抗管
kalsilite *f* 原钾霞石(六方钾霞石)
kaluszite *f* 钾石膏
kamacite *f* 铁纹石,锥纹石,陨铁镍
kambaraïte *f* 蒲原石
kame *m* 冰砾阜,冰碛阜,冻阜
kame-terraces *m* 冰砾阜阶地
kämmérerite[kæmmérérite] *f* 铬斜绿泥石
kampérite *f* 多云正煌岩,细粒(黑)云正(长石)岩
kanasite *f* 硅碱钙石
kanbaraïte *f* 蒲原石
kandite *f* 高岭石组,高岭石族

kanémite *f* 水硅钠石
kankite *f* 水砷铁石
kankrinite *f* 钙霞石
kanoïte *f* 锰辉石
kanonaïte *f* 锰红柱石
Kansanien *m* 堪萨斯冰期(N_2，北美)
kansasite *f* 堪萨斯化石脂
kanzibite *f* 黑长流纹岩
kaolin *m* 高岭土，瓷土，陶土
　～ lithomarge　瓷土
kaolinique *a* 高龄土的
kaolinisation *f* 高岭土化作用，高岭石化
kaolinisé *a* 高岭土化的，高岭石化的
kaolinite *f* 高岭石，高岭土岩
　～ de néoformation　新形成的高岭土
kapnicite *f* 银星石
kapnite *f* 铁菱锌矿
kapton *m* 聚酰亚氨
karachaïte *f* 丝蛇纹石
karafvéite *f* （不纯的）独居石
karamsinite *f* 透闪石
karélianite *f* 三方氧钒矿
Karélide *m* 卡累利阿构造带
Karélien *m* 卡累利阿阶(芬兰元古代第三构造期)；卡累利阿杂岩
karibibite *f* 铁砷石(砷铁石)
kariopilite *f* 蜡硅锰矿
karite *f* 富英霓细岗岩
karlsteinite *f* 富钾花岗岩
karnasurtite *f* 水硅钛铈矿
karopinskitew *f* 硅镍镁石
Karpatides[Carpatides] *m.pl* 喀尔巴阡褶皱带
karpatite *f* 黄地蜡
karphostilbite *f* 杆沸石
karpinskyite *f* 杂针柱蒙脱石
karrenbergite *f* 绿脱皂石(镁绿脱石)
kar(r)oo *m* 卡路系(非洲，二、三叠纪)；湿季草原，阶地形草原(南非)
karst *m* 岩溶，喀斯特，岩溶区，喀斯特区，水蚀石灰岩洞
　～ à coupôles　岩钟状岩溶
　～ à pitons　锥状岩溶
　～ ancien　古岩溶，古喀斯特
　～ barré　封闭的岩溶
　～ complet　发育完全的溶洞
　～ couvert　覆盖的岩溶，封闭岩溶
　～ fossile　残余岩溶，残余溶洞
　～ nu　裸露岩溶
　～ parfait　发育完全的溶洞
　～ partiel　发育不全的岩溶
　～ pleinement développé　发育良好的岩溶
　～ profond　深层岩溶，深喀斯特
　～ sous-jacent　地下岩溶，地下喀斯特
　～ superficiel　表层岩溶，表层喀斯特
karsténite *f* 硬石膏，无水石膏
karstification *f* 岩溶化，喀斯特化，岩溶形成作用，喀斯特作用
karstifié *a* 岩溶化的，喀斯特化的
karstin *m* 粒硬绿泥石
karstique *a* 岩溶的，喀斯特的
kasénite *f* 霞辉碳酸岩
kasoïte *f* 钾钡长石
kassaï *m* 天然橡胶
kassaïte *f* 蓝方二长斑岩
kassite *f* 羟钙钛矿
katabugite *f* 紫苏闪长岩
kataclastique *a* 破碎的，碎裂的，压碎的
katagenèse *f* 碎裂作用，后生作用；退化
katagneiss *m* 深成片麻岩
kata-métamorphisme *m* 深变质(作用)
katamorphisme *m* 碎裂变质(作用)，浅成变质(作用)，分化变质(作用)
kataphorite *f* 红闪石
kata-zone *f* 深成带，深变质带，碎裂变质带
katophorite *f* 红闪石
katungite *f* 白橄黄长岩
Katzenbuckélite *f* 黝方响斑岩
kauaïte *f* 橄辉闪长岩；碱明矾
kauchteux *a* 富的(指矿区)
kaukasite *f* 歪长花岗岩，高加索岩
kauri *m* 栲树脂，贝壳松脂
kaustobiolite *m* 可燃生物岩，可燃有机岩
kaustophytolite *m* 可燃植物岩
kaustozoolite *m* 可燃动物岩
kavkazite *f* 高加索石油(从巴库采出的原油)
kawazulite *f* 硒碲铋矿
kaysérite *f* 硬水铝石，硬羟铝石，片铝石
kazakovite *f* 硅钛钠石

kbar[kilobar] 千巴(压力单位)
kéatingine *f* 锌蔷薇辉石
kéatite *f* 热液石英
keckite *f* 磷铁锰钠石
kedabekite *f* 榴钙辉长岩
keffékilite *f* 漂布土
kegelite *f* 硫硅铝锌铅石
kéhoéite *f* 水磷锌铝矿
keilhauite *f* 含钇楣石
keldyshite *f* 硅钠锆石
kellérite *f* 铜王水镁钒,镁钽矾,铜镁矾
kellyite *f* 锰铝蛇纹石,凯利石
Kelvin *m* 开尔文(符号 K,热力学温度单位),绝对温度
kelvinomètre *m* 开尔芬温标,绝对温标,绝对温度计
kelyphite *f* 杂蚀镁铝榴石(绿泥铝榴石);次变边
kélyphitique *a* 次变边(结构)的
kélyphitisation *f* 次变边(结构)作用,次变边形成作用
kemahlité *f* 白榴二长斑岩
kendallite *f* 陨铁
kénite[kenyite] *f* 霓橄响斑岩,玻璃响岩,肯尼亚岩
kennel-coal *m* 烛煤
kénotron *m* 高压整流二极管,二极真空整流管
Kénozoïque *m* 新生代,新生界
kentallénite *f* 橄榄二长岩
kentsmithite *f* 黑钒砂岩
kenyaïte *f* 水羟硅钠石
kérabitume *m* 油母沥青
kérabitumineux *a* 含油母沥青的
kéralite *f* 英云角岩
kéramikite *f* 瓷状堇青岩
kéramite *f* 埃洛石(黏土矿物的一种,近似于埃洛石或高岭石);模来石
kéramohalite *f* 毛矾石
kéraphyllite *f* 韭闪角闪石(角闪石)
kérargyre *m* **kérargyrite** *f* 角银矿
kératite *f* 角石,准玉髓,变蛋白石
kératophyllite *f* 韭闪角闪石
kératophyre *m* 角斑岩
　～quartzifère 石英角斑岩
kératophyrique *a* 角斑岩的
kératospilite *f* 角斑细碧岩

kerdomètre *m* 噪声电平测量仪(电话线路),增益测量仪
kérite *f* 硫沥青;沥青类,沥青岩类
kernet *m* 风管,通风管路(矿山巷道中),排水沟,输水沟
kernite *f* 贫水硼砂(斜方硼砂,四水硼砂)
kérogène *m* 干酪根,油母质,油母沥青;油母岩
kérolite *f* 杂蛇纹镁皂石,蜡蛇纹石
kérophyllite *f* 角闪石,韭闪角闪石
kérosène *m* 煤油
kerrite *f* 黄绿蛭石
kersantite[kersanton] *f* 云斜煌[斑]岩
kersténite *f* 黄硒铅石
kertschénite[kertchénite] *f* 纤磷铁矿
kestérite *f* 锌黄锡矿(克斯特矿),硫铜锡锌矿
kettnérite *f* 氟碳铋钙石
Keuper *m* 考依波阶(T_3,欧洲),上三叠纪
keupérien[keupérique] *a* 考依波阶的(T_3,德国杂色岩统)
kevir *m* 盐沼,盐漠
Keweenawan *m* 基韦诺统(Pt,北美)
keweenawite *f* 杂砷铜镍钴矿
keyite *f* 砷锌镉铜石
khadémite *f* 波方石
khagatalite *f* 波方石(稀土锆石)
khagiarite *f* 暗碱流纹岩
khakassite *f* 铝水钙石,碳铝钙石
khanga *m* 冲沟,峡谷,细涧(细谷、小谷)
khaulite *f* 硅硼钙石
khibinite *f* 粒霞正长岩;褐硅铈矿,层硅铈钛矿,胶镍硅铈钛矿
khibinskite *f* 希宾石
khinite *f* 碲铅铜石
khlopinite *f* 钽铌钇矿
khodnevite *f* 锥冰晶石
khoharite *f* 镁铁榴石
khondalite *f* 榴英硅线变质岩,孔兹岩
khovakhsite *f* 杂砷钙铁钴土
khuniite *f* 水铬铅矿
kidwellite *f* 羟磷钠铁石
kiese *f* 硫化物矿石,黄铁矿类矿石
kieselaluminite *f* 杂水铝英矾石
kieselguhr *m* 硅藻土
kieselmagnésite *f* 杂菱镁石英

kiesselkalk *m* 方解石

kietyöite *f* 磷灰石

kievite *f* 透淡角闪石,镁铁闪石

kilaueite *f* 隐晶玄武岩,玄闪斑岩

kilbrickénite *f* 砷硫锑铅矿

kilchoanite *f* 斜方硅钙石

killalaite *f* 斜水硅钙石

killas *m* 板片岩,基拉斯岩(花岗接触变质岩)

　～ cornéen 角闪石片岩

killinite *f* 杂锂辉块云母

kilo- (前缀)千

kiloampère *m* 千安(培)

kilocalorie *f* 千卡,大卡(路里)(符号 kcal,热量单位,1 kcal＝4186.8J)

　～ internationale 国际千卡

kilocycle *m* 千周/秒,千赫(kc, lkc＝1000Hz)

　～ par seconde 千周/秒,千赫(兹)

kilogramme *m* 千克,公斤(符号 kg,质量单位)

　～ par centimètre carré 千克/平方厘米

　～ par mètre carré 千克/平方米

kilogramme-force *m* 千克力(公斤力)

kilogramme-poids *m* 千克重(公斤重)

kilogrammètre *m* 千克米,公斤米

　～ par seconde 千克米/秒

kilohertz *m* 千赫(兹),千周/秒

kilojoule *m* 千焦耳

kilolitre *m* 千(公)升($1000L = 1m^3$)

kilolumen *m* 千流(明)

kilolux 千勒(克司)

kilométrage *m* 公里数,公里标,测定公里里程

　～ de lignes 营业线路公里标

　～ parcouru 走行公里

　～ des trains de messageries 快运货物列车的公里行程,包裹列车公里行程

　～ de voies 线路公里标

kilométrage-compteur *m* 里程表

kilomètre *m* 公里,千米(符号 km,1km＝1000m)

　～ carré 平方公里(符号 km^2)

　～ cube 立方公里

　～ d'application du tarif 运价公里

　～ d'essieu 轴公里

　～ élément 机车公里;机动车辆公里

　～ locomotive 机车公里;机动车辆公里

　～ machine 机车公里;机动车辆公里

　～ par heure 公里/小时

　～ parcouru 行驶公里

kilomètre-essieu *m* 车轴公里

　～ de voiture 客车车轴公里

kilomètre-heure *m* 小时公里

kilomètre-locomotive *m* 机车公里

kilomètre-passager *m* 旅客公里

kilomètre-personne *m* 人公里

kilométrer *v* 测量公里数,计算公里数,立里程碑

kilomètre-tonne *m* 吨公里

kilomètre-train *m* 列车公里

kilomètre-véhicule *m* 车辆公里

kilomètre-voyageur *m* 人公里(客运计量单位)

kilométrique *a* 公里的

kiloohm *m* 千欧(姆)

kilopériode *f* par seconde 千赫

kilosorukite *f* 黄钾铁矾

kilotonne *f* 千吨

kilovolt *m* 千伏特(kV)

kilovoltampère *m* 千伏(特)安(培)(kVA)

kilowatt *m* 千瓦(kW)

kilowatt-heure *m* 千瓦时(kWh),(电)度(kWh)

kimberlite *f* 金伯利岩(角砾云橄岩)

Kimeridgien *m* 启莫里阶(J_3,欧洲)

kimitotantalite *f* 锰钽矿

kimolite *f* 水磨土

kimseyite [kimzeyite] *f* 钙锆榴石

kincite *f* 金西特陨石

Kinderhookien *m* 金德胡克(统)

kingite *f* 白水磷铝石(九水银星石)

kingsmountite *f* 磷铝锰钙石

kink *m* 膝折,扭折,扭结,急曲

kink-band *m* 膝折带,扭结带

kink-plan *m* 膝折面

kinoïte *f* 水硅铜钙石

kinoshitalite *f* 镁钡脆云母

kinzigite *f* 榴云岩

kiosque *m* 棚,小室,小亭,报亭,邮亭,小(配电,变压器)亭;公用电话间

　～ de transformation 配电室,变压器室

kipushite *f* 磷锌铜矿

kir *m* 含沥青岩;油砂;硬化石油

kirchite *f* 方铀矿,晶质铀矿,钇铀矿,碱覆霓长岩

kirghisite *f* 透视石,绿铜矿

kirrolite *f* 羟磷铝钙石
kirschsteinite *f* 钙铁橄榄石
kirunavaarite *f* 磁铁岩
kirwanite *f* 纤绿闪石,腐闪石(不纯的蚀变闪石);无烟煤
kiscellite *f* 四硫脂
kischtimite *f* 氟碳铈矿
kischtymite *f* 氟碳铈矿;刚玉钙长黑云岩
kit *m* 工具包,工具箱,成套工具
kitkaïte *f* 硒碲镍矿
kittlite *f* 基特利矿
kivite *f* 基伍岩,少橄白榴碧云岩
kivuite *f* 水磷钍铀矿
kjelsasite *f* 英辉二长岩,歪钙正长岩
kjérulfine *f* 氟磷镁石
kladnoïte *f* 酞酰亚胺石(铵基苯石)
klaprothite *f* 天蓝石
klastogneiss *m* 碎屑片麻岩
klastogranite *m* 碎屑花岗岩
klaubage *m* 手选,拣选
klausénite *f* 苏斜岩,苏闪玢岩
klaxon *m* 蜂鸣器,喇叭,报警器
klaxonner *v* 按汽车喇叭
klebérite *f* 水钛铁矿
kleemanite *f* 水羟磷铝锌石
kleinite *f* 氯氮汞矿
klémentite *f* 镁鳞绿泥石
kliachite *f* 胶羟铝矿,胶铝矿
kliachite-alpha *f* 硬水铝石,硬羟铝石,α胶羟铝矿
kliachite-bêta *f* 三水铝石(三羟铝石)
klinker *m* 炼渣,硬渣;(水泥)熟料
klinochlore *m* 斜绿泥石
klinoenstatite *f* 斜顽辉石
klippe *m* 飞来峰,孤残层
～ sédimentaire 沉积滑落层
klipstéinite *f* 块蔷薇辉石
klockmanite *f* 硒铜蓝(六方硒铜矿)
klopinite *f* 钽铌钇矿(黑铀钇铌矿,铁铌铁钇矿)
klotdiorite *f* 球状闪长岩
klotgranite *f* 球状花岗岩
klydonographe *m* 脉冲电压记录器;脉冲电压拍摄机
klystron *m* 速调管

～ à fréquence réglable 调频速调管
～ à multicavités 多腔速调管
～ accordable 可调速调管
～ amplificateur 放大速调管
～ de puissance 功率速调管
～ monocircuit 单腔速调管
～ multiplicateur de fréquences 倍频速调管
～ réflexe 反射速调管,回拨电子管
～ réflexe accordable 可调反射速调管
kmaïte〔**celadonite**〕 *f* 绿鳞石
knauffite *f* 水钒铜矿
knébélite *f* 锰铁橄榄石
knick *m* 弯折,扭折,转折点
knipovichite *f* 铬铝水方解石
knollite *f* 氟羟硅钙石,叶沸石(叶硅石)
knopite *f* 铈钙钛矿
knorringite *f* 镁铬榴石
koashvite *f* 硅钛钙钠石
kobéite *f* 钛稀金矿(河边矿)
kobellite *f* 硫锑铋铅矿
kobokobite *f* 羟磷绿铁矿,绿铁锰矿,绿铁矿
kochélite *f* (不纯)褐钇铌矿
kochénite *f* 琥珀状化石脂
kochite *f* 杂粒硅铝石(好地石)
kochybéite *f* 富铬斜绿泥石
kodurite *f* 钾长锰榴岩
kœchlinite *f* 钼铋矿
kœlbingite *f* 钠铁非石(三斜闪石)
kœllite *f* 云歪碧玄岩
kœnénite *f* 羟氯镁铝石
kœnléinite *f* 重碳地蜡
kœttigite *f* 水红砷锌石
kofelsite *f* 冲击岩(黑曜浮岩)
kohalaïte *f* 橄奥安粗岩,奥长安山岩
kohlérite *f* 硒汞矿,杂硒汞解石英
koivinite *f* 磷铝铈矿,水磷铝钇矿
kokkite *f* 晶粒岩,粒状岩
kokkokonite *f* 粒状深海灰泥
kokowai *m* 红赭土,新西兰赭石
kokscharovite *f* 铝闪石,浅闪质闪石
koktaïte *f* 铵石膏
kolbeckine *f* 硫锡矿
kolbeckite *f* 水磷钪石
kölbingite *f* 钠铁非石,三斜闪石

kolicite	f	柯砷硅锌锰石	
kollanite	f	硅结砾岩,圆砾岩	
kolm	m	含铀煤结核,结核状铀煤,柯姆煤(一补富氢煤)	
kolovratite	f	钒镍矿	
kolskite	f	杂海泡蛇纹石(磁蛇纹石)	
kolwezite	f	钻孔雀石	
kolymite	f	科汞铜矿	
komarovite	f	硅铌钙石	
komatiite	f	科马提岩,镁绿岩	
kondrikite	f	铈钛钠沸石	
kongsbergite	f	汞银矿(含汞自然银)	
konichalcite	f	羟砷钙铜矿	
konilite	f	粉石英	
konimètre	m	尘量计	
koninckite	f	针磷铁矿	
konite	f	杂菱镁白云石;粉石英;易劈灰岩	
könléinite[könlite]	f	重碳地蜡	
konnarite	f	水硅镍矿,康镍蛇纹石	
koodilite	f	不纯杆沸石	
koppit(t)e	f	重烧绿石,烧绿石	
korarvéite	f	(不纯)独居石	
koréi(i)te	f	寿山石(冻石)	
korim	m	珊瑚铁灰岩	
korite	f	橙玄玻璃	
koritnigite	f	科水砷锌石	
kornérupine[kornérupite]	f	柱晶石	
kortéite	f	氯镁铝石(氯氧镁铝石)	
korundspath	m	刚玉	
korynite	f	辉砷锑镍矿,锑辉砷镍矿	
korzhinskite	f	柯硼钙石	
kosenite	f	霞辉方解岩	
kosmochlor	m	钠铬辉石	
kosmochromite	f	陨铬辉石(陨铬石);硬绿泥石;钠铬辉石	
kossmatite	f	软脆云母,软珍珠云母	
kösterite	f	锌黄锡矿(克斯特矿)	
kostovite	f	针碲金铜矿	
koswite	f	异剥磁铁橄榄岩(磁橄透辉岩)	
kotoïte	f	小藤石(粒镁硼石)	
kotoulskite	f	黄碲钯矿(黄铋碲钯矿)	
kotschubéite	f	富铬斜绿泥石	
kotulskite	f	黄碲钯矿(黄铋碲钯矿)	
koulibinite	f	苦里松脂岩	
koum	m	纯砂沙漠,(中亚)砂质沙漠	
koupholite	f	柔葡萄石	
koupletzkite	f	黄碲钯矿(黄铋碲钯矿)	
koutékite	f	六方砷铜矿(柯特克矿)	
kovalevskite	f	铝钙硅铁镁矿	
kovdorskite	f	科碳磷镁石	
kowdite	f	绿闪结晶粒状深成岩	
kozhanovite	f	磷铈钇矿,水硅磷钛镧矿	
kozulite	f	铁锰钠闪石	
krablite	f	包斜正斑流纹岩	
kragérite	f	金红钠长细晶岩	
kraisslite	f	砷硅锌锰石	
kramérite	f	斜钠硼钙石,钠硼钙石	
krantzite	f	琥珀酸化石脂,黄色琥珀	
krarupisation	f	均匀加感,连续加感	
krasnodarite	f	纤维蛇纹石	
kratochvilite	f	芴石,重碳地蜡	
kraurite	f	绿磷铁矿	
krauskopfite	f	水硅钡石	
krautite	f	淡红砷锰石	
kreb	m	悬崖,阶地	
kreep	m	克里普岩,磷钾稀土玄武岩	
kreittonite	f	富铁锌尖晶石	
krémenschugite	f	铁鳞绿泥石	
krémersite	m	红铵铁盐	
krennérite	f	白碲金银矿,斜方碲金矿,针碲金银矿	
kreuzbergite	f	氟铝石	
kribergite	f	硫磷铝石	
krinovite	f	硅铬镁石	
kriwosérite	f	英闪正长石白云母	
krœbérite	f	磁黄铁矿	
krokidolite	f	青石棉,纤铁钠闪石,石棉状高铁钠闪石	
krokoïte	f	铬铅矿	
krugite	f	杂石膏,杂卤石	
krupkaïte	f	库辉铋铜铅矿	
krutaïte	f	方硒铜矿	
krutovite	f	等轴砷镍矿	
kryokonite	f	冰尘;杂硅酸盐矿物	
kryolit(h)e	f	冰晶石	
kryptobiolite	f	微生物岩,含微生物的生物岩	
kryptolite	f	独居石	
kryptomélane	m	隐钾锰矿	
kryptotile[kryptotilite]	f	绿纤云母	

kryzhanovskite	*f* 羟磷铁锰石	**kurinaïte**	*f* 方砷铜银矿（库廷纳矿）
ksénotime	*f* 磷钇矿,硫磷钇矿	**kurnakite**	*f* 双锰石
ktypéite	*f* 文石（霰石）	**kurnakovite**	*f* 库水硼镁石
kühnite	*f* 黄砷榴石（镁黄砷榴石）	**kurskite**	*f* 细晶磷灰石,碳磷灰石
kukersite	*f* 库克油页岩（一种油页岩）；含藻岩	**kurtosis**	*m* 峰态,峭度,尖峰值
kulaïte	*f* 闪霞粒玄岩	**kurtzite**	*f* 钡交沸石
kulanite	*f* 磷铝铁钡石	**kurumsakite**	*f* 硅钒锌铝石
kulkéite	*f* 绿泥间滑石	**kustelite**	*f* 金银矿
kullerudite	*f* 斜方硒镍矿（库勒鲁德矿）	**kusuite**	*f* 钒铅铈矿
kundaïte	*f* 脆沥青,脆沥青煤	**kutnohorite**	*f* 锰白云石
kunzite	*f* 紫锂辉石	**kuttenbergite**	*f* 镁菱锰矿,钙镁菱锰矿
kupaphrite	*f* 铜泡石,羟砷钙铜矿	**kuznetsovite**	*f* 氯砷汞石
kupferblende	*f* 锌砷黝铜矿	**kvellite**	*f* 橄闪歪煌岩
kupferdiaspore	*f* 假孔雀石	**kwacha**	*m* 克瓦查（赞比亚、马拉维货币单位）
kupferschiefer	*m* 含铜页岩	**kyanite**	*f* 蓝晶石
kupfférite	*f* 含铬直闪石质闪石；镁闪石；镁直闪石；阳起石；紫苏辉石	**kyanitite**	*f* 蓝晶岩
kupholite	*f* 蛇纹石苦伏石	**kyanophylite**	*f* 杂钠白云母
kupletkite	*f* 锰星叶石	**kylindrite**	*f* 圆柱锡矿
kuramite	*f* 硫锡铜矿	**kylite**	*f* 富橄霞斜岩（斜辉橄榄岩）
kuranakhite	*f* 碲锰铅石	**kymographe**	*m* 描波器,波形自记器,波形记录器,转筒记录器
kurchatovite	*f* 硼镁锰钙石	**kypholite**	*f* 蛇纹石
kurgantaïte	*f* 水硼钙锶石	**kyrosite**	*f* 杂砷白铁矿